NICOLA LA CORTE

# Die harte Patronatserklärung

Schriften zum Bürgerlichen Recht

Band 347

# Die harte Patronatserklärung

Zugleich ein Plädoyer
für eine geänderte Anlassrechtsprechung

Von

Nicola La Corte

Duncker & Humblot · Berlin

Die Rechtswissenschaftliche Fakultät der Universität zu Köln
hat diese Arbeit im Jahre 2005 als Dissertation angenommen.

Bibliografische Information Der Deutschen Bibliothek

Die Deutsche Bibliothek verzeichnet diese Publikation in
der Deutschen Nationalbibliografie; detaillierte bibliografische
Daten sind im Internet über <http://dnb.ddb.de> abrufbar.


Fremddatenübernahme: Klaus-Dieter Voigt, Berlin
Druck: Berliner Buchdruckerei Union GmbH, Berlin
Printed in Germany

ISSN 0720-7387
ISBN 3-428-12246-1
978-3-428-12246-2

Gedruckt auf alterungsbeständigem (säurefreiem) Papier
entsprechend ISO 9706 ♾

Internet: http://www.duncker-humblot.de

# Vorwort

Die vorliegende Arbeit wurde von der Rechtswissenschaftlichen Fakultät der Universität zu Köln im Wintersemester 2005/2006 als Dissertation angenommen. Rechtsprechung und Literatur sind auf dem Stand von Oktober 2005.

In erster Linie bedanken möchte ich mich bei meiner Doktormutter, Frau Prof. Dr. Barbara Grunewald, die diese Untersuchung angeregt und die Arbeit kontinuierlich und mit großem Engagement betreut hat. Sie hat mir viele wertvolle Hinweise gegeben. Ich werde ihr für die schöne Promotionszeit immer dankbar sein.

Herrn Prof. Dr. Klaus Peter Berger möchte ich für die zügige Erstellung des Zweitgutachtens und Herrn Prof. Dr. Hans-Peter Haferkamp für seine kurzfristige Teilnahme an der Disputation danken. Herrn Dr. Joachim Englisch gebührt Dank für die Plausibilitätskontrolle des Steuerrechtsteils.

Der Universität zu Köln danke ich für die Gewährung eines Graduiertenstipendiums.

Mein besonderer Dank gilt auch allen Teilnehmern an der von mir durchgeführten Erhebung, die an dieser Stelle leider nicht separat genannt werden können. Mit ihren Angaben haben sie viel zur Aufklärung der rechtstatsächlichen Situation bei der harten Patronatserklärung beigetragen.

Abschließend möchte ich mich ganz herzlich bei meinem Vater, Herrn Prof. Dr. Rainer Sundmacher, und meinem Mann Robertino für die umfassende und liebevolle Unterstützung bedanken. Ihnen und dem Rest meiner Familie, hier vor allem Fother und Mother, sei diese Arbeit gewidmet.

Frankfurt a. M., im Sommer 2006 *Nicola La Corte*

# Inhaltsverzeichnis

*Kapitel 3*

**Entstehungsgeschichte und fortdauernde Daseinsberechtigung** 51



*Kapitel 4*

**Rechtliche Charakteristika und Mitwirkungserfordernisse (bei) der „externen“ Ausstattungszusage** 81

*Kapitel 5*

**Die Ausstattungsverpflichtung als (unecht) drittbegünstigender Vertrag** 181



*Kapitel 6*

**Einstandspflicht des Ausstattungspflichtigen auf Sekundärebene** 233

*Kapitel 7*

**Abgrenzung der Ausstattungsverpflichtung von den ihr am nächsten stehenden Verpflichtungstatbeständen** 275



*Kapitel 8*

**Geltung des bürgschaftsrechtlichen Schriftformerfordernisses** 307

*Kapitel 9*

**Bestimmtheit bzw. Bestimmbarkeit der Ausstattungsverpflichtung** 321

*Kapitel 10*

**Etwaiger Verstoß gegen das Recht der Allgemeinen Geschäftsbedingungen** 368

*Kapitel 11*

*Kapitel 12*

*Kapitel 1*

# Einleitung

Der Abgabe einer Patronatserklärung liegt typischerweise folgende Konstellation zugrunde: Ein Unternehmen – in der Regel eine Kapitalgesellschaft – bedarf eines Kredits[1]. Der designierte Kreditgeber ist zur Verauslagung des nachgefragten Kredits nur gegen ausreichende Besicherung bereit, die das Unternehmen selbst nicht leisten kann[2]. Es bittet daher einen Dritten – meist die Muttergesellschaft[3] – um Unterstützung[4]. Diese signalisiert generell Bereitschaft zur Sicherheitenbestellung, kann oder will dem Kreditgeber aber keine „herkömmliche Sicherheit"[5] anbieten[6]. Nach mehr oder weniger intensiven Verhandlungen[7] einigt man sich auf die Abgabe einer Patronatserklärung[8].

---

[1] *Bordt,* WPg 1975, S. 285 ff. (298, G., 1. Abs.); *Huber* in: Rechtsprobleme der Bankpraxis, S. 47 ff. (58, V.).

[2] Grund dafür ist der Mangel an eigenen Sicherungsmitteln oder die zu geringe Eigenkapitalausstattung, vgl. *Altenburger,* Patronatserklärungen, S. 17, 1. Abs.; *Balzer,* 7. Rostocker Bankentag 2001, S. 59 ff. (63); *Bodenstein/Jahn,* S. 96, C.; *Forschbach,* Liquiditätszusagen, S. 54–57, 2.; *Hantke,* S. 26–28, a); *Herget/Butzke,* Ersatzsicherheiten, S. 6; *Hoffmann,* Patronatserklärung, S. 30; *J. Horn,* Patronatserklärungen im common law, S. 11, 1. Abs.; *Köhler,* WM 1978, S. 1338 ff. (1340, 2. a)); *Rippert,* Patronatserklärungen, S. 12; siehe auch *Seiler,* Patronatserklärung, S. 4.

[3] *Altenburger,* Patronatserklärungen, S. 15/16; *Bordt,* WPg 1975, S. 285 ff. (298, G.); *Lwowski,* Kreditsicherung (8), S. 391 Rn. 441; *Lwowski/Merkel,* Kreditsicherheiten (8), S. 67, V.; *Seiler,* Patronatserklärung, S. 3, 1.; *Wittig* in: *BuB* (2003), Rn. 4/2855.

[4] Zu den speziellen Gefahren des Gläubigers eines Konzernunternehmens, *Forschbach,* Liquiditätszusagen, S. 57–60, 3., die aufgrund dessen die Abgabe einer „internen" oder „externen" Ausstattungserklärung empfiehlt.

[5] Wie eine Bürgschaft oder Garantie.

[6] Vgl. nur *Becker/Trommer,* ZKF 2005, S. 55. ff. (55, 1.); *Bodenstein/Jahn,* S. 97, 1. Abs.; *Fried,* Weiche Patronatserklärung, S. 102; *Herget/Butzke,* Ersatzsicherheiten, S. 6, 1.1.1.; *Schäfer,* WM 1999, S. 153 ff. (153, I.).

[7] Vgl. *Kohout,* Patronatserklärungen, S. 10, letzter Abs., 28a.E.; *Reinicke/Tiedke,* Kreditsicherung (4), S. 153 Rn. 425. Zu dem vorrangigen Bemühen des Gläubigers um Einräumung einer traditionellen Sicherheit, siehe *J. Koch,* Die Patronatserklärung, S. 56, 1. Abs.; *Kohout,* Patronatserklärungen, S. 10, letzter Abs.; *Leitner,* ÖBA 2002, S. 517 ff. (519, 1. Spalte); *Michalski,* WM 1994, S. 1229 ff. (1230, 1.); *Reinicke/Tiedke,* Kreditsicherung (4), S. 153 Rn. 425.

[8] Vgl. *Schweizerisches Bundesgericht* (U. v. 29.09.1998 – 4C.422/1997/sch), in Lausanne bestellbar, S. 4, 2. a), (Feststellungen im kantonalen Verfahren); *Altenburger,* Patronatserklärungen, S. 30, „Kompromisslösung"; ebenso *von Bernstorff,* ZKW 1988, S. 990 ff. (990, Begriffsbestimmungen); *Frick,* Patronatserklärungen, S. 140; *Fried,* Weiche Patronatserklärung, S. 102; *Hantke,* S. 36, 3.; ähnlich *Hoffmann,* Patro-

Damit steht allerdings noch nicht fest, ob der Kreditgeber seinen Wunsch nach Überlassung einer (bankmäßigen) Sicherheit hat realisieren können[9].

## A. Differenzierung zwischen „harter" und „weicher" Patronatserklärung

Der Terminus „Patronatserklärung" ist ein äußerst facettenreicher Sammelbegriff[10]. Der Ursprung der gesetzlich nicht geregelten[11] Erklärung liegt weitgehend im Dunkeln[12]. Als gesichert gilt, dass sie ihre deutsche Bezeichnung dem französischen Rechtskreis verdankt[13]. Die sicherungsbedürftige Gesellschaft (= der Hauptschuldner) wird daher auch hierzulande als „Protegé", der Erklärende als „Patron" bezeichnet[14]. Herkömmlich unterscheidet man zwischen „harten" und „weichen" Patronatserklärungen[15], Begriffen, die wie derjenige der „Patro-

---

natserklärung, S. 29/30; *Kiethe,* ZIP 2005, S. 646 ff. (647, 4.); *Köhler,* WM 1978, S. 1338 ff. (1340/1341, 2. a)); *Lwowski,* Kreditsicherung (8), S. 391 Rn. 441; *Schäfer,* WM 1999, S. 153 ff. (153, I.).

[9] *Hantke,* S. 22, 4. Abs.

[10] *Altenburger,* Patronatserklärungen, S. 19/20, 40; *Fried,* Weiche Patronatserklärung, S. 31; *Hantke,* S. 22, 4. Abs.; *J. Horn,* Patronatserklärungen im common law, S. 16, 3., 17, a); *IdW,* Erläuterungen, Wpg 1976, S. 209 ff. (209); *Kiethe,* ZIP 2005, S. 646 ff. (646/647, II. 1.); *J. Koch,* Die Patronatserklärung, S. 4, S. 5, 2. Abs., S. 72, VI., S. 609, 1./2.; *Kohout,* Patronatserklärungen, S. 4, 9, IV.; *Mosch,* Patronatserklärungen, S. 1; *Nielsen,* Bankrecht, S. 192; *Rümker,* WM 1974, S. 990 ff. (990, 1. Abs.); *Staudinger-Horn,* Vorbem. zu §§ 765 ff. Rn. 405; vgl. auch *BGH* (B. v. 25.11.1991 – III ZR 199/90), Juris, Gründe, 1.

[11] *J. Koch,* Die Patronatserklärung, S. 13, II.; *Michalski,* ZBB 1994, S. 289 ff. (289, Einleitung); *Ohlmeyer/Gördel,* Kreditgeschäft der Kreditgenossenschaften (10), S. 834, 6.; *Rümker,* EWiR 1992, S. 335 f. (335, 1.); *Schneider,* ZIP 1989, S. 619 ff. (620, II. 2.). Ihre Existenz wird mittlerweile aber von etlichen Gesetzen und Verwaltungsanweisungen vorausgesetzt, vgl. nur § 2 Ziff. 4 GroMiKV.

[12] Siehe aber *J. Horn,* Patronatserklärungen im common law, S. 14/15, II. 1.

[13] „Patron" bzw. „patronner" (eintreten für); vgl. *Falter,* Praxis des Kreditgeschäfts (15), S. 663 Rn. 6.450; *Forschbach,* Liquiditätszusagen, S. 19; *Fried,* Weiche Patronatserklärung, S. 53/54, VI; *Hoffmann,* Patronatserklärung, S. 6; *Seiler,* Patronatserklärung, S. 3, Fn. 1; näheres dazu bei *J. Horn,* Patronatserklärungen im common law, S. 15, letzter Abs.; aA *Eusterhus,* Akzessorietät, S. 170, IV., die Praxis der comfort letters stamme aus dem angelsächsischen Bereich; auf den lateinischen Ursprung des Begriffs stellen ab, *Hantke,* S. 16; *Thiekötter,* Patronatserklärung ad incertas personas, S. 11 Fn. 12. Die Bezeichnung „patronus" kam schon in den Zwölf-Tafel-Gesetzen vor. Im römischen Recht bezeichnete „patronatus" das fingierte Schutzvaterschaftsverhältnis zwischen dem Schutzherrn und seinem Schutzbefohlenen, das durch dessen Freilassung aus dem Sklavenstand entstand. Der Freigelassene trat in die gens des Patrons (Manumissors) ein und war ihm zu Beistand, Gehorsam und Achtung verpflichtet, während der Patron ihn schützte. In der älteren Republik wurde ein rechtliches Klientelverhältnis auch dadurch begründet, dass ein Fremder sich der Schutzgewalt eines Römers oder des römischen Staates unterstellte, vgl. *Rein,* 6. Kapitel, S. 597–604; *Kaser/Knütel,* Römisches Privatrecht (17), § 13, I. 2. b), S. 99/100 Rn. 5, § 16, I., II., S. 111–114.

natserklärung" selbst[16], im Grenzbereich keineswegs trennscharf sind[17]. Die Zuordnung der heterogenen Erklärungsformen[18] zu einer der beiden Gruppen hängt weitgehend von dem Begriffsverständnis des Betrachters ab[19]. Konsens besteht allein darüber, dass rechtlich völlig unverbindliche Goodwill- Erklärungen, etwa der Hinweis, von der Kreditierung der Tochtergesellschaft Kenntnis genommen zu haben[20], „weich" sind[21] und die „externe" Ausstattungszusage „hart"[22]. Au-

---

[14] *Fried,* Weiche Patronatserklärung, S. 53/54, IV., auch zu international gebräuchlichen Bezeichnungen.

[15] Siehe nur *J. Horn,* Patronatserklärungen im common law, S. 199/200; *Kohout,* Patronatserklärungen, S. 5, 1. Abs.; *Staudinger-Horn,* Vorbem. zu §§ 765 ff. Rn. 407; *Wittig* in: *BuB* (2003), Rn. 4/2855.

[16] *Hoffmann,* Patronatserklärung, S. 6/7; *Mosch,* Patronatserklärungen, S. 2, 2. Abs.; *Rummel* in: FS Doralt (2004), S. 493 ff. (495 a.E.); *Wittig* in: *BuB* (2003), Rn. 4/2855. So hat das *FG München* (U. v. 28.11.2000 – 6 K 1429/97), n.v. (Juris/ Datev) den Forderungsverzicht einer Komplementär-GmbH zur Abwendung einer Überschuldung als „Patronatserklärung" bezeichnet.

[17] *Hantke,* S. 38, 1. Abs.; *J. Koch,* Die Patronatserklärung, S. 5, 2. Abs., S. 7, § 2, „terminologischer Wildwuchs".

[18] Eine Aufstellung findet sich bei *Köhler,* WM 1978, S. 1338 ff. (1338/1339, 1.); *Mosch,* Patronatserklärungen, S. 8–10, § 4; *Obermüller,* ZIP 1982, S. 915 ff. (916); *ders.,* Ersatzsicherheiten, S. 2.; *Rippert,* Patronatserklärungen, S. 6–10, Nr. 1–17.

[19] Ähnlich *Fried,* Weiche Patronatserklärung, S. 32, 1. Abs.; *Hantke,* S. 38, 1. Abs.

[20] *Münchener Vertragshandbuch* (*Schütze*), III. 25., Patronatserklärung (I), Anm. 4. b), S. 462.

[21] *OLG München* (U. v. 24.01.2003 – 23 U 4026/02, rkr.), DB 2003, S. 711 f. (711, 1.); *Hantke,* S. 39, a); *Kiethe,* ZIP 2005, S. 646 ff. (647, 3.); *Nielsen,* Bankrecht, S. 192; *MüKo-Habersack* (4), Vor § 765, Rn. 49. Vollkommen unverbindliche Erklärungen werden auch als sog. gentleman's agreement bezeichnet, *Altenburger,* Patronatserklärungen, S. 45–47, II); *Michalski,* WM 1994, S. 1229 ff. (1230, 1. Spalte).

[22] *OLG Dresden* (U. v. 27.06.2000 – 23 U 2724/99), NVwZ 2001, S. 836 ff. (837, 2. a)); *OLG Karlsruhe* (U. v. 07.08.1992 – 15 U 123/91, WM 1992, S. 2088 ff. (2090, 1. a)); *OLG München* (U. v. 24.01.2003 – 23 U 4026/02, rkr.), DB 2003, S. 711 f. (711, 1.); *Habersack,* ZIP 1996, S. 257 ff. (257/258); *Heiss/Müller,* RdW 1989, S. 290 ff. (290, II.); *J. Horn,* Patronatserklärungen im common law, S. 199, 2. Abs.; *Keil,* EWiR 2003, S. 1019 f. (1019, 1.1); *Kiethe,* ZIP 2005, S. 646 ff. (647, 2.); *Lwowski,* Kreditsicherung (8), S. 410 Rn. 464; *Münchener Vertragshandbuch* (*Schütze*), III. 27., Patronatserklärung (III), S. 469, Anm. 3.; *Nobel* in: Personalsicherheiten, S. 55 ff. (70); *Obermüller,* Ersatzsicherheiten, S. 3, 2.; *Schröder,* ZGR 1982, S. 552 ff. (553, 1. Abs.); *Staudinger-Horn,* Vorbem. zu §§ 765 ff. Rn. 409; *Wittig* in: *BuB* (2003), Rn. 4/2868. Zum Teil wird danach differenziert, ob eine Erklärung den Patron nur moralisch oder auch rechtlich bindet, so *OLG München* (U. v. 24.01.2003 – 23 U 4026/02), a.a.O.; *FG Baden Württemberg* (U. v. 26.09.1996 – 10 K 156/93), EFG 1997, S. 456 ff. 457); *Hantke,* S. 52; *Hoffmann,* Patronatserklärung, S. 39, C.; *Michalski,* WM 1994, S. 1229 ff. (1230, 1. Spalte); *MüKo-Habersack* (4), Vor § 765, Rn. 49; *Schneider* in: FS Krümmel, S. 351 ff. (355, 1. Abs.); *Staudinger-Horn,* Vorbem. zu §§ 765 ff. Rn. 407; *Thomas/Meissner,* BB 2004, S. 1988 ff. (1989, 1.). Anderer Meinung zufolge verdienen nur bürgschafts- oder garantieähnliche Verpflichtungen die Bezeichnung als „harte" Patronatserklärung. Alle anderen Erklärungsvarianten seien „weich", siehe *OLG München* (U. v. 22.07.2004 – 19 U 1867/04), ZIP 2004, S. 2102 ff. (2103, (1)); *Ammelung,* IStR 2003, S. 250 ff. (250, 2.); *Fried,* Weiche Patronatserklärung, S. 32., 93–95; *Goette,* DStR 1993, S. 1753 f. (1754, 2. Abs.); *Wittig*

ßer ihrer Bezeichnung haben die einzelnen Patronatserklärungen, gerade was ihren Sicherheitswert anbelangt, wenig gemein[23]. Auch werden sie als sog. „Gesamtpatronatserklärung“[24] vielfach in Kombination verwandt, so dass die Palette an möglichen Erklärungstatbeständen nahezu unerschöpflich ist[25].

Als Gemeinsamkeit aller Patronatserklärungen wird vielfach die Intention des Patrons herausgestellt, das Vertrauen des Gläubigers in eine ordnungsgemäße Abwicklung seiner in Aussicht genommenen oder laufenden Geschäfte mit dem Protegé zu stärken, indem er ihm mehr oder weniger verbindlich Unterstützungs- oder Förderungsmaßnahmen in Aussicht stellt[26]. Dies korrespondiert

---

in: *BuB* (2003), Rn. 4/2856. Für eine individuelle Kategorisierung, *Hantke,* S. 38/39; *MüKo-Habersack,* Vor § 765, Rn. 49, zwischen den beiden Polen der über keinen rechtsgeschäftlichen Charakter verfügenden Erklärungen und der harten Patronatserklärung liege eine Reihe sonstiger Erklärungen, die je nach Lage des Falles rechtsgeschäftlichen Charakter hätten. Siehe auch *Treffer,* ZAP Nr. 5, Fach 15, S 383 ff. (383/384, 2. a)), der nur Zusagen betreffend die Liquidität und Kapitalausstattung der Tochtergesellschaft als harte Patronatserklärung ansieht.

23 *Heiss/Müller,* RdW 1989, S. 290 ff. (292, V.); *Hoffmann,* Patronatserklärung, S. 7, 2. Abs., der Begriff Patronatserklärung umfasse ein breites Spektrum an stark voneinander abweichender Erklärungsinhalten, beginnend mit der bloßen Goodwill-Erklärung, die dem Versprechensempfänger lediglich „a warm feeling“ vermitteln solle, bis hin zur garantieähnlichen Interzessionsvereinbarung, siehe auch S. 221, 1. Abs.; *Schimansky/Bunte/Lwowski* (*Merkel*), Bankrechts-Handbuch II (2), § 98 Rn. 36, manche „weichen“ Patronatserklärungen seien das Papier nicht wert, auf dem sie geschrieben sind.

24 *Frick,* Patronatserklärungen, S. 128; *Hoffmann,* Patronatserklärung, S. 13/14, 222; *Kohout,* Patronatserklärungen, S. 29; *Mosch,* Patronatserklärungen, S. 8, § 3, vgl. auch die Musterbeispiele auf S. 207–211; *Obermüller,* Ersatzsicherheiten, S. 3, 2.; *Rippert,* Patronatserklärungen, S. 6, III., S. 10/11 (Beispiel). Der Rechtsgehalt einer „Gesamtpatronatserklärung“ ist nicht stärker als der „härteste“ ihrer Einzelbestandteil, vgl. *Balzer,* 7. Rostocker Bankentag 2001, S. 59 ff. (94, g)); *Hoffmann,* a. a. O., *Jander/Hess,* RIW 1995, S. 730 ff. (731, II. 2.); *Rippert,* a. a. O.

25 *Altenburger,* Patronatserklärungen, S. 40–42.; *Gerth,* Atypische Kreditsicherheiten, S. 30; ähnlich *Hantke,* S. 21, 1. Abs., eine abschließende Aufzählung gängiger Patronatserklärungen sei nicht möglich; *J. Koch,* Die Patronatserklärung, S. 9, § 3, *J. Koch,* Die Patronatserklärung, S. 15, 2. Abs., unüberschaubares Spektrum.

26 *BGH* (B. v. 25.11.1991 – III ZR 199/90), Juris, Gründe, 1.; *OLG Düsseldorf* (U. v. 26.01.1989 – 6 U 23/88), NJW-RR 1989, S. 1116 ff. (1117, I.); *OLG Naumburg* (U. v. 13.01.2000 – 2 U (Hs) 73/98), OLGR Naumburg 2000, S. 407 ff. (407, II. 1.); *Fischer/Klanten,* Bankrecht (3), S. 260/261 Rn. 5.231; *Fried,* Weiche Patronatserklärung, S. 31/32; *Habersack,* ZIP 1996, S. 257 ff. (257, II. 1.); ders. in: *MüKo* (4), Vor § 765, Rn. 49; *J. Horn,* Patronatserklärungen im common law, S. 11, 1. Abs., 198, 2. Abs.; *IdW,* Entwurf, WPg 1976, S. 119 ff. (119, I.); *IdW,* Stellungnahme Aktienrecht, WPg 1976, S. 528 ff. (529, 1. Abs.); *Keil,* EWiR 2003, S. 1019 f. (1019, 1.1); *J. Koch,* Die Patronatserklärung, S. 15, III. 1., 21, 4., Patronatserklärungen würden eingesetzt, um Zweifel an der wirtschaftlichen Leistungsfähigkeit einer anderen Person auszuräumen bzw. um das Vertrauen des Erklärungsempfängers in die geschäftliche Solidität eines Dritten zu fördern; *Leitner,* ÖBA 2002, S. 517 ff. (517, 1.1); *Lwowski,* Kreditsicherung (8), S. 391 Rn. 441; *Mosch,* Patronatserklärungen, S. 1; *Schneider* in: FS Krümmel, S. 351 ff. (355, 1. Abs.); *Rippert,* Patronatserklärungen, S. 1; *Staudinger-Horn,* Vorbem zu §§ 765 ff. Rn. 405; enger *OLG München* (U. v. 24.01.2003 – 23

sinnfällig mit dem Bedeutungsgehalt des Wortes „Patronat“ als eines von „Schutz-“ und „Schirmherrschaft“ geprägten Verhältnisses[27]. Die Übernahme einer Schutz- und Schirmherrschaft setzt ein Drei-Personen-Verhältnis voraus[28]. Erklärungen wie die „interne“ oder „duale“ Ausstattungszusage, deren Wirkungen sich auf das Verhältnis zwischen dem Zusagenden und der auszustattenden Gesellschaft reduzieren, sind nach vorliegendem Verständnis keine „*Patronat*serklärung“[29].

## B. „Externe“ Ausstattungszusagen

Mit einer „externen“ Ausstattungszusage[30] verspricht der Patron dem Gläubiger die ausreichende Finanz- bzw. Kapitalausstattung des Protegés. Eine gängige Formulierung lautet[31]:

---

U 4026/02, rkr.), DB 2003, S. 711 f. (711, 1.), Inaussichtstellen oder Versprechen eines Verhaltens, das die Liquiditätsaussichten der Tochtergesellschaft verbessert; zu eng, *Hantke,* S. 14, 22, 3., bloßer Kreditförderungs- bzw. Kreditsicherungszweck; aA *Altenburger,* Patronatserklärungen, S. 41, für Patronatserklärungen gebe es keinen gemeinsamen Nenner.

27 *Bordt,* WPg 1975, S. 285 ff. (285, A., 298, G.); *Fleischer,* WM 1999, S. 666 ff. (667, 1. Abs.); *J. Horn,* Patronatserklärungen im common law, S. 16, 3.; *Kohout,* Patronatserklärungen, S. 4; *Schraepler,* ZKW 1975, S. 215 ff. (215, 2. Abs.); *Thiekötter,* Patronatserklärung ad incertas personas, S. 11 Fn. 12.; aA *Hantke,* S. 103, 1. Abs.

28 Wie hier *J. Koch,* Die Patronatserklärung, S. 18, 1. Abs.

29 Sehr streitig, wie hier *LG München II* (U. v. 25.02.2004 – 5 O 6088/02), ZInsO 2004, S. 626 ff. (627, I. 1. a), siehe aber 628, 3. b) aa)); *J. Horn,* Patronatserklärungen im common law, S. 19, 1. Abs.; *Kohout,* Patronatserklärungen, S. 7; *Michalski,* WM 1994, S. 1229 ff. (1230, 3. Abs.)); *Schnyder,* SJZ 1990, S 57 ff. (57, I.). Dies gilt selbst dann, wenn die „interne“ Zusage letztlich als Kreditsicherheit dienen soll (dazu sogleich unter C.); siehe auch *Bordt,* WPg 1975, S. 285 ff. (291, 1. Abs.)). Der „Sicherungsnehmer“ wird in den „Sicherungsfällen“ nämlich nicht durch das Ausstattungsversprechen als solches geschützt, sondern erst durch die nachfolgende Abtretungs- bzw. Beibehaltungserklärung. Der eigentlichen Zusage fehlt die Außenwirkung; ähnlich *Palandt-Sprau* (64), Einf v. 765 Rn. 21; siehe auch *Herget/Butzke,* Ersatzsicherheiten, S. 31, c); *Mosch,* Patronatserklärungen, S. 2; offen gelassen von *Gerth,* Atypische Kreditsicherheiten, S. 270 Fn. 1; aA *Paul,* ZInsO 2004, S. 1327 ff. (1328, 2.), dem zuwider entscheidendes Merkmal einer (harten) Patronatserklärung weder die Begründung einer Rechtspflicht noch die Pflicht zum Bilanzausweis ist; (scheinbar) *Wittig* in: *BuB* (2003), Rn. 4/2910; insofern ebenfalls anders, *J. Horn,* a. a. O., S. 18/19, b); *Kohout,* a. a. O., die terminologisch zwischen internen Erklärungen mit designierter Außengerichtetheit und „isolierten Erklärungen ohne Drittwirkung“ differenzieren.

30 Im Folgenden auch als „(externe) Ausstattungsverpflichtung“, „-versprechen“ o. Ä. bezeichnet, zu dieser Terminologie, *von Bernuth,* ZIP 1999, S. 1501 ff. (1502, III. 1.); *J. Koch,* Die Patronatserklärung, S. 28, 3.; *Leitner,* ÖBA 2002, S. 517 ff. (518, 3. Abs., 523, 2.3); im Englischen: „statement to provide funding“, vgl. *J. Horn,* Patronatserklärungen im common law, S. 18 bzw. „‚firm‘ letter of comfort“, vgl. Anlage 3 des Berichtes über die *BdB*/vbo-Fachtagung „Kredit- und Kreditsicherungsrecht“ am 13./14. Juni 2002 in München, zu Gliederungspunkt 4., „Formulierung von ‚Harten Patronatserklärungen‘“, (n. v.). *Lwowski/Merkel,* Kreditsicherheiten (8), S. 68/

Wir werden dafür Sorge tragen, dass die XY-Gesellschaft (= Protegé/Hauptschuldner) in der Weise (geleitet und[32]) finanziell (bzw. kapitalmäßig) ausgestattet wird, dass sie jederzeit in der Lage ist, ihren Verbindlichkeiten Ihnen gegenüber (bzw. aus dem oben genannten Kredit, etc.) fristgerecht nachzukommen[33].

Die Ausstattungszusage hat meist einen konzernrechtlichen Hintergrund. Patron und Protegé sind üblicherweise Mitglieder desselben Konzernverbundes[34].

---

69; *Nielsen,* Bankrecht, S. 193, 2. Abs., bezeichnen sie als „Liquiditäts-" bzw. „Kapitalausstattungs*garantie*", siehe auch *IdW,* Erläuterungen, Wpg 1976, S. 209 ff. (212/213, Grundform 4, Grundform 5, Beispiel 2); *Ohlmeyer/Gördel,* Kreditgeschäft der Kreditgenossenschaften (10), S. 835, 1. Abs., was zumindest unglücklich ist, da der Verpflichtungsgehalt beider Zusagen sich nach hier vertretener Meinung nicht unterscheidet (vgl. Kapitel 4, B. II. 1. a)) und der Zusage überdies kein Garantieelement innewohnt (vgl. Kapitel 6, A. I. 2.).

31 Zu diesem und ähnlichen Formulierungsbeispielen, *Herget/Butzke,* Ersatzsicherheiten, S. 9; *J. Horn,* Patronatserklärungen im common law, S. 169, 8.; *Immenga/Rudo,* Gewährträgerhaftung, S. 63, 2. Abs.; *Kiethe,* ZIP 2005, S. 646 ff. (647, 2. a. E.), die Erklärungsvarianten wichen in der Praxis nur nuanciert voneinander ab, S. 649, III. 1.; *Kohout,* Patronatserklärungen, S. 30, PE I; *Münchener Vertragshandbuch* (*Schütze*), III. 27., Patronatserklärung (III), S. 468; *Stecher,* „Harte" Patronatserklärungen, S. 62, „klassische" Form der Patronatserklärung; *Thiekötter,* Patronatserklärung ad incertas personas, S. 28, I.; *Wittig* in: *BuB* (2003), Rn. 4/2905, (Musterformular).

32 Der zusätzliche Hinweis auf eine Leitungspflicht des Patrons ist praxisüblich, vgl. *OLG Dresden* (U. v. 27.06.2000 – 23 U 2724/99), NVwZ 2001, S. 836 ff. (836, Sachverhalt); Formulierungsbeispiele in Anlage 2 und 3 des Berichtes über die *BdB*/vbo-Fachtagung „Kredit- und Kreditsicherungsrecht" am 13./14. Juni 2002 in München (*Bundesverband des privaten Bankgewerbes e. V.*), zu Gliederungspunkt 4., „Formulierung von ‚Harten Patronatserklärungen'", (n. v.); *Heiss/Müller,* RdW 1989, S. 290 ff. (290, II., Beispiel 1); *IdW,* Erläuterungen, Wpg 1976, S. 209 ff. (212, Grundform 4, Beispiel 2); *Schäfer,* WM 1999, S. 153 ff. (153, I.); *Schütz,* Bankgeschäftliches Formularhandbuch (18), Muster 350; siehe auch *BGH* (U. v. 30.01.1992 – IX ZR 112/91), BGHZ 117, S. 127 ff. (128), Übernahme der uneingeschränkten Verpflichtung auf die Tochter „*in der Weise Einfluss zu nehmen* und sie finanziell so auszustatten, dass sie stets in der Lage ist, ihren gegenwärtigen und künftigen Verbindlichkeiten Ihnen gegenüber fristgemäß nachzukommen." Der Zusatz ist nicht Teil der eigentlichen Ausstattungszusage, näheres in Kapitel 4, B. I. 5.

33 Die Formulierungen variieren von Fall zu Fall, vgl. *OLG München* (U. v. 24.01.2003 – 23 U 4026/02, rkr.), DB 2003, S. 711 f. (711, 1.); *Altenburger,* Patronatserklärungen, Annex Nr. 3, S. 162); *Fleischer,* WM 1999, S. 666 ff. (667, II. 1.); *Hantke,* S. 55, 1. Abs.; *IdW,* Erläuterungen, Wpg 1976, S. 209 ff. (212, Grundform 4, Beispiel 1); *J. Koch,* Die Patronatserklärung, S. 77; *Reinicke/Tiedke,* Kreditsicherung (4), S. 155 Rn. 429; *Schäfer,* WM 1999, S. 153 ff. (153, I.); siehe auch *Wittig* in: *BuB* (2003), Rn. 4/2905–4/2908 (verschiedene Musterformulare). Der Sicherungsumfang kann von einer exakt bezeichneten Hauptschuld bis hin zu sämtlichen Verbindlichkeiten des Protegés reichen, näheres in Kapitel 9, A. II. und Kapitel 10, A. I., B. II. 1.

34 *OLG Naumburg* (U. v. 13.01.2000 – 2 U (Hs) 73/98), OLGR Naumburg 2000, S. 407 ff. (407, II. 1.); *Altenburger,* Patronatserklärungen, S. 15/16; *Gerth,* Atypische Kreditsicherheiten, S. 29, 1.; *Forschbach,* Liquiditätszusagen, S. 21, 2. Abs.; *Fried,* Weiche Patronatserklärung, S. 102; *Hoffmann* Patronatserklärung, S. 61; *J. Koch,* Die Patronatserklärung, S. 65; *Kohout,* Patronatserklärungen, S. 6, III., 8; *Limmer,* DStR 1993, S. 1750 ff. (1750, 1.); *Michalski,* WM 1994, S. 1229 ff. (1229, A.); *Rummel* in: FS Doralt (2004), S. 493 ff. (494); *Schaffland,* BB 1977, S. 1021 ff. (1021); *Staudinger-Horn,* Vorbem. zu §§ 765 ff. Rn. 405; *Thiekötter,* Patronatserklärung, S. 11, II.;

In der Regel unterhält der Patron an dem Protegé eine Allein- oder Mehrheitsbeteiligung[35]. Das ist aber nicht zwingend[36]. In der Praxis ergehen Ausstattungszusagen auch zu Gunsten von Enkel- oder Schwestergesellschaften[37]. Bisweilen fungieren auch nicht konzernmäßig verbundene Minderheitsgesellschafter[38] oder Nichtgesellschafter als Patron[39], beispielsweise Privat- oder

---

*Wittig* in: *BuB* (2003), Rn. 4/2855; vgl. nur *Schweizerisches Bundesgericht/Cour Civile* (U. v. 12.01.1996 – 4C.342/1995), zu bestellen in Lausanne, S. 2, Schwestergesellschaften mit identischem Alleinaktionär, vgl. auch S. 6.

[35] *BGH* (U. v. 18.12.2003 – IX ZR 9/03), WM 2004, 371 ff. (371); *BGH* (U. v. 10.11.1986 – II ZR 140/85, Oldenburg), WM 1987, S. 13 ff. (13, 15/16, III. 1. a)); *OGH* (U. v. 29.09.1998 – 4C.422/1997/sch), Urteil über Internet in Lausanne bestellbar; *KG Berlin* (U. v. 18.01.2002 – 14 U 3416/00, rkr.), WM 2002, S. 1190 f. (1191); *OLG Dresden* (U. v. 27.06.2000 – 23 U 2724/99), NVwZ 2001, S. 836 ff (836, Sachverhalt); *OLG Naumburg* (U. v. 22.02.2000 – 9 U 309/98), n.v. (Juris); *OLG Nürnberg* (U. v. 09.12.1998 – 12 U 2626/98), IPRax 1999, S. 464 ff. (464); *LG München I* (U. v. 02.03.1998 – 11 HKO 20623/97), WM 1998, S. 1285 ff. (1285); *FG Düsseldorf* (U. v. 21.11.2000 – 12 K 762/00 G, F) n.v. (Juris); *FG Münster* (U. v. 25.02.2000 – 11 K 1590/97 F), vollständiger Tatbestand nur bei Juris (Beklagtenvortrag); *FG Münster* (U. v. 09.07.2002 – 1 K 430/99 F), EFG 2003, S. 30 f. (30), „externe Ausstattungsverpflichtung"; aus der Literatur statt aller *J. Koch,* Die Patronatserklärung, S. 18, 2. Abs., m.w.N. In einigen Fällen haben konzern- oder anteilsmäßige Beteiligungsverhältnisse zumindest den Anstoß für ein (letztlich gescheitertes) Gläubigerbegehren nach Abgabe einer Patronatserklärung gegeben, vgl. *OLG Dresden* (U. v. 06.06.2002 – 7 U 2325/01), GmbHR 2003, S. 356 ff. (357) = NZG 2003, S. 546 ff. (547, 4. Abs.); *OLG Düsseldorf* (U. v. 20.06.1985 – 6 U 78/84), WM 1985, S. 1009 ff. (1010, 3. Abs.); *FG Hamburg* (U. v. 07.08.2003 – VII 124/00), vollständiger Tatbestand nur bei Juris (Einspruchsbegründung).

[36] Vgl. *BGH* (U. v. 16.12.1991 – II ZR 294/90), GmbHR 1992, S. 165 f. (165); *OLG Rostock* (U. v. 16.12.2004 – 1 U 28/04), OLGR Rostock 2005, S. 529 f. (530, I. 1), harte Patronatserklärung bzw. Finanzierungszusage eines Privatmannes. Der Grundsatz der Vertragsfreiheit gebiete es, das Sicherungsmittel der Patronatserklärung auch im Verkehr unter Privaten anzuerkennen; *LG Berlin* (U. v. 18.02.2000 – 94 O 93/99), WM 2000, S. 1060 ff. (1060).

[37] *OGH* (U. v. 12.01.1996 – 4C.342/1995), Urteil über Internet in Lausanne bestellbar; *OLG Düsseldorf* (U. v. 14.11.2002 – 12 U 47/02), GmbHR 2003, S. 178 f. (178/179), „weiche" Patronatserklärung einer Schwestergesellschaft; *Wittig* in: *BuB* (2003), Rn. 4/2874.

[38] *LG München I* (U. v. 02.03.1998 – 11 HKO 20623/97), WM 1998, S. 1285 ff. (1285), „externe" Ausstattungszusage bei 25%iger Beteiligung; *OLG Celle* (U. v. 28.06.2000 – 9 U 54/00, rkr.), GmbHR 2001, S. 303 (nur LS) = NdsRpfl 2000, S. 309 f. (309, Sachverhalt), „interne" Ausstattungszusage eines Minderheitsgesellschafters; *LAG Köln* (U. v. 06.03.1998 – 12 Sa 1341/97), n.v. (Juris), Patronatserklärung unbekannten Inhalts bei exakt 50%iger Beteiligung.

[39] *Michalski,* WM 1994, S. 1229 ff. (1229, A.); *Forschbach,* Liquiditätszusagen, S. 21, 2. Abs. In einem Drei-Personen-Verhältnis können auch Außenstehende als Schutz- oder Schirmherr fungieren, wenn sie dem Gläubiger eines Dritten dessen ausreichende Finanzausstattung versprechen. Die Bezeichnung „Patron" passt unterschiedslos auf sämtliche Ausstattungsschuldner; aA (implizit) *OLG Düsseldorf* (U. v. 26.01.1989 – 6 U 23/88), WM 1989, S. 1642 ff. (1642/1643, 1645/1655, I.), „Finanzierungszusage" (vgl. Fn. 41): Erfordernis einer Mutter-Tochter-Beziehung; ähnlich *Maxem,* GmbHR 2003, S. 179 ff. (180, 3. Abs.).

juristische Personen, die mit dem Protegé eine Geschäftsbeziehung unterhalten[40]. Als dessen Lieferant oder Abnehmer haben sie ein mittelbares Eigeninteresse an dem Zustandekommen des abgesicherten Geschäfts[41]. Stellenweise bilden auch äußerst lose Unternehmensverbindungen den äußeren Anlass für die Abgabe einer Ausstattungserklärung, die de facto persönlich[42] oder erwerbswirtschaftlich motiviert ist[43].

Der Kreis der potenziellen Adressaten ist ebenso wenig abgegrenzt. Gläubiger einer harten Patronatserklärung braucht kein individualisierter Erklärungsempfänger zu sein. Gerade in der jüngeren Vergangenheit haben vermehrt in Geschäftsberichten abgedruckte oder gegenüber der Presse getätigte Patronatserklärungen „an die Allgemeinheit" Anlass zu einer fortwährenden Kontroverse über deren Rechtsgehalt gegeben[44]. Darüber hinaus verlangen vermehrt Bankenaufsichtsbehörden oder andere Sicherungseinrichtungen die Patronatserklärung eines in- oder ausländischen Mutterunternehmens[45].

Sieht man von diesem Sonderfall einer „Globalabsicherung" einmal ab, dient die Ausstattungserklärung den Gläubigern am häufigsten als Sicherungsmittel für eine oder mehrere *Darlehens*forderung(en) gegenüber dem Protegé[46]. Bezugsgegenstand einer Ausstattungszusage kann darüber hinaus jede Forderung

---

40 Siehe auch *OLG Rostock* (U. v. 16.12.2004 – 1 U 28/04), OLGR Rostock 2005, S. 529 f. (530, I. 1.), „harte Patronatserklärung" in Form einer Finanzierungszusage (Versprechen der Ausstattung mit einem *Darlehen*) eines Vaters zu Gunsten des Gläubigers seines Sohnes.

41 Vgl. *OLG Düsseldorf* (U. v. 26.01.1989 – 6 U 23/88), WM 1989, S. 1642 ff. (1642/1643, 1645/1655, I.), Zusage einer Lieferantin, ihrer Abnehmerin (= Subunternehmerin der Gläubigerin) die notwendigen Finanzierungsmittel zur Produktion ... bis zu einer Höhe von 5,3 Mio. DM zur Verfügung zu stellen. Das OLG hat die Zusage nicht als Patronatserklärung gewertet, sondern als dieser vergleichbare Finanzierungszusage; *Kiethe,* ZIP 2005, S. 646 ff. (646, II. 1.); *J. Koch,* Die Patronatserklärung, S. 68, III; *Michalski,* WM 1994, S. 1229 ff. (1229, A.); *Staudinger-Horn,* Vorbem zu §§ 765 ff. Rn. 405.

42 *OLG Rostock* (U. v. 16.12.2004 – 1 U 28/04), OLGR Rostock 2005, S. 529 f. (530, I. 1.), (vgl. Fn. 40).

43 Vgl. *BFH* (U. v. 06.12.1988 – VIII R 362/83), BFHE 156, S. 93 ff. (93, 94/95).

44 *Ammelung/Sorocean,* RIW 1996, S. 668 ff. (668, 1. a.E.), zur Üblichkeit von Patronatserklärungen „gegenüber der Allgemeinheit"; *Habersack,* ZIP 1996, S. 257 ff. (257, Einleitung); *Herget/Butzke,* Ersatzsicherheiten, S. 9; *Leitner,* ÖBA 2002, S. 517 ff. (518, 2. Abs.); *Schneider,* ZIP 1989, S. 619 ff. (619, letzter Abs.); *Thiekötter,* Patronatserklärung, S. 9; näheres dazu in Kapitel 4, A. II., siehe auch Kapitel 5, A. II., B., D II.

45 *Fried,* Die weiche Patronatserklärung, S. 47/48, m. w. N.; *Immenga/Rudo,* Gewährträgerhaftung, S. 64, 3. Abs.; *Thiekötter,* Patronatserklärung, S. 15/16, c.; *Wagner,* Internationale Tätigkeit der Banken, S. 28, IV, 30/31, 2. Gläubiger einer „externen" Ausstattungszusage können demnach auch Dritte sein, die nicht Gläubiger des/der Protegés sind, *Schneider,* ZIP 1989, S. 619 ff. (619, I., 2. Abs., 622, 1.1); *ders.* in: FS Krümmel, S. 351 ff. (358/359, C. I.); *Thiekötter,* Patronatserklärungen ad incertas personas, S. 15/16, c.), m. w. N.

sein[47]. Rechtstatsächlich haben Ausstattungsversprechen schon zur Abdeckung von Mietforderungen[48], Ansprüchen einer Haupt- gegenüber ihrer Subunternehmerin[49], Zahlungspflichten einer Bestellerin aus einem Werkvertrag über Maler- und Tapezierarbeiten[50] und Verpflichtungen aus einem Beherrschungs- und Gewinnabführungsvertrag[51] Verwendung gefunden.

Protegiertes[52] Unternehmen ist üblicherweise eine Kapitalgesellschaft (oder GmbH & Co. KG)[53]. Gläubiger einer (sonstigen) Personen(handels)gesellschaft bedürfen in der Regel[54] keines individuellen Verpflichtungstatbestandes. Sie können namentlich eine natürliche Person als persönlich haftenden Gesellschafter auch so unmittelbar persönlich in Anspruch nehmen (vgl. § 128 (i.V.m. § 161 Abs. 2) HGB (analog))[55].

---

46 *Becker/Trommer,* ZKF 2005, S. 55. ff. (57, 3. Abs.); *Hoffmann* Patronatserklärung, S. 59/60, a); *Staudinger-Horn,* Vorbem. zu §§ 765 ff. Rn. 407; *Thiekötter,* Patronatserklärung ad incertas personas, S. 14, 2. a.).

47 *Hoffmann* Patronatserklärung, S. 60, 1. Abs.; *Schütze,* WuB I F 1 c. – 5.02, S. 931 f. (931, IV.).

48 *OLG Dresden* (U. v. 27.06.2000 – 23 U 2724/99), NVwZ 2001, S. 836 ff. (836, Sachverhalt), kommunale Patronatserklärung; *OLG Schleswig-Holstein* (B. v. 11.04. 2005 – 4 U 20/05), n.v. (Juris), Gründe I./II. 1.

49 *OLG Düsseldorf* (U. v. 26.01.1989 – 6 U 23/88), WM 1989, S. 1642 ff. (1643), Sicherstellung der fristgerechten Auftragserfüllung.

50 *OLG Naumburg* (U. v. 13.01.2000 – 2 U (Hs) 73/98), OLGR Naumburg 2000,S. 407 ff. (408, 2. c)).

51 *OLG München* (U. v. 08.08.1997 – 23 U 1974/97), ZIP 1997, S. 1743 ff. (1744, 3. Abs.), Ausstattungszusage einer Holding (AG).

52 Herrschend ist der Begriff „patroniertes“ Unternehmen, vgl. nur § 2 Ziff. 4 GroMiKV; wie hier *J. Koch,* Die Patronatserklärung, S. 16, 22, etc.

53 Siehe nur *BFH* (U. v. 06.12.1988 – VIII R 362/83), BFHE 156, S. 93 ff. (93); *FG Münster* (U. v. 09.07.2002 – 1 K 433/99 G, U), n.v. (Juris); *FG Münster* (U. v. 25.02.2000 – 11 K 1590/97 F), Beklagtenvortrag (nur bei Juris).

54 Mit Hilfe einer unbefristeten Personalsicherheit kann der Gläubiger aber das Risiko einer auf die „Altforderungen“ begrenzten und zudem zeitlich limitierten Nachhaftung des Gesellschafters für den Fall von dessen Ausscheiden, der Gesellschaftsauflösung und bei Umwandlung einer Komplementär- in eine Kommanditistenstellung ausschalten (§§ 159, 160 HGB), eine Reduktion der angelehnten Gesellschafterhaftung im Zuge des Insolvenzverfahrens verhindern (vgl. § 254 Abs. 2 S. 2 (Insolvenzplan), § 227 Abs. 2 i.V.m. Abs. 1 InsO) sowie den Insolvenzverwaltervorbehalt gemäß § 93 InsO „umgehen“, vgl. *BGH* (U. v. 22.05.1986 – IX ZR 108/85), WM 1986, S. 850 ff. (851/852); *K. Schmidt,* EWiR 1985 S. 671 f. (671, 1.), jeweils noch zu §§ 193, 211 KO, 82, 109 VglO; *Meinhardt,* Beendigung der Haftung, S. 17, 2. Abs.; *Nielsen,* Bankrecht, S. 256/257; *Stolzenburg,* ZIP 1985, S. 1189 ff. (1190, 4. Abs.); *Wagenknecht* in: *BuB* Rn. 4/1043, 4/1221, 4/1222, 4/1225–4/1226b. Die praktische Relevanz des zuerst genannten Motivs dürfte nicht allzu groß sein. Scheiden Gesellschafter und Geschäftsführer aus der Hauptschuldnerin aus, können sie den Sicherungsvertrag regelmäßig außerordentlich kündigen, vgl. Kapitel 12, B. II. 2.

55 *Forschbach,* Liquiditätszusagen, S. 22; implizit ebenso *Michalski,* WM 1994, S. 1229 ff. (1229, A.). Bei einer GmbH & Co. KG ist dies zwar auch möglich,weil den Gläubigern der KG hier als Haftungsmasse nur das GmbH-Vermögen zur Verfü-

## C. „Interne“ Ausstattungszusagen

Neben der als „extern“ bezeichneten Ausstattungserklärung in einem Drei-Personen-Verhältnis existieren weniger häufig[56] auch „interne“ Ausstattungszusagen, wobei „intern“ die Rechtsnatur nicht immer zutreffend beschreibt. Eine oft bessere Beschreibung wäre „duales“ Ausstattungsversprechen, da die Zusage in diesem Fall gegenüber der auszustattenden Gesellschaft ergeht[57]. Der Versprechende sagt ihr zu, stets ausreichend finanzielle oder kapitalmäßige Mittel zur Verfügung zu stellen, damit sie ihre Verbindlichkeiten fristgerecht erfüllen kann[58]. Die „interne“ Ausstattungserklärung kann sich dabei auf alle oder spezifische Gläubiger(/-forderungen) beziehen[59]. Weitere gängige Bezeichnungen für sie sind „((konzern-)interne) Patronatserklärung“[60], „Liquiditätszusage“[61], „Liquiditätsgarantie“[62] oder „Liquiditätshilfegarantie“[63].

---

gung steht, kann sich aus Gläubigersicht aber Bedarf für die Mitverpflichtung einer natürlichen Person oder einer anderen Gesellschaft ergeben.

[56] Die untergeordnete Relevanz „interner“ Ausstattungszusagen ist durch die anlässlich dieser Arbeit durchgeführte Erhebung belegt worden (vgl. Kapitel 2, B. II. 2.); ebenso bereits *Mosch,* Patronatserklärungen, S. 2, 2. Abs.

[57] *OLG München* (U. v. 22.07.2004 – 19 U 1867/04), ZIP 2004, S. 2102 ff. (2103/2104, aa)); *Bordt,* WPg 1975, S. 285 ff. (290, II. Beispiel 2, a)); *Forschbach,* Liquiditätszusagen, S. 94, III.; *Gerth,* Atypische Kreditsicherheiten, S. 270; *Herget/Butzke,* Ersatzsicherheiten, S. 27, 1. Abs.; *Schaffland,* BB 1977, S. 1021 ff. (1022, Bsp. 2., 1023, 2. Beispiel); *Staudinger-Horn,* Vorbem. zu §§ 765 ff. Rn. 407; *Wiedemann/Hermanns,* ZIP 1994, S. 997 ff. (997).

[58] *OLG München* (U. v. 22.07.2004 – 19 U 1867/04), ZIP 2004, S. 2102 ff. (2104, (2)); *Gerth,* Atypische Kreditsicherheiten, S. 270; *Herget/Butzke,* Ersatzsicherheiten, S. 29, Muster 9; *Obermüller,* Ersatzsicherheiten, S. 106 Rn. 352; *Wiedemann/Hermanns,* ZIP 1994, S. 997 ff. (997); *Wittig* in: *BuB* (2003), Rn. 4/2910, 4/2926, 4/2917 (Musterformulare); ähnlich *Hoffmann,* Patronatserklärung, S. 156, b).

[59] *Forschbach,* Liquiditätszusagen, S. 35.

[60] *Bordt,* WPg 1975, S. 285 ff. (290, II. a)); *Capell/Swinne,* Internationales Kredit-Management, S. 69, 3.3.4.1.; *Fischer/Schaffland,* GenFor 1976 II, S. 36 ff. (36, Beispiel 2.); *HdJ-Bordt,* Abt. III/9, Rn. 83; *IdW,* Stellungnahme Aktienrecht, WPg 1976, S. 528 ff. (529, 1. Abs.); *Loitz/Schulze,* DB 2004, S. 769 ff. (770, 2.); *Möser,* DB 1979, S. 1469 ff. (1470, II.); *Pesch,* WM 1998, S. 1609 ff. (1611, bb)); *von Rosenberg/Kruse,* BB 2003, S. 641 ff. (642, 2.); *Schneider* in: FS Krümmel, S. 351 ff. (352/353, 359/360, D.); *ders.,* ZIP 1989, S. 619 ff. (620). Schlicht von „harter Patronatserklärung“ spricht das *OLG München* (U. v. 22.07.2004 – 19 U 1867/04), ZIP 2004, S. 2102 ff. (2104, (2)), mit zustimmender Anmerkung von *Tetzlaff,* EWiR 2005, S. 31 f. (32, 2.2).

[61] *OLG München* (U. v. 22.07.2004 – 19 U 1867/04), ZIP 2004, S. 2102 ff. (2104, (2)); *Forschbach,* Liquiditätszusagen, S. 20/21; *Wiedemann/Hermanns,* ZIP 1994, S. 997 ff. (997); siehe auch *Wittig* in: *BuB* (2003), Rn. 4/2910.

[62] *Bordt,* WPg 1975, S. 285 ff. (290, II. a)); *Gerth,* Atypische Kreditsicherheiten, S. 270–330; *ders.,* WuB I F 1 c – 2.00, S. 1094 ff. (1096, 1. Abs.); *Hoffmann,* Patronatserklärung, S. 156, b); *J. Koch,* Die Patronatserklärung, S. 18, 1. Abs., 22, 1. Abs.; *Merz/Hübner,* DStR 2005, S. 802 ff. (804, 2.4, 807, 5.), Liquiditätsausstattungsgarantie; *K. Schmidt* in: FS Werner, S. 777 ff. (781, b)); *Wittig* in: *BuB* (2003), Rn. 4/2873, 4/2910 ff.

„Interne" Ausstattungszusagen haben im Rechtsleben ganz unterschiedliche Funktionen[64]. Teilweise beschränkt sich ihre Wirkung nicht auf das Verhältnis zu der auszustattenden Gesellschaft. „Die Zusage" dient dann mittelbar auch als (Kredit-)Sicherheit zu Gunsten eines oder mehrerer Gläubiger der auszustattenden Gesellschaft[65]. Die „Besicherung" erfolgt dabei für gewöhnlich nicht durch einen echten Vertrag zu Gunsten Dritter[66], sondern indem der Begünstigte seinen (auf eine bestimmte Verbindlichkeit bezogenen) Ausstattungsanspruch mit Billigung des Ausstattungspflichtigen an einen seiner Gläubiger abtritt[67]. Oder aber der Ausstattungspflichtige erteilt einem (oder mehreren) Gläubiger(n) der Ausstattungsbegünstigten die individuelle Zusage, bis zur vollständigen Tilgung der näher bezeichneten Forderung(en) an seiner Verpflichtungserklärung festzuhalten und diese nicht einvernehmlich mit der begünstigten Gesellschaft zu seinem Nachteil abzuändern[68].

---

63 *Bülow,* Recht der Kreditsicherheiten (6), S. 535 Rn. 1623 („Versprechen, dem Schuldner Kredit zu geben"); *Herget/Butzke,* Ersatzsicherheiten, S. 27, 1.5; *Obermüller,* Ersatzsicherheiten, S. 106 Rn. 351/352, S. 112, Muster 24; *Forschbach,* Liquiditätszusagen, S. 22; *Wittig* in: *BuB* (2003), Rn. 4/2910. *Immenga/Rudo,* Gewährträgerhaftung, S. 64, cc), bezeichnen sie als „Verlustdeckungszusage", was eher an eine Verlustausgleichspflicht i. S. d. § 302 AktG denken lässt.

64 *Forschbach,* Liquiditätszusagen, S. 51.

65 *Bordt,* WPg 1975, S. 285 ff. (290/291, a)); *Forschbach,* Liquiditätszusagen, S. 49/50, 4.; siehe auch *OLG München* (U. v. 22.07.2004 – 19 U 1867/04), ZIP 2004, S. 2102 ff. (2104, b) aa)), das die Erwägungen des BGH zur „externen" Ausstattungsverpflichtung eins zu eins auf die streitgegenständliche „interne" Ausstattungszusage überträgt, vgl. aber S. 2104, a) cc), der „interne" Anspruch diene nicht der Gläubigersicherung; *Wittig* in: *BuB* (2003), Rn. 4/2873.

66 *Bordt,* Wpg. 1975, S. 285 ff. (291, 1. Abs.); *Obermüller,* Ersatzsicherheiten, S. 107 Rn. 355; *Wiedemann/Hermanns,* ZIP 1994, S. 997 ff. (998, III. 2.); vgl. aber *J. Horn,* Patronatserklärungen im common law, S. 18, b); *Schneider* in: FS Krümmel, S. 351 ff. (360, D.), der eine Verallgemeinerung für bedenklich hält und auf die Umstände des Einzelfalls verweist; ähnlich *Thiekötter,* Patronatserklärungen, S. 14/15, 2. b), Auslegung im Einzelfall; näheres zur Drittbegünstigung einer „internen" Ausstattungszusage in Kapitel 5, C. II.

67 *Gerth,* WuB I F 1 c – 2.00, S. 1094 ff. (1095/1096, 2.); *Herget/Butzke,* Ersatzsicherheiten, S. 30, Muster 10; *Hoffmann,* Patronatserklärung, S. 160, 1. Abs.; *J. Horn,* Patronatserklärungen im common law, S. 18, b); *IdW,* Stellungnahme Aktienrecht, WPg 1976, S. 528 ff. (529, 1. Abs., 531, 1. Spalte); *Kohout,* Patronatserklärungen, S. 6/7; *Michalski,* WM 1994, S. 1229 ff. (1230, 3. Abs.); *Möser,* DB 1979, S. 1469 ff. (1470, II.); *Mosch,* Patronatserklärungen, S. 2, 2. Abs.; *Obermüller,* Ersatzsicherheiten, S. 107 Rn. 356, S. 113 Rn. 371, Muster 25; *Wittig* in: *BuB* (2003), Rn. 4/2873, 4/2928 und 4/2929 (Musterformulare einer Abtretungserklärung). Eine Abtretung ist nur im Konsens mit dem Patron problemlos möglich. Ohne ausdrückliche Einwilligung des Patrons ist die Rechtswirksamkeit einer Abtretung des Ausstattungsanspruchs durch die begünstigte Gesellschaft fraglich und nach hier vertretener Meinung zu verneinen, näheres in Kapitel 9, B. IV. 1.

68 *Bordt,* WPg 1975, S. 285 ff. (290, II. a)); *Fischer/Schaffland,* GenFor 1976 II, S. 36 ff. (39/40); *Forschbach,* Liquiditätszusagen, S. 50; *Gerth,* Atypische Kreditsicherheiten, S. 273, 2. Abs., 285 a. E.; *Hoffmann,* Patronatserklärung, S. 157; *J. Horn,* Patronatserklärungen im common law, S. 18/19, b); *IdW,* Stellungnahme Aktienrecht,

Ein Großteil der „internen" Ausstattungszusagen hat ausschließlich Finanzierungsfunktion[69]. Mit Hilfe einer „internen" Ausstattungserklärung können die vorgehaltenen Finanzreserven, gerade in Konzernen, möglichst niedrig gehalten werden, ohne dass sich dies zwangsläufig negativ auf die Leistungs- und Existenzfähigkeit der begünstigten Gesellschaft auswirken würde[70]. Des Öfteren dient die Zusage der Abwendung eines Zusammenbruchs der gesamten Unternehmensgruppe durch den sog. Domino-Effekt[71]. Durch Aktivierung des valutierten Ausstattungsanspruchs soll neben der Zahlungsunfähigkeit eine Überschuldung vermieden werden[72]. Motiv für eine „interne" Ausstattungszusage kann auch die Beschwichtigung designierter oder Bedenken tragender Mitgesellschafter sein[73].

---

WPg 1976, S. 528 ff. (531, 1. Spalte); *Kohout,* Patronatserklärungen, S. 7, 1. Abs.; *Michalski,* WM 1994, S. 1229 ff. (1230, 3. Abs.); *Möser,* DB 1979, S. 1469 ff. (1470, II.); *Mosch,* Patronatserklärungen, S. 2, 2. Abs.; *Schaffland,* BB 1977, S. 1021 ff. (1023, 2. Beispiel). Einer zusätzlichen Unterlassungsverpflichtung der auszustattenden Gesellschaft bedarf es nicht. Zum einen dürfte der aus einer Pflichtverletzung resultierende Schadensersatzanspruch meist nicht werthaltig sein (vgl. *Forschbach,* a. a. O.), zum anderen kann die Begünstigte die Ausstattungsvereinbarung ohne Mitwirkung des Ausstattungsschuldners ohnehin nicht aufheben. Die Möglichkeit eines Ersatzanspruchs gegen den Ausstattungsschuldner reicht aus.

[69] Wie auch die Umfrage ergeben hat (vgl. Kapitel 2, B. II. 2.). Die Tatsache, dass das Vorliegen einer „internen" Ausstattungszusage die Kreditwürdigkeit des begünstigten Unternehmens erhöht, ändert nichts daran, dass die Zusage in diesem Fall keine Sicherungsfunktion hat, siehe auch *Forschbach,* Liquiditätszusagen, S. 60–64, II.; *Kiethe,* ZIP 2005, S. 646 ff. (650, 1. Abs.); *Michalski,* WM 1994, S. 1229 ff. (1230, 3. Abs.); *Wiedemann/Hermanns,* ZIP 1994, S. 997 ff. (997, 998, 2., 2. Abs.); (jedenfalls verbaliter) anders *OLG München* (U. v. 22.07.2004 – 19 U 1867/04), ZIP 2004, S. 2102 ff. (2104, b)), mit zustimmender Anmerkung von *Tetzlaff,* EWiR 2005, S. 31 f. (32, 3.), die (erg.: „interne") Patronatserklärung sei eine Sicherheit; ebenso *J. Koch,* Die Patronatserklärung, S. 360, § 25, I. 1.; *Wittig* in: *BuB* (2003), Rn. 4/2910.

[70] *Forschbach,* Liquiditätszusagen, S. 60/61, II. 1.

[71] *Forschbach,* Liquiditätszusagen, S. 59; ähnlich *von Rosenberg/Kruse,* BB 2003, S. 641 ff. (643, bb). Zur Bedeutung des „Domino-Effektes", *Kohler* in: Recht, Geist und Kunst, S. 96 ff. (100, 1. Abs.); *Wellensiek,* ZIP 1984, S. 541 ff. (543).

[72] Vgl. *LG München II* (U. v. 25.02.2004 – 5 O 6088/02), ZInsO 2004, S. 626 ff. (627, Tatbestand, 628, 3. b) aa)/bb)); *Loitz/Schulze,* DB 2004, S. 769 ff. (770, 2., 774, V.). Voraussetzung ist die fehlende Erstattungspflicht des auszustattenden Unternehmens (773, bb)), wie im Fall des LG München II (a. a. O., S. 627, 1. Spalte, 628, 3. b) aa)); vgl. *Merz/Hübner,* DStR 2005, S. 802 ff. (804, 2.4); *Marotzke,* ZInsO 2004, S. 601 f. (601, 1.); *K. Schmidt* in: FS Werner, S. 777 ff. (781, b)). Zur etwaigen Aktivierungsfähigkeit einer „externen" Ausstattungsverpflichtung im Überschuldungsstatus des Protegés, *Merz/Hübner,* a. a. O., S. 803/804, 2.3.1–2.3.3; *Nöcker/Meyer-Pries,* StuB 2000, S. 760 ff. (761/762).

[73] Ähnlich *Forschbach,* Liquiditätszusagen, S. 65, III. Alternativ kann diesen auch eine „*externe*" Ausstattungszusage erteilt werden, vgl. *Schneider* in: FS Krümmel, S. 351 ff. (359, C. I. 1.); *ders.,* ZIP 1989, S. 619 ff. (622, 1.2).

# D. Offene Rechtsfragen

Viele sehen die Rechtslage bei der Ausstattungsverpflichtung mittlerweile als hinreichend geklärt an und negieren einen weiteren Aufklärungsbedarf[74]. Dem ist nicht so.

## I. Bestand und Wirksamkeitsvoraussetzungen einer rechtsverbindlichen Ausstattungserklärung

Die Rechtslage bei der Ausstattungsverpflichtung ist längst nicht so klar, wie vielfach angenommen[75], schon gar nicht seit der Schuldrechtsreform. In Bezug auf die „externe" Ausstattungserklärung herrscht zwar kein „juristisch tiefes Dunkel" mehr[76], hinsichtlich praktisch äußerst relevanter Problemkreise bestehen aber nach wie vor erhebliche Unsicherheiten: Was genau schuldet der Patron? Schuldet er überhaupt etwas, sofern sich seine Erklärung „nur" den Medien oder seinem Geschäftsbericht entnehmen lässt? Kann der Gläubiger die Ausstattungszusage gerichtlich durchsetzen? Wenn ja, wie?, sind nur einige der noch immer kontrovers diskutierten Fragen.

Großes Defizit ist der Mangel an Judikatur im Bereich der harten Patronatserklärung. Die Zahl an zivilgerichtlich[77] ausgefochtenen Streitigkeiten ist sehr gering[78]. Die Ausstattungszusage ist von den oberen Instanzen stets ohne nähere Auseinandersetzung als rechtswirksam und verbindlich erachtet worden[79]. Umso mehr Aufsehen hat das Urteil des Landgerichts München I vom 2. März 1998[80] erregt. Die 11. Kammer hat erstmals die Klage aus einer harten Patronatserklärung in der Ausstattungsvariante abgewiesen. Die Kammer hat die Zusage aus mehreren Gründen für unwirksam erachtet. Die Entscheidung ist von der Berufungsinstanz ohne viel Federlesens in einem nicht näher begründeten Versäumnisurteil kassiert worden[81]. Das Urteil hat die Praxis aber wachgerüt-

---

[74] So etwa *Thiekötter,* Patronatserklärung, S. 25, 3., in Bezug auf „externe" Ausstattungszusagen gegenüber einem individuellen Adressaten. Zur Sichtweise der Praxis sogleich in Kapitel 2, B. II.

[75] Ebenso *J. Koch,* Die Patronatserklärung, S. 5, 1. Abs., das dogmatische und praktische Fundament der Patronatserklärung müsse noch immer als wenig gesichert bezeichnet werden.

[76] So *Rabe,* wiedergegeben von *König,* Diskussionsbericht in: *Bergström/Schultsz/Käser,* Garantieverträge, S. 43 ff. (49, 1. Abs.); wie hier *Hantke,* S. 103, 2. Abs.

[77] *Fried,* Die weiche Patronatserklärung, S. 55/56.

[78] *J. Horn,* Patronatserklärungen im common law, S. 105, 1. Abs.; *Pesch,* WM 1998, S. 1609 ff. (1609, 1. a), 1610, 1. Abs.); ebenso bereits *Hoffmann,* Patronatserklärung, S. 5.

[79] *von Bernuth,* ZIP 1999, S. 1501 ff. (1501).

[80] *LG München I* (U. v. 02.03.1998 – 11 HKO 20623/97), WM 1998, S. 1285 ff.

[81] *OLG München* (VU. v. 21.10.1998 – 7 U 3960/98), WM 1999, S. 686.

telt. Seine Begründung ist auf herbe Kritik gestoßen[82], wie noch zu zeigen sein wird, zu Recht.

Des Weiteren haben sich durch die Schuldrechtsreform die gesetzlichen Grundlagen geändert. Dennoch sind die hergebrachten Lösungsmodelle zunächst aufrechterhalten worden. Sie werden erst in allerneuester Zeit in Übereinstimmung mit der hier vertretenen Meinung in Frage gestellt[83].

Erstes Ziel dieser Arbeit muss es deshalb sein, die noch vorhandenen rechtlichen Defizite zu beheben. Zu diesem Zweck werden die Wirksamkeitsvoraussetzungen der Ausstattungszusage eingehend analysiert.

## II. Übertragbarkeit der „Anlass-“ und Sittenwidrigkeitsrechtsprechung des BGH auf die „externe“ Ausstattungsverpflichtung

Die Rechtsprechung des Bundesgerichtshofs zu Bürgschaften und anderen Kreditsicherheiten hat sich in der jüngeren Vergangenheit drastisch gewandelt. Akzentuierte der Bundesgerichtshof zunächst die Privatautonomie der Sicherungsgeber mit allen damit verbundenen Konsequenzen[84], hat das oberste Zivilgericht seit dem wegweisenden Verfassungsgerichtsbeschluss aus dem Jahre 1993[85] einen zusehends restriktiveren Kurs eingeschlagen[86]. Insbesondere Bürgen haften vielfach nicht mehr in dem aus der Bürgschaftsurkunde ersichtlichen Umfang. Was ihre „berechtigten Sicherungsinteressen“ angeht, sind die Gläubiger seitens der Rechtsprechung in immer engere Schranken gewiesen worden[87]. Das Prinzip „in dubio pro stipulatorem“[88] gilt umso eher, je schutzbedürftiger der Sicherungsgeber in den Augen der Rechtsprechung erscheint. So hat die Judikatur gerade im letzten Jahrzehnt nicht nur eine Reihe von Fallgruppen entwickelt, in denen die Bestellung einer Sicherheit sittenwidrig ist (sog. „Ange-

---

[82] *J. Koch,* Die Patronatserklärung, S. 191, m.w.N.

[83] Wie hier jetzt *J. Koch,* Die Patronatserklärung, S. 6, 1. Abs., vgl. auch S. 282/283.

[84] *Fischer,* WM 1998, S. 1705 ff. (1706, Einleitung); *ders.* in: Rostocker Schriften zum Bankrecht, Heft 4, S. 101 ff. (104). Etliche Instanzgerichte haben die Mitverpflichtung naher Angehöriger dagegen einer weit gehenden Inhaltskontrolle am Maßstab des § 138 Abs. 1 BGB unterzogen, vgl. *BVerfG* (B. v. 19.10.1993 – 1 BvR 567, 1044/89), BVerfGE 89, S. 214 ff. (215/216, 2. a)) – WM 1993, S. 2199 ff. (2200, 2. a)), m.w.N.

[85] *BVerfG* (B. v. 19.10.1993 – 1 BvR 567, 1044/89), BVerfGE 89, S. 214 ff. = WM 1993, S. 2199 ff.

[86] *Fischer* in: Rostocker Schriften zum Bankrecht, Heft 4, S. 101 ff. (104/105, 106, 1. Abs.); *Zeitter* in: Rostocker Schriften zum Bankrecht, Heft 6, S. 7 ff. (12–14).

[87] *Bydlinski,* ÖBA 1999, S. 93 ff. (94, 2. Abs.).

[88] Zu dem umgekehrten Grundsatz „in dubio contra stipulatorem“ (gemäß § 5 AGBG a.F., 305c Abs. 2 BGB n.F.), *Kohout,* Patronatserklärungen, S. 50, e), 93, c).

hörigen-", neuerdings auch „Arbeitnehmerrechtsprechung"), sie hat auch der formularmäßigen Haftungsausdehnung über diejenige(n) Forderung(en) hinaus, die den Anlass für die Übernahme einer Sicherheit bildet/bilden, teilweise einen Riegel vorgeschoben (sog. „Anlassrechtsprechung").

Eine vergleichbare Entscheidung für die harte Patronatserklärung existiert bislang nicht[89]. In der Literatur mehren sich aber die Hinweise darauf, dass die „Anlassrechtssprechung" möglicherweise auch für die „externe" Ausstattungsverpflichtung gilt[90].

Zweites Ziel dieser Arbeit muss es daher sein, der offenen Frage nach der Übertragbarkeit der zu anderen Bereichen des Kreditsicherungsrechts entwickelten Rechtsprechungsgrundsätze auf die harte Patronatserklärung nachzugehen. Nach vorliegendem Verständnis überzeugt vor allem die „Anlassrechtsprechung" nicht. Sie ist in weiten Teilen inkonsistent und ergebnisorientiert. Es fehlt an einem dogmatisch haltbaren Fundament. Auch weist sie beträchtliche Schutzlücken auf. Der Rechtsprechung wird daher im Rahmen dieser Studie ein praxistauglicher, dem gebotenen Schutz aller Sicherungsgeber besser gerecht werdender Vorschlag für eine kohärente „Anlassrechtsprechung" unterbreitet.

### III. Aufklärungsbedarf im Zusammenhang mit der „internen" Ausstattungsverpflichtung

In Bezug auf die „interne" Ausstattungserklärung[91] ist zum einen fraglich, ob den Gläubigern des auszustattenden Unternehmens durch eine Zession oder

---

[89] Ähnlich *Schäfer,* WM 1999, S. 153 ff. (153, I.). Das *LG München I* (a.a.O.) hat sich ebenfalls nicht explizit damit auseinandergesetzt, ob „externe" Ausstattungszusagen in den Anwendungsbereich der „Anlassrechtsprechung" fallen; scheinbar aA *Fleischer,* WM 1999, S. 666 ff. (668, 2. a)).

[90] *Rummel* in: FS Doralt (2004), S. 493 ff. (506/507); *Schäfer,* WM 1999, S. 153 ff. (161/162); *Wittig,* WM 2003, S. 1981 ff. (1983/1984, 3.). Die Gefahr, dass die „Anlassrechtsprechung" auch für die harte Patronatserklärung gilt, sieht augenscheinlich auch der *BdB* (*Bundesverband des privaten Bankgewerbes e.V.*), vgl. die Zusammenfassung der BdB/vbo-Fachtagung „Kredit- und Kreditsicherungsrecht" am 13./14. Juni 2002 in München, unter Gliederungspunkt 4., „Formulierung von ‚Harten Patronatserklärungen'", (n.v.): Es sei zu konstatieren, dass die alte Patronatserklärung unter dem Aspekt der Transparenz und der Bestimmtheit dem Niveau anderer Sicherheitenvordrucke nicht entspreche. Deswegen sei die Patronatserklärung einer gründlichen Überarbeitung unterzogen worden. Es folgen in den Anlagen 2 und 3 neue Musterformulare für „externe" Ausstattungserklärungen mit engem und weitem Sicherungszweck (in deutscher und englischer Sprache); vgl. im Übrigen Kapitel 10, B. II.; aA *Schimansky/Bunte/Lwowski* (*Merkel*), Bankrechts-Handbuch II (2), § 98 Rn. 16, die üblichen (harten) Patronatserklärungen müssten eine Inhaltskontrolle nicht scheuen. Sie wären von der Bürgschaft „grundverschieden".

[91] Diese hat *J. Koch* in seiner jüngst veröffentlichten Habilitationsschrift über „Die Patronatserklärung" nicht untersucht, da er sie im Einklang mit der hier vertretenen Meinung nicht als „Patronatserklärung" ansieht, vgl. S. 78, 1. Abs.

Pfändung des Ausstattungsanspruchs tatsächlich ein der „externen“ Ausstattungszusage vergleichbarer Anspruch zuwächst[92] und ob die Erklärung sich wirklich zur Abwendung einer Überschuldung eignet[93]. Dies deshalb, weil das Schicksal des „internen“ Ausstattungsanspruchs in der Insolvenz des auszustattenden Unternehmens unklar ist. Hierzu sind in jüngerer Vergangenheit zwei grundlegend divergente Oberlandesgerichtsentscheidungen ergangen[94]. Ein Revisionsverfahren ist bis vor kurzem beim BGH anhängig gewesen[95]. Das Verfahren hat sich mittlerweile außergerichtlich erledigt. Der Revisionsführer hat die Revision zurückgenommen[96]. Aus Rechtssicherheitsgründen ist dies bedauerlich. Drittes Ziel dieser Arbeit muss es deshalb sein, durch eine umfassende Aufarbeitung dieser Thematik für Rechtssicherheit zu sorgen.

Zum anderen ist fraglich, inwieweit sich der Versprechende in der Krise und Insolvenz der ausstattungsbegünstigten Gesellschaft an seiner Zusage festhalten lassen muss. Ist er unabdingbar an seine Erklärung gebunden oder besteht für ihn die Möglichkeit, sich von seiner Zusage noch zu lösen? Auch über diese praxisrelevante Frage muss der BGH nun nicht mehr entscheiden, was eine Auseinandersetzung mit ihr umso dringlicher erscheinen lässt.

## E. Umfang und Gang der Darstellung

Maßstab für die vorliegende Untersuchung ist allein das deutsche Recht. Kollisionsrechtliche Fragestellungen werden von vornherein ausgeblendet. Soweit ausländische, vor allem österreichische und schweizerische Rechtsprechung und Literatur Eingang in dieses Werk gefunden haben, ist dies vor dem Hintergrund einer weitgehend identischen rechtlichen Ausgangslage und Behandlung der harten Patronatserklärung in allen drei Ländern zu sehen[97].

---

92 So *Wittig* in: *BuB* (2003), Rn. 4/2923, 1. Abs., 4/2924, 1. Abs. Als weitere „indirekte Zugriffsmöglichkeit“ kommt die Pfändung und Überweisung des „internen“ Ausstattungsanspruchs durch die Gläubiger der auszustattenden Gesellschaft in Betracht, vgl. *Bordt,* WPg 1975, S. 285 ff. (291, a)); *von Rosenberg/Kruse,* BB 2003, S. 641 ff. (644/645, c)); *Thiekötter,* Patronatserklärungen ad incertas personas, S. 14/15, 2. b).

93 Vgl. *Loitz/Schulze,* DB 2004, S. 769 ff. (770, 2. b)).

94 *OLG Celle* (U. v. 28.06.2000 – 9 U 54/00, rkr.), Nds.Rpfl. 2000, S. 309 f. = OLGR Celle, 2001, S. 39 f.; *OLG München* (U. v. 22.07.2004 – 19 U 1867/04), ZIP 2004, S. 2102 ff.

95 Zu *OLG München* (U. v. 22.07.2004 – 19 U 1867/04), a. a. O., unter Az.: II ZR 201/04.

96 Nach telefonischer Auskunft des 2. Zivilsenats sind die Revision und eine ebenfalls anhängige Nichtzulassungsbeschwerde jeweils am 2. August 2005 zurückgenommen worden. Das Urteil des *OLG München* vom 22.07.2004 (Az.: 19 U 1867/04), a. a. O., ist damit rechtskräftig.

## I. Kriterien für die Anwendbarkeit deutschen Rechts

Die Geltung deutschen Rechts kann einmal darauf beruhen, dass die Parteien mittels einer *Rechtswahlklausel* eine Einigung zu Gunsten des nationalen Regelungsregimes getroffen haben. Eine ausdrückliche Rechtswahlklausel oder zumindest ein hinreichend deutlicher Wille[98] zur Einigung auf ein bestimmtes Rechtsstatut dient nach Art. 27 Abs. 1 S. 1, S. 2 EGBGB als vorrangiger international-privatrechtlicher Anknüpfungspunkt zur Bestimmung des auf einen Vertrag[99] anwendbaren Rechts[100].

Entbehrt die Urkunde über die harte Patronatserklärung im internationalen Geschäftsverkehr einer expliziten Rechtswahlklausel[101], kommt es nach Art. 3

---

[97] Vgl. *BGH* (U. v. 30.01.1992 – IX ZR 112/91), BGHZ 117, S. 127 ff. (130, II.); *Frick,* Patronatserklärungen, S. 95; *J. Horn,* Patronatserklärungen im common law, S. 106/107; *Rummel* in: FS Doralt (2004), S. 493 ff. (506, VII.).

[98] *Hoffmann,* Patronatserklärung, S. 202, d). Gemäß Art. 23 Abs. 1 S. 3 lit a) EuGVO sind *Gerichtsstands*vereinbarungen grundsätzlich schriftlich oder mündlich mit schriftlicher Bestätigung zu schließen (vgl. auch lit. b)/c)), wobei elektronische Übermittlungen, die einer dauerhafte Aufzeichnung der Vereinbarung ermöglichen, gemäß Abs. 2 der Schriftform gleichstehen. Für Vertragsbeziehungen außerhalb der EU existieren unter Umständen entsprechende Formerfordernisse, siehe nur *BGH* (U. v. 22.02.2001 – IX ZR 19/00), WM 2001, S. 768 f. (768, II. 1.), zu Art. 17 des Luganer-Übereinkommens (LugÜ) mit der Schweiz, dessen Wortlaut mit Art. 17 EuGVÜ a.F. „genau übereinstimmt".

[99] Obschon Art. 27 ff. EGBGB nur Regelungen über *vertragliche* Schuldverhältnisse enthalten (sog. Vertragsstatut), sind sie auf einseitige Leistungsversprechen analog anwendbar, vgl. *Palandt-Heldrich* (64), Vorb v Art. 27 EGBGB Rn. 2; *Wolf,* IPRax 2000, S. 477 ff. (478, 2., 481, 2. Abs.), jeweils m.w.N. Ob Patronatserklärungen als vertragliche Leistungsversprechen zu qualifizieren sind, kann daher an dieser Stelle dahinstehen (dazu in Kapitel 5, A.). Die Vorschriften des Europäischen Schuldvertragsübereinkommens (EVÜ) sind nach Art. 1 Abs. 2 des Zustimmungsgesetzes in der Bundesrepublik Deutschland nicht unmittelbar anwendbar. Der Streit, ob das Übereinkommen auch für einseitig verpflichtende Schuldverhältnisse gilt (dazu *Wolf,* a.a.O. S. 479, a)), kann hier also ebenfalls dahinstehen. Durch die sog. Kopiermethode hat der bundesdeutsche Gesetzgeber die Vorschriften des EVÜ in die IPR-Normen (Art. 27–37 EGBGB) integriert, vgl. Art. 36 EGBGB sowie *Palandt-Heldrich* (64), Vorb v Art. 27 EGBGB Rn. 1; *Soergel-von Hoffmann,* Vor Art. 27 Rn. 8 ff.; *Staudinger-Magnus* (2002), Vorbem zu Art. 27–37 EGBGB Rn. 22 ff. (27–29).

[100] Konkret zur (harten) Patronatserklärung, *BGH* (U. v. 30.01.1992 – IX ZR 112/91), ZIP 1992, S. 338 ff. (339, Sachverhalt), österreichische Rechtswahl (dennoch Anwendbarkeit deutschen Rechts hinsichtlich der Folgen eines in Deutschland durchgeführten Konkursverfahrens, vgl. S. 131, 3. a)); *Hoffmann,* Patronatserklärung, S. 194/195, aa); *Jander/Hess,* RIW 1995, S. 730 ff. (735, 3.); *Münchener Vertragshandbuch* (*Schütze*), III. 25., Patronatserklärung (I), S. 464/465, Anm. 10; *Staudinger-Horn* (1997), Vorbem zu §§ 765 ff. Rn. 147; *Staudinger-Magnus* (2002), Art. 28 EGBGB Rn. 510; *Wagenknecht* in: *BuB* (2003), Rn. 4/1340, jeweils m.w.N. Indiz für eine Rechtswahl kann die Vereinbarung eines einheitlichen Gerichtsstandes sein, vgl. *Hoffmann,* Patronatserklärung, S. 211, 4. Abs.; *Palandt-Heldrich* (64), Art. 27 EGBGB Rn. 6.

Abs. 1 S. 1 i.V.m. Art. 28 Abs. 1 EGBGB des deutschen Internationalen Privatrechts darauf an, mit welchem Land die Vereinbarung die engste Verbindung aufweist[102]. Diesbezüglich stellt Art. 28 Abs. 2 eine Vermutung zu Gunsten desjenigen Staates auf, in dem die Partei, welche die charakteristische Leistung zu erbringen hat[103], im Zeitpunkt des Vertragsschlusses ihren gewöhnlichen Aufenthalt bzw. ihre Hauptverwaltung hat[104]. Die vertragstypische Leistung erbringt bei einer Patronatsvereinbarung der Patron[105]. Das Statut der Hauptforderung ist belanglos[106]. Hat der Patron seinen Sitz in der Bundesrepublik Deutschland, führt demnach auch diese Anknüpfung zur Anwendung deutschen Rechts[107].

---

[101] Zu den Wirksamkeitsvoraussetzungen und Anforderungen an eine Rechtswahlklausel, *Hoffmann,* Patronatserklärung, S. 185–206, 2.

[102] *Hantke,* S. 94/95; *Hoffmann,* Patronatserklärung, S. 204, e); *Wagenknecht* in: *BuB* (2003), Rn. 4/1340, Bürgschaft.

[103] Zur Maßgeblichkeit der Sicherungsgeberleistung, *Wagenknecht* in: *BuB* (2003), Rn. 4/1340.

[104] *Hoffmann,* Patronatserklärung, S. 204, e).

[105] *Hantke,* S. 95, 1. Abs.; *Hoffmann,* Patronatserklärung, S. 205, letzter Abs.; *Jander/Hess,* RIW 1995, S. 730 ff. (735, 3.); *Wittig* in: *BuB* (2003), Rn. 4/2902; *Thiekötter,* Patronatserklärung ad incertas personas, S. 105/106, II.; *Wolf,* IPRax 1999, S. 444 ff. (444, II. 1.).

[106] *Hoffmann,* Patronatserklärung, S. 184, 2. Abs.; *Jander/Hess,* RIW 1995, S. 730 ff. (735, 3.); *MüKo-Martiny* (3), Art. 28 Rn. 222; *Palandt-Heldrich* (64), Art. 28 Rn. 20 EGBGB; *Seiler,* Patronatserklärung, S. 135 a.E.; *Soergel-von Hoffmann,* Art. 28 Rn. 285 (Bürgschaft); *Staudinger-Horn* (1997), Vorbem zu §§ 765 ff. Rn. 136 (Bürgschaft), Rn. 147 (Patronatserklärung); *Staudinger-Magnus* (2002), Art. 28 EGBGB Rn. 489 (Bürgschaft); *Wolf,* IPRax 2000, S. 477 ff. (482, 3. Abs.), jeweils m.w.N.; *Wagenknecht* in: *BuB* (2003), Rn. 4/1340 (Bürgschaft); *Wittig* in: *BuB* (2003), Rn. 4/2902, (Ausstattungsverpflichtung); aA *Hantke,* S. 95–97; *Wagner,* Internationale Tätigkeit der Banken, S. 34–36, I., für Patronatserklärungen in Geschäftsberichten, da das Vertrauen der – vornehmlich ausländischen – Gläubiger in die Bonität der protegierten Tochtergesellschaften besser gestärkt werde, wenn sie ihre Rechte vor Ort durchsetzen könnten. Für einen solchen Willen des Patrons lässt sich der Erklärung indes nichts entnehmen. Es ist nicht anzunehmen, dass sich ein Patron zwecks Verbesserung des Standings seiner Tochtergesellschaften je nach deren Sitzland zig verschiedenen Regelungsregimes unterwerfen möchte. Die einheitliche Zusage ist vielmehr einheitlich nach nationalem Recht zu behandeln; siehe auch *Thiekötter,* Patronatserklärung ad incertas personas, S. 102–104, 1.–3.

[107] *Gerth,* WuB I F 1 c – 2.00, S. 1094 ff. (1095, II.); *Jander/Hess,* RIW 1995, S. 730 ff. (735, 3.); *MüKo-Martiny* (3), Art. 28 Rn. 234; *Soergel-von Hoffmann,* Art. 28 Rn. 309; *Staudinger-Magnus* (2002), Art. 28 EGBGB Rn. 510, jeweils m.w.N.; *Thiekötter,* Patronatserklärung, S. 106, für Ausstattungszusagen an die Allgemeinheit; *Treffer,* ZAP Nr. 5, Fach 15, S 383 ff. (385, 4.). Zur vergleichbaren Rechtslage in Österreich, *Rummel* in: FS Doralt (2004), S. 493 ff. (508, 2. Abs.). Die Vermutung ist nur dann unanwendbar, wenn deutlich höhergewichtige, auf eine andere Rechtsordnung verweisende Anknüpfungspunkte bestehen (Art. 28 Abs. 5 EGBGB), vgl. *BGH* (U. v. 26.07.2004 – VIII ZR 273/03), WM 2004, S. 2066 ff. (2069/2070, c)), m.w.N. auch zu dem Streit um das Rangverhältnis der einzelnen Absätze des Art. 28 EGBGB; *Wolf,* IPRax 2000, S. 477 ff. (482, 3. Abs.). Entgegen *Hantke,* S. 95–97, ist dies bei der Ausstattungszusage regelmäßig nicht der Fall. Aus dem konzernrechtlichen Hintergrund einer harten Patronatserklärung lässt sich nicht folgern, dass

## II. Gang der Darstellung

Im Verlauf der Untersuchung wird die Ausstattungserklärung zunächst isoliert betrachtet, auf ihre Rechtsverbindlichkeit hin untersucht und die Rechtsnatur des Ausstattungsversprechens auf Primär- und Sekundärebene geklärt (Kapitel 4–6). Den Weg dazu bereiten das zweite und dritte Kapitel. In ihnen werden die rechtstatsächlichen und historischen Hintergrundinformationen gegeben.

Im siebten Kapitel wird die harte Patronatserklärung von vergleichbaren Haftungstatbeständen abgegrenzt. Sodann wird der Frage nachgegangen, ob das bürgschaftsrechtliche Schriftformerfordernis auch für die „externe" Ausstattungserklärung gilt (Kapitel 8).

Es folgt eine Auseinandersetzung mit potenziellen Wirksamkeitshindernissen. Im Anschluss an die Bestimmtheitsproblematik, welche die Frage nach der Möglichkeit der Inanspruchnahme zivilgerichtlichen Rechtsschutzes mit einschließt (Kapitel 9), wird erörtert, ob die „Anlassrechtsprechung" bei formularmäßiger Ausgestaltung einer „externen" Ausstattungszusage auch für den Gläubiger einer harten Patronatserklärung zur Wirksamkeitsfalle werden kann und wie eine Klausel zur Zahlung auf erstes Anfordern zu bewerten ist. Zugleich werden im zehnten Kapitel die bereits angedeuteten Schwächen der „Anlassrechtsprechung" aufgezeigt und ein eigener, im Ergebnis aus Gläubigersicht restriktiverer Lösungsweg entwickelt. Das 11. Kapitel ist der Frage nach der Sittenwidrigkeit einer „externen" Ausstattungszusage gewidmet. In ihm werden sämtliche Unwirksamkeitsaspekte thematisiert, die nicht auf der formularmäßigen Ausgestaltung der Patronatserklärung beruhen. Anlass dazu haben das bereits angesprochene Urteil des *LG München I* aus dem Jahre 1998 gegeben sowie die neueren Rechtsprechungserwägungen zur Sittenwidrigkeit von Arbeitnehmerbürgschaften.

Im Schlusskapitel (Kapitel 12) werden gangbare Befreiungsmöglichkeiten für den Ausstattungsschuldner diskutiert, die für die Praxis von großer Bedeutung sind.

---

der Gläubiger regelmäßig daran interessiert ist, Patron und Protegé „unter Geltung derselben Rechtsordnung und möglichst vor demselben Gericht" in Anspruch zu nehmen. Die bloße Bezugnahme auf die abgesicherten Hauptschuld(en) ändert daran nichts, zumal dem Patron eine Rechts- und Gerichtswahl im Hauptschuldverhältnis nicht bekannt sein muss.

*Kapitel 2*

# Durchführung einer rechtstatsächlichen Erhebung als Basis für die vorliegende Arbeit

Unsicherheitsfaktor bei der Verfassung eines Rechtsgutachtens über die Patronatserklärung ist die Ungewissheit über ihre praktische Ausgestaltung und Handhabung. Das Datenmaterial zur harten Patronatserklärung ist zu Beginn dieser Arbeit nahezu 30 Jahre alt gewesen[1]. Da nicht davon auszugehen war, dass die Praxis sich seitdem nicht fortentwickelt hat, war vor Anfertigung eines Gutachtens über die Wirksamkeitsvoraussetzungen der Ausstattungsverpflichtung die Durchführung einer rechtstatsächlichen Erhebung dringend erforderlich.

## A. Teilnehmerkreis

Ich habe daher im Sommer 2004 sämtliche im DAX 30, M-DAX und Tec-DAX gelisteten Unternehmen[2] um Teilnahme an einer von mir konzipierten Umfrage zur Patronatserklärung gebeten. Zusätzlich habe ich die Bankenver-

---

[1] Eine rechtstatsächliche Untersuchung bei den führenden Kreditinstituten hat im Juni 1978 *Köhler* durchgeführt, vgl. WM 1978, S. 1338 ff. (1338–1341, I./II.). Auf ihnen zur Verfügung gestelltes Datenmaterial haben zum Teil auch *Mosch,* Patronatserklärungen, vgl. nur S. 11, 1. Abs. (gleichsam 1978) und *Stecher,* „Harte" Patronatserklärungen, siehe nur S. 2, Fn. 3 (ebenfalls 1978), zurückgegriffen. Zur Problematik fehlender aktueller empirischer Daten, vgl. bereits *Fried,* Weiche Patronatserklärung, S. 67 (zu ihrem Alter, S. 66, C. I), der daraufhin selbst eine – allerdings auf die „weiche" Patronatserklärung ausgerichtete – Erhebung durchgeführt hat (S. 67/68). *Zeitter* in: Rostocker Schriften zum Bankrecht, Heft 6, S. 7 ff. (23), hat sich um statistisches Datenmaterial zu den Größenordnungen der den Banken zur Verfügung gestellten Patronatserklärungen bemüht, was ihm unter Hinweis auf fehlende allgemein zugängliche Daten verwehrt worden ist. Parallel zu der von der Verfasserin durchgeführten Erhebung, hat *J. Koch,* Die Patronatserklärung, S. 7, § 2, 85 Fragebögen an große deutsche Unternehmen, Banken und Rechtsanwaltskanzleien verschickt, „um die rechtstatsächliche Motivation zu erfassen, die Teilnehmer des Rechtsverkehrs veranlassen kann, eine Patronatserklärung abzugeben oder zu akzeptieren." 22 Unternehmen haben seinen Fragebogen ausgefüllt (vgl. S. 65, 2. Abs., zu den Umfrageergebnissen, vgl. S. 64–69). Die im Rahmen dieser Arbeit durchgeführte Erhebung ist breiter angelegt. Neben allgemeinen Fragen zur Patronatserklärung sind vor allem Auskünfte über die Ausstattungserklärung eingeholt worden, über ihr Aufkommen, etwaige Zweifelsfragen, ihre konkrete Ausgestaltung, das Prozedere des Vertragsschlusses, etc.

[2] Insgesamt 110 Unternehmen (Stand: FAZ vom 2. Juli 2004).

bände, ausgewählte Kreditinstitute und einige Gesellschaften mit beschränkter Haftung angeschrieben. Die letzten Antworten haben mich im Juni 2005 erreicht. Die Resonanz auf die Umfrage ist erstaunlich groß gewesen. Angesichts des in der Literatur enthaltenen Hinweises auf die verhaltene Auskunfts- bzw. Teilnahmebereitschaft der Unternehmen[3], vor allem aus dem Bereich der Kreditwirtschaft[4], ist deren Kooperationsbereitschaft beachtlich gewesen. Insgesamt haben 37 Unternehmen/Institute aus den verschiedensten Bereichen den ihnen übersandten Fragebogen ausgefüllt[5].

# B. Umfrageergebnis

Auf eine Reihe der Umfrageergebnisse wird erst im Fortgang der Arbeit im Zusammenhang mit den entsprechenden Problemkreisen eingegangen. Da aber eine Vielzahl der Umfrageteilnehmer ein unmittelbares Eigeninteresse an dem erhobenen Datenmaterial bekundet hat und das Wissen um die Praxis viel zum Verständnis der in den Folgekapiteln zu erörternden Problematiken beiträgt, wird hier an vorgezogener Stelle ein komprimierter Überblick über die wichtigsten Erkenntnisse der Erhebung gegeben.

## I. Patronatserklärungen in der Praxis

Die Mehrzahl der Umfrageteilnehmer[6] arbeitet gelegentlich mit Patronatserklärungen, meist als Patron[7]. Nur sechs Unternehmen/Institute sind ständig mit Patronatserklärungen befasst. Gerade aus Kreisen des Kreditgewerbes war zu hören, dass die Patronatserklärung im Kreditgeschäft seit Jahrzehnten häufig

---

[3] *Köhler,* WM 1978, S. 1338 ff. (1339, 2./3.).

[4] *Köhler,* WM 1978, S. 1338 ff. (1339, 2./3.), wobei die Auskunftsbereitschaft auf Nehmerseite größer gewesen ist als auf Geberseite; so jetzt auch *J. Koch,* Die Patronatserklärung, S. 64/65; *Hoffmann,* Patronatserklärung, S. 37, 3. Abs.

[5] Etliche, nicht zuletzt namhafte Vertreter des Kreditgewerbes, haben über die geforderten Auskünfte hinaus individuelle Stellungnahmen zu einzelnen Problemkreisen abgegeben. Nachfragen sind stets umgehend beantwortet worden. Darüber hinaus hat eine Reihe von Unternehmen in Ermangelung eigener Kenntnisse und Erfahrungen hilfreiche Kontakte vermittelt und mir teilweise recht ausführlich ihre anderweitige Finanzierungspraxis offen gelegt. Die Unternehmen, die von einer Beteiligung an der Umfrage abgesehen haben, haben dies mit fehlenden personellen Kapazitäten, ihrer Geschäftspraxis, sich generell nicht an Umfragen zu beteiligen und der (vermeintlichen) Sensibilität der abgefragten Daten begründet. Viele haben sich noch umstimmen lassen.

[6] In Zahlen ausgedrückt 20 Unternehmen/Institute.

[7] Von den 37 Umfrageteilnehmern haben 26 angegeben, in der Regel als Geber einer (harten oder weichen) Patronatserklärung aufzutreten. 11 sind meist Gläubiger bzw. Nehmer der Patronatserklärung, eine Aktiengesellschaft nimmt beide Positionen ein.

vorkomme, und zwar regelmäßig als Alternativvorschlag einer Konzernobergesellschaft gegenüber dem Wunsch des Kreditgebers nach einer klassischen Sicherheit. Hauptanwendungsgebiet seien Betriebsmittelkredite an Konzernunternehmen. Soweit Patronatserklärungen selten Verwendung finden[8], ist Grund dafür entweder der geringe Bedarf oder die Bevorzugung einer anderweitigen Kreditsicherheit, wie einer Bürgschaft, (Bank-)Garantie (auf erstes Anfordern) oder eines Grundpfandrechts[9]. Nach Einschätzung der meisten Teilnehmer ist die Zahl der Patronatserklärungen relativ konstant[10].

Auch hält sich ihre Verwendung im in- und ausländischen Geschäftsverkehr weitgehend die Waage[11]. Letzterenfalls sind die Patrone meist Inländer[12], wohingegen die überwiegende Zahl der protegierten Gesellschaften auslandsansässig ist[13]; dies je nach Verbreitungsgebiet des Konzerns an den unterschiedlichsten Standorten in Großbritannien, diversen anderen europäischen Ländern, Osteuropa, Asien, den USA und Lateinamerika. Der Befund, dass Patron und Protegé meist Mitglieder desselben Konzernverbundes sind, bzw. dass der Patron eine Mehrheitsbeteiligung an dem Protegé unterhält, hat sich durch die Umfrage nochmals erhärtet[14]. Dabei ist das Volumen an insgesamt durch Patro-

---

[8] Bei 11 Gesellschaften/Instituten.

[9] Siehe auch *J. Koch,* Die Patronatserklärung, S. 65.

[10] Laut Angabe von 24 Unternehmen/Instituten. Vier bezeichnen sie sogar als steigend, wohingegen acht eine rückläufige Tendenz ausmachen, die eine Aktiengesellschaft aber nur auf die Einführung sog. Generalpatronate zurückführt. Nach dem Ergebnis *Köhlers,* WM 1978, S. 1338 ff. (1339, 3.), soll die Zahl der von Kreditinstituten hereingenommenen Patronatserklärungen nach der Feststellung ihrer Ausweispflicht durch das IdW gesunken sein, obwohl sie sich gerade „im Auslandgeschäft" immer noch „größter Beliebtheit" erfreuten; vgl. auch *Obermüller,* ZIP 1982, S. 915 ff. (915, 1. Abs.); *ders.,* „Ersatzsicherheiten", S. 1, I., demzufolge Patronatserklärungen seit der Stellungnahme des IdW im innerdeutschen Bereich keine wesentliche Rolle mehr spielen; wie hier *Leitner,* ÖBA 2002, S. 517 ff. (519, 1. Spalte); *Münchener Vertragshandbuch* (*Schütze*), III. 25., Patronatserklärung (I), S. 461, 4. a).

[11] Bei 16 Unternehmen/Instituten kommen Patronatserklärungen vorrangig im internationalen Geschäftsverkehr vor, bei 19 gleichermaßen im Inlands- wie im Auslandsgeschäft, bei nur zweien ausschließlich im Inlandsverkehr.

[12] Laut Angabe von 27 Unternehmen/Instituten. Drei weitere vermochten keine klare Tendenz auszumachen. Nach Auskunft von (nur) fünf Unternehmen/Instituten sind die Patrone meist im Ausland ansässig. Standorte sind diverse Länder in Asien und Osteuropa, „insbesondere" die USA, etc.

[13] So die Antwort von 20 Unternehmen/Instituten. 12 haben angegeben, die Protegés seien meist Inländer. Vier konnten keinen Schwerpunkt erkennen.

[14] Von den 37 Umfrageteilnehmern, die über relevante Erfahrungen mit Patronatserklärungen verfügen, haben 31 angegeben, in den ihnen bekannten Fällen bestehe zwischen Patron und Protegé eine konzernmäßige Verbindung. 25 dieser Unternehmen/Institute haben (zusätzlich) angegeben, die Abgabe der Patronatserklärung erfolge mit Blick auf eine Mehrheitsbeteiligung des Patrons an dem protegierten Unternehmen. Nach Angabe von sechs Unternehmen ist eine solche Mehrheitsbeteiligung der alleinige Grund für die Abgabe der Patronatserklärung(en), es liegt also nicht zugleich ein Konzernrechtstatbestand vor. Nur in einem Fall werden Patronatserklärungen auch

natserklärungen „abgesicherten" Forderungen je nach Gesellschaft/Institut höchst unterschiedlich. Durch Patronatserklärung(en) abgesicherte Kredite sind für gewöhnlich recht hoch[15]. Bei „weichen" Patronatserklärungen reichten die Angaben zu dem Gesamtwert der „abgedeckten" Hauptschulden von 1 Million Euro über ca. 50 Millionen Euro[16] bis hin zu 1,43 Milliarden Euro[17]. Bei „harten" Patronatserklärungen ist die Spannbreite nicht minder groß. Nach Angaben der Umfrageteilnehmer variieren die durch Ausstattungszusagen abgesicherten Gesamtwerte zwischen 500.000,– Euro[18] und 2,22 Milliarden Euro[19]. Die Initiative zur Besicherung durch eine Patronatserklärung geht nach Angaben der Umfrageteilnehmer meist von dem Gläubiger aus[20]. Diese Antwort dürfte so zu verstehen sein, dass der Gläubiger den Patron üblicherweise um die Bestellung einer Sicherheit bittet und man sich auf seinen Anstoß hin kompromisshalber auf die Abgabe einer Patronatserklärung einigt[21].

---

durch Minderheitsgesellschafter in Gestalt einer kaufmännischen Unternehmung abgegeben, wobei es sich wahrscheinlich um konzerninterne Unterstützungsmaßnahmen in Form von „weichen" Patronatserklärungen handelt. Zu dem gleichen Ergebnis ist *J. Koch,* Die Patronatserklärung, S. 65, mit seiner Umfrage gelangt.

15 *J. Koch,* Die Patronatserklärung, S. 68/69, IV.; *Köhler,* WM 1978, S. 1338 ff. (1339, 3.); *Leitner,* ÖBA 2002, S. 517 ff. (527, 5.); *Schröder,* ZGR 1982, S. 552 ff. (553, 1. Abs.).

16 Die Mehrzahl der Patrone hat angegeben, Verbindlichkeiten im Wert von rund 10 Mio. € durch „weiche" Patronatserklärung abzusichern, siehe auch *J. Koch,* Die Patronatserklärung, S. 69, 2. Abs., dessen Erhebung eine Durchschnittshöhe von „durch Patronatserklärungen" besicherten Kreditverbindlichkeiten zwischen 10 und 50 Mio. Euro ergeben hat. Der Autor weist mit Recht darauf hin, dass in der Praxis auch deutliche geringere Kreditsummen durch Patronatserklärung abgesichert würden, was durch den Kreis der Umfrageteilnehmer (nur Großunternehmen) verschleiert werde.

17 Gläubiger in Gestalt eines Kreditinstituts (Stichtagswert per 31.12.2003).

18 Patron. Die meisten Umfrageteilnehmer haben als Patron geantwortet. Eine GmbH & Co. KG hat angeben, 100% der Verbindlichkeiten durch eine Ausstattungszusage abzusichern, ein großes deutsches Dax30-Unternehmen tut dies für ca. 90% aller Verbindlichkeiten. Im Übrigen werden Gesamtvolumina im Wert von 1 Mio., 2 Mio., 5 Mio., 15. Mio. und 130 Mio. € durch harte Patronatserklärung abgesichert.

19 Gläubiger in Gestalt eines Kreditinstituts (Stichtagswert per 31.12.2003).

20 Laut Angabe von 27 Unternehmen/Instituten. Nur sieben der Gesellschaften/Institute haben angegeben, in der Regel ergreife der Patron die Initiative. Einer Minderheit zufolge (drei Gesellschaften/Institute) verlangen ausländische Regulatoren bzw. Bankenaufsichtsbehörden oder der Protegé die Abgabe einer Patronatserklärung.

21 Vgl. bereits *Fischer/Schaffland,* GenFor 1976 II, S. 36 ff (36); *Schaffland,* BB 1977, S. 1021 ff. (1021), „Die Initiative zur Verwendung von Patronatserklärungen geht gewiss nicht vom Kreditgeber aus. Diesem ist eher an einer seit jeher verwendeten Sicherheit gelegen"; *J. Koch,* Die Patronatserklärung, S. 56, 2. Abs.

## II. Ausstattungszusagen in der Praxis und aus Praktikersicht

Nach der harten Patronatserklärung in der Ausstattungsvariante befragt, sieht der überwiegende Teil der Praktiker keinen Aufklärungsbedarf[22]. Unsicherheit herrsche vornehmlich noch hinsichtlich der Widerruflichkeit einer Patronatserklärung, des juristischen Gehalts eines öffentlich publizierten Ausstattungsversprechens und der Konsequenzen einer Beteiligungsaufgabe für die Patronatserklärung. Zu diesen Problemkreisen wird im Folgenden Stellung genommen. Insgesamt wird das Fehlen einer die Rechtslage festigenden BGH-Entscheidung und der Mangel an Literatur bedauert.

### 1. Sicherheitswert der Ausstattungserklärung verglichen mit anderen Personal- und Sachsicherheiten

Erstaunlich groß sind die Divergenzen bei der Frage nach dem Sicherheitswert einer Ausstattungserklärung verglichen mit anderen Personal- und Sachsicherheiten. 15 Teilnehmer gehen davon aus, die harte Patronatserklärung sei einer Bürgschaft ebenbürtig[23]. 14 Teilnehmer verneinen dies. Sie präferieren

---

[22] 21 gegenüber acht Unternehmen/Instituten. *J. Koch,* Die Patronatserklärung, S. 9, § 3, hat aus der von ihm durchgeführten Erhebung die Einschätzung gewonnen, dass der Klärungsbedarf rund um die Patronatserklärung noch ausgesprochen groß ist. Ob dieser Befund auf entsprechenden Äußerungen der Praktiker gründet oder auf ihren divergenten Antworten, bleibt unklar. Sollte letzteres der Fall sein, besteht keine Abweichung zu dem hier vorgestellten Umfrageergebnis.

[23] Eine deutsche Großbank hat sogar angegeben, bei Konzernen und einer bonitätsmäßig einwandfreien Obergesellschaft sei die harte Patronatserklärung erste Wahl – noch vor der Garantie. Die Ausstattungszusage ermögliche eine dauerhafte einzeltransaktionsbezogene Kreditgewährung an Konzernunternehmen im Rahmen der Konzernfinanzierung; vgl. auch *Ebenroth/Boujong/Joost* (*Allstadt-Schmitz*), HGB, BankR IV, Rn. IV 621, der Patronatsvertrag genieße vielfach ein höheres Prestige als die Sicherungsmittel Bürgschaft und Garantie, weil er nicht nur einzelne Gläubiger begünstige, sondern generell die Bonität des protegierten Unternehmens verbessere. Diese Meinung wird im Kreditgewerbe allerdings nicht geteilt, vgl. bereits *Köhler,* WM 1978, S. 1338 ff. (1341, 2. Abs.); siehe auch *J. Koch,* Die Patronatserklärung, S. 56, 1. Abs., dessen Umfrageergebnis, die harte Patronatserklärung werde von den Kreditinstituten „bestenfalls akzeptiert, aber nicht eigentlich gewünscht", sich mit den Äußerungen der Kreditwirtschaft gegenüber der Verfasserin deckt. Ein Gläubigerinstitut sieht die „externe" Ausstattungsverpflichtung generell nicht als Kreditsicherheit an, ein anderes macht den Sicherheitswert der harten Patronatserklärung davon abhängig, ob es ihm gelingt, die von ihm entwickelten Mustertexte durchzusetzen (gegebenenfalls hinsichtlich der konkreten Umstände des Einzelfalles um zusätzliche Aspekte ergänzt). Viele der befragten Kreditinstitute akzeptieren Ausstattungszusagen nach wie vor nur ungern. Man nimmt sie allenfalls von prestigeträchtigen Großunternehmen mit unzweifelhafter Bonität herein, teilweise in der Vorstellung, dass die auf diese Weise „besicherten" Kredite im Grunde blanko verauslagt seien.

Sicherheiten, die dem Gläubiger einen Direktzugriff ermöglichen[24]. Das Hauptproblem liege in der rechtlichen Durchsetzung einer Ausstattungszusage. Die Formulierung des Klageantrags bereite Schwierigkeiten. Der Begründungsaufwand und die damit verbundenen Darlegungsrisiken seien größer als bei einer Bürgschaft. Einen Schuldbeitritt halten 15 der Teilnehmer für das stärkere Sicherungsinstrument, wohingegen 12 die Ausstattungserklärung als gleichwertig ansehen. Die Begründungen entsprechen denjenigen zur Bürgschaft[25]. Teilweise wird der Nachteil für den Gläubiger hier noch größer eingeschätzt. Die Mitschuld sei gegenüber der Bürgschaft die stärkere unmittelbare (Personal-)Sicherheit. Diese Tendenz setzt sich bei der Garantie noch fort. Hier schätzen nur noch 9 von 28 Unternehmen/Instituten (also knapp $^1/_3$ die harte Patronatserklärung als ebenso geeignetes Sicherungsinstrument ein. Die Garantie sei „gefährlicher", da „abstrakt"[26]. Sie lasse sich flexibler an den spezifischen Sachverhalt anpassen. Eine Bankgarantie biete den zusätzlichen Vorteil, nicht von der Liquidität des Patrons abzuhängen. Noch schlechter fällt die Einschätzung des Sicherheitswerts der harten Patronatserklärung verglichen mit der Sicherungsgrundschuld aus. Deren Sicherungseignung halten 22 von 28 Teilnehmern für besser. Wie jede Personalsicherheit, berge auch die Patronatserklärung den Nachteil, nur schuldrechtliche, von der jeweiligen Finanzlage des Sicherungsgebers abhängige Ansprüche zu begründen, wohingegen hinter der Grundschuld als Sachsicherheit bei realistischer Beleihung ein konstanter dinglicher Wert stehe[27]. Bei einem Grundpfandrecht sei (außerdem) der Vollstreckungsaufwand geringer und weniger unsicherheitsbehaftet[28]. Bei Auslandsbelegenheit des als Sicherheit herangezogenen Grundvermögens kann die Verwertung eines Grundpfandrechts indes mit unwägbaren Schwierigkeiten verbunden sein[29].

---

[24] Nach Auskunft eines Banksyndikus spielen diese „in der 1. Liga", während die Ausstattungszusage „nur 2./3. Liga" sei.

[25] Sieht man von dem Hinweis einmal ab, dass die gesamtschuldnerische Mithaft nur zwischen natürlichen Personen üblich sei, nicht aber im Rahmen der Konzernfinanzierung.

[26] Im Sinne von unabhängig von einer wirksamen Hauptschuld (nicht akzessorisch).

[27] Sicherungsübereignungen von Maschinen, etc., können für den Gläubiger mit größeren Wertunsicherheiten verbunden sein, vgl. *Forschbach,* Liquiditätszusagen, S. 72, 8.

[28] Anders *Schäfer,* WM 1999, S. 153 ff. (153, I.), Realsicherheiten seien umständlicher zu realisieren.

[29] *Harries,* wiedergegeben von *König,* Diskussionsbericht in: *Bergström/Schultsz/Käser,* Garantieverträge, S. 25 ff. (49, 2. Abs.); *Köhler,* WM 1978, S. 1338 ff. (1340, 2. a)); *Leitner,* ÖBA 2002, S. 517 ff. (519/520).

### 2. Aufkommen, Adressat(en) und Funktion von „externen“ und „internen“ Ausstattungszusagen

Adressat des Ausstattungsversprechens ist bei 26 bzw. 27 Unternehmen/Instituten ein außenstehender Gläubiger („externe“ Ausstattungserklärung), in 6 Fällen wird das Versprechen auch gegenüber einem oder mehreren abhängigen Gesellschaften abgegeben („interne“ Ausstattungserklärung), nur eine GmbH Co. KG begibt ausschließlich „interne“ Ausstattungszusagen. In den zuletzt genannten Fällen ist Ziel der „internen“ Ausstattungzusage in nur einem Fall die Abtretung des Ausstattungsanspruchs an ein Kreditinstitut begleitet von der Verpflichtung, die Zusage weder aufzuheben noch zu verändern. Letzteres verspricht auch ein weiteres Unternehmen, wobei dieses „interne“ Ausstattungszusagen auch zur bloßen Unterstützung der auszustattenden Gesellschaft(en) erteilt. Die Pflicht zur unveränderten Beibehaltung der Zusage gegenüber einem Gläubiger des auszustattenden Unternehmens ist drei bzw. vier Unternehmen/Instituten aus ihrem Geschäftsverkehr bekannt. Ansonsten steht die Finanzierungsfunktion der „internen“ Ausstattungszusage klar im Vordergrund[30].

„Externe“ Ausstattungserklärungen erfolgen in der Regel individuell gegenüber dem jeweiligen Gläubiger[31]. Eine renommierte Bank besteht sogar (wenn möglich) auf der Erteilung einer individuellen, auf das konkrete Engagement bezogenen Ausstattungszusage. Die Publikation des Ausstattungsversprechens in dem Geschäftsbericht des Patrons geben fünf Teilnehmer als gängige Verlautbarungsform an[32]. Neben den öffentlich publizierten Ausstattungserklärungen werden zum Teil auch individuelle Ausstattungszusagen erteilt[33]. Zwei Gläubiger haben dagegen die Erfahrung gemacht, dass die Patrone dies generell verweigern[34]. Als Grund für die Abgabe einer harten Patronatserklärung haben 21 bzw. 22 Unternehmen/Institute die Absicherung eines konkreten Darlehens bzw. einer bestimmten Einzelleistung genannt. In 18 bzw. 19 Fällen sichert die Erklärung die gesamte Geschäftsverbindung im Hauptschuldverhältnis ab (sog. Globalabsicherung)[35]. Globale Ausstattungszusagen werden in der Regel zeitlich vor Aufnahme der Geschäftsbeziehung im Hauptschuld-

---

30 Nach Auskunft von 12 Unternehmen/Instituten, von denen allerdings nur besagte sieben mit „internen“ Ausstattungserklärungen operieren.

31 Laut 26 bzw. 27 Unternehmen/Instituten.

32 Vgl. auch *Immenga/Rudo,* Gewährträgerhaftung, S. 64, 1. Abs.; *Kohler* in: Recht, Geist und Kunst, S. 96 ff. (99, letzter Abs.); *Rümker* in: FS Stiefel, S. 607 ff. (620, 2. Abs.). Nach Angabe des Justitiars einer Aktiengesellschaft sind bei ihnen neben direkten auch „externe“ Ausstattungszusagen in Emissionsprospekten üblich.

33 So die Angabe von drei Unternehmen/Instituten.

34 Siehe auch *Thiekötter,* Patronatserklärung, S. 22, 2. Abs.; *Wittig* in: *BuB* (2003), Rn. 4/2893.

verhältnis erteilt[36], mit Blick auf mögliche Anfechtungsrisiken eher selten (auch) in einer aktuellen Krisensituation[37].

### 3. Form und Inhalt der harten Patronatserklärung

Die Ausstattungszusage steht in der Praxis nicht oft isoliert[38]. In der Regel wird sie in Kombination mit einer oder mehreren anderen Erklärungen verwandt[39]. Üblicherweise mit dem Versprechen, den bestehenden Einfluss geltend zu machen, damit der Protegé seinen Verbindlichkeiten fristgerecht nachkommt (hier als „Einflussnahme-“ bzw. „Managementklausel I“ bezeichnet[40])[41] und/oder der Verpflichtung zur Aufrechterhaltung der Beteiligung bis zur endgültigen Abwicklung des oder der abgesicherten Geschäfte(s) (sog. Beteiligungsklausel[42])[43]. Daneben ist auch das Versprechen üblich[44], für die Weiterleitung der zugeführten Gelder an den Gläubiger zu sorgen[45]. Insgesamt scheint sich der Regelungsumfang einer Patronatserklärung deutlich verdichtet zu haben[46]. An ihrem Aufbau hat sich nichts geändert[47]. Der eigentlichen Ausstattungszu-

---

[35] Wobei sich die Antworten in 11 bzw. 12 Fällen überlappen. Beide Sicherungszwecke sind also in etwa gleich häufig. Eine ausländische Bank nennt als Grund für die Erteilung einer Ausstattungszusage überdies regulatorische Erfordernisse.

[36] 16 (der 18 bzw. 19) Unternehmen/Institute.

[37] Fünf (der 18 bzw. 19) Unternehmen/Institute. Bei vier von ihnen ist beides schon vorgekommen. Dazu auch *Immenga/Rudo,* Gewährträgerhaftung, S. 63, letzter Abs. *Wiedemann/Hermanns,* ZIP 1994, S. 997 ff. (997), wähnen dagegen eine finanzielle Krise der ausstattungsbegünstigten Gesellschaft als regelmäßigen Auslöser für die Abgabe einer („internen“) Liquiditätszusage. Hinsichtlich der Art und Weise des Zustandekommens einer rechtswirksamen Patronatsvereinbarung, siehe Kapitel 5, D. I./II. 3.

[38] Dies ist (nur) bei 7 Unternehmen/Instituten der Fall (in 2 Fällen „auch“); anders seinerzeit noch *Stecher,* „Harte“ Patronatserklärungen, S. 13/14.

[39] So bei 20 bzw. 21 Unternehmen/Instituten.

[40] Vgl. Kapitel 4, B. I. 1.

[41] 13 bzw. 14 Unternehmen/Institute; vgl. auch *J. Horn,* Patronatserklärungen im common law, S. 18.

[42] Vgl. Kapitel 12, B. II. 2. a); siehe auch *J. Horn,* Patronatserklärungen im common law, S. 18.

[43] 11 bzw. 12 Unternehmen/Institute. In nur einem Fall (Kreditinstitut) enthalten die Gesamtpatronatserklärungen nur eine Beteiligungs-, nicht aber eine Managementklausel.

[44] Bei fünf Unternehmen/Instituten. In zwei Fällen neben Ausstattungszusage, Management- und Beteiligungsklausel, einmal ohne Beteiligungsklausel und in nur einem Fall als einzige Zusatzerklärung neben dem Ausstattungsversprechen.

[45] Ein Unternehmen kombiniert die (zeitlich auf die Beteiligungsdauer limitierte) Ausstattungszusage mit einer Erklärung über die Beteiligungsverhältnisse und der Pflicht zur Gläubigerinformation, wenn die Beteiligung aufgegeben werden soll. Bei einer Bank enthalten die Musterformulare die zusätzliche Verpflichtung, sich selbst über das Kreditverhältnis informiert zu halten.

sage ist ein sog. *Bezugspunkt* vorgeschaltet, in dem der Patron kundtut, von der/den abzusichernden Hauptschuld(en) Kenntnis genommen zu haben[48]. Bei fünf Unternehmen bezieht sich die eigentliche Ausstattungszusage auf die Kapitalausstattung des Protegé, bei der Mehrzahl der Umfrageteilnehmer auf dessen Finanzausstattung[49]. In einigen Fällen übernimmt der Patron ergänzend die Pflicht dafür zu sorgen, dass dem Gläubiger die an ihn zurückgezahlten Beträge unter allen Umständen endgültig verbleiben (sog. Revocatoria-Klausel)[50]. Im Übrigen werden „externe" Ausstattungszusagen des Öfteren durch einen oder mehrere der nachfolgenden Erklärungstatbestände ergänzt: Das Versprechen, unter bestimmten Voraussetzungen Zahlung auf erstes Anfordern zu leisten[51], das Zugeständnis an den Patron, eine Direktleistung an den Gläubiger erbringen zu dürfen[52], die Beschränkung etwaiger Schadensersatzansprüche auf eine dem Beteiligungsverhältnis entsprechende Quote[53] oder auf einen bestimmten Höchst-

---

[46] Was darauf zurückzuführen sein dürfte, dass sich etliche Unternehmen eigener Angabe zufolge an den Textvorschlägen *Wittigs,* WM 2003, S. 1981 ff. (1987, III 1.), „für moderne Patronatserklärungen" orientieren.

[47] Vgl. nur die deutschen und englischen Formulierungsbeispiele zur harten Patronatserklärung mit engem und weitem Sicherungszweck in den Anlagen 2 und 3 des Berichtes über die *BdB*/vbo-Fachtagung „Kredit- und Kreditsicherungsrecht" am 13./14. Juni 2002 in München (*Bundesverband des privaten Bankgewerbes e.V.*), zu Gliederungspunkt 4., „Formulierung von ‚Harten Patronatserklärungen'", (n.v.).

[48] *Herget/Butzke,* Ersatzsicherheiten, S. 9, Muster 1; *Kohout,* Patronatserklärungen, S. 34/35, II.; *Mosch,* Patronatserklärungen, S. 8, § 3; *Obermüller,* Ersatzsicherheiten, S. 25, Muster 1, S. 27–29, Muster 3–5; *ders.,* ZGR 1975, S. 1 ff. (3, 2.); *Rummel* in: FS Doralt (2004), S. 493 ff. (494/495), mit dem Hinweis, die einleitend genannte Verbindlichkeit zähle in aller Regel zum *Inhalt* der nachfolgenden Ausstattungserklärung; *Wittig* in: *BuB* (2003), Rn. 4/2905, (Musterformular): „Wir haben zur Kenntnis genommen, dass Sie ... (dem Protegé) mit *einem Kredit* i.H.v. ... zur Verfügung stehen (wollen)" (19 bzw. 20 der Umfrageteilnehmer) bzw. „... *mit Krediten* zur Verfügung stehen (wollen)" (14 Teilnehmer, bei 12 Überlappungen) oder „dass der Protegé Ihnen eine *bestimmte Leistung schuldet*" (Absicherung von Lieferverträgen durch eine Aktiengesellschaft); vgl. auch die deutschen und englischen Musterformulare in Anlage 2 und 3 des Berichtes über die *BdB*/vbo-Fachtagung „Kredit- und Kreditsicherungsrecht" am 13./14. Juni 2002 in München, zu Gliederungspunkt 4. „Formulierung von ‚Harten Patronatserklärungen'", (n.v.); *OLG Nürnberg* (U. v. 09.12.1998 – 12 U 2626/98), IPRax 1999, S. 464 ff. (464, Sachverhaltsdarstellung). Im englischsprachigen Raum: „letter of awareness", *Geigy-Werthemann* in: Festgabe zum Schweizerischen Juristentag, S. 21 ff. (21 a.E.).

[49] 16 bzw. 17 Unternehmen/Institute.

[50] Fünf Unternehmen/Institute; siehe auch *Obermüller,* Ersatzsicherheiten, S. 25, Muster 1; *Wittig* in: *BuB* (2003), Rn. 4/2905, (Musterformular).

[51] Vier bzw. fünf Unternehmen/Institute; vgl. auch *Herget/Butzke,* Ersatzsicherheiten, S. 10, Muster 2; *Wittig* in: *BuB* (2003), Rn. 4/2907, (Musterformular); näheres in Kapitel 10, C.

[52] Fünf bzw. sechs Unternehmen/Institute.

[53] Zwei bzw. drei von insgesamt vier oder fünf Unternehmen/Instituten; siehe auch *Obermüller,* Ersatzsicherheiten, S. 29, Muster 5; *Wittig* in: *BuB* (2003), Rn. 4/2906, (Musterformular).

betrag[54], eine Nachfolgeklausel für den Fall eines Inhaber- und/oder Rechtsformwechsels auf Seiten des Patrons oder Protegés[55], einen Verweis auf die Geltung der AGB des Gläubigers bzw. Patrons[56], eine Höchstbetragsbegrenzung der Ausstattungszusage[57] durch Angabe eines Maximalbetrages[58] oder durch Bezeichnung einer konkreten Höhe der Hauptschuld, bis zu der stets ausreichend Mittel zur Verfügung stehen müssen[59], eine zeitliche Befristung der Zusage[60], eine auflösende Bedingung für den Fall eines Beteiligungsverlustes/einer Anteilsveräußerung durch den Patron[61], eine Kündigungsklausel (selten)[62], Schiedsklausel (selten)[63], Rechtswahl-, und/oder Gerichtsstandsklausel (oft). Vor allem hier scheint sich in rechtstatsächlicher Hinsicht ein Wandel vollzogen zu haben. Lässt sich der älteren Literatur und früheren Umfrageergebnissen noch der Befund entnehmen, Gerichtsstands- und Rechtswahlklauseln seien im

---

54 Drei bzw. vier der insgesamt vier oder fünf Unternehmen/Institute; siehe auch *Wittig* in: *BuB* (2003), Rn. 4/2906, (Musterformular).

55 Ingesamt fünf bzw. sechs Unternehmen/Institute.

56 Insgesamt (nur) zwei Unternehmen, wobei bei einem nicht einmal sicher ist, ob der Hinweis auf die Geltung der Gläubiger-AGB Bestandteil einer „harten" oder einer „weichen" Patronatserklärung ist. Aus Bankensicht ist darauf verwiesen worden, die AGB passten nicht auf Patronatserklärungen bzw. die Frage ihrer zusätzlichen Geltung richte sich danach, ob die Bank daneben mit dem Patron in Geschäftsverbindung stehe. Da dies regelmäßig der Fall sei, seien sie auf diese Weise einbezogen. Die Relevanz ihrer Einbeziehung ergebe sich insbesondere aus Nr. 14 AGB-Banken (vgl. auch Kapitel 3, A. III. (Fn. 101).

57 Insgesamt 11 Unternehmen/Institute. Es stimmt also nicht, dass harte Patronatserklärungen nie betragsmäßig begrenzt werden, so *Schimansky/Bunte/Lwowski* (*Merkel*), Bankrechts-Handbuch II (2), § 98 Rn. 18.

58 Fünf Unternehmen/Institute. Hiervor seien die Gläubiger gewarnt. Sofern sich die Begrenzung nicht explizit nur auf den Sekundäranspruch bezieht, laufen sie Gefahr, dass der Patron seiner Verpflichtung durch eine einmalige Zuwendung an den Protegé in Höhe des Maximalbetrages genügt, ohne dass ihr Erfüllungsinteresse im Hauptschuldverhältnis dadurch bereits befriedigt wäre, siehe nur *OLG Naumburg* (U. v. 13.01.2000 – 2 U (Hs) 73/98), OLGR Naumburg 2000, S. 407 ff., (409, 1. b) bb) (1)); *Balzer*, 7. Rostocker Bankentag 2001, S. 59 ff. (70 Fn. 41).

59 Fünf Unternehmen/Institute.

60 Fünf Unternehmen/Institute. Näheres in Kapitel 12, 2. Abs.

61 11 bzw. 12 Unternehmen/Institute. Entgegen *Schimansky/Bunte/Lwowski* (*Merkel*), Bankrechts-Handbuch II (2), § 98 Rn. 18, ist Merkmal einer harten Patronatserklärung also nicht das Fehlen „einer gegenständlichen und zeitlichen Begrenzung".

62 In nur einem Fall (Patron in Gestalt einer Aktiengesellschaft) sieht die Ausstattungsvereinbarung eine beidseitige Kündigungsmöglichkeit vor. Gegenüber einem anderen Patron, der durch harte Patrontserklärung die Lieferverpflichtungen seiner Konzernunternehmen absichert, finden Kündigungsklauseln je nach Ausgestaltung der Lieferverträge, in die sie integriert sind, Eingang in die Ausstattungsvereinbarung.

63 Deren Anwendung im Bereich der harten Patronatserklärung haben überhaupt nur drei Gesellschaften bestätigen können (eine davon die die Lieferverpflichtungen ihrer Tochterunternehmen absichernde Gesellschaft (vgl. die vorhergehende Fußnote)). Zwei Bankenvertreter haben explizit darauf hingewiesen, Schiedsklauseln seien unüblich bzw. würden nur ganz ungern aufgenommen.

Bereich der Patronatserklärung eher untypisch[64], scheinen sie heute bei der „externen" Ausstattungserklärung gang und gäbe zu sein[65].

---

[64] *Altenburger,* Patronatserklärungen, S.21, B); *Hoffmann,* Patronatserklärung, S. 210 a. E.; *Huber* in: Rechtsprobleme der Bankpraxis, S. 47 ff. (61, E.); ebenso *Hantke,* S. 94, 1. Abs.); *Münchener Vertragshandbuch* (*Schütze*), III. 25., Patronatserklärung (I), S. 465, Anm. 10. b); aA aber bereits *Köhler,* WM 1978, S. 1338 ff. (1340, vor II.); *Kohout,* Patronatserklärungen, S. 68,

[65] Vgl. *LG Berlin* (U. v. 18.02.2000 – 94 O 93/99), WM 2000, S. 1060 ff. (1061, I. 1.); *KG Berlin* (U. v. 18.01.2002 – 14 U 3416/00, rkr.), WM 2002, S. 1190 f. (1191); *LG München I* (U. v. 02.03.1998 – 11 HKO 20623/97), WM 1998, S. 1285 ff. (1285); die neuen Musterformulare des *Bundesverbandes des privaten Bankgewerbes e. V.,* Anlagen 2 und 3 des Berichtes über die *BdB*/vbo-Fachtagung „Kredit- und Kreditsicherungsrecht" am 13./14. Juni 2002 in München, zu Gliederungspunkt 4., „Formulierung von „‚Harten Patronatserklärungen'", (n. v.): „*Diese Vereinbarung unterliegt dem Recht der Bundesrepublik Deutschland. Gerichtsstand ist ..., Bundesrepublik Deutschland; wir können jedoch auch vor jedem anderen zuständigen Gericht verklagt werden*"; *Wittig* in: *BuB* (2003), Rn. 4/2907, 4/2908 (Musterformulare). Von den befragten und mit harten Patronatserklärung operierenden Unternehmen und Instituten haben 21 bzw. 22 angegeben, die Urkunden über die Ausstattungszusage enthielten stets eine explizite Rechtswahl- und/oder Gerichtsstandsklausel. Überwiegend verweisen die Klauseln auf das deutsche Recht bzw. auf einen inländischen Gerichtsstand (jeweils 18 Unternehmen/Institute). Ein Banksyndikus hat wissen lassen, die mit dem Wunsch nach „ausländischen Patronaten" verbundenen Rechtsfragen würden stets eingehend und individuell überprüft. Ein anderer hat telefonisch angegeben, bei der Hereinnahme von dem angelsächsischen Recht unterstehenden Patronatserklärungen lasse man besondere Vorsicht walten. Diese müssten schon äußerst hart formuliert sein, um vor den englischen Gerichten bestehen zu können (dazu *Dilger,* RIW 1989, S. 573). Die Kosten stünden dabei meist in keinem Verhältnis zu dem Nutzen der Patronatserklärung, da im Vorfeld zunächst ausländische Korrespondenzanwälte mit der detaillierten Prüfung des in der Regel sehr umfangreichen Vertragswerks betraut werden müssten; dazu auch *Kohout,* Patronatserklärungen, S. 68; *Wittuhn,* RIW 1990, S. 495 f. (496). Anstelle einer – auch harten – Patronatserklärung, werde daher eher auf die Abgabe einer Garantie gedrängt oder der Kredit blanko verauslagt.

*Kapitel 3*

# Entstehungsgeschichte und fortdauernde Daseinsberechtigung

Das Aufkommen an Patronatserklärungen erschließt sich vor allem rechtshistorisch.

Das Bedürfnis nach einer zusätzlichen atypischen Personalsicherheit ist erstmals in der zweiten Hälfte der 60er-Jahre offen zutage getreten[1].

## A. Steuerliche Anreize

Auslöser war das Steuerrecht[2].

### I. Umgehung von § 3 Abs. 2 KVStG

Gemäß § 2 Ziff. 1 des Kapitalverkehrsteuergesetzes von 1959 (KVStG) fiel beim Erwerb von Gesellschaftsrechten an einer inländischen Kapitalgesellschaft durch den ersten Erwerber Gesellschaftsteuer an[3]. Zweck des Gesetzes war die Besteuerung eines durch die Vereinigung oder Zufuhr von Kapital in eine(r) Gesellschaft vermuteten künftigen Vermögenszuwachses[4]. Um eine Umgehung durch Fremdkapitalfinanzierungen zu vermeiden[5], wurde der Anwendungsbe-

---

[1] *Hantke,* S. 17, 2.; *Maslaton,* NVwZ 2000, S. 1351 ff. (1351, I.); *Michalski,* WM 1994, S. 1229 ff. (1229, A.).

[2] *Bärmann,* Kreditsicherheiten, Teil I: BRD, S. 91, 2. Abs.; *Bordt,* WPg 1975, S. 285 ff. (286, 1. Spalte); *J. Horn,* Patronatserklärungen im common law, S. 169, 8., 2. Abs.; *J. Koch,* Die Patronatserklärung, S. 33, 2.; *Kohout,* Patronatserklärungen, S. 14, a); *Stecher,* „Harte" Patronatserklärungen, S. 4, II.; *Wittig* in: *BuB* (2003), Rn. 4/2851.

[3] Bekanntmachung der Neufassung des Kapitalverkehrsteuergesetzes vom 24.07. 1959, BGBl. I 1959, S. 530 ff. (530, § 2).

[4] *Begründung zur Novellierung des Kapitalverkehrsteuergesetzes* vom 16.10.1934, RStBl. II 1934, S. 1460 ff. (1462, 2. Spalte, 2. Abs.): *„Die Gesellschaftsteuer beruht auf dem Gedanken, dass die Vereinigung von Vermögensbestandteilen verschiedener Personen zu einer einheitlichen Vermögensmasse einen Mehrwert hervorbringt"*. Angesichts der mit dem Erwerb der Gesellschafterstellung verbundenen Vorteile erscheine es daher als „das Gegebene", den Erwerb des Gesellschaftsrechts unmittelbar der Gesellschaftsteuer zu unterwerfen; siehe auch *J. Koch,* Die Patronatserklärung, S. 34, 1. Abs.

reich des KVStG auf eigenkapitalersetzende Gesellschafterdarlehen erstreckt (§ 3 Abs. 1 KVStG)[6]. Gleiches galt gemäß § 3 Abs. 2 Satz 1 für die Besicherung von Darlehen Dritter durch einen Gesellschafter[7]. Hinsichtlich dieses Tatbestandes war allerdings äußerst streitig, ob darunter nur die in § 232 BGB a. F. explizit genannten Sicherheiten zu fassen waren[8] oder ob über diese Auflistung hinaus auch vergleichbare Sicherungsinstrumentarien eine Steuerpflicht auslösen konnten[9]. Das Bundesfinanzministerium hielt die Abgabe einer „externen" Ausstattungserklärung (mit Leitungsverpflichtung) für kapitalverkehrsteuerpflichtig[10].

---

[5] *Begründung zur Novellierung des Kapitalverkehrsteuergesetzes* vom 16.10.1934, RStBl. II 1934, S. 1460 ff. (1466, 1./2. Abs.), „Ersatztatbestand", der alle Fälle erfasse, „in denen an der Stelle der Darlehensgewährung die Erhöhung des Grundkapitals das Gebotene gewesen wäre". Derartige Darlehen seien gesellschaftsrechtlich gebundenem Kapital, das in erster Linie von der Gesellschaftsteuer „getroffen werden soll", wirtschaftlich gleichzustellen.

[6] *Bekanntmachung der Neufassung des Kapitalverkehrsteuergesetzes* vom 24.07. 1959, BGBl. I 1959, S. 530 ff. (531, § 3 Abs. 1): „*Der Gesellschaftsteuer unterliegt auch die Gewährung von Darlehen an eine inländische Kapitalgesellschaft durch einen Gesellschafter, wenn die Darlehensgewährung eine durch die Sachlage gebotenen Kapitelzuführung ... ersetzt*"; zum persönlichen Anwendungsbereich der Norm, *BFH*, BStBl. II 1970, S. 279, 1./2.; *Obermüller,* ZIP 1982, S. 915 ff. (921, 3., 2. Abs.).

[7] *Bekanntmachung der Neufassung des Kapitalverkehrsteuergesetzes* vom 24.07. 1959, BGBl. I 1959, S. 530 ff. (531, § 3 Abs. 2 S. 1): „*Als Darlehen eines Gesellschafters gilt auch das Darlehen eines Dritten, wenn ein Gesellschafter dafür Sicherheit leistet*"; vgl. auch die *Begründung zur Novellierung des Kapitalverkehrsteuergesetzes* vom 16.10.1934, RStBl. II 1934, S. 1460 ff. (1466, 1./2. Spalte), wonach der Umgehungstatbestand durch dieses Änderungsgesetz eingeführt worden ist, nachdem die Hingabe steuerpflichtiger Gesellschafterdarlehen in der Praxis vielfach durch wirtschaftlich gleichstehende Gesellschafterbesicherungen umgangen worden war; *Fried,* Die weiche Patronatserklärung, S. 37, 1. Abs.

[8] Neben sechs Realsicherheiten war dort als einzige Form der Personalsicherheit die Bürgschaft aufgeführt, vgl. *BFH* (U. v. 15.07.1976 – II R 132/69), BFHE 120, S. 279 ff. (282, 3.). Für eine Beschränkung auf die genannten Sicherheiten, *FG Hamburg* (U. v. 19.09.1963 – IV 12/62), EFG 1964, S. 235 ff. (236/237, 2.); *Niedersächsisches FG* (U. v. 23.10.1974 – III 114/70), EFG 1974, S. 271; *Kamprad,* DB 1967, S. 1869 ff. (1896, 1.).

[9] Zu diesem Meinungsstreit, *Bordt,* WPg 1975, S. 285 ff. (286, 1. Spalte); *Franken,* BB 1967, S. 202 f. (202/203); *Fried,* Die weiche Patronatserklärung, S. 37/38. Gegen einer Gesellschaftsteuerpflicht des Patrons, *Erdmann,* wiedergegeben von *König,* Diskussionsbericht, in: *Bergström/Schultsz/Käser,* Garantieverträge, S. 43 ff. (52, 1. Abs.); *Käser* in: *Bergström/Schultsz/Käser,* Garantieverträge, S. 25 ff. (32, c)); *Kamprad,* DB 1967, S. 1869 ff. (1896, 1.); *Kinnebrock,* BB 1973, S. 1317 ff. (1321, 2.); *Kinnebrock/Meulenbergh,* KVStG (5), § 3 Rn. 9–15; *Kohout,* Patronatserklärungen, S. 15; *Mosch,* Patronatserklärungen, S. 7; *Obermüller,* ZGR 1975, S. 1 ff. (2/3).

[10] *BFM* (Schreiben v. 15.12.1967 – IV A/4 – S 5102 – 1/67), abgedruckt in Rundschreiben des BvB Nr. 23 (BvB R II/23 v. 7.3.68), (nur für die angeschlossenen Institute bestimmtes Manuskript), die obersten Länderfinanzbehörden hätten in einer Besprechung mit ihm die Auffassung vertreten, dass die zur Kreditsicherung üblicherweise verwendeten Patronatserklärungen zur Gesellschaftsteuerpflicht führten (darunter die „externe" Ausstattungszusage mit Leitungsverpflichtung), da der Siche-

Der Bundesfinanzhof (BFH) entschied, eine Patronatserklärung unterfiele nur dann dem Tatbestand des § 3 Abs. 2 KVStG, wenn der Patron sich dem Gläubiger gegenüber dazu verpflichtet hätte, *unmittelbar* für die Verbindlichkeiten des Hauptschuldners einzustehen und der Gläubiger von ihm *im Rahmen der geleisteten Sicherheit* die Befriedigung seiner Forderung(en) verlangen könnte[11]. Der BFH verneinte dies für eine (bloße) Verlustdeckungszusage. Ein verlustausgleichspflichtiger Patron, der nur sicherzustellen hätte, dass das vorhandene Vermögen keine Schmälerung erführe, wäre für die Verbindlichkeiten des Protegés jedenfalls *nicht selbst* und *unmittelbar* einstandspflichtig[12]. Die Konstellation einer Ausstattungszusage ist höchstrichterlich nie entscheidungserheblich gewesen[13].

---

rungsnehmer gegenüber dem Sicherungsgeber einen Rechtsanspruch auf Herbeiführung des versprochenen Erfolges habe. Da die von den Banken verwendeten Patronatserklärungen nicht wortgleich seien, werde es für die gesellschaftsteuerliche Entscheidung in der Regel auf den Einzelfall ankommen, *Bordt,* WPg 1975, S. 285 ff. (286, 1. Spalte); *Fried,* Die weiche Patronatserklärung, S. 37/38; *Kohout,* Patronatserklärungen, S. 15.

[11] *BFH* (U. v. 15.07.1976 – II R 132/69), BFHE 120, S. 279 ff. (282, 3.); *BFH* (U. v. 19.01.1977 – II R 6/75), BFHE 121, 362 ff (363/364, 2.), (Hervorh. durch Verf.). In dem zuletzt genannten Fall hat der *BFH* dies für eine Gesamtpatronatserklärung bestehend aus einer Verlustdeckungszusage gekoppelt mit dem Recht des Gläubigers, von dem Patron wahlweise die Rückzahlung der fremdem Verbindlichkeit oder die Bestellung einer ihm genehmen Sicherheit zu verlangen, bejaht (S. 356/357, d)); offen gelassen für eine „externe" Ausstattungsverpflichtung von *BFH* (U. v. 08.11.1978 – II R 6/74), BFHE 126, S. 483 ff. (484).

[12] *BFH* (U. v. 15.07.1976 – II R 132/69), BFHE 120, S. 279 ff. (284/285, 5.2.) = BStBl. II 1977, S. 91 ff. (93/94, 5.2.). Der Senat ist in diesem Fall davon ausgegangen, dass ein potenzieller Schadensersatzanspruch gegen die Muttergesellschaft wegen Nichterfüllung der Kapitalerhaltungspflicht bedeutungslos sei. Der Fall einer laufenden Liquiditätsausstattungspflicht rechtfertige aber möglicherweise eine andere Würdigung. Für die – nicht entschiedene – Konstellation einer Ausstattungszusage lässt sich somit nicht mit letzter Gewissheit ausschließen, dass der BFH bei Entscheidungserheblichkeit zu einer Gleichstellung von Bürgschaft und harter Patronatserklärung gelangt wäre. Nach der dieser Abhandlung zugrunde liegenden Auffassung wäre eine Gleichbehandlung unter Aufrechterhaltung des Kriteriums einer Direktleistungszusage deshalb problematisch gewesen, weil der Patron dem Gläubiger auf Primärebene keine Direktleistung, sondern nur die ordnungsgemäße Ausstattung des Protegés schuldet, vgl. Kapitel 4, B. I. 2.–4. (v.a. 3.).

[13] In dem Fall *BFH* (U. v. 08.11.1978 – II R 6/74), BFHE 126, 483 ff. (484), hat der BFH die Frage nach dem Sicherungscharakter einer Ausstattungsverpflichtung nicht beantworten müssen, da er seine Entscheidung maßgeblich auf eine zusätzlich erteilte Ausbietungsgarantie gestützt hat; anders die Vorinstanz, *Niedersächsisches FG* (U. v. 23.10.1974 – III 114/70), EFG 1974, S. 271, die eine Steuerpflicht im Falle der harten Patronatserklärung mit der Begründung verneint hat, der Begriff der Sicherheitsleistung i.S.d. § 3 Abs. 2 S. 1 KVStG sei strikt bürgerlich-rechtlich auszulegen (LS), aus einer Ausstattungszusage resultiere für die Bank kein unmittelbarer Anspruch auf Leistung an sich, sondern allenfalls ein Schadenersatzanspruch wegen Nichterfüllung; ebenfalls verneinend, *Kamprad,* DB 1967, S. 327 f. (327/328), mangels (erg.: direkter) Haftung der Muttergesellschaft gegenüber dem Gläubiger und angesichts der Gefahr einer Doppelbesteuerung, da die Zufuhr neuer Mittel in Erfüllung

Nach Aufhebung der Norm mit Wirkung zum 1. Januar 1972[14] blieb der von einigen prophezeite Rückzug der Patronatserklärung aus[15]. Grund dafür waren ihre sonstigen Vorzüge[16].

## II. Vermeidung der Einkünfteberichtigung nach § 1 Abs. 1 AStG

So schien sich die Patronatserklärung anfangs pauschal zur Vermeidung einer Einkünfteberichtigung gemäß § 1 Außensteuergesetz (AStG) zu eignen[17].

Die Vorschrift des § 1 Abs. 1 AStG sieht vor, dass Einkünfte aus Geschäftsbeziehungen mit einer im Ausland ansässigen, dem Steuerpflichtigen nahe stehenden Person[18] für den Fall der Vereinbarung besonders günstiger Konditionen zu steuerlichen Zwecken fiktiv auf den Betrag festzusetzen sind, der bei einem Drittgeschäft vereinbart worden wäre (Maßstab des „dealing-at-arm's-length-Grundsatzes"[19]). Durch diese Erhöhung steigt das zu versteuernde Einkommen und mit ihm die Steuerlast[20]. Im Falle einer unentgeltlichen Leistungserbringung ist diese Korrekturmöglichkeit fraglich. Entgegen teilweise vertretener Ansicht dürfte die Norm nicht voraussetzen, dass tatsächlich Einkünfte im steuerlichen Sinn erzielt worden sind[21].

---

der Ausstattungszusage in aller Regel ebenfalls steuerbar sei; dem folgend *Kinnebrock/Meulenbergh,* KVStG (5), § 3 Rn. 12.

14 Durch das „*Gesetz zur Änderung des Kapitalverkehrsteuergesetzes und anderer Gesetze*" vom 23.12.1971, BGBl. I 1971, S. 2134 ff. (2134, Art. 1 Ziff. 2.): „*§ 3 wird gestrichen*"; zum Zeitpunkt seines In-Kraft-Tretens, vgl. Art. 5 (S. 2138); *Hoffmann,* Patronatserklärung, S. 32.

15 Dazu *J. Koch,* Die Patronatserklärung, S. 35, 1. Abs.; *Kohout,* Patronatserklärungen, S. 15; *Obermüller,* ZGR 1975, S. 1 ff. (3, 1. Abs.); ebenso *Hoffmann,* Patronatserklärung, S. 3 a. E., allerdings bezogen auf die Zeit nach der richtungweisenden Stellungnahme des Instituts der Wirtschaftsprüfer (IdW).

16 Vgl. *Bordt,* WPg 1975, S. 285 ff. (297, F.); *Michalski,* WM 1994, S. 1229 ff. (1232, 8.); siehe auch *J. Koch,* Die Patronatserklärung, S. 53/54, 9.

17 *Köhler,* WM 1978, S. 1338 ff. (1341, b)); *Kohout,* Patronatserklärungen, S. 24/25, h); *Mosch,* Patronatserklärungen, S. 6, unter Verweis auf die Undurchführbarkeit eines Fremdvergleichs; *Rippert,* Patronatserklärungen, S. 4/5, ohne nähere Erläuterung; *Stecher,* „Harte" Patronatserklärungen, S. 6/7; vgl. auch *Schimansky/Bunte/Lwowski* (*Merkel*), Bankrechts-Handbuch II (2), § 98 Rn. 10.

18 Das erforderliche Näheverhältnis ist gemäß § 1 Abs. 2 Ziff. 1 AStG unter anderem bei einer (un-)mittelbaren Beteiligung von mindestens einem Viertel oder bei bestehender Möglichkeit zur beherrschenden Einflussnahme gegeben. Zu den übrigen Vermutungstatbeständen, vgl. Ziff. 2 und 3 der Norm.

19 *Flick/Wassermeyer/Baumhoff* (*Wassermeyer*), AStG, § 1 Anm. 8, 11, 16.

20 Das gilt nicht nur für die Einkommen- und Körperschaftsteuer, sondern auch für die Gewerbesteuer, vgl. §§ 2 EStG; 7 Abs. 1, Abs. 2, 8 Abs. 1 S. 1 KStG (jeweils nebst Zuschlagsteuern), §§ 6, 7 S. 1 GewStG.

Eine Zeit lang sah es so aus, als hätten diffizile Fragen wie der Fremdvergleichsmaßstab bei einer harten Patronatserklärung[22] für eine Vielzahl an Unternehmen an Zündstoff verloren[23]. Ende 2000 stellte der BFH in einer wegweisenden Entscheidung fest, harte Patronatserklärungen innerhalb eines Konzernverbundes zögen nicht notwendigerweise eine Gewinnkorrektur gemäß § 1 AStG nach sich. Ausweislich des Gesetzeswortlauts sei danach zu differenzieren, ob die fragliche Leistung im Rahmen einer *gesellschaftlichen* (dann keine Berichtigung) oder einer *geschäftlichen* Beziehung erbracht werde (dann Berichtigung)[24]. Eine Einkünfteberichtigung komme nur bei Vorliegen eines selbständigen Leistungsverhältnisses in Betracht, nicht aber bei einer Eigenkapitalzufuhr. Dieser gleich zu achten sei die Übernahme einer eigenkapitalersetzen-

---

[21] Die Anwendbarkeit des § 1 AStG auf unentgeltliche Leistungen bejahen *FG Baden-Württemberg* (U. v. 04.12.2001 – 1 K 250/99), EFG 2002, 381 ff. (382/383, c)/d)); *Fried,* Weiche Patronatserklärung, S. 81/82, II.; *Günkel/Lieber,* IStR 2004, S. 229 ff. (231); *Köhler,* DStR 2002, S. 1341 ff. (1341/1342, 1.3.1); vgl. nunmehr auch *BMF,* Schreiben v. 22.07.2005 (IV B 4 – S 1341 –4/05), DStR 2005, S. 1315 f. (1315, 1. Abs.). Für eine Beschränkung der Regelung auf Tatbestände einer Einkünftereduktionen, *Flick/Wassermeyer/Baumhoff (Wassermeyer),* AStG, § 1 Anm. 212, unter Hinweis auf das Erfordernis einer wortgetreuen Auslegung trotz gegenteiliger Sachlogik.

[22] Wofür keine Standardsätze existieren, vgl. *Ammelung/Sorocean,* RIW 1996, S. 668 ff. (673, 1. Spalte). Nach dem Umfrageergebnis wird in der ganz überwiegenden Zahl der Fälle keine Provisionsvereinbarung getroffen, siehe auch *Michalski,* WM 1994, S. 1229 ff. (1231, 3.). Die Finanzverwaltung stellt pauschal auf die (bank-)üblichen Provisionen für die Bereitstellung einer Bürgschaft oder Garantie ab, vgl. auch Tz. 4.4.3 i. V. m. 4.4.1 des „Schreibens betr. Grundsätze für die Prüfung der Einkunftsabgrenzung bei international verbundenen Unternehmen (*Verwaltungsgrundsätze*)" vom 23.02.1983, zu finden unter Ordnungsziffer 725 § 1/1 der Beck'schen „Steuererlasse"; kritisch dazu *Ammelung,* IStR 2003, S. 250 ff. (251/252, 5.2.). *Schimansky/Bunte/Lwowski* (*Merkel*), Bankrechts-Handbuch II (2), § 98 Rn. 10 meint, ein steuerschädlicher Fremdvergleich sei unmöglich. Insgesamt zu dem Meinungsstreit (nach alter Rechtslage), *Ammelung/Sorocean,* a. a. O., S. 670–674, 3.

[23] *Ammelung,* IStR 2003, S. 250 ff. (250, Einleitung).

[24] *BFH* (U. v. 29.11.2000 – I R 85/99), BFHE 194, S. 53 ff. (54–56, 4., (v. a.) 55, a)) = BStBl II. 2002, S. 720 ff. (721). Das *FG Niedersachsen* (U. v. 23.03.1999 – VI 357/95), DStRE 2000, S. 409 ff. (411/412), hatte ausgeurteilt, dass es für die Abgrenzung zwischen geschäftlichen und gesellschaftsrechtlichen Beziehungen auf die wirtschaftlichen Interessen der Muttergesellschaft bei Abgabe der Bürgschafts- oder Patronatserklärung ankäme. Wären den ausländischen Tochterunternehmen Produktions- und Vertriebsfunktionen zugeordnet, stünde es der Muttergesellschaft frei, die Interessen des Gesamtkonzerns durch Zufuhr von Eigen- oder Fremdkapital zu verfolgen (gesellschaftsrechtliche Beziehung, keine Hinzurechnung). Diente die Zusage dagegen der Absicherung einer ganz konkreten Geschäftsmaßnahme des Tochterunternehmens, wären banküblichen Provisionszinsen zu veranschlagen. Die Sicherungsmaßnahmen stünden dann nicht mit der Gesellschaftsgründung in Zusammenhang, sondern mit Betriebsmittelkrediten. Der Tochter blieben auf diese Weise notwendige Eigenmittelaufwendungen erspart, so dass ein entsprechender Fremdvergleich anzustellen wäre. Finanzierungsgesellschaften würden demgegenüber im Interesse des Gesamtkonzerns tätig. Die zu ihren Gunsten abgegebenen Sicherungserklärungen wären gesellschaftlich veranlasst (keine Hinzurechnung).

den Verpflichtung. Teleologisch mache es keinen Unterschied, ob eine Auslandsgesellschaft von vornherein mit ausreichend Eigenkapital ausgestattet werde oder der Gesellschafter ihr durch eine unentgeltliche Maßnahme die Aufnahme von benötigtem Fremdkapital ermögliche. Anlass einer harten Patronatserklärung zu Gunsten einer ausländischen, selbst nicht kreditwürdigen Konzern(finanzierungs)gesellschaft[25] und der daraus resultierenden Ausstattungsleistungen sei kein geschäftlicher, sondern ein gesellschaftlicher. Eine Einkünfteerhöhung müsse unterbleiben[26]. Unterstützend hat der BFH darauf verwiesen, dass Maßnahmen zur Herstellung der Kreditwürdigkeit einer Auslandstochter sich von Natur aus einem Fremdvergleich entzögen[27]. Sie ähnelten funktional der Gewährung (additionalen) Eigenkapitals und seien daher auch ebenso zu behandeln[28]. Bei anderer Auslegung bestehe die Gefahr einer Diskriminierung von Konzernen mit im EG-Ausland ansässigen Tochterunternehmen und damit eines gemeinschaftswidrigen Verstoßes gegen die Niederlassungsfreiheit (Art. 43, 48 EG) und womöglich auch gegen die Kapitalverkehrsfreiheit (Art. 56 EG).

Die Finanzverwaltung hat mit Schreiben vom 17. Oktober 2002 die Nichtanwendung dieses Urteils auf alle noch offenen Fälle verfügt. Als Begründung hat das Bundesfinanzministerium angeführt, nach Wortlaut und Sinn und Zweck der Norm sei zwischen einer geschäftlichen, sprich schuldrechtlichen, und einer gesellschaftsrechtlichen Beziehung, die das Nahestehen erst begründe, zu unterscheiden. Die zu einer wesentlichen Beteiligung führende oder eine maßgeb-

---

[25] Die Entscheidung betraf nur ausländische *Finanzierungs*gesellschaften. Für Betriebsgesellschaften hätte vermutlich nichts anderes gegolten.

[26] Dieser Rechtsauffassung ist das *FG Baden-Württemberg* (U. v. 04.12.2001 – 1 K 250/99), EFG 2002, 381 ff. (382), für den Fall einer zinslosen eigenkapitalersetzenden Darlehensgewährung gefolgt (der *BFH* ist in dem Revisionsverfahren ebenfalls zu einem Berichtigungsverbot gelangt, allerdings mit der Begründung, zwischen dem inländischen Steuerpflichtigen und der ausländischen Letztbegünstigten der Leistung (einer Betriebsstätte des inländischen Leistungsempfängers) bestehe keine (unmittelbare) personale Beziehung, vgl. *BFH* (U. v. 28.04.2004 – I R 5, 6/02), DB 2004, S. 1919 f. (1920, 2.). Der *BMF* hat mit Schreiben v. 22.07.2005 (IV B 4 – S 1341 – 4/05), DStR 2005, S. 1315 f. (1315/1316) die Nichtanwendung dieses Urteil über den entschiedenen Fall hinaus verfügt. Entscheidend sei nicht der personale Bezug zum Ausland, sondern der sachliche; siehe auch *Ammelung/Sorocean,* RIW 1996, S. 668 ff. (671/672), wegen faktischer Sanierungspflicht der Muttergesellschaft kein objektivierbares Zusatzrisiko.

[27] Ebenso *Hoffmann,* Patronatserklärung, S. 33, ein Fremdvergleich sei mangels eines marktmäßigen Angebots und wegen des daraus resultierenden Fehlens von Vergleichspreisen nicht durchführbar; ebenso *Michalski,* WM 1994, S. 1229 ff. (1231, 3.), „praktisch unmöglich"; *Schimansky/Bunte/Lwowski* (*Merkel*), Bankrechts-Handbuch II (2), § 98 Rn. 10; für „weiche" Patronatserklärungen ebenso *FG Baden Württemberg* (U. v. 26.09.1996 – 10 K 156/93), EFG 1997, S. 456 ff. (457/458); vgl. auch *Ammelung,* IStR 2003, S. 250 ff. (251, 5.1.).

[28] Ebenso *FG Baden-Württemberg* (U. v. 04.12.2001 – 1 K 250/99), EFG 2002, 381 ff. (382/383).

liche Beteiligung erhöhende Eigenkapitalgewährung „sei keine ‚Geschäftsbeziehung'". Unbeschadet dessen sei für das Bestehen einer Geschäftsbeziehung aber nicht entscheidend, ob diese betrieblich oder gesellschaftsrechtlich veranlasst sei. Optiere die inländische Muttergesellschaft für eine Fremdkapitalfinanzierung und im Zuge dessen für die Übernahme einer verbindlichen Garantie, würden daraus resultierende Leistungen mit Bezug auf eine Geschäftsbeziehung erbracht. Sie seien nach Fremdvergleichsgrundsätzen zu würdigen[29]. Harte Patronatserklärungen begründeten daher unabhängig davon, ob sie fehlendes Eigenkapital ersetzten oder die Tätigkeit der ausländischen Tochter stärkten, stets eine gesonderte Geschäftsbeziehung[30].

Der Gesetzgeber hat prompt reagiert und durch das Steuervergünstigungsabbaugesetz (STVergAbG) vom 16. Mai 2003 den Wortlaut des § 1 Abs. 4 AStG „deklaratorisch"[31] rückwirkend für alle Fälle ab dem Veranlagungszeitraum 2003 angepasst[32]. Seither ist unter einer „Geschäftsbeziehung" „jede den Einkünften zugrunde liegende *schuldrechtliche Beziehung* zu verstehen, die *keine gesellschaftsvertragliche* Vereinbarung ist ...[33]". Die Gesetzesbegründung folgt dem Nichtanwendungserlass[34]. Textziffer 1.4.2 des Schreibens des Bundesministeriums der Finanzen betreffend Grundsätze zur Anwendung des Außensteuergesetzes vom 14. Mai 2004[35] ergänzt dies noch dahingehend, dass eine Prüfung nach dem Grundsatz des Fremdverhaltens auch dann stattfindet, wenn eine schuldrechtliche Vereinbarung in den Gesellschaftsvertrag aufgenommen wor-

---

[29] Erst im Rahmen dieser Prüfung sei in Anschlag zu bringen, inwieweit die Leistung gesellschaftsrechtlich veranlasst ist.

[30] *BMF* (Schreiben v. 17.10.2002 – IV B 4 – S 1341 – 14/02), BStBl. I 2002, S. 1025 f. (1025, 2.) = DStR 2002, S. 2079; diese Entwicklung übersieht *Hantke*, S. 20.

[31] Ähnlich bereits *BMF* (Schreiben v. 17.10.2002 – IV B 4 – S 1341 – 14/02), BStBl. I 2002, S. 1025 f. (1025, 3.) = DStR 2002, S. 2079; kritisch *Günkel/Lieber*, IStR 2004, S. 229 ff. (230, 3.).

[32] „Gesetz zum Abbau von Steuervergünstigungen und Ausnahmeregelungen (Steuervergünstigungsabbaugesetz – *StVergAbG*)", BGBl. I 2003, S. 660 ff. (666, Artikel 11); zum Zeitpunkt des In-Kraft-Tretens der Norm, vgl. § 21 Abs. 11 S. 1 AStG.

[33] ... und entweder bei dem Steuerpflichtigen oder bei der nahe stehenden Person Teil einer land- oder forstwirtschaftlichen, gewerblichen oder selbständigen Tätigkeit ist bzw. zu einer Vermietungs- oder Verpachtungsleistung gehört." Mangels außerbetrieblicher Sphäre erzielen nach dem Handelsgesetzbuch buchführungspflichtige Körperschaften stets und ausschließlich Einkünfte aus Gewerbebetrieb, vgl. Tz. 1.4.1. des „*Schreibens betr. Grundsätze zur Anwendung des Außensteuergesetzes*" vom 14.05. 2005 (BStBl. I, Sondernummer 2004, S. 3 ff. (S. 8), auch zu finden unter Ordnungsziffer 725 der Beck'schen „Steuerlasse") i. V. m. § 8 Abs. 2 KStG.

[34] Vgl. „*Entwurf* eines Gesetzes zum Abbau von Steuervergünstigungen und Ausnahmeregelungen (Steuervergünstigungsabbaugesetz – *STVergAbG*)", BT-Drucksache 15/119 vom 02.12.2002, zu Art. 12 (AStG), zu Nr. 1 (§ 1 Abs. 4), S. 53.

[35] BStBl. I Sondernummer 1/2004, S. 3, auch zu finden unter Ordnungsziffer 725 der Beck'schen „Steuererlasse".

den ist (erg.: ohne dass es sich dabei um eine gesellschafts*rechtliche* Vereinbarung handelt)[36].

Nach gegenwärtiger Rechtslage muss bei Übernahme einer unentgeltlichen oder „verbilligten" Ausstattungspflicht für eine nahe stehende Auslandsgesellschaft damit die Gefahr einer außensteuerrechtlichen Einkünftekorrektur einkalkuliert werden[37]. Die Nichtanwendbarkeit des § 1 Abs.1 AStG gilt nur für weiche Patronatserklärungen als gesichert[38]. Hier ist aber noch vieles in der Schwebe[39]. Der BFH hat sich bereits Mitte 2001 auf den Standpunkt gestellt, § 1 Abs. 1 AStG sei gemeinschaftswidrig, allerdings ohne die Frage dem Europäischen Gerichtshof (EuGH) vorlegen zu müssen[40].

---

36 Nach Erlass des Arbeitsentwurfs haben *Günkel/Lieber,* IStR 2004, S. 229 ff. (230/231, 4.), darauf hingewiesen, dass eine Korrektur durch gesellschafts*vertragliche* Verankerung einer Verpflichtung zur Vergabe eines zinslosen Darlehens, zur Abgabe einer Bürgschafts- oder Patronatserklärung, etc. als „Eigenkapitalersatz" vermieden werden könne. Die Reduktion des Nichtanwendungsbereichs auf originäre Eigenkapitalüberlassungen sei nur durch den Gesetzgeber, nicht aber durch Verwaltungsanweisung möglich (S. 231, 3. Abs.).

37 Ähnlich bereits *Fried,* Weiche Patronatserklärung, S. 83, 3. Abs.; siehe auch *Michalski,* WM 1994, S. 1229 ff. (1231, 3.), die Grundsätze träfen auch auf andere bürgschaftsähnliche Verpflichtungsübernahmen zu.

38 Vgl. nur *FG Baden Württemberg* (U. v. 26.09.1996 – 10 K 156/93), EFG 1997, S. 456 ff. 457); *FG Niedersachsen* (U. v. 23.03.1999 – VI 357/95), DStRE 2000, S. 409 ff. (411); siehe auch *Fried,* Die weiche Patronatserklärung, S. 82/83.

39 Siehe auch *J. Koch,* Die Patronatserklärung, S. 44/45.

40 Für den *BFH* sind die gemeinschaftsrechtlichen Aspekte bislang nicht entscheidungsrelevant geworden. Er hegt aber ernsthafte Zweifel an der Europarechtskonformität der Norm bzw. an einer anders lautenden als der oben dargestellten Interpretation des § 1 AStG („effet utile"), vgl. bereits *BFH* (U. v. 29.11.2000 – I R 85/99), DB 2001 S. 903 ff. (905, 6.); siehe v.a. *BFH* (B. v. 21.06.2001 – I B 141/00), BFHE 195, S. 398 ff. (400/401, 3.), wo der *BFH* die Gemeinschaftswidrigkeit des § 1 Abs. 1 AStG bejaht hat. ((Wohl) Verstoß gegen die Niederlassungsfreiheit, die Kapitalverkehrsfreiheit und die daraus abzuleitenden Diskriminierungsgebote). Gegenstand des Beschwerdeverfahrens ist die Aussetzung der Vollziehung angefochtener Steuerbescheide gewesen, die der BFH angesichts seiner ernstlichen Zweifel an der Rechtmäßigkeit des Verwaltungsaktes ohne Beteiligung des EuGH hat anordnen können (vgl. S. 399, II 1., 401, 4.); ebenfalls zweifelnd, *Körner,* IStR 2004, S. 217 ff. (218, 2. Abs.); *J. Koch,* Die Patronatserklärung, S. 45, 2. Abs., der von der Europarechtswidrigkeit des § 1 Abs. 4 AStG ausgeht. Ein vergleichbarer Inlandsfall könne nicht um ein fiktives Entgelt erhöht werden; ebenso *Schaumburg,* DB 2005, S. 1129 ff. (1137, c)/VI.). Diese Aussagen dürften richtig sein, da sich die Anwendungsbereiche des § 8a KStG n.F., der nunmehr auch sämtliche Inlandssachverhalte erfasst (dazu sogleich unter III.), und des § 1 Abs. 4 AStG, der anders als § 8a KStG auch für unentgeltliche Nutzungsüberlassungen gilt, unterscheiden. Im Übrigen ist die Europarechtskonformität von § 8a KStG ebenfalls zweifelhaft (vgl. Fn. 107). Der Anwendungsbereich der Kapitalverkehrsfreiheit geht über denjenigen der Niederlassungsfreiheit hinaus. Die Kapitalverkehrsfreiheit ist auch im Verhältnis zu Drittstaaten anwendbar, vgl. *Kessler/Eicker/Obser,* IStR 2004, S. 325 ff. (325, 2. Abs., zur Abgrenzung, siehe S. 326/327, 1.2). Die in Art. 58 Abs. 1a) EG vorgesehene Ausnahme für steuerliche Regelungen steht dem nicht entgegen. Gemäß Art. 58 Abs. 3 EG dürfen nationale Steuerrechtsvorschriften weder willkürlich diskriminierend sein noch den freien Kapi-

## III. Gesellschafterfremdfinanzierung (§ 8a KStG)

Von noch größerer praktischer Relevanz als § 1 AStG ist mittlerweile die Regelung der sog. Gesellschafter-Fremdfinanzierung (§ 8a KStG)[41]. Gemäß Text-

---

talverkehr verdeckt einschränken. Nach hM ist durch diesen Steuervorbehalt nur die EuGH-Rechtsprechung kodifiziert worden, dass die Beschränkung durch zwingende Gründe des Allgemeinwohls gerechtfertigt und verhältnismäßig sein muss. Steuermindereinnahmen begründen dabei ebenso wenig ein zwingendes Allgemeininteresse, wie der Kohärenzaspekt, sofern die Steuernachteile nicht für dasselbe Steuerrechtssubjekt durch neutralisierende Vorteile an anderer Stelle aufgewogen werden. Eine Gesamtbetrachtung verschiedener Konzernunternehmen kommt nicht in Betracht, vgl. *Kessler/Eicker/Obser,* a.a.O., S. 329, 3.

[41] Die für diese Arbeit maßgeblichen Passagen lauten: *§ 8a Abs. 1 S. 1 KStG*: „Vergütungen für Fremdkapital, das eine Kapitalgesellschaft nicht nur kurzfristig von einem Anteilseigner erhalten hat, der zu einem Zeitpunkt im Wirtschaftsjahr wesentlich am Grund- oder Stammkapital beteiligt war, sind auch verdeckte Gewinnausschüttungen, wenn die Vergütungen insgesamt mehr als 250.000,– Euro betragen und wenn eine (*Ziff. 1*) nicht in einem Bruchteil des Kapitals bemessene Vergütung vereinbart ist oder (*Ziff.* 2) in einem Bruchteil des Kapitals bemessene Vergütung vereinbart ist und soweit das Fremdkapital zu einem Zeitpunkt des Wirtschaftsjahrs das Eineinhalbfache des anteiligen Eigenkapitals des Anteilseigners übersteigt, es sei denn, die Kapitalgesellschaft hätte dieses Fremdkapital bei sonst gleichen Umständen auch von einem fremden Dritten erhalten können ...", (*S. 2*): *„Satz 1 ist auch bei Vergütungen für Fremdkapital anzuwenden, das die Kapitalgesellschaft von einer dem Anteilseigner nahe stehenden Person im Sinne des § 1 Abs. 2 des Außensteuergesetzes oder von einem Dritten erhalten hat, der auf den Anteilseigner oder eine diesem nahe stehende Person zurückgreifen kann*", (*Abs. 5 S. 1*): „Die Absätze 1 bis 4 gelten entsprechend, wenn das Fremdkapital einer Personengesellschaft überlassen wird, an der die Kapitalgesellschaft alleine oder zusammen mit ihr nahe stehenden Personen im Sinne des § 1 Abs. 2 des Außensteuergesetzes unmittelbar oder mittelbar zu mehr als einem Viertel beteiligt ist. (*S. 2*) In den Fällen des Satzes 1 gilt das Fremdkapital als der Kapitalgesellschaft überlassen". § 8a Abs. 1 S. 1 Ziff. 1 betrifft variable/„hybride" (ergebnisabhängige) Finanzierungsformen, Ziff. 2 herkömmliche, vgl. *Blumenberg/Lechner,* BB 2004, S. 1765 ff. (1765, I). *Burwitz,* AWR 2004, S. 136 ff. (137); kritisch zu der unterschiedlichen Behandlung, *ZKA,* „Anlage des Schreibens v. 16.03.2004", S. 9/10, 5.1. Beispiele für Ziff. 1 – Gestaltungen finden sich bei *Körner,* IStR 2004, S. 217 ff. (226, 2.5.6). In Bezug auf die „Kurzfristigkeit" einer Fremdkapitalüberlassung verweist die Finanzverwaltung nunmehr auf die Regelung zu den gewerbesteuerlichen Dauerschuldzinsen. Die überlassenen Mittel dürften dem Hauptschuldner/Protegé daher länger als ein Jahr zur Verfügung stehen müssen, sofern sie der Finanzierung des laufenden Geschäftsverkehrs dienen. Besteht ein Zusammenhang mit der Gründung oder dem Erwerb eines Betriebes, können auch kürzere Überlassungsfristen schädlich sein, vgl. *BMF-Einführungsschreiben,* a.a.O., S. 600, Tz. 37 i.V.m. A 45 GewStR 1998 (i.d.F. von Januar 2005, vgl. nur Abs. 7). Diese Regelung dürfte auf einen Vorschlag des ZKA zurückgehen, vgl. *ZKA* Anlage des Schreibens v. 16.03.2004, S. 9; *Blumenberg/Lechner,* BB 2004, S. 1765 ff. (1765, I); *Dötsch/Pung,* DB 2004, S. 1683 ff. (1684, III. 1. c)); aA noch *Burwitz,* AWR 2004, S. 136 ff. (137), unter Bezugnahme auf die überkommene Verwaltungsauffassung: 6 Monate. Bei zeitweiligem Überschreiten des safe havens (Eigenkapital-Fremdkapitalrelation von 1:1,5), erfolgt eine Umqualifizierung nur pro rata temporis, vgl. *BMF-Anwendungsschreiben* zur Gesellschafter-Fremdfinanzierung (§ 8a KStG) vom 17.11.1994, BStBl. I 1995, S. 25 ff. (34/35, Tz. 72); *Körner,* IStR 2004, S. 217 ff. (228, 2.7.3). Wesentlich beteiligte Gesellschafter müssen nach Tz. 8 des neuen *Einführungsschreibens* unmittelbar

ziffer 1.1.2. Abs. 1 S. 1 und S. 2 des Anwendungserlasses zum Außensteuergesetz[42] bleiben andere Berichtigungsvorschriften, darunter diejenigen über verdeckte Gewinnausschüttungen (vGA) und verdeckte Einlagen (vE), von § 1 AStG unberührt[43]. Sie gehen vor[44]. Die Mehrzahl der Auslandssachverhalte muss sich damit (primär) an § 8a KStG messen lassen[45].

Nach überkommener Auffassung ist eine verdeckte Gewinnausschüttung eine Vermögensminderung (oder verhinderte Vermögensmehrung), die durch das Gesellschaftsverhältnis veranlasst ist, sich auf die Höhe des Einkommens auswirkt und nicht auf einem den gesellschaftsrechtlichen Vorschriften entsprechenden Gewinnverteilungsbeschluss beruht[46]. Gemäß § 8 Abs. 3 S. 2 KStG darf sich eine vGA nicht einkommensmindernd auswirken[47]. § 8a KStG qualifiziert ge-

---

an der Kapitalgesellschaft beteiligt sein. Ein nur mittelbar beteiligter Anteilseigner kann nur „nahe stehende Person" sein (siehe aber § 8a Abs. 3 S. 2 KStG), dazu *Blumenberg/Lechner,* a.a.O. (S. 1766, 1.); *Körner,* IStR 2004, S. 217 ff. (220, 2.3.2/2.3.3).

42 *„Schreiben betr. Grundsätze zur Anwendung des Außensteuergesetzes"* i.d.F. vom 14.05.2004, BStBl. I, Sondernummer 2004, S. 3 ff. (S. 8), auch zu finden unter Ordnungsziffer 725 der Beck'schen „Steuerlasse".

43 *Günkel/Lieber,* IStR 2004, S. 229 ff. (231), gehen davon aus, eine Überschneidung der Anwendungsbereiche scheide nach der Neufassung des § 8a KStG aus. § 1 Abs. 4 KStG, der eine Einkünftekorrektur von zu niedrig angesetzten Fremdkapitalzinsen verlange, komme bereits tatbestandlich nicht in Betacht, da die Fremdkapitalzinsen bereits nach § 8a KStG in eine vGA umkategorisiert würden und damit keine „Geschäftsbeziehung" im Sinne der Norm mehr vorliege. Der Verzicht auf die Zahlung einer (erg. angemessenen) Dividende sei keine „Geschäftsbeziehung". Gegen diesen Standpunkt spricht, dass das Überlassene selbst nicht umqualifiziert wird (vgl. nur *DIHK u.a.,* „Gemeinsame Eingabe v. 15.03.2004", S. 24/25, 3.). Die „Dividendenzahlung" erfolgt nach wie vor mit Blick auf eine der Fremdkapitalüberlassung zugrunde liegende „Geschäftsbeziehung". § 1 AStG dürfte erst auf Kollisionsebene zurücktreten.

44 Tz. 1.1.2 Abs. 1 des Schreibens des Bundesministeriums der Finanzen betreffend *Grundsätze zur Anwendung des Außensteuergesetzes* vom 14.05.2004, BStBl. I Sondernummer 1/2004, auch zu finden unter Ordnungsziffer 725 der Beck'schen „Steuererlasse"; siehe auch Tz. 1.1.1./1.1.3. des Schreibens „betr. *Grundsätze für die Prüfung der Einkunftsabgrenzung bei international verbundenen Unternehmen* (Verwaltungsgrundsätze)" i.d.F. v. 30.12.1999, BStBl. I 1983, S. 218 ff. (219), auch zu finden unter Ordnungsziffer 725 § 1/1. der Beck'schen „Steuererlasse".

45 Zur Anwendbarkeit des § 8a KStG auf ausländische und doppelansässige Kapitalgesellschaften, *Hey,* Der Konzern 2004, S. 577 ff. (585, (2)), m.w.N.

46 Abschnitt 36 Abs. 1 S. 1 KStR (R 36) i.d.F. v.13.12.2004. Von großer praktischer Bedeutung ist, dass von der zuletzt in Aussicht genommenen Erweiterung des Anwendungsbereichs auf Sachkapital- bzw. Nutzungsüberlassungen wieder Abstand genommen worden ist, wie von dem *Finanzausschusses, BR-Drucksache 735/03* (S. 2), (wegen der damit verbundenen Belastung des Mittelstandes) empfohlen. Zu alternativen Reaktionsmöglichkeiten, *Dötsch/Pung,* DB 2004, S. 1683 ff. (1683, II.); *Körner,* IStR 2004, S. 253 ff. (254, 2.10.2); *Schulze zur Wiesche,* BB 2004, S. 1363 ff. (1363, I.); *ZKA,* „Anschreiben v. 16.03.2004", S. 1.

47 Seit Streichung des § 9 Ziff. 10 GewStG mit Wirkung zum Erhebungszeitraum 2004, wirkt sich dieser Tatbestand auch vollumfänglich auf die Gewerbesteuerlast aus,

wisse Fremdkapitalvergütungen[48] bei einer „überzogenen" Fremd- statt einer Eigenkapitalfinanzierung in Dividendenausschüttungen um. Anstelle eines steuermindernden Betriebsausgabenabzugs durch den zahlenden Schuldner sind die geleisteten Zahlungen seinem Einkommen außerhalb der Steuerbilanz[49] hinzuzurechnen, so dass sich seine Körperschaftsteuer- und Gewerbesteuerlast[50] erhöht[51]. Auf Seiten des Empfängers führt die Umqualifizierung nach herrschender Meinung zur Erzielung von verdeckten kapitalertragsteuerpflichtigen Dividendeneinkünften (§ 20 Abs. 1 Ziff. 1 EStG)[52], die entweder zur Hälfte (Halbeinkünfteverfahren bei natürlichen Personen, § 3 Ziff. 40 d) EStG[53]) oder gemäß § 8b Abs. 1 S. 1 i.V.m. Abs. 5 KStG letztlich zu 5% zu versteuern sind (Dividendenfreistellung für alle unbeschränkt oder beschränkt körperschaftsteuerpflichtigen Steuersubjekte[54])[55]. Die Umqualifizierung betrifft gemäß § 8a Abs. 1 S. 2 KStG auch Drei-Personen-Sachverhalte, bei denen ein außenstehen-

---

vgl. *Burwitz,* AWR 2004, S. 136 ff. (138, 3.); *Körner,* IStR 2004, S. 217 ff. (228, 2.7.2).

48 Zum „Fremdkapital" im Sinne der Norm zählen „grundsätzlich alle als Verbindlichkeit passivierungsfähigen Kapitalzuführungen in Geld, die nach steuerrechtlichen Grundsätzen nicht zum Eigenkapitel gehören", vgl. *BMF-Einführungsschreiben zur „Gesellschafter-Fremdfinanzierung* (§ 8a KStG)" v. 15.07.2004, BStBl. I 2004, S. 593 ff. (593, Tz. 1) i.V.m. *BMF-Anwendungsschreiben zur „Gesellschafter-Fremdfinanzierung* (§ 8a KStG)" v. 15.12.1994, BStBl. I 1995, S. 25 ff., (S. 31, Tz. 44), auch zu finden unter Ordnungsziffer 100, § 8a/1. der Beck'schen „Steuererlasse"; *Burwitz,* AWR 2004, S. 136 ff. (137 Fn. 5); *Körner,* IStR 2004, S. 217 ff. (223/224, 2.5.3); *Schulze zur Wiesche,* a.a.O. S. 1363, II. 2.

49 *BMF-Einführungsschreiben* zur Gesellschafter-Fremdfinanzierung (§ 8a KStG) vom 15.07.2004, BStBl. I 2004, S. 593 ff. (594, Tz. 9); vgl. auch *Briese,* StuB 2004, S. 57 ff. (60, 4.2); *Dötsch/Pung,* DB 2004, S. 1683 ff. (1684, III. 1. e)).

50 Mit der Gründung, dem Erwerb, der Erweiterung und Verbesserung des Betriebs zusammenhängende Entgelte sowie (echte) Dauerschuld*zinsen* sind dem Gewerbeertrag gemäß § 8 Ziff. 1 GewStG zwecks teilweiser Nivellierung von Fremd- und Eigenkapitalfinanzierungsmethoden hälftig hinzuzurechnen. Aufgrund der Umqualifizierung von Fremd- in Eigenkapitalleistungen (Dividendeneinkünfte), unterliegen die gezahlten Zinsen vollständig der Gewerbesteuer, vgl. *Briese,* StuB 2004, S. 57 ff. (57, II.). Dazu, dass die Kürzungsvorschrift des § 9 Ziff. 10 GewStG a.F. im Zuge der Novellierung entfallen ist, siehe bereits Fn. 47.

51 Ähnlich *Dörr/Schreiber,* DStR 2005, S. 1205 ff. (1206, 2. Spalte); *Groh,* DB 2005, S. 629 ff. (629, I., 634, VI. 1.).

52 *BMF-Einführungsschreiben zur Gesellschafter-Fremdfinanzierung* (§ 8a KStG) vom 15.07.2004, BStBl. I, S. 593 ff. (594, Tz. 4, 5).

53 Infolgedessen dürfen die mit der Einnahmenerzielung in unmittelbarem wirtschaftlichen Zusammenhang stehenden Ausgaben auch nur hälftig geltend gemacht werden, vgl. § 3c Abs. 2 S. 1 EStG, vgl. *Briese,* StuB 2004, S. 57 ff. (57, II.).

54 Vgl. §§ 1, 2 KStG. Durch § 8b KStG sollen Gewinnausschüttungen an zwischengeschaltete Gesellschaften von einer erneuten Steuerbelastung freigestellt werden. Es findet nur auf der Ebene der „ersten" Kapitalgesellschaft (25% Körperschaftsteuer) und auf der Ebene der natürlichen Personen (Anteilseigner, Einkommensteuer unter Berücksichtigung des Halbeinkünfteverfahrens) eine Besteuerung statt, vgl. *BMF-Einführungsschreiben* v. 15.07.2004, Tz. 24; *Gesetzesbegründung, BT-Drucksache 15/1518,* (S. 15/16 zu Nr. 2 (§ 8b); *Blumenberg/Lechner,* BB 2004, S. 1765 ff. (1766,

der Fremdkapitalgeber auf einen wesentlich beteiligten Anteilseigner oder auf eine diesem nahe stehende Person zurückgreifen kann (sog. „Rückgriffsregelung“[56])[57].

Zweck der Vorgängernorm war es, Gewinne aus „überzogenen“ Fremdfinanzierungen zumindest einmal der deutschen Einkommensbesteuerung zu unterwerfen[58]. Ihr Anwendungsbereich beschränkte sich auf Anteilseigner und diesen nahe stehende Personen, die mit ihren Vergütungen nicht im Inland veranlagt

---

1.); *Burwitz,* AWR 2004, S. 136 ff. (137/138, 2.); *Streck (Binnewies),* KStG (6), § 8b, 1., „Zweck“. Die 5%-ige Körperschaftsbesteuerung resultiert daraus, dass nach § 8b Abs. 1 S. 1 KStG Dividenden- und sonstige enumerativ aufgelistete Bezüge bei der Einkommensermittlung außer Betracht bleiben, also zu 100% steuerfrei sind. Gemäß Abs. 5 S. 1 gelten aber 5% dieser Bezüge als nicht abzugsfähige Betriebsausgaben. Damit sind die genannten Einkünfte schlussendlich (nur) zu 95% steuerfrei, vgl. auch *Ammelung/Homering,* IStR 2004, S. 310 ff. (312, 2.); *Goksch/Buge,* DStR 2004, S. 1549 ff. (1549, 1.), zu den gewerbesteuerlichen Auswirkungen, vgl. S. 1553, 4.; *Rödder/Schumacher,* DStR 2003, S. 1725 ff. (1726/1727, 2.1). Diese steuerlich nachteiligen Folgen lassen sich durch eine Organschaft (§ 14 KStG) vermeiden. Sofern Vergütungen der Organgesellschaft an ihren Organträger in eine vGA umzuqualifizieren sind, gelten sie als vorweggenommene Gewinnabführungen, die beim Organträger aus dem Einkommen auszuscheiden sind und nicht der Kapitalertragsteuer unterliegen, vgl. *BMF-Einführungsschreiben* v. 15.07.2004, Tz. 26; *Blumenberg/Lechner,* BB 2004, S. 1765 ff. (1769, III. 1.); *Burwitz,* a.a.O., S. 138/139, III. 1.; *Dötsch/Pung,* DB 2004, S. 1683 ff. (1688, e)), *Rödder/Schumacher,* DStR 2004, S. 1449 ff. (1454, 3.5).

[55] *Dörr/Schreiber,* DStR 2005, S. 1205 ff. (1206, 2. Spalte); *Groh,* DB 2005, S. 629 ff. (629, I., 634, VI. 1.). Ob die Vergütungen nur auf Seiten der zahlungspflichtigen Kapitalgesellschaft eine fingierte vGA sind oder aufgrund einer einheitlichen Umqualifizierung oder Fiktion auch im Verhältnis zum Anteilseigner als Gewinnausschüttung gelten, ist streitig. Zur Umformulierung des § 8a Abs. 1 KStG entsprechend der sog. „Unqualifizierungstheorie“, *DIHK u.a.,* „Gemeinsame Eingabe v. 15.03. 2004“, S. 1, I. 1.; sowie *Dötsch/Pung,* DB 2004, S. 1683 ff. (1686, 5.), m.w.N. zu dem Theorienstreit; *Körner,* IStR 2004, S. 217 ff. (228, 2.7.1); *Rödder/Schumacher,* DStR 2003, S. 1725 ff. (1731, 3.6); *dies.,* DStR 2004, S. 1449 ff. (1450, 2.); aA *Wassermeyer,* DStR 2004, S. 749 ff. (v.a. 750, 3.2, 754, 9./10.), für eine allein sachgerechte Fiktion hätte es einer eindeutigen gesetzlichen Grundlage bedurft, da § 8a KStG nur für die Ebene der Körperschaft gelte (Ablehung der sog. Einheitstheorie). Mangels einer solchen habe der Gesellschafter die vereinnahmten Zinsen als solche zu versteuern, aus Gesellschaftsebene seien sie letztlich nichts anderes als nicht abzugsfähige Betriebsausgaben.

[56] *BMF,* Schreiben v. 22.07.2005 (IV B 7 – S 2742a – 31/05), DB 2005, S. 1712 f. (1712, 1. Abs.).

[57] Vgl. den Gesetzeswortlauts in Fn. 41; *Dörr/Schreiber,* DStR 2005, S. 1205 ff. (1206, 2. Spalte), „Missbrauchsvermeindungsvorschrift“ zur Verhinderung von Umgehungen des Hauptanwendungsbereichs der Norm über Besicherungslösungen.

[58] „Entwurf eines Gesetzes zur Verbesserung der steuerlichen Bedingungen zur Sicherung des Wirtschaftsstandorts Deutschlands im Europäischen Binnenmarkt (Standortsicherungsgesetz – *StandOG*)“, BT-Drucksache 12/4158, zu Nummer 3, zu 8a KStG, „Allgemeines“. S. 36/37; *Ernst & Young (Kröner),* KStG, § 8a Rn. 11. Zur Neufassung, vgl. den „Entwurf eines Gesetzes zur Umsetzung der Protokollerklärung der Bundesregierung zur Vermittlungsempfehlung zum Steuervergünstigungsabbaugesetz“, *BT-Drucks. 15/1518,* S. 14, zu Art. 3 (KStG), zu Nr. 1 (§ 8a), „Allgemeines“, mit der Regelung solle (nunmehr in europarechtskonformer Weise) vermieden werden,

wurden, sowie auf Dritte, die auf diese zurückgreifen konnten (vgl. § 8a Abs. 1 S. 2 und 3 KStG i.d.F. bis 2004). Die Regelung betraf im Wesentlichen Sachverhalte mit Auslandsbezug[59]. Hintergrund war, dass maßgeblich beteiligte ausländische Anteilseigner dem inländischen Fiskus ohne eine „thin-capitalization-rule“[60] durch eine übermäßige Fremdkapitalfinanzierung von unbeschränkt steuerpflichtigen Kapitalgesellschaften (vgl. § 8a Abs. 1 S. 1 KStG a.F.)[61] in großem Ausmaß Besteuerungssubstrat hätten entziehen können, indem sie ihre inländischen Einkünfte an dem deutschen Fiskus vorbei in das Ausland transferierten. Mangels Gewinnausschüttung hätten die Bezüge das körperschaftsteuerpflichtige Einkommen der Inlandsgesellschaft nicht erhöht, sondern es in Form von Ausgaben reduziert. Bei geschickter Domizilierung des ausländischen Anteilseigners – etwa einer Zwischengesellschaft mit Sitz in einer Steueroase –, hätte dieser die Zinseinkünfte nur gering, womöglich überhaupt nicht versteuern müssen bzw. wären die Zinseinkünfte trotz inländischer Abzugsfähigkeit von der ausländischen Rechtsordnung als (schachtelprivilegierte) Dividende eingestuft worden[62]. Diese „Missbrauchs“möglichkeit wollte der deutsche Gesetzgeber unterbinden und sicherstellen, dass überzogene Fremdkapitalzuführungen einer inländischen Definitivbesteuerung in Höhe des Körperschaftsteuersatzes (gegebenenfalls nebst Kapitalertragsteuer) nicht entgegenstehen[63].

---

dass Gewinne im Inland tätiger Kapitalgesellschaften der deutschen Besteuerung entzogen werden.

[59] Wie etwa im Ausland ansässige Leistungsempfänger, die durch ein Doppelbesteuerungsabkommen von der deutschen Steuerveranlagung befreit waren oder beschränkt steuerpflichtige Fremdkapitalgeber mangels Erzielung inländischer Einkünfte i.S.d. § 49 EStG (i.V.m. §§ 1 Abs. 4 EStG, 2, 8 Abs. 1 S. 1 KStG). Steuerinländer waren von der Regelung nur erfasst, wenn dies in § 51 KStG a.F. i.V.m. einer sonstigen Vorschrift explizit vorgesehen war, vgl. den Vorlagebeschluss des *FG Münster* (B. v. 21.08.2000 – 9 K 1193/00 K, F), DStRE 2000, S. 1202 ff. (1203, letzter Abs.); *Ernst & Young* (*Kröner*), KStG, § 8a Rn. 9/10.

[60] *Sedemund,* IStR 2004, S. 595 ff. (595, 1. Abs.).

[61] Nach der Neuregelung sind dagegen auch Fremdkapitalvergütungen einer (mit ihren inländischen Einkünften) beschränkt steuerpflichtigen Auslandskapitalgesellschaft umzuqualifizieren, vgl. *Schild/Eisele,* IStR 2005, S. 217 ff. (217, 1.). Ungeschriebene Voraussetzung hierfür sei, dass die Steuer nicht im Wege eines abschließenden (Quellen-)Steuerabzugs erhoben wird, sondern im Rahmen einer Veranlagung. Nur dann sei ein Aufwendungsabzug möglich.

[62] *Burwitz,* AWR 2004, S. 136 ff. (137, 2.); *Körner,* IStR 2004, S. 217 ff. (217, 1.1). Es hätten sogar „weiße“ (unversteuerte) Einkünfte erzielt werden können; zu diesen, *Blumenberg/Lechner,* BB 2004, S. 1765 ff. (17691770, III. 2.); *Körner,* IStR 2004, S. 217 ff. (228/229, 2.7.6); *ders.* IStR 2004, S. 253 ff. (255, 2.10.5.1), auch zu der Nutzbarmachung eines doppelten Aufwendungsabzugs, sog. „double dipping“.

[63] *Dötsch/Pung,* DB 2004, S. 1683 ff. (1683, II.); *Rödder/Schumacher,* DStR 2003, S. 1725 ff. (1729, 3.1). Der aktuelle Körperschaftsteuersatz beträgt 25% (§ 23 Abs. 1 KStG). Bei Einführung des § 8a KStG lag er mit 45% deutlich höher (vgl. § 26 Abs. 1 i.d.F. vom 13.09.1993, zu finden bei Juris).

Wegen des de facto diskriminierenden Charakters hat der *EuGH* auf Vorlage des *FG Münster*[64] Ende 2002 entschieden, die Altfassung verstoße gegen die Niederlassungsfreiheit (Art. 43, 48 EG) und sei europarechtswidrig[65].

In Reaktion auf die Lankhorst-Hohorst-Entscheidung des EuGH hat der Gesetzgeber den Geltungsbereich des § 8a KStG für nach dem 31. Dezember 2003 beginnende Wirtschaftsjahre[66] auf reine Inlandssachverhalte ausgedehnt[67] und die Novellierung zum Anlass genommen, die in der Praxis oft gewählte legale Umgehungsmöglichkeit der Fremdfinanzierung einer der Kapitalgesellschaft nachgeschalteten *Personen*gesellschaft mit vergleichbaren Negativfolgen zu belegen[68]. Die Neufassung bildet eine der Kernvorschriften des deutschen

---

[64] *FG Münster* (B. v. 24.01.2000 – 9 V 6384/99 K), DStRE 2000, S. 533 ff. (534/535), einstweiliges Rechtsschutzverfahren: Aussetzung der Vollziehung der Körperschaftsteuerbescheide wegen ernstlicher Zweifel an der Vereinbarkeit des § 8a KStG mit dem Diskriminierungsverbot und der Niederlassungsfreiheit; *FG Münster* (B. v. 21.08.2000 – 9 K 1193/00 K, F), DStRE 2000, S. 1202 ff. (1202–1204), Ersuchen des EuGH um Vorabentscheidung der für das Hauptsacheverfahren streitentscheidenden Frage, ob Art. 43 EG dahin auszulegen sei, dass er der nationalen Regelung des § 8a KStG entgegenstehe.

[65] *EuGH* (U. v. 12.12.2002 – Rs. C-324/00), DB 2002, S. 2690 ff. (2691 (27), (32)) = NZG 2003, S. 139 ff. (141, (32.)). Über die Frage, ob die Altregelung auch im Geschäftsverkehr mit *Drittstaaten* wie der Schweiz gegen die Kapitelverkehrs- und/ oder gewerbliche Niederlassungsfreiheit verstößt, schwebt derzeit auf Vorlage des *FG Baden-Württemberg* (v. 14.10.2004 – 3 K 62/99), EFG 2005, S. 309 f. (310, 3.), unter Az. C-492/04 ein Verfahren beim *EuGH*. Als die Ungleichbehandlung legitimierende Ziele hat der EuGH in der *Lankhorst-Hohorst-Entscheidung* (v. 12.12.2002) weder die Bekämpfung der Steuerumgehung noch die Notwendigkeit der Gewährleistung eines kohärenten Steuersystems oder den Bedarf für einer wirksame Steueraufsicht anerkannt (a.a.O., S. 2692); vgl. auch *Burwitz,* AWR 2004, S. 136 ff. (136, I.); *Kube,* IStR 2003, S. 325 ff. (326, 1.), der infolge des Urteils ein Leerlaufen des Missbrauchskriteriums auf dem Gebiet des Steuerrechts befürchtet (325, Einleitung, 328, 2.). Das *Fin.Min. NRW* (Erl. v. 26.05.2003, S 2724a – 11 – V B 4), GmbHR 2003, S. 860, hat daraufhin die Nichtanwendung der Norm im Verhältnis zu EU-Ausländern und EU-Ansässigen verfügt, sowie soweit als möglich die Änderung von dem EuGH-Urteil zuwiderlaufenden Steuerfestsetzungen.

[66] § 34 Abs. 6a S. 1 KStG (vgl. aber auch S. 2/3); vgl. auch *BMF-Einführungsschreiben* v. 15.07.2004, BStBl. I 2004, S. 593 ff. (603, Tz. 54); *Körner,* IStR 2004, S. 217 ff. (229, 2.8).

[67] § 8a Abs. 1 S. 1 KStG n.F. spricht unterschiedslos von „Kapitalgesellschaften". Damit erstreckt sich die Norm auf unbeschränkt und beschränkt steuerpflichtige Kapitalgesellschaften, vgl. *Burwitz,* AWR 2004, S. 136 ff. (136, II.); *Körner,* IStR 2004, S. 217 ff. (219/220, 2.2). Erfasst werden auch Fremdkapitvergütungen einer im Inland nicht steuerpflichtigen Auslandstochter an ihre inländische Muttergesellschaft, allerdings nur insoweit, als diese Vergütungen nach dem Recht des ausländischen Staates die Bemessungsgrundlage der Auslandstochter nicht gemindert haben (ergo eine Umqualifizierung des Aufwands stattgefunden hat). Der inländische Fremdkapitalgeber erzielt in diesem Fall (geringer versteuerte) Dividenden- statt Zinseinkünfte, *BMF-Einführungsschreiben* v. 15.07.2004, BStBl. I 2004, S. 593 ff. (598, Tz. 27); dazu auch *Dötsch/Pung,* DB 2004, S. 1683 ff. (1685, 4.).

[68] *Abs. 5,* abgedruckt in Fn. 41; vgl. auch die *Gesetzesbegründung, BT-Drucksache 15/1518,* (S. 15, zu Abs. 6); *BMF-Einführungsschreiben* v. 15.07.2004, Tz. 48–53;

Unternehmenssteuerrechts[69]. Wegen der „überzogenen Reaktion“ auf die Entscheidung des EuGH und der vielen Unschärfen der aktuellen Version ist der Gesetzgeber erheblich in Kritik geraten[70]. Streng am Wortlaut des § 8a Abs. 1 S. 2 i. V. m. S. 1 Ziff. 2 orientiert, würde jeder von einem Hauptschuldner/Protegé in Anspruch genommene und durch einen Bürgen/Patron besicherte Bankkredit bei Übersteigen der maßgeblichen Schwellenwerte[71] zu einer Umqualifizierung der an das Kreditinstitut geleisteten Zinszahlungen in eine Dividendenzahlung von dem Hauptschuldner/Protegé an den (oder die) maßgeblich beteiligten Bürgen/Patron(e) führen[72].

---

*Benecke/Schnitger,* IStR 2004, S. 475 ff. (475/476, 1.1.); *Blumenberg/Lechner,* BB 2004, S. 1765 ff. (1774–1776, V.); *Engers,* BB 2004, S. 1595 ff. (1595, I.). Vorteil dieser Konstruktion war, dass die Zinslast die auf der Ebene der (steuerlich transparenten) Personengesellschaft einzeln und gesondert festzustellenden Anteilseigner-Einkünfte gemindert hat und die Fremdfinanzierung den an ihr beteiligten natürlichen Personen mittelbar durch die daraus resultierende Steuerersparnis der Kapitalgesellschaft zugute gekommen ist, *Blumers/Goerg/Tiede,* BB 2004, S. 631 ff. (637, III. 1.); *DIHK u. a.,* Gemeinsame Eingabe v. 15.03.2004, S. 19/20, VI. 1; *Grotherr,* RIW 2004, S. 519 ff. (520, I.); *Rödder/Schumacher,* DStR 2004, S. 1449 ff. (1458, 8.). Zur Neufassung durch das „Gesetz zur Umsetzung der Protokollerklärung der Bundesregierung zur Vermittlungsempfehlung zum Steuervergünstigungsabbaugesetz“ vom 22.12. 2003 („*Korb II“-Gesetz,* BGBl. I 2003, S. 2840 ff. (2841/2842, Artikel 3, 1.), vgl. *Thömmes,* DB 2002, S. 2693.

[69] *Dötsch/Pung,* DB 2004, S. 1683 ff. (1683, II.), m. w. N.; *Rödder/Schumacher,* DStR 2004, S. 1449 ff. (1449, Einleitung); *Thomas/Meissner,* BB 2004, S. 1988 ff. (1988, I.); *ZKA,* Anschreiben v. 16.03.2004, S. 1.

[70] Stellvertretend für viele, *Dötsch/Pung,* DB 2004, S. 1683 ff. (1683, II., 1691, VII.), nochmals deutliche Komplizierung; *Blumers/Goerg/Tiede,* BB 2004, S. 631 ff. (631, I.), auch zu den Vorzügen der Regelung; *Burwitz,* AWR 2004, S. 136 ff. (138, 4.); *ZKA,* Anschreiben v. 16.03.2004, S. 2, sowie „Anlage“ zu diesem Anschreiben, S. 4/5. Einen Überblick über die mit der Neuregelung verbundenen Streitfragen geben *Burwitz,* a. a. O., S. 141/142, IV.); *Neumann/Stimpel,* GmbHR 2004, S. 1443 ff. (1449–1451, III.).

[71] Gesellschafts- und veranlagungszeitraumbezogene Freigrenze von 250.000,– €, bis zu der Fremdkapitalvergütungen als Betriebsausgaben abzugsfähig sind (vgl. *BMF-Einführungsschreiben* v. 15.07.2004, Tz. 28; auch „Nichtaufgriffsgrenze“, vgl. *Schulze zur Wiesche,* BB 2004, S. 1363 ff. (1364, 3.)) und ggf. Eigen-/Fremdkapital-Relation (debt-equity ratio/gearing) von 1 zu 1,5 bezogen auf das anteilige Eigenkapital („safe haven“). Dabei ist darauf zu achten, dass die 250.000,– € eine Frei*grenze* und kein Frei*betrag* sind. Sobald die Grenze auch nur geringfügig überschritten wird, findet eine Umqualifizierung sämtlicher Vergütungsleistungen in Gewinnausschüttungen statt, vgl. *BMF-Einführungsschreiben* v. 15.07.2004, Tz. 28–30, *Blumenberg/Lechner,* BB 2004, S. 1765 ff. (1770, 3.); *Körner,* IStR 2004, S. 217 ff. (221, 2.4.1). Darüber hinaus kürzen Beteiligungsbuchwerte (bei Beteiligung der finanzierten Kapitalgesellschaft am Grund- oder Stammkapital einer anderen Kapitalgesellschaft) außer in Holdingfällen (vgl. § 8a Abs 4 KStG) gemäß § 8a Abs. 2 S. 2/3 KStG das Eigenkapital (sog. Buchwertkürzung), vgl. *Kessler/Düll,* DStR 2004, S. 1317 ff. (1318, 1.2); *Körner,* IStR 2004, S. 217 ff. (223, 2.5.2.2); *Rödder/Schumacher,* DStR 2004, S. 1449 ff. (1456, 5.3).

[72] Vgl. nur *ZKA,* Anlage des Schreibens v. 16.03.2004, S. 3/4, 3.2. Möglicherweise reduziert sich die Umqualifizierung in den Rückgriffsfällen aber auf die tatsächlich von dem Fremdfinanzierer an den Sicherungsgeber ausgeschütteten (bzw. zu zahlen-

Das Bundesfinanzministerium ist ersichtlich um Abhilfe bemüht. In seinen Einführungsschreiben hat es etliche Passagen der Norm teleologisch reduziert[73]. Zur Vorgängerversion hatte sich die Finanzverwaltung noch auf den Standpunkt gestellt, dass nicht nur rechtsverbindliche Sicherungsvereinbarungen mit maßgeblich beteiligten Gesellschaftern Dritten tatbestandlich eine Rückgriffsmöglichkeit eröffneten, sondern auch sämtliche Fälle einer faktischen Einstandspflicht, wie etwa eine „weiche“ Patronatserklärung[74]. Für Konzerntatbestände hatte sie die widerlegliche Vermutung aufgestellt, dass eine Muttergesellschaft für die Tochtergesellschaft wegen des sog. Konzernrückhalts stets einzustehen hätte[75]. Nach neuer Betrachtungsweise soll eine steuerschädliche Rückgriffsmöglichkeit des dritten Darlehensgebers dagegen nur bei Vorliegen eines rechtlichen Anspruchs bestehen, wie bei Abgabe einer Garantie, Patronatserklärung[76] oder Bürgschaft[77].

Dabei ist allerdings bis vor kurzem noch weitgehend unklar gewesen, welcher „Zusammenhang“ zwischen der Drittfinanzierung und der Rückgriffsmöglichkeit des Dritten bestehen muss, damit der Umqualifizierungstatbestand

---

den) Beträge, so *Dörr/Schreiber,* DStR 2005, S. 1205 ff. (1207, letzter Abs.); aA *Groh,* DB 2005, S. 629 ff. (629, I., 633/634, V./VI.), Verstoß gegen Text und Konzept des § 8a KStG.

[73] Das *BMF-Einführungsschreiben* vom 15.07.2004 hat bereits Teile der Kritik aus der Praxis aufgegriffen und eine gegenüber dem ersten Entwurf vom 12.05.2004 (IV B 7 – S 2742a – 20/47) steuerschuldnerfreundlichere Sichtweise an den Tag gelegt, ähnlich *Dörr/Schreiber,* DStR 2005, S. 1205 ff. (1207, 3.2); kritisch *Groh,* DB 2005, S. 629 ff. (629, I., 633/634, V./VI.); *Kessler/Düll,* DStR 2004, S. 1317 ff. (1323, 4.); *Wiese/Klass,* GmbHR 2005, S. 1092 ff. (1093, III.). Zu dem Entwurf und den darin offen gebliebenen Zweifelsfragen, *Behrens,* AG-Report 2004, R 271/272.

[74] *BMF-Anwendungsschreiben* v. 15.12.1994, BStBl. I 1995, S. 25 ff. (27, Tz. 21); *Ammelung/Sorocean,* RIW 1996, S. 668 ff. (672, (4)); *Burwitz,* AWR 2004, S. 136 ff. (140, 3.); *Janssen,* RIW 1998, S. 312 ff. (313, 1. Abs.); *Neumann/Stimpel,* GmbHR 2004, S. 1443 ff. (1443/1444, I. 1.).

[75] *BMF-Anwendungsschreiben* v. 15.12.1994, BStBl. I 1995, S. 25 ff. (27, Tz. 22); vgl. auch *Blumenberg/Lechner,* BB 2004, S. 1765 ff. (1767, 4. a)); *Burwitz,* AWR 2004, S. 136 ff. (140, 3.); *DIHK u. a.,* Gemeinsame Eingabe v. 15.03.2004, S. 5/6, 7.; *Körner,* IStR 2004, S. 217 ff. (220/221, 2.3.4), „verbotene steuerschärfende Analogie“; kritisch auch *ZKA,* Anlage des Schreibens v. 16.03.2004, S. 6/7, 3.4.

[76] Das *Einführungsschreiben* differenziert nicht explizit zwischen den einzelnen Erklärungsvarianten. Wegen der Rechtsähnlichkeit zur Bürgschaft und zur Garantie dürfte aber primär die harte Patronatserklärung in der Ausstattungsvariante gemeint sein; ebenso *Neumann/Stimpel,* GmbHR 2004, S. 1443 ff. (1444 Fn. 5); vgl. auch *Blumenberg/Lechner,* BB 2004, S. 1765 ff. (1767, 4. a)); *Kreft,* BB 2004, S. 1191 ff. (1193); *Thomas/Meissner,* BB 2004, S. 1988 ff. (1989, 1.). Nach *Dörr/Schreiber,* DStR 2005, S. 1205 ff. (1207, 2. Abs.), unterfallen auch „*interne*“ Finanzierungszusagen dem Anwendungsbereich der „Rückgriffsregelung“.

[77] *BMF-Einführungsschreiben* v. 15.07.2004, Tz. 19. Gemäß Tz. 18 sind Tz. 21–23 des BMF-Anwendungsschreibens v. 15.12.1994 fortan unanwendbar; vgl. auch *Dörr/Schreiber,* DStR 2005, S. 1205 ff. (1207, 1. Abs.); *Dötsch/Pung,* DB 2004, S. 1683 ff. (1684, III. 1. b)); *Neumann/Stimpel,* GmbHR 2004, S. 1443 ff. (1443, I. 2. Abs.).

greift. Das Meinungsspektrum reicht von einer Beschränkung auf „echte" Back-to-back-Finanzierungen[78] bis hin zu äußerst weitgehenden wirtschaftlichen Betrachtungsweisen[79].

Nach längerem Streit hat die Finanzministerkonferenz am 12. Mai 2005 entschieden, erforderlich sei ein „rechtlicher Zusammenhang"[80]. Mit Schreiben vom 22. Juli 2005 hat das BMF daraufhin offiziell „klargestellt" was die Verwaltung unter einer Rückgriffsmöglichkeit im Sinne der Norm versteht[81]. Hiernach zielt § 8a Abs. 1 S. 2, 2. Alt. KStG „grundsätzlich nur" auf Fallgestaltungen ab, in denen der Anteilseigener oder eine diesem nahe stehende Person eine Kapitalforderung[82] besitzt, über die *aus Anlass* der Darlehensgewährung eine „Verfügungsbeschränkung"[83] zu Gunsten des rückgriffsberechtigten Darlehensgebers getroffen wird[84]. Die Norm betreffe „grundsätzlich nur"[85] Fallgestaltun-

---

[78] Das sind Finanzierungen, bei denen der maßgeblich beteiligte Gesellschafter oder eine ihm nahe stehende Person bei dem drittfinanzierenden Institut eine Einlage unterhält, aus der ihm eine (Zins-)Forderung gegen das Institut erwächst, so dass die Darlehensvaluta und die dafür zu entrichtenden Zinsen wirtschaftlich gesehen durch das zwischengeschaltete („funktionslose") Institut „hindurchlaufen", vgl. *Hahn*, GmbHR 2005, S. 1085 ff. (1089); *Neumann/Stimpel,* GmbHR 2004, S. 1443 ff. (1443/1444, I. 1., 1445, b), 4. a)); *Wiese/Klass,* GmbHR 2005, S. 1092 ff. (1093/1094, II./III.); siehe bereits das Plädoyer des *DIHK u. a.,* Gemeinsame Eingabe v. 15.03.2004, S. 7/8, 8., ferner sei klar zu definieren, dass eine Back-to-back-Finanzierung nur vorliege, wenn die finanzierende Bank einen rechtlich durchsetzbaren Anspruch habe, auf die bei ihr durch den Anteilseigner unterhaltene Einlage als Sicherheit zuzugreifen; vgl. auch *ZKA,* Anlage des Schreibens v. 16.03.2004, S. 3–5, 3.2; *Pung,* DB 2004, S. 1683 ff. (1687, dd)); *Grotherr,* RIW 2004, S. 519 ff. (529, V.); zweifelnd (wegen der unscharfen Formulierung), *Thomas/Meissner,* BB 2004, S. 1988 ff. (1988, I.); ebenfalls kritisch, *Groh,* DB 2005, S. 629 ff. (633/634, V./VI.). Für eine Reduktion des Anwendungsbereichs der Norm auf „echte" Back-to-back-Finanzierungen, *Burwitz,* AWR 2004, S. 136 ff. (140, 3.1.), „Zusammenhang" unter Zugrundelegung einer wirtschaftlichen Betrachtungsweise nur, wenn die Einlage eine besondere Kreditsicherung bezwecke, nicht aber bei bloßem Innehaben eines Cash-Pool-Kontos durch den Anteilseigner; *DIHK u. a.,* a. a. O.; *Hahn,* a. a. O., S. 1091, 3. Abs.; *Kreft,* BB 2004, S. 1191 ff. (1194, 1197), verlangt die Bereitstellung einer zusätzlichen Haftungsmasse; ähnlich *Rödder/Schumacher,* DStR 2004, S. 1449 ff. (1453, 3.4.1); *Thomas/Meissner,* a. a. O., S. 1990, 3., 1993, IV., Einlagenkonto bzw. Kapitalüberlassung müsse explizit als Realsicherheit dienen.; *Wiese/Klass,* a. a. O., S. 1093/1094, III.; *ZKA,* a. a. O., S. 5.

[79] Insgesamt zu der Kontroverse, *Dörr/Schreiber,* DStR 2005, S. 1205 ff. (1208, 3.3), m. w. N. Nach der wirtschaftlichen Betrachtungsweise soll es genügen, dass der Anteilseigner wirtschaftlich selbst zur Bereitstellung der benötigten Mittel imstande gewesen wäre, er diese aber als verzinsliche Einlage anderweitig eingesetzt hat und nur als Sicherungsgeber auftritt.

[80] *Dörr/Schreiber*, DStR 2005, S. 1205 ff. (1205, 1., 1208, 3.4, 1211, 6.). Die Verwaltung hat der wirtschaftlichen Betrachtungsweise damit, wie dies bereits der Gesetzeswortlaut nahe legt, eine Absage erteilt, vgl. *Hahn*, GmbHR 2005, S. 1085 ff. (1087, 1. Abs., 1089/1090, IV. 1.). Nach *Dörr/Schreiber,* a. a. O., S. 1208, 3.4, ist die Sichtweise der Finanzminister zunächst bis Ende 2006 befristet, um dann Anfang 2007 erneut auf den Prüfstand gestellt zu werden.

[81] *BMF,* Schreiben v. 22.07.2005 (IV B 7 – S 2742a – 31/05), DB 2005, S. 1712 f.

[82] Dazu *Wiese/Klass,* GmbHR 2005, S. 1092 ff. (1094/1095, b)).

gen, in denen zu Gunsten des rückgriffsberechtigten Fremdfinanzierers entweder eine dingliche Sicherheit an einer Kapitalforderung besteht[86] oder in denen er über einen schuldrechtlichen Anspruch (erg.: eine Personalsicherheit) gegen den Anteilseigner oder eine diesem nahe stehende Person verbunden mit einer „Verfügungsbeschränkung" hinsichtlich der Kapitalforderung oder mit einer Unterwerfung unter die sofortige Zwangsvollstreckung disponiert[87]. Aus Verwaltungssicht ist der Darlehensgeber dabei bereits dann dinglich abgesichert, wenn nach seinen AGB „aufgrund einer Bürgschaftserklärung" ein Pfandrecht an den Kapitalforderungen des Bürgen in seinem Bereich vereinbart worden ist[88]. Ob sich damit die Befürchtung bewahrheitet hat, bei Erteilung einer Personalsicherheit könne bereits die Unterzeichnung der „allgemeinen" AGB schädlich sein[89], geht aus dem Schreiben nicht mit letzter Gewissheit hervor. Zu Tz. 3 sind verschiedene Lesarten möglich. Es besteht ersichtlich Nachbesserungsbedarf[90].

Dem Schreiben dürfte die Annahme zugrunde liegen, dass ein steuerschädlicher „Rückgriffsfall" nur vorliegt, wenn der Gläubiger bei Eintritt des Sicherungsfalls kraft gesonderter rechtlicher Abrede unmittelbar auf eine nicht nur

---

[83] An dieser Wortwahl üben *Wiese/Klass,* GmbHR 2005, S. 1092 ff. (1095, d)), mit Recht Kritik.

[84] *BMF,* Schreiben v. 22.07.2005 (IV B 7 – S 2742a – 31/05), DB 2005, S. 1712 f. (1712/1713 Tz. 1), (Hervorh. durch Verf.). Die Beweislast dafür, dass kein Rückgriffsfall vorliegt, liegt beim „Steuerpflichtigen", der eine Bescheinigung des rückgriffsberechtigten Darlehensgebers vorzulegen hat, in der Auskunft über die infolge der Darlehensausreichung gewährten Sicherheiten erteilt wird (S. 1713 Tz. 5); dazu *Wiese/Klass,* GmbHR 2005, S. 1092 ff. (1097/1098, 4.).

[85] Kritisch dazu *Hahn*, GmbHR 2005, S. 1085 ff. (1091, 1. Abs.). Nach *Wiese/Klass,* GmbHR 2005, S. 1092 ff. (1094, IV./1. a)), handelt es sich um eine abschließende Regelung.

[86] *BMF,* Schreiben v. 22.07.2005 (IV B 7 – S 2742a – 31/05), DB 2005, S. 1712 f. (1712/1713 Tz. 2), wie zum Beispiel ein Pfandrecht an einer Spareinlage; zu den damit verbundenen Zweifelsfragen, *Hahn*, GmbHR 2005, S. 1085 ff. (1091, a)); *Wiese/Klass,* GmbHR 2005, S. 1092 ff. (1095/1096, 2.).

[87] *BMF,* Schreiben v. 22.07.2005 (IV B 7 – S 2742a – 31/05), DB 2005, S. 1712 f. (1712/1713 Tz. 4). Als Beispiel für eine Verfügungsbeschränkung wird die Erklärung genannt, bis zur vollständigen Darlehenstilgung nebst Zinsen nicht über eine bei dem Darlehensgeber unterhaltene Spareinlage zu verfügen (Beispiel 2). Bei unbeschränkter Verfügungsbefugnis des Anteilseigners soll die Rückgriffsregelung greifen, wenn er sich „im Rahmen der Bürgschaftserklärung der sofortigen Zwangsvollstreckung in sein gesamtes Vermögen" unterwirft (Beispiel 3), was bei Abgabe einer harten Patronatserklärung im Normalfall nicht geschieht.

[88] *BMF,* Schreiben v. 22.07.2005 (IV B 7 – S 2742a – 31/05), DB 2005, S. 1712 f. (1713 Tz. 3).

[89] *Blumenberg/Lechner,* BB 2004, S. 1765 ff. (1768, b)); *Dörr/Schreiber,* DStR 2005, S. 1205 ff. (1209, 1. Abs., 1210, 4.3); *Neumann/Stimpel,* GmbHR 2004, S. 1443 ff. (1447, II. 1. a)), m. w. N. zu dem Meinungsstreit; *Thomas/Meissner,* BB 2004, S. 1988 ff. (1991/1992, Fall b), 1993, IV.); ebenso *Behrens,* AG-Report 2004, R 271 (noch zum Einführungsentwurf).

[90] Ebenso *Hahn*, GmbHR 2005, S. 1085 ff. (1091, a), 2. Abs., 1092).

kurzfristige Einlage[91] des maßgeblich beteiligen Sicherungsgebers zugreifen darf[92]. Für dieses Verständnis spricht weniger der „missglückte[93]" Verweis auf die Vereinbarung einer „*Verfügungsbeschränkung* aus Anlass der Darlehensgewährung", als die Tatsache, dass das Einführungsschreiben vom 15. Juli 2004 in Tz. 22 als Beispiel für eine schädliche Rückgriffsregelung die sog. „Back-to-back-Finanzierungen" nennt[94] und sowohl bei Unterwerfung des Sicherungsgebers unter die sofortige Zwangsvollstreckung[95] als auch bei Verpfändung einer Spareinlage, aber auch bei Vereinbarung eines AGB-Pfandrechts[96], für den Gläubiger im Fälligkeitstermin eine direkte Zugriffsmöglichkeit auf eine oder mehrere Einlagen des Sicherungsgebers besteht. Es ist daher gut denkbar, dass eine schädliche Rückgriffsregelung aus Sicht der Verwaltung bereits vorliegt, wenn der Gläubiger sich in seinen AGB für den Fall einer (späteren) Bürgschaftsbestellung durch den Kunden ein aufschiebend bedingtes Pfandrecht an dessen Einlagen ausbedungen hat[97].

Bei Richtigkeit dieser Annahme wäre die Rechtslage für die harte Patronatserklärung noch immer nicht klar. Zunächst einmal käme es darauf an, ob der Gläubiger bei Ausbleiben der abgesicherten Hauptschuld unmittelbar auf den Patron zugreifen kann. Nach der dieser Arbeit zugrunde liegenden Auffassung ist dies nicht der Fall[98]. Hiernach schuldet der Patron dem Gläubiger auf Pri-

---

[91] Vgl. *Wiese/Klass,* GmbHR 2005, S. 1092 ff. (1095, 2. Abs.), denen zufolge sich aus der Beschränkung des Rückgriffstatbestands auf „Kapitalforderungen" der Umkehrschluss ziehen lässt, dass jede sonstige Sicherheit mit Ausnahme von Dauerschulden im gewerbesteuerlichen Sinne nicht die Gefahr einer Umqualifizierung begründet.

[92] Vgl. auch *Wiese/Klass,* GmbHR 2005, S. 1092 ff. (1095, c) bb)), es komme entscheidend darauf an, dass die fragliche Kapitalforderung vereinbarungsgemäß als Haftungsunterlage des Darlehens dient.

[93] *Wiese/Klass,* GmbHR 2005, S. 1092 ff. (1095, d)).

[94] DStR 2004, S. 1290 ff. (1293).

[95] Kritisch dazu *Wiese/Klass,* GmbHR 2005, S. 1092 ff. (1097, b)).

[96] *§ 14 Abs. 2 AGB-Banken* lautet: „Das Pfandrecht dient der Sicherung aller bestehenden, künftigen und bedingten Ansprüche, die der Bank mit ihren sämtlichen in- und ausländischen Geschäftsstellen *aus der bankmäßigen Geschäftsverbindung* gegen den Kunden zustehen. Hat der Kunde gegenüber der Bank eine *Haftung für Verbindlichkeiten eines anderen Kunden der Bank* übernommen (zum Beispiel als *Bürge*), *so sichert das Pfandrecht die aus der Haftungsübernahme folgende Schuld jedoch erst ab ihrer Fälligkeit*"; *Nr. 21 Abs. 3 AGB-Sparkassen* lautet: „Das Pfandrecht sichert alle bestehenden und künftigen, auch bedingten oder befristeten, *auch gesetzlichen Ansprüche* der Sparkasse gegen den Kunden, die sie *im Zusammenhang mit der Geschäftsverbindung* erwirbt. Das Pfandrecht sichert auch Ansprüche der Sparkasse gegen Dritte, für deren Erfüllung ihr der Kunde persönlich haftet. *Ansprüche gegen Kunden aus* von diesem für Dritte übernommenen *Bürgschaften werden erst ab deren Fälligkeit gesichert*" (Hervorh. durch Verf.).

[97] Ähnlich *Hahn,* GmbHR 2005, S. 1085 ff. (1091, a), 2. Abs., 1092, b)). Das könnte das Aus für das Hausbankprinzip bedeuten, vgl. bereits *Neumann/Stimpel,* a. a. O., S. GmbHR 2004, S. 1447/1448, 2. a), (Grundfall), b), (verbundene Banken)), m. w. N.; *Strunck/Kaminski,* Stbg 2004, S. 301 ff. (305, 1. Spalte).

märebene ausschließlich die hinreichende Ausstattung des Protegés[99]. Ein Schadensersatzanspruch statt der Leistung respektive eine Direktinanspruchnahme des Patrons setzt gemäß § 281 Abs. 1 S. 1 BGB in aller Regel eine vergebliche Nachfristsetzung voraus[100]. Ob auch derartige Sekundärleistungsansprüche in den Anwendungsbereich des „allgemeinen" AGB-Pfandrechts fallen[101], ist zumindest fraglich. Angesichts der speziellen Sicherungsgeberfunktion des Patrons bereitet eine Subsumtion unter das Tatbestandsmerkmal eines Anspruchs gegen den Kunden „aus" bzw. „im Zusammenhang mit der (bankmäßigen) Geschäftsverbindung" Schwierigkeiten[102]. Bei wortgetreuer Auslegung ist auch das Merkmal einer „Haftung für die Verbindlichkeiten eines Dritten" nicht erfüllt. Anders als ein Bürge oder ein Garant verpflichtet sich der Patron nicht primär zur Erfüllung der abgesicherten Verbindlichkeit(en) oder zur Schadloshaltung des Gläubigers. Denkbar ist allenfalls eine großzügige Auslegung dieser Bestimmung(en).

In Anbetracht der aufgezeigten Unwägbarkeiten lässt sich derzeit nicht abschließend beurteilen, ob die „externe" Ausstattungsverpflichtung im Anwendungsbereich des § 8a KStG möglicherweise künftig steuerliche Vorteile gegenüber einer Bürgschaft und Garantie bietet. Unter teleologischen Gesichtspunkten ist eher Skepsis angezeigt[103]. Im praktischen Ergebnis macht es kaum einen Unterschied, ob der Gläubiger die Einlagen des Sicherungsgebers sofort bei

---

[98] Vgl. Kapitel 4, B. I. 2.–4., (i.V.m.) Kapitel 6.

[99] Kapitel 4, B. I. 3.

[100] Vgl. Kapitel 6 B. II.

[101] Wie die Umfrage ergeben hat, enthalten „externe" Ausstattungserklärungen üblicherweise keinen (neuerlichen) Hinweis auf die Geltung der Gläubiger-AGB. Aus Bankenkreisen war insofern zu hören, die zusätzliche Geltung der AGB richte sich danach, ob die Bank daneben mit dem Patron in Geschäftsverbindung steht. Da dies regelmäßig der Fall sei, seien die AGB regelmäßig auf diese Weise einbezogen. Die Relevanz ihrer Einbeziehung ergebe sich insbesondere aus der Nr. 14 AGB. Ein anderer Bankenvertreter hat angegeben, die Einbeziehung der Gläubiger-AGB sei bei der Patronatserklärung unüblich. Sie passten nicht.

[102] Zum Begriff der „(bankmäßigen) Geschäftsverbindung", *Brambring,* S. 6–10, I./II.; *Brandt,* S. 13–19 (17, 2. Abs., Fn. 58 m.w.N.); aus der Rechtsprechung *BGH* (U. v. 19.09.1986 – V ZR 72/85), WM 1986, S. 1467 ff. (1468, I. 2.); siehe aber *BGH* (U. v. 29.09.1969 – VIII ZR 9/68), WM 1969, S. 1276 f. (1277, 1.); aus der Literatur *Rikken,* S. 20, 1. Abs., gegen die Einbeziehung von Bürgschaften, m.w.N.

[103] Siehe auch *Schimansky/Bunte/Lwowski* (*Merkel*), Bankrechtshandbuch II (2), § 98 Rn. 10, trotz der Unmöglichkeit eines Fremdvergleichs bestehe auch bei harten Patronatserklärungen eine klare Tendenz zur Besteuerung. Diese hat bereits *Schröder,* ZGR 1982, S. 552 ff. (563, 2. Abs., 564) prognostiziert; zum Außensteuerrecht verneinend, *Bamberger/Roth* (*Rohe*), § 415 Rn. 60; anders noch *Lwowski,* Kreditsicherung (8), S. 392 Rn. 442; *Münchener Vertragshandbuch* (*Schütze*), III. 25., Patronatserklärung (I), S. 461, 4. a). Soweit bestimmte ausländische Jurisdiktionen an eine grenzüberschreitende Sicherheitenbestellung steuerrechtliche Folgen knüpfen (etwa eine lokale stamp duty (ähnlich der deutschen Mehrwertsteuer) verlangen, siehe *Ammelung,* IStR 2003, S. 250 ff. (252, 6.)), dürfte dies in den meisten Fällen auch für eine rechtswirksame Ausstattungsverpflichtung gelten.

Eintritt des Sicherungsfalles in Beschlag nehmen darf oder erst nach Ablauf einer kurzen Nachfrist, zumal der Gläubiger dem Patron im Gros aller Sicherungsfälle – der Insolvenz des Protegés – hier vertretener Meinung zufolge noch nicht einmal eine Nachfrist setzen muss[104]. Dass der Patron rechtlich nicht „für die Verbindlichkeiten eines Dritten haftet“, sondern für ein eigenes Fehlverhalten, dürfte unmaßgeblich sein. Auch der Ersatzanspruch des Kreditinstituts gegenüber dem Patron resultiert letztlich – wenn auch indirekt – aus einer individuellen Sicherungsabrede.

Die noch nicht abgeschlossene Entwicklung ist im Auge zu behalten. Das „große“ Schreiben zu § 8a KStG steht noch aus[105]. Angesichts des unklaren Anwendungsbereichs der Norm sind unter dem Aspekt der Normenbestimmtheit bereits verfassungsrechtliche Bedenken geäußert worden[106]. Auch ist zweifelhaft, ob dem Gesetzgeber mit der Neuregelung des § 8a KStG eine europarechtskonforme Regelung gelungen ist[107].

## B. Bilanzieller Hintergrund

Ihren eigentlichen Bedeutungsaufschwung erlebte die Patronatserklärung im Zusammenhang mit dem In-Kraft-Treten der Bilanzierungsvorschriften des Aktiengesetzes von 1965[108]. Nach diesem Gesetz waren Kreditsicherheiten erstmals unter der Bilanz des Sicherungsgebers der Höhe nach auszuweisen[109]. Je-

---

[104] Vgl. Kapitel 6, B. II. 2.

[105] *Wiese/Klass*, GmbHR 2005, S. 1092 ff. (1092, Einleitung, 1096, b) a. E.).

[106] *Wiese/Klass*, GmbHR 2005, S. 1092 ff. (1092, Einleitung, 1098, V.), des Weiteren entferne sich das Auslegungsergebnis des BMF so weit von dem Gesetzeswortlaut, dass ein Verstoß gegen das Prinzip der Gesetzmäßigkeit der Besteuerung zu besorgen stehe.

[107] Verneinend *Blumenberg/Lechner*, BB 2004, S. 1765 ff. (1766, 1.) a. E., 1776, VI.), da die ausländischen Heimatstaaten der Anteilseigner die Umqualifizierung vielfach nicht nachvollziehen und zusätzlich zu der deutschen Einkommen- noch eine Zinsbesteuerung vornehmen, vgl. auch 2.) (Ebene der darlehensgewährenden Schwestergesellschaft) sowie S. 1769 (Gefahr einer Doppelbesteuerung in Rückgriffsfällen mit einem ausländischen Anteilseigner); *Burwitz*, AWR 2004, S. 136 ff. (142, V.); *Groh*, DB 2005, S. 629 ff. (634, VI. 3.); *Hey*, Der Konzern 2004, S. 577 ff. (585, (2)); *Kessler/Eicker/Obser*, IStR 2004, S. 325 ff. (329, 4.); *Körner*, IStR 2004, S. 253 ff. (259–263, 3.1/3.2, 264, 4.), ungerechtfertigte Beschränkung europäischer Grundfreiheiten; *Schaumburg*, DB 2005, S. 1129 ff. (1136/1137, b)); *Schild/Eisele*, IStR 2005, S. 217 ff. (221/222, 2.3, 223, 5.); *Schnitger*, IStR 2004, S. 635 ff. (637, 3.2., Gruppe 2); *Sedemund*, IStR 2004, S. 595 ff. (601, 4.); *Wassermeyer*, DStR 2004, S. 749 ff. (754, 9./10.); aA (bejahend) *Hahn*, GmbHR 2004, S. 277 ff. (277–279), Möglichkeit einer gemeinschaftsrechtskonforme Auslegung; *Kreft*, BB 2004, S. 1191 ff. (1195/1196, IV.), wegen der tatbestandlichen Reduktion auf Back-to-back-Finanzierungen.

[108] *Fried*, Die weiche Patronatserklärung, S. 39; *Hoffmann*, Patronatserklärung, S. 3, 31, 2. Abs.; *Münchener Vertragshandbuch* (*Schütze*), III. 25., Patronatserklärung (I), Anm. 4. a), S. 461; *Schröder*, ZGR 1982, S. 552 ff. (553, 1. Abs.).

denfalls mussten „Gewährleistungsverträge“[110] gegenüber Dritten in dem Geschäftsbericht zum Jahresabschluss offen gelegt werden. Die Ausweispflicht erfasste unstreitig sowohl Bürgschaften als auch Garantien[111].

Um einen Verlust bzw. eine Schmälerung ihres eigenen Finanzierungsspielraums bzw. ihrer Kreditwürdigkeit zu vermeiden, suchten vor allem Konzernmütter, die von den Banken zur Stellung einer Kreditsicherheit für ein Tochterunternehmen aufgefordert worden waren, nach einem Weg, sich dieser Verpflichtung zu entziehen[112]. Das Kreditgewerbe auf der anderen Seite konnte und wollte auf eine „Besicherung“ durch die Konzernmutter nicht verzichten[113]. Mit deren Prestige stiegen die Chancen, den designierten Gläubiger der Tochtergesellschaft mit einer rechtlich diffusen[114], möglichst unverbindlichen Zusage zufrieden zu stellen[115]. Dies gilt auch heute noch[116]. Die Betätigungsfelder, in denen Patronatserklärungen zur Anwendung kommen, zeichnen sich meist durch einen harten Konkurrenzkampf aus[117]. Die Möglichkeit eines (lu-

---

[109] § 151 Abs. 5 AktG i.d.F. v. 1965, mit Einfügung des Dritten HGB-Buches über „Handelsbücher“ im Jahre 1985 (Bilanzrichtlinien-Gesetz v. 19.12.1985, BGBl. I 1985, S. 2355 ff. (2358, § 251 i.V.m. 2391, Nr. 22 (Aufhebung des § 151 AktG a.F.)), ersetzt durch die sinngleiche Norm des § 251 HGB; siehe *Fried,* Die weiche Patronatserklärung, S. 38, II., 80, 2. Abs.

[110] Über den Wortlaut des „Gewährleistungsvertrages“ in § 151 Abs. 5 Ziff. 3 AktG i.d.F. v. 1965. hinaus, hat die Praxis unter diesen Begriff neben der Bürgschaft und der Garantie recht bald auch andere Eventualverbindlichkeiten subsumiert, etwa die Schuldmitübernahme. Es hat sich ein spezifisch bilanzrechtliches Verständnis dieses Begriffes herausgebildet, vgl. *Fried,* Die weiche Patronatserklärung, S. 40/41.

[111] *Fried,* Die weiche Patronatserklärung, S. 39/40; *Kohout,* Patronatserklärungen, S. 16, 2. Abs.

[112] *Altenburger,* Patronatserklärungen, S. 20/21, A), 30/31; *Erdmann,* wiedergegeben von *König,* Diskussionsbericht, in: *Bergström/Schultsz/Käser,* Garantieverträge, S. 43 ff. (51 a.E.); *Fried,* Weiche Patronatserklärung, S. 39; *IdW,* Entwurf, WPg 1976, S. 119 ff. (119, I.); *Köhler,* WM 1978, S. 1338 ff. (1341, 2. a)/b)); *Kohout,* Patronatserklärungen, S. 16/17, 19, c); *Küffner*, DStR 1996, S. 146 ff. (146, 1.); *Michalski,* WM 1994, S. 1229 ff. (1230, 2.); *Mosch,* Patronatserklärungen, S. 4; *Obermüller,* Ersatzsicherheiten, S. 1, I.; *ders.,* ZGR 1975, S. 1 ff. (2, 1.); *Treffer,* ZAP Nr. 5, Fach 15, S 383 ff. (383, 1.); *Schröder,* ZGR 1982, S, 552 ff. (553).

[113] *Altenburger,* Patronatserklärungen, S. 29/30; *Köhler,* WM 1978, S. 1338 ff. (1341, 2. Abs.); *Kohout,* Patronatserklärungen, S. 28, 2. Abs.; *Mosch,* Patronatserklärungen, S. 4, 1. Abs.; ähnlich *Fried,* Weiche Patronatserklärung, S. 91, II.

[114] Vgl. nur *IdW,* Entwurf, WPg 1976, S. 119 ff. (119, I.), Patronatserklärungen seien häufig unklar gehalten.

[115] *Kohout,* Patronatserklärungen, S. 23; *Mosch,* Patronatserklärungen, S. 3, 1. Abs., „je respektabler die Muttergesellschaft, desto ‚weicher‘ ist die von ihr abgegebene Patronatserklärung“, vgl. auch S. 5; konkludent ebenso *Obermüller,* ZIP 1982, S. 915 ff. (915, 1. Abs.).

[116] Ähnlich *Fried,* Weiche Patronatserklärung, S. 91/92, I., 140; *Hantke,* S. 22, 1. Abs., 36, 3., „Kalkulation mit der Rechtsunsicherheit“; *Kiethe,* ZIP 2005, S. 646 ff. (647/648, 4.).

[117] Ähnlich bereits *Hoffmann,* Patronatserklärung, S. 37/38; *Köhler,* WM 1978, S. 1338 ff. (1341, 2. Abs.).

krativen) Geschäftsabschlusses und insbesondere die Aussicht auf etwaige Anschlussgeschäfte lassen das aktuelle Sicherungsbedürfnis oftmals in den Hintergrund treten[118], zumal wenn die Bonität des „Sicherungsgebers" über jeden Zweifel erhaben ist[119] und der Hauptschuldner im Kern unter derselben Firma firmiert[120]. Die Gläubiger spekulieren dann nicht selten darauf, dass die Obergesellschaft das Tochterunternehmen auch ohne eine rechtliche Verbindlichkeit schon nicht fallen lassen wird[121]. Sie hoffen, dass die Konzernmutter sich um ihres guten Rufes und ihrer eigenen Kreditwürdigkeit willen für eine ordnungsgemäße Tilgung der Tochterverbindlichkeiten einsetzen wird[122]. Diese Annahme ist meist gerechtfertigt[123]. Es hat aber auch schon Fälle gegeben, in denen sich Konzernobergesellschaften trotz des damit verbundenen (meist nur temporären) Imageschadens von ihren unrentablen Töchtern losgesagt haben[124]. Die Entscheidung über die freiwillige Einhaltung einer unverbindlichen Zusage ist für die Konzernmutter ein Vabanquespiel zwischen der Notwendigkeit, die

---

[118] *Köhler,* WM 1978, S. 1338 ff. (1341, 2. Abs.); *Kohout,* Patronatserklärungen, S. 13, 2. Abs.; *Michalski,* WM 1994, S. 1229 ff. (1232, II. 2.); *Stecher,* „Harte" Patronatserklärungen, S. 7, 2. Abs.; siehe auch *Rippert,* Patronatserklärungen, S. 3, II.

[119] *Frick,* Patronatserklärungen, S. 17; *Köhler,* WM 1978, S. 1338 ff. (1341, 1. Spalte); *Kohout,* Patronatserklärungen, S. 23, 2. Abs.

[120] *Huber* in: Rechtsprobleme der Bankpraxis, S. 47 ff. (58, V.); *J. Koch,* Die Patronatserklärung, S. 60, 2. Abs.; *Kohout,* Patronatserklärungen, S. 24, 1. Abs.; *Leitner,* ÖBA 2002, S. 517 ff. (519).

[121] *Köhler,* WM 1978, S. 1338 ff. (1341, 1. Spalte).

[122] *Altenburger,* Patronatserklärungen, S. 21/22, B), „faktischer Leistungszwang"; *Frick,* Patronatserklärungen, S. 17, 140; *Fried,* Weiche Patronatserklärung, S. 90–92, I./II.; *Hoffmann,* Patronatserklärung, S. 34 a.E., Patronatserklärungen könnten eine starke rechtliche Bindung erzeugen, der unter Standing-Aspekten eine ganz beachtliche Bewandtnis zuzubilligen sei; *Käser,* wiedergegeben von *König,* Diskussionsbericht, in: *Bergström/Schultsz/Käser,* Garantieverträge, S. 43 ff. (50), „hinsichtlich der Durchsetzbarkeit von Patronatserklärungen werde man nicht vergessen, dass ein Unternehmen, das einer solchen einmal abgegebenen Erklärung nicht nachkomme ‚im Bankverkehr erledigt sei'"; *Kohout,* Patronatserklärungen, S. 23; *Mosch,* Patronatserklärungen, S. 2/3; *Rippert,* Patronatserklärungen, S. 2. Entgegen *Hantke,* S. 21, 2. Abs., messen Kreditinstitute solch losen Zusagen allerdings keinen Sicherheitswert bei. Sie stufen solchermaßen „besicherte" Darlehen als „Blankokredite" ein.

[123] *Münchener Vertragshandbuch* (*Schütze*), III. 25., Patronatserklärung (I), S. 462, 4. a). In der Kreditwirtschaft gibt es eine Art „Ehrenkodex", der es verbietet, eine Tochtergesellschaften aus dem Bank- oder banknahen Bereich fallen zu lassen, vgl. *J. Horn,* Patronatserklärungen im common law, S. 111, 3. Abs.; *Rümker* in: FS Stiefel, S. 607 ff. (621); *Schneider,* ZIP 1989, S. 619 ff. (620, II. 1.); *Thiekötter,* Patronatserklärung ad incertas personas, S. 21, 4; siehe aber auch *Huber* in: Rechtsprobleme der Bankpraxis, S. 47 ff. (58, V.), nicht alle Firmen seien so empfindlich wie vielleicht Banken.

[124] *J. Horn,* Patronatserklärungen im common law, S. 11/12; *J. Koch,* Die Patronatserklärung, S. 60, 2. Abs.; *Kohout,* Patronatserklärungen, S. 2, 1. Abs.; *Thiekötter,* Patronatserklärung, S. 23, 1. Gerade wenn diese unter anderem Namen firmieren, *Huber* in: Rechtsprobleme der Bankpraxis, S. 47 ff. (58, V.); *Mosch,* Patronatserklärungen, S. 3, 3. Abs.; *Rippert,* Patronatserklärungen, S. 3, 2. Abs.

Wünsche der eigenen Anteilseigner zu berücksichtigen, und derjenigen, die Gläubiger der Tochtergesellschaft nicht vor den Kopf zu stoßen. Die Neigung des Gläubigers sich auf eine „weiche" Patronatserklärung einzulassen wird deshalb umso größer sein, je enger die Muttergesellschaft mit ihm selbst geschäftlich verflochten ist[125]. Auf der anderen Seite wird dann auch die Bereitschaft der Konzernmutter steigen, sich neben ihrer „moralisch-wirtschaftlichen" Einstandspflicht auch rechtlich zu binden. Das muss aber nicht so sein. Hat die Muttergesellschaft bestimmte Bilanzrelationen einzuhalten und würde ein entsprechender Bilanzvermerk ihren eigenen Finanzspielraum einengen[126], wird sie ungeachtet solcher Verflechtungen auf eine nicht ausweispflichtige Erklärungsvariante drängen.

Die Einzelheiten der bilanziellen Behandlung einer Ausstattungszusage sind bereits Gegenstand etlicher Abhandlungen gewesen. Sie sollen hier nicht reproduziert werden. Ausstattungszusagen sind in bilanzieller Hinsicht spätestens seit der Stellungnahme des Hauptfachausschusses des Instituts der Wirtschaftsprüfer im Jahre 1976[127] (mindestens[128]) in gleichem Umfang ausweispflichtig wie eine

---

125 Im Ergebnis ebenso *Altenburger,* Patronatserklärungen, S. 22, 1. Abs.

126 *Balzer,* 7. Rostocker Bankentag 2001, S. 59 ff. (62, 2. Abs.); *Bordt,* WPg 1975, S. 285 ff. (286, 1. Spalte); *Kohout,* Patronatserklärungen, S. 19/20, d); *Mosch,* Patronatserklärungen, S. 5, 1. Abs., die als Beispiel die Pflicht zur Einhaltung bestimmter Kapitalrelationen bei Begebung von Schuldscheindarlehen durch Versicherungsgesellschaften nennen; *Schaffland,* BB 1977, S. 1021 ff. (1022, 1. Abs.).

127 *IdW,* Stellungnahme Aktienrecht, WPg 1976, S. 528 ff. (530, Grundform 4/5, 534/535); *IdW,* Entwurf, WPg 1976, S. 119 ff. (119, I. a.E.), im Zweifel sei von einer Gewährleistungsverbindlichkeit auszugehen; *IdW,* Erläuterungen, Wpg 1976, S. 209 ff. (212/213, Grundform 4, Grundform 5, Beispiel 2).

128 Nach vorliegendem Verständnis muss neben der konkreten Höhe bzw. dem Wert der noch offenen und in den Schutzbereich der Patronatserklärung fallenden Hauptschuld(en) – soweit eine Bezifferung überhaupt möglich ist – *zwingend* ein ergänzender Hinweis auf die mit der „kontinuierlichen Grundausstattungspflicht" (dazu in Kapitel 4, B. II. 2. a)) zusammenhängenden Risiken erfolgen (ausdrücklicher Verweis auf den Anhang, dort nähere Erläuterung), vgl. auch *Adler/Düring/Schmaltz* (Hrsg.), Rechnungslegung und Prüfung der Unternehmen (6), § 251 HGB Rn. 83, könne die Muttergesellschaft ihre Verpflichtungen aus der Patronatserklärung durch eine Direktleistung erfüllen, so beschränke sich der Vermerk auf den im Hauptschuldverhältnis geschuldeten Betrag (vgl. auch Rn. 86). Hinsichtlich der „kontinuierlichen Grundausstattungspflicht" besteht gerade keine Direktleistungsmöglichkeit; partiell ebenso *HdJ-Bordt,* Abt. III/9, Rn. 77; aA die ganz hM, vgl. nur *Balzer,* 7. Rostocker Bankentag 2001, S. 59 ff. (97, 2. Abs.); *Bordt,* WPg 1975, S. 285 ff. (289/290, b)); *IdW,* Entwurf, WPg 1976, S. 119 ff. (120/121, Grundform 4, 5); *IdW,* Stellungnahme Aktienrecht, WPg 1976, S. 528 ff. (530, Grundform 4/5, 534/535); *Mosch,* Patronatserklärungen, S. 189/190, es genüge ein Ausweis in Höhe der „valutierenden" Gläubigerverbindlichkeiten; anders höchstens, wenn der Patron (ausnahmsweise) eine allgemeine Liquiditätszusage erteilt habe (dazu in Kapitel 4, B. II. 1. b)). Letzterenfalls sei gegebenenfalls auf die Existenz weiterer nicht bezifferbarer Gewährleistungsverbindlichkeiten, etwa durch folgenden Hinweis, aufmerksam zu machen: „Weitere nicht bezifferbare Gewährleistungsverbindlichkeiten sind im Geschäftsbericht erläutert."; aA *Bordt,* a.a.O., S. 290, 2. Abs., wegen der Direktleistungsmöglichkeit (dazu in Kapitel 4, B.

Bürgschaft oder Garantie[129]. In § 26 Abs. 2 S. 1 RechKredV[130] ist die Vermerkpflicht für „verpflichtende Patronatserklärungen" von Kredit- und Finanzdienstleistungsinstituten[131] sogar ausdrücklich festgeschrieben[132]. Eine „Umgehung" von Rechnungslegungsanforderungen durch Abgabe einer harten Patronats-

II. 4. c) bb)). Im Falle einer unquantifizierbaren Patronatserklärung an die Allgemeinheit ist anstelle einer konkreten Summe unter der Bilanz ein Merkposten in Höhe von einem Euro nebst einem Hinweis auf die im Anhang zu bezeichnenden Haftungsrisiken aufzunehmen (hM), vgl. *Ammelung/Sorocean,* RIW 1996, S. 668 ff. (670, 2. Spalte), unter Verweis auf §§ 264 Abs. 2, 268 Abs. 7, 340a Abs. 2 HGB; *Ebenroth/Boujong/Joost* (*Allstadt-Schmitz*), HGB, BankR IV, Rn. IV 684.

129 *Adler/Düring/Schmaltz* (Hrsg.), Rechnungslegung und Prüfung der Unternehmen (6), § 251 HGB Rn. 82/83; *Beck'scher Bilanz-Kommentar-Ellrott* (5), § 251 Rn. 41; *Bordt,* WPg 1975, S. 285 ff. (289/290, b)); *Falter,* Praxis des Kreditgeschäfts (15), S. 665 Rn. 6.455; *Fried,* Die weiche Patronatserklärung, S. 41–43, III., 80/81; *Hantke,* S. 19, 1. Abs.; *Herget/Butzke,* Ersatzsicherheiten, S. 10, b); *J. Koch,* Die Patronatserklärung, S. 38/39; *Kohout,* Patronatserklärungen, S. 234/235, 3.; *Loitz/Schulze,* DB 2004, S. 769 ff. (771, 2.); *Lwowski,* Kreditsicherung (8), S. 416 Rn. 470; *Mosch,* Patronatserklärungen, S. 188–190, d)/e); *MüKo-Habersack* (4), Vor § 765, Rn. 51; *Obermüller,* Ersatzsicherheiten, S. 20 Rn. 70; *ders.,* ZGR 1975, S. 1 ff. (41/42); *Rummel* in: FS Doralt (2004), S. 493 ff. (497, 2. Abs.); *Schäfer,* WM 1999, S. 153 ff. (153, I.); *Schimansky/Bunte/Lwowski* (*Merkel*), Bankrechts-Handbuch II (2), § 98 Rn. 31; *Schröter,* WuB I F 1 c. – 1.98, S. 790 f. (790, 1.); *Wittig* in: *BuB* (2003), Rn. 4/2890, d.h. grds. Ausweis als Eventualverbindlichkeit unterhalb der Passivseite der Bilanz (§ 251 S. 1 HGB), bei Kapitalgesellschaften wahlweise im Anhang (§ 268 Abs. 7 HGB); aA *Küffner,* DStR 1996, S. 146 ff. (150/151, 3.2.1, 151, 4.), unter § 251 HGB fielen nur Verträge, bei denen auch für die Zahlungs*willigkeit* einzustehen sei (vgl. Kapitel 4, B. I.), die „harte" Patronatserklärung sei demnach kein Gewährleistungsvertrag im Sinne der Norm. Sie sei nur nach § 285 Ziff. 3 HGB im Anhang zu vermerken und zwar (erst) ab dem Moment der Klageszustellung bzw. in der Krise des Protegés (ab Bestehen einer Unterbilanz); gegen diese Argumentation mit Recht *Ammelung/Sorocean,* RIW 1996, S. 668 ff. (670, 1. Spalte); *Thiekötter,* Patronatserklärung, S. 114/115, die Information im Anhang sei das *schwächste Publizitätsmittel,* auch laufe der von *Küffner* für richtig befundene Ausweiszeitpunkt dem bilanzrechtlichen Vorsichtsprinzip zuwider. Siehe im Übrigen *Obermüller,* ZIP 1982, S. 915 ff. (915, 1. Abs.); *BAKred* in: *Consbruch/Möller/Bähre/Schneider,* Band II, Tz. 13.07, „Schreiben vom 16.12.1974 an die Spitzenverbände der Kreditinstitute (I 4-3)", (auch abgedruckt in *FN (Fachnachrichten des Instituts der Wirtschaftsprüfer)* Nr. 1 v. 14.01.1975, S. 7.), wonach dem Abschlussprüfer alle von dem geprüften Kreditinstitut hereingenommenen und abgegebenen Patronatserklärungen vorzulegen sind, damit der Prüfer über ihre Rechtsverbindlichkeit und ihren Sicherungswert entscheiden und beurteilen kann, ob und wie sie bei der Bilanzierung zu behandeln sind. Der Fachausschuss für Rechts- und Treuhandfragen hat sich daraufhin am 30.03.1976 einstimmig dafür ausgesprochen, den Mandanten dazu zu verpflichten, dem Wirtschaftsprüfer alle Patronatserklärungen vorzulegen und eine entsprechende Vollständigkeitserklärung abzugeben, *FN* (s.o.) Nr. 7/8 v. 21.07.1976, S. 152.

130 „Verordnung über die Rechnungslegung der Kreditinstitute und Finanzdienstleistungsinstitute (*RechKredV*)" vom 10.02.1992, BGBl. I 1992, S. 203 ff. (209, § 26 Abs. 2), die Neufassung in Form der Bekanntmachung vom 11.12.1998 findet sich in BGBl. I 1998, S. 3658 ff. (3665, § 26 Abs. 2).

131 *RechKredV,* BGBl. I S. 3658 ff. (3660, § 1), und von Zweigstellen, für die nach § 340 Abs. 1 S. 1, Abs. 4 S. 1 HGB der 4. Abschnitt des 3. Buches des HGB anzuwenden ist.

erklärung ist demnach nicht (mehr) möglich. Für die Ausstattungszusage hat sich damit auch das „bilanztaktische Argument" überholt[133].

## C. Devisenrechtliche Beschränkungen

Patronatserklärungen werden partiell auch mit Blick auf bestehende Devisenbeschränkungen abgegeben[134]. Ob sich eine Ausstattungszusage insofern als „Ausweichmodell" eignet, dürfte eher zu verneinen sein. Es mag Restriktionen geben, die ausschließlich Finanzströme unterbinden oder einschränken, so dass Sachausstattungen, Kapitalerhöhungen gegen Sacheinlagen, etc. noch unbeschränkt ausstattungshalber erbracht werden könnten. Ob dem so ist und ob den Parteien damit gedient wäre, dürfte eine Frage des Einzelfalls sein. Im Allgemeinen werden sich (Devisen-)Sperren auch auf „externe" Ausstattungsverpflichtungen und auf die in ihrer Erfüllung erbrachten Leistungen erstrecken[135].

---

[132] Vermerk unter dem Bilanzstrich auf der Passivseite der Bilanz unter Nr. 1 b), „Verbindlichkeiten aus Bürgschaften und Gewährleistungsverträgen"; vgl. auch *J. Koch,* Die Patronatserklärung, S. 39, 1. Abs., 536, 2. Abs.

[133] *Fried,* Die weiche Patronatserklärung, S. 80/81; *Frick,* Patronatserklärungen, S. 148 a.E., dem zuwider die Verhinderung eines Rechnungslegungsausweises daher auch nicht mehr primäres Ziel des Patrons ist; *Gerth,* Atypische Kreditsicherheiten, S. 191, aa), 193, 2. Abs.; *Hantke,* S. 19, 1. Abs.; *Hoffmann,* Patronatserklärung, S. 31, 2. Abs., siehe aber S. 36, 3.; *Münchener Vertragshandbuch* (*Schütze*), III. 25., Patronatserklärung (I), S. 461, 4. a); *Pesch,* WM 1998, S. 1609 ff. (1609, 1. a)); *Schraepler,* ZKW 1975, S. 215 ff. (215); *Schröder,* ZGR 1982, S. 552 ff. (562/563); *Staudinger-Horn,* Vorbem. zu §§ 765 ff. Rn. 406; im Ergebnis ebenso *Treffer,* ZAP Nr. 5, Fach 15, S 383 ff. (383, 1.); anders *Forschbach,* Liquiditätszusagen, S. 103 a.E.; ebenso *Käser* in: *Bergström/Schultsz/Käser,* Garantieverträge, S. 25 ff. (32, c)).

[134] *Capell/Swinne,* Internationales Kredit-Management, S. 69, 3.3.4.2.; *Hoffmann,* Patronatserklärung, S. 33, 3. Abs.; *Kohout,* Patronatserklärungen, S. 26/27, k); *Lwowski,* Kreditsicherung (8), S. 392 Rn. 443; *Mosch,* Patronatserklärungen, S. 7, 3. Abs.; *Pesch,* WM 1998, S. 1609 ff. (1609, 1. a)); *Schimansky/Bunte/Lwowski* (*Merkel*), Bankrechts-Handbuch II (2), § 98 Rn. 11; *Stecher,* „Harte" Patronatserklärungen, S. 6. Wie *Fried,* Weiche Patronatserklärung, S. 84/85, mit Recht herausstellt, spielt dieses Motiv auf innereuropäischer Ebene in Anbetracht der Kapitalverkehrsfreiheit de facto keine Rolle mehr; vgl. auch *J. Koch,* Die Patronatserklärung, S. 47, 2. Abs.; *Schimansky/Bunte/Lwowski* (*Merkel*), Bankrechts-Handbuch II (2), § 98 Rn. 11.

[135] Siehe bereits *Bodenstein/Eberth,* S. 69/70; *Kohout,* Patronatserklärungen, S. 27, 1. Abs.; *Gerth,* RIW 1982, S. 477 ff. (480/481, III.), ausdrückliche Gleichstellung von Patronatserklärungen und Garantien, die eine Zahlungspflicht auslösen können, durch das Rundschreiben des französischen Wirtschafts- und Finanzministers vom 28.07. 1977; *Michalski,* WM 1994, S. 1229 ff. (1232, 6.); *Obermüller,* Ersatzsicherheiten, S. 24 Rn. 81; *Schröder,* ZGR 1982, S. 552 ff. (563, 2. Abs., 564); *Stecher,* „Harte" Patronatserklärungen, S. 6; zuletzt auch *J. Koch,* Die Patronatserklärung, S. 47, 2. Abs.; enger *Staudinger-Horn,* Vorbem. zu §§ 765 ff. Rn. 406, dieses Ziel werde nur bei „weichen" Patronatserklärungen erreicht; siehe auch *Fried,* Weiche Patronatserklärung, S. 83/84, III.

Nach dem deutschen Außenwirtschaftsgesetz bedürfen Zusagen deutscher Ausstattungsschuldner keiner Devisengenehmigung[136].

Zu beachten ist allerdings, dass selbst dann, wenn für eine harte Patronatserklärung bzw. Ausstattungszusage nationales Recht gilt, für ihren Vollzug unter Umständen ausländische Devisenbestimmungen relevant werden, und zwar nach dem sog. *Bretton-Woods-Abkommen*[137]. Gemäß Art. 8 Abschnitt 2. b) des IWF-Abkommens darf aus Devisenkontrakten, welche die Währung eines Mitgliedslandes berühren und die dessen Devisenkontrollbestimmungen widersprechen, auch in den Gebieten der übrigen Mitglieder nicht geklagt werden[138]. Entsprechende Klagen werden durch Prozessurteil abgewiesen[139]. „Devisenkontrakte" sind aus Sicht des BGH alle Vertragspflichten, deren Erfüllung sich auf die regulierte Währung bzw. auf die Zahlungsbilanz des regulierenden Staates auswirken kann[140]. Kann der Patron seiner Ausstattungspflicht nur unter Verstoß gegen eine solche Auslandsbestimmung nachkommen, ist die Patronatserklärung für den Gläubiger undurchsetzbar[141].

---

[136] *Forschbach,* Liquiditätszusagen, S. 71, 6., für „interne" Ausstattungsvereinbarungen. Gemäß § 26 Abs. 2 AWG i. V. m. § 59 Abs. 1 Ziff. 2, Abs. 2, 3 AWV sind nur „Zahlungen" an Gebietsfremde im Gegenwert von mehr als 12.500,– € an die Deutsche Bundesbank zu melden (vgl. § 63 Abs. 1 AWV). Nach § 62 Abs. 1 AWV müssen zudem Verbindlichkeiten gegenüber Gebietsfremden von zusammengerechnet mehr als 5 Mio. Euro gemeldet werden. Zur Anzeigepflicht des Kreditgewerbes, vgl. § 1 Abs. 4 (Definition der „Patronatserklärung"), § 2 Ziff. 4 GroMiKV (Bemessungsgrundlage bei Patronatserklärungen) i. V. m. §§ 13, 14 KWG.

[137] Vgl. das „Gesetz über den Beitritt der Bundesrepublik Deutschland zu den Abkommen über den Internationalen Währungsfonds (International Monetary Fund) und über die Internationale Bank für Wiederaufbau und Entwicklung (International Bank for Reconstruction and Development)" v. 28.07.1952, BGBl. II, S. 637 ff.; *Gerth,* Kreditsicherheiten, S. 361, macht darauf aufmerksam, dass die Beachtung ausländischer Devisen- und Währungsbestimmungen auch außerhalb des Anwendungsbereichs des Bretton-Woods-Abkommens bejaht wird; *Jander/Hess,* RIW 1995, S. 730 ff. (735/736, 4.).

[138] BGBl. II, S. 637 ff. (654), Gegenüberstellung der englischen und deutschen Fassung; *Lwowski,* Kreditsicherung (8), S. 365 Rn. 410; *Rippert,* Patronatserklärungen, S. 177, 1. Abs.; *Rümker,* WM 1974, S. 990 ff. (998, IV.); *Wagenknecht* in: *BuB* (2003), Rn. 4/1345, 4/1345.

[139] Vgl. die Wiedergabe des Abkommens im Anschluss an das Beitrittsgesetz, a. a. O., S. 645; siehe auch *BGH* (U. v. 27.04.1970 – II ZR 12/69), AWD 1970, S. 272 f. (272, 1.); *BGH* (U. v. 17.02.1971 – VIII ZR 84/69), AWD 1971, S. 291 f. (292, 1. Abs.); *Forschbach,* Liquiditätszusagen, S. 71, 6.; *Hoffmann,* Patronatserklärung, S. 192, 194; *Lwowski,* Kreditsicherung (8), S. 365 Rn. 410.

[140] *BGH* (U. v. 21.05.1964 – VII ZR 23/64), AWD 1964, S. 228; *BGH* (U. v. 27.04.1970 – II ZR 12/69), AWD 1970, S. 272 f. (273, 2.); *BGH* (U. v. 17.02.1971 – VIII ZR 84/69), AWD 1971, S. 291 f. (291, 2.); siehe auch *Rippert,* Patronatserklärungen, S. 176, (1); *Rümker,* WM 1974, S. 990 ff. (998, IV.); *Wagner,* Internationale Tätigkeit der Banken, S. 37.

[141] Zu einem französisch (-spanischen) Rechtsstreit um die Durchsetzbarkeit einer Patronatserklärung, *Gerth,* RIW 1986, S. 13 ff. (14, 3.).

## D. Rechtliche bzw. gesellschaftsvertragliche Restriktionen

Weiterer Grund für die Abgabe einer Patronatserklärung sind gerade zu Beginn der Entwicklung rechtliche[142], (gesellschafts-)vertragliche und sonstige gesellschaftsinterne Beschränkungen bei der Bestellung einer herkömmlichen Sicherheit gewesen[143]. Gesellschaftsverträge oder anderweitige gesellschaftsinterne Vorgaben sehen verschiedentlich vor, dass die Geschäftsleitung „typische" Kreditsicherheiten nur in bestimmtem Umfang[144] bzw. nur mit Zustimmung der Gesellschafterversammlung, des Aufsichtrats[145] (vgl. § 111 Abs. 4 S. 2 AktG) oder eines anderen Gremiums oder Überwachungsorgans begeben darf[146]. Solchen Höchstbetragsbegrenzungen bzw. Zustimmungserfordernissen auszuweichen, ist hier und da Motiv für die Präferenz einer Patronatserklärung gewesen[147]. Mittlerweile dürfte für die meisten „internen" und „externen" Verbotstatbestände aber außer Frage stehen, dass diese, wenn nicht wörtlich, so doch

---

[142] *Dilger,* RIW 1991, S. 342 f. (342); *Dilger/Hugger,* RIW 1990, S. 879 ff. (879, I., 880, III., 881, VII.); *Gerth,* RIW 1982, S. 477 ff. (479, II 1.), zur gesetzlichen Pflicht des Präsidenten des Verwaltungsrates einer französischen Aktiengesellschaft, gemäß Art. 98 Abs. 4 Loi Nr. 66-537 du 24 juillet 1966 vor Abgabe von „cautions, avals et garanties" jeweils eine besondere Ermächtigung des Verwaltungsrats (bzw. Aufsichtsrats) einzuholen; vgl. auch *BGH* (U. v. 10.06.1999 – IX ZR 409/97), BGHZ 142, S. 51 ff. (52/53, I.), kommunalrechtlicher Genehmigungsvorbehalt zu Gunsten der Rechtsaufsichtsbehörde bei Begebung einer Bürgschaft oder bei Abschluss eines ähnlichen Sicherungsgeschäfts, das den Rahmen der laufenden Verwaltung übersteigt; hiernach sind auch harte Patronatserklärungen genehmigungspflichtig, vgl. *Becker/Trommer,* ZKF 2005, S. 55. ff. (57, 3., 58, 6.).

[143] *Fried,* Weiche Patronatserklärung, S. 92, III.; *Köhler,* WM 1978, S. 1338 ff. (1341, 2. b)); *Lwowski,* Kreditsicherung (8), S. 392 Rn. 441; *Mosch,* Patronatserklärungen, S. 5/6, führen „konzerninterne Haftungsbegrenzungen" bzw. von der Muttergesellschaft vorgeschriebene Haftungsrahmen für bestimmte Eventualverbindlichkeiten an; *Staudinger-Horn,* Vorbem. zu §§ 765 ff. Rn. 406.

[144] *Kohout,* Patronatserklärungen, S. 25, i).

[145] *BGH* (U. v. 10.11.1986 – II ZR 153/85), NJW 1987, S. 1637 f. (1637/1638, a)), unzulässige Abgabe von Patronatserklärungen ohne die erforderliche Aufsichtsratszustimmung als schadensstiftende Obliegenheitsverletzung gemäß § 43 Abs. 2 GmbHG; ebenso *BGH* (U. v. 10.11.1986 – II ZR 140/85), ZIP 1987, S. 29 ff. (32, III 1. a)).

[146] Vgl. *Bodenstein/Eberth,* S. 69; *Bodenstein/Jahn,* S. 97, 1. Abs.; *Forschbach,* Liquiditätszusagen, S. 70, 4., S. 107, 1. Abs., m.w.N.; *Hoffmann,* Patronatserklärung, S. 34; *J. Koch,* Die Patronatserklärung, S. 49, 7.; *Kohout,* Patronatserklärungen, S. 26, j); *Lwowski,* Kreditsicherung (8), S. 392 Rn. 443; *Michalski,* WM 1994, S. 1229 ff. (1231, 5.); *Mosch,* Patronatserklärungen, S. 7, 2. Abs.; *Staudinger-Horn* (1997), § 765 Rn. 75, zur Bürgschaft; *Stecher,* „Harte" Patronatserklärungen, S. 6.; siehe auch *BAG* (B. v. 30.03.2004 – 1 ABR 61/01), „bofrost", ZIP 2004, S. 1468 ff. (1469, 3.3, III. 4.), Zustimmungspflicht des Gesellschafterbeirats bei allen Haftungsübernahmen und Bürgschaften des Lenkungsausschusses „einschließlich Patronatserklärungen jeder Art".

[147] *Kohout,* Patronatserklärungen, S. 25, j).

ihrem Sinn und Zweck nach, auch für wirksame Ausstattungsverpflichtungen gelten[148]. „Umgehungsabsichten" dürften hier kaum noch anzutreffen sein.

## E. Andauernde Vorzüge der harten Patronatserklärung

Die herkömmlichen Anreize zur Abgabe einer Patronatserklärung sind für die „externe" Ausstattungserklärung somit allesamt entfallen[149].

Sie bietet dem Patron aber einen unschätzbaren Vorteil: Er kann frei wählen, auf welche Weise er den Protegé ausstattet[150]. Über dieses Privileg verfügen weder ein Garant noch ein Bürge oder Mitschuldner[151].

---

[148] Siehe nur *VG Frankfurt a.M.* (28.08.1981 – VII/2-E 388/78), WM 1982, S. 932 ff. (938, d)), zur Genehmigungspflicht eines „Geschäfts" nach Art. I 1 d MRG 53 (Militärregierungsgesetz), die das Gericht unabhängig von der rechtlichen Geltungskraft einer Patronatserklärung bejaht hat; *Dilger,* RIW 1991, S. 342 f. (343, 2. Abs.); *Dilger/Hugger,* RIW 1990, S. 879 ff. (881, VII.); *Forschbach,* Liquiditätszusagen, S. 107, 1. Abs.; *Fried,* Weiche Patronatserklärung, S. 92, III; *J. Koch,* Die Patronatserklärung, S. 49/50, 7.; *Kohout,* Patronatserklärungen, S. 25, j); *Maslaton,* NVwZ 2000, S. 1351 ff. (1353, 1.), für den kommunalrechtlichen Genehmigungsvorbehalt zu Gunsten der Aufsichtsbehörden; *Michalski,* WM 1994, S. 1229 ff. (1231, 5.); kritisch *Gerth,* RIW 1982, S. 477 ff. (480, 481, IV 2.).

[149] *Fried,* Weiche Patronatserklärung, S. 81/82, II. Die mit der Begebung von Patronatserklärungen durch die Versicherungswirtschaft und die öffentlichen Hand zusammenhängenden Probleme bleiben hier außer Betracht, siehe dazu nur *Fried,* a.a.O., S. 75–79, 6./7, m.w.N.; *Schäfer,* WM 1999, S. 153 ff. (163, V.).

[150] *Ebenroth/Boujong/Joost* (*Allstadt-Schmitz*), HGB, BankR IV, Rn. IV 629; *Fleischer,* WM 1999, S. 666 ff. (667, II. 1.); *Forschbach,* Liquiditätszusagen, S. 71/72, 7.; *Fried,* Weiche Patronatserklärung, S. 90/91, I., der diesen Vorzug indes im Wesentlichen auf in derselben Branche tätige Unternehmen reduziert; *Hoffmann,* Patronatserklärung, S. 33, 3. Abs., 82, 2. Abs.; *Jander/Hess,* RIW 1995, S. 730 ff. (734, 2. Abs.); *Kiethe,* ZIP 2005, S. 646 ff. (648, 1. Abs.); *J. Koch,* Die Patronatserklärung, S. 56/57, dessen empirische Untersuchung die Bedeutung der Finanzierungsflexibilität für die Wahl einer Ausstattungszusage bestätigt hat; *Larenz/Canaris,* Schuldrecht II 2 (13), § 64, V. 1. a), S. 82; *Leitner,* ÖBA 2002, S. 517 ff. (520, 1. Abs., 523, 2.3.1, 527, 5.); *Möser,* DB 1979, S. 1469 ff. (1471, „Fallgruppe 6"); *Obermüller,* Ersatzsicherheiten, S. 4, b) Rn. 26; *Rummel* in: FS Doralt (2004), S. 493 ff. (497, 2. Abs.); *Schäfer,* WM 1999, S. 153 ff. (153, I.); *Schröder,* ZGR 1982, S. 552 ff. (563, letzter Abs.); *Staudinger-Horn,* Vorbem zu §§ 765 ff. Rn. 412; *Thiekötter,* Patronatserklärung ad incertas personas, S. 33, 4. a.; *Weber,* Kreditsicherheiten (7), S. 127; anders nur *Schraepler,* ZKW 1975, S. 215 ff. (215), *Barzahlungs*pflicht, dessen Ausführungen sich aber auch auf die ungebräuchliche Garantie der *Zahlungs*fähigkeit der Hauptschuldnerin beziehen (vgl. S. 218).

[151] *Frick,* Patronatserklärungen, S. 99; *Hoffmann,* Patronatserklärung, S. 33, 3. Abs., „arteigener Vorteil"; *Leitner,* ÖBA 2002, S. 517 ff. (527, 5.); *Rummel* in: FS Doralt (2004), S. 493 ff. (497, 2. Abs.); *Schröder,* ZGR 1982, S. 552 ff. (564). Zu den Charakteristika der einzelnen Personalsicherheiten in Abgrenzung zur Ausstattungszusage, siehe Kapitel 7, B. Einigen Patronen – insbesondere im internationalen Geschäftsverkehr – dürfte zudem daran liegen, mit dem (oftmals ausländischen) Tochtergläubiger möglichst wenig in direkten Kontakt zu treten. Die Korrespondenz mit ihm überlassen

Im internationalen Geschäftsverkehr kommt hinzu, dass ausländische Rechtsordnungen vielfach keine (akzessorische) Bürgschaft, sondern nur die Garantie kennen[152]. Die Ausstattungszusage ist dagegen weltweit (mehr oder weniger) gebräuchlich[153] Aufgrund ihrer Forderungsbezogenheit schützt sie den Sicherungsgeber davor, von dem Gläubiger über dessen aktuelles Sicherungsbedürfnis hinaus in Anspruch genommen zu werden[154].

Aus Sicht des Gläubigers hat eine „externe" Ausstattungszusage den Vorzug, dass sie eine Präventivsteuerung ermöglicht. Bei ordnungsgemäßer Abwicklung der Zusage ist der Protegé kontinuierlich zur Erfüllung der abgesicherten Hauptschuld(en) in der Lage. Der Gläubiger hat keinen Ärger mit dem Ausfall seines Hauptschuldners und keinen finanziellen Mehraufwand, wie bei Inanspruchnahme eines anderen Sicherungsmittels. Ordnungsgemäß erfüllte Ausstattungszusagen sind ein „Selbstläufer". Andere Personal- und Realsicherheiten werden für den Gläubiger hingegen erst in dem Moment relevant, in dem im Hauptschuldverhältnis bereits eine konkrete Störung eingetreten ist oder einzutreten droht[155].

---

sie dem ihnen näher stehenden Protegé. In dessen Abwicklungsgeschäfte wollen sie noch nicht einmal sicherheitshalber einbezogen werden, vgl. *Leitner,* ÖBA 2002, S. 517 ff. (520, 1. Abs. a.E.).

[152] *Zeitter* in: Rostocker Schriften zum Bankrecht, Heft 6, S. 7 ff. (19).

[153] *J. Koch,* Die Patronatserklärung, S. 57, 1. Abs.; vgl. andererseits *Jander/Hess,* RIW 1995, S. 730 ff. (730, 1.), besonders ausländische Partner stünden einer Patronatserklärung oft ratlos gegenüber. Im amerikanischen Geschäftsverkehr seien Patronatserklärungen ungebräuchlich, ihr Begriff und ihre Funktionen weitgehend unbekannt (736, VI. 1.).

[154] Ebenso *J. Koch,* Die Patronatserklärung, S. 57, 1. Abs., der diesen Aspekt sogar empirisch belegen kann.

[155] *Zeitter* in: Rostocker Schriften zum Bankrecht, Heft 6, S. 7 ff. (21, 1. Abs.).

*Kapitel 4*

# Rechtliche Charakteristika und Mitwirkungserfordernisse (bei) der „externen" Ausstattungszusage

Der Verpflichtungsgehalt einer Ausstattungserklärung ist teilweise umstritten. Abhängig davon, ob die Ausstattungszusage einem konkreten Gläubiger erteilt wird oder ob sie in Gestalt einer Presseäußerung oder durch Aufnahme in einen Geschäftsbericht des Patrons einer breiten Masse an potenziellen Sicherungsnehmern publik gemacht wird, wird ihr Rechtsgehalt in mancher Hinsicht recht unterschiedlich bewertet.

## A. Rechtsbindungswille

Existenz und Reichweite des Rechtsbindungswillens[1] eines Patrons sind in jedem Einzelfall durch Auslegung zu ermitteln[2]. Entscheidend ist die objektive Empfängerperspektive[3]. Entsprechend einer gängigen Formulierung des BGH kommt es darauf an, ob der Adressat „unter den gegebenen Umständen nach Treu und Glauben mit Rücksicht auf die Verkehrssitte auf einen Rechtsbindungswillen des Erklärenden schließen darf"[4]. Vielfach bemühte Auslegungskri-

[1] *Soergel-Hefermehl* (13), Vor § 116 Rn. 19, unterscheidet zwischen dem allgemeinen, auf eine bestimmte Rechtsfolge gerichteten Willen des Erklärenden (sog. „*Rechtsfolgewille*") und dem „*Rechtsbindungswillen*" bei einem schuldbegründenden Vertrag. Da vorliegend die Auffassung vertreten wird, dass es zur Begründung eines Ausstattungsanspruchs eines Vertrages bedarf (vgl. Kapitel 5, A.), wird im Folgenden die Bezeichnung „Rechtsbindungswille" verwandt.

[2] So bereits *BFH* (U. v. 15.07.1976 – II R 132/69), BFHE 120, S. 279 ff. (283, 5.) = BStBl. II 1977, S. 91 ff. (93, 5.); *BFH* (U. v. 19.01.1977 – II R 6/75), BFHE 121, 362 ff. (364, 3. a)) = BStBl. II 1977, S. 355 ff. (356, 3. a)); im Ergebnis ebenso *Treffer,* ZAP Nr. 5, Fach 15, S 383 ff. (385, 2. Abs.).

[3] *BGH* (U. v. 22.06.1956 – I ZR 198/54), BGHZ 21, S. 102 ff. (106/107); *BGH* (U. v. 05.10.1961 – VII ZR 207/60), BGHZ 36, S. 30 ff. (33, II. 1.); *BGH* (U. v. 03.02.1967 – VI ZR 114/65), BGHZ 47, S. 75 ff. (78, II.); *BGH* (U. v. 24.02.1988 – VIII ZR 145/87), BGHZ 103, S. 275 ff. (280, b) bb)); *Erman-Palm* (11), § 133 Rn. 19; *Erman-Armbrüster* (11), § 145 Rn. 3; *Palandt-Heinrichs* (64), § 133 Rn. 9; *Soergel-Hefermehl* (13), § 133 Rn. 20, 22; *Thiekötter,* Patronatserklärung ad incertas personas, S. 41.

[4] *BGH* (U. v. 03.02.1967 – VI ZR 114/65), BGHZ 47, S. 75 ff. (78, II.); *BGH* (U. v. 07.06.1984 – IX ZR 66/83), BGHZ 91, S. 324 ff. (329/330, b)); *BGH* (U. v.

terien sind die wirtschaftliche Bedeutung der Angelegenheit, das Interesse des Begünstigten an der Leistungserbringung und die ihm für den Fall einer Nicht- oder Schlechtleistung drohenden Nachteile[5].

## I. Abgabe gegenüber einem konkreten Gläubiger

Die Rechtsverbindlichkeit einer individuellen Ausstattungszusage gehört heute zum gesicherten Rechtsbestand[6].

Der Gläubiger macht die Aufnahme oder Ausdehnung der Leistungsbeziehung mit dem Protegé in aller Regel von einer wirksamen Mitverpflichtung des Patrons abhängig. Für ihn stehen erhebliche Werte auf dem Spiel. Er begnügt sich deshalb nicht mit einer „weichen" Patronatserklärung, sondern verlangt von dem Patron die verbindliche Zusage, dass die ordnungsgemäße Abwicklung des Grundverhältnisses nicht an dem fehlenden Leistungsvermögen des Protegés scheitern wird. Als Alternative zur Bürgschaft und/oder Garantie muss die „externe" Ausstattungserklärung ebenso verbindlich sein[7].

Aus anwaltlicher Vorsicht wird zwar immer wieder vorgetragen, der Patron habe mit Blick auf die Verwendung der Worte „Sorge tragen" bzw. „dafür sor-

---

02.11.1989 – IX ZR 197/88), BGHZ 109, 171 ff. (177, (1)); *BGH* (U. v. 19.09.2002 – V ZB 37/02), NJW 2002, S. 3629 ff. (3630/3631, (1)), jeweils m.w.N.

[5] Vgl. nur *BGH* (U. v. 22.06.1956 – I ZR 198/54), BGHZ 21, S. 102 ff. (107, 2. Abs.); *Erman-Palm* (11), § 133 Rn. 31–33; *Palandt-Heinrichs* (64), § 133 Rn. 14–18, 20–25; *Schneider,* ZIP 1989, S. 619 ff. (624, 2. Abs.); *Thiekötter,* Patronatserklärung ad incertas personas, S. 41, m.w.N.; siehe auch *Hantke,* S. 40.

[6] *KG Berlin* (U. v. 18.01.2002 – 14 U 3416/00, rkr.), WM 2002, S. 1190 f. (1191, 2. Abs.); *OLG Düsseldorf* (U. v. 26.01.1989 – 6 U 23/88), NJW-RR 1989, S. 1116 ff. (1117, I.); *OLG Karlsruhe* (U. v. 07.08.1992 – 15 U 123/91, WM 1992, S. 2088 ff. (2090/2091, a)); *OLG Naumburg* (U. v. 13.01.2000 – 2 U (Hs) 73/98), OLGR Naumburg 2000, S. 407 ff. (407, II. 1.); siehe auch *OLG Rostock* (U. v. 16.12.2004 – 1 U 28/04), OLGR Rostock 2005, S. 529 f. (530, I. 1.); *Bärmann,* Kreditsicherheiten, Teil I: BRD, S. 92 Rn. 196; *Herget/Butzke,* Ersatzsicherheiten, S. 8, „harte" Patronatserklärung; *Hoffmann,* Patronatserklärung, S. 76 a.E.; *Hopt,* ZHR 143 (1979), S. 139 ff. (172, d); *Forschbach,* Liquiditätszusagen, S. 103, 2. Abs.; *Kiethe,* ZIP 2005, S. 646 ff. (648, 649/650, 3.); *Larenz/Canaris,* Schuldrecht II 2 (13), § 64, V. 1. a), S. 82; *Michalski,* WM 1994, S. 1229 ff. (1235, IV. 1.); *Obermüller,* Ersatzsicherheiten, S. 3/4, a), Rn. 25; *ders.,* ZGR 1975, S. 1 ff. (29, d)); *Staudinger-Horn* (13), Vorbem zu §§ 765 ff. Rn. 409; *Stecher,* „Harte" Patronatserklärungen, S. 63; *Thiekötter,* Patronatserklärung ad incertas personas, S. 29, 1. Zur „internen" Ausstattungsverpflichtung, vgl. *OLG München* (U. v. 22.07.2004 – 19 U 1867/04), ZIP 2004, S. 2102 ff. (2103/2104, 2. a)); aA insoweit *OLG Celle* (U. v. 28.06.2000 – 9 U 54/00, rkr.), NdsRpfl 2000, S. 309 f. (310, 1., 1. Abs.); *Bamberger/Roth* (*Rohe*), §§ 414/415 Rn. 60, unter Verweis auf *OLG Celle,* a.a.O., (Fn. 204).

[7] Siehe auch *Schweizerisches Bundesgericht* (U. v. 29.09.1998 – 4C.422/1997/sch), in Lausanne bestellbar, S. 6, bb); *Treffer,* ZAP Nr. 5, Fach 15, S. 383 ff. (385, 2. Abs.), die gewählte Formulierung sei vor dem Hintergrund der diskutierten Alternativen zu sehen.

gen" nur eine Bemühens- und keine erfolgsbezogene Leistungspflicht übernehmen wollen, mit diesem Vorbringen setzen sich die Gerichte mittlerweile aber kaum noch auseinander[8]. Der Vortrag ist darauf zurückzuführen, dass das *OLG Celle*[9] dem Erklärenden vor Jahrzehnten in einem besonders gelagerten Fall den erfolgsbezogenen Verpflichtungswillen abgesprochen hat. Ein Gaststättenpächter hatte einem Automatenaufsteller versprochen dafür „zu sorgen", dass sein Nachfolger an seiner statt in den langjährigen Aufstellungsvertrag eintritt. Der Senat wertete dies als bloße nebenvertragliche Bemühenspflicht. Eine feste Zusage habe der ausscheidende Pächter nicht erteilen wollen, weil er auf den Willen des noch unbekannten Nachfolgers keinen Einfluss nehmen konnte[10].

Bei einer harten Patronatserklärung steht es demgegenüber in der Macht des Patrons, ob er dem Protegé die benötigten Mittel zur Verfügung stellt. Die beiden Fälle sind nicht vergleichbar[11].

Um jede Diskussion über den Verpflichtungsgehalt der Ausstattungszusage auszuschalten, übernimmt der Patron in der Praxis zunehmend ausdrücklich die „Verpflichtung" zur hinreichenden Protegéausstattung[12]. Die neuen Musterformulare des privaten Bankgewerbes enthalten eine gänzlich unzweideutige Verpflichtungserklärung[13]. Zwingend erforderlich ist dies nicht. Der Rechtsbindungswille des Patrons lässt sich bereits im Auslegungswege feststellen[14].

---

[8] Eine etwas ausführlichere Auseinandersetzung findet sich bei dem *Schweizerischen Bundesgericht* (U. v. 29.09.1998 – 4C.422/1997/sch), in Lausanne bestellbar, S. 5/6, aa), das aus der Einbettung der Ausstattungszusage in ein Bündel weiterer Verpflichtungserklärungen auf den Rechtsbindungswillen der Beklagten schließt.

[9] *OLG Celle* (U. v. 31.01.1967 – 10 U 225/66), NJW 1967, S. 1425 f.

[10] *OLG Celle* (U. v. 31.01.1967 – 10 U 225/66), NJW 1967, S. 1425 f. (1426).

[11] *J. Koch,* Die Patronatserklärung, S. 91; *Michalski,* WM 1994, S. 1229 ff. (1235, IV. 1.); *Mosch,* Patronatserklärungen, S. 131; siehe auch *Bordt,* WPg 1975, S. 285 ff (289, a)).

[12] Teilweise geschieht dies durch „kombinierte" Formulierungen wie „wir *verpflichten* uns, dafür *Sorge zu tragen* ...", vgl. *OLG Naumburg* (U. v. 13.01.2000 – 2 U (Hs) 73/98), vollständiger Sachverhalt nur bei Juris, Rn. 4; *LG Berlin* (U. v. 18.02.2000 – 94 O 93/99), WM 2000, S. 1060 ff. (1061, II. 2.); *LG München I* (U. v. 02.03.1998 – 11 HKO 20623/97), WM 1998, S. 1285 ff. (1285, Tatbestand, Ziff. 3 der Patronatserklärung); *Mosch,* Patronatserklärungen, S. 141, V. Nr. 25; *Schütz,* Bankgeschäftliches Formularhandbuch (18), Muster 350; *Frick,* Patronatserklärungen, S. 104; *Gerth,* Atypische Kreditsicherheiten, S. 141. Bereits früh ist den Gläubigern geraten worden, für einen Wortlaut zu sorgen, der den Verpflichtungsgehalt der Ausstattungszusage außer Frage stellt, vgl. nur *Rümker,* WM 1974, S. 990 ff. (992, 3. Abs.); dies empfiehlt auch *Wittig* in: *BuB* (2003), Rn. 4/2870.

[13] Vgl. Anlage 2 und 3 des Berichtes über die *BdB*/vbo-Fachtagung „Kredit- und Kreditsicherungsrecht" am 13./14. Juni 2002 in München (*Bundesverband des privaten Bankgewerbes e. V.*), zu Gliederungspunkt 4., „Formulierung von ‚Harten Patronatserklärungen'" (n.v.). Der neue Mustertext lautet: „*... übernehmen wir hiermit ... die uneingeschränkte Verpflichtung, sicherzustellen ...*".

Hat dem Patron tatsächlich einmal der Rechtsbindungswille gefehlt, ohne dass dies für den Gläubiger erkennbar geworden ist, kann er sein Ausstattungsversprechen analog § 119 Abs. 1, 2. Alt. BGB anfechten[15]. Der gutgläubige Erklärungsempfänger ist durch die kurze Anfechtungsfrist des § 121 Abs. 1 S. 1 BGB[16] und durch die Schadensersatzpflicht entsprechend § 122 BGB geschützt. Eine Irrtumsanfechtung durch den Patron wird angesichts des allgemein anerkannten Verpflichtungsgehalts einer Ausstattungszusage allerdings nur in extremen Ausnahmefällen in Betracht kommen[17]. Im Allgemeinen weiß der Patron um die Rechtsverbindlichkeit und um die rechtlichen Konsequenzen seines Ausstattungsversprechens[18].

## II. Ausstattungszusagen gegenüber der Öffentlichkeit

Wird eine Ausstattungszusage nicht individuell erteilt, sondern durch Verlautbarung gegenüber der Presse oder durch Integration in einen Geschäftsbericht

---

[14] *Forschbach,* Liquiditätszusagen, S. 103/104, weist mit Recht darauf hin, dass ein anders geartetes Verständnis dem Sicherungszweck der Patronatserklärung diametral entgegenliefe; *Kohout,* Patronatserklärungen, S. 77/78, 80/81; *Reinicke/Tiedke,* Kreditsicherung (4), S. 155 Rn. 429; *Treffer,* ZAP Nr. 5, Fach 15, S 383 ff. (385, 3. Abs.); *Wittig* in: *BuB* (2003), Rn. 4/2870; *Wolf,* IPRax 1999, S. 444 ff. (444/445, II. 2. a)); *Obermüller,* ZGR 1975, S. 1 ff. (25, 7. a)), folgert den Rechtsbindungswillen bereits unmittelbar aus der Formulierung „Sorge tragen"; ebenso *KG Berlin* (U. v. 18.01.2002 – 14 U 3416/00, rkr.), WM 2002, S. 1190 f. (1191, 2. Abs.); *OLG Dresden* (U. v. 27.06.2000 – 23 U 2724/99), NVwZ 2001, S. 836 ff. (837); *LG Berlin* (U. v. 18.02.2000 – 94 O 93/99), WM 2000, S. 1060 ff. (1061, II. 2.); *Fischer/Schaffland,* GenFor 1976 II, S. 36 ff (37, 1. Beispiel); *Maslaton,* NVwZ 2000, S. 1351 ff. (1352, b)); *Michalski,* WM 1994, S. 1229 ff. (1235, IV.1.); *Schaffland,* BB 1977, S. 1021 ff. (1022, 1. Beispiel). *J. Koch,* Die Patronatserklärung, S. 220, 1. Abs., zufolge, hat der Begriff des „Sorgetragens" im Rahmen der Ausstattungsverpflichtung den Zweck herauszustellen, dass die Ausstattungsleistung nicht nur von dem Patron, sondern auch von einem Dritten erbracht werden kann. Diese Interpretation lässt indes auch der neue Mustertext des privaten Bankgewerbes zu (vgl. die vorhergehende Fußnote).

[15] H.M. (sog. Erklärungstheorie). Nach der sog. Willenstheorie wäre die Erklärung dagegen argumentum a minori ad maius nach § 118 BGB nichtig. Zu dem Streitstand, *Soergel-Kramer* (13), § 119 Rn. 92–100, m.w.N.; aA bezogen auf die harte Patronatserklärung, *Stecher,* „Harte" Patronatserklärungen, S. 63, unter Hinweis darauf, dass in den beteiligten Kreisen nunmehr eine allgemeine Überzeugung von der Verbindlichkeit der Ausstattungszusage bestehe. Das ist zwar korrekt, schließt aber nicht aus, dass ein mit der Entwicklung nicht vertrauter Patron einem Irrtum über den Verpflichtungsgehalt der harten Patronatserklärung unterliegt. *Stecher* ist aber zuzugeben, dass Ausstattungszusagen in der Praxis so gut wie nie anfechtbar sein werden.

[16] Vgl. die Hilfserwägung des *Schweizerischen Bundesgerichts* (U. v. 29.09.1998 – 4C.422/1997/sch), in Lausanne bestellbar, S. 6/7, 3., zu Art. 31 Abs. 2 OR: Keine Anfechtung „innert" Jahresfrist seit Entdeckung des Willenmangels.

[17] Siehe bereits *Stecher,* „Harte" Patronatserklärungen, S. 63.

[18] Vgl. *Fried,* Weiche Patronatserklärung, S. 190, 2. Abs.; *Thiekötter,* Patronatserklärung ad incertas personas, S. 29, 1. Diese Kenntnis dürfte ihm spätestens im Verlauf der Sicherungsverhandlungen vermittelt werden.

des Patrons, spricht man von einer „Patronatserklärung gegenüber der Allgemeinheit“[19] bzw. „ad incertas personas“[20].

Der Adressatenkreis einer öffentlich publik gemachten Ausstattungserklärung kann alle Gläubiger[21] sämtlicher Tochterunternehmen erfassen oder auf die Kreditoren von im Einzelnen benannten Beteiligungsunternehmen beschränkt sein[22].

Damit eine an die Allgemeinheit adressierte Ausstattungszusage rechtliche Bindungswirkung entfaltet, müssen die Gläubiger davon ausgehen können, dass der Patron die Verbindlichkeit seiner Erklärung gegenüber einer unbestimmten Vielzahl an Personen gewollt hat[23]. Ansonsten handelt es sich um eine unverbindliche Absichtserklärung ohne primäre Rechtswirkungen.

Die Auslegung von an die Öffentlichkeit adressierten Erklärungen erfolgt für alle Erklärungsempfänger einheitlich[24]. Das Auslegungsergebnis variiert nicht je nach Verständnis des einzelnen Adressaten. Wie bei Allgemeinen Geschäftsbe-

---

19 So *Ebenroth/Boujong/Joost* (*Allstadt-Schmitz*), HGB, BankR IV, Rn. IV 635; *J. Horn,* Patronatserklärungen im common law, S. 19, c); *Immenga/Rudo,* Gewährträgerhaftung, S. 64, 1. Abs.; *Moismann* in: FS Vischer, S. 419 ff. (421, II. 1.), „an die Öffentlichkeit“; *Schneider,* ZIP 1989, S. 619 ff. (619, Titel, Einleitung).

20 So *Habersack,* ZIP 1996, S. 257 ff.; *J. Horn,* Patronatserklärungen im common law, S. 19, c), „gegenüber einem unbestimmten Personenkreis“; *J. Koch,* Die Patronatserklärung, S. 533; *Wittig* in: *BuB* (2003), Rn. 4/2893, „Ausstattungszusagen gegenüber einem unbestimmten Personenkreis“; *Staudinger-Horn,* Vorbem. zu §§ 765 ff. Rn. 407, „Patronatserklärung an die Öffentlichkeit“; *Kohout,* Patronatserklärungen, S. 44, „ad incertam personam“; *Thiekötter,* Patronatserklärung ad incertas personas.

21 Oder einen begrenzten Teil von ihnen, etwa in Gestalt der Arbeitnehmerschaft (Lohn- und Gehaltsgläubiger), etc. Zur (gesamt-)arbeitsvertraglichen Bedeutung einer Liquiditätszusage, *Moismann* in: FS Vischer, S. 419 ff. (421, II. 1., 424, 2. Abs.), „Adressaten solcher Erklärungen können alle denkbaren Gläubigerkategorien sein.“ (427, V. 1.).

22 Allgemein für Erklärungen gegenüber der Öffentlichkeit, *Fried,* Weiche Patronatserklärung, S. 200, II.; speziell für Patronatserklärungen in Geschäftsberichten, *Schneider,* ZIP 1989, S. 619 ff. (619, letzter Abs.); *Thiekötter,* Patronatserklärung ad incertas personas, S. 16, d.). Des Weiteren besteht die Möglichkeit, dass (gegenwärtige und/oder künftige) Tochtergesellschaften selbst Erklärungsempfängerinnen einer in einem Geschäftsbericht abgedruckten („internen“) kollektiven Ausstattungszusage sind, vgl. nur *Schneider,* a. a. O., sowie auf S. 625, letzter Abs.; siehe auch *Wagner,* Internationale Tätigkeit der Banken, S. 29, 1. Da die Problemkreise dieselben sind, lassen sich die Erwägungen und Lösungsansätze dieser Arbeit auf diese Konstellation übertragen. Hinsichtlich sonstiger Allgemeinzusagen kann der angesprochene Adressatenkreis nur durch eine einzelfallbezogene Interpretation festgestellt werden, vgl. *Schneider* in: FS Krümmel, S. 351 ff. (361, II., 363, 1. Abs.).

23 Siehe *Hantke,* S. 43, 2. Abs.; *Schneider,* ZIP 1989, S. 619 ff. (624, 2. Abs.); für den Fall der Patronatserklärung unterschiedslos verneinend, *Larenz/Canaris,* Schuldrecht II 2 (13), § 64 V. 2. d), S. 84.

24 *BGH* (U. v. 23.10.1958 – II ZR 4/57), BGHZ 28, S. 259 ff. (263–265, 2.); *Kohout,* Patronatserklärungen, S. 50, e); *Palandt-Heinrichs* (64), § 133 Rn. 12; *Thiekötter,* Patronatserklärung ad incertas personas, S. 42, IV.

dingungen, erfolgt die Interpretation *objektiv* und *typisiert*[25]. Maßstab sind die Erkenntnismöglichkeiten eines durchschnittlichen Beteiligten der angesprochenen Verkehrskreise[26]. Es kommt darauf an, wie ein vernünftiger Adressat die Erklärung nach der gewählten Ausdrucksweise, ihrem wirtschaftlichen Zweck und ihrem Gesamtzusammenhang verstehen muss[27].

Vielfach fehlt Erklärenden bei Äußerungen gegenüber einer breiten Masse der Rechtsbindungswille. Sinnfälliges Beispiel sind Anpreisungen in Verkaufsprospekten[28] oder Schaufensterauslagen[29]. Sie sind eine „invitatio ad offerendum", d.h. die bloße Aufforderung zur Abgabe eines verbindlichen Vertragsangebots. Auf diese Weise kann sich der Veräußerer vor dem Vertragsschluss von seiner eigenen Leistungsfähigkeit und von der individuellen Eignung des potenziellen Geschäftspartners überzeugen[30]. Aus objektiver Empfängersicht möchte er keine Gefahr laufen, mit einer unbekannten Vielzahl an Erklärungsempfängern zu kontrahieren und sich diesen gegenüber im Falle einer Nichtleistung schadensersatzpflichtig zu machen[31].

Daraus lässt sich aber nicht schließen, dass Mitteilungen gegenüber der Öffentlichkeit stets oder auch nur regelmäßig eines Verpflichtungswillens entbehr-

---

[25] *Habersack,* ZIP 1996, S. 257 ff. (260, 2. Abs.); *Kohout,* Patronatserklärungen, S. 46, 50, e); *Thiekötter,* Patronatserklärung ad incertas personas, S. 42, IV.

[26] *Fried,* Weiche Patronatserklärung, S. 103. Allgemein zu den Grundsätzen der objektiven und typisierten Auslegung, *Dreher,* AcP 189 (1989), S. 342 ff. (360 ff. (D.)); *Palandt-Heinrichs* (64), § 305c, Rn. 16; *Thiekötter,* Patronatserklärung ad incertas personas, S. 42, IV. Das schließt die Berücksichtigung „gruppenspezifischer Wertungen" nicht aus, wenn sich der Kreis der potenziellen Adressaten in unterschiedliche Empfängerkreise unterteilen lässt (siehe Kapitel 10, Einleitung a.E.).

[27] *BGH* (U. v. 29.10.1956 – II ZR 64/56), BGHZ 22, S. 109 ff. (113, 1. Abs.), m.w.N. Die Auslegung erfolgt nicht „gesetzesähnlich", vgl. *Dreher,* AcP 189 (1989), S. 342 ff. (360/361, I.), m.w.N. Die Genese einer Äußerung spielt somit ebenso wenig eine Rolle (*Dreher,* a.a.O., S. 361, 1. Abs.) wie Umstände, von denen nur bestimmte Adressaten wissen oder hätten wissen können, vgl. *BGH* (U. v. 26.10.1977 – VIII ZR 197/75), DB 1978, S. 629 f. (629, 3.); *Fried,* Weiche Patronatserklärung, S. 103; *Habersack,* ZIP 1996, S. 257 ff. (260, 2. Abs.); *Thiekötter,* Patronatserklärung ad incertas personas, S. 42, IV).

[28] Vgl. nur *Staudinger-Bork* (2003), § 145 Rn. 5, m.w.N.; anders *BGH* (U. v. 16.05.1994 – II ZR 223/92. München) NJW-RR 1994, S. 1185 f. (1185/1186, 1.), verbindliches Angebot einer Publikumsgesellschaft zum Abschluss eines atypisch stillen Gesellschaftsvertrages in einem Verkaufsprospekt.

[29] *Staudinger-Bork* (2003), § 145 Rn. 7, m.w.N.

[30] Nur so kann der Erklärende bei unzureichender Leistungsfähigkeit des Antragenden eine Bindung vermeiden. Ist bei einem Geschäft die individuelle Persönlichkeit der Vertragsgegenseite bedeutsam, wie bei einem Arbeits- und einem Dienstvertrag, liegt in der Regel nur eine Aufforderung zur Abgabe von Angeboten vor, vgl. *Erman-Armbrüster* (11), § 145 Rn. 4; *Staudinger-Bork* (2003), § 145 Rn. 4.

[31] *Erman-Armbrüster* (11), § 145 Rn. 4, 6, 10; *Flume,* Das Rechtsgeschäft (4), § 35 I 1, S. 637; *Palandt-Heinrichs* (64), § 145, Rn. 2; *Staudinger-Bork* (2003), § 145 Rn. 3/4; *Thiekötter,* Patronatserklärung ad incertas personas.

ten[32]. Im Wege einer Offerte ad incertas personas steht es jedermann frei, sich gegenüber einem unbestimmten Adressatenkreis zu verpflichten. Die Unübersehbarkeit der daraus resultierenden Kontrakte ist kein plausibler Grund, den Erklärenden in seiner Vertragsfreiheit zu beschränken und ihm die Möglichkeit von Vertragsschlüssen mit einer Vielzahl an ihm unbekannten Personen zu nehmen[33]. Schließlich kann diese Vorgehensweise für ihn mit gravierenden Vorteilen verbunden sein.

Eine „allgemeine" Ausstattungszusage birgt im Vergleich zu anderen Verpflichtungserklärungen gegenüber der Allgemeinheit kaum mehr Nachteile als eine individuelle Ausstattungsverpflichtung. Anders als in den Veräußerungsfällen (invitatio) ist die versprochene Leistung nicht kontingentiert[34]. Zudem wirkt sich eine Individualzusage – jedenfalls bei länger andauernden Vertragsverhältnissen – fast zwangsläufig auch auf alle Drittgläubiger günstig aus[35]. Bricht der Patron seine Zusage, den Protegé für die Dauer des abgesicherten Engagements leistungsfähig zu halten, läuft er Gefahr, dass einer der Drittgläubiger oder die Organwalter des Protegés Insolvenzantrag wegen Zahlungsunfähigkeit stellen[36], unter Umständen sogar ein Insolvenzverfahren eröffnet wird. Der Patron wird sich daher (zumindest indirekt) gezwungen sehen, dem Protegé wenigstens diejenigen Mittel zuzuführen, die dieser benötigt um seinen Vertrag mit dem Sicherungsnehmer ordnungsgemäß abzuwickeln. Da bei ordnungsgemäßer Erfüllung einer Individualzusage so oder so sämtliche Drittgläubiger von dem Ausstattungsversprechen profitieren[37], ist eine uferlose Risikoausweitung infolge eines öffentlichen Ausstattungsversprechens, anders als in sonstigen Fällen einer öffentlichen Willenerklärung, nicht zu konstatieren[38].

---

32 So explizit für die harte Patronatserklärung, *LG Frankfurt a.M.* (U. v. 08.03. 1977 – 2/13 O 7/76), AG 1977, S. 321 ff. (322, III. 2.); *Staudinger-Horn* (13), Vorbem zu §§ 765 ff. Rn. 407; ähnlich auch *Lutter,* ZGR 1982, S. 244 ff. (255, b)), für den Fall einer Liquiditätszusage gegenüber „der Öffentlichkeit, insbesondere so, dass mit ihrer Kolportage in der Wirtschaftspresse gerechnet wird oder doch gerechnet werden muss."

33 Vgl. *BGH* (U. v. 16.05.1994 – II ZR 223/92. München), NJW-RR 1994, S. 1185 f. (1185/1186, 1.), für den Fall einer in einem Prospekt enthaltenen befristeten „unwiderruflichen" Aufforderung einer Publikumsgesellschaft, ihr als atypisch stiller Gesellschafter „beizutreten"; *Kohout,* Patronatserklärungen, S. 49; *Staudinger-Bork* (2003), § 145 Rn. 19; *Thiekötter,* Patronatserklärung ad incertas personas, S. 46/47, a.

34 *J. Koch,* Die Patronatserklärung, S. 548, 1. Abs.; *Kohout,* Patronatserklärungen, S. 46/47; *Thiekötter,* Patronatserklärung ad incertas personas, S. 48, aa.

35 Die individuelle Persönlichkeit des einzelnen Sicherungsnehmers ist für den Rechtsbindungswillen des Patrons belanglos, vgl. *Kohout,* Patronatserklärungen, S. 47/48; *Thiekötter,* Patronatserklärung ad incertas personas, S. 50, cc.

36 Im dem zuletzt genannten Fall auch wegen drohender Zahlungsunfähigkeit.

37 Vgl. Gliederungspunkte B. II. 1. b), B. II. 2. a) sowie Kapitel 5, C. I.

38 Wie hier *Thiekötter,* Patronatserklärung ad incertas personas, S. 49, 3. Abs., die zudem darauf hinweist, dass die in Frage stehenden Patrone regelmäßig Einfluss auf

Bei Erklärungen gegenüber einem breiten Publikum ist der Verpflichtungswille des Patrons folglich nicht von vornherein ausgeschlossen[39], sondern er muss in jedem Einzelfall anhand der soeben beschriebenen Kriterien festgestellt werden[40].

Dem unmittelbar angesprochenen Adressatenkreis kommt dabei eine wichtige Indizfunktion zu. Erfolgt die Zusage gegenüber Aufsichtsbehörden oder gegenüber sonstigen offiziellen Stellen, die sie anschließend in die Medien kolportieren, wird sich das Gros der Gläubiger in geringerem Maße persönlich angesprochen fühlen dürfen als bei einer unmittelbaren Adressierung[41].

---

die Geschicke der auszustattenden Tochtergesellschaften nehmen könnten und daher das von ihnen eingegangene „allgemeine Unternehmensrisiko" selbst steuern könnten; ähnlich *J. Koch,* Die Patronatserklärung, S. 546, 1. Abs., keine faktische Risikoerhöhung für ein Kreditinstitut, da sich aus dem „Ehrenkodex der Banken" ohnehin die Pflicht ergebe, de facto zur Rettung der Tochtergesellschaft einzuschreiten. Der Rechtsfolgewille sei daher nicht schon angesichts der Gefahr einer unübersehbaren Belastung zu verneinen. Damit ist auch das von *Larenz/Canaris,* Schuldrecht II 2 (13), § 64 V 2. d), S. 84, gegen einen Rechtsbindungswillen vorgebrachte Argument eines im Voraus übernommenen, unübersehbaren Wirtschaftsrisikos entkräftet.

39 AA *Larenz/Canaris,* Schuldrecht II 2 (13), § 64 V. 2. d), S. 84.

40 *Habersack,* ZIP 1996, S. 257 ff. (259, IV. 1.); *Moismann* in: FS Vischer, S. 419 ff. (421, II. 1., 425, 2., 427/428); *Schneider* in: FS Krümmel, S. 351 ff. (363, 1. Abs., 362, 2. Abs.); *Zeitter* in: Rostocker Schriften zum Bankrecht, Heft 6, S. 7 ff. (22, 3. Abs.).

41 Ähnlich *Schneider* in: FS Krümmel, S. 351 ff. (358/359, C. I. , 362, 4. Abs.); *ders.,* ZIP 1989, S. 619 ff. (624, 2. a.E.); siehe auch *Ebenroth/Boujong/Joost* (*Allstadt-Schmitz*), HGB, BankR IV, Rn. IV 644/645. Der Rechtsstreit des *LG Frankfurt a.M.* (U. v. 08.03.1977 – 2/13 O 7/76), AG 1977, S. 321 ff., dürfte daher im Ergebnis richtig entschieden worden sein. Der Vorstandsvorsitzende der Hessischen Landesbank hatte gegenüber dem gleichsam als Repräsentanten der Bank of England fungierenden britischen Premierminister anlässlich von Gesprächen mit der israelischen Regierung, aber auch gegenüber einem Wirtschaftsprüfer kundgetan, sein Unternehmen stehe voll hinter seinen Patronatserklärungen, mit denen es eine ausreichende Liquiditätsausstattung der Tochtergesellschaft zugesagt hatte. Der nachfolgende Präsident äußerte gegenüber der Schweizer Bankenkommission, man werde der Tochter mit allen erforderlichen Hilfen zur Erhaltung der Liquidität beistehen. Die Kammer hat die von einem Anleger aus diesen Erklärungen für sich reklamierten Ansprüche zurückgewiesen, allerdings mit der unzutreffenden Begründung, eine rechtsgeschäftliche Erklärungswirkung wäre bereits aufgrund des unbestimmten Adressatenkreises auszuschließen. Richtigerweise hätte die Klage unter Hinweis auf die fehlende Adressierung des klagenden Anteilseigners und den erkennbar nicht vorhandenen Willen zur Begründung individueller Ausstattungsansprüche abgewiesen werden müssen; ebenso *Schneider* in: FS Krümmel, S. 351 ff. (359, C. I. 1.); *ders.,* ZIP 1989, S. 619 ff. (622, III. 1.2.); *Thiekötter,* Patronatserklärung ad incertas personas, S. 46, a. (Fn. 168); siehe auch *Kohout,* Patronatserklärungen, S. 48/49, unrichtige Entscheidung; anders *Köndgen,* Selbstbindung ohne Vertrag, S. 289 Fn. 27, demzufolge die Ablehnung der Vertragshaftung in diesem Fall hauptsächlich dem ungeklärten haftungsrechtlichen Status sog. „weicher" Patronatserklärungen zuzuschreiben ist.

### 1. Ausstattungsversprechen gegenüber den Medien

Bei Ausstattungszusagen in den Medien sind teilweise berechtigte Zweifel an der Verbindlichkeit der Erklärung angebracht.

Äußerungen gegenüber Presse- oder Medienvertretern sind nicht in jedem Fall von einem Rechtsbindungswillen gegenüber sämtlichen Gläubigern des oder der in Bezug genommenen Tochterunternehmen(s) getragen[42].

Selbst wenn der Erklärende über die erforderliche Alleinvertretungsmacht zur Erteilung einer verbindlichen Allgemeinzusage verfügt und die Erklärung zumindest auch an die Gläubiger des/der Tochterunternehmen(s) adressiert ist, muss den angesprochenen Kreisen im Falle einer Spontanäußerung – etwa anlässlich eines Interviews oder im Rahmen einer Diskussionsrunde – klar sein, dass solche Versprechen primär Beschwichtigungsfunktion haben. Der Befragte möchte sich und sein Unternehmen unbeschadet aus einer Bedrängnissituation hinauskatapultieren. Ad hoc-Mitteilungen dürften demnach in den allerseltensten Fällen darauf angelegt sein, den Betroffenen einen rechtsverbindlichen Anspruch zu verschaffen[43]. Dies bereits deshalb, weil sie „spontan" ergehen und damit weder durchdacht noch mit anderen Gremien und Entscheidungsträgern abgesprochen sind[44]. Diese Tatsache ist für die angesprochenen Gläubiger auch evident[45].

Ganz anders kann sich die Sachlage bei Äußerungen auf einer vorbereiteten Pressekonferenz oder im Rahmen einer arrangierten Befragung darstellen. Reproduziert der Erklärende eine en détail ausgearbeitete Presserklärung seines Unternehmens oder hatte er vor seiner Stellungnahme ersichtlich die Möglichkeit, sich mit den relevanten Fragen – möglicherweise unter Hinzuziehung eines qualifizierten Beraterstabes – auseinander zu setzen, erscheinen die Antworten mithin einstudiert und wohl überlegt, kann für die angesprochenen Kreise durchaus der Eindruck einer rechtsverbindlichen Ausstattungszusage entstehen. Dann muss sich die durch den Versprechenden repräsentierte Gesellschaft auch an der Ausstattungszusage festhalten lassen[46].

---

42 *Ebenroth/Boujong/Joost* (*Allstadt-Schmitz*), HGB, BankR IV, Rn. IV 636; *Schneider* in: FS Krümmel, S. 351 ff. (362, 4. Abs.); *Wittig* in: *BuB* (2003), Rn. 4/2894, 4/2895, („nie"); *Zeitter* in: Rostocker Schriften zum Bankrecht, Heft 6, S. 7 ff. (22, 3. Abs.).

43 *Wittig* in: *BuB* (2003), Rn. 4/2894.

44 Vgl auch *J. Koch,* Die Patronatserklärung, S. 534, 2., 547, 1. Abs.; *Wittig* in: *BuB* Rn. 4/2894, 4/2896, letzter Abs.

45 Im Ergebnis ebenso *Forschbach,* Liquiditätszusagen, S. 149, 2.

46 Vgl. auch *Fried,* Weiche Patronatserklärung, S. 202/203. Dies gilt vor allem, wenn in Bilanzpressekonferenzen oder auf Hauptversammlungen auf „externe" Ausstattungszusagen in Geschäftsberichten hingewiesen wird, *Schneider* in: FS Krümmel, S. 351 ff. (352, 3. Abs.); vgl. auch Gliederungspunkt 2. b). Ein vergleichbarer Fall ist, soweit ersichtlich, erst einmal gerichtlich ausgetragen worden. Im Jahre 1995 hatte

## 2. Ausstattungszusagen in Geschäftsberichten

Ein in den Jahresabschluss integriertes „externes" Ausstattungsversprechen ist aus Empfängersicht für gewöhnlich von einem Rechtsbindungswillen getragen[47]. Dies ist allerdings nicht unumstritten.

---

das *LG Frankfurt a.M.* (B. v. 28.08.1995 – 2/14 O 179/95), NJW 1995, S. 2641 f., über Äußerungen des ehemaligen Vorstandsvorsitzenden der Deutschen Bank AG, Hilmar Kopper, in einem Interview mit dem ZDF und auf einer Pressekonferenz zu befinden. Kopper hatte den Medienvertretern im Zusammenhang mit der Schneider-Affäre erklärt, „... da wo wir weitermachen, werden wir auch mit diesen Handwerkern weitermachen, wir werden uns mit ihnen ins Benehmen setzen. Ich sehe hier keine großen Schwierigkeiten, da werden wir sicherlich aufeinander zugehen." bzw. (Pressekonferenz) „... (den Handwerkern) droht kein Einkommensausfall. Auch ausstehende, berechtigte Handwerkerrechnungen werden wir bezahlen ... Wir werden die Handwerkerrechnungen alle bezahlen, soweit wir sie auf Leistung und Qualität überprüfen können und überprüft haben ... Aber die Handwerker werden ihr Geld bekommen." Der Antragsteller ist bereits deshalb unterlegen, weil er Inhaber eines Ingenieurbüros für Bauabrechnungen und kein „Handwerker" gewesen ist. Der Kammer zufolge hatte sich der ehemalige Vorstandsvorsitzende allenfalls gegenüber den Handwerkern zu einem Forderungsausgleich bereit erklärt. In einem obiter dictum hat sie ergänzend hinzugefügt, auch diesen gegenüber sei kein Rechtsbindungswille anzunehmen. Die Erklärungen seien im Rahmen von Fernsehinterviews bzw. anlässlich einer Pressekonferenz gegenüber Journalisten erfolgt. Sie hätten der Unterrichtung der Öffentlichkeit gedient, vor allem hätten sie der öffentlichen Entrüstung über ein vermutetes Fehlverhalten der Bank entgegensteuern sollen. Sie hätten sich nicht unmittelbar an die betroffenen Handwerker gerichtet, zumal klar erklärt worden sei, dass Zahlungen im Einzelfall von weiteren Prüfungen abhängen sollten. Dieser Begründungsansatz ist zweifelhaft. Er mag auf den ersten Fernsehauftritt zutreffen. Zu diesem Zeitpunkt hat Herr Kopper ein Eintreten der Deutschen Bank AG noch bewusst offen gehalten und vage Formulierungen gewählt. Auf der nachfolgenden Pressekonferenz hat er dagegen mehrfach den Eintrittswillen der Deutschen Bank AG bekundet. Diese Erklärungen scheinen den wohl überlegten Willen des Kreditinstituts wiedergespiegelt zu haben, jedenfalls für die Begleichung nachprüfbarer Handwerkerforderungen über nachweislich ordnungsgemäß erbrachte Leistungen sorgen zu wollen. Insoweit hätten die Aussagen durchaus als rechtsverbindliche Zusage gewertet werden können. Dass die Erklärung Journalisten gegenüber getätigt worden ist, ist unerheblich. Adressiert war ganz offensichtlich der Kreis der besorgten Handwerkerschaft. Die Medienvertreter fungierten nur als „Sprachrohr". Die Tatsache, dass die Erklärung nur mündlich abgegeben worden ist, steht dieser Interpretation gleichsam nicht entgegen. Selbst wenn man mit der hier vertretenen Meinung das bürgschaftsrechtliche Formerfordernis des § 766 BGB analog auf die harte Patronatserklärung anwenden möchte (vgl. Kapitel 8, E.), wäre die Einhaltung der Schriftform im fraglichen Fall gemäß § 350 HGB entbehrlich gewesen.

[47] *Ebenroth/Boujong/Joost* (*Allstadt-Schmitz*), HGB, BankR IV, Rn. IV 638, die das Versprechen allerdings im Gegensatz zu der hier vertretenen Meinung als „interne" Ausstattungserklärung ansieht; *Endell,* ZKW 1997, S. 710 ff. (710, Grundlage 1); *Habersack,* ZIP 1996, S. 257 ff. (260, 3.); *Immenga/Rudo,* Gewährträgerhaftung, S. 64, 1. Abs. (i.V.m. Fn. 204); *J. Koch,* Die Patronatserklärung, S. 548, 1. Abs.; *Kohout,* Patronatserklärungen, S. 45, 48; *Pesch,* WM 1998, S. 1609 ff. (1610, 3. a), 1612, (2)); offen gelassen von *OLG Frankfurt a.M.* (B. v. 12.12.1988 – 1 Ws 229/88), wistra 1989, S. 112 f. (113), (Tatbestand nur bei Juris), das die materiell-rechtliche Begründetheit einer Belastung der Muttergesellschaft mit Verlusten der Tochterfirma im Ausland unterstellen konnte.

### *a) (Keine) Vertrauenshaftung*

Bedeutende Teile der Literatur werten eine in einen Geschäftsbericht integrierte Liquiditätszusage nicht als verbindliche Patronatserklärung[48], sondern (allenfalls) als Grundlage für eine Vertrauenshaftung[49]. Mangels konkreter Adressierung könne keine verbindliche Willenserklärung gegenüber jedem, der den Geschäftsbericht liest, angenommen werden[50].

Dabei wird nur vereinzelt ausgesprochen, dass eine Haftung wegen schuldhaft veranlassten, aber enttäuschten Vertrauens einen direkten Bezug zu einer rechtsgeschäftlichen Verbindung voraussetzt[51]. Als solche kommt nur die Geschäftsbeziehung zwischen dem einzelnen Gläubiger und dem Protegé in Betracht. Der Gläubiger muss in gutem Glauben an die Richtigkeit einer ihm von dem Patron erteilten – unverbindlichen! – Information[52] und im Vertrauen auf die spätere Einhaltung der Zusage den geschäftlichen Kontakt mit dem Protegé begründet, intensiviert oder aufrechterhalten[53] und infolgedessen einen Vermögensschaden erlitten haben[54]. Die Ausstattungszusage eignet sich dabei grundsätzlich als Vertrauensgrundlage, dient sie doch dazu, die Kreditwürdigkeit bzw. das Standing der betroffenen Töchter zu verbessern[55].

---

48 *Larenz/Canaris,* Schuldrecht II 2 (13), § 64, V. 2. d), S. 84, die mit Blick auf ihre Ausführungen auf S. 83 (Gliederungspunkt V. 2. a)), noch nicht einmal eine „Vertrauenshaftung" annehmen (können).

49 *Rummel* in: FS Doralt (2004), S. 493 ff. (494, 3. Abs.); *Staudinger-Horn,* Vorbem zu §§ 765 ff. Rn. 407; *Larenz/Canaris,* Schuldrecht II 2 (13), § 64 V. 2. d), S. 84; *von Rosenberg/Kruse,* BB 2003, S. 641 ff. (646, 3. b)); *Wittig* in: *BuB* Rn. 4/2896 f., Bindungswirkung, die bei Nichthonorierung der Erklärung zu Schadensersatzansprüchen führt, aber „nicht unbedingt rechtsgeschäftlicher Charakter".

50 *Larenz/Canaris,* Schuldrecht II 2 (13), § 64 V. 2. d), S. 84, es könne „nicht angenommen werden, dass der Patron sich gegenüber einer unbestimmten (!) Vielzahl an Personen im Voraus (!) binden und damit vertraglich das Risiko aus allen zukünftigen, ihm noch unbekannten (!) Kreditgeschäften seiner Töchter übernehmen will", ähnlich *Hopt,* AcP, Band 183 (1983), S. 608 ff. (704, 1. und 2. Abs.), der zwar die Annahme eines Vertrages mit jedem, der den Geschäftsbericht liest, für eine reine Fiktion hält, aber dennoch von der Übernahme einer (einseitigen nicht vertraglichen) Einstandspflicht ausgeht, bei deren Verletzung der Patron dem Gläubiger auf das positive (!) Interesse haftet. Dazu, dass diese Konstruktion dem deutschen Schuldrecht widerspricht, siehe Kapitel 5, A. II.

51 So *Wittig* in: *BuB* Rn. 4/2897, der auf die Intention des Patrons hinweist, die Kreditaufnahme zu ermöglichen oder zumindest zu fördern; *Staudinger-Horn,* Vorbem. zu §§ 765 ff. Rn. 407; vgl. auch *Schneider,* ZIP 1989, S. 619 ff. (624, 3.); insgesamt dazu, *Canaris,* Vertrauenshaftung, S. 442/443, II.

52 *Staudinger-Horn* (13), Vorbem zu §§ 765 ff. Rn. 407.

53 *Canaris,* Vertrauenshaftung, S. 510/511: „Disposition" oder „Vertrauensdisposition".

54 Siehe auch *Staudinger-Horn,* Vorbem. zu §§ 765 ff. Rn. 407, im Rahmen der c.i.c.-Haftung könne die Erklärung an die Öffentlichkeit nur relevant werden, wenn der *Patron* in Verhandlungen in entsprechender Weise darauf Bezug nehme.

Problematisch ist allerdings, dass die Vertreter der hier dargestellten Meinung die Zusage aus Gläubigersicht eindeutig als nicht rechtsverbindliche, „weiche" Patronatserklärung einordnen[56]. Wäre dies korrekt, bestünde für die Gläubiger keinerlei Anlass dazu, sich auf ihre Einhaltung zu verlassen[57]. Sie könnten allenfalls darauf hoffen, dass die Muttergesellschaft den Töchtern freiwillig die benötigten Mittel überlässt[58]. Das Vertrauen der Gläubiger wäre von vornherein nicht schutzwürdig[59]. Eine Vertrauenshaftung der Konzernmutter schiede ange-

---

[55] *OLG Dresden* (U. v. 27.06.2000 – 23 U 2724/99), NVwZ 2001, S. 836 ff. (837, 1./2.); *Wittig* in: *BuB* Rn. 4/2897. Das Verschulden des Patrons ließe sich damit begründen, dass ihm dieser positive Effekt kaum verschlossen geblieben sein wird. Der Publikation von in Geschäftsberichten abgedruckten Ausstattungserklärungen kann kein anderer Zweck beigelegt werden als derjenige der Verbesserung der Geschäfts- und Verhandlungsposition der benannten Protegés, vgl. *Fried,* Weiche Patronatserklärung, S. 200/201. Entgegen *Staudinger-Horn,* Vorbem. zu §§ 765 ff. Rn. 407, wird man für eine Vertrauenshaftung nicht verlangen können, dass der Patron im Zuge der Verhandlungen in jedem Einzelfall konkret auf seine Erklärung Bezug nimmt (so *Horn* für eine Haftung aus culpa in contrahendo (c.i.c.)). Regelmäßig kommt es in dieser Konstellation gerade nicht zu einem direkten Kontakt zwischen dem Patron und dem Gläubiger. *Horn* ist aber zuzugeben, dass die Haftungsgrundsätze der c.i.c. nicht passen. Der Patron nimmt nicht einmal als sog „Sachwalter" besonderes persönliches Vertrauen i.S.d. § 311 Abs. 3 BGB in Anspruch. Nahe liegender ist die Anwendung der zur Prospekthaftung entwickelten Grundsätze (typisiertes Vertrauen auf die Richtigkeit und Vollständigkeit der publizierten Angaben), vgl. auch *MüKo-Habersack* (4), Vor § 765 Rn. 54; *ders.,* ZIP 1996, S. 257 ff. (263, VI.). Dies bedarf hier aber keiner näheren Erörterung, da ohnehin von einem Rechtsbindungswillen des Patrons ausgegangen wird (vgl. Gliederungspunkt b)). Zu den Voraussetzungen einer Prospekt- bzw. Sachwalterhaftung, siehe *Palandt-Heinrichs* (64), § 311 Rn. 30, 63.

[56] So ausdrücklich *Wittig* in: *BuB* Rn. 4/2896, 4/2898, 2. Abs.

[57] Vgl. nur *OLG Karlsruhe* (U. v. 07.08.1992 – 15 U 123/91, WM 1992, S. 2088 ff. (2092, b) aa)); *Kalbe,* Herrschaft und Haftung, S. 53, 1. Abs.; *Larenz/Canaris,* Schuldrecht II 2 (13), § 64, V. 2. a), S. 83.

[58] Vgl. *OLG Karlsruhe* (U. v. 07.08.1992 – 15 U 123/91, WM 1992, S. 2088 ff. (2092, b) aa)); *MüKo-Habersack* (4), Vor § 765 Rn. 54; *ders.,* ZIP 1996, S. 257 ff. (263, VI.); siehe auch *Larenz/Canaris,* Schuldrecht II 2 (13), § 64, V. 2. a), S. 83.

[59] *OLG Karlsruhe* (U. v. 07.08.1992 – 15 U 123/91, WM 1992, S. 2088 ff. (2092, b) aa)); *MüKo-Habersack* (4), Vor § 765 Rn. 54; *ders.,* ZIP 1996, S. 257 ff. (263, VI.); vgl. auch *Canaris,* Vertrauenshaftung, S. 334, 1. Abs., wenn jemand um das Fehlen einer rechtlichen Bindung wisse und lediglich auf die *Bereitschaft des Gegners, freiwillig (!) zu erfüllen,* vertraue, so habe er allen Grund, sich des vom Gesetz zur *Herbeiführung* der gewünschten Rechtsfolge dargebotenen Mittels zu bedienen. Er könne sich deshalb nicht beklagen, wenn die Rechtsordnung, deren Schutz er erst verschmäht hat, ihm nunmehr ihre Unterstützung bei der Durchsetzung seines – rechtlich eben nicht begründeten! – Verlangens versage. Richte sich das Vertrauen des Kreditgebers ausschließlich auf die *zukünftige freiwillige* Bereitschaft eines Dritten, für die Schulden eines anderen aufzukommen, gelte grundsätzlich der Vorrang der Privatautonomie vor der Vertrauenshaftung. Vom Gläubiger sei zu erwarten, dass er auf dem Abschluss eines Sicherungsvertrages bestehe, und wenn er dies nicht tue, handele er, wie dies auch in der Mahnung „caveat creditor" zum Ausdruck komme, grundsätzlich auf eigenes Risiko (S. 364/365, III., vgl. auch S. 367, 2. Abs., 369/380); *Gerth,* WuB I F 1 c. – 2.93, S. 678 ff. (679, 2.); *Larenz/Canaris,* Schuldrecht II 2 (13), § 64, V. 2. a), S. 83; siehe aber auch *Forschbach,* Liquiditätszusagen, S. 148, 1., möglicher Scha-

sichts einer ersichtlich losen Absichtserklärung aus[60]. In letzter Konsequenz würde dies bedeuten, dass die Konzernmutter aus der Nichteinhaltung von „Versprechen" wie demjenigen, dafür Sorge zu tragen, dass die aufgelisteten Protegés ihre vertraglichen Verbindlichkeiten erfüllen können, keinerlei negative Konsequenzen fürchten müsste.

---

densersatzanspruch einzelner Gläubiger bei gesonderter Verlautbarung der „internen" Zusage an diese. Das Vertrauen der Gläubiger in die Richtigkeit und in die Aufrechterhaltung der Erklärung sei in diesem Fall schützenswert, der Pflichtige könne das Vertrauen aber jederzeit durch eine gegenteilige Erklärung zerstören.

[60] *MüKo-Habersack* (4), Vor § 765 Rn. 54 = ZIP 1996, S. 257 ff. (263, VI.), weist mit Recht darauf hin, dass eine Vertrauenshaftung an den *Inhalt der Erklärung* anknüpft und nicht an den Anschein einer *Willenserklärung*. Ähnlich den Fällen der Prospekthaftung basiere die Haftung auf der Begründung eines Vertrauenstatbestandes hinsichtlich des Vorliegens tatsächlicher Umstände, etwa einer fehlerhaften (erg.: unverbindlichen) Auskunft über entsprechende tatsächliche Umstände; siehe auch *Canaris,* Vertrauenshaftung, S. 491, 2. Abs. i.V.m. S. 494/495; *Gerth,* WuB I F 1 c. – 2.93, S. 678 ff. (679, 2.); aA *J. Koch,* Die Patronatserklärung, S. 394/395, 3. (ähnlich wie hier aber auf S. 457, 2. Abs., 470, VI., zur Konzernhaftung); *Lutter,* ZGR 1982, S. 244 ff. (255/256, b)), allgemein zur Patronatserklärung gegenüber der Öffentlichkeit; *Wittig* in: *BuB* Rn. 4/2896, der den Tochtergläubigern in Anlehnung an die c.i.c.-Grundsätze keinen Erfüllungs-, sondern einen Schadensersatzanspruch wegen Nichterfüllung „ähnlich wie bei der allgemeinen zivilrechtlichen Prospekthaftung" zubilligt. Mit der Prospekthaftung wird den Anlegern, für die der Verkaufsprospekt meist die einzige Informationsgrundlage ist, indes ein Ersatzanspruch für Falschinformationen zugebilligt, statt aller *Palandt-Heinrichs* (64), § 280 Rn. 54. Der Prospekt hat von vornherein nur Informationsfunktion (Rn. 55). Er ist nicht darauf angelegt, den Anlegern über das eigentliche Verkaufsangebot hinaus einen individuellen Anspruch zu vermitteln. Bei harten Patronatserklärungen in Geschäftsberichten ist dies gerade fraglich. Diese unterscheiden sich – auch nach Form und Kontext (vgl. Wittig, a.a.O.) – deutlich von fehlerhaften oder unvollständigen (Prospekt- oder sonstigen Verkaufs-) Informationen. Eine Gleichsetzung verbietet sich. Wenn *Wittig,* a.a.O., Rn. 4/2898, 2. Abs., darüber hinaus von dem Patron eine eindeutige Klarstellung verlangt, um das Risiko auszuschalten, dass die Gläubiger auf ihre „*weiche*" Patronatserklärung und damit auf eine genügende Ausstattung der Tochtergesellschaft vertrauen, ist dies nach dem soeben Gesagten in sich widersprüchlich (Hervorh. durch Verf.). Auch erschließt sich nicht, weshalb aus einer auf vertragliche Verpflichtungen unter ausdrücklicher Ausnahme von politischen Risiken beschränkten Erklärung nur die in den Schutzbereich der Erklärung fallenden Gläubiger „Ansprüche gegen die Muttergesellschaft herleiten" können sollen (so *Wittig,* a.a.O., 3. Abs.), wenn ohnehin keine durchsetzbaren Ansprüche begründet werden sollen. Etwas anderes gilt auch nicht, wenn außenstehende Gläubiger infolge einer Offenlegung der Erklärung in den Jahresabschlussunterlagen auf die Existenz und den Fortbestand einer „*internen*" Ausstattungszusage vertraut haben, so aber *Wiedemann/Hermanns,* ZIP 1994, S. 997 ff. (1000, 2.), für den Fall, dass der Vertrauenstatbestand nicht in entsprechender Weise oder durch einen individuellen Hinweis wieder zerstört worden ist. Durch die „interne" Erklärung sollen ersichtlich nur die adressierten Gesellschaften begünstigt werden. Deren Gläubigern wird durch die Offenlegung keine individuelle Ausstattungszusage erteilt (näheres in Kapitel 5, C. II.).

### b) *Indizien für einen Rechtsbindungswillen*

Abgesehen von den Fällen einer fehlenden Vertrauensgrundlage, bleibt für eine Einstandspflicht wegen enttäuschten Vertrauens auch dann kein Raum, wenn sich die Patronatserklärung aus Gläubigersicht als rechtsverbindliche Willensäußerung darstellt[61]. Sollte der Erklärende die Verbindlichkeit seiner Zusage in diesem Fall nicht gewollt haben, wäre dieser „geheime Vorbehalt" entsprechend § 116 S. 1 BGB unbeachtlich. Dem Patron bliebe allenfalls die Möglichkeit einer rückwirkenden Anfechtung seines Ausstattungsversprechens, woraufhin er den Erklärungsempfängern das negative Interesse ersetzen müsste[62].

Für die Ernsthaftigkeit einer in einem Geschäftsbericht abgedruckten Liquiditätszusage und damit für einen Rechtsbindungswillen der Konzernmutter lassen sich etliche Indizien ausmachen[63].

Die Formulierung der Zusage ähnelt in vielerlei Hinsicht den Standardtexten einer harten Patronatserklärung[64], aus Sicht der angesprochenen Gläubigerkreise[65] ein starkes Indiz für ihre Rechtsverbindlichkeit[66].

Bei der in dem Anhang der Deutschen Bank AG für das Geschäftsjahr 2003 abgedruckten Erklärung[67] kommt hinzu, dass diese ausdrücklich als „Patro-

---

[61] *Habersack,* ZIP 1996, S. 257 ff. (263, VI.), Vertrauenshaftung allenfalls insoweit, als der Patron bei Abgabe einer *weichen* Patronatserklärung den unzutreffenden Eindruck hervorruft, die Tochter sei solvent; *Schneider,* ZIP 1989, S. 619 ff. (624, 3.); vgl. auch *Hoffmann,* Patronatserklärung, S. 126, 1. Abs.

[62] Gemäß §§ 119 Abs. 1, 2. Alt. analog, 142 Abs. 1, 122 Abs. 1 BGB.

[63] Entgegen teilweise geäußerter Ansicht (vgl. nur *Hantke,* S. 43), hat eine besonders enge konzernmäßige Verflechtung zwischen Mutter- und Tochtergesellschaft(en) und deren Gleichsetzung im Rechtsverkehr keine Indizwirkung. Die These von einer „Haftung im Konzern" bzw. von einer „Haftung aufgrund Konzernvertrauens" hat sich bislang nicht durchsetzen können (siehe auch Kapitel 7, A. (v. a. Gliederungspunkt II. 2.)). Ein etwaiges Eigeninteresse des Versprechenden an dem Zustandekommen des Geschäfts ist gleichsam kein Indiz für einen Rechtsbindungswillen des Patrons, so aber *Thiekötter,* Patronatserklärung ad incertas personas, S. 51, a.

[64] *J. Koch,* Die Patronatserklärung, S. 533/534; ebenso *Thiekötter,* Patronatserklärung ad incertas personas, S. 28/29, I, 30, die mit Recht darauf hinweist, dass die „Erklärung, dafür zu sorgen, dass die Tochter ihre Verbindlichkeit *erfüllen kann*", nur im Sinne einer Ausstattungsverpflichtung verstanden werden kann; weitergehend *Pesch,* WM 1998, S. 1609 ff. (1612, bb) (2)).

[65] Welches entgegen *Ebenroth/Boujong/Joost* (*Allstadt-Schmitz*), HGB, BankR IV, Rn. IV 638, die Gläubiger der auszustattenden Gesellschaften sind, die über eine Forderung der genannten Art verfügen, und nicht die auszustattenden Unternehmen selbst (vgl. Kapitel 5, B. I.).

[66] *Habersack,* ZIP 1996, S. 257 ff. (259, IV. 1.); *J. Koch,* Die Patronatserklärung, S. 546, III.; *Thiekötter,* Patronatserklärung ad incertas personas, S. 43, 2. Abs. Die Verwendung von für Patronatserklärungen typischen Formulierungen lässt aber nicht in jedem Fall auf einen Rechtsbindungswillen schließen, so mit Recht *Schneider* in: FS Krümmel, S. 351 ff. (362, 4. Abs.), für Erklärungen gegenüber Politikern, Journalisten, Vertretern der Banken- und Versicherungsaufsicht, etc.

natserklärung" bezeichnet ist, was in Zusammenschau mit dem einer „harten" Patronatserklärung nahe kommenden Erklärungstext auf einen gleich gearteten Verpflichtungsgehalt schließen lässt. Auch enthält sie einen Haftungsausschluss für den „Fall des politischen Risikos", der bei einer ohne Rechtsbindungswillen abgegebenen Erklärung sinnentleert wäre[68].

Des Weiteren werden in Geschäftsberichten erteilte Ausstattungszusagen bei einer Bilanzierung nach deutschem Handelsrecht meist „unter dem Strich" der Bilanz vermerkt mit einem pauschalen Hinweis auf das Bestehen von Eventualverbindlichkeiten gegenüber Tochterunternehmen und mit einem Querverweis auf den im hinteren Part des Geschäftsberichts abgedruckten Erklärungstext[69]. Eines solchen Vermerks bedarf es nur bei Vorliegen eines verbindlichen „Gewährleistungsvertrages". Die bilanzielle Behandlung der Erklärung durch den Patron indiziert mithin ebenfalls dessen Verpflichtungswillen[70].

---

67 Vgl. nur den Jahresabschluss und Lagebericht der Deutschen Bank AG 2003, S. 26: *„Die Deutsche Bank AG trägt für die folgenden Gesellschaften, abgesehen vom Fall des politischen Risikos dafür Sorge, dass sie ihre vertraglichen Verbindlichkeiten erfüllen können: ...*" (es folgt eine Auflistung von insgesamt 25 Unternehmen); siehe auch die Musterformulierung bei *J. Koch,* Die Patronatserklärung, S. 533.

68 Dazu (insgesamt) *Habersack,* ZIP 1996, S. 257 ff. (259, IV. 1.); *J. Koch,* Die Patronatserklärung, S. 546, III.; siehe auch *Endell,* ZKW 1997, S. 710 ff. (712); aA *Wittig* in: *BuB* Rn. 4/2898, 3. Abs.

69 Vgl. nur den Jahresabschluss und Lagebericht der Deutschen Bank AG 2003, Bilanz, S. 13 (Passivseite), Eventualverbindlichkeiten b): „Verbindlichkeiten aus Bürgschaften und Gewährleistungsverträgen (im Übrigen siehe Seiten 24 und 26)", vgl. auch den Einleitungssatz des Anhangs (S. 16), wonach der Jahresabschluss der Deutschen Bank AG für das Geschäftsjahr 2003 nach den Vorschriften des Bankbilanzrichtlinie-Gesetzes (§§ 340 ff. HGB, RechKredV) aufgestellt worden ist; siehe auch *Habersack,* ZIP 1996, S. 257 ff. (259/260, 2.); *Pesch,* WM 1998, S. 1609 ff. (1612, (2)); *Thiekötter,* Patronatserklärung ad incertas personas, S. 43/44; *Wagner,* Internationale Tätigkeit der Banken, S. 28/29, IV.

70 *OLG München* (U. v. 22.07.2004 – 19 U 1867/04), ZIP 2004, S. 2102 ff. (2104, (2)); (ganz allgemein) *Fischer/Klanten,* Bankrecht (3), S. 261 Rn. 5.232; *Habersack,* ZIP 1996, S. 257 ff. (259/260, 2.); *Pesch,* WM 1998, S. 1609 ff. (1612, bb) (2)); *Rummel* in: FS Doralt (2004), S. 493 ff. (497, letzter Abs.); *Schneider,* ZIP 1989, S. 619 ff. (623/624, 2.); aA *Ammelung/Sorocean,* RIW 1996, S. 668 ff. (669/670), Gefahr von ungewollten Zirkelschlüssen; *Nobel* in: Personalsicherheiten, S. 55 ff. (67); *Thiekötter,* Patronatserklärung ad incertas personas, S. 44/45, unter Hinweis auf das kaufmännische Vorsichtsprinzip (der abschließende Satz soll wohl „*keine* Rückschlüsse" heißen); *IdW,* Entwurf, WPg 1976, S. 119 ff. (119, I. a. E.); *IdW,* Stellungnahme Aktienrecht, WPg 1976, S. 528 ff. (529, 1. Spalte a. E.), im Zweifel sei eine Gewährleistungsverbindlichkeit anzunehmen; diesbezüglich ebenso *Beck'scher Bilanz-Kommentar-Ellrott* (5), § 251 Rn. 41; *HdJ-Bordt,* Abt. III/9, Rn. 80. Das Prinzip der kaufmännischen Vorsicht gebietet es zwar in der Tat, bei unsicherer Rechtslage für einen Bilanzausweis zu optieren, dies wird in der Praxis aber kaum je geschehen. Das ausweispflichtige Unternehmen wird sich auf den Standpunkt stellen, eine rechtswirksame Verbindlichkeit habe nicht begründet werden sollen, daher bedürfe es keines Ausweises. Wird eine Patronatserklärung freiwillig als Eventualverbindlichkeit in dem Jahresabschluss aufgeführt, erscheint es daher zumindest überwiegend wahrscheinlich, dass der Patron von ihrem Verpflichtungsgehalt überzeugt gewesen ist. Für den umge-

Hinzu kommt, dass der Jahresabschluss grundsätzlich von mit der Materie vertrauten Experten erarbeitet, geprüft und unterzeichnet wird. Es ist daher nicht anzunehmen, dass die Verantwortlichen ohne einen Rechtsbindungswillen aber in vollem Bewusstsein der Problematik eine für sie nachteilige Erklärung abgeben. Schließlich hat sich inzwischen bereits eine Reihe von Juristen für die Verbindlichkeit von Ausstattungszusagen in Geschäftsberichten ausgesprochen. Die unveränderte Beibehaltung der Zusage ohne einen expliziten Hinweis auf das etwaige Fehlen eines Rechtsbindungswillens kann demnach nur als Billigung dieses Auslegungsergebnisses interpretiert werden[71].

Überdies verweigern Unternehmen teilweise die Bereitstellung individueller Kreditsicherheiten[72] neben und unter Verweis auf die in ihrem Geschäftsbericht enthaltene Patronatserklärung[73]. Weist eine Obergesellschaft unter Hinweis auf die in ihrem Geschäftsbericht enthaltene Ausstattungszusage individuell an sie herangetragene Sicherungsbegehren zurück, stellt dies für die betroffenen „Gläubiger" einen deutlichen Hinweis auf die beabsichtigte Verbindlichkeit der in den Jahresabschluss einbezogenen Patronatserklärung dar. Ihr Sicherungsinteresse ist, für den Patron erkennbar, meist erheblich[74]. Die Zurückweisung beinhaltet für sie die Erklärung, bereits ausreichend abgesichert zu sein[75]. Nimmt der Patron später den gegenteiligen Standpunkt ein, müsste er sich den Vorwurf eines widersprüchlichen Verhaltens gefallen lassen (venire contra factum proprium, § 242 BGB).

Zu guter Letzt kann auch die gezielte Beschränkung der in die Patronatserklärung einbezogenen Tochtergesellschaften darauf hindeuten, dass die Konzernmutter (ausschließlich) deren Gläubigern einen unmittelbaren Anspruch gegen sich selbst einräumen möchte. Dies gilt umso mehr, wenn sich die Zusage darüber hinaus auf *vertragliche* Verbindlichkeiten beschränkt[76].

---

kehrten Fall eines unterbliebenen Rechnungslegungsausweises verbietet sich dagegen der Schluss auf einen fehlenden Verpflichtungswillen des Patrons, es sei denn, die konkrete Erklärung hat expressis verbis der Vermeidung eines Bilanzausweises gedient.

[71] Siehe auch *J. Koch,* Die Patronatserklärung, S. 545, 2. Abs.; *Thiekötter,* Patronatserklärung ad incertas personas, S. 43, 2. Abs.

[72] Seien es „klassische" Sicherheiten oder individuelle Patronatserklärungen.

[73] *Thiekötter,* Patronatserklärung, S. 22, 2. Abs.; *Wittig* in: *BuB* (2003), Rn. 4/2893. Zu dem entsprechenden Ergebnis der Erhebung, siehe bereits Kapitel 2, B, II. 2. Zu den Vorzügen einer reinen Allgemeinzusage, *Pesch,* WM 1998, S. 1609 ff. (1609, 1. b)); vgl. auch *Merz/Hübner,* DStR 2005, S. 802 ff. (803/804, 2.3.1–2.3.3), unter Umständen Aktivierbarkeit der „harten Patronatserklärung" (wohl besser des valutierten und werthaltigen Ausstattungsanspruchs) im Überschuldungsstatus des Protegés.

[74] Ähnlich *Kohout,* Patronatserklärungen, S. 48, 4. Abs.

[75] Vgl. auch *Thiekötter,* Patronatserklärung ad incertas personas, S. 52.

[76] Zu letzterem Aspekt ebenso *Habersack,* ZIP 1996, S. 257 ff. (259, IV. 1.); aA *Wittig* in: *BuB* Rn. 4/2898, 3. Abs.

Die Veröffentlichung einer in einem Geschäftsbericht enthaltenen „externen" Ausstattungszusage kann von den Gläubigern der in Bezug genommenen Tochterunternehmen[77] daher nur als rechtsverbindliche Willenserklärung aufgefasst werden[78].

### *c) Einordnung der Erklärung, für die Erfüllung der Verbindlichkeiten durch die Tochterunternehmen Sorge zu tragen*

Anders als im Jahresabschluss der Deutschen Bank für das Geschäftsjahr 2003, findet sich in den Jahresabschlussunterlagen der Commerzbank AG folgende Erklärung[79]:

> „Für die nachfolgenden, in den Konzernabschluss ... einbezogenen Tochterunternehmen tragen wir ... dafür Sorge, dass diese ihre vertraglichen Verbindlichkeiten erfüllen"[80].

Die Klausel ist bislang nur beiläufig behandelt worden[81].

Bei oberflächlicher Betrachtung mag man zunächst geneigt sein, die Erklärung für eine unbedeutende sprachliche Modifikation der Ausstattungsverpflichtung zu halten. Der Rechtsgehalt beider Erklärungen ist aber nicht identisch. Die fragliche Erklärung nimmt keinen Bezug auf die Leistungsfähigkeit der Tochterunternehmen[82]. Insoweit ähnelt sie eher dem Versprechen, den bestehenden Einfluss geltend zu machen, damit die Tochter die ihr obliegenden Verbindlichkeiten (aus eigener Kraft) erfüllt. Vergleichbar einer Einflussnahme-

---

[77] Dazu, dass Adressat der Ausstattungszusage entgegen *Ebenroth/Boujong/Joost* (*Allstadt-Schmitz*), HGB, BankR IV, Rn. IV 638, ausschließlich die Gläubiger der auszustattenden Unternehmungen sind und nicht (auch) die protegierten Gesellschaften, siehe Kapitel 5, B. I.

[78] Ebenso *Habersack,* ZIP 1996, S. 257 ff. (260, 3.); *Immenga/Rudo,* Gewährträgerhaftung, S. 64, 1. Abs. (i.V.m. Fn. 204); *Pesch,* WM 1998, S. 1609 ff. (1612, bb) (2)); *Thiekötter,* Patronatserklärung ad incertas personas, S. 53. Zu der umstrittenen Frage, ob es sich bei der Erklärung um ein annahmebedürftiges Vertragsangebot oder um eine einseitig verbindliche Willenserklärung handelt, vgl. Kapitel 5, A. II.

[79] Geschäftsbericht der Commerzbank AG 2003, Anhang (Notes), S. 164 (91) „*Patronatserklärung*".

[80] Es folgt eine Auflistung von 65 Gesellschaften.

[81] Vgl. *Bodenstein/Jahn,* S. 100, 3. Abs.; *Geigy-Werthemann* in: Festgabe zum Schweizerischen Juristentag, S. 21 ff. (28, 3. Abs.); *Gerth,* WuB I F 1 c – 2.00, S. 1094 ff. (1096, 3.); *IdW,* Entwurf, WPg 1976, S. 119 ff. (120, Grundform 3, letzter Abs.); *J. Koch,* Die Patronatserklärung, S. 79/80, 84, 1. Abs.; *Müller,* ZGR 1977, S. 1 ff. (28, 2. a)), der die Zusage ohne nähere Auseinandersetzung als Einstandspflicht des Patrons für die Verbindlichkeiten der Tochter im Falle ihrer Nichterfüllung wertet; vgl. aber *LG Berlin* (U. v. 18.02.2000 – 94 O 93/99), WM 2000, S. 1060 ff. (1060, 2. Abs.).

[82] *Bodenstein/Jahn,* S. 100, 3. Abs.

bzw. „Managementklausel I“[83] stellt die Commerzbank AG den Gläubigern weder indirekt noch direkt konkrete Mittelzuwendungen in Aussicht. Sie sagt „lediglich“ verbindlich zu, für die ordnungsgemäße Erfüllung der Tochterverbindlichkeiten sorgen zu wollen[84]. In der Patronatserklärung ist ausdrücklich die Rede davon, dass „diese“, also die Tochtergesellschaften, „ihre Verbindlichkeiten“ aufgrund des Verhaltens der Konzernmutter „erfüllen“ werden. Die Leistung als solche bzw. die Erfüllung der Hauptverbindlichkeit(en) fällt damit nicht in den Pflichtenkreis der Konzernmutter. Sie hat nur die Voraussetzungen für eine ordnungsgemäße Erfüllung durch ihre Töchter zu schaffen. Nichts deutet darauf hin, dass das Kreditinstitut dies zwingend durch die Bereitstellung finanzieller Mittel tun muss, oder dass es gar als Mitschuldner oder Bürge einzustehen gedenkt[85]. Die Zusage kann daher trotz ihres stellenweise identischen Wortlauts auf Primärebene nicht mit einer harten Patronatserklärung in der Ausstattungsvariante gleichgesetzt werden.

Sie ist auch keine „eigentliche“ Managementklausel. Gegenüber einer Managementklausel ist die in Frage stehende Patronatserklärung insoweit „stärker“, als die Bank nicht nur „im Rahmen ihres bestehenden Einflusses“ eine positive Einwirkung auf die Konzerntöchter verspricht, sondern einschränkungslos eine vertragsgerechte Erfüllung durch die Tochterunternehmen zusagt[86]. Als Erfolg ihrer Anstrengungen stellt die Bank die ordnungsgemäße Erfüllung durch die genannten Tochtergesellschaften in Aussicht. Wie sie diesen Erfolg bewirkt, steht ihr frei[87]. Unter Umständen genügen Instruktionen an das Tochtermanagement. Es kann aber auch die Zufuhr von finanziellen oder sachlichen Mittel geboten sein.

Die in Frage stehende Patronatserklärung vereinigt daher Elemente einer *Managementklausel* und eines *Ausstattungsversprechens*[88]. Sie deckt sowohl das

---

[83] Also dem Versprechen, „den bestehenden Einfluss bei … (dem Protegé) geltend zu machen, damit dieser seinen Verbindlichkeiten … nachkommt“, vgl. *Gerth,* Atypische Kreditsicherheiten, S. 106/107; *Fried,* Weiche Patronatserklärung, S. 99, PE 10., S. 164 ff.; *Janpeter Horn,* Patronatserklärungen, S. 139–147; *Kohout,* Patronatserklärungen, S. 243–249, I); näheres sogleich unter Gliederungspunkt B. I. 1.

[84] *Bodenstein/Jahn,* S. 100, 3. Abs.; *Gerth,* WuB I F 1 c – 2.00, S. 1094 ff. (1096, 3.); *IdW,* Entwurf, WPg 1976, S. 119 ff. (120, Grundform 3, letzter Abs.).

[85] Im Ergebnis ebenso *Gerth,* WuB I F 1 c – 2.00, S. 1094 ff. (1096, 3.); aA *Müller,* ZGR 1977, S. 1 ff. (28, 2. a)), hier liege eindeutig die Verpflichtung vor, für die Verbindlichkeiten im Falle ihrer Nichterfüllung durch die Tochtergesellschaft einzustehen.

[86] *IdW,* Entwurf, WPg 1976, S. 119 ff. (120, Grundform 3). Der bei der Einflussnahme- bzw. „Managementklausel I“ bestehende Streit um die Reichweite der Einwirkungspflicht (vgl. Gliederungspunkt B. I. 1.), spielt hier also keine Rolle.

[87] Zur entsprechenden Konstellation einer Ausstattungszusage, s.o., Kapitel 3, E. sowie unten unter Gliederungspunkt B. I. 3.

[88] Die Klausel ist fraglos eine harte Patronatserklärung. Entgegen *J. Koch,* Die Patronatserklärung, S. 28, 3., ist der Begriff nicht auf die Ausstattungsverpflichtung zu

Risiko der Leistungs*unwilligkeit* als auch dasjenige der Leistungs*unfähigkeit* der protegierten Gesellschaften ab[89].

In Anbetracht der festgestellten Teilübereinstimmung lassen sich die Ergebnisse zur „externen" Ausstattungserklärung weitgehend auf die „mittelbare Erfüllungszusage"[90] übertragen[91].

Ergänzend sei noch darauf hingewiesen, dass der Wegfall der „Tatbestandsvoraussetzung" einer Einbeziehung der genannten Tochterunternehmen in den Konzernabschluss die erfolgsbezogene Leistungspflicht bis zur Publikation des nächsten Jahresabschlusses unberührt lassen dürfte. Der Verweis auf die Konsolidierung mag zwar darauf hindeuten, dass der Bestand einer Kontroll- und Leitungsmöglichkeit über die protegierten Gesellschaften für die Zusage Bedeutung gehabt hat, aus der Tatsache, dass ein Konzernabschluss das Innehaben einer „dauernden Beteiligung" an den Tochterunternehmen voraussetzt und aus dem weiteren Aspekt, dass der Jahresabschluss jährlich aufzustellen und zu publizieren ist[92], lässt sich aber wohl schließen, dass die Zusage bis zur Veröffentlichung des nachfolgenden Abschlusses gelten soll[93], selbst wenn die Konsolidierungsvoraussetzungen zwischenzeitlich entfallen.

---

verengen. Die gebräuchliche Zusage, den Protegé so zu *leiten* und *finanziell auszustatten,* dass er stets in der Lage ist, seinen Verbindlichkeiten fristgerecht nachzukommen (vgl. nur *Seiler,* Patronatserklärung, S. 6) enthält schließlich nicht gleichsam das Versprechen, positiv auf den Protegé einzuwirken, damit dieser die abgesicherte(n) Hauptschuld(en) erfüllt. Ausweislich des Kontextes bezieht sich die „Leitungspflicht" des Patrons nur auf die Leistungs*fähigkeit* und nicht auf die Leistungs*willigkeit* des Protegés, ebenso *Stecher,* „Harte" Patronatserklärungen, S. 104/105. Entgegen *Stecher* (S. 105, 2. Abs.), ist die „Leitungspflicht" auch nicht „automatisch Bestandteil aller Patronatsverträge". Zum einen verfügt schon nicht jeder Patron über eine entsprechende Leitungsmacht, zum anderen ist nicht ersichtlich, weshalb ein „Nur-Ausstattungspflichtiger" keine schädlichen Leitungsmaßnahmen treffen sollte, wenn er die daraus resultierenden Nachteile ausgleicht.

89 *Bodenstein/Jahn,* S. 100, 3. Abs.

90 Vgl. auch *IdW,* Stellungnahme Aktienrecht, WPg 1976, S. 528 ff. (530, Grundform 3), hier (erg.: bei der „mittelbaren Erfüllungszusage") müsse die Muttergesellschaft im Grenzfall Liquiditätshilfe leisten. Daraus folge, dass derartige Erklärungen (erg.: auch) als auf Liquiditätsausstattung gerichtete Gewährleistungszusagen (erg.: im Sinne des § 251 S. 1 HGB) zu werten seien.

91 AA *J. Koch,* Die Patronatserklärung, S. 84, 1. Abs., durch die Ersetzung der Ausstattungspflicht durch eine zentrale Rückführungspflicht ändere sich der primäre Verpflichtungsgehalt der Erklärung, so dass diese nicht den gleichen Regeln wie das Ausstattungsversprechen unterstellt werden könne. Der Autor hat die Erklärung daher im Folgenden unberücksichtigt gelassen.

92 Zur Relevanz dieses Zeitmoments für Patronatserklärungen in Geschäftsberichten, siehe Kapitel 5, D. II. 1.

93 Zur Einordnung der in einem Geschäftsbericht enthaltenen Ausstattungszusage als bis zum Erscheinen des nächsten Abschlusses befristetes unwiderrufliches Vertragsangebot „ad incertas personas", s. u., Kapitel 5, D. II. 1./2.

## B. Inhalt und Reichweite des Rechtsbindungswillens sowie sonstige Rechtsmerkmale einer Ausstattungsverpflichtung

Wie einleitend angemerkt, ist die Frage nach dem exakten Pflichtenkreis des Patrons nach wie vor Gegenstand heftiger Kontroversen[94].

### I. Primärleistungspflicht

Der seit Jahrzehnten schwelende Streit um die primäre Leistungspflicht einer Ausstattungszusage ist bis heute nicht abgeklungen.

Einigkeit besteht vorrangig darüber, dass sich der Verpflichtungswille des Patrons nur auf die Leistungs*fähigkeit* des Protegés bezieht, *nicht* auch auf seine Leistungs*willigkeit*[95].

#### 1. Exkurs: Relevanz von Einflussnahmeklauseln („Managementklausel I")

Konsequenz ist in Beteiligungs- und Konzernrechtsfällen häufig die Kombination des Ausstattungsversprechens mit einer Einflussnahme-[96] bzw. „Managementklausel I"[97]. Durch die Zusatzverpflichtung[98] des Patrons[99], seinen be-

---

[94] Statt aller *J. Koch,* Die Patronatserklärung, S. 5/6; *Münchener Vertragshandbuch* (*Schütze*), III. 27., Patronatserklärung (III), S. 469/470, 3.

[95] *OLG Düsseldorf* (U. v. 26.01.1989 – 6 U 23/88), NJW-RR 1989, S. 1116 ff. (1117, I.); *Balzer,* 7. Rostocker Bankentag 2001, S. 59 ff. (74, 2. Abs.); *Frick,* Patronatserklärungen, S. 125; *Fried,* Weiche Patronatserklärung, S. 171, 1. Abs.; *Herget/Butzke,* Ersatzsicherheiten, S. 8; *Hoffmann,* Patronatserklärung, S. 75 a.E.; *J. Horn,* Patronatserklärungen im common law, S. 180/181; *Kohout,* Patronatserklärungen, S. 104, 2. Abs., 145; *Küffner,* DStR 1996, S. 146 ff. (148, 2.2.2. (3)); *Michalski,* WM 1994, S. 1229 ff. (1238/1239); *MüKo-Habersack* (4), Vor § 765, Rn. 50; *Obermüller,* ZIP 1982, S. 915 ff. (918, 4.2); *ders.,* Ersatzsicherheiten, S. 5 Rn. 30, wenn auch, wie die meisten Autoren, zu eng: Gewährleistung der „*Zahlungs*fähigkeit ..., nicht ... *Zahlungs*willigkeit" (Hervorh. durch Verf.); *Schröter,* WuB IV A § 276 BGB 2.90, S. 349 f. (349, 3.); *Stecher,* „Harte" Patronatserklärungen, S. 103/104; *Thiekötter,* Patronatserklärung ad incertas personas, S. 31, 1. Abs.; *Treffer,* ZAP Nr. 5, Fach 15, S. 383 ff. (383, I.); *Wolf,* IPRax 1999, S. 444 ff. (445, b)); aA *Hantke,* S. 60 (Fn. 27, wo es wohl richtig „Zahlungswilligkeit" statt „-fähigkeit" heißen muss). Der Autor nimmt an, der Patron müsse indirekt auch für die Zahlungswilligkeit einstehen, wenn die zugewendeten Mittel dahinschmilzen. Das ist allerdings eine Konsequenz des sog. „Weiterleistungsrisikos" (dazu unter Gliederungspunkt II. 4. c)).

[96] Ähnlich *J. Koch,* Die Patronatserklärung, S. 349, PE 12, 501, § 33, I., „Einflussklausel".

[97] Insgesamt dazu *Fried,* Weiche Patronatserklärung, S. 99, PE 10., S. 170/171, 2. Dazu, dass das bloße Versprechen, den Patron so zu *leiten* (und finanziell/kapitalmäßig auszustatten), dass er seine Verbindlichkeiten erfüllen kann, keine „Management-

stehenden Einfluss geltend zu machen, damit der Protegé die von ihm geschuldete Leistung vertragsgerecht bewirkt[100], kann das für den Gläubiger bestehende Risiko einer grundlosen Leistungsverweigerung durch den Protegé zumindest ansatzweise verringert werden[101]. Es ist allerdings unklar, wie weit die Einwirkungspflicht des Patrons tatsächlich reicht[102]. Unabhängig von der Höhe seiner Beteiligung bzw. seines Stimmrechtsanteils wird überwiegend angenom-

---

klausel I" ist, siehe *J. Koch,* Die Patronatserklärung, S. 509, 2.; *Stecher,* „Harte" Patronatserklärungen, S. 104/105; vgl. auch bereits Fn. 88; aA *Gerth,* RIW 1982, S. 477 ff. (479, 3. Abs.); *Schimansky/Bunte/Lwowski* (*Merkel*), Bankrechts-Handbuch II (2), § 98 Rn. 42, „qualifizierte Managementklausel". *Vollmer,* ZBB 1993, S. 89 ff. (97, IV. 1.), merkt an, die Muttergesellschaft begebe sich durch eine Patronatserklärung mit Managementklausel in ein haftungsrechtliches Minenfeld, in dem die unverminten Zwischenräume immer enger würden, je mehr die Tochter in eine Krise gerate. Die Tochter gehe mit dem Leitungsversprechen erhebliche haftungsrechtliche Risiken ein, was insbesondere vor dem Hintergrund der neueren Rechtsprechung zum existenzvernichtenden Eingriff ein interessanter Aspekt ist (zu dieser, vgl. Kapitel 7, A. II. 1.).

98 Zur Rechtsverbindlichkeit der Erklärung, siehe nur *Gerth,* Atypische Kreditsicherheiten, S. 106, aa); *Hoffmann,* Patronatserklärung, S. 161/162; *Mosch,* a.a.O. S. 113, 1.; aA *Hantke,* S. 40/41.

99 Im Rahmen einer sog. Gesamtpatronatserklärung, vgl. *Schweizerisches Bundesgericht/Cour Civile* (U. v. 12.01.1996 – 4C.342/1995), zu bestellen in Lausanne, S. 3: „... nous allons procéder à la mise en fonds de cette société de manière à ce qu'elle puisse régler en faveur de PROGESTIM ce mois-ci F. 527'954. – *et que nous ferons tout ce qui est possible pour que ce montant soit transféré* au 15 septembre comme vous l'aviez souhaité"; *Schweizerisches Bundesgericht* (U. v. 29.09.1998 – 4C.422/1997/sch), in Lausanne bestellbar, S. 2 : „Des Weiteren werden wir dafür sorgen, dass ... jederzeit genügend finanzielle Mittel zur Verfügung stehen, *und dass wir alle nötigen Maßnahmen ergreifen werden, damit ... ihren Verpflichtungen Ihnen gegenüber zu jedem Zeitpunkt nachkommen kann*"; *Obermüller,* ZIP 1982, S. 915 ff. (916, Beispiel 11).

100 Zu der üblichen Formulierung, *„Wir werden unseren bestehenden Einfluss dahingehend geltend machen, dass* ... (der Protegé) *seiner/seinen Verpflichtung(en) Ihnen gegenüber nachkommt",* siehe *Fischer/Schaffland,* GenFor 1976 III, S. 38 ff. (38, 5. Beispiel); *Fleischer,* WM 1999, S. 666 ff. (673–675, 3.); *Fried,* Weiche Patronatserklärung, S. 99, 164 ff., PE 10; *Gerth,* Atypische Kreditsicherheiten, S. 33, Beispiel (7), S. 106 ff.; *Hoffmann,* Patronatserklärung, S. 160/161, c); *J. Horn,* Patronatserklärungen im common law, S. 139, 5.; *J. Koch,* Die Patronatserklärung, S. 349, PE 12; *Köhler,* WM 1978, S. 1338 ff. (1346, (3), Typ 5); *Möser,* DB 1979, S. 1469 ff. (1471, Fallgruppe 4); *Mosch,* Patronatserklärungen, S. 113, II. Nr. 18; *Münchener Vertragshandbuch* (*Schütze*), III. 25., Patronatserklärung (I), S. 458.

101 *Fried,* Weiche Patronatserklärung, S. 171, 1. Abs.

102 Siehe nur *Ebenroth/Boujong/Joost* (*Allstadt-Schmitz*), HGB, BankR IV, Rn. IV 652, die Zusatzvereinbarung verschaffe dem Gläubiger keine Vorzugsstellung gegenüber anderen Gläubigern; *Fleischer,* WM 1999, S. 666 ff. (673–675, 3.); *Fried,* Weiche Patronatserklärung, S. 165–170; *J. Horn,* Patronatserklärungen im common law, S. 143–145, jeweils m.w.N.; *J. Koch,* Die Patronatserklärung, S. 502–504, II.; *Schaffland,* BB 1977, S. 1021 ff. (1024, 5. Beispiel); *Vollmer,* ZBB 1993, S. 89 ff. (90, 1.1.1, 91, 1.1.2), unterscheidet zwischen „einfachen" und „qualifizierten" Managementklauseln, wobei der Unterschied allenfalls „graduell" ist (vgl. S. 90, 1.1), zum Verpflichtungsumfang, siehe S. 96/76.

men, dass er die Zusage nur im Rahmen des konzern- und gesellschaftsrechtlich Zulässigen zu erfüllen hat[103]. Der Gläubiger muss sich darüber gewahr sein, dass die Unternehmensführung betreffende Einzelweisungen gegenüber der Geschäftsleitung außerhalb eines Vertragskonzerns bei einer Aktiengesellschaft in weit geringerem Maße statthaft sind als bei einer Gesellschaft mit beschränkter Haftung[104]. Bei Vorliegen eines Gewinnabführungs- und/oder Beherrschungsvertrages zwischen Patron und Protegé kann Ersterer dem Leitungsorgan des Protegés dagegen auch nachteilige Weisungen erteilen (§ 308 Abs. 1 S. 2 AktG (analog))[105]. Jedenfalls wenn es zu einem konkreten Liquiditätsengpass kommt, sollen nach herrschender Meinung auch im Rahmen eines Beherrschungsvertrages keine die übrigen Gläubiger des Protegés benachteiligenden Einzelweisungen (mehr) zulässig sein[106]. Zumindest begründen sie die Gefahr einer anfechtbaren Leistung durch den Protegé[107]. Der Wert einer Managementklausel bemisst sich daher stets nach den rechtlichen und tatsächlichen[108] Gegebenheiten des konkreten Falles[109].

---

[103] *OLG Karlsruhe* (U. v. 07.08.1992 – 15 U 123/91, WM 1992, S. 2088 ff. (2091, bb)), „im Rahmen ihrer Möglichkeiten"; *Fleischer,* WM 1999, S. 666 ff. (674/675, b)); *IdW,* Entwurf, WPg 1976, S. 119 ff. (120, Grundform 3); *Mosch,* Patronatserklärungen, S. 114; *MüKo-Habersack* (4), Vor § 765 Rn. 54; *Obermüller,* ZGR 1975, S. 1 ff. (17/18, b)); *Rippert,* Patronatserklärungen, S. 97, b).

[104] Vgl. § 37 Abs. 1 GmbHG (siehe auch § 38 GmbHG, grundsätzlich freie Widerruflichkeit der Geschäftsführerbestellung (sollte der Geschäftsführer nicht kooperationswillig sein)). Bei einer Aktiengesellschaft könnten Weisungen nur via den Aufsichtsrat erfolgen. Allerdings leitet der Vorstand die Gesellschaft gemäß § 78 Abs. 1 AktG in eigener Verantwortung. Der Aufsichtsrat ist ein reines Kontrollgremium mit allenfalls auf bestimmte Geschäfte beschränkten Zustimmungsbefugnissen (vgl. § 111 (Abs. 4 S. 2) AktG); wie hier *J. Koch,* Die Patronatserklärung, S. 136/137, 507/508, V.; *Vollmer,* ZBB 1993, S. 89 ff. (92, 1.3.1.2); siehe auch *Hoffmann,* Patronatserklärung, S. 161/162; *Kohout,* Patronatserklärungen, S. 245.

[105] Näheres in Kapitel 7, A. I. 2.; siehe auch *Gerth,* Atypische Kreditsicherheiten, S. 106–111; *Hoffmann,* Patronatserklärung, S. 161/162; *J. Koch,* Die Patronatserklärung, S. 137, b) aa); *Köhler,* WM 1978, S. 1338 ff. (1348, b)); *Mosch,* Patronatserklärungen, S. 113–117; *Rippert,* Patronatserklärungen, S. 96/97, 99, c). Zur Rechtslage bei Vorliegen eines „faktischen" Konzernrechtsverhältnisses, vgl. Kapitel 7, A. I. 3./II. 1.

[106] *Gerth,* Atypische Kreditsicherheiten, S. 108–110; allgemein gegen eine Pflicht zur Bevorzugung des Erklärungsempfängers, *ders.,* WuB I F 1 c. – 2.93, S. 678 ff. (678/679, c)); *ders.,* WuB I F 1 c – 2.00, S. 1094 ff. (1096, 3.); *Fischer/Schaffland,* GenFor 1976 III, S. 38 ff (39, 1. Abs.); *Schaffland,* BB 1977, S. 1021 ff. (1024, 5. Beispiel); implizit wohl auch *Michalski,* WM 1994, S. 1229 ff. (1235, 4.); aA *J. Koch,* Die Patronatserklärung, S. 136, 1. Abs., 511/512, b) aa), 515, cc).

[107] *Fleischer,* WM 1999, S. 666 ff. (674, aa)).

[108] Existenz nennenswerter Drittgläubiger, etc.

[109] Siehe auch *Fleischer,* WM 1999, S. 666 ff. (675, 1. Abs. a. E.). Unterbleibt die Leistung des Protegés, weil er sich infolge einer staatlichen Devisenbeschränkung oder wegen eines Moratoriums an einer ordnungsgemäßen Erfüllung gehindert sieht, hilft dem Gläubiger auch keine Managementklausel. Für diesen Fall kann sich die Aufnahme einer Zahlungsklausel als nützlich erweisen; dazu in Kapitel 10, C.

### 2. Direktleistung an den Gläubiger

Der eigentlichen Ausstattungszusage sprechen Teile der Juristen eine eigenständige Existenzberechtigung ab. Gewollte Leistung sei weniger bzw. überhaupt nicht die Ausstattung des Protegés, sondern eine unmittelbare Direktleistung oder -zahlung an den Gläubiger[110].

Aus dem Wortlaut der harten Patronatserklärung lässt sich dieses Ergebnis nicht ableiten. Das Versprechen des Patrons, den Protegé jederzeit so auszustatten, dass er in der Lage ist, seine Verbindlichkeiten gegenüber dem Gläubiger zu erfüllen, lässt nicht darauf schließen, dass der Patron sich gegenüber dem Gläubiger zu einer Direktleistung verpflichten möchte.

Eine solche Interpretation kann sich allenfalls aus den Gesamtumständen der Erklärung, vor allem aus dem Sinn und Zweck des Ausstattungsversprechens ergeben (§§ 133, 157 BGB)[111].

Zuletzt hat *Hantke* in einer Monographie die Meinung vertreten, eine dem Wortlaut der Ausstattungsverpflichtung verhaftete Auslegung widerspreche den Parteiinteressen. Primärleistungspflicht der harten Patronasterklärung sei einzig und allein eine Geldzahlung an den Kreditgeber[112]. Dieses Ergebnis folge regelmäßig bereits aus einer entsprechenden Einigung zwischen dem Patron und dem Kreditgeber. Beide würden der Ausstattungszusage als „professionelle Vertragsschließende"[113] im Allgemeinen übereinstimmend einen anderen Bedeutungsgehalt beimessen als denjenigen einer Pflicht zur Ausstattung des Protegés durch beliebige Zuwendungsleistungen von Seiten des Patrons[114]. Selbst wenn der Patron sich ernsthaft zur Ausstattung des Protegés bereit erklärt hätte, bestehe letztlich keine Ausstattungs-, sondern eine Zahlungspflicht gegenüber dem Gläubiger. Die Übernahme einer ernst gemeinten Ausstattungsverpflichtung könne nur auf „mangelnder Kenntnis der rechtlichen Probleme" beruhen. Schließlich sei eine harte Patronatserklärung in Form der Ausstattungszusage

---

110 *Hohmann,* WM 2004, S. 757 ff. (764, E. I.); *Lwowski,* Kreditsicherung (8), S. 411, 2.2, S. 414, 2. Abs.; *Münchener Vertragshandbuch* (*Schütze*), III. 27., Patronatserklärung (III), S. 470, c); *Schäfer,* WM 1999, S. 153 ff. (160/161, 2. b), 163, V.); unklar *Bülow,* Recht der Kreditsicherheiten (6), S. 534 Rn. 1623, durch die harte Patronatserklärung entstünden keine Erfullungs-, sondern nur Ersatzansprüche. Dennoch nimmt der Autor eine Pflicht zur Barmittelausstattung an.

111 *Balzer,* 7. Rostocker Bankentag 2001, S. 59 ff. (68, bb)); so vor allem *Hohmann,* WM 2004, S. 757 ff. (764, E. I.). Dazu, dass die Ausstattungszusage keine einseitig anspruchsbegründende Willenserklärung ist, sondern Bestandteil eines Sicherungsvertrages, siehe Kapitel 5, A.

112 *Hantke,* S. 84, 1. Abs., sowie 2.; ebenso *Lwowski,* Kreditsicherung (8), S. 411, 2.2, S. 414, 2. Abs.

113 *Hantke,* S. 66, 2., S. 80, 2. Abs., m. w. N.

114 „Falsa demonstratio non nocet" (*Hantke,* S. 81, 1. Abs., 83, 2. Abs.) bzw. Inhalt des dissimulierten Geschäfts bei einem gemeinsamen Umgehungsversuch (§§ 117 Abs. 1 und 2 BGB, *Hantke,* S. 82, 1. Abs., 83, 2. Abs.).

wegen inhaltlicher Unbestimmtheit, Sittenwidrigkeit und wegen Verstoßes gegen das Recht der Allgemeinen Geschäftsbedingungen nichtig. Die erforderlich werdende Umdeutung nach § 140 BGB ergebe, dass die Parteien in Kenntnis der Nichtigkeit eine andere Kreditsicherheit vereinbart hätten. Sie hätten sich auf eine Direktleistungspflicht des Patrons geeinigt[115].

Ähnlich geht *Köhler* von einem Direktleistungsanspruch des Gläubigers aus[116]. Auch er hält einen auf Mittelzufuhr gerichteten Erfüllungsanspruch für wertlos, begründet dies aber mit der fehlenden Klagbarkeit der Ausstattungsverpflichtung[117]. Ein „Schadensersatzanspruch wegen Nichterfüllung" sei ebenfalls „von höchst zweifelhaftem Wert". Die Anspruchsvoraussetzungen lägen erst mit vollständiger Abwicklung des Protegés vor[118]. Woran der Gläubiger interessiert sei, seien nicht die Ausstattungsleistungen, sondern allein der Erfolg einer hinreichenden Liquidität des Protegés im Fälligkeitszeitpunkt[119]. Für diesen Erfolg wolle der Patron einstehen. Er übernehme eine auf Schadloshaltung des Gläubigers gerichtete Haftung für die Zahlungsfähigkeit des Protegés, die sich aktualisiere, sobald der Protegé finanzbedingt zur Erfüllung der geschuldeten Leistung(en) außerstande sei[120].

Zu dem gleichen Ergebnis gelangt *Schäfer*. Der Autor argumentiert mit dem Sicherungszweck der harten Patronatserklärung[121]. Die Ausstattungsverpflichtung sichere mittelbar (erg.: durch Bereitstellung der erforderlichen Mittel) das Interesse des Gläubigers an einer ordnungsgemäßen Erfüllung der Hauptschuld[122]. Aus dem Sicherungscharakter der Ausstattungszusage lasse sich entnehmen, dass Leistungsgegenstand nicht die Ausstattung des Protegés sei, sondern „stattdessen eine bürgschaftsähnlich gestaltete Einstandspflicht für die Erfüllung der gesicherten Verbindlichkeiten im Falle der Zahlungsunfähigkeit" des Protegés[123].

Die These *Hantkes* kann bereits deshalb nicht geteilt werden, weil die Ausstattungsverpflichtung ausreichend bestimmt ist[124]. Im Allgemeinen verstößt sie

---

115 *Hantke,* S. 82/83. Der Autor ordnet die Ausstattungsverpflichtung als *Garantieerklärung* ein (S. 93, 2. Abs.). Das überzeugt nicht, vgl. Kapitel 6, A. I. 2., Kapitel 7, B. IV. 1.

116 *Köhler,* WM 1978, S. 1338 ff. (1346, 3, Abs.); zustimmend; *Münchener Vertragshandbuch* (*Schütze*), III. 27., Patronatserklärung (III), S. 470, c).

117 *Köhler,* WM 1978, S. 1338 ff. (1345, b)); siehe auch *Münchener Vertragshandbuch* (*Schütze*), III. 27., Patronatserklärung (III), S. 469/470, 3. a)–c), weder ein Erfüllungsanspruch noch ein Schadensersatzanspruch wegen Verzuges oder Unmöglichkeit führten zum Ziel.

118 *Köhler,* WM 1978, S. 1338 ff. (1345/1346).

119 Ebenso *Schäfer,* WM 1999, S. 153 ff. (160, 2. a)).

120 *Köhler,* WM 1978, S. 1338 ff. (1346, 3, Abs.).

121 Vgl. auch *Hohmann,* WM 2004, S. 757 ff. (764, E. I.).

122 *Schäfer,* WM 1999, S. 153 ff. (160, 2. a)).

123 *Schäfer,* WM 1999, S. 153 ff. (160/161, 2. b)).

auch nicht gegen die guten Sitten[125] und allenfalls in „Anlassfällen" gegen das Recht der Allgemeinen Geschäftsbedingungen[126]. In der Regel ist die Ausstattungszusage wirksam und entgegen *Köhler* auch gerichtlich durchsetzbar[127]. Für eine Umdeutung nach § 140 BGB besteht kein Bedarf. Die Annahme, der Patron wolle dem Wortlaut seiner Erklärung zuwider eine Direktzahlung in Höhe der Hauptschuld an den Gläubiger vornehmen, ist abwegig. Wenn *Hantke* seinen Standpunkt damit begründet, dass trotz der geringen Erfolgsaussichten auch heute noch Umgehungsversuche denkbar seien (Vermeidung der §§ 251 HGB, 18 S. 1 i.V.m. S. 2 KWG (aktueller Fassung))[128], ist dies eine durch nichts belegte Behauptung[129]. Ihnen bzw. ihren Organwaltern die Absicht einer bewussten Bilanzmanipulation zu unterstellen[130], ist ungerechtfertigt[131]. Gleiches hat für die Annahme *Hantkes* zu gelten, die Ausstattungszusage würde für den Patron verglichen mit einer herkömmlichen Kreditsicherheit keinen Vorteil bergen, ja sie belaste ihn gegenüber einem Bürgen und einem Garanten angesichts

---

124 Näheres in Kapitel 9; aA *Hantke,* S. 58–72, 1. (fehlende materielle Bestimmtheit), und 2. a) (fehlende prozessuale Bestimmtheit).

125 s.u., Kapitel 11; aA *Hantke,* S. 66, 1. Abs.

126 s.u., Kapitel 10; aA *Hantke,* S. 66, 1. Abs.

127 Näheres in Kapitel 9, B.

128 *Hantke,* S. 82, 1. Abs., zu § 18 Abs. 1 S. 2 KWG a.F.; ähnlich *Leitner,* ÖBA 2002, S. 517 ff. (527, 5.).

129 Es ist eher davon auszugehen, dass die mit Patronatserklärenden operierenden Unternehmen den daraus resultierenden Obliegenheiten in der Mehrzahl der Fälle peinlich genau genügen, um ihren guten Ruf nicht aufs Spiel zu setzen; siehe aber auch *Forschbach,* Liquiditätszusagen, S. 103 a.E., die scheinbar unverbindliche Erklärungsform werde nur in der Absicht gewählt, möglicherweise einen Bilanzvermerk verhindern zu können.

130 Vgl. nur § 331 Ziff. 1 und 2 (i.V. m § 340 m) HGB (Strafbarkeit bei unrichtiger Darstellung der Verhältnisse einer Kapitalgesellschaft), § 334 Abs. 1 Ziff. 1 a) HGB (Ordnungswidrigkeit bei Missachtung des § 251 HGB) und § 334 Abs, 1 Ziff. 1. d) HGB (Ordnungswidrigkeit bei Unterlassen der in § 285 HGB (S. 1 Ziff. 3) vorgesehenen Pflichtangaben).

131 Zumal Patronatserklärungen, etwa die von und gegenüber Kreditinstituten abgegebenen, dem Abschlussprüfer seit einer dahingehenden Weisung des *BAKred* vorzulegen sind, damit dieser abschließend über ihre bilanzielle Erfassung entscheiden kann, vgl. *BAKred* in: *Consbruch/Möller/Bähre/Schneider,* Band II, Tz. 13.07, „Schreiben vom 16.12.1974 an die Spitzenverbände der Kreditinstitute (I 4-3)". Der *Fachausschuss für Rechts- und Treuhandfragen des Instituts der Wirtschaftsprüfer (IdW)* ist daraufhin am 30.03.1976 einstimmig übereingekommen, *den Mandanten* (sprich auch Mandanten außerhalb des Kreditgewerbes!) dazu zu verpflichten dem Wirtschaftsprüfer alle Patronatserklärungen (erg.: egal ob von dem Mandanten abgegeben oder hereingenommen) vorzulegen und ihm eine entsprechende *Vollständigkeitserklärung* abzuverlangen, vgl. FN (Fachnachrichten des Instituts der Wirtschaftsprüfer) Nr. 7/8 v. 21.07.1976, S. 152; hierzu auch *Bordt,* WPg 1975, S. 285 ff. (297, F., 198 a.E.); *IdW,* Stellungnahme Aktienrecht, WPg 1976, S. 528 ff. (535); *IdW,* Erläuterungen, Wpg 1976, S. 209 ff. (213/214); *Fischer/Schaffland,* GenFor 1976 II, S. 36 ff (36); vgl. im Übrigen §§ 316, 317, 320 HGB (Vorlagepflicht der gesetzlichen Vertreter bzw. umfassendes Einsichtsrecht des Abschlussprüfers).

der potenziell unbegrenzten Ausstattungspflicht sogar unnötig und unbillig[132]. Sei Patronin eine herrschende Obergesellschaft, könne sie den Protegé auch so freiwillig ausstatten[133]. Das greift zu kurz. Gerade weil Konzernmütter ihre Tochtergesellschaften meist nicht nur ausstatten können, sondern sie dies aus „faktisch-ökonomischen"[134] Gründen auch tun (müssen), ist die harte Patronatserklärung für sie vorteilhaft[135]. Anders als bei einer Bürgschaft oder Garantie, bürdet sich die Obergesellschaft mit der Ausstattungszusage keine sie maßgeblich zusätzlich belastende Verpflichtung auf. Sie unterstellt nur die ihr ohnehin in eigenem Interesse obliegende Ausstattungs"pflicht" einem „externen Regelungsregime". Vorzug dieser Rechtskonstruktion ist, dass die Obergesellschaft ihre Konzernfinanzierung nach wie vor in Eigenregie handhaben kann und dadurch gleichsam ihre Verpflichtung gegenüber dem Sicherungsnehmer erfüllt[136].

Es stimmt also nicht, dass nur der Gläubiger an der Abgabe einer harten Patronatserklärung interessiert sein kann. Dessen Anliegen sei es, so *Hantke,* durch eine Ausstattungszusage die für ihn nachteiligen Wirkungen konzerninterner Kapitalverschiebungen auszuschließen. Dieses Ziel sei durch eine Ausstattungspflicht der Konzernmutter nicht zu erreichen[137]. Letzten Endes profitiere daher keine der beiden Seiten von einer wortgetreuen Auslegung der harten Patronatserklärung[138] als einer „Ausstattungsverpflichtung um jeden Preis"[139]. An

---

[132] *Hantke,* S. 58, 1., 62, 1. Abs., 66.

[133] *Hantke,* S. 66, 2. a).

[134] Rein rechtlich ist der Verlustausgleichsanspruch nach hM erst am Bilanzstichtag der abhängigen Gesellschaft fällig (vgl. Kapitel 7, A. I. 2. (Fn. 20)), auch handelt es sich allgemeiner Ansicht zufolge um einen reinen Geldleistungsanspruch, es besteht also keine Wahlfreiheit hinsichtlich der Erfüllungsmodalitäten, vgl. nur *Kölner Kommentar zum AktG-Koppensteiner* (3), § 302 Rn. 50, 52/53 m.w.N.; siehe auch *MüKo-Grunewald,* AktG (2), § 322 Rn. 6.

[135] Im Übrigen darf nicht verkannt werden, dass die Abgabe einer Bürgschaft oder Garantie für den Patron kaum vorteilhafter wäre als die Erteilung einer Ausstattungszusage. Es liegt in der Natur eines jeden einseitig verpflichtenden Sicherungsinstruments, dass daraus nur der Gläubiger und nicht auch der Sicherungsgeber einen unmittelbaren Vorteil zieht.

[136] Vgl. auch *Leitner,* ÖBA 2002, S. 517 ff. (527, 5.).

[137] *Hantke,* S. 66/67, 76/77. Der Autor geht davon aus, dass der Patron infolge des Versprechens einer ausreichenden Finanzausstattung nur die Zahlungsunfähigkeit, nicht aber auch eine Überschuldung des Protegés abzuwenden hat. Überwögen die Passiva und würde daraufhin über das Vermögen des Protegés ein Insolvenzverfahren eröffnet, sei dem Patron keine Verletzung seiner Ausstattungspflicht vorzuwerfen. Dennoch gehe der Gläubiger in diesem Fall leer aus. Dass und warum diese Annahme fehlgeht, wird sogleich unter Gliederungspunkt II. 2. a)) dargetan. *Hantke* geht weiterhin davon aus (S. 77, II.), dass die harte Patronatserklärung für den Gläubiger den Nachteil berge, dass er weder überprüfen könne, ob der Patron seiner Ausstattungsverpflichtung ordnungsgemäß nachkommt, noch diese Verpflichtung notfalls einklagen könne. Für den Gläubiger ist es jedoch überhaupt nicht von Interesse, ob und in welcher Weise der Patron seinem Ausstattungsversprechen nachkommt, wenn nur der Protegé die Hauptschuld rechtzeitig erbringt.

[138] *Hantke,* S. 66/67, 2., 77/78, II.

dieser Stelle kann nur erneut auf den bereits im geschichtlichen Teil hervorgehobenen Vorteil der Ausstattungszusage hingewiesen werden: Diese ist aus Gläubigersicht das einzige Sicherungsmittel, das bei störungsfreiem Ablauf bereits „präventiv" die ordnungsgemäße Abwicklung der abgesicherten Geschäfte im Hautschuldverhältnis sicherstellt. Angesichts dessen sind erhebliche Zweifel an dem Apodiktum eines nicht vorhandenen Gläubigerinteresses an einer hinreichenden Protegéausstattung angebracht. Kein Gläubiger nimmt freiwillig den mit einer Direktinanspruchnahme des Sicherungsgebers verbundenen Zusatzaufwand auf sich. Schlösse man sich der dargestellten Meinung an, könnte dem Patron noch nicht einmal eine Pflichtverletzung vorgeworfen werden, wenn er dem Protegé die von diesem benötigten Mittel vorenthält[140]. Die Interpretation der drei Autoren stößt weiterhin auf Schwierigkeiten, wenn die Hauptschuld nicht auf Geld, sondern auf die Erbringung einer Dienst- oder Sachleistung durch den Protegé gerichtet ist. Fungiert der Patron als Zulieferer oder Subunternehmer des Protegés oder steht dieser zu ihm in einem sonstigen Abhängigkeitsverhältnis, ist dem vorrangig an der Erbringung der Hauptleistung interessierten Gläubiger mit einem Zahlungs- oder Haftungsanspruch gegenüber dem Patron nicht gedient. Ihm kommt es auf die Erfüllung der Ausstattungszusage an.

Die genannten Autoren können somit nicht für sich in Anspruch nehmen, dem beiderseitigen Parteiwillen für die überwiegende Zahl der Fälle angemessen Rechnung getragen und den wirklichen Willen des Patrons und des Gläubigers nachhaltig erforscht zu haben[141]

Eine Erklärung ist nur bei Zweifeln an der Übereinstimmung des Erklärungstextes mit dem gewollten Erklärungsinhalt auslegungsbedürftig. Anderenfalls darf der „eindeutige gestalterische Wille professioneller Vertragsschließender" nicht einfach beiseite geschoben und ihnen eine Erklärung untergeschoben werden, die sie erkennbar nicht gewollt haben[142].

---

139 Vgl. *Hantke,* S. 56, 66, 1. Abs., 76 a. E., m. w. N. zur Gegenansicht.

140 Vgl. nur *Schäfer,* WM 1999, S. 153 ff. (161, 3. a)), „Die Einstandspflicht ist primäre Geldleistungs*pflicht,* die *erst* bei Eintritt der töchterlichen *Insolvenz entsteht"* (Hervorh. durch Verf.).

141 Wie hier *J. Koch,* Die Patronatserklärung, S. 98, cc) (1), welcher der Annahme *Schäfers,* der Kreditgeber sei ausschließlich an einer direkten Einstandspflicht interessiert, zustimmt, aber mit Recht darauf hinweist, dass der Patron dieses Interesse gerade nicht teilt.

142 *RG* (U. 26.11.1934 – VI 325/34), HRR 1935, Nr. 581, es sei ein feststehender Grundsatz, dass sich die Auslegung einer Urkunde nicht mit dem unzweideutig erklärten Vertragswillen in Widerspruch setzen darf; *BGH* (U. v. 15.12.1955 – II ZR 204/54), BGHZ 19, S. 269 ff. (272/273); *BGH* (U. v. 10.07.1981 – V ZR 51/80), NJW 1982, S. 31 f. (31); *Flume,* Das Rechtsgeschäft, AT II (4), § 16, 3. a), S. 308, 3. Abs.; *Soergel-Hefermehl* (13), § 133 Rn. 4; siehe auch *Hoffmann,* Patronatserklärung, S. 69/70. Dies gesteht auch *Hantke* ein, S. 78/79, 1.

Angesichts der Tatsache, dass die Parteien oftmals erhebliche Zeit auf ihre Sicherungsverhandlungen verwenden, bevor sie sich – als Kompromiss[143] – auf die Abgabe einer harten Patronatserklärung einigen, ist der Text der Ausstattungserklärung durchaus wörtlich zu nehmen[144]. Im Zuge der Verhandlungen werden die meist professionellen Vertreter und/oder Berater des Patrons[145] die Übernahme einer Bürgschaft oder Garantie gegenüber den Repräsentanten des Gläubigers wenigstens einmal (meist mehrfach) explizit verweigert haben[146]. Die Auffassung, der Patron schulde dem Gläubiger ausschließlich eine Direktleistung bzw. Geldzahlung, geht daher an der Interessenlage vorbei[147].

### 3. „Bloße" Ausstattung

Mit der ganz herrschenden Meinung ist folglich davon auszugehen, dass der Patron primär die ausreichende Ausstattung[148] des Protegés schuldet[149]. Geschuldet sind dabei nicht einzelne Ausstattungsleistungen, sondern der *Erfolg* einer hinlänglichen Protegéausstattung[150].

---

143 *Altenburger,* Patronatserklärungen, S. 30; *Schäfer,* WM 1999, S. 153 ff. (153, I.).

144 *Balzer,* 7. Rostocker Bankentag 2001, S. 59 ff. (68, bb)); *Kamprad,* DB 1967, S. 327 f. (327/328), die Auslegung als Garantievertrag scheitere an dem eindeutig erklärten Parteiwillen; *Nobel* in: Personalsicherheiten, S. 55 ff. (69/70); *Schröder,* ZGR 1982, S. 552 ff. (566, 1.).

145 Dazu *Jander/Hess,* RIW 1995, S. 730 ff. (735, 3. Abs.).

146 In die gleiche Richtung argumentiert *Schröder,* ZGR 1982, S. 552 ff. (554, letzter Abs.).

147 *Larenz/Canaris,* Schuldrecht II 2 (13), § 64, V. 1. a), S. 82. Das wird besonders bei *Hantke* und *Schäfer* deutlich, welche die Ausstattungszusage explizit durch eine Garantie (*Hantke,* S. 93, 2. Abs.) bzw. Bürgschaft „substituieren" (*Schäfer,* WM 1999, S. 153 ff. (163, V., 2. Abs.)).

148 Dazu, ob sich aus den Zusagen zur „finanziellen" und zur „kapitalmäßigen" Ausstattung des Protegés Unterschiede ergeben, sogleich unter Gliederungspunkt II. 1. a).

149 *BGH* (U. v. 30.01.1992 – IX ZR 112/91), BGHZ 117, S. 127 ff. (133 a.E.); *OLG München* (U. v. 22.07.2004 – 19 U 1867/04), ZIP 2004, S. 2102 ff. (2103, (1)); *Balzer,* 7. Rostocker Bankentag 2001, S. 59 ff. (72/73, a)); *Bordt,* WPg 1975, S. 285 ff. (289, a)); *Endell,* ZKW 1997, S. 710 ff. (710, Grundlage 1); *Falter,* Praxis des Kreditgeschäfts (15), S. 664 Rn. 6.454; *Gerth,* Atypische Kreditsicherheiten, S. 141/142; *Habersack,* ZIP 1996, S. 257 ff. (258, 2.); *Hoffmann,* Patronatserklärung, S. 75; *J. Horn,* Patronatserklärungen im common law, S. 176, 2. Abs.; *IdW,* Stellungnahme Aktienrecht, WPg 1976, S. 528 ff. (530, Grundform 4/5); *Immenga/Rudo,* Gewährträgerhaftung, S. 63; *Käser* in: *Bergström/Schultsz/Käser,* Garantieverträge, S. 25 ff. (32, c)); *Kiethe,* ZIP 2005, S. 646 ff. (649, 2.); *J. Koch,* Die Patronatserklärung, S. 107, IV., 610, 1. Kapitel, 3.; *Küffner,* DStR 1996, S. 146 ff. (148, 2.2.2. (1)/(2)); *Leitner,* ÖBA 2002, S. 517 ff. (523, 2.3.2.); *Limmer,* DStR 1993, S. 1750 ff. (1750, 2.); *Mosch,* Patronatserklärungen, S. 132, 1. Abs.; *Obermüller,* ZIP 1982, S. 915 ff. (919/920, 1.); *Pesch,* WM 1998, S. 1609 ff. (1610, 3. a)); *Rippert,* Patronatserklärungen, S. 111, letzter Abs., 112, b); *Rümker,* WM 1974, S. 990 ff. (991, II. 1.); *Schaffland,* BB 1977, S. 1021 ff. (1023, 1. Beispiel); *Stecher,* „Harte" Patronatserklärungen, S. 73/74; *Wittig* in: *BuB* (2003), Rn. 4/2876.

Dieses Verständnis korreliert auch mit dem Ergebnis der empirischen Erhebung. Entgegen der Einschätzung, der Patron statte den Protegé in der Praxis nicht aus, sondern leiste im Fälligkeitstermin direkt an den Gläubiger, hat die Befragung ergeben, dass eine Direktleistung an den Gläubiger eher die Ausnahme ist[151]. Meist stattet der Patron den Protegé mit den zur Erfüllung der abgesicherten Verbindlichkeit(en) benötigten Mitteln aus[152].

### 4. Zusätzliche Übernahme einer vertraglichen Direktleistungspflicht

Eine starke Meinungsgruppe im Schrifttum belässt[153] es nicht dabei. Sie geht davon aus, der Patron übernehme auf *Primärebene*[154] zusätzlich die (aufschiebende bedingte) Verpflichtung zur Erbringung einer Direktleistung (in Höhe der abgesicherten Restschuld) an den Protegé bzw. die Haftung bzw. Gewähr für die Leistungsfähigkeit des Protegés im Fälligkeitstermin[155]. Aufschiebende Bedingung soll dabei meist die Eröffnung des Insolvenzverfahrens über das Prote-

---

150 *OLG München* (U. v. 22.07.2004 – 19 U 1867/04), ZIP 2004, S. 2102 ff. (2104, 1. Spalte, bb)); *OLG Naumburg* (U. v. 13.01.2000 – 2 U (Hs) 73/98), OLGR Naumburg 2000, S. 407 ff. (408, II. 3. b) aa); *J. Koch,* Die Patronatserklärung, S. 141, 2. Abs., die Patronatserklärung begründe keine handlungs-, sondern eine erfolgsbezogene Verpflichtung; *Paul,* ZInsO 2004, S. 1327 ff. (1328, 3.); vgl. auch *OLG Rostock* (U. v. 16.12.2004 – 1 U 28/04), OLGR Rostock 2005, S. 529 f. (530, I. 1.).

151 Nur zwei bzw. drei Unternehmen/Institute haben angegeben, bei Fälligkeit der Hauptschuld zahle der Patron in der Regel direkt an den Gläubiger.

152 So die Auskunft von 15 bzw. 16 Unternehmen/Instituten; siehe auch *Frick,* Patronatserklärungen, S. 146, eine Direktleistung an den Gläubiger sei zwar möglich aber nicht zwingend und eher die Ausnahme. Der Umfrage zufolge erfolgt die Ausstattung meist durch Eigenleistung barer Mittel (8 bzw. 9 Unternehmen/Institute) oder durch Vornahme einer Kapitalerhöhung gegen Einlagen (7 Unternehmen/Institute bei 5 Überschneidungen). Darüber hinaus werden Dritte angewiesen, dem Protegé Barmittel zur Verfügung zu stellen, es werden Sachleistungen an ihn erbracht oder Gesellschafterdarlehen verabreicht.

153 Dazu, dass sich dies mit der Schuldrechtsreform möglicherweise geändert hat, vgl. den vorletzten Absatz dieses Abschnitts.

154 Teilweise gestaltet es sich etwas schwierig, die einzelnen Autoren den drei Meinungsspektren zuzuordnen, da stellenweise nicht klar wird, ob die Schadensersatzpflicht Folge eines gesetzlichen oder eines vertraglichen Ersatzanspruchs sein soll, vgl. *Rümker,* WM 1974, S. 990 ff. (992, 3. Abs., siehe aber 991, II., 3. Abs.).

155 *Fleischer,* EWiR 1999, S. 305 f. (306, 3.1); *Kohout,* Patronatserklärungen, S. 92, 96, 3., 114, 2. Abs., 185/186, B. 1.; *Larenz/Canaris,* Schuldrecht II/2, § 64 V 1. c), S. 83, c), mit dem Argument, dass die Klage des Gläubigers auf „Ausstattung" des Schuldners ab diesem Moment ein sinnloser Umweg wäre; (wohl auch) *Maslaton,* NVwZ 2000, S. 1351 ff. (1352, b), 1352/1353, III., vgl. aber S. 1352, c) a.E.)); *Michalski,* WM 1994, S. 1229 ff. (1235/1236, 1240, b) aa)); *MüKo-Habersack* (4), Vor § 765, Rn. 52; *Rummel* in: FS Doralt (2004), S. 493 ff. (503/504, V.); *Schütze,* WuB I F 1 c. – 5.02, S. 931 f. (931, III.); *Thiekötter,* Patronatserklärung, S. 35/36, 6.; so wohl auch *Leitner,* ÖBA 2002, S. 517 ff. (524/525, 2.3.3), unter Hinweis auf den „wirtschaftlichen Zweck der Sicherungsvereinbarung"; siehe nunmehr auch *BGH* (U.

gévermögen sein[156]. Anderer Ansicht zufolge entsteht die Direktleistungspflicht des Patrons bereits mit Fälligkeit der Hauptschuld, sollte der Protegé in diesem Moment leistungsunfähig sein[157].

Die Argumentation lässt sich darauf reduzieren, dass der Praxis, sprich den Gläubigern, primär an einem direkten Zahlungsanspruch gegenüber dem Patron gelegen sei, sollte der Protegé bei Fälligkeit zahlungsunfähig bzw. insolvent sein[158].

Sofern die Übernahme einer Haftung bereits als *konkludent mitkonsentiert* angesehen wird[159], kann dem nicht zugestimmt werden[160]. Wollte man unter-

---

v. 08.05.2003 – IX ZR 334/01), WM 2003, S. 1178 ff. (1180, aa)); offen gelassen von *von Bernuth,* ZIP 1999, S. 1501 ff. (1503, 1./2. Abs.).

[156] *MüKo-Habersack* (4), Vor § 765 Rn. 52; *Thiekötter,* Patronatserklärung, S. 35/36, 6.; so wohl auch *Erman-Herrmann* (11), Vor § 765 Rn. 25.

[157] *Kohout,* Patronatserklärungen, S. 186/187, 2.; *Leitner,* ZIK 2002, S. 151 ff. (151/152), wenn feststehe, dass die Tochtergesellschaft nicht in der Lage ist, bei Fälligkeit die Bank zu befriedigen; *Michalski,* WM 1994, S. 1229 ff. (1235/1236, 1240, bb)); siehe auch *Rummel* in: FS Doralt (2004), S. 493 ff. (503, V., 505 a.E.); *Schröter,* WuB IV A § 276 BGB 2.90, S. 349 f. (349, 3.).

[158] *Kohout,* Patronatserklärungen, S. 90/91. B.; *Thiekötter,* Patronatserklärung, S. 36, 1. Abs. Insofern gehen sie mit der Argumentation *Köhlers* konform (vgl. Gliederungspunkt 2.).

[159] *Kohout,* Patronatserklärungen, S. 90–92, 185/186, B) 1.; *Rummel* in: FS Doralt (2004), S. 493 ff. (503/504, V., etwas widersprüchlich dazu die Ausführungen auf S. 506, 2. Abs.); so wohl auch *OLG Nürnberg* (U. v. 09.12.1998 – 12 U 2626/98), OLGR Nürnberg 1999, S. 109 f. (109, II. 2. a)); sowie evtl. *Michalski,* WM 1994, S. 1229 ff. (1235/1236, 1240, b) aa)), garantieähnliche Haftungs*übernahme* (Hervorh. durch Verf.).

[160] Gleiches gilt für die These *Seilers,* Patronatserklärung, S. 43–50 i.V.m. S. 6 (Beispiel (6)), 229/230, der Patron erkläre sich von vornherein dazu bereit, dem Gläubiger bei Eintritt von Zahlungsschwierigkeiten des Protegés *Sicherheit gemäß § 232 BGB* zu leisten. Dem Gläubiger stehe in diesem Fall vereinbarungsgemäß eine Ersetzungsbefugnis nach dem Schutzgedanken des § 303 AktG zu (S. 43/44, 49/50). Durch einfache Vertragsauslegung gelangt *Seiler* zu dem Schluss, dass für den Fall einer Beendigung der Ausstattungsverpflichtung (den sie der hier vertretenen Meinung zuwider auf den Zeitpunkt der Hauptschuldnerinsolvenz vorverlegt) nicht Schadensersatz, sondern Gewährleistung und Sicherstellung des Gläubigers angestrebt seien (S. 48/49). Auf diese Weise werde dem Willen des Patrons Rechnung getragen, zunächst keine Bürgschaft oder Garantie übernehmen zu müssen (S. 49, 2. Abs.). Gegen die Ansicht *Seilers* ist anzubringen, dass ebenso wenig wie bei der Befürwortung einer vertraglichen Direktleistungspflicht ersichtlich ist, wann die Parteien einen entsprechenden Willen gebildet haben sollen. Interessanterweise lehnt *Seiler* mangels Regelungslücke eine ergänzende Vertragsauslegung ab und nimmt eine einfache Auslegung vor, obwohl „der Wortlaut ausdrücklich keinen Hinweis darauf enthält, dass die Muttergesellschaft ersatzweise zur Sicherheitsleistung verpflichtet sein will" (S. 45/46). Aber selbst unter Zugrundelegung der allein sachgerechten ergänzenden Auslegungsvariante könnte dem Patron nicht der Wille unterstellt werden, nach Wahl des Gläubigers (!) im Insolvenzfall eine diesem genehme Sicherheit zu leisten. Für einen solchen Zusatzanspruch des Gläubigers bedürfte es zwingend einer ausdrücklichen Abrede. (Ergänzende) Vertragsauslegungen dürfen nicht zu einer Erweiterung des Vertragsgegenstan-

stellen, dass ein Schuldner mit einer erfolgsbezogenen Leistungszusage stets die Kompensation potenzieller, ihm zurechenbarer Vermögensnachteile verspricht[161], überdehnte man den aktuellen Willen der Vertragsparteien[162]. Die Schadensersatznormen der §§ 280 ff. BGB liefen leer.

Das Ergebnis einer vertraglichen Direktleistungspflicht könnte damit allenfalls auf eine *ergänzende Vertragsauslegung* gestützt werden (§§ 133, 157 BGB)[163]. Voraussetzung dafür wäre das Vorliegen einer (vertraglichen[164]) Regelungslücke[165]. Patron und Gläubiger dürften den Aspekt einer etwaigen Insol-

---

des bzw. des Parteiwillens führen, vgl. nur *BGH* (U. v. 22.04.1953 – II ZR 143/52), BGHZ 9, S. 273 ff. (278/279); *BGH* (U. v. 10.07.1963 – VIII. ZR 204/61), BGHZ 40, S. 91 ff. (103); *BGH* (U. v. 25.07.1980 – VIII ZR 260/79), BGHZ 77, S. 301 ff. (304, bb)). Auf mehr als darauf, dass der Patron sich im Insolvenzfall entgegenkommend zeigt und man sich durch erneute Verhandlungen um eine interessengerechte Lösung bemüht, kann der Gläubiger nicht hoffen.

161 Eine solche Pauschalaussage müsste konsequenterweise getroffen werden, schließlich ist nichts dafür ersichtlich, weshalb eine harte Patronatserklärung anders zu interpretieren sein sollte als sonstige Erfolgszusagen; vgl. auch die Überlegungen *Rummels* in: FS Doralt (2004), S. 493 ff. (503/504, V.).

162 Das hat nach dem unter Gliederungspunkt 2. Gesagten insbesondere für die Konstellation einer harten Patronatserklärung zu gelten. Auf die oben genannte Begründung sei verwiesen. *Kohout,* Patronatserklärungen, S. 90/91, führt demgegenüber an, die Muttergesellschaft wisse, dass es dem Kreditinstitut auf eine Haftungsübernahme durch sie ankomme, weshalb nicht angenommen werden könne, dass die Auslegung als (erg. wohl: reine) Ausstattungsverpflichtung ihrer Absicht entspreche. Gebe sie eine derartige Erklärung ab, um das Kreditinstitut zu einem Abschluss mit der Tochtergesellschaft zu bewegen, könne und dürfe das Kreditinstitut die Erklärung als Ausdruck des Willens auffassen, notfalls mittelbar oder unmittelbar für die Tochterschuld einzustehen. Damit betont der Autor einseitig die Interessen der Kreditwirtschaft, ohne sich mit der Intention des Patrons sowie dem regelmäßigen Verlauf der Sicherungsverhandlungen auseinander zu setzen. Bezogen auf die Vertragsverhandlungen erscheint es widersprüchlich, wenn *Kohout* abschließend ausführt, dass das gewonnene Auslegungsergebnis „selbstverständlich dann nicht gelten kann, wenn die Muttergesellschaft im Laufe der Vorverhandlungen *eindeutig* zum Ausdruck gebracht hat, dass eine wie auch immer geartete Haftungsübernahme auf keinen Fall gewollt sei" (S. 92). Dieser Unwille des Patrons folgt eindeutig aus der Verweigerung einer Bürgschafts- bzw. Garantieübernahme.

163 So *Erman-Herrmann* (11), Vor § 765 Rn. 25; *Larenz/Canaris,* Schuldrecht II 2 (13), § 64, V. 1. c), S. 83; *MüKo-Habersack* (4), Vor § 765 Rn. 52; *Schäfer,* WM 1999, S. 153 ff. (159, IV. 1.); *Thiekötter,* Patronatserklärung, S. 36, 1. Abs.

164 Eingehend zu der Vertragskonstruktion unten in Kapitel 5.

165 St. Rspr., vgl. nur *BGH* (U. v. 22.04.1953 – II ZR 143/52), BGHZ 9, S. 273 ff. (277/278); *BGH* (U. v. 10.07.1963 – VIII ZR 204/61), BGHZ 40, S. 91 ff. (103); *BGH* (U. v. 14.03.1990 – VIII ZR 18/89), NJW-RR 1990, S. 817 ff. (818/819, c)); *BGH* (U. v. 20.01.1994 – III ZR 143/92), BGHZ 125, S. 7 ff. (17, b) aa)); *BGH* (U. v. 21.09.1994 – XII ZR 77/93), BGHZ 127, S. 138 ff. (142); *BGH* (U. v. 17.04.2002 – VIII ZR 297/01), NJW 2002, S. 2310 ff. (2310, II. 1.); siehe auch *Larenz/Canaris,* Methodenlehre (3), S. 120–122, b); *Palandt-Heinrichs* (64), § 157 Rn. 3; *Staudinger-Roth* (2003), § 157 Rn. 11, 15, der die Definition einer Regelungslücke als „planwidrige Unvollständigkeit" zu Recht ablehnt, da auch bewusst eine Lücke gelassen werden kann, sofern die Regelung nicht abschließend gewollt ist.

venz des Protegés entweder nicht bedacht haben, oder sie müssen bewusst von einer expliziten Regelung abgesehen haben, da ihnen der Eintritt der Zahlungsunfähigkeit des Protegés reichlich unwahrscheinlich oder aus sonstigen Gründen nicht regelungsbedürftig erschienen ist[166].

Praktisch dürfte es so sein, dass die Möglichkeit einer Nichterfüllung durch den Patron im Zuge der Vertragsverhandlungen bewusst ausgeblendet wird. Die Vertreter des Patrons haben klar signalisiert, keine primäre Direktleistungspflicht übernehmen zu wollen. Nach Einigung auf eine harte Patronatserklärung werden die Repräsentanten des Gläubigers diesen Aspekt nicht nochmals aufgreifen. Sie liefen Gefahr, die Vertrauensgrundlage zu zerstören, wollten sie auf einer ausdrücklichen Regelung für den Fall der Zahlungsunfähigkeit des Protegés bestehen, insbesondere wenn der Patron über ein entsprechendes Standing verfügt. Sie werden allenfalls stillschweigend unterstellen, dass der Patron ihnen im Falle der Nichterfüllung bzw. Insolvenz auch ohne explizite Regelung ersatzpflichtig ist[167].

Fragt sich, worauf diese Unterstellung gründet. Nach der in diesem Abschnitt dargestellten Meinung wandelt sich die Ausstattungspflicht des Patrons bei Leistungsunfähigkeit des Protegés im Fälligkeitszeitpunkt bzw. mit Insolvenzeröffnung auf *vertraglicher* Basis in eine gegenüber dem Gläubiger direkt zu erbringende Zahlungspflicht in Höhe der noch offenen Hauptschuld um[168].

Dem ist zu widersprechen. Die Parteien werden zwar kaum je bewusst eine abschließende Regelung getroffen haben[169], die Vereinbarung ist in diesem Punkt also durchaus lückenhaft[170]. Gleichwohl ist eine ergänzende Vertragsauslegung kein adäquates Mittel zur Begründung eines Direktleistungsanspruchs.

---

[166] Zu den Voraussetzungen einer Regelungslücke, vgl. *BGH* (U. v. 19.03.1975 – VIII ZR 262/73), NJW 1975, S. 1116 f. (1117); *BGH* (U. v. 10.10.1990 – VIII ZR 370/89), NJW-RR 1991, S. 176 ff. (177, 2. a)); *BGH* (U. v. 21.09.1994 – XII ZR 77/93), BGHZ 127, S. 138 ff. (142); *BGH* (U. v. 19.12.2001 – XII ZR 281/99), NJW 2002, S. 1260 ff. (1261/1262, c)); *BGH* (U. v. 17.04.2002 – VIII ZR 297/01), NJW 2002, S. 2310 ff. (2310, II. 1. a)); *Ehricke,* RabelsZ 60 (1996), S. 661 ff. (673/674, III.); *Staudinger-Roth* (2003), § 157 Rn. 16–18, m.w.N.

[167] *Schäfer,* WM 1999, S. 153 ff. (155, 2. Abs. a.E.); unklar daher *Hantke,* S. 73/74.

[168] Siehe nur *Schäfer,* WM 1999, S. 153 ff. (160, 2. a)).

[169] AA *Hantke,* S. 73/74. Zu dieser „Negativvoraussetzung“, *BGH* (U. v. 24.04.1985 – IVb ZR 17/84), NJW 1985, S. 1835 f. (1836, 3.); *BGH* (U. v. 19.12.2001 – XII ZR 281/99), NJW 2002, S. 1260 ff. (1262, 1. Abs.); *Staudinger-Roth* (2003), § 157 Rn. 17, m.w.N.

[170] AA *J. Koch,* Die Patronatserklärung, S. 105, bb), die Annahme einer Einstandspflicht laufe Sinn und Zweck der Patronatserklärung zuwider, jedenfalls sei eine entsprechende Lücke nicht planwidrig, da sich das Sicherungsbedürfnis gerade auf den Fall beziehe, dass der Protegé leistungsunfähig ist. Die Annahme, dass die Parteien gerade den Fall der Insolvenz nicht bedacht haben, widerspreche jeglicher Wahrscheinlichkeit und Erfahrung.

Eine Lückenfüllung mittels ergänzender Vertragsauslegung scheidet nach ständiger BGH-Rechtsprechung und herrschender Literaturmeinung in aller Regel aus, wenn die „Lücke“ bereits durch die Anwendung des dispositiven Rechts geschlossen werden kann[171]. Enthält ein Kaufvertrag keine Mängelabrede, ist diese Auslassung beispielsweise nicht durch eine ergänzende Vertragsauslegung, sondern unter Zuhilfenahme der §§ 434 ff. BGB zu beheben[172]. Ebenso verhält es sich mit allen übrigen Pflichtverletzungen. Ist keine speziellere Regelung vorhanden, enthalten die §§ 275 ff., 311a, 313, 323 ff. BGB ein erschöpfendes Regelungsregime für jede nur denkbare Leistungsstörung. Da es sich bei der Ausstattungspflicht des Patrons weder um eine gegenseitige Vertrags-[173] noch um eine bloße Nebenleistungspflicht handelt[174], kommen als taugliche Anspruchsgrundlagen vorliegend nur die Vorschriften der §§ 280 Abs. 1, 2 i.V.m. 286 BGB (Verzögerungsschaden), der §§ 280 Abs. 1, 3 i.V.m. 281 BGB (Schadensersatz statt der Leistung wegen nicht erbrachter Leistung) und der §§ 280 Abs. 1, 3 i.V.m. 283 BGB (Schadensersatz statt der Leistung bei Ausschluss der Leistungspflicht) in Betracht[175]. Würde man zur Lückenfüllung auf den hypothetischen Parteiwillen abstellen, ohne dass die Parteien die Geltung des dispositiven Rechts ausdrücklich ausgeschlossen haben[176], würde dieses

---

[171] *BGH (*U. v. 10.07.1963 – VIII. ZR 204/61),BGHZ 40, S. 91 ff. (103); *BGH* (U. v. 19.03.1975 – VIII ZR 262/73), NJW 1975, S. 1116 f. (1117, a)); *BGH* (U. v. 25.07.1980 – VIII ZR 260/79), BGHZ 77, S. 301 ff. (304); *BGH* (U. v. 13.11.1997 – IX ZR 289/96), BGHZ 137, S. 153 ff. (157, a)); BGH (U. v. 24.06.1982 – VII ZR 244/81), NJW 1982, S. 2190 ff. (2191, 3. a)); *Henckel,* AcP 159 (1960/61), S. 106 ff. (122–124, III. 1.); *Larenz/Canaris,* Methodenlehre (3), S. 121/122. Zu dem Streit um das Verhältnis zwischen ergänzender Vertragsauslegung und dispositiver Rechtsanwendung, *MüKo-Mayer/Maly/Busche* (4), § 157 Rn. 35; *Soergel-Wolf* (13), § 157 Rn. 109, 111, 113; *Staudinger-Roth* (2003), § 157 Rn. 23, jeweils m.w.N.

[172] *BGH* (U. v. 10.07.1963 – VIII. ZR 204/61), BGHZ 40, S. 91 ff. (103), „Soweit die Vertragsparteien bei Vertragsschluss keine vom Gesetz abweichende Regelung treffen, überlassen sie die Ausgestaltung den Gesetzesvorschriften. Kaufverträge, in denen eine Bestimmung darüber fehlt ... sind nicht alle lückenhaft; vielmehr legen die Parteien zugrunde, dass die gesetzliche Regelung gelten solle“; vgl. auch *BGH* (U. v. 25.07.1980 – VIII ZR 260/79), BGHZ 77, S. 301 ff. (304, bb)); *Staudinger-Roth* (2003), § 157 Rn. 23.

[173] Die Vorschriften der §§ 320 ff. BGB können also von vornherein nicht zur Anwendung kommen.

[174] Keine Schadensersatzpflicht gemäß §§ 280 Abs. 1 (neben der fortbestehenden Leistungspflicht) bzw. 280 Abs. 1, 3, 282 i.V.m. § 241 Abs. 2 BGB (Schadensersatz statt der Leistung wegen Verletzung einer Schutzpflicht).

[175] Unklar *Hantke,* S. 74, bei Herleitung des gesetzlichen Schadensersatzanspruchs aus § 280 BGB sei nur die Umwandlung des Primäranspruchs auf Ausstattung in einen Sekundäranspruch auf Schadensersatz erklärlich, nicht aber die damit verbundene Auswechselung des Leistungsempfängers von dem Protegé auf den Gläubiger. Die Argumentation des Autors verfängt nicht. Grund für die „sekundäre“ Anspruchsinhaberschaft des Gläubigers ist die Tatsache, dass der Patron der *ihm gegenüber* bestehenden Pflicht zur ausreichenden Protegéausstattung nicht ordnungsgemäß nachgekommen ist.

[176] Dazu *Ehricke,* RabelsZ 60 (1996), S. 661 ff. (679–681, a)/b)); *Staudinger-Roth* (2003), § 157 Rn. 24.

fein ausdifferenzierte Regelungssystem ohne ersichtlichen Grund durchbrochen und seiner Funktion beraubt[177]. Das wäre nicht nur der Rechtssicherheit abträglich, sondern bedeutete im konkreten Fall auch eine durch nichts zu rechtfertigende Ungleichbehandlung der Ausstattungspflicht gegenüber anderen Leistungspflichten bzw. Vertragstypen[178]. Grund für die Implementierung des Leistungsstörungsrechts ist die berechtigte Annahme des Gesetzgebers gewesen, dass die Parteien die Möglichkeit eines Störfalls vor dessen Eintritt vielfach nicht bedenken und von einer reibungslosen Geschäftsabwicklung ausgehen[179]. Dies trifft in aller Regel auch auf die Parteien einer Ausstattungsvereinbarung zu.

Allerdings passen die gesetzlichen Regelungen nicht in jedem Fall. Stehen sie in eindeutigem Widerspruch zu dem hypothetischen Parteiwillen[180] oder bedingen die Besonderheiten des konkreten Falles eine andere Lösung[181], hat die ergänzende Vertragsauslegung Vorrang. Man könnte nun auf den Gedanken verfallen, dass die harte Patronatserklärung überwiegend im internationalen Geschäftsverkehr Verwendung findet und die Parteien sich bewusst für ein kautelarisches Sicherungsinstrument entschieden haben, um sich mit den Unwägbarkeiten der jeweiligen nationalen Regelungsregime nicht auseinandersetzen zu müssen. Dieser Ansatz verfängt jedoch bereits deshalb nicht, weil Patronatserklärungen nach dem Umfrageergebnis gleichermaßen im in- und ausländischen Geschäftsverkehr verwandt werden, teilweise sogar ausschließlich auf nationaler Ebene[182]. Auch ist im internationalen Geschäftsverkehr eine Tendenz zu immer dichteren Vertragskonvoluten auszumachen. Gerade Parteien aus sog. „Case Law-Staaten" bestehen üblicherweise auf äußerst detaillierten Regelungen zu jeder nur denkbaren Zweifelsfrage. Auf internationaler Ebene wäre also erst

---

[177] *Ehricke,* RabelsZ 60 (1996), S. 661 ff. (679/680, a)/b)); *Palandt-Heinrichs* (64), § 157 Rn. 4; *Staudinger-Roth* (2003), § 157 Rn. 23.

[178] Bei einem Werkvertrag über den Bau eines Hauses käme sicherlich niemand auf die Idee, der nicht bedachten Möglichkeit einer nicht oder schlecht erbrachten Bauleistung mittels ergänzender Vertragsauslegung zu begegnen.

[179] Implizit ebenso *Palandt-Heinrichs* (64), Vorb v § 275 Rn. 1; *Staudinger-Löwisch* (2004), Vorbem zu §§ 275–278 Rn. 1; *Staudinger-Otto* (2004), Vorbem zu §§ 280–285 Rn. 1.

[180] *BGH* (U. v. 19.03.1975 – VIII ZR 262/73), NJW 1975, S. 1116 f. (1117, b)), m.w.N. zu dem Meinungsstreit; bejahend *BGH* (U. v. 23.11.1978 – II ZR 20/78), NJW 1979, 1705 f. (1706); *BGH,* NJW 1982, 2816 (2817, 1./2.), zum Entgegenstehen eines *mutmaßlichen* Parteiwillens; ebenso *BGH* (U. v. 14.03.1990 – VIII ZR 18/89), NJW-RR 1990, S. 817 ff. (818/819, d)); *Palandt-Heinrichs* (64), § 157 Rn. 5; *Soergel-Wolf* (13), § 157 Rn. 114; *Staudinger-Roth* (2003), § 157 Rn. 24, jeweils m.w.N.

[181] Existiert für einen atypischen Vertrag beispielsweise keine passende Regelung, vgl. *BGH* (U. v. 01.07.1979 – V ZR 80/77), BGHZ 74, S. 370 ff. (373/374); *Larenz/Canaris,* Methodenlehre (3), S. 122, 1. Abs.; *MüKo-Mayer/Maly/Busche* (4), § 157 Rn. 36; *Palandt-Heinrichs* (64), § 157 Rn. 6; *Soergel-Wolf* (13), § 157 Rn. 110, 113; *Staudinger-Roth* (2003), § 157 Rn. 25–29, jeweils m.w.N.

[182] s.o., Kapitel 2, B. I. Der „Einsatzbereich" hängt von dem Standort des abzusichernden Unternehmens ab.

recht eine Regelung für den Fall einer Pflichtverletzung durch den Patron zu erwarten, strebte der ausländische Gläubiger nach maximaler Rechtssicherheit. Eine solche Regelung würde ihn allerdings nicht der Mühe entheben, sich mit dem deutschen Recht auseinander zu setzen. Es besteht immer die Gefahr eines Verstoßes gegen zwingende Rechtsvorschriften. Eine ausländische Vertragspartei, die sich einem fremden Regelungsregime unterwirft, kommt nicht umhin, sich mit dem geltenden Recht zu befassen. Muss eine Auseinandersetzung mit dem ausländischen Recht aber ohnehin stattfinden[183], ist kein Grund dafür ersichtlich, warum sich die Rechtsfolgen einer Pflichtverletzung aus einer hypothetischen Vertragsauslegung und nicht aus dem Gesetz ergeben sollten[184].

Einer ergänzenden Vertragsauslegung bedarf es folglich nicht (mehr)[185]. Vor In-Kraft-Treten der Schuldrechtsreform zum 1. Januar 2002 (vgl. Art. 229 § 5 EGBGB) hat eine Lösung mittels ergänzender Vertragsauslegung näher gelegen. Sie dürfte auch dogmatisch begründbar gewesen sein. Eine Ersatzpflicht für das Ausbleiben und die nicht vertragsgerechte Erbringung einer primären Leistungspflicht sahen allein die Vorschriften der §§ 280 ((verschuldete) Unmöglichkeit), 286 (Verzug), 325 ((verschuldete) Unmöglichkeit bei gegenseitigen Verträgen) und 326 BGB a. F. (Verzug bei gegenseitigen Verträgen) vor. Für den Fall einer ungenügenden Ausstattungsleistung boten nur die §§ 280, 286 BGB a. F. eine gesetzliche Regelung[186]. Wollte man nicht mit dem BGH und Teilen der Literatur davon ausgehen, dass der Ausstattungsanspruch mit Eröffnung des Insolvenzverfahrens unmöglich wird, konnte eine am Gesetz orientierte Lösung nur anhand des § 286 BGB a. F. erfolgen. Die Norm lautete „*Hat die Leistung infolge des Verzugs für den Gläubiger kein Interesse, so kann dieser unter Ablehnung der Leistung Schadensersatz wegen Nichterfüllung verlangen. Die für das vertragsgemäße Rücktrittsrecht geltenden Vorschriften der §§ 346 bis 356 finden entsprechende Anwendung.*“ Der Gläubiger hätte also nicht nur nachweisen müssen, dass sein Interesse an der Ausstattung des Protegés infolge der Insolvenzeröffnung entfallen ist – was kaum je möglich gewesen wäre[187] –,

---

[183] Die Erfordernisse eines wirksamen Vertragsschlusses (Form, Zugangserfordernisse, etc.) bemessen sich bereits nach dem ausländischen Recht.

[184] Zumal Gläubiger und Patron im Insolvenzfall bzw. bei Zahlungsunfähigkeit des Protegés durchaus an einer Nachholung der unterbliebenen Ausstattungsleistungen interessiert sein können, vgl. das oben unter Gliederungspunkt 2. angeführten Beispiel, dass der Protegé eine Sach-, Werk- oder sonstige nicht auf Geld gerichtete Leistung schuldet. Tritt der Patron als Zulieferer oder in ähnlich unterstützender Funktion auf, kann sämtlichen Beteiligten an der Einhaltung der in Aussicht genommenen Leistungskette gelegen sein. Entgegen *Larenz/Canaris,* Schuldrecht II/2, § 64 V 1. c), S. 83, c), ist eine Klage oder zumindest die Aufforderung des Gläubigers, den Schuldner wie zugesagt auszustatten, nicht notwendig ein „sinnloser Umweg“.

[185] Ebenso nunmehr *J. Koch,* Die Patronatserklärung, S. 282/283.

[186] Die Regelung über relative Fixgeschäfte, § 361 BGB a. F., galt nur für gegenseitige Verträge.

sondern er hätte die Primärleistung dem Patron gegenüber auch explizit zurückweisen und vom Vertrag zurücktreten müssen. Ob dies im Interesse der Beteiligten lag, kann bezweifelt werden. Praktisch war diese Vorgehensweise jedenfalls nicht. Einer ergänzenden Vertragsauslegung mit dem Ergebnis einer automatisch entstehenden Direktleistungspflicht stand daher – anders als heute – nichts im Wege[188].

Heutzutage ist den speziellen Bedürfnissen der Parteien erforderlichenfalls durch die Modifikation einzelner Tatbestandsvoraussetzungen Rechnung zu tragen[189].

### 5. Additionales Leitungsversprechen („Managementklausel II")

Lautet die Patronatserklärung, wie so oft, der Patron werde den Protegé stets so *leiten und* ausstatten, dass er seine Verbindlichkeit(en) ... fristgerecht erfüllen kann, ändert dies nichts an der potenziellen Ausstattungspflicht des Patrons.

Aufgrund des additionalen Leitungsversprechens[190] hat der Patron den geschuldeten Erfolg einer genügenden Protegéausstattung nicht nur durch eigene oder durch ihn vermittelte „Finanzspritzen" zu bewirken, sondern seine Leistungsanstrengungen haben im Vorfeld eines Liquiditätsengpasses einzusetzen. Wenn möglich darf er es gar nicht erst zu einem Engpass kommen lassen. Aus Gläubigersicht mindert die zusätzliche Übernahme einer Leitungspflicht das Risiko, dass ein Gesellschafter-Patron, zumal ein Allein- oder maßgeblich beteiligter Gesellschafter, mit dem Protegé gezielt Misswirtschaft betreibt und sich anschließend selbst nicht in der Lage sieht, die von ihm verursachte Deckungslücke zu schließen[191].

---

[187] *J. Koch,* Die Patronatserklärung, S. 282; *Schröder,* ZGR 1982, S. 552 ff. (561). Die Vorschrift hatte deshalb kaum praktische Relevanz, vgl. *MüKo-Ernst* (4), § 281 Rn. 3, 10).

[188] AA *Schröder,* ZGR 1982, S. 552 ff. (561/562), unter Hinweis auf die Möglichkeit zur gerichtlichen Geltendmachung des Ausstattungsanspruchs. Umso verwunderlicher ist es, dass der *BGH* nunmehr einen Rechtsprechungswandel hin zu einer teleologischen Anspruchsbegründung einzuleiten scheint, vgl. *BGH* (U. v. 08.05.2003 – IX ZR 334/01), WM 2003, S. 1178 ff. (1180, aa)).

[189] Siehe auch Kapitel 6, Gliederungspunkte B. II. 2. und C. I. 1.

[190] Die „Leitungsklausel" ist keine „Einflussnahme-" bzw. „Managementklausel I" im oben genannten Sinne (Gliederungspunkt 1.). Mit ihr sagt der Patron dem Gläubiger nicht zu, seinen Einfluss geltend zu machen, damit der Protegé die in Bezug genommenen Verbindlichkeiten ordnungsgemäß bewirkt (Ausschaltung des Risikos einer Zahlungsunwilligkeit), sondern er verspricht ihm, den Protegé (im Rahmen des Möglichen) so zu leiten, dass er zur Erfüllung der abgesicherten Verbindlichkeiten in der Lage ist (Ausschaltung des Misswirtschafts- und/oder Risikos einer Leistungsunfähigkeit des Patrons); zur „Leitungsklausel", siehe nur *Stecher,* „Harte" Patronatserklärungen, S. 103–105, sowie sogleich unter Gliederungspunkt 5.

### 6. Zwischenergebnis

Als Zwischenergebnis lässt sich daher festhalten, dass die Primärleistungspflicht des Patrons „nur“ darin besteht, für die Leistungsfähigkeit des Protegés im Fälligkeitstermin zu sorgen[192]. Ob durch „bloße“ Ausstattung oder daneben auch durch eine erfolgsbezogene Unternehmensleitung des Protegés, ist eine Frage der Formulierung der jeweiligen Patronatserklärung. Erfüllt der Patron die aufschiebend bedingte[193] Ausstattungspflicht[194] nicht oder nicht in ausreichender Weise, macht er sich von Gesetzes wegen schadensersatzpflichtig[195].

---

[191] *J. Koch,* Die Patronatserklärung, S. 105/106, III. 1., dem zuwider die Leitungspflicht einen eigenständigen Leistungsgehalt hat, auch wenn sie sich in der Praxis aufgrund der mit ihr verbundenen Darlegungs- und Beweislastschwierigkeiten nur selten isoliert realisieren lassen wird. Entgegen *Stecher,* „Harte“ Patronatserklärungen, S. 105, 2. Abs., ist nicht davon auszugehen, dass die Leitungspflicht als „vertragstypische Verhaltens- und Sorgfaltspflicht“ selbst dann Bestandteil einer jeden Ausstattungsvereinbarung wird, wenn der Patron sie nicht expressis verbis übernommen hat. Richtig ist, dass es dem Patron freisteht, wie er den geschuldeten Erfolg einer hinreichenden Protegéausstattung bewirkt, ob durch finanzielle Zuwendungen oder durch geeignete Leitungsmaßnahmen. Letzterenfalls realisiert sich die eventualiter übernommene Ausstattungspflicht bereits nicht. Das ändert aber nichts daran, dass sie primärer Verpflichtungsgegenstand ist. Um den Protegé ausreichend auszustatten, muss der Patron ihn nicht (auch) „nebenvertraglich“ so leiten, dass er die Hauptschuld(en) erfüllen kann. Die Leitungspflicht ist keine Nebenleistungspflicht der Ausstattungsvereinbarung. Sie ist eine eigenständige Hauptleistungspflicht.

[192] In etlichen Abhandlungen ist darüber hinaus der Hinweis enthalten, es gehöre zum Pflichtenkreis des Patrons dafür zu sorgen, dass der Protegé die ihm zugewendeten Mittel tatsächlich erhält. Der Patron sei gegebenenfalls verpflichtet, den Protegé zur Annahme der Leistung zu bewegen, vgl. nur *Mosch,* Patronatserklärungen, S. 134, 2. Abs. Das ist zwar richtig, bedarf aber keiner gesonderten Erwähnung. Es ist selbstverständlich, dass der Patron alle gebotenen Maßnahmen ergreifen muss, um den geschuldeten Erfolg (= die Leistungsfähigkeit des Protegés) herzustellen. Eine nähere Spezifikation der erforderlichen Einzelmaßnahmen ist entbehrlich.

[193] *Forschbach,* Liquiditätszusagen, S. 23, 1.

[194] Bleibt die aufgrund einer Leitungsklausel geschuldete Unternehmensführung hinter dem Optimum zurück, wird der Gläubiger dem Patron kaum einmal nachweisen können, dass die Leistungsunfähigkeit des Protegés auf dessen gezielter „Misswirtschaft“ beruht. Bloße Managementfehler dürften dem Patron nicht zum Nachteil gereichen. Hätte ein durchschnittlicher Geschäftsleiter die Maßnahme als nicht offensichtlich erfolgsungeeignet ebenfalls ergriffen oder ergreifen können, kann dem Patron nach vorliegendem Verständnis entsprechend der sog. business judgment rule (vgl. nunmehr § 93 Abs. 1 S. 2 AktG) keine Pflichtverletzung vorgeworfen werden. Die nachfolgenden Erörterungen konzentrieren sich daher auf die Ausstattungspflicht des Patrons.

[195] Im Ergebnis ebenso *Bordt,* WPg 1975, S. 285 ff. (289, a)); *J. Horn,* Patronatserklärungen im common law, S. 176, 2. Abs.; *Stecher,* „Harte“ Patronatserklärungen, S. 74, 2. Abs.; siehe auch *Dilger,* RIW 1988, S. 908 f (909, 2. Abs.), zur englischen Entscheidung Kleinworth Benson Ltd. vs. Malaysian Mining Corporation. Die Schadensersatzpflicht besteht jedenfalls dann, wenn die tatbestandlichen Voraussetzungen eines Ersatzanspruchs statt der Leistung (§§ 280 Abs. 1, 3, 281 bzw. 283 BGB) oder wegen Verzuges (§ 280 Abs. 1, 2 i.V.m. § 286 BGB) gegeben sind; näheres dazu in Kapitel 6.

## II. Sonstige Charakteristika einer „externen" Ausstattungsverpflichtung

Der Patron agiert dagegen pflichtkonform, wenn er dem Protegé die zur Erfüllung der Hauptverbindlichkeit(en) benötigten Mittel rechtzeitig und in erforderlichem Umfang bereitstellt.

### 1. Art der Ausstattungsleistungen und Bezugsgegenstand

In der nun folgenden Passage über die Art und den Umfang der Ausstattungspflicht wird beleuchtet, ob die teilweise geäußerte These, bei entsprechender Wortwahl sei eine „allgemeine Ausstattungszusage" zu Gunsten sämtlicher Gläubiger anzunehmen, stichhaltig ist. Zuvor wird der Frage nachgegangen, ob es einen sachlichen Unterschied zwischen den beiden praxisüblichen[196] Versprechensvarianten gibt, den Protegé „finanziell" bzw. „kapitalmäßig" auszustatten.

#### *a) Potenzieller Unterschied zwischen „finanziellen" und „kapitalmäßigen" Ausstattungsversprechen*

Über den exakten Inhalt einer Finanz- bzw. Kapitalausstattungszusage herrscht keine Klarheit[197], obwohl beide Erklärungstatbestände seit jeher üblich sind.

Der Hauptfachausschuss des Instituts der Wirtschaftsprüfer (IdW) hat in seinen Stellungnahmen zur „externen" Patronatserklärung im Jahre 1976 ausgeführt, mit der Zusage, „die Tochter *finanziell* so ausgestattet zu halten, dass ...", verspreche der Patron eine ausreichende Versorgung der Tochter mit *liquiden* Mitteln. Das IdW bezeichnet diese Form der Patronatserklärung als „*Liquiditäts*ausstattung"[198]. Im Gegensatz dazu könnte der Patron eine „*Kapital*ausstattungspflicht" „*auch* durch Übertragung oder Verschaffung *nichtliquider* Mittel erfüllen[199]". Das allgemeine Sprachempfinden führt zu ähnlichen Ab-

---

[196] Siehe nur *IdW,* Stellungnahme Aktienrecht, WPg 1976, S. 528 ff. (529, II. 4./5., 530, Grundform 4 und 5); zu dem Umfrageergebnis, s. o., Kapitel 2, B. II. 3.

[197] Auf gezielte Nachfrage haben die meisten der angesprochenen Beantworter eingeräumt, sich zu dieser Frage noch keine Gedanken gemacht zu haben. Tendenziell scheint zumeist eine Gleichsetzung von „finanziellen" Ausstattungszusagen mit dem Versprechen zur Leistung „flüssiger" Mittel zu erfolgen.

[198] *IdW,* Stellungnahme Aktienrecht, WPg 1976, S. 528 ff. (530, „Grundform 4"). „Interne" Ausstattungszusagen werden häufig als „Liquiditätszusagen" tituliert, vgl. nur *OLG München* (U. v. 22.07.2004 – 19 U 1867/04), ZIP 2004, S. 2102 ff. (2104, 1. Abs.); *Forschbach,* Liquiditätszusagen des GmbH-Gesellschafters, *Wiedemann/Hermanns,* Liquiditätszusagen des GmbH-Gesellschafters, ZIP 1994, S. 997 ff.

grenzungsversuchen[200]. So hat ein Banksyndikus im Zuge der Umfrage geäußert, zwischen beiden Spielarten müsse es einen Unterschied geben, sonst wäre die hergebrachte Differenzierung sinnentleert. Aus seiner Sicht ist mit „kapitalmäßig" „Eigenkapital" gemeint[201]. „Finanziell" meine eher „Cashflow", also eine „kurzfristige Geldspritze", während man bei einer Verpflichtung zur kapitalmäßigen Ausstattung „mehr als nur Geld einzulegen" habe. Im Gegensatz dazu geht *Frick*[202] davon aus, der Handlungsspielraum des Patrons bei einer Kapitalausstattungspflicht sei anders als bei einer Liquiditätsausstattungsverpflichtung auf die Zufuhr von Mitteln beschränkt, welche die Kreditrückführung unmittelbar ermöglichten. Eine Sachzuwendung sei keine eine kapitalmäßige Veränderung bewirkende „Kapitalleistung".

Unter dem Blickwinkel des Bilanzrechts wird das Kapital durch die *Gesamtheit der bilanziellen Passiva*[203] repräsentiert[204]. Je nach Art des Kapitalgebers

---

199 *IdW,* Entwurf, WPg 1976, S. 119 ff. (121, Grundform 5); *IdW,* Stellungnahme Aktienrecht, WPg 1976, S. 528 ff. (529, II. 5. i.V.m. S. 530, „Grundform 5"); ebenso *Adler/Düring/Schmaltz* (Hrsg.), Rechnungslegung und Prüfung der Unternehmen (6), § 251 HGB Rn. 84; *Ammelung/Sorocean,* RIW 1996, S. 668 ff. (669, 2.2, (1)/(2)); *Becker/Trommer,* ZKF 2005, S. 55 ff. (56, 2. Abs.); *Lwowski/Merkel,* Kreditsicherheiten (8), S. 68/69; *Nielsen,* Bankrecht, S. 193; ähnlich *Hoffmann,* Patronatserklärung, S. 155, cc). Zweck der Kapitalausstattungspflicht sei es, „dem Kreditgeber durch Erhaltung bestimmter Kapitalien eine Sicherheit zu verschaffen"; (implizit) ebenso *J. Horn,* Patronatserklärungen im common law, S. 183, (b). Im Gegensatz zu der heute gebräuchlichen Formulierung, in der das Wort „finanziell" (auszustatten) meist nur durch den Begriff „kapitalmäßig" ersetzt wird, haben die Erwägungen des IdW allerdings die Zusage betroffen, „eine *bestimmte Kapitalausstattung* bei der Tochter *aufrechtzuerhalten*" bzw. „die Tochter *finanziell so ausgestattet zu halten,* dass ..."; siehe auch *Frick,* Patronatserklärungen, S. 110, 2. Abs. (Fn. 2).

200 Zieht man ein Wörterbuch zu Rate, wird „Kapital" als „Geld (für Investitionszwecke)" oder „Vermögen(sstamm) eines Unternehmens" definiert. Synonyme seien „Vermögen" und „Werte". Dem Begriff „finanziell" wird die Bedeutung „geldmäßig, wirtschaftlich" bzw. „das Geld/Vermögen betreffend" beigemessen, vgl. nur *Duden,* Bedeutungswörterbuch; *Duden,* Herkunftswörterbuch, unter „Finanzen" a.E.; *Gabler Wirtschafts Lexikon,* „K–R" (16), „Kapital", I. 2.; vgl. aber auch die mittelbare Umschreibung des Terminus „finanzielle Mittel" bei *Dichtl/Issing,* Vahlens Großes Wirtschaftslexikon, „Kapital", (1), „Das *Geldkapital* umfasst die finanziellen Mittel, die zur Erneuerung und Erweiterung des Kapitalstocks zur Verfügung stehen".

201 Er würde dies aber stets ausdrücklich in die Erklärung aufnehmen, da ihnen als Bank an langfristigen Ausstattungen gelegen sei.

202 *Frick,* Patronatserklärungen, S. 108.

203 Die Passivseite einer Bilanz gibt nach einer gängigen Formulierung Auskunft darüber, auf welche Weise die auf der Aktivseite verzeichneten Vermögensposten finanziert worden sind (Mittel*herkunft*), wohingegen die Aktivseite Aufschluss darüber erteilt, was mit dem Kapital im Einzelnen geschehen ist (Mittel*verwendung*). Die Aktivseite bildet die gesellschaftliche Vermögenszusammensetzung ab, siehe § 266 Abs. 2 HGB, nach dessen Gliederungsschema nach Liquidität gestaffelt vorrangig das Anlage- (A.) von dem Umlaufvermögen (B.) zu trennen ist.

204 Unter Abzug der aktivischen und passivischen Wertberichtigungen, vgl. nur *Corsten,* Lexikon der Betriebswirtschaftslehre, „Kapital", A; *Dichtl/Issing,* Vahlens Großes Wirtschaftslexikon, „Kapital", (2); *Gabler Bank Lexikon* (13), S. 764, „Kapi-

unterscheidet man zwischen Eigen- und Fremdkapital[205]. Das Eigenkapital steht den Gläubigern einer Kapitalgesellschaft konzeptionell dauerhaft zur Verfügung (Grundsatz der Kapitalaufbringung und -erhaltung)[206], wobei sich die verschiedenen Eigen- und Fremdkapitalposten auf der Passivseite keinen bestimmten Vermögenspositionen und Liquiditätsgraden auf der Aktivseite zuordnen lassen[207]. Die Gesellschaft muss rein rechnerisch mindestens über Vermögenswerte in Höhe des nominellen Eigenkapitals (ggf. einschließlich Rücklagen) verfügen.

Entgegen dem Verständnis des Banksyndikus kann der Patron seiner Verpflichtung zur „*kapitalmäßigen* Ausstattung" des Protegés daher in der überwiegenden Zahl der Fälle sowohl durch eine Eigen- als auch durch eine Fremdkapitalzufuhr nachkommen. Es ist auch irrelevant, ob er eine Geld- oder Sachleistung erbringt[208]. Ein (unbewusster) Transfer von der Pflicht zur „*Kapital*ausstattung" über die Verstärkung des „*Eigen*kapitals" als der „dem Un-

---

tal", Unterpunkt „Unternehmenskapital"; *Gabler Wirtschafts Lexikon,* „K–R" (16), „Kapital", II. 1./2.

205 Vgl. das Gliederungsschema für Kapitalgesellschaften, § 266 Abs. 3 HGB (Passivseite), A. (Eigenkapital), B.–D. (Verbindlichkeiten gegenüber Dritten); sowie *Bestmann,* Kompendium der BWL (9), S. 407, 411; *Beyer,* Finanzlexikon, S. 190, „Kapital" a.E.; *Dichtl/Issing,* Vahlens Großes Wirtschaftslexikon, „Kapital", (2); *Gabler Bank Lexikon* (13), S. 764, „Kapital", Unterpunkt „Unternehmenskapital"; *Gerke/Steiner,* Handwörterbuch des Bank- und Finanzwesens, S. 1199, „Kapital der Aktiengesellschaft"; *Küppersbusch,* S. 53/54, 58, II., 72, 1. Abs., siehe auch S. 43, A., der quantitative Kapitalbedarf sei die Menge der finanziellen Mittel, die für die von der Unternehmensleitung geplanten Ausgaben benötigt werde.

206 *Gerke/Steiner,* Handwörterbuch des Bank- und Finanzwesens, S. 1199, „Kapital der Aktiengesellschaft", I./II. Der Kapitalerhaltungsgrundsatz besagt, dass die Aktiva wertmäßig mindestens den Passiva abzüglich des gesetzlich bzw. statutarisch vorgesehenen Eigenkapitals (Stammkapital einer GmbH/Grundkapital einer AG) entsprechen müssen, vgl. *Müller/Hense (Jung),* Beck'sches Handbuch der GmbH, § 8 Rn. 1, 4; *Hüffer,* AktG (6), § 1, Rn. 11/12; *Lutter/Hommelhoff* (*Lutter/Hommelhoff*), GmbHG (16), § 30 Rn. 1.

207 Die Verbindlichkeiten gegenüber einem Dritten können beispielsweise daher rühren, dass dieser der Gesellschaft ein Erbbaurecht an dem Unternehmensgelände eingeräumt hat, oder dass die Gesellschaft von dem Dritten eine Computeranlage geleast hat. Die Kapital- und Vermögensstruktur einer Gesellschaft stehen aber auch nicht völlig beziehungslos nebeneinander. Nach der sog. „*Goldenen Bilanzregel*" ist es erstrebenswert, dass bestimmte Vermögensteile stets durch korrespondierende Kapitalien von bestimmter Fristigkeit gedeckt sind, neuerer Auffassung zufolge etwa das Anlagevermögen durch Eigenkapital und langfristiges Fremdkapital, vgl. *Corsten,* Lexikon der Betriebswirtschaftslehre, S. 246, „Kapital", B. II., „Horizontale Finanzierungsregeln".

208 Vgl. auch *Beyer,* Finanzlexikon, S. 192, zum Begriff der „Kapitalbeteiligungsgesellschaft" einerseits und zum *betriebswirtschaftlichen* „Kapital"begriff andererseits (S. 190): „Abstrakter Oberbegriff", der „alle der Unternehmung zur Investitionszwecken zur Verfügung stehenden Geldmittel (Geldkapital) sowie alle in Vermögensteilen gebundenen Mittel (Realkapital) enthält. Die Begriffe „Kapital-" und „Finanzbedarf" werden dementsprechend synonym verwandt (S. 191); ähnlich *Dichtl/Issing,* Vahlens Großes Wirtschaftslexikon, „Kapital", (1).

ternehmen dauerhaft zur Verfügung stehenden Mittel" hin zu einer Ausstattung mit „Real-" bzw. „Sachvermögen" verbietet sich. Der Gläubiger kann von einem kapitalausstattungspflichtigen Patron ohne anders lautende Abrede weder verlangen, dass er dem Protegé „mehr als nur Geld" bereitstellt, noch dass er dem Protegé die zur Erfüllung der Hauptschuld benötigten Mittel auf Dauer belässt[209]. Etwas anderes gilt unter Umständen, wenn der Patron gegenüber einer Bankenaufsichtsbehörde oder einer vergleichbaren, für die Überwachung der allgemeinen Leistungsfähigkeit oder Solvenz zuständigen Institution verspricht, eine bestimmte Kapitalausstattung im Vermögen der Tochtergesellschaft aufrechtzuerhalten („Kapitalintakthalteerklärung"[210])[211]. In diesem Fall kann eine dauerhafte Zementierung der aktuellen Bilanzrelationen gewollt sein[212].

Die Verpflichtung zur „*finanziellen* Ausstattung" des Protegé ist auch nicht auf die Zufuhr „*liquider* Mittel" beschränkt[213]. Die „Liquidität" einer Unternehmung ist gleichbedeutend mit ihrer „Zahlungsfähigkeit"[214]. Die (allein maßgebliche) „relative Liquidität" ist gegeben, wenn ein Unternehmen über die Mittel zur Erfüllung seiner fälligen Verbindlichkeiten disponiert[215]. Entscheidend ist

---

209 Dazu, dass eine im Nachhinein von dem Insolvenzverwalter des Protegés zurückgeforderte Leistung des Protegés den Patron nicht von seiner Ausstattungspflicht befreit, vgl. Gliederungspunkt 4. b). Die Verpflichtung zur „kapitalmäßigen Ausstattung" kann insoweit als Hinweis darauf verstanden werden, dass kurzfristige Ausstattungsleistungen nicht notwendig Erfüllungswirkung haben. Für eine darüber hinausgehende Pflicht zur *dauerhaften* eigenkapitalähnlichen Bereitstellung von Vermögensgegenständen, die ihrem Wert nach den Gläubigerforderungen entsprechen, ist kein spezifisches Interesse der („externen") Ausstattungsgläubiger ersichtlich.

210 *Schimansky/Bunte/Lwowski* (*Merkel*), Bankrechts-Handbuch II (2), § 98 Rn. 20; vgl. auch *HdJ-Bordt,* Abt. III/9, Rn. 78.

211 Vgl. etwa das Beispiel bei *Wagner,* Internationale Tätigkeit der Banken, S. 27, III. Ziff. 5; *OLG München* (U. v. 22.07.2004 – 19 U 1867/04), ZIP 2004, S. 2102 ff. (2104, 1. Abs.). Eine entsprechende Differenzierung hat ursprünglich vielleicht auch das IdW im Sinn gehabt, lautet die in Klammern gesetzte Überschrift der „Grundform 5" doch („Zusage, eine bestimmte Kapitalausstattung bei der Tochter aufrechtzuerhalten"), vgl. *IdW,* Stellungnahme Aktienrecht; WPg 1976, S. 528 ff. (529, II. Ziff. 5); *IdW,* Erläuterungen, Wpg 1976, S. 209 ff. (213).

212 Siehe auch *Schimansky/Bunte/Lwowski* (*Merkel*), Bankrechts-Handbuch II (2), § 98 Rn. 20/21; *Wagner,* Internationale Tätigkeit der Banken, S. 26, II., für das Tochterunternehmen habe eine solche Patronatserklärung Eigenkapitalfunktion.

213 So aber *Lwowski/Merkel,* Kreditsicherheiten (8), S. 68/69, welche die Zusage zur Vorhaltung einer ausreichenden Finanzausstattung sogar mit dem Terminus „Liquiditätsausstattungsgarantie" belegen; *Scheibel,* Personalkreditgeschäft (4), S. 219.

214 *Bestmann,*.Kompendium der BWL (9), S. 413, II. (2), „Eigenschaft eines Wirtschaftssubjektes ... zu jedem Zeitpunkt allen Zahlungsverpflichtungen, die ordnungsgemäß sind, fristgerecht und in vollem Umfang nachkommen zu können"; *Forschbach,* Liquiditätszusagen, S. 23, I. 1; *Kohout,* Patronatserklärungen, S. 125, A); *Küppersbusch,* S. 23, 1. Unter „Finanzierung" versteht man dementsprechend die Deckung des vorhandenen Kapitalbedarfs, *Bestmann,* a.a.O., S. 409, B., m.w.N. Weiterer möglicher Sinngehalt des Liquiditätsbegriffs ist die Zurückverwandelbarkeit von vermögenswerten Gütern in Zahlungsmittel, vgl. *Bestmann,* a.a.O., S. 413, II. (1).

nicht der insolvenzrechtliche, sondern der betriebswirtschaftliche Liquiditätsbegriff. Der Patron muss bereits eine Zahlungsstockung des Protegés verhindern und diesen selbst zur Erfüllung noch so geringer Minimalforderungen in die Lage versetzen[216]. Dehnt man diesen Befund über reine Geldleistungspflichten des Protegés auf sonstige Hauptschuldinhalte aus, lässt sich verallgemeinernd sagen, dass der Protegé als Resultat einer ordnungsgemäßen Finanzausstattung zu einer ordnungsgemäßen Leistung imstande sein muss. Die denkbaren Ausstattungsmaßnahmen reduzieren sich dabei nicht auf eine Barmittelzufuhr[217]. Solange der Protegé die abgesicherte(n) Hauptschuld(en) rechtzeitig erfüllen kann, steht dem Patron die Wahl des geeigneten Erfüllungsmittels frei[218]. Verbleibt bis zum Fälligkeitstermin einer Geldschuld ausreichend Zeit, kann der

---

[215] *Forschbach,* Liquiditätszusagen, S. 24, 2. Abs.; vgl. auch *Bea/Dichtl/Schweitzer* (*Drukarczyk*), Allgemeine BWL, Bd. 3, S. 365, die Beschränkung der Liquiditätseigenschaft auf Geldbesitz sei zu eng. Geld sei ein hochliquider, aber nicht der einzige Liquiditätsträger. Andere Güter seien in dem Maße liquide, in dem sie tauschfähig sind, also das Zahlungsvermögen durch ihre Tauschfähigkeit und die Tauschbereitschaft ihres Inhabers erhöht sei, siehe auch S. 366, 2.1.1.

[216] *Forschbach,* Liquiditätszusagen, S. 25/26.

[217] *Mosch,* Patronatserklärungen, S. 133, 2. a); ebenso *Forschbach,* Liquiditätszusagen, S. 32, 46/47, 1., zur „internen" Ausstattungsverpflichtung. Die Autorin weist zutreffend darauf hin, dass eine Ausstattungsvereinbarung explizit auf die Verpflichtung zur Verschaffung von Barmitteln beschränkt werden kann (S. 47, 1. Abs.); aA *Schraepler,* ZKW 1975, S. 215 ff. (215, „Rechtsbindungswille"), für den Zeitpunkt der Zahlungsunfähigkeit des Protegés: Die Barzahlungspflicht ergebe sich dann daraus, dass die Zahlungsunfähigkeit durch den Mangel an flüssigen Mitteln bedingt sei und folglich auch nur so behoben werden könne. Richtig daran ist, dass sich die (noch) verbleibenden Ausstattungsmodalitäten auf einen Barmittelzuschuss verengen, je näher der Fälligkeitstermin einer Geldschuld im Hauptschuldverhältnis rückt, vgl. auch *Mosch,* Patronatserklärungen, S. 133, 2. a). Die bei *Dichtl/Issing,* Vahlens Großes Wirtschaftslexikon, „Kapital", (1), abgedruckte Passage, wonach das *Geldkapital* die zur Erneuerung und Erweiterung des Kapitalstocks zur Verfügung stehenden *finanziellen Mittel* umfasst, dürfte der hier gezogenen Schlussfolgerung nicht entgegenstehen. Sie dient der Definition des „Geldkapital"-Begriffs, ohne dass sich aus ihr der Rückschluss ziehen lässt, dass sich der Terminus „Finanzausstattung" nicht auch auf „Realkapital" erstrecken kann, also den Oberbegriff für sämtliche Mittel bildet. Hierfür spricht die Gleichsetzung von „Finanz-" und „Kapitalbedarf" (S. 595, „Finanzbedarf" (1)) bzw. die Ausfüllung des Begriffes „Finanzierung" mit „allen finanziellen Dispositionen des Unternehmens (Kapitalbeschaffung und Kapitalabfluss) i. w. S., d. h. (1) die Bereitstellung von *finanziellen Mitteln jeder Art* … (z. B. Gründung, Kapitalerhöhung…)" (S. 596). Eine Gesamtschau der bei *Bea/Dichtl/Schweitzer* (*Drukarczyk*), Allgemeine BWL, Bd. 3, S. 349–354, 364–368, 2.1 (dazu bereits in Fn. 215), abgedruckten begrifflichen Erläuterungen lässt gleichsam darauf schließen, dass der zusammengesetzte Begriff der „*finanziellen Mittel*" sich auf *Fremd-* und *Eigen-* bzw. *Beteiligungsfinanzierungen*" jeder Art erstreckt: „Finanzierungsmaßnahmen dienen der Beschaffung von *finanziellen Mitteln,* die … von Kapitalgebern bereitgestellt werden (S. 352, 2. Abs.), etc.

[218] Siehe auch *Hoffmann,* Patronatserklärung, S. 76; *J. Koch,* Die Patronatserklärung, S. 141/142, 610/611, 2. Kapitel, 1., der mit Recht die Erfolgsbezogenheit der Ausstattungspflicht herausstellt; *Kohout,* Patronatserklärungen, S. 125/126, 129/130; *Mosch,* Patronatserklärungen, S. 133, 2. a).

Patron dem Protegé in Erfüllung seiner Finanzausstattungspflicht auch Sachmittel mit der Maßgabe zuwenden, der Protegé möge selbst für ihre Veräußerung oder anderweitige Transformation in die benötigten Barmittel sorgen[219]. Die Liquidierbarkeit innerhalb des verbleibenden Zeitraums muss jedoch feststehen, zumindest möglich sein[220].

Lässt sich der jeweiligen Vereinbarung nichts Gegenteiliges entnehmen, entspricht der sachliche Gehalt einer Kapitalausstattungspflicht somit in Gänze dem Gehalt einer Finanzausstattungspflicht[221].

---

[219] *J. Koch,* Die Patronatserklärung, S. 141, 2. Abs., 610/611, 2. Kapitel, 1.; *Kohout,* Patronatserklärungen, S. 130; aA *Hoffmann,* Patronatserklärung, S. 76, 1. Abs.

[220] *Mosch,* Patronatserklärungen, S. 133/134, 2. a); *Scheibel,* Personalkreditgeschäft (4), S. 219; vgl. auch *Bea/Dichtl/Schweitzer* (*Drukarczyk*), Allgemeine BWL, Bd. 3, S. 365/366, 2.1.1; *Forschbach,* Liquiditätszusagen, S. 30–32, bezogen auf die „interne" Ausstattungszusage. Die Verwendung des Begriffes „*Liquiditäts*ausstattung" für die Finanzausstattungspflicht ist allenfalls insoweit legitim, als man ihm diesen weiten, betriebswirtschaftlichen Sinn beimisst und ihn nicht gegenstandsbezogen im Sinne einer „Bar- oder Buchgeldschuld" versteht. Zu den verschiedenen „Liquiditätsgraden bzw. -ordnungen" einzelner Vermögensgegenstände, *Forschbach,* Liquiditätszusagen, S. 32–34, m. w. N.

[221] *J. Koch,* Die Patronatserklärung, S. 141/142, 610/611, 2. Kapitel, 1., der seinen Standpunkt primär mit der Erfolgsbezogenheit der Ausstattungsverpflichtung begründet. Sprachlicher Bezugspunkt beider Zusätze sei das Ausstattungsziel. Die Abweichung der hier vertretenen Ansicht von dem Standpunkt des IdW dürfte auf dem etwas anderen Bezugspunkt der behandelten Zusagen beruhen (vgl. bereits Fn. 199). Während die von dem IdW behandelten Grundform 5 sich verbal auf die Beibehaltung des Status quo bezogen hat, ohne dass dadurch explizit auch die Erfüllung einer konkreten Verbindlichkeit hat sichergestellt werden sollen (Beispiele 1 und 3; vgl. auch *OLG München* (U. v. 22.07.2004 – 19 U 1867/04), ZIP 2004, S. 2102 ff. (2104, 1. Abs.)), liegt der vorliegenden Arbeit in Anbetracht der heute gängigen Ausstattungserklärungen eine forderungs- bzw. erfolgsbezogene Betrachtung zugrunde. Verspricht der Patron „nur" die Beibehaltung einer bestimmten Kapitalhöhe oder -zusammensetzung, ohne dass als weitergehender Erfolg auch die Befähigung des Protegés zur Tilgung bestimmter Forderungen geschuldet ist, liegt der Gedanke nahe, dass der Gläubiger sich primär vor einer Aushöhlung des Protegés durch den Patron schützen möchte (zur Aushöhlungsgefahr, siehe nur *Balzer,* 7. Rostocker Bankentag 2001, S. 59 ff. (63)). In diesem Fall spielt die Transformierbarkeit der Ausstattungsleistungen in taugliche Erfüllungsmittel keine bzw. nur insofern eine Rolle, als ihr Wertansatz mit demjenigen der entnommenen Mittel identisch sein muss; vgl. auch die Bemerkung des *IdW,* Stellungnahme Aktienrecht, WPg 1976, S. 528 ff. (535, 1. Abs.), zur „Kapitalausstattungspflicht", darüber hinaus werde es den Parteien bei diesen Patronatserklärungen letztlich auf eine (*auch liquiditätsmäßige*) Absicherung des Kredites ankommen, (Hervorh. durch Verf.); aA (für eine Differenzierung zwischen der Verpflichtung zur Liquiditäts- und zur Kapitalausstattung in Anlehnung an die Stellungnahmen des IdW, ohne dies näher zu erläutern), *Ammelung/Sorocean,* RIW 1996, S. 668 ff. (669, 2.2., (1)/(2)); *Küffner,* DStR 1996, S. 146 ff. (147, 2.2.1, Grundformen 5 und 6); *Limmer,* DStR 1993, S. 1750 ff. (1750, 2.); wohl auch *Jander/Hess,* RIW 1995, S. 730 ff. (734, 2., lit. 3).

### *b) Mythos „allgemeine Liquiditätsgarantie"*

Ein weiteres Auslegungsproblem ergibt sich aus der einem individuellen Gläubiger erteilten, nicht näher spezifizierten Zusage, dafür Sorge tragen zu wollen, dass der Protegé *jederzeit* in der Lage ist, *seinen fälligen Verbindlichkeiten* nachzukommen[222] bzw. dafür zu sorgen, dass er ihnen *stets* fristgemäß nachkommen kann[223].

Diesem Ausstattungsversprechen wird vielfach der Sinn beigelegt, der Patron verspreche nicht nur die Abdeckung der im Bezugspunkt genannten Forderungen seines Sicherungsnehmers, sondern darüber hinaus auch diejenige sämtlicher[224] oder zumindest der dem Sicherungsnehmer besonders nahe stehenden Drittgläubiger[225]. Der Sicherungsnehmer könne von ihm im Falle einer „allgemeinen Liquiditätsgarantie"[226] bereits vor Fälligkeit seiner eigenen Forderung(en) *verlangen,* dass die Ausstattungsleistungen dem Protegé für die Dauer des Sicherungsverhältnisses auch zur fristgerechten Tilgung seiner anderweitigen Verbindlichkeiten reichten[227]. Zur Begründung wird auf den Wortlaut der

---

[222] Siehe nur *Altenburger,* Patronatserklärungen, S. 53/54; *Gerth,* Atypische Kreditsicherheiten, S. 151/152; *Schütz,* Bankgeschäftliches Formularhandbuch (18), Muster 350.

[223] *Obermüller,* Ersatzsicherheiten, S. 4, b), Rn. 26; vgl. auch *Schimansky/Bunte/Lwowski* (*Merkel*), Bankrechts-Handbuch II (2), § 98 Rn. 19.

[224] So etwa *Altenburger,* Patronatserklärungen, S. 54/55; *Kohout,* Patronatserklärungen, S. 141/142; *Obermüller,* Ersatzsicherheiten, S. 4, b), Rn. 26; *Stecher,* „Harte" Patronatserklärungen, S. 109, die dies sogar bei einem konkreten Bezug der Patronatserklärung auf bestimmte Hauptforderungen annehmen; aA *Gerth,* Atypische Kreditsicherheiten, S. 190/191.

[225] *Kohout,* Patronatserklärungen, S. 141–143, „allgemeines Liquiditätsrisiko"; *Schimansky/Bunte/Lwowski* (*Merkel*), Bankrechts-Handbuch II (2), § 98 Rn. 19, allerdings in Bezug auf die Verpflichtung zur Abdeckung der Verbindlichkeiten „sämtlicher" Gläubiger; weiter *Stecher,* „Harte" Patronatserklärungen, S. 107–109, der den Patron auch ohne verbalen Anknüpfungspunkt in der Ausstattungszusage für verpflichtet hält, den Protegé „auch unter Berücksichtigung der Forderungen sämtlicher anderer Gläubiger" allgemein liquide zu halten und eine konkrete Gefährdung des Kreditvertrages auszuschließen. Dadurch begünstige die Ausstattungsverpflichtung auch jeden anderen Gläubiger des Protegés (S. 109, 2. Abs.); offen gelassen von *Rümker,* WM 1974, S. 990 ff. (991/992); aA *Wittig* in: *BuB* (2003), Rn. 4/2877.

[226] Siehe *Gerth,* Atypische Kreditsicherheiten, S. 152, 2. Abs., „allgemeine Liquiditätszusage"; *Kohout,* Patronatserklärungen, S. 141–143, „allgemeines Liquiditätsrisiko"; *Mosch,* Patronatserklärungen, S. 142/143; *Rümker,* WM 1974, S. 990 ff. (991/992).

[227] *Balzer,* 7. Rostocker Bankentag 2001, S. 59 ff. (73, a)). Der Autor geht allerdings im Folgenden im Zusammenhang mit der Ausschaltung des Weiterleitungsrisikos etwas widersprüchlich davon aus, dass die harte Patronatserklärung keine allgemeine Liquiditätsgarantie der Mutter oder gar einen Anspruch auf Fortbestand der Tochter begründen solle, so dass der Patron auch direkt an den Gläubiger leisten dürfe (S. 73/74, b)); vgl. auch die Darstellung bei *Kohout,* Patronatserklärungen, S. 141–143; *Mosch,* Patronatserklärungen, S. 142/143; *Obermüller,* Ersatzsicherheiten, S. 4, b), Rn. 26; offen gelassen von *Rümker,* WM 1974, S. 990 ff. (991/992).

Erklärung verwiesen[228], den (vermeintlichen) Sinn und Zweck der Ausstattungsverpflichtung, die Liquidität des Protegés kontinuierlich sicherzustellen[229], je nach Konstellation auch auf das spezielle Interesse des Sicherungsnehmers an der Begünstigung von ihm nahe stehenden Personen und/oder Gesellschaften[230].

Es soll hier gar nicht in Abrede gestellt werden, dass der Patron in extremen Ausnahmefällen gewillt sein mag, dem Gläubiger gegenüber die einklagbare Verpflichtung zur Abdeckung sämtlicher oder jedenfalls bestimmter Drittgläubigerforderungen zu übernehmen[231]. Dies ist wie immer eine Frage nach dem Interesse der Beteiligten an der Vereinbarung eines (echten[232] oder unechten) Vertrages zu Gunsten Dritter[233]. Normalerweise dürften aber keine Anhaltspunkte dafür bestehen, dass der Gläubiger losgelöst von der bzw. den konkret besicherten Hauptschuld(en) daran interessiert ist, die Befriedigung anderweitiger Forderungen durch den Protegé erzwingen zu können[234]. Bereits der konkrete Bezugspunkt der harten Patronatserklärung deutet darauf hin, dass dem Gläubiger (allein) an der ordnungsgemäßen Erbringung der in Bezug genommenen Leistung(en) gelegen ist[235]. Durch die Verwendung von Worten wie „jederzeit" oder „stets" kommt nur zum Ausdruck, dass der Patron die Zahlungsfähigkeit des Protegés zu jedem einzelnen Fälligkeitstermin sicherzustellen hat[236]. Die generelle Einordnung der fraglichen Passage als eine auf sämtliche Forderungen al-

---

228 *Obermüller,* Ersatzsicherheiten, S. 4, b), Rn. 26.; vgl. auch *IdW,* Stellungnahme Aktienrecht, WPg 1976, S. 528 ff. (530, Grundform 4).

229 *Kohout,* Patronatserklärungen, S. 142, 1. Abs.; *Obermüller,* Ersatzsicherheiten, S. 4, b), Rn. 26; siehe auch *Stecher,* „Harte" Patronatserklärungen, S. 109, die Kreditrückzahlungsfähigkeit des Protegés sei nur zu gewährleisten, indem der Patron den Protegé allgemein liquide halte.

230 *Mosch,* Patronatserklärungen, S. 143.

231 Siehe *IdW,* Entwurf, WPg 1976, S. 119 ff. (120, Grundform 4); *IdW,* Stellungnahme Aktienrecht, WPg 1976, S. 528 ff. (530, Grundform 4); *J. Koch,* Die Patronatserklärung, S. 190, 1. Abs.; *Schneider,* ZIP 1989, S. 619 ff. (622/623, 2.).

232 Dazu, dass die übrigen Gläubiger aus der Patronatserklärung keine direkten Ansprüche gegen den Patron herleiten können, siehe an dieser Stelle nur *Obermüller,* Ersatzsicherheiten, S. 6 Rn. 32.

233 Zu der Frage, ob bzw. unter welchen Voraussetzungen die „interne" und „externe" Ausstattungserklärung Teil eines drittbegünstigenden Vertrages sind, vgl. Kapitel 5, C.

234 *Frick,* Patronatserklärungen, S. 105; *Gerth,* Atypische Kreditsicherheiten, S. 152/153; *IdW,* Entwurf, WPg 1976, S. 119 ff. (120, Grundform 4), im Allgemeinen sei nicht davon auszugehen, dass eine allgemeine Liquiditätszusage gewollt ist.

235 Im Ergebnis ebenso *J. Koch,* Die Patronatserklärung, S. 152, 3. Abs.

236 *J. Koch,* Die Patronatserklärung, S. 151/152. Dem Autor zuwider dürften die Zeitwörter indes nicht auch der Klarstellung dienen, dass sich die Leistungspflicht des Patrons gegebenenfalls nicht in einem einmaligen Vorgangs erschöpft (vgl. auch S. 166, 3.; zu dem sog. „Weiterleitungsrisiko" des Patrons, vgl. Gliederungspunkt 4. c)). Eher weisen sie auf die von dem Autor abgelehnte Insolvenzabwendungspflicht des Patrons hin bzw. auf dessen „kontinuierliche Grundausstattungspflicht" (dazu sogleich unter Gliederungspunkt 2. a)).

ler Protegégläubiger bezogene Ausstattungszusage stellt eine Überbetonung des Wortlauts dar. Ohne einen eindeutig anders lautenden Willen des Sicherungsnehmers und ohne die Herstellung eines entsprechenden Konsenses mit dem Patron, kann der Sicherungsnehmer von diesem daher nicht verlangen, dass der Protegé „jederzeit" und gegenüber sämtlichen Gläubigern zur vertragsgerechten Erfüllung in der Lage ist[237].

Das heißt aber nicht, dass die nicht explizit in die Sicherungsabrede integrierten Forderungen dritter Gläubiger für die Ausstattungsverpflichtung ohne jede Relevanz wären, und dass der Sicherungsnehmer nur im Vorfeld der Fälligkeit der konkret besicherten Hauptschuld(en) über einen Ausstattungsanspruch gegenüber dem Patron verfügt.

## 2. Umfang und Fälligkeit der Ausstattungsverpflichtung

Hinsichtlich des Umfangs und der Fälligkeit der einzelnen Ausstattungsleistungen ist nach vorliegendem Verständnis zwischen einer *„kontinuierlichen Grundausstattungspflicht"* und einer *„hauptschuldbezogenen Ausstattungspflicht"* des Patrons zu differenzieren[238]. Die Unterscheidung gründet auf dem von ihm zugesagten Erfolg: Aufrechterhaltung oder Herstellung der Leistungsfähigkeit des Protegés, damit dieser den abgesicherten Verbindlichkeiten ordnungsgemäß nachkommen kann.

### *a) „Kontinuierliche Grundausstattungspflicht"*

Darf die ordnungsgemäße Abwicklung der in Bezug genommenen Hauptschuld(en) nicht an dem fehlenden Leistungsvermögen des Protegés scheitern, ist der Ausstattungszusage das Versprechen immanent, dass der Gläubiger mit einem etwaigen Unvermögen des Protegés keinen Ärger haben wird.

---

[237] Ebenfalls gegen eine „allgemeine Liquiditätsgarantie", *J. Koch,* Die Patronatserklärung, S. 152; *Mosch,* Patronatserklärungen, S. 142; *Wittig* in: *BuB* (2003), Rn. 4/2877; siehe auch *IdW,* Stellungnahme Aktienrecht, WPg 1976, S. 528 ff. (530, Grundform 4). Diese Aussage lässt sich nicht auf die „interne" Ausstattungszusage übertragen, die in der Regel gerade darauf angelegt ist, dem Protegé ausreichend Mittel zur Erfüllung seiner gesamten Schulden zur Verfügung zu stellen, vgl. *Wiedemann/Hermanns,* ZIP 1994, S. 997 ff. (997).

[238] Die fehlende Unterscheidung ist Ursache der zu nichts führenden Kontroverse um den korrekten Fälligkeitszeitpunkt und um den Umfang der Ausstattungspflicht, vgl. nur *Stecher,* „Harte" Patronatserklärungen, S. 102–109. An die Stelle der festgefahrenen „Schwarz-Weiß-Malerei" zwischen dem (nahenden) Fälligkeitstermin im Hauptschulverhältnis auf der einen und dem Gesamtzeitraum auf der anderen Seite (Stichwort „allgemeine Liquiditätszusage") muss eine differenzierte, beiden Aspekten gerecht werdende Betrachtung treten.

Hauptärgernis für jeden Gläubiger ist neben dem bloßen Ausbleiben der geschuldeten Leistung[239] die *Eröffnung eines Insolvenzverfahrens* über das Schuldnervermögen (§ 27 ff. InsO)[240] oder gar eine *Ablehnung der Verfahrenseröffnung mangels Masse* (§ 26 Abs. 1 S. 1 InsO). Letztere führt bei einer Kapitalgesellschaft[241] mit Rechtskraft des Abweisungsbeschlusses zu ihrer Auflösung[242]. Soweit noch Vermögen existiert, ist die Gesellschaft zu liquidieren[243]. Ergeht antragsgemäß Eröffnungsbeschluss, hat dies nicht nur die Einsetzung eines Insolvenzverwalters und damit korrespondierend den Verlust der Verwaltungs- und Verfügungsbefugnis durch die Organwalter des Gemeinschuldners zur Folge (§§ 27 Abs. 1 S. 1, 80 Abs. 1 InsO), sondern dessen Gläubiger werden in dem Eröffnungsbeschluss auch dazu aufgefordert, ihre Forderungen innerhalb der vorgegebenen Frist[244] schriftlich unter Beifügung eines dokumentären Nachweises bei dem Insolvenzverwalter anzumelden (§§ 28 Abs. 1, 174 Abs.1 und Abs. 2 InsO). Bestehen Sicherungsrechte an Mobilien oder Rechten der Gemeinschuldnerin, sind auch diese unter Beachtung der in §§ 28 Abs. 2 S. 2, 174 Abs. 1 S. 2, Abs. 2, 4 InsO vorgegebenen Formalien mitzuteilen. Ungeachtet der sich im Einzelfall ergebenden Fragen, ob die Forderungen des Gläubigers überhaupt weiterhin erfüllbar sind[245] und wenn ja, ob der Insolvenzverwalter sich für eine Erfüllung entscheiden wird[246], ist bereits der mit der Anmeldung der Forderung(en) nebst etwaigen Sicherungsrechten verbundene Aufwand so erheblich, dass die Eröffnung eines Insolvenzverfahrens über das Vermögen des Protegés losgelöst von den einzelnen Fälligkeitsterminen im Grundverhältnis eine Pflichtverletzung des Patrons darstellt[247]. Nach Sinn und

---

239 Dessen Risiko der Ausstattungspflichtige dem Gläubiger nur insoweit abzunehmen verspricht, als die Nichtleistung auf einer defizitären Ausstattung beruht.

240 Siehe nur *BGH* (U. v. 30.01.1992 – IX ZR 112/91), BGHZ 117, S. 127 ff. (134, 1. Abs.).

241 Sowie einer OHG und KG, bei der kein persönlich haftender Gesellschafter wenigstens mittelbar eine natürliche Person ist, vgl. §§ 131 Abs. 2 Ziff. 1, 161 Abs. 2 HGB.

242 Vgl. nur §§ 262 Abs. 1 Ziff. 4 AktG, 60 Abs. 1 Ziff. 5 GmbHG, sowie *Eickmann u. a.,* InsO (3), (*Kirchhof*), § 26 Rn. 27; *Hess/Weis/Wienberg,* InsO, (*Wienberg*), § 26 Rn. 63; *MüKo-Haarmeyer,* InsO, Band 1, § 26 Rn. 46; *Wimmer,* Frankfurter Kommentar zur InsO (*Schmerbach*), § 26 Rn. 86/87, jeweils m. w. N.

243 Siehe nur §§ 264 ff. (264 Abs. 2 S. 1) AktG, 65 ff. (66 Abs. 5 S. 1) GmbHG; *MüKo-Haarmeyer,* InsO, Band 1, § 26 Rn. 47, 49; *Smid,* Insolvenzrecht (4), S. 123 Rn. 1; *Wimmer,* Frankfurter Kommentar zur InsO (*Schmerbach*), § 26 Rn. 89a/90.

244 Mindestens zwei Wochen und maximal drei Monate seit Zustellung (§§ 28 Abs. 1 S. 2, 30 Abs. 2 InsO).

245 Vgl. §§ 104, 115, 116, 119 InsO. Diesen Vorschriften zufolge kann bei bestimmten Vertragsverhältnissen nach Eröffnung des Insolvenzverfahrens keine Erfüllung mehr verlangt werden. Es besteht allenfalls eine Forderung wegen Nichterfüllung.

246 Vgl. § 103 Abs. 1 InsO. Zur Möglichkeit der Kündigung von zunächst fortbestehenden Miet-, Pacht- oder Dienstverhältnissen, siehe §§ 108–113 InsO.

Zweck der harten Patronatserklärung schuldet ein ausstattungspflichtiger Patron immer (auch) die Abwendung einer Insolvenzeröffnung bzw. eines mit der Massearmut begründeten Abweisungsbeschlusses[248].

Teilweise wird allerdings davon ausgegangen, dass der Gläubiger aufgrund der Ausstattungszusage nur einen Anspruch auf Verhinderung einer (drohenden) Zahlungsunfähigkeit des Protegés hat, nicht aber auch auf die Abwendung einer Überschuldungssituation[249]. Gemäß § 17 Abs. 2 S. 1 InsO ist der Gemeinschuldner zahlungsunfähig, wenn er seine fälligen Zahlungspflichten nicht erfüllen kann[250]. Eine bloße Zahlungsstockung, d.h. ein nur „vorübergehendes" Leistungshindernis, ist dagegen kein Eröffnungsgrund[251]. Eine Überschuldung

---

[247] AA *J. Koch,* Die Patronatserklärung, S. 153 a.E., 158/159, 5. a), 163, 6., 190, 1. Abs., 611, 4., keine einklagbare Hauptleistungspflicht zur Insolvenzabwendung, sondern (bloße) leistungsbezogene Pflicht zur Existenzerhaltung, deren Verletzung nur Schadensersatzansprüche des Gläubigers nach sich zieht.

[248] Ähnlich *BGH* (U. v. 30.01.1992 – IX ZR 112/91), BGHZ 117, S. 127 ff. (134, 1. Abs.); *OLG München* (U. v. 22.07.2004 – 19 U 1867/04), ZIP 2004, S. 2102 ff. (2104, b) aa)); enger für die „interne" Ausstattungsverpflichtung, *Forschbach,* Liquiditätszusagen, S. 36/37, 132, 2., Vermeidung der konkreten Gefahr einer Zahlungsunfähigkeit. Selbst wenn der Patron den Insolvenzgrund noch rechtzeitig bis zum Fälligkeitstermin beheben und die Einstellung des Insolvenzverfahrens gemäß § 212 InsO bewirken könnte, ist bereits der Erlass eines Eröffnungsbeschlusses eine relevante Störung des Grundverhältnisses.

[249] Vgl. nur *Marotzke,* ZInsO 2004, S. 601 f. (602, 4.), für den Fall einer „internen" Ausstattungsverpflichtung; *Schimansky/Bunte/Lwowski* (*Merkel*), Bankrechts-Handbuch II (2), § 98 Rn. 26, in Bezug auf die (vermeintliche) „Verpflichtung zur Liquiditätssicherung". Umgekehrt wäre die Patronin nicht haftbar, wenn sie nur für eine bestimmte Kapitalausstattung eintreten müsse und das Insolvenzverfahren wegen (bestehender oder drohender) Zahlungsunfähigkeit eröffnet wird; *Hantke,* S. 77, 1. Abs., 84/85, 2. a), der dieses Ergebnis selbst für „widersinnig" hält und angesichts dessen eine „garantieähnliche" Einstandspflicht konstruiert; zur „internen" Ausstattungszusage, siehe auch *K. Schmidt* in: FS Werner, S. 777 ff. (781, b)); aA *Hohmann,* WM 2004, S. 757 ff. (764, E. I.); *Wolf,* IPRax 1999, S. 444 ff. (445, 1. Spalte).

[250] Nach der Rechtsprechung und den Gesetzesmaterialien genügt die Nichterfüllbarkeit eines wesentlichen Teils der Verbindlichkeiten, vgl. die *Amtliche Begründung* zu §§ 20, 21 RegE, BT-Drucksache 12/2443, S. 114; *AG Köln* (B. v. 09.06.1999 – 73 IN 16/99, rkr.), ZIP 1999, S. 1889 ff. (1891); *Kübler/Prütting,* InsO, Band I (*Pape*), § 17 Rn. 12/13; *Smid,* Insolvenzrecht (4), S. 71 Rn. 34, jeweils m.w.N. Indiz für die Zahlungsunfähigkeit ist vor allem die Nichtleistung der fälligen Zahlungen (§ 17 Abs. 2 S. 2).

[251] *Amtliche Begründung* zu §§ 20, 21 RegE, BT-Drucksache 12/2443, S. 114; *OLG Brandenburg* (U. v. 09.03.2004 – 11 U 95/93), ZInsO 2004, S. 504 ff. (506, 2. Spalte); *AG Köln* (B. v. 09.06.1999 – 73 IN 16/99, rkr.), ZIP 1999, S. 1889 ff. (1891); *Eickmann u.a.,* InsO (3), (*Kirchhof*), § 14 Rn. 18; *Forschbach,* Liquiditätszusagen, S. 25; *Kübler/Prütting,* InsO, Band I (*Pape*), § 17 Rn. 8–11; *Smid,* Insolvenzrecht (4), S. 72 Rn. 36, jeweils m.w.N. zu dem Meinungsstreit über den maßgeblichen Zeitraum einer noch unschädlichen Zahlungsstockung. Nach hM beträgt dieser zwischen zwei Wochen und einem Monat, vgl. *BGH* (U. v. 27.04.1995 – IX ZR 147/94), ZIP 1995, S. 929 ff. (931, b)), nach kaufmännischer Übung möge die Überschreitung des letzten Zahlungsziels von rund einem Monat als gerade noch erträglich hingenommen werden; *Smid,* a.a.O., m.w.N. zu der vielfach in Anlehnung an § 64

zeichnet sich dadurch aus, dass das Vermögen des Gemeinschuldners (auch nach Aufdeckung der stillen Reserven) die bestehenden Verbindlichkeiten nicht deckt (§ 19 Abs. 2 S. 1 InsO)[252]. Sie ist der (Haupt-)Insolvenzgrund bei juristischen Personen[253]. Nach den Gesetzesmaterialien führt die Überschuldung verglichen mit der Zahlungsunfähigkeit zu einer Vorverlagerung des Eröffnungszeitpunktes[254]. Der Patron hat seine Ausstattungspflicht daher auch dann vernachlässigt, wenn Grund für die Verfahrenseröffnung die „bloße Überschuldung" des Protegés ist[255]. Die Verfechter der Gegenansicht[256] übersehen, dass eine insolvenzrechtlich anfechtbare Leistung des Protegés darauf schließen lässt, dass die Unterstützungsmaßnahmen des Patrons ungenügend gewesen sind. Übersteigen

---

Abs. 1 S. 1 GmbHG angesetzten Kreditbeschaffungspflicht von 2–3 Wochen. Hier hat der BGH nun Klarheit geschaffen, vgl. *BGH* (U. v. 24.05.2005 – IX ZR 123/04), GmbHR 2005, S. 1117 ff. (1119, 2.), als Zahlungsstockung sei nur eine Illiquidität anzusehen, die den *Zeitraum* nicht überschreitet, den eine *kreditwürdige Person benötigt, um sich die benötigten Mittel zu leihen.* Als Zeitraum hierfür seien *zwei bis drei Wochen* erforderlich, aber auch ausreichend (arg. e § 64 Abs. 1 S. 1 GmbHG). Bei längerer Illiquidität und Überschreiten eines *Schwellenwertes* von *10%* der *Unterdeckung* spreche eine *widerlegliche Vermutung* für die Zahlungsunfähigkeit (1121, 1. Spalte).

252 Die Aktivseite der Bilanz ist also geringer als die Passivseite abzüglich des Stamm- bzw. Grundkapitals und der freien Rücklagen. Die reinen Schulden übersteigen das Gesamtvermögen der Gesellschaft, vgl. *BGH* (U. v. 14.12.1959 – II ZR 187/57), BGHZ 31, S. 258 ff. (272); *Eickmann u. a.,* InsO (3), (*Kirchhof*), § 19 Rn. 24; *Müller/Hense (Jung),* Beck'sches Handbuch der GmbH, § 8 Rn. 7; *Wellensiek,* ZIP 1984, S. 541 ff. (542, B. I. 1.). Die Schulden bzw. „echten Passivposten" (*BGH* a. a. O.) überwiegen die zur Verfügung stehenden bzw. liquidierbaren Vermögensgegenstände. Ähnlich, unter Hinweis auf ein unter „betriebswirtschaftlichen" Maßstäben zu ermittelndes Übergewicht der Passiva über die Aktiva, *Hess/Weis/Wienberg,* InsO, (*Hess*), § 19 Rn. 19; unklar *Hantke,* S. 85, ein Überschuldungszustand sei angesichts der knappen Eigenkapitalausstattung leicht gegeben. Ist die Fortführung des Unternehmens überwiegend wahrscheinlich, erfolgt die Bewertung des Vermögens gemäß § 19 Abs. 2 S. 2 InsO anhand der Fortführungswerte.

253 Und nichtrechtsfähigen Gesellschaften, für deren Verbindlichkeiten noch nicht einmal mittelbar eine natürliche Person einzustehen hat (§§ 19 Abs. 1 und 3 InsO), vgl. *Smid,* Insolvenzrecht (4), S. 73 Rn. 39.

254 *Amtliche Begründung* zu § 23 RegE, BT-Drucksache 12/2443, S. 115, „Ziel einer rechtzeitigen Verfahrenseröffnung"; vgl. auch *Fischer,* ZIP 2004, S. 1477 ff. (1477, I.); *Smid,* Insolvenzrecht (4), S. 75 Rn. 44; *Wimmer,* Frankfurter Kommentar zur InsO (*Schmerbach*), § 19 Rn. 4, jeweils m. w. N.

255 *BGH* (U. v. 30.01.1992 – IX ZR 112/91), BGHZ 117, S. 127 ff. (134, 1. Abs.), hat mit Recht ohne entsprechende Unterscheidung auf die Eröffnung des Konkursverfahrens als Beleg für die Pflichtverletzung des Patrons abgestellt; im Ergebnis wie hier *Wolf,* IPRax 1999, S. 444 ff. (445, 1. Spalte). Dazu, dass und unter welchen Voraussetzungen ein fälliger und werthaltiger „externer" Ausstattungsanspruch gegebenenfalls im Überschuldungsstatus des Protegés aktiviert werden kann, um bereits auf diese Weise eine Überschulung zu verhindern, siehe *Merz/Hübner,* DStR 2005, S. 802 ff. (803/804, 2.3.1–2.3.3).

256 Die im Wesentlichen auf der bereits oben als nicht sachgerecht herausgestellten Differenzierung zwischen einer Liquiditäts- und einer Kapitalausstattungspflicht gründen dürfte, vgl. Gliederungspunkt 1. a).

die Verbindlichkeiten des Protegés dessen Aktiva, dürfte eine von ihm nach Stellung eines Eröffnungsantrags wegen Überschuldung erbrachte „kongruente Deckung“ in aller Regel gemäß § 130 Abs. 1 S. 1 Ziff. 2 (i. V. m. Abs. 2) InsO anfechtbar sein[257].

Der Patron ist daher gehalten, dem Protegé bereits vor Fälligkeit der abgesicherten Hauptschuld(en) kontinuierlich eine solche „Grundausstattung“ zukommen zu lassen, dass die Eröffnung eines Insolvenzverfahrens wegen (drohender)[258] Zahlungsunfähigkeit oder Überschuldung unterbleibt bzw. kein Abweisungsbeschluss mangels Masse ergeht[259]. Diese Pflicht wird im Folgenden als „kontinuierliche Grundausstattungspflicht“ bezeichnet.

---

[257] Vgl. aber *Hess/Weis/Wienberg,* InsO (2), (*Weis*), § 130 Rn. 62, demzufolge eine Anfechtung nicht in Betracht kommt, wenn das Verfahren wegen Überschuldung eröffnet worden ist und die Zahlungsunfähigkeit erst nach Leistungserbringung eingetreten ist, m. w. N. zur Gegenansicht; aA *Kübler/Prütting,* InsO, Band II (*Paulus*), § 130 Rn. 28; *Wimmer,* Frankfurter Kommentar zur InsO (*Dauernheim*), § 130 Rn. 47. Angesicht der zustimmungswürdigen Gesetzesbegründung, dass es genügend Fälle gibt, in denen der Schuldner noch einzelne Gläubiger befriedigt, obwohl er bereits zahlungsunfähig ist (*Amtliche Begründung* zu §§ 145 RegE, BT-Drucksache 12/2443, S. 157), dürfte sich dieser Streit in aller Regel nicht auswirken.

[258] Im Falle einer drohenden Zahlungsunfähigkeit ist gemäß § 18 Abs. 1, 2 InsO nur der Schuldner antragsbefugt (aber nicht antragspflichtig), vgl. *Hess/Weis/Wienberg,* InsO, (*Hess*), § 18 Rn. 12/13. Wie bei der eigentlichen Zahlungsunfähigkeit, muss auch hier zu besorgen stehen, dass das Nichtleistungsvermögen nicht nur für einen kurzen Zeitraum besteht, so auch (implizit) *Eickmann u. a.,* InsO (3), (*Kirchhof*), § 18 Rn. 5.

[259] Vgl. auch *OLG Naumburg* (U. v. 13.01.2000 – 2 U (Hs) 73/98), OLGR Naumburg 2000, S. 407 ff. (410, 4. b) cc)); *OLG Nürnberg* (U. v. 09.12.1998 – 12 U 2626/98), OLGR Nürnberg 1999, S. 109 f. (110, 2. Abs. (2. c)), die „harte“ Patronatserklärung solle hauptsächlich auch vor den Folgen einer etwaigen Insolvenz der kreditnehmenden Tochtergesellschaft und den daraus resultierenden negativen Folgen Schutz gewähren; *Hohmann,* WM 2004, S. 757 ff. (764, E. I.), die Ausstattungsverpflichtung diene nach Sinn und Zweck der Insolvenzabwehr. Das bedeutet nicht zwingend, dass die Verbindlichkeiten sämtlicher Gläubiger stets fristgerecht erfüllbar sein müssen. Je nach Wahrscheinlichkeit einer Insolvenzeröffnung oder eines Abweisungsbeschlusses kann es dies aber. Andererseits befreien auch frist- und umfangmäßig korrekte Erfüllungsleistungen des Protegés den ausstattungspflichtigen Patron nicht, wenn es trotzdem zu einer Überschuldungssituation kommt; ähnlich, wenn auch etwas weiter, *Michalski,* WM 1994, S. 1229 ff. (1240, a) bb)), Verhinderung einer konkreten Gefährdung des Kreditvertrages; ebenso *Kohout,* Patronatserklärungen, S. 130–134, 3.; zu weit, *Hoffmann,* Patronatserklärung, S. 131, 1. Abs., die Pflicht zu Liquiditätsvorsorge wäre verletzt, wenn die Tochtergesellschaft in eine „akute Insolvenznähe“ gerate; *Obermüller,* Ersatzsicherheiten, S. 4, b), Rn. 26, im Sinne einer „allgemeinen Liquiditätsgarantie“; ebenso *Stecher,* „Harte“ Patronatserklärungen, S. 107/108 (dazu bereits unter Gliederungspunkt 1. b)); zu eng, *J. Koch,* Die Patronatserklärung, S. 153 a. E., 158/159, 5. a), 163, 6., 611, 4., bloße Pflicht zur Existenzerhaltung, was für den Gläubiger bedeuten könne, dass er gezwungen sei, dem Niedergang seines Hauptschuldners tatenlos zuzusehen. Das sei aber kein untragbares Ergebnis, da dem Gläubiger regelmäßig ein Schadensersatzanspruch bleibe und auch bei der Bürgschaft allgemeiner Auffassung zufolge kein durchsetzbarer Anspruch gegen den Bürgen auf Existenzerhaltung des Schuldners besteht (163, 6.). Damit setzt sich der Autor im Ergebnis zu

### b) *„Hauptschuldbezogene" Ausstattungspflicht*

Daneben ist der Patron selbstverständlich dazu verpflichtet, den Hauptschuldner rechtzeitig vor Fälligkeit der konkret abgesicherten Verbindlichkeit(en) mit den zur ordnungsgemäßen Leistungserbringung erforderlichen Mitteln auszustatten (hier: „hauptschuldbezogene" Ausstattungspflicht).

Diese Mittel werden sich der Höhe bzw. dem Wert nach in den seltensten Fällen mit der Hauptschuld decken. Ist im Vermögen des Protegés bereits eine Deckungslücke vorhanden oder lässt sich eine solche für den Zeitraum zwischen dem Ausstattungs- und dem Fälligkeitszeitpunkt prognostizieren, hat der Patron dieses Defizit zu beheben, um zu gewährleisten, dass dem Protegé im Leistungsmoment mindestens ein Sockelbetrag in Höhe der Hauptschuld zur Verfügung steht. Die Zuwendungen des Patrons können den Umfang der im Hauptschuldverhältnis zu erbringenden Leistung(en) je nach Ausmaß der übrigen Verbindlichkeiten und Ausgaben des Protegés somit leicht um ein Vielfaches übersteigen[260]. Ist abzusehen, dass der Protegé die Hauptschuld teilweise selbst erfüllen können wird, hat der Patron ihm nur die fehlenden Mittel beizusteuern. Der Umfang der „hauptschuldbezogenen" Ausstattungsleistungen variiert folglich je nach Finanzbedarf des Protegés.

---

seiner eigenen Auffassung in Widerspruch, wonach (Primär-)Leistungsanspruch bei der „externen" Ausstattungsvereinbarung ausschließlich die Ausstattung des Protegés ist – auch noch während der Insolvenz des Protegés – und nicht eine Direktleistung an den Gläubiger. Müsste der Gläubiger dem Niedergang des Protegés tatenlos zusehen, reduzierte sich der Sicherheitswert der Patronatserklärung de facto auf eine bürgschaftsähnliche Einstandspflicht des Patrons bzw. auf einen Existenzerhaltungsanspruch zu einem Zeitpunkt, in dem der Protegé eigentlich schon vernichtet ist. Dieses Ergebnis dürfte im klaren Widerspruch zu dem für den Patron erkennbaren Gläubigerwillen stehen. Für den Gläubiger bietet die „externe" Ausstattungserklärung den Vorteil, eine „Präventivsteuerung" zu ermöglichen. Auf diesen Aspekt geht *Koch* im Rahmen seiner Arbeit, aus seiner Sicht völlig zu Recht, nicht ein. Seiner Ansicht nach entfaltet die Patronatserklärung ihre eigentliche Wirkungskraft erst, wenn „das Kind schon in den Brunnen gefallen ist". Dadurch beraubt der Autor die „externe" Ausstattungszusage grundlos ihrer Hauptfunktion, eine störungsfreie Abwicklung der abgesicherten Geschäfte im Hauptschuldverhältnis zu ermöglichen. Es dürfte auch unzweifelhaft sein, dass die Patrone in der Praxis mit Blick auf den Sinn und Zweck der Patronatsvereinbarung nicht davon ausgehen, den Protegé sanktions- und risikolos insolvent werden lassen zu können, ohne dass der Gläubiger dagegen irgendeine Handhabe hätte. Aus Sicht der Vertragsparteien setzt die ordnungsgemäße Erfüllung der Ausstattungsverpflichtung voraus, dass der Patron die Überleitung des Protegés in das Abwicklungsstadium verhindert, dass er den Protegé als werbende Gesellschaft erhält.

[260] *Forschbach,* Liquiditätszusagen, S. 38, 2. Abs.; *Kohout,* Patronatserklärungen, S. 146, c), 148/149, nach oben hin unbegrenzte Leistungspflicht; *Leitner,* ÖBA 2002, S. 517 ff. (524, 2. Abs.).

### *c) Erfüllungs- und Fälligkeitszeitpunkt*

Wann der Patron die *Leistungshandlung* vornehmen muss, um dem Protegé eine rechtzeitige Erfüllung der Hauptschuld zu ermöglichen, hängt von der in Aussicht genommenen Ausstattungsleistung ab[261]. Anders als bei vielen anderen Verbindlichkeiten existiert kein fixer Handlungszeitpunkt[262]. Die Durchführung einer Kapitalerhöhung gegen Einlagen durch einen (Mehrheits-)Gesellschafter nimmt ungleich mehr Zeit in Anspruch als die Veranlassung einer elektronischen Überweisung. Auch kann der Patron verschiedene Ausstattungsarten nach freiem Belieben kombinieren[263].

*Fällig,* also von dem Gläubiger einforderbar[264], ist eine sachgerechte Ausstattung des Protegés erst in dem Moment, in dem der Patron spätestens tätig werden muss, um einen Insolvenzantrag bzw. die Abweisung eines Insolvenzantrages mangels Masse zu verhindern („kontinuierliche Grundausstattungspflicht")[265] bzw. um dem Protegé die fristgerechte Erfüllung der durch die harte Patronatserklärung abgesicherten Hauptschuld(en) zu ermöglichen („hauptschuldbezogene" Ausstattungspflicht)[266]. Da sowohl die Schadensersatzpflicht wegen Nichtleistung als auch diejenige wegen verzögerter Leistung an den Fälligkeitstermin anknüpft[267] und erst bei Fälligkeit der Hauptschuld ein Ersatzinteresse des Gläubigers bestehen kann, aber auch weil der Patron prinzipiell zu einer Direktleistung an den Gläubiger befugt ist[268], kann davon ausgegangen werden, dass die Fälligkeit der *„hauptschuldbezogenen"* Ausstattungspflicht grundsätzlich mit dem Fälligkeitstermin im Hauptschuldverhältnis korrespondiert[269].

---

[261] *Forschbach,* Liquiditätszusagen, S. 27, 2. Abs. Der Patron muss auch keineswegs in personam leisten. Es genügt, wenn er Unterstützungsmaßnahmen durch Dritte veranlasst, vgl. *Mosch,* Patronatserklärungen, S. 134, 1. Abs.

[262] Anders *Gerth,* Atypische Kreditsicherheiten, S. 155, 4. Abs., die Ausstattungsleistung sei fällig, sobald sich ein finanzieller Engpass abzeichne.

[263] *Kohout,* Patronatserklärungen, S. 130.

[264] *Erman-Kuckuk* (11), § 271 Rn. 1; *J. Koch,* Die Patronatserklärung, S. 270, II.; *Palandt-Heinrichs* (64), § 271 Rn. 1. Zur Differenzierung zwischen den beiden Leistungszeitpunkten „Fälligkeit" und „Erfüllbarkeit", vgl. *Staudinger-Bittner* (2004), § 271 Rn. 1.

[265] Das übersieht *J. Horn,* Patronatserklärungen im common law, S. 188/189; aA *Kohout,* Patronatserklärungen, S. 130–134, 3., Fälligkeit unabhängig von den einzelnen Fälligkeitsterminen im Hauptschuldverhältnis, wenn die Muttergesellschaft spätestens leisten muss, um ein akutes Liquiditätsdefizit abzuwenden. Es wären bereits „äußerste" Gefährdungen zu verhindern.

[266] *Insofern* ähnlich bzw. ebenso *Forschbach,* Liquiditätszusagen, S. 27, 2. Abs.; *Hoffmann,* Patronatserklärung, S. 90, 2. Abs.; *Kohout,* Patronatserklärungen, S. 131, 2. Abs.; *Thiekötter,* Patronatserklärung, S. 35, 5.

[267] Vgl. §§ 280 Abs. 1, 3, 281 bzw. §§ 280 Abs. 1, 2, 286 BGB.

[268] So er zu einer solchen imstande ist, s.u., Gliederungspunkt 4. c) bb).

### 3. Fehlende Subsidiarität der Ausstattungsverpflichtung

Die Ausstattungspflicht ist dabei bereits per definitionem nicht subsidiär zur Hauptschuld[270]. Der Patron ist „vorleistungspflichtig" im untechnischen Sinne[271]. In Abhängigkeit von der konkret in Aussicht genommenen Leistungshandlung hat er seine „hauptschuldbezogene" Ausstattungspflicht mit mehr oder minder zeitlichem Vorlauf zum Fälligkeitstermin im Hauptschuldverhältnis zu erbringen. Der „kontinuierlichen Grundausstattungspflicht" fehlt von vornherein jeder Bezug zu der bzw. den abgesicherten Verbindlichkeit(en).

### 4. Dauer der Ausstattungsverpflichtung

Für welchen Zeitraum der Patron den Protegé auszustatten hat, hängt grundsätzlich von dem Bestand der abgesicherten Hauptleistung(en) ab.

#### *a) Kongruenz zur besicherten Hauptschuld*

Bezieht sich die harte Patronatserklärung auf ein exakt terminiertes Geschäft, etwa einen befristeten (Ratenzahlungs-)Kredit, endigt in dem vorgesehenen Erfüllungszeitpunkt bei ordnungsgemäßer Abwicklung auch die Ausstattungspflicht des Patrons. Bei Absicherung mehrerer zeitlich beschränkter Verträge ist regelmäßiger Endtermin das Fälligkeitsdatum der letzten noch verbliebenen Hauptschuld im Hauptschuldverhältnis.

Nicht exakt bestimmen lässt sich die Dauer der Ausstattungsverpflichtung, wenn wenigstens eine der in Bezug genommenen Hauptschulden unbefristet ist, beispielsweise bei Abdeckung eines zeitlich unbefristeten Kontokorrentkredits.

---

[269] Ebenso *Hoffmann,* Patronatserklärung, S. 90, 2. Abs.; *J. Horn,* Patronatserklärungen im common law, S. 189, 1. Abs.; *J. Koch,* Die Patronatserklärung, S. 258, b), 270, II.; aA *Gerth,* Atypische Kreditsicherheiten, S. 155, 4. Abs., Fälligkeit der Ausstattungsleistung, wenn sich ein finanzieller Engpass abzeichnet; *Kohout,* Patronatserklärungen, S. 131. Für den Gläubiger wird sich ein Pflichtenverstoß des Patrons in der Praxis meist nur anhand des Ausbleibens der Hauptleistung ausmachen lassen und selbst das nur, wenn die Nichtleistung des Protegés erkennbar auf einem Mangel an finanziellen Mitteln beruht. Zu den damit verbundenen Beweisschwierigkeiten, s.u., Kapitel 7, B. IV. 1. d). Zu dem „Fälligkeitszeitraum" bzw. zur Dauer der „hauptschuldbezogenen" Ausstattungspflicht, sogleich unter Gliederungspunkt 4. a).

[270] *Kiethe,* ZIP 2005, S. 646 ff. (649, 2., letzter Abs.); implizit auch *Schäfer,* WM 1999, S. 153 ff. (161, 3. a)), trotz der These, die Ausstattungszusage begründe ausschließlich eine Pflicht zur Direktleistung in der Krise; aA *Hantke,* S. 87/88, 2., unter der fehlerhaften Prämisse, Primärleistung der „externen" Ausstattungsvereinbarung sei eine an den Gläubiger zu erbringende Direktleistung; siehe auch *MüKo-Habersack* (4), Vor § 765, Rn. 51, die Einrede der Vorausklage sei gemäß § 773 Abs. 1 Ziff. 3 BGB ausgeschlossen.

[271] Im Ergebnis ebenso *J. Koch,* Die Patronatserklärung, S. 115, b).

Da sich der Verpflichtungszeitraum der harten Patronatserklärung an denjenigen der abgesicherten Hauptschuld(en) anlehnt, wird der Patron jedenfalls mit Beendigung des Hauptschuldverhältnisses von seiner Ausstattungspflicht frei.

Abweichend von diesem „Regelfall" besteht natürlich immer auch die Möglichkeit einer (auflösenden) Bedingung oder Befristung (§ 163 BGB) der harten Patronatserklärung. Außerdem ist eine rechtswirksame Ausstattungsvereinbarung unter noch zu schildernden Voraussetzungen kündbar[272].

### *b) Fortbestand der Hauptschuld trotz Insolvenzeröffnung*

Von praktischer Relevanz ist, dass die harte Patronatserklärung trotz ordnungsgemäßer Tilgung (der letzten Rate) durch den Protegé nicht endgültig erfüllt ist, wenn im Anschluss daran über das Protegévermögen ein Insolvenzverfahren eröffnet wird und der Insolvenzverwalter die Leistung von dem Gläubiger gemäß §§ 129 ff., 143 InsO zurückfordert. Gewährt der Gläubiger das Erlangte zurück, lebt seine schuldrechtliche Forderung rückwirkend wieder auf (§ 144 Abs. 1 InsO) und mit ihr auch die für sie bestellten erlöschensakzessorischen Sicherheiten[273]. Um dies klarzustellen, hat die Kautelarpraxis die sog. *Revocatoria-Klausel* entwickelt[274]. Ausstattungszusagen werden vermehrt[275] um den (deklaratorischen)[276] Zusatz ergänzt:

---

[272] Kapitel 12, A./B. (ordentliche/außerordentliche Kündigung). Hinsichtlich der vorgelagerten Frage nach der Widerruflichkeit einer Allgemeinzusage während des „Maßgeblichkeitszeitraums", vgl. Kapitel 5, D. II. 2. (i.V.m. D. II. 1.).

[273] *BGH* (U. v. 24.10.1973 – VIII ZR 82/72), KTS 1974, S. 96 ff. (98, 1. Abs.), zur vergleichbaren Behandlung einer zunächst erloschenen Bürgenschuld (noch zu § 39 KO); ebenso *OLG Brandenburg* (U. v. 09.03.2004 – 11 U 95/93), ZInsO 2004, S. 504 ff. (506, 1. Spalte); *Braun,* InsO (2) (*Riggert*), § 144 Rn. 4; *Herget/Butzke,* Ersatzsicherheiten, S. 9, letzter Abs.; im Ergebnis ebenso *Obermüller,* Insolvenzrecht (6), S. 79 Rn. 1.306; *ders.,* Ersatzsicherheiten, S. 22/23 Rn. 77; *Wagenknecht* in: *BuB* Rn. 4/1066, (zur Bürgschaft); speziell zur harten Patronatserklärung, *Schimansky/Bunte/Lwowski* (*Merkel*), Bankrechts-Handbuch II (2), § 98 Rn. 30; aA *Bodenstein/Jahn,* S. 101 a.E.; *J. Koch,* Die Patronatserklärung, S. 106/107, 2.

[274] *Wittig* in: *BuB* (2003), Rn. 4/2882, der ihre Aufnahme ausdrücklich empfiehlt. Das tut auch *Schimansky/Bunte/Lwowski* (*Merkel*), Bankrechts-Handbuch II (2), § 98 Rn. 30.

[275] Im Rahmen der empirischen Erhebung haben vier Gesellschaften angegeben, in den ihnen bekannten oder von ihnen verwandten Formularen zur harten Patronatserklärung sei eine Revocatoria-Klausel enthalten (vgl. bereits Kapitel 2, B II. 3.). Nach Dafürhalten eines Justitiars ist die oben wiedergegebene Klausel widersprüchlich und so nicht praxistauglich. Aus seiner Sicht müsste umfangreich und deutlich ausformuliert werden, in welchen Fällen der Patron nachschusspflichtig ist. Es bedürfe strengerer Regeln als dieser vagen Klausel. Diese Einschätzung ist unzutreffend. Abgesehen davon, dass die Revocatoria-Klausel hier vertretener Meinung zufolge ohnehin nicht konstitutiv ist, geht aus ihr klar und deutlich hervor, dass die Ausstattungspflicht mit der einmaligen Bewirkung der Leistung durch den Protegé nicht endet, sofern dem Gläubiger die zugewendeten Mittel nicht endgültig verbleiben.

„... und dass Ihnen die an Sie zurückgezahlten Beträge unter allen Umständen endgültig verbleiben."[277]

Streitig ist, ob der Patron in dieser Situation nur noch „Schadensersatz wegen Nichterfüllung" (bzw. „wegen Unmöglichkeit") schuldet (§ 280 BGB a.F./ § 283 BGB n.F.) oder weiterhin ausstattungspflichtig ist. Auf die Einzelheiten dieser Problematik soll erst im Zusammenhang mit der Sekundärleistungspflicht des Patrons eingegangen werden[278]. Gegenstand dieses Abschnitts ist die Frage nach den Konsequenzen einer Insolvenzeröffnung für die *Hauptschuld* und damit für die an sie *angelehnte Ausstattungspflicht*.

Das Problem ist Folgendes: In der Praxis wird der eigentlichen Patronatserklärung, wie im zweiten Kapitel dargetan[279], meist ein „Bezugspunkt" vorangestellt. In ihm manifestiert der Patron seine Kenntnisnahme von dem abzusichernden Geschäft. Beispiel:

„Wir haben zur Kenntnis genommen, dass Sie ... (dem Protegé) *mit Krediten (einem Kredit i.H.v. ...)* zur Verfügung stehen."

Vielfach nimmt der Patron auch in der eigentlichen Ausstattungszusage auf die konkret abzusichernde(n) Hauptschuld(en) Bezug. Statt

„Wir werden dafür Sorge tragen, dass ... (der Protegé) bis zur vollständigen Erfüllung (Rückzahlung) seiner *Verbindlichkeit(en)* ...",

heißt es dann etwa,

„... bis zur vollständigen Rückzahlung der (des) ihr/ihm *gewährten Kredite (Kredits)* ...".

Mit Eröffnung des Insolvenzverfahrens über das Vermögen des Protegés könnte nun das „Tatbestandsmerkmal" einer „*Kredit*inanspruchnahme" durch den Protegé entfallen sein bzw. sich der auf eine Dienst- oder Werkleistung lautende Leistungsanspruch des Gläubigers in eine auf Ersatz des Quoten*schadens* gerichtete Insolvenzforderung verwandelt haben[280]. Sollte(n) die Primär-

---

276 Auch ohne eine Revocatoria-Klausel wird der Patron erst dann von seiner Ausstattungspflicht frei, wenn der Protegé die abgesicherte(n) Hauptschuld(en) vollständig und endgültig erfüllt hat, *Hantke,* S. 60/61; aA nunmehr *J. Koch,* Die Patronatserklärung, S. 106/107, 2., der davon auszugehen scheint, dass mit der Insolvenzanfechtung nur die Hauptforderung wieder auflebt.

277 So etwa in den neuen Musterformularen des *Bundesverbandes des privaten Bankgewerbes e.V.,* vgl. Anlage 2 (deutsche Fassung) und Anlage 3 (englische Fassung) des Berichtes über die *BdB*/vbo-Fachtagung „Kredit- und Kreditsicherungsrecht" am 13./14. Juni 2002 in München, zu Gliederungspunkt 4., „Formulierung von ‚Harten Patronatserklärungen'", (n.v.)): „... *und dass der Bank die auf die Verbindlichkeiten gezahlten Beträge, insbesondere in der Insolvenz der Tochtergesellschaft, endgültig verbleiben*"; *Obermüller,* Ersatzsicherheiten, S. 25, Muster 1; siehe auch bereits Kapitel 2, B II 3. sowie die dahingehenden Empfehlungen *Balzers,* 7. Rostocker Bankentag 2001, S. 59 ff. (81, 1. Abs.); *Wittigs,* WM 2003, S. 1981 ff. (1987, III 1.).

278 Kapitel 6, B.

279 Kapitel 2, B II. 3.

leistungspflicht(en) im Hauptschuldverhältnis erloschen sein, könnte – wegen Fortfalls der abzusichernden Hauptschuld – an die Stelle der Ausstattungsverpflichtung gleichsam „automatisch" eine Direktleistungspflicht des Patrons getreten sein[281].

Gemäß § 103 InsO hat der Insolvenzverwalter bei auf beiden Seiten noch nicht vollständig erfüllten gegenseitigen Verträgen die Wahl, anstelle des Gemeinschuldners den Vertrag zu erfüllen und von der Gegenseite Erfüllung zu verlangen (Abs. 1)[282] oder die Erfüllung zu verweigern. Lehnt er die Erfüllung ab, kann die Gegenseite „eine Forderung wegen Nichterfüllung"[283] nur als Insolvenzgläubiger geltend machen" (Abs. 2 S. 1 i. V. m. § 38 InsO). „Gegenseitiger Vertrag" im Sinne der Norm ist herrschender Meinung zufolge nicht nur ein Kauf-, Werk- oder ähnlicher synallagmatischer Vertrag, sondern auch der Vertrag über ein verzinsliches Fest- oder Tilgungsdarlehen[284]. Die dogmatischen Auswirkungen der Insolvenzeröffnung auf entsprechende Erfüllungsansprüche sind lange Zeit äußerst kontrovers diskutiert worden[285]. In der Literatur dürfte seit Längerem die Meinung vorherrschen, dass die Eröffnung des Insolvenzverfahrens den Erfüllungsanspruch der Gegenseite – abgesehen von seiner insolvenzmäßigen Behandlung – unberührt lässt[286]. Die Erfüllungswahl des Insolvenzverwalters ist nur insoweit rechtsgestaltend, als sie die Gegenforderung

---

280 Dies umgehen die neuen Musterformulare des *Bundesverbandes des privaten Bankgewerbes e. V.*, vgl. Anlage 2 (und 3) des Berichtes über die *BdB*/vbo-Fachtagung „Kredit- und Kreditsicherungsrecht" am 13./14. Juni 2002 in München, zu Gliederungspunkt 4., „Formulierung von ‚Harten Patronatserklärungen'", (n. v.). Dort heißt es: „... stets in der Lage ist, allen ihren Verbindlichkeiten *aufgrund der* Kreditgewährung fristgemäß nachzukommen", (Hervorh. durch Verf.).

281 Vgl. auch *Hoffmann,* Patronatserklärung, S. 91/92.

282 Die Verpflichtung des Protegés würde in diesem Fall zur Masseverbindlichkeit gemäß § 55 Abs. 1 Ziff. 2 InsO.

283 Zu dem Streit um die dogmatische Herleitung des Schadensersatzanspruchs, siehe nur *Braun,* InsO (2), (*Kroth*), § 103 Rn. 67; *Hess/Weis/Wienberg,* InsO (2), (*Hess*), § 103 Rn. 148 ff., jeweils m. w. N.

284 *Braun,* InsO (2), (*Kroth*), § 103 Rn. 11, 13; *Breutigam/Blersch/Goetsch,* InsO, Band I (*Goetsch*), § 103 Rn. 16; *Eickmann u. a.,* InsO (3), (*Marotzke*), § 103 Rn. 5; *Hess/Weis/Wienberg,* InsO (2), (*Hess*), § 103 Rn. 11; *Kübler/Prütting,* InsO, Band I (*Tintelnot*), § 103 Rn. 17 ff., v. a. Rn. 19; *K. Schmidt,* JZ 1976, S. 756 ff. (760, b)). Zu der Streitfrage um die (wenigstens analoge) Anwendbarkeit des § 103 InsO auf Kontokorrentforderungen, vgl. *Kübler/Prütting* (*Tintelnot*) a. a. O. Rn. 19a. Trotz der irreführenden Überschrift sieht § 108 InsO nur den Fortbestand bestimmter Dauerschuldverhältnisse vor (zu den damit verbundenen Konsequenzen, siehe §§ 109 ff. InsO), vgl. *Braun,* InsO (2), (*Kroth*), § 108 Rn. 5; *Eickmann u. a.,* InsO (3), (*Marotzke*), § 108 Rn. 2.

285 *Eickmann u. a.,* InsO (3), (*Marotzke*), § 103 Rn. 36–40, 43/44; *Kübler/Prütting,* InsO, Band I (*Tintelnot*), § 103 Rn. 8–12c.

286 Die ältere Rechtsprechung ging mit der früher herrschenden Meinung davon aus, die Insolvenzeröffnung als solche hätte keine Auswirkungen auf die Vertragsansprüche. Erst die Erfüllungsablehnung des Verwalters führte zur Umgestaltung des Erfüllungs- in einen Schadensersatzanspruch der Gegenseite, vgl. *Breutigam/Blersch/*

haftungsrechtlich privilegiert[287]. Nach der von dem BGH entwickelten und jahrzehntelang in ständiger Rechtsprechung vertretenen sog. *Erlöschens-* bzw. *Neubegründungstheorie*[288], hinderte die Insolvenzeröffnung den Gläubiger dagegen nicht nur an der Durchsetzung seines Erfüllungsanspruchs, sondern sie ließ die beiderseitigen Erfüllungsansprüche untergehen. Die Erfüllungswahl des Insolvenzverwalters hatte „novierende Wirkung"[289]. Dieser Ansatz ist – gerade mit Blick auf die akzessorischen Sicherheiten – vielfach kritisiert worden[290]. Der Gegenmeinung ist zuzugeben, dass das Gesetz für das Erlöschen der Primärleistungspflichten infolge der Insolvenzeröffnung keinen Anhaltspunkt enthält. Sollen Erfüllungsansprüche oder sonstige Gläubigerrechte mit Erlass des Eröffnungsbeschlusses untergehen, sieht die Insolvenzordnung dies ausdrücklich vor (vgl. nur §§ 104 Abs. 1 und 2, 115 Abs. 1, 116 Abs. 1 S. 1, 117 Abs. 1 InsO)[291]. Die Vorschrift des § 103 Abs. 2 S. 1 InsO sieht als Rechtsfolge einer Erfüllungsablehnung dagegen nur die Beschränkung des Gläubigers auf die üblichen Insolvenzrechte vor. Das gesteht neuerdings auch der 9. Zivilsenat des BGH ein[292]. In seinem richtungsweisenden Urteil vom 25. April 2002 hat er eingeräumt, seine bisherige Betrachtung werde „der Rechtslage nicht voll ge-

---

*Goetsch,* InsO, Band I (*Goetsch*), § 103 Rn. 5/6; *Hess/Weis/Wienberg,* InsO (2), (*Hess*), § 103 Rn. 6; *Kübler/Prütting,* InsO, Band I (*Tintelnot*), § 103 Rn. 9, m.w.N.

287 Aus einer „einfachen Insolvenzforderung" wird eine „Masseforderung" (vgl. Fn. 282); *Kübler/Prütting,* InsO, Band I (*Tintelnot*), § 103 Rn. 10, m.w.N.

288 Vgl. *Kübler/Prütting,* InsO, Band I (*Tintelnot*), § 103 Rn. 11, 12b; *MüKo-Ernst* (4), § 281 Rn. 91.

289 *BGH* (U. v. 14.12.1983 – VIII ZR 352/82), BGHZ 89, S. 189 ff. (194/195), sog. „Panzerbrücken"-Fall; *BGH* (U. v. 20.12.1988 – IX ZR 50/88), ZIP 1989, S. 171 ff. (173/174, a)/b)); *BGH* (U. v. 07.06.1991 – V ZR 17/90), ZIP 1991, S. 945 ff. (946, III. 1.); *BGH* (U. v. 04.03.1993 – IX ZR 169/92), ZIP 1993, S. 600 ff. (601, II. 1.); *BGH* (U. v. 04.05.1995 – IX ZR 256/93), ZIP 1995, S. 926 ff. (927, a)); *BGH* (U. v. 11.03.1997 – IX ZR 146/94), ZIP 1997, S. 1072 ff. (1075, 3.), jeweils noch zur früher geltenden Norm des § 17 KO; vgl. auch (zustimmend) *Braun,* InsO (*Kroth*), § 103 Rn. 58, 64, anders in der 2. Auflage, Rn. 4–10; *Breutigam/Blersch/Goetsch,* InsO, Band I (*Goetsch*), § 103 Rn. 7, 9; (ablehnend) *Eickmann u.a.,* InsO (3), (*Marotzke*), § 103 Rn. 40; *Hess/Weis/Wienberg,* InsO (2), (*Hess*), § 103 Rn. 6, 88, 91; *Kübler/Prütting,* InsO, Band I (*Tintelnot*), § 103 Rn. 11/12, jeweils m.w.N.

290 Diese entstehen im Falle einer Novation nicht neu, sondern sie sind aufgrund des zwischenzeitlichen Forderungsuntergangs endgültig erloschen. Mit Blick auf den Sicherungszweck akzessorischer Kreditsicherungsmittel kann man den Sicherungsvertrag aber vielfach so auslegen, dass die akzessorische Sicherheit in der Insolvenz des Hauptschuldners auch einen an die Stelle des Erfüllungsanspruchs tretenden Schadensersatzanspruch des Gläubigers absichert. Zur Kritik an der BGH-Rechtsprechung, *Eickmann u.a.,* InsO (3), (*Marotzke*), § 103 Rn. 40, 44, m.w.N.

291 Für Miet-, Pacht- oder Dienstverhältnisse sieht die InsO stattdessen Kündigungs- und Rücktrittsrechte vor, vgl. nur §§ 109 (i.V.m. 112), 113.

292 *BGH* (U. v. 25.04.2002 – IX ZR 313/99), BGHZ 150, S. 353 ff. (354, LS c), 359, bb) = DZWiR 2003, S. 20 ff. (20, 3. LS, 22, bb)); vgl. auch *Smid,* DZWiR 2004, S. 1 ff. (16, V. b)), wobei der erste Absatz einen Auslassungsfehler enthalten dürfte (richtig muss es heißen „... geht ... *nicht mehr* davon aus ...").

recht". Die Verfahrenseröffnung bewirke keine materiell-rechtliche Umgestaltung eines gegenseitigen Vertrages, sondern sie hindere die Vertragspartner nur an der *Durchsetzung* der noch ausstehenden Erfüllungsansprüche[293].

In Anbetracht dieses Rechtsprechungswandels kann neuerdings davon ausgegangen werden, dass die Eröffnung des Insolvenzverfahrens über das Vermögen des Protegés die Existenz der durch eine Ausstattungszusage abgesicherten Hauptschuld(en) nicht berührt[294]. Unter Akzessorietätsgesichtspunkten ist eine Beendigung bzw. Umformung der Ausstattungsverpflichtung aufgrund der bloßen Tatsache der Insolvenzeröffnung ausgeschlossen. Es besteht keine Gefahr, dass im Einzelfall ein Streit über die Mitabdeckung etwaiger Sekundärleistungspflichten durch die Ausstattungszusage entbrennt[295].

### c) *Weiterleitungsrisiko des Patrons und Abhilfemöglichkeiten*

Hinsichtlich der Dauer der Ausstattungspflicht ist noch ein weiterer Aspekt bedeutsam, und zwar derjenige des „*Weiterleitungsrisikos*" des Patrons. Mit diesem Schlagwort wird gemeinhin das Risiko des Patrons bezeichnet, trotz einer auf den ersten Blick ausreichend erscheinenden „hauptschuldbezogenen" Protegéausstattung neuerliche Unterstützungsmaßnahmen vornehmen zu müssen, sollte der Protegé die ihm zugewandten Mittel auf andere Weise als zur Rückführung der abgesicherten Hauptschuld verwenden[296]. Denkbar ist auch,

---

[293] Die Erfüllungswahl durch den Insolvenzverwalter lege den Ansprüchen die Rechtsqualität von originären Masseforderungen und -verbindlichkeiten bei, vgl. *BGH*, a. a. O.; kritisch *Mohrbutter/Mohrbutter*, DZWiR 2003, S. 1 ff. (3/4, c)). Der 9. Senat hat seither bereits Gelegenheit gehabt, seinen Rechtsprechungswandel zu bekräftigen, vgl. *BGH* (U. v. 27.05.2003 – IX ZR 51/02, KG), ZIP 2003, S. 1208 ff. (1209, 1.): „Nach der neuen Rechtsprechung des Senats verlieren die gegenseitigen Ansprüche auf weitere Leistungen nur ihre Durchsetzbarkeit; der Vertrag bleibt ungeachtet der Eröffnung des Gesamtvollstreckungsverfahrens und der Erfüllungsablehnung bestehen. Er ist rein insolvenzmäßig abzuwickeln"; siehe auch *Smid*, DZWiR 2004, S. 1 ff. (16/17, V. b)). Diese Tendenz hat sich bereits im Urteil *BGH* (U. v. 26.10.2000 – IX ZR 227/99), ZIP 2001, S. 31 ff. (32, c)), abgezeichnet, in dessen Entscheidungsgründen der 9. Senat ausdrücklich nur von einem Verlust der „Durchsetzbarkeit" des Gläubigerrechts gesprochen hat.

[294] Zu der noch von Teilen der Lehre vertretenen Gegenansicht, wonach der Insolvenzverwalter mit der Erfüllungsablehnung über ein Gestaltungsrecht zur Beseitigung der Erfüllungsansprüche des anderen Teils verfügt, vgl. *Eickmann u. a.*, InsO (3), (*Marotzke*), § 103 Rn. 36–38; *Smid*, DZWiR 2004, S. 1 ff. (16, V. b)).

[295] Siehe nur *Stecher*, „Harte" Patronatserklärungen, S. 164–166; vgl. auch dessen Überlegung auf S. 112, 2. Abs., 163, aa), kündige der Gläubiger den Kredit im Hauptschuldverhältnis, könne zwar die geschuldete Leistungshandlung noch vorgenommen werden, der mit der Zusage bezweckte Erfolg sei aber nicht mehr zu erreichen. Die geschuldete Leistung sei daher im Rechtssinne unmöglich geworden; vgl. auch *J. Koch*, Die Patronatserklärung, S. 253–255, b), Mitabsicherung eines Kondiktionsanspruchs unter den gleichen Voraussetzungen wie bei einer Bürgschaft; zur Sicherungsgrundschuld, *Wenzel*, Sicherung durch Grundschulden, S. 351 Rn. 2693.

dass dritte Gläubiger die dem Protegé zur Erfüllung der abgesicherten Hauptschuld(en) bereitgestellten Mittel im Wege der Zwangsvollstreckung in Beschlag nehmen, so dass für den Patron in Bezug auf seinen konkreten Sicherungsnehmer weiterhin Handlungsbedarf besteht[297]. Eine einmalige Mittel-

---

[296] *OLG Naumburg* (U. v. 13.01.2000 – 2 U (Hs) 73/98), OLGR Naumburg 2000, S. 407 ff. (409/410, 4. b) bb) (2)); *Forschbach,* Liquiditätszusagen, S. 38/39, b); *Fried,* Weiche Patronatserklärung, S. 171, 1. Abs.; *Gerth,* Atypische Kreditsicherheiten, S. 149; *Habersack,* ZIP 1996, S. 257 ff. (258, 2.); *Immenga/Rudo,* Gewährträgerhaftung, S. 63; *Kiethe,* ZIP 2005, S. 646 ff. (648/649, 1.); *Küffner,* DStR 1996, S. 146 ff. (148, 2.2.2. (3)); *Michalski,* WM 1994, S. 1229 ff. (1238, aa)); *Mosch,* Patronatserklärungen, S. 134; *Obermüller,* Ersatzsicherheiten, S. 5 Rn. 29; *Ohlmeyer/Gördel,* Kreditgeschäft der Kreditgenossenschaften (10), S. 835/836, b); *Stecher,* „Harte" Patronatserklärungen, S. 108, bb); *Wittig* in: *BuB* (2003), Rn. 4/2877.

[297] *LG München I* (U. v. 02.03.1998 – 11 HKO 20623/97), WM 1998, S. 1285 ff. (1287, 3.); *Fischer/Schaffland,* GenFor 1976 II, S. 36 ff (37/38); *Forschbach,* Liquiditätszusagen, S. 38/39, b); *Fried,* Weiche Patronatserklärung, S. 171, 1. Abs.; *Gerth,* Atypische Kreditsicherheiten, S. 149; *Möser,* DB 1979, S. 1469 ff. (1471, „Fallgruppe 6"); *Mosch,* Patronatserklärungen, S. 134; *Obermüller,* Ersatzsicherheiten, S. 5 Rn. 29; *Ohlmeyer/Gördel,* Kreditgeschäft der Kreditgenossenschaften (10), S. 835/836, b); *Stecher,* „Harte" Patronatserklärungen, S. 108, bb); *Thiekötter,* Patronatserklärung ad incertas personas, S. 33, 4. b.; *Wittig* in: *BuB* (2003), Rn. 4/2877; *Schaffland,* BB 1977, S. 1021 ff. (1022, „1. Beispiel"), der dies jedoch nur für den Fall vertritt, dass der Patron eine „stetige" Ausstattung versprochen hat. Enthalte der Wortlaut der Patronatserklärung keinen Hinweis auf die Kontinuität der Ausstattungsverpflichtung, lasse sich vertreten, dass der Patron bereits durch eine einmalige Leistung frei wird. Diese Unterscheidung verdient keine Zustimmung. In Anbetracht von Sinn und Zweck der harten Patronatserklärung ist sie unnötig formalistisch. Bleibt anzumerken, dass kritische Stimmen dafür plädieren, die Gefahr eines zwischenzeitlichen Mittelverbrauchs nicht als „Weiterleitungsrisiko" zu bezeichnen, sondern als „*Nachschusspflicht*" des Patrons. Spreche man von einem „Weiterleistungsrisiko", könne dies allzu leicht darüber hinwegtäuschen, dass der Patron ohne zusätzliche Abrede nur die Zahlungsfähigkeit des Protegés herstellen muss, ohne für die Weiterleitung der zugewandten Mittel durch den Protegé verantwortlich zu sein, vgl. nur *J. Horn,* Patronatserklärungen im common law, S. 181 (Fn. 360); *Kohout,* Patronatserklärungen, S. 139–141, 5. a); *Mosch,* S. 134/135; siehe auch *J. Koch,* Die Patronatserklärung, S. 166/167, 3. Durch diese „Umbenennung" gerät man allerdings vom Regen in die Traufe. Der Terminus „Nachschusspflicht" hat im Gesellschaftsrecht einen feststehenden Bedeutungsgehalt. Er bezeichnet die Pflicht eines oder mehrerer Gesellschafter, über ihre zunächst übernommene Einlagenpflicht hinaus weitere Einzahlungen vornehmen zu müssen, vgl. nur §§ 735 BGB, 26–28 GmbHG; *Forschbach,* Liquiditätszusagen, S. 77, 2. Es erscheint daher nicht sachgerecht, das Risiko des Patrons, im Vergleich zur besicherten Hauptschuld ein Vielfaches an Ausstattungsleistungen erbringen zu müssen, als „Nachschusspflicht" zu titulieren, suggeriert dieser Terminus doch eine Verpflichtung zur Aufstockung einer zunächst in Aussicht genommenen Fixleistung. Das Ausmaß der von dem Patron insgesamt zu erbringenden Ausstattungsleistungen ist unbestimmt. Es hängt von einer Reihe von Faktoren ab. Fixiert ist nur der Ausstattungserfolg. Decken die Mittelzuwendungen die fällige(n) Hauptschuld(en) nicht, trifft den Patron die *originäre* Pflicht zur Herstellung der Leistungsfähigkeit des Protegés. Von einer „Nachschusspflicht" kann keine Rede sein. Da die herrschende Meinung zudem nur von einem „Weiterleitungs*risiko*" des Patrons spricht, aber von einer „Weiterleitungs*pflicht*", ist die Gefahr eines Missverständnisses recht gering. An dem überkommenen Terminus wird daher nicht gerüttelt.

zuwendung, die isoliert betrachtet zur Erfüllung der abgesicherten Hauptschuld(en) genügt, befreit den Patron somit nicht zwingend von seiner „hauptschuldbezogenen“ Ausstattungspflicht[298]. Dies gilt selbst dann, wenn dem Protegé die zur Erfüllung benötigten Mittel im Fälligkeitstermin zur Verfügung gestanden haben[299]. Entschiede man anders, müsste der Gläubiger – was ihm selten gelingen wird – bereits im Fälligkeitszeitpunkt über einen Leistungstitel gegen den Protegé verfügen und bei Ausbleiben der Leistung ad hoc einen Vollstreckungsversuch unternehmen[300]. „Veruntreut“ der Protegé die Zuwendungsleistungen im Anschluss an den Fälligkeitszeitpunkt oder werden diese durch eine Vollstreckung von dritter Seite angegriffen, dauert die „hauptschuldbezogene“ Ausstattungspflicht daher in gleicher Weise an wie vor diesem Zeitpunkt[301]. Besteht eine Deckungslücke, hat der Patron dem Protegé solange die zur Erfüllung der abgesicherten Verbindlichkeit(en) benötigten Mittel bereitzustellen, bis der Protegé die geschuldete(n) Leistung(en) endgültig an den Gläubiger erbringt[302]. Erst dann wird er gemäß § 362 Abs. 1 BGB von seiner

---

298 *Fischer/Schaffland,* GenFor 1976 II, S. 36 ff. (37/38); *Mosch,* Patronatserklärungen, S. 134/135; *Obermüller,* Ersatzsicherheiten, S. 5 Rn. 29; *ders.,* ZGR 1975, S. 1 ff. (27, b) aa)); *Schaffland,* BB 1977, S. 1021 ff. (1022, 1. Beispiel). Bei einer „internen“ Ausstattungszusage stellt sich die Rechtslage normalerweise nicht anders dar, aA *Forschbach,* Liquiditätszusagen, S. 39/40, die von einer im Wege der ergänzenden Vertragsauslegung zu ermittelnden Nebenpflicht der auszustattenden Gesellschaft ausgeht (bzw. einer entsprechenden auflösenden Bedingung), die zugewandten Mittel absprachegemäß zu verwenden. Ein Verstoß berechtige den Ausstattungspflichtigen zur fristlosen Kündigung.

299 Siehe auch *J. Koch,* Die Patronatserklärung, S. 165/166, 2./3.; *Wittig* in: *BuB* (2003), Rn. 4/2882, Fortbestand der Leistungspflicht bis zur unanfechtbaren Leistung durch den Protegé; aA (tendenziell) *Fischer/Schaffland,* GenFor 1976 II, S. 36 ff (38, 2. Abs.), sofern die Erklärung nicht auf die „jederzeitige“ Protegéausstattung gerichtet ist, sondern „nur“ darauf, dass der Protegé die Hauptschuld erfüllen „kann“; *Kohout,* Patronatserklärungen, S. 163/164.

300 Und selbst dann bzw. bei Inanspruchnahme einstweiligen Rechtsschutzes könnte er nicht hundertprozentig sicher sein, dass das Vermögen des Protegés seine Forderung im Zeitpunkt des Wirksamwerdens der Pfändung/Vorpfändung (§ 845 ZPO) deckt.

301 AA *Kohout,* Patronatserklärungen, S. 163/164, der „mit der herrschenden Meinung“ meint, zur Erfüllung genüge es, wenn der Protegé im Fälligkeitszeitpunkt über eine ausreichende Finanzausstattung verfügt. Wegen der „Nachschusspflicht“ und des Dauerschuldcharakters der Ausstattungszusage entstehe aber immer wieder „eine neue einzelne Ausstattungspflicht“. Der Autor vernachlässigt die Erfolgs- bzw. Hauptschuldbezogenheit der Ausstattungszusage. Vor diesem Hintergrund ist auch die Fragestellung *Stechers,* „Harte“ Patronatserklärungen, S. 102, unscharf, ob der Patron die (erg.: „hauptschuldbezogene“) Ausstattungspflicht bereits erfüllt hat, wenn er dem Protegé ausreichend Mittel zur Verfügung gestellt hat oder ob dies erst der Fall ist, wenn die Mittel auch an den Gläubiger weitergeleitet worden sind. Besteht eine Deckungslücke, hat der Patron dem Protegé solange die zur Erfüllung der abgesicherten und fälligen Verbindlichkeit(en) benötigten Mittel bereitzustellen, bis der Gläubiger die von dem Protegé geschuldete(n) Leistung(en) endgültig erhalten hat.

302 Im Ergebnis ebenso *Küffner,* DStR 1996, S. 146 ff. (148, (3)); *Livonius,* WuB I F 1 b. – 1.02, S. 658 f. (659); *Schaffland,* BB 1977, S. 1021 ff. (1022, 1. Beispiel, 1023, 2. Abs.); *Schraepler,* ZKW 1975, S. 215 ff. (216, 2. Abs.).

„hauptschuldbezogenen" Ausstattungspflicht frei[303]. Zuvor ist der geschuldete Leistungserfolg nicht eingetreten.

Um dieses Weiterleitungsrisiko auszuschalten, kann der Patron den Zuwendungsleistungen eine Zweckbindung beigeben[304]. Unter bestimmten Voraussetzungen kann er auch freiwillig direkt an den Gläubiger leisten[305].

#### aa) Treuhänderische Leistung

Versieht der Patron seine Ausstattungsleistungen mit einer Zweckbindung, begrenzt er dadurch die Verfügungsbefugnis des Protegés über die Ausstattungsmittel gemäß § 185 Abs. 1 BGB auf Maßnahmen zur ordnungsgemäßen Erfüllung der abgesicherten Hauptschuld(en)[306]. Er wendet dem Protegé die benötigten Mittel mit der Maßgabe ihrer zweckentsprechenden Verwendung zu[307]. Unternehmen dritte Gläubiger des Protegés einen Vollstreckungsversuch in die Treuhandleistungen, kann der Patron als wirtschaftlich Berechtigter Drittwiderspruchsklage erheben (§ 771 Abs. 1 ZPO)[308].

Mit einer treuhänderischen Zuwendung genügt der Patron seiner „hauptschuldbezogenen" Ausstattungspflicht[309]. Zur Erfüllung der Vereinbarung[310] genügt die Ausstattung mit Fremdmitteln, über die der Protegé endgültig zu Tilgungszwecken verfügen darf[311]. Dies folgt neben Sinn und Zweck der Ausstat-

---

303 *Obermüller,* ZGR 1975, S. 1 ff. (27, b) aa)).

304 *Ebenroth/Boujong/Joost* (*Allstadt-Schmitz*), HGB, BankR IV, Rn. IV 667; *Hoffmann,* Patronatserklärung, S. 155/156, cc); *Reinicke/Tiedke,* Kreditsicherung (4), S. 155 Rn. 430; *Rimmelspacher,* Kreditsicherungsrecht (2), S. 29 Rn. 115.

305 *Frick,* Patronatserklärungen, S. 148, 1. Abs.; *Schröter,* WuB I F 1 c. – 1.98, S. 790 f. (790, 1.).

306 *Fried,* Weiche Patronatserklärung, S. 171, 1. Abs.; *Schröder,* ZGR 1982, S. 552 ff. (556/557).

307 *Ebenroth/Boujong/Joost* (*Allstadt-Schmitz*), HGB, BankR IV, Rn. IV 667; *Jander/Hess,* RIW 1995, S. 730 ff. (731, 2. Abs., 732, 4.); *Rimmelspacher,* Kreditsicherungsrecht (2), S. 29 Rn. 115; *Schröder,* ZGR 1982, S. 552 ff. (556/557).

308 *Forschbach,* Liquiditätszusagen, S. 41; siehe auch *Baumbach u. a.* (*Hartmann*), ZPO (63), § 771 Rn. 22/23; *Zöller* (*Herget*), ZPO (25), § 771 Rn. 14, „Treuhänder (uneigennützige Treuhand)". Handelt es sich bei den Zuwendungsgegenständen um Forderungen, geht eine Pfändung mangels eines „Rechtsscheinträgers" ohnehin ins Leere, vgl. *Hoffmann,* Patronatserklärung, S. 156, 2. Abs.; *Schröder,* ZGR 1982, S. 552 ff. (556/557). Aber auch in diesem Fall kann der Drittberechtigte wegen des Anscheins einer rechtswirksamen Forderungspfändung aus Klarstellungsgründen Drittwiderspruchsklage erheben, siehe nur *BGH* (U. v. 23.02.1981 – II ZR 123/80), WM 1981, S. 648 ff. (649, I.); *Zöller* (*Herget*), a. a. O., Forderung.

309 Ebenso *J. Koch,* Die Patronatserklärung, S. 179/180, 4.

310 Zum „Vertragscharakter", s. u., Kapitel 5, A.

311 Fall der sog. „Ermächtigungstreuhand (unechte Treuhand)", bei der, anders als bei der „fiduziarischen" bzw. „unechten Treuhand", keine Vollrechtsübertragung stattfindet, vgl. *J. Koch,* Die Patronatserklärung, S. 177, 2. Der Autor weist darauf hin,

tungsvereinbarung aus der Tatsache, dass der Gläubiger als „Endbegünstigter" der Zuwendungsleistungen in diese vollstrecken darf, sollte der Protegé sie oder ihr Surrogat nicht freiwillig an ihn weiterleiten[312].

Bei einer „internen" Ausstattungsverpflichtung möchte *Forschbach* der Ausstattungsvereinbarung im Wege der ergänzenden Vertragsauslegung stets die Nebenpflicht der begünstigten Gesellschaft beilegen, die Mittel zweckentsprechend zu verwenden. Alternativ geht die Autorin davon aus, dass die Ausstattungspflicht unter der auflösenden Bedingung einer sachgerechten Mittelverwendung stehe[313]. „Veruntreue" der Zusagende die zugewendeten Mittel, könne der Ausstattungspflichtige den Vertrag fristlos kündigen und weitere Zuwendungsleistungen verweigern. Eine andere Auslegung sei interessenwidrig. Sonst könnte der Begünstigte die zugewendeten Mittel beliebig verwenden und kontinuierlich Nachforderungsansprüche geltend machen[314]. Diese Interpretation lässt sich schwerlich mit der vorherrschenden Finanzierungsfunktion der „internen" Ausstattungszusage in Einklang bringen. Zielt die Zusage ausnahmsweise nur darauf ab, die Tilgung einer oder mehrerer bestimmter Hauptschuld(en) zu ermöglichen, mag das Nachforderungsbegehren des begünstigten Unternehmens im Einzelfall treuwidrig sein, sollte das Unternehmen die Ausstattungsleistungen ohne zwingende Notwendigkeit in anderer als der zugedachten Weise verwandt haben (§ 242 BGB). Im Übrigen ist aber davon auszugehen, dass die Inbezugnahme der abzudeckenden Verbindlichkeiten nur der Spezifikation des Verpflichtungsumfangs dient. Für eine generelle Treubindung der Zuwendungsleistungen bzw. für eine außerordentliche Kündigungsmöglichkeit im Falle ihrer „zweckwidrigen" Verwendung ist nichts ersichtlich.

---

dass nur die Ermächtigungstreuhand einen wirksamen Schutz vor der abzuwendenden Pfändungs- bzw. „Veruntreuungsgefahr" biete, da der Protegé bei einer fiduziarischen Treuhand nur schuldrechtlich zur zweckentsprechenden Mittelverwendung verpflichtet sei, S. 178, 1. Abs.

[312] Im Ergebnis ebenso *Hoffmann,* Patronatserklärung, S. 156, 3. Abs., unter Verweis auf das Einverständnis des Patrons mit einer Pfändung durch den Sicherungsnehmer; *J. Koch,* Die Patronatserklärung, S. 180/181, 5. a)), der diesen Weg jedoch angesichts der BGH-Rechtsprechung zur Unzulässigkeit der Pfändung in eine schuldnerfremde Forderung als „mit einem gewissen Unsicherheitsrisiko belastet" ansieht (S. 181, bb) aa)). Der Gläubiger könne aber jedenfalls gemäß § 857 ZPO die Verfügungsermächtigung des Protegés pfänden (S. 181–185, b)); *Schröder,* ZGR 1982, S. 552 ff. (556/557), Wirksamwerden der Pfändung „durch Einwilligung des Patrons analog § 185 Abs. 1", die auch gegenüber der Tochtergesellschaft erklärt werden könne (§ 182 Abs. 1 BGB).

[313] *Forschbach,* Liquiditätszusagen, S. 40, 2. Abs.

[314] *Forschbach,* a. a. O.

### bb) Direktleistung an den Gläubiger

Weitere Möglichkeit zur Ausschaltung des Weiterleitungsrisikos kann[315] die Vornahme einer Direktleistung an den Gläubiger sein[316]. Prämisse ist die Erbringbarkeit der von dem Protegé geschuldeten Leistung(en) durch den Patron.

#### *(1) Drittleistung gemäß § 267 BGB*

Die Direktleistungsbefugnis des Patrons wird vorwiegend auf § 267 Abs. 1 BGB gestützt[317]. Anders als bei einer Bürgschaft oder Garantie scheitert die Annahme einer Drittleistungsbefugnis nicht bereits daran, dass der Sicherungsgeber selbst eine Direktleistung an den Gläubiger zu erbringen *hat*[318].

---

315 Entgegen *Forschbach,* Liquiditätszusagen, S. 41, bedarf der Zusagende nicht zwingend einer Direktleistungsmöglichkeit, um die Weiterleitungsgefahr zu bannen. Die Gefahr des nachträglichen Anwachsens des Umfangs der geschuldeten Zuwendungsleistungen infolge einer „Zweckentfremdung" der zunächst zugewandten Mittel bzw. aufgrund einer zwischenzeitlichen Vertiefung der „Deckungslücke" ist ein vertragsimmanentes Risiko.

316 Zur Möglichkeit des Schuldners einer „internen" Ausstattungsverpflichtung zur Direktleistung an die Gläubiger des auszustattenden Unternehmens, *Forschbach,* Liquiditätszusagen, S. 142, 2. Abs., Leistung als Dritter gemäß § 267 Abs. 1 BGB. Entgegen der Autorin dürfte ein Gläubigerwiderspruch gemäß Abs. 2 auch hier nicht in Betracht kommen, da die auszustattende Gesellschaft nebenvertraglich zur Unterlassung eines die direkte Erfüllung fälliger Verbindlichkeiten hindernden Widerspruchs verpflichtet ist.

317 *Fischer/Schaffland,* GenFor 1976 II, S. 36 ff (38, 1. Abs.); *Gerth,* Atypische Kreditsicherheiten, S. 150; *Habersack,* ZIP 1996, S. 257 ff. (258, 2.); *Hantke,* S. 61; *Herget/Butzke,* Ersatzsicherheiten, S. 8; *Hoffmann,* Patronatserklärung, S. 74/75; *J. Horn,* Patronatserklärungen im common law, S. 181, 2. Abs.; *Obermüller,* ZIP 1982, S. 915 ff. (918, 4.2); *ders.,* Ersatzsicherheiten, S. 5 Rn. 29; *Rimmelspacher,* Kreditsicherungsrecht (2), S. 29 Rn. 115; *Rippert,* Patronatserklärungen, S. 113; *Schaffland,* BB 1977, S. 1021 ff. (1022, 1. Beispiel); *Schröter,* WuB IV A § 276 BGB 2.90, S. 349 f. (349, I. 1.); *Wagner,* Internationale Tätigkeit der Banken, S. 32, 3. Abs.; unklar *Staudinger-Horn,* Vorbem zu §§ 765 ff. Rn. 414, der auf die Existenz einer *Ersetzungsbefugnis* i.S.d. § 267 BGB verweist, (Hervorh. durch Verf.); weiter *Rümker,* WM 1974, S. 990 ff. (992, 1. Abs.), Berechtigung zur Leistung für die Tochtergesellschaft „unabhängig von ihrer Drittleistungsbefugnis nach § 267 BGB"; ebenso *Wittig* in: *BuB* (2003), Rn. 4/2877, selbst wenn die Voraussetzungen des § 267 BGB nicht vorlägen, ergebe sich eine solche (erg. „Drittleistungsbefugnis") nach Treu und Glauben aus dem Zweck der Patronatserklärung. Da der Wortlaut des § 267 Abs. 1 S. 1 BGB nur von „der Leistung" spricht, besteht die Drittleistungsbefugnis nicht nur bei Rückführung *aller* noch offenen Verbindlichkeiten, sondern auch bezogen auf einzelne Teilleistungen; aA *Hantke,* S. 62, dessen Verweis auf *Kohout,* S. 170 ff. und *Stecher,* „Harte" Patronatserklärungen, S. 121, insofern nicht verfängt. Auch besteht die Drittleistungsbefugnis bereits vor „Zahlungsunfähigkeit" des Hauptschuldners; aA *Ohlmeyer/Gördel,* Kreditgeschäft der Kreditgenossenschaften (10), S. 836, 2. Abs.; anders auch *Reinicke/Tiedke,* Kreditsicherung (4), S. 156 Rn. 430, die Mutter sei (aufgrund ihrer konzernrechtlichen Bindung) keine Dritte im Sinne des § 267 BGB. Dem ist zu widersprechen.

Konstruktive Schwierigkeiten bereitet das Zurückweisungsrecht des Gläubigers gemäß § 267 Abs. 2 BGB. Widerspricht der Schuldner, kann der Gläubiger die Leistung eines Dritten grundsätzlich gemäß § 267 Abs. 2 BGB ablehnen. Für die harte Patronatserklärung hätte dies zur Konsequenz, dass der Patron den Protegé zwingend mit den erforderlichen Mitteln ausstatten müsste[319], was einen erheblichen Mehraufwand im Vergleich zu einer Direktleistung bedeuten kann. Die mehrheitliche Meinung[320] behilft sich damit, dass sie das Zurückweisungsrecht des Gläubigers als vertraglich abbedungen ansieht[321]. Der Gläubiger solle aus Sicht der Vertragsparteien nicht besser stehen als bei einer Bürgschaft oder Garantie, bei der der Anspruch des Gläubigers von vornherein auf eine Direktleistung gerichtet ist[322]. Zu dem gleichen Ergebnis gelangt man mit der Annahme, den Gläubiger treffe die nebenvertragliche Pflicht, von dem gesetzlich vorgesehenen Zurückweisungsrecht keinen Gebrauch zu machen. Gegen die generelle Versagung des Widerspruchsrechts lässt sich nicht einwenden, der Patron müsse ablehnungsbefugt sein, wenn der Protegé widerspricht, um erforderlichenfalls in eigenem Interesse eine existenzbedrohenden Krise des Protegés abzuwenden[323]. Vor dieser Gefahr schützt ihn bereits die „kontinuierliche Grundausstattungspflicht“. Diese dauert unbeschadet einer Direktleistung an, sofern die Patronatserklärung neben dem erfüllten noch weitere Ansprüche absichert[324]. Im Übrigen gebieten es dem Gläubiger auch die dem Patron geschuldete Rücksichtnahme und die Begrenzung des Vertragszwecks auf die Befähigung des Protegés zur Erfüllung der in Bezug genommenen Forderungen, eine Direktleistung durch den Patron zu akzeptieren[325]. Würde er sie zurückweisen,

---

[318] *Forschbach,* Liquiditätszusagen, S. 42, 2. Abs.; *Kohout,* Patronatserklärungen, S. 166/167; *Mosch,* Patronatserklärungen, S. 136/137.

[319] So *Hoffmann,* Patronatserklärung, S. 154, 222, 3. Abs.; *Schröder,* ZGR 1982, S. 552 ff. (555/556), die ein Direktleistungsrecht gemäß § 276 BGB angesichts dieses „Restrisikos“ für unpraktikabel bzw. für nicht hinreichend sicher halten.

[320] Anders etwa *Rippert,* Patronatserklärungen, S. 113; *Schröder,* ZGR 1982, S. 552 ff. (555/556), die es bei der Widerspruchsmöglichkeit belassen.

[321] *Habersack,* ZIP 1996, S. 257 ff. (258, 2.); *Larenz/Canaris,* Schuldrecht II 2 (13), § 64, V. 1. b), S. 83; *Rimmelspacher,* Kreditsicherungsrecht (2), S. 29 Rn. 115; *Thiekötter,* Patronatserklärung, S. 34, 1. Abs.; aA *Hantke,* S. 61/62, für eine Abbedingung finde sich im Wortlaut der Erklärung kein Anhaltspunkt, auch könnten die Parteien des Hauptschuldverhältnisses an dem Fortbestand der Ausstattungspflicht interessiert sein; siehe auch *Hoffmann,* Patronatserklärung, S. 154, 222, 3. Abs.

[322] *Küffner,* DStR 1996, S. 146 ff. (148, (3)); *Larenz/Canaris,* Schuldrecht II 2 (13), § 64, V. 1. b), S. 83; *Rimmelspacher,* Kreditsicherungsrecht (2), S. 29 Rn. 115.

[323] Vgl. nur *J. Koch,* Die Patronatserklärung, S. 174.

[324] Ähnlich *Stecher,* „Harte“ Patronatserklärungen, S. 121–123; *Wagner,* Internationale Tätigkeit der Banken, S. 32, 3. Abs. Eine Risikoerhöhung ist damit nicht verbunden. Hinsichtlich der „kontinuierlichen Grundausstattungspflicht“ besteht naturgemäß kein Weiterleitungsrisiko, das es zu dezimieren gilt.

[325] Nur faktisch argumentieren dagegen *J. Horn,* Patronatserklärungen im common law, S. 181, 2. Abs.; *Mosch,* Patronatserklärungen, S. 137, 3. Abs.; *Stecher,* „Harte“ Patronatserklärungen, S. 121, 3. Abs., die (zumindest konkludent) darauf verweisen,

um sodann die genügende Ausstattung des Protegés zur Erfüllung exakt dieser Forderung(en) zu reklamieren, setzte er sich zu seinem vorangegangenen Verhalten in Widerspruch (§ 242 BGB, venire contra factum proprium[326]).

Möglicherweise ist die herrschende These, der Patron sei gemäß § 267 Abs. 1 BGB drittleistungsbefugt, im Normalfall aber deswegen unstimmig, weil die Leistung des Patrons aus Gläubigersicht als Eigenleistung des Patrons erscheint[327].

*(2) Leistung unter Wahrnehmung einer Ersetzungsbefugnis*

Die auf den Abschluss des Patronatsvertrages[328] gerichtete Erklärung des Gläubigers könnte von dem Patron auch bei Fehlen einer „Direktleistungsklausel"[329] gemäß §§ 133, 157 BGB so aufzufassen sein, dass der Gläubiger ihm

---

dass der Gläubiger eine Drittleistung des Patrons in der Praxis nicht ablehnen würde. (Tendenziell) Gegen Sorgfalts- und Nebenpflichten des Gläubigers bei einem einseitig verpflichtenden Vertrag (wie der Bürgschaft), *Ohlmeyer/Gördel,* Kreditgeschäft der Kreditgenossenschaften (10), S. 790, 4.; *Wagenknecht* in: *BuB* Rn. 4/1008. 4/1010, 4/1014; anders eine im Vordringen befindliche Meinung, vgl. *Lwowski,* Kreditsicherung (8), S. 360, letzter Abs.

326 Dazu *Palandt-Heinrichs* (64), § 242 Rn. 55.

327 *Obermüller,* ZGR 1975, S. 1 ff. (27, b) bb)), weist darauf hin, dass § 267 BGB nicht greift, sofern die Mutter ausdrücklich im Namen der Tochter auftritt; *Schröter,* WuB I F 1 c. – 1.98, S. 790 f. (791, 2.), die Zahlung des Patrons stelle keinen Fall der Leistung eines Dritten gemäß § 267 Abs. 1 BGB dar, weil der Patron mit der Zahlung in erster Linie seine eigene Verpflichtung erfülle; vgl. auch *J. Koch,* Die Patronatserklärung, S. 169, mit der zutreffenden Anmerkung, dem Unterschied zwischen Drittleistung und Ersetzungsbefugnis liege vorgelagert die tiefergehende Frage zugrunde, auf welche Schuld der Patron gezahlt habe. Das wird in der Tat meist übersehen.

328 Dazu unten, Kapitel 5, A.

329 Wie bereits im zweiten Kapitel angesprochen (Gliederungspunkt B II 3), sehen die Patronatsvereinbarungen in der Praxis teilweise vor, dass der Patron zu einer Direktleistung an den Gläubiger befugt ist. Die Aufnahme einer solchen Klausel wird von *Wittig,* WM 2003, S. 1981 ff. (1987, III 1.), ausdrücklich empfohlen. Ein Justitiar hat im Zuge der Umfrage darauf hingewiesen, eine solche Klausel sei rechtlich nicht erforderlich. Die Texte seiner Bank enthielten indessen eine Klausel, wonach sich der Patron durch Direktleistung von *seinen Verpflichtungen aus dem Patronat* befreien kann. Mit dieser Direktleistungsklausel solle dem Patron die Möglichkeit eingeräumt werden, sich jederzeit seiner Verpflichtung gegenüber dem Gläubiger zu entledigen, ohne noch Ausstattungen vornehmen und die Gesellschaft künstlich am Leben erhalten zu müssen. Auf Nachfrage hat er eingeräumt, eine (freiwillige) Direktleistung an den Gläubiger scheine eher die Ausnahme zu sein und auch in den Formularen nicht weit verbreitet. Die neuen Musterformulare des *Bundesverbandes des privaten Bankgewerbes e. V.* (vgl. Anlage 2 des Berichtes über die *BdB*/vbo-Fachtagung „Kredit- und Kreditsicherungsrecht" am 13./14. Juni 2002 in München zu Gliederungspunkt 4., „Formulierung von ‚Harten Patronatserklärungen'", (n. v.)), sehen nunmehr allerdings vor, dass der Patron seine *„Verpflichtung auch durch Zahlung der jeweils fälligen Beträge an die Bank erfüllen"* kann.

die Befugnis einräumt, seine „hauptschuldbezogene“[330] Ausstattungspflicht durch eine Direktleistung an den Gläubiger zu ersetzen (sog. facultas alternativa[331])[332]. Vor dem Hintergrund eines in der Praxis dominierenden Gläubigerinteresses an einer Direktleistung durch den Sicherungsgeber kann es dem Gläubiger aus Sicht des Patrons nur recht sein, wenn er ihn wie ein Bürge und Garant bei Fälligkeit der abgesicherten Hauptschuld(en) direkt befriedigt[333]. Die Tatsache, dass die Ausstattungsvereinbarung explizit (nur) die Erbringung von Ausstattungsleistungen vorsieht, steht dazu nicht in einem „unüberbrückbaren Widerspruch“[334]. Das Wortlautargument[335] verfängt nicht. Eine etwaige Ersetzungsbefugnis braucht nicht explizit vereinbart zu werden. Sie kann auch konkludent mit vereinbart werden oder sich aus einer ergänzenden Vertragsauslegung ergeben[336]. Die obligatorische Vertragslücke ist gegeben[337]. Sie lässt sich

---

[330] Diese Differenzierung fehlt bei *Mosch,* Patronatserklärungen, S. 142/143, der aufgrund dessen zu der irrigen Einschätzung gelangt, der Patron könne sich auch bei einer Globalabsicherung durch eine Direktleistung gemäß § 267 BGB von „seiner Verbindlichkeit aus der Patronatserklärung“ befreien und seine „Gesamtverpflichtung auf die Höhe der Kreditsumme beschränken“; kritisch hierzu *Stecher,* „Harte“ Patronatserklärungen, S. 121–123, b).

[331] Vgl. nur *Schäfer,* WM 1999, S. 153 ff. (162, 2. Abs.), der allerdings ohnehin von einer primären Direktleistungspflicht ausgeht; aA *Kohout,* Patronatserklärungen, S. 134/135, der die These von der „doppelten Primärleistung“ teilt. Allgemein zur Ersetzungsbefugnis eines Schuldners, *Erman-Kuckuk* (11), § 262 Rn. 2; *Esser/Schmidt,* Schuldrecht AT (8), § 14, II., S. 244, 2.; *Fikentscher,* Schuldrecht (9), § 28, V., S. 158/159 Rn. 214; *MüKo-Krüger* (4), § 262 Rn. 8/9, § 263 Rn. 10; *Palandt-Heinrichs* (64), § 262 Rn. 7/8; *Staudinger-Bittner* (2004), § 262 Rn. 11, „una res in obligatione, duae in solutione“; *Ziegler,* AcP 171 (1971), S. 193 ff. (203, 2. a)).

[332] *Ebenroth/Boujong/Joost* (*Allstadt-Schmitz*), HGB, BankR IV, Rn. IV 667; *Fleischer,* WM 1999, S. 666 ff. (669, 1. Spalte a.E.); *Küffner,* DStR 1996, S. 146 ff. (148, (3)), „dogmatisch vielmehr Ersetzungsbefugnis“; *Larenz/Canaris,* Schuldrecht II 2 (13), § 64, V. 1. b), S. 83, die davon ausgehen, dass es sich bei der Direktzahlung „wohl gar nicht um einen Fall des § 267 I BGB“ handelt, sondern um die Ausübung einer Ersetzungsbefugnis des Patrons.

[333] *Ebenroth/Boujong/Joost* (*Allstadt-Schmitz*), HGB, BankR IV, Rn. IV 667, die Annahme einer Ersetzungsbefugnis sei vorzugswürdig, stehe der Patron dem Gläubiger doch nicht als desinteressierter Dritter gegenüber, wenn das protegierte Unternehmen insolvent wird, sondern als Zahlungspflichtiger; *Forschbach,* Liquiditätszusagen, S. 42, 1. Abs.

[334] So *Hoffmann,* Patronatserklärung, S. 154, 1. Abs.

[335] *Hoffmann,* Patronatserklärung, S. 153, bb).

[336] AA *J. Koch,* Die Patronatserklärung, S. 174/175, der dem Patron zu Unrecht eine Entscheidung zwischen den beiden Alternativen einer Leistung auf eigene und fremde Schuld abverlangt (dazu sogleich unter Gliederungspunkt (3)) und den Weg einer ergänzenden Vertragsauslegung vornehmlich daran scheitern lässt, dass unklar sei, wie diese Entscheidung ausfällt bzw. dass offen sei, ob dem Patron die Entscheidung habe frei gehalten werden sollen.

[337] Zweifelnd *J. Koch,* Die Patronatserklärung, S. 174, der mangels Differenzierung zwischen einer „kontinuierlichen Grundausstattungspflicht“ und einer „hauptschuldbezogenen“ Ausstattungspflicht zu Unrecht das Interesse anderer Gläubiger an dem wirtschaftlichen Wohlergehen des Protegés in den Blick nimmt.

auch nicht durch einen Rückgriff auf § 267 BGB schließen[338]. Diese Vorschrift normiert nur die Anforderungen an eine wirksame Drittleistung. Sie sagt nichts darüber aus, inwieweit der Schuldner eine von ihm selbst zu erbringende Leistung durch eine andere ersetzen kann.

Die Einordnung der Direktleistung als Eigenleistung des Patrons unter Wahrnehmung einer ihm zustehenden Ersetzungsbefugnis machte vor allem dann Sinn, wenn die Forderung des Gläubigers die Rückgriffsmöglichkeiten des Patrons erweiterte[339]. Leistet der Patron nicht (auch) auf die Hauptforderung, bleibt diese bestehen[340]. Der Patron könnte sie wie ein Bürge im Wege der cessio legis (§ 774 Abs. 1 S. 1 BGB analog)[341] oder durch Abtretung von Seiten des Gläubigers erwerben[342]. Der Hinzuerwerb der Forderung hätte für den Patron allerdings nur dann eigenständige Bedeutung, wenn gleichzeitig mit der Forderung auch etwaige für sie bestellte Sicherheiten nach § 401 BGB (i.V.m. §§ 412 bzw. 413 und/oder 398 BGB) auf ihn übergingen oder durch separates Rechtsgeschäft auf ihn zu übertragen wären[343]. Dies dürfte meist nicht der Fall sein. Der Patron steht mit sonstigen Real- und Personalsicherungsgebern nach vorliegendem Verständnis nicht auf einer Stufe, sondern allenfalls mit anderweitigen Ausstattungsschuldnern. Wie bereits mehrfach betont, ist die harte Patronatserklärung ein präventives Sicherungsinstrument. Die Gleichstellung des Pa-

---

[338] AA *Kohout,* Patronatserklärungen, S. 166 a.E., die Drittleistungsbefugnis gemäß § 267 BGB hätte Vorrang vor einer Direktleistungsbefugnis nach Treu und Glauben.

[339] Ähnlich *J. Koch,* Die Patronatserklärung, S. 170/171.

[340] *J. Koch,* Die Patronatserklärung, S. 326, 2. a). Generell dazu, dass die Hauptschuld bei einer Leistung nach § 267 BGB gemäß § 362 Abs. 1 BGB erlischt, *Reinicke/Tiedke,* Kreditsicherung (4), S. 98 Rn. 295; *Schimansky/Bunte/Lwowski* (*Schmitz*), Bankrechts-Handbuch II (2), § 91 Rn. 83, Anh. zu § 91, Erläuterungen, 5.; *Wagenknecht* in: *BuB,* Rn. 4/1065, 4/1088, 4/1090, zur Bürgschaft.

[341] So *J. Koch,* Die Patronatserklärung, S. 327–329, 334, 1. Abs., 614, 5. Kapitel, 4.

[342] Letzteres befürworten *Balzer,* 7. Rostocker Bankentag 2001, S. 59 ff. (81, cc)); *BdB* (*Bundesverband des privaten Bankgewerbes e.V.*), Zusammenfassung der BdB/vbo-Fachtagung „Kredit- und Kreditsicherungsrecht" am 13./14. Juni 2002 in München unter Gliederungspunkt 4., „Formulierung von ‚Harten Patronatserklärungen'", (n.v.); *Jander/Hess,* RIW 1995, S. 730 ff. (735, IV. 1.), „nach 255 BGB"; *Obermüller,* ZGR 1975, S. 1 ff. (30); *Schröter,* WuB I F 1 c. – 1.98, S. 790 f. (791, 2.); *Seiler,* Patronatserklärung, S. 77–79, 84; *Wittig* in: *BuB* (2003), Rn. 4/2883; aA *Kohout,* Patronatserklärungen, S. 166/167, der diese Möglichkeit insgesamt ohne nähere Begründung verwirft. Zum Abtretungsanspruch bei einer Garantie, vgl. *MüKo-Habersack* (4), § 766 Rn. 2, Vor § 765 Rn. 19.

[343] Nicht akzessorische Sicherheiten sind auch einem Bürgen (jedenfalls bei Fehlen einer anders lautenden Vereinbarung mit dem dritten Sicherungsgeber) entsprechend §§ 774, 412, 401 BGB zu übertragen, vgl. *Ohlmeyer/Gördel,* Kreditgeschäft der Kreditgenossenschaften (10), S. 802/803; *Reinicke/Tiedke,* Kreditsicherung (4), S. 102 Rn. 305; *Schaarschmidt,* Sparkassenkredite (8), S. 839 Rn. 2.979; *Schimansky/Bunte/Lwowski* (*Schmitz*), Bankrechts-Handbuch II (2), § 91 Rn. 87; *Wagenknecht* in: *BuB,* Rn. 4/1104a, Rn. 1294a (zur Garantie); *Wenzel*, Sicherung durch Grundschulden, S. 351/352 Rn. 2812, 2814, S. 396 Rn. 2822/2823. Es gilt § 426 BGB analog, *Reinicke/Tiedke,* a.a.O., S. 419/420 Rn. 1110.

trons mit Sicherungsmitteln, auf die der Gläubiger erst im Zeitpunkt des Ausbleibens der abgesicherten Hauptschuld(en) zugreifen darf, verbietet sich. Zum Ausstattungszeitpunkt sind die entsprechenden Sicherungsansprüche meist noch gar nicht fällig. Die Tatbestandsvoraussetzungen des § 776 BGB dürften demnach so gut wie nie erfüllt sein[344]. Da sich der Umfang des gesetzlichen, aber auch eines rechtsgeschäftlich zu bewirkenden Forderungsübergangs einschließlich etwaiger Sicherungsmittel nach der Höhe des Ausgleichsanspruchs gegenüber dem jeweiligen Mitverpflichteten richtet (vgl. nur § 774 Abs. 2 i.V.m. § 426 Abs. 2 S. 1 BGB)[345], dürfte der Aspekt eines Forderungserwerbs für den Patron kaum je einmal Bedeutung erlangen. Für die Verstärkung seiner Rückgriffsrechte durch den Erwerb der „bloßen Forderung" besteht gleichsam kein Bedarf. In der Praxis treffen er und der Protegé regelmäßig keine Abrede darüber, ob und wenn ja, wie, erbrachte Ausstattungsleistungen zu erstatten sind[346]. In dem Verzicht auf eine Rückgriffsregelung ist meist ein Verzicht auf die Rückforderungsmöglichkeit schlechthin zu sehen. Sollte der (Gesellschafter-)Patron beabsichtigen, seine Ausstattungsleistungen zurückzufordern, dann oft über einen späteren Gewinntransfer. Vielfach werden Ausstattungsleistungen auch als „verlorene Zuschüsse" auf den konzernrechtlichen Verlustausgleichsanspruch gemäß § 302 Abs. 1 AktG erbracht[347]. Dies gilt dann mutatis mutandis auch für eine entsprechende Direktleistung. Es besteht also in aller Regel keine vertragliche oder gesetzliche Rückgriffsmöglichkeit, die auf ein zweites Standbein gestellt werden müsste[348]. Das Erlöschen der Hauptschuld ist für den Pa-

---

344 *Herget/Butzke,* Ersatzsicherheiten, S. 10/11, c); aA *Kohout,* Patronatserklärungen, S. 160, c), für eine analoge Anwendung des § 776 BGB auf die Ausstattungsverpflichtung; siehe auch *Schraepler,* ZKW 1975, S. 215 ff. (216, 3. Abs.); *Balzer,* 7. Rostocker Bankentag 2001, S. 59 ff. (83/84); *Obermüller,* Ersatzsicherheiten, S. 21/22 Rn. 75; *Schimansky/Bunte/Lwowski* (*Merkel*), Bankrechts-Handbuch II (2), § 98 Rn. 47; *Wittig* in: *BuB* (2003), Rn. 4/2887, halten die Norm (nur bzw. bereits) deshalb für unanwendbar, weil sie eine auf sonstige Sicherungsverhältnisse nicht übertragbare Ausnahmevorschrift darstelle.

345 *Schimansky/Bunte/Lwowski* (*Schmitz*), Bankrechts-Handbuch II (2), § 91 Rn. 88/89, 104/105, zum Ausgleich zwischen mehreren *gleichstufigen* Sicherungsmitteln entsprechend § 426 BGB.

346 Die empirische Erhebung hat ergeben, dass in nur einem Fall stets eine ausdrückliche Rückgriffsvereinbarung getroffen wird, wobei sich diese Angabe möglicherweise auf die Konstellation einer „weichen" Patronatserklärung bezieht. Aus steuerlichen Gründen (arm's length-Prinzip) wird in diesem Fall eine normalverzinsliche bzw. -provisionspflichtige Erstattung vereinbart. Nach Auskunft von 16 Unternehmen/Instituten erfolgt hingegen keine Rückgriffsvereinbarung. Hierzu ist angemerkt worden, eine Regelung sei entbehrlich, da Patronatserklärungen nur für Konzerngesellschaften übernommen werden bzw. weil es/sie (erg.: wohl die Rückgriffsmöglichkeit) sich von selbst verstehe und im Übrigen stets ein Konzernverhältnis bestehe; siehe auch *Nöcker/Meyer-Pries,* StuB 2000, S. 760 ff. (762, 1. Spalte).

347 Vgl. die Angaben in der vorhergehenden Fußnote; siehe im Übrigen Kapitel 5, C. I.

348 (Implizit) AA *Jander/Hess,* RIW 1995, S. 730 ff. (735, IV. 1.); *Obermüller,* ZGR 1975, S. 1 ff. (30–32), die den Regress ausschließlich auf einen Anspruch gegen-

tron regelmäßig unschädlich. Die Annahme einer Drittleistung gemäß § 267 Abs. 1 BGB scheitert somit in der Mehrzahl der Fälle nicht bereits daran, dass sie grob interessenwidrig wäre.

Nimmt man die Gläubigerperspektive in den Blick, könnte gegen die Konstruktion einer Eigenleistung unter Wahrnehmung einer Ersetzungsbefugnis sprechen, dass der Gläubiger eine Direktleistung des Patrons im Fälligkeitszeitpunkt üblicherweise als Leistung auf die geschuldete Hauptschuld ansieht[349].

*(3) Simultane Eigen- und Fremdleistung*

Das kann er auch, sofern der Patron nicht ausnahmsweise an dem Erwerb der Forderung des Gläubigers gegenüber dem Protegé interessiert ist. In aller Regel wird davon auszugehen sein, dass der Patron mit seiner Direktleistung gemäß § 267 Abs. 1 i.V.m. § 362 Abs. 1 BGB die Hauptschuld zum Erlöschen bringen möchte. Da für die Annahme einer Ersetzungsbefugnis ebenfalls gute Gründe sprechen[350], dürften Direktleistungen des Patrons meist „doppelrelevant" sein[351]. Aus objektiver Gläubigersicht sind sie sowohl eine Fremdleistung auf die Hauptschuld als auch vertraglich zulässiger Ersatz für die „hauptschuldbezogene" Ausstattung des Protegés[352]. Obgleich die „hauptschuldbezogene"

---

über dem Gläubiger auf Abtretung der bestehen gebliebenen Forderung gemäß § 255 BGB stützen; *Wittig* in: *BuB* (2003), Rn. 4/2883, schuldrechtlicher Anspruch auf Abtretung der Kreditforderung.

349 *Stecher,* „Harte" Patronatserklärungen, S. 120, es liege für den Gläubige auf der Hand, dass der Patron mit der Zahlung als Dritter leisten wolle, möge er mit der Zahlung auch offensichtlich seine Patronatsverpflichtung zum Erlöschen bringen wollen.

350 Durch die Zubilligung einer Ersetzungsbefugnis wird entgegen *Schäfer,* WM 1999, S. 153 ff. (162, 2. Abs.), nicht die Prämisse von der primären Ausstattungs- anstelle einer Zahlungspflicht gegenüber dem Gläubiger ein Stück weit aufgegeben. Zum einen ist die Ausstattungsvereinbarung, so gut wie immer eine Konzession an das Interesse des Patrons, nicht in seinen Leistungsmodalitäten beschränkt zu werden so dass nichts dagegen spricht, ihm die Möglichkeit zu einer den Umweg über das Protegévermögen ersparenden Direktleistung offen zu halten. Zum anderen bietet die Ausstattungsvereinbarung auch für den Gläubiger den Vorteil einer Präventivsteuerung, schließlich dauert die „kontinuierliche Grundausstattungspflicht" im Falle einer „Mehrfachabsicherung" an. Trotz einer etwaigen Ersetzungsbefugnis ist die Ausstattungsvereinbarung ein aliud gegenüber den „zweidimensionalen" Sicherungsinstrumenten. Näheres dazu in Kapitel 7, B. IV. 1.

351 Durch eine Leistung können zugleich mehrere kausale Zuwendungen an verschiedene Personen erbracht werden, vgl. nur *v. Tuhr,* BGB AT II/2, S. 92/94, IV., siehe auch S. 180, 2. Abs.

352 AA die ganz hM, siehe nur *J. Koch,* Die Patronatserklärung, S. 170/171, 611, 7., 323, IV. 1. a), der zunächst zutreffend darauf hinweist, dass dem Patron grundsätzlich beide Wege offen stünden (170, 1. Abs.), im Folgenden aber davon ausgeht, dass der Patron sich zwischen den beiden Alternativen entscheiden müsse („Für welchen (erg.: Weg) er sich entscheidet, hängt ausschließlich von seinem nach außen erkennbaren Willen ab", vgl. auch S. 190, 2. Abs.). Eine Entweder-oder-Lösung wäre indes nur geboten, wenn nicht zwei Ansprüche zugleich erfüllt werden könnten. Entgegen *Koch*

Ausstattungspflicht mit Erfüllung der abgesicherten Forderung akzessorietätsbedingt ohnehin unterginge, ist vorzugsweise davon auszugehen, dass dem Patron daran liegt, sich mit einer Direktleistung auch von dieser zu befreien. Schließlich ist auch dem Gläubiger vor dem Hintergrund der Vertragsverhandlungen nicht ausschließlich an einer hinreichenden Ausstattung des Protegés gelegen. Eine Ablehnung der Drittleistung durch ihn gemäß § 267 Abs. 2 BGB muss daher richtigerweise schon aus vertraglichen Gründen unterbleiben[353]. Der Gläubiger kann dem Patron nicht (ausdrücklich oder hypothetisch) eine Ersetzungsbefugnis einräumen und sich zugleich das Recht vorbehalten, etwaige Direktleistungen nicht (auch) als Drittleistung auf die abgesicherten Hauptschuld(en) gelten lassen zu wollen[354].

Was die „kontinuierliche Grundausstattungspflicht" anbelangt, so besteht diese unbeschadet einer etwaigen Direktleistung fort, wenn der Patron neben der direkt erfüllten noch weitere Verbindlichkeiten abgesichert[355]. Darauf sei vor allem der Bundesverband des deutschen Bankgewerbes e.V. hingewiesen, dessen Mustertexte neuerdings einen ausdrücklichen Hinweis darauf enthalten, der Patron könne seine[356] „*Verpflichtung* auch durch Zahlung der jeweils fälligen Beträge an die Bank erfüllen"[357] – sachlich ein enormes, den Sicherheitswert der Patronatserklärung deutlich schmälerndes Zugeständnis an den Patron[358].

---

(171, 1. Abs.), muss der Gläubiger nach vorliegendem Verständnis nicht ausdrücklich die Annahme an Erfüllungs statt erklären, um die Ausstattungspflicht zum Erlöschen zu bringen. Aus objektiver Gläubigersicht ist generell davon auszugehen, dass der Patron mit seiner Direktleistung (auch) seine „hauptschuldbezogene" Ausstattungspflicht zum Erlöschen bringen will.

353 Siehe auch *Thiekötter,* Patronatserklärung, S. 34, die etwaige Direktleistungen allerdings als „Leistungen an Erfüllungs statt" ansieht.

354 Im Ergebnis aA *J. Koch,* Die Patronatserklärung, S. 174–176, der sowohl eine Dritt- als auch eine Eigenleistung des Patrons im Wege der Ersetzungsbefugnis nicht als vollständig sichere Möglichkeit zur Ausschaltung des Weiterleitungsrisikos ansieht. Die Ablehnung einer Drittleistung verstoße nicht zwangsläufig gegen § 242 BGB. Ob das Ablehnungsrecht vertraglich abbedungen sei oder eine Ersetzungsbefugnis des Patrons anzunehmen sei, stehe nicht mit letzter Gewissheit fest.

355 Siehe auch *Stecher,* „Harte" Patronatserklärungen, S. 122/123, der einer Direktleistung gemäß § 267 BGB mit Blick auf die fortdauernde Ausstattungspflicht „im Prinzip keine Erfüllungswirkung" beimisst. Anders als hier vertreten, differenziert der Autor indes (noch) nicht (einmal gedanklich) zwischen einer „kontinuierlichen Grundausstattungspflicht" und einer „hauptschuldbezogenen" Ausstattungspflicht; *Wagner,* Internationale Tätigkeit der Banken, S. 32, 3. Abs.

356 Bzw. in diesem Fall „*unsere*".

357 Anlage 2 (und 3 (englisch)) des Berichtes über die *BdB*/vbo-Fachtagung „Kredit- und Kreditsicherungsrecht" am 13./14. Juni 2002 in München unter Gliederungspunkt 4., „Formulierung von ‚Harten Patronatserklärungen'", (n.v.)), (Hervorh. durch Verf.).

358 Dies vor allem deswegen, weil die Mitglieder des Bundesverbandes sich nach vorliegendem Verständnis mit dieser Klausel nicht nur ihres Anspruchs auf eine konti-

### 5. Reichweite der Akzessorietät zur besicherten Hauptschuld

Die harte Patronatserklärung ist nicht per se akzessorisch. Akzessorisch ist allenfalls die „hauptschuldbezogene" Ausstattungspflicht. Das Merkmal der „Akzessorietät" beinhaltet die dauerhafte unmittelbare einseitige Abhängigkeit eines Rechts von einem anderen[359]. Insoweit gibt es Überschneidungen zur Bürgschaft[360].

Dennoch verfängt die Annahme nicht, da der Patron anders als ein Bürge nur die Leistungsfähigkeit des Protegé sicherstellen muss, müsse er a maiore ad minus bzw. erst recht dazu befugt sein, sich gemäß § 768 Abs. 1 S. 1 BGB auf sämtliche Einreden des Protegés zu berufen[361]. Dieser Erst-recht-Schluss wird

---

nuierliche, insolvenzabwendende Grundausstattung begeben, sondern auch des zusätzlich ausbedungenen Anspruchs auf eine die Erfüllung durch den Protegé sicherstellende Leitung des Protegés durch den Patron. Hier besteht ersichtlich Nachbesserungsbedarf, etwa durch Ersetzung der Worte „unsere Verpflichtung" durch den im Rahmen dieser Untersuchung geprägten Terminus „unsere hauptschuldbezogene Ausstattungspflicht". Der Klarstellung halber könnte hinzugefügt werden, „Unsere Leitungspflicht und unsere kontinuierliche Grundausstattungspflicht bleiben hiervon unberührt". Die Bedeutung dieser Begriffe wäre selbstverständlich erklärungsbedürftig.

359 Lat. „accesio" = Nebensache/Nebenverpflichtung; *Becker-Eberhard,* Forderungsgebundenheit, S. 235; *Habersack,* JZ 1997, S. 857 ff., (862, IV. 1., 864, 4.); *Lettl,* JA 2004, S. 238 ff. (238, B) I., 246, C)); *Medicus,* JuS 1971, S. 497 ff. (497, 4., 489, d)); *ders.,* Schuldrecht BT II, S. 248 Rn. 521; *Lwowski/Merkel,* Kreditsicherheiten (8), S. 21/22, a); im Ergebnis ebenso *Nielsen,* Bankrecht, S. 199. Bei einem strikt akzessorischen Sicherungsmittel ist die Vereinbarung eines über die Hauptschuld hinausgehenden Haftungsumfangs nicht bzw. nur in der Weise möglich, dass die Parteien eine Zusatzverpflichtung, etwa in Gestalt eines selbständigen Schuldversprechens oder einer Garantie, vereinbaren („non in duriorem causam"), vgl. *BGH* (U. v. 16.09.1985 – III ZR 241/83), BGHZ 95, S. 350 ff. (357, 1. Abs.); *BGH* (U. v. 10.02.2000 – IX ZR 397/98), NJW 2000, S. 1563 ff. (1564, 2. a)), durch die Akzessorietät solle sichergestellt werden, dass der Bürge grundsätzlich nicht mehr zu leisten hat als der Hauptschuldner; *Lettl,* WM 2000, S. 1316 ff. (1322, II. 2.).

360 Vgl. *OLG München* (U. v. 24.01.2003 – 23 U 4026/02, rkr.), DB 2003, S. 711 f. (711, 2.); *Hoffmann,* Patronatserklärung, S. 49/50, der die Ausstattungsverpflichtung dennoch als ein der Garantie sehr eng verwandtes Rechtsgebilde ansieht (S. 51, 2. Abs.); aA *Ammelung/Sorocean,* RIW 1996, S. 668 ff. (668, 2.), ihre fehlende Akzessorietät unterscheide die Patronatserklärung von der Bürgschaft. Zur Akzessorietät der Bürgschaft, vgl. Kapitel 7, B. II. 2. a).

361 So *Schraepler,* ZKW 1975, S. 215 ff. (216, 3. Abs.); *Kohout,* Patronatserklärungen, S. 157, für peremtorische Einreden; *Mosch,* Patronatserklärungen, S. 155/156, für sämtliche dilatorischen und peremptorischen Einreden der Tochtergesellschaft. Da die Norm des § 768 Abs. 1 S. 1 BGB nur verhindern solle, dass der Bürge in größerem Umfang als der Hauptschuldner belastet wird, sei die unterschiedliche Leistungsrichtung kein die Analogie ausschließender Umstand. Dem ist zu erwidern, dass der Patron schon angesichts der „kontinuierlichen Grundausstattungspflicht" Gefahr läuft, mehr leisten zu müssen als der Protegé; ebenfalls für einen Analogieschluss *Hantke,* S. 87, 1. Abs., der jedoch zu Unrecht davon ausgeht, dass die *Einstandspflicht* des Patrons in *Umfang,* Bestand und *Durchsetzung* von der abgesicherten Schuld abhängt

den Besonderheiten der Ausstattungserklärung nicht gerecht. Gleiches gilt für die Annahme, die harte Patronatserklärung sei hinsichtlich ihrer Entstehung, ihrem Fortbestand und ihrer Durchsetzbarkeit in gleicher Weise akzessorisch wie die Schuld eines Bürgen[362] bzw. dem Patron stünden alle Einreden des Hauptschuldners zu wie bei einer Bürgschaft[363]. Auf der anderen Seite ist auch die Auffassung zu eng, die Akzessorietät der harten Patronatserklärung sei eine „eher limitierte"; die Ausstattungspflicht hinge „lediglich in *zeitlicher* Hinsicht" von dem Entstehen und dem Erlöschen der Hauptleistungspflicht ab[364].

### *a) Rechtshindernde und -vernichtende Einwendungen*

Disponiert der Protegé im Hauptschuldverhältnis über eine rechtshindernde oder rechtsvernichtende Einwendung, kommt diese dem Patron allerdings unmittelbar zugute. Besteht bzw. bestehen die abgesichert(en) Verbindlichkeit(en) nicht (mehr), gilt dies auch für die auf sie bezogene Ausstattungspflicht[365]. Die harte Patronatserklärung ist entstehungs- und erlöschensakzessorisch[366]. Deckt die Patronatserklärung neben der untergegangenen oder nicht zur Entstehung gelangten Hauptschuld(en) noch andere gegenwärtige und/oder künftige Verbindlichkeiten des Protegés ab, ändert dies jedoch wiederum nichts an der fortdauernden „kontinuierlichen Grundausstattungspflicht" des Patrons.

---

(S. 91, 2. Abs.), (Hervorh. durch Verf.); ebenfalls kritisch, *Schäfer,* WM 1999, S. 153 ff. (162, b)).

362 So (wohl) *OLG München* (U. v. 24.01.2003 – 23 U 4026/02, rkr.), DB 2003, S. 711 f. (711, 2.); *Kiethe,* ZIP 2005, S. 646 ff. (649, 2., letzter Abs.), die bürgschaftsrechtlichen Vorschriften der §§ 767 Abs. 1, 768, 770 Abs. 1 BGB seien analog heranzuziehen; ebenso *J. Koch,* Die Patronatserklärung, S. 262, III., 612, 7.; *Rummel* in: FS Doralt (2004), S. 493 ff. (506, 2. Abs.), der dies sogar als „unstreitig" darstellt; *Schäfer,* WM 1999, S. 153 ff. (154, 162/163, b)/c)), der allerdings auch von einer primären Direktleistungspflicht ausgeht.

363 *Fleischer,* WM 1999, S. 666 ff. (669, 1. Spalte, letzter Abs.); *ders.,* EWiR 1999, S. 305 f. (306, 3.1); *Leitner,* ÖBA 2002, S. 517 ff. (525, 3.), „sofern sie nicht auf Liquiditätsmängel zurückgehen".

364 So *Hoffmann,* Patronatserklärung, S. 44, letzter Abs.; *Stecher,* „Harte" Patronatserklärungen, S. 69, (Hervorh. durch Verf.).

365 *Küffner,* DStR 1996, S. 146 ff. (148/149, (4)); *Leitner,* ÖBA 2002, S. 517 ff. (525, 3.); *Merz/Hübner,* DStR 2005, S. 802 ff. (804, 2.3.4); *Mosch,* Patronatserklärungen, S. 132, 3 Abs., 153, § 22; *Obermüller,* ZGR 1975, S. 1 ff. (27, b) aa)); im Ergebnis ebenso *OLG München* (U. v. 24.01.2003 – 23 U 4026/02, rkr.), DB 2003, S. 711 f. (711, 2.); *Hoffmann,* Patronatserklärung, S. 127/128, vgl. aber den Widerspruch auf S. 133, 5./6. Abs.; *Kohout,* Patronatserklärungen, S. 153/154; für die „interne" Ausstattungsverpflichtung, *Forschbach,* Liquiditätszusagen, S. 38, 1. Abs.

366 *J. Koch,* Die Patronatserklärung, S. 116; siehe auch *Kohout,* Patronatserklärungen, S. 112, 3. Abs., der indes neben der Ausstattungs- zusätzlich eine primäre „Direkthaftpflicht" bejaht. Der Autor unterscheidet nicht zwischen der „hauptleistungsbezogenen" und der „kontinuierlichen Grundausstattungspflicht", sondern geht pauschal von einer fortwährenden Pflicht zur Gefahrenabwehr aus.

### *b) Rechtshemmende Einreden*

Diese Parallelität zur Bürgschaft betreffend die „hauptschuldbezogene" Ausstattungspflicht setzt sich bei den rechtshemmenden Einreden nicht eins zu eins fort. Die Vorschriften der §§ 768 Abs. 1 S. 1[367], 770 Abs. 1 und 2 BGB lassen sich nicht bzw. nicht ohne weiteres auf die harte Patronatserklärung übertragen[368]. Es bedarf einer differenzierten Betrachtung. Die Möglichkeit des Patrons, sich auf eine dem Protegé zustehende Einrede zu berufen, divergiert nach diesseitigem Verständnis in Abhängigkeit davon, ob der Protegé die ihm zustehende Einrede bereits geltend gemacht hat[369].

#### aa) Bedeutung des Fälligkeitstermins

Das bloße Verstreichen des Fälligkeitszeitpunktes dürfte nur in dem Sonderfall relevant sein, dass der Gläubiger den Patron zur Nachholung der unterlassenen Ausstattung auffordert, ohne sich zuvor bei dem Protegé nach dem Grund für dessen Nichtleistung erkundigt zu haben. Hat der Protegé die abgesicherte Hauptleistung mit Blick auf eine ihm zustehende Einrede nicht erbracht und ist er willens und in der Lage, diese dem Gläubiger auch entgegenzuhalten, kann der Patron sich analog § 768 Abs. 1 S. 1 BGB auf das Leistungsverweigerungsrecht des Protegés berufen. Freilich nur in Bezug auf seine „hauptschuldbezogene" Ausstattungspflicht.

#### bb) Leistungsverweigerungsrecht nach Geltendmachung einer Einrede durch den Protegé

Hat der Hauptschuldner sich bereits zu Recht auf eine ihm zustehende *dauerhafte* Einrede berufen, etwa auf die Einrede der Verjährung, kann der Patron seine „hauptschuldbezogene" Ausstattungspflicht ebenfalls verweigern[370]. Da diese wie die Schuld eines Bürgen entstehungs-, erlöschens- und insofern auch

---

367 AA für peremptorische Einreden, *Kohout,* Patronatserklärungen, S. 157, 2. Abs.

368 AA – (jedenfalls) bezogen auf § 768 Abs. 1 S. 1 – die ganz herrschende Meinung, vgl. *OLG München* (U. v. 24.01.2003 – 23 U 4026/02, rkr.), DB 2003, S. 711 f. (711, 2.); *Hoffmann,* Patronatserklärung, S. 130, 3. Abs.

369 Diese Differenzierung fehlt bei *Hoffmann,* Patronatserklärung, S. 130/131; aA *J. Koch,* Die Patronatserklärung, S. 257/258, (2)/b)), im Zeitpunkt der Fälligkeit der gesicherten Verbindlichkeit könne der Patron sich auf sämtliche dilatorischen und peremptorischen Einreden des Protegés berufen. Auf S. 256, bb) konzediert der Autor allerdings mit Recht, dass der Kreditgeber „zumindest solange die Einrede von dem Kreditnehmer nicht erhoben wird weiterhin an dessen Ausstattung interessiert ist, da er bis zu diesem Zeitpunkt einen durchsetzbaren Anspruch gegen ihn hat"; *Kohout,* Patronatserklärungen, S. 157, der zwischen peremptorischen und dilatorischen Einreden differenziert, für peremtorische Einreden.

durchsetzungsakzessorisch ist[371], hängt sie unmittelbar von der (Nicht-/)Existenz bzw. Undurchsetzbarkeit einer Leistungspflicht des Protegés ab. Dogmatischer Anknüpfungspunkt ist die mangelnde Fälligkeit der „hauptschuldbezogenen“ Ausstattungspflicht[372]. Bei Nichtexistenz weiterer abgesicherter Verbindlichkeiten kann der Patron seine Ausstattungsleistungen unter Verweis auf die von dem Protegé bereits erhobene Einrede vollständig einstellen[373].

Hat der Protegé eine nur *vorübergehende* Einrede geltend gemacht, bedarf das soeben Gesagte einer gewissen Modifikation. Identisch ist, dass der Patron seine „hauptschuldbezogene“ Ausstattungspflicht nicht zu erfüllen braucht, solange die Einrede besteht und der Protegé sich auf sie beruft[374]. Fasst der Patron eine langwierigere Erfüllungshandlung ins Auge, beispielsweise eine Kapitalerhöhung gegen Einlagen, hat er seine Leistungsanstrengungen allerdings rechtzeitig vor Untergang des Verweigerungsrechts aufzunehmen. Die „kontinuierliche Grundausstattungspflicht“ bleibt selbst dann bestehen, wenn neben der einredebehafteten keine weiteren Hauptschulden abgesichert sind. Während des Zeitraums der vorübergehenden Leistungsbefreiung hat der Patron stetig dafür zu sorgen, dass über das Vermögen des Protegés kein Insolvenzverfahren eröffnet wird und kein Abweisungsbeschluss mangels Masse ergeht[375].

#### cc) (Kein) Leistungsverweigerungsrecht vor Geltendmachung einer Einrede oder vor Ausübung eines Anfechtungsrechts durch den Protegé

Hat der Protegé sich trotz Leistungsaufforderung seitens des Gläubigers (noch) nicht auf eine ihm zustehende peremptorische oder dilatorische Einrede berufen, dauert die Ausstattungspflicht des Patrons dagegen unverändert an. Solange der Protegé nicht durch Geltendmachung einer ihm zustehenden Einrede

[370] Weiter *Kohout,* Patronatserklärungen, S. 157, der dem Patron auch vor Ausübung einer peremptorischen Einrede durch den Protegé ein Leistungsverweigerungsrecht zubilligt.

[371] Für eine vollständige Durchsetzungsakzessorietät dagegen, *J. Koch,* Die Patronatserklärung, S. 257–262, 612, 7.

[372] § 768 Abs. 1 S. 1 BGB gilt nicht entsprechend. Der Anwendungsbereich dieser Norm beschränkt sich auf von dem Hauptschuldner noch nicht geltend gemachte Einreden, vgl. *Erman-Herrmann* (11), § 768 Rn. 1; *Palandt-Sprau* (64), § 768 Rn. 1; Gliederungspunkt cc).

[373] Im Ergebnis wohl ebenso *Hoffmann,* Patronatserklärung, S. 130, 1.–3. Abs.

[374] Diese Unterscheidung fehlt bei *Kohout,* Patronatserklärungen, S. 158/159, der dem Patron generell die Befugnis abspricht, sich auf eine dilatorische Einrede des Protegés zu berufen.

[375] Insoweit ähnlich *Kohout,* Patronatserklärungen, S. 158/159; davon scheint auch *Hoffmann,* Patronatserklärung, S. 131 auszugehen, der dies mangels Trennung zwischen „hauptschuldbezogener“ und „kontinuierlicher“ Ausstattungspflicht jedoch nicht exakt herausarbeitet; aA *J. Koch,* Die Patronatserklärung, S. 258, b).

zu erkennen gegeben hat, von dem ihm zustehenden Leistungsverweigerungsrecht Gebrauch machen zu wollen, hat der Patron sowohl seiner „hauptschuldbezogenen“ als auch seiner „kontinuierlichen Grundausstattungspflicht“ pflichtgetreu nachzukommen. Er ist „vorleistungspflichtig“[376]. Für einen Analogieschluss zu § 768 Abs. 1 S. 1 BGB fehlt die vergleichbare Interessenlage[377]. Ein Bürge sichert das Erfüllungsinteresse des Gläubigers, indem er ihm (jedenfalls der gesetzlichen Konzeption nach) dieselbe Leistung wie der Hauptschuldner verspricht. Der Gläubiger disponiert über zwei (meist) identische, sein Erfüllungsinteresse abdeckende Primärleistungsansprüche gegenüber zwei separaten Schuldnern. Bei der Patronatserklärung verspricht der Patron dem Gläubiger hingegen, die Leistungsfähigkeit des Protegés sicherzustellen, damit dieser vereinbarungsgemäß leisten kann. Das Erfüllungsinteresse des Gläubigers konzentriert sich auf das Hauptschuldverhältnis. Anders als bei der Bürgschaft, kann es bei der harten Patronatserklärung nur darauf ankommen, wie sich der Protegé in Bezug auf die ihm zustehende Einrede verhält. An dieser Stelle sei nochmals darauf hingewiesen, dass die Antwort auf die Frage nach einem Leistungsverweigerungsrecht des Patrons nur in der Konstellation Schwierigkeiten bereitet, dass die abgesicherte Hauptschuld und mit ihr die „hauptschuldbezogene“ Ausstattungspflicht bereits fällig sind und der Protegé die Gelegenheit zur Geltendmachung einer ihm zustehenden Einrede ungenutzt hat verstreichen lassen. Billigte man dem Patron in diesem Moment mit der wohl herrschenden Meinung das Recht zu, die „hauptschuldbezogene“ Ausstattung unter Verweis auf eine dem Protegé zustehende Einrede zu verweigern, könnte die skurrile Situation eintreten, dass der Protegé zwar leistungswillig, aber nicht leistungsfähig ist, und der Gläubiger sich mangels Masse auch nicht bei ihm schadlos halten kann. Angesichts der andersartigen Primärleistungspflicht eines Ausstattungsschuldners können ihm nicht dieselben dilatorischen Einreden zustehen wie einem Bürgen. Die Verpflichtung des Patrons besteht einzig und allein darin, den Protegé durch Behebung eines vorhandenen Finanzdefizits zur vertragsgerechten Erfüllung der abgesicherten Hauptschuld(en) in die Lage zu versetzen. Dann

[376] Insofern ebenso *J. Koch,* Die Patronatserklärung, S. 260, 1. Abs., wenn der Kreditgeber den Kreditnehmer in Anspruch nimmt, solle der Patron seine Verpflichtung idealiter schon erfüllt haben.

[377] AA *J. Koch,* Die Patronatserklärung, S. 257/258, (2)/b), wie die Bürgschaft habe die harte Patronatserklärung Hilfsschuldcharakter. Die gesetzliche Wertung des § 768 Abs. 1 S. 1 BGB lasse sich auf sie übertragen. Ein anderes Ergebnis würde dazu führen, dass die harte Patronatserklärung letztlich zu einer schärferen Haftung als die Bürgschaft führt, was der Parteivorstellung regelmäßig nicht entspreche. Dem muss mit Blick auf die mit der Ausstattungspflicht verbundene Risikopotenzierung widersprochen werden. Selbst wenn der Patron von einer ihm zustehenden Ersetzungsbefugnis Gebrauch macht oder das Weiterleitungsrisiko durch eine treuhänderische Zuwendung an den Protegé ausschaltet, bleibt er zur „kontinuierlichen Grundausstattung“ des Protegés verpflichtet. Dass der Leistungsumfang des Patrons deutlich über demjenigen eines Bürgen liegen kann, stellt auch *Koch* nicht in Abrede. Ihm zuwider räumt der Patron dem Gläubiger definitiv weitergehende Rechte ein, als dies ein Bürge tut.

muss der Protegé im Fälligkeitszeitpunkt auch leisten können, wenn er dies unter Verzicht auf ein ihm zustehendes Leistungsverweigerungsrecht tun will. Hierauf hat der Gläubiger einen Anspruch.

Aus demselben Grund kann der Patron die „hauptschuldbezogene" Ausstattung des Protegés auch nicht unter Hinweis auf die Anfechtbarkeit der abgesicherten Hauptschuld(en) verweigern (§ 770 Abs. 1 BGB)[378]. Will der Protegé von einem ihm zustehenden Anfechtungsrecht Gebrauch machen, soll er dies tun. Solange er sich nicht dazu entschließt, ist der Patron ausstattungspflichtig[379].

---

[378] Im Ergebnis ebenso *Kohout,* Patronatserklärungen, S. 159/160, cc), allerdings ohne Unterscheidung zwischen einer „kontinuierlichen Grundausstattungspflicht" und einer „hauptschuldbezogenen" Leistungspflicht; aA *Hoffmann,* Patronatserklärung, S. 132, der Muttergesellschaft stünden Einreden analog § 770 BGB insoweit zu, als die Tochter nicht in Insolvenznähe rücke; *J. Koch,* Die Patronatserklärung, S. 258/259, c), identische Interessenlage wie bei der Bürgschaft. Es wäre sinnlos, den Bürgen zur Leistung zu verpflichten, obwohl der Bestand der Hauptschuld noch in der Schwebe sei; *Mosch,* Patronatserklärungen, S. 161, umfassendes Leistungsverweigerungsrecht des Patrons wie bei Bestehen einer dilatorischen oder peremtorischen Einrede (dazu S. 160, letzter Abs., zu den Erklärungen Nr. 24 und Nr. 25 (i. V. m. Fn. 13)); von seinem anders gelagerten Ausgangspunkt aus für eine umfassende Geltung aller ummittelbar mit dem Akzessorietätsgrundsatz zusammenhängenden Vorschriften, insbesondere der §§ 768, 770 Abs. 1 BGB, *Schäfer,* WM 1999, S. 153 ff. (163, 1. Abs.). Die Vorschrift des § 770 Abs. 2 BGB ist erst in zweiter Lesung hinzugekommen, nachdem in der Gesetzgebungskommission darüber gestritten worden war, ob ein Bürge von dem Anfechtungsrecht des Hauptschuldners unmittelbar Gebrauch machen darf. Die Vertreter der Gegenmeinung wollten ihn teilweise auf einen Rückerstattungsanspruch aus ungerechtfertigter Bereicherung verweisen, wenn der Hauptschuldner das Rechtsgeschäft im Anschluss an die Bürgenleistung anficht. Die Mehrheit billigte den vermittelnden Antrag, dem Bürgen für den Fall einer Anfechtungsmöglichkeit des Hauptschuldners eine dilatorische Einrede einzuräumen, vgl. *Protokolle II,* S. 465/466, B. = *Mugdan II,* S. 1021/1022, B. Angesichts der berechtigten Gleichstellung mit dem Einredetatbestand, muss auch bei der harten Patronatserklärung in beiden Fällen Ergebnisgleichheit bestehen. Da Patron und Protegé hinsichtlich der einzelnen Zuwendungsleistungen stets eine gesonderte Rechtsbeziehung unterhalten (vgl. Kapitel 5, C. I.), Ausstattungsleistungen also selbst im Anfechtungsfall normalerweise nicht rechtsgrundlos erbracht worden sind, bestehen entscheidende rechtliche Unterschiede zwischen einer „externen" Aussatttungsverpflichtung und einer Bürgschaft.

[379] Wenn *J. Koch,* Die Patronatserklärung, S. 259, 1. Abs., davon ausgeht, die Rechtsstellung des Gläubigers werde durch den von ihm befürworteten Analogieschluss nicht übermäßig beeinträchtig, irrt er. Ist der Protegé leistungswillig und bereit, auf ein ihm zustehendes Leistungsverweigerungsrecht zu verzichten, muss der Gläubiger von dem Patron die hinreichende Ausstattung des Protegés einfordern können. Entgegen *Koch* muss er sich nicht darauf verweisen lassen, den Protegé auf Leistung zu verklagen, ihn dadurch indirekt zur Ausübung seines Anfechtungsrechts zu zwingen, um sodann von dem Patron verlangen zu können, den Protegé so auszustatten, dass dieser den (Anm.: keineswegs zwingend mit abgesicherten) Bereicherungsanspruch auf Darlehensrückzahlung erfüllen kann (vgl. auch *Protokolle II,* S. 466, 2. Abs. = *Mugdan II,* S. 1022, 1. Abs.). Inwieweit diese (Anm.: höchst unsichere) Vorgehensweise das primäre Leistungsinteresse des Gläubigers abdeckt, erschließt sich nicht. Um sich von seiner „hauptschuldbezogenen" Ausstattungspflicht zu befreien, kann der Patron direkt an den Gläubiger leisten, was im Ergebnis zu einer verschärf-

Konsequenz dessen ist nicht, dass der Patron dem Protegé die von diesem potenziell zur Erfüllung benötigten Mittel in der Praxis selbst dann zur Verfügung stellen muss, wenn dem Protegé ein Leistungsverweigerungs- oder Anfechtungsrecht zusteht, das er auszuüben gedenkt. Folge der eingeschränkten Akzessorietät ist vielmehr, dass das Risiko, ob dem Protegé ein solches Recht gebührt und ob er von diesem im Fälligkeitszeitpunkt Gebrauch macht, dem Patron zur Last fällt. Dieser muss in Absprache mit dem Protegé eigenverantwortlich über dessen „hauptschuldbezogenen" Ausstattungsbedarf befinden. Erhebt der Protegé eine ihm zustehende Einrede im Fälligkeitstermin nicht, übt er ein ihm zustehendes Anfechtungsrecht nicht aus oder verzichtet er auf eine ihm mögliche Aufrechnung, kann der Gläubiger den Patron auf Ausstattung und unter noch darzustellenden Voraussetzungen auf Schadensersatz statt der Leistung oder wegen Verzuges in Anspruch nehmen[380], wenn die Leistung des Protegés mittelbedingt ausbleibt.

### *c) Analogiefähigkeit des § 770 Abs. 2 BGB*

Die Vorschrift des § 770 Abs. 2 BGB dürfte demgegenüber auch für die harte Patronatserklärung gelten[381]. Der Patron kann den Gläubiger darauf verweisen, durch Aufrechnung gegen eine fällige Forderung des Protegés Befriedigung zu suchen. Im Gegensatz zu einem Bürgen droht dem Patron zwar keine Direktinanspruchnahme durch den Gläubiger, dieser Unterschied ist aber irrelevant. Für den Patron besteht gleichermaßen die Gefahr, dass der Gläubiger die Haftungsverteilung zwischen dem Hauptschuld- und dem Sicherungsverhältnis außer Acht lässt und davon absieht, sein Erfüllungsinteresse durch eine Aufrechnung gegenüber dem Hauptschuldner zu befriedigen[382]. Bürge und Patron tra-

---

ten „Haftung" verglichen mit einer Bürgschaft führt (jedenfalls, wenn der Bürge sich auf sein Leistungsverweigerungsrecht beruft). Legitimer Grund dafür ist, dass der Patron, wenn man so will, als „Zulieferer" des Protegés fungiert. Er hat daher auch an dessen „geschäftlicher" Entscheidung über die Geltendmachung der Einrede im Hauptschuldverhältnis teil. Der Bürge als „gesetzlicher Klon des Hauptschuldners" disponiert dagegen „aus eigenem Recht" über dieselben Leistungsverweigerungsrechte wie der Hauptschuldner.

380 Kapitel 6, B./C.

381 *J. Koch,* Die Patronatserklärung, S. 259–262, d); aA etwa *Kohout,* Patronatserklärungen, S. 159/160, cc), dessen Ausführungen zur Möglichkeit, eine etwaige Aufrechnungsbefugnis in die Liquiditätsbetrachtung mit einzubeziehen (S. 160, 1. Abs.), nicht nachvollziehbar sind; *Schäfer,* WM 1999, S. 153 ff. (163, 2. Abs.), die Patronatserklärung sei ausweislich ihres Sicherungszwecks nicht subsidiär und § 770 Abs. 2 BGB basiere gerade auf dem Subsidiaritätsgedanken; siehe dazu die Kritik bei *J. Koch,* a. a. O.

382 *J. Koch,* Die Patronatserklärung, S. 261/262. Im Zuge des Gesetzgebungsverfahrens ist die Normierung des § 770 Abs. 2 BGB in zweiter Lesung im Zusammenhang mit der Einrede der Vorausklage thematisiert und erst dort beschlossen worden. Die Kommissionsmitglieder waren uneins darüber, ob es legitim sei, den Gläubiger indi-

gen dasselbe Insolvenzrisiko. Leisten sie an den Gläubiger (Bürgschaft/ersetzungsbefugter Patron) bzw. an den Protegé (Patron) und ist der Hauptschuldner ihnen erstattungspflichtig, hängt die Erfüllung der Erstattungspflicht nicht nur von der Leistungsfähigkeit des Hauptschuldners ab, sondern auch von derjenigen des Gläubigers. Ist der Anspruch des Hauptschuldners gegen den Gläubiger auf Erfüllung der Forderung, mit der aufzurechnen der Gläubiger versäumt hat, nicht werthaltig, verkürzen sich dadurch die Regressaussichten des Sicherungsgebers. Mit *Koch* kann die Nichtwahrnehmung einer Aufrechnungsmöglichkeit durch den Gläubiger daher durchaus als „missbräuchliche Rechtsausübung" bezeichnet werden[383], gegen die der Patron in Anbetracht der identischen Interessenlage in gleicher Weise Schutz verdient wie ein Bürge. Im Unterschied zur Fallgestaltung einer dem Protegé zustehenden Einrede, in welcher der Patron durch Abmachungen mit dem Protegé, durch Ausübung eines ihm zustehenden Weisungsrechts oder auf andere Weise dafür sorgen kann, dass der Protegé von seinem Leistungsverweigerungsrecht Gebrauch macht, ist dies bei Bestehen einer Aufrechnungsmöglichkeit für den Gläubiger nicht (zwingend) der Fall. Der Protegé muss nicht in gleicher Weise aufrechnungsbefugt sein wie der Gläubiger[384].

Auf die spiegelbildliche Konstellation einer Aufrechnungsmöglichkeit (nur) für den Hauptschuldner, ist § 770 Abs. 2 BGB mehrheitlicher Meinung zufolge unanwendbar[385]. Dies unterstreicht, dass ein Sicherungsgeber sich gezwungen sehen kann, auf eine bestimmte Rechtswahrnehmung durch den ihm näher stehenden Hauptschuldner hinzuwirken, will er einer Inanspruchnahme durch den Gläubiger entgehen[386].

---

rekt zur Wahrnehmung seines Aufrechnungsrechts zu zwingen und ihm ein arglistiges Verhalten vorzuwerfen, wenn er nicht aufrechnet. Die Befürworter führten an, wenn der Gläubiger sich einfach durch Aufrechnung mit einer sofort erigiblen Forderung befriedigen könne, entspreche es der Billigkeit, ihn zunächst hierauf zu verweisen. Die Mehrheit sprach sich für die Annahme dieses Antrages aus, da die Einredemöglichkeit der bisherigen Rechtslage entsprach und für eine Abweichung keine dringenden Gründe ersichtlich waren. Das Leistungsverweigerungsrecht ist auch einem selbstschuldnerischen Bürgen zugebilligt worden. Dieser stehe einem Gesamtschuldner nicht ohne weiteres gleich, die Analogie zum Gesamtschuldverhältnis sei unzutreffend, *Protokolle II,* S. 470/471, B. = *Mugdan II,* S. 1024/1025, B.

383 *J. Koch,* Die Patronatserklärung, S. 261, 1. Abs.

384 Vielleicht ist seine Gegenforderung noch nicht fällig (vgl. § 387 BGB) oder es besteht ein sonstiges Aufrechnungshindernis (§§ 390 ff. BGB).

385 *Erman-Herrmann* (11), § 770 Rn. 6, Grund für die Einführung des § 770 Abs. 2 BGB sei die anderweitige Befriedigungsmöglichkeit des Gläubigers, die dem Bürgen zugute kommen solle; *MüKo-Habersack* (4), § 770 Rn. 10; *Palandt-Sprau* (64), § 770 Rn. 3; *Staudinger-Horn* (1997), § 770 Rn. 9, das Gesetz habe hier die Befriedigungsmöglichkeit des Gläubigers für allein maßgeblich erklärt. Der Bürge solle den Gläubiger nur auf eine Aufrechnung verweisen dürfen, die der Gläubiger selbst durchsetzen könne.

### *d) Zwischenergebnis*

Die hier vertretene Differenzierung lässt sich auf die Grundüberlegung zurückführen, dass der rechtliche Bestand und die Fälligkeit der „hauptschuldbezogenen" Ausstattungspflicht untrennbar an den Bestand und die Durchsetzbarkeit der abgesicherten Hauptschuld(en) gekoppelt sind. „Ob" bzw. „wann" der Gläubiger eine einredebehaftete Leistung erhält, entscheidet (jedenfalls formaljuristisch) nicht der Patron, sondern der Protegé. Das Interesse des Gläubigers an dem Erhalt der abgesicherten Leistung hat nur dort zurückzutreten, wo er sich selbst im Wege der Aufrechnung Befriedigung verschaffen kann (§ 770 Abs. 2 BGB analog). Der Gläubiger kann sein Leistungsinteresse in diesem Fall auch ohne Mitwirkung des Sicherungsgebers decken. Mit Blick auf die Sicherungsfunktion der „externen" Ausstattungszusage wäre es ungerechtfertigt, wenn der Patron eine Deckungslücke im Vermögen des Protegés schließen müsste, obwohl der Gläubiger aktuell nicht „sicherungsbedürftig" ist. Unterstellt, der Patron disponierte in der fraglichen Konstellation über ein Leistungsverweigerungsrecht und er entschlösse sich angesichts der Höhe der Deckungslücke zu einer ihm möglichen Direktleistung an den Gläubiger, läge im Ergebnis exakt die gleiche Situation vor wie bei einer Bürgschaft, nur dass der Patron leisten müsste (wenn auch nicht direkt an den Gläubiger) und der Bürge nicht. Die identische Interessenlage gebietet die rechtliche Gleichbehandlung beider Fälle[387].

## C. Mitwirkungserfordernis der Gesellschafterversammlung

In den vorstehenden Abschnitten ist abstrakt erörtert worden, unter welchen Voraussetzungen ein Rechtsbindungswille „des Patrons" besteht und was die kennzeichnenden Leistungsmodalitäten einer Ausstattungszusage sind.

Für den Fall, dass es sich bei dem Ausstattungspflichtigen, wie in der Praxis zumeist, um eine (Kapital-)Gesellschaft handelt und für den Fall, dass die Zuwendungsleistungen eigenkapitalersetzenden Charakter haben, bedürfen diese

---

[386] Im Bürgschaftsrecht wird allerdings im Falle einer Aufrechnungsmöglichkeit nur des Hauptschuldners (vgl. §§ 390, 393 ff. BGB) wegen vergleichbarer Interessenlage (Akzessorietät) für die Anwendung des § 770 Abs. 1 BGB plädiert bzw. darauf verwiesen, dass dem Bürgen gemäß § 768 BGB zumindest ein Zurückbehaltungsrecht gemäß § 273 BGB zusteht, wenn die Gegenforderung des Hauptschuldners auf demselben rechtlichen Verhältnis wie die Hauptforderung beruht, *Erman-Herrmann* (11), § 770 Rn. 6; *MüKo-Habersack* (4), § 770 Rn. 10; *Palandt-Sprau* (64), § 770 Rn. 3; *Staudinger-Horn* (1997), § 770 Rn. 9/10, jeweils m. w. N.

[387] Zu der Möglichkeit eines Einredeverzichts durch den Bürgen (ggf. analog § 309 Ziff. 3 BGB), vgl. *Medicus*, EWIR 2003, S. 629 f. (630, 2.); *Michalski*, ZBB 1994, S. 289 ff. (298, 1. Abs.).

Ausführungen einer Ergänzung. Neuere Entwicklungen in der Rechtsprechung und in der Literatur lassen es angezeigt erscheinen, einen kurzen Blick auf das gesellschaftsinterne Kompetenzgefüge zu werfen[388].

## I. Auf Seiten des Patrons

Fokussiert man den Patron bzw. die Patronin, ist von erheblicher praktischer Bedeutung, ob die Abgabe einer harten Patronatserklärung in Form der Ausstattungsverpflichtung eines Zustimmungsbeschlusses der Gesellschafterversammlung bedarf. Anlass für diese Überlegung bildet das erhebliche wirtschaftliche Risiko, das die Erteilung einer Ausstattungszusage für die Patronin und damit primär für deren Anteilseigner birgt.

### 1. Ausstattungszusage einer AG

Bedeutung gewonnen hat die Legitimationsfrage im Aktienrecht. Anders als im Recht der GmbH, leitet und vertritt der Vorstand einer Aktiengesellschaft die Gesellschaft eigenverantwortlich, d.h. ohne an die Weisungen der Gesellschafter oder des Aufsichtsrats gebunden zu sein[389]. Dennoch besteht seit Längerem eine erhebliche Rechtsunsicherheit darüber, in welchen Fällen der Vor-

[388] Aus dem weiten Kreis der mit der Beteiligung einer Gesellschaft an einer schuldrechtlichen Vereinbarung im Innen- und Außenverhältnis möglicherweise zusammenhängenden Problemkreise wird hier aus aktuellem Anlass nur diese Fragestellung herausgegriffen. Zu den Problemen Einzel-/Gesamtvertretungsmacht und interne, gegenseitige Bevollmächtigung sowie zu § 112 AktG, vgl. nur *OLG Saarbrücken* (U. v. 30.11.2000 – 8 U 71/00), AG 2001, S. 483 f. (483, I. 1.). *Kohout,* Patronatserklärungen, S. 61–64, 4. a), S. 63, 3. Abs., und *Thiekötter,* Patronatserklärung, S. 75, II., weisen darauf hin, dass die gemeinschaftliche Vertretungsbefugnis nach § 78 Abs. 2 AktG bei in Geschäftsberichten veröffentlichten Patronatserklärungen keine Schwierigkeiten bereitet, da der Geschäftsbericht ohnehin von sämtlichen Vorstandsmitgliedern unterzeichnet wird (vgl. § 245 HGB). Beachte im Übrigen § 89 Abs. 4–6 AktG, der für die Kreditierung einer juristischen Person oder Personenhandelsgesellschaft die Einwilligung (bzw. Genehmigung) des Aufsichtsrats vorschreibt, sofern ein Vorstandsmitglied, Prokurist oder zum gesamten Geschäftsbetrieb ermächtigter Handlungsbevollmächtigter zugleich gesetzlicher Vertreter oder Mitglied des Aufsichtsrats der begünstigten Gesellschaft ist (zu den Rechtsfolgen eines Verstoßes, siehe Abs. 5 bzw. § 93 Abs. 3 Ziff. 8 AktG, Ersatzpflicht der Vorstandsmitglieder). Für den Bereich der öffentlich-rechtlichen Kreditinstitute stellt sich das Spezialproblem der Zustimmungsbedürftigkeit der von dem Vorstand abgegebenen Patronatserklärungen durch den Gewährträger, vgl. *Rümker* in: FS Stiefel, S. 607 ff. (620/621). Zur kommunalrechtlichen Vertretung einer Gemeinde und den etwaigen Folgen einer fehlenden aufsichtsbehördlichen Genehmigung, *Maslaton,* NVwZ 2000, S. 1351 ff. (1355, 2.).

[389] Vgl. §§ 76 Abs. 1, 77, 78 Abs. 1, 111 Abs. 4 S. 1 AktG bzw. §§ 35 Abs. 1, 37 Abs. 1 GmbHG; *MüKo-Kalss,* AktG, § 76 Rn. 94; zum Weisungsrecht der GmbH-Gesellschafter, *Lutter/Hommelhoff* (*Lutter/Hommelhoff*), GmbHG, § 37 Rn. 1, 17/18; *Roth/Altmeppen* (*Altmeppen*), GmbHG (5), § 37 Rn. 3 ff.

stand[390] die Hauptversammlung über die gesetzlichen Tatbestände hinaus an einzelnen unternehmerischen Entscheidungen zu beteiligen hat[391].

### *a) „Holzmüller" und „Gelatine"*

Ausgelöst wurde die Kontroverse durch die „Holzmüller"-Entscheidung des BGH aus dem Jahre 1982[392].

#### aa) Die „Holzmüller"-Entscheidung des BGH

Der Vorstand einer im Holzgeschäft tätigen Aktiengesellschaft hatte den wichtigsten Betriebsteil der Gesellschaft ohne Zustimmung der Hauptversammlung auf eine 100%ige Tochtergesellschaft verlagert. Der betroffene Seehafenbetrieb machte ca. 80% des gesamten Gesellschaftsvermögens aus[393]. Für eine Abspaltung ist gemäß § 119 Abs. 1 AktG nicht zwingend die Hauptversammlung zuständig[394]. Der 2. Zivilsenat stellte zunächst fest, dass die Abspaltungsmaßnahme formal von der Geschäftsführungsbefugnis des Vorstandes sowie von dessen Außenvertretungsmacht gedeckt gewesen sei[395]. Da die Satzung außerdem eine sog. „Konzernklausel" enthielt, habe der Vorstand sich (auch) im Rahmen des statutarisch vorgegebenen Unternehmensgegenstandes bewegt. Eine „faktische Satzungsänderung[396]" sei nicht auszumachen[397]. Ungeachtet dessen

---

390 Dazu, dass Patronatserklärungen gemeinhin vom Vorstand als Organ der Gesellschaft unterzeichnet werden, *Kohout,* Patronatserklärungen, S. 39, 1. Abs., 61–64; *Thiekötter,* Patronatserklärung, S. 38, 2.; vgl. auch *OLG Düsseldorf* (U. v. 14.11.2002 – 12 U 47/02), GmbHR 2003, S. 178 f (179, 2. a)). Besteht Gesamtvertretungsmacht, bedarf es der Zeichnung bzw. Zustimmung (durch) sämtliche(r) Vorstandsmitglieder.

391 Vgl. nur *Fleischer,* NJW 2004, S. 2335 ff. (2335, I.); *Lutter/Leinekugel,* ZIP 1998, S. 805 ff. (805, I.), jeweils m. w. N.

392 *BGH* (U. v. 25.02.1982 – II ZR 174/80), BGHZ 83, S. 122 ff. = NJW 1982, S. 1703 ff.

393 *Bungert,* BB 2004, S. 1345 ff. (1345, II), „80% des Substanzwertes des Aktivvermögens".

394 Sie wäre es auch bei Abgabe einer harten Patronatserklärung nicht. Die Erteilung einer Ausstattungszusage bedingt weder einer Satzungsänderung (Ziff. 5) noch ist sie eine Maßnahme der Kapitalbeschaffung und -herabsetzung (Ziff. 6).

395 *BGH,* a. a. O., S. 132, d) bzw. S. 1705, 2. d). Entgegen dem klägerischen Vortrag hat der Senat die Unwirksamkeit des Übertragungsvertrages (Verpflichtungsgeschäft) „wegen fehlender Vertretungsmacht des Vorstands nach § 361 AktG (analog)" a. F. (jetzt § 179a AktG) negiert. Die Muttergesellschaft habe sich nicht, wie dies die Vorschrift voraussetze, zum Transfer ihres *ganzen* Vermögens auf die Tochter verpflichtet (vgl. § 179a Abs. 1 S. 1 AktG). Wegen der ansonsten zu befürchtenden Rechtsunsicherheit könne die Vorschrift auch nicht analog auf wesentliche Vermögensverlagerungen angewandt werden (S. 128/129, 2. a) bzw. S. 1704/1705, 2. a )).

396 Die harte Patronatserklärung ist selbst dann keine korporative, sondern eine rein schuldrechtliche Regelung, wenn sie von einem Gesellschafter erteilt wird, vgl.

hat der BGH einen – allerdings nur im Innenverhältnis relevanten – Verstoß gegen ein zwingendes Mitwirkungserfordernis der Hauptversammlung bejaht. Als dogmatisches Fundament für diese Annahme hat er sich der Norm des § 119 Abs. 2 AktG bedient. Diese sieht vor, dass die Hauptversammlung über Fragen der Geschäftsführung nur auf Verlangen des Vorstandes entscheiden *kann.* Aus Sicht des BGH sollte sich dieses *Ermessen bei grundlegenden Entscheidungen,* die zwar äußerlich von der Geschäftsführungsbefugnis und Vertretungsmacht des Vorstands gedeckt sind, gleichwohl aber so *tief in die Mitgliedsrechte* und das *in dem Anteilseigentum verkörperte Vermögensinteresse* der Aktionäre *eingeifen,* dass der Vorstand vernünftigerweise nicht davon ausgehen kann, sie in eigener Verantwortung ohne die Beteiligung der Hauptversammlung fällen zu können, *auf Null reduzieren*[398]. Der Vorstand verstoße, so die Argumentation in der „Holzmüller"-Entscheidung, in solchen Fällen gegen die ihm obliegende Sorgfaltspflicht, lasse er die Möglichkeit des § 119 Abs. 2 AktG ungenutzt[399]. Eine Berechtigung des Vorstandes, den wertvollsten Betriebszweig, der den Kernbereich der Unternehmenstätigkeit bilde, ohne Mitwirkung der Anteilseigener auf eine andere Gesellschaft zu verlagern, sei nicht gegeben. Selbst wenn die Geschäftsleitung generell zur Gründung und zum Erwerb von Tochtergesellschaften nebst den dazugehörigen Ausstattungsmaßnahmen befugt sei, könne eine so weit reichende Maßnahme, durch welche die Unternehmensstruktur grundlegend verändert werde, nur in Abstimmung mit der Hauptversammlung getroffen werden[400]. Im Außenverhältnis sei die Ausgliederungsmaßnahme aber trotz dieses Verstoßes wirksam[401].

---

*Forschbach,* Liquiditätszusagen, S. 73–81, I, für in der Satzungsurkunde enthaltene „interne" Ausstattungszusagen („gewillkürtes Ergänzungskapital").

397 Die Ausgangssatzung hatte den Unternehmensgegenstand bereits auf „die Beteiligung an ... (ähnlichen) Unternehmungen ..., gegebenenfalls auch Übernahme bzw. Erwerb solcher Unternehmungen" ausgedehnt. Im Zuge einer von dem Kläger mit konsentierten Satzungsänderung ist er noch um das Recht, den Betrieb ganz oder teilweise solchen Gesellschaften zu überlassen, erweitert worden, vgl. *BGH,* a.a.O., S. 123 bzw. S. 1703. Eine „faktische Satzungsänderung" hätte gemäß § 82 Abs. 1 AktG keine Außenwirkung gehabt, vgl. *BGH,* a.a.O., S. 130, b) bzw. S. 1705, 2. b).

398 Vgl. auch *BGH* (U. v. 26.04.2004 – II ZR 154/02), Der Konzern 2004, S. 421 ff. (424, bb)) (Gelatine 1); *BGH* (U. v. 26.04.2004 – II ZR 155/02), Der Konzern 2004, S. 427 ff. (431, bb)) (Gelatine 2); *MüKo-Kubis,* AktG, § 119 Rn. 32; *Simon,* DStR 2004, S. 1482 ff. (1482, 1.1), m.w.N.

399 *BGH,* a.a.O., („Holzmüller"), S. 131, 1. Abs. bzw. S. 1705, 2. c); zustimmend *Reichert,* AG 2005, S. 150 ff. (150/151, 1., 152 a.E.).

400 *BGH,* a.a.O., S. 131/132 bzw. S. 1705, 2. c).

401 *BGH,* a.a.O., S. 132, d) bzw. S. 1705, 2. d). Gemäß § 82 Abs. 1 AktG sei die Vertretungsmacht des Vorstands nur in den gesetzlich vorgesehenen Fällen beschränkt. Die Verletzung der (internen) Vorlagepflicht beeinträchtige daher nicht die Wirksamkeit der bekämpften Maßnahmen. Die Grundsätze des Missbrauchs der Vertretungsmacht seien unanwendbar, nachdem die Tochtergesellschaft „ins Leben getreten" sei. Seit diesem Moment betreffe eine etwaige Unwirksamkeit des Sacheinlagenversprechens auch Dritte. Eine Rückabwicklung ohne förmliche Kapitalherabsetzung oder

In Bezug auf die harte Patronatserklärung hätte man bei offensichtlich drastischen Zuwendungspflichten und einer durch diese bedingten erheblichen Entwertung des von den Anteilseignern gehaltenen Aktienvermögens angesichts dieser Entscheidung darauf kommen können, dass der Vorstand die Hauptversammlung mit dieser Frage zu befassen hat. Bereits die „Holzmüller"-Entscheidung dürfte aber so zu verstehen gewesen sein, dass rein wirtschaftliche Auswirkungen einer Leitungsmaßnahme nicht genügen, um eine Vorlagepflicht des Vorstands zu statuieren, sondern dass es kumulativ eines spürbaren Eingriffs in die mitgliedschaftliche Rechtsstellung der Aktionäre bedarf[402].

### bb) Die „Gelatine"-Entscheidungen des BGH

In seinen weitgehend identisch begründeten „Gelatine"-Entscheidungen von April 2004[403] hat der 2. Senat die bedeutendsten Aspekte seiner „Holzmüller"-Entscheidung erheblich präzisiert und die Sorge der Praxis um eine Akkumula-

---

Auflösung des Tochterunternehmens sei unmöglich, *BGH,* a.a.O., S. 132/133, d) bzw. S. 1705, 2. d). Die hilfsweise beantragte Rückabwicklung ex nunc scheiterte an der verzögerten Geltendmachung der Pflichtverletzung durch den Feststellungskläger, *BGH,* a.a.O., S. 135/136, 2.) bzw. S. 1706, 2.). Die Monatsfrist für Anfechtungsklagen gemäß § 246 Abs. 1 AktG sei Ausdruck des Grundsatzes, dass ein Aktionär bei Ausübung seiner Rechte auf die Belange der Gesellschaft angemessen Rücksicht zu nehmen und unangemessene Verzögerungen zu vermeiden habe. Als Konsequenz der mitgliedschaftlich wie vermögensrechtlich einschneidenden Transaktion hat der BGH der Hauptversammlung aber für die Zukunft im Innenverhältnis das Recht zugebilligt, über Kapitalbeschaffungsmaßnahmen der ausgegliederten Tochtergesellschaft in gleicher Weise und mit denselben Mehrheitserfordernissen zu befinden wie über Kapitalerhöhungen der eigenen Gesellschaft. Das tendenziell auf einen Minderheitenschutz angelegte Aktiengesetz sei insofern lückenhaft, als ein eigenmächtiges Tätigwerden des Vorstandes des übertragenden Rechtsträgers ohne eine interne Beteiligung der Anteilseigner die greifbare Gefahr begründe, dass deren Mitgliedschaft beeinträchtigt, ihr Beteiligungswert verwässert und ihre Bezugsrechte ausgehöhlt würden, *BGH,* a.a.O., S. 136–144 bzw. S. 1706–1708, kritisch zur Schutzbedürftigkeit der Anteilseigner bei Kompetenzverschiebungen (sog. „Mediatisierungseffekt"), *Koppensteiner,* Der Konzern 2004, S. 381 ff. (384, 1., 385, 3.); insgesamt zur „Holzmüller"-Doktrin, *Simon,* DStR 2004, S. 1482 ff. (1482, 1.1).

402 Vgl. nur *BGH,* a.a.O., S. 140, 4.) bzw. S. 1707, 4.), „... auf die *rechtlichen und wirtschaftlichen Verhältnisse* der Obergesellschaft und ihrer Aktionäre auswirken ..."; „so tief in die *Mitgliedsrechte* der Aktionäre *und* deren ... *Vermögensintresse* eingreifen ..." (S. 131, 1. Abs. bzw. S. 1705, c)); zu den gewöhnlichen Geschäftsführungsmaßnahmen gehöre „gemeinhin auch die Gründung und der Erwerb einer Tochtergesellschaft *und deren Ausstattung mit dem notwendigen Kapital*" (S. 132, 1. Abs. bzw. 1705, c)), (Hervorh. durch Verf.); siehe auch *Fleischer,* NJW 2004, S. 2335 ff. (2335/2336, II.); *MüKo-Kubis,* AktG, § 119 Rn. 44, der darin eine „partielle Tautologie" erblickt, da „das Vermögensinteresse im Sinne vermögensrechtlicher Positionen ohnehin ein Ausfluss der Mitgliedschaft ist"; *Weißhaupt,* AG 2004, S. 585 ff. (585, II. 1. a)).

403 *BGH* (U. v. 26.04.2004 – II ZR 154/02), Der Konzern 2004, S. 421 ff., (Gelatine 1); *BGH* (U. v. 26.04.2004 – II ZR 155/02), Der Konzern 2004, S. 427 ff., (Gelatine 2); vgl. auch NJW-Spezial 2004, S. 76 f.

tion von gesetzlich nicht fixierten Mitwirkungsrechten der Hauptversammlung geschmälert[404].

### *(1) Leitlinien der „Gelatine"-Entscheidungen*

Streitgegenstand der „Gelatine"-Entscheidungen sind Anfechtungsklagen von Aktionären[405] gegen Ermächtigungs- und Genehmigungsbeschlüsse der Hauptversammlung zu geplanten bzw. bereits durchgeführten Umstrukturierungsmaßnahmen gewesen[406]. Anders als in der „Holzmüller"-Entscheidung, haben die Transaktionen maximal 50% aller denkbaren Bezugsgrößen betroffen[407]. Aus Sicht des 2. Senats zu wenig, um einen „Holzmüller"-Fall zu bejahen. Entgegen der fast gesamten Literatur und Judikatur[408] hat der BGH in diesen Entscheidungen klargestellt, dass eine Durchbrechung der „wohl austarierten Kompetenzverteilung in der Aktiengesellschaft"[409] durch die Annahme gesetzlich nicht niedergelegter Mitwirkungskompetenzen der Hauptversammlung nur in *engen*

---

[404] Vgl. *Habersack,* AG 2005, S. 137 ff. (149, V.); *Liebscher,* ZGR 2005, S. 1 ff. (3, 2. Abs., 12/13, 2., 15, 1.). Die „Gelatine"-Entscheidungen haben zugleich Tendenzen in der Literatur, die „Holzmüller"-Entscheidung zur Rechtfertigung eines eigenständigen Konzernorganisationsrechts heranzuziehen oder sie als Argument für eine Verschiebung des aktienrechtlichen Kompetenzgefüges zu verwenden, eine klare Absage erteilt, vgl. *BGH,* Der Konzern 2004, S. 423/424, aa), (Gelatine 1); S. 430, aa), (Gelatine 2); hierzu auch *Bungert,* BB 2004, S. 1345 ff. (1345, Einleitung, 1347, 2. Abs.); *Koppensteiner,* Der Konzern 2004, S. 381 ff. (385, 4.); *Liebscher,* ZGR 2005, S. 1 ff. (13, 2. Abs.); *Simon,* DStR 2004, S. 1482 ff. (1482, 1.), m.w.N.; *ders.,* DStR 2004, S. 1528 ff. (1530, 5.); *Weißhaupt,* AG 2004, S. 585 ff. (585).

[405] Die klagenden Aktionäre sind zu knapp 30% am Grundkapital der Aktiengesellschaft beteiligt gewesen, vgl. *BGH,* a.a.O., Der Konzern 2004, S. 421 (Gelatine 1), S. 427 (Gelatine 2) bzw. NJW-Spezial 2004, S. 76 f. (77, 1. Abs.); *Bungert,* BB 2004, S. 1345 ff. (1345, I.).

[406] *BGH,* a.a.O., Der Konzern 2004, S. 422, Tatbestand („Ermächtigung" zur Einbringung von Beteiligungen in eine hundertprozentige Tochtergesellschaft, Gelatine 1), S. 427 („Genehmigung" der vollzogenen Einbringung von Beteiligungen an einer schwedischen und einer englischen Gesellschaft in eine hundertprozentige Tochtergesellschaft, Gelatine 2). Die Satzung enthielt ebenfalls eine Konzernklausel. Eine relevante Satzungsdurchbrechung hat der BGH hierin wiederum nicht erblicken können, vgl. *BGH,* a.a.O., Der Konzern 2004, S. 422/423, II. 1.), (Gelatine 1), S. 429, III. 1.), (Gelatine 2); vgl. auch *Koppensteiner,* Der Konzern 2004, S. 381 ff. (382/383, II.); *Simon,* DStR 2004, S. 1482 ff. (1483, 2.1.).

[407] Vgl. v.a. *BGH,* Der Konzern 2004, S. 433 a.E., (Gelatine 2); hierzu auch *Bungert,* BB 2004, S. 1345 ff. (1345, I.); *Simon,* DStR 2004, S. 1482 ff. (1483, 1.2).

[408] Teile der Praxis tendierten dazu, eine Hauptversammlungskompetenz bereits bei Überschreiten von Schwellenwerten zwischen 10% und 50% des Gesellschaftsvermögens zu bejahen, vgl. nur *LG Frankfurt a.M.* (U. v. 10.03.1993 – 3/14 O 25/92), AG 1993, S. 287 ff. (288), 10%; *dasselbe* (U. v. 29.07.1997-3/5 O 162/95), AG 1998, S. 45 ff. (46, III.), 23% der Bilanzsumme des Gesamtkonzern, gut 30% Anteil am Gesamtumsatz; siehe auch die Nachweise bei *Bungert,* BB 2004, S. 1345 ff. (1346, 2., 1347, 1.); *Fleischer,* NJW 2004, S. 2335 ff. (2336, III., 2337. V.); *Simon,* DStR 2004, S. 1482 ff. (1485, 1. Abs.); „Praxishinweis", NJW-Spezial 2004, S. 77, 1. Abs.

*Grenzen* zulässig sei, nämlich dann, wenn eine Maßnahme an der *Kernkompetenz der Anteilseigner, über die Verfassung der Gesellschaft zu bestimmen, rühre* und in ihren *Auswirkungen nahezu einem Zustand entspreche, der allein durch eine Satzungsänderung herbeigeführt werden könne*[410]. Quantitativ müsse der Bereich, auf den sich die Maßnahme erstrecke, in seiner Bedeutung für die Gesellschaft die *Ausmaße der Ausgliederung in dem „Holzmüller"-Fall* erreichen[411].

---

409 *BGH,* Der Konzern 2004, S. 424, 1. Spalte, (Gelatine 1); S. 430, aa), 2. Abs., (Gelatine 2). Unter Darstellung der Genese zeichnet der 2. Senat die bewusste gesetzgeberische Entscheidung für eine eigenverantwortliche Geschäftsführung nach. Nach den bis zum Ende der Weimarer Republik gewonnen Erkenntnissen sei die vormals zentrale Stellung der Hauptversammlung bewusst zurückgenommen worden, da sie sich als inhomogenes, zufällig zusammengesetztes Organ für die Mitwirkung an der Leitung als ungeeignet erwiesen habe. Ihr sei aber die Grundlagenkompetenz für die „Verfassung", erweitert um einzelne, für die weitere Gesellschaftsentwicklung wesentliche Geschäftsführungsfragen, belassen worden, vgl. *BGH,* Der Konzern 2004, S. 425, cc), (Gelatine 1); S. 431/432, cc), (Gelatine 2).

410 Nach *Habersack,* AG 2005, S. 137 ff. (138/139, II 1. a), 145, 2. Abs.), geht es dem BGH darum, der Gefahr einer Verwässerung mitgliedschaftlicher Teilhaberechte entgegenzutreten. Die Hauptversammlungszuständigkeit solle der „Mediatisierung des Einflusses der Aktionäre" Rechnung tragen (nach dem Autor selbst haben die gesetzlichen Zustimmungserfordernisse auch den Zweck, die Anteilseigner vor einer Schwächung ihres Anteilswertes zu schützen (140, ii)); ebenso *Reichert,* AG 2005, S. 150 ff. (155, (3)), „Gelatine betrifft Mediatisierungsfälle."

411 *BGH,* Der Konzern 2004, S. 425/426, cc), (Gelatine 1); S. 431/432, cc), (Gelatine 2), bzw. NJW-Spezial 2004, S. 76 f. (77, 2. Abs.). In Zahlen ausgedrückt muss das Vorstandshandeln etwa 80% der unternehmerischen Vermögenswerte betreffen, vgl. *Bungert,* BB 2004, S. 1345 ff. (1347, 1.); *Reichert,* AG 2005, S. 150 ff. (153/154, 2.); *Simon,* DStR 2004, S. 1482 ff. (1485, 1. Abs.), auch zu der noch ungeklärten Frage nach den maßgeblichen Bezugsgrößen. Neben der deutlichen Akzentuierung des Grundsatzes einer eigenverantwortlichen Leitungsmacht des Vorstandes, besteht eine wesentliche Neuerung der „Gelatine"-Entscheidungen in dem expliziten Bekenntnis des 2. Senats zu einer *„offenen Rechtsfortbildung"*. Der Kritik der herrschenden Meinung an einer Verortung der Mitwirkungsbefugnis in § 119 Abs. 2 AktG Rechnung tragend (vgl. nur *Flume,* AG 1988, S. 88 ff. (92); *Habersack,* AG 2005, S. 137 ff. (142); sowie die Nachweise bei *Bungert,* BB 2004, S. 1345 ff. (1346, 1. Abs.); *MüKo-Kubis,* AktG, § 119 Rn. 36), geht der *BGH* nunmehr davon aus, dass weder diese Norm noch eine Gesamtschau der die Hauptversammlungszuständigkeiten enthaltenden Vorschriften die in Frage stehende Problematik sachgerecht erfasse. Die Vorschrift des § 119 Abs. 2 AktG passe tatbestandlich nicht, da sie den Rechtskreis des Vorstandes um die Möglichkeit erweitere, eine konkrete Frage der Hauptversammlung zur Beantwortung vorzulegen, um sich intern zu enthaften (vgl. § 93 Abs. 4 S. 1 AktG). Die ein Zustimmungserfordernis der Hauptversammlung vorsehenden Normen seien von der Rechtsfolge her unpassend, da sie die Unwirksamkeit der ohne einen Zustimmungsbeschluss der Hauptversammlung getroffenen Maßnahmen mangels Vertretungsmacht anordneten. In ergebnisorientierter „Rechtsfortbildung" möchte der 2. Zivilsenat deshalb künftig die Tatbestandvoraussetzungen derjenigen Normen, die ein Mitwirkungserfordernis der Hauptversammlung vorsehen, mit der Rechtsfolge des § 119 Abs. 2 (rein interne Wirkung) kombinieren, vgl. *BGH,* Der Konzern 2004, S. 425/426, b), (Gelatine 1); S. 431, bb), (Gelatine 2); kritisch *Fleischer,* NJW 2004, S. 2335 ff. (2337, IV.); *Koppensteiner,* Der Konzern 2004, S. 381 ff. (384, 2.); *Liebscher,* ZGR 2005, S. 1 ff. (20–22, b)); *Weißhaupt,* AG 2004, S. 585 ff. (586, b)); vgl. auch *Simon,*

Die Abgabe einer harten Patronatserklärung rührt als solche nicht an der „Kernkompetenz der Anteilseigner, über die Verfassung der Gesellschaft zu bestimmen". Sie hat keine satzungsrechtliche Relevanz. Es fragt sich aber, ob ihre Auswirkungen nicht nahezu einem Zustand entsprechen, für den es einer Satzungsänderung bedarf[412]. Sachlich kommt eine Ausstattungsverpflichtung der in § 302 Abs. 1 AktG vorgesehenen Verlustausgleichspflicht bei Bestehen eines Gewinnabführungs- und/oder Beherrschungsvertrages nahe. Ein solcher Vertrag bedarf gemäß § 293 Abs. 2 S. 1 AktG zu seiner Wirksamkeit der Zustimmung der verlustausgleichspflichtigen Gesellschaft. Aus § 293 Abs. 2 S. 2 i.V.m. Abs. 1 S. 4 AktG folgt aber, dass es sich bei dem Abschluss eines Unternehmensvertrages weder auf Seiten des begünstigten noch des belasteten Unternehmens um eine Satzungsänderung handelt[413].

*(2) (Kein) Zustimmungserfordernis der Gesellschafterversammlung entsprechend § 293 Abs. 2 AktG*

Andererseits scheint der BGH den Abschluss eines Gewinnabführungs- und/oder Beherrschungsvertrages und damit eine dem Regelungsgehalt des § 293 Abs. 2 AktG entsprechende Situation zu Recht zu den mitgliedschaftlichen „Kernkompetenzen" der Aktionäre zu zählen[414]. Sollte nicht ohnehin ein geset-

DStR 2004, S. 1482 ff. (1483/1484, 2.2.); siehe aber auch *Habersack,* a.a.O., S. 142/143. Des Weiteren hat der *BGH* entschieden, dass eine ausnahmsweise erforderliche Hauptversammlungszustimmung in jedem Fall mit einer qualifizierten Mehrheit von mindestens Dreivierteln des vertretenen Grundkapitals zu treffen ist. Bei freiwilliger Beteiligung der Hauptversammlung reiche hingegen ein mit einfacher Mehrheit getroffener Zustimmungsbeschluss (§ 133 Abs. 1 AktG), *BGH,* Der Konzern 2004, S. 426, b), Gelatine 1; S. 432, b), Gelatine 2, II. 2. b) bzw. III. 2. b); vgl. auch *Simon,* DStR 2004, S. 1528 ff. (1528, 3.3.1), der entgegen der neueren BGH-Rechtsprechung die in §§ 93, 116 AktG vorgesehenen repressiven Schutz- und Kontrollinstrumente für ausreichend erachtet und einen präventiven Vermögensschutz ablehnt (S. 1530, 1. Abs.).

[412] Der BGH hat in seinen „Gelatine"-Entscheidungen dahinstehen lassen, welche Geschäftsführungsmaßnahmen ganz konkret in den Zuständigkeitsbereich der Hauptversammlung fallen. Insoweit ist auch weiterhin einer Einzelfallentscheidung zu treffen, vgl. nur den „Praxishinweis" in: NJW-Spezial 2004, S. 77, 1. Abs.; *Bungert,* BB 2004, S. 1345 ff. (1348, 3.); *Simon,* DStR 2004, S. 1482 ff. (1484, 3. Abs.).

[413] *Abs. 1 S. 4,* auf den Abs. 2 S. 2 für den Beschluss der begünstigten Gesellschaft verweist, lautet: „Auf den Beschluss sind die Bestimmungen des Gesetzes und der Satzung *über Satzungsänderungen nicht anzuwenden*", (Hervorh. durch Verf.).

[414] *BGH,* Der Konzern 2004, S. 425/426, cc), 426, b), (Gelatine 1); S. 432, 2. und 3. Abs. (b)), (Gelatine 2), II. 2. b) bzw. III. 2. b), „In diesem Sinn hat der Gesetzgeber auch für andere, nicht die Verfassung, sondern *Geschäftsführungsmaßnahmen im weiteren Sinn* betreffende Angelegenheiten – *etwa für den Abschluss von Unternehmensverträgen* – ... bestimmt, dass eine qualifizierte Mehrheit hierfür erreicht werden muss" bzw. (cc)) „... die Befugnisse der Hauptversammlung lediglich in einzelnen Geschäftsführungsfragen erweitert, von denen er – *wie etwa bei Abschluss von Unternehmensverträgen* – annahm, sie seien *so wesentlich für die weitere Entwicklung der Gesellschaft* ...", (Hervorh. durch Verf.). Der Verweis des BGH auf *Kropff,* AktG, Be-

zeskonformer Unternehmensvertrag zwischen dem Patron und dem Protegé bestehen, ist für die harte Patronatserklärung somit entscheidend, aus welchem Grund der Gesetzgeber der Hauptversammlung in diesem Fall eine Befassungskompetenz eingeräumt hat. Sollte der Beschlussvorbehalt maßgeblich auf der Pflicht der begünstigten Gesellschaft zum Ausgleich der während der Vertragsdauer fiktiv entstehenden Jahresfehlbeträge gründen (§ 302 Abs. 1 AktG), wäre die Zustimmungsbedürftigkeit der Hauptversammlung bei Erteilung einer Ausstattungszusage nahe liegend[415].

Der Grund für das erstmals durch die Aktienrechtsnovellierung von 1965 in § 293 Abs. 2 AktG aufgenommene Zustimmungserfordernis[416] ist umstritten. Konsequenz eines Beherrschungs- und Gewinnabführungsvertrags ist nicht nur die Verlustausgleichspflicht, sondern die begünstigte Gesellschaft muss den außenstehenden Aktionären der abhängigen Gesellschaft darüber hinaus gemäß §§ 304, 305 AktG eine angemessene Ausgleichszahlung anbieten bzw. ihnen auf Verlangen ein sachgerechtes Abfindungsangebot unterbreiten sowie den Gläubigern bei Beendigung des Unternehmensvertrages auf deren Verlangen Sicherheit leisten (§ 303 AktG)[417]. Ausweislich der Gesetzesbegründung kann es „angesichts dieser Rechtsfolgen“ bzw. „besonders weitgehenden Pflichten“ „nicht allein Sache der Verwaltung ... sein, über den Abschluss eines Beherrschungs- und Gewinnabführungsvertrages zu entscheiden.“ Das qualifizierte Mehrheitserfordernis rechtfertige sich daraus, dass „die Hauptversammlung hier nicht einer normalen Maßnahme der Geschäftsführung“ zustimme, sondern „der gesellschaftsrechtlichen Verbindung zweier Unternehmen.“[418] Gegen die entscheidende Maßgeblichkeit des Abfindungsgebots, das bei begünstigten Gesellschaften mit Sitz im Inland gemäß § 305 Abs. 2 Ziff. 1 und 2, 1. Alt. AktG grundsätzlich in eigenen Aktien zu erfolgen hat[419], wird oftmals angeführt, dass

gründung RegE S. 96, 1. Abs., der explizit nur auf Willen des Gesetzgebers Bezug nimmt, die Aktionäre der *abhängigen* Gesellschaft davor zu schützen, dass der Vorstand sich ohne Einwilligung der Gesellschaft der selbständigen Geschäftsführung begibt (vgl. § 293 Abs. 1 AktG), ist für die begünstigte Gesellschaft nur bedingt weiterführend.

415 Da sich die ungeschriebene Hauptversammlungszuständigkeit in diesem Fall mit einer Analogie (lege artis) begründen lasse, bedürfe es keiner Auseinandersetzung mit den Argumenten der Gegner einer ungeschriebenen Hauptversammlungszuständigkeit (auf der Basis des Aktiengesetzes), vgl. nur *Flume,* AG 1988, S. 88 ff. (92/93); *Joost,* ZHR 163 (1999), S. 164 ff. (166–178, I.); *Koppensteiner,* Der Konzern 2004, S. 381 ff. (381, I., 385/386, 5.); siehe auch *Fleischer,* NJW 2004, S. 2335 ff. (2337, IV.); *MüKo-Kubis,* AktG, § 119 Rn. 40; *Weißhaupt,* AG 2004, S. 585 ff. (586, b)).

416 Dazu *Kropff,* AktG, Begründung RegE zu § 293, S. 381, 3. Abs.

417 Zu dem Meinungsstreit um den Grund für die Befassungskompetenz, *MüKo-Altmeppen,* AktG, § 293 Rn. 3, 92–95, m. w. N.

418 Vgl. auch *Kropff,* AktG, Begründung RegE zu § 293, S. 381, 3. Abs.

419 Ist die begünstigte Gesellschaft dagegen ihrerseits von einer anderen Gesellschaft abhängig oder steht sie in Mehrheitsbesitz einer Obergesellschaft, ist der „Primärschutz“ gemäß Ziff. 2 dadurch zu bewirken, dass den außenstehenden Aktionären

ein Unternehmensvertrag nach der gesetzgeberischen Konzeption und der ganz herrschenden Meinung selbst dann zustimmungsbedürftig sei, wenn keine außenstehenden Aktionäre existierten[420]. Als tragender Aspekt der Zustimmungspflicht käme mithin nur die Übernahme der Verlustausgleichspflicht aufgrund des § 302 AktG in Betracht[421].

Nach hier vertretener Meinung ist jedoch äußerst fragwürdig, ob die Befassungskompetenz der Hauptversammlung ausschließlich oder auch nur maßgeblich auf der vermögensrechtlichen Verlustausgleichspflicht[422] der herrschenden Gesellschaft gründet. Die dargestellte Argumentation blendet aus, dass der Gesetzgeber das qualifizierte Mehrheitserfordernis gerade deshalb angeordnet hat, weil „die Hauptversammlung hier nicht einer normalen Maßnahme der Geschäftsführung" zustimmt, sondern „der *gesellschaftsrechtlichen Verbindung zweier Unternehmen*"[423]. Grund für die Mitwirkungspflicht der Hauptversamm-

---

Aktien der Obergesellschaft und wahlweise eine Barabfindung offeriert werden; insgesamt dazu *Hüffer* (6), AktG, § 305 Rn. 9/10, 13/14.

[420] Vgl. die Nachweise bei *MüKo-Altmeppen,* AktG, § 293 Rn. 94; zur untergeordneten Relevanz der Abfindungspflicht in Aktien, siehe Rn. 95, 101, m.w.N.

[421] *Hüffer* (6), AktG, § 293 Rn. 17, der deshalb mit der wohl überwiegenden Meinung auch im Falle einer GmbH als begünstigter (und belasteter) Gesellschaft ein Zustimmungserfordernis bejaht; *Kölner Kommentar zum AktG-Koppensteiner,* § 293 Rn. 40, m.w.N. (Fn. 125), der ergänzend hinzufügt, dass auch die Übernahme von Risiken der Tochtergesellschaft allein (§§ 302 f.) die Regelung nicht erklären könne, ansonsten bedürfte jeder Unternehmenserwerb einer gesonderter Zustimmung. Da es aber keinen allgemeinen aktienrechtlichen Grundsatz gebe, dass besonders schwerwiegende und riskante Geschäfte nur mit Zustimmung der Hauptversammlung wirksam sind, erfordere das aus §§ 302 f. resultierende Risiko nur deshalb einen Hauptversammlungsbeschluss, weil es mit einem gesetzlich exakt umschriebenen Sachverhalt, nämlich dem Vorliegen eines Beherrschungs- oder Gewinnabführungsvertrages verknüpft sei. Die Möglichkeit, dass es noch gefährlichere Geschäfte gebe, spreche daher nicht gegen die Begründung der Zustimmungspflicht mit der Verlustübernahme- und Sicherheitsleistungspflicht nach §§ 302 f. AktG. Soweit die analoge Anwendung des § 293 Abs. 2 AktG auf „reine" Verlustübernahmeverträge andererseits mit dem Argument verneint wird, § 303 AktG, der ebenfalls zu den Wertungsgrundlagen des Abs. 2 gehöre, gelte in dem Fall nicht (vgl. *Koppensteiner,* a.a.O., Rn. 48, m.w.N., der mit dieser Begründung zumindest starke Zweifel an der analogen Anwendbarkeit des Abs. 2 hegt), kann dies nicht überzeugen. Regelungszweck des § 303 AktG ist es, den Gläubigern der abhängigen Gesellschaft, die ihre Geschäfte mit dieser möglicherweise nur mit Blick auf die Verlustausgleichspflicht der herrschenden Gesellschaft getätigt haben, bei Beendigung der eigenkapitalähnlichen Erhaltungspflicht ein Recht auf individuelle Absicherung zu geben (*Hüffer* (6), AktG, § 303 Rn. 1, m.w.N.; *Kropff,* AktG, Begründung RegE zu § 303, S. 392/393). Das Risiko der Anteilseigner der ausgleichspflichtigen Gesellschaft erhöht sich dadurch nicht merklich.

[422] Und auf der Pflicht zur Sicherheitsleistung.

[423] Vgl. den Nachweis in Fn. 418; siehe auch *Laule,* AG 1990, S. 145 ff. (146, 1.); *Timm,* GmbHR 1987, S. 8 ff. (12, II.), Grund für die Verlustausgleichspflicht sei (auch) der Gedanke, dass wer die Geschicke der Gesellschaft bestimmen könne und ihren Gewinn erhalte auch für ihre Verluste einstehen müsse (= ausdrückliche Anordnung des „Gleichlaufs von Haftung und Herrschaft" *für den Sonderfall* des Vertragskonzerns).

lung ist nicht allein das mit dem Abschluss eines Unternehmensvertrages einhergehende finanzielle Risiko, sondern es sind die insgesamt für die Anteilseigner aus der korporationsrechtlichen Verbindung rührenden Gefahren[424]. Der Abschluss eines Beherrschungs- und Gewinnabführungsvertrags ist ein Organisationsvertrag körperschaftsrechtlicher Art[425]. Anders als bei einer „isolierten" Verlustdeckungs- oder Ausstattungszusage begründet er für die herrschende Gesellschaft nicht nur die genannten Pflichten, sondern diese wird zuförderst zur umfassenden Leitung des abhängigen Unternehmens bzw. zur Abschöpfung des von ihr erwirtschafteten Gewinns berechtigt[426]. Für das „Standing" der abhängigen Gesellschaft am Markt zeichnet nach Vertragsschluss primär die herrschende Gesellschaft verantwortlich. Die Interessen beider Gesellschaften sind ab diesem Moment eng miteinander verflochten. Verbundene Unternehmen (vgl. § 15 AktG) bzw. Vertragskonzerne (vgl. § 18 Abs. 1 S. 1 und 2 AktG) werden im Rechtsverkehr für gewöhnlich als einheitliches Wirtschaftssubjekt bzw. als „Schicksalsgemeinschaft" wahrgenommen und auch entsprechend behandelt. Die Verantwortung der herrschenden Gesellschaft für das wirtschaftliche Gedeihen des abhängigen Unternehmens ist wegen der Gefahr einer negativen Rückkoppelung ungleich höher als für eine „nur verlustausgleichspflichtige" Gesellschaft oder für eine ausstattungspflichtige Patronin. Da die begünstigte Gesellschaft von Gesetzes wegen zu schädigenden Eingriffen in den Geschäftsbetrieb der abhängigen Unternehmung befugt ist, wird ihr deren Scheitern unmittelbar zur Last gelegt. Negative Rückschlüsse auf ihre eigene Leistungsfähigkeit, auf

---

424 Nicht umsonst ist die Ausgleichspflicht Part des Dritten Buches des Aktiengesetzes über „verbundene Unternehmen"; vgl. auch *Kölner Kommentar zum AktG-Koppensteiner* (3), § 302 Rn. 5/6, ohne die Ausgleichspflicht könnten Verluste bei einem Gewinnabführungsvertrag nur durch Auflösung anderer Bilanzpositionen und damit durch eine Substanzminderung ausgeglichen werden. Dem anderen Vertragsteil wäre jedes Risiko abgenommen, obwohl ihm eine günstige Entwicklung der Gesellschaft zugewiesen wäre. Bei einem Beherrschungsvertrag bestehe der entscheidende Grund für die Verlustübernahmepflicht darin, dass das herrschende Unternehmen „die Geschicke der Gesellschaft bestimmen kann". Berücksichtigt werde, dass der Beherrschungsvertrag sowohl den Gesellschaftszweck als auch die Machtverhältnisse insofern grundlegend verändere, als die Belange des anderen Vertragsteils potenziell immer den Ausschlag gäben.

425 *OLG Oldenburg* (U. v. 23.03.2000 – 1 U 75/99), NZG 2000, S. 1138 ff. (1139 a. E.); vgl. aber auch die kritische Auseinandersetzung mit der „fast einhelligen Ansicht" bei *Kölner Kommentar zum AktG-Koppensteiner* (3), Vorb § 291 Rn. 156–160, m. w. N.

426 *Kölner Kommentar zum AktG-Koppensteiner* (3), § 302 Rn. 5/6. Zur eigentumsrelevanten Beeinträchtigung der Herrschafts- und Vermögensrechte der Aktionäre einer abhängigen Gesellschaft einschließlich ihres Gewinnbeteiligungsanspruchs bei Durchführung eines Beherrschungs- und Gewinnabführungsvertrages (Eingriff in das durch Art. 14 GG geschützte Anteilsrecht), vgl. auch *BGH* (U. v. 20.05.1997 – II ZB 9/96), BGHZ 135, S. 374 ff. (377–379, a)/b)). Außerhalb von Unternehmensverträgen darf ein Unternehmen seinen beherrschenden Einfluss grundsätzlich nicht dazu nutzen, die abhängige Gesellschaft zu für sie negativen Maßnahmen zu veranlassen, vgl. §§ 311, 317 AktG sowie *Kropff,* AktG, Begründung RegE, § 311, S. 407.

die (In-)Kompetenz ihres Führungspersonals, auf ihre geschäftliche Zuverlässigkeit und auf ihren Geschäftsstil sind die Folge[427]. Dass derartige Schlussfolgerungen sich nachteilig auf das Aktionärsvermögen auswirken können, liegt auf der Hand. Es ist daher sinnvoll, den Aktionären der begünstigten Gesellschaft in Zusammenschau dieser Gefahren ein Mitspracherecht bei der Frage zuzubilligen, ob „ihre Gesellschaft" eine derart enge Verbindung mit einem anderen Unternehmen eingehen soll[428]. Der korporationsrechtliche Aspekt, sichtbar in den grundlegenden strukturellen Veränderungen, macht nach hier vertretener Meinung den entscheidenden Unterschied zwischen der Interessenlage bei Abschluss eines Gewinnabführungs- und/oder Beherrschungsvertrages und der Situation bei Abgabe einer Ausstattungs- oder „isolierten Verlustdeckungszusage" aus[429]. Weiteres wesentliches Differenzierungskriterium ist die Tatsache, dass

---

[427] Letzteres steht zwar auch für einen ausstattungspflichtigen Patron zu besorgen, diesem kann aber zumindest nicht vorgeworfen werden, „Misswirtschaft" auf Kosten eines anderen Rechtsträgers betrieben zu haben. Darüber hinaus dürfte sich für die Geschäftsleitung mit Abschluss eines Unternehmensvertrages die Arbeitsbelastung erheblich erhöhen. Da ein Gewinnabführungsvertrag selten isoliert geschlossen wird, sondern meist in Verbindung mit einem Beherrschungsvertrag, muss der Vorstand sich fortan um zwei Unternehmen kümmern. Daran werden die Aktionäre nur dann interessiert sein, wenn ihnen die Unternehmensverbindung und die damit einhergehende Identifikation mit der abhängigen Gesellschaft wirtschaftlich lohnenswert erscheinen. Möglicherweise verfügt der Vorstand auch gar nicht über das erforderliche Know-how, um dem abhängigen Unternehmen in dessen Geschäftsbereich verbindliche Direktiven zu geben, so dass ein Scheitern der geplanten Verbindung vorprogrammiert ist. Insgesamt sind die Risk-Profit-Erwägungen der Anteilseiger folglich denjenigen einer Direktinvestition in die abhängige Gesellschaft vergleichbar, so dass die „mitgliedschaftliche Komponente" des Vertragsschlusses nicht von der Hand zu weisen ist.

[428] Vgl. auch *BGH* (B. v. 24.10.1988 – II ZB 7/88, Supermarkt), WM 1988, S. 1819 ff. (1822).

[429] Der BGH hat den mitgliedschaftlichen Aspekt vorlagepflichtiger Maßnahmen in allen drei Entscheidungen besonders betont, vgl. *BGH,* Der Konzern 2004, S. 424, aa) a. E., 425/426, cc), 426, b), (Gelatine 1); S. 430, letzter Abs., 432, 2. und 3. Abs., (Gelatine 2): „Der ... Streitfall gibt keinen Anlass darüber zu befinden, bei welchen Geschäftsführungsmaßnahmen der Vorstand ... aus dem Gesichtspunkt eines tief greifenden Eingriffs in die *mitgliedschaftlichen Befugnisse* der Aktionäre intern gehalten ist, die Zustimmung der Hauptversammlung einzuholen (S. 424, aa) a. E. bzw. S. 430, letzter Abs.); im Zusammenhang mit der für richtig befundenen Dreiviertel-Mehrheit: „Dagegen spricht nicht, dass es sich bei der ausnahmsweise der Zustimmung der Hauptversammlung unterstellten Maßnahme um eine *Geschäftsführungsangelegenheit* und *nicht um eine Satzungsänderung* handelt. Entscheidend ist vielmehr, dass Gegenstand der Beschlussfassung eine Maßnahme ist, die zwar noch keine Satzungsänderung erfordert, ihr aber angesichts der *tief in die mitgliedschaftliche Stellung der Aktionäre eingreifenden Wirkung* so nahe kommt, dass die ... Geltungsmacht des Vorstands hinter der gebotenen Mitwirkung der Hauptversammlung zurücktreten muss", (II. 2. b) bzw. III. 2. b)), (Hervorh. durch Verf.). Zu der entsprechenden Interpretation der „Holzmüller"-Entscheidung, siehe bereits oben, a) a. E. (m. w. N.). Es spricht deshalb einiges dafür, dass reine Finanzeinbußen bzw. Wertverluste der Aktionäre nicht der „Holzmüller/Gelatine"-Doktrin unterfallen; vgl. auch *BGH,* Der Konzern 2004, S. 424, aa), (Gelatine 1); S. 430, aa), (Gelatine 2): „... so tief in die *Mitgliedsrechte und* deren im Anteilseigentum verkörpertes *Vermögensinteresse* eingreifen ... Durch

die dem Protegé in Erfüllung einer Ausstattungszusage überlassenen Mittel nicht notwendig „verlorene Zuschüsse“ sind. Werden sie ihm leih-, miet- oder darlehensweise überlassen, erleiden die Aktionäre des Patrons für gewöhnlich keinen Nachteil[430]. Die analoge Anwendung des § 293 Abs. 2 AktG auf die Übernahme einer Ausstattungspflicht scheidet damit aus[431].

---

diese notwendige Mitwirkung ... soll der mit der Ausgliederung entscheidend wichtiger Teile des Unternehmens ... notwendigerweise verbundenen *Mediatisierung des Einflusses* der Aktionäre, denen es *als Satzungsgeber* zukommt, Gegenstand und Grenzen des Handelns der für die Gesellschaft tätigen Leitungsorgane zu bestimmen, begegnet werden. *Zugleich* soll der *Schutz* der Anteilseigner *vor einer* durch grundlegende Entscheidungen des Vorstands eintretenden *nachhaltigen Schwächung des Wertes ihrer Beteiligung* gewährleistet werden“, (Hervorh. durch Verf.); vgl. auch *BGH* (B. v. 24.10.1988 – II ZB 7/88), WM 1988, S. 1819 ff. (1823, 1. Spalte). Der BGH weist in seinem *Supermarkt-Beschluss* darauf hin, dass die vertragliche Dauerverpflichtung zur Verlustübernahme für die herrschende Gesellschaft zu einer Existenzfrage werden könne. Zwar seien auch ähnlich riskante „rein schuldrechtliche“ Verträge denkbar, deren Risiken hätten die Aktionäre jedoch dadurch in Kauf genommen, dass sie ihr Investment dem die Geschicke der Gesellschaft unmittelbar leitenden Vorstand übertragen haben. Der Abschluss eines Unternehmensvertrages führe dagegen dazu, dass das Schicksal der herrschenden Gesellschaft auch von der Geschäftsführung des beherrschten Unternehmens bestimmt wird, die zwar weisungsgebunden, nicht aber unmittelbares Leitungsorgan der herrschenden Unternehmung sei. *Diese Änderung der Organisationsstruktur* bewirke ein *erhöhtes Geschäftsrisiko* und erfordere daher die mehrheitliche Zustimmung der Anteilseignervertreter, (Hervorh. durch Verf.). Für die Richtigkeit dieser Sichtweise spricht auch, dass der Schutzmechanismus der §§ 302, 303 AktG bei Vorliegen eines nicht qualifizierten „nur faktischen Konzernrechtsverhältnisses“ nicht greift, vgl. §§ 311, 317 AktG (Verpflichtung zum Ausgleich von Nachteilen bzw. Schäden, welche die abhängige Gesellschaft (nachweislich) durch eine konkret nachteilige Rechtshandlung des herrschenden Unternehmens erleidet); vgl. auch *BGH* (U. v. 25.02.1982 – II ZR 174/80), *BGHZ* 83, S. 122 ff. (137, 2. Abs.), „Holzmüller“. Die enge gesellschaftliche (und nicht nur finanzielle) Verflechtung zweier Unternehmen und die damit zusammenhängende Machtverschiebung dürfte daher das zentrale Motiv für den Erlass der konzernrechtlichen Regelungen gewesen sein, vgl. *Kropff*, AktG, Begründung RegE, Vorbemerkung zum „Dritten Buch“, S. 373–375, wonach der Gesetzgeber mit den Vorschriften über „verbundene Unternehmen“ auf den durch eine zunehmende Unternehmenskonzentration und -verflechtung bedingten Strukturwandel von Aktiengesellschaften reagiert hat. Rein tatsächlich seien etliche Vorstände nur mehr Ausführungsorgan der durch eine mehrheitsmäßig beteiligte Gesellschaft eingesetzten Aufsichtsratsmitglieder. Diese gäben de facto die Grundlinien der Geschäftsführung vor. Das „aktierechtliche Kräftespiel zwischen den Organen der Gesellschaft“ sei in diesen Fällen „aus den Angeln gehoben“. Die Geschicke der abhängigen Gesellschaften würden außerhalb der vorgesehenen Zuständigkeitsordnung bestimmt. Das Konzernrecht sei dazu bestimmt, die mit dieser Strukturänderung einhergehenden Gefahren zu minimieren und für die betroffenen Gläubiger und Anteilseigner einen angemessenen Ausgleich zu schaffen; vgl. auch *Lutter/Leinekugel,* ZIP 1998, S. 805 ff. (805/806, I. 1.), die ebenfalls darauf abstellen, dass zustimmungspflichtige Strukturentscheidungen „das Fundament der Korporation verändern“ und „für die Aktionäre in ihren Auswirkungen den in §§ 119 Abs. 1 AktG genannten Strukturbeschlüssen“ gleichkommen; im Ergebnis ebenso *MüKo-Altmeppen,* AktG (2), § 302 Rn. 10/11.

[430] Für die „interne“ Ausstattungszusage, vgl. *Wiedemann/Hermanns,* ZIP 1994, S. 997 ff. (998, 3.).

Als „rein unternehmerische Finanzentscheidung“[432] fällt die Erteilung einer Ausstattungszusage exklusiv in den Kompetenzbereich des Vorstands und nicht (auch) in denjenigen der schwerfälligen und zudem recht kostenträchtigen Hauptversammlung[433]. Nichts anderes gilt für die infolge einer harten Patro-

---

[431] Dies gilt gleichermaßen für „interne“ und „externe“ Ausstattungszusagen. Bei Abgabe einer harten Patronatserklärung kommt hinzu, dass deren Funktion und Adressatenkreis eher den übrigen Kreditsicherheiten gleicht als einem Unternehmensvertrag. Es wird allerdings nicht verkannt, dass die Ausstattungsverpflichtung der Verlustausgleichspflicht sehr nahe steht und in einigen Aspekten sogar über sie hinausreicht (näheres in Kapitel 7, A. I. 2.). Die Direktleistungsmöglichkeit ändert daran nichts, jedenfalls bei Absicherung einer Reihe von (Dauer-)Schulden bzw. der gesamten Geschäftsverbindung, da die „kontinuierliche Grundausstattungspflicht“ davon losgelöst besteht (s.o., B. II. 2. a)). Da hier bereits die analoge Anwendung des § 293 Abs. 2 AktG auf die Aktiengesellschaft bzw. KGaA verneint wird, braucht im Rahmen dieser Arbeit nicht erörtert zu werden, inwieweit das Zustimmungserfordernis unter identischen Voraussetzungen auch auf andere Gesellschaftsformen auszudehnen ist, dazu *BGH* (B. v. 24.10.1988 – II ZB 7/88, Supermarkt), WM 1988, S. 1819 ff. (1822/1823, 1. b), bejahend für den Abschluss eines Gewinnabführungs- und Beherrschungsvertrages zwischen zwei GmbHs; vgl. auch *Grunewald,* AG 1990, S. 133 ff. (134, 1. Abs.); ablehnend *MüKo-Altmeppen,* AktG, § 293 Rn. 98–105, m w. N. zu der Diskussion. Angesichts dieses Ergebnisses kann auch dahinstehen, ob sich das Zustimmungserfordernis nach den „Holzmüller/Gelatine“-Entscheidungen auf Mediatisierungsfälle beschränkt, so *Reichert,* AG 2005, S. 150 ff. (155, (3), 158, i), 160, VII.), m.w.N.

[432] Siehe auch *Fleischer,* NJW 2004, S. 2335 ff. (2336, III., 3. Abs.); *Habersack,* AG 2005, S. 137 ff. (146, 2. Abs.), Beachtlichkeit der Wertung des § 179a AktG, wonach mit Blick auf die wirtschaftliche Tragweite grundsätzlich nur Gesamtvermögensgeschäfte zustimmungspflichtig sind; *Liebscher,* ZGR 2005, S. 1 ff. (25, 2. Abs.); *Joost,* ZHR 163 (1999), S. 164 ff. (170, 2. Abs.), mit dem davon auszugehen ist, dass selbst ein schwerwiegender Bezug zu den Vermögensinteressen der Aktionäre nichts über die Kompetenzverteilung nach der lex lata aussagt, da das Schicksal der Vermögensinteressen der Aktionäre für gewöhnlich vom Erfolg der Geschäftsführungsmaßnahmen abhängt, von denen die Hauptversammlung nach der Kompetenzverteilung des § 119 AktG selbst dann ausgeschlossen ist, wenn die fragliche Entscheidung für die Anteilseigner äußerst bedeutsam ist.

[433] Dazu *BGH* (U. v. 26.04.2004 – II ZR 155/02), ZIP 2004, S. 993 ff. (997/998), (Gelatine 2): „In einer global vernetzen Wirtschaftsordnung, in der es darauf ankommt, sich bietende Chancen umgehend zu nutzen oder aufkommenden Gefahren sogleich zu begegnen, wäre eine zu enge Bindung an jeweils einzuholende Entschließungen der nicht ständig präsenten, sondern regelmäßig nur mit erheblichem Aufwand an Zeit und Kosten einzuberufenden Hauptversammlung gänzlich unpraktikabel und hätte eine Lähmung der Gesellschaft zur Folge“; vgl. auch *Grunewald,* AG 1990, S. 133 ff. (134, II.), m. w. N, die darüber hinaus darauf aufmerksam macht, dass die Hauptversammlung nach dem gesetzlichen Leitbild nur einmal jährlich einzuberufen ist (S. 135, IV. 1.); *Habersack,* AG 2005, S. 137 ff. (146, 3. Abs., 149, V.); *Koppensteiner,* Der Konzern 2004, S. 381 ff. (383, III.); *Reichert,* AG 2005, S. 150 ff. (156, c), 157, e)). Selbst wenn die Ausstattungszusage im Einzelfall immense wirtschaftliche Risiken für die Gesellschafter birgt, handelt es sich bei ihr „nur“ um eine „gewöhnliche“ Leitungsentscheidung, welche die Anteilseigner mittelbar über die von ihnen gewählten Aufsichtsratsmitglieder dem eigenverantwortlich agierenden Vorstand überantwortet haben (§ 101, 119 Abs. 1 Ziff. 1 AktG). Nach der aktienrechtlichen Kompetenzverteilung können die Aktionäre gegen entsprechende Entscheidungen grundsätzlich nur rückwirkend vorgehen, indem sie den Mitgliedern des Vorstands die Entlastung ver-

natserklärung erbrachten Ausstattungsleistungen, jedenfalls solange die dem Protegé überlassenen Mittel für die Unternehmung der Patronin nicht von essentieller Bedeutung sind und ihr Wert nicht annähernd die Grenze von 80% des Gesamtvermögens erreicht[434].

### *b) „Macrotron"*

Das gefundene Ergebnis lässt sich auch mit der „Macrotron"-Entscheidung[435] in Einklang bringen. Für das vollständige reguläre Delisting, also den freiwilligen Rückzug einer Gesellschaft aus dem amtlichen und geregelten Markt an allen Börsen[436], hat der 2. Zivilrechtssenat des BGH in dieser Entscheidung zwar einen mit *einfacher Mehrheit* gefassten *Hauptversammlungsbeschluss* gefordert[437], er hat aber ausdrücklich klargestellt, dass die Binnenstruktur der Gesellschaft, die *Mitverwaltungsrechte* der Aktionäre, das Mitgliedschaftsrecht als relatives (Vermögens-)Beteiligungsrecht[438] und die *mitgliedschaftliche Stellung* der Aktionäre durch den Rückzugsantrag des Leistungsorgans *nicht tangiert* würden[439]. Nichtsdestotrotz berge der Börsenrückzug einer Gesellschaft gravie-

---

weigern oder indem sie sie (namens der Gesellschaft) auf Schadensersatz in Anspruch nehmen (vgl. §§ 93, 147, 119 Abs. 1 Ziff. 3, 1. Alt. AktG); ähnlich *Habersack,* a. a. O.; *Liebscher,* ZGR 2005, S. 1 ff. (11, 5.), m. w. N., auch zur Möglichkeit der Inanspruchnahme einstweiligen Rechtsschutzes.

434 Da es sich bei „Holzmüller/Gelatine"-Fällen im Zusammenhang mit harten Patronatserklärungen schon „qualitativ" um absolute Sonderkonstellation handeln dürfte, kann die Frage nach der Legitimität der von dem BGH festgesetzten „Relevanzschwelle" im Rahmen der vorliegenden Untersuchung offen bleiben; zu dieser Problematik *Fleischer,* NJW 2004, S. 2335 ff. (2338/2339); sowie bereits *Grunewald,* AG 1990, S. 133 ff. (133/134, I.).

435 *BGH* (U. v. 25.11.2002 – II ZR 133/01, OLG München), ZIP 2003, S. 387 ff.

436 *BGH,* a. a. O., S. 389, II. 1; *MüKo-Kubis,* AktG, § 119 Rn. 82/83, auch als „echtes Delisting" bezeichnet.

437 *BGH,* a. a. O., S. 389, II. 1.; für eine qualifizierte satzungsändernde Mehrheit dagegen, *Hellwig,* ZGR 1999, S. 781 ff. (799 a. E.); *Lutter/Leinekugel,* ZIP 1998, S. 805 ff. (806), die das Delisting als eine Strukturentscheidung ansehen; *Liebscher,* ZGR 2005, S. 1 ff. (31, 4.), einheitliche Rechtsgrundlage der „Macrotron"- und „Holzmüller/Gelatine"-Fälle; *Vollmer/Grupp,* ZGR 1995, S. 459 ff. (475, 1. Abs.), jeweils m. w. N.

438 Vgl. nur *BGH* (U. v. 13.03.1978 – II ZR 142/76, Kali und Salz), BGHZ 71, S. 40 ff. (45/46), Erfordernis eines sachlichen Grundes bei Ausschluss des Bezugrechtes im Rahmen einer Kapitalerhöhung, da der Bezugsrechtssausschluss wirtschaftlich den inneren Wert der Beteiligung verwässern könne und ihm mitgliedschaftlich die Gefahr einer nachteiligen Verschiebung der vorhandenen Quoren innewohne. Zur Notwendigkeit eine qualifizierten Hauptversammlungsbeschlusses in diesem Fall, vgl. § 186 Abs. 3 AktG.

439 *BGH,* a. a. O., (Macrotron), S. 389, II. 1., m. w. N.; *Habersack,* AG 2005, S. 137 ff. (138, b)); *Schlitt,* ZIP 2004, S. 533 ff. (535, 1., 541, VII 1.); ähnlich *Schwark/Geiser,* ZHR 161 (1999), S. 739 ff. (764, 2. Abs.). Dies unterstreicht, dass es für eine „Holzmüller/Gelatine-Zuständigkeit" der Hauptversammlung eines tiefen Ein-

rende *wirtschaftliche Nachteile* für rein anlageorientierte Minderheits- und Kleinaktionäre, da die Fungibilität ihrer Anteile entfalle[440]. Die jederzeitige Möglichkeit, den Verkehrswert der Aktie zu realisieren, sei integraler Bestandteil des durch *Art.14 Abs. 1 GG verfassungsrechtlich geschützten Aktieneigentums*[441]. Diese Eigentumsgarantie habe die Gesellschaft im Verhältnis zu ihren Aktionären zu beachten. Die Frage, ob durch ein reguläres Delisting in das Eigentum der Anteilseigener, vor allem in dasjenige der Minderheitsaktionäre eingegriffen werden solle, falle deswegen in den Zuständigkeitsbereich der Hauptversammlung[442].

Die Aussage, der Schutz des mitgliedschaftlichen Vermögenswertes liege in den Händen der Gesellschafterversammlung[443], steht in ihrer uferlosen Weite nicht für sich. Sie muss im Zusammenhang mit den verfassungsrechtlichen Erwägungen des 2. Senats gesehen werden[444].

---

griffs in die Mitgliedschaftsrechte (i.S. e. Mitwirkungsbefugnis) *und* (gegebenenfalls auch) Vermögensinteressen der Aktionäre bedarf, vgl. *Bungert,* BB 2004, S. 1345 ff. (1347, 2., 1349, 2. Abs.), Erfordernis eines „doppelten Wesentlichkeits-Tests"; *Liebscher,* ZGR 2005, S. 1 ff. (19/20); *MüKo-Kubis,* AktG, § 119 Rn. 85; *Koppensteiner,* Der Konzern 2004, S. 381 ff. (385, 3.); *Simon,* DStR 2004, S. 1482 ff. (1486, 3.2.3); *Weißhaupt,* AG 2004, S. 585 ff. (590, c)); im Ergebnis aA *Liebscher,* ZGR 2005, S. 1 ff. (29, d)), sowohl die „Delisting"- als auch die „Holzmüller/Gelatine"-Fälle beruhten auf dem (einheitlichen) Rechtsgrund eines Mitgliedschaftsschutzes.

440 *BGH,* a.a.O., S. 389, II. 1; vgl. auch *Hellwig,* ZGR 1999, S. 781 ff. (798); *Vollmer/Grupp,* ZGR 1995, S. 459 ff. (474, 3. a).

441 *BGH,* a.a.O., S. 390, 1. Abs., unter Hinweis auf *BVerfG* (B. v. 27.04.1999 – 1 BvR 1613/94, DAT/Altana), ZIP 1999, S. 1436 ff. (1439, B. I. 1.), dem folgend *Bayerisches ObLG* (B. v. 01.12.2004 – 3Z BR 106/04, rkr.), ZIP 2005, S. 205 ff. (209, cc)); *OLG Düsseldorf* (B. v. 30.12.2004 – I-19 W 3/04), ZIP 2005, S. 300 ff. (301, 2. a)). Weiterer denkbarer Eingriff in das eigentumsrechtlich geschützte Anteilsrecht der (außenstehenden) Aktionäre der *abhängigen* Gesellschaft ist die Durchführung eines Beherrschungs- und Gewinnabführungsvertrages, vgl. *BGH* (U. v. 20.05.1997 – II ZB 9/96), BGHZ 135, S. 374 ff. (377–380, a)/b)).

442 *BGH,* a.a.O., S. 390, 1. Abs., m.w.N. Wörtlich lautet die Begründung: „Da der Schutz des mitgliedschaftlichen Vermögenswertes nicht in den Händen der Geschäftsleitung, sondern der Hauptversammlung liegt, ist für Entscheidungen darüber auch die Hauptversammlung zuständig. Die Hauptversammlung, nicht die Verwaltung hat darüber zu befinden, ob das Delisting als eine die Verkehrsfähigkeit der Aktie und damit den Verkehrswert des Anteils beeinträchtigende Maßnahme im Hinblick auf den Minderheitenschutz durchgeführt werden darf und soll, da der Schutz des mitgliedschaftlichen Vermögenswertes nicht in den Händen der Geschäftsleitung, sondern der Hauptversammlung" liege; aA *Habersack,* AG 2005, S. 137 ff. (141, 2.); *Schlitt,* ZIP 2004, S. 533 ff. (535, 1.).

443 Siehe Fn. 442.

444 In der Literatur mehren sich die Stimmen, welche die Grundrechtsargumentation des BGH in der „Macrotron"-Entscheidung als verfassungswidrige Erweiterung des Eigentumsgrundrechts kritisieren, so *Martinius/von Oppen,* DB 2005, S. 212 ff. (213/214, IV.), „folgenschwere Fehlinterpretation der DAT/Altana-Entscheidung und der Moto-Meter-Entscheidung"; *Schlitt,* ZIP 2004, S. 533 ff. (535, 1., 541, VII. 1.); ebenfalls kritisch, *Liebscher,* ZGR 2005, S. 1 ff. (19, 2. Abs.), gesellschaftsinterne Kompe-

Nach dem Bundesverfassungsgericht ist das Anteilseigentum[445] durch Privatnützigkeit und *Verfügungsbefugnis* gekennzeichnet[446]. Der Schutzbereich des Art. 14 Abs. 1 GG erstrecke sich auf die durch das Aktieneigentum vermittelte mitgliedschaftliche Stellung in einer Aktiengesellschaft, aus der dem Anteilseigner „sowohl Leitungsbefugnisse als auch *vermögensrechtliche Ansprüche*" erwachsen[447]. Die vermögensrechtliche Stellung zeichne sich durch den gesetzlichen Anspruch auf den auszuschüttenden Bilanzgewinn aus, durch das Bezugsrecht bei Kapitalerhöhungen gegen Aktien und durch das Recht zur Partizipation am Liquiditätserlös[448].

Die Entscheidung zur Abgabe einer harten Patronatserklärung beeinträchtigt keines dieser Vermögensrechte. Das Gewinnbezugsrecht der Aktionäre besteht ebenso ungebrochen fort wie das Recht auf Beteiligung am Liquidationserlös[449]. Mangels Grundrechtsrelevanz bedarf eine Ausstattungszusage damit auch keines einfachen Hauptversammlungsbeschlusses.

Der Vorstand braucht die Anteilseiger der Patronin mit einer in Aussicht genommenen harten Patronatserklärung nicht zu befassen[450].

### 2. Ausstattungszusage einer OHG/KG oder einer GmbH

Für eine Offene Handelsgesellschaft (OHG) bzw. Kommanditgesellschaft (KG) sieht § 116 Abs. 1, Abs. 2 HGB (i.V.m. § 161 Abs. 2 HGB) eine Begrenzung der internen Geschäftsführungsbefugnis auf solche „Handlungen vor, die der gewöhnliche Betrieb des Handelsgewerbes der Gesellschaft mit sich

---

tenzen ließen sich nicht unmittelbar aus der Verfassung ableiten, sondern nur aus dem jeweiligen Organisationsrecht.

[445] Im Rahmen seiner gesellschaftsrechtlichen Ausgestaltung.

[446] *BVerfG* (B. v. 27.04.1999 – 1 BvR 1613/94, DAT/Altana), ZIP 1999, S. 1436 ff. (1439, B. I. 1.), (Hervorh. durch Verf.).

[447] *BVerfG* (B. v. 27.04.1999 – 1 BvR 1613/94, DAT/Altana), ZIP 1999, S. 1436 ff. (1439, B. I. 1.), m.w.N.; *BVerfG* (B. v. 23.08.2000 – 1 BvR 68/95, Moto Meter), ZIP 2000, S. 1670 ff. (1671, II. 1. a)).

[448] *BVerfG* (B. v. 27.04.1999 – 1 BvR 1613/94, DAT/Altana), ZIP 1999, S. 1436 ff. (1439, B. I. 1.).

[449] Wenn der ausschüttungsfähige Gewinn und das Auseinandersetzungsguthaben infolge der Ausstattungsverpflichtung vielleicht auch kleiner ausfallen.

[450] Zu der Differenzierung des BGH zwischen einer bloßen Beeinträchtigung individueller Vermögensrechte der Aktionäre („Macrotron") und der „Holzmüller/Gelatine-Doktrin", *Bungert,* BB 2004, S. 1345 ff. (1348/1349, 1., 1351, 4.); *Liebscher,* ZGR 2005, S. 1 ff. (19/20); *MüKo-Kubis,* AktG, § 119 Rn. 84–86; *Weißhaupt,* AG 2004, S. 585 ff. (590, c)). Auf die berechtigte Kritik an der „Macrotron"-Entscheidung braucht hier folglich nicht eingegangen zu werden, vgl. nur *Habersack,* AG 2005, S. 137 ff. (141, 2.); *Martinius/von Oppen,* DB 2005, S. 212 ff. (213/214, IV.); *Schlitt,* ZIP 2004, S. 533 ff. (535/536, 1.–3.2).

bringt“. Darüber hinausgehende Geschäftsführungsmaßnahmen bedürfen eines einstimmigen Beschlusses sämtlicher Gesellschafter[451]. Die Vertretungsmacht (§§ 125 ff. HGB) bleibt hiervon unberührt[452]. Zu den außergewöhnlichen Geschäften zählen solche, die nach Bedeutung und Risiken über den gewöhnlichen Rahmen der konkreten Unternehmung hinausgehen, etwa aufgrund ihres besonders großen Umfangs oder der mit ihnen verbundenen atypischen Risiken oder Konditionen[453]. Abhängig von den jeweiligen Auswirkungen einer Ausstattungszusage und ihrer (Un-)Üblichkeit für die jeweilige Gesellschaft, kann die Übernahme einer Ausstattungsverpflichtung damit im Innenverhältnis eines zustimmenden Gesellschafterbeschlusses bedürfen[454]. Kredit- und Finanzierungsgeschäfte sind zwar generell keine außergewöhnlichen Maßnahmen, etwas anderes hat aber dann zu gelten, wenn sie nicht im Zusammenhang mit der eigenen Geschäftstätigkeit stehen und damit Ausnahmecharakter haben oder wenn von ihnen erhebliche finanzielle Gefahren ausgehen[455].

Ob diese Grundsätze auch für Gesellschaften mit beschränkter Haftung gelten, ist streitig[456]. Dafür spricht neben der einer Personen(handels)gesellschaft

---

[451] Wenn nicht nach dem Gesellschaftsvertrag die Mehrheit genügt (§ 116 Abs. 2 i.V.m. § 119 Abs. 1, 2 HGB). § 119 HGB ist aber seinerseits dispositiv, vgl. § 109 HGB. Zur Abdingbarkeit und ihren Grenzen, *Baumbach/Hopt* (*Hopt*), HGB (31), § 119 Rn. 2, 35; *MüKo-Jickeli,* HGB, Band 2, § 116 Rn. 36, 61.

[452] *Baumbach/Hopt* (*Hopt*), HGB (31), § 116 Rn. 7; *Koller/Roth/Morck* (*Koller*), HGB (5), § 116 Rn. 2, § 126 Rn. 1 a); *MüKo-Jickeli,* HGB, Band 2, § 116 Rn. 44.

[453] *BGH* (U. v. 13.01.1954 – II ZR 6/53), BB 1954, S. 143; *BGH* (U. v. 24.03.1969 – II ZR 126/67), WM 1969, S. 688 ff. (690, III.); *Baumbach/Hopt* (*Hopt*), HGB (31), § 116 Rn. 2; *Heidelberger Kommentar* (*Stuhlfelner*), HGB (6), § 116 Rn. 3; *Koller/Roth/Morck* (*Koller*), HGB (5), § 116 Rn. 1, 2.), Rn. 2. Nach *MüKo-Jickeli,* HGB, Band 2, § 116 Rn. 13/14, 31, indiziert ein an den Gesellschaftsverhältnissen gemessenes, erhebliches „maximales Risiko“ (= die finanziellen Folgen bei Eintritt des denkbar schlechtesten Ergebnisses) stets die Außergewöhnlichkeit des fraglichen Geschäfts.

[454] Wegen der erheblichen Rechtsunsicherheit empfiehlt es sich für eine OHG und eine KG, einen Katalog an zustimmungsbedürftigen Maßnahmen in den Gesellschaftsvertrag aufzunehmen oder diese anhand von generell-abstrakten Kriterien zu definieren, vgl. *Heidelberger Kommentar* (*Stuhlfelner*), HGB (6), § 116 Rn. 8; *MüKo-Jickeli,* HGB, Band 2, § 116 Rn. 61.

[455] *RG* (U. v. 22.10.1938 – II 58/38), RGZ 158, S. 302 ff. (308, 2.); sowie die Nachweise bei *MüKo-Jickeli,* HGB, Band 2, § 116 Rn. 25, 31/32.

[456] Vgl. *Münchener Handbuch des Gesellschaftsrechts,* GmbH (2), (*Wolff*), § 37, 4. g), S. 591 Rn. 58; *Roth/Altmeppen* (*Altmeppen*), GmbHG (5), § 37 Rn. 22, jeweils m.w.N.; bejahend *Hommelhoff,* ZGR 1978, S. 119 ff. (123, 1. Abs., 126/127, 3.)); *ders.* ZIP 1983, S. 383 ff. (385, 1.)); *Roth/Altmeppen* (*Altmeppen*), a.a.O. Rn. 23, für die typische personalistische GmbH; *BGH* (U.v.05.12.1983 – II ZR 56/82), NJW 1984, S. 1461 f. (1462, b)), für die Umgestaltung eines wesentlichen Geschäftszweiges unter Aufwendung erheblicher Gesellschaftsmittel; *BGH* (U.v.25.02.1991 – II ZR 76/90), NJW 1991, S. 1681 ff. (1682), bei Änderung der Geschäftspolitik; verneinend *Kort,* ZIP 1991, S. 1274 ff. (1277/1278); *Wiedemann,* Gesellschaftsrecht, Band I, S. 336 Fn. 24, die eine Differenzierung zwischen gewöhnlichen und außergewöhnlichen Geschäftsführungsmaßnahmen nicht für sachgerecht halten.

vergleichbaren Einflussnahmemöglichkeit der GmbH-Gesellschafter[457], dass die Geschäftsführer gemäß § 49 Abs. 2 GmbHG immer dann eine Gesellschafterversammlung einzuberufen haben, wenn dies im Gesellschaftsinteresse erforderlich erscheint. Das GmbH-Gesetz setzt die Existenz von ungeschriebenen Befassungskompetenzen der Gesellschafterversammlung mit außergewöhnlichen oder ungewöhnlich riskanten Geschäften voraus[458]. Es ist daher davon auszugehen, dass die Geschäftsführer im Innenverhältnis[459] zur Einholung eines zustimmenden Gesellschafterbeschlusses verpflichtet sind, sollte die designierte Ausstattungszusage für die GmbH oder deren Gesellschafter erhebliche finanzielle Folgen zeitigen können, ihrer Art nach unternehmensunüblich sein oder mit einem Widerspruch der Gesellschafter zu rechnen sein, sobald sie von der Zusage erfahren[460] – jedenfalls bei eher personalistisch geprägten GmbHs. Eine Grund-

---

457 Ähnlich *Roth/Altmeppen* (*Altmeppen*), GmbHG (5), § 37 Rn. 23, vergleichbare Interessenlage; aA *Kort,* ZIP 1991, S. 1274 ff. (1277/1278), der die in § 116 HGB enthaltene Differenzierung mangels eines gesetzlichen Anhaltspunktes für eine entsprechende Unterscheidung im GmbHG und angesichts des Grundsatzes der Drittorganschaft für unübertragbar hält. Gegen diese Argumentation lässt sich anführen, dass die Gesellschafter einer GmbH trotz ihrer fehlenden persönlichen Haftung generell „allzuständig" sind. Wie eine Zusammenschau der §§ 37 Abs. 1, 43 Abs. 2, 45, 49 Abs. 2 GmbHG ergibt, hat sich die Leitung einer GmbH an dem Interesse der Gesellschafter zu orientieren. Vor diesem Hintergrund muss die Geschäftsführung außergewöhnliche Maßnahmen vor ihrer Umsetzung der Gesellschafterversammlung zur Kenntnis bringen und deren Entschließung abwarten. Anderenfalls bestünde die Gefahr einer Aushöhlung des Weisungsrechts bzw. der Möglichkeit, den eigenen Zuständigkeitsbereich in der Satzung über die bereits gesetzlich vorgesehenen Entscheidungskompetenzen hinaus zu erweitern (§§ 45 Abs. 1, 37 Abs. 1 GmbHG). Eine nachträgliche Bewertung bereits getroffener Geschäftsführungsmaßnahmen widerspräche dem Konzept einer antizipativen, richtungweisenden Einflussnahmemöglichkeit der Gesellschafter, vgl. auch *Roth/Altmeppen* (*Roth*), GmbHG (5), § 45 Rn. 9.

458 Siehe auch *Hachenburg* (*Hüffer*), GmbHG (8), § 49 Rn. 20; *Heidelberger Kommentar* (*Fichtelmann*), GmbHG (5), § 37 Rn. 6, § 49 Rn. 8, 10; *Kort,* ZIP 1991, S. 1274 ff. (1277, 7.), der allerdings eine ungeschriebene Mitwirkungskompetenz der Gesellschafter bei ungewöhnlichen Geschäftsführungsmaßnahmen ablehnt (S. 1277/1278); *Roth/Altmeppen* (*Roth*), GmbHG (5), § 45 Rn. 8.

459 Im Außenverhältnis zu dem Gläubiger bzw. Begünstigten eines Ausstattungsversprechens wäre ein Verstoß gegen die Beschlussfassungskompetenz der Gesellschafterversammlung erneut bedeutungslos (vgl. §§ 37 Abs. 2, 43 Abs. 2 GmbHG). Zur Einschränkung in den Fällen eines dem Vertragspartner bekannten oder für ihn offensichtlichen Missbrauchs der Vertretungsmacht bzw. bei fehlender Schutzbedürftigkeit des Geschäftspartners, *BGH* (U. v. 26.04.1976 – VIII ZR 149/74), WM 1976, S. 709 ff. (bei Erkennbarkeit eines Vertretungsmissbrauchs durch einen GmbH-Geschäftsführer für die Bank); *OLG Frankfurt a.M.* (U. v. 19.01.1988 – 5 U 3/86), AG 1988, S. 335 ff. (336, 3. Abs.).

460 Ähnlich *Forschbach,* Liquiditätszusagen, S. 106, die für die „interne" Liquiditätszusage davon ausgeht, dass vor ihrer Erteilung grundsätzlich ein Gesellschafterbeschluss einzuholen ist, da die Folgen der Zusage erheblich sein können und ggf. sogar den Gewinnanspruch der Gesellschafter in Frage stellen. Eine alltägliche Leitungsmaßnahme liege hingegen vor, wenn die Zusage in einem zentral finanzierten Konzern gegenüber einer hundertprozentigen Tochter erteilt werde. Allgemein zur Entscheidungsprärogative der Gesellschafter bei ungewöhnlichen oder nicht von ihrem Willen

lagenzuständigkeit der Gesellschafterversammlung nach § 46 GmbHG dürfte aus den unter Gliederungspunkt 1. genannten Gründen nicht gegeben sein. Sofern die Zusage den Unternehmensgegenstand nicht überschreitet, entscheiden die Gesellschafter mit einfacher Mehrheit (vgl. §§ 47 Abs. 1, 53 Abs. 2 GmbHG)[461].

## II. Auf Seiten des Protegés

Der Vollständigkeit halber sei auf Seiten des Protegés kurz auf die Kontroverse[462] um die gesellschaftsinterne Organkompetenz für die Aufnahme eines eigenkapitalersetzenden Gesellschafterdarlehens[463] hingewiesen.

Zum Teil wird hierfür ein mit Dreiviertelmehrheit gefasster Zustimmungsbeschluss der Gesellschafter gefordert[464]. Die Begründung lautet, der Einfluss, den

---

getragenen Maßnahmen, *BGH* (U. v. 05.12.1983 – II ZR 56/82), DB 1984, S. 661 f. (661, 2. b)); *OLG Frankfurt a.M.* (U. v. 19.01.1988 – 5 U 3/86), AG 1988, S. 335 ff. (335/336, 2.); *Hachenburg* (*Mertens*), GmbHG (8), § 37 Rn. 7, 10; *Heidelberger Kommentar* (*Fichtelmann*), GmbHG (5), § 37 Rn. 6/7, § 49 Rn. 10; *Liebscher,* ZGR 2005, S. 1 ff. (2, I.), Zustimmungspflicht bei „gewichtigen Maßnahmen"; *Münchener Handbuch des Gesellschaftsrechts,* GmbH (2), (*Wolff),* § 37, 4. g), S. 591–593 Rn. 58–62; *Reichert,* AG 2005, S. 150 ff. (159, VI.); *Scholz* (*Schneider*), GmbHG (9), § 37 Rn. 14–16.

[461] *Forschbach,* Liquiditätszusagen, S. 106 i.V.m. S. 110, 2. Abs.; *Scholz* (*Schneider*), GmbHG (9), § 37 Rn. 12. Schließlich handelt es sich nicht um eine „Holzmüller/Gelatine-Fallgestaltung", für die es eines qualifizierten Gesellschafterbeschlusses bedarf.

[462] *Hachenburg* (*Ulmer*), GmbHG (8), § 32a, b Rn. 178, m.w.N.

[463] Vgl. §§ 32 a), 32 b) GmbHG bzw. die entsprechenden Rechtsprechungsgrundsätze zu §§ 30 , 31 GmbHG, dazu *Eisenhardt,* Gesellschaftsrecht (12), S. 449 Rn. 777/778; *Grunewald,* Gesellschaftsrecht (6), 2. C. 4. c), S. 304–306 Rn. 182–184 (zur Geltung dieser Grundsätze auch für „Darlehen" von Aktionären mit unternehmerischem Einfluss (hM)), 2. F. 4. b) aa), S. 375–381 Rn. 132–142 (GmbH); *Hueck/Windbichler,* Gesellschaftsrecht (20), § 26 IV. 4., S. 369/370 Rn. 32 (AG), § 36 III. 4., S. 507–511 Rn. 30–33; *Münchener Handbuch des Gesellschaftsrechts,* GmbH (2), (*Rümker*), § 52, S. 975–1011; *K. Schmidt,* Gesellschaftsrecht (4), § 37 IV., S. 1151–1170 (GmbH), § 56 V., S. 1656/1657 (GmbH & Co.KG); *Wiedemann,* Gesellschaftsrecht Band II, § 9 IV 4 c), S. 864–868 (GmbH & Co.KG). Der Begriff des „Darlehens" wird in diesem Zusammenhang sehr weit verstanden. Er umfasst neben Nutzungsüberlassungen und den bereits gesetzlich geregelten Gesellschaftersicherheiten (vgl. § 32a Abs. 2 GmbHG) auch sonstige Fremdmittelzuwendungen (siehe § 32a Abs. 3 GmbHG); näheres in Kapitel 12, C. I./II. Die Frage nach der Mitwirkungsnotwendigkeit der Gesellschafter wird einerseits relevant, wenn der Gesellschafter-Patron mit dem Protegé in Erfüllung einer „externen" Ausstattungszusage einen eigenkapitalersetzenden „Darlehens"vertrag schließt, andererseits bei Abgabe bzw. Vollzug eines „internen" Ausstattungsversprechens, vgl. *Wiedemann/Hermanns,* ZIP 1994, S. 997 ff. (999, II. ), welche die Liquiditätszusage (= „interne" Ausstattungszusage) als aufschiebend bedingtes Darlehensversprechen gemäß § 607 BGB a.F. (§§ 488, 607 n.F.) ansehen (S. 998/999, 3.); dazu, dass dies zu eng ist, unten in Kapitel 7, B. IV. 2.

[464] *Lutter/Hommelhoff,* ZGR 1979, S. 31 ff. (43/44); *H. P. Westermann,* ZIP 1982, S. 379 ff. (388, 1. Abs.).

die Minderheitsgesellschafter kraft des qualifizierten Mehrheitserfordernisses auf die Eigenkapitalbasis der Gesellschaft nehmen könnten, gebe ihnen eine gewisse Einwirkungsmöglichkeit auf die Geschäftspolitik und auf die unternehmerischen Leitentscheidungen, da diese in weiten Teilen eigenkapitalabhängig seien. Um eine Umgehung des gesetzlichen Mitwirkungserfordernisses und die faktische Durchsetzung von in der Gesellschafterversammlung niedergeschlagenen Kapitalerhöhungsanträgen durch die unterlegenen Antragsteller zu verhindern, müsse die Aufnahme eigenkapitalersetzender Gesellschafterdarlehen mit derselben Gesellschaftermehrheit beschlossen werden[465]. Außerdem bestehe bei Eigenkapitalzuführungen, hinter denen nur einzelne Gesellschafter stehen, für die übrigen die Gefahr einer Beteiligungsverwässerung[466].

Dagegen lässt sich einwenden, dass eine Verwässerungsgefahr nur von „echten" Eigenkapitalerhöhungen ausgeht. Eigenkapitalersetzenden „Darlehen" stehen nur hinsichtlich ihrer Abzugs- bzw. Rückforderungsmöglichkeit dem nominellen Kernkapital gleich. Im Übrigen handelt es sich um ganz normale Drittverbindlichkeiten[467]. Auch beruht das Erfordernis eines qualifizierten Zustimmungsbeschlusses bei „echten" Eigenkapitalaufnahmen darauf, dass mit ihnen zwingend die Änderung des Gesellschaftsvertrages einhergeht. Bei GmbHs ist weiterer Grund für das Zustimmungserfordernis, dass deren Gesellschafter bei echten Kapitalaufnahmen kraft gesetzlicher Regelung über die von ihnen übernommene Einlagenschuld hinaus zur Aufbringung von Fehlbeträgen verpflichtet sind, soweit der originäre Schuldner ausfällt[468].

Eigenkapitalersetzende Leistungen verlieren nichts von ihrer schuldrechtlichen Qualität. Sie wirken sich weder auf das gesellschaftliche Organisationsstatut aus[469] noch auf die übrigen Gesellschafter[470]. Aus der schuldrechtlichen

465 *Lutter/Hommelhoff,* ZGR 1979, S. 31 ff. (43/44).

466 *H. P. Westermann,* ZIP 1982, S. 379 ff. (388, 1. Abs.).

467 Vgl. nur *BFH* (U. v. 06.11.2003 – VI R 10/01), Der Konzern 2004, S. 441 ff. (442, 2. Abs.), trotz Rangrücktritts weiterhin Fremdkapitalausweis eines eigenkapitalersetzenden Darlehens in der Gesellschaftsbilanz; *Forschbach,* Liquiditätszusagen, S. 107/108, 2.; *Michalski* (*Heidinger*), GmbHG, Band I, §§ 32a, 32b Rn. 372; *Rowedder/Schmidt-Leithoff* (*Pentz*). GmbHG (4), § 32a Rn. 218, 220/221.

468 Vgl. nur §§ 21–25 (24) GmbHG; ebenso *Wiedemann/Hermanns,* ZIP 1994, S. 997 ff. (999, II. ).

469 *von Rosenberg/Kruse,* BB 2003, S. 641 ff. (642, 2.).

470 § 31 Abs. 3 GmbHG sieht allerdings vor, dass die übrigen Gesellschafter für die Erstattung von verbotenen Rückzahlungen nach dem Verhältnis ihrer Geschäftsanteile haften, soweit der zur Befriedigung der Gesellschaftsgläubiger erforderliche Betrag von dem Leistungsempfänger nicht zu erlangen ist. Mit der Gefahr dieser Solidarhaftung argumentieren *Lutter/Hommelhoff,* ZGR 1979, S. 31 ff. (43 a.E.). Anders als bei „echten" Kapitalforderungen bezieht sich diese Rechtsfolge allerdings nicht auf die übernommene Leistungspflicht, die übrigen Gesellschafter trifft also keine Ausstattungsverpflichtung, sondern auf einen Verstoß gegen das gesetzlich angeordnete Abzugsverbot von eigenkapitalersetzenden Gesellschafterdarlehen (vgl. § 30 Abs. 1 GmbHG); im Ergebnis ebenso *Forschbach,* Liquiditätszusagen, S. 108–110, die

Vereinbarung berechtigt und verpflichtet wird ausschließlich der vertragsschließende Anteilseigner[471]. Die begrenzte rechtliche Sonderbehandlung von eigenkapitalersetzenden Fremdkapitalzuwendungen rechtfertigt keinen Analogieschluss[472].

Gewährt der Patron dem Protegé in Vollziehung seines Ausstattungsversprechens ein eigenkapitalersetzendes „Darlehen", bedarf der zugehörige Vertragsschluss folglich ebenfalls keiner Legitimation in Form eines qualifizierten Gesellschafterbeschlusses[473].

---

gleichsam keine Minderung der Einflussnahmemöglichkeit für die Gesellschafterminderheit zu erkennen vermag.

471 *Wiedemann/Hermanns,* ZIP 1994, S. 997 ff. (999, II.).

472 *Forschbach,* Liquiditätszusagen, S. 108, 1. Abs.; *Hachenburg* (*Ulmer*), GmbHG (8), § 32a, b Rn. 178.

473 GmbH-Gesellschafter, die mit der eigenkapitalersetzenden Leistung nicht einverstanden sind, können allerdings unter den Voraussetzungen der §§ 45, 50 GmbHG einen Gesellschafterbeschluss initiieren, vgl. *Hachenburg* (*Ulmer*), GmbHG (8), § 32a, b Rn. 178. *Forschbach,* Liquiditätszusagen, S. 110, 2. Abs., weist für die GmbH im Übrigen mit Recht auf die Notwendigkeit eines einfachen Gesellschafterbeschlusses hin, sollte es sich bei dem eigenkapitalersetzenden Darlehen um eine für die begünstigte Gesellschaft ungewöhnliche Geschäftsführungsmaßnahme handeln. Gleiches hat für die OHG und die KG zu gelten (s. o., I. 2.).

*Kapitel 5*

# Die Ausstattungsverpflichtung als (unecht) drittbegünstigender Vertrag

Im vorliegenden Kapitel geht es um die Einordnung des Ausstattungsversprechens als einseitige Willenserklärungen oder Vertrag.

## A. Vertragserfordernis

Während die juristische Konstruktion bei individuellen Ausstattungszusagen völlig klar ist[1], divergieren die Ansichten bei kollektiven harten Patronatserklärungen.

### I. Ausstattungszusagen gegenüber einem konkreten Adressaten

Erfolgt die Zusage gegenüber einem konkreten Gläubiger – sei es gegenüber der auszustattenden Gesellschaft[2] oder gegenüber einem Gläubiger des Protegés[3] –, ist die Erklärung nahezu einhelliger Meinung zufolge entweder die Offerte[4] oder die Annahmeerklärung[5] im Rahmen eines einseitig verpflichtenden Vertrages[6].

---

[1] *Thiekötter,* Patronatserklärung ad incertas personas, S. 29, II.

[2] Bei einem „internen" Ausstattungsversprechen.

[3] Bei der harten Patronatserklärung.

[4] *Balzer,* 7. Rostocker Bankentag 2001, S. 59 ff. (65); *von Bernuth,* ZIP 1999, S. 1501 ff. (1502, II.); *Hantke,* S. 55, 1. Abs.; *Kohout,* Patronatserklärungen, S. 39, 2.; *Leitner,* ÖBA 2002, S. 517 ff. (520, 2.2.1); *Lwowski,* Kreditsicherung (8), S. 392 Rn. 444; *Michalski,* WM 1994, S. 1229 ff. (1232, D. I.); *Thiekötter,* Patronatserklärung ad incertas personas, S. 29, II. 1.; *Treffer,* ZAP Nr. 5, Fach 15, S 383 ff. (384, 3.). Sofern die genannten Autoren sich auf den Hinweis beschränken, die Patronatserklärung sei ein *annahmebedürftiges* Vertrags*angebot,* dürften sie mit dieser Einschätzung in der Vielzahl der Fälle richtig liegen (näheres zur Art und Weise des Vertragsschlusses unter D. I./II. 3.). Hat der Gläubiger von dem designierten Ausstattungspflichtigen hingegen im Vorfeld der eigentlichen Zusage die Abgabe einer von ihm selbst vorformulierten Erklärung verlangt, ist diese Aufforderung das Vertragsangebot i. S. d. § 145 BGB. Die unveränderte Ausstattungszusage ist dann die Annahmeerklärung (vgl. § 150 Abs. 2 BGB).

[5] *Münchener Vertragshandbuch* (*Schütze*), III. 25., Patronatserklärung (I), S. 462, Anm. 5.

Die Ausstattungspflicht des Patrons setzt eine korrespondierende Willenserklärung des Gläubigers voraus[7]. Ihre missverständliche Bezeichnung hat die „Patronats*erklärung*" mit anderen Kreditsicherungsmitteln gemein. Auch die „Bürgschafts-" und die „Garantie*erklärung*" begründen für sich genommen keine Verpflichtung des Bürgen bzw. Garanten. Voraussetzung einer durchsetzbaren Bürgen- oder Garantenschuld ist der Abschluss eines einseitig verpflichtenden Bürgschafts- bzw. Garantie*vertrages* (vgl. § 765 Abs. 1 bzw. §§ 311 Abs. 1, 241 Abs. 1 BGB). Nichts anderes gilt für das gesetzlich nicht geregelte Sicherungs- bzw. Finanzierungsinstrument der Ausstattungszusage[8].

## II. Ausstattungszusagen ad incertas personas

Probleme bereitet die rechtliche Qualifikation von Ausstattungsversprechen gegenüber einem unbekannten Personenkreis. Als konträre Positionen stehen sich die „*Theorie vom einseitigen Leistungsversprechen*" und die „*Vertragstheorie*" gegenüber[9].

### 1. Theorie vom einseitigen Leistungsversprechen

Begründer der „Theorie vom einseitigen Leistungsversprechen" ist *U.H. Schneider*[10]. Schneider erachtet es – gerade bei Allgemeinzusagen von Großkonzernen mit hunderten von in- und ausländischen Konzernunternehmen – als eine pure Fiktion, dass die designierten Gläubiger von der Ausstattungserklä-

---

[6] *von Bernuth,* ZIP 1999, S. 1501 ff. (1502, II.); *Kohout,* Patronatserklärungen, S. 9, IV.; *Leitner,* ÖBA 2002, S. 517 ff. (521, 2.2.1); *Michalski,* WM 1994, S. 1229 ff. (1232, D. I.); *Wittig* in: *BuB* (2003), Rn. 4/2869; aA *OLG Frankfurt a.M.* (22.01. 2003 – 23 U 30/02), n.v., Juris, einseitiges Leistungsversprechen; *Rummel* in: FS Doralt (2004), S. 493 ff. (500), der gleichsam die These vertritt, der Patron könne sich bereits durch einseitige Erklärung verpflichten. Zur Wahrung der Privatautonomie des Begünstigten genüge es, wenn dieser die so erworbene Position zurückweisen könne oder vielleicht auch bloß nicht ausnutzen müsse.

[7] *Ebenroth/Boujong/Joost* (*Allstadt-Schmitz*), HGB, BankR IV, Rn. IV 633; aA *Rummel* in: FS Doralt (2004), S. 493 ff. (500), der dem Begünstigten aus Gründen der Vorsicht aber zur Abgabe einer Annahmeerklärung rät, solange sich die von ihm vertretene Auffassung in der Rechtsprechung nicht durchgesetzt hat.

[8] Vgl. § 311 Abs. 1 BGB, wonach die rechtsgeschäftliche Begründung eines Schuldverhältnisses grundsätzlich eines *Vertrags*schlusses zwischen den Beteiligten bedarf, „soweit nicht das Gesetz ein anderes vorschreibt"; *Kohout,* Patronatserklärungen, S. 9, IV.

[9] Die Begriffsbildung stammt von *Thiekötter,* Patronatserklärung ad incertas personas, S. 54, II.

[10] ZIP 1989, S. 619 ff.; tendenziell ebenso *Bülow,* Recht der Kreditsicherheiten (6), S. 534 Rn. 1623; *Schimansky/Bunte/Lwowski* (*Merkel*), Bankrechts-Handbuch II (2), § 98 Rn. 8; *Wittig* in: BuB Rn. 4/2897, 4/2899; vgl. auch *OLG Frankfurt a.M.* (22.01.2003 – 23 U 30/02), n.v., (Juris), Rn. 36.

rung Kenntnis erlangten und durch individuelle Annahmeerklärungen einen Patronatsvertrag mit dem Erklärenden schlössen. Da nicht nur alle gegenwärtigen, sondern auch alle künftigen Gläubiger[11] ohne Rücksicht auf ihre Kenntnis aus der Erklärung berechtigt werden sollten[12], sei es plausibler, die Ausstattungszusage als einseitiges, nicht annahmebedürftiges Leistungsversprechen anzusehen[13]. Dem Gesetz seien einseitige Leistungsversprechen nicht unbekannt, wie das Beispiel der Auslobung zeige (§§ 657 ff. BGB)[14]. Grundsätzlich gestatte § 311 Abs. 1 BGB (bzw. § 305 BGB a.F.) eine Abweichung von dem Vertragsprinzip zwar nur in den gesetzlich geregelten Fällen, die Rechtsprechung sei aber bereits in anderer Hinsicht von dieser Vorgabe abgewichen. So habe sie Arbeitnehmern, welchen die Gesamtzusage ihres Arbeitgebers unbekannt geblieben ist, einen Erfüllungsanspruch zugebilligt[15]. Vorteil dieser juristischen Wertung sei, dass analog § 657 BGB auch diejenigen Gläubiger von der Ausstattungszusage profitierten, die nicht in Kenntnis und mit Rücksicht auf das Ausstattungsversprechen mit dem protegierten Unternehmen kontrahiert hätten[16].

## 2. Vertragstheorie

Dagegen bejaht die ganz herrschende Meinung[17] eine Ausstattungspflicht des Versprechenden nur gegenüber denjenigen Personen, die mit dem Versprechenden einen individuellen Ausstattungsvertrag geschlossen haben[18].

### *a) Einheitliche Geltung des Vertragsprinzips – auch im Arbeitsrecht*

Die Argumentation *Schneiders,* auch im Arbeitsrecht habe sich eine eigenständige Verpflichtungskategorie „einseitiges Leistungsversprechen" herausge-

[11] Oder Konzernunternehmen bei einer „internen" öffentlichen Ausstattungszusage.

[12] Siehe auch *Wittig* in: BuB Rn. 4/2897.

[13] So auch ein Banksyndikus, der telefonisch angab, der Patron übersende ihnen den ihm zur Verfügung gestellten vorformulierten Erklärungsvordruck als Brief. Einer Annahmeerklärung seitens der Bank bedürfe es nicht, schließlich sei die Patronatserklärung ein einseitig wirksames Leistungsversprechen.

[14] Vgl. auch *Schimansky/Bunte/Lwowski* (*Merkel*), Bankrechts-Handbuch II (2), § 98 Rn. 8, Abgabe einer Patronatserklärung „in Form eines einseitigen Leistungsversprechens (nach Art der Auslobung) an die Allgemeinheit".

[15] *Schneider,* ZIP 1989, S. 619 ff. (624, 3.2.).

[16] *Schneider,* ZIP 1989, S. 619 ff. (624/625, 4.); tendenziell zustimmend, *Bülow,* Recht der Kreditsicherheiten (6), S. 534 Rn. 1623.

[17] So man bei den rar gesäten Stellungnahmen überhaupt von einer solchen sprechen kann.

[18] *Habersack,* ZIP 1996, S. 257 ff. (262, 1.5); *ders.* in: *MüKo* (4), Vor § 765 Rn. 53.

bildet, lässt sich mittlerweile relativ leicht entkräften. Das als Beleg aufgeführte Urteil des Bundesarbeitsgerichts (BAG)[19] ist überholt. Das BAG hatte seinerzeit entschieden, dass ein einseitiges Ruhegeldversprechen den Arbeitgeber mit dessen öffentlicher betrieblicher Bekanntgabe gewohnheitsrechtlich binde[20]. Inzwischen haben das BAG[21] und die ganz herrschende Meinung in der arbeitsrechtlichen Literatur[22] den Standpunkt eingenommen, Gesamtzusagen des Arbeit-

---

[19] *BAG* (U. v. 12.03.1963 – 3 AZR 266/62), BAGE 14, S. 126 ff.

[20] *BAG* (U. v. 12.03.1963 – 3 AZR 266/62), BAGE 14, S. 126 ff. (129). Einer Auseinandersetzung mit der kollidierenden Rechtsvorschrift des § 305 BGB a.F. (§ 311 Abs. 1 BGB n.F.) hat es aus Sicht des BAG nicht bedurft. Das BAG hat die allgemeinverbindliche Wirkung einer Gesamtzusage nämlich bereits als Gewohnheitsrecht angesehen, das als (materielle) Rechtnorm i.S.d. Art. 2 EGBGB „Gesetz" i.S.d. § 305 a.F./§ 311 Abs. 1 n.F. BGB ist; vgl. auch die von dem Senat und von Schneider (S. 624 Fn. 34) in Bezug genommenen Ausführungen *Hilgers,* Das betriebliche Ruhegeld, S. 58/59, IV. 1., 70/71, Rechtsfortbildung entgegen der bereits damals vorherrschenden Ansicht; im Ergebnis ebenso *Söllner,* Einseitige Leistungsbestimmung im Arbeitsverhältnis, S. 45–40 (37, III, 40, 1. Abs.). *J. Koch,* Die Patronatserklärung, S. 569/570, weist darauf hin, dass die Entscheidung wegen der gewohnheitsrechtlich begründeten Konstruktion schon nicht als Präzedenzfall für eine Aufweichung des Vertragsprinzips taugt.

[21] Vgl. nur *BAG* (U. v. 30.01.1970 – 3 AZR 44/68), BAGE 22, S. 252 ff. (258, B.), „... Gesamtzusage, d.h. auf einzel*vertraglicher* Grundlage ..."; *BAG* (B. v. 08.12.1981 – 3 ABR 53/80), BAGE 36, S. 327 ff. (335, II. 1.), „Der Vorstand ... hat (die vertragliche Einheitsregelung) einseitig bekannt gegeben und damit allen vorhandenen und künftigen Arbeitnehmern ... ein *einheitliches Vertragsangebot gemacht, das stillschweigend angenommen wurde* (§ 151 BGB)". Im Fortgang weist das BAG allerdings auch auf die kollektiv-rechtlichen Besonderheiten einer Einheitsregelung hin, die mit vertragsrechtlichen Begriffen nicht vollkommen zu erfassen seien; *BAG* (Großer Senat, B. v. 16.09.1986 – GS 1/82), BAGE 53, S. 42 ff. (55, II. 1.): „Bei den Ansprüchen der Arbeitnehmer, die auf eine vom Arbeitgeber gesetzte Einheitsregelung oder eine Gesamtzusage zurückgehen, handelt es sich um *vertragliche Ansprüche.* Die Kennzeichnung als vertragliche Einheitsregelung und Gesamtzusage besagt nichts über die Rechtsnatur der durch sie begründeten Ansprüche; die Bezeichnung weist zunächst nur auf die Besonderheiten bei der Begründung der Ansprüche hin. ... Eine Gesamtzusage richtet sich an alle Arbeitnehmer des Betriebs oder an abgrenzbare Gruppen; das *Angebot* wird in allgemeiner Form, etwa am ‚Schwarzen Brett' bekannt gemacht. Eine *ausdrückliche Annahmeerklärung* wird *nicht* erwartet. Die Besonderheiten bei der Begründung der Ansprüche haben keinen Einfluss auf deren Rechtsnatur ... Bei einer Gesamtzusage ... kommt der *Vertrag* auch dann zustande, wenn die *Annahme dem Arbeitgeber gegenüber nicht ausdrücklich erklärt* wurde; eine solche Erklärung ist nach der Verkehrssitte nicht zu erwarten (§ 151 BGB)", vgl. auch S. 56/57, wonach Einheitsregelungen keinesfalls eine „selbständige kollektiv-rechtliche Gestaltungsmöglichkeit" sind; *BAG* (U. v. 14.08.1996 10 AZR 69/96), NZA 1996, S. 1323 ff. (1323); *BAG* (B. v. 23.09.1997 – 3 ABR 85/96), NZA 1998, S. 719 ff. (721, 1.), (Hervorh. jeweils durch Verf.).

[22] Statt vieler *Dütz,* Arbeitsrecht (10), § 2 II 5. b) bb), S. 36 Rn. 56; *Hromadka/Maschmann,* Arbeitsrecht 1 (3), § 2 III. 8. a), S. 47 Rn. 79; *Lieb,* Arbeitsrecht (8), § 1 III. 1. c), S. 20/21 Rn. 53; *Picot/Schnitker,* S. 432/433 Rn. 109; *Preis,* Arbeitsrecht (2), § 18, IV., S. 167; *Schaub,* Arbeitsrechts-Handbuch (11), § 81 II. 3., S. 698 Rn. 35, vgl. auch § 111 I. 2. e), S. 1113 Rn. 6 bzw. II. 9, S. 1114 Rn. 9; *Zöllner/Loritz,* Arbeitsrecht (5), § 6 I. 6. e), S. 71; aA *Gamillscheg,* Arbeitsrecht I (8), § 2, I. 5. b) (1), S. 43 (im Anschluss an Hilger).

gebers seien ein annahmebedürftiges einheitliches Vertragsangebot gegenüber sämtlichen Arbeitgebern (§ 145 BGB), das diese gemäß § 151 S. 1 BGB stillschweigend annehmen könnten, ohne dass die Annahmeerklärung dem Arbeitgeber zugehen müsse[23].

Gleiches hat für harte Patronatserklärungen in einem Geschäftsbericht zu gelten[24]. Abgesehen davon, dass ihre anspruchsbegründende Wirkung zu Gunsten ahnungsloser Gläubiger gerade umstritten ist und damit keineswegs gewohnheitsrechtlich erstarkt sein kann[25], wäre die Annahme einer einseitig verbindlichen Ausstattungszusage contra legem.

Die Generalnorm des § 311 Abs. 1 BGB statuiert nicht grundlos das Vertragsprinzip als fundamentalen Privatrechtsgrundsatz. Nach dem Willen des historischen Gesetzgebers sollen einseitige, nicht angenommene Versprechen prinzipiell unverbindlich sein[26]. Grund dafür ist die grundrechtlich fundierte Privatautonomie (Art. 2 Abs. 1 GG)[27]. Eine Ausprägung der allgemeinen Handlungsfreiheit ist es, dass grundsätzlich jedermann selbstbestimmt darüber entscheiden kann, „ob", „mit wem" und „mit welchem Inhalt" er eine rechtliche Verbindung eingeht[28]. Dass die „negative Vertragsfreiheit"[29] auch für nur be-

---

23 Im Ergebnis ebenso *J. Koch,* Die Patronatserklärung, S. 569–571; *Soergel-Wolf* (13), Vor § 145 Rn. 121; (12), § 305 Rn. 11; *Staudinger-Löwisch* (2001), § 305 Rn. 14; siehe auch die Gegenargumente bei *Forschbach,* Liquiditätszusagen, S. 98/99.

24 *Habersack,* ZIP 1996, S. 257 ff. (261/262, 1.3.); *Thiekötter,* Patronatserklärung ad incertas personas, S. 59, 1. Abs., die aus dem Meinungsumschwung in dem durch das Direktionsrecht des Arbeitgebers geprägten Arbeitsrecht zudem einen erst-recht-Schluss auf die Unzulässigkeit einseitiger Leistungsversprechen im allgemeinen Zivilrecht ziehen (S. 60, 1. Abs.); im Ergebnis ebenso *Pesch,* WM 1998, S. 1609 ff. (1613, 3. Abs.).

25 Vgl. *Flume,* Das Rechtsgeschäft, AT II (4), § 33, 6., S. 610, 5. Abs., demzufolge es nicht im Belieben des Einzelnen steht, durch Aushänge einseitige Regelungen zu treffen. Hierzu bedürfe es einer rechtlich anerkannten Verkehrssitte; *Forschbach,* Liquiditätszusagen, S. 99, 2. Abs., keine „dauernde Übung".

26 Vorgesehen war zunächst eine mit „einseitiges Versprechen" überschriebene Vorschrift (I § 342) folgenden Wortlauts: „*Das einseitige, nicht angenommene Versprechen ist unverbindlich, sofern nicht das Gesetz ein anderes bestimmt*". In zweiter Lesung entstand daraus (II § 310): „*Aus einem einseitigen, nicht angenommenen Versprechen entsteht eine Verbindlichkeit nicht*". Die endgültige Gesetzfassung entspricht dem Wortlaut des heutigen § 311 Abs. 1 BGB, vgl. die Gegenüberstellung bei *Mugdan II,* XXX (I § 343). Zu den Einzelheiten der Genese, *Motive II,* S. 175 = *Mugdan II,* S. 96 (I §§ 342, 343); *Protokolle II,* S. 447/448 (61.) = *Mugdan II,* S. 612/613 (I §§ 342, 343).

27 *Erman-Kindl* (11), § 311 Rn. 1; *Erman-Westermann* (11), Einl § 241 Rn. 10; *Palandt-Heinrichs* (64), § 311 Rn. 2; *Soergel-Wolf* (12), Vor § 305 Rn. 10. Zu der st. Rspr., dass Art. 2 Abs. 1 GG als Ausfluss der allgemeinen Handlungsfreiheit auch die Vertragsfreiheit schützt, vgl. nur *BVerfG* (U. v. 12.11.1958 – 2 BvL 4, 26, 40/56, 1, 7/57), BVerfGE 8, S. 274 ff. (328, 2. Abs.); *BVerfG* (U. v. 03.04.2001 – 1 BvR 2014/95), BVerfGE 103, S. 197 ff. (215, B. I.); siehe auch *BVerwG* (U. v. 18.02.1955 – V C 75.54), BVerwGE 1, S. 321 ff. (323, 2. Abs.); *Soergel-Wolf* (13), Vor § 145 Rn. 42, m. w. N.

günstigende Rechtsgeschäfte gilt, belegen vor allem die Schenkungs- und Erlassvorschriften (vgl. §§ 516, 518 Abs. 1, 397 Abs. 1 BGB)[30], aber auch die Regelungen über das Schuldversprechen und das Schuldanerkenntnis (§§ 780, 781 BGB). Die ausnahmslose Geltung des Vertragsprinzips folgt neben diesen und den Bürgschaftsnormen auch aus der völlig unstreitigen Tatsache, dass die Gewährung sämtlicher (Kredit-)Sicherheiten eines Vertragsschlusses zwischen dem Sicherungsgeber und dem Sicherungsnehmer bedarf[31]. Niemand muss sich ohne seine Zustimmung einen endgültigen Rechtsvorteil „gefallen lassen"[32]. Die Möglichkeit, Schenkungsangebote zurückzuweisen, kann sich im Einzelfall als recht nützlich erweisen[33]. Einen hypothetischen Sicherungsnehmer kann das

---

[28] *Erman-Armbrüster* (11), Vor § 145 Rn. 26; *Soergel-Wolf* (13), Vor § 145 Rn. 19, 27 (Selbstbestimmungsfunktion); ähnlich *F. Bydlinski,* Privatautonomie, S. 123, 126/127; *Flume,* Das Rechtsgeschäft, AT II (4), § 33, 8., S. 616/617; *Habersack,* Vertragsfreiheit und Drittinteressen, S. 41/42, II. 1., Vertrag als Mittel zur Selbstbestimmung; *MüKo-Kramer* (4), Vor § 145 Rn. 8/9, 19; *Palandt-Heinrichs* (64), Einf v § 145 Rn. 7, Überbl v § 311 Rn. 3; *Staudinger-Bork* (2003), Vorbem zu §§ 145–156 Rn. 12–14; ähnlich *Staudinger-Löwisch* (2001), § 305 Rn. 4.

[29] *Forschbach,* Liquiditätszusagen, S. 100, 1. Abs.; *Staudinger-Bork* (2003), Vorbem zu §§ 145–156 Rn. 14.

[30] *Forschbach,* Liquiditätszusagen, S. 100, 1. Abs.; *Medicus,* Schuldrecht I (16), § 9 I., S. 26 Rn. 59. Dazu dass auch die (formfreie) Handschenkung einen Schenkungsvertrag voraussetzt, siehe bereits *Motive II,* S. 288/289; sowie statt aller *Erman-Herrmann* (11), § 516 Rn. 3; *MüKo-Kollhosser* (4), § 516 Rn. 11, § 518 Rn. 4; *Palandt-Weidenkaff* (64), § 516 Rn. 1, a), Rn. 11/12, § 518 Rn. 4.

[31] Vgl. *Koziol,* Garantievertrag, S. 35–39, der sich für den Bereich der Garantie dezidiert mit der Möglichkeit einer analogen Anwendung der (österreichischen) Auslobungsvorschriften auseinandersetzt; *Larenz/Canaris,* Schuldrecht II 2 (13), § 63, I. 1. a), S. 41/42, § 64, S. 65/66 (v.a. zur Garantie).

[32] *Motive II,* S. 288, 2. Abs. = *Mugdan II,* S. 160, 1. Abs., zur Schenkung: „... so ist von vornherein klar, dass es unstatthaft wäre, dem Bereicherten die Bereicherung wider seinen Willen als Geschenk aufzudrängen. Daraus, dass ihm das Recht der Ablehnung zustehen muss, mit der Folge, dass die Bereicherung rückgängig zu machen sei ...". Dazu, dass es sich bei dem „Aufdrängungsverbot" um einen allgemeinen Rechtsgrundsatz des BGB handelt, *Forschbach,* Liquiditätszusagen, S. 100, 1. Abs.; *Larenz.* Schuldrecht I (14), § 4, S. 40; *MüKo-Kollhosser* (4), § 516 Rn. 11; *Paulus/Zenker,* JuS 2001, S. 1 ff. (2, 2.); *Staudinger-Löwisch* (2001), § 305 Rn. 4; ähnlich *Medicus,* Schuldrecht I (16), § 9 I./II. 2., S. 26/27 Rn. 59, 61, 1. Abs.; aA *J. Koch,* Die Patronatserklärung, S. 554–559, 562/563, der als Grund für das Vertragsprinzip nicht den Empfängerschutz ansieht. Der Autor nimmt an, das Mitwirkungserfordernis solle einem vermuteten Verpflichtungsvorbehalt auf Seiten des Erklärenden Rechnung tragen. Dieser sei nur zu einer dauerhaften Bindung bereit, wenn der Versprechensempfänger signalisiert habe, dass er auf die Bindung tatsächlich Wert legt. Die Vorschrift des § 311 Abs. 1 BGB solle zumindest auch den Erklärenden schützen, dem es möglich sein solle, sich über den Umfang seiner Verpflichtung Gewissheit zu verschaffen (559, 2. Abs.).

[33] Dies hat bereits der historische Gesetzgeber so gesehen, vgl. die Fundstellen in der vorhergehenden Fußnote sowie die Gegenüberstellung bei *Mugdan II,* LIII (Schenkung); *Motive II,* S. 288/289 = *Mugdan II,* S. 159/160: „Nach der Auffassung des Entw. schließt jede Schenkung einen Vertrag in sich."; *Protokolle* bei *Mugdan II,* S. 736, 1. Abs., die Anträge wichen materiell nicht von dem Entw. ab. Mit diesem

„Aufdrängungsverbot" vor einer schuldrechtlichen Beziehung zu einem ihm nicht genehmen Sicherungsgeber bewahren sowie vor einer aufwendigen Sicherungsverwaltung[34]. Das Selbstbestimmungsrecht wird auch bei einem echten Vertrag zu Gunsten Dritter respektiert. Der Rechtserwerb erfolgt hier zwar zunächst ohne Zutun des Dritten (vgl. § 328 Abs. 1 BGB)[35], der Dritte hat aber die Möglichkeit, das erworbene Recht im Nachhinein einseitig zurückzuweisen (§ 333 BGB)[36].

### *b) Fehlende Analogiefähigkeit der Auslobungsvorschriften*

Einzige Ausnahme von dem schuldrechtlichen Selbstbestimmungs- bzw. Vertragsprinzip[37] bildet die Auslobung (§§ 657 ff. BGB)[38]. Setzt jemand durch öf-

---

gingen sie davon aus, „dass die einem anderen ohne dessen Willen erfolgte einseitige Vermögenszuwendung sich als ein *Schenkungsanerbieten* darstellt. Während aber der Entw. ... auf den Charakter der Zuwendung als Offerte direkt hinweist, vermeidet es der Antrag, die Gebundenheit des Zuwendenden besonders im Gesetz zu erwähnen", S. 738/739, der Erfolg einer bleibenden Vermögensmehrung hinge davon ab, „ob derjenige, dem die Zuwendung gemacht sei, die beabsichtigte Schenkung *annehmen wolle oder nicht,* was in seiner Hand gelegen sei. Nehme er an, so sei durch die Annahme der Schenkungs*vertrag* entstanden; mithin stelle sich die *Zuwendung* als ein *Schenkungsanerbieten* an den zu Beschenkenden dar, welches wie eine *Offerte* zu behandeln sei", (Hervorh. durch Verf.). Da der Begünstigte mit einer Schenkung regelmäßig einverstanden ist, wird sein Einverständnis gemäß § 516 Abs. 2 BGB vermutet, wenn der Beschenkte nicht vor Ablauf einer ihm gesetzten Annahmefrist die Schenkung ablehnt.

34 Vgl. nur § 490 Abs. 1 BGB n.F., wonach die Möglichkeit, einen Darlehensvertrag außerordentlich zu kündigen, bei Vorliegen einer verwertbaren Sicherheit ausscheidet.

35 Der Vertrag zu Gunsten Dritter dient aber nicht als Beispiel dafür, dass durch einseitige Erklärungen Verpflichtungen begründet werden können, vgl. *Koziol,* Garantievertrag, S. 37.

36 So wird sichergestellt, dass der ohne seine Mitwirkung erfolgte Rechtserwerb dem Drittbegünstigten nicht gegen seinen Willen endgültig aufgezwungen wird, vgl. *Erman-Westermann* (11), § 333 Rn. 1; *Medicus,* Schuldrecht I (16), § 9 II 2., S. 27 Rn. 61; *Palandt-Heinrichs* (64), § 333 Rn. 1; *Soergel-Hadding* (12), § 333 Rn. 1. Unter Hinweis auf die Möglichkeit von „Verträgen zu Gunsten Dritter" verweist namentlich *Rummel* in: FS Doralt (2004), S. 493 ff. (499/500) darauf, dass es von Gesetzes wegen nicht nur das „Zustimmungsmodell" gebe, sondern auch das „Ausschlagungsmodell". Zur Wahrung der Privatautonomie genüge es, wenn der Begünstigte (vorläufig) erworbene Rechte zurückweisen könne. Dies ändert aber nichts daran, dass auch hier der Rechtserwerb *vertraglich* fundiert ist und er seine Grundlage nicht in einer einseitigen Erklärung hat.

37 Zu den Besonderheiten des ebenfalls einseitigen Stiftungsgeschäfts (§§ 80–82 BGB) und des erbrechtlichen Vermächtnisses (§§ 1939, 2147 ff. BGB), siehe nur *Staudinger-Löwisch* (2001), § 305 Rn. 15; *Thiekötter,* Patronatserklärung ad incertas personas, S. 56/57, I., m.w.N., auch zu dem Verpflichtungsgrund des § 25 Abs. 3 HGB.

38 *Larenz,* Schuldrecht I (14), § 4, S. 40; *Soergel-Wolf* (12), § 305 Rn. 11; *Staudinger-Löwisch* (2001), § 305 Rn. 13; *Thiekötter,* Patronatserklärung ad incertas personas, S. 56, I.

fentliche Bekanntmachung eine Belohnung für die Vornahme einer Handlung aus, insbesondere für die Herbeiführung eines Erfolges, ist er gemäß § 657 BGB verpflichtet, die Belohnung an denjenigen zu entrichten, der die Handlung vorgenommen hat, auch wenn dieser nicht mit Rücksicht auf die Auslobung gehandelt hat[39].

Der historische Gesetzgeber entschied sich bewusst gegen die „Vertrags-"[40] und für die „Pollizitationstheorie", also gegen die Einordnung der Auslobung als „Vertragsantrag *in incertam personam*" und für die „verbindliche Kraft des einseitigen, nicht angenommenen (öffentlichen) Versprechens"[41]. Unausgesprochenes Ziel dürfte es gewesen sein, demjenigen, der die in der Auslobung bestimmte Leistung in Unkenntnis der Auslobung erbracht hat, den Anspruch auf die öffentlich ausgesetzte Belohnung zu sichern[42]. Dies folgt nicht zuletzt aus den gesetzgeberischen Erwägungen zu der kontrovers diskutierten Widerruflichkeit einer Auslobung. Entgegen einigen Stimmen aus den Kreisen der Befürworter der Pollizitationstheorie hat der historische Gesetzesentwurf den Widerruf der Auslobung *„bis zur Vollbringung der Handlung"* zugelassen[43]. „Ist *die Handlung vollbracht, so ist der Widerruf jedenfalls ausgeschlossen*[44]." Schließ-

---

[39] Allerdings wird dem Berechtigten analog § 333 BGB auch hier das Recht zur Zurückweisung der Belohnung zuerkannt.

[40] Bzw. „Offertentheorie", vgl. *Motive II,* § 581, S. 519, 1. Abs. = *Mugdan II,* Motive, Auslobung, § 581, S. 290, 2. Abs.

[41] Diese Entscheidung ist von der Kommission in zweiter Lesung unbeanstandet geblieben, vgl. *Protokolle II,* § 581, Begriff und Inhalt, S. 347, II. = *Mugdan II,* Protokolle, Auslobung, S. 940, I.

[42] Dies spricht der Gesetzgeber in dieser Deutlichkeit zwar nicht aus, er betont aber an mehreren Stellen, dass die Leistungspflicht des Auslobenden an die Vollbringung der in der Auslobung bezeichneten Handlung geknüpft ist, vgl. *Motive II,* § 581, „der Auslobende ist schon aufgrund dieses Versprechens zu dessen Erfüllung an denjenigen verpflichtet, *welcher die* von dem Auslobenden *bestimmte Leistung vollbracht hat* ... wodurch dieser kraft seines Verpflichtungswillens demjenigen zur Erfüllung verpflichtet wird, *welcher die* durch die Auslobung näher *bestimmte Leistung vollbracht hat*" (S. 519, 1. Abs. = *Mugdan II,* Motive, Auslobung, § 581, S. 290, 2. Abs.); „Der Auslobende ist kraft seines öffentlich erklärten Willens demjenigen, welcher die in der Auslobung *bestimmte Leistung vollbracht hat,* zur Erfüllung des Versprechens verpflichtet. *Durch das Vollbringen der Tat* wird ... die Voraussetzung für die Entstehung der Verbindlichkeit erfüllt ... Der Anspruch auf die öffentlich versprochene Belohnung ist ... dadurch allein begründet, dass die in der Bekanntmachung *bezeichnete Handlung vollbracht worden ist* ... Der Anspruch gründet sich ... lediglich auf das öffentlich erklärte Versprechen *und die entsprechende Leistung*" (S. 520, 2. Abs. = *Mugdan II,* Motive, Auslobung, § 581, S. 291, 2. Abs.), (Hervorh. jeweils durch Verf.); im Ergebnis ebenso *Medicus,* Schuldrecht I (16), § 9 II. 1., S. 26 Rn. 60; *Thiekötter,* Patronatserklärung ad incertas personas, S. 65, 2. Abs., die mit Recht darauf hinweist, dass der zu konstatierende Eingriff in das Selbstbestimmungsrecht durch dieses gesetzgeberische Anliegen sowie durch den Erfahrungssatz, dass ein in Unkenntnis der Auslobung Handelnder die Handlung auch in Kenntnis der Auslobung vorgenommen hätte, gerechtfertigt sei; so auch *Habersack,* ZIP 1996, S. 257 ff. (261, 1.2.). Hinzu kommt, dass die ausgelobte Belohnung entsprechend § 333 BGB zurückgewiesen werden kann.

lich ist auch ein Antrag, den Widerruf nur in derselben Weise zuzulassen wie die Auslobung – nämlich ausschließlich in Form einer öffentlichen Bekanntmachung –, abgelehnt worden. Aus Sicht des Gesetzgebers war dem Auslobenden aus Gerechtigkeitsgründen das Recht zuzugestehen, sein Versprechen durch individuelle Mitteilung gegenüber einzelnen Personen abzuändern oder diese solchermaßen von der Zusage auszuschließen (vgl. § 658 Abs. 1 S. 2, 2. HS BGB)[45]. All dies deutet darauf hin, dass vorrangiges Ziel des Gesetzgebers die Anspruchssicherung zu Gunsten des „ignorant" Leistenden gewesen ist[46]. Hat dieser eine Leistung an den Auslobenden in Unkenntnis der Auslobung erbracht, die für den Auslobenden so enorm wichtig gewesen ist, dass er dafür eine Belohnung ausgesetzt hat, soll der Leistende seines bereits verdienten „Anspruchs" nicht dadurch wieder verlustig gehen, dass er ein ihm unbekanntes Belohnungsangebot nicht rechtzeitig vor einem potenziellen Widerruf der Zusage durch den Auslobenden annimmt. Ohne einseitige Verbindlichkeit der Erklärung bestünde die Gefahr, dass der Handelnde niemals von der Annahmebedürftigkeit des Belohnungsangebots erfährt oder das Angebot verfristet annimmt (§§ 146–148 bzw. § 151 S. 2 BGB)[47]. Hielte man an dem Vertrags- und damit an dem Zugangserfordernis des § 130 Abs. 1 S. 1 BGB fest, könnte der Auslobende, sobald er feststellt, dass der Leistende von der Auslobung bislang keine Kenntnis hat, sein Angebot ihm gegenüber nach § 130 Abs. 1 S. 2 BGB widerrufen und sich so die Belohnung sparen. Um dies zu verhindern, dürfte der Gesetzgeber den Belohnungsanspruch bereits mit Vornahme der Handlung entstanden gelassen haben[48].

Für öffentlich erklärte harte Patronatserklärungen könnte man sich auf den Standpunkt stellen, dass auch die Gläubiger des Protegés[49] vergleichbar schutz-

---

43 Der Gesetzgeber hat unterstellt, dass der Auslobende durch sein einseitiges Versprechen nur verpflichtet wird, weil er dies will. Ermangele die Auslobung einer Bestimmung über die (Un-)Widerruflichkeit, sei „die Annahme natürlich, dass er sich den Widerruf vorbehalten wollte, und zwar bis zur *Vollbringung der Handlung … Der Anspruch auf die Belohnung ist an sich mit Vollbringung der* Handlung begründet; der einmal entstandene Anspruch bleibt von einem Widerrufe unberührt", *Motive II,* § 582, S. 522, 1. Abs. = *Mugdan II,* Motive, Auslobung, § 581, S. 292, 2. Abs., (Hervorh. durch Verf.).

44 *Motive II,* § 582, S. 522, 1. Abs. = *Mugdan II,* Motive, Auslobung, § 581, S. 292, 2. Abs., (Hervorh. durch Verf.); jetzt § 658 Abs. 1 S. 1 BGB.

45 *Protokolle II,* § 582, Widerruf, S. 347/348, III. = *Mugdan II,* Protokolle, Widerruf, S. 940, II.; nunmehr § 658 Abs. 1 S. 1 BGB. Es versteht sich von selbst, dass der Auslobende den Adressatenkreis bereits im Text der Auslobung begrenzen kann, vgl. *MüKo-Seiler* (4), § 657 Rn. 10.

46 AA *J. Koch,* Die Patronatserklärung, S. 561, 564, c), die Motive gäben keine eindeutige Antwort auf die Frage nach dem gesetzgeberischen Beweggrund für die Aufweichung des Vertragsprinzips.

47 *Thiekötter,* Patronatserklärung ad incertas personas, S. 64/65, II., m. w. N.

48 Im Ergebnis ebenso *Thiekötter,* Patronatserklärung ad incertas personas, S. 64/65, II, 67/68, 2.

würdig sind wie der Leistungserbringende bei der Auslobung[50]. Ließen sich die Vorschriften der §§ 657 ff BGB auf öffentliche Ausstattungszusagen analog anwenden, käme es zu keiner gesetzeswidrigen Durchbrechung des Vertragsprinzips[51].

Dem steht entgegen, dass die Interessenlagen bei der Auslobung und bei der harten Patronatserklärung deutlich divergieren. Ein Auslobender ist ausschließlich an der Vornahme der ausgelobten Handlung interessiert. Der Patron möchte mit seiner Allgemeinzusage zwar das Standing und die Verhandlungsposition der bezeichneten Protegés gegenüber deren Gläubigern und potenziellen Vertragspartnern stärken[52], er setzt aber keine „Belohnung" für den Abschluss oder für die Fortführung von Verträgen mit den protegierten Gesellschaften aus[53]. Als ausgelobte Prämie käme nur die Zuwendung eines individuellen Ausstattungsanspruchs in Betracht. Der Abschluss eines Rechtsgeschäfts kann zwar Inhalt einer ausgelobten Handlung sein[54], auch spielt es regelmäßig keine Rolle, ob die Handlung bereits vor der öffentlichen Auslobung vorgenommen worden ist[55] und von welcher Intention der Handelnde sich bei ihrer Vornahme hat leiten lassen[56], es erscheint aber nicht sachgerecht, die zugesagte Ausstattung der

---

49 Oder die potenziell Begünstigten einer „internen" Ausstattungszusage ad incertas personas.

50 So vor allem *Schneider,* ZIP 1989, S. 619 ff. (624/625, 3./4.); tendenziell ebenso *Bülow,* Recht der Kreditsicherheiten (6), S. 534 Rn. 1623.

51 Der historische Gesetzgeber hat die analoge Anwendung von Normen, die ausnahmsweise die verbindliche Kraft eines einseitigen, auf unmittelbare Begründung eines Schuldversprechens gerichteten Versprechens anerkennen, auf rechtsähnliche Verhältnisse ausdrücklich zugelassen, vgl. *Motive II,* §§ 342, 343, I., S. 175/176 = *Mugdan II,* Motive, §§ 342, 343, I., S. 96. Zu den Voraussetzungen einer analogen Anwendung von Ausnahmevorschriften, siehe *BGH* (U. v. 19.11.1957-VIII ZR 409/56), BGHZ 26, S. 78 ff. (83); *BayOblG* (B. v. 09.02.2000-1Z BR 149/99), NJW 2000, S. 1875 ff. (1876, (2)); *Larenz/Canaris,* Methodenlehre (3), S. 175/176; *Palandt-Heinrichs* (64), Einleitung Rn. 53.

52 *Fried,* Die weiche Patronatserklärung, S. 47, 1. Abs.

53 *Habersack,* ZIP 1996, S. 257 ff. (261, 1.2.), bei der Patronatserklärung komme der Anspruch *ohne* jede *Mitwirkungshandlung* des Gläubiges zustande (Hervorh, durch Verf.); aA *Thiekötter,* Patronatserklärung ad incertas personas, S. 69b., Vertragsschluss zwischen Gläubiger und Tochterunternehmen als eine der Auslobung vergleichbare Mitwirkungshandlung.

54 So zu Recht *MüKo-Seiler* (4), § 657 Rn. 9, m.w.N.

55 Mit *Erman-Ehmann* (11), § 657 Rn. 4; *MüKo-Seiler* (4), § 657 Rn. 16; *Palandt-Sprau* (11), § 657 Rn. 7; *Staudinger-Wittmann* (13), § 657 Rn. 9, ist es Auslegungsfrage, ob die Auslobung eine bereits erbrachte Handlung erfassen soll.

56 *MüKo-Seiler* (4), § 657 Rn. 17. Dies verkennt *Thiekötter,* Patronatserklärung ad incertas personas, S. 71/72, wenn sie die vergleichbare Interessenlage einer Auslobung und einer öffentlichen Patronatserklärung vornehmlich an dem (vermeintlich) altruistischen Moment des „ausschließlich im Interessenbereich eines anderen tätig" werdenden Handelnden bei der Auslobung scheitern lässt. Der Gläubiger des Protegés werde demgegenüber nicht ausschließlich im Interesse des Patrons tätig. Ihm gehe es ausschließlich um eigene wirtschaftliche Vorteile. Wie die Nachweise bei *MüKo-Seiler,*

Protegés als „Belohnung" für Vertragsschlüsse mit einem der protegierten Unternehmen anzusehen. Nach hier vertretener Meinung wenden sich öffentlich erklärte harte Patronatserklärungen unterschiedslos an sämtliche Gläubiger der in Bezug genommenen Protegés. Ob die Gläubiger bereits unausweichlich vertraglich mit einem der Protegés verbunden sind, spielt keine Rolle[57]. Die Altgläubiger sollen für ihren Vertragsschluss nicht „im Nachhinein" mit einer Ausstattungszusage belohnt werden. Die Wirkungen einer Ausstattungszusage zielen ausschließlich auf die Gegenwart und Zukunft. Die bloße Tatsache eines Vertragsschlusses mit einem der Protegés ist folglich nicht der eigentliche Motivationsgrund für die Abgabe eines Ausstattungsversprechens. Dem Patron ist primär daran gelegen, dass die Gläubiger die geschäftliche Zuverlässigkeit der Protegés aufgrund der Patronatserklärung künftig (noch) positiver einschätzen[58]. Ihm kommt es mit seiner Zusage nicht nur auf den Abschluss und auf die Beibehaltung von Verträgen mit den protegierten Gesellschaften an, sondern vor allem auf die Stärkung von deren Verhandlungsposition und auf eine größere Bereitschaft zur Zusammenarbeit mit ihnen. Hat der Patron damit Erfolg, ist das verbesserte Standing der Protegés keinem gerichtlich nachprüfbaren Gläubigerverhalten i. S. d. § 657 BGB zu verdanken[59]. Die anvisierten Ziele des Patrons schlagen sich nicht zwingend in einer konkreten Gläubigerhandlung oder in einem messbaren Erfolg nieder. Für die alleinige Maßgeblichkeit von Vertragsschlüssen mit den Protegés spricht auch nicht, dass sich die bisher publizierten Allgemeinzusagen nach diesseitiger Kenntnis ausschließlich auf vertrag-

---

a. a. O., belegen, ist der Handelnde bei einer Auslobung auch dann anspruchsberechtigt, wenn er aus höchst egoistischen Motiven gehandelt hat oder wenn er sich ohne erheblichen Eigennachteil gar nicht anders hätte verhalten können, vgl. auch *LG Frankfurt* (U. v. 31.03.1954 – 2/1 S 857/53), NJW 1954, S. 1685 f. (1685, 2. Abs.), unter Verweis darauf, dass der Anspruch auf die ausgelobte Belohnung ausschließlich auf der Herbeiführung des Erfolges beruht. Implizit dürfte dies – zumindest ein Stück weit – auch darin zum Ausdruck kommen, dass der Anspruch gerade unabhängig davon entsteht, ob der Auslobende mit Rücksicht auf die Belohnung gehandelt hat; dazu *Staudinger-Wittmann* (13), Vorbem zu §§ 657 ff. Rn. 3, § 657 Rn. 9. Einem Forscher etwa, dem es bei einer ausgelobten Entdeckung ausschließlich um seine wissenschaftlichen Meriten geht, ist die ausgesetzte Prämie ungeachtet seiner persönlichen Leistungsmotivation zu gewähren.

57 Näheres sogleich unter B. II.

58 Altgläubiger sollen von einer problemlosen Vertragsabwicklung ausgehen dürfen und gegebenenfalls zu Folgegeschäften oder zu einer Ausdehnung ihrer Geschäftsbeziehung mit dem Protegé bewegt werden oder sie sollen durch die öffentliche Patronatserklärung von einem individuellen Sicherungsbegehren oder von einer Vertragskündigung abgehalten werden. In Einzelfällen erhofft der Patron sich von seiner Zusage vielleicht auch die Anpassung laufender Verträge. Neugläubiger sollen zu einem Vertragsschluss mit den protegierten Gesellschaften zu für diese günstigeren Konditionen bewegt werden.

59 Zu den Voraussetzungen der „Vornahme einer Handlung" bzw. der „Herbeiführung eines Erfolges", siehe *MüKo-Seiler* (4), § 657 Rn. 8, Tatsachen, die sich zufällig ergeben und auf die der Auslobungsadressat keinen Einfluss hat, sind nicht geeignet, Gegenstand einer Auslobung zu sein.

lich begründete Gläubigerforderungen beziehen. Zum einen bedürfen gesetzliche Forderungsinhaber keines Vertrauen schaffenden Instruments wie der harten Patronatserklärung[60], zum anderen ist die Zwecksetzung des Patrons unbeschadet dessen breiter gefächert.

Die Differenzen zwischen einer Auslobung und einer Ausstattungszusage werden noch deutlicher, wenn man die „interne" Allgemeinzusage ins Blickfeld nimmt. Würde ein herrschendes Unternehmen seinen Tochtergesellschaften durch *öffentliche* Erklärung zusagen, sie dergestalt auszustatten, dass sie ihre Verbindlichkeiten erfüllen können, käme als „ausgelobtes Verhalten" nur eine Handlung der begünstigten Unternehmenstöchter in Betracht[61]. Diese erbringen zum Versprechenszeitpunkt aber keine korrespondierende Leistung an den Ausstattungspflichtigen. Die Ausstattungszusage ist auch keine „vorgezogene Belohnung" für etwaige spätere Rückgriffsforderungen des Ausstattungspflichtigen. Man kann es drehen und wenden wie man will, die auszustattenden und damit im Sprachgebrauch der Auslobung „entlohnten" Gesellschaften sind zunächst einmal nur Empfänger eines Ausstattungsanspruchs. Sie erbringen keine honorierbare Leistung an den Ausstattungspflichtigen[62].

Weder bei „internen" noch bei „externen" Ausstattungszusagen bedarf es mithin der Vornahme einer für die Auslobungsvorschriften so elementar wichtigen Mitwirkungshandlung[63] durch die potenziell Begünstigten[64]. Auch können diese nicht in gleicher Weise wie der Leistende bei einer Auslobung um ihren verdienten „Lohnanspruch" gebracht werden[65]. Eine Gleichbehandlung öffentlicher Ausstattungszusagen mit der Auslobung muss demnach ausscheiden[66].

---

[60] Patronatserklärungen dienen dazu, das Vertrauen in den Protegé zu stärken und dessen Bonität zu verbessern, siehe *Wagner,* Internationale Tätigkeit der Banken, S. 26, 2. Abs.

[61] Mangels Drittwirkung der Zusage und mangels Adressierung der (Tochter-) Gläubiger (s. u., C. II.).

[62] Sind sie zur Rückgewähr der Ausstattungsleistungen verpflichtet, basiert diese Verpflichtung auf einem anderen Rechtsgrund als der eigentlichen Ausstattungszusage, vgl. Gliederungspunkt C. I. (allerdings zur „externen" Ausstattungzusage) sowie Kapitel 7, B. IV. 2. Dazu, dass die Auslobung kein unentgeltliches Geschäft ist, da die ausgesetzte Belohnung bei wirtschaftlicher Betrachtung Gegenleistung für das ausgelobte Verhalten ist, vgl. nur *Erman-Ehmann* (11), § 657 Rn. 5; *MüKo-Seiler* (4), § 657 Rn. 8.

[63] *MüKo-Seiler* (4), § 657 Rn. 15, vgl. auch Rn. 24, Abgrenzung zum bedingten Schenkungsversprechen; siehe auch *Habersack,* ZIP 1996, S. 257 ff. (261, 1.2.), demzufolge das Vertragsmodell des BGB durch die Auslobungsvorschriften in Anbetracht des Mitwirkungserfordernisses nur „formell" und nicht auch „materiell" durchbrochen wird.

[64] Ähnlich *Pesch,* WM 1998, S. 1609 ff. (1613, 3. Abs.), es scheine doch etwas gekünstelt, die Kreditvergabe an eine Tochter der Erbringung einer ausgelobten Leistung gleichzustellen; aA *Thiekötter,* Patronatserklärung ad incertas personas, S. 69, b).

[65] Dass etwaige Rückgriffsforderungen bei einer „internen" Ausstattungszusage nicht als Gegenleistung für die übernommene Verpflichtung angesehen werden kön-

### *c) Fehlender Bedarf für eine einseitige Anspruchsbegründung*

Für die einseitig verbindliche Geltung eines Ausstattungsversprechens und damit für eine Aufweichung des Vertragsprinzips besteht auch kein Bedarf[67]. Eine öffentlich erklärte harte Patronatserklärung ist ein Vertragsangebot an alle Gläubiger der genannten Gesellschaften. Dieses Angebot können naturgemäß nur die Forderungsinhaber annehmen, die um die Erklärung wissen[68].

Die immer wieder geäußerte These, der Patron wolle sämtlichen Gläubigern der genannten Protegés unabhängig von ihrer Kenntnis einen Ausstattungsan-

---

nen, ist bereits festgestellt worden. Könnte und würde der Versprechende seine Zusage vor Kenntniserlangung durch alle oder einzelne Angebotsempfänger widerrufen, verlören diese nur die Möglichkeit zum Abschluss eines individuellen Ausstattungsvertrages, ohne ihrerseits eine zu „entlohnende" Anstrengung unternommen zu haben. In gleicher Weise bedeutete ein Widerruf vor Annahme der Erklärung für die potenziellen Vertragspartner einer harten Patronatserklärung keinen Nachteil. Empfängerin ihrer Leistungen und Schuldnerin der von ihnen ausbedungenen Gegenleistung ist allein die protegierte Gesellschaft. Einer zusätzlichen „Entlohnung" durch den Patron in Form eines (unwiderruflichen) individuellen Ausstattungsanspruchs bedarf es nicht; vgl. auch *Thiekötter,* Patronatserklärung ad incertas personas, S. 72, 2. Abs. Zur Widerruflichkeit von Ausstattungszusagen in Geschäftsberichten, unten unter D. II. 2.

66 Im Ergebnis ebenso *Fried,* Weiche Patronatserklärung, S. 205, 3. Abs.; *Habersack,* ZIP 1996, S. 257 ff. (261, 1.2.), der die Zubilligung eines Anspruchs ohne jede Mitwirkungshandlung des Gläubigers als „materielle" Durchbrechung des bürgerlichrechtlichen Vertragssystems ansieht; *Hantke,* S. 44, der die Widerruflichkeit der Zusage analog § 658 BGB für ein befremdliches Ergebnis hält; *J. Koch,* Die Patronatserklärung, S. 566, 5., 671, 7., das Motiv für § 657 BGB sei unklar, weshalb keine hinreichend sichere Grundlage für einen Analogieschluss bestehe und es bei dem Vertragsprinzip des § 311 Abs. 1 BGB bleiben müsse; *Thiekötter,* Patronatserklärung ad incertas personas, S. 72, 3. Abs. Die Auffassung *Schneiders* (ZIP 1989, S. 619 ff. (625), wonach der Allgemeinzusagende bei einer kollektiven Patronatserklärung entsprechend § 658 BGB zum Widerruf der Patronatserklärung befugt ist und die Altgläubiger im Falle des Widerrufs nur die Möglichkeit haben, den bereits gewährten Kredit zu kündigen, bedeutet zwar ein erhebliches erhöhtes Risiko für die Gläubiger, seine Auffassung steht der „Theorie vom einseitigen Leistungsversprechen" aber nicht entgegen. Eine so weit reichende Widerrufsmöglichkeit lässt sich den Auslobungsvorschriften nämlich nicht entnehmen. Gemäß § 658 Abs. 1 S. 1 BGB endet die Widerruflichkeit der Auslobung mit Vornahme der Handlung. Bei analoger Anwendung der Auslobungsvorschriften auf öffentliche Patronatserklärungen müsste dasselbe gelten. Der Patron dürfte seine Ausstattungszusage insoweit nicht widerrufen, als der Widerruf sich auf bereits begründetet Gläubigerforderungen bezöge. Mithilfe eines Widerrufs könnte er nur die Ausdehnung der Ausstattungszusage auf Neuforderungen verhindern; ebenso *Thiekötter,* Patronatserklärung ad incertas personas, S. 80, 2. Abs.; vgl. auch die Kritik bei *Habersack,* ZIP 1996, S. 257 ff. (262, 1.4.2).

67 *Ebenroth/Boujong/Joost* (*Allstadt-Schmitz*), HGB, BankR IV, Rn. IV 640; ebenso für „interne Liquiditätszusagen", *Forschbach,* Liquiditätszusagen, S. 99.

68 Im Ergebnis ebenso *Ebenroth/Boujong/Joost* (*Allstadt-Schmitz*), HGB, BankR IV, Rn. IV 640; *Habersack,* ZIP 1996, S. 257 ff. (262, 1.4.1., 263, 2. Abs.); *ders.* in: *MüKo-Habersack* (4), Vor § 765, Rn. 53; *Pesch,* WM 1998, S. 1609 ff. (1613, (3)); zum Erfordernis des Zugangs einer annahmebedürftigen Ausstattungserklärung (§ 130 Abs. 1 S. 1 BGB), *LG München II* (U. v. 25.02.2004 – 5 O 6088/02), ZInsO 2004, S. 626 ff. (628, 1. Abs.).

spruch zuwenden[69], ist durch nichts belegt. Es ist zwischen dem Willen des Patrons, stets genügend Ausstattungsmittel zur Tilgung sämtlicher Gläubigerforderungen zur Verfügung zu stellen, und seinem Willen zur Begründung individueller Ausstattungsforderungen zu unterscheiden. Dass der Patron gewillt und mit Blick auf die „kontinuierliche Grundausstattungspflicht" möglicherweise auch verpflichtet ist, den Protegés insgesamt ausreichend Erfüllungsmittel bereitzustellen, soll hier nicht bestritten werden. Es ist aber nicht anzunehmen, dass der Patron darüber hinaus „grundlos" bzw. „über Gebühr" eine rechtliche Bindung zu jedem einzelnen Gläubiger eingehen möchte, selbst wenn dieser von der öffentlichen Ausstattungszusage gar nichts weiß oder auf sie keinen Wert legt. Dem Patron kommt es auf ein verbessertes „Standing" der Protegés an. Er möchte die Voraussetzungen dafür schaffen, dass die unterstützen Gesellschaften im Rechtsverkehr (erfolgreich) agieren. Beides setzt voraus, dass den bestehenden oder zukünftigen Protegégläubigern die Ausstattungszusage bekannt ist[70].

Die übrigen Gläubiger bedürfen keines Individualanspruchs[71]. Sie sind durch die „kontinuierliche Grundausstattungspflicht" des Patrons hinlänglich geschützt. Sollten sie in der Folgezeit Interesse an einer individuellen Absicherung äußern, wird ihre Schuldnerin (= eines der protegierten Unternehmen) sie auf die öffentliche Ausstattungszusage hinweisen. Sodann kommt es zum Abschluss eines individuellen Patronatsvertrages[72]. In der Krise eines Protegés geschieht dasselbe. Sämtliche Gläubiger dürften dank eines entsprechenden Hinweises des Protegés von der Allgemeinzusage Kenntnis nehmen. Spätestens in diesem Moment haben sie alle die Chance zur Annahme des öffentlich erklärten Ausstattungsangebots.

Die Interessen der potenziellen Gläubiger sind folglich auch bei Anwendung der „Vertragstheorie" gewahrt. Für eine Aufweichung des bürgerlich-rechtlichen Vertragsprinzips besteht keine Notwendigkeit. Es ist daher unschädlich, dass die Auslobungsvorschriften auf öffentlich abgegebene Ausstattungszusagen nicht entsprechend anwendbar sind.

---

[69] *Schneider,* ZIP 1989, S. 619 ff. (624, 3.2); *Wittig* in: BuB Rn. 4/2897.

[70] Im Endeffekt ebenso *Ebenroth/Boujong/Joost* (*Allstadt-Schmitz*), HGB, BankR IV, Rn. IV 640, „überzogener Gläubigerschutz". Das Argument *Wittigs* in: BuB Rn. 4/2899, die rechtliche Beurteilung der Erklärung als einseitiges Leistungsversprechen werde dem Ziel der Muttergesellschaft gerecht, mit der Patronatserklärung generell die Kreditwürdigkeit der betroffenen Konzerngesellschaften zu stärken, verfängt daher nicht.

[71] Letztlich ebenso *Habersack,* ZIP 1996, S. 257 ff. (262, 1.4.1), „überzogener, sachlich nicht gerechtfertigter Gläubigerschutz"; dem folgend *Hantke,* S. 44.

[72] *Thiekötter,* Patronatserklärung ad incertas personas, S. 97/98. Zu den Modalitäten des Vertragsschlusses sogleich unter D. I. („individuelle" Ausstattungserklärung) bzw. D. II. 3. („kollektive" Ausstattungserklärung).

### d) *Erfordernis einer Gleichbehandlung von individuellen und öffentlichen Ausstattungszusagen*

Die „Theorie vom einseitigen Leistungsversprechen“ ist darüber hinaus noch aus einem anderen Grund dogmatisch fragwürdig. Die Annahme, dass es sich bei einer individuellen Ausstattungszusage um einen Vertrag handelt, bei Abgabe gegenüber einem unabgegrenzten Personenkreis aber um eine einseitig verbindliche Zusage, führt in Abhängigkeit von dem jeweiligen Adressaten zu deutlich unterschiedlichen Verpflichtungstatbeständen. Da die Erwägungen *Schneiders* sich ohne größere Schwierigkeiten auf andere Allgemeinzusagen übertragen lassen, stünde eine gesetzesinkonforme Ausweitung von einseitig verbindlichen Leistungszusagen zu besorgen. Die Spezialvorschriften der Auslobung und die mit ihnen verbundene Möglichkeit einer partiellen Fremdbestimmung würden für die Kategorie der Erklärung ad incertas personas zum Regelfall. Nach den gesetzlichen Wertungen ist Anknüpfungspunkt für eine unterschiedliche Form der Anspruchsbegründung jedoch nicht der Adressatenkreis, sondern der Inhalt des Schuldverhältnisses[73]. Der Empfängerkreis dient nur insoweit als Differenzierungskriterium, als das Gesetz besonders schutzwürdigen Vertragspartnern – vor allem Verbrauchern i. S. d. § 13 BGB – ein Widerrufsrecht einräumt oder für die Vertragsgegenseite erhöhte Aufklärungspflichten statuiert[74]. Die Unübersehbarkeit der Erklärungsempfänger hat demgegenüber grundsätzlich keine Auswirkungen auf die Modalitäten des Vertragsschlusses[75]. Eine rechtliche Ungleichbehandlung ist weder angezeigt noch sachgerecht.

Ausstattungszusagen ad incertas personas sind damit annahmebedürftige Vertragsangebote[76].

---

[73] Vgl. nur §§ 151, 516 Abs. 2, 416 BGB (in Abgrenzung zu § 415 BGB, sofern die Schuldübernahme eine grundpfandrechtlich abgesicherte Forderung betrifft); siehe auch die Formvorschriften der §§ 311b Abs. 1–3, 518 Abs. 1 BGB, die der im Einzelfall gegebenen Notwendigkeit einer Warnung, Aufklärung oder Belehrung Rechnung tragen.

[74] Vgl. §§ 312 ff., 358, 492, 495 Abs. 1, 499 ff., 505 (ggf. i. V. m. §§ 355 ff.) BGB.

[75] *Thiekötter,* Patronatserklärung ad incertas personas, S. 66/67, 1.

[76] Ebenso *OLG München* (U. v. 22.07.2004 – 19 U 1867/04), ZIP 2004, S. 2102 ff. (2106, ee)), keine wirtschaftliche Vergleichbarkeit beider Erklärungsvarianten aus maßgeblicher Sicht der Insolvenzmasse, da die zweite (an alle Gläubiger adressierte und sowohl in dem Geschäftsbericht der Ausstattungspflichtigen als auch in dem Jahresabschluss der Insolvenzschuldnerin abgedruckte Zusage) von den einzelnen Gläubigern erst hätte angenommen werden müssen; *Forschbach,* Liquiditätszusagen, S. 100, 2. Abs., auch für „interne“ Ausstattungserklärungen; *Habersack,* ZIP 1996, S. 257 ff. (262, 1.5); *Hantke,* S. 43/44; *Thiekötter,* Patronatserklärung ad incertas personas, S. 72/73.

## B. Angebotsempfänger bei Ausstattungszusagen in Geschäftsberichten

Ausgehend von dieser Annahme ist fraglich, an wen diese Zusagen exakt adressiert sind. Die bislang veröffentlichten Allgemeinzusagen[77] können sich an die Gläubiger der im Einzelnen bezeichneten Unternehmen richten und/oder an die Tochtergesellschaften selbst[78].

### I. Kein Angebot (auch) an die Tochtergesellschaften

Vereinzelt wird die Ansicht vertreten, die bisher in die Jahresabschlussunterlagen aufgenommenen Ausstattungszusagen richteten sich nicht (nur) an die Gesellschaftsgläubiger[79], sondern *auch*[80] bzw. sogar *ausschließlich*[81] an die protegierten Gesellschaften. *Allstadt-Schmitz* steht auf dem Standpunkt, der Erklärung lasse sich entnehmen, dass die Muttergesellschaft den genannten Tochterunternehmen eine Liquiditätszusage erteile. Diese intern zwischen Mutter und Tochter versprochene Finanzausstattung wirke sich faktisch zu Gunsten der Tochtergläubiger aus, sei aber kein Sicherungsinstrument[82]. Nicht ganz so weitgehend meint *Pesch,* die Erklärung enthalte gleichsam ein Angebot an die bezeichneten Tochtergesellschaften, „Patronatsvereinbarungen zugunsten ihrer Gläubiger abzuschließen". Seiner Vorstellung zufolge sind die Tochterunterneh-

---

[77] Deklaratorische Hinweise auf eine bereits erteilte „interne" Ausstattungszusage sind nicht Gegenstand der nun folgenden Erörterung, vgl. etwa *OLG München* (U. v. 22.07.2004 – 19 U 1867/04), ZIP 2004, S. 2102 ff. (2103, tatsächliche Feststellungen zur ersten Patronatserklärung).

[78] Vgl. *Schneider* in: FS Krümmel, S. 351 ff. (363, 1. Abs.), demzufolge bei Patronatserklärungen gegenüber der Allgemeinheit zunächst zu fragen ist, an wen sich die Erklärung richtet, an die Gläubiger der bezeichneten Gesellschaften oder nur an die genannten Tochterunternehmen.

[79] Zu dem Erfordernis einer Adressierung der Gläubiger, um diesen Individualansprüche einzuräumen, siehe *Schneider,* ZIP 1989, S. 619 ff. (624, 3.1); *ders.* in: FS Krümmel, S. 351 ff. (363, 1. Abs., 364, IV.), weist mit Recht darauf hin, dass die Feststellung der konkreten Adressaten eine Frage der Einzelfallauslegung ist. Grundsätzlich können auch „interne" Ausstattungszusagen in Geschäftsberichten erteilt oder zur Gläubigerinformation abgedruckt werden, deren Wirkungen sich auf die Beziehung zwischen dem Versprechenden und den begünstigten (Tochter-)Unternehmen beschränken (vgl. auch S. 360, D.).

[80] *Pesch,* WM 1998, S. 1609 ff. (1613, (4)/d)).

[81] *Ebenroth/Boujong/Joost* (*Allstadt-Schmitz*), HGB, BankR IV, Rn. IV 638.

[82] Zu einem solchen werde sie erst, wenn die Muttergesellschaft oder in ihrer Vertretung die Tochterunternehmen in Verhandlungen mit dem Gläubiger auf die Ausstattungsverpflichtung hinwiesen, *Ebenroth/Boujong/Joost* (*Allstadt-Schmitz*), HGB, BankR IV, Rn. IV 638. Dem ist zu widersprechen. Entsprechende Hinweise begründen entgegen der Autorin kein Drei-Personen-Verhältnis. Sie können von den Gläubigern einer „intern" begünstigten Gesellschaft nicht als verbindliches Angebot zum Abschluss „externer" Sicherungsverträge aufgefasst werden, näheres sogleich unter C. II.

men daraufhin berechtigt, mit dem Patron einen echten[83] Vertrag zu Gunsten ihrer Gläubiger zu schließen[84].

Beides verdient keine Zustimmung[85]. Die bisherigen Patronatserklärungen in Geschäftsberichten wenden sich aus Empfängersicht[86] ausschließlich an Gläubiger, die eine rechtsgeschäftliche Verbindung mit den genannten Tochterunternehmen eingegangen sind oder eingehen wollen, nicht aber (auch) an die Töchter selbst[87]. Sprachlich kommt dies darin zum Ausdruck, dass die Patrone zusagen, für die Erfüllung der Verbindlichkeiten durch ihre Töchter oder für deren Leistungsfähigkeit Sorge tragen zu wollen. Sie versprechen eine Leistung „in Bezug auf", nicht (auch) „gegenüber" ihren Tochtergesellschaften[88]. Des Weiteren richten sich Konzernabschlüsse generell nicht an die integrierten Konzerngesellschaften, sondern sie dienen deren Gesellschaftern und sonstigen „stakeholdern" als Informationsgrundlage[89]. Dafür, dass die Tochtergesellschaften nach dem Willen des Patrons berechtigt sein sollen, ohne Kenntnis der Gläubiger! Verträge für diese zu schließen, wie *Pesch* annimmt[90], lassen sich keinerlei Anhaltspunkte ausmachen[91]. Ergibt sich für ein Tochterunternehmen die Notwendigkeit, sich der Ausstattungszusage ihrer Mutter zu bedienen, um ein in Aussicht genommenes Geschäft zustande zu bringen, kann es dies durch Verweis auf die kollektive Patronatserklärung tun. Dass die Konzernmutter darüber hinaus daran interessiert sein könnte, vermöge der genannten Töchter verbindliche Kontrakte mit all deren Vertragsgläubigern zu schließen[92], ist fern liegend.

---

83 Vgl. nur *Pesch,* WM 1998, S. 1609 ff. (1614, 2./3. Abs.).

84 *Pesch,* WM 1998, S. 1609 ff. (1613/1614, (4)/d)). Die von *Pesch* für richtig befundene Angebotskonstruktion darf in keinem Fall mit einer „internen" Ausstattungszusage verwechselt werden. Sie bezieht sich ausschließlich auf das Zustandekommen „externer" Patronatsverträge. Ein in den Jahresabschluss integriertes „internes" Ausstattungsversprechen wäre aus Sicht der Protegés natürlich gleichsam rechtsverbindlich.

85 Ebenso nunmehr *J. Koch,* Die Patronatserklärung, S. 572–574, § 38, I.

86 Vgl. nur *Schneider* in: FS Krümmel, S. 351 ff. (362, 2. Abs.).

87 Siehe nur *OLG München* (U. v. 22.07.2004 – 19 U 1867/04), ZIP 2004, S. 2102 ff. (2106, ee)); *J. Koch,* Die Patronatserklärung, S. 572–574, § 38, I.

88 Vgl. *OLG München* (U. v. 22.07.2004 – 19 U 1867/04), ZIP 2004, S. 2102 ff. (2103, Erklärung vom 31.12.2001). Ansonsten hätte es näher gelegen, die Wortwahl der „internen" Ausstattungszusage anzupassen und (neben der Adressierung der Gläubiger zusätzlich) eine Formulierungen zu wählen, wie „wir sagen Ihnen zu/versprechen Ihnen gegenüber zu Gunsten Ihrer Vertragsgläubiger ...".

89 Wollte der Versprechende sich mit einer in die Jahresabschlussunterlagen eingebetteten Zusage ausschließlich an die benannten Konzernunternehmen wenden, bedürfte es einer eindeutigen sprachlichen Festlegung, was es bei Ermittlung des angesprochenen Adressatenkreises zu berücksichtigen gilt (vgl. bereits Fn. 79).

90 WM 1998, S. 1609 ff. (1614, 2. Abs.).

91 Ebenso nun *J. Koch,* Die Patronatserklärung, S. 574, 1. Abs.

92 Nach *Pesch* sind nur alle gegenwärtigen und künftigen Gläubiger Begünstigte des echten Vertrages zu Gunsten Dritter. Gläubiger, die bereits einen Anspruch gegen

Soweit die Tochtergesellschaften nicht explizit angesprochen werden, sind sie folglich nicht (auch) Adressaten[93] der in einem Jahresabschluss enthaltenen Patronatserklärungen.

## II. Keine Limitation auf Neugläubiger

Beschränkt sich der Adressatenkreis auf die Gläubiger der abschließend aufgelisteten Tochterunternehmen, stellt sich die weitere Frage, ob die Gläubiger sich insgesamt von der öffentlichen Ausstattungszusage angesprochen fühlen dürfen oder ob sich das Versprechen auf Teile von ihnen beschränkt. Namentlich *Habersack* vertritt die These, dass sich die Zusage aus teleologischen Gründen auf die Neugläubiger der Tochtergesellschaften reduziere. Diese müssten die Annahme zeitlich *vor* Begründung ihrer Forderung gegenüber den Protegé erklären[94]. Die nachfolgende Annahme sei gemäß § 150 Abs. 1 BGB ein Neuantrag des Gläubigers, über dessen Annahme der Patron frei befinden könne[95]. Wolle man auch Altgläubigern, die bei Begründung ihrer Ansprüche gegen den Protegé von der Patronatserklärung nichts gewusst haben und die dementsprechend auch nicht auf die Bereitstellung einer Personalsicherheit durch den Patron vertraut haben könnten, Ansprüche aus der Ausstattungszusage zubilligen, stehe dies in klarem Widerspruch zu den allgemeinen Grundsätzen des Vertragsrechts. Das Prinzip des Vertrauensschutzes enthalte auch eine negative Komponente, derzufolge bei Vertragsschluss nicht absehbare, das ausgehandelte Vertragsgleichgewicht störende Vorteile einer Vertragspartei „nicht im Nachhinein nach Art einer unerwarteten Erbschaft zugewiesen werden“ dürften. Ent-

---

eines der Tochterunternehmen innehaben, würden zum Zeitpunkt des Zustandekommens der Patronatsvereinbarung zwischen dem Patron und der Tochter gemäß § 328 BGB unmittelbar Rechte aus dieser erwerben, *Pesch,* WM 1998, S. 1609 ff. (1614, 2. Abs.). In Bezug auf Dritte, die ihre Forderungen erst später erwerben, stehe „der Vertrag“ unter der aufschiebenden Bedingung eines späteren Forderungserwerbs durch den Dritten (1614, 3. Abs.). Es ist zu bezweifeln, dass sich auf diese Weise ein Vertrag zu Gunsten Dritter konstruieren lässt. Die Tochtergesellschaften müssten ihren Willen zum Abschluss einer Vielzahl von Verträgen zu Gunsten ihrer Gläubiger nämlich nach außen kundtun (vgl. *Soergel-Wolf* (13), § 151 Rn. 5), wofür sich kaum jemals ein Anhaltspunkt finden lassen wird. Grund für den Ansatz *Peschs* dürfte die Sorge gewesen sein, dass Altgläubiger von der Patronatserklärung keine Kenntnis nehmen und sie deshalb nicht im Wege eines individuellen Vertragsschlusses in den Schutzbereich der Ausstattungszusage fallen. Wie soeben ausgeführt, ist dieses Ergebnis jedoch unter Wertungsgesichtspunkten akzeptabel.

[93] Zu der Frage, ob die Protegés durch eine allgemeine Ausstattungszusage zum Abschluss von Patronatsverträgen mit jedem einzelnen Gläubiger *bevollmächtigt* werden, unten unter D. II. 3., 3. Abs.

[94] *Habersack,* ZIP 1996, S. 257 ff. (262, 1.4.1., 263, VII. 3.); *ders.* in: *MüKo* (4), Vor § 765 Rn. 53; ihm folgend *Fried,* Weiche Patronatserklärung, S. 204, c)).

[95] *Habersack,* ZIP 1996, S. 257 ff. (263, 3. Abs.); *ders.* in: *MüKo* (4), Vor § 765 Rn. 53; ebenso *Fried,* Weiche Patronatserklärung, S. 204, c)).

scheide man anders, würden diejenigen Gläubiger übervorteilt, die dem Protegé in Kenntnis der Patronatserklärung günstigere Konditionen eingeräumt haben. Es komme zu einer Wettbewerbsverzerrung[96].

Diese Argumentation lässt unberücksichtigt, dass auch Altgläubiger angesichts der in einem Geschäftsbericht veröffentlichten Patronatserklärung einen vermögensrelevanten Entschluss treffen können. Sie können nach Ablauf eines zunächst festgesetzten Leistungszeitraums mit Blick auf die Ausstattungszusage stillschweigend ihre Geschäftsbeziehung mit dem Protegé fortsetzen. Sie können auch von einer zunächst in Aussicht genommenen Beendigung des Vertragsverhältnisses absehen. In beiden Fällen ist ihr Sicherungsinteresse mit demjenigen eines Neugläubigers identisch. Und selbst wenn die harte Patronatserklärung den Altgläubigern nicht als Entscheidungsgrundlage dient, benachteiligt ihre (Mit-)Adressierung die Neugläubiger nicht in interessenwidriger und wettbewerbsverzerrender Art und Weise. Von Sonderfällen abgesehen gelten die Grundrechte in Privatrechtsverhältnissen nicht unmittelbar[97]. Staatsferne Privatpersonen können ihre Vertragspartner unterschiedlich behandeln, ohne sich den Vorwurf eines gleichheitswidrigen Verhaltens gefallen lassen zu müssen (vgl. Art. 3 Abs. 1 Grundgesetz). Die Ungleichbehandlung bedarf keiner sachlichen Rechtfertigung. Sie kann völlig willkürlich geschehen. Grenzen für eine eigenmächtige Bevorzugung bzw. Benachteiligung einzelner Verhandlungspartner setzen neben den bürgerlich-rechtlichen Generalklauseln[98] unter anderem das Gesetz gegen unlauteren Wettbewerb (UWG)[99] und das Kartellrecht (Gesetz gegen Wettbewerbsbeschränkungen (GWB))[100]. Die Normen des UWG passen von vornherein nicht. Allgemeinzusagen sind keine gemäß §§ 3, 4 UWG verbotenen, „unlauteren Wettbewerbshandlungen“[101]. Auch für ein wettbewerbsbeschränkendes Verhalten nach den Vorschriften des GWB ist nichts ersichtlich.

---

[96] *Habersack,* ZIP 1996, S. 257 ff. (262, 1.4.1.); *ders.* in: *MüKo* (4), Vor § 765 Rn. 53.

[97] *Soergel-Wolf* (13), Vor § 145 Rn. 47; (12), Vor § 305 Rn. 16.

[98] *Soergel-Wolf* (13), Vor § 145 Rn. 48, m. w. N. zur „Lehre von der mittelbaren Drittwirkung der Grundrechte“; vgl. auch *Larenz.* Schuldrecht I (14), § 4 IV., S. 59–67.

[99] *Staudinger-Löwisch* (2001), § 305 Rn. 18.

[100] *Soergel-Wolf* (13), Vor § 145 Rn. 54; (12), Vor § 305 Rn. 17; *Staudinger-Löwisch* (2001), § 305 Rn. 18.

[101] Nach § 3 UWG (i. d. F. des Gesetzes v. 03.07.2004) sind unlautere Wettbewerbshandlungen, die geeignet sind, den Wettbewerb zum Nachteil der Mitbewerber, der Verbraucher oder der sonstigen Marktteilnehmer nicht nur unerheblich zu beeinträchtigen, unzulässig. Eine Legaldefinition des Begriffes der „Wettbewerbshandlung“ findet sich in § 2 Abs. 1 Ziff. 1 UWG. Eine Handlung zu Wettbewerbszwecken ist demnach von dem Ziel getragen, den eigenen oder einen fremdem Geschäftsbetrieb (konkret den Warenabsatz/-bezug bzw. die Erbringung/den Bezug von Dienstleistungen) zu fördern. „Unlauter“ sind insbesondere die in § 4 Ziff. 1–11 genannten Wettbewerbshandlungen, beispielsweise die Ausübung von Druck (Ziff. 1), die Ausnutzung von Unerfahrenheit, Angst oder einer Bedrängnissituation (Ziff. 2), die Verunglimpfung von

Weder missbraucht der Patron eine möglicherweise marktbeherrschende Stellung (§ 19 GWB), noch behindert er von ihm abhängige Unternehmen oder behandelt sie ohne sachlich gerechtfertigten Grund ungleich (§ 20 Abs. 1–4 GWB). Eine Ungleichbehandlung findet allenfalls auf Ebene der Protegés statt. Entrichten die protegierten Gesellschaften an ihre Altgläubiger höhere Zinsen als an die Neugläubiger bzw. haben sie den Altgläubigern ein günstigeres Angebot unterbreitet, so ist dies allein die Konsequenz aus dem Nichtbestehen einer Patronatserklärung im Zeitpunkt des Vertragsschlusses. Die Patronatserklärung kann sich für die Altgläubigern somit durchaus als ein „Geschenk des Himmels" erweisen[102]. Tatsächlich verdanken sie die zunächst nicht abzusehende Möglichkeit zum Abschluss eines individuellen Patronatsvertrages den Vorteilen, die der Patron sich von der Allgemeinzusage verspricht[103]. Nichts deutet darauf hin, dass dieser die Altgläubiger aus seinem öffentlichen Vertragsangebot ausschließen will[104]. Dazu bedürfte es eines klaren Hinweises in der Patronatserklärung. Sagt der Patron ohne nähere Begrenzung die Erfüllung der vertraglichen Verbindlichkeiten durch die aufgelisteten Tochterunternehmen zu bzw. die Bereitstellung der hierfür benötigten Mittel, erstreckt sich die Zusage aus objektiver Gläubigersicht auf sämtliche Forderungsinhaber. Für eine Differenzierung zwischen Neu- und Altgläubigern besteht kein Hinweis[105]. Es ist auch zu bezweifeln, dass sie im Interesse des Patrons läge. Will der Patron die Vertrauensbasis der Protegés stärken, gelingt ihm dieses Ziel vorrangig dadurch, dass er aufmerksame oder gar beunruhigte Altgläubiger, die den Jahresabschluss des Gesamtkonzerns konsultieren, in sein Sicherungsangebot einbezieht. Wollte er sie von der Ausstattungszusage ausklammern, liefen die betroffenen Protegés – und damit wirtschaftlich meist auch der Gesamtkonzern – Gefahr, dass wert-

---

Leistungen eines Mitbewerbers (Ziff. 7), deren gezielte Behinderung (Ziff. 10), etc. Die Allgemeinzusage erfüllt keinen dieser Tatbestände.

[102] AA *Thiekötter,* Patronatserklärung ad incertas personas, S. 92, 2. Abs., die zu Unrecht bereits die Gefahr der Vereinbarung unterschiedlicher Konditionen aufgrund der Patronatserklärung negiert. Was die Protegés anbelangt, können die Altgläubiger von ihnen keine Vertragsanpassung wegen „Störung der Geschäftsgrundlage" verlangen (§ 313 BGB), von ihren Verträgen nicht zurücktreten und diese auch nicht gemäß § 313 Abs. 3 S. 2 BGB oder § 314 BGB außerordentlich kündigen. Schließlich hat sich der Patron bzw. ihre Konzernmutter mit der an die Öffentlichkeit adressierten Patronatserklärung bewusst dafür entschieden, die Rechte der sicherungsinteressierten Protegégläubiger zu stärken. Es begegnet daher keinen Bedenken, die Protegés an den von ihnen getroffenen Vereinbarungen mit den Altgläubigern festzuhalten.

[103] Insoweit kann angesichts des noch offenen Streitstandes nicht ausgeschlossen werden, dass die Patrone bei Abgabe einer allgemeinen Ausstattungserklärung (auch) mit der fortbestehenden Rechtsunsicherheit spekulieren. Ein Vorzug ist in jedem Fall die Leistungsfähigkeit bzw. künftige Kostenersparnis für die Protegés, deren Standing sich durch die Allgemeinzusage in aller Regel deutlich verbessert.

[104] Ebenso *Thiekötter,* Patronatserklärung ad incertas personas, S. 90/91, Wille des Patrons, dass sich die Patronatserklärung auf alle Verbindlichkeiten erstreckt.

[105] *J. Koch,* Die Patronatserklärung, S. 575.

volle (alte) Geschäftspartner[106] abspringen und interessante Anschluss- und je nach Sparte auch Cross-Selling-Geschäfte platzen[107]. Und dies, obwohl das Ausstattungsversprechen dem Patron bei Einbeziehung der Altgläubiger keine Mehrkosten und keinen zusätzlichen Verwaltungsaufwand bereitet. Die einzelnen Gläubiger der protegierten Tochterunternehmen und deren Individualforderungen sind dem Patron de facto unbekannt. Er plant, den Tochterunternehmen die von ihnen veranschlagten und angeforderten Mittel zur Tilgung sämtlicher Verbindlichkeiten zur Verfügung zu stellen. Direktzahlungen bzw. Direktleistungen an einzelne Gläubiger wird er nicht beabsichtigen[108]. Seine Ausstattungsleistungen werden daher so bemessen sein, dass sie sämtliche Gläubigerforderungen abdecken. Eine Limitation des Sicherungsangebots auf die Neugläubiger ist folglich abzulehnen[109].

## C. Drittbegünstigung des Vertrages

So wie sich harte Patronatserklärungen in Geschäftsberichten, jedenfalls bislang, ausschließlich an die Gläubiger der genannten Tochtergesellschaften wenden, ist für den Regelfall davon auszugehen, dass Adressat und damit möglicher Vertragspartner einer „internen" Ausstattungszusage ausschließlich die auszustattende Gesellschaft ist[110].

Dennoch kann Begünstigter einer Ausstattungsvereinbarung ein Dritter sein, der nicht Partei des eigentlichen Ausstattungsvertrages ist[111].

---

[106] Schließlich sind die Altgläubiger (zumindest Teile von ihnen) das Wagnis eingegangen, mit dem Protegé ohne Sicherheit von Seiten der Konzernmutter zu kontrahieren.

[107] Siehe nunmehr auch *J. Koch,* Die Patronatserklärung, S. 575, würde die Bank öffentlich erklären, dass sie ihre Unterstützung nur auf künftige Verbindlichkeiten beschränken will, würde die Patronatserklärung das Anlegervertrauen nicht steigern, sondern mindern. Das wolle sie selbstverständlich vermeiden. Sie verzichte daher auf eine Eingrenzung des Adressatenkreises, um den Eindruck aufrechtzuerhalten und zu bestärken, uneingeschränkt hinter ihrer Tochter zu stehen.

[108] Auch wenn sie theoretisch möglich wären. Obwohl dem Patron unbekannt ist, mit welchen der Tochtergläubiger ein rechtswirksamer Patronatsvertrag zustande gekommen ist, könnte er die von den Protegés geschuldete Leistung als „Dritter" gemäß § 267 Abs. 1 BGB erbringen und/oder von einer ihm zustehenden Ersetzungsbefugnis Gebrauch machen, wenn die Leistung des Protegés durch ihn substituierbar ist (vgl. Kapitel 4, B. II. 4. c) bb) (3)).

[109] Im Ergebnis ebenso *Thiekötter,* Patronatserklärung ad incertas personas, S. 90–92, 2.

[110] Dass die Auslegung im Einzelfall zu einem anderen Ergebnis führen kann, ist oben bereits dargetan worden, vgl. nur Fn. 79. Insoweit ist mit *Schneider* in: FS Krümmel, S. 351 ff. (355, 1. Abs.) darauf hinzuweisen, dass bei Patronatserklärungen jederzeit neue Sachverhalte hinzukommen können.

[111] Allgemein zur Möglichkeit der Erstreckung von Vertragswirkungen auf am Vertragsschluss unbeteiligte Dritte, *Erman-Westermann* (11), Vor § 328 Rn. 1; *Ohlmeyer/*

## I. Bei „externen“ Ausstattungszusagen

Für die harte Patronatserklärung ist im vorhergehenden Kapitel im Zusammenhang mit der Problematik um die „allgemeine Liquiditätszusage“[112] bereits angedeutet worden, dass die *übrigen Gläubiger des Protegés* von der Ausstattungszusage im Normalfall nur reflexartig begünstigt werden[113]. Die „kontinuierliche Grundausstattungspflicht“ kann es für den Patron erforderlich machen, Mittel zur Tilgung auch ihrer Forderungen bereitzustellen. Die übrigen Gläubiger des Protegés sind nicht unmittelbar Begünstigte des Patronatsvertrages. Sie profitieren nur mittelbar von den Unterstützungsmaßnahmen, indem der Protegé die zugewandten Mittel zur Befriedigung ihrer Ansprüche verwendet oder indem sie im Wege der Zwangsvollstreckung darauf zugreifen.

Nach nahezu einhelliger Meinung ist die „externe“ Patronatsvereinbarung „allerdings“ ein (atypisch) unechter Vertrag zu Gunsten des *Protegés*[114]. Dies bedarf näherer Erörterung.

Die Einordnung der Ausstattungszusage als echter, berechtigender Vertrag zu Gunsten Dritter, vermöge dessen der Protegé unmittelbar das Recht erwerben würde, die geschuldete Ausstattung selbst von dem Patron einzufordern (vgl. § 328 Abs. 1 BGB)[115], unterbleibt für den Standardfall zu Recht[116]. Fehlt eine ausdrückliche Bestimmung, ist die Frage, ob ein Dritter selbst forderungsberech-

---

*Gördel,* Kreditgeschäft der Kreditgenossenschaften (10), S. 323/324, a); *MüKo-Gottwald* (4), § 328 Rn. 1; *Palandt-Heinrichs* (64), Einf v § 328 Rn. 1; *Schneider* in: FS Krümmel, S. 351 ff. (358, C. I. 1.); *Staudinger-Jagmann* (2004), Vorbem zu §§ 328 ff. Rn. 2–6. Zur allgemein anerkannten Möglichkeit einer Bürgschaft zu Gunsten Dritter, siehe nur *BGH* (U. v. 12.07.2001 – IX ZR 358/00), WM 2001, S. 1772 ff. (1773, II. 1. a)), m.w.N.; *Schneider,* a.a.O., S. 358, C. I. 2; *Soergel-Hadding* (12), § 328 Rn. 82; *Staudinger-Horn* (1997), § 765 Rn. 7.

[112] Vgl. Kapitel 4, B. II. 1. b), siehe auch B. II. 2. a).

[113] Statt aller *MüKo-Habersack* (4), Vor § 765, Rn. 51.

[114] Vgl. *Schweizerisches Bundesgericht* (U. v. 12.01.1996 – 4C.342/1995), 4. a) dd), zu bestellen in Lausanne, S. 8/9; *OLG Düsseldorf* (U. v. 26.01.1989 – 6 U 23/88), NJW-RR 1989, S. 1116 ff. (1117, I.); *Balzer,* 7. Rostocker Bankentag 2001, S. 59 ff. (72); *von Bernuth,* ZIP 1999, S. 1501 ff. (1502, II.); *Gerth,* Atypische Kreditsicherheiten, S. 144; *Hoffmann* Patronatserklärung, S. 58 a.E.; *Mosch,* Patronatserklärungen, S. 133, 2. Abs.; *Obermüller,* ZIP 1982, S. 915 ff. (918, 4.1); *ders.,* Ersatzsicherheiten, S. 4, 1. Abs., S. 6 Rn. 32; *von Rosenberg/Kruse,* BB 2003, S. 641 ff. (641/642, 1.); *Schneider* in: FS Krümmel, S. 351 ff. (357, 4.); *Soergel-Hadding* (12), § 328 Rn. 7; *Staudinger-Jagmann* (2004), § 328 Rn. 205; *Stecher,* „Harte“ Patronatserklärungen, S. 81; *Wittig* in: *BuB* (2003), Rn. 4/2869.

[115] Statt aller *Soergel-Hadding* (12), § 328 Rn. 3/4; *Staudinger-Jagmann* (2004), Vorbem zu §§ 328 ff. Rn. 4; aA der *Justiziar einer bedeutenden deutschen Großbank* im Zuge der Umfrage: Durch die Übernahme des Patronats gegenüber einem Gesellschaftsgläubiger ändere sich an der Verpflichtung der Patrone der Gesellschaft gegenüber nichts. Es handele sich auch nicht etwa um einen unechten Vertrag zu Gunsten Dritter. Einzelheiten zu den umstrittenen Verwertungsmöglichkeiten des Ausstattungsanspruchs, auch durch dritte Gläubiger, unten in Kapitel 9, B. II./IV. 2.

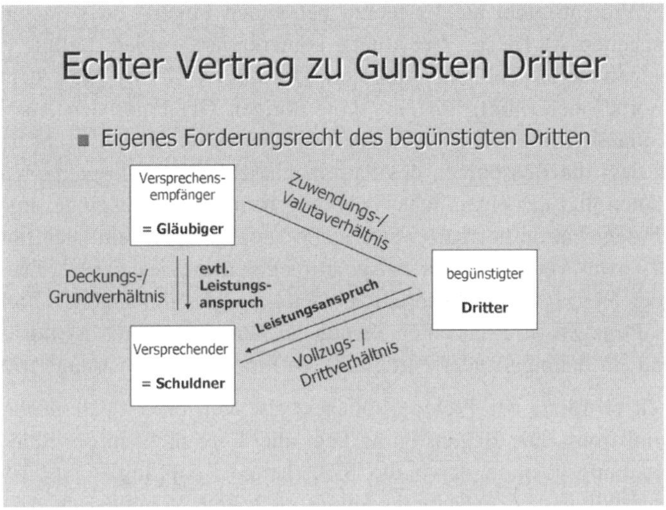


tigt sein soll, gemäß § 328 Abs. 2 BGB nach den Umständen, insbesondere nach dem Vertragszweck zu entscheiden[117]. Zweck der harten Patronatserklärung ist die Sicherstellung der Leistungsfähigkeit des Protegés. Anders als bei der „internen" Ausstattungszusage ergeht das Versprechen nicht im Interesse der auszustattenden Gesellschaft, sondern die Zusage dient dazu, dem mit seinem herkömmlichen Sicherungsbegehren abgewiesenen Gläubiger „wenigstens" einen Anspruch darauf zu verleihen, dass die Erfüllung der Hauptschuld(en)

---

[116] *Altenburger,* Patronatserklärungen, S. 56, 2.; *Gerth,* Atypische Kreditsicherheiten, S. 144; *Hoffmann* Patronatserklärung, S. 58, 4. Abs., 221, 3. Abs.; *J. Horn,* Patronatserklärungen im common law, S. 179; *Kiethe,* ZIP 2005, S. 646 ff. (648); *Mosch,* Patronatserklärungen, S. 133, 2. Abs.; *MüKo-Habersack* (4), Vor § 765 Rn. 51; *Staudinger-Horn,* Vorbem. zu §§ 765 ff. Rn. 411; *Stecher,* „Harte" Patronatserklärungen, S. 81; *Thiekötter,* Patronatserklärung ad incertas personas, S. 32, b.; *Treffer,* ZAP Nr. 5, Fach 15, S 383 ff. (385, II. 1.); aA *Nobel* in: Personalsicherheiten, S. 55 ff. (70 a. E.), da der Kreditgeber in erster Linie an der Erhaltung der Leistungsfähigkeit der Tochtergesellschaft interessiert sei; *Pesch,* WM 1998, S. 1609 ff. (1610/1611, 3. a)), der zwar äußert, die Konstellation entspreche „zwanglos derjenigen eines ‚*unechten*' Vertrages zu Gunsten Dritter", in der Sache aber von einem Ausstattungs- bzw. Schadensersatzanspruch wegen Nichterfüllung der Tochtergesellschaft ausgeht, was voraussetzt, dass ein *echter* Vertrag zu ihren Gunsten geschlossen worden ist. Dafür spricht auch der Verweis auf das Zurückweisungsrecht nach § 333 BGB (vgl. S. 1611, aa) a. E.), (Hervorh. durch Verf.).

[117] Zu den üblichen Zwecken einer Drittbegünstigung: Versorgung des Dritten, Abkürzung des Leistungsweges, etc., vgl. nur *MüKo-Gottwald* (4), § 328 Rn. 10; *Palandt-Heinrichs* (64), Einf v § 328 Rn. 2; *Soergel-Hadding* (12), § 328 Rn. 5; *Staudinger-Jagmann* (2004), § 328 Rn. 18, 64–66.

durch den Protegé nicht an der hierzu benötigten Finanz- oder Sachmittelausstattung scheitert[118]. Dieses Ziel könnte konterkariert werden, billigte man dem Protegé einen eigenständigen Ausstattungsanspruch zu[119]. Wäre der Protegé selbst anspruchsberechtigt, könnten seine übrigen Gläubiger den Ausstattungsanspruch pfänden und sich zur Einziehung überweisen lassen[120]. Es stünde zu besorgen, dass die Ressourcen des Patrons ausschließlich ungesicherten Dritten zugute kämen und der eigentliche Sicherungsnehmer leer ausginge. Im Übrigen wird auch dem Patron normalerweise nicht daran gelegen sein, sich ohne äußeren Anlass zwei verschiedenen Anspruchsgegnern auszusetzen[121]. Die Interessenlage der Vertragsparteien spricht eindeutig gegen ein eigenes Forderungsrecht des Protegés[122]. Ein echter Vertrag zu Gunsten Dritter ist nur anzunehmen, wenn ein dahingehender Parteiwille im Einzelfall offen zutage tritt[123].

Dennoch profitiert der Protegé üblicherweise von einer „externen" Ausstattungsvereinbarung. Die Begünstigung liegt allerdings nicht in der Stärkung seiner Verhandlungsposition durch die Sicherheitengewährung – ansonsten wäre jede Bürgschaft und jede Garantie immer auch eine Vereinbarung zu Gunsten des Hauptschuldners. Drittbegünstigend ist die einschränkungslose Ausstattungsverpflichtung des Patrons[124]. Dabei spielt es keine Rolle, dass der Patron nur dann zur Ausstattung des Protegés verpflichtet ist, wenn dieser die benötigten

---

[118] Ähnlich *Altenburger,* Patronatserklärungen, S. 56, 2.; *Gerth,* Atypische Kreditsicherheiten, S. 144; *Kohout,* Patronatserklärungen, S. 117/118; *Michalski,* WM 1994, S. 1229 ff. (1238, f)); *Thiekötter,* Patronatserklärung ad incertas personas, S. 32, b.

[119] *von Bernuth,* ZIP 1999, S. 1501 ff. (1502, III. 1.); dies übersieht *Nobel,* Patronatserklärungen, S. 55 ff. (70 a.E.).

[120] *von Bernuth,* ZIP 1999, S. 1501 ff. (1502, III. 1.); *Gerth,* Atypische Kreditsicherheiten, S. 144; *Hoffmann,* Patronatserklärung, S. 58, 3. Abs.; *J. Horn,* Patronatserklärungen im common law, S. 178, 2. Abs.; *Kohout,* Patronatserklärungen, S. 119, 2. Abs.; *Michalski,* WM 1994, S. 1229 ff. (1238, f)); *Mosch,* Patronatserklärungen, S. 133, 2. Abs.; *Obermüller,* ZIP 1982, S. 915 ff. (918, 4.1); *Staudinger-Horn* (13), Vorbem zu §§ 765 ff. Rn. 411.

[121] *Kohout,* Patronatserklärungen, S. 119, 2. Abs.; *Stecher,* „Harte" Patronatserklärungen, S. 80/81; ähnlich auch *Hoffmann* Patronatserklärung, S. 57; *Michalski,* WM 1994, S. 1229 ff. (1238, f)), der indes vorrangig damit argumentiert, dass die Muttergesellschaft sich widersprüchlich verhalte, wenn sie mit der Patronatserklärung einer Bürgschaft oder Garantie entgehe, um dann mit dem Patronatsvertrag statt einem gleich zwei Anspruchsgegnern gegenüberzustehen. Diese Argumentation ist allerdings dann nicht zwingend, wenn es dem Patron primär auf die freie Wahl der Leistungsmodalitäten und auf die weitgehende Vermeidung eines Direktkontaktes mit dem Gläubiger angekommen ist.

[122] *Kohout,* Patronatserklärungen, S. 119/120.

[123] Vgl. nur *BGH* (U. v. 11.05.1966 – VIII ZR 102/65), WM 1966, S. 859 ff. (861, 2. Abs.), drittbegünstigende Bürgschaft; dazu auch *Lwowski,* Kreditsicherung (8), S. 325 Rn. 362, S. 378 Rn. 423, Schuldbeitritt; *Staudinger-Horn* (1997), Vorbem zu §§ 765 ff. Rn. 411; *Palandt-Heinrichs* (64), § 328 Rn. 11, „im Zweifel nur unechter Vertrag zugunsten Dritter"; *Wagenknecht* in: *BuB* Rn. 4/1002.

[124] AA *J. Koch,* Die Patronatserklärung, S. 130/131, Begründung der Empfangsberechtigung des Dritten.

Mittel nicht selbst aufbringen kann[125]. Aktualisiert sich die Leistungspflicht des Patrons, ist der leistungsunfähige Protegé direkter Nutznießer einer ordnungsgemäßen Vertragsabwicklung. Daran ändert auch die Tatsache nichts, dass die Ausstattungsleistungen gelegentlich nicht zu seiner freien Verfügung, sondern zur Weiterleitung an den Sicherungsnehmer oder an sonstige Drittgläubiger bestimmt sind. Selbst wenn der Patron dem Protegé die Mittel nur treuhänderisch zuwendet[126], werden diese zumindest wirtschaftlich Bestandteil seines Vermögens. Auch wenn er (ausnahmsweise einmal) dieselben Gegenstände zur Tilgung seiner Hauptschuld(en) an den Gläubiger weiterreicht, stellt sich die Leistung aus Gläubigersicht ausschließlich als Leistung des Protegés dar. Gleichsam keine Rolle spielt es, dass der Patron sich gegebenenfalls durch eine Direktleistung an den Gläubiger von seiner „hauptschuldbezogenen" Ausstattungspflicht befreien kann[127]. Schuldgegenstand der in Frage stehenden harten Patronatserklärung ist einzig und allein die ausreichende Ausstattung des Protegés. Die Ersetzungsbefugnis des Patrons wirkt sich ebenso wenig auf den Inhalt dieser Primärleistungspflicht aus wie die Bürgschaftsähnlichkeit der sekundären Schadensersatzpflicht[128]. An einer Begünstigung des Protegés ist auch nicht deshalb zu zweifeln, weil der Protegé dem Patron das Empfangene unter Umständen zu erstatten hat. Schließt der Patron mit dem Protegé in Erfüllung des Ausstattungsversprechens einen Darlehensvertrag, hat der Protegé ihm nicht nur die gewährte Summe zurückzugeben, sondern er ist ihm auch zinszahlungspflichtig (vgl. § 488 Abs. 1 S. 2 BGB). Dieser „Nachteil" resultiert jedoch nicht aus dem Patronatsvertrag, sondern er basiert auf der im Abwicklungsstadium begründeten (oder vielleicht sogar bereits vorhandenen) spezifischen Leistungsbeziehung zwischen dem Patron und dem Protegé. Das „Sicherungs-" und das „Abwicklungsverhältnis" sind in Bezug auf ihren begünstigenden (respektive verpflichtenden) Charakter strikt auseinander zu halten. Bei der gebotenen Einzelbetrachtung ist der Patronatsvertrag für den Protegé unmittelbar vorteilhaft. Der Patron ist aufgrund des Patronatsvertrages selbst dann ausstattungspflichtig, wenn für ihn keine realisierbare Rückforderungsmöglichkeit besteht, wenn sich

---

125 Vgl. nur § 328 Abs. 2 BGB, wonach durch Auslegung zu ermitteln ist, ob das Recht des Dritten nur *„unter gewissen Voraussetzungen … entstehen* soll" (Hervorh. durch Verf.). Kann der Forderungserwerb des Dritten bei einem echten Vertrag zu Gunsten Dritter von einer Bedingung abhängig gemacht werden, muss dies erst recht für die Vornahme der geschuldeten Leistungshandlung durch den Versprechenden gelten. An der Natur als drittbegünstigender Vertrag ändert dies nichts. Das gilt selbst dann, wenn der Rechtserwerb an ein bestimmtes Verhalten des *Dritten,* etwa an die Übernahme einer Leistungspflicht durch diesen, anknüpft, vgl. *Staudinger-Jagmann* (2004), Vorbem zu §§ 328 ff. Rn. 46, § 328 Rn. 68; siehe auch *Soergel-Hadding* (12), § 328 Rn. 3, 120; aA *Altenburger,* Patronatserklärungen, S. 56/57, 2.

126 Dazu oben in Kapitel 4, B. II. 4. c) aa).

127 Vgl. Kapitel 4, B. II. 4. c) bb).

128 Zur Ersatzpflicht, vgl. Kapitel 4, B. I. 4. sowie im Einzelnen unten in Kapitel 6.

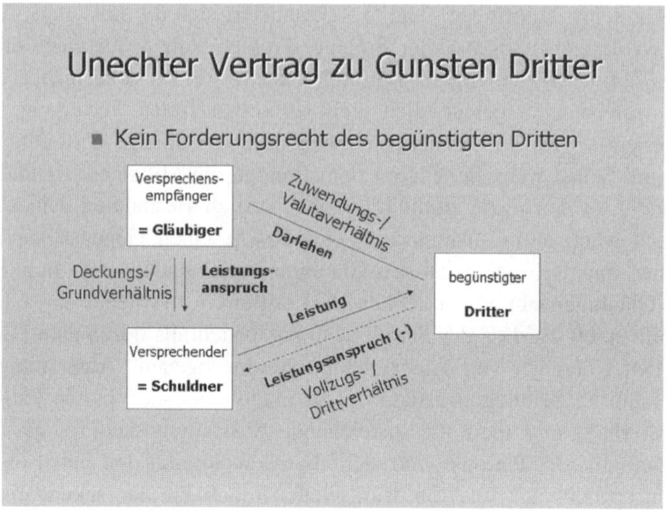


die Zuwendungsleistungen an den Protegé für ihn ungewollt als „verlorene Zuschüsse" darstellen.

Trotz ihres drittbegünstigenden Charakters unterscheidet sich die harte Patronatserklärung in markanter Weise von einem „herkömmlichen" unechten Vertrag zu Gunsten Dritter.

Für gewöhnlich sagt der Versprechende dem Versprechensempfänger im „Grund-" bzw. „Deckungsverhältnis"[129] zu, eine dem Versprechensempfänger im „Valutaverhältnis"[130] gegenüber dem Dritten obliegende Leistung für diesen zu bewirken[131] bzw. der Versprechende wird zur befreienden Leistung an einen Dritten legitimiert[132], ohne dass dieser selbst forderungsberechtigt ist. Zwischen dem Versprechenden und dem Dritten (im „Vollzugs-" oder „Drittverhältnis"[133])

---

[129] *Medicus,* Schuldrecht I (16), § 66 I. 3. b) aa), S. 287 Rn. 762; *MüKo-Gottwald* (4), § 328 Rn. 25; *Palandt-Heinrichs* (64), Einf v § 328 Rn. 3; *Soergel-Hadding* (12), § 328 Rn. 14; *Staudinger-Jagmann* (2004), § 328 Rn. 19.

[130] *Erman-Westermann* (11), Vor § 328 Rn. 5; *Medicus,* Schuldrecht I (16), § 66 I. 3. b) bb), S. 287 Rn. 763; *Palandt-Heinrichs* (64), Einf v § 328 Rn. 4; *Soergel-Hadding* (12), § 328 Rn. 15; *Staudinger-Jagmann* (2004), § 328 Rn. 19, § 329 Rn. 1.

[131] So für den typischen Fall einer Erfüllungsübernahme (vgl. die Auslegungsregel des § 329 BGB), *MüKo-Gottwald* (4), § 329 Rn. 1; *Palandt-Heinrichs* (64), § 329 Rn. 1; *Reinicke/Tiedke,* Kreditsicherung (4), S. 8 Rn. 23; *Soergel-Hadding* (12), § 328 Rn. 7, 15; *Staudinger-Jagmann* (2004), § 328 Rn. 58.

[132] *Erman-Westermann* (11), Vor § 328 Rn. 2; *Soergel-Hadding* (12), § 328 Rn. 6/7, 15, 17, 68, wonach man auch von einem „ermächtigenden Vertrag zu Gunsten Dritter" spricht, da dem Dritten die Empfangszuständigkeit zugewendet wird.

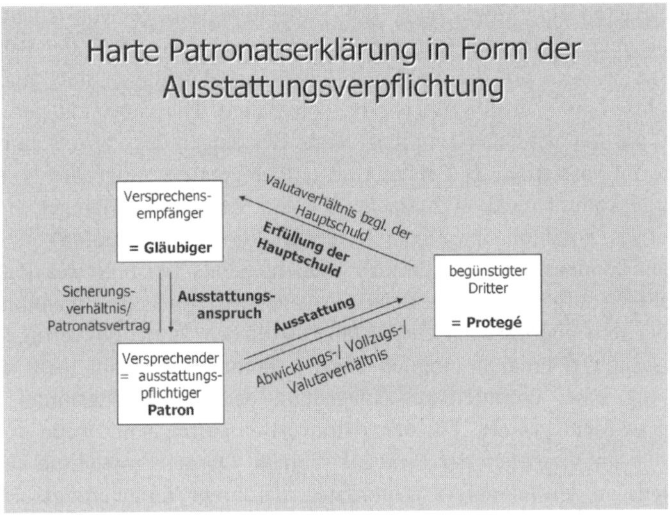


existiert für gewöhnlich keine separate Vertragsbeziehung[134]. Kommt der Versprechende seiner Drittleistungspflicht nach, bewirkt er dadurch eine Leistung für den Versprechensempfänger im Valutaverhältnis an den Drittbegünstigten. Die schuldrechtliche Position des Dritten, namentlich die Kondiktionsfestigkeit des Rechtserwerbs, hängt allein von dessen Verhältnis zum Versprechensempfänger ab[135].

---

[133] *Palandt-Heinrichs* (64), Einf v § 328 Rn. 5; *Staudinger-Jagmann* (2004), § 328 Rn. 19, m.w.N. zu weiteren gängigen Bezeichnungen; anders *Medicus,* Schuldrecht I (16), § 66 I. 3. b) cc), S. 288 Rn. 764, das Verhältnis zwischen Versprechendem und Drittem habe meist keinen eigenen Namen.

[134] *Erman-H. P. Westermann* (11), Vor § 328 Rn. 6; *Medicus,* Schuldrecht I (16), § 66 I. 3. b) cc), S. 288 Rn. 764; *MüKo-Gottwald* (4), § 328 Rn. 29; *Staudinger-Jagmann* (2004), Vorbem zu §§ 328 ff. Rn. 26, § 328 Rn. 26.

[135] *Soergel-Hadding* (12), § 328 Rn. 69; *Erman-H. P. Westermann* (11), Vor § 328 Rn. 7. Eine etwaige Verbindlichkeit des Versprechensempfängers im Valutaverhältnis erlischt gemäß §§ 267 Abs. 1, 362 Abs. 1 BGB; siehe aber auch *Soergel-Hadding,* a. a. O. Rn. 68, der davon ausgeht, dass die Verpflichtung im Verhältnis zwischen dem Versprechenden und dem Versprechensempfänger (sprich im Deckungsverhältnis) simultan gemäß § 362 Abs. 2 i. V. m. § 185 BGB untergeht. Diese Regelung dürfte indessen nur anwendbar sein, wenn der Schuldner vertraglich zur Leistung an den Gläubiger verpflichtet ist, die Leistung aber stattdessen an einen *nicht berechtigten* Dritten erbringt. Steht dem Dritte die Leistung qua vertraglicher Abrede zu, fehlt es an der von § 185 BGB vorausgesetzten Nichtberechtigung; es ist ausschließlich auf § 362 Abs. 1 BGB abzustellen, vgl. auch *Palandt-Heinrichs* (64), § 362 Rn. 3, demzufolge es im Rahmen des ersten Absatzes auf die Herbeiführung des geschuldeten Erfolges ankommt.

Die gravierendste Abweichung der Ausstattungszusage von einem „typischen“ unechten Vertrag zu Gunsten Dritter besteht darin, dass der Patron und der Protegé bezogen auf die einzelnen Ausstattungsleistungen stets eine gesonderte Rechts- bzw. Leistungsbeziehung unterhalten. Die Zuwendungen des Patrons sind aus maßgeblicher Empfängersicht Leistungen des Patrons an den Protegé. Eine Interpretation als Leistung des Gläubigers (vermöge des Patrons) an den Protegé kommt nicht in Betracht, schuldet doch der Gläubiger nicht dem Protegé etwas, sondern dieser dem Gläubiger die Hauptschuld(en)[136]. Die Zuwendungen können von dem Protegé auch nicht als Leistung des Patrons an den Gläubiger aufgefasst werden. Der Protegé wird zunächst Eigentümer bzw. Inhaber der ihm überlassenen Gegenstände. Auf den Streit, ob Verfügungen zu Gunsten Dritter überhaupt möglich sind[137], kommt es mithin nicht an. Eine Übereignung bzw. unmittelbare Zuwendung der Ausstattungsmittel an den Gläubiger ist nicht gewollt. Für den Patron ist es ausreichend, wenn er die Deckungslücke im Vermögen des Protegés schließt. Ob der Protegé die nämlichen Gegenstände an den Gläubiger weiterleitet, aus ihrem Veräußerungssubstrat die geschuldete Leistung bewirkt oder mit ihnen Drittforderungen begleicht, ist für den Patron nur insofern von Interesse, als die bewirkte Ausstattung in irgendeiner Weise die Leistungsfähigkeit des Protegés sicherstellen muss. Versteht man unter dem Valutaverhältnis diejenige Beziehung, in der die eigentliche Wertverschiebung stattfindet und die den Rechtsgrund für die fragliche Leistung enthält[138], besteht das Valutaverhältnis bezogen auf die Ausstattungsleistungen zwischen dem Patron und dem Protegé[139]. Der konkrete Geschäftszweck bzw. Rechtsgrund für die Zuwendungsleistungen im „Vollzugs-“ respektive „Abwicklungsverhältnis“ ist einzelfallabhängig. Beruht bereits die Abgabe der Patronatserklärung (ausnahmsweise) auf einem Auftrag oder auf einem entgeltlichen Geschäftsbesorgungsvertrag[140] bzw. ist sie als berechtigte Geschäftsfüh-

[136] Ähnlich *J. Koch,* Die Patronatserklärung, S. 130, 2. Abs.; *Kohout,* Patronatserklärungen, S. 115; *Michalski,* WM 1994, S. 1229 ff. (1238, f)).

[137] Vgl. nur *Erman-H. P. Westermann* (11), § 328 Rn. 2/3; *MüKo-Gottwald* (4), § 328 Rn. 182–191; *Soergel-Hadding* (12), § 328 Rn. 106–117.

[138] *BGH* (U. v. 30.10.1974 – IV ZR 172/73), NJW 1975, S. 382 ff. (383); *BGH* (U. v. 29.05.1984 – IX ZR 86/82), BGHZ 91, S. 288 ff. (290/291, b), m. w. N.; *Michalski,* WM 1994, S. 1229 ff. (1238, f)); *Palandt-Heinrichs* (64), Einf v § 328 Rn. 4; *Stecher,* „Harte“ Patronatserklärungen, S. 76. Das Valuta- wird daher auch als „Zuwendungsverhältnis“ bezeichnet; *MüKo-Gottwald* (4), § 328 Rn. 28; *Soergel-Hadding* (12), § 328 Rn. 21.

[139] *Hoffmann,* Patronatserklärung, S. 55/56; *Kohout,* Patronatserklärungen, S. 116; im Ergebnis ebenso *Michalski,* WM 1994, S. 1229 ff. (1238, f)). Hinsichtlich etwaiger Direktleistungen ist das Valutaverhältnis abgesehen von einer „reinen“ Drittleistung gemäß § 267 BGB entweder nur oder zumindest additional in der Beziehung zwischen dem Gläubiger und dem Patron zu suchen (zur Einordnung der Direktleistungen, vgl. Kapitel 4, B. II. 4. c) bb) sowie Kapitel 6).

[140] *J. Koch,* Die Patronatserklärung, S. 318, 2.; *Kohout,* Patronatserklärungen, S. 210–211, cc), 218, cc).

rung ohne Auftrag anzusehen[141], richtet sich der Rückforderungs- bzw. Erstattungsanspruch des Patrons nach diesem Schuldverhältnis. Ihm kann Aufwendungsersatz oder ein sonstiger Anspruch gebühren (vgl. nur §§ 675 Abs. 1, 670 bzw. §§ 677, 683 S. 1, 670 BGB)[142]. Fehlte dem Patron bei Abgabe der Ausstattungserklärung der Fremdgeschäftsführungswille, erfolgt die Zusage nicht im Auftrag des Protegés und stellt sie ihm gegenüber auch keine Schenkung dar, ist der Geschäftszweck bzw. die causa der jeweiligen Ausstattungsleistungen gegebenenfalls gesondert anzuknüpfen[143]. Spezifischer Rechtgrund der einzelnen Zuwendungsleistungen kann dann ein Darlehens-, Schenkungs- oder sonstiger Vertrag sein[144]. Hängen die Ausstattungsleistungen in irgendeiner Weise mit der Gesellschafterstellung des Patrons zusammen, ist damit noch nichts über ihren Zuwendungszweck gesagt[145].

Ungeachtet des konkreten Rechtsgrundes erfüllt der Patron mit den Zuwendungsleistungen immer auch die ihm im Sicherungsverhältnis zum Gläubiger obliegende Ausstattungspflicht[146]. Den Ausstattungsmaßnahmen wohnt eine

---

141 *J. Koch,* Die Patronatserklärung, S. 318–320, 3. a).

142 *J. Koch,* Die Patronatserklärung, S. 318–320, 2./3. a), 321/322, c); zur Bürgschaft, siehe *Wagenknecht* in: *BuB* Rn. 4/1087; zur Patronatserklärung, *Kohout,* Patronatserklärungen, S. 116.

143 Die Patronats*erklärung* als solche muss nicht zwingend eine „Doppelleistung" an den Patron und an den Gläubiger sein. Während die causa der Verpflichtungsübernahme im Verhältnis zum Gläubiger stets (oder zumindest in aller Regel) in dem Sicherungszweck der Ausstattungszusage besteht, muss die Zusage nicht zwingend auch eine Leistung an den Protegé sein; zur vergleichbaren Situation bei der Bürgschaft, vgl. *Staudinger-Horn* (1997), § 765 Rn. 103/104; *Wagenknecht* in: *BuB,* Rn. 4/1088, 4/1115.

144 *Michalski,* WM 1994, S. 1229 ff. (1238, f)).

145 Die kapitalmäßige Beteiligung als solche ist ebenso wenig tauglicher Rechtsgrund für die Ausstattungsleistungen wie die bloße Existenz eines Unternehmensvertrages zwischen dem Patron und dem Protegé; aA *Hoffmann,* Patronatserklärung, S. 56, 2. Abs., Maßgeblichkeit des durch die kapitalmäßige Beteiligung ausgedrückten „Zuwendungsinteresses"; *Michalski,* WM 1994, S. 1229 ff. (1238, f)); *Stecher,* „Harte" Patronatserklärungen, S. 77, 2. Abs.79/80; vgl. auch *Nöcker/Meyer-Pries,* StuB 2000, S. 760 ff. (762, 1. Spalte). Letzterenfalls sind die Zuwendungen oftmals vorgezogene unentgeltliche Teilleistungen auf die erst später fällig werdende Verlustausgleichspflicht der Obergesellschaft gemäß § 302 AktG. Im Übrigen werden die Ausstattungsgegenstände dem Protegé vielfach im Wege einer Kapitalerhöhung gegen Einlagen zugewendet.

146 Entgegen einer im Zuge der Umfrage geäußerten Ansicht, ist die Annahme eines den Protegé begünstigenden Vertrages nicht bereits deshalb abzulehnen, weil Konzernmütter durch die erbrachten Leistungen vorrangig ihre eigenen gesellschaftsrechtlichen Verpflichtungen erfüllen wollen, oder weil sie die Ausstattungsleistungen primär im eigenen Interesse bzw. im Interesse des Gesamtkonzerns erbringen. Stelle sich heraus, so der betreffende Banksyndikus, dass eine protegierte Tochter aus welchen Gründen auch immer für die Patronin nicht mehr interessant sei, würde sie ihre Ausstattungsleistungen einstellen und sich um eine bilaterale Einigung mit dem Gläubiger bemühen. Wie bereits ausgeführt, ist das Phänomen einer eigenständigen Leistungsbe-

zweifache Leistungsrichtung inne. Sie sind eine Simultanleistung an den Protegé und an den Gläubiger[147].

Da das Bestehen eines Valutaverhältnisses zwischen dem Versprechensempfänger und dem Dritten zu Recht nicht als ein zwingendes Charakteristikum eines unechten Vertrages zu Gunsten Dritter angesehen wird[148], kann die harte Patronatserklärung trotz dieser Divergenz als (atypische) Variante dieser Vertragsform[149] angesehen werden[150]. Man muss sich nur darüber im Klaren sein,

---

ziehung zwischen dem Patron und Protegé ein Spezifikum der harten Patronatserklärung, allerdings ohne dass sich daraus Rückschlüsse auf das Nichtvorliegen eines (unechten) Vertrages zu Gunsten Dritter ziehen ließen. Aus Gläubigersicht erfüllt der Patron mit seinen Ausstattungsleistungen zumindest auch seine Verpflichtung aus dem Patronatsvertrag. Dass er die Zuwendungen in vielen Fällen auch freiwillig erbracht hätte, steht dem nicht entgegen. Welches Motiv der Patron mit seinen Leistungen verfolgt, ist irrelevant. Die Erfüllung der Ausstattungspflicht braucht nicht Hauptzweck seiner Maßnahmen zu sein. Im Übrigen bemisst sich die drittbegünstigende Wirkung eines Vertrages nicht nach den Vorzügen, welche die in Vollzug der Vereinbarung erbrachten Leistungen für den Dritten haben, sondern es kommt darauf an, ob der Versprechende sich zu einer Leistung an eine Nicht-Vertragspartei verpflichtet hat. Dies ist bei der harten Patronatserklärung der Fall. Ob der Patron dem Protegé bereits aus einem anderen Grunde ausstattungspflichtig ist, spielt für die Frage nach der Drittbegünstigung des Patronatsvertrages keine Rolle. Ebenso unmaßgeblich ist die mögliche Absicht des Patrons, seine Ausstattungsleistungen bei Wegfall des Interesses an dem protegierten Unternehmen einzustellen.

147 Zur Möglichkeit einer „mehrfachen Erfüllungswirkung", vgl. *Soergel-Hadding* (12), § 328 Rn. 20/21, 40; *Staudinger-Jagmann* (2004), § 328 Rn. 50/51. Die Ausführungen *Hoffmanns,* Patronatserklärung, S. 55, 3. Abs.; *J. Kochs,* Die Patronatserklärung, S. 129/130; *Kohouts,* Patronatserklärungen, S. 114; *Stechers,* Patronatserklärungen, S. 75 und *Michalskis,* WM 1994, S. 1229 ff. (1238, f)), der Patronatsvertrag bilde das *sog. Deckungsverhältnis* in Bezug auf die Leistung an den Protegé, er lege die Leistungspflichten des Patrons fest und bestimme deren Rechtsgrund, nämlich die Sicherung der Leistungsfähigkeit des Protegés, sind daher zumindest missverständlich (Hervorh. durch Verf.). Der Patron „erholt" sich in diesem Verhältnis nicht, wie dies bei einem typischen unechten Vertrag zu Gunsten Dritter der Fall ist (statt aller *Staudinger-Jagmann* (2004), § 328 Rn. 20). Er erbringt eine einseitige Sicherungsleistung an den Gläubiger. Von einem „Grundverhältnis" zu sprechen wäre ebenso missverständlich, da die Ausstattungsleistungen „doppelrelevant" sind. Sie sind eine Leistung an den Protegé *und* an den Gläubiger (i. d. R. jeweils solvendi causa). Der eigentliche Leistungsgegenstand wird von dem Patron erst in Vollzug der Ausstattungsvereinbarung, gegebenenfalls in Zusammenwirken mit dem Protegé festgelegt. Die Patronatserklärung gibt nur den geschuldeten Erfolg vor. Die Beziehung zwischen dem Patron und dem Gläubiger wird im Rahmen dieser Arbeit daher nicht als „Deckungs-" oder als „Grundverhältnis" bezeichnet, sondern ausschließlich als „Sicherungsverhältnis".

148 *Hoffmann,* Patronatserklärung, S. 56, 2. Abs.; *J. Koch,* Die Patronatserklärung, S. 130, 3. Abs.; *Stecher,* „Harte" Patronatserklärungen, S. 76/77. Dieser zeichnet sich vorrangig durch die Begünstigung eines außenstehenden Dritten aus.

149 *MüKo-Gottwald* (4), § 328 Rn. 20.

150 Ähnlich *Hantke,* S. 57 Fn. 15; *Kohout,* Patronatserklärungen, S. 116, 120; *Michalski,* WM 1994, S. 1229 ff. (1238, f)); *Stecher,* „Harte" Patronatserklärungen, S. 76/77, die darauf abstellen, dass das Valutaverhältnis ausnahmsweise auch zwischen dem Versprechenden und dem Dritten bestehen kann; hierzu auch *Staudinger-Kaduk* (10/11), Vorbem zu § 328 Rn. 25, 28; aA *Altenburger,* Patronatserklärungen, S. 56, 2.

dass die Begünstigung nur aus der uneingeschränkten Ausstattungsverpflichtung des Patrons gegenüber dem Gläubiger resultiert. Ob die späteren Ausstattungsleistungen für den Protegé rechtlich vorteilhaft sind, hängt ausschließlich von dem Grund der jeweiligen Zuwendung im „Vollzugsverhältnis“ ab[151].

## II. Bei „internen“ Ausstattungszusagen

Wie die „externe“, kann auch die „interne“ Ausstattungszusage als echter (berechtigender) Vertrag zu Gunsten Dritter, namentlich zu Gunsten aller oder einzelner Gläubiger der ausstattungsberechtigten (Tochter-)Unternehmen ausgestaltet werden[152].

Von dieser Möglichkeit wird in der Praxis nur selten Gebrauch gemacht. Soweit ersichtlich, hat ein „internes“ Ausstattungsversprechen nach dem Willen des Versprechenden bisher in keinem Fall unmittelbar auch einzelnen oder gar

---

*Kohout,* a.a.O., und *Stecher,* S. 77, fügen hinzu, dass das Valutaverhältnis aber jedenfalls außerhalb des Vertrages zu Gunsten Dritter zu suchen sei. Dem kann hinsichtlich der Erfüllungsleistungen und im Falle eines echten Vertrages zu Gunsten Dritter beigepflichtet werden. Ein forderungsberechtigter Dritter wird nicht in das drittbegünstigende Vertragsverhältnis einbezogen (statt aller *MüKo-Gottwald* (4), § 328 Rn. 29; *Palandt-Heinrichs* (64), § 328 Rn. 5; *Staudinger-Jagmann* (2004), § 328 Rn. 30, jeweils m.w.N.; vgl. aber auch *Soergel-Hadding* (12), § 328 Rn. 17). Der Rechtsgrund für die (auch) dem Versprechensempfänger zurechenbare Erfüllungshandlung des Versprechenden muss für den Dritten zwingend außerhalb des drittbegünstigenden Vertrages liegen, vgl. auch *Soergel-Hadding* (12), § 328 Rn. 39; *Staudinger-Kaduk* (10/11), Vorbem zu § 328 Rn. 28; *Staudinger-Jagmann* (2004), § 328 Rn. 45. Ebenso ist Rechtsgrund des Patronats*vertrages* allein die Absicherung des Gläubigers im Sicherungsverhältnis und nicht auch eine Verpflichtung aus dem Hauptschuld- oder „Vollzugsverhältnis“.

[151] Was keine relevante Abweichung von einem „typischen“ unechten Vertrag zu Gunsten Dritter bedeutet. Die Leistung des Versprechenden an einen nicht forderungsberechtigten Drittbegünstigten ist für diesen generell „neutral“, schließlich bewirkt der Versprechende „nur“ eine Leistung für den Versprechensempfänger, vgl. auch *Staudinger-Jagmann* (2004), § 329 Rn. 4. Begünstigend ist mithin nicht bzw. kaum je einmal die von dem Versprechenden in Erfüllung des Vertrages erbrachte Zuwendungsleistung, sondern die Tatsache, dass der Versprechende sich gegenüber dem Versprechensempfänger zu einer Leistung an den Dritten verpflichtet hat und von seinem Vertragspartner notfalls unter Inanspruchnahme gerichtlicher Hilfe zur Erfüllung seines Leistungsversprechens gezwungen werden kann.

[152] *Forschbach,* Liquiditätszusagen, S. 94/95, III.; *Rummel* in: FS Doralt (2004), S. 493 ff. (499, II.); *Schneider,* ZIP 1989, S. 619 ff. (623, IV.); *Staudinger-Horn* (13), Vorbem zu §§ 765 ff. Rn. 407; *Staudinger-Jagmann* (2004), § 328 Rn. 205, m.w.N.; pauschal gegen eine Absicht zur Begründung eines echten Vertrages zu Gunsten Dritter, *Bordt,* WPg 1975, S. 285 ff. (290/291, II. a)); *Gerth,* Atypische Kreditsicherheiten, S. 286, 1. Abs.; *Wiedemann/Hermanns,* ZIP 1994, S. 997 ff. (999, III. 2.); wieder anders – in jedem Fall „echter“ Vertrag zu Gunsten Dritter –, *Pesch,* WM 1998, S. 1609 ff. (1611, bb)); gar nicht angesprochen wird diese Möglichkeit von *Michalski,* WM 1994, S. 1229 ff. (1230, 1. Spalte.); *Möser,* DB 1979, S. 1469 ff. (1470, II.); *Schaffland,* BB 1977, S. 1021 ff. (1023, 2. Beispiel).

sämtlichen Gläubigern der begünstigten Gesellschaft zustatten kommen sollen[153]. Die Gläubiger fallen auch nicht in den Schutzbereich der Ausstattungsvereinbarung[154]. In den wenigen Fällen, in denen eine „interne" Ausstattungszusage (auch) der „Absicherung" einzelner Gläubiger(-forderungen) dient, geschieht dies nicht durch Einbeziehung der zu „sichernden" Gläubiger in den Schutzbereich des Ausstattungsvertrages[155], sondern die außenstehenden Gläubiger profitieren durch ein separates Stillhalteversprechen von der Ausstattungszusage[156]. Oder sie lassen sich den Ausstattungsanspruch mit Zustimmung des Verpflichteten von der begünstigten Gesellschaft abtreten. Üblicherweise hat eine „interne" Ausstattungszusage, wie einleitend festgestellt, aber ausschließlich Finanzierungs- bzw. Insolvenzabwendungsfunktion[157].

Die Unterschiede zur („externen") harten Patronatserklärung sind insofern signifikant. Wenn Teile der Literatur beide Konstellationen dennoch in Bezug auf die Rechtsbeziehungen zwischen den Beteiligten für vergleichbar halten[158], basiert dies auf einer Verkennung dieses Unterschiedes und auf der damit verbundenen fehlerhaften Einordnung der „internen" Ausstattungszusage als (sogar „echter") Vertrag zu Gunsten der außenstehenden Gläubiger[159]. Aus dem Verweis auf alle oder auch nur bestimmte Gläubigerforderungen im Text der Ausstattungszusage[160] lässt sich nichts herleiten. Diese Bezugnahme hat ausschließlich Konkretisierungsfunktion. Der geschuldete Ausstattungserfolg ist nur dann hinreichend bestimmt, wenn feststeht, in welchem Umfang der Ausstattungspflichtige die Leistungsfähigkeit der begünstigten Unternehmen herzustellen

---

153 Siehe nur *OLG München* (U. v. 22.07.2004 – 19 U 1867/04), ZIP 2004, S. 2102 ff. (2104, a) cc)); *Obermüller,* Ersatzsicherheiten, S. 107 Rn. 355.

154 *Bordt,* WPg 1975, S. 285 ff. (291, a)); *Forschbach,* Liquiditätszusagen, S. 145/146, I.

155 Für eine Drittbegünstigung der Ausstattungsvereinbarung kann es nur auf die Ausstattungszusage als solche ankommen und nicht auf damit in Zusammenhang stehende Zusatzerklärungen. Aus dem zusätzlichen Versprechen gegenüber einem außenstehenden Gläubiger, die „interne" Ausstattungszusage für die Dauer der Geschäftsverbindung aufrechtzuerhalten, kann daher nicht auf deren drittbegünstigenden Charakter geschlossen werden. Die einzelnen Vertragsverhältnisse sind sauber zu trennen. Begünstigend – nicht *dritt*begünstigend – ist in diesem Fall einzig und allein die individuelle Vereinbarung zwischen dem Ausstattungspflichtigen und dem außenstehenden Gläubiger; vgl. auch *Bordt,* WPg 1975, S. 285 ff. (291, 1. Abs. (Fn. 54)); *Gerth,* Atypische Kreditsicherheiten, S. 285/286; *Hoffmann,* Patronatserklärung, S. 158.

156 Dazu nochmals *Hoffmann,* Patronatserklärung, S. 157.

157 Insgesamt dazu in Kapitel 2, B. III. 2.

158 So *Pesch,* WM 1998, S. 1609 ff. (1611, cc)).

159 Äußerst weitgehend meint *Pesch,* WM 1998, S. 1609 ff. (1611, bb)), die Zusage lasse sich „zwanglos als (erg.: „echter") Vertrag zu Gunsten Dritter verstehen". Die begünstigten Gläubiger hätten wie bei der „externen" Ausstattungszusage zunächst nur einen Anspruch auf den geschuldeten Erfolg. Direktleistungen könnten sie von dem Patron erst in der Tochterinsolvenz fordern; hiergegen zu Recht *von Rosenberg/Kruse,* BB 2003, S. 641 ff. (643, bb)).

160 Vgl. nur *Pesch,* WM 1998, S. 1609 ff. (1611, bb)).

hat. Ohne einen expliziten Hinweis auf einzelne oder sämtliche Gläubigerforderungen wäre dies nicht zu bewerkstelligen. Der Erklärungswortlaut einer „internen“ Ausstattungszusage mag insoweit demjenigen einer harten Patronatserklärung ähneln, er legt aber weder isoliert noch in Verbindung mit dem Willen der Vertragsschließenden eine Interpretation als drittbegünstigendes Rechtsgeschäft nahe. Nach der hier vertretenen Meinung bestehen bei einer „internen“ Ausstattungsvereinbarung im Allgemeinen[161] nicht nur keine Anhaltspunkte für eine „echte“ Drittbegünstigung[162], sondern es fehlt sogar an einer „unechten“ Gläubigerbegünstigung. Anders als bei einer harten Patronatserklärung verpflichtet sich der Versprechende nur zu Zuwendungsleistungen an die unmittelbar begünstigte Vertragspartei. Deren Gläubigern entsteht durch die „interne“ Zusage kein direkter Vorteil. Daran ändert sich selbst dann nichts, wenn die begünstigte Gesellschaft dazu berechtigt ist, öffentlich auf die Ausstattungsvereinbarung hinzuweisen oder wenn die „interne“ Zusage von den Vertragsparteien gezielt publik gemacht wird, um das Ansehen und die Kreditwürdigkeit der ausstattungsberechtigten Gesellschaft zu stärken[163]. Aus Gläubigersicht ist auch dies kein Indiz für eine beabsichtigte Außenwirkung der Ausstattungsvereinbarung[164]. Dies gilt selbst dann, wenn den Parteien der Ausstattungsvereinbarung bewusst ist, dass bestimmte Gläubiger aufgrund der Zusage erhebliche

---

[161] Maßgeblich sind stets die Umstände des Einzelfalles, vgl. *Schneider,* ZIP 1989, S. 619 ff. (623, IV.).

[162] Ebenso *Bordt,* WPg 1975, S. 285 ff. (291, a)); *Hoffmann,* Patronatserklärung, S. 158; siehe auch *Ebenroth/Boujong/Joost* (*Allstadt-Schmitz*), HGB, BankR IV, Rn. IV 644/645.

[163] *Bordt,* WPg 1975, S. 285 ff. (291, 1. Abs.); *von Rosenberg/Kruse,* BB 2003, S. 641 ff. (643, bb)); aA *Forschbach,* Liquiditätszusagen, S. 95, 2. Abs.; *Kiethe,* ZIP 2005, S. 646 ff. (649/650, 3.1); *Schneider,* ZIP 1989, S. 619 ff. (623, IV.); *Staudinger-Horn,* Vorbem. zu §§ 765 ff. Rn. 407, die neben der bewussten Mitteilung der internen Zusage durch den Versprechenden, um auf diese Weise die Gläubiger des begünstigten Unternehmens zu Stundungsvereinbarungen zu bewegen, auch das Bewusstsein der Vertragsparteien, dass die Gläubiger von der internen Vereinbarung erhebliche Vermögensdispositionen abhängig machen als taugliches Indiz für einen Vertrag zu Rechten Dritter ansehen. Dem kann nur zugestimmt werden, sofern das Verhalten des Ausstattungspflichtigen im Einzelfall den Schluss auf einen Verpflichtungswillen auch gegenüber den außenstehenden Gläubigern zulässt; vgl auch *Staudinger-Horn* (13), Vorbem zu §§ 765 ff. Rn. 407, der die Absicht, die Erklärung der Bank in den Kreditverhandlungen mit dem begünstigte Unternehmen vorzulegen als einen gewissen Anhaltspunkt für den Willen der Vertragsparteien zum Abschluss eines echten Vertrages zu Gunsten Dritter wertet. Dagegen spricht, dass eine Verbesserung der Kreditwürdigkeit bereits durch die bloße Offenlegung der internen Zusage zu erreichen ist. Ohne einen konkreten Hinweis darauf, dass der kreditgebenden Bank aus dieser Zusage ein eigener Ausstattungsanspruch erwachsen soll, lässt sich ihre Offenlegung nicht als Bekanntgabe einer sie direkt begünstigenden Ausstattungserklärung verstehen.

[164] Ebenso *von Rosenberg/Kruse,* BB 2003, S. 641 ff. (643, bb)); aA *Ebenroth/Boujong/Joost* (*Allstadt-Schmitz*), HGB, BankR IV, Rn. IV 638, 646, sowohl wenn der Zusagende selbst mit einem Gläubiger der auszustattenden Gesellschaft über die Sicherheitenbestellung verhandele und in diesem Zusammenhang auf sein „internes“ Ausstattungsversprechen hinweise, als auch wenn dies die protegierten Unternehmen

Vermögensdispositionen treffen[165]. Sollten die betroffenen Gläubiger dennoch auf die Einhaltung der „internen" Zusage durch den Ausstattungspflichtigen vertrauen, so ist dieses Vertrauen nicht rechtlich fundiert[166]. Im Regelfall entfaltet die „interne" Ausstattungszusage weder „echte" noch „unechte" Drittwirkung zu Gunsten der Gläubiger der ausstattungsbegünstigten Gesellschaft. Diese werden von der Vereinbarung nur reflexartig begünstigt[167]. Da der Ausstattungspflichtige durch sein Verhalten üblicherweise auch nicht den Rechtsschein einer direkten Außenhaftung setzt, können ihn die Gläubiger in aller Regel auch nicht unter dem Aspekt einer Vertrauenshaftung belangen[168].

Dennoch verbessert sich die Rechtsstellung der Gläubiger durch die „interne" Ausstattungsvereinbarung de iure. Aus ihrer Sicht ist die Zusage ein Vermögensrecht ihrer Schuldnerin gegenüber einem Drittschuldner, in das sie unter den Voraussetzungen der §§ 857 Abs. 1 i.V.m. 828 ff., 704 ff. ZPO die Zwangsvollstreckung betreiben können[169].

Mit diesem vorgezogenen Hinweis auf die Möglichkeiten der Gläubiger, aktiv auf die Ausstattungsforderung zuzugreifen, soll es an dieser Stelle sein Bewenden haben[170]. Im eigentlichen Sinne drittbegünstigend ist eine „interne" Ausstattungsvereinbarung normalerweise nicht.

---

täten, käme (schlüssig) ein Patronatsvertrag zwischen dem Zusagendem und dem Gläubiger zustande; *Forschbach,* Liquiditätszusagen, S. 95, 2. Abs.

165 Tendenziell anders *Forschbach,* Liquiditätszusagen, S. 95, 2. Abs.

166 Im Ergebnis ebenso *Bordt,* WPg 1975, S. 285 ff. (291, 1. Abs.). Was nicht heißen muss, dass das Vertrauen in die Erfüllung einer „internen" Ausstattungszusage niemals gerechtfertigt wäre. Nach einer ungeschriebenen „goldenen Bankenregel" dürfen (zumindest) kreditgewerbetreibende Tochterunternehmen von den Obergesellschaften eines Bankenkonzerns nicht fallen gelassen werden. Es besteht zwar keine Garantie, dass dies nicht doch einmal geschieht, je höher aber der zu befürchtende Prestigeverlust durch einen Zusammenbruch der begünstigten Gesellschaft wäre, umso größer ist die Wahrscheinlichkeit, dass die ausstattungspflichtige Obergesellschaft es nicht dazu kommen lassen wird. Ähnlich wie bei einer „sehr weichen" Patronatserklärung ist Grundlage dieser Gläubigerhoffnung allerdings nicht die Erklärung als solche, sondern es wird darauf spekuliert, dass der Erklärende sich aufgrund von faktischen Zwängen an seine Zusage halten wird, siehe auch *Wagner,* Internationale Tätigkeit der Banken, S. 27/18.

167 *von Rosenberg/Kruse,* BB 2003, S. 641 ff. (643, bb)).

168 *Bordt,* WPg 1975, S. 285 ff. (291, 1. Abs.); *Hoffmann,* Patronatserklärung, S. 159, 2. Abs.; vgl. auch *von Rosenberg/Kruse,* BB 2003, S. 641 ff. (643, bb)), die auf das Risiko für den Ausstattungspflichtigen hinweisen, dass ein Tochtergläubiger die ihm bekannt gegebene Zusage im Einzelfall als Angebot auf Abschluss eines Patronatsvertrages auffassen darf. Hier gilt es von vornherein und nachweislich Klarheit zu schaffen.

169 *Bordt,* WPg 1975, S. 285 ff. (291, 2. Abs.); *Michalski,* WM 1994, S. 1229 ff. (1230, 3. Abs.), indes unter Verweis auf §§ 829, 835, 1. Alt. ZPO.

170 Eine nähere Betrachtung dieser kontrovers diskutierten Thematik erfolgt im neunten Kapitel (B. IV.).

# D. Zustandekommen des Vertrages

Bleibt zu klären, wie sich der Vertragsschluss bei einer „externen" und „internen" Ausstattungsvereinbarung im Einzelnen vollzieht.

## I. Ausstattungszusagen gegenüber einem konkreten Gläubiger

Befragt nach der Art und Weise des Vertragsschlusses bei einer harten Patronatserklärung, hat der ganz überwiegende Teil der Umfrageteilnehmer angegeben, der Patron sende – entsprechend der herkömmlichen Praxis[171] – einen die Zusage enthaltenden Brief[172] an den Gläubiger[173]. Die Bankpraxis legt Wert darauf, dass der Patron hierbei seinen eigenen Briefbogen verwendet[174].

Trotzdem ist der Patron nicht zwingend Antragender[175]. Vielfach geht die Initiative zur Abgabe einer harten Patronatserklärung von dem Gläubiger aus. Dieser stellt dem potenziellen Patron eine vorformulierte Mustererklärung zur Verfügung, die dieser ihm unterschrieben zurücksenden soll. Das Angebot zum Abschluss des Patronatsvertrages erteilt in diesem Fall der Gläubiger. Annehmender ist der Patron[176]. Oder die Parteien des Patronatsvertrages haben sich im Vorfeld bereits en détail über den Wortlaut der von dem Patron abzugebenden Verpflichtungserklärung geeinigt. Es ist dann Tatsachenfrage, ob der eigentliche Vertragsschluss schon anlässlich der Vertragsverhandlungen erfolgt ist und die in Briefform gefasste Patronatserklärung nur ein deklaratorisches kaufmännisches Bestätigungsschreiben[177] ist oder ob die endgültige Einigung noch aussteht. Bezogen auf einen Vertragsschluss „an Ort und Stelle" hat eine Gesellschaft kundgetan, der Patron unterzeichne üblicherweise in ihren Geschäftsräumen ein Formular. Nach Auskunft einer anderen Gesellschaft (= Patronin) sind

---

171 Dazu bereits *Kohout,* Patronatserklärungen, S. 54, c).

172 Zu dem Aufbau dieses „Briefes", vgl. Kapitel 2, B. II. 3. sowie die Formularvordrucke bei *Wittig* in: *BuB* (2003), Rn. 4/2905–4/2908.

173 So die Antwort von 18 bzw. 19 Unternehmen/Instituten; aus der Literatur *Hoffmann,* Patronatserklärung, S. 8 a.E., 11; *Kohout,* Patronatserklärungen, S. 34, I.; *Mosch,* Patronatserklärungen, S. 207–211 (Beispiele für Gesamtpatronatserklärungen); *Obermüller,* Ersatzsicherheiten, S. 19 Rn. 66, S. 25–29, Muster 1–5.

174 Vgl. nur die Musterformulare in Anlage 2 und 3 des Berichtes über die *BdB*/vbo-Fachtagung „Kredit- und Kreditsicherungsrecht" am 13./14. Juni 2002 in München (*Bundesverband des privaten Bankgewerbes e.V.*), zu Gliederungspunkt 4. „Formulierung von ‚Harten Patronatserklärungen'", (n.v.).

175 *Schütze,* WuB I F 1 c. – 5.02, S. 931 f. (931, II.); zu eng daher *Hoffmann,* Patronatserklärung, S. 8/9; *Kohout,* Patronatserklärungen, S. 55, 3.

176 *Schütze,* WuB I F 1 c. – 5.02, S. 931 f. (931, II.).

177 Zu diesem Rechtsinstitut, *Erman-Armbrüster* (11), § 151 Rn. 5–15; *MüKo-Kramer* (4), § 151 Rn. 12–46; *Palandt-Heinrichs* (64), § 148 Rn. 8–21, jeweils m.w.N.

die Patronatserklärungen bereits in die (in diesem Fall Liefer-)Verträge des kaufpreisberechtigten Gläubigerunternehmens eingearbeitet. Interessant ist auch eine weitere Vorgehensweise: Eine Konzernobergesellschaft gibt gegenüber den (insgesamt um die 90) Gläubigerbanken des Konzerns eine sog. „Rahmenpatronatserklärung" ab. Die einzelnen Verbindlichkeiten werden von dieser Rahmenzusage erst erfasst, nachdem sie der Konzernmutter von den Banken in jedem Einzelfall kommuniziert und von ihr der Höhe nach schriftlich bestätigt worden sind. Auf diese Weise hält sich die Muttergesellschaft über die Existenz und jeweilige Höhe der Konzerverbindlichkeiten auf dem Laufenden – auch zwecks Erstellung des Jahresabschlusses.

In Reaktion auf den Eingang der Patronatserklärung nimmt der Gläubiger diese entweder stillschweigend zur Kenntnis oder er lässt dem Patron eine Empfangsbestätigung zukommen[178].

Eine solche ist selbst dann entbehrlich, wenn es sich bei der brieflich übersandten Patronatserklärung um das eigentliche Vertragsangebot handelt[179]. Nach der Verkehrssitte ist eine ausdrückliche Annahmeerklärung gegenüber dem Patron nicht zu erwarten (vgl. § 151 S. 1, 1. Alt. BGB)[180]. Auch kann ohne wei-

---

[178] In der er – gleichsam in Briefform gekleidet – dankend den Erhalt der Patronatserklärung bestätigt und sich eventuell zusätzlich ausdrücklich mit der Ausstattungszusage einverstanden erklärt (auf internationaler Ebene sog. „acknowledgement of receipt"). In einigen Fällen folgt der Hinweis, dass angesichts dieser Patronatserklärung der/die Kredite ausgezahlt werden/worden sind bzw. weiter zur Verfügung stehen. Die Übersendung einer Empfangsbestätigung dürfte in der Praxis der Regelfall sein, vgl. auch die Textvorschläge bei *Obermüller,* Ersatzsicherheiten, S. 30, Muster 6; *Wittig,* WM 2003, S. 1981 ff. (1988, 2.); *ders.* in: *BuB* (2003), Rn. 4/2909; anders noch *Kohout,* Patronatserklärungen, S. 55, 3. Die Anlagen 2 und 3 des Berichtes über die *BdB*/vbo-Fachtagung „Kredit- und Kreditsicherungsrecht" am 13./14. Juni 2002 in München, zu Gliederungspunkt 4., „Formulierung von ‚Harten Patronatserklärungen'", (n. v.), sehen eine Empfangsbestätigung nur bei ausländischen Muttergesellschaften vor.

[179] Ein Rückgriff auf die Vorschrift des § 362 Abs. 1 HGB kommt dabei mangels „Geschäftsbesorgung" nicht in Betracht, vgl. die Ausführungen bei *Balzer,* 7. Rostocker Bankentag 2001, S. 59 ff. (65/66); *Kohout,* Patronatserklärungen, S. 56/57, a), jeweils m. w. N.; *Michalski,* WM 1994, S. 1229 ff. (1232/1233, D. I.); *Obermüller,* Ersatzsicherheiten, S. 19 Rn. 67.

[180] *LG Berlin* (U. v. 18.02.2000 – 94 O 93/99), WM 2000, S. 1060 ff. (1061, II. 1); *Hantke,* S. 41, 1; *Hoffmann,* Patronatserklärung, S. 9. Eine Verkehrssitte i. S. d. Norm besteht, wenn bei Geschäften der betreffenden Art unter vergleichbaren Umständen üblicherweise auf den Zugang der Annahmeerklärung verzichtet wird. Das trifft v. a. bei ausschließlich vorteilhaften Angeboten zu, vgl. nur *BGH* (U. v. 22.02.1999 – II ZR 99/98), NJW 1999, S. 1328 f. (1328, a)); *BGH* (U. v. 12.10.1999 – XI ZR 24/99), NJW 2000, S. 276 ff. (277, a)); *BGH* (U. v. 10.02.2000 – IX ZR 397/98), NJW 2000, S. 1563 ff. (1563, 1.) (Bürgschaft); *BGH* (U. v. 12.11.1980 – VIII ZR 293/79), BGHZ 78, S. 369 ff. (372/373, b)); *BGH* (U. v. 23.03.1988 – VIII ZR 58/87), BGHZ 104, S. 82 ff. (85, aa)), Garantie; *BGH* (U. v. 28.10.1993 – VII ZR 192/92), NJW-RR 1994, S. 280 f. (281, bb)); *BGH* (U. v. 27.04.2004 – XI ZR 49/03), ZIP 2004, S. 1303 ff. (1304/1305), Schuldbeitritt; *BGH* (U. v. 04.04.2000 – XI ZR 152/99), ZIP 2000, S. 972 ff. (973, b)), Schuldanerkenntnis; *BGH* (U. v. 04.04.2000 – XI ZR 152/

teres unterstellt werden, dass der Patron auf den Zugang der Annahmeerklärung verzichtet hat (§ 151 S. 1, 2. Alt. BGB)[181]. Da § 151 S. 1 BGB nur eine Befreiung von dem Zugangs-, nicht aber auch von dem Annahmeerfordernis enthält[182], ist die ausdrückliche Empfangsbestätigung aber als Indiz für einen Annahmewillen des Gläubigers zu werten[183]. Der Gläubiger kann seinen Annahmewillen darüber hinaus durch Erbringung der Hauptschuld nach Erhalt der Patronatserklärung kundtun[184]. Bei lediglich rechtlich vorteilhaften Geschäften,

---

99), NJW 2000, S. 2984 ff. (2985, 2. b)), abstraktes Schuldanerkenntnis; *Erman-Armbrüster* (11), § 151 Rn. 3; *Staudinger-Bork* (2003), § 151 Rn. 6, 8; ebenso für die harte Patronatserklärung, *Kohout,* Patronatserklärungen, S. 59/60, allerdings mit der überflüssigen Einschränkung, dass für eine entsprechende Gepflogenheit die Haftsumme feststehen müsse; *Wittig* in: *BuB* (2003), Rn. 4/2869.

181 *OLG Naumburg* (U. v. 13.01.2000 – 2 U (Hs) 73/98), OLGR Naumburg 2000, S. 407 ff. (408, II. 2. b)); *OLG Naumburg* (U v. 22.02.2000 – 9 U 309/98), Entscheidungsgründe I. 1. b), n.v. (Juris), Rn. 5; *von Bernuth,* ZIP 1999, S. 1501 ff. (1502, II.); *Hoffmann,* Patronatserklärung, S. 9; *Kohout,* Patronatserklärungen, S. 58/59; *Michalski,* WM 1994, S. 1229 ff. (1233, 2. Abs.). Schließlich bedarf es nach der Verkehrssitte keiner expliziten Annahme, vgl. *Soergel-Wolf* (13), § 151 Rn. 11; *Palandt-Heinrichs* (64), § 151 Rn. 4, wonach i.d.R. zugleich ein stillschweigender Annahmeverzicht zu verzeichnen ist, wenn eine ausdrücklich Annahme verkehrsunüblich ist. Zudem ist das Ausstattungsangebot vorteilhaft, was ebenfalls für einen konkludenten Annahmeverzicht spricht, vgl. *MüKo-Kramer* (4), § 151 Rn. 55; *Soergel-Wolf* (13), § 151 Rn. 22; *Staudinger-Bork* (2003), § 151 Rn. 13; siehe auch *Bülow,* Recht der Kreditsicherheiten (6), S. 534 Rn. 1623; *Haß,* IPRax 2000, S. 494 ff. (496, 2. Abs.); *Treffer,* ZAP Nr. 5, Fach 15, S 383 ff. (384, 3.), die ohne entsprechende Unterscheidung darauf verweisen, dass es eines Zugangs der Annahmeerklärung nach § 151 S. 1 BGB nicht bedürfe.

182 Statt aller *BGH* (U. v. 28.10.1993 – VII ZR 192/92), NJW-RR 1994, S. 280 f. (281, bb)); *BGH* (U. v. 12.10.1999 – XI ZR 24/99), NJW 2000, S. 276 ff. (277, 2. a)/b)); *BGH* (U. v. 27.04.2004 – XI ZR 49/03), ZIP 2004, S. 1303 ff. (1304, aa)); *Soergel-Wolf* (13), § 151 Rn. 1/2; *Staudinger-Bork* (2003), § 151 Rn. 14, jeweils m.w.N.

183 *BGH* (U. v. 10.02.2000 – IX ZR 397/98), NJW 2000, S. 1563 ff. (1563, 1.). Eine ausdrückliche Annahme, etwa durch einen Anruf oder ein Schreiben, ist selbstverständlich dennoch möglich, vgl. nur *BGH* (U. v. 08.04.1957 – III ZR 251/55), NJW 1957, S. 1105 f. (1106, 4. Abs.); *Erman-Armbrüster* (11), § 151 Rn. 2. In aller Regel wird der Vertrag bei ausdrücklicher Annahme aber bereits nach § 151 S. 1 BGB zustande gekommen sein.

184 *OLG Karlsruhe* (U. v. 07.08.1992 – 15 U 123/91, WM 1992, S. 2088 ff. (2091, ee)), Annahme spätestens mit Kreditauszahlung (§ 151 S. 1 BGB); *OLG Naumburg* (U v. 22.02.2000 – 9 U 309/98), Entscheidungsgründe I. 1. b), n.v., Juris, Rn. 5; *KG Berlin* (U. v. 18.01.2002 – 14 U 3416/00, rkr.), WM 2002, S. 1190 f. (1191, 1. Spalte), das (erst) die Kreditgewährung und -auszahlung als „konkludente Annahmeerklärung ansieht; *LG Berlin* (U. v. 18.02.2000 – 94 O 93/99), WM 2000, S. 1060 ff. (1061, II. 1); *Balzer,* 7. Rostocker Bankentag 2001, S. 59 ff. (66, 2. Abs.); *von Bernuth,* ZIP 1999, S. 1501 ff. (1502, II.); *Hantke,* S. 42; *Hoffmann,* Patronatserklärung, S. 9; *Kohout,* Patronatserklärungen, S. 58, 1. Abs; *Lwowski,* Kreditsicherung (8), S. 392 Rn. 444; *Michalski,* WM 1994, S. 1229 ff. (1233, 2. Abs.); *Schütze,* Anmerkung zu KG Berlin (U. v. 18.01.2002), WuB I F 1 c. – 5.02, II. Zu den generellen Möglichkeiten einer nach hM grundsätzlich gebotenen „nach außen hervortretenden eindeutigen Betätigung des Annahmewillens“ (so schon *Protokolle I,* S. 83/84), *BGH* (U. v. 14.04.1999 – VIII ZR 370/97), NJW 1999, S. 2179 f. (2179, a)), *BGH* (U. v.

wie einer Ausstattungszusage, ist überdies davon auszugehen, dass es für die Annahme genügt, wenn der Angebotsempfänger das Angebot nicht explizit zurückweist[185]. Behält der Gläubiger, der die Sicherheit im Vorfeld angefordert hat, das ihm übersandte Sicherungsangebot, etwa eine Bürgschaftsurkunde, kann daraus nach der Lebenserfahrung auf seinen Annahmewillen geschlossen werden[186]. Zum Abschluss des Patronatsvertrages reicht mithin die widerspruchslose Entgegennahme und Aufbewahrung der Patronatserklärung durch den Gläubiger[187].

## II. Öffentliche Ausstattungszusagen

Diese Möglichkeit besteht bei öffentlichen Ausstattungserklärungen nicht[188]. Fragt sich, wie hier der Vertragsschluss erfolgt.

Bevor hierauf eingegangen wird, gilt es zu klären, wie lange öffentliche Ausstattungszusagen – vornehmlich in Geschäftsberichten enthaltene Patronatserklä-

---

14.10.2003 – XI ZR 101/02), NJW 2004, S. 287 f. (288, II. 2. a)), *Erman-Armbrüster* (11), § 151 Rn. 5/6; *MüKo-Kramer* (4), § 151 Rn. 50; *Palandt-Heinrichs* (64), § 151 Rn. 2; *Soergel-Wolf* (13), § 151 Rn. 5/6; *Staudinger-Bork* (2003), § 151 Rn. 15, jeweils m. w. N.

[185] *BGH* (U. v. 12.10.1999 – XI ZR 24/99), NJW 2000, S. 276 ff. (277, 2. a)); *BGH* (U. v. 12.10.1999 – XI ZR 24/99), NJW 2000, S. 276 ff. (277, 2. a)); *BGH* (U. v. 04.04.2000 – XI ZR 152/99), NJW 2000, S. 2984 ff. (2985, 2. b)); *BGH* (U. v. 14.10.2003 – XI ZR 101/02), NJW 2004, S. 287 f. (288, II. 2. a)); *BGH* (U. v. 27.04.2004 – XI ZR 49/03), ZIP 2004, S. 1303 ff. (1305, 1. Abs.), Schuldbeitritt; *OLG Naumburg* (U. v. 13.01.2000 – 2 U (Hs) 73/98), OLGR Naumburg 2000, S. 407 ff. (408, II. 2. b)), „externe" Ausstattungsverpflichtung; *Gruel,* Personalsicherheiten, S. 9, 2. Abs., Bürgschaft, S. 19, 1. Abs., Garantie; *J. Koch,* Die Patronatserklärung, S. 90, 1. Abs.; *Koziol,* Garantievertrag, S. 38, Garantie; *Palandt-Heinrichs* (64), § 151 Rn. 2, m. w. N.; ähnlich *MüKo-Kramer* (4), § 151 Rn. 5.

[186] *BGH* (U. v. 06.05.1997 – IX ZR 136/96), NJW 1997, S. 2233 f. (2233, 1. b)), zwar setze § 151 BGB eine eindeutige Betätigung des Annahmewillens voraus, diese sei jedoch im Behalten der Urkunde zu sehen; *BGH* (U. v. 10.02.2000 – IX ZR 397/98), NJW 2000, S. 1563 ff. (1563, 1.), jeweils zur Bürgschaft; *BGH* U. v. 14.04.1999 – VIII ZR 370/97), NJW 1999, S. 2179 f. (2179, a)); *BGH* (U. v. 12.10.1999 – XI ZR 24/99), NJW 2000, S. 276 ff. (277, b)), Sicherungszession; *Erman-Armbrüster* (11), § 151 Rn. 5; *MüKo-Kramer* (4), § 151 Rn. 56; *Palandt-Heinrichs* (64), § 151 Rn. 2; *Schimansky/Bunte/Lwowski* (*Schmitz*), Bankrechts-Handbuch II (2), § 91 Rn. 29; *Staudinger-Bork* (2003), § 151 Rn. 20.

[187] *OLG Naumburg* (U. v. 13.01.2000 – 2 U (Hs) 73/98), OLGR Naumburg 2000, S. 407 ff. (408, II. 2. b)); *Hantke,* S. 42. Angesichts dieses konsentierenden Gläubigerverhaltens kann dahinstehen, ob in Fällen ausschließlich vorteilhafter Vertragsangebote das bloße Schweigen als Annahme gewertet werden kann, vgl. *Soergel-Wolf* (13), § 151 Rn. 18; *Staudinger-Bork* (2003), § 151 Rn. 8; aA *Balzer,* 7. Rostocker Bankentag 2001, S. 59 ff. (66, 2. Abs.), sofern der Kredit bereits vor Angebotsabgabe ausgezahlt worden ist. In diesem Fall müsse die Annahme der Mutter gegenüber ausdrücklich erklärt werden; ebenso *Michalski,* WM 1994, S. 1229 ff. (1233, 2. Abs.). Für diese Differenzierung besteht indes kein Bedarf.

[188] Ähnlich *J. Koch,* Die Patronatserklärung, S. 579.

rungen – überhaupt angenommen werden können und ob diese von dem Patron im Anschluss an ihre Publikation noch widerrufen werden können.

Gemäß § 147 BGB sind Vertragsangebote grundsätzlich unverzüglich anzunehmen. Bei öffentlichen Angeboten wird der Antragende allerdings nicht davon ausgehen, dass sämtliche Adressaten seinen Antrag umgehend zur Kenntnis nehmen und entsprechend kurzfristig reagieren. Er stellt sich auf eine längere Annahmedauer ein[189]. Langfristige Vertragsangebote sind richtiger und überwiegender Meinung zufolge statthaft[190].

### 1. Exkurs: Zeitlich beschränkte Bindungswirkung von Ausstattungserklärungen in Geschäftsberichten

Problematisch ist in diesem Zusammenhang, ob Ausstattungszusagen in Geschäftsberichten zeitlich beschränkt sind, ob der Vertragsantrag des Patrons also nach Ablauf einer bestimmten Zeitspanne erlischt (vgl. § 151 S. 2, 2. Alt. BGB[191]).

Dafür spricht[192], dass die kaufmännische Pflicht zur Aufstellung eines Jahresabschlusses geschäftsjahresbezogen ist (vgl. §§ 242, 243 Abs. 3 HGB). Große und mittelgroße Kapitalgesellschaften sowie die in dem Publizitätsgesetz (PublG) bezeichneten Unternehmen[193] sind verpflichtet, den Jahresabschluss innerhalb der ersten drei Monate nach Geschäftsjahresablauf zu erstellen (§§ 264 Abs. 1 S. 2 HGB, 5 Abs. 1 S. 1 PublG)[194]. Kleine Kapitalgesellschaften können sich dazu maximal sechs Monate Zeit lassen (§ 264 Abs. 1 S. 3 HGB). Die

---

[189] *J. Koch,* Die Patronatserklärung, S. 594; *Köndgen,* Selbstbindung ohne Vertrag, S. 290, 3. Abs.; *Thiekötter,* Patronatserklärung ad incertas personas, S. 78.

[190] Neben dem Grundsatz der Privatautonomie lässt sich als Grund dafür die in § 148 BGB vorgesehene Möglichkeit zur Bestimmung einer Antragsfrist anführen, vgl. nur *BGH* (U. v. 28.09.1962 – V ZR 8/61), DNotZ 1963, S. 230 f. (230), *BGH* (U. v. 04.04.2000 – IX ZR 152/99), NJW 2000, S. 2984 ff. (2985, 2. b)); *Erman-Armbrüster* (11), § 147 Rn. 18, 22; *Staudinger-Bork* (2003), § 147 Rn. 1; *Kohout,* Patronatserklärungen, S. 52/53, 60/61, „Festofferte"; *Thiekötter,* Patronatserklärung ad incertas personas, S. 79, III., m. w. N.

[191] Zur Anwendbarkeit des § 151 BGB auf öffentliche Ausstattungszusagen, s. u. D. II. 3.

[192] Soweit ersichtlich, ist eine ausdrücklich Befristung bisher nicht erfolgt, vgl. auch *J. Koch,* Die Patronatserklärung, S. 594, 596, 1. Abs., 619, 5.; *Pesch,* WM 1998, S. 1609 ff. (1614, 4. a)).

[193] Vgl. § 3 PublG. Die Schwellenwerte für eine Rechnungslegung nach dem PublG sind in §§ 1, 2 PublG niedergelegt.

[194] Gemäß § 242 Abs. 3 HGB besteht der Jahresabschluss aus der Bilanz und einer Gewinn- und Verlustrechnung (GuV). Kapitalgesellschaften haben den Jahresabschluss um einen Anhang zu erweitern. Große und mittelgroße Kapitalgesellschaften (vgl. § 267 Abs. 2 ff. HGB) müssen zusätzlich einen Lagebericht erstellen (§ 264 Abs. 1 S. 1, S. 3 HGB).

Publikationspflichten folgen aus §§ 325, 326 ff. HGB, 9 PublG. Hiernach ist der Jahresabschluss unverzüglich nach Vorlage an die Gesellschafter, spätestens binnen 12 Monaten seit Ablauf des Geschäftsjahres zum Handelsregister einzureichen. Sodann – bzw. bei großen Kapitalgesellschaften und Konzernabschlüssen bereits im Vorfeld – hat eine Bekanntmachung im Bundesanzeiger zu erfolgen (§ 325 Abs. 1 S. 1, S. 2, Abs. 2 S. 1, Abs. 3 HGB[195]).

Obschon der Jahresabschluss ein vergangenheitsbezogenes Informationsinstrument für Gesellschafter, Gläubiger und anderweitig Interessierte ist, können sich die in einem Geschäftsbericht enthaltenen Patronatserklärungen von vornherein nicht nur auf die während des abgeschlossenen Geschäftsjahres getätigten Geschäfte beziehen. Die Zusage käme sonst zu spät. Sie hätte keinerlei Einfluss mehr auf das „ob“ und „wie“ der geschlossenen Verträge.

Eine Begrenzung der Allgemeinzusage auf während des nachfolgenden Geschäftsjahres getätigte Geschäfte kommt gleichsam nicht in Betracht, bringt man in Anschlag, dass die Veröffentlichung des Jahresabschlusses im äußersten Fall erst knapp 12 Monate nach Ablauf des Geschäftsjahres zu erfolgen hat, also zu einem Zeitpunkt, in dem auch das nachfolgende Geschäftsjahr schon so gut wie abgelaufen ist.

Trotzdem ist davon auszugehen, dass Ausstattungszusagen in Geschäftsberichten mangels eines anders lautenden Hinweises stets zeitlich limitiert sind. Endtermin ist das Erscheinen des folgenden Jahresabschlusses[196]. Die Annahme einer solchen Zeitbestimmung rechtfertigt sich daraus, dass die Kundgabe der

---

[195] Gemäß § 325 Abs. 5 HGB bleiben auf Gesetz, Gesellschaftsvertrag oder Satzung beruhende Bekanntmachungspflichten hiervon unberührt. Zu größenabhängigen Erleichterungen für kleine und mittelgroße Kapitalgesellschaften, siehe §§ 326, 327 HGB.

[196] Zögerlich ebenso *Pesch,* WM 1998, S. 1609 ff. (1614, 4. a)), der diese Schlussfolgerung allerdings nicht für zwingend hält. Aus diesem Grund rät er den betroffenen Banken, in ihre jeweiligen Geschäftsberichte expressis verbis eine Zeitbeschränkung aufzunehmen; offen gelassen von *Fried,* Weiche Patronatserklärung, S. 205, 2. Abs.; aA wohl *Hantke,* S. 44; *Thiekötter,* Patronatserklärung ad incertas personas, S. 80/81, V., 89, II., die meint, die Bindungswirkung einer öffentlichen Offerte bleibe solange bestehen, wie das Angebot aufrecht erhalten werde. Anders als hier vertreten, geht sie also nicht von einer jährlichen Befristung der Patronatserklärung aus, sondern von einem unbefristeten Ausstattungsangebot; so nun auch *J. Koch,* Die Patronatserklärung, S. 594/595, allein aus der Verwendung des Geschäftsberichts als Gestaltungsrahmen könne nicht auf die etwa einjährige Befristung des Vertragsangebots geschlossen werden, zumal im Publikationszeitpunkt noch keinesfalls feststehen müsse, zu welchem konkreten Datum der nächste Geschäftsbericht publiziert wird. Da die Frist für beide Seiten nur grob abschätzbar sei, könne die nach außen erkennbare dauerhafte Bindungswirkung nicht durch eine willkürliche Koppelung an den nicht aussagekräftigen Erscheinungsrhythmus des Geschäftsberichts unterlaufen werden; wieder anders *Habersack,* ZIP 1996, S. 257 ff. (263, 3. Abs.); *Kohout,* Patronatserklärungen, S. 54, 2. Abs., Patronatserklärungen an die Allgemeinheit, etwa in Geschäftsberichten, die nicht ausdrücklich befristet seien, sollten grundsätzlich bis zur Aufgabe der Beteiligung an der Tochtergesellschaft gelten. All dies widerspricht nach hier vertretener Meinung

Ausstattungszusage mit und in den Jahresabschlussunterlagen erfolgt. Diese Unterlagen sind a priori auf jährliche Erneuerung bzw. Aktualisierung angelegt. Der durchschnittliche Leser eines Geschäftsberichts vertraut nicht auf den dauerhaften Bestand einer in diesen Unterlagen enthaltenen Patronatserklärung[197]. Er geht davon aus, dass die Ausstattungszusage wie der eigentliche Jahresabschluss nur bis zum Erscheinen „der Neuauflage“ dem aktuellen Stand der Dinge entspricht Aus objektiver Empfängersicht kann dreierlei passieren: Entweder ist die Patronatserklärung in dem nachfolgenden Geschäftsbericht unverändert enthalten oder sie ist inhaltlich umgestaltet oder für die Zukunft gestrichen worden. Ersterenfalls bedeutet der wortgleiche Abdruck der Erklärung keine Bestätigung der vorhergehenden Patronatserklärung, sondern deren konstitutive Neuvornahme. Ist die harte Patronatserklärung dagegen in dem nachfolgenden Geschäftsbericht nicht mehr enthalten, steht für die potenziellen Adressaten zweifelsfrei fest, dass der Patron ihnen gegenüber künftig nicht mehr zur Ausstattung seiner Tochterunternehmen verpflichtet sein möchte. Eines klarstellenden Hinweises oder gar eines „Widerrufs“[198] der im Vorjahr abgedruckten Erklärung bedarf es nicht. Für die Zukunft dauert die Ausstattungsverpflichtung nur wegen solcher (Vertrags-)Ansprüche an, die bereits bestanden haben oder während des „Maßgeblichkeitszeitraums“[199] begründet worden sind und die zum Gegenstand einer wirksamen Vereinbarung zwischen dem Patron und dem jeweiligen Gläubiger gemacht worden sind[200]. Entscheidend ist der konkrete Gehalt der Patronatserklärung bei Abschluss des Patronatsvertrages. Das Vertragsangebot des Patrons erstreckt sich nicht auf sämtliche, den adressierten Gläubigern möglicherweise in Zukunft zustehenden Forderungen, sondern eine Annahme ist nur für solche Vertragsansprüche möglich, deren Rechtsgrund bis zum (ex nunc) Erlöschen der Patronatserklärung bereits gelegt ist[201].

---

dem „den Umständen zu entnehmenden Willen des Antragenden“ (vgl. § 151 S. 2, 2. Alt. BGB).

[197] AA scheinbar *J. Koch,* Die Patronatserklärung, S. 595, 1. Abs. Ihm ist zu erwidern, dass die Koppelung der Bindungswirkung an den Erscheinungsrhythmus einerseits keineswegs willkürlich ist und der Publikationsrhythmus andererseits nicht unmaßgeblich sein kann. Wäre die Meinung *Kochs* richtig, müssten potenzielle Adressaten im Zweifelsfall sämtliche Jahresabschlussunterlagen der Obergesellschaft ihrer designierten Vertragspartnerin nach einer Ausstattungszusage durchforsten, wenn sich in dem aktuellen Geschäftsbericht keine Patronatserklärung findet – eine „alte Erklärung“ könnte ja immer noch Bestand haben. Das ist praxisfern. Ein vernünftiger Adressat wird ohne weiteres davon ausgehen, dass die Angaben in einem Geschäftsbericht auf jährliche Erneuerung angelegt sind (näheres sogleich).

[198] Zu der Frage nach der Widerruflichkeit der Allgemeinzusage sogleich unter Gliederungspunkt 2.

[199] *Pesch,* WM 1998, S. 1609 ff. (1614, 4. a)).

[200] Vgl. auch *Habersack,* ZIP 1996, S. 257 ff. (263, 3. Abs.); *Pesch,* WM 1998, S. 1609 ff. (1614, 4. b)).

[201] Vgl. auch *Pesch,* WM 1998, S. 1609 ff. (1614, 4. b)).

## 2. Exkurs: (Un-)Widerruflichkeit von Allgemeinzusagen in Geschäftsberichten

Möglicherweise müssen die Adressaten einer Allgemeinzusage neben dieser Zeitbeschränkung zusätzlich mit einem Widerruf des Vertragsangebots durch den Patron rechnen[202].

---

[202] So *Schneider,* ZIP 1989, S. 619 ff. (625); *Schimansky/Bunte/Lwowski* (*Merkel*), Bankrechts-Handbuch II (2), § 98 Rn. 8 (Fn. 7), S. 3042; *Wittig* in: BuB Rn. 4/29000, welche die Patronatserklärung jedoch nicht als bis zum Erscheinen des Folgeabschluss befristetes Vertragsangebot ad incertas Gläubiger ansehen, sondern als einseitiges, nicht annahmebedürftiges Leistungsversprechen (dazu bereits oben unter A. II. 1.). Demgemäß stützen sie die Widerrufsmöglichkeit auf § 658 BGB (analog). Geschützt sind die Gläubiger ihnen zufolge dadurch, dass der Widerruf nur ex nunc durch Bekanntmachung in derselben Art und Weise wie die eigentliche Erklärung erfolgen kann (§ 658 Abs. 1 S. 2 BGB). Auch komme ein Widerruf nur bis zur Vornahme der Handlung in Betracht (S. 1 der Norm). Ein „Allgemeinwiderruf" wäre hiernach denjenigen Gläubigern gegenüber wirkungslos, die im Vertrauen auf die Zusage bereits mit der Tochter kontrahiert haben. Mit Blick auf das gleich gelagerte Publikationserfordernis eines Widerrufs, liegen diese Meinung und die hier vertretene Ansicht von einer Befristung der Patronatserklärung bis zum Erscheinen des Folgeabschlusses im praktischen Ergebnis nicht weit auseinander. Eine Änderung oder Aufhebung der Zusage (die nach den genannten Autoren zwingend erforderlich ist) bzw. die Nichterneuerung der Patronatserklärung (die nach hier vertretener Meinung genügt) sind faktisch erst im nachfolgenden Geschäftsbericht möglich. Nach dem hier vertretenen Standpunkt bedarf es allerdings weder eines Aufhebungs- bzw. Änderungswiderrufs noch lässt sich ein Widerrufsrecht des Patrons rechtlich konstruieren. Sind im Vertrauen auf die Zusage bereits Verträge zwischen dem protegierten Unternehmen und deren Gläubigern geschlossen worden, besteht für den Ausstattungspflichtigen nach beiden Auffassungen kein Widerrufs-, sondern bestenfalls ein Kündigungsrecht (näheres zu der hier vertrenenen Ansicht sogleich im Anschluss). Noch anders nunmehr *J. Koch,* Die Patronatserklärung, S. 598/599, 619, 5., der unter der Prämisse eines unbefristeten öffentlichen Vertragsangebots ad incertas personas davon ausgeht, eine dauerhafte Bindung komme nur in Betracht, wenn der Patron erkennbar allen Tochtergläubigern eine unwiderrufliche Rechtsposition verschaffen will, was in der Erklärung hinreichend deutlich zum Ausdruck kommen müsse. Ansonsten stünde ihm in abweichend von § 130 Abs. 1 S. 2 BGB ein Lösungsrecht zu. Die Widerrufslösung sei bedenklich, da sie die potenziellen Kreditgeber nicht davor schütze, dass ihnen die mit dem Vertragsangebot in Aussicht gestellte Begünstigung ohne Vorwarnung entzogen wird (Rechtsgedanke der §§ 130 Abs. 1, 145 BGB). Dem Patron sei daher nur das Recht zuzubilligen, sein zunächst unbefristetes Vertragsangebot im Nachhinein zu befristen. In Anlehnung an § 658 Abs. 1 S. 2 BGB habe dies in derselben Art und Weise wie die ursprüngliche Verlautbarung zu geschehen, eine Befristung sei folglich erst im folgenden Geschäftsbericht möglich. Abgesehen davon, dass die Patronatserklärung nach der hier vertretenen Meinung keine dauerhafte Bindungswirkung entfaltet, fragt sich, wie dies praktisch in den Griff zu kriegen sein sollte. Um die Adressaten auf das Erlöschen der Patronatserklärung vorzubereiten, müsste die Befristung auf einen Zeitpunkt nach Veröffentlichung desjenigen Jahresabschlusses gerichtet sein, in dem die Zeitbestimmung enthalten ist. Welche Vorbereitungsfrist hierfür angemessen ist und was geschieht, wenn die (vermeintlich) unbefristete Erklärung in den kommenden Jahren nicht mehr abgedruckt ist, bleibt offen. Die Befristung hinge in der Luft. Die dauerhafte Maßgeblichkeit des die Zusage enthaltenden Jahresabschluss wäre der Übersichtlichkeit und Rechtsklarheit wenig förderlich. Diese Brüche und Unwägbarkeiten zei-

Gemäß § 130 Abs. 1 S. 2 BGB sind empfangsbedürftige Willenerklärungen nur bis zum Zeitpunkt ihres Zugangs widerruflich. Diese Regelung ist bei einem „offerandum ad incertas personas" „naturgemäß" unanwendbar"[203]. Erklärungen ad incertas personas sind nicht nur einheitlich auszulegen, sie bedürfen auch eines einheitlichen Wirksamkeitszeitpunktes[204]. Die Nichtgeltung der genannten Vorschrift ist unschädlich. Der Zeitpunkt der Bindungswirkung[205] kann im Auslegungswege bestimmt werden (§§ 133, 157 BGB)[206]. Indem der Patron sein Ausstattungsversprechen in den Jahresabschluss implementiert und diesen der Öffentlichkeit zugänglich macht[207], legt er seiner Zusage den objektiven Erklärungswert bei, dass er das Ausstattungsversprechen nach seiner Veröffentlichung verbindlich gegen sich gelten lassen möchte (§ 145 BGB)[208]. Ab der Publikation des Geschäftsberichtes ist der Patron an seine Ausstattungszusage gebunden[209].

---

gen, dass einzig praxisgerechte und nachvollziehbare Lösung die Befristung der Patronatserklärung bis zum Erscheinen des Folgeabschlusses ist.

[203] So *OLG Frankfurt a.M.* (B. v. 07.06.1971 – 6 W 196/71), NJW 1971, S. 2177 f. (2178, 4. a)), unter Hinweis auf den entsprechenden Standpunkt der Vorinstanz; *Köndgen,* Selbstbindung ohne Vertrag, S. 290, 2. Abs.; *Soergel-Hefermehl* (13), § 130 Rn. 6; *Thiekötter,* Patronatserklärung ad incertas personas, S. 76, 1. Abs.; offen gelassen von *J. Koch,* Die Patronatserklärung, S. 572, 1. Abs.

[204] *Köndgen,* Selbstbindung ohne Vertrag, S. 290, 2. Abs.; *Thiekötter,* Patronatserklärung ad incertas personas, S. 75/76, III.

[205] Die Bindungswirkung tritt mit dem Wirksamwerden einer Offerte ein, also mit ihrer Unwiderruflichkeit, vgl. *Flume,* Das Rechtsgeschäft, AT II (4), § 35 I 3. b), S. 641; *MüKo-Kramer* (4), § 145 Rn. 16. Zu dem historischen Hintergrund der in § 145 BGB vorgeschriebenen Bindungswirkung eines Vertragsangebots, *Flume,* a.a.O., § 35 I. 3. a), S. 640/641.

[206] Dazu, dass die Verbindlichkeit einer Offerte dem geltenden Vertragsprinzip nicht zuwiderläuft, vgl. bereits die Ausführungen des historischen Gesetzgebers, *Motive II,* S. 175 = *Mugdan II,* S. 96 (I §§ 342, 343); *Protokolle II,* S. 447 (61., II.) = *Mugdan II,* S. 612/613 (I §§ 342, 343).

[207] Wann dies genau geschieht, ist Einzelfallfrage. Anhand der Publikationsdaten ist in jedem Einzelfall gesondert festzustellen, wann der designierte Empfängerkreis erstmals die Möglichkeit gehabt hat, von den maßgeblichen Jahresabschlussunterlagen Kenntnis zu nehmen. Dies ist spätestens mit Veröffentlichung (eines Querverweises) im Bundesanzeiger der Fall. In praxi dürfte es vielfach auf das Datum der Einstellung der Jahresabschlussunterlagen in das Internet ankommen (Wiedergabe der Patronatserklärung auf der Unternehmenshomepage).

[208] Vgl. insofern die Erwägungen des *OLG Frankfurt a.M.* (B. v. 07.06.1971 – 6 W 196/71), NJW 1971, S. 2177 f. (2178, 4. a)). In Geschäftsberichten abgedruckte Patronatserklärungen sind bislang, soweit ersichtlich, in keinem Fall als „unwiderruflich" bezeichnet worden, die Argumentation des Senates mit der „willentlichen Entäußerung" der Erklärung ist aber auf harte Patronatserklärungen in Geschäftsberichten übertragbar.

[209] So *Köndgen,* Selbstbindung ohne Vertrag, S. 290, 2. Abs., ganz allgemein für Offerten an das Publikum. Dies gilt selbst dann, wenn noch kein Gläubiger von der Zusage Kenntnis genommen haben sollte. Überdies ist die Offerte ab diesem Moment auch gegenüber solchen Adressaten verbindlich, die von dem Erklärungstext indirekt

Gegebenenfalls kann er diese aber noch nach diesem Zeitpunkt widerrufen.

Bei Offerten gegenüber einem breiteren Publikum wird partiell davon ausgegangen, dass die Kehrseite des Fehlens eines Zugangserfordernisses im technischen Sinne die freie Widerruflichkeit des Angebots gegenüber jedermann sei, der das Angebot bis dahin nicht angenommen hat[210]. Folge wäre eine Ungleichbehandlung individueller und öffentlicher Vertragsangebote. Bei einer Individualofferte entscheidet gemäß 130 Abs. 1 S. 2 BGB – anders als noch im gemeinen Recht – der Zugangs- und nicht der Annahmezeitpunkt über die Rechtzeitigkeit eines Widerrufs. Dem Gesetzgeber kam es darauf an, den Rechtsverkehr, sprich den Angebotsempfänger, in seinem Vertrauen darauf zu stärken, dass er bei einer rechtzeitigen Annahme das Geschäft zustande bringt[211]. Eines entsprechenden Schutzes bedürfen auch die Adressaten einer Allgemeinzusage. Schlösse man sich der dargestellten Meinung an, liefen sie Gefahr, aufgrund eines öffentlichen Vertragsangebots eine vermögensrelevante Maßnahme zu treffen, die sich mit dem Widerruf des Angebots vor dessen Annahme als sinnlos erweist[212]. Ihre Überlegungsfrist würde faktisch verkürzt[213]. Die besseren Argumente sprechen für die Unwiderruflichkeit von bereits wirksam gewordenen öffentlichen Vertragsangeboten[214]. Der Antragende wird da-

---

Kenntnis nehmen, etwa durch Mund-zu-Mund-Propaganda; ebenso nun auch *J. Koch,* Die Patronatserklärung, S. 596, 3.

210 *Köndgen,* Selbstbindung ohne Vertrag, S. 290, 3. Abs., m. w. N.

211 *Motive I.,* S. 165/166 = *Mugdan I,* S. 443, § 80, selbst wenn der Antragende nicht ausdrücklich eine Annahmefrist vorsehe, sei eine solche jedem Vertragsantrag zu unterstellen und zwar in Gestalt einer Überlegungsfrist für den Adressaten, ob er das Angebot annehmen soll. Ließe man einen Widerruf bis zur Annahme zu, bestünde für den Erklärungsempfänger die Gefahr, dass er zwischenzeitlich bereits vermögensrelevante Dispositionen oder Entscheidungen trifft. Wolle der Antragende vermeiden, dass der Erklärungsempfänger aus veränderten Gegebenheiten einen Vorteil zieht, könne er dies tun, indem er seine Gebundenheit explizit ausschließt oder eine kurzfristige Annahme fordert.

212 Potenzielle Vertragspartner der Protegés können mit Blick auf die Ausstattungszusage beispielsweise anderweitige Abschlussmöglichkeiten in den Wind geschlagen haben, weil ihnen die Bonität des (damals noch) Protegés (anders als jetzt) besser erschienen ist. Im Einzelfall können erhebliche wirtschaftliche Werte auf dem Spiel stehen. Die Adressaten einer allgemeinen Ausstattungszusage stehen vor der zusätzlichen Schwierigkeit, dass sich die bisher üblichen Erklärungen nur an vertragliche Forderungsinhaber richten, eine Annahme der Patronatserklärung also erst in der logischen Sekunde des Vertragsschlusses mit dem Protegé möglich ist.

213 Um einem etwaigen Widerruf zuvorzukommen, müssten sie das Angebot möglichst rasch akzeptieren.

214 Das Argument *Köndgens,* Selbstbindung ohne Vertrag, S. 290, 3. Abs., das BGB koppele die *Widerruflichkeit* einer Erklärung an ihren Zugang, welchen Offerten ad incertas personas im technischen Sinne gerade nicht bedürften, ist somit nicht zwingend. Pendant für einen individuellen Erklärungszugang ist bei öffentlichen Angeboten gerade ihre Publikation. Im Übrigen sieht § 145 BGB bei wirksam erteilten Vertragsangeboten ganz allgemein die Gebundenheit des Erklärenden an seinen Antrag vor, sofern er diese nicht im Einzelfall ausgeschlossen hat.

durch nicht über Gebühr belastet. Abgesehen davon, dass er die öffentliche Erklärungsform frei gewählt hat, wird seiner Erklärung oftmals eine (stillschweigende) Befristung oder ein Widerrufsvorbehalt beizulegen sein (vgl. § 145, letzter Halbsatz BGB)[215].

Fragt sich, ob letzteres auch für Ausstattungszusagen in Geschäftsberichten gilt. Der Vorbehalt eines Widerrufsrechts noch nach Annahme der Patronatserklärung durch einzelne Tochtergläubiger[216] ist den bisher bekannt gewordenen Allgemeinzusagen nicht zu entnehmen. Wegen der weit reichenden Auswirkungen auf verbindlich zustande gekommene Sicherungsverträge und der damit verbundenen Rechtsunsicherheit für die Gläubiger bedürfte es dazu eines deutlich gestalteten Hinweises auf den Willen des Patrons, sich noch nach Abschluss einzelner Verträge von seiner Ausstattungszusage lossagen zu können[217]. Denkbar ist höchstens ein Widerrufsvorbehalt bis zur Angebotsannahme[218]. Dazu müsste der Patron seine endgültige Gebundenheit für den Zeitraum zwischen der Publikation der Patronatserklärung und der jeweiligen Annahme durch einzelne Gläubiger ausgeschlossen haben. Gegen einen stillschweigenden Lösungsvorbehalt lassen sich mehrere Gründe anführen. Abgesehen davon, dass für einen Ausschluss der endgültigen Bindungswirkung nichts ersichtlich ist, ist der Patron an seine öffentlich kundgemachte Ausstattungszusage „nur" für einen begrenzten Zeitraum von rund einem Jahr gebunden. Für diese Zeitspanne sagt er aus Gläubigersicht insgesamt die ausreichende Unterstützung der bezeichneten Protegés zu, ohne in einzelne Leistungsbeziehungen zwischen den Protegés und deren Gläubigern involviert werden zu wollen. Dem Patron ist nicht an einer Widerrufsmöglichkeit gegenüber einzelnen Gläubigern gelegen, deren Wahrnehmung für ihn mit erheblichen praktischen Schwierigkei-

215 Zum Ausschluss der Bindung an einen Antrag durch Vorbehalt eines Widerrufsrechts, *Soergel-Wolf* (13), § 145 Rn. 10; *Staudinger-Bork* (2003), § 145 Rn. 27.

216 Zum Widerrufsrecht noch nach Annahme, *Flume,* Das Rechtsgeschäft, AT II (4), § 35 I 3 c), S. 642/643; *Medicus,* BGB AT, S. 142 Rn. 366; *Staudinger-Bork* (2003), § 145 Rn. 27, der die Widerrufsmöglichkeit des Antragenden auf die Zeit unmittelbar nach Zugang der Erklärung beschränken möchte; vgl. auch *Larenz/Wolf,* BGB AT (9), § 29 III. 4. b), S. 557/558 Rn. 27, 29/30.

217 Vgl. *Soergel-Wolf* (13), § 145 Rn. 11. Da die in der vorhergehenden Fußnote genannten Autoren die Möglichkeit eines nachträglichen Widerrufs mit Recht auf einen kurzen Zeitraum nach Annahme bzw. Zugang der Annahmeerklärung beschränken, wäre der praktische Nutzen eines solchen Vorbehalts mangels Kenntnisnahme von diesem Zeitpunkt gleich Null. Hinzu kommt, dass sich kaum ein Gläubiger auf die Erbringung der von ihm geschuldeten Leistung einlassen würde, bevor nicht Klarheit über die endgültige Wirksamkeit des Sicherungsvertrages besteht. Die von der Allgemeinzusage erhoffte Belebung und Erleichterung der Geschäftstätigkeit der Protegés wäre dahin.

218 Dazu *Soergel-Wolf* (13), § 145 Rn. 11; bejahend für unbefristete Patronatserklärungen gegenüber der Allgemeinheit, beispielsweise in Geschäftsberichten, *Kohout,* Patronatserklärungen, S. 54, 2. Abs. Anders als hier vertreten, geht der Autor indes von einer Geltung der Allgemeinzusage bis zur Beteiligungsaufgabe aus.

ten verbunden wäre. Hinsichtlich der Altgläubiger müsste der Patron (oder an seiner statt der jeweilige Protegé) diejenigen Gläubiger ausfindig machen, die sein Vertragsangebot noch nicht angenommen haben und sie individuell von der Rücknahme des Ausstattungsangebots in Kenntnis setzen. Den Neugläubigern müsste er (über die Protegés) deutlich machen, dass die Ausstattungszusage für die Zukunft hinfällig ist, dass ihnen daraus kein Schutz zuteil werden wird[219]. Dadurch würde er die Kreditwürdigkeit bzw. Leistungsfähigkeit der betroffenen Protegés grundlos schmälern, obliegt ihm doch schon aufgrund der bereits angenommenen Patronatserklärungen eine „kontinuierliche Grundausstattungspflicht“[220]. Mangels Praktikabilität und Erkennbarkeit eines speziellen Interesses des Patrons an der Widerruflichkeit seiner zeitlich limitierten Ausstattungszusage, wohnt den bekannt gewordenen öffentlichen Patronatserklärungen mithin kein Widerrufsvorbehalt inne[221].

Der Patron muss sich generell bis zum Erscheinen des nächsten Jahresabschlusses an seiner Patronatserklärung festhalten lassen[222]. Bei auf längere Zeit befristeten verbindlichen Vertragsangeboten wird den Erklärenden allerdings nach Treu und Glauben ein Lösungsrecht zugebilligt, sofern sich die von ihm zugrunde gelegten Voraussetzungen unvorhersehbar so erheblich gewandelt haben, dass die Fortgeltung der *Erklärung* für sie unzumutbar ist[223]. Daneben

---

[219] Ein Widerruf in einem Halbjahres- oder Quartalsbericht käme nicht in Betracht (vgl. nur §§ 340a Abs. 3 HGB i.V.m. 10 Abs. 3 KWG, für Kreditinstitute). Es ist nicht anzunehmen, dass die betroffenen Gläubiger auch diese unterjährigen Berichte einsehen, die vorrangig der Offenlegung von zwischenzeitlich bekannt gewordenen Wertveränderungen und der Unterrichtung über die laufende Geschäftsentwicklung dienen. Nach dem Rechtgedanken der §§ 170, 171 Abs. 2, 172 Abs. 2 BGB bedarf ein Widerruf grundsätzlich eines actus contrarius, der nur durch eine gezielte individuelle Information substituierbar ist, vgl. *Palandt-Heinrichs* (64), § 173 Rn. 4, 7; *Soergel-Leptien* (13), § 172 Rn. 5; *Staudinger-Schilken* (2004), § 171 Rn. 10.

[220] Dazu oben in Kapitel 4, B. II. 2. a).

[221] Im Ergebnis ebenso, wenn auch mit dem Argument, ein Widerrufsvorbehalt müsse sich aus der Erklärung selbst ergeben, *Thiekötter,* Patronatserklärung ad incertas personas, S. 79/90, IV; aA *Kohout,* Patronatserklärungen, S. 54, 2. Abs. Der Autor setzt sich allerdings nicht damit auseinander, unter welchen Voraussetzungen das öffentlich bekanntzumachende Widerrufsrecht ausgeübt werden kann

[222] Nach der „Theorie vom einseitigen Leistungsversprechen“ (s.o. A. II. 1.) ist die Zusage hingegen grundsätzlich widerruflich, vgl. *Schneider,* ZIP 1989, S. 619 ff. (625); *Wittig* in: BuB Rn. 4/29000.

[223] Ob dieses Recht nur unter den Voraussetzungen des § 313 BGB besteht (Störung der Geschäftsgrundlage) oder in einem weitergehenden Umfang, ist umstritten, vgl. *Flume,* Das Rechtsgeschäft, AT II (4), § 35 I 3 d), S. 643/644; *Larenz/Wolf,* BGB AT (9), § 29 III. 4. b), S. 557/558 Rn. 27/28, weiterreichender Umfang; *Medicus,* BGB AT, S. 142 Rn. 369 (SGG), der die Ähnlichkeit der Situation mit derjenigen bei einem „fertigen Vertrag“ herausstreicht; so wohl auch *MüKo-Kramer* (4), § 145 Rn. 18. Siehe auch *OLG Düsseldorf* (U. v. 10.10.1990 – 9 U 93/90), NJW-RR 1991, S. 311 ff. (312/313). Der Senat weist auf die rechtliche Möglichkeit zur außerordentlichen Kündigung von Dauerschuldverhältnissen hin (jetzt § 314 BGB) und zieht einen erst-

bleibt dem Patron allenfalls die Möglichkeit einer Kündigung der aufgrund der Zusage zustande gekommenen Patronatsverträge[224].

### 3. Annahme von öffentlichen Ausstattungserklärungen

Während des „Maßgeblichkeitszeitraums" bis zur Veröffentlichung des Folgeabschlusses haben die Adressaten somit die Möglichkeit zur Annahme der öffentlichen Ausstattungszusage.

In einigen Fällen geschieht dies durch eine individuelle Erklärung gegenüber dem Patron[225]. Da ein Zugang der Annahmeerklärungen nach der Verkehrssitte ebenso wenig wie bei einem individuellen Vertragsangebot zu erwarten ist[226], jedenfalls von einem Verzicht des Patrons auf das Zugangserfordernis auszugehen ist[227], kommt im Übrigen wieder § 151 S. 1 BGB zur Anwendung[228]. Al-

---

recht-Schluss für verbindliche Vertragsangebote. Diese müssten unter den gleichen Voraussetzungen widerrufen werden können (S. 312, 4. Abs., 313 a.E.).

[224] Diese Frage ist in dem von dem *OLG München* (U. v. 22.07.2004 – 19 U 1867/04), ZIP 2004, S. 2102 ff., entschiedenen Fall wegen Fortbestands der zunächst „widerrufenen" „internen" Ausstattungszusage nicht entscheidungserheblich geworden. Nach hier vertretener Meinung sind nur Verträge kündbar. Vor Annahme der Offerte durch den Angebotsempfänger wäre nur ein Widerruf des Vertragangebots möglich; ähnlich *Schneider,* ZIP 1989, S. 619 ff. (625); wohl auch *Pesch,* WM 1998, S. 1609 ff. (1614, 4. b), Möglichkeit, die Wirksamkeit von *Patronatsvereinbarungen* für die Zukunft während des „Maßgeblichkeitszeitraums" analog der Kündigung einer Bürgschaft zu beschränken (Hervorh. durch Verf.); *OLG Düsseldorf* (U. v. 10.10.1990 – 9 U 93/90), NJW-RR 1991, S. 311 ff. (S. 312, 4. Abs., 313 a.E.); siehe aber auch die anders lautende Urteilsinterpretation von *Medicus,* BGB AT, S. 142 Rn. 369. Näheres zu den Möglichkeiten und Voraussetzungen einer Vertragskündigung in Kapitel 12, A./B.

[225] *Thiekötter,* Patronatserklärung ad incertas personas, S. 82/83, 1. Kapitel. Wozu *J. Koch,* Die Patronatserklärung, S. 576, III. 1., ausdrücklich rät.

[226] *Wagner,* Internationale Tätigkeit der Banken, S. 29/30; siehe auch *LG Berlin* (U. v. 18.02.2000 – 94 O 93/99), WM 2000, S. 1060 ff. (1061, II. 1), demzufolge bei lediglich rechtlich vorteilhaften Geschäften für die Annahmeerklärung *nach der Verkehrssitte* kein Zugangserfordernis besteht (Hervorh. durch Verf.); zweifelnd *J. Koch,* Die Patronatserklärung, S. 580, 1. Abs.; *Thiekötter,* Patronatserklärung ad incertas personas, S. 87, II.; anders noch *Kohout,* Patronatserklärungen, S. 59/60. Ihm zuwider ist aber nicht anzunehmen, dass der Patron an einer Individualisierung der Vertragspartner interessiert ist. Er weiß exakt um sein Risiko, den Protegés ausreichend Mittel zur Erfüllung sämtlicher Gläubigerforderungen bereitstellen zu müssen. Auch zu Zwecken der Bilanzierung muss er nicht um jeden einzelnen Ausstattungsgläubiger wissen, was er zumeist auch gar nicht will, vgl. *Thiekötter,* Patronatserklärung ad incertas personas, S. 83, 1. Abs. (Fn. 301), S. 88; aA *Forschbach,* Liquiditätszusagen, S. 101/102, für „interne Liquiditätszusagen". Der Zusagende habe ein Interesse daran zu erfahren, wer sein Angebot angenommen hat, um sein Risiko abschätzen zu können und um entsprechende Liquiditätsreserven vorzuhalten. Bei „internen kollektiven Liquiditätszusagen" bedürfe es daher eines expliziten Zugangsverzichts.

[227] *J. Koch,* Die Patronatserklärung, S. 580/581, 3. a); *Thiekötter,* Patronatserklärung ad incertas personas, S. 87/88, II; aA *Kohout,* Patronatserklärungen, S. 61, 1.

lerdings können die Erklärungsempfänger einer Allgemeinzusage ihren Annahmewillen – anders als Individualgläubiger – nicht durch das Behalten einer an sie versandten Patronatserklärung bzw. durch die widerspruchslose Entgegennahme eines vorteilhaften Vertragsangebots kundtun[229]. Sie müssen ihrem Annahmewillen auf andere Weise Ausdruck verleihen. Dies kann durch Abschluss einer Vereinbarung mit dem Protegé in Kenntnis der Patronatserklärung geschehen[230], durch eine bestimmte Erklärung oder Verhaltensweise gegenüber einem Angestellten des Protegés[231], aber auch durch eine Äußerung gegenüber einem Dritten, durch die Erstellung einer Aktennotiz, durch das Abheften der entspre-

---

Abs., da nach § 151 BGB annahmefähige Angebote in der Regel kurz-, und nicht langfristig seien. Nach diesseitigem Verständnis hat das eine mit dem anderen nichts zu tun. Wie bereits ausgeführt, muss der Patron so oder so davon ausgehen, bis zum Erscheinen des Folgeabschlusses an seine Erklärung gebunden zu sein.

[228] *Hantke,* S. 44; *Kohout,* Patronatserklärungen, S. 60, dem zuwider der Satz, einer Annahmeerklärung bedürfe es bei Geschäften nicht, die dem Antragsempfänger nur günstig sind, auch gelten kann, wo der Begünstigte nicht individualisiert ist; *Wagner,* Internationale Tätigkeit der Banken, S. 30, 1. Abs.

[229] Siehe bereits unter Gliederungspunkt II. Bei einem Individualgläubiger indiziert ein fehlender Widerspruch (nur) deshalb seinen Annahmewillen, weil er ein Schriftstück in den Händen hält oder eine mündliche Zusage entgegennimmt, ohne ablehnend darauf zu reagieren. Die bloße Kenntnisnahme von einer öffentlichen Patronatserklärung lässt dagegen äußerlich nicht den Schluss auf einen Abschlusswillen des Adressaten zu; aA *Thiekötter,* Patronatserklärung ad incertas personas, S. 96/97, III., m.w.N., das Schweigen des Gläubigers auf das lediglich vorteilhafte Angebot sei nach Treu und Glauben als konkludente Willenserklärung zu werten. Damit ebnet sie entgegen ihrer eigenen Differenzierung den Unterscheid zwischen einem bloßen Schweigen und einer konkludenten *Willenserklärung* ein (Hervorh. durch Verf.). Man wird zumindest eine schwache Willensregung, wie etwa ein zustimmendes Lächeln oder ein Nicken, verlangen müssen; vgl. auch *MüKo-Kramer* (4), § 151 Rn. 4; *Staudinger-Bork* (2003), § 151 Rn. 3, 8, 15; *Koziol,* Garantievertrag, S. 38, der hervorhebt, dass dem Stillschweigen des Empfängers durch den Anbietenden keine andere als die übliche Bedeutung zugemessen werden kann, weil der Empfänger sonst zu einer ausdrücklichen Ablehnung des Angebots gezwungen wäre (im Endeffekt spricht er sich aber für eine konkludente Annahme des vorteilhaften Garantieangebots durch bloßes Stillschweigen aus).

[230] Vertragsschluss, Fortsetzungsvereinbarung, „Rücknahme" einer Vertragskündigung, etc. Ebenso *Thiekötter,* Patronatserklärung ad incertas personas, S. 86; *J. Koch,* Die Patronatserklärung, S. 590, 2. Abs., der die Beweiseignung mit Recht nur anerkennt, wenn der Kontrakt in Kenntnis der Patronatserklärung und im Vertrauen auf diese geschlossen worden ist. Zum Schutz der Angebotsempfänger stellt er hierfür in Anlehnung an den Rechtsgedanken des § 434 Abs. 1 S. 3 BGB eine widerlegliche Vermutung auf; aA. *Habersack,* ZIP 1996, S. 257 ff. (263, 2. Abs.), demzufolge der Abschluss eines die zu sichernde Forderung begründenden Vertrages mit der Tochtergesellschaft „freilich" nicht genügt, um von einer nach außen hervortretenden unzweideutigen Betätigung des Annahmewillen auszugehen; ähnlich *Pesch,* WM 1998, S. 1609 ff. (1614, 1. Abs.), der fordert, dass in den Vertragsverhandlungen auf die Patronaterklärung Bezug genommen, die geschilderte Geschäftspolitik erläutert oder die Existenz der Patronatserklärung angesprochen wird.

[231] Abstandnahme von einem zunächst geäußerten Sicherungsbegehren, ausdrückliche Erwähnung der vorteilhaften Ausstattungszusage, o.Ä.

chenden Passage des Geschäftsberichtes oder durch sonst ein Verhalten, das objektiv den Schluss auf ihren Annahmewillen zulässt[232]. Entgegen teilweise geäußerter Einschätzung wird sich nicht sagen lassen, dass bereits der bloße Entschluss zur Angebotsannahme den Vertrag zustande bringt[233]. Hinzutreten muss – schon aus Rechtssicherheits- und Beweisgründen – ein objektiver Hinweis auf den Annahmewillen[234]. Nur so lässt sich feststellen, ob der Erklärungsempfänger das Angebot rechtzeitig angenommen hat (vgl. § 151 S. 2 BGB)[235]. Hinsichtlich der Qualität des Beweisanzeichens wird aber recht großzügig zu verfahren sein. Bereits noch so geringe Anzeichen dürften als Beleg für den Annahmewillen dienen. Das Abheften der öffentlich publizierten Ausstattungszusage ist in jedem Fall ausreichend, ebenso die Erstellung eines auf sie Bezug nehmenden Aktenvermerkes. Der Abschluss des Patronatsvertrages dürfte daher kaum einmal an der objektiven Betätigung des Annahmewillens scheitern, zumal der Annahmewille nicht zwingend gegenüber dem Zusagenden oder der auszustattenden Gesellschaft zum Ausdruck gebracht werden muss[236].

---

232 Vgl. etwa *BGH* (U. v. 14.04.1999 – VIII ZR 370/97), NJW 1999, S. 2179 f. (2179/2180).

233 So *Flume,* Das Rechtsgeschäft, AT II (4), § 35 II. 3., S. 655, der die Annahme deswegen auch nicht als „Willens*erklärung*", sondern als „Willens*geschäft*" bezeichnet (Hervorh. durch Verf.); vgl. auch *Wagner,* Internationale Tätigkeit der Banken, S. 29 a.E.; wie hier *J. Koch,* Die Patronatserklärung, S. 582–586.

234 *BGH* (U. v. 14.04.1999 – VIII ZR 370/97), NJW 1999, S. 2179 f. (2179, a)); *BGH* (U. v. 12.10.1999 – XI ZR 24/99), NJW 2000, S. 276 ff. (277, b)), m.w.N.; *J. Koch,* Die Patronatserklärung, S. 578/579, 2. So hat der historische Gesetzgeber bewusst einen Antrag abgelehnt, wonach eine Annahmeerklärung entbehrlich sein sollte. Aus Sicht des Antragstellers sollten bei einem Zugangsverzicht Erklärungen gegenüber Dritten oder sonstige Willensbetätigungen rechtlich irrelevant sein. Bräuchte die Willenserklärung nicht gegenüber dem Antragenden zu erfolgen, wäre nicht einzusehen, warum er seine Annahme nicht eigenmächtig wieder widerrufen können sollte. Die Kommission empfand es dagegen als nicht sachgerecht, dem Empfänger eine Spekulation auf Kosten des Antragenden zu ermöglichen. Hätte der Antragsempfänger – wenn auch nicht in Richtung auf den Antragenden – seinen Annahmewillen deutlich zu erkennen gegeben, könnte ihm nicht freigestellt bleiben, „ob" bzw. wann es zum Vertragsschluss käme. Zum Zustandekommen eines Vertrages bedürfte es stets eines Vertragsschlusses und damit einer Annahmeerklärung; letztere gehörte zum Wesen des Vertragsschlusses, vgl. *Protokolle I,* S. 83/84 = *Mugdan I,* S. 693/694. *Medicus,* BGB AT, S. 146 Rn. 382, argumentiert zusätzlich mit dem Gesetzeswortlaut, der für die Notwendigkeit einer „Annahme*erklärung*" allerdings nicht viel hergibt. Man könnte höchstens unterstellen, dass der Gesetzgeber die Entbehrlichkeit einer Annahmeerklärung umfassender formuliert hätte, wenn er in Gänze von der Betätigung des Annahmewillens hätte absehen wollen.

235 Vgl. bereits die gesetzgeberischen Erwägungen in der vorhergehenden Fußnote. Natürlich ist klar, dass sich vielfach auch objektive Beweisanzeichen manipulieren lassen, indem die objektive Betätigung des Annahmewillens oder ihr Zeitpunkt fingiert oder vordatiert wird; siehe auch *Flume,* Das Rechtsgeschäft, AT II (4), § 35 II. 3., S. 655.

236 AA *Ebenroth/Boujong/Joost* (*Allstadt-Schmitz*), HGB, BankR IV, Rn. IV 642.

Die von Teilen der Literatur vorgeschlagene bzw. für möglich erachtete Mitwirkung der Protegés als Empfangsvertreter des Patrons[237] ist überflüssig. Der Vertrag kommt bereits mit Betätigung des Annahmewillens durch den Gläubiger zustande. Obwohl § 151 BGB keine Sperrwirkung gegenüber § 147 BGB entfaltet[238], wird regelmäßig nicht davon auszugehen sein, dass die Protegés bzw. deren Mitarbeiter oder Organwalter gemäß §§ 164 Abs. 1 und 3, 167 Abs. 1 BGB als passive Stellvertreter des Patrons fungieren. Dazu müsste sich die Patronatserklärung als externe oder öffentlich bekannt gemachte[239], stillschweigende[240] Bevollmächtigung der Protegés verstehen lassen[241]. Des Weiteren müsste sich aus der Erklärung der Gläubiger gegenüber dem jeweiligen Protegé, zumindest aber aus den Umständen der „Annahmeerklärung", ergeben, dass diese sich unmittelbar an den Patron richtet[242]. An beidem wird in der Praxis zu zweifeln sein[243]. Diese Frage kann aber letztlich dahinstehen. Ent-

---

[237] *Ebenroth/Boujong/Joost* (*Allstadt-Schmitz*), HGB, BankR IV, Rn. IV 642; *Habersack,* ZIP 1996, S. 257 ff. (263, 1. Abs.); *ders.* in: *MüKo* (4), Vor § 765 Rn. 53: *Larenz/Canaris,* Schuldrecht II 2 (13), § 64 V. 2. d), S. 84, „Empfangsbote" oder „Empfangsvertreter"; *Thiekötter,* Patronatserklärung ad incertas personas, S. 83, letzter Abs.

[238] *Pesch,* WM 1998, S. 1609 ff. (1614, 1. Abs.).

[239] Wie unter Gliederungspunkt B. I. festgestellt, richtet sich die kollektive Patronatserklärung nicht (auch) an die protegierten (Tochter-)Unternehmen. Der Erklärung könnte daher allenfalls die Wirkung einer Außenvollmacht oder entsprechend § 171 BGB der Kundgabe einer im Vorfeld erteilten Innenvollmacht beigemessen werden. Zu der nach herrschender Meinung bestehenden Möglichkeit einer Vollmachtserteilung durch öffentliche Bekanntmachung, siehe *Palandt-Heinrichs* (64), § 167 Rn. 1; *Soergel-Leptien* (13), § 167 Rn. 5; *Staudinger-Schilken* (2004), § 167 Rn. 12.

[240] *Soergel-Leptien* (13), § 167 Rn. 15, 18.

[241] Bejahend *Habersack,* ZIP 1996, S. 257 ff. (263, 1. Abs.), eine entsprechende Empfangsvollmacht lasse sich der Patronatserklärung im Auslegungswege ohne weiteres entnehmen; verneinend nunmehr auch *J. Koch,* Die Patronatserklärung, S. 576/577, 2.

[242] *BGH* (U. v. 07.11.2001 – VIII ZR 13/01), BGHZ 149, 129 (134, 3. Abs.), doppelte Anwendung des § 164 Abs. 3 BGB bei Vertragsschlüssen aufgrund von Internet-Auktionen; *BGH* (U. v. 28.11.2001 – VIII ZR 38/01), NJW 2002, S. 1041 f. (1041/1042. II. 2.), schlüssige Empfangsvollmacht des Bezirksleiters eines Mineralölunternehmens gegenüber den Tankstellenhaltern; *Erman-Palm* (11), § 164 Rn. 24; *MüKo-Schramm* (4), § 164 Rn. 133; *Soergel-Leptien* (13), § 164 Rn. 37; *Staudinger-Schilken* (2004), § 164 Rn. 22. Dass der Gläubiger dem Protegé gegenüber deutlich macht, dass er auf einen Anspruch gegenüber dem Patron Wert legt, dürfte hierfür nicht ausreichen; anders *Habersack,* ZIP 1996, S. 257 ff. (263, 2. Abs.).

[243] Angesichts des unterstellten Zugangsverzichts seitens des Patrons wäre es zumindest widersprüchlich, wenn man seiner Patronatserklärung objektiv bzw. aus Empfängersicht den Willen zur Empfangsbevollmächtigung der Protegés beilegt; siehe nunmehr auch *J. Koch,* Die Patronatserklärung, S. 576/577, 2. Aus der Tatsache, dass die Protegés die Patronatserklärung zum Gegenstand der Verhandlungen im Hauptschuldverhältnis machen sowie aus ihrer engen Verflechtung mit dem Patron, folgt insofern nichts anderes; aA *Thiekötter,* Patronatserklärung ad incertas personas, S. 83/84.

sprechende Äußerungen des Gläubigers gegenüber dem Protegé bekräftigen bereits seinen Annahmewillen.

Fragwürdig ist indessen, ob ein solcher Annahmewille des Gläubigers konkret vorhanden sein muss. Wenn sich schon die Juristen darüber streiten, ob es sich bei einer öffentlichen Ausstattungszusage um ein einseitiges Rechtsgeschäft oder um ein Vertragsangebot handelt, dürfte einem Laien die Annahmebedürftigkeit der kollektiven Patronatserklärung vielfach verschlossen bleiben. Verlangte man ein aktuelles Erklärungsbewusstsein des Gläubigers und würde dieser erst nach Ablauf des „Maßgeblichkeitszeitraums" von der Annahmebedürftigkeit einer (so) nicht aufrechterhaltenen kollektiven Patronatserklärung erfahren, hätte er keine Möglichkeit mehr, den Ausstattungsvertrag einseitig zustande zu bringen. Anders als bei empfangsbedürftigen Willenserklärungen stellt die herrschende Meinung im Rahmen des § 151 BGB mangels eines Vertrauensschutzerfordernisses nicht auf die objektive Bedeutung einer Erklärungshandlung ab, sondern auf das Vorliegen eines (nach außen hervortretenden) wirklichen Annahmewillens[244]. Sei dem Handelnden nicht bewusst, dass ein anderer sein Verhalten als Äußerung eines bestimmten Geschäftswillens auffassen kann, fehle es an einer Annahme[245]. Dies dürfte jedoch nur für den umgekehrten Fall gelten, dass der Handelnde (irrtumsbedingt) an dem in Aussicht gestellten Geschäftserfolg überhaupt nicht interessiert ist[246]. Der Gläubiger einer Patronatserklärung ist mit der Ausstattungszusage mehr als einverstanden. Er irrt allenfalls über die Annahmebedürftigkeit der Patronatserklärung. Eine entsprechende Rechtskenntnis kann ihm auch nicht abverlangt werden. Beim Kauf einer Zeitung weiß der normale Erwerber ebenfalls nicht, dass er zeitgleich drei verschiedene Verträge abschließt. Es wäre ein absurdes Ergebnis, wollte man einem Gläubiger, der ein erhebliches Interesse an der Rechtsgeltung einer an ihn adressierten Erklärung hat, die versprochene Rechtsfolge nur deshalb verwehren, weil er sie rechtlich falsch eingeordnet hat. Üblicherweise schützt das Erfordernis eines Erklärungsbewusstseins den Erklärenden[247]. Steht fest, dass er

[244] *BGH* (U. v. 28.03.1990 – VIII ZR 258/89), BGHZ 111, S. 97 ff. (101/102); *BGH* (U. v. 12.10.1999 – XI ZR 24/99), NJW 2000, S. 276 ff. (277, 2.); *Erman-Armbrüster* (11), § 151 Rn. 9; *MüKo-Kramer* (4), § 151 Rn. 51; *Palandt-Heinrichs* (64), § 151 Rn. 2, m.w.N. Auch dieser Ansicht zufolge soll sich der Antragende aber analog § 116 S. 1 BGB nicht auf seinen fehlenden Annahmewillen berufen können, wenn er beispielsweise einen ihm übersandten Kaufgegenstand in der Annahme benutzt hat, dieser gehörte ihm bereits, vgl. *MüKo-Kramer,* a.a.O.; *Palandt-Heinrichs,* a.a.O.; *Staudinger-Bork* (2003), § 151 Rn. 16, 18, jeweils m.w.N.

[245] *Erman-Armbrüster* (11), § 151 Rn. 9.

[246] Vgl. nur die Nachweise bei *MüKo-Kramer* (4), § 151 Rn. 51; *Staudinger-Bork* (2003), § 151 Rn. 16.

[247] Willenserklärungen ermöglichen es dem Einzelnen, seine rechtlichen Beziehungen zu anderen Personen privatautonom zu gestalten. Von dieser Freiheit kann grundsätzlich nur Gebrauch machen, wer sich darüber im Klaren ist, dass sein Verhalten auf die Verwirklichung einer Rechtsfolge abzielt und wer ganz bewusst so agiert, um eine

dieses Schutzes nicht bedarf, weil er über einen positiven Geschäftswillen verfügt, kann diese „zweite Stufe" aus normativen Gründen übersprungen werden[248]. Es genügt, wenn der Adressat einer öffentlichen Ausstattungszusage ihre Rechtswirkungen für sich in Anspruch nehmen *will* und sein Verhalten äußerlich – zumindest latent – auf einen bestehenden Geschäftswillen schließen lässt.

---

bestimmte Rechtsfolge herbeizuführen. Nur aus Gründen des Verkehrsschutzes wird bei empfangsbedürftigen Erklärungen auf ein aktuelles Erklärungsbewusstsein und auf einen Geschäftswillen verzichtet und auf den objektiven Erklärungswert des Verhaltens abgestellt. Bedarf es im Falle der expliziten Annahme einer kollektiven Patronatserklärung folglich nur eines Handlungsbewusstseins des Gläubigers, wird man – ohne den privilegierenden Charakter des § 151 S. 1 BGB in sein Gegenteil zu verkehren – bei nicht zugangsbedürftigen Willens„erklärungen" und vorhandenem Geschäftswillen schwerlich ein aktuelles Erklärungsbewusstsein verlangen können.

[248] Zu den drei subjektiven Bestandteilen einer Willenserklärung: Handlungswille, Erklärungsbewusstsein, Geschäftswille, *Soergel-Hefermehl* (13), Vor § 116 Rn. 6.

*Kapitel 6*

# Einstandspflicht des Ausstattungspflichtigen auf Sekundärebene

Über die Anforderungen an die Ausstattungsverpflichtung auf Primärebene und deren rechtliche Qualität herrscht nun weitgehend Klarheit. Nicht so über die Voraussetzungen und den genauen Rechtsgehalt eines etwaigen Direktleistungsanspruchs des Gläubigers. Nach dem oben Gesagten[1] kann es sich nur um einen sekundären Schadensersatzanspruch handeln, sollte keine ausdrückliche Vertragsabrede über eine potenzielle Direktleistungspflicht des Patrons getroffen worden sein.

## A. Unbedingte Einstandspflicht des Patrons

Unabhängig von der zutreffenden Anspruchsgrundlage ist dem Patron der Einwand fehlenden Verschuldens stets abgeschnitten[2].

### I. Leistungsunfähigkeit des Patrons

Hat der Patron die geschuldete Ausstattung des Protegés aus Mangel an Ausstattungsmitteln nicht bewirkt, folgt dies nach hier vertretener Meinung letzt-

---

[1] Kapitel 4, B. I. 4./I. 6.

[2] *KG Berlin* (U. v. 18.01.2002 – 14 U 3416/00, rkr.), WM 2002, S. 1190 f. (1191, 2. Spalte); *Gerth,* Atypische Kreditsicherheiten, S. 153, 1. Abs., unter Verweis auf den Rechtsgedanken des § 279 BGB a.F.; *Immenga/Rudo,* Gewährträgerhaftung, S. 63; *Kiethe,* ZIP 2005, S. 646 ff. (649, 2.); *Michalski,* WM 1994, S. 1229 ff. (1240, b) aa)); *Rummel* in: FS Doralt (2004), S. 493 ff. (504/505); *Stecher,* „Harte" Patronatserklärungen, S. 182, letzter Abs., 207, 2. Abs.; aA wohl *Bülow,* Recht der Kreditsicherheiten (6), S. 534 Rn. 1623, „Verschulden vorausgesetzt"; *Larenz/Canaris,* Schuldrecht II 2 (13), § 64, V. 1. c), S. 83, der Patron habe die (angebliche) Unmöglichkeit auch nicht immer zu vertreten; *Obermüller,* ZIP 1982, S. 915 ff. (918, 4.2); *ders.,* Ersatzsicherheiten, S. 6 Rn. 31; *ders.,* ZGR 1975, S. 1 ff. (28, bb)), erfülle die Muttergesellschaft ihre Verpflichtungen aus der Patronatserklärung nicht, erwerbe die Bank einen *Schadensersatzanspruch,* sofern die Mutergesellschaft *nicht beweise,* dass sie an der Nichterfüllung *kein Verschulden treffe* (Hervorh. partiell durch Verf.); *Schimansky/Bunte/Lwowski* (*Merkel*), Bankrechts-Handbuch II (2), § 98 Rn. 23; *Seiler,* Patronatserklärung, S. 40, 2. Abs.

endlich aus dem allgemeinen Rechtsprinzip, dass ein Schuldner für seine *finanzielle Leistungsfähigkeit unbedingt einzustehen* hat[3].

Als Regelbeispiele für einen dem Schuldverhältnis zu entnehmenden strengeren Haftungsmaßstab als eine Vorsatz- oder Fahrlässigkeitshaftung nennt das Gesetz in § 276 Abs. 1 S. 1 BGB die Übernahme einer (unselbständigen) Garantie[4] und eines Beschaffungsrisikos. Die vormalige Spezialregelung des § 279 BGB a. F. ist in der Bezugnahme auf eine Beschaffungspflicht aufgegangen[5].

Bei wortgetreuer Auslegung treffen die in § 276 Abs. 1 S. 1 BGB für eine strengere Haftung beispielhaft genannten Fallgruppen auf die harte Patronatserklärung nicht zu.

### 1. (Fehlende) Beschaffungspflicht

Das Merkmal der Übernahme einer Beschaffungspflicht ist nicht erfüllt. Der Patron schuldet dem Gläubiger weder die Beschaffung einer (näher bestimmten) Spezies- oder Gattungssache noch hat er ein sonstiges Beschaffungsrisiko übernommen[6]. Schon bei einer Zahlungspflicht verbietet sich mit Blick auf die heutige Bedeutung des Buchgeldes die Annahme einer Beschaffungspflicht. Gleiches hat für die körperlich noch weniger greifbare Pflicht zur Ausstattung des Protegés zu gelten. Diese besteht nicht zwingend in der Beschaffung ausstattungstauglicher Mittel. Je nach Fallgestaltung kann der Patron seine Zusage auch durch einen Schuldenerlass erfüllen oder indem er Dritte zu einem Forde-

---

[3] Zu diesem Prinzip, siehe *J. Koch,* Die Patronatserklärung, S. 263/264, II.; zur alten Rechtslage, *Lwowski,* Kreditsicherung (8), S. 412/413, 4.1, unter Verweis auf § 279 BGB a.F., „Geld hat man zu haben"; *Stecher,* „Harte" Patronatserklärungen, S. 181/182, b).

[4] Vgl. die Gesetzesbegründung zum Schuldrechtsmodernisierungsgesetz, *BT-Drucksache* 14/6040, Zu Nummer 6 – Neufassung der §§ 275, 276, S. 132, 1. Spalte, 2. Abs.; *MüKo-Grundmann* (4), § 276 Rn. 28, 175/176; siehe auch *Palandt-Sprau* (64), Einf v § 765 Rn. 16.

[5] Vgl. *BT-Drucksache* 14/6040, Zu Nummer 8 – Aufhebung des § 279, S. 132; *Erman-Westermann* (11), § 276 Rn. 2, 17; *MüKo-Grundmann* (4), § 276 Rn. 25; *Staudinger-Otto* (2004), § 280 Rn. D25.

[6] Zu dern Voraussetzungen der Übernahme einer Beschaffungspflicht, vgl. *BT-Drucksache* 14/6040, Zu Nummer 6 – Neufassung der §§ 275, 276, S. 132, 1. Spalte, 3. Abs. (Zu Satz 1). Zur Notwendigkeit einer Beschaffungs*abrede, Erman-Westermann* (11), § 276 Rn. 19; *MüKo-Grundmann* (4), § 276 Rn. 172, 177/178; aA hinsichtlich der Übernahme eines Beschaffungsrisikos, *J. Koch,* Die Patronatserklärung, S. 274/275, 3. a), 277, d), erst-recht-Schluss: Wenn schon der herkömmliche Gattungsschuldner das Beschaffungsrisiko zu tragen habe, müsse die verschärfte Haftung erst recht für denjenigen gelten, der – wie der Patronatsverpflichtete – einen noch größeren Spielraum hat, weil er bei der Wahl des geeigneten Erfüllungsgegenstandes nicht auf eine bestimmte Gattung beschränkt ist, sondern zwischen mehreren Gattungen wählen, sie miteinander kombinieren und hilfsweise auf das Erfüllungsmittel „Geld" zurückgreifen kann.

rungsverzicht oder zu einer Stundung animiert[7]. Es erscheint daher sachgerechter, das Vertretenmüssen des Patrons nicht mit einem von ihm übernommenen Beschaffungsrisiko zu begründen, sondern damit, dass der Patron dem Protegé notfalls Barmittel in benötigter Höhe zuschießen muss, also mit dem Grundprinzip einer unbedingten Einstandspflicht eines jeden Schuldners für seine finanzielle Leistungsfähigkeit. Denn schließlich hängen die Ausstattungsmöglichkeiten des Patrons letzen Endes allesamt von seiner finanzieller Leistungskraft ab. Da sich beide Ansätze im Ergebnis aber nicht unterscheiden, ist auch ein „Gesamt-Erst-Recht-Schluss" denkbar.

### 2. (Fehlender) Garantiecharakter einer Ausstattungszusage

Wenngleich die Ausstattungszusage vielfach als „garantieähnliche Verpflichtung" deklariert wird[8], kommt ihre Einordnung als Teil eines *selbständigen Garantievertrages* nicht in Betracht[9]. Der Patron sichert dem Gläubiger nicht (nur) zu, ihn im Falle der Nichtleistung des Hauptschuldners schadlos halten zu wollen (sog. Dritt- oder Fremdgarantie), sondern er übernimmt selbst die Pflicht zur Aufrechterhaltung bzw. Herstellung der Leistungsfähigkeit des Protegés[10]. Die charakteristische Leistung des Patronatsvertrages ähnelt mit Blick auf die Erfolgszusage eher einem Werk- als einem Garantievertrag[11]. Eine zusätzlich zur eigentlichen Leistungspflicht übernommene selbständige Garantie für den Fall der eigenen Nicht- oder Schlechterfüllung (sog. Eigengarantie)[12] scheitert daran, dass eine Eigengarantie den Eintritt eines über die originär geschuldete Leistung hinausgehenden Erfolges voraussetzt[13].

---

[7] Die Situation ist eine andere als bei der Pflicht zur Herstellung eines Werkes aus erst noch zu beschaffenden Gegenständen oder mit erst noch anzuwerbenden Gehilfen – beides Anwendungsfälle eines Beschaffungsrisikos, vgl. *Staudinger-Löwisch* (2004), § 276 Rn. 146.

[8] Vgl. nur *Rümker,* WM 1974, S. 990 ff. (992, 3. Abs.) sowie die Nachweise in Kapitel 7, B.

[9] *J. Koch,* Die Patronatserklärung, S. 120, 2. Abs., 127, 2. Abs.; siehe auch *Staudinger-Löwisch* (2004), § 276 Rn. 143.

[10] *Ebenroth/Boujong/Joost* (*Allstadt-Schmitz*), HGB, BankR IV, Rn. IV 626; *J. Koch,* Die Patronatserklärung, S. 120, 2. Abs., 127, 2. Abs.; *Kohout,* Patronatserklärungen, S. 105, „Harte" Patronatserklärungen, S. 73; missverständlich *OLG Rostock* (U. v. 16.12.2004 – 1 U 28/04), OLGR Rostock 2005, S. 529 f. (530, I. 1./3.), für den Erfolg der Leistungsfähigkeit seines Sohnes habe der Beklagte „einstehen" wollen; anders *Schnyder,* SJZ 1990, S 57 ff. (62, d)), der die Einordnung als selbstständige Garantie nur an der Akzessorietät der Patronatserklärung scheitern lässt.

[11] AA *Ebenroth/Boujong/Joost* (*Allstadt-Schmitz*), HGB, BankR IV, Rn. IV 626, der Ausstattungsschuldner *garantiere* die *Zahlungsfähigkeit* des patronierten Unternehmens als Erfolg (Hervorh. durch Verf.).

[12] Vgl. *MüKo-Habersack* (4), Vor § 765 Rn. 16.

[13] Vgl. *BGH* (U. v. 23.05.1958 – VIII ZR 126/57), NJW 1958, S. 1483 f. (1483, 1. Abs.); *BGH* (U. v. 10.02.1999 – VIII ZR 70/98, KG), NJW 1999, S. 1542 ff. (1543,

Bleibt die Frage nach der Übernahme einer *unselbständigen* Garantie im Sinne des § 276 Abs. 1 S. 1 BGB[14]. Die Funktion dieser „Garantieübernahme" besteht einzig und allein in dem Ausschluss des Verschuldenserfordernisses. Bei Kodifikation der „Garantieübernahme" hat der Gesetzgeber vornehmlich an die Eigenschaftszusicherungen alten Rechts im Kauf-, Miet-, und Werkvertragsrecht gedacht[15]. Die harte Patronatserklärung lässt sich hier vertretener Ansicht zufolge auch nicht unter dieses Regelbeispiel subsumieren[16]. Die „Übernahme" einer Garantie hat die Konnotation einer expliziten oder konkludenten Zusatzabrede über die verschuldensunabhängige Einstandspflicht des *Patrons*[17]. Dem Versprechen, bis zur endgültigen Rückführung der abgesicherten Hauptschuld(en) für die Leistungsfähigkeit des *Protegés* sorgen zu wollen, lässt sich eine solche Zusatzerklärung nicht entnehmen[18]. Für eine Willensäußerung des Patrons in Richtung einer unbedingten Einstandspflicht ist nichts ersichtlich[19].

---

1. a); *MüKo-Habersack* (4), Vor § 765 Rn. 16, siehe auch Rn. 38; *Palandt-Sprau* (64), Einf. v. § 765 Rn. 16; *Staudinger-Horn,* Vorbem. zu §§ 765 ff. Rn. 258/259; der Sache nach wie hier *Forschbach,* Liquiditätszusagen, S. 92, 2. Abs., die allerdings meint, dass man wegen des unbedingten Einstandswillens des Zusagenden zumindest von „Garantieelementen" sprechen müsse; *Michalski,* WM 1994, S. 1229 ff. (1240, b) aa)), obschon der Autor ausdrücklich von einer „garantie*ähnlichen* Verpflichtung" spricht; aA die ganz hM, vgl. nur *Rümker,* WM 1974, S. 990 ff. (991, II. 1.), der Patron *gewährleiste* mit der zukünftigen finanziellen Leistungsfähigkeit der Tochtergesellschaft einen bestimmten *Erfolg* (Hervorh. jeweils durch Verf.).

[14] Dazu *Staudinger-Otto* (2004), § 280 Rn. D21.

[15] *BT-Drucksache* 14/6040, Zu Nummer 6 – Neufassung der §§ 275, 276, S. 132, 1. Spalte, 2. Abs., inhaltlich bedeute die Zusicherung einer Eigenschaft die Übernahme einer Garantie für das Vorhandensein dieser Eigenschaft verbunden mit dem Versprechen, für alle Folgen ihres Fehlens (ohne weiteres Verschulden) einzustehen; siehe auch *Erman-Westermann* (11), § 276 Rn. 2, 17; *MüKo-Grundmann* (4), § 276 Rn. 28, der darauf hinweist, dass das heute im BGB „flächendeckend geregelte" unselbständige Garantieversprechen an die Stelle der alten „Zusicherung" getreten sei; *Staudinger-Otto* (2004), § 280 Rn. D21; *Staudinger-Löwisch* (2004), § 276 Rn. 144.

[16] AA (der Sache nach) *OLG Schleswig-Holstein* (B. v. 11.04.2005 – 4 U 20/05), Gründe II. 2., n.v., (Juris); *KG Berlin* (U. v. 18.01.2002 – 14 U 3416/00, rkr.), WM 2002, S. 1190 f. (1191, 2. Spalte); *Wittig* in: *BuB* (2003), Rn. 4/2874, Übernahme einer stillschweigenden Garantie für die Erfüllbarkeit der Verpflichtungen.

[17] Vgl. *Erman-Westermann* (11), § 276 Rn. 23; *MüKo-Grundmann* (4), § 276 Rn. 172–174, für die Garantie sei ausweislich des Wortlauts („Übernahme") stets eine Abrede vonnöten, § 280 Rn. 62; *Palandt-Heinrichs* (64), § 276 Rn. 29; *Staudinger-Otto* (2004), § 280 Rn. D21.

[18] Anders *OLG Rostock* (U. v. 16.12.2004 – 1 U 28/04), OLGR Rostock 2005, S. 529 f. (530, I. 3.), mit der Ausstattungsverpflichtung übernehme der Patron zugleich die Garantie für seine Leistungsfähigkeit; *Kiethe,* ZIP 2005, S. 646 ff. (649, 2.), es sei zu berücksichtigen, dass die Patronin mit ihrer Erklärung eine bürgschafts- bzw. garantieähnlich ausgestaltete Einstandspflicht hinsichtlich der Erfüllung der gesicherten Verbindlichkeiten im Falle der Schuldnerinsolvenz trage und *damit* das alleinige, verschuldensunabhängige *Risiko für die Zahlungsfähigkeit des Schuldners übernehme,* (Hervorh. durch Verf.).

[19] Siehe auch *J. Koch,* Die Patronatserklärung, S. 274, 1. Abs.; aA *OLG Rostock* (U. v. 16.12.2004 – 1 U 28/04), OLGR Rostock 2005, S. 529 f. (530, I. 3.); (zumin-

Mit der gleichen Berechtigung könnte man ansonsten jedem Zahlungsschuldner den Willen zur Abgabe einer Garantie für seine finanzielle Leistungsfähigkeit unterstellen[20].

### 3. Verantwortlichkeit für die eigene finanzielle Leistungsfähigkeit

Das Prinzip „*Geld* hat man zu haben[21]" ist nicht wörtlich zu nehmen. Es trifft, wie bereits ausgeführt[22], erst recht auf die in unterschiedlichster Art und Weise erfüllbare Ausstattungspflicht zu[23]. Gemeint ist die unbedingte Einstandspflicht eines Schuldners für Pflichtverletzungen, die auf seinem finanziellen Unvermögen beruhen[24].

Dieses vor der Schuldrechtsmodernisierung hinsichtlich seiner Verortung umstrittene, aber gemeinhin akzeptierte Prinzip, sollte nach dem Willen des Gesetzgebers von dem im Gesetzesentwurf noch enthaltenen Hinweis auf die „Natur der Schuld" gedeckt werden[25]. Der Zusatzhinweis sollte vornehmlich die verschärfte Haftung bei Geldschulden zum Ausdruck bringen[26]. Einer entsprechenden Regelung – sei sie deutlich oder weniger deutlich formuliert – hat sich der Rechtsausschuss erfolgreich widersetzt[27]. Dabei hat er implizit offen

---

dest verbal) *Ebenroth/Boujong/Joost* (*Allstadt-Schmitz*), HGB, BankR IV, Rn. IV 626, der Patron garantiere die Zahlungsfähigkeit des Protegés als Erfolg.

20 So etwa *Staudinger-Löwisch* (2004), § 276 Rn. 158.

21 *Gerth,* Atypische Kreditsicherheiten, S. 156, 3. Abs.; *Lwowski,* Kreditsicherung (8), S. 412/413, 4.1; *MüKo-Grundmann* (4), § 276 Rn. 180.

22 Unter Gliederungspunkt I.

23 Im Ergebnis ebenso *Stecher,* „Harte" Patronatserklärungen, S. 181/182, b), der seine Ausführungen aber (zumindest terminologisch) auf eine Zahlungspflicht des Patrons verengt.

24 *BGH* (U. v. 15.01.1982 – V ZR 164/80), WM 1982, S. 399 ff. (400, II. 1.); *BGH* (U. v. 28.02.1989 – IX ZR 130/88), BGHZ 107, S. (102, 1. Abs.); *Erman-Westermann* (11), § 275 Rn. 2; *Palandt-Heinrichs* (64), § 276 Rn. 28, siehe aber Rn. 32, § 286 Rn. 39; *Staudinger-Otto* (2004), § 280 Rn. D28.

25 *BT-Drucksache* 14/6040, Zu Nummer 6 – Neufassung der §§ 275, 276, S. 132 (Zu Satz 1), Zu Nummer 8 – Aufhebung des § 279, S. 132 a.E., jeweils in Zusammenschau mit S. 6, § 276 Abs. 1 S. 1.

26 Stellungnahme des *Bundesrates* zu dem Entwurf eines Gesetzes zur Schuldrechtsmodernisierung, *BT-Drucksache 14/6857,* S. 6 ff. (S. 12, 24., Zu Artikel 1 Abs. 1 Nr. 6 (§ 276 Abs. 1 BGB), mit dem Vorschlag, die Wendung zu streichen und stattdessen den Spezialfall der Haftung für Geldschulden ausdrücklich gesetzlich zu regeln. Man befürchtete, der Verweis auf die „Natur der Schuld" könnte durch extensive Auslegung in weiten Teilen des Vertragsrechts zu einer verschuldensunabhängigen Garantiehaftung führen; zustimmend die Gegenäußerung der *Bundesregierung, BT-Drucksache 14/6857,* S. 42 ff. (S. 49, Zu Nummer 24).

27 Beschlussempfehlung und Bericht des *Rechtsausschusses* (6. Ausschuss), *BT-Drucksache 14/7052,* S. 184, Zu § 276, Zu Absatz 1, „Natur der Schuld und Geldschuld".

gelassen, ob Geldschulden nun als Unterfall einer Gattungs- bzw. nunmehr Beschaffungsschuld anzusehen sind[28] oder mit der Gegenmeinung weiterhin auf das allgemeine Rechtsprinzip zu rekurrieren ist, wonach jedermann uneingeschränkt für seine finanzielle Leistungsfähigkeit einzustehen hat[29]. Die zuletzt genannte Meinung verdient Zustimmung[30].

## II. Wissensdefizite des Patrons

Im Hinblick auf eine etwaige Unkenntnis des Patrons von dem exakten Ausstattungsbedarf des Protegés ist die Verschuldensunabhängigkeit seiner Einstandspflicht Ausprägung der uneingeschränkten Ausstattungszusage. Mit seiner Zusage nimmt der Patron das Risiko eines möglichen Wissensdefizits in Bezug auf die Existenz und/oder Höhe der im Vermögen des Protegés akut zu schließenden Deckungslücke auf sich[31]. Es liegt an ihm, dafür zu sorgen, dass der

---

[28] *Rechtsausschuss, BT-Drucksache 14/7052,* S. 184, Zu § 276, Zu Absatz 1, „Natur der Schuld und Geldschuld": „Auch der geltende § 276 Abs. 1 BGB erwähnt die Geldschuld nicht ausdrücklich. Soweit im geltenden Recht in diesem Zusammenhang der die Gattungsschulden betreffende § 279 BGB herangezogen wird, findet sich dessen Inhalt nunmehr in § 276 Abs. 1 Satz 1 BGB-BE wieder („Übernahme eines Beschaffungsrisikos"). Derjenige, der eine Leistung verspricht, übernimmt regelmäßig das Risiko dafür, dass er sich die zur Erfüllung erforderlichen finanziellen Mittel beschaffen kann." Auf § 279 BGB a.F. verwies etwa *BGH* (U. v. 25.03.1982 – VII ZR 60/81), BGHZ 83, S. 293 ff. (300, cc)); die Einordnung als Beschaffungspflicht nimmt vor *MüKo-Grundmann* (4), § 276 Rn. 180; so wohl auch *Staudinger-Löwisch* (2004), § 276 Rn. 2.

[29] *Rechtsausschuss, BT-Drucksache 14/7052,* S. 183, Zu § 275, Zu Absatz 1, „Geldschuld": „Dass der Schuldner sich auf finanzielles Unvermögen nicht berufen kann, ist auch im geltenden Recht nicht ausdrücklich geregelt, sondern folgt aus allgemeinen Grundsätzen sowie der Existenz der Insolvenzordnung, die ansonsten überflüssig wäre ... An dieser Rechtslage will der Entwurf nichts ändern"; *BGH* (U. v. 28.02.1989 – IX ZR 130/88), BGHZ 107, S. 92 ff. (102, 1. Abs.), Prinzip der unbeschränkten Vermögenshaftung, das aus dem Grundgedanken des § 279 BGB und dem geltenden Zwangsvollstreckungs- und Konkursrecht abzuleiten sei; ebenso *Erman-Westermann* (11), § 275 Rn. 2; *Palandt-Heinrichs* (64), § 275 Rn. 24, § 276 Rn. 28; *Staudinger-Otto* (2004), § 280 Rn. D28 a.E.

[30] Gegen eine Kodifikation des Grundsatzes spricht neben der Genese des § 276 Abs. 1 S. 1 BGB die Tatsache, dass der Verweis auf den „*Inhalt* es Schuldverhältnisses" ebenfalls eine – zumindest konkludente – Abrede impliziert, vgl. *BT-Drucksache 14/7052,* S. 184, Zu § 276 a.E. (Empfehlung des Rechtsausschusses); *MüKo-Grundmann* (4), § 276 Rn. 171; kritisch *Staudinger-Otto* (2004), § 280 Rn. D18; siehe auch *Erman-Westermann* (11), § 276 Rn. 19; *Palandt-Heinrichs* (64), § 276 Rn. 27, Anknüpfungspunkt könne auch die *Art* der Schuld sein (Hervorh. durch Verf.).

[31] Vgl. auch *Kohout,* Patronatserklärungen, S. 228/228; *Stecher,* „Harte" Patronatserklärungen, S. 181, b). Ein entsprechendes Wissensdefizit kann beispielsweise daraus resultieren, dass der Patron sich einer zum Zeitpunkt des Vertragsschlusses bestehenden Mehrheitsbeteiligung begibt und dadurch den Einblick in die Geschäftsunterlagen und Konten des Protegés verliert.

Protegé ihm seinen bestehenden Ausstattungsbedarf übermittelt (hier: „*Informationsobliegenheit*")[32].

Aus welchem Grund der Patron den Protegé nicht wie geschuldet ausstattet, ist für die Tatsache seines Vertretenmüssens mithin indifferent.

## B. Schadensersatz (statt der Leistung)

Als diffizil hat sich in der Vergangenheit vor allem die Begründung eines Schadensersatzanspruchs statt der Leistung in der Insolvenz des Protegés erwiesen[33].

### I. Unmöglichkeit (§ 283 BGB)

Nach vermutlich noch immer vorherrschender Ansicht folgt der Ersatzanspruch des Gläubigers bei Nichterfüllung der Ausstattungspflicht und Eröffnung des Insolvenzverfahrens aus dem Unmöglichkeitsrecht (§ 280 Abs. 1, Abs. 3[34], i. V. m. §§ 283, 275 Abs. 1 bis 3 BGB n. F.)[35]. Dem ist zu widersprechen[36].

---

[32] Im Ergebnis ebenso *J. Koch,* Die Patronatserklärung, S. 264 a. E., 276, 2. Abs., 277, d). Einige Formulare sehen ausdrücklich vor, dass der Patron sich über das Kreditverhältnis selbst auf dem Laufenden zu halten hat, vgl. *KG Berlin* (U. v. 18.01. 2002 – 14 U 3416/00, rkr.), WuB I F 1 c. – 5.02, S. 929 ff. (930/931); *LG Berlin* (U. v. 18.02.2000 – 94 O 93/99), WM 2000, S. 1060 ff. (1062, 5.), bzw. sich über das Kreditverhältnis selbst informiert zu halten hat, so eine an der Umfrage teilnehmende Bank. Auf Nachfrage haben die Syndikusse angegeben, die Formulierung würde, wie sie vermuten, darauf zurückgehen, dass die Bank früher in ihren Bürgschaftsmustern eine entsprechende Klausel hatte, nach der der Bürge sich wegen Information über das Kreditverhältnis an den Hauptschuldner halten wird. Beide Regelungen würden wohl die Minimierung des Verwaltungsaufwands im Blick gehabt haben; zugleich solle wohl auch eventuellen Bedenken im Hinblick auf den Schutz des Bankgeheimnisses Rechnung getragen werden.

[33] Dazu bereits oben in Kapitel 4, B. I. 4.

[34] Zu der Kontroverse um die korrekte Anspruchsgrundlage im Schadensersatzrecht, siehe nur *Schulze/Ebers,* JuS 2004, S. 265 ff. (268, B. I. 1.), m. w. N.

[35] *BGH* (U. v. 30.01.1992 – IX ZR 112/91), BGHZ 117, S. 127 ff. (130, II.), wobei der 9. Senat dies damit begründet, die Beklagte habe ihre Ausstattungspflicht spätestens verletzt, als das Konkursverfahren über das Vermögen der SBM eröffnet worden sei, wodurch sich die Geschäftsbeziehungen der SBM zur Klägerin grundlegend verändert hätten. Gerade dieser Fall solle durch eine „harte" Patronatserklärung vermieden werden (S. 134, 1. Abs.); *KG Berlin* (U. v. 18.01.2002 – 14 U 3416/00, rkr.), WM 2002, S. 1190 f. (1191, 2. Spalte); *OLG Düsseldorf* (U. v. 26.01.1989 – 6 U 23/88), NJW-RR 1989, S. 1116 ff. (1117, I.); *OLG Karlsruhe* (U. v. 07.08.1992 – 15 U 123/ 91, WM 1992, S. 2088 ff. (2090, 1. a)); *OLG Naumburg* (U. v. 13.01.2000 – 2 U (Hs) 73/98), OLGR Naumburg 2000, S. 407 ff. (409/410, 4. a)/b) bb) (2)); *Balzer,* 7. Rostocker Bankentag 2001, S. 59 ff. (78); *Fischer/Schaffland,* GenFor 1976 II, S. 36 ff. (38); *Gerth,* Atypische Kreditsicherheiten, S. 160–162, 337, 1. Abs.; *ders.,* WuB I F 1 c – 2.00, S. 1094 ff. (1096, 3.); *Hoffmann,* Patronatserklärung, S. 101; *Kiethe,* ZIP

### 1. (Kein) absolutes Fixgeschäft

Die Ausstattungspflicht ist zunächst einmal kein absolutes Fixgeschäft. Unter einem solchen versteht man einen Vertrag, bei dem die Einhaltung der Leistungszeit derart wichtig ist, dass eine verspätete Leistung keine Erfüllung mehr ist, da der Leistungszweck nach Zeitablauf nicht mehr zu erreichen ist[37]. Geschuldeter Erfolg einer harten Patronatsvereinbarung ist die Leistungsfähigkeit des Protegés im (jeweiligen) Fälligkeitstermin. Mit Verstreichen dieses Termins tritt nicht automatisch (Teil-)Unmöglichkeit ein. Eine automatische Befreiung des Patrons von seiner „hauptschuldbezogenen" Ausstattungspflicht ist allenfalls denkbar, wenn die abgesicherte Hauptschuld selbst ein absolutes Fixge-

---

2005, S. 646 ff. (649, 2.), der zu dem Meinungsstreit selbst keine Stellung bezieht; *Kreft,* WM 1997, Sonderbeilage Nr. 5, S. 6, c); *Lwowski,* Kreditsicherung (8), S. 413, 4.2; *Mosch,* Patronatserklärungen, S. 140, b); *Obermüller,* ZGR 1975, S. 1 ff. (28/29, bb)); *ders.,* WuB I F 1 c – 1.92, S. 669, 2.; *Rippert,* Patronatserklärungen, S. 116, (2); *Rümker,* WM 1974, S. 990 ff. (991, II. 1.); *ders.,* EWiR 1992, S. 335 f. (335/336, 2.1); *Schaffland,* BB 1977, S. 1021 ff. (1023, 1. Beispiel); *Schimansky/Bunte/Lwowski* (*Merkel*), Bankrechts-Handbuch II (2), § 98 Rn. 23; *Schneider,* ZIP 1989, S. 619 ff. (622, 2. Abs.); *Schröter,* WuB I F 1 c. – 1.85, Anmerkung, 1.; *Seiler,* Patronatserklärung, S. 36; *Staudinger-Horn,* Vorbem. zu §§ 765 ff. Rn. 414; *Wittig* in: *BuB* (2003), Rn. 4/2879; so wohl auch *Merz/Hübner,* DStR 2005, S. 802 ff. (803, 2.3.1). Die Feststellung des jeweiligen Standpunktes wird teilweise dadurch erschwert, dass ohne Nennung einer konkreten Anspruchsgrundlage weiterhin die alte Terminologie vom Bestehen eines Schadensersatzanspruchs „wegen Nichterfüllung" verwandt wird, siehe nur *OLG München* (U. v. 22.07.2004 – 19 U 1867/04), ZIP 2004, S. 2102 ff. (2104, b) aa)/bb)); *OLG Schleswig-Holstein* (B. v. 11.04.2005 – 4 U 20/05), LS 2./3., Gründe II. 2., (n.v.), (Juris), „Schadensersatz wegen Nichterfüllung gemäß *§ 280 Abs. 1 BGB*", (Hervorh. durch Verf.); ebenso *Becker/Trommer,* ZKF 2005, S. 55. ff. (58, 6.); *Palandt-Sprau* (64), Einf. v. § 765 Rn. 21; so wohl auch *Obermüller,* Ersatzsicherheiten, S. 5/6 Rn. 31, obschon der Autor den Erfüllungsanspruch primär für unzweckmäßig hält; noch enger *Gabler Bank Lexikon* (11), S. 1209, Patronatserklärung, Schadensersatz wegen Nichterfüllung (erg. a.F.) bereits bei Nichterfüllung der Tochter im Fälligkeitstermin; offen gelassen von *OLG Rostock* (U. v. 16.12.2004 – 1 U 28/04), OLGR Rostock 2005, S. 529 f. (530, I. 3.).

[36] Ebenso *OLG Nürnberg* (U. v. 09.12.1998 – 12 U 2626/98), IPRax 1999, S. 464 ff., (466, II. 2. a)); *Larenz/Canaris,* Schuldrecht II 2 (13), § 64, V. 1. c), S. 83; *Münchener Vertragshandbuch* (*Schütze*), III. 27., Patronatserklärung (III), S. 469/470, 3. b); vgl. nunmehr auch *BGH* (U. v. 08.05.2003 – IX ZR 334/01), WM 2003, S. 1178 ff. (1180, aa)). Verweigern Dritte oder der Auszustattende ihre Mitwirkung an dem in Aussicht genommenen Ausstattungsgeschäft, führt auch dies nicht zur nachträglichen Unmöglichkeit der übernommenen Leistung, *OLG Rostock* (U. v. 16.12.2004 – 1 U 28/04), OLGR Rostock 2005, S. 529 f. (530, I. 3.), Übernahme einer Garantie für die erforderliche Mitwirkung Dritter; *Obermüller,* Ersatzsicherheiten, S. 19/20 Rn. 68; scheinbar aA *J. Koch,* Die Patronatserklärung, S. 197, 1. Abs.

[37] *Bamberger/Roth* (*Grüneberg*), § 275 Rn. 20; *Erman-Hager* (11), § 286 Rn. 5; *Erman-Westermann* (11), § 275 Rn. 10; *MüKo-Ernst* (4), § 275 Rn. 45/46, weil die Leistung nach dem vereinbarten Zeitpunkt eine völlig andere sei, mit der der Leistungszweck des Gläubigers nicht mehr realisiert werden könne; *Palandt-Heinrichs* (64), § 323 Rn. 19; *Staudinger-Löwisch* (2004), § 275 Rn. 9, Vorbem zu §§ 286–292 Rn. 7.

schäft ist. In diesem Fall wirkt sich der Untergang der Primärleistungspflicht gegebenenfalls unmittelbar auf die erlöschensakzessorische Ausstattungspflicht aus. Ansonsten ist der geschuldete Ausstattungserfolg üblicherweise nachholbar. Der Gläubiger einer harten Patronatserklärung ist nicht mehr als jeder andere Gläubiger an der rechtzeitigen Leistungserbringung interessiert.

### 2. (Keine) Unmöglichkeit wegen Beteiligungsverlustes

Begibt sich ein (Mehrheitsgesellschafter-)Patron seiner Anteile an dem protegierten (Tochter-)Unternehmen, führt auch dies nicht zur Unmöglichkeit[38]. Wenn als Argument für die gegenteilige Auffassung teilweise die hypothetische Unkenntnis des Patrons von dem künftigen Ausstattungsbedarf des Protegés angeführt wird, sei auf die oben angestellten Erwägungen zu der Informationsobliegenheit des Patrons verwiesen[39].

### 3. Fortbestand der Ausstattungspflicht in der Insolvenz des Protegés

Auch in der Insolvenz des Protegés ist dem Patron die Herbeiführung des geschuldeten Ausstattungserfolges weiterhin möglich[40]. „Echte" Unmöglichkeit im Sinne des § 275 Abs. 1 BGB[41] erfordert in der hier fraglichen Konstellation die dauerhafte (oder wenigstens vorübergehende[42]) Nichterreichbarkeit des geschuldeten Leistungserfolges[43].

---

[38] *Balzer,* 7. Rostocker Bankentag 2001, S. 59 ff. (79, 1. Abs.); *J. Koch,* Die Patronatserklärung, S. 294, II. 1.; *Kohout,* Patronatserklärungen, S. 225, 227/228; *Mosch,* Patronatserklärungen, S. 165, 3. Abs.; implizit ebenso *Habersack,* ZIP 1996, S. 257 ff. (263, 3. Abs.); aA (konkludent) *Fischer/Schaffland,* GenFor 1976 III, S. 38 ff (40, 7. Beispiel); *Lwowski,* Kreditsicherung (8), S. 413, 4.2; *Seiler,* Patronatserklärung, S. 41, 1. Abs.; wohl auch *Obermüller,* WuB I F 1 c – 1.92, S. 669, 3. Ebenso verfehlt ist es, bei einer finanziell bedingten außerordentlichen Kündigung des Gläubigers im Hauptschuldverhältnis von einer durch den Patron provozierten Unmöglichkeit der Ausstattungsleistung zu sprechen, so *Hoffmann,* Patronatserklärung, S. 105/106. Erlischt die fortdauernde Leistungspflicht des Protegés oder wandelt sie sich in einen Schadensersatzanspruch um, geht mit ihr akzessorietätsbedingt auch die angelehnte Ausstattungspflicht des Patrons unter bzw. verwandelt sich diese ebenfalls unter bestimmten Voraussetzungen in einen sekundären Schadensersatzanspruch.

[39] Gliederungspunkt A. II.; vgl. auch *Obermüller,* ZIP 1982, S. 915 ff. (918/919, 5.); *Kohout,* Patronatserklärungen, S. 228, 2. Abs.

[40] *Hantke,* S. 75/76, bereits zur neuen Rechtslage; *Köhler,* WM 1978, S. 1338 ff. (1345, b)); offen gelassen von *Küffner,* DStR 1996, S. 146 ff. (149, 2.2.3).

[41] *Schulze/Ebers,* JuS 2004, S. 265 ff. (265, I.).

[42] Zu dem Streit um die Einordnung der „vorübergehende Unmöglichkeit", siehe nur *Schulze/Ebers,* JuS 2004, S. 265 ff. (267–268, II.), m.w.N. Nach hM setzt Unmöglichkeit i.S.d. § 275 Abs. 1 BGB ein dauerhaftes Leistungshindernis voraus. Anspruchsgrundlagen für einen Schadensersatzanspruch wegen „vorübergehender Un-

### *a) (Keine) „Zweckverfehlung"*

Mit der Insolvenzeröffnung wird die Ausstattungsverpflichtung nicht wegen (untechnisch zu verstehender) „Zweckverfehlung"[44] unmöglich[45]. Der Gedanke, der Zweck der „kontinuierlichen Grundausstattungspflicht", den Gläubiger von insolvenzbedingten Ärgernissen im Hauptschuldverhältnis freizuhalten, könne mit Insolvenzeröffnung nicht mehr erreicht werden[46], ist nur auf den ersten Blick nahe liegend. Er greift zu kurz[47]. Es wäre widersinnig, wenn die Ausstattungszusage ihren Zweck just in dem Moment verfehlte, in dem der Gläubiger auf eine hinreichende Protegéausstattung in besonderem Maße angewiesen ist[48]. Die Ausstattungspflicht ist keine janusköpfige Leistungspflicht mit einer isoliert

---

möglichkeit" seien die §§ 280 Abs. 1, 2, 286 bzw. 280 Abs. 1, 3, 281 BGB. Nach dem Grundsatz „impossibilium nulla est obligatio" sei der Schuldner aber für die Dauer des Leistungshindernisses von seiner Leistungspflicht befreit. Der Regierungsentwurf enthielt noch eine Klarstellung, wonach § 275 BGB auch auf vorübergehende Leistungshindernisse anwendbar ist, die nach Kritik des Bundesrates auf Empfehlung des Rechtsausschusses gestrichen worden ist, da sie die Folgeregelungen der §§ 283, 326 BGB zu sehr kompliziert hätte, vgl. den Gesetzesentwurf zum Schuldrechtsmodernisierungsgesetz, *BT-Drucksache 14/6040,* S. 128/129, „Einbeziehung der ... zeitweiligen Unmöglichkeit" („und solange"); *BT-Drucksache 14/6857,* S. 11/12, 19., 23 (Stellungnahme des Bundesrates); *BT-Drucksache 14/7052,* S. 182, Zu Nummer 6, Zu § 275, Zu Absatz 1 und 2, „Vorübergehende Unmöglichkeit" (Beschlussempfehlung des Rechtsausschusses). Aus den Erwägungen des Rechtsausschusses wird aber deutlich, dass sich § 275 BGB auch ohne entsprechende Klarstellung auf vorübergehende Leistungshindernisse beziehen soll; vgl. auch *Palandt-Heinrichs* (64), § 275 Rn. 10; *Staudinger-Löwisch* (2004), § 275 Rn. 42; ausführlich *Staudinger-Otto* (2004), § 283 Rn. 25–27, m.w.N.

43 Allgemein zur Bedeutung des Unmöglichkeitsbegriffes, *Bamberger/Roth* (*Grüneberg*), § 275 Rn. 25; *Staudinger-Otto* (2004), § 283 Rn. 9. Zur Maßgeblichkeit des geschuldeten Leistungs*erfolges* in Abgrenzung zur Leistungs*handlung, Palandt-Sprau* (64), § 275 Rn. 18.

44 Zur Unzulänglichkeit entsprechender Bezeichnungen – nicht aber zu dem hier gemeinten Inhalt einer „Zweckverfehlung" –, *Staudinger-Löwisch* (2004), § 275 Rn. 20–24.

45 AA *OLG Celle* (U. v. 28.06.2000 – 9 U 54/00, rkr.), NdsRpfl 2000, S. 309 f. (310, 1.), zur „internen" Ausstattungsvereinbarung; dem folgend *LG München II* (U. v. 25.02.2004 – 5 O 6088/02), ZInsO 2004, S. 626 ff. (628–630, 3. b) aa)/bb)); *J. Horn,* Patronatserklärungen im common law, S. 193, 1. Abs.

46 *J. Horn,* Patronatserklärungen im common law, S. 193, 1. Abs.; im Ergebnis ebenso *Balzer,* 7. Rostocker Bankentag 2001, S. 59 ff. (78); *Hoffmann,* Patronatserklärung, S. 102; *von Rosenberg/Kruse,* BB 2003, S. 641 ff. (645, 1. a.E.), für die „interne" Ausstattungszusage; *Schröter,* WuB I F 1 c. – 1.85, Anmerkung, 1., die Erklärung stehe „gleichsam unter der auflösenden Bedingung der Zweckverfehlung, d.h. der Verfahrenseröffnung"; ebenso *LG München II* (U. v. 25.02.2004 – 5 O 6088/02), ZInsO 2004, S. 626 ff. (628–630, 3. b) aa)/bb)), für den Fall einer „internen" Ausstattungszusage; gegebenenfalls auch *BGH* (U. v. 30.01.1992 – IX ZR 112/91), BGHZ 117, S. 127 ff. (134, 1. Abs.).

47 Siehe auch *J. Koch,* Die Patronatserklärung, S. 301/302, III.; *Stecher,* „Harte" Patronatserklärungen, S. 110.

48 Ähnlich *Stecher,* „Harte" Patronatserklärungen, S. 111, 2. Abs.

zu betrachtenden „Grundausstattungspflicht" und einer „hauptschuldbezogenen Ausstattungspflicht". Sie beinhaltet die einheitliche Pflicht, den Protegé durch die sich als erforderlich erweisenden Ausstattungsleistungen „jederzeit" zur Erfüllung der abgesicherte(n) Hauptschuld(en) in die Lage zu versetzen[49]. Endziel der Patronatserklärung ist nicht die Abwendung eines Insolvenzverfahrens über das Vermögen des Protegés, sondern seine Befähigung zur Erfüllung der abgesicherten Verbindlichkeit(en)[50]. Die Differenzierung zwischen der „kontinuierlichen Grundausstattungspflicht" und der „hauptschuldbezogenen" Ausstattungspflicht hat primär Klarstellungsfunktion. Sie verdeutlicht, dass die geschuldeten Leistungsanstrengungen im Laufe der Zeit variieren können. Je nach Nähe des oder eines Fälligkeitstermins schuldet der Patron dem Gläubiger zeitabschnittsweise „nur" die Abwendung der Insolvenzeröffnung und eines Abweisungsbeschlusses mangels Masse oder darüber hinaus auch die Bereitstellung einer die ordnungsgemäße Erfüllung der abgesicherten Forderung(en) gewährleistenden Finanzausstattung. In der Insolvenz des Protegés ist der Endzweck einer Leistungsbefähigung des Protegés selbst dann noch möglich, wenn die Fälligkeit der oder einzelner der abgesicherten Gläubigerforderungen in diesen Zeitraum fällt bzw. fallen[51]. Obgleich der kontinuierlich zu bewirkende Ausstattungserfolg für die Dauer des Insolvenzverfahrens nicht eingetreten ist, kann er für die Zukunft durch Beseitigung des Insolvenzgrundes noch bzw. wieder herbeigeführt werden[52]. Leistungen aufgrund eines Dauerschuldverhältnisses ohne absoluten Fixschuldcharakter sind nur unmöglich, wenn sie im vorgesehenen Leistungszeitpunkt irreversibel nicht erbracht werden können und auch nicht nachholbar sind[53]. Dafür genügt es nicht, dass der „jederzeit" zu bewirkende Ausstattungs*erfolg* für den Zeitraum der Pflichtverletzung nicht wie geschuldet

---

[49] Siehe auch *Obermüller,* ZIP 1982, S. 915 ff. (918, 4.); *Stecher,* „Harte" Patronatserklärungen, S. 110/111.

[50] So jetzt auch *J. Koch,* Die Patronatserklärung, S. 302, 1. Abs.

[51] AA *Hoffmann,* Patronatserklärung, S. 102, 2./3. Abs.

[52] Siehe auch *RG* (U. v. 23.11.1922 – I 682/21), RGZ 106, S. 16 f. (17), nur vorübergehende Unmöglichkeit der Leistung bei Beschlagnahme; *RG,* JW 1917, S. 846 ff. (847/848, 2.), die Beschlagnahme sei nur eine vorläufige Maßregel, deren Aufhebung die Beklagte unschwer erwirken könne; *RG* (U. v. 12.11.1928 – III 229/18), WarnR 1919, Nr. 4, S. 8 ff. (9/10), keine Unmöglichkeit aufgrund eines Ausfuhrverbots, wenn die Möglichkeit einer Ausnahmebewilligung besteht; *MüKo-Ernst* (4), § 275 Rn. 132, wonach die Annahme der Unmöglichkeit bei einer mit der Schuldnerinsolvenz vergleichbaren Beschlagnahme ausscheidet, wenn der Schuldner die Aufhebung der Beschlagnahme oder des *sonstigen behördlichen Verbots* unschwer erreichen kann, (Hervorh, durch Verf.); dies ist bei einer staatlichen Zwangsenteignung nicht der Fall, vgl. *BGH* (U. v. 12.03.1984 – II ZR 198/82), BGHZ 90, S. 287 ff. (292, 1. Abs.); *Palandt-Heinrichs* (64), § 275 Rn. 16.

[53] *Bamberger/Roth* (*Grüneberg*), § 275 Rn. 21; ähnlich *Erman-Hager* (11), § 286 Rn. 6; *Erman-Westermann* (11), § 275 Rn. 11; *MüKo-Ernst* (4), § 283 Rn. 41; *Palandt-Heinrichs* (64), § 275 Rn. 15, Unmöglichkeit durch Zeitablauf bei *zeitgebundenen* Dauerschuldverhältnissen (Hervorh. durch Verf.), § 286 Rn. 5; *Schulze/Ebers,* JuS 2004, S. 265 ff. (267/268, II.); äußerst vage, *Staudinger-Löwisch* (2004), Vorbem zu

herbeigeführt worden ist[54]. Der vorübergehende Nichteintritt des zu bewirkenden Erfolges ist „nur" eine Pflichtverletzung, die unter den Voraussetzungen der §§ 280 i.V.m. 286, 281 BGB Schadensersatzansprüche wegen verzögerter Leistungsbewirkung bzw. wegen Nichtleistung nach sich zieht[55].

### *b) (Keine) Existenzbeendigung*

Die Unmöglichkeit einer nachträglichen Herbeiführung des Ausstattungserfolges lässt sich auch nicht mit der insolvenzbedingten Auflösung der Protegégesellschaft begründen[56]. Folge der Gesellschaftsauflösung ist nicht ihre Existenzbeendigung, sondern ihre Überleitung ins Abwicklungsstadium[57]. An die Stelle des ursprünglichen, meist auf Gewinnerzielung durch den Unternehmensbetrieb gerichteten Gesellschaftszwecks, tritt der Zweck der Gesellschaftsabwicklung[58]. Die Gesellschaft hört auf, als werbende zu existieren[59]. Allerdings nicht unwiderruflich[60]. Nach Beseitigung des Insolvenzgrundes können die Gesellschafter die Fortsetzung der Gesellschaft beschließen[61]. Die „Revitalisierung" der werbenden Gesellschaft ist problemlos möglich[62].

---

§§ 286–292 Rn. 8; konkret zu harten Patronatserklärung, *J. Koch,* Die Patronatserklärung, S. 266, 2. Abs., 268, 1. Abs.

[54] *J. Koch,* Die Patronatserklärung, S. 266/267, 268, 1. Abs.; aA *Stecher,* „Harte" Patronatserklärungen, S. 161/162, zeitweilige, teilweise Unmöglichkeit (unter Verweis auf die nicht mehr nachholbare kontinuierliche Liquiditätsvorsorgepflicht).

[55] So nun auch *J. Koch,* Die Patronatserklärung, S. 268, 1. Abs.

[56] Vgl. nur §§ 262 Abs. 1 Ziff. 3 AktG, 60 Abs. 1 Ziff. 4, 1. HS GmbHG, 131 Abs. 1 Ziff. 3 i.V.m. 161 Abs. 2 HGB; wie hier *J. Koch,* Die Patronatserklärung, S. 299, II.; *Köhler,* WM 1978, S. 1338 ff. (1345/1346, b)); *Kohout,* Patronatserklärungen, S. 89, 1. Abs.; *Schröder,* ZGR 1982, S. 552 ff. (561); *Thiekötter,* Patronatserklärung, S. 36, 1. Abs.

[57] *BayObLG* (B. v. 29.09.1998 (3. ZS) 3Z BR 159/94), BayOblGZ 1998, S. 231 ff. (234, II. 1. a)); im Ergebnis ebenso *Hüffer,* AktG (6), § 262 Rn. 3; *Köhler,* WM 1978, S. 1338 ff. (1345/1346, b)); *Kölner Kommentar zum AktG-Koppensteiner* (3), § 297 Rn. 10.

[58] *Grüner,* Beendigung von Gewinnabführungs- und Beherrschungsverträgen, S. 154, 1. Abs.; *Hüffer,* AktG (6), § 262 Rn. 2.

[59] *BayObLG* (B. v. 29.09.1998 (3. ZS) 3Z BR 159/94), BayOblGZ 1998, S. 231 ff. (234, II. 1. a)); ähnlich *Hüffer,* AktG (6), § 262 Rn. 2, 13.

[60] Anders bei rechtskräftiger Ablehnung der Insolvenzeröffnung mangels Masse, vgl. nur *BGH* (U. v. 08.10.1979 – II ZR 257/78), BGHZ 75, S. 178 ff. (180, a)); siehe auch §§ 60 Abs. 1 Ziff. 5 GmbHG bzw. 262 Abs. 1 Ziff. 4, 274 AktG; zu letzteren, *Hüffer,* AktG (6), § 262 Rn. 14; *Kölner Kommentar zum AktG-Koppensteiner* (3), § 297 Rn. 47.

[61] Gemäß §§ 274 Abs. 2 Ziff. 1 i.V.m. Abs. 1 AktG, 60 Abs. 1 Ziff. 4, 2. HS GmbHG, 144 Abs. 1 HGB (i.V.m. 161 Abs. 2).

[62] *Kölner Kommentar zum AktG-Koppensteiner* (3), § 297 Rn. 10, 44, 47.

### c) *Irrelevanz des Verlustes der Verfügungsbefugnis durch die Organwalter des Protegés*

Die Tatsache, dass die Protegégesellschaft mit In-Kraft-Treten eines insolvenzrechtlichen Verfügungsverbotes vorübergehend oder dauerhaft zur Erfüllung der Hauptschuld(en) außerstande ist (vgl. § 21 Abs. 2 S. 1 Ziff. 2, 80 Abs. 1 InsO), bewirkt ebenfalls keine Unmöglichkeit des geschuldeten Ausstattungserfolges[63]. Der insolvenzbedingte Verlust der Verfügungsbefugnis durch die Organwalter des Protegés hindert den Patron nicht daran, das protegierte Unternehmen zur Erfüllung seiner Verbindlichkeiten in die Lage zu versetzen[64]. Gemäß § 212 InsO ist das Insolvenzverfahren auf Antrag des Schuldners[65] einzustellen, sobald dieser glaubhaft macht, dass bei ihm nach Verfahrenseinstellung weder (drohende/aktuelle) Zahlungsunfähigkeit noch Überschuldung vorliegt[66]. Gemäß § 213 S. 1 InsO kann das Verfahren auch mit Zustimmung aller Gläubiger eingestellt werden, die eine Forderung angemeldet haben. Mit Einstellung des Insolvenzverfahrens erhält der Schuldner gemäß § 215 Abs. 2 S. 1 InsO das Recht zur freien Verfügung über die Insolvenzmasse zurück. Darüber hinaus hat der Insolvenzverwalter als Partei kraft Amtes Zuwendungsleistungen des Patrons nach pflichtgemäßem Ermessen an den Gläubiger weiterzuleiten, sofern das Gros der Gläubiger dadurch nicht benachteiligt wird. Etwaige Zahlungen des Patrons brauchen daher noch nicht einmal auf ein „konkursfreies Treuhandkonto" erbracht werden[67]. Auch vor der förmlichen Verfahrenseinstellung ist die Bewirkung des geschuldeten Ausstattungserfolges mithin zu keinem Moment unmöglich[68].

---

[63] So nun auch *J. Koch,* Die Patronatserklärung, S. 302, IV.; aA *Hoffmann,* Patronatserklärung, S. 102/103; *Stecher,* „Harte" Patronatserklärungen, S. 167–169, 171, letzter Abs., für den Fall eines Konkursverfahrens nach altem Recht, nicht aber im Falle eines Vergleichsverfahrens vor Erlass des Eröffnungsbeschlusses (S. 174–176).

[64] AA *Stecher,* „Harte" Patronatserklärungen, S. 167–169, zur Rechtslage nach der alten KO, der für den Fall eines Vergleichsverfahrens im Ergebnis aber den hier vertretenen Standpunkt teilt (S. 174/175). Anknüpfungspunkt sei die „*rechtliche* Unmöglichkeit"; zu dieser, *Erman-Westermann* (11), § 275 Rn. 6; *Palandt-Heinrichs* (64), § 275 Rn. 16. Dieser Fall ist nicht mit dem Verbot einer individuellen Anspruchsverfolgung durch die Insolvenzgläubiger während des laufenden Insolvenzverfahrens zu verwechseln (vgl. §§ 87 ff. InsO). Rechte aus einer harten Patronatserklärung kann mangels Massezugehörigkeit des Ausstattungsanspruchs nur der Gläubiger und nicht der Insolvenzverwalter geltend machen, siehe nur *OLG München* (U. v. 22.07.2004 – 19 U 1867/04), ZIP 2004, S. 2102 ff. (2103, 1./2.), mit zustimmender Anmerkung von *Tetzlaff,* EWiR 2005, S. 31 f. (32, 2.2).

[65] Zu den personellen Anforderungen an den Einstellungsantrag, *OLG Celle* (U. v. 07.09.2000 – 2 W 69/00, rkr.), ZIP 2000, S. 1943 ff. (1944, III.), m.w.N.

[66] Sollte letztere der Grund für die Verfahrenseröffnung gewesen sein; ebenso *J. Koch,* Die Patronatserklärung, S. 302, IV.; vgl. auch *OLG Celle* (U. v. 07.09.2000 – 2 W 69/00, rkr.), ZIP 2000, S. 1943 ff. (1944, III. 1.).

[67] Zu dieser Möglichkeit *Küffner,* DStR 1996, S. 146 ff. (149, 2.2.3); *Thiekötter,* Patronatserklärung, S. 36, 1. Abs.

### d) (Keine) Vergleichbarkeit mit der Situation bei Bestehen eines Beherrschungs- und/oder Gewinnabführungsvertrages

Dem Fortbestand der Ausstattungsverpflichtung trotz Insolvenzeröffnung steht weiterhin nicht entgegen, dass die überwiegende Meinung für den Bereich der Unternehmensverträge – zumindest für einen Beherrschungs- und Gewinnabführungsvertrag – auf dem Standpunkt steht, der Vertrag ende mit Eröffnung des Insolvenzverfahrens über das Vermögen der abhängigen Gesellschaft ipso iure[69]. Argument ist die Unvereinbarkeit von Sinn und Zweck eines Unternehmensvertrages mit dem Abwicklungszweck. Die vorhandenen Leitungsstrukturen würden mit Insolvenzeröffnung durch das Verwaltungs- und Verfügungsrecht des Insolvenzverwalters ersetzt, der im Gegensatz zu den Leitungsorganen der abhängigen Gesellschaft nicht gemäß § 308 Abs. 2 AktG an die Weisungen des herrschenden Unternehmens gebunden sei[70]. Die Gewinnabführungspflicht ende[71]. Mit der Gegenansicht dürfte indessen davon auszugehen sein, dass die

---

[68] Tendenziell ebenso *Küffner,* DStR 1996, S. 146 ff. (149, 2.2.3); aA *Stecher,* „Harte" Patronatserklärungen, S. 167–169, der seinen gegenteiligen Standpunkt für den Fall der *Konkurs*eröffnung damit begründet, dass dem Patron anschließend keine Krisenbeseitigung mehr möglich sei. Der Patron habe nur alles zu unternehmen, um eine Insolvenz des Protegés abzuwenden, sobald diese aber eingetreten sei, könne sie naturgemäß für die Zukunft nicht mehr verhindert werden. Dem ist (erneut) entgegenzuhalten, dass primäre Leistungspflicht der Ausstattungszusage nicht die Insolvenzabwendung ist, sondern die Befähigung des Protegés zur Erfüllung der abgesicherten Verbindlichkeiten (siehe bereits unter a)). Darüber hinaus erübrigt sich eine Auseinandersetzung mit den Besonderheiten des alten, „zweigleisigen" Insolvenzrechts.

[69] *BGH* (U. v. 14.12.1987 – II ZR 170/87), BGHZ 103, S. 1 ff. (7, 2. Abs.), für die umgekehrte Konstellation einer Insolvenz der herrschenden Gesellschaft gelte dasselbe (S. 6/7). Die ergänzende Vertragsauslegung ergebe, dass die vertragliche Zielsetzung ab diesem Zeitpunkt nicht mehr zu erreichen sei; *BayObLG* (B. v. 29.09.1998 (3. ZS) 3Z BR 159/94), BayOblGZ 1998, S. 231 ff. (234, II. 1. a)); *Hüffer,* AktG (6), § 297 Rn. 22/22a., allenfalls bei Eigenverwaltung sei eine andere Lösung diskutabel; *MüKo-Altmeppen,* AktG (2), § 297 Rn. 43, 116–122; *Kort,* ZIP 1988, S. 681 ff. (682, 1.1, 683, 2.1, 685/686, 2./3.); *Wilhelm,* Beendigung des Beherrschungs- und Gewinnabführungsvertrags, S. 55/56, 4.; *Obermüller,* Ersatzsicherheiten, S. 37 Rn. 117; *Wellensiek,* ZIP 1984, S. 541 ff. (543, I. 1., 544, II. 1.), differenzieren mit der herrschenden Meinung zum alten Recht zwischen der Einleitung eines Konkurs- und eines Vergleichsverfahrens; *K. Schmidt,* ZGR 1983, S. 513 ff. (527/528, siehe auch 528–531, 2.), vgl. aber auch S. 526, 1., bei Umgestaltung zu einem Einheitsverfahren mit offenem Ausgang könne es hierbei nicht bleiben; aA *Grüner,* Beendigung von Gewinnabführungs- und Beherrschungsverträgen, S. 159–162, I)/II); *Kölner Kommentar zum AktG-Koppensteiner* (3), § 297 Rn. 47, § 302 Rn. 34; *Rümker,* WM 1974, S. 990 ff. (995), allgemein für den Fall der „Auflösung" (d.h. ohne direkten Bezug zu einem konkreten Auflösungsgrund); *Trendelenburg,* NJW 2002, S. 647 ff. (648/649, 650, III.), allerdings ebenfalls zur Konstellation einer insolventen Obergesellschaft; *Zeidler,* NZG 1999, S. 692 ff. (696/697, 1.).

[70] *Zeidler,* NZG 1999, S. 692 ff. (697, 3.).

[71] *Peltzer,* AG 1975, S. 309 ff. (310/311, 3.1), Unmöglichkeit der Erreichung des Gesellschaftszwecks (§ 726 BGB); *Wilhelm,* Beendigung des Beherrschungs- und Gewinnabführungsvertrags, S. 31–33, a), die Bestimmungen der §§ 291 ff. seien insge-

Änderung des Gesellschafts- in den Liquidationszweck nur das Ruhen der mit der korporationsrechtlichen Strukturänderung unvereinbaren Vertragsfolgen bewirkt. Der Vertrag und die beiderseitigen Leistungspflichten bleiben bestehen. Soweit sie ruhen, aktualisieren sie sich mit der Fortsetzung der Gesellschaft[72]. Der Streit um die Folgen einer Insolvenzeröffnung für einen Unternehmensvertrag braucht hier aber nicht abschließend entschieden zu werden. Die Fortdauer der Ausstattungspflicht während des Insolvenzverfahrens läuft den Verfahrenszwecken nicht zuwider. Eine Inkompatibilität mit dem insolvenzrechtlichen Zuständigkeitsgefüge ist nur im Falle einer kumulativen Einflussnahme- oder Leitungspflicht zu konstatieren („Managementklauseln I" und „II")[73]. Mag die Leitungs- und/oder Einflussnahmepflicht des Patrons ab dem Zeitpunkt der Insolvenzeröffnung auch ruhen, so ändert dies nichts an seiner andauernden Ausstattungspflicht. Managementklauseln dienen im Zusammenhang mit der Ausstattungszusage der Verstärkung des Gläubigerschutzes. Sieht der Patron sich an der geschuldeten Einwirkung auf den Protegé gehindert, muss er ihn wenigstens hinreichend ausstatten.

#### *e) (Kein) Fall der „praktischen" bzw. „faktischen" Unmöglichkeit*

Eine Berufung des Patrons auf den Fall einer „praktischen"[74] bzw. „faktischen"[75] Unmöglichkeit[76] gemäß § 275 Abs. 2 S. 1 BGB scheidet gleichfalls aus[77].

---

samt nicht darauf ausgerichtet, eine der Auflösung unterliegende Gesellschaft weiterhin in herrschaftsmäßiger Abhängigkeit zu halten, m. w. N. zur Gegenansicht (55/56, 4.); vgl. auch *Kölner Kommentar zum AktG-Koppensteiner* (3), § 297 Rn. 44, 47 i. V. m. § 291 Rn. 15, m. w. N., der selbst den gegenteiligen Standpunkt einnimmt.

[72] *Grüner,* Beendigung von Gewinnabführungs- und Beherrschungsverträgen, S. 159–162, I)/II); *Kölner Kommentar zum AktG-Koppensteiner* (3), § 297 Rn. 44, 47, m. w. N.; *BFH* (U. v. 18.10.1967 – I 262/63), BFHE 90, S. 370 ff. (373/374); *Zeidler,* NZG 1999, S. 692 ff. (696/697, 1.), vor In-Kraft-Treten der Insolvenzordnung sei hinsichtlich der Verfahrensfolgen zwischen der Eröffnung des Konkurs- und des Vergleichsverfahrens differenziert worden. Bei Konkurseröffnung sei die herrschende Meinung wegen Unvereinbarkeit der Vertragzwecke mit dem Auflösungszweck von der automatischen Beendigung des Unternehmensvertrages ausgegangen, bei Einleitung eines Vergleichsverfahrens von der außerordentlichen Kündbarkeit des fortbestehenden Vertrages, dessen Schicksal wegen des Verfahrenszwecks einer Unternehmenssanierung noch nicht „besiegelt" sei. Da das Schicksal der insolventen Gesellschaft mit der bloßen Insolvenzeröffnung in keiner Weise vorgegeben sei, führe auch sie nicht zu einer automatischen Vertragsbeendigung, sondern die unpassenden Vertragswirkungen würden zunächst suspendiert.

[73] Zu Inhalt und Funktion einer „Managementklausel", s. o., Kapitel 4, B. I. 1./5.

[74] *Erman-Westermann* (11), § 275 Rn. 21; *MüKo-Ernst* (4), § 275 Rn. 37, 89; *Palandt-Heinrichs* (64), § 275 Rn. 22.

[75] *MüKo-Ernst* (4), § 275 Rn. 89, unter Hinweis auf den fehlenden praktischen Nutzen dieser Bezeichnungen.

[76] *Bamberger/Roth (Grüneberg)*, § 275 Rn. 37.

Die Vorschrift des § 275 BGB ist auf Geldschulden unanwendbar[78]. Den Pfändungsschutz- und Insolvenzrechtsbestimmungen wird zu Recht der Grundsatz entnommen, die Erfüllung einer Geldschuld könne nicht unmöglich werden[79]. Für die Pflicht zur finanziellen und kapitalmäßigen Ausstattung des Patrons gilt nichts anderes[80]. Selbst wenn man dies anders sehen wollte und der Ausstattungsbedarf des Protegés das Leistungsinteresse des Gläubigers bei weitem übersteigen sollte, stünde dem Patron die Einrede eines grob unverhältnismäßigen Leistungsaufwands nicht zu[81]. Der Patron hat dem Gläubiger die hinreichende Protegéausstattung einschränkunglos zugesagt[82] (vgl. den Verweis auf den „Inhalt des Schuldverhältnisses" in § 275 Abs. 2 S. 1 BGB)[83]. Da er zudem sämtliche Unterdeckungen des Protegés zu vertreten hat, wäre es ihm selbst im Falle der Anwendbarkeit des § 275 Abs. 2 BGB auf die harte Patronatserklärung zuzumuten, auch erhebliche und unvorhersehbare Vermögensdefizite des Protegés durch eigene Zuwendungsleistungen auszugleichen (vgl. § 275 Abs. 2 S. 2 BGB)[84].

---

[77] Implizit aA *LG Berlin* (U. v. 18.02.2000 – 94 O 93/99), WM 2000, S. 1060 ff. (1061, II. 3.), nachträgliche subjektive Unmöglichkeit nach einem Brandanschlag auf die protegierte Gesellschaft, da der Patronin für deren Wiederaufbau unerwartet die finanziellen Kapazitäten fehlten. Ein Leistungsverweigerungsrecht gemäß § 275 Abs. 3 BGB scheidet in der fraglichen Konstellation von vornherein aus. Dieser Einredetatbestand kann schon deshalb nicht erfüllt sein, weil die Ausstattungspflicht keine von dem Patron „persönlich zu erbringende Leistung" ist. Was darunter exakt zu verstehen ist, bedarf für die harte Patronatserklärung keiner näheren Erörterung, siehe dazu die Ausführungen bei *MüKo-Ernst* (4), § 275 Rn. 112. Fest steht, dass eine „persönliche Schuld" jedenfalls dann nicht vorliegt, wenn der Schuldner sich zur Erfüllung seiner Leistungspflicht eines Gehilfen bedienen kann, vgl. *Erman-Westermann* (11), § 275 Rn. 30; *MüKo-Ernst,* a. a. O. Im Übrigen sind auch die weiteren Tatbestandsmerkmale des § 275 Abs. 3 BGB nicht erfüllt.

[78] Nahezu einhellige Meinung, vgl. nur *MüKo-Ernst* (4), § 275 Rn. 13.

[79] *Erman-Westermann* (11), § 275 Rn. 2; *MüKo-Ernst* (4), § 275 Rn. 13.

[80] Vgl. auch *Staudinger-Otto* (2004), § 280 Rn. C8, § 283 Rn. 21, der Begriff der Unmöglichkeit i. S. d. § 275 Abs. 1 BGB meine rechtliche und tatsächliche Leistungshindernisse, die *nicht unter Einsatz von finanziellen Mitteln beseitigt* werden können (Hervorh. durch Verf.).

[81] Im Ergebnis ebenso *J. Koch,* Die Patronatserklärung, S. 303, V., jedoch unter Verweis auf die Möglichkeit des Patrons, eine übermäßige Belastung durch eine treuhänderische Leistung zu vermeiden. Allgemein zu diesem Einredetatbestand, *MüKo-Ernst* (4), § 275 Rn. 26; *Palandt-Heinrichs* (64), § 275 Rn. 69.

[82] Bei fehlender Einwirkungsmöglichkeit auf den Protegé wohl wissend, dass dessen Ausstattungsbedarf unkalkulierbare und von ihm selbst nicht zu beeinflussende Ausmaße annehmen kann; siehe auch *Kohout,* Patronatserklärungen, S. 148/149.

[83] Dazu *Bamberger/Roth* (*Grüneberg*), § 275 Rn. 40; *Erman-Westermann* (11), § 275 Rn. 25/26; *MüKo-Ernst* (4), § 275 Rn. 77, im Rahmen des § 275 Abs. 2 BGB sei nicht zu fragen, ob die Erreichung des von der bestehenden Leistungspflicht abstrahierten Leistungserfolgs einen grob unverhältnismäßigen Aufwand erfordere, vielmehr müsse der Aufwand für die Leistung, so wie sie der Schuldner versprochen habe, ermittelt werden.

### 4. Vollbeendigung des Protegés

Nach Eröffnung des Insolvenzverfahrens über das Protegévermögen besteht die Ausstattungspflicht des Patrons folglich entgegen der mehrheitlichen Meinung unverändert fort. Weder die Hauptschuld[85] noch die Ausstattungspflicht gehen mit Insolvenzeröffnung unter[86]. Objektiv unmöglich wird dem Patron der geschuldete Ausstattungserfolg erst mit Vollbeendigung des Protegés[87]. Ist Grund dafür – wie bei insolvenzbedingter Löschung des Protegés – dessen unzureichende Ausstattung, kann der geschädigte Gläubiger von dem Patron ab diesem Zeitpunkt gemäß §§ 280 Abs. 1, 3 i.V.m. 283 BGB Schadensersatz statt der Leistung verlangen. Der auf Geldersatz gerichtete Anspruch[88] deckt den gesamten Ausfall des Gläubigers im Hauptschuldverhältnis ab[89] einschließlich etwaiger Gewinnausfälle (§§ 251 Abs. 1, 1. Alt., 252 BGB)[90].

---

84 Im Ergebnis ebenso *Schraepler,* ZKW 1975, S. 215 ff. (216, 2. Abs.); *Stecher,* „Harte" Patronatserklärungen, S. 115/116; wohl aA *J. Koch,* Die Patronatserklärung, S. 302, V, der die Unanwendbarkeit der Nom mit der Möglichkeit eine treuhänderischen Leistung begründet. Zu dem Zusammenhang zwischen dem Ausschluss der Leistungspflicht und dem Vertretenmüssen des Leistungserschwernisses durch den Schuldner, *MüKo-Ernst* (4), § 275 Rn. 8.

85 Dass die *Hauptschuld* sich mit Insolvenzeröffnung nicht von Gesetzes wegen in einen Schadensersatzanspruch verwandelt, so dass man an einer fortwährenden Ausstattungspflicht des Patrons zweifeln könnte, ist oben bereits ausgeführt worden, vgl. Kapitel 4, B. II. 4. b).

86 *Hantke,* S. 75/76; etwas anders *Forschbach,* Liquiditätszusagen, S. 122, 2. Abs., die darauf abstellt, ob die Insolvenz noch abwendbar ist. Weshalb der Ausstattungsanspruch in der Insolvenz des Protegés interessenwidrig sein sollte, weil der Patron dem Protegé in diesem Zeitpunkt nicht nur die zur Erbringung der abgesicherten Leistung(en) benötigten Mittel zur Verfügung stellen muss, sondern (de facto bzw. aus Gründen des insolvenzrechtlichen Gleichbehandlungsgebot) auch für die Befriedigung aller anderen Gläubiger sorgen muss (so *Münchener Vertragshandbuch* (*Schütze*), III. 27., Patronatserklärung (III), S. 469, 3. a)), erschließt sich nicht. Angesichts der „kontinuierlichen Grundausstattungspflicht" ist dies auch schon vor der Insolvenzeröffnung der Fall.

87 *J. Koch,* Die Patronatserklärung, S. 304, 1. Abs. a.E.; *Köhler,* WM 1978, S. 1338 ff. (1345/1346, b)); (konkludent) *Schäfer,* WM 1999, S. 153 ff. (160, 2. a)); *Schröder,* ZGR 1982, S. 552 ff. (561); *Schütze,* WuB I F 1 c. – 5.02, S. 931 f. (931, III.); *Thiekötter,* Patronatserklärung, S. 36, 1. Abs.; ebenso *Hantke,* S. 76, 1. Abs.; *Kohout,* Patronatserklärungen, S. 89; *Münchener Vertragshandbuch* (*Schütze*), III. 27., Patronatserklärung (III), S. 469/470, 3. b), welche die Ausstattung allerdings nicht als Primärleistungspflicht ansehen.

88 *MüKo-Ernst* (4), § 283 Rn. 1.

89 *BGH* (U. v. 30.01.1992 – IX ZR 112/91), BGHZ 117, S. 127 ff. (133, 1. Abs.).

90 *Fischer/Schaffland,* GenFor 1976 II, S. 36 ff (38); *J. Horn,* Patronatserklärungen im common law, S. 193, 3. Abs.; *Mosch,* Patronatserklärungen, S. 141, 1. Abs.; *MüKo-Ernst* (4), § 280 Rn. 7; *Rümker,* WM 1974, S. 990 ff. (991, II. 1.), hinsichtlich des Ersatzes entgangener Gewinne Besserstellung des Gläubigers als bei einer Bürgschaft und einer Garantie; ebenso *Balzer,* 7. Rostocker Bankentag 2001, S. 59 ff. (79, bb)); *Schaffland,* BB 1977, S. 1021 ff. (1023, 1. Beispiel); *Stecher,* „Harte" Patronats-

## II. Nichterbringen der Leistung (§ 281 BGB)

Bis zur Vollbeendigung des Protegés kann der Gläubiger den Patron auf der Grundlage der §§ 280 Abs. 1, 3, 281 BGB auf Schadensersatz statt der Leistung in Anspruch nehmen[91], sollte der Patron den Protegé nicht rechtzeitig ausstatten und die Hauptschuld auch nicht selbst erfüllen.

Das Schadensersatzverlangen des Gläubigers ist gemäß § 281 Abs. 1 S. 1, letzter Halbsatz BGB grundsätzlich an das erfolglose[92] Verstreichen einer dem Schuldner zu setzenden angemessenen Nachfrist geknüpft[93]. Erst mit fruchtlosem Verstreichen der Nachfrist entsteht der Schadensersatz*anspruch*[94]. Ab diesem Moment kann der Gläubiger wahlweise auf einer ausreichenden Ausstattung des Protegés bestehen oder den Patron unter Ablehnung der Primärleistung auf Schadensersatz statt der Leistung in Geld in Anspruch nehmen (vgl. §§ 251 Abs. 1, 1. Alt.[95], 252 BGB)[96]. Gemäß § 281 Abs. 4 BGB erlischt der Primärleistungsanspruch (erst) mit dem Schadensersatz*verlangen* des Gläubigers[97]. Bis zu diesem Zeitpunkt stehen Primär- und Sekundäranspruch überwiegender Ansicht zufolge in einem Verhältnis elektiver Konkurrenz[98]. Von dieser Neurege-

---

erklärungen, S. 183–186; *Wittig* in: *BuB* (2003), Rn. 4/2880; *Zeitter* in: Rostocker Schriften zum Bankrecht, Heft 6, S. 7 ff. (22, 1. Abs.).

[91] Zum Verhältnis zwischen § 281 und § 283 BGB, siehe *MüKo-Ernst* (4), § 281 Rn. 43, 89/90, § 281 BGB bedingt einen durchsetzbaren Anspruch; *Staudinger-Otto* (2004), § 280 Rn. C12, § 281 Rn. A10/A11, A26.

[92] *MüKo-Ernst* (4), § 281 Rn. 44/45; *Staudinger-Otto* (2004), § 281 Rn. B75, Vornahme der geschuldeten Leistungs*handlung* innerhalb der gesetzten Nachfrist.

[93] *J. Koch,* Die Patronatserklärung, S. 283/284, 2. a); zum Zeitpunkt der Nachfristsetzung, *MüKo-Ernst* (4), § 281 Rn. 27, grundsätzlich erst nach Eintritt der Fälligkeit.

[94] *Erman-Westermann* (11), § 281 Rn. 19; *MüKo-Ernst* (4), § 281 Rn. 67.

[95] Eine Naturalrestitution (§ 249 Abs. 1 BGB) ist herrschender Meinung zufolge nicht möglich. Sie widerspreche der inhaltlichen Umgestaltung des Schuldverhältnisses von einem Primärleistungsanspruch in einen an dessen Stelle tretenden Schadensersatzanspruch, *MüKo-Ernst* (4), § 281 Rn. 1; *Staudinger-Otto* (2004), § 280 Rn. E7/E8, § 281 Rn. B142; zu möglichen Ausnahmen, *MüKo-Emmerich* (4), Vor § 281 Rn. 8/9.

[96] *MüKo-Ernst* (4), § 281 Rn. 16.

[97] Oder mit nachträglicher Erbringung der geschuldeten Leistung, *Erman-Westermann* (11), § 281 Rn. 22/23, der in Fn. 20 mit dem Erfordernis einer Anzeige der Leistungsbereitschaft engere Voraussetzungen für eine verzugsbeendigende Erfüllung während der Schwebezeit aufstellt; *MüKo-Ernst* (4), § 281 Rn. 67, 105; *Staudinger-Otto* (2004), § 281 Rn. A12, A15, A24, D2, D7.

[98] *Erman-Westermann* (11), § 281 Rn. 19; *Finn,* ZGS 2004, S. 32 ff. (32 Fn. 3); *MüKo-Ernst* (4), § 281 Rn. 68/69, 79/80, zu den Voraussetzungen einer nachträglichen, verzugsbeendigenden Schuldnerleistung: Keine Zurückweisung der Leistung als verspätet. Nach hM handelt es sich nicht um eine Wahlschuld i.S.d. §§ 262 ff. BGB, da die Primärleistung für den Zeitraum der Doppelberechtigung unabhängig von einem Gläubigerverlangen erbracht werden kann. Der Sekundäranspruch wird erst mit Schadensersatzverlangen des Gläubigers fällig (Rn. 108). Zu dem Streit, ob der Gläu-

lung[99] profitieren vor allem die Gläubiger einer unvertretbaren Leistung im Hauptschuldverhältnis. Solange ihr Leistungsinteresse andauert, ist ihnen mit einer Schadensersatzleistung des Patrons nicht geholfen.

Fraglich ist, ob das Erfordernis einer Nachfristsetzung in allen Konstellationen sachdienlich ist, oder ob und wenn ja, unter welchen Voraussetzungen, die sofortige Geltendmachung des Schadensersatzanspruchs durch den Gläubiger legitim sein kann. Diesbezüglich sieht § 281 Abs. 2 BGB vor, dass eine Fristsetzung entbehrlich ist, wenn der Schuldner die Leistung ernsthaft und endgültig verweigert oder besondere Umstände unter Abwägung der beiderseitigen Interessen die sofortige Geltendmachung des Schadensersatzanspruchs rechtfertigen.

### 1. Entbehrlichkeit der Nachfristsetzung bei ernsthafter und endgültiger Erfüllungsverweigerung

An eine ernsthafte und endgültige Erfüllungsverweigerung im Sinne des § 281 Abs. 2, 1. Alt. BGB sind strenge Anforderungen zu stellen[100]. Die Leistungsverweigerung muss „als letztes Wort" des Schuldners aufzufassen sein[101], ein späterer Meinungsumschwung völlig ausgeschlossen erscheinen[102]. Soweit sich der Patron nicht explizit in diese Richtung äußert[103], dürfte selbst die Eröffnung des Insolvenzverfahrens über das Protegévermögen kein beweiskräftiges Indiz für eine ernsthafte und vor allem endgültige Erfüllungsweigerung des Patrons sein. Aus der Tatsache der Insolvenzeröffnung kann nicht sicher auf den Willen des Patrons geschlossen werden, den Ausstattungserfolg endgültig nicht mehr bewirken zu wollen.

---

biger die Primärleistung nach Fristablauf noch akzeptieren muss, siehe *Finn,* a.a.O., S. 33–38.

[99] Zur „Altregelung", vgl. Kapitel 4, B. I. 4.

[100] *BGH* (U. v. 16.03.1988 – VIII ZR 184/87), BGHZ 104, S. 6 ff. (13, cc)); *BGH* (U. v. 21.10.1992 – XII ZR 173/90), NJW-RR 1993, S. 139 ff. (140, 3. b)); *MüKo-Ernst* (4), § 281 Rn. 52 i.V.m. § 323 Rn. 99; *Staudinger-Otto* (2004), § 281 Rn. B107.

[101] *BGH* (U. v. 21.10.1992 – XII ZR 173/90), NJW-RR 1993, S. 139 ff. (140, 3. b)); *MüKo Ernst* (4), § 281 Rn. 52 i.V.m. § 323 Rn. 99; *Staudinger-Otto* (2004), § 281 Rn. B107.

[102] *RG* (U. v. 20.10.1922 – VII 835/21), RGZ 104, S. 275 ff. (277/278); ähnlich *RG* (U. v. 10.12.1935 – VII 135/35), RGZ 149, S. 401 ff. (403/404); *BGH* (U. v. 28.06.1957 – VIII ZR 260/56), WM 1957, S. 1342 ff. (1344, letzter Abs.); *BGH* (U. v. 16.03.1988 – VIII ZR 184/87), BGHZ 104, S. 6 ff. (13, cc)); im Ergebnis ebenso *BGH* (U. v. 22.10.1999 – V ZR 401/98), NJW 2000, S. 506 ff. (508, c)); *MüKo-Ernst* (4), § 281 Rn. 52 i.V.m. § 323 Rn. 99; *Staudinger-Otto* (2004), § 281 Rn. B107, m.w.N. zur ständigen Rechtsprechung.

[103] Siehe *OLG Rostock* (U. v. 16.12.2004 – 1 U 28/04), Gründe II. 3. b.), Volltext nur bei Juris, Rn. 13, der Behauptung des Klägers, der Beklagte habe sich geweigert, die Forderung auszugleichen, könne nicht entnommen werden, wann und ob auch ernstlich und endgültig die Weigerung erklärt worden sei (§ 286 Abs. 2 Nr. 3 BGB).

### 2. Entbehrlichkeit der Nachfristsetzung ab dem Zeitpunkt der Insolvenzeröffnung

Dabei wird nicht verkannt, dass der Patron dem Gläubiger die „jederzeitige" Leistungsfähigkeit des Protegés schuldet und die Einleitung des Insolvenzverfahrens nicht nur einen begründeten Insolvenzantrag voraussetzt, sondern auch eine dezidierte Prüfung der Eröffnungsvoraussetzungen von Seiten des Insolvenzgerichts. In der Insolvenz des Schuldners dürfte eine Nachfristsetzung daher gemäß § 281 Abs. 2, 2. Alt. BGB entbehrlich sein. Angesichts der „Verhinderungsfunktion" der „kontinuierlichen Grundausstattungspflicht" ist die Nichtabwendung eines Insolvenzverfahrens durch den Patron ein besonders eklatanter Verstoß gegen seine Ausstattungspflicht[104]. Die Schwere der Pflichtverletzung lässt eine (weitere) Rücksichtnahme des Gläubigers auf ein etwaiges Leistungsinteresse des Patrons unangezeigt erscheinen[105]. Schließlich vergeht zwischen dem Eintritt der Eröffnungsvoraussetzungen und der eigentlichen Insolvenzeröffnung in der Praxis eine geraume Zeit[106]. Die Beschlussfassung durch das Insolvenzgericht ist demnach ein aussagekräftiger „Umstand", der ein Schadensersatzverlangen des Gläubigers ohne vorhergehende Nachfristsetzung rechtfertigt[107]. Dem Gläubiger ist die Teilnahme am Insolvenzverfahren des

---

[104] Zur Wesentlichkeit der Vertragsverletzung als Grund für die Entbehrlichkeit einer Nachfristsetzung, *BGH* (U. v. 13.11.1953 – I ZR 140/52), BGHZ 11, S. 80 ff. (86, 1. Abs.); *BGH* (U. v. 04.05.2000 – VII ZR 53/99), NJW 2000, S. 2988 (2990, 1. Abs.); vgl. auch *MüKo-Ernst* (4), § 281 Rn. 57/58 i.V.m. § 323 Rn. 125, nach alter wie nach neuer Rechtslage basiere die Entbehrlichkeit der Nachfristsetzung maßgeblich auf der Annahme eines Interessenwegfalls, der nur zu bejahen sei, wenn die Zwecke, für die die Leistung bestimmt gewesen seien, infolge der Leistungsverzögerung nicht mehr verwirklicht werden könnten.

[105] Vgl. auch die Anmerkung des Justiziars einer bedeutenden deutschen Großbank im Zuge der Umfrage: Zahlungen seitens des Patrons an die Kreditnehmerin zwecks Ausstattung machten nach Insolvenzeintritt kaum mehr Sinn. Hätte der Patron die Insolvenz abwenden wollen, hätte er bereits vor Inanspruchnahme durch den Gläubiger dafür gesorgt, dass die Kreditnehmerin die Kredite fristgerecht erfüllen kann. Zu den Zwecken einer Nachfristsetzung, siehe *Staudinger-Otto* (2004), § 281 Rn. A12.

[106] Siehe *BGH* (U. v. 26.10.1994 – VIII ZR 150/93), NJW-RR 1995, S. 240 ff. (243, (2)), gegebenenfalls Unzumutbarkeit der Aufrechterhaltung eines Vertrages, wenn der Schuldner bei einer sich länger hinziehenden Vertragsabwicklung eine schwerwiegende Unzuverlässigkeit an den Tag legt.

[107] Nach Auskunft zweier Kreditinstitute im Rahmen der Umfrage wird der Patron im Insolvenzfall (im Zweifel) angeschrieben und zur Zahlung direkt an die Bank aufgefordert. Erfolge diese nicht, würde man sich gemeinsam an den Tisch setzen und den Fortgang der Finanzierung bzw. Restrukturierung ausdiskutieren. In der Kreditwirtschaft strengt man in der Regel keine Klage an. Man setzt auf die Verhandlungsbereitschaft des Patrons. *J. Koch,* Die Patronatserklärung, S. 283/284, 2. a), hat sich in seiner Habilitationsschrift nicht mit der Frage befasst, ob eine Nachfristsetzung in der Insolvenz des Protegés entfallen kann. Aus seiner Sicht dürfte dies nicht der Fall sein, da er, anders als hier vertreten, eine Insolvenzabwendungspflicht des Patrons negiert und diesen nur für verpflichtet hält, für die Aufrechterhaltung der Existenz der protegierten Gesellschaft zu sorgen.

Protegés bis zum Ablauf einer hypothetischen Nachfrist unzumutbar[108]. Dem steht nicht entgegen, dass nach herrschender und richtiger Ansicht die bloße Tatsache der Insolvenzeröffnung über das Schuldnervermögen ein unmittelbares Umschwenken der Schuldnergläubiger auf einen Schadensersatzanspruch statt der Leistung nicht gestattet[109]. Der Gläubiger schuldet dem Protegé in seiner Funktion als Sicherungsnehmer keine einem Gesamtvollstreckungsgläubiger vergleichbare „Rücksichtnahme". Für die hier maßgebende Frage nach einem Fristsetzungserfordernis im Sicherungsverhältnis sind ausschließlich die Interessen des Gläubigers (in seiner Funktion als Sicherungsgeber) mit denjenigen des Patrons ins Verhältnis zu setzen. Das Interesse des Gläubigers an der Möglichkeit einer unmittelbaren Inanspruchnahme des Patrons auf Schadensersatz ist dabei höher zu bewerten als das zu unterstellende Interesse des Patrons an dem Fortbestand seiner primären Leistungspflicht[110]. Hinzu kommt, dass der Sicherungsgeber auf die „typischen" Sicherungsmittel, vor allem einen Bürgen, in der Insolvenz des Hauptschuldners unmittelbar zugreifen kann (vgl. §§ 773 Abs. 1 Ziff. 3 BGB, 43, 49–51 Ziff. 1 InsO)[111]. Eine Schlechterstellung des Gläubigers der präventiv zu erfüllenden Ausstattungsverpflichtung wäre zumindest bedenklich. Wird der Protegé „formell" insolvent, kann der Gläubiger von dem Patron folglich sogleich Schadensersatz statt der (ganzen[112]) Leistung verlangen[113].

---

108 Zu dem Kriterium der Unzumutbarkeit eines Festhaltens am Vertrag für die Dauer einer potenziellen Nachfrist, *BGH* (U. v. 26.10.1994 – VIII ZR 150/93), NJW-RR 1995, S. 240 ff. (243, (2)); *Staudinger-Otto* (2004), § 281 Rn. B116, m.w.N.

109 *MüKo-Ernst* (4), § 281 Rn. 60, § 323 Rn. 130.

110 Zu Gunsten des Patrons dürfte im Anwendungsbereich des § 281 BGB grundsätzlich ein fortdauerndes Interesse an der Möglichkeit zur Erbringung der Primärleistung zu unterstellen sein. Der durchschnittliche Ausstattungsschuldner wird auch in der Insolvenz des Protegés noch an der freien Wahl des Erfüllungsmodus interessiert sein und nicht auf eine Geldleistungspflicht gegenüber dem Gläubiger verwiesen werden wollen, so nun auch *J. Koch,* Die Patronatserklärung, S. 99/100.

111 Zur Möglichkeit der Zwangsvollstreckung aus einer Sicherungsgrundschuld, *Wenzel*, Sicherung durch Grundschulden, S. 351 Rn. 2692.

112 Begehrt der Gläubiger von dem Patron Ersatz, weil der Protegé einzelne Verbindlichkeiten infolge einer Unterdeckung nicht erfüllt hat, bereitet die Anwendung des § 281 BGB keine Probleme, vgl. auch *J. Koch,* Die Patronatserklärung, S. 284, 286, c)/d). Es fragt sich aber, ob und wie ein Patronatsvertrag insgesamt abzuwickeln ist, wenn die Ausstattungszusage neben bereits fälligen auch erst später zu erfüllende und/oder zur Entstehung gelangende Gläubigerforderungen absichert. Ob der Gläubiger bei einem Dauerschuldverhältnis gestützt auf § 281 BGB Schadensersatz wegen Nichterfüllung in Form seines gesamten „Auflösungsschadens" verlangen kann, lässt sich der Norm nicht entnehmen. Der Wortlaut scheint dagegen zu sprechen: „Soweit der Schuldner *die fällige Leistung* nicht ... erbringt" (§ 281 Abs. 1 S. 1 BGB). Ihm zufolge rechtfertigen nur fällige Individualansprüche ein die Primärleistung verdrängendes Schadensersatzverlangen. Bei Erlass der Norm hat der Gesetzgeber die Konstellation der Gesamtabwicklung eines Dauerschuldverhältnisses ersichtlich nicht vor Augen gehabt. Nach der Gesetzessystematik ist der Gläubiger eines Dauerschuldverhältnisses bei Abwicklungsschwierigkeiten unter den Voraussetzungen des § 314 Abs. 1, 2 BGB vorrangig zur außerordentlichen Vertragskündigung befugt. Wie das

Schadensersatzverlangen nach § 281 Abs. 1 BGB, setzt auch eine außerordentliche Kündigung gemäß § 314 Abs. 2 S. 1, 1. Alt. BGB grundsätzlich den erfolglosen Ablauf einer zur Abhilfe bestimmten Frist voraus, sollte Grund für die Kündigung eine Vertragspflichtverletzung sein. Mit Wirksamwerden der Kündigung ende die Ausstattungspflicht des Patrons ex nunc. Bei „bloßer" Kündigung müsse der Patron den Protegé nach Auflösung der Ausstattungszusage noch mit denjenigen Mitteln ausstatten, die dieser benötigt, um seine gesamten bereits entstandenen Verbindlichkeiten fristgerecht zu erfüllen (egal ob bereits fällig oder nicht). Hat der Gläubiger in seinem Aufforderungsschreiben deutlich gemacht, an der Fortsetzung seiner Vertragsbeziehung mit dem Patron nach furchtlosem Ablauf der ihm gesetzten Nachfrist nicht mehr interessiert zu sein (was *J. Koch,* Die Patronatserklärung, S. 285, b), vornherein ausschließt), dürfte die Fristsetzung gleichsam als solche des § 281 Abs. 1 S. 1 BGB und des § 314 Abs. 2 BGB zu werten sein. Der Gläubiger will sich mit seiner Nachfristsetzung in aller Regel sämtliche Möglichkeiten offen halten. Aus § 314 Abs. 4 BGB folgt, dass die Berechtigung, Schadensersatz zu verlangen, durch eine außerordentliche Kündigung nicht ausgeschlossen wird. Als Anspruchsgrundlage für den „Auflösungsschaden" kommt vorliegend nur § 280 Abs. 1, 3 i.V.m. § 281 BGB in Betracht. Die Nichtleistung des Patrons gründet nicht auf der Unmöglichkeit zur Herbeiführung des geschuldeten Erfolges (§§ 280 Abs. 1, 3, 283 BGB), sondern auf dem Erlöschen seiner Ausstattungspflicht (und gegebenenfalls auch auf der kündigungsbedingten Auflösung des Hauptschuldverhältnisses). Diesen Fall betrifft § 283 BGB nicht. Eine nicht (mehr) geschuldete Leistung kann nicht (mehr) unmöglich sein (/werden). Die Vorschrift des § 280 Abs. 1, 3 i.V.m. § 282 BGB passt ebenfalls nicht. Es geht nicht um die Verletzung einer nichtleistungsbezogenen Verhaltenspflicht, sondern um die Auflösung des Vertragsverhältnisses wegen Nichterbringung der Hauptleistungspflicht. Da der Ersatzanspruch wegen vorzeitiger Vertragsauflösung Surrogat für den nicht erbrachten Ausstattungserfolg ist, kommt gemäß § 280 Abs. 3 BGB nur ein Rückgriff auf § 281 BGB in Betracht. Insofern scheint es gerechtfertigt zu sein, dem Gläubiger für seinen „Auflösungsschaden" in Gesamtanalogie zu § 281 Abs. 1 S. 2 und S. 3 BGB einen Anspruch auf „Schadensersatz statt *der ganzen* Leistung" zuzubilligen (aA *J. Koch,* Die Patronatserklärung, S. 285, b), 286, d)). Der Aspekt der Legitimität eines umfassenden Schadensersatzbegehrens trifft auch auf die Gesamtabwicklung eines wegen Nichterfüllung vorzeitig beendeten Dauerschuldverhältnisses zu. Anders als bei „bloßer" Kündigung, ist die Fortdauer der primären Ausstattungspflicht hinsichtlich der bereits begründeten Verbindlichkeiten im Anschluss an das Schadensersatzbegehren undenkbar. Gemäß § 281 Abs. 4 BGB endet der Ausstattungsanspruch mit dem Schadensersatzverlangen. Die Ausstattungspflicht des Patrons transformiert sich in einen Geldleistungsanspruch, der den gesamten „Auflösungsschaden" des Gläubigers abdeckt. Adäquate Folge der Umgestaltung des Sicherungsverhältnisses wird in aller Regel die umgehende Auflösung der Vertragsbeziehung mit dem Protegé durch den Gläubiger sein. Der Patron hat dem Gläubiger daher im Ergebnis dessen Nachteile aus der vorzeitigen Beendigung seiner Geschäftsbeziehung mit dem Protegé zu ersetzen. Als Kalkulationsgrundlage bieten sich die Normen der §§ 45, 46 InsO an. Zur Ersatzfähigkeit von Auflösungs- bzw. Folgeschäden bei einem Dauerschuldverhältnis nach § 281 BGB, vgl. *OLG Schleswig-Holstein* (B. v. 11.04.2005 – 4 U 20/05), n.v., Juris, LS 1; *MüKo-Ernst* (4), § 281 Rn. 14; *Staudinger-Otto* (2004), § 281 Rn. A47; anders *Bamberger/Roth* (*Grüneberg*), § 280 Rn. 50, Ersatzfähigkeit nach dem Grundgedanken der §§ 282, 628 BGB.

[113] Grund für eine ummittelbare Inanspruchnahme des Patrons auf Schadensersatz statt der Leistung kann in der Insolvenz des Protegés auch die endgültige Zerstörung des Gläubigervertrauens in eine ordnungsgemäße Vertragsabwicklung sein, vgl. *Staudinger-Otto* (2004), § 281 Rn. B122, m.w.N.

### 3. Sonstige „besondere Umstände" im Sinne des § 281 Abs. 2, 2. Alt. BGB

Wann im Übrigen ein „besonderer Umstand" vorliegt, der den Gläubiger von dem Erfordernis einer Nachfristsetzung dispensiert, ist von Fall zu Fall zu entscheiden. Dabei gilt das Gebot einer restriktiven Auslegung des § 281 Abs. 2, 2. Alt. BGB, das sich ein Stück weit bereits der Gesetzessystematik entnehmen lässt. Gemäß § 323 Abs. 2 Ziff. 2 BGB kann der Gläubiger einer „relativ fix" geschuldeten Leistung bei deren Ausbleiben unmittelbar von einem synallagmatischen Vertrag zurücktreten. Aus dem Fehlen einer entsprechenden Anordnung im Rahmen des § 281 BGB folgert eine starke Meinungsgruppe, dass das Vorliegen eines relativen Fixgeschäftes den Gläubiger für sich betrachtet nicht von dem Erfordernis einer Nachfristsetzung enthebt[114]. Kennzeichen eines „relativen Fixgeschäftes" ist die vertragliche Bindung des Leistungsinteresses an eine termingerechte Leistung[115]. Die Einhaltung der Leistungszeit ist nach dem Willen der Vertragsparteien so wesentlich, dass mit einer zeitgerechten Leistung das Geschäft „steht und fällt". Die Leistung kann aber prinzipiell noch nachgeholt werden[116]. Die Ausstattungsvereinbarung ist noch nicht einmal ein relatives Fixgeschäft[117]. Im Allgemeinen besteht kein Anhaltpunkt dafür, dass das Interesse des Gläubigers an der vereinbarten Protegéausstattung entfällt, sollte der Patron nicht rechtzeitig leisten[118]. Außerhalb der Insolvenz des Protegés sollte daher nicht leichtfertig auf eine Nachfristsetzung verzichtet werden[119]. Dass die

---

[114] *MüKo-Ernst* (4), § 281 Rn. 59, § 323 Rn. 120, demzufolge der Fixschuldcharakter allerdings zu einer Befreiung nach § 281 Abs. 2, 2. Alt. BGB führen kann, auch wenn das Gesetz bei Fixschulden keine Vermutung für einen nachfristlosen Schadensersatzanspruch aufstellt; *Palandt-Heinrichs* (64), § 281 Rn. 15; enger *Staudinger-Otto* (2004), § 281 Rn. B117, B119, relatives Fixgeschäft als taugliches Indiz; aA *Erman-Westermann* (11), § 281 Rn. 17; *Jaensch,* NJW 2003, S. 3613 ff. (3614/3614, 2./IV.), extensive Auslegung von § 281 Abs. 2 BGB unter Einbeziehung relativer Fixgeschäfte.

[115] *Jaensch,* NJW 2003, S. 3613 ff. (3613, 3. Abs.); *Palandt-Heinrichs* (64), § 323 Rn. 20.

[116] *BGH* (U. v. 17.01.1990 – VIII ZR 292/88), BGHZ 110, S. 88 ff. (96, b)); *BGH* (U. v. 18.04.1989 – X ZR 85/88), NJW-RR 1989, S. 1373 f. (1373, 2. a)); *MüKo-Ernst* (4), § 323 Rn. 111; *Staudinger-Löwisch* (2004), Vorbem zu §§ 286–292 Rn. 7, § 286 Rn. 86. Beispiele finden sich bei *Palandt-Heinrichs* (64), § 323 Rn. 20.

[117] Als Beispiel für ein relatives Fixgeschäft, bei dem entsprechend der Gesetzesbegründung gemäß § 281 Abs. 2, 2. Alt. BGB ausnahmsweise die sofortige Geltendmachung des Schadensersatzanspruch legitim ist, nennen die Materialien „Just-in-time-Verträge", also Verträge, bei denen der eine Teil dem anderen zu einem bestimmten Zeitpunkt liefern muss, wenn dessen Produktion ordnungsgemäß betrieben werden soll. Bleibe die Leistung ganz oder teilweise aus, müsse der Gläubiger die Möglichkeit zu einer sofortigen Ersatzbeschaffung haben, um eine Schadensvergrößerung zu verhindern, vgl. *BT-Drucksache 14/6040,* S. 140, Zu Absatz 2.

[118] Zu dem Kriterium der Interessewidrigkeit einer Spätleistung bei einem relativen Fixgeschäft, weshalb dem Gläubiger in §§ 323 Abs. 2 Ziff. 2 BGB, 376 HGB ein kurzfristiges Lösungsrecht zugebilligt worden ist, *MüKo-Ernst* (4), § 275 Rn. 45.

von dem Protegé geschuldete Leistung für den Gläubiger im Einzelfall besonders dringlich ist, rechtfertigt keine andere Bewertung. Die besondere Eilbedürftigkeit der Leistung im Hauptschuldverhältnis verkürzt allenfalls die obligatorisch zu setzende Nachfrist, macht sie aber nicht vollends entbehrlich. Das Leistungsinteresse des Gläubigers im Hauptschuldverhältnis wird nur durch eine möglichst rasche Leistung von Seiten des Protegés gestillt oder durch eine – von dem Gläubiger nicht zu erzwingende – umgehende Direktleistung des Patrons, nicht aber durch eine sofortige Schadensersatzleistung des Patrons.

### 4. Fazit

Alles in allem lässt sich die Schadensersatznorm des § 281 BGB n.F. praktikabel handhaben. Die rechtlichen Schwierigkeiten bei der Begründung eines Schadensersatzanspruches statt der Leistung in der Insolvenz des Protegés, die aus Sicht der Verfasserin vor der Schuldrechtsnovellierung zu dogmatisch unhaltbaren Ausweichversuchen auf das Unmöglichkeitsrecht bzw. auf eine erweiternde Vertragsauslegung geführt haben[120], sind entfallen. Die hier vertretene Auffassung, dass sich der *Ausstattungsanspruch in der Insolvenz nicht unmittelbar in einen Zahlungsanspruch verwandelt,* ist dabei ebenso ein Novum[121] wie die These, dass die Direktinanspruchnahme des Patrons auf Schadensersatz statt der Leistung bis zur Insolvenz des Protegés[122] regelmäßig das *fruchtlose Verstreichen einer angemessenen Nachfrist* voraussetzt[123]. Auf beides sei nachdrücklich hingewiesen. In der Praxis dürfte die Notwendigkeit einer Nachfristsetzung nicht zu unsachgemäßen Abwicklungsschwierigkeiten führen. Angesichts des „fixschuldähnlichen" Charakters der Ausstattungspflicht dürfte die Nachfrist in aller Regel relativ kurz zu bemessen sein[124]. Sollte der Gläubiger

---

119 Siehe auch *Erman-Westermann* (11), § 281 Rn. 15; *Staudinger-Otto* (2004), § 281 Rn. B104, bei dieser Fallgruppe sollte auch künftig nicht leichthin auf die Nachfristsetzung verzichtet werden.

120 Dazu *Schäfer,* WM 1999, S. 153 ff. (160, 2. a)). Näheres oben in Kapitel 4, B. I. 4.

121 Siehe nur *OLG München* (U. v. 24.01.2003 – 23 U 4026/02, rkr.), DB 2003, S. 711 f. (711, 1.); *Fleischer,* WM 1999, S. 666 ff. (670, c) a.E.); *Kiethe,* ZIP 2005, S. 646 ff. (649, 2.), es bestehe *Einigkeit* darüber, dass der Anspruch sich in einen unmittelbar gegenüber dem Gläubiger zu erfüllenden Zahlungsanspruch *umwandelt,* wenn der Schuldner insolvent wird (Hervorh. durch Verf.).

122 Die harte Patronatserklärung bietet nicht den Vorteil, dass der Patron bis zur Insolvenz des Protegés nicht mit einer unmittelbaren Inanspruchnahme rechnen muss, so aber *Schäfer,* WM 1999, S. 153 ff. (153, I.).

123 So nun auch *J. Koch,* Die Patronatserklärung, S. 283/284, 2. a), 304, VII., der hiervon auch in der Insolvenz des Protegés keine Ausnahme macht.

124 Eine zu kurze Frist setzt eine angemessene Nachfrist in Lauf, *BGH* (U. v. 21.06.1985 – V ZR 134/84), NJW 1985, S. 2640 ff. (2640, II. a)), der zusätzlich darauf hinweist, dass Schwierigkeiten bei der Beschaffung der benötigten Finanzmittel die Länge der zu setzenden Nachfrist nicht beeinflussen (S. 2640/2641, b)); *Erman-*

dennoch prinzipiell oder auch nur unter bestimmten Voraussetzungen an einer unverzögerten Inanspruchnahme des Patrons auf Schadensersatz statt der Leistung interessiert sein, steht es ihm frei, mit diesem eine dahingehende Individualabrede zu treffen[125]. Die Vorschrift des § 281 BGB ist dispositiv[126]. Im Falle des formularmäßigen Abbedingens des Nachfristsetzungserfordernisses oder der klauselmäßigen Herabsetzung der Inanspruchnahmevoraussetzungen durch den Gläubiger sind allerdings die Erschwernisse des AGB-Rechts zu beachten (vgl. nur § 309 Ziff. 4, 2. Alt. BGB)[127].

## C. Schadensersatz wegen Verzuges

Verzögert der Patron die geschuldete Ausstattung des Protegés, liegen gemäß §§ 280 Abs. 1 S. 1, Abs. 2 i.V.m. 286 BGB zudem die Voraussetzungen eines Schadensersatzanspruchs wegen verzögerter Leistungsbewirkung vor[128]. Da die Ausstattungspflicht nach hier vertretener Meinung generell bis zum Erlöschen des Protegés andauert[129], gelten die Verzugsregelungen auch noch in der Insolvenz des Protegés[130].

Westermann (11), § 281 Rn. 13; *MüKo-Ernst* (4), § 281 Rn. 40 i.V.m. § 323 Rn. 77; *Staudinger-Otto* (2004), § 281 Rn. B69. Zur Fristbemessung, *Staudinger-Otto* (2004), a.a.O., Rn. B66/B67.

[125] *Erman-Westermann* (11), § 281 Rn. 15; *MüKo-Ernst* (4), § 280 Rn. 62, § 281 Rn. 60, 161; *Staudinger-Otto* (2004), § 281 Rn. B177.

[126] *MüKo-Ernst* (4), § 281 Rn. 161; *Staudinger-Otto* (2004), § 281 Rn. B177.

[127] *Erman-Westermann* (11), § 281 Rn. 15; *MüKo-Ernst* (4), § 281 Rn. 161/162, m.w.N. zu AGB-rechtlich möglicherweise einschlägigen Normen; vgl. auch *Staudinger-Otto* (2004), § 281 Rn. B178/B179.

[128] *Balzer,* 7. Rostocker Bankentag 2001, S. 59 ff. (76/77, a)); *Ebenroth/Boujong/Joost* (*Allstadt-Schmitz*), HGB, BankR IV, Rn. IV 677; *Gerth,* Atypische Kreditsicherheiten, S. 153, (1); *Hoffmann,* Patronatserklärung, S. 84–86, jeweils noch zu §§ 284 ff. BGB a.F.; aA *Stecher,* „Harte" Patronatserklärungen, S. 161/162, teilweise Unmöglichkeit.

[129] Zu der negativen Tatbestandvoraussetzung des § 286 BGB, dass die Leistungspflicht des Schuldners nicht nach § 275 Abs. 1–3 BGB ausgeschlossen sein darf, *MüKo-Ernst* (4), § 286 Rn. 33/34, 44/45; *Palandt-Heinrichs* (64), § 286 Rn. 5. Auch hindert bereits das Bestehen einer Einrede den Verzug (mit Ausnahme des Zurückbehaltungsrechts nach § 273 BGB). Die Einrede muss nur im Laufe der Auseinandersetzung (spätestens bis zum Ende der letzten mündlichen Verhandlung) tatsächlich geltend gemacht werden, *Palandt-Heinrichs* (64), § 281 Rn. 8, § 286 Rn. 12.

[130] Zu dem Streit, ob der Verzug schon mit Vornahme der Leistungshandlung endet (so etwa *Erman-Hager* (11), § 286 Rn. 72) oder erst mit Eintritt des Leistungserfolges (so *Palandt-Heinrichs* (64), § 286 Rn. 33), siehe *Staudinger-Löwisch* (2004), § 286 Rn. 115, m.w.N.

## I. Mahnung

Mit seiner „hauptschuldbezogenen" Ausstattungspflicht kommt der Patron entgegen der Grundregel des § 286 Abs. 1 S. 1 BGB vielfach auch ohne Mahnung des Gläubigers in Verzug[131].

### 1. Entbehrlichkeit einer Mahnung wegen „Fälligkeitserstreckung"

Grund dafür ist die *„Fälligkeitserstreckung"*, sprich die Tatsache, dass ein kalendermäßig exakt bestimmter oder berechenbarer Fälligkeitstermin im Hauptschuldverhältnis auf das Sicherungsverhältnis „durchschlägt" (§ 286 Abs. 2 Ziff. 1, 2 BGB)[132]. Ist der Protegé im vorgegebenen Fälligkeitszeitpunkt ungenügend ausgestattet, steht zweifelsfrei fest, dass der Patron seiner im Vorfeld zu erfüllenden Ausstattungspflicht nicht rechtzeitig nachgekommen ist[133]. Dass die Ausstattungspflicht *„bis zum* Fälligkeitstermin" im Hauptschuldverhältnis zu erbringen ist, ist unschädlich[134]. Anknüpfungspunkt für die Pflichtverletzung ist nicht die unterbliebene Ausstattung, die je nach Ausstattungsmodalität zu ganz unterschiedlichen Zeitpunkten in die Wege zu leiten ist, sondern der geschuldete Leistungs*erfolg* einer hinreichenden Protegéausstattung im Fälligkeitstermin[135]. Abgesehen davon, dass nach der Rechtsprechung auch mittelbare Fälligkeitsbestimmungen[136] wie etwa „im August"[137], „Mitte des Monats"[138] oder „bis Ende 2004"[139] kalendermäßige Terminvorgaben sind[140], ist

---

[131] Wie hier *J. Koch,* Die Patronatserklärung, S. 271/272; generell gegen ein Abmahnungserfordernis, *Hoffmann,* Patronatserklärung, S. 90, 4. Abs.; *Lwowski,* Kreditsicherung (8), S. 412, 4.1; *Mosch,* Patronatserklärungen, S. 138/139, a); *Obermüller,* ZGR 1975, S. 1 ff. (28, aa)); *Rippert,* Patronatserklärungen, S. 115, jeweils noch zur alten Rechtslage und zumeist unter Hinweis darauf, dass der Verweis auf die „jederzeitige" Leistungsfähigkeit des Protegés in der Verpflichtungserklärung die Vereinbarung einer rechtzeitigen Leistungserbringung suggeriere.

[132] *Hoffmann,* Patronatserklärung, S. 91, 4. Abs.; *J. Koch,* Die Patronatserklärung, S. 271/272; im Ergebnis ebenso *Lwowski,* Kreditsicherung (8), S. 412, 4.1. Zur Fälligkeit der Ausstattungsverpflichtung, s. o., Kapitel 4, B. II. 2. c).

[133] Jedenfalls wenn der Patron auch von einer ihm zustehenden Ersetzungsbefugnis keinen Gebrauch gemacht hat.

[134] AA *OLG Rostock* (U. v. 16.12.2004 – 1 U 28/04), Gründe II. 3. a.), Volltext nur bei Juris, Rn. 12: „Die Leistung des Beklagten war nicht nach dem Kalender bestimmt (§ 286 Abs. 2 Nr. 1 BGB). Die Ausstattungspflicht hatte er ‚bis zum 15. Juli 1999' zu erfüllen."

[135] Das *OLG Rostock* (U. v. 16.12.2004 – 1 U 28/04), a. a. O., hat übersehen, dass der Erfolg (vgl. Kapitel 4, B. I. 3.) dem Gläubiger von dem Patron exakt für den 15.07.1999 zugesagt worden war. An diesem Tag sollte die Rückzahlung der dem Gläubiger geschuldeten Summe durch den protegierten Sohn im Beisein des ausstattungspflichtigen Vaters erfolgen. Fälligkeitstermin war damit der 15.07.1999.

[136] *BGH* (U. v. 19.11.1991 – X ZR 28/90), WM 1992, S. 823 ff. (825, 3. Abs.); *BGH* (U. v. 25.10.2000 – VIII ZR 326/99), NJW 2001, S. 365 f. (365, aa)).

bei einer Ausstattungspflicht bis zu einem fest bestimmten Zeitpunkt klar, dass der geschuldete Erfolg exakt mit Ablauf des Ausstattungszeitraums bzw. im für das Hauptschuldverhältnis vorgesehenen Fälligkeitstermin eingetreten sein muss[141]. Ist dies nicht der Fall, trifft die Ersatzpflicht nicht nur den Protegé[142], sondern auch den Patron[143]. Der Gläubiger kann wählen, ob er seinen Schaden gegenüber dem Protegé liquidiert[144] – die „hauptschuldbezogene" Ausstattungspflicht schließt in diesem Fall den Verzugsschaden des Gläubigers bis zum Erhalt der geschuldeten Leistung(en) mit ein – oder ob er seinen Verzögerungsschaden unmittelbar von dem Patron einfordert[145].

Der sofortige Eintritt des Verzuges mit Ablauf des fixen Leistungstermins im Hauptschuldverhältnis wäre im Übrigen auch unter Abwägung der beiderseitigen Interessen gerechtfertigt (vgl. § 286 Abs. 2 Ziff. 4 BGB)[146]. Um den Pa-

---

137 *BGH* (U. v. 13.01.1999 – XII ZR 208/96), NJW-RR 1999, S. 593 ff. (595, 2. a)).

138 *BAG* (U. v. 05.03.1981 – 3 AZR 316/78), WM 1982, S. 245 f. (246, 1. b)).

139 *Palandt-Heinrichs* (64), § 286 Rn. 22.

140 Insgesamt dazu *Erman-Hager* (11), § 286 Rn. 40; *Palandt-Heinrichs* (64), § 286 Rn. 22.

141 *Palandt-Heinrichs* (64), § 286 Rn. 32, der Verzug beginne bei kalendermäßig festgelegter oder berechenbarer Leistungszeit „mit *Ablauf des Tages, an die Leistung (spätestens) zu erbringen war*" (Hervorh. durch Verf.).

142 So aber *Stecher*, „Harte" Patronatserklärungen, S. 162, 3. Abs.

143 *Gerth*, Atypische Kreditsicherheiten, S. 157; aA *Stecher*, „Harte" Patronatserklärungen, S. 161/162, 207, 1. Abs.; „Schadensersatzansprüche wegen Verzugs gegenüber dem Patron sind nicht denkbar." Dem Patron sei die geschuldete Liquiditätsvorsorge teilweise unmöglich. Einen Verzugsschaden könne das Kreditinstitut nur gegenüber dem Protegé geltend machen.

144 Dazu auch *Hoffmann*, Patronatserklärung, S. 98, 4. Abs.

145 Bezogen auf die im Hauptschuldverhältnis vertraglich vorgesehenen Verzugszinsen aA, *J. Koch*, Die Patronatserklärung, S. 281, 3., die Vertragszinsen würden nur von der fortbestehenden Ausstattungspflicht gedeckt. Dagegen spricht, dass der pauschalierte Ersatzanspruch im Hauptschuldverhältnis kausal auf der Pflichtverletzung des Patrons beruht. Liquidiert der Gläubiger seinen Schaden unmittelbar gegenüber dem Patron, hat er die Kausalität zwischen der ungenügende Protegéausstattung und den von ihm erlittenen Schäden zu beweisen, was angesichts der damit verbundenen Darlegungs- und Beweislastschwierigkeiten, jedenfalls außerhalb der Insolvenz des Protegés, ein vorrangiges Vorgehen gegen den Protegé ratsam erscheinen lässt. Zum „Ersatz des reinen Verzugsschadens", *Hoffmann*, Patronatserklärung, S. 93, 2. Abs. Ein Anspruch auf Zahlung von Verzugszinsen gemäß § 288 Abs. 1 S. 1 BGB besteht allerdings nicht, da die Ausstattungspflicht keine Geldschuld i. S. d. Norm ist, vgl. *Gerth*, Atypische Kreditsicherheiten, S. 157, 2. Abs.; *Hoffmann*, Patronatserklärung, S. 94–98; *J. Koch*, Die Patronatserklärung, S. 278/279, 2. a), 279–281, b)/c), die sich näher mit der Schadensbemessung und ihren gesetzlichen Grundlagen auseinandersetzen; *Mosch*, Patronatserklärungen, S. 139, 2. Abs.; aA *Thiekötter*, Patronatserklärung, S. 35, 5.

146 So nun auch *J. Koch*, Die Patronatserklärung, S. 272, 1. Abs., der gleichsam davon ausgeht, dass man die Entbehrlichkeit bei kalendermäßiger Bestimmtheit oder Berechenbarkeit des spätesten Leistungszeitpunktes für den Patron hilfsweise mit dem fehlenden Schutzbedürfnis des Patrons sowie dem überwiegenden Interesse des Kredit-

tron mahnen zu können, müsste der Gläubiger sich bei Ausbleiben der Hauptleistung zunächst Gewissheit darüber verschaffen, dass dies mittelbedingt geschehen ist, was einige Zeit dauern kann. Alternativ könnte er den Patron nur prophylaktisch mahnen, wofür angesichts der Mahnwirkung des Kalendertages kein Bedürfnis besteht. Das Interesse des Gläubigers an einem sofortigen Verzugseintritt überwiegt das Interesse des Patrons an einer verzugsbegründenden Leistungsaufforderung.

#### 2. Erfordernis einer Mahnung bei Fehlen eines fixen Fälligkeitstermins im Hauptschuldverhältnis

Ist Bezugsgegenstand der Ausstattungszusage keine zu einem fixen Termin zu erbringende Hauptleistung, kommt der Patron dagegen grundsätzlich erst durch eine Mahnung des Gläubigers in Verzug. Wann auf diese ausnahmsweise verzichtet werden kann, ist einzelfallabhängig (§ 286 Abs. 2 BGB)[147].

## II. Fehlende Exkulpationsmöglichkeit

Eine Exkulpation gemäß § 286 Abs. 4 BGB scheidet aus den oben genannten Gründen aus[148]. Selbst geringste Leistungsverzögerungen sind von dem Patron verschuldensunabhängig zu vertreten.

## III. Verhältnis zwischen einem Ersatzanspruch wegen Verzuges und einem solchen statt der Leistung

Anders als nach alter Rechtslage, kann der Gläubiger seinen Verzögerungsschaden möglicherweise nicht mehr als Rechnungsposten in den Schadensersatzanspruch statt der Leistung einstellen[149]. Zwischen § 286 BGB und § 281 BGB besteht nach herrschender Meinung ein striktes Exklusivitätsverhältnis[150].

---

gebers an einem sofortigen Verzugseintritt begründen könne, wenn man für die Ausstattungsverpflichtung eine unmittelbare kalendermäßige Zeitbestimmung verneine.

147 Im Ergebnis ebenso *J. Koch,* Die Patronatserklärung, S. 272, 1. Abs. a.E., einen Verzicht auf die Mahnung könne man nur im Einzelfall nach § 242 BGB begründen.

148 Vgl. Gliederungspunkt A.

149 So *Palandt-Heinrichs* (64), § 281 Rn. 17, § 286 Rn. 44; aA *Bamberger/Roth* (*Grüneberg*), § 281 Rn. 35; *MüKo-Emmerich* (4), Vor § 281 Rn. 16/17. Tatbestandlich sind im Falle einer erfolglosen oder entbehrlichen Nachfristsetzung regelmäßig zugleich die Verzugsvoraussetzungen gegeben, vgl. *BT-Drucksache 14/6040,* S. 138, 4. Abs.; *MüKo-Ernst* (4), § 281 Rn. 110; *Staudinger-Otto* (2004), § 280 Rn. C12, letzter Abs.

150 *Erman-Westermann* (11), § 281 Rn. 26, unter Verweis auf die eventuell divergierenden Verjährungsfristen (§ 437 Ziff. 3, 438 BGB); *MüKo-Ernst* (4), § 281 Rn. 111/112, 114, § 286 Rn. 117/118, da § 281 nur eine Fristsetzung verlange, ohne an den

Der neben den Primärleistungsanspruch tretende Anspruch auf Ersatz des Verzugsschadens erlischt mit dem Leistungsanspruch, sobald der Gläubiger Schadensersatz statt der Leistung verlangt (§ 281 Abs. 4 BGB)[151]. Mit der Umwandlung des Primäranspruchs in einen Sekundäranspruch endet der Verzug[152]. Weitere verzögerungsbedingte Schadenspositionen fallen ausschließlich in den Anwendungsbereich des § 281 BGB[153]. Entsprechendes gilt für das Verhältnis zwischen § 286 BGB und § 283 BGB[154]. Nach §§ 281–283 BGB sind nur diejenigen Schäden zu ersetzen, die aus dem endgültigen Ausbleiben der geschuldeten Leistung resultieren[155]. In der Praxis ist diese Differenzierung weitgehend bedeutungslos. Es genügt, wenn der Gläubiger sein Schadensersatzverlangen mit einer „Unterdeckung“ des Protegés begründet bzw. schlicht mit der Nichtbewirkung des geschuldeten Ausstattungserfolges durch den Patron („iura novit curia“[156]).

Dabei ist allerdings darauf zu achten, dass ein Schadensersatzverlangen gemäß §§ 280 Abs. 1, 3, 281 BGB nach dem hier vertretenen Standpunkt im Vorfeld der Insolvenzeröffnung grundsätzlich das erfolglose Verstreichen einer angemessenen Nachfrist voraussetzt, wohingegen der Schadensersatzanspruch wegen Verzuges (§§ 280 Abs. 1, 2, 286 BGB) oftmals nicht an eine vorhergehende Leistungsaufforderung durch den Gläubiger angeknüpft.

## D. Schadensersatzproblematik bei der „internen“ Ausstattungsverpflichtung

Abschließend noch zu einem Sonderproblem in Zusammenhang mit der „internen“ Ausstattungsverpflichtung. In jüngerer Zeit wird verstärkt thematisiert, inwieweit die Nichterfüllung der Ausstattungspflicht zu einem Schadensersatzanspruch des begünstigten Unternehmens in dessen Insolvenz führt.

---

Schuldnerverzug anzuknüpfen, sei nicht gewährleistet, dass der Schuldner im Moment der Fristsetzung in Verzug gewesen sei. Beide Vorschriften ergänzten sich „nahtlos“ zu einem vollen Schadensersatz; aA *Staudinger-Otto* (2004), § 280 Rn. E18, E20/E21.

[151] *MüKo-Ernst* (4), § 281 Rn. 111.

[152] *MüKo-Ernst* (4), § 281 Rn. 111/112.

[153] *MüKo-Ernst* (4), § 281 Rn. 112.

[154] *Erman-Hager* (11), § 286 Rn. 4; *MüKo-Ernst* (4), § 283 Rn. 10, 45, 118, mit Eintritt der Unmöglichkeit entfalle der Erfüllungsanspruch und mit ihm die Möglichkeit, Schadensersatz wegen verzögerter Leistungsbewirkung zu verlangen; *Palandt-Heinrichs* (64), § 286 Rn. 5; *Staudinger-Otto* (2004), § 280 Rn. E16–E18, § 283 Rn. 57–59.

[155] *Schulze/Ebers*, JuS 2004, S. 265 ff. (268, B. I. 2.).

[156] *Baumbach u. a.* (*Hartmann*), ZPO (63), § 253 Rn. 33; *Zöller* (*Vollkommer*), ZPO (25), Einleitung Rn. 71.

## I. Das Urteil des OLG Celle aus dem Jahre 2000

Anstoß zu dieser Kontroverse hat ein Urteil des OLG Celle aus dem Jahre 2000 gegeben[157]. Ein Minderheitsgesellschafter hatte zu Gunsten „seiner" GmbH eine „interne" Ausstattungszusage mit Leitungsklausel („Managementklausel II") unterzeichnet. Erklärtes Ziel der „Patronatserklärung" war die Abwendung einer Überschuldung[158]. In der Insolvenz der auszustattenden GmbH begehrte der Insolvenzverwalter die Feststellung, dass der Zusagende für die im Vollstreckungsverfahren ausgefallenen Gläubigerforderungen hafte[159]. Das OLG Celle wies die Klage ab. Es ließ offen, ob der GmbH im Vorfeld der Insolvenz ein rechtsverbindlicher Ausstattungsanspruch zugestanden hatte. Ein solcher wäre jedenfalls mit Insolvenzeröffnung untergegangen[160]. Zweck der Zusage sei nach §§ 133, 157 BGB die Abwendung des Insolvenzverfahrens gewesen. Dieser Zweck sei verfehlt worden[161]. Für den Zusagenden bestehe spätestens seit der Verfahrenseröffnung keine Pflicht zur Vornahme weiterer Unterstützungsmaßnahmen mehr. Ein etwaiger Ausstattungsanspruch habe sich mit Insolvenzeröffnung auch nicht in eine Pflicht des Zusagenden verwandelt, die insolvente Gesellschaft „mit Mitteln zur Befriedigung der Vollstreckungsgläubiger auszustatten". Durch eine derartige Ausstattung wäre die bezweckte Teilnahme der Begünstigten am Wirtschaftsleben nicht (mehr) zu erreichen[162]. Für einen Schadensersatzanspruch der begünstigten Gesellschaft fehle es überdies an einem ersatzfähigen Schaden[163]. Die Tatsache, dass die Gesellschaft ihre Gläubiger in der Insolvenz nicht oder nicht vollständig befriedigen könne, sei kein gesellschaftseigener Schaden[164].

---

[157] *OLG Celle* (U. v. 28.06.2000 – 9 U 54/00, rkr.), Nds.Rpfl. 2000, S. 309 f. = OLGR Celle, 2001, S. 39 f.; dem folgend *LG München II* (U. v. 25.02.2004 – 5 O 6088/02), ZInsO 2004, S. 626 ff. (628–630, 3. b) aa)/bb)), aufgehoben durch *OLG München* (U. v. 22.07.2004 – 19 U 1867/04), ZIP 2004, S. 2102 ff. (2103, Begründung).

[158] *OLG Celle* (U. v. 28.06.2000 – 9 U 54/00, rkr.), Nds.Rpfl. 2000, S. 309 f. (309). Die Erklärung lautete: „Herr B. verpflichtet sich gegenüber der Firma I. GmbH zur Abwendung einer Überschuldung der Gesellschaft dafür zu sorgen, dass diese so geleitet und finanziell gestellt wird, dass sie in der Lage ist, ihre gegenwärtigen und zukünftigen Verpflichtungen gegenüber ihren Gläubigern fristgemäß zu erfüllen."

[159] *OLG Celle* (U. v. 28.06.2000 – 9 U 54/00), a. a. O., S. 310, 1. Abs.

[160] *OLG Celle* (U. v. 28.06.2000 – 9 U 54/00), a. a. O., S. 310, 1.; zustimmend aus der Literatur *von Rosenberg/Kruse,* BB 2003, S. 641 ff. (644, c)).

[161] Ebenso *von Rosenberg/Kruse,* BB 2003, S. 641 ff. (644, c)).

[162] *OLG Celle* (U. v. 28.06.2000 – 9 U 54/00), Nds.Rpfl. 2000, S. 309 f. (310, 1.).

[163] *OLG Celle* (U. v. 28.06.2000 – 9 U 54/00), a. a. O., S. 310, 2.

[164] *OLG Celle* (U. v. 28.06.2000 – 9 U 54/00), a. a. O., S. 310, 2. Ein Ersatzanspruch der Gläubiger scheitere daran, dass die Begünstigte von der Ausstattungszusage im Außenverhältnis keinen Gebrauch gemacht habe und die Gläubiger ihr im Vertrauen auf die Wirksamkeit der Zusage auch keinen Kredit gewährt hätten (a. a. O.);

## II. Fortbestand der Ausstattungspflicht in der Insolvenz der begünstigten Gesellschaft

Diese obergerichtliche Entscheidung ist in der Rechtsprechung und Literatur zu Recht kritisiert worden[165]. Das Fehlen von anderweitigen Wirksamkeitshindernissen unterstellt, disponiert eine ausstattungsbegünstigte Gesellschaft vor Verfahrenseröffnung fraglos über einen rechtsverbindlichen Ausstattungsanspruch[166]. Dieser geht mit Insolvenzeröffnung auch nicht unter[167]. Oben ist eingehend erläutert worden[168], dass der Zweck der Ausstattungszusage auch nach Eröffnung des Insolvenzverfahrens noch zu erreichen ist. Die Ausführungen gelten auch für die „interne“ Ausstattungsvereinbarung.

Die überschuldungs-[169] bzw. insolvenzabwendende Ausstattungspflicht setzt sich mit der Verfahrenseröffnung in einer Pflicht zur *Abdeckung der fälligen Verbindlichkeiten* und zur *Beseitigung des Eröffnungstatbestandes* fort. Von einer Inhaltsänderung oder einer „Umwandlung“ der Ausstattungspflicht in eine Pflicht zur Aufbringung von „Mitteln zur Befriedigung der Vollstreckungsgläubiger“ kann keine Rede sein. Den Ausstattungspflichtigen trifft gegenüber „seiner“ Gesellschaft kontinuierlich die Pflicht zu einer insolvenzabwendenden[170] – nach Verletzung dieser Pflicht auch zu einer insolvenzbeseitigenden[171] – Aus-

---

insgesamt ebenso *LG München II* (U. v. 25.02.2004 – 5 O 6088/02), ZInsO 2004, S. 626 ff. (628–630, 3. b) aa)/bb)).

165 *OLG München* (U. v. 22.07.2004 – 19 U 1867/04), ZIP 2004, S. 2102 ff. (2104, b) bb)), mit zustimmender Anmerkung von *Tetzlaff,* EWiR 2005, S. 31 f. (32, 3.); ebenso *Marotzke,* ZInsO 2004, S. 601 f. (601, 1.) zu *LG München II* (U. v. 25.02.2004, a. a. O.); *Paul,* ZInsO 2004, S. 1327 ff. (1328/1329, 4.) zu *OLG München* (U. v. 22.07.2004, a. a. O.); aA (dem *OLG Celle* folgend) *von Rosenberg/Kruse,* BB 2003, S. 641 ff. (649, b)).

166 *OLG München* (U. v. 22.07.2004 – 19 U 1867/04), ZIP 2004, S. 2102 ff. (2103/2104, (1)).

167 Vgl. die Ausführungen zu dem „externen“ Ausstattungsanspruch unter Gliederungspunkt B. I. 3. sowie die auf diese Problematik zugeschnittenen Erwägungen des *OLG München* (U. v. 22.07.2004 – 19 U 1867/04), ZIP 2004, S. 2102 ff. (2104, b) bb)); aA *Paul,* ZInsO 2004, S. 1327 ff. (1329, 4., letzter Abs.), der von einem Wegfall der Geschäftsgrundlage auszugehen scheint. Als „Sanktion“ der Nichterfüllung wandele sich der Ausstattungsanspruch in einen Schadensersatzanspruch um; *von Rosenberg/Kruse,* BB 2003, S. 641 ff. (644, c), 649, b)), die allerdings im Fortgang im Widerspruch dazu annehmen, der Zessionar eines „internen“ Ausstattungsanspruchs könne von dem Ausstattungspflichtigen in der Tochterinsolvenz Schadensersatz statt der Leistung verlangen (S. 649, 2.); *Wittig* in: *BuB* (2003), Rn. 4/2922. Entgegen *Marotzke,* ZInsO 2004, S. 601 f. (602, 5./6.), besteht insoweit kein Unterschied zwischen dem Fall des *OLG Celle* und dem Fall des *LG München II/OLG München.*

168 Unter Gliederungspunkt B. I. 3.

169 Zu eng *Herget/Butzke,* Ersatzsicherheiten, S. 28, a); *Wittig* in: *BuB* (2003), Rn. 4/2912; *Obermüller,* Ersatzsicherheiten, S. 106/107 Rn. 354, eine etwaige Überschuldung sei nicht zu beseitigen, siehe dazu die Kritik in Kapitel 4, B. II. 2. a).

170 *Kiethe,* ZIP 2005, S. 646 ff. (650, 3.2).

stattung der begünstigten Gesellschaft, die es dieser ermöglicht, ihre fälligen (oder als fällig fingierten[172]) Verbindlichkeiten zu erfüllen. In der streitgegenständlichen Verpflichtungserklärung ist zwar nur der Überschuldungstatbestand ausdrücklich erwähnt worden, die Zusage des Ausstattungspflichtigen, dafür zu sorgen, dass die Gesellschaft finanziell so gestellt wird, „dass sie ihre gegenwärtigen und zukünftigen Verpflichtungen gegenüber ihren Gläubigern fristgemäß" erfüllen kann, umschloss aber zwangsläufig die Pflicht des Versprechenden zur Abwendung[173] einer Zahlungsunfähigkeit im Sinne des § 17 Abs. 2 S. 1 InsO[174].

Die Verpflichtung für die Einstellung des Insolvenzverfahrens zu sorgen besteht trotz der insolvenzrechtlichen Fälligkeitsfiktion. Gemäß § 41 Abs. 1 InsO werden die bereits entstandenen aber noch nicht fälligen Gläubigerforderungen mit Insolvenzeröffnung im Verhältnis zwischen der Begünstigten und deren Gläubigern als fällig fingiert[175]. Ab diesem Zeitpunkt sind sämtliche Insolvenzforderungen – zumindest fiktiv – fällig[176]. Es könnte daher davon auszugehen sein, dass eine Pflicht des Versprechenden zur Beseitigung des laufenden Insolvenzverfahrens entfällt, da der Zusagende seiner Pflicht zur Abdeckung aller offenen Verbindlichkeiten dadurch Genüge tun kann, dass er das vorhandene Defizit durch Bereitstellung der benötigten Gelder ausgleicht. Betagte[177] Gläubigerforderungen, deren fristgerechte Erfüllbarkeit der Ausstattungspflichtige durch die Beseitigung des Insolvenzverfahrens sicherstellen müsste, wären bei Beteiligung sämtlicher Gläubiger am Insolvenzverfahren nicht mehr vorhanden, weil die Fälligkeitsfiktion das Insolvenzverfahren überdauert[178]. Dennoch ist

---

[171] Vgl. auch *Kohout,* Patronatserklärungen, S. 149/150, der allerdings an den Eintritt eines Gefährdungstatbestandes anknüpft; aA *Paul,* ZInsO 2004, S. 1327 ff. (1329, 4., letzter Abs.), nach Insolvenzeröffnung (anscheinend wegen „Wegfalls der Geschäftsgrundlage") nur noch Schadensersatzpflicht.

[172] Dazu sogleich.

[173] Bei Verletzung dieser Pflicht auch zur Beseitigung.

[174] Siehe im Übrigen *Wittig* in: *BuB* (2003), Rn. 4/2912.

[175] *MüKo-Lwowski/Bitter,* InsO, Band 1, § 41 Rn. 1. Sinn und Zweck dieser Vorverlagerung der Fälligkeitswirkung sind eine schnelle und umfassende Schuldenbereinigung und die Vereinfachung der Verfahrensabwicklung durch Nivellierung sämtlicher Insolvenzgläubiger (Rn. 2, m.w.N.); ebenso *Braun,* InsO (2), (*Bäuerle*), § 41 Rn. 1; *Hess/Weis/Wienberg,* InsO (2), (*Weis*), § 41 Rn. 1; *Wimmer,* Frankfurter Kommentar zur InsO (*Schumacher*), § 41 Rn. 1.

[176] Bei nicht auf Geld gerichteten Forderungen und bei Forderungen, deren Geldbetrag unbestimmt ist, ist dieser Betrag gemäß § 45 S. 1 InsO zu schätzen. Forderungen auf wiederkehrende Leistungen sind mit dem abgezinsten Kapitalbetrag geltend zu machen (§ 46 S. 1 InsO), *MüKo-Lwowski/Bitter,* InsO, Band 1, § 46 Rn. 1. Ist die Forderungsdauer unbestimmt, ist auch sie zu schätzen (§ 46 S. 2 i.V.m. § 45 S. 1 InsO), *Lwowski/Bittner,* a.a.O., Rn. 4/5.

[177] I. S. v. zur Zeit der Insolvenzeröffnung bereits entstandene, aber noch nicht fällige Forderungen, vgl. *Braun,* InsO (2), (*Bäuerle*), § 1 Rn. 3; *MüKo-Lwowski/Bitter,* InsO, Band 1, § 41 Rn. 6.

mit dem *OLG München* davon auszugehen, dass der Ausstattungsschuldner nach Insolvenzeröffnung kumulativ die Beseitigung der Eröffnungsvoraussetzungen schuldet[179]. Bezugsgegenstand einer „globalen" Ausstattungszusage sind ganz allgemein die Verbindlichkeiten der Begünstigten. Ihr jeweiliger Rechtszustand ist ebenso irrelevant wie die Frage, ob die Verbindlichkeiten bereits bestehen oder erst später zur Entstehung gelangen. Solange die Begünstigte zu irgendeinem Zeitpunkt während des Verpflichtungszeitraums leistungsunfähig und insolvent ist, hat der Pflichtige seine Ausstattungszusage nicht erfüllt[180]. Er kann die Begünstigte nicht um die Chance zur Fortführung ihres Geschäftsbetriebes bringen und sein Risiko einseitig auf die bereits begründeten Verbindlichkeiten reduzieren, indem er die auszustattende Gesellschaft „aushungert". Ein faktisches Lösungsrecht aufgrund eines fortgesetzt vertragswidrigen Verhaltens wäre ein absurdes Ergebnis. Will der Pflichtige sich von seiner Ausstattungszusage lösen, hat er sich dazu der gesetzlich oder vertraglich vorgesehenen Mittel zu bedienen[181].

---

178 So bereits *RG* (U. v. 21.06.1918 – VII. 140/18), RGZ 93, S. 209 ff. (212/213); *RG* (U. v. 08.01.1926 – II. 282/25), RGZ 112, S. 297 ff. (300, 3. Abs.), jeweils noch zu § 65 KO; zur aktuellen Rechtslage, *Hess/Weis/Wienberg,* InsO (2), (*Weis*), § 41 Rn. 4; *MüKo-Lwowski/Bitter,* InsO, Band 1, § 41 Rn. 26/27, vgl. aber auch Rn. 28–30; *Wimmer,* Frankfurter Kommentar zur InsO (*Schumacher*), § 41 Rn. 3b. Gleiches gilt für eine Umrechung gemäß § 45 InsO, vgl. *MüKo-Lwowski/Bitter,* a.a.O., § 45 Rn. 39, m.w.N., sog. „Nachhaltigkeit der Umwandlung". Grund für die „Nachhaltigkeit" der Fälligkeitsfiktion im Verhältnis zwischen Insolvenzschuldner und den betreffenden Insolvenzgläubigern ist die rechtskräftige Forderungsfeststellung durch Eintragung der festgestellten Forderungen in die Tabelle, *MüKo-Lwowski/Bitter,* a.a.O., § 41 Rn. 31. Näheres zur Feststellungswirkung sogleich unter Gliederungspunkt VI. Eine Umrechung gemäß § 45 InsO führt nach der Rechtsprechung und der herrschenden Meinung durch Feststellung und Tabelleneintrag zu einer Forderungsumwandlung für und gegen den Gläubiger, *MüKo-Lwowski/Bitter,* a.a.O., § 45 Rn. 39, m.w.N. zu dem Streitstand (Rn. 40–44). Die Autoren weisen zu Recht darauf hin, dass die Annahme einer „materiellen" Rechtskraftwirkung überholt ist, kraft der gesetzgeberischen Entscheidung aber dennoch die einmal erfolgte Forderungsfeststellung maßgeblich bleiben müsse. Nach diesem Zeitpunkt könne die Forderung nur noch in umgewandelter Form verfolgt werden.

179 *OLG München* (U. v. 22.07.2004 – 19 U 1867/04), ZIP 2004, S. 2102 ff. (2105, 2. Abs.). Einschließlich des Eröffnungsgrundes einer drohenden Zahlungsunfähigkeit (vgl. § 212 S. 1 InsO). Ob die Zahlungsunfähigkeit auch dann droht, wenn die Begünstigte sich durch eine Vollstreckung in das Vermögen des Ausstattungspflichtigen die nötigen Erfüllungsmittel selbst beschaffen kann, bedarf hier keiner abschließenden Klärung. Ist die Zwangsvollstreckung Erfolg versprechend spricht einiges dafür, die Illiquidität der Begünstigten als bloße Zahlungsstockung anzusehen.

180 Erfüllt der Zusagende seine Ausstattungspflicht während des laufenden Insolvenzverfahrens, entfallen die Eröffnungsvoraussetzungen. Das Insolvenzgericht hat die Verfahrenseinstellung zu beschließen. Eine ordnungsgemäß ausgestattete Gesellschaft ist weder zahlungsunfähig noch überschuldet. Bei Fortbestand der Primärleistungspflicht droht ihr auch keine neuerliche Zahlungsunfähigkeit (vgl. §§ 212 ff. InsO). Die Gesellschaft ist zur Befriedigung oder Schadloshaltung ihrer Gläubiger in der Lage, wenn auch vielleicht verzögert.

181 s.u., Kapitel 12.

Zur Wiederaufnahme ihrer Geschäftstätigkeit muss der Ausstattungspflichtige die Begünstigte dagegen nicht befähigen – zumindest nicht aktiv[182]. Er muss ihr keine über den aktuellen Deckungsbedarf hinausgehenden Mittel zuschießen. Die Reintegration der Begünstigten in das allgemeine Wirtschaftsleben ist allenfalls Nebeneffekt der nachträglich erfüllten und andauernden Ausstattungspflicht[183], geschuldeter Erfolg ist sie nicht[184].

## III. Eigener Schaden der begünstigten Gesellschaft

Die Erwägungen der neunten Kammer des *OLG Celle*[185] zu einem fehlenden gesellschaftseigenen Schaden verdienen gleichsam keine Zustimmung[186]. Durch die unterlassenen Ausstattungsmaßnahmen ist die insolvente Begünstigte unmittelbar selbst geschädigt worden[187]. Über ihr Vermögen wurde das Insolvenzverfahren eröffnet, da sie zur Erfüllung ihrer Verbindlichkeiten außerstande war oder die bestehenden Verbindlichkeiten ihr Aktivvermögen überstiegen. Ihr drohte die insolvenzbedingte Löschung. Wäre der Ausstattungspflichtige seiner Zusage ordnungsgemäß nachgekommen, wäre es nach der Differenzhypothese (§ 249 Abs. 1 BGB) weder zur Verfahrenseröffnung gekommen noch zu einem mittelbedingten Leistungsrückstand der begünstigten Gesellschaft.

## IV. Anforderungen an das Schadensersatzverlangen des Insolvenzverwalters

Materiellrechtlich lässt sich das umfassende *Ersatz*verlangen während des laufenden Insolvenzverfahrens wie dargetan nur auf einen Ersatzanspruch ge-

---

[182] AA *OLG München* (U. v. 22.07.2004 – 19 U 1867/04), ZIP 2004, S. 2102 ff. (2105, 2. Abs.); *Kiethe,* ZIP 2005, S. 646 ff. (650, 3.2), allerdings jeweils in Bezug auf den sekundären Schadensersatzanspruch: Die Beklagte müsse der Schuldnerin die finanziellen *Mittel* zur Verfügung stellen, die diese benötigt, *um … den Geschäftsbetrieb fortzusetzen,* denn *diese Verpflichtung* habe die Beklagte in der … Patronatserklärung *übernommen* (Hervorh. durch Verf.).

[183] Dadurch, dass Neugläubiger mit Blick auf die „interne" Ausstattungszusage Geschäfte mit der Begünstigten tätigen oder „Altgläubiger" ihr Engagement mit ihr ausdehnen.

[184] Offen gelassen von *von Rosenberg/Kruse,* BB 2003, S. 641 ff. (648, b)) a.E.), die Abrede ziele regelmäßig auf die Sicherung der Teilnahme der Tochter am Wirtschaftsleben.

[185] Und des *LG München II* (U. v. 25.02.2004 – 5 O 6088/02), ZInsO 2004, S. 626 ff. (629, 2. Abs.).

[186] AA *von Rosenberg/Kruse,* BB 2003, S. 641 ff. (649, b)).

[187] *OLG München* (U. v. 22.07.2004 – 19 U 1867/04), ZIP 2004, S. 2102 ff. (2104, b) bb)); so nun auch *Kiethe,* ZIP 2005, S. 646 ff. (650, 3.2), unter Verweis auf Sinn und Zweck der Ausstattungszusage; aA *von Rosenberg/Kruse,* BB 2003, S. 641 ff. (649, b)).

mäß §§ 280 Abs. 1, 3, 281 BGB stützen. Der „interne“ *Ausstattungs*anspruch ist zunächst Teil des der Insolvenzschuldnerin gehörenden Vermögens (§ 35 InsO). Für die Dauer des Insolvenzverfahrens gebührt das Recht zur Einforderung der benötigten Ausstattungsmittel exklusiv dem Insolvenzverwalter (§ 80 Abs. 1 InsO)[188]. Dieser kann – und muss bei pflichtgetreuer Wahrnehmung seines Amtes – die hinreichende Ausstattung der Insolvenzschuldnerin einfordern[189].

Anders als der Gläubiger einer „externen“ Ausstattungszusage, dürfte er bei Nichterfüllung einer „internen“ Ausstattungszusage dabei nicht gemäß § 281 Abs. 2, 2. Alt. BGB zur unmittelbaren Geltendmachung des sekundären Schadensersatzanspruchs befugt sein.

Im Unterschied zur harten Patronatserklärung muss bei der „internen“ Ausstattungszusage das in der Insolvenzordnung zum Ausdruck gekommene gesetzgeberische Anliegen in Anschlag gebracht werden: Gegebenenfalls ist eine Sanierung der Insolvenzschuldnerin zu versuchen, jedenfalls sind ihre Gläubiger bestmöglich gemeinschaftlich zu befriedigen (§ 1 S. 1 und 2 InsO)[190]. Nur Gesellschaften, die ihren Verbindlichkeiten erwiesenermaßen nicht mehr nachkommen können und die aufgrund dessen eine Gefahr für den Rechtsverkehr darstellen, sind in einem geordneten Verfahren zu liquidieren[191]. Dieser Intention liefe es zuwider, wollte man dem mit dem Erhalt der Insolvenzschuldnerin bzw. mit einer optimalen Verwertung des Schuldnervermögens betrauten Insolvenzverwalter das sofortige Recht zur Einforderung des Schadensersatzanspruchs statt der Leistung zubilligen.

---

188 Zur Aktivlegitimation des Insolvenzverwalters bei Vorliegen einer „internen“ Ausstattungsverpflichtung, *OLG München* (U. v. 22.07.2004 – 19 U 1867/04), ZIP 2004, S. 2102 ff. (2103, 2. a)); *Kiethe,* ZIP 2005, S. 646 ff. (650, 3.2); *Marotzke,* ZInsO 2004, S. 601 f. (602, 5.) Dies gilt jedenfalls dann, wenn keine Eigenverwaltung angeordnet worden ist (dazu §§ 270 ff. InsO).

189 Sofern es sich bei der „internen“ Ausstattungsvereinbarung, wie üblich, nicht um einen gegenseitigen Vertrag i.S.d. § 103 InsO handelt, kann der Insolvenzverwalter mangels eines insolvenzrechtlichen Wahlrechts nur nach § 280 Abs. 1, 3 i.V.m. § 281 BGB vorgehen, sollte er auf den Erfüllungsanspruch keinen Wert legen. Dazu, dass ein einseitiges Schuldverhältnis, wie die Bürgschaft, nicht in den Anwendungsbereich des § 103 InsO fällt, vgl. *Hess/Weis/Wienberg,* InsO (2), (*Hess*), § 103 Rn. 16; *Kübler/Prütting,* InsO, Band I (*Tintelnot*), § 103 Rn. 29.

190 *Braun,* InsO (2), (*Kießner*), § 1 Rn. 3/4; *Eickmann u.a.,* InsO (3), (*Kirchhof*), § 1 Rn. 3, die gemeinschaftliche Gläubigerbefriedigung („par conditio creditorem“) sei Hauptzweck des eröffneten Insolvenzverfahrens. Der Erhalt des Schuldnerunternehmens sei kein Selbstzweck. Er sei neben der Zerschlagung des Schuldnerunternehmens nur ein zulässiges Mittel zur Erreichung des Verfahrensziels einer bestmöglichen Gläubigerbefriedigung.

191 Ähnlich *Röhricht,* ZIP 2005, S. 505 ff. (506, 3. Abs.), es sei – wohl unstreitig – die Aufgabe des Insolvenzrechts, die Marktteilnahme solcher Gesellschaften zu unterbinden.

Gemäß § 281 Abs. 2, 2. Alt. BGB ist die sofortige Geltendmachung des Schadensersatzanspruchs nur legitim, wenn sie durch besondere Umstände unter Abwägung der beiderseitigen Interessen gerechtfertigt ist.

In aller Regel dürfte die Begünstigte bzw. deren Insolvenzverwalter selbst nicht an der umgehenden Geltendmachung des Sekundäranspruchs interessiert sein. Für die begünstigte Gesellschaft kann es nur positiv sein, wenn sie durch eine Ausstattungs- anstelle einer Schadensersatzleistung zur Erfüllung ihrer bestehenden Verbindlichkeiten bzw. zur Schadloshaltung ihrer Gläubiger in die Lage versetzt wird. *Ginge der Ausstattungsanspruch* der Insolvenzschuldnerin gemäß § 281 Abs. 4 BGB infolge eines Schadenersatzverlangens des Insolvenzverwalters *unter,* nähme das Insolvenzverfahren in den meisten Fällen seinen Lauf. Der Ausstattungspflichtige müsste zwar Schadensersatz in Geld in Höhe der bestehenden bzw. angemeldeten Gläubigerforderungen leisten, wodurch die Überschuldung und eine bestehende Zahlungsunfähigkeit beseitigt wären, nicht aber notwendigerweise der Eröffnungsgrund einer drohenden Zahlungsunfähigkeit[192]. Gemäß § 212 InsO ist eine Verfahrenseinstellung auf Antrag der Insolvenzschuldnerin aber nur bei Fehlen sämtlicher Eröffnungsgründe möglich[193]. Es muss sich verlässlich prognostizieren lassen, dass die Schuldnerin nicht alsbald nach der Einstellung wieder insolvent wird[194]. In dem Gros der Fälle dürfte es an dieser Einstellungsvoraussetzung fehlen. Da sich die Pflicht zur Schadensersatzleistung auf die Abdeckung der bestehenden Verbindlichkeiten beschränkt[195], dürfte der vormals Ausstattungsbegünstigten alsbald wieder die Insolvenz drohen, sollte sich nicht zwischenzeitlich ein neuer Investor gefunden haben. Das (bis zum Schadensersatzverlangen) ausstattungsbegünstigte Unternehmen wäre trotz Abdeckung sämtlicher „Altforderungen" zu zerschlagen. Die Ausstattungspflicht – und mit ihr auch der Finanzierungszweck der „internen" Ausstattungsvereinbarung – wären ex nunc erloschen. Ganz anders stellt sich die Situation bei *Fortbestand der Ausstattungszusage* dar. Dauert die Ausstattungsverpflichtung mangels eines Schadensersatzverlangens des Insolvenzverwalters an und ist der Ausstattungspflichtige leistungsfähig, kann eine Sanierung der Begünstigten aussichtsreich sein[196].

---

[192] Siehe dazu den Fall des *OLG Celle* (U. v. 07.09.2000 – 2 W 69/00, rkr.), ZIP 2000, S. 1943 ff. (1944, III. 1.).

[193] *OLG Celle* (U. v. 07.09.2000 – 2 W 69/00, rkr.), ZIP 2000, S. 1943 ff. (1944, III. 1.); *Braun,* InsO (2), (*Kießner*), § 212 Rn. 5; *Eickmann u. a.,* InsO (3), (*Landferman*), § 212 Rn. 5; *Hess/Weis/Wienberg,* InsO (2), (*Weis*), § 212 Rn. 5.

[194] *OLG Celle* (U. v. 07.09.2000 – 2 W 69/00, rkr.), ZIP 2000, S. 1943 ff. (1944, III. 1.); *Braun,* InsO (2), (*Kießner*), § 212 Rn. 5.

[195] AA *OLG München* (U. v. 22.07.2004 – 19 U 1867/04), ZIP 2004, S. 2102 ff. (2107, 2. Abs.); zu diesem Streit sogleich unter Gliederungspunkt V.

[196] Vgl. *OLG Celle* (U. v. 07.09.2000 – 2 W 69/00, rkr.), ZIP 2000, S. 1943 ff. (1944, III. 1.), m.w.N., Möglichkeit, die Einstellungsvoraussetzungen durch die rechtswirksame Patronatserklärung (etc.) eines Dritten glaubhaft zu machen, die den

Meist dürfte daher kein besonderer Umstand vorliegen, der es dem Insolvenzverwalter unter Abwägung der beiderseitigen Interessen gestatten würde, auf eine Nachfristsetzung gegenüber dem Ausstattungspflichtigen zu verzichten. Mit Blick auf seine Aufgabenzuweisung kann der Insolvenzverwalter sogar noch *nach Ablauf* einer zunächst gesetzten *Nachfrist* dazu verpflichtet sein, auf einer *Ausstattung* des insolventen Unternehmens zu bestehen. Ein Umschwenken auf den die Primärleistung derogierenden Schadensersatzanspruch dürfte ihm erst gestattet sein, wenn weitere Einforderungsversuche selbst bei Inanspruchnahme gerichtlicher Hilfe zwecklos erscheinen[197].

## V. Umfang des Schadensersatzanspruchs

Schwenkt der Insolvenzverwalter auf den Sekundärleistungsanspruch um, hat die Ausstattungspflichtige der Begünstigen entgegen dem *OLG München*[198] nicht diejenigen finanziellen Mittel zuzuwenden, „die diese benötigt, um ihre finanziellen Verpflichtungen gegenüber Dritten zu erfüllen, *das Insolvenzverfahren zu beenden und den Geschäftsbetrieb fortzusetzen*“. Dass die Beklagte „diese *Verpflichtung* in der ... *Patronatserklärung übernommen*“ hat, wird hinsichtlich des letzten Satzteiles bestritten, rechtfertigte aber auch so keine „Erweiterung“ des sekundären Verpflichtungstatbestandes um die Bereitstellung von Mitteln zur (definitiven) Beendigung des Insolvenzverfahrens und zur Fort-

---

Schuldner so stellt, dass er sämtliche Verbindlichkeiten befriedigen kann und die erforderlichen Mittel zur Aufrechterhaltung seines Geschäftsbetriebs hat; siehe auch *MüKo-Altmeppen,* AktG (2), § 302 Rn. 35/36 m.w.N., der aus der konzernrechtlichen Verlustausgleichspflicht gemäß § 302 AktG eine Bestandsgarantie zu Gunsten des herrschenden Unternehmens für die Dauer des Vertrages ableitet. Aus der Ausgleichspflicht folge zugleich die Pflicht zur Beseitigung (auch) des Insolvenzgrundes einer Zahlungsunfähigkeit (str.). Solange der andere Vertagsteil solvent sei, könne die abhängige Gesellschaft gar nicht wegen Insolvenz aufgelöst werden (§ 303 Rn. 35). Für letzteres spricht jedenfalls in der hier fraglichen Konstellation einer Ausstattungspflicht, dass auf den „internen“ Ausstattungsanspruch im Wege der Zwangsvollstreckung zugegriffen werden kann (vgl. Kapitel 9, B. IV. 2.). Eine Sanierung ist allerdings nur Erfolg versprechend, wenn der Ausstattungspflichtige sich seiner Zusage nicht im Wege der Kündigung während des laufenden Insolvenzverfahrens begeben kann und auch nicht auf andere Weise von seiner Ausstattungspflicht loskommt. Inwieweit ihm dies möglich ist, gilt es in Kapitel 12 zu klären. Die Sanierungseignung einer fortdauernden Ausstattungspflicht verkennt *LG München II* (U. v. 25.02.2004 – 5 O 6088/02), ZInsO 2004, S. 626 ff. (628, 3. b) aa)). Der 5. Kammer zuwider kann das Ziel des „Weiter-“ bzw. „Überlebens“ der auszustattenden Gesellschaft auch noch nach Verfahrenseröffnung erreicht werden. Die fortbestehende Ausstattungspflicht kommt nicht notwendig nur den Gesellschaftsgläubigern zugute; vgl. auch *Marotzke,* ZInsO 2004, S. 601 f. (601, 1.).

197 Zu den Klage- und Vollstreckungs-, und vorläufigen Rechtsschutzmöglichkeiten eines Ausstattungsgläubigers, vgl. Kapitel 9, B. I.–III.

198 *OLG München* (U. v. 22.07.2004 – 19 U 1867/04), ZIP 2004, S. 2102 ff. (2107, 2. Abs.); ebenso *Kiethe,* ZIP 2005, S. 646 ff. (650, 3.2).

setzung des Geschäftsbetriebes[199]. Auf Primärebene ergibt sich die Insolvenzabwendungspflicht bei der „externen“ wie der „internen“ Ausstattungszusage aus dem unbedingten Versprechen des Pflichtigen, die auszustattende Gesellschaft zur fristgerechten Erfüllung ihrer (auch später erst fälligen und/oder zu begründenden) Verbindlichkeiten zu befähigen[200]. Das OLG München übersieht, dass dieses Versprechen mit der Geltendmachung des Schadensersatzanspruches gemäß § 281 Abs. 4 BGB unwiderruflich untergeht, soweit etwaige *zukünftige* Verbindlichkeiten und damit die *weiteren Aktivitäten* der Begünstigten in Frage stehen. Der Ausstattungspflichtige hat Geldersatz in Höhe der fälligen und als fällig fingierten Verbindlichkeiten zu leisten. Mit dem Schadensersatzverlangen statt der (ganzen) Leistung hat der Insolvenzverwalter sich insgesamt[201] mit Wirkung für und gegen die insolvente Begünstigte für die Geltendmachung des Sekundär- anstelle des Primäranspruchs entschieden. Der „interne“ Ausstattungsanspruch ist erloschen. Vor diesem Hintergrund hat der ehemals Ausstattungs- und nunmehr Schadensersatzpflichtige die Begünstigte nicht zur (Wieder-)Aufnahme ihres Geschäftsbetriebes zu befähigen. Die gegenteilige Ansicht läuft auf die Herstellung des Zustandes hinaus, wie er *ohne das Schadensersatzverlangen* bestanden hätte und nicht, wie geboten, auf die Herstellung des hypothetischen Zustandes, wie er bei ordnungsgemäßer Ausstattung unter Berücksichtigung der tatsächlichen Beendigung des Dauerschuldverhältnisses bestünde.

---

[199] In der vergleichbaren Konstellation der Beendigung eines Beherrschungs- und/oder Gewinnabführungsvertrages wird teilweise die Pflicht des herrschenden Unternehmens zur Leistung einer „Wiederaufbauhilfe“ durch Ausgleich der negativen Spätfolgen des Vertrages bejaht, siehe nur *Drygala,* GmbHR 2003, S. 729 ff. (735, 1. Abs.), mit der Begründung, der Gesellschafter setze sich sonst dem Vorwurf der Existenzgefährdung aus (zur Existenzvernichtungshaftung, vgl. Kapitel 7, A. II. 1.); *Wilhelm,* Beendigung des Beherrschungs- und Gewinnabführungsvertrags, S. 119–121, 1.; aA *Kölner Kommentar zum AktG-Koppensteiner* (3), § 297 Rn. 63, m.w.N. Eine Stellungnahme erübrigt sich, da beide Situationen nicht vergleichbar sind. Der Ausstattungspflichtige schuldet Ersatz für die Verletzung seiner Ausstattungspflicht, wohingegen das herrschende Unternehmen für schädliche Eingriffe in das Vermögen der abhängigen Gesellschaft herangezogen werden soll.

[200] Vgl. auch *BGH* (U. v. 16.09.1985 – II ZR 275/84), WM 1985, S. 1263 ff. (1267, c)), „Autokran“, wo der der 2. Senat bei Beherrschung einer mehrgliedrigen GmbH aus der Verlustausgleichspflicht gemäß § 302 Abs. 1 AktG einen Anspruch der abhängigen Gesellschaft auf „Bestandsschutz“ ableitet; dazu *Hommelhoff,* EWiR 1985, S. 885 f. (886, 3.1); vgl. auch die Kritik in Kapitel 12, C. III 2 (Fn. 271).

[201] Ein „Reklamations-Splitting“ in Form einer teilweisen Geltendmachung des Schadensersatzanspruchs und einer teilweisen Berufung auf die fortdauernde Ausstattungspflicht ist undenkbar. Gemäß § 1 S. 1 InsO hat der Insolvenzerwalter für die gemeinschaftliche Befriedigung aller Gläubiger zu sorgen – einschließlich der (im Grunde) erst noch fällig werdenden Gläubigerforderungen (vgl. §§ 41 ff. InsO). Eine Aufteilung des einheitlichen Ausstattungsanspruchs nach Gläubigergruppen, etwa die Beschränkung des Schadensersatzverlangens auf die Forderungen der verfahrensbeteiligten Gläubiger, verbietet sich. Die Unteilbarkeit des Primäranspruchs im Falle der Nichterfüllung der Ausstattungspflicht zwingt den Insolvenzverwalter dazu, sich insgesamt zwischen dem Ausstattungs- und dem Schadensersatzanspruch statt der (ganzen) Leistung zu entscheiden (arg. e § 281 Abs. 4 BGB).

Hätte der Pflichtige die Begünstigte ordnungsgemäß ausgestattet, hätte keiner der Beteiligten Insolvenz anmelden können. Die Begünstigte wäre weder überschuldet noch zahlungsunfähig gewesen, noch drohte sie dies zu werden – jedenfalls wenn davon auszugehen gewesen wäre, dass der Pflichtige seine Ausstattungspflicht künftig erfüllen kann. Eine solchermaßen zukunftsbezogene Betrachtungsweise verbietet sich auf Sekundärebene. Mit der Geltendmachung des Schadensersatzanspruchs ist ein klarer Schnitt zwischen der Primär- und der Sekundärleistung zu ziehen. Wendet der Ausstattungspflichtige der Begünstigen auf Sekundärebene Mittel in einer Höhe zu, die diese befähigen ihre gesamten aktuellen Verbindlichkeiten[202] zu erfüllen, steht die Begünstigte *rein rechnerisch* so, wie sie bei ordnungsgemäßer Vertragsabwicklung gestanden hätte. Dass sie tatsächlich so steht, kann sie nicht verlangen. Der Schadensersatzpflichtige schuldet ihr somit nicht zwingend die Beseitigung des laufenden Insolvenzverfahrens und darüber hinaus vielleicht sogar die Ermöglichung einer weiteren Geschäftstätigkeit[203].

## VI. Wirkung der insolvenzrechtlichen Forderungsfeststellung gegenüber dem Ausstattungsschuldner

Die Höhe der abzudeckenden Außenstände steht bei Geltendmachung des Ersatzanspruchs durch den Insolvenzverwalter hinsichtlich der verbindlich festgestellten[204] Insolvenzforderungen auch gegenüber dem Ausstattungspflichtigen unwiderruflich fest[205].

---

202 Dazu gehören die fälligen und nach Maßgabe der §§ 45, 46 InsO als fällig fingierten Verbindlichkeiten. Bezogen auf etwaige Dauerschuldverhältnisse ist gegebenenfalls zu veranschlagen, inwieweit der Ausstattungsschuldner zur ordentlichen Kündigung der Ausstattungsvereinbarung befugt gewesen wäre. Zur ordentlichen Kündbarkeit einer „internen“ Ausstattungszusage und zu den Folgen der Aufhebung einer Ausstattungsvereinbarung in der Krise, vgl. Kapitel 12, C.

203 Hinsichtlich der Betriebsfortsetzung im Ergebnis ebenso *Paul,* ZInsO 2004, S. 1327 ff. (1331, 2. Abs.), die Forderung nach finanziellen Mitteln zur Fortsetzung des Geschäftsbetriebs sei sicherlich zu weitgehend.

204 Vgl. §§ 178, 179 ff. , 201 Abs. 2 InsO. Zur Forderungsfeststellung siehe *Braun,* InsO (2), (*Kießner*), § 178 Rn. 21, § 201 Rn. 9; *Breutigam/Blersch/Goetsch,* InsO, Band II (*Breutigam*), § 178 Rn. 16, 18–20; *Hess/Weis/Wienberg,* InsO (2), (*Weis*), § 178 Rn. 14, 18/19; *MüKo-Schumacher,* InsO, Band 2, § 178 Rn. 3, 23, 24, 69/70; *MüKo-Hintzen,* InsO, Band 2, § 201 Rn. 21; *Wimmer* (*Kießner*), InsO (3), § 178 Rn. 4/5, § 201 Rn. 9. Anders nur im Falle der Eigenverwaltung, vgl. § 283 Abs. 1 InsO, bei der ein Schuldnerwiderspruch die Feststellungswirkung hindert, *Braun,* (*Kießner*), a.a.O., Rn. 3; *MüKo-Schumacher,* a. a. O, sowie Rn. 28–30, wenn der Schuldner den Widerspruch in seiner Eigenschaft als Verwalter erhebt. Die Nachhaftung bzw. das Recht zur freien Nachforderung nach Aufhebung des Insolvenzverfahrens (vgl. § 201 InsO) wird bei der „internen“ Ausstattungsverpflichtung kaum einmal praktisch werden. In aller Regel ist die Begünstigte eine juristische Person, die nach

### 1. Feststellungswirkung auf Sekundärebene

Gegenüber der Insolvenzschuldnerin[206] hat die Forderungsfeststellung gemäß § 178 Abs. 3 InsO die Wirkung eines rechtskräftigen Urteils[207]. Diese Wirkung entfaltet sie indirekt auch gegenüber dem Ausstattungspflichtigen. Dieser schuldet der Begünstigten (vertreten durch ihren Insolvenzverwalter) Ersatz für die Verletzung ihrer Ausstattungsforderung, der sich inhaltlich auf die gesamten Außenstände der Begünstigten erstreckt. Soweit die Verbindlichkeiten der Begünstigten ihr gegenüber verbindlich feststehen, besteht für den Ausstattungspflichtigen keine Möglichkeit mehr, Existenz und Umfang der Verbindlichkeiten zu verifizieren oder nochmals überprüfen zu lassen. Entgegen dem *OLG München* basiert die „Feststellungserstreckung" nicht auf der größeren Nähe der Ausstattungszusage zu einer Prozessbürgschaft als zu einer „normalen" Bürgschaft[208], sondern auf einer kausalen Schadensbetrachtung (§ 251 Abs. 1 BGB): Hätte der Ausstattungspflichtige die Begünstigte ordnungsgemäß ausgestattet, wäre sie nicht insolvent geworden und es wäre auch nicht zu der Forderungsfeststellung gekommen. Die rechtskraftähnliche „Verurteilung" der Begünstigten ist adäquat-kausale Folge der Pflichtverletzung des Ausstattungsschuldners[209].

### 2. Exkurs: Feststellungswirkung auf Primärebene

Solange die Ausstattungspflicht während des Insolvenzverfahrens andauert, müsste der Pflichtige die Feststellungswirkung auch auf Primärebene *mittelbar*

---

Verfahrensbeendigung gemäß § 141a FGG wegen Vermögenslosigkeit von Amts wegen gelöscht wird, vgl. *Breutigam,* a. a. O., § 201 Rn. 4–6; *Weis,* a. a. O., § 201 Rn. 6. Zu dem Streit um den richtigen Anknüpfungspunkt der Rechtskraftwirkung, *Weis,* a. a. O., § 178 Rn. 25, 28, vgl. aber auch Rn. 33; *MüKo-Schumacher,* InsO, Band 2, § 178 Rn. 55–58, m. w. N. Nach hM kommt es auf die Eintragung der festgestellten Forderungen in die Tabelle an. Zum Gegenstand der Rechtskraft- und Vollstreckungswirkung gemäß § 201 Abs. 2, *MüKo-Schumacher,* a. a. O., Rn. 16, Bestand der Forderung i. S. e. „prozessualen Anspruchs".

205 Im Ergebnis ebenso, aber mit abweichender Begründung, *OLG München* (U. v. 22.07.2004 – 19 U 1867/04), ZIP 2004, S. 2102 ff. (2107, b)), das sich zudem für eine *unmittelbare* Drittwirkung der rechtskraftähnlichen Feststellungswirkung auszusprechen scheint; dem folgend *Kiethe,* ZIP 2005, S. 646 ff. (653, 2. Abs.).

206 In ihrer Eigenschaft als Masseträgerin.

207 *MüKo-Schumacher,* InsO, Band 2, § 178 Rn. 69; anders (zumindest verbaliter) *Breutigam/Blersch/Goetsch,* InsO, Band II (*Breutigam*), § 178 Rn. 19.

208 Bei welcher der Sicherungsgeber den Ausgang des Verfahrens auch für sich als verbindlich anerkennt, vgl. *OLG München* (U. v. 22.07.2004 – 19 U 1867/04), ZIP 2004, S. 2102 ff. (2107, b), 3. Abs.), m. w. N.; dem folgend *Kiethe,* ZIP 2005, S. 646 ff. (653, 2. Abs.).

209 Zu den Zurechnungskriterien äquivalente Kausaliät und Adäquanz eines Schadens, siehe nur *Staudinger-Schiemann* (2005), § 249 Rn. 8, 12. Dass der Schaden auch von dem Schutzzweck des der Haftung zugrunde liegenden Vertragsverhältnisses erfasst wird (vgl. Rn. 27), versteht sich von selbst.

gegen sich gelten lassen. Was die bereits festgestellten Forderungen anbelangt, wäre das Tatbestandsmerkmal einer „finanziellen Verpflichtung gegenüber Dritten“ unbestreitbar erfüllt. Mehr als das bzw. als die Existenz und Höhe ihrer Verbindlichkeiten hätte die Begünstigte dem Ausstattungspflichtigen nicht darzutun. Die „Feststellungserstreckung“ wäre Ausfluss der „Verbindlichkeitsbezogenheit“ der „internen“ Ausstattungszusage[210]. Grund für sie wäre auch hier nicht die größere Nähe der Ausstattungsvereinbarung zu einer Prozessbürgschaft[211], sondern der unterschiedliche Bezugsgegenstand einer „*internen*“ Ausstattungszusage und einer Bürgschaft. Während ein Bürge dem *Gläubiger eines Dritten* Sicherheit leistet, indem er ihm verspricht, für die Erfüllung der Verbindlichkeit(en) des Dritten einzustehen[212], besteht die Pflicht des Schuldners einer „internen“ Ausstattungszusage in der Befähigung *der Begünstigten* zur Erfüllung *ihrer* Verbindlichkeiten. Der „externe“ Sicherungscharakter einer Bürgschaft – aber auch aller übrigen „externen“ Personalsicherheiten[213] – bedingt, dass der Gläubiger dem Sicherungsgeber das Bestehen und den Umfang seiner Forderungen gegenüber dem Hauptschuldner im Zweifelsfall nachzuweisen hat. Die „interne“ Ausstattungszusage bezieht sich demgegenüber auf die Verbindlichkeiten der Begünstigten im Außenverhältnis. Stehen diese rechtskräftig oder rechtskraftähnlich fest, dient dies der darlegungs- und beweisbelastenden Anspruchstellerin unmittelbar als Beweismittel für eine sie treffende „Verpflichtung gegenüber Dritten“. Bei einer „externen“ Sicherungszusage trifft den Gläubiger dagegen die Darlegungs- und Beweislast für das Bestehen einer Forderung gegenüber dem Hauptschuldner, also für seine Gläubigereigenschaft gegenüber einem „außenstehenden“ Dritten. Diesbezüglich kann er nicht auf das rechtskräftige Ergebnis eines Verfahrens mit dem Hauptschuldner verweisen[214]. Eine solche Entscheidung ist kein Beleg für die (tatsächliche) Existenz einer Forde-

---

[210] Scheinbar für eine willentliche Anerkennung der Erstreckungswirkung durch den Ausstattungspflichtigen, *OLG München* (U. v. 22.07.2004 – 19 U 1867/04), ZIP 2004, S. 2102 ff. (2107, b), 3. Abs.), dessen zusätzlicher Hinweis auf die nachteiligen Konsequenzen einer unterlassenen „Feststellungserstreckung“ zwar nachvollziehbar, als dogmatischer Begründungsansatz aber ungeeignet ist.

[211] AA *OLG München* (U. v. 22.07.2004 – 19 U 1867/04), ZIP 2004, S. 2102 ff. (2107, b), 3. Abs.), m. w. N.; dem folgend *Kiethe,* ZIP 2005, S. 646 ff. (653, 2. Abs.).

[212] Vgl. § 765 Abs. 1 BGB: „... verpflichtet sich der Bürge *gegenüber dem Gläubiger eines Dritten* für die Erfüllung der Verbindlichkeit des Dritten einzustehen.“

[213] Bei einer „externen“ Ausstattungszusage wäre wie bei der Bürgschaft zu entscheiden. Anspruchsteller ist in diesem Fall nicht der Protegé, sondern der sicherungsnehmende Gläubiger. Dieser hat seine Forderungslegitimation im Hauptschuldverhältnis nicht nur dem Protegé gegenüber darzulegen und gegebenenfalls zu beweisen, sondern bei einer Direktinanspruchnahme auch dem Patron gegenüber. Da eine „insolvenzrechtliche Feststellungswirkung“ i. S. d. §§ 178 Abs. 3, 201 Abs. 2 S. 1, 2 InsO mangels Teilnahme des „externen Sicherungsgebers“ an dem Insolvenzverfahren der Hauptschuldnerin (jedenfalls in seiner Funktion als Sicherungsgeber) nicht in Betracht kommt, wird die Frage nach einer Rechtskrafterstreckung nur im Zusammenhang mit einer möglichen Direktinanspruchnahme des Patrons praktisch. Sie ist dann wie bei einer „normalen“ Bürgschaft zu entscheiden.

rung gegenüber Letzterem[215]. Die prozessual unangreifbare Entscheidung mag materiell inkorrekt sein. Steht der Verpflichtungstatbestand der Begünstigten bei einer „internen" Zusage demgegenüber rechtskraftähnlich fest, muss auch der Zusagende die Feststellung *indirekt* gegen sich gelten lassen[216]. Die Begünstigte *hat* definitiv *eine Verbindlichkeit gegenüber Dritten.*

Die Begründung des *OLG München* leidet insofern an der Schwäche einer unzureichenden Differenzierung zwischen der streitgegenständlichen „internen" und einer „externen" Ausstattungszusage[217]. Duale und tripolare Verpflichtungstatbestände unterscheiden sich hinsichtlich der „Feststellungswirkung" grundlegend voneinander.

---

214 Dazu, dass sich die Rechtskraftwirkung des Tabelleneintrags nicht auf etwaige Sicherungsrechte erstreckt, *Braun,* InsO (2), (*Kießner*), § 178 Rn. 22; *Breutigam/Blersch/Goetsch,* InsO, Band II (*Breutigam*), § 178 Rn. 20; *Hess/Weis/Wienberg,* InsO (2), (*Weis*), § 178 Rn. 30.

215 *BGH* (U. v. 28.02.1989 – IX ZR 130/88), BGHZ 107, S. 92 ff. (96, II. 1.); *OLG Koblenz* (B. v. 02.12.1997 – 5 W 745/97), WM 1998, S. 1992.

216 Ungenau *OLG München* (U. v. 22.07.2004 – 19 U 1867/04), ZIP 2004, S. 2102 ff. (2107, b), 3. Abs.), das davon auszugehen scheint, dass dem Ausstattungspflichtigen der Einwand einer fehlenden Forderungsberechtigung der außenstehenden Gläubigerr aufgrund eines sich aus Sinn und Zweck der Zusage ergebenden willentlichen Verzichts abgeschnitten sei.

217 In der fraglichen Passage spricht der Senat von „der vorliegenden Patronatserklärung" bzw. schlicht von „der Patronatserklärung", die einer Prozessbürgschaft ähnele. Die Erwägungen deuten auf eine ungerechtfertigte Gleichsetzung des zweidimensionalen Finanzierungsinstruments „interne Ausstattungszusage" mit dem dreidimensionalen Sicherungsinstrument „externe Ausstattungszusage" hin, vgl. nur *OLG München* (U. v. 22.07.2004 – 19 U 1867/04), ZIP 2004, S. 2102 ff. (2107, b), 3. Abs., 2104, b) aa)/bb)).

*Kapitel 7*

# Abgrenzung der Ausstattungsverpflichtung von den ihr am nächsten stehenden Verpflichtungstatbeständen

Was nach erschöpfender Erörterung der Charakteristika einer Ausstattungszusage auf Primär- und Sekundärebene noch fehlt, ist deren abschließende Qualifikation. Zu der Frage, ob das Ausstattungsversprechen als Bürgschaft, Garantie[1] oder als bürgschafts- oder garantieähnliches Interzessionsmittel anzusehen ist, gehen die Meinungen auseinander[2]. Eine exakte Einordnung der harten Patronatserklärung ist schon deshalb unumgänglich, weil sich in den Folgekapiteln immer wieder die Frage nach der Übertragbarkeit einzelner bürgschaftsspezifischer Normen und Rechtsprechungserwägungen auf die „externe" Ausstattungszusage stellen wird. Um darüber hinaus ihren Sicherheitswert realistisch beurteilen zu können und sich ihre Vorzüge und Nachteile verglichen mit den ihr am nächsten stehenden Verpflichtungstatbeständen klar zu machen, wird die harte Patronatserklärung im Folgenden von diesen abgegrenzt.

## A. Gesellschaftsrechtliche Einstandspflicht

Die Gesellschafter einer Kapitalgesellschaft sind den Gesellschaftsgläubigern für gewöhnlich nicht persönlich einstandspflichtig. Als Haftungsmasse steht den Gläubigern nur das Gesellschaftsvermögen zu Verfügung (vgl. etwa § 1 Abs. 1 S. 2 AktG, § 13 Abs. 2 GmbHG).

Unter bestimmten Voraussetzungen kann ein Gesellschafter bzw. eine Konzernobergesellschaft dennoch ausnahmsweise für die Schulden der (Unter-)Gesellschaft herangezogen werden[3]. Abgesehen von dem Fall der Eingliederung, ist die harte Patronatserklärung ein der Haftung aus Kapitalgesellschaftsrecht aus Gläubigersicht überlegenes „Sicherungsinstrument".

---

[1] *Larenz/Canaris,* „Schuldrecht II 2" (13), § 64, V. 1. b)/c), S. 83.

[2] Siehe bereits Kapitel 4, B. I. 2.

[3] Nach deutschem Recht immer vorausgesetzt, die Tochter- bzw. geschädigte Gesellschaft hat ihren Sitz im Inland, vgl. *Thiekötter,* „Patronatserklärung", S. 20/21, 3.; *Wagner,* „Internationale Tätigkeit der Banken", S. 26, 2. Abs.

# I. Haftung im Konzern

Eine Konzernhaftung ist in viererlei Hinsicht denkbar.

## 1. Eingliederung

Bei einer Eingliederung[4], die nur bei Vorliegen zweier Aktiengesellschaften[5] und unter der Voraussetzung einer vollständigen (§ 319 Abs. 1 S. 1 AktG) oder wenigstens 95%igen (§ 320 Abs. 1 AktG) Anteilskonzentration in der Hand der zukünftigen Hauptgesellschaft möglich ist (§ 319 Abs. 1 S. 1 AktG), haftet die Hauptgesellschaft den Gläubigern der eingegliederten Gesellschaft gemäß § 322 Abs. 1 AktG zwingend für deren gesamte vor und nach der Eingliederung begründete Forderungen als Gesamtschuldnerin[6]. Da die Gläubiger der eingegliederten Gesellschaft die Hauptgesellschaft direkt auf Erfüllung in Anspruch nehmen können, bedürfen sie grundsätzlich keiner zusätzlichen Personalsicherheit von der Hauptgesellschaft in Gestalt einer Bürgschaft, Garantie oder harten Patronatserklärung[7].

---

[4] Die Eingliederung ist ein korporationsrechtlicher Vorgang, der ein verschmelzungsähnliches Konzernverhältnis zwischen der Haupt- und der Tochtergesellschaft begründet, letzterer aber im Gegensatz zu einer Verschmelzung ihre rechtliche Selbständigkeit belässt, *Hüffer,* AktG (6), § 319 Rn. 2. Bei wirtschaftlicher Betrachtung wird die eingegliederte Gesellschaft zur Betriebsabteilung der Hauptgesellschaft, *Herget/Butzke,* „Ersatzsicherheiten", S. 19, 1.2.4; *Hüffer,* a.a.O.

[5] *Hüffer,* AktG (6), § 319 Rn. 3, die beide ihren Sitz im Inland haben müssen; *Lutter,* ZGR 1982, S. 244 ff. (267, 6.), nicht auch im Recht der GmbH.

[6] *Hüffer,* AktG (6), § 322 Rn. 1/2, 4–6; anders *Kölner Kommentar zum AktG-Koppensteiner* (3), § 322 Rn. 7–11, die Hauptgesellschaft schulde den Gläubigern keine Erfüllung, sondern sei ihnen nur einstandspflichtig. Bei Nicht-Geldschulden sei sie daher (nur) zur Einwirkung auf die eingegliederte Gesellschaft verpflichtet, damit diese ihre Verpflichtung selbst erfüllt (Rn. 11). Dagegen spricht die gesetzlich vorgesehene gleichrangige Mithaft der Hauptgesellschaft; wie hier *Hoffmann,* Patronatserklärung, S. 112/113; *MüKo-Grunewald,* AktG (2), § 322 Rn. 3–7. Sind die Gläubigerforderungen vor Bekanntmachung der Eingliederungseintragung begründet worden, können Gläubiger, die noch keine Befriedigung beanspruchen können, außerdem gemäß § 321 Abs. 1 AktG binnen sechs Monaten nach Bekanntmachung Sicherheitsleistung von der Hauptgesellschaft verlangen (vgl. aber Abs. 2). Gemäß § 324 Abs. 3 AktG hat die Hauptgesellschaft zudem jeden bei der eingegliederten Gesellschaft entstehenden Bilanzverlust auszugleichen, soweit dieser den Betrag der Kapital- und Gewinnrücklagen übersteigt. Grund dafür sind das umfassende Weisungsrecht der Hauptgesellschaft (§ 323 Abs. 1 AktG), die Nichtgeltung des Verbots einer Einlagenrückgewähr (Abs. 2), die Entbehrlichkeit der Bildung einer gesetzlichen Rücklage (§ 324 Abs. 1 AktG) und vor allem die Möglichkeit der Hauptgesellschaft, unter den Voraussetzungen des § 324 Abs. 2 S. 1–3 AktG den gesamten Bilanzgewinn von der eingegliederten Gesellschaft abzuziehen.

[7] *Hoffmann,* Patronatserklärung, S. 114, 1. Abs.; *Mosch,* Patronatserklärungen, S. 42; *Rippert,* Patronatserklärungen, S. 17, aa); vgl. auch Kapitel 1, Fn. 54/55

### 2. Vertragskonzern

Bei Vorliegen eines Vertragskonzerns[8] ist der Gläubigerschutz als Ausgleich der damit einhergehenden Vermögens- und/oder Weisungsbefugnisse der herrschenden Gesellschaft (§§ 291 Abs. 1, 292 Abs. 1 i.V.m. 301, 308 AktG), wie oben aufgezeigt[9], deutlich schwächer ausgestaltet. Neben der Verlustausgleichspflicht gemäß § 302 Abs. 1 und 2 AktG[10] disponieren die meisten Gläubiger[11] des verpflichteten Vertragsteils bei Beendigung des Unternehmensvertrages über einen der Eingliederung entsprechenden[12] Anspruch auf Sicherheitsleistung gemäß § 232 BGB (§ 303 Abs. 1 AktG, siehe aber Abs. 2)[13]. Die Sicherheitsleistung kann nach Wahl des Pflichtigen durch eine Bürgschaft erfolgen (§ 303 Abs. 3 S. 1 AktG)[14]. Entgegen der Vorschrift des § 349 S. 1 HGB steht dem Bürgen in diesem Fall die Einrede der Vorausklage zu (vgl. § 303 Abs. 3 S. 2 AktG)[15]. Die Gläubiger können den Pflichtigen daher grundsätzlich erst nach einem fruchtlosen Zwangsvollstreckungsversuch in das Vermögen der vormals abhängigen Gesellschaft als Bürgen in Anspruch nehmen, was zeit- und kostenintensiv ist[16]. In der Insolvenz der abhängigen Gesellschaft wandelt sich die konzernrechtliche Pflicht zur Sicherheitsleistung durch die Obergesellschaft mehrheitlicher Meinung zufolge zwar analog § 303 AktG in eine unmittelbare Zahlungspflicht gegenüber den betroffenen Gläubigern um[17], zum einen ist aber

---

[8] Ein GmbH-Vertragskonzern richtet sich, was die hier fraglichen Bestimmungen angeht, ganz herrschender Meinung zufolge gleichsam nach den Regelungen des Aktienkonzernrechts, statt aller *Reidenbach,* WM 2004, S. 1421 ff. (1426, bb)).

[9] Kapitel 4, C. I. 1. a) bb).

[10] *Lutter,* ZGR 1982, S. 244 ff. (262, a)), „globale Kompensation".

[11] Einen Anspruch auf Sicherheitsleistung hat grundsätzlich jeder Gläubiger, dessen Forderung(en) begründet worden ist/sind, bevor die Eintragung der Vertragsbeendigung als bekannt gemacht gilt (§ 303 Abs. 1 S. 1 AktG), es sei denn, ihm steht im Insolvenzfall ein Recht auf vorzugsweise Befriedigung zu (§ 303 Abs. 2 AktG).

[12] Vgl. Fn. 6.

[13] *Hüffer,* AktG (6), § 303 Rn. 6; anders im Falle eines GmbH-Konzerns, *Lwowski/Merkel,* Kreditsicherheiten (8), S. 69, letzter Abs.

[14] *Lwowski/Groeschke,* WM 1994, S. 613 ff. (618, 1./2.); *Obermüller,* Ersatzsicherheiten, S. 39 Rn. 123.

[15] *Kölner Kommentar zum AktG-Koppensteiner* (3), § 303 Rn. 22; *Lwowski/Groeschke,* WM 1994, S. 613 ff. (618, 2.); *Schimansky/Bunte/Lwowski* (*Merkel*), Bankrechts-Handbuch II (2), § 98 Rn. 63.

[16] *Lwowski/Groeschke,* WM 1994, S. 613 ff. (618, 2.), dadurch werde der Sicherheitswert des Anspruchs auf Sicherheitsleistung stark eingeschränkt. In der Insolvenz der abhängigen Gesellschaft steht dem herrschenden Unternehmen die Einrede der Vorausklage allerdings gemäß § 773 Abs. 1 Ziff. 3 BGB nicht zu, *MüKo-Altmeppen,* AktG (2), § 303 Rn. 62.

[17] *BGH* (U. v. 16.09.1985 – II ZR 275/84), WM 1985, S. 1263 ff. (1267, c)), „Autokran"; *BGH* (U. v. 11.11.1991 – II ZR 287/90), BGHZ 116, S. 37 ff. (42, 3.); *Hoffmann,* Patronatserklärung, S. 115, 4. Abs.; *Kölner Kommentar zum AktG-Koppensteiner* (3), § 303 Rn. 25/26; *MüKo-Altmeppen,* AktG (2), § 303 Rn. 38–55; *MüKo-*

umstritten, unter welchen Voraussetzungen sich dieser Wandel vollzieht[18], und zum anderen dient eine Ausstattungsvereinbarung gerade dazu, diesen Zustand zu vermeiden. Während der Patron den Protegé präventiv mit den zur Schuldentilgung benötigten Mitteln auszustatten hat, obliegt der Konzernobergesellschaft der Ausgleich des „sonst entstehenden“ Jahresfehlbetrages[19]. Da dessen Feststellung mitunter erst mit einer erheblichen zeitlichen Verzögerung nach dem Ende des Geschäftsjahres erfolgt[20], ist die Verlustausgleichspflicht kein der

---

*Habersack* (4), Vor § 765 Rn. 55; *Zeidler,* NZG 1999, S. 692 ff. (697, 3.), der für eine erfolgsversprechende Sanierung die „Auffüllung“ der Insolvenzmasse durch den Anspruch aus § 302 AktG für notwendig hält. Nach *Hüffer,* AktG (6), § 303 Rn. 7, hat sich dieses „Thema ... mit Anerkennung der bestandsschützenden Durchgriffshaftung erledigt“.

[18] Der BGH differenziert danach, ob über das Vermögen der schuldenden Gesellschaft bereits ein Insolvenzverfahren eröffnet ist. Ist dies der Fall, könnten die Gläubiger zunächst nur Sicherheitsleistung verlangen, da mit dem von dem Verwalter einzufordernden Verlustausgleichsanspruch u. U. noch ausreichend Vermögen zur Verteilung vorhanden ist. Außerhalb eines offiziellen Insolvenzverfahrens oder im Falle eines abweisenden Eröffnungsbeschlusses müssten sich die Gläubiger demgegenüber nicht auf eine „sinnlose“ Sicherheitsleistung verweisen lassen, wenn die Vermögenslosigkeit der Gesellschaft feststehe, *BGH* (U. v. 16.09.1985 – II ZR 275/84), BGHZ 95, S. 330 ff. (347, 2. Abs.); *BGH* (U. v. 23.09.1991 – II ZR 135/90), BGHZ 115, S. 187 ff. (200, b)); ebenso *OLG Karlsruhe* (U. v. 07.08.1992 – 15 U 123/91, WM 1992, S. 2088 ff. (2093/2094, 2. b)); siehe auch *Kölner Kommentar zum AktG-Koppensteiner* (3), § 303 Rn. 25; *Lwowski/Groeschke,* WM 1994, S. 613 ff. (619, 3.); *Obermüller,* Ersatzsicherheiten, S. 37 Rn. 118; für einen Zahlungsanspruch auch während des laufenden Insolvenzverfahrens, *MüKo-Altmeppen,* AktG (2), § 303 Rn. 43, 47, 50–52.

[19] Die Ausgleichspflicht bezieht sich auf den „fiktiven Jahresfehlbetrag“, weil ein Negativsaldo wegen der gemäß § 277 Abs. 3 S. 2 HGB unter gesonderter Bezeichnung als Ertrag in die GuV einzustellenden Ausgleichszahlung praktisch gar nicht entstehen kann (str.), vgl. *Hüffer,* AktG (6), § 302 Rn. 11; *Kölner Kommentar zum AktG-Koppensteiner* (3), § 302 Rn. 18.; *Lwowski/Groeschke,* WM 1994, S. 613 ff. (614, I.); *MüKo-Altmeppen,* AktG (2), § 302 Rn. 16; *Wittig* in: *BuB* (2003), Rn. 4/2934, 1. a). Nach dem Periodisierungs- bzw. Verursachungsprinzip (§ 252 Abs. 1 Ziff. 5 HGB) ist der Zeitpunkt der tatsächlichen Ausgleichsleistung für die Zuordnung des Ertrages zu dem betreffenden Geschäftsjahr nämlich irrelevant, vgl. *MüKo-Ballwieser,* HGB, § 252 Rn. 99, § 277 Rn. 29–32, m. w. N. zur aA (Rn. 32 Fn. 106); *Wiedmann,* Bilanzrecht (2), § 252 Rn. 34/35, § 277 Rn. 4. Dazu, dass der Umfang des Ausgleichsanspruchs zudem in gewissem Umfang von der Nutzbarmachung von Bilanzierungswahlrechten und Bewertungsspielräumen abhängt, vgl. *Lwowski/Groeschke,* WM 1994, S. 613 ff. (613, 615, b)); *Ohlmeyer/Gördel,* Kreditgeschäft der Kreditgenossenschaften (10), S. 840, 2. Abs.

[20] Der Ausgleichsanspruch nach § 302 AktG wird herrschender Meinung zufolge frühestens mit seiner Entstehung am Stichtag der Jahresbilanz der abhängigen Gesellschaft fällig (so v. a. *BGH* (U. v. 11.10.1999 – II ZR 120/98), BGHZ 142, S. 382 ff. (385, 3.); *BGH* (U. v. 14.02.2005 – II ZR 361/02), DB 2005, S. 937, II. 1.)), nach anderer Ansicht sogar erst mit Feststellung des Jahresabschlusses, so *Lwowski/Groeschke,* WM 1994, S. 613 ff. (614, 2.); *Obermüller,* Ersatzsicherheiten, S. 36 Rn. 113; *Schimansky/Bunte/Lwowski* (*Merkel*), Bankrechts-Handbuch II (2), § 98 Rn. 54; *Wittig* in: *BuB* (2003), Rn. 4/2957, 4/2960; zum Streitstand, *Hüffer,* AktG (6), § 1 Rn. 25, § 302 Rn. 15; *Kölner Kommentar zum AktG-Koppensteiner* (3), § 302 Rn. 52/53, jeweils m. w. N. Der Zeitpunkt der Leistungsbewirkung „kann dadurch bis

harten Patronatserklärung annähernd gleich zu achtendes Schutzinstrument[21]. Sie vermag eine Illiquidität der abhängigen Gesellschaft nicht zu verhindern[22]. Nach herrschender und wohl auch richtiger Meinung besteht für die Obergesellschaft keine Pflicht zur unterjährigen Liquiditätszufuhr[23]. Für den GmbH-Konzern kommt hinzu, dass nach einer gewichtigen Mindermeinung analog § 302 AktG nur die das Stammkapital schmälernden Verluste auszugleichen sind, nicht aber der gesamte Jahresfehlbetrag[24]. Die Abgabe einer sog. *Organschaftserklärung,* mit der das herrschende Unternehmen die Pflicht zur Aufrechterhaltung[25] eines Beherrschungs- und Gewinnabführungsvertrages übernimmt[26], ersetzt damit keine harte Patronatserklärung[27].

---

zu 18 Monate nach Eintritt des Mittelbedarfs geschoben werden", so *Priester,* ZIP 1989, S. 1301 ff. (1302, 2., 1306, IV. 1., 1306/1307). Dieser billigt der abhängigen Gesellschaft zwecks Existenzerhaltung einen unterjährigen Verlustausgleichsanspruch in Form einer „Abschlagszahlung" zu, was contra legem sein dürfte; *Zeidler,* NZG 1999, S. 692 ff. (695, a)). Die Höhe des Ausgleichsanspruchs wird nicht durch den festgestellten Jahresabschluss rechtsverbindlich festgelegt, sondern sie bestimmt sich nach dem zutreffend ausgewiesenen Fehlbetrag, *BGH,* jeweils a. a. O.

[21] Entgegen *Hoffmann,* Patronatserklärung, S. 116, 1. Abs., besteht der Vorzug einer zusätzlichen Besicherung folglich nicht nur in der Ausschaltung der Gefahr, die Anmeldefrist des § 303 Abs. 1 S. 1 AktG zu versäumen.

[22] *Herget/Butzke,* Ersatzsicherheiten, S. 15, 2. Abs.; *Kölner Kommentar zum AktG-Koppensteiner* (3), § 302 Rn. 16; *Lwowski,* Kreditsicherung (8), S. 408 Rn. 463; *Lwowski/Groeschke,* WM 1994, S. 613 ff. (613, 1. Spalte, 614, I., 615, 3.); *Priester,* ZIP 1989, S. 1301 ff. (1302, 2. Abs., 1304, 2.); *Schimansky/Bunte/Lwowski* (*Merkel*), Bankrechts-Handbuch II (2), § 98 Rn. 56; *Wittig* in: *BuB* (2003), Rn. 4/2935; *Zeidler,* NZG 1999, S. 692 ff. (695, a)). Dies kann auch eine vertragliche Verlustübernahmevereinbarung nicht, vgl. *Ohlmeyer/Gördel,* Kreditgeschäft der Kreditgenossenschaften (10), S. 837, 7.; implizit ebenso *K. Schmidt* in: FS Werner, S. 777 ff. (781, b)).

[23] *Kölner Kommentar zum AktG-Koppensteiner* (3), § 302 Rn. 16, 57; *Lwowski/Groeschke,* WM 1994, S. 613 ff. (615, 3.); *Priester,* ZIP 1989, S. 1301 ff. (1304/1305, 2.), jeweils mit eingehenden Nachweisen zu dem Meinungsstreit.

[24] *Zeidler,* NZG 1999, S. 692 ff. (696, 2.). Soweit der Autor anmerkt, nach hM sei der vollständige „Bilanzverlust" auszugleichen, sei auf den sachlichen Unterschied zwischen dem Jahresfehlbetrag und einem Bilanzverlust verwiesen (gemäß § 268 Abs. 1 S. 2 HGB ist „Bilanzverlust" der um die teilweise Verwendung des Jahresergebnisses sowie einen vorhandenen Gewinn- und Verlustvortrag korrigierte Fehlbetrag).

[25] Bzw. zur Unterlassung einer Vertragsauflösung oder -änderung ohne Mitwirkung des Gläubigers oder zum rechtzeitigen Avis einer Vertragsbeendigung, siehe die nachfolgenden Angaben sowie *Gabler Bank Lexikon* (13), S. 997, „Organschaftserklärung"; *Mosch,* Patronatserklärungen, S. 9, Nr. 9–13, S. 76–95, Nr. 9–13; *Rümker,* WM 1974, S. 990 ff. (994/995, 4.), welche die Erklärungen – wie einige der im Folgenden genannten Autoren – terminologisch (noch) den Patronatserklärungen zuordnen.

[26] Dazu (teilweise (noch) unter der Rubrik „Patronatserklärung"), *Gerth,* Atypische Kreditsicherheiten, S. 34, Beispiel (11); *HdJ-Bordt,* Abt. III/9, Rn. 73; *Herget/Butzke,* Ersatzsicherheiten, S. 13/14, S. 16–18, Muster 3/4; *Hoffmann,* Patronatserklärung, S. 163–165, d); *IdW,* Erläuterungen, Wpg 1976, S. 209 ff. (211, Grundform 2); *Köhler,* WM 1978, S. 1338 ff. (1340, e)); *J. Koch,* Die Patronatserklärung, S. 30 a. E.; *Kohout,* Patronatserklärungen, S. 32; *Lwowski/Merkel,* Kreditsicherheiten (8), S. 69, „Organschaftsrevers"; *Mosch,* Patronatserklärungen, S. 9, Nr. 14–16, S. 95–107,

### 3. „Faktischer Konzern“

Besteht zwischen einem herrschenden Unternehmen (vgl. § 17 Abs. 1 AktG[28]) und einer von ihm abhängigen *Aktien*gesellschaft[29] kein *Beherrschungs*vertrag[30], darf das herrschende Unternehmen seinen Einfluss gemäß § 311 Abs. 1 AktG nur dann dazu nutzen, die abhängige Gesellschaft zu für sie nachteiligen Maßnahmen oder Entscheidungen zu veranlassen, wenn es ihr im Gegenzug die aus der Weisung resultierenden Nachteile ausgleicht[31]. Erfolgt der Ausgleich nicht bis zum Geschäftsjahresende und räumt das herrschende Unternehmen der abhängigen Gesellschaft entgegen § 311 Abs. 2 AktG auch nicht ausdrücklich einen Ausgleichsanspruch ein, entfällt dieser[32]. Stattdessen hat das herrschende Unternehmen der abhängigen Gesellschaft gemäß § 317 Abs. 1 S. 1 AktG Schadensersatz zu leisten[33], sollte es sich nicht nach Abs. 2

---

Nr. 14–16; *MüKo-Habersack* (4), Vor § 765, Rn. 55; *Nielsen,* Bankrecht, S. 189; *Obermüller,* Ersatzsicherheiten, S. 58/59, Muster 9; *Schimansky/Bunte/Lwowski* (*Merkel*), Bankrechts-Handbuch II (2), § 98 Rn. 49, 57; *Wittig* in: *BuB* (2003), Rn. 4/2855, 4/2932, 4/2975–4/2976, (Musterformular).

[27] *Hoffmann,* Patronatserklärung, S. 164; *Lwowski/Groeschke,* WM 1994, S. 613 ff. (617, 5.), die Ausgleichspflicht sei nicht als ausreichende Kreditsicherheit anzusehen; (konkludent) *Michalski,* WM 1994, S. 1229 ff. (1232, II. 1.); offen geblieben bei *Thiekötter,* Patronatserklärung, S. 19/20; siehe auch *IdW,* Stellungnahme Aktienrecht, WPg 1976, S. 528 ff. (530, 1. Abs.), wonach das Bestehen eines Unternehmensvertrages nicht von der Pflicht zum Vermerk einer als Gewährleistungsvertrag zu qualifizierenden Patronatserklärung entbindet; anders als hier *Rippert,* Patronatserklärungen, S. 17/18, bb). Dazu, dass Unternehmensverträge (auch) im Recht der Patronatserklärungen als Kreditsicherungsgrundlage herangezogen werden, vgl. *Gerth,* BB 1978, S. 1497 ff. (1500, III.); *Kölner Kommentar zum AktG-Koppensteiner* (3), § 302 Rn. 16, der allerdings Zweifel an dem praktischen Wert einer solchen Vorgehensweise hegt und die harte Patronatserklärung, anders als eine Organschaftserklärung, konkludent als bankmäßige Sicherheit wertet. Eine vertragliche Verlustübernahmepflicht bietet für den Gläubiger aus den genannten Gründen ebenfalls keinen tauglichen Ersatz für die „externe“ Ausstattungspflicht.

[28] Nach der dort niedergelegten Legaldefinition sind abhängige Unternehmen rechtlich selbständige Unternehmen, auf die ein anderes Unternehmen (herrschendes Unternehmen) unmittelbar oder mittelbar einen beherrschenden Einfluss ausüben kann. Für im Mehrheitsbesitz stehende Unternehmen (vgl. § 16 AktG) besteht nach § 17 Abs. 2 AktG eine Abhängigkeitsvermutung. Zu wechselseitig beteiligte Unternehmen siehe § 19 AktG.

[29] Nach ganz überwiegender Auffassung sind die Vorschriften der §§ 311 ff. AktG nicht analogiefähig, vgl. *BGH* (U. v. 17.09.2001 – II ZR 178/99), BGHZ 149, S. 10 ff. (15/16, 1.), „Bremer Vulkan“; *Kölner Kommentar zum AktG-Koppensteiner* (3), Vorb. § 291 Rn. 173, Vorb. § 311 Rn. 34; *Lutter,* ZGR 1982, S. 244 ff. (260/261, b)); *Reidenbach,* WM 2004, S. 1421 ff. (1425, c) aa)), im GmbH-Konzern erfolge der Schutz über das Rückzahlungsverbot des § 30 GmbHG und die neueren Rechtsprechungsregelungen zum existenzvernichtenden Eingriff.

[30] Andere Unternehmensverträge schließen die Anwendung der §§ 311 ff. AktG hingegen nicht aus, vgl. § 316 AktG; *MüKo-Kropff,* AktG (2), § 311 Rn. 71.

[31] *Henze,* WM 2005, S. 717 ff. (723, 2. a)).

[32] *MüKo-Kropff,* AktG (2), § 311 Rn. 263.

exkulpieren können, indem es nachweist, dass auch ein ordentlicher und gewissenhafter Geschäftsleiter einer unabhängigen Gesellschaft das fragliche Rechtsgeschäft vorgenommen oder die Maßnahme getroffen bzw. unterlassen hätte[34]. Soweit die Gläubiger von der abhängigen Gesellschaft keine Befriedigung erlangen können, können sie diesen Ersatzanspruch gemäß § 317 Abs. 4 i.V.m. § 309 Abs. 4 S. 3 AktG auch im eigenen Namen geltend machen und anders als ein Aktionär sogar Leistung an sich selbst verlangen[35]. Auch diese konzernrechtlichen Pflichten und Haftungstatbestände stellen keinen gleichwertigen Ersatz für eine „externe" Ausstattungsvereinbarung dar. Problematisch sind ganz allgemein die Erfüllbarkeit der größtenteils umstrittenen Anforderungen an die Darlegungs- und Beweislast[36] und die mit der Exkulpationsmöglichkeit verbundenen Unwägbarkeiten[37]. Entsprechend der sog. „Business Judgment Rule"[38] dürfte die herrschende Gesellschaft über einen nicht allzu engen unternehmerischen Spielraum selbst für riskante Weisungen verfügen, so dass die Ausgleichspflicht bei weitem nicht jeden Nachteil erfasst[39]. Auch erstreckt sie sich nicht auf Vermögensengpässe und Leistungshindernisse, die nicht auf einem konkreten Eingriff durch die herrschende Gesellschaft beruhen, sondern auf einem konjunkturellen oder sonstigen finanziellen Engpass[40]. Hier besteht aus Gläubigersicht weiterhin Bedarf für eine harte Patronatserklärung[41].

---

33 Schädigendes Verhalten ist nach hM (erst) der Nichtausgleich des Nachteils bis zum Geschäftsjahresende und nicht bereits die Veranlassung der abhängigen Gesellschaft zu einem sie schädigenden Verhalten, *MüKo-Kropff,* AktG (2), § 317 Rn. 16/17, m.w.N.; aA *Kölner Kommentar zum AktG-Koppensteiner* (3), § 317 Rn. 8. Der Ersatzanspruch ist verschuldensunabhängig, vgl. *MüKo-Kropff,* a.a.O., Rn. 26.

34 *MüKo-Kropff,* AktG (2), § 317 Rn. 73.

35 *MüKo-Altmeppen,* AktG (2), § 309 Rn. 131; *MüKo-Kropff,* AktG (2), § 317 Rn. 68. Diese Möglichkeit besteht allerdings nicht während des laufenden Insolvenzverfahrens, vgl. § 309 Abs. 4 S. 5 AktG; *Kölner Kommentar zum AktG-Koppensteiner* (3), § 309 Rn. 53/54; *MüKo-Kropff,* AktG (2), § 317 Rn. 69. *Koppensteiner,* a.a.O., § 317 Rn. 39, schätzt die praktische Relevanz der Regelung daher nicht allzu groß ein.

36 *Kölner Kommentar zum AktG-Koppensteiner* (3), § 311 Rn. 9–13, § 317 Rn. 30; *MüKo-Kropff,* AktG (2), § 311 Rn. 81–88; zum problematischen Nachweis der *Veranlassung* eines nachteiligen Rechtsgeschäfts oder einer nachteiligen Maßnahme, siehe den Überblick in § 317 Rn. 72, 75; „zur Rechtstechnik der Veranlassung", *Koppensteiner,* a.a.O., Rn. 22–33.

37 *Hoffmann,* Patronatserklärung, S. 117, 1. Abs.; *Rippert,* Patronatserklärungen, S. 18, cc).

38 Siehe nur *OLG Düsseldorf* (U. v. 14.03.1996 – 6 U 119/94), ZIP 1996, S. 1083 ff. (1087/1088, bb)). Durch das UMAG ist die „Business Judgment Rule" in § 93 Abs. 1 S. 2 AktG festgeschrieben worden, vgl. den „*Regierungsentwurf* eines Gesetzes zur Unternehmensintegrität und Modernisierung des Anfechtungsrechts (*UMAG*)", ZIP 2004, S. 2455 ff. (2455/2456, Art. 1, 1. a), nebst Begründung); *Habersack,* AG 2005, S. 137 ff. (146, letzter Abs. (Fn. 84, m.w.N.)); *AG-Report,* AG 2005, Heft 9, R198, I./II. 1.

39 Vgl. *BGH* (U. v. 21.04.1997 – II ZR 175/95), BGHZ 135, S. 244 ff. (253, aa)); *Kölner Kommentar zum AktG-Koppensteiner* (3), § 311 Rn. 36–38, 57.

### 4. Qualifiziert faktischer Konzern

Abschließend bleibt noch anzumerken, dass die „weiche" Haftung der Obergesellschaft in einem faktischen *Aktien*konzern für den Fall eines qualifizierten Beteiligungsverhältnisses von der Judikative verschärft worden ist. Nach der (wohl noch) geltenden Rechtsprechung entspricht die Rechtslage derjenigen eines Vertragskonzerns, wenn gegenüber der Untergesellschaft eine derart umfassende Leitungsmacht ausgeübt wird, dass eine Isolation der nach §§ 311, 317 Abs. 1 S. 1 AktG grundsätzlich separat auszugleichenden Nachteilszufügungsmaßnahmen unmöglich ist[42].

Nach neuerer Ausrichtung der Rechtsprechung[43] und Rechtslehre folgt (jedenfalls) der *GmbH*-Konzern eigenen Regeln[44]. Die neuere BGH-Rechtspre-

---

[40] *MüKo-Kropff,* AktG (2), § 311 Rn. 139; *Thiekötter,* Patronatserklärung, S. 20, 2. Abs.; ähnlich *Hoffmann,* Patronatserklärung, S. 116, (c).

[41] *Hoffmann,* Patronatserklärung, S. 117, 3. Abs.; vgl. auch *Schneider,* WM 1993, S. 782 ff. (783, 2. Abs.), es gehöre nicht zu den Regeln ordnungsgemäßer Konzernfinanzierung, die Zahlungsfähigkeit der Tochter sicherzustellen.

[42] Zur Kontroverse im Aktienrecht, *MüKo-Altneppen,* AktG (2), § 302 Rn. 96, unter Verweis auf *MüKo-Kropff,* AktG (2), Anh. zu § 317 Rn. 19–54, m.w.N. *Kropff* selbst spricht sich mit der Minderheitenmeinung analog §§ 302, 303 AktG für einen Globalausgleich der angerichteten Schäden anhand der §§ 311, 317 AktG aus; siehe auch *Reidenbach,* WM 2004, S. 1421 ff. (1428, cc)). Eine Definition des qualifiziert faktischen Konzerns findet sich bei *BGH* (U. v. 16.09.1985 – II ZR 275/84), BGHZ 95, S. 330 ff. (339–344, 4.); *BGH* (U. v. 20.02.1989 – II ZR 167/88), BGHZ 107, S. 7 ff. (15–19); *BGH* (U. v. 23.09.1991 – II ZR 135/90), BGHZ 115, S. 187 ff. (193, b)); *BGH* (U. v. 29.03.1992 – II ZR 265/91), BGHZ 122, S. 123 ff. (127, 2. Abs.); *Schimansky/Bunte/Lwowski* (*Ganter*), Bankrechts-Handbuch II (2), § 90 Rn. 267, (*Merkel*), § 98 Rn. 67; *Schneider,* WM 1993, S. 782 ff. (782, 1., 783, 3.), jeweils (noch) zum GmbH-Konzern. Die wohl (noch) hM beschränkt die Rechtsregeln zur Existenzvernichtungshaftung auf die GmbH, vgl. *BGH* (U. v. 13.12.2004 – II ZR 206/02, „Autohändler-Fall"), ZIP 2005, S. 117 ff. (117, II. 1.); *BGH* (U. v. 13.12.2004 – II ZR 256/02), ZIP 2005, S. 250 ff. (251, III. 1.); *Wackerbarth,* ZIP 2005, S. 877 ff. (877, 1. Abs.); aA *Henze,* AG 2004, S. 405 ff. (414/415, IV./V.); *Hüffer,* AktG (6), § 1 Rn. 25, § 302 Rn. 9, auch für die AG gebe es keine tragfähige Begründung für eine pauschale Verlustübernahme außerhalb von Beherrschungs- und/oder Gewinnabführungsverträgen, da die sog. Qualifizierung des Eingriffs nicht tatbestandlich erfasst werden könne und sich auch die Haftung von Aktionären ohne Unternehmenseigenschaft als nötig erweisen könne. Die Regelungen des Aktienrechts seien daher rechtsfortbildend um einen bestandsschützenden Durchgriff zu ergänzen; *Kölner Kommentar zum AktG-Koppensteiner* (3), Anh. zu § 318 Rn. 53–102.

[43] Mit seinem „TBB-Urteil", *BGH* (U. v. 29.03.1992 – II ZR 265/91), BGHZ 122, S. 123 ff. (126–128, 130), hat der BGH den „Abschied vom qualifiziert faktischen Konzern" eingeleitet, vgl. *MüKo-Kropff,* AktG (2), Anh. zu § 317 Rn. 14; *Ulmer,* ZIP 2001, S. 2021 ff. (2022/2023, 1.2), Haftungstatbestand sei nicht die dauernde und umfassende Leitung der abhängigen Gesellschaft, sondern die Beeinträchtigung ihrer Interessen bzw. der „Missbrauch der Gesellschafterstellung".

[44] *Henze,* WM 2005, S. 717 ff. (722, IV. 1. a), 724, 2.). Zur überholten Rechtsprechung – entsprechende Anwendung des Aktienrechts des Vertragskonzerns –, siehe noch *BGH* (U. v. 16.09.1985 – II ZR 275/84), WM 1985, S. 1263 ff. (1267, c)),

chung stützt den Ausgleichsanspruch nicht mehr auf eine Analogie zum Aktienrecht, sondern auf die Rechtsregeln zur Kapitalerhaltung (§§ 30 ff. GmbHG (analog)) und subsidiär auf die Rechtsprechungsregeln zur Ausfallhaftung wegen existenzvernichtenden Eingriffs[45].

## II. Durchgriffshaftung

Die Haftung wegen existenzvernichtenden Eingriffs ist nach der Rechtsprechung eine Unterkategorie der Durchgriffshaftung[46].

---

„Autokran"; dazu *Hommelhoff,* EWiR 1985, S. 885 f. (885, 1.); *BGH* (U. v. 20.02.1989 – II ZR 167/88), BGHZ 107, S. 7 ff. (15–19); *BGH* (U. v. 23.09.1991 – II ZR 135/90), BGHZ 115, S. 187 ff. (192, 2. a), 194). Strukturell unterscheiden sich Aktien- und GmbH-Konzern dadurch, dass bei einer Aktiengesellschaft gemäß § 57 AktG jedwede Einlagenrückgewähr verboten ist, wohingegen der Schutz der § 30 ff. GmbHG erst einsetzt, wenn Auszahlungen das Stammkapital angreifen. Diesen Unterschied erachten *Henze,* WM 2005, S. 717 ff. (725/726, 3. b)), *Hüffer,* AktG (6), § 1 Rn. 25, § 302 Rn. 9 und *Kölner Kommentar zum AktG-Koppensteiner* (3), Anh. zu § 318 Rn. 53–102, v. a. Rn. 73 (i. V. m. Fn. 211), für unmaßgeblich. Auch bei der AG sei ein tief greifender Zugriff auf das Vermögen und die Liquidität der Gesellschaft und eine damit einhergehende Existenzvernichtung nicht hinnehmbar, das Regelungsregime des Aktienrechts daher um die („bestandssichernde", so *Hüffer*) Durchgriffshaftung zu ergänzen. Die Normen der §§ 311 ff. AktG, die außerhalb des Vertragskonzerns keinen Raum für eine analoge Anwendung der §§ 302, 303 AktG ließen, böten in diesen Fällen keinen ausreichenden Schutz (*Hüffer,* § 1 Rn. 25). Einer Klärung dieser Fragstellung bedarf es nicht. Nach vorliegendem Verständnis ist allerdings die Argumentation *Hüffers* mit der Bestandserhaltungsfunktion des „neuen GmbH-Konzernrechts" respektive der Haftung wegen existenzvernichtenden Eingriffs (siehe auch § 1 Rn. 24) nicht zwingend. Die Rechtsprechung geht konzeptionell gerade nicht von einer Innen-, sondern von einer Außenhaftung aus (vgl. *Hüffer* selbst, § 1 Rn. 23 i. V. m. Rn. 18). Die Existenzvernichtungshaftung dient allein dem Gläubigerschutz. Es ist nichts dafür ersichtlich, dass der „existenzvernichtende" Gesellschafter neben dem Ausgleich der infolge seines Vermögensabzugs nicht mehr zu befriedigenden Gesellschaftsforderungen im Innenverhältnis zur Gesellschaft auch für deren Erhaltung sorgen müsste (vgl. *BGH* (U. v. 24.06.2002 – II ZR 300/00), BGHZ 151, S. 181 ff. (186–188, 2., „KBV")). Die Existenzvernichtungshaftung bietet der insolventen Gesellschaft keinen Bestandsschutz. Ein gesellschaftseigener Anspruch auf Existenzsicherung, etwa zum Schutz der Arbeitnehmer, hinter dem die Anteilseigner ihr Interesse an einer Desinvestition oder Zerschlagung der Gesellschaft zurückstellen müssten, ist weder de lege lata anzuerkennen noch de lege ferenda anzustrengen, siehe nur *BGH* (U. v. 24.06.2002 – II ZR 300/00), a. a. O., S. 186, 3. Abs.: „Die GmbH hat zwar keinen Anspruch gegen ihre Gesellschafter auf Gewährleistung ihres Bestandes ..."; vgl. auch *Kölner Kommentar zum AktG-Koppensteiner* (3), Anh. zu § 318 Rn. 82/83; *Lutter/Hommelhoff* (*Lutter/Hommelhoff*), GmbHG (16), § 13 Rn. 15, 1. Abs. a. E.

[45] *BGH* (U. v. 17.09.2001 – II ZR 178/99), BGHZ 149, S. 10 ff. (16/17), „Bremer Vulkan"; *BGH* (U. v. 25.02.2002 – II ZR 196/00), BGHZ 150, S. 61 ff. (68, 3.); *Henze,* WM 2005, S. 717 ff. (722, IV. 1. a), 723/724, V. 1.); *Hüffer,* AktG (6), § 302 Rn. 7, Verhaltens- statt der ursprünglich angenommenen Zustands- oder Strukturhaftung; *Reidenbach,* WM 2004, S. 1421 ff. (1425, c) aa)); *Ulmer,* ZIP 2001, S. 2021 ff. (2022/2023, 1.); *Vetter,* ZIP 2003, S. 601 ff. (605/606, III., 612, VIII. 3.), mit Kritik an dem Merkmal der Subsidiarität; *Wilhelmi,* DZWIR 2003, S. 45 ff. (45/46, II.).

### 1. Haftung wegen existenzvernichtenden Eingriffs

Unter der nicht ganz zutreffenden[47] Bezeichnung „*Haftung wegen existenzvernichtenden Eingriffs*“[48] setzt sich im Kern die im Gegenzug aufgegebene Rechtsprechung zum qualifiziert faktischen (GmbH-)Konzern fort[49]. Jeder Gesellschafter, der es an der gebotenen Rücksicht auf die Möglichkeit der Gesellschaft zur Erfüllung ihrer Verbindlichkeiten missen lässt und ihr durch gezielte, betriebsfremde Eingriffe in ihr Vermögen oder ihre Marktstellung das zur Erfüllung der Verbindlichkeiten benötigte Vermögen entzieht[50], haftet in der Gesellschaftsinsolvenz[51] persönlich, sofern er nicht nachzuweisen vermag, dass anstelle der globalen Außenhaftung[52] entweder ein nach Art und Höhe quantifi-

---

[46] *OLG Jena* (U. v. 28.11.2001 – 4 U 234/01), DZWIR 2003, S. 82 ff. (85, 2. Spalte, 2. Abs.), „Durchgriffshaftung analog §§ 128, 129 HGB“; *Hüffer,* AktG (6), § 1 Rn. 23, m.w.N.; *Lieder,* DZWIR 2004, S. 252 ff. (252/253, II.); *ders.,* DZWIR 2005, S. 309 ff. (316, 1.); *Lutter/Hommelhoff* (*Lutter/Hommelhoff*), GmbHG (16), § 13 Rn. 6 i.V.m. Rn. 15–25a; *Vetter,* ZIP 2003, S. 601 ff. (602, 3. Abs.); *Wiedemann,* ZGR 2003, S. 283 ff. (284/285, 288, II. 1., 290/291, 2.293, 2. Abs.); vgl. auch *Altmeppen,* ZIP 2005, S. 119 ff. (121); *Wilhelmi,* DZWIR 2003, S. 45 ff. (48, V. 1., 49/50, d) m.w.N.), die einen eigenen Missbrauchstatbestand der Existenzvernichtung ablehnen (S. 57, VII.); insgesamt zu der Kontroverse, *Lieder,* a.a.O., S. 254, IV.

[47] *Röhricht,* ZIP 2005, S. 505 ff. (513, VI. 1.); *Wilhelmi,* DZWIR 2003, S. 45 ff. (57, VII.), die Haftung würde sich weniger aus der Vernichtung der Existenz der Gesellschaft als aus der Schädigung ihrer Gläubiger ergeben.

[48] Vgl. bereits *BGH* (U. v. 29.03.1992 – II ZR 265/91), BGHZ 122, S. 123 ff. (126–128, 130), „TBB“; sodann *BGH* (U. v. 17.09.2001 – II ZR 178/99), BGHZ 149, S. 10 ff. (16/17), „Bremer Vulkan“; *BGH* (U. v. 24.06.2002 – II ZR 300/00), ZIP 2002, S. 1578 ff. (1579/1580, 2.), „KBV“ bzw. „Kindl Backwaren“; dazu *Altmeppen,* ZIP 2002, S. 1553 ff. (1562/1563, VI.), der die Haftung entgegen dem 2. Senat nicht als gesonderte Kategorie begreift, sondern als Durchgriffshaftung wegen Vermögensvermischung.

[49] *BGH* (U. v. 13.12.2004 – II ZR 206/02), „Autohändler-Fall“, ZIP 2005, S. 117 ff. (117, I., Berufungsgericht); *BGH* (U. v. 13.12.2004 – II ZR 256/02), ZIP 2005, S. 250 ff. (251, III. 1.); *OLG Jena* (U. v. 28.11.2001 – 4 U 234/01), DZWIR 2003, S. 82 ff. (85); *Cahn,* ZGR 2003, S. 298 ff. (310, 2., 313); *Emmerich,* AG 2004, S. 423 ff. (424, 3. Abs.); *Hüffer,* AktG (6), § 1 Rn. 23, m.w.N.; *Lutter/Banerjea,* ZGR 2003, S. 402 ff. (403, 1. Abs.); *Lutter/Hommelhoff* (*Lutter/Hommelhoff*), GmbHG (16), § 13 Rn. 15; *Röhricht,* ZIP 2005, S. 505 ff. (513, VI. 1.); *von Rosenberg/Kruse,* BB 2003, S. 641 ff. (649, 3.); *Ulmer,* JZ 2002, S. 1049 ff. (1051, 2. Abs.); *Wackerbarth,* ZIP 2005, S. 877 ff. (883, 2. Abs.); *Wilhelmi,* DZWIR 2003, S. 45 ff. (46/47, IV.).

[50] *BGH* (U. v. 25.02.2002 – II ZR 196/00), BGHZ 150, S. 61 ff. (67, b), für eine Mitwirkung des Gesellschafters genüge sein Einverständnis mit dem Vermögensentzug; *Wackerbarth,* ZIP 2005, S. 877 ff. (879, 1.2, 882, 3.), der Vermögensentzug dürfe nicht rein bilanziell bestimmt werden. Auch ein bilanzneutraler Liquiditätsentzug könne die Haftung auslösen, wenn er im Einzelfall die Insolvenz verursacht habe; siehe auch *Wilhelmi,* DZWIR 2003, S. 45 ff. (53, 2. a)).

[51] Ob die Inanspruchnahme des Gesellschafters erst nach Insolvenzeröffnung in Betracht kommt (so die wohl hM) oder ob das Vorliegen eines Eröffnungsgrundes genügt, ist streitig, vgl. *Cahn,* ZGR 2003, S. 298 ff. (312, 2. Abs., 313); *Haas,* WM 2003, S. 1929 ff. (1937); *Lutter/Banerjea,* ZGR 2003, S. 402 ff. (417/418, 2. a)); *Lut-*

zierbarer interner Einzelausgleich möglich ist[53] oder sich der beigebrachte Nachteil in einer nach §§ 30, 31 GmbHG kompensierbaren Stammkapitalentnahme erschöpft hat (Subsidiarität des Rechtsinstituts)[54]. Verglichen mit der Rechtsfigur des qualifiziert faktischen Konzerns ist vor allem der persönliche Anwendungsbereich weiter[55]. Adressat der Existenzvernichtungshaftung ist nicht nur ein Konzernunternehmen, sondern jeder Gesellschafter[56]. Eine mittelbare Beteiligung genügt, jedenfalls sofern der nur mittelbar Beteiligte auf die „Enkelgesellschaft" beherrschenden Einfluss nehmen kann[57]. Die rechtsdogma-

---

*ter/Hommelhoff* (*Lutter/Hommelhoff*), GmbHG (16), § 13 Rn. 22; *Wackerbarth*, ZIP 2005, S. 877 ff. (881, 2.2), jeweils m. w. N.

[52] *Röhricht*, ZIP 2005, S. 505 ff. (515, 2. Spalte). Nach Eröffnung des Insolvenzverfahrens dürfte das Recht zur Geltendmachung des Anspruchs gemäß § 93 InsO exklusiv beim Insolvenzverwalter liegen, vgl. *BAG* (U. v. 14.12.2004 – 1 AZR 504/03), GmbHR 2005, S. 987 ff. (989, 2. b) cc)/c)); *Lutter/Banerjea*, ZGR 2003, S. 402 ff. (430, IX. 1. a)); *Lutter/Hommelhoff*, a. a. O., Rn. 21; *Emmerich*, AG 2004, S. 423 ff. (428, 3.); *M. Fischer*, ZIP 2004, S. 1477 ff. (1480, 3.); *Lieder*, DZWIR 2004, S. 252 ff. (255, VI.); *Vetter*, a. a. O., S. 606/607, IV. 2.

[53] *BGH* (U. v. 13.12.2004 – II ZR 206/02, „Autohändler-Fall"), ZIP 2005, S. 117 ff. (118, b)); *BGH* (U. v. 13.12.2004 – II ZR 256/02), ZIP 2005, S. 250 ff. (252, letzter Abs.); *BAG* (U. v. 14.12.2004 – 1 AZR 504/03), GmbHR 2005, S. 987 ff. (989, 2. b) aa)); dazu *Altmeppen*, ZIP 2005, S. 119 ff. (120/121), die Außenhaftung gegenüber sämtlichen unbefriedigten Gläubigern in der Insolvenz sei übliche Folge des gescheiterten Entlastungsbeweises, mit dem der Schädiger dartun könne, dass der Gesellschaft aufgrund seines Handelns ein hinter der Gesamtsumme aller Gläubigerforderungen zurückbleibender Schaden entstanden ist. Nach Insolvenzeröffnung dürfte der Anspruch allerdings nur noch von dem Insolvenzverwalter geltend geltend gemacht werden können, vgl. Fn. 52, m. w. N.

[54] Insgesamt dazu, *BGH* (U. v. 24.06.2002 – II ZR 300/00), ZIP 2002, S. 1578 ff. (1580), „KBV"; *BGH* (U. v. 13.12.2004 – II ZR 206/02), „Autohändler-Fall", ZIP 2005, S. 117 ff. (117, II 1., 118, b)); *BGH* (U. v. 13.12.2004 – II ZR 256/02), ZIP 2005, S. 250 ff. (251, III. 1.); *Hüffer*, AktG (6), § 1 Rn. 22, m. w. N.; *Lieder*, DZWIR 2005, S. 309 ff. (309/310, III., 311, 2.); *Lutter/Hommelhoff* (Lutter/Hommelhoff), GmbHG (16), § 13 Rn. 16–25a; *Röhricht*, ZIP 2005, S. 505 ff. (513, VI. 1.); *Vetter*, ZIP 2003, S. 601 ff. (605/606, III.); *Wackerbarth*, ZIP 2005, S. 877 ff. (879/880, 1.2–1.4, 882, 3., 886/887, IV.).

[55] Siehe aber auch *Drygala*, GmbHR 2003, S. 729 ff. (738/739, 2.).

[56] *Lutter/Banerjea*, ZGR 2003, S. 402 ff. (405, III. 1., 413/414, VI. 1. a)); *Röhricht*, ZIP 2005, S. 505 ff. (513, VI. 1.), mit der Anmerkung, diese Änderung sei ohne größere praktische Relevanz, da ruinöse Eingriffe eines Gesellschafters zu Lasten der eigenen Gesellschaft in der Praxis meist ohnehin „im Interesse des Verfolgs anderweitiger unternehmerischer Tätigkeiten" erfolgten; *Wilhelmi*, DZWIR 2003, S. 45 ff. (47, 2.).

[57] *BGH* (U. v. 13.12.2004 – II ZR 206/02), „Autohändler-Fall", ZIP 2005, S. 117 ff. (118, a)); *BGH* (U. v. 13.12.2004 – II ZR 256/02), ZIP 2005, S. 250 ff. (251, III. 2. a); zustimmend *Altmeppen*, ZIP 2005, S. 119 ff. (120, III. 3.); *Lieder*, DZWIR 2005, S. 309 ff. (310/311, 1.); *Wackerbarth*, ZIP 2005, S. 877 ff. (878/179, 1.1), der Kreis der Haftungsadressaten sei ähnlich wie bei § 30 Abs. 1 GmbHG zu bestimmen; kritisch *Geyrhalter/Zirngibl*, DStR 2004, S. 1266, letzter Abs. Eine Schwestergesellschaft soll daher nicht Adressantin der Existenzvernichtungshaftung sein, *Wackerbarth*, a. a. O.; letzteres ist von *BGH* (U. v. 20.09.2004 – II ZR 302/02), „Klinik-Fall", ZIP 2004, S. 2138 ff. (2139, 2.), offen gelassen worden, wenn der Senat in diesem

tische Einordnung der Existenzvernichtungshaftung ist Gegenstand einer lebhaften Debatte[58]. Die vorliegende Untersuchung kommt ohne Einordnungsversuch aus[59].

---

Fall auch Zweifel an der Geltung der Rechtsprechungsgrundsätze hegt. *Wiedemann,* ZGR 2003, S. 283 ff. (292, 1. Abs.), möchte die Haftung darüber hinaus auf sämtliche Mitunternehmer erstrecken, selbst wenn sie nicht an der Geschäftsführung beteiligt gewesen sind und an dem Vermögensentzug konkret nicht mitgewirkt haben.

[58] Siehe bereits *Ulmer,* ZIP 2001, S. 2021 ff. (2023, 2., 2026/2027, 1.); *ders.,* ZGR 2003, S. 402 ff. (408–413, IV.); *Haas,* WM 2003, S. 1929 ff. (1938/1939, 1.); *Lieder,* DZWIR 2004, S. 252 ff. (253, 2. Abs.), das Rechtsinstitut beruhe auf freier Rechtsfortbildung, da die höchstrichterliche Rechsprechung offenbar glaube, den nötigen Schutz durch Analogiebildungen nicht gewährleisten zu können; *ders.,* DZWIR 2005, S. 309 ff. (316, 1. a)/b)); *Wilhelmi,* DZWIR 2003, S. 45 ff. (48, V.). Denkbare Begründungsansätze sind (1) das „Grundprinzip des Kapitalgesellschaftsrechts", wonach die Ersetzung der persönlichen Gesellschafterhaftung durch die Haftung eines Rechtssubjekts mit eigenständiger Rechtspersönlichkeit nur legitim ist, wenn das Gesellschaftsvermögen bis zur ordnungsgemäßen Liquidation der Gesellschaft von dem Vermögen der Gesellschafter strikt getrennt gehalten wird und die Gesellschafter der Gesellschaft das von ihr voraussichtlich in nächster Zeit zur Gläubigerbefriedigung benötigte Vermögen auch nicht zu Gunsten ihrer privaten oder einer anderweitigen geschäftlichen Vermögensmasse wieder entziehen (*teleologische Reduktion des § 13 Abs. 2 GmbHG,* vgl. *BGH* (U. v. 24.06.2002 – II ZR 300/00), ZIP 2002, S. 1578 ff. (1579/1579, 2.), „KBV"; *BGH* (U. v. 13.12.2004 – II ZR 256/02), ZIP 2005, S. 250 ff. (251, III. 1., 252, c)); *BAG* (U. v. 14.12.2004 – 1 AZR 504/03), GmbHR 2005, S. 987 ff. (989, 2. b) aa)); *Emmerich,* AG 2004, S. 423 ff. (424, 3. Abs.), 425, 2. Abs., 427, 2. Abs.); *Hölzle,* ZIP 2004, S. 1729 ff. (1730, II., 1733/1734, 2.1, 1736, 3.); *Ulmer,* JZ 2002, S. 1049 ff. (1050, 1. Abs.); *Röhricht,* ZIP 2005, S. 505 ff. (513/514, VI. 1./2.). Missachteten die Gesellschafter diesen der Haftungstrennung vorgelagerten Grundsatz, verhielten sie sich letztlich wie die Gesellschafter einer Personengesellschaft, die für die Schulden ihrer Gesellschaft im Gegensatz zu ihnen persönlich einstandspflichtig seien. Konsequenz ihres personengesellschaftergleichen Verhaltens sei eine personengesellschaftergleiche Haftung in der Insolvenz der „vernichteten" Gesellschaft; für die Bildung einer Analogie zu §§ 128, 129 HGB, *Lieder,* DZWIR 2005, S. 309 ff. (316, b)); kritisch hierzu, *Altmeppen,* ZIP 2005, S. 119 ff. (120, III. 1.), der das Fehlen einer dogmatisch überzeugenden Begründung darauf zurückführt, dass die „Durchgriffshaftung" wegen Existenzvernichtung, wie bereits die Haftung im „qualifiziert faktischen" Konzern, nichts weiter als eine Beweislastumkehr zu Lasten des Gesellschafters hinsichtlich der Anspruchshöhe sei (120/121), kritisch dazu *Lutter/Banerjea,* ZGR 2003, S. 402 ff. (410, 1.)); (2) die *Nähe zur zivilrechtlichen Schadensersatznorm des § 826 BGB,* vgl. nur *BGH* (U. v. 24.06.2002 – II ZR 300/00), a.a.O., S. 1579, 1.; *BGH* (U. v. 20.09.2004 – II ZR 302/02), ZIP 2004, S.2138 ff. (2139, b); zur Abgrenzung, *BGH* (U. v. 03.03.2005 – IX ZR 441/00), ZIP 2005, S. 767 ff. (769, e) a.E.), wo die Einordnung der gezielten Vermögensverlagerung auf eine Nicht-Obergesellschaft als Existenzvernichtungshaftung teilweise angezweifelt worden ist; siehe auch *BGH* (U. v. 08.05.2003 – IX ZR 334/01), WM 2003, S. 1178 ff. (1179, 3. Abs.), Schadensersatz gemäß §§ 826, 823 Abs. 2 bei Entwertung einer harten Patronatserklärung durch Entzug wesentlicher Vermögensteile aus der Patronin; zur Abgrenzungsproblematik zwischen der Existenzvernichtungshaftung und § 826 BGB, *Gehrlein,* BB 2005, S. 613 ff. (615, f)), unmittelbare Vermögensverlagerungen zu Gunsten des Gesellschafters als Bestandsvernichtung, zu Gunsten eines anderen als vorsätzliche sittenwidrige Schädigung; *Lutter/Banerjea,* ZGR 2003, S. 402 ff. (429, VIII.), gesellschaftsrechtlicher Durchgriff als lex specialis; kritisch, *Wackerbarth,* a.a.O., S. 882/883, 1., und schließlich (3) die *Ergänzung bzw. Erweiterung der insolvenzrechtlichen Anfech-*

## 2. Sonstige Haftungsfälle

Ein Haftungsdurchgriff wider das strikte Trennungsprinzip[60] kommt nämlich nur in extremen Sonderfällen in Betracht[61]. Damit die Gläubiger die hinter der Gesellschaft stehenden Anteilseigner persönlich in Anspruch nehmen können[62] genügt es nicht, dass die Gesellschaft von diesen abhängig ist[63]. Auch in Konzernrechtsverhältnissen scheidet eine Inanspruchnahme der Obergesellschaft unter diesem Aspekt aus[64]. Die exakten Voraussetzungen, unter denen ein Durch-

---

*tungstatbestände,* insgesamt dazu, *Wackerbarth,* a. a. O., S. 880/881, 2.1. Der betroffene Gesellschafter kann sich gemäß § 266 StGB auch wegen Untreue strafbar machen, vgl. *BGH* (U. v. 13.05.2004 – 5 StR 73/03), WM 2004, S. 1331 ff. (1336/1337), „Bremer Vulkan II"; für eine differenzierte Rechtsanwendung, *Schön,* ZHR 168 (2004), S. 268 ff. (296/297, V.). Die zivilrechtliche Haftung wegen existenzvernichtenden Eingriffs geht über den Schutz des zur Erhaltung des Stammkapitals benötigten Vermögens nach §§ 30, 31 GmbHG hinaus (zum Strafrecht, vgl. *BGH* (U. v. 13.05.2004), a. a. O., S. 1339, 2.). Sie schließt die Schutzlücke, die dadurch entsteht, dass die Gesellschaft aufgrund eines gesellschafterlichen Eingriffs nicht über die zur Befriedigung ihrer Gläubiger benötigten Mittel verfügt, das Stammkapital durch den Eingriff aber nicht bzw. nur in geringerem Maße angetastet worden ist, vgl. *Röhricht,* a. a. O., S. 514, 2.; *Emmerich,* a. a. O., S. 424, II., 425/426. Beispiel ist die Verbauung einer Marktchance, aufgrund derer der Gesellschaft Vermögenszuwächse entgangen sind, die sie zur Erfüllung ihrer Verbindlichkeiten hätte einsetzen können, vgl. *Röhricht,* a. a. O., S. 515, 1./2. Spalte. *Drygala,* GmbHR 2003, S. 729 ff. (731, 3., Fn. 29), ruft dazu auf, sich zunächst der Frage nach der Legitimität des Haftungskonzepts zu widmen, statt den Streit um seine dogmatische Grundlagen zu vertiefen.

59 Für die Zuordnung des Rechtsinstituts zur „Durchgriffshaftung" spricht, dass im Falle des endgültigen Scheiterns der „internen" gesellschaftsrechtlichen Schutzmechanismen (die (ebenfalls) ausschließlich der Gläubigersicherung dienen) eine Durchbrechung des Trennungsprinzip durch Eröffnung eines direkten Gläubigerzugriffs geboten erscheint, vgl. auch *Ulmer,* JZ 2002, S. 1049 ff. (1049, I., 1050, b), 1052, IV.). *Lutter/Banerjea,* ZGR 2003, S. 402 ff. (411/412, 4./5.), weisen zu Recht darauf hin, es gehe nicht um den Schutz von originären Gesellschaftsinteressen, sondern um die Interessen der Gläubiger; kritisch *Haas,* WM 2003, S. 1929 ff. (1938/1939, 1., 1940, c)). Im Übrigen ist die Überschrift dieses Abschnitts nicht als abschließende Zuordnung der Existenzvernichtungshaftung zum Gesellschaftsrecht (anstelle des Insolvenzrechts) zu verstehen, zumal die vergleichbaren bzw. vorrangig anwendbaren Regelungen der §§ 30 ff. GmbHG gleichsam inkonsistent sind; zum Streit um die dogmatische Zuordnung zum Gesellschafts- oder Insolvenzrechts siehe jüngst *K. Schmidt,* GmbHR 2005, S. 797 ff. (805/806, V.).

60 *Haas,* WM 2003, S. 1929 ff. (1930, a)); *Hantke,* S. 25/26; *Lutter/Hommelhoff* (*Lutter/Hommelhoff*), GmbHG (16), § 13 Rn. 6.

61 *BGH* (U. v. 13.11.1973 – VI ZR 53/72), BGHZ 61, S. 380 ff. (383, 3. Abs.), über die Rechtsfigur der juristischen Person dürfe nicht leichtfertig und schrankenlos hinweggegangen werden; *BGH* (U. v. 13.04.1994 – II ZR 16/93), BGHZ 125, S. 366 ff. (368, 1.); *Hoffmann,* Patronatserklärung, S. 122, (2); *Hüffer,* AktG (6), § 1 Rn. 16; *Lutter,* ZIP 1985, S. 1425 ff. (1432/1433, 1.3); *Mosch,* Patronatserklärungen, S. 40/41.

62 *Lutter,* ZGR 1982, S. 244 ff. (248, III. 1.).

63 *BGH* (U. v. 29.11.1956 – II ZR 156/55), BGHZ 22, S. 226 ff. (234); *BGH* (U. v. 04.05.1977 – VIII ZR 298/75), BGHZ 68, S. 312 ff. (320/321); *Fried,* Weiche Patronatserklärung, S. 237 a. E.

griff möglich ist, sind nicht abschließend definiert. Sie erschließen sich rein kasuistisch. Die Rechtsprechung hat eine persönliche Gesellschafteraußenhaftung bislang vor allem in den Fällen einer irreführenden Sphären- und Vermögensvermischung anerkannt[65]. Eine Haftung wegen erheblicher materieller Unterkapitalisierung lehnt der BGH nach wie vor ab[66].

Voraussetzung eines Haftungsdurchgriffs ist mithin stets die missbräuchliche Nutzbarmachung oder Missachtung der eigenständigen Rechtspersönlichkeit der Gesellschaft bzw. ein gesellschafterlicher Übergriff auf das Gesellschaftsvermögen[67]. Die Schwere des Vorwurfs macht deutlich, dass die nur exzeptionell zur

---

[64] *BGH* (U. v. 03.03.2005 – IX ZR 441/00), ZIP 2005, S. 767 ff. (769, e), 2. Abs.), m. w. N.; *Blaurock* in: FS Stimpel, S. 553 ff. (566); *Geigy-Werthemann* in: Festgabe zum Schweizerischen Juristentag, S. 21 ff. (23/24); *Hüffer,* AktG (6), § 1 Rn. 21; *Michalski,* WM 1994, S. 1229 ff. (1232, II. 1.); *Ohlmeyer/Gördel,* Kreditgeschäft der Kreditgenossenschaften (10), S. 834, 6.; *Rümker,* WM 1974, S. 990 ff. (990/991); *Schneider,* ZIP 1989, S. 619 ff. (620, II. 1.).

[65] *BGH* (U. v. 29.11.1956 – II ZR 156/55), BGHZ 22, S. 226 ff. (230); *BGH* (U. v. 16.09.1985 – II ZR 275/84), BGHZ 95, S. 330 ff. (334, 1. Abs.); *BGH* (U. v. 13.04. 1994 – II ZR 16/93), BGHZ 125, S. 366 ff. (368, 1.); dazu auch *BGH* (U. v. 03.03.2005 – IX ZR 441/00), ZIP 2005, S. 767 ff. (769, e)), für einen solchen Haftungsdurchgriff bedürfe es einer Gesellschafts- oder sonstigen Stellung, aufgrund derer unmittelbar oder mittelbar ein beherrschender Einfluss ausgeübt werden kann; *OLG Jena* (U. v. 28.11.2001 – 4 U 234/01), DZWIR 2003, S. 82 ff. (84/85, IV.); *AG Brühl* (U. v. 21.06.2001 – 29 C 667/00), NZG 2002, S. 584 f. (584, letzter Abs.); *Altmeppen,* ZIP 2002, S. 1553 ff. (1557–1560, IV., 1563, 3.), „einzig anerkannter Fall"; *Fried,* Weiche Patronatserklärung, S. 238, 1. Abs.; *Haas,* WM 2003, S. 1929 ff. (1931/1932, a)); *Hommelhoff,* EWiR 1985, S. 885 f. (885, 1. Abs.); *Lutter,* ZGR 1982, S. 244 ff. (251/252, b), c)); ablehnend für die AG, *Hüffer,* AktG (6), § 1 Rn. 20; *Lutter/Hommelhoff* (*Lutter/Hommelhoff*), GmbHG (16), § 13 Rn. 13/14; *Wiedemann,* ZGR 2003, S. 283 ff. (288, 1.).

[66] Siehe nur *BGH* (U. v. 04.05.1977 – VIII ZR 298/75), BGHZ 68, S. 312 ff. (318/ 319); *Henze,* WM 2005, S. 717 ff. (725, 3. a)); *Wackerbarth,* ZIP 2005, S. 877 ff. (880, 1.5); aA *Blaurock* in: FS Stimpel, S. 553 ff. (559, 2.); *Lutter,* ZGR 1982, S. 244 ff. (249/250, a)); *Lutter/Banerjea,* ZGR 2003, S. 402 ff. (418–420, c)), (prognostisch), mit der Anerkennung der Rechtsfigur des existenzvernichtenden Eingriffs komme der BGH nicht umhin, auch die Fallgruppe der materiellen Unterkapitalisierung anzuerkennen; *Lutter/Hommelhoff* (*Lutter/Hommelhoff*), GmbHG (16), § 13 Rn. 7–11; in dieselbe Richtung argumentieren *K. Schmidt,* GmbHR 2005, S. 797 ff. (806, 2.); *Wiedemann,* ZGR 2003, S. 283 ff. (295/296, 1.).

[67] Vgl. nur *BGH* (U. v. 13.12.2004 – II ZR 206/02), „Autohändler-Fall", ZIP 2005, S. 117 ff. (117, II. 1.); *BGH* (U. v. 13.12.2004 – II ZR 256/02), ZIP 2005, S. 250 ff. (251/252, b)); *Altmeppen,* ZIP 2002, S. 1553 ff. (1556, 2.2), wenn nicht zugleich die Voraussetzungen des § 826 BGB vorgelegen haben, hätte der BGH einen „Durchgriff" so gut wie immer abgelehnt; *Gehrlein,* BB 2005, S. 613 ff. (615, f)); *Geigy-Werthemann* in: Festgabe zum Schweizerischen Juristentag, S. 21 ff. (24); *Kalbe,* Herrschaft und Haftung, S. 61–64, 68/69, 132/133; *Michalski,* WM 1994, S. 1229 ff. (1232, II. 1.). Nichts mit „Durchgriff" zu tun haben nach *Altmeppen,* a. a. O., diejenigen Fallgruppen, in denen es um die deliktische Haftung des Gesellschafters geht, da die „Durchgriffshaftung" an die Vorstellung anknüpfe, dass eine Gesellschafterhaftung wegen der Trennung zwischen dem Gesellschafter und der juristischen Person eigentlich ausgeschlossen ist und deshalb erst durch einen „Durchgriff" zu erreichen sei; *Frick,*

Anwendung kommende Durchgriffshaftung eine personale oder dingliche Gläubigerabsicherung in keiner Weise zu ersetzen vermag[68].

# B. Personalsicherheiten

Mit dem oben dargestellten Streit um die Primärleistungspflicht bei der Ausstattungszusage ist die Frage nach der Möglichkeit ihrer Zuordnung zu einer der „herkömmlichen" Personalsicherheiten eng verknüpft. Wie bereits angesprochen[69], sprechen Teile der Literatur der harten Patronatserklärung zu Unrecht eine eigenständige Existenzberechtigung ab und ordnen sie einem der „klassischen" Sicherungsmittel zu. Aber auch diejenigen, welche die „externe" Ausstattungszusage als eigenständiges Sicherungsinstrument ansehen, sortieren sie gemeinhin als entweder „bürgschafts-[70] oder garantieähnlich"[71] ein, wobei eine definitive Zuordnung meist unterleibt[72]. Im folgenden Abschnitt wird dargetan, weshalb die „externe" Ausstattungsvereinbarung einer Bürgschaft näher steht als einer Garantie, aber weder das eine noch das andere ist. Dazu werden die Bürgschaft und die Garantie zunächst separat dargestellt und einander gegenübergestellt. Vorgeschoben ist eine kurze Abgrenzung der harten Patronatserklärung von dem Schuldbeitritt und dem Kreditauftrag.

---

Patronatserklärungen, S. 59, 2. Abs.; *Hoffmann,* Patronatserklärung, S. 123; *Lutter/Hommelhoff* (*Lutter/Hommelhoff*), GmbHG (16), § 13 Rn. 15, 25b, siehe auch Rn. 25a, wonach der Missbrauchsvorwurf im Falle der Existenzvernichtung an rein objektive Kriterien anknüpft; ebenso *Lieder,* DZWIR 2004, S. 252 ff. (254, 2.); *Vetter,* ZIP 2003, S. 601 ff. (602, I. a.E.).

[68] *Hoffmann,* Patronatserklärung, S. 125, 3./4. Abs.

[69] Siehe v.a. Kapitel 4, B. I. 2.

[70] *OLG München* (U. v. 24.01.2003 – 23 U 4026/02, rkr.), DB 2003, S. 711 f. (711, 2.); *Fleischer,* EWiR 1999, S. 305 f. (306, 3.1/3.2); *Küffner,* DStR 1996, S. 146 ff. (149, 1. Abs.); *MüKo-Habersack* (4), Vor § 765, Rn. 50; *Obermüller,* ZGR 1975, S. 1 ff. (41, 1. Abs.).

[71] *KG Berlin* (U. v. 18.01.2002 – 14 U 3416/00, rkr.), WM 2002, S. 1190 f. (1191); *OLG Naumburg* (U. v. 13.01.2000 – 2 U (Hs) 73/98), OLGR Naumburg 2000, S. 407 ff. (409/410, 4. b) bb) (2)); *Bärmann,* Kreditsicherheiten, Teil I: BRD, S. 92 Rn. 197; *Bamberger/Roth* (*Rohe*), § 415 Rn. 59; *Fischer/Schaffland,* GenFor 1976 II, S. 36 ff. (38); *Lwowski/Merkel,* Kreditsicherheiten (8), S. 68–71. Abs.; *Münchener Vertragshandbuch* (*Schütze*), III. 25., Patronatserklärung (I), S. 462, 4. b); *Ohlmeyer/Gördel,* Kreditgeschäft der Kreditgenossenschaften (10), S. 835, b); *Rümker,* WM 1974, S. 990 ff. (991, II. 1.); *Schaffland,* BB 1977, S. 1021 ff. (1023, 1. Beispiel); *Schnyder,* SJZ 1990, S 57 ff. (66, 4))); *Schütze,* WuB I F 1 c. – 5.02, S. 931 f. (931, 1. Abs.); *Seiler,* Patronatserklärung, S. 20/21, bzw. „Garantie eigener Art".

[72] *BGH* (U. v. 30.01.1992 – IX ZR 112/91), BGHZ 117, S. 127 ff. (132, c)); *BGH* (U. v. 08.05.2003 – IX ZR 334/01), WM 2003, S. 1178 ff. (1180, 1. Abs.); *OLG Rostock* (U. v. 16.12.2004 – 1 U 28/04), OLGR Rostock 2005, S. 529 f. (530, I. 3.), „garantie- und bürgschaftsähnlich"; *Balzer,* 7. Rostocker Bankentag 2001, S. 59 ff. (62, 1. Abs.); *J. Horn,* Patronatserklärungen im common law, S. 179, b), vgl. aber S. 196/197; *Kiethe,* ZIP 2005, S. 646 ff. (646/647, II. 1., 648, 1. Abs.); *Vollmer,* ZBB 1993, S. 89 ff. (89/90).

## I. Schuldbeitritt

Der Schuldbeitritt[73] hat im Besonderen Teil des Schuldrechts keine eigenständige Regelung erfahren. Nach dem im Schuldrecht herrschenden Grundsatz der Vertragsfreiheit (§§ 311 Abs. 1, 241 Abs. 1 BGB) steht seine Zulässigkeit aber außer Frage[74]. Im weiteren Verlauf der Arbeit ist allein der Schuldbeitritt zu Sicherungszwecken relevant[75]. Sein Charakteristikum ist der zusätzliche Eintritt des Beitretenden in ein zwischen dem Hauptschuldner und dem Gläubiger geschlossenes Schuldverhältnis, ohne dass der Beitretende dadurch zugleich einen Anspruch auf die Gegenleistung erwerben würde[76]. Im Beitrittszeitpunkt bzw. bei Wirksamwerden der Verpflichtung(en) ist die Schuld des Beitretenden mit derjenigen des Hauptschuldners deckungsgleich, nicht notwendig auch in der Folgezeit[77]. Durch den Schuldbeitritt wird zwischen Haupt- und Mitschuldner eine Gesamtschuld begründet. Gemäß §§ 421 ff. BGB können sich die Verpflichtungen der einzelnen Gesamtschuldner im Laufe der Zeit aber unterschiedlich entwickeln[78]. Im Fälligkeitszeitpunkt steht es dem Gläubiger in aller Regel[79] frei, sich unmittelbar an den Gesamtschuldner zu halten, von dem er sich eine einfachere und zügigere Befriedigung verspricht.

---

[73] Ebenfalls gebräuchlich sind die Bezeichnungen „Schuldmitübernahme“, „Mithaftungsübernahme“, „Mitschuld“, und „Schuldübernahme“.

[74] *Staudinger-Horn,* Vorbem zu §§ 765 ff. Rn. 363.

[75] Dazu *Staudinger-Horn,* Vorbem zu §§ 765 ff. Rn. 369–371. Die st. Rspr. des BGH, wonach die Annahme eines „echten Mitdarlehensvertrages“ regelmäßig nur bei Vorliegen eines eigenen wirtschaftlichen Interesse an dem Zustandekommen des Hauptgeschäfts in Betracht kommt (vgl. nur *BGH* (U. v. 06.10.1998 – XI ZR 244/97), WM 1998, S. 2366 ff. (2366/2367, a)); *BGH* (U. v. 14.11.2000 – XI ZR 248/99), BGHZ 146, S. 37 ff. (41, 1.); *BGH* (U. v. 04.12.2001 – XI ZR 56/01), NJW 2002, S. 744 f. (744, II.); *BGH* (U. v. 28.05.2002 – IX ZR 205/01), WM 2002, S. 1649 ff. (1650/1651, 1.); *Fischer,* WM 2001, S. 1049 ff. (1059, III. 1.)), ist angreifbar. Wesentlicher Aspekt ist weniger das Interesse am Erhalt der Darlehensvaluta und die Möglichkeit zur Mitentscheidung über die Darlehensverwendung als der aus objektiver Gläubigersicht zu ermittelnde Wille der Vertragsparteien zur Begründung eines einheitlichen, beide Vertragsparteien gleichermaßen berechtigenden und verpflichtenden Schuldverhältnisses; im Ergebnis ähnlich *BGH* (U. v. 28.05.2002), a. a. O.; aus der Literatur *Rimmelspacher,* Kreditsicherungsrecht (2), S. 31 Rn. 120.

[76] *Wagenknecht* in: *BuB* (2003), Rn. 4/1320.

[77] *RG* (U. v. 23.11.1906 – II. 200/06), RGZ 64, S. 318 ff. (320, 1. Abs.); *BGH* (U. v. 03.07.1952 – IV ZR 108/51), BGHZ 6, S. 385 ff. (397, 1. Abs.); *Falter,* Praxis des Kreditgeschäfts (15), S. 668 Rn. 6.468; *Ohlmeyer/Gördel,* Kreditgeschäft der Kreditgenossenschaften (10), S. 828, 4. Abs.; *Staudinger-Horn,* Vorbem zu §§ 765 ff. Rn. 363; *Wagenknecht* in: *BuB* (2003), Rn. 4/1323.

[78] *Becker-Eberhard,* Forderungsgebundenheit, S. 233/234; *Falter,* Praxis des Kreditgeschäfts (15), S. 668 Rn. 6.468; *Reinicke/Tiedke,* Kreditsicherung (4), S. 17 Rn. 50; *Schimansky/Bunte/Lwowski* (*Schmitz*), Bankrechts-Handbuch II (2),§ 92 Rn. 17; *Staudinger-Horn,* Vorbem zu §§ 765 ff. Rn. 197, 223. Aus § 425 BGB folgt, dass mit Ausnahme der Erfüllung, des Erlasses und des Gläubigerverzuges alle in der Person nur eines Gesamtschuldners begründeten Tatsachen keine „Gesamt-“, sondern „Einzelwirkung“ entfalten (vgl. v. a. Abs. 2).

Dass eine „externe" Ausstattungszusage kein Schuldbeitritt ist, liegt klar zutage. Der Patron tritt nicht als gleichberechtigter Schuldner neben den Protegé[80], er sagt dem Gläubiger zu, den Protegé durch Ausstattungsleistungen zur Erfüllung seiner Verbindlichkeit(en) in die Lage zu versetzen[81].

## II. Einstandspflicht als Bürge

Die Einstandspflicht als Bürge gründet klassischerweise auf der willentlichen Übernahme einer Bürgschaftspflicht. Sie kann aber auch gesetzlich vorgegeben sein.

### 1. Kreditauftrag

So ordnet die Vorschrift über den Kreditauftrag die Haftung desjenigen als Bürge an, der einen anderen damit beauftragt, einem Dritten im eigenen Namen und auf eigene Rechnung ein Darlehen oder eine sonstige Finanzierungshilfe zu gewähren (vgl. § 778 BGB). Die Norm verdankt ihre Stellung im Rahmen des 20. Titels über die Bürgschaft der gesetzgeberischen Annahme, dass wer einen anderen zur Kreditierung eines Dritten beauftrage, sich zwar der äußeren Form eines Auftrags bediene, primär aber zusage, für die sich aus der Auftragsabwicklung ergebenden Verbindlichkeiten geradestehen zu wollen[82]. Prägendes und in der Praxis äußerst selten anzutreffendes Merkmal eines Kreditauftrags ist neben der rechtsverbindlichen Beauftragung des „Financiers"[83] dessen erkenn-

---

79 Ob die Vereinbarung einer subsidiären Mitschuld, bei welcher der Gläubiger sich zunächst an den Hauptschuldner halten muss, statthaft ist, wird unterschiedlich beantwortet, verneinend *Madaus,* Schuldbeitritt als Personalsicherheit, S. 48–51, 2., m. w. N. zu dem Meinungsstreit.

80 *Altenburger,* Patronatserklärungen, S. 59, 2.; *Balzer,* 7. Rostocker Bankentag 2001, S. 59 ff. (69/70); *Fischer/Schaffland,* GenFor 1976 II, S. 36 ff (38); *Hoffmann,* Patronatserklärung, S. 53, 4. Abs.; *J. Koch,* Die Patronatserklärung, S. 123; *Michalski,* WM 1994, S. 1229 ff. (1236, b)); *Schaffland,* BB 1977, S. 1021 ff. (1022, 1. Beispiel).

81 *Hoffmann,* Patronatserklärung, S. 53.

82 Während der Beratungen zum BGB war streitig, ob auf den Kreditauftrag, der seinerzeit im Handelsverkehr eine erhebliche Rolle spielte, die gewöhnlichen Auftrags- oder die Bürgschaftsnormen besser passten. Man entschied sich für das „gemischte System" (d. h. Geltung des Auftragsrechts vor, zusätzliche Geltung des Bürgschaftsrechts nach Kreditausreichung, statt aller *Wagenknecht* in: *BuB* (2003), Rn. 4/1264, 4/1266, 4/1273)), vgl. *Jakobs/Schubert* (Jakobs), Beratung, §§ 778, S. 523/524. Der Kreditauftrag (*mandatum qualificatum*) ist erst von Justinian weitgehend den Bürgschaftsregeln unterstellt worden, vgl. *Kaser/Knütel,* Römisches Privatrecht (17), § 57, III., S. 350/351 Rn. 24. Die von den Vorentwürfen abweichende Formulierung „haftet dem Beauftragten *für* die aus dem Darlehen *entstandene Verbindlichkeit als Bürge*", sollte zum Ausdruck bringen, dass vor Verauslagung des Kredits das Auftragsrecht mit seiner Kündigungs- bzw. Widerrufsmöglichkeit gilt, Protokolle II bei *Mugdan II,* S. 1031/1032.

barer Wille, den Auftrag anzunehmen, sprich seine rechtsverbindliche Zusage gegenüber dem Auftraggeber, dem Dritten Kredit oder eine sonstige Finanzierungshilfe zu gewähren[84].

In den hier fraglichen Fallgestaltungen verbietet meist schon das Procedere die Einordnung der Ausstattungserklärung als Kreditauftrag. In der Regel dürfte der Protegé aus eigener Initiative an den Gläubiger herantreten. Der Patron tritt erst auf den Plan, wenn es darum geht, die Voraussetzungen für das endgültige Zustandekommen des Geschäfts zu schaffen[85]. Nichts anderes gilt, wenn der Protegé die Verhandlungen zwar auf Weisung des Patrons, aber ohne dessen Mitwirkung führt. Und selbst wenn der Patron bereits von Anfang an in die Geschäftsverhandlungen involviert ist[86], ist nicht anzunehmen, dass er den Gläubiger verbindlich mit der Kreditierung des Protegés beauftragen möchte[87] – schon mit Blick auf die Rechtsfolge einer direkten Einstandspflicht gegenüber dem Gläubiger nicht[88].

## 2. Bürgschaft

Durch den Bürgschaftsvertrag verpflichtet sich der Bürge gegenüber dem Gläubiger eines Dritten, für die Erfüllung der Verbindlichkeit des Dritten einzustehen (§ 765 Abs. 1 BGB). Mangels einer gegenteiligen, oftmals im Auslegungswege zu ermittelnden Vereinbarung[89], haftet der Bürge nicht nur auf das Erfüllungsinteresse, sondern er schuldet dem Gläubiger dieselbe Leistung wie der Hauptschuldner[90].

---

[83] *Schimansky/Bunte/Lwowski* (*Schmitz*), Bankrechts-Handbuch II (2),§ 92 Rn. 19; *Wagenknecht* in: *BuB* (2003), Rn. 4/1278.

[84] *Ebenroth/Boujong/Joost* (*Allstadt-Schmitz*), HGB, BankR IV, Rn. IV 625; *Giesen,* Jura 1997, S. 64 ff. (66, c)); *Ohlmeyer/Gördel,* Kreditgeschäft der Kreditgenossenschaften (10), S. 831, a); *Palandt-Sprau* (64), § 778 Rn. 2; *Schimansky/Bunte/Lwowski* (*Schmitz*), Bankrechts-Handbuch II (2),§ 92 Rn. 19; Das Eigeninteresse des Auftraggebers an der Kreditierung eines Dritten ist dagegen (wiederum) kein entscheidendes Merkmal; aA *Hoffmann,* Patronatserklärung, S. 46, 2. Abs., 47, b).

[85] Ähnlich *Michalski,* WM 1994, S. 1229 ff. (1236, c)); *Stecher,* „Harte" Patronatserklärungen, S. 67, 1. Abs.; vgl. auch *J. Koch,* Die Patronatserklärung, S. 118.

[86] *Hoffmann,* Patronatserklärung, S. 45, 2., 47. b).

[87] *Altenburger,* Patronatserklärungen, S. 59, 2. Abs.; *Balzer,* 7. Rostocker Bankentag 2001, S. 59 ff. (70, 1. Abs.); *von Bernuth,* ZIP 1999, S. 1501 ff. (1502, II.); *Hoffmann,* Patronatserklärung, S. 47, b); *Kohout,* Patronatserklärungen, S. 101 a.E.; *Michalski,* WM 1994, S. 1229 ff. (1236, c)); *Seiler,* Patronatserklärung, S. 14, a).

[88] Nach *Habersack,* ZIP 1996, S. 257 ff. (258, 2.), soll der Wille des Sicherungsgebers, den Gläubiger zur Verauslagung eines Kredits an den Protegé zu verpflichten, nur ausnahmsweise anzunehmen sein.

[89] *Wagenknecht* in: *BuB* Rn. 4/1044.

[90] *Becker-Eberhard,* Forderungsgebundenheit, S. 230/231; *Obermüller,* ZGR 1975, S. 1 ff. (25/26); *Protokolle II,* S. 461 a.E. = *Mugdan II,* S. 1019, I. 1., Ablehnung eines Antrages auf Umformulierung des § 668 BGB (§ 765 Abs. 1 n.F.) in „für die

*a) Akzessorietät*

Nach der gesetzgeberischen Konzeption der §§ 765 ff. BGB ist die Bürgschaft ein „geborenes“[91], streng akzessorisches Sicherungsmittel[92]. Ausdruck des Akzessorietätsverständnisses des historischen Gesetzgebers sind vor allem die Vorschriften der §§ 767 Abs. 1 S. 1 und S. 2, 768 Abs. 1 S. 1 BGB[93]. Der

---

Erfüllung einer Verbindlichkeit einzustehen“, da der gewöhnliche Sprachgebrauch mit dieser Ausdrucksweise die Vorstellung verbinde, dass der Einstehende für Schadensersatz wegen Nichterfüllung aufzukommen habe, während die Verpflichtung des Bürgen in erster Linie auf die Erfüllung der Hauptschuld gerichtet sei. In den Beratungen des BGB wurde Wert auf eine Gesetzesfassung gelegt, welche die Deutung ausschloss, der Bürge hafte nur auf das positive Interesse, vgl. *Jakobs/Schubert* (*Jakobs*), Beratung, §§ 765, 766, S. 460. Zudem spricht § 774 Abs. 1 S. 1 BGB von einer „Befriedigung“ des Gläubigers durch den Bürgen. Der Gläubiger dürfte aber nur dann in seinem Erfüllungsinteresse „befriedigt“ sein, wenn er die ihm von dem Hauptschuldner versprochene Leistung erhalten hat. Dieser Leistungsinhalt wird oft verkannt und die Bürgenschuld pauschal mit einer Zahlungspflicht gleichgesetzt, vgl. *Becker-Eberhard,* a.a.O., m.w.N. Vor allem bei gegenständlichen Hauptschulden ist aber in der Regel davon auszugehen, dass der Bürge nur für das Erfüllungsinteresse einstehen will, *Palandt-Sprau* (64), § 765 Rn. 25; *Schaarschmidt,* Sparkassenkredite (8), S. 799 Rn. 2.898. Die Vorschrift des § 765 Abs. 1 BGB steht der Vereinbarung einer Zahlungspflicht nicht entgegen, vgl. *Motive II,* § 670, S. 661 = *Mugdan II,* S. 369, den Fall, dass der Bürge sich zu einer Leistung anderer Art als der Hauptschuldner verpflichte, übergehe der Entwurf. Maßgeblich sei der im Wege der Auslegung zu ermittelnde Parteiwille. Als gewollt könne sich hiernach ergeben, dass die Leistung als *datio in solutum* (§ 364 Abs. 1 BGB aktueller Fassung = Leistung an Erfüllungs Statt) für die Hauptschuld wirke oder der Bürge eine „gewöhnliche Bürgenhaftung“ mit dem Recht übernehme, die Verpflichtung des Hauptschuldners mit einer anderen Leistung erfüllen zu dürfen. Die Aufnahme einer Interpretationsregel für diese ohnehin sehr seltenen Fälle sei überflüssig. Bei der Schuld des Bürgen handelt es sich um einen von der Hauptschuld zu trennenden, „zweiten“ Gläubigeranspruch, siehe nur *BGH* (U. v. 08.03.2001 – IX ZR 236/00), NJW 2001, S. 1857 ff. (1857, 1.); *Staudinger-Horn* (1997), Vorbem zu §§ 765 ff. Rn. 13. In Art. 927 des Dresdner Entwurf zum BGB, ist diese Tatsache durch das Wort „neben“ noch besonders hervorgehoben worden, vgl. *Jakobs/Schubert* (*Jakobs*), Beratung, §§ 765, 766, S. 457, A., I. Sie folgt systematisch bereits aus §§ 774 Abs. 1 S. 1, 412, 401 BGB. Der Übergang der Hauptforderung mit sämtlichen akzessorischen Nebenrechten auf den leistenden Bürgen ist nur denkbar, wenn die Hauptschuld durch die Bürgenleistung nicht erlischt. Um dem Bürgen den Rückgriffsanspruch zu erhalten, wird seine Zahlung nur selten einmal als Drittleistung auf die Hauptschuld anzusehen sein (§ 267 Abs. 1 S. 1 BGB), vgl. *Motive II,* §§ 676, S. 674 = *Mugdan II,* S. 376, die Vorschrift beruhe auf der Unterstellung, dass der Bürge den Gläubiger nicht solvendi causa (Erg.: in Bezug auf die Hauptschuld), sondern in der Absicht, die Forderung des Gläubigers zu erwerben befriedige, so dass diese Forderung trotz der Befriedigung des Gläubigers bestehen bleibe; ebenso *Westermann,* Jura 1991, S. 449 ff. (449, A.); aA *Ohlmeyer/Gördel,* Kreditgeschäft der Kreditgenossenschaften (10), S. 785, 3.

[91] *Lwowski,* Kreditsicherung (8), S. 34 Rn. 4.

[92] *Lwowski/Merkel,* Kreditsicherheiten (8), S. 21/22, a), 45/46, 3.

[93] In den Materialien ist diesbezüglich von „*dem Prinzip* der nur akzessorischen Natur der Bürgschaft“ die Rede, *Motive II,* § 670, S. 660; (= *Mugdan II,* S. 369), § 672, S. 663/664 (= *Mugdan II,* S. 371), (Hervorh. durch Verf.); vgl. auch die Denkschrift zum BGB bei *Mugdan II,* XIX. Bürgschaft, S. 1262, 2, die Eigentümlichkeit

Umfang der Bürgenschuld entspricht dauerhaft demjenigen der Hauptschuld[94]. Die Verpflichtung des Bürgen übersteigt diejenige des Hauptschuldners grundsätzlich nicht (non in duriorem causam[95])[96]. Der Bürge kann sich auf die Einreden des Hauptschuldners berufen. Insgesamt ist die Bürgenschuld nach deutschem Recht entstehungs-, inhalts-, durchsetzungs-, erlöschens- und nach herrschender Meinung auch zuständigkeitsakzessorisch[97]. Die wenigen (vermeintlich) systemwidrigen Lockerungen oder gar „Durchbrechungen" des ansonsten konsequent durchgeführten Akzessorietätsprinzips lassen sich mit gegenläufigen, höher zu bewertenden Rechtsprinzipien begründen oder schlicht mit dem Sicherungszweck der Bürgschaft[98].

Echte Durchbrechungen des Akzessorietätsprinzips sind nur die §§ 767 Abs. 1 S. 3, 768 Abs. 2 BGB[99]. Beide Normen sind Ausdruck des sog. „Verbots der Fremddisposition", das besagt, dass die belastenden Wirkungen eines Rechtsge-

---

der wesensmäßigen Abhängigkeit bringe es mit sich, dass der Bürge die Erfüllung auf Grund von Einreden des Hauptschuldners verweigern könne; sowie *Jakobs/Schubert* (Jakobs), Beratung, §§ 767–768, 770, S. 471, 1.). Mit *Becker-Eberhard,* Forderungsgebundenheit, S. 125/126, 164, IV., ist davon auszugehen, dass der Gesetzgeber bei der Bürgschaft ohne weiteres von einem „vorgefundenen" Prinzip strikter Forderungsanbindung ausgegangen ist, ohne sich darüber bewusst zu sein, dass der historische Befund auch eine weniger enge Anbindung legitimiert hätte. Soweit der Gesetzgeber sich entgegen älterer Normierungen gezielt für eine strikt akzessorische Bürgenhaftung entschieden hat, geschah dies, weil er die betreffenden Regelungen als überholt angesehen hat, vgl. *Motive II,* § 672, S. 666 = *Mugdan II,* S. 372, fortwährende Einstandspflicht des Bürgen im römischen Recht, wenn dem Hauptschuldner infolge seines Verschuldens die Erfüllung der Hauptschuld unmöglich geworden ist. Diese Regelung sei bedenklich und zudem in keine moderne Gesetzgebung übergegangen.

94 *BGH* (U. v. 23.01.1997 – IX ZR 297/95), WM 1997, S. 656 ff. (658, I.); *BGH* (U. v. 09.07.1998 – IX ZR 272/96), BGHZ 139, S. 214 ff. (217, 2. a)); *Schimansky/Bunte/Lwowski* (*Schmitz*), Bankrechts-Handbuch II (2), § 91 Rn. 46.

95 *Becker-Eberhard,* Forderungsgebundenheit, S. 150–152, b), m. w. N.

96 *Bergström* in: *Bergström/Schultsz/Käser,* Garantieverträge, S. 7 ff. (10/11); *Paulus,* JuS 1995, S. 185 ff. (187, III.); vgl. auch den Kunstgriff des § 770 BGB bei Existenz eines Gestaltungsrechts im Hauptschuldverhältnis.

97 *Becker-Eberhard,* Forderungsgebundenheit, S. 329, VII., 331/332, „Identitätsgebot". Zu den verschiedenen „Akzessorietäts*stufen*", *Habersack,* JZ 1997, S. 857 ff. (862, IV. 1.); *ders. in: MüKo* (4),§ 765 Rn. 61; *Kreft,* WM 1997, Sonderbeilage Nr. 5, S. 36, B. I. 1., zur Gläubigeridentität; *Schimansky/Bunte/Lwowski* (*Schmitz*), Bankrechts-Handbuch II (2), § 91 Rn. 46; zur Problematik um die „Akzessorietät in der Zuordnung", *Lettl,* JA 2004, S. 238 ff. (240/241, 3., 246, C)); *Medicus,* JuS 1971, S. 497 ff. (499/500, 3.).

98 *Kreft,* WM 1997, Sonderbeilage Nr. 5, S. 37/38, 3./II. 1.; *Lettl,* JA 2004, S. 238 ff. (242, 1. Abs., 243, 6.); *Lwowski,* Kreditsicherung (8), S. 345/346 Rn. 393; *Medicus,* JuS 1971, S. 497 ff. (500, 4. b), 501, III. 1. a)); *Michalski,* ZBB 1994, S. 289 ff. (294, 1., 2. Abs.); *Reichel,* Schuldmitübernahme, S. 85/86; *Schaarschmidt,* Sparkassenkredite (8), S. 806 Rn. 2.912; *Schimansky/Bunte/Lwowski* (*Schmitz*), Bankrechts-Handbuch II (2), § 91 Rn. 57; *Wagenknecht* in: *BuB,* Rn. 4/1069, 4/1070.

99 Siehe etwa *BGH* (U. v. 09.07.1998 – IX ZR 272/96), BGHZ 139, S. 214 ff. (217, 2. a)).

schäfts nur die an ihm Beteiligten treffen. Eine Erstreckung auf außenstehende Dritte ist grundsätzlich ausgeschlossen[100]. Ein von dem Hauptschuldner im Anschluss an die Bürgschaftsübernahme vorgenommenes Rechtsgeschäft vermag die Verpflichtung des Bürgen ebenso wenig zu erweitern, wie ein Einredeverzicht zu ihrer Verschärfung führt. Eine der Kernfragen dieser Arbeit wird die Frage nach der deklaratorischen oder konstitutiven Wirkung des § 767 Abs. 1 S. 3 BGB und nach seinem konkreten Aussagegehalt sein[101].

### *b) Subsidiarität*

Eher konzeptionelles[102] denn faktisches[103] Wesensmerkmal der Bürgschaft ist neben der sie maßgeblich kennzeichnenden Akzessorietät ihre Subsidiarität[104]. Vor Inanspruchnahme eines nichtkaufmännischen Bürgen muss der Gläubiger prinzipiell zunächst erfolglos die Zwangsvollstreckung in das Vermögen des Hauptschuldners versuchen, ihn also „ausklagen"[105]. Das Recht auf Einrede der Vorausklage (§ 771 f. BGB) wird in der Praxis fast durchgängig durch die Vereinbarung einer „selbstschuldnerischen" Bürgschaft abbedungen (vgl. § 773 Abs. 1 Ziff. 1 BGB). Auch angesichts der gesetzlichen Ausschlussgründe in

---

[100] *Erman-Westermann* (11), Vor § 328 Rn. 11; *MüKo-Gottwald* (4), § 328 Rn. 172; *Palandt-Heinrichs* (64), Einf v § 328 Rn. 10, jeweils m.w.N.

[101] Vgl. v.a. Kapitel. 10, B. III. 2. a) und B. IV. 2. b) aa).

[102] Die Subsidiarität der Bürgschaft ist erst relativ spät im Jahre 535 von Justinian eingeführt worden (sog. *beneficium excussionis* oder *ordinis*), vgl. *Honsell,* Römisches Recht, § 39, II. 2., S. 115; *Mayer-Maly,* Römisches Recht, § 35, I., S. 173. In den Verhandlungsprotokollen zum Entwurf des BGB findet sich insofern die kritische Bemerkung, die Subsidiarität der Bürgschaft sei „lediglich ein sozialpolitisches Experiment", das „nicht im Wesen der Bürgschaft" begründet liege und deshalb eine nicht unbedenkliche Rechtswohltat für den Bürgen darstelle, vgl. *Protokolle II,* S. 469 = *Mugdan II,* S. 1024; *Jakobs/Schubert* (Jakobs), Beratung, §§ 771–773, S. 483.

[103] Schon zur Zeit des Erlasses des BGB war die selbstschuldnerische Verbürgung nach Einschätzung des Gesetzgebers „mindestens in den wichtigeren Fällen und bei schriftlichen Verbürgungen fast zur Regel geworden". Man wollte dennoch an dem Subsidiaritätsgrundsatz festhalten, da sich im Verkehr der Gedanke eingebürgert hätte, dass der Bürge erst dann in Anspruch in genommen werden könne, wenn die Rechtshilfe gegen den Hauptschuldner versagt habe, *Motive II,* §§ 674, 675, S. 668 = *Mugdan II,* S. 373; *Protokolle II,* S. 469/470 = *Mugdan II,* S. 1024; *Jakobs/Schubert* (Jakobs), „Beratung", §§ 771–773, S. 483; Denkschrift zum BGB bei *Mugdan II,* XIX. Bürgschaft, S. 1263.

[104] *Hoffmann,* Patronatserklärung, S. 42, 1. Abs.

[105] *Michalski,* ZBB 1994, S. 289 ff. (290, 1. Abs.); *Rimmelspacher,* Kreditsicherungsrecht (2), S. 15/16 Rn. 68. Unter „Ausklagung" ist der „ohne Erfolg versuchte Zwang zur Erfüllung" zu verstehen. Die Verurteilung des Hauptschuldners oder das Vorliegen eines anderen Vollstreckungstitels genügen nicht. Entscheidend ist die wirkliche oder voraussichtliche Erfolglosigkeit von Zwangsmaßnahmen, vgl. *Motive II,* §§ 674, 675, S. 669 = *Mugdan II.* S. 374; *Jakobs/Schubert* (Jakobs), Beratung, §§ 771–773, S. 486; *Schimansky/Bunte/Lwowski* (*Schmitz*), Bankrechts-Handbuch II (2), § 91 Rn. 74.

§§ 773 Abs. 1 Ziff. 2–4 BGB[106], 349 S. 1 HGB hat der Einredetatbestand kaum praktische Bedeutung[107].

Ein Bürge, der sich als Selbstschuldner[108] verpflichtet oder selbstschuldnerisch einstandspflichtig ist, trägt nicht nur das Risiko der Zahlungs*unfähigkeit* des Hauptschuldners, sondern auch dasjenige seiner Zahlungs*unwilligkeit*[109]. Der Gläubiger kann ihn bei Ausbleiben der fälligen und durchsetzbaren Hauptschuld ungeachtet der Leistungsfähigkeit des Hauptschuldners sofort in Anspruch nehmen[110]. Diesbezüglich ist die Ausstattungspflicht milder als die Verpflichtung eines selbstschuldnerischen Bürgen.

## III. Garantie

Bei der selbständigen[111] Garantie handelt es sich wie bei der Mithaftungsübernahme um einen gesetzlich nicht geregelten, eigenständigen Vertragstypus[112]. Der Gesetzgeber hat von einer Kodifikation des Garantievertrages vor

---

106 Die Unterausnahme des § 773 Abs. 2 BGB dürfte eher selten in Betracht kommen und auch dann von dem Bürgen mangels Wissens um das Bestehen eines entsprechenden Pfand- oder Zurückbehaltungsrecht nicht genutzt werden.

107 *Reinicke/Tiedke,* Kreditsicherung (4), S. 81 Rn. 249; *Rimmelspacher,* Kreditsicherungsrecht (2), S. 16 Rn. 71.

108 Oder „Selbstzahler", *Motive II,* §§ 674, 675, S. 670 = *Mugdan II,* S. 374.

109 *von Bernuth,* ZIP 1999, S. 1501 ff. (1502, II.); siehe auch *Michalski,* WM 1994, S. 1229 ff. (1237, e)); *Ohlmeyer/Gördel,* Kreditgeschäft der Kreditgenossenschaften (10), S. 775, XXII., allerdings ohne diese Differenzierung; *Wagenknecht* in: *BuB* Rn. 4/1000.

110 Subsidiär ist die Bürgenschuld dann nur noch auf der zeitlich nachgelagerten Rückgriffsebene. Gemäß § 774 Abs. 1 S. 1 BGB geht die Forderung des Gläubigers auf den Bürgen über, soweit der Bürge den Gläubiger befriedigt hat. Gemäß §§ 412, 401 BGB führt dies auch zum (anteiligen) Übergang der akzessorischen Nebenrechte, aus denen der zahlende Bürge sich im Umfang seiner anteiligen Haftungsquote schadlos halten kann. Formaljuristisch hat der Begriff der Subsidiarität allerdings nichts mit der Frage zu tun, wer im Innenverhältnis zwischen dem Sicherungsgeber und dem Hauptschuldner (bei der Bürgschaft und Garantie dem sog. „Deckungsverhältnis") wirtschaftlich letztbelastet sein soll.

111 Die Bezeichnungen „selbständige" und „unselbständige" Garantie sind nicht gleichzusetzen mit den Begriffen „Abstraktheit" und „(Nicht-/)Akzessorietät". Fasst man erstere zu einer Gruppe zusammen, handelt es sich um drei völlig verschiedene Bedeutungskategorien. „Unselbständige" Garantien dienen der Verstärkung von ohnehin geschuldeten (Sachmängelgewährleistungs-, etc.) Ansprüchen, wohingegen „selbständige" Garantien einen darüber hinausgehenden Erfolg zum Gegenstand haben. Die Differenzierung ist vor allem im Kaufrecht im Zusammenhang mit den neuen Regelungen der §§ 443 Abs. 1, 477 BGB bedeutsam, vgl. *von Bernstorff,* ZKW 1988, S. 990 ff. (990, Begriffsbestimmungen); *Köhler/Lorenz,* Schuldrecht II, S. 93/94; *Michalski,* ZBB 1994, S. 289 ff. (291/292, 2.); *MüKo-Habersack* (4), Vor § 765 Rn. 38/39; *Palandt-Putzo* (64), § 443 Rn. 4; *Palandt-Sprau* (64), Einf. v. § 765 Rn. 16; *Staudinger-Matusche-Beckmann,* § 433 Rn. 12; *Triebel/Hölzle,* BB 2002, S. 521 ff. (529 ff.).

allem mit Blick auf die Bandbreite seiner möglichen Erscheinungsformen abgesehen und die Regelung der Garantie der Praxis überlassen[113]. Diese versteht unter einer selbständigen Garantie das Versprechen dafür einzustehen, dass ein bestimmter tatsächlicher oder rechtlicher Erfolg eintritt oder sich die Gefahr eines bestimmten künftigen Schadens nicht verwirklicht[114]. Mit einer Leistungsgarantie fängt der Garant das Risiko des Gläubigers auf, dass dieser die ihm im Hauptschuldverhältnis zugesagte Leistung nicht (rechtzeitig) erhält[115]. Anders als (dem Grundsatz nach) einem Bürgen[116], obliegt dem Garanten die Herbeiführung des im Hauptschuldverhältnis vorgesehenen Erfolges nicht selbst[117],

---

[112] *Hoffmann,* Patronatserklärung, S. 48, 3.; *Schimansky/Bunte/Lwowski* (*Schmitz*), Bankrechts-Handbuch II (2), § 92 Rn. 1.

[113] *Motive II,* §§ 668, 669, S. 658, 1. Abs. = *Mugdan II,* S. 367: „Der Bürgschaftsvertrag lässt sich als ein besonderer Fall des Garantievertrages auffassen. Über den letzteren spezielle Normen aufzustellen, ist gleichfalls kein Bedürfnis. Nur gewisse Arten des Garantievertrages bedürfen der Normierung, wie gerade der Bürgschaftsvertrag. Der Garantievertrag entzieht sich auch wegen der Verschiedenheit der Verträge, die eine Garantieleistung zum Zwecke und Inhalte haben, der allgemeinen Regelung". Zur Einordnung der Bürgschaft als Unterfall der Garantie, vgl. auch *Protokolle II,* S. 461 = *Mugdan II,* S. 1019, I. 1.; *OLG Naumburg* (U. v. 18.05.2000 – 2 U 115/99), OLGR Naumburg 2001, S. 144 ff. (144, I. 2.); *MüKo-Habersack* (4), Vor § 765 Rn. 16. Die Bandbreite möglicher Garantieerklärungen reicht von Anzahlungs-, über Abnahme- und Ausbietungs- bis hin zu Dividendengarantien, vgl. nur *Kratz,* Garantievertrag, S. 12 ff.

[114] Die Beschreibung reicht bereits auf das Reichsgericht zurück. Sie wird heute üblicherweise im Zusammenhang mit der Garantie zitiert, vgl. nur *RG* (U. v. 29.06.1905 – VI. 531/04), RGZ 61, S. 157 ff. (160); *RG* (U. v. 28.09.1917 – III. 150/17), RGZ 90, S. 415 ff. (416/417); *RG* (U. v. 28.06.1932 – III 293/31), RGZ 137, S. 83 ff. (85); *RG* (U. v. 11.12.1934 – VII. 240/34), RGZ 146, S. 120 ff. (123/124); *BGH* (U. v. 28.10.1959 – V ZR 96/58), WM 1960, S. 18 ff. (19); *BGH* (U. v. 16.12.1960 – II ZR 137/59), WM 1961, S. 204 ff. (206); *BGH* (U. v. 19.10.1964 – VIII ZR 20/63), NJW 1965, S. 148 ff. (149); *BGH* (U. v. 21.02.1968 – Ib ZR 132/66), WM 1968, S. 680 ff. (682); *BGH* (U. v. 12.02.1981 – VIa ZR 103/80), NJW 1981, S. 2295 f. (2295); *BGH* (U. v. 13.06.1996 – IX ZR 172/95), NJW 1996, S. 2569 ff. (2570); *BGH* (U. v. 10.02.1999 – VIII ZR 70/98), NJW 1999, S. 1542 ff. (1543, 1. a); *OLG Naumburg* (U. v. 18.05.2000 – 2 U 115/99), OLGR Naumburg 2001, S. 144 ff. (144, I. 1.); *Erman-Herrmann* (11), Vor § 765 Rn. 19; *Kratz,* Garantievertrag, S. 7; *Käser* in: *Bergström/Schultsz/Käser,* Garantieverträge, S. 25 ff. (29, 1. Abs.); *MüKo-Habersack,* Vor § 765 Rn. 16; *Palandt-Sprau* (64), Einf. v. § 765 Rn. 16; *Rimmelspacher,* Kreditsicherungsrecht (2), S. 18 Rn. 79; *Staudinger-Horn,* Vorbem zu §§ 765 ff. Rn. 194.

[115] *von Bernstorff,* ZKW 1988, S. 990 ff. (991, c)); *Hoffmann,* Patronatserklärung, S. 48, a); *Ohlmeyer/Gördel,* Kreditgeschäft der Kreditgenossenschaften (10), S. 822, 2. Abs.; ähnlich *Lwowski/Merkel,* Kreditsicherheiten (8), S. 65, letzter Abs.; *MüKo-Habersack* (4), Vor § 765 Rn. 23; ungenau *Chr. Schmidt,* Akzessorietät, S. 41, 1. Abs., der Garant verspreche für *die Erfüllung einer Forderung* einzustehen (Hervorh. durch Verf.). Von „Erfüllung" kann bei der Forderungsgarantie, durch die eine völlig selbständige, von der Hauptschuld losgelöste Garantenpflicht begründet wird, keine Rede sein. Die im Valutaverhältnis vorgesehene Leistung wird allenfalls zur Festlegung des Garantiefalls im Sicherungsverhältnis in Bezug genommen. Ihre Wirksamkeit und damit auch ihre „Erfüllbarkeit" sind für die Leistungspflicht des Garanten ohne Belang.

sondern er hat den Garantienehmer bei Eintritt des Garantiefalles „nur“ schadlos zu halten[118]. Ob die Leistung des Hauptschuldners zu Recht oder zu Unrecht ausgeblieben ist, ist irrelevant. Unter welchen Voraussetzungen der Gläubiger den Garanten in Anspruch nehmen darf, hängt von der jeweiligen Beschreibung des Garantiefalles ab[119].

Ausschlaggebendes Kriterium für die Abgrenzung der Garantie von einer Bürgschaft ist ihre Nichtakzessorietät[120]. Die Haftung des Garanten ist zwin-

---

[116] Zur Möglichkeit, auch bei der Bürgschaft nur eine Zahlungspflicht des Bürgen auf das Erfüllungsinteresse vorzusehen, s.o., Gliederungspunkt II. (Fn. 90). Eine Differenzierung zwischen der Bürgschaft und der Garantie danach, ob „Erfüllung“ oder „Schadensersatz“ Gegenstand der von dem Sicherungsgeber geschuldeten Leistungspflicht ist, kommt demnach nicht in Betracht; ebenso *Kleiner,* Bankgarantie (3), S. 76–78.

[117] Jedenfalls sofern es sich nicht um eine sog. Eigengarantie handelt, vgl. *MüKo-Habersack* (4), Vor § 765 Rn. 16; siehe bereits Kapitel 6, A. I. 2.

[118] *OLG Naumburg* (U. v. 18.05.2000 – 2 U 115/99), OLGR Naumburg 2001, S. 144 ff. (144, I. 1.); *Giesen,* Jura 1997, S. 64 ff. (65, II. 1. a)); *MüKo-Habersack,* Vor § 765 Rn. 16; *Schimansky/Bunte/Lwowski* (*Schmitz*), Bankrechts-Handbuch II (2), § 92 Rn. 1. Nach *Kratz,* Garantievertrag, S. 38/39, ist gemeinsamer Zweck aller Garantievereinbarungen, dem Begünstigten das mit dem Geschäft verbundene Risiko wirtschaftlicher Nachteile abzunehmen, respektive die Kompensation bestimmter Geschäftsnachteile. Bei der Forderungsgarantie besteht dieses Risiko im Ausbleiben der im Valutaverhältnis vereinbarten Forderung im vertraglich vorgesehenen Fälligkeitstermin. Der Garant ist zum Ausgleich des finanziellen Nachteils verpflichtet. Bei anderen Varianten der Leistungsgarantie kann die Schadloshaltung aber auch auf andere Weise geschehen, etwa durch Abgabe einer Willenserklärung oder durch Vornahme einer tatsächlichen Handlung; *Kratz,* S. 29/30, nennt als Beispiele die „Rückkaufs-“ und die „Herstellergarantie“. Zur Abgrenzung zwischen Haftung für „die *Verbindlichkeit* des Hauptschuldners“ (Bürgschaft) und für „die den Gegenstand des Hauptvertrages bildende *Leistung*“, vgl. bereits die Materialien, *Protokolle II,* S. 465 = *Mugdan II,* S. 1021, A. Der Begriff der „Schadloshaltung“ ist insofern ungenau, als der Garant nicht notwendig gemäß den Schadensersatzvorschriften (§§ 249 ff. BGB) Ersatz zu leisten hat, sondern ihn die Verpflichtung trifft, die im Sicherungsverhältnis vereinbarte Garantieleistung zu erbringen.

[119] *Larenz/Canaris,* Schuldrecht II 2 (13), § 64, III. 4. a), S. 78; *Madaus,* Schuldbeitritt als Personalsicherheit, S. 119, 1. Abs.; *MüKo-Habersack* (4), § 766 Rn. 2, Vor § 765 Rn. 22.

[120] *OLG Naumburg* (U. v. 18.05.2000 – 2 U 115/99), OLGR Naumburg 2001, S. 144 ff. (144/145, I. 2. a)); *Käser* in: *Bergström/Schultsz/Käser,* Garantieverträge, S. 25 ff. (33/34); *Kleiner,* Bankgarantie (3), S. 40/41; *Larenz/Canaris,* Schuldrecht II 2 (13), § 64, III. 1. a), S. 73, § 64, III. 2. a), S. 75/76, § 64, III. 3. a), S. 76; *Lwowski/Merkel,* Kreditsicherheiten (8), S. 64, letzter Abs.; *MüKo-Habersack* (4), Vor § 765 Rn. 18; *Obermüller,* ZGR 1975, S. 1 ff. (26, bb)); *Rimmelspacher,* Kreditsicherungsrecht (2), S. 18 Rn. 81; *Schimansky/Bunte/Lwowski* (*Schmitz*), Bankrechts-Handbuch II (2), § 92 Rn. 3; *Staudinger-Horn,* Vorbem zu §§ 765 ff. Rn. 196, 217; *Wagenknecht* in: *BuB* (2003), Rn. 4/1292, der terminologisch nicht ganz so korrekt darauf hinweist, die Garantie sei „abstrakt“. Nach hier vertretener Auffassung ist die Nichtakzessorietät aber auch das einzige Abgrenzungskriterium. Kriterien wie das vielfach bemühte „unmittelbaren Eigeninteresse des Garanten an einer Leistungsbewirkung zugunsten des Hauptschuldners“ (statt aller *Michalski,* WM 1994, S. 1229 ff. (1237, 2. Abs.); *Wagenknecht,* a.a.O., Rn. 4/1303) oder die „größere Gläubigernähe“ des Ga-

gend „forderungsentkleidet“[121]. Die Existenz einer wirksamen Hauptverbindlichkeit kann nicht zum Bestandteil der Garantiefallbeschreibung gemacht werden[122].

## IV. Einordnung der Ausstattungsverpflichtung als Vertrag sui generis

Die Ausstattungsverpflichtung unterscheidet sind in markanter Weise von einer Bürgschaft und einer Garantie.

### 1. „Externe“ Ausstattungsverpflichtung

Die harte Patronatserklärung ist ein Sicherungsinstrument eigener Art[123].

---

ranten, haben nicht einmal Indizwirkung; partiell ebenso *Hoffmann,* Patronatserklärung, S. 50, 3. Abs.; *Käser* in: *Bergström/Schultsz/Käser,* Garantieverträge, S. 25 ff. (30/31); *Schimansky/Bunte/Lwowski* (*Schmitz*), a.a.O., Rn. 5; aA die ganz hM, *BGH* (U. v. 22.02.1962 – VII ZR 262/60), WM 1962, S. 576 ff. (577, 2.); *Staudinger-Horn,* a.a.O., Rn. 217. Maßgeblich ist allein, inwieweit der Sicherungsnehmer es vermocht hat, sein Interesse an einem möglichst kalkulierbaren Leistungserhalt über das Interesse des Sicherungsgebers an einer streng angelehnten Forderungshaftung zu stellen.

[121] *Falter,* Praxis des Kreditgeschäfts (15), S. 140 Rn. 3.71, „forderungsunabhängig“; *Giesen,* Jura 1997, S. 64 ff. (65, II. 1. a), „schuldunabhängig“; ebenso *Ohlmeyer/Gördel,* Kreditgeschäft der Kreditgenossenschaften (10), S. 830, a); *Wagenknecht* in: *BuB* (2003), Rn. 4/1292.

[122] Jedenfalls nicht unter Beibehaltung des Garantiecharakters; ähnlich *BGH* (U. v. 23.01.1997 – IX ZR 297/95), WM 1997, S. 656 ff. (658, I.); anders *Hantke,* S. 92/93, c), die Erzielung einer „akzessorietätsgleichen“ Wirkung sei möglich, indem der Garantiefall dahingehend definiert werde, dass nur die Nichtleistung des Hauptschuldners auf die einredefreie Forderung des Gläubigers den Garantieanspruch auslöse. Ob die Garantie im Einzelfall ausnahmsweise subsidiär ist, hängt von der vertraglichen Definition des Sicherungsfalls ab, vgl. *Staudinger-Horn,* Vorbem zu §§ 765 ff. Rn. 196.

[123] Bzw. ein Vertrag sui generis, *Schweizerisches Bundesgericht/Cour Civile* (U. v. 12.01.1996 – 4C.342/1995), zu bestellen in Lausanne, S. 6 (Cour Cantonale); *OLG Dresden* (U. v. 27.06.2000 – 23 U 2724/99), NVwZ 2001, S. 836 ff. (837, 2. a)); *OLG Karlsruhe* (U. v. 07.08.1992 – 15 U 123/91, WM 1992, S. 2088 ff. (2091, ee), 2091, ee)); *von Bernuth,* ZIP 1999, S. 1501 ff. (1502, II.); *Frick,* Patronatserklärungen, S. 97/98; *Gerth,* Atypische Kreditsicherheiten, S. 143; *Hess/Weis/Wienberg,* InsO (2), (*Weis*), § 135 Rn. 196, „Gewährleistungsvertrag eigener Art“; *Hoffmann,* Patronatserklärung, S. 58 a.E.; *J. Horn,* Patronatserklärungen im common law, S. 177, cc); *J. Koch,* Die Patronatserklärung, S. 133, IX., S. 610, 1. Kapitel, 4.; *Michalski,* WM 1994, S. 1229 ff. (1238, f)); *Mosch,* Patronatserklärungen, S. 133, 1. Abs.; *Ohlmeyer/Gördel,* Kreditgeschäft der Kreditgenossenschaften (10), S. 835, b); *Schnyder,* SJZ 1990, S 57 ff. (63, e)); *Stecher,* „Harte“ Patronatserklärungen, S. 74; *Thiekötter,* Patronatserklärung, S. 32, 2. Abs.; *Wittig* in: *BuB* (2003), Rn. 4/2869.

### *a) Atypische Primärleistungspflicht*

Augenfälligster Unterschied ist ihre Primärleistungspflicht. Während ein Bürge grundsätzlich zur Erfüllung der Hauptschuld und ein Garant zur Schadloshaltung des Gläubigers verpflichtet ist, schuldet ein Patron nach der hier vertretenen Meinung ausschließlich die hinreichende Ausstattung des Protegés[124]. „Garantieähnlich" ist diese Pflicht wie oben ausgeführt deshalb nicht, sondern eher werkvertragsähnlich, weil der Patron den geschuldeten Ausstattungserfolg selbst zu bewirken hat und nicht nur die Haftung für eine ungenügende Protegéausstattung übernimmt[125]. Der Umfang der von ihm zu erbringenden Ausstattungsleistungen kann die Leistungspflicht eines Bürgen oder Garanten bei weitem übersteigen[126]. Anders als ein Bürge und ein Garant ist der Patron in seinen Leistungsmodalitäten frei[127]. Bei der harten Patronatserklärung sind demzufolge sowohl der Leistungsinhalt als auch die Leistungsrichtung grundlegend anders als bei den übrigen Personalsicherheiten[128]. Der Patron schuldet dem Gläubiger

---

[124] Vgl. auch *BGH* (B. v. 25.11.1991 – III ZR 199/90), Juris, Gründe, 1., ob der Kreditgeber durch die Erklärung der Muttergesellschaft einen unmittelbaren Zahlungsanspruch gegen diese erlange oder lediglich die hinreichende Ausstattung der Tochter mit Finanzmitteln beanspruchen könne, sei Auslegungsfrage; wie hier *J. Koch,* Die Patronatserklärung, S. 115.

[125] *Hoffmann,* Patronatserklärung, S. 50, 2. Abs.; *Kohout,* Patronatserklärungen, S. 105; *Treffer,* ZAP Nr. 5, Fach 15, S 383 ff. (383, I.); *Stecher,* „Harte" Patronatserklärungen, S. 73; verkannt von *BGH* (U. v. 18.06.2001 – II ZR 248/99), WM 2001, S. 1565 f. (1565/1566, II. 1.), wo der BGH das Versprechen zur Gewährung einer ausreichenden Barmittelausstattung als selbständiges Garantieversprechen eingeordnet hat (kritisch dazu *Livonius,* WuB I F 1 b. – 1.02, S. 658 f. (658/659)); anders auch *Bärmann,* Kreditsicherheiten, Teil I: BRD, S. 92 Rn. 197; *J. Horn,* Patronatserklärungen im common law, S. 176, letzter Abs.; nach *Schnyder,* SJZ 1990, S 57 ff. (62, d)), scheitert die Einordnung als selbstständige Garantie nur an der Akzessorietät der Patronatserklärung; siehe auch *Bordt,* WPg 1975, S. 285 ff. (289, a)), sowie bereits Kapitel 6, A. I. 2. Gleiches hat entgegen *Geigy-Werthemann* in: Festgabe zum Schweizerischen Juristentag, S. 21 ff. (28, 3. Abs.), auch für das Versprechen zu gelten, dafür zu sorgen, dass der Protegé seine Verbindlichkeit(en) ordnungsgemäß erfüllt. Auch dieses Versprechen ist keine „Garantieerklärung", sondern es begründet (bei korrespondierender Gläubigererklärung) eine eigenständige Erfolgsschuld des Patrons. Der Patron verspricht dem „Garantieempfänger" nicht „die Leistung des Dritten" (so die Autorin auf S. 29, 3. Abs. a. E.), sondern den von ihm (gegebenenfalls) selbst zu bewirkenden Erfolg einer ordnungsgemäßen Leistung durch den Protegé.

[126] *Balzer,* 7. Rostocker Bankentag 2001, S. 59 ff. (70/71); *Jander/Hess,* RIW 1995, S. 730 ff. (732, 2. Abs.); *Michalski,* WM 1994, S. 1229 ff. (1237); *Mosch,* Patronatserklärungen, S. 132, 2 Abs.; *Obermüller,* ZGR 1975, S. 1 ff. (26); *Rippert,* Patronatserklärungen, S. 112, 1. Abs.; siehe im Übrigen Kapitel 4, B. II. 4. c).

[127] *Hoffmann,* Patronatserklärung, S. 44, 4. Abs., 50, 2. Abs.; *J. Horn,* Patronatserklärungen im common law, S. 175, 1. Abs.; *Schröter,* WuB I F 1 c. – 1.98, S. 790 f. (790, 1.).

[128] *J. Horn,* Patronatserklärungen im common law, S. 175, 1. Abs.; *Jander/Hess,* RIW 1995, S. 730 ff. (731/732, 3.); *J. Koch,* Die Patronatserklärung, S. 114.

auf Primärebene keine Direktleistung[129]. Er ist allenfalls befugt, eine solche zu erbringen.

Gemein sind allen drei Interzessionsmitteln ihre rechtliche Verbindlichkeit und ihr Sicherungszeck[130]. Sowohl eine Bürgschafts- als auch eine Garantie- und Ausstattungserklärung begründen eine rechtlich durchsetzbare[131] Pflicht zur Vornahme der versprochenen Leistung. Die Vorbehalte der Gläubiger gegenüber einer harten Patronatserklärung gründen denn auch nicht (mehr) so sehr auf dem vagen Verpflichtungsgehalt einer Ausstattungszusage[132], sondern auf der mit ihr einhergehenden Erschwernis der Darlegungs- und Beweislast[133]. Verglichen mit den „herkömmlichen" Personalsicherheiten kann der Gläubiger einen Patron bei Ausbleiben der Hauptschuld nicht ohne weiteres in Anspruch nehmen. Über die Tatsache hinaus, dass der Protegé die abgesicherte(n) Verbindlichkeit(en) nicht erbracht hat, muss feststehen, dass dies mittelbedingt geschehen ist. Vor Gericht hat der Gläubiger notfalls darzutun und zu beweisen, dass die Nichtleistung des Protegés nicht (nur) auf seiner Leistungsunwilligkeit beruht, sondern ausschließlich auf seiner Leistungsunfähigkeit[134]. Die Gefahr, dass der Patron und der Protegé andere Gründe für die Nichtleistung des Protegés ins Feld führen, ist nicht von der Hand zu weisen[135].

---

[129] *von Bernuth,* ZIP 1999, S. 1501 ff. (1502, II.); *Habersack,* ZIP 1996, S. 257 ff. (258, 2.); *ders.* in: *MüKo* (4), Vor § 765, Rn. 50; *Herget/Butzke,* Ersatzsicherheiten, S. 6, 1.1.2; *Hoffmann,* Patronatserklärung, S. 44, 4. Abs., 50, 2. Abs.; *Kiethe,* ZIP 2005, S. 646 ff. (648, 1.); *Livonius,* WuB I F 1 b. – 1.02, S. 658 f. (659); *Mosch,* Patronatserklärungen, S. 131/132; *Obermüller,* ZIP 1982, S. 915 ff. (918, 4.1); *ders.,* ZGR 1975, S. 1 ff. (26).

[130] Vgl. nur die neuen Musterformulare des *Bundesverbandes des privaten Bankgewerbes e. V.* zur harten Patronatserklärung mit engem und weitem Sicherungszweck, Anlagen 2 und 3 des Berichtes über die *BdB*/vbo-Fachtagung „Kredit- und Kreditsicherungsrecht" am 13./14. Juni 2002 in München, zu Gliederungspunkt 4., „Formulierung von ‚Harten Patronatserklärungen'", (n. v.): „*Als Sicherheit* für sämtliche … übernehmen wir hiermit …" (Hervorh. durch Verf.); *J. Koch,* Die Patronatserklärung, S. 98, cc) (1).

[131] Zur Ausstattungserklärung, vgl. Kapitel 9, B. I.–III.

[132] So noch *Köhler,* WM 1978, S. 1338 ff. (1341, 3. Abs.).

[133] Siehe auch *Frick,* Patronatserklärungen, S. 115, 146.; *Köhler,* WM 1978, S. 1338 ff. (1341, 3. Abs.), auch stünde das Kreditgewerbe (selbst) „harten" Patronatserklärungen reserviert gegenüber, da diese umständlich zu realisieren seien.

[134] Siehe auch *Gerth,* Kreditsicherheiten, S. 297; *Mosch,* Patronatserklärungen, S. 135, 1./2. Abs. Dazu muss er nicht nachweisen, zunächst erfolglos die Zwangsvollstreckung in das Protegévermögen versucht zu haben. Als Beleg für die Leistungsunfähigkeit des Protegés taugt jeder Nachweis, vgl. *BGH* (U. v. 30.01.1992 – IX ZR 112/91), BGHZ 117, S. 127 ff. (134, 1. Abs.); *OLG Schleswig-Holstein* (B. v. 11.04.2005 – 4 U 20/05), n. v., (Juris), LS 3., Gründe II. 4.; *Jander/Hess,* RIW 1995, S. 730 ff. (732, 5.); *Thiekötter,* Patronatserklärung, S. 30/31.

[135] *Bodenstein/Jahn,* S. 100, 2. Abs., die daher empfehlen, die Fassung zu wählen, dass der Patron dafür Sorge tragen werde, dass die Tochtergesellschaft ihre Verbindlichkeit(en) erfüllt; dazu oben in Kapitel 4, A. II. 2. c).

### *b) Subsidiarität*

Im Unterschied zu einer Bürgenschuld ist die Ausstattungspflicht noch nicht einmal theoretisch subsidiär[136]. Dies allein rückt sie aber noch nicht in die Nähe einer Garantie.

### *c) Reichweite der Akzessorietät zur besicherten Hauptschuld*

Was das entscheidende Differenzierungskriterium der (Nicht-/)Akzessorietät betrifft, weist die „externe“ Ausstattungsverpflichtung eher Charakterzüge einer Bürgschaft auf[137], schließlich ist sie entstehungs-, erlöschens- und partiell auch durchsetzungsakzessorisch[138]. Soweit die Akzessorietät der „externen“ Ausstattungsverpflichtung reicht, lassen sich etliche Regelungen des Bürgschaftsrechts analog oder zumindest ihrem Rechtsgehalt nach auf die harte Patronatserklärung übertragen[139], wobei die Spezifika des Patronatsvertrages stets im Auge zu behalten sind[140]

### *d) Sicherheitswert*

Die Geringschätzung des Sicherheitswertes der harten Patronatserklärung ist verfehlt[141]. Mit einer „Kreditsicherheit“ räumt der Sicherungsgeber dem Gläubiger ein zusätzliches Befriedigungsrecht für den Fall ein, dass der Gläubiger aus

---

[136] Vgl. Kapitel 4, B. II. 3.; vgl. auch *Frick,* Patronatserklärungen, S. 145, 3. Eine gewisse Einschränkung ergibt sich aus dem oben für richtig befundenen Analogieschluss zu § 770 Abs. 2 BGB, vgl. Kapitel 4, B. II. 5. c).

[137] *Fleischer,* EWiR 1999, S. 305 f. (306, 3.1/3.2); *J. Koch,* Die Patronatserklärung, S. 127, 2. Abs.; *Küffner,* DStR 1996, S. 146 ff. (149, 1. Abs.); *Larenz/Canaris,* Schuldrecht II 2 (13), § 64, V. 1. b)/c), S. 83; implizit ebenso *Stecher,* ‚Harte‘ Patronatserklärungen, S. 72/73, wegen der „Bestandsakzessorietät“ besitze die harte Patronatserklärung nicht die für Garantien typische Selbständigkeit.

[138] Vgl. auch *Frick,* Patronatserklärungen, S. 145, 3.; *J. Horn,* Patronatserklärungen im common law, S. 176/177 (Abgrenzung zur Garantie), allerdings ohne Unterscheidung zwischen den unterschiedlichen „Akzessorietätsstufen“.

[139] Siehe v.a. Kapitel 10, B. III. 2. b). Ähnlich *J. Koch,* Die Patronatserklärung, S. 133, IX.; *Köhler,* WM 1978, S. 1338 ff. (1346, 2. Spalte, 1. Abs.), allerdings unter der Prämisse einer primären Direktleistungspflicht; weiter *Altenburger,* Patronatserklärungen, S. 63/64, Liquiditätsgarantien seien akzessorisch wirkende, dem Bürgschaftsrecht zu unterstellende Schuldverhältnisse.

[140] Siehe auch *J. Koch,* Die Patronatserklärung, S. 127, 2. Abs.; *Köhler,* WM 1978, S. 1338 ff. (1346, 2. Spalte, 1. Abs.); *Kohout,* Patronatserklärungen, S. 113.

[141] *Altenburger,* Patronatserklärungen, S. 32, A), „rechtlich minderwertige Patronatserklärung“; *Hantke,* S. 77/78, wörtlich verstandene Ausstattungsverpflichtungen führten nicht zu einer effektiven Kreditbesicherung und brächten gegenüber der Vereinbarung einer Bürgschaft oder Garantie Nachteile. Zur geringen Akzeptanz der Patronatserklärung im Kreditgewerbe, siehe nur *Frick,* Patronatserklärungen, S. 139, vgl. aber auch dessen eigene Meinung auf S. 147/148.

seiner Forderung gegen den Hauptschuldner keine Befriedigung erlangen kann[142]. „Bankmäßige" Sicherheiten zeichnen sich durch ihre schnelle und leichte Verwertbarkeit aus[143]. Ob die „externe" Ausstattungsvereinbarung als Kreditsicherheit taugt[144], entscheidet sich letzten Endes danach, welchen Stellenwert man den Darlegungs- und Beweislasterschwernissen zumisst[145]. Für den Gläubiger einer Personalsicherheit steht für gewöhnlich nicht so sehr die Gefahr einer ungerechtfertigten Leistungsverweigerung durch den Hauptschuldner im Vordergrund, als das Risiko eines mittelbedingten Leistungsausfalls[146]. Dagegen schützt ihn die Ausstattungszusage besser als jedes andere Interzessionsmittel[147]. Die Darlegungs- und Beweiserschwernisse sind nach vorliegendem Verständnis von eher untergeordneter Bedeutung[148]. Wie sich dem übernächsten

---

142 *Bülow,* Jura 1995, S. 198 ff. (198); ähnlich *Gabler Bank Lexikon* (13), S. 847, Kreditsicherheit; *Paulus,* JuS 1995, S. 185 ff. (185/186, 1.). Der Begriff „Kredit" kommt von lateinisch „credere" (= vertrauen). Der Terminus „Kreditsicherheit" deutet darauf hin, dass der Gläubiger dem Hauptschuldner misstraut und nach einer vertrauensfördernden Maßnahme verlangt, *Bülow* a.a.O., S. 199, I.

143 *Canaris,* Bankvertragsrecht (2), S. 1328 Rn. 2653; *Gerth,* Atypische Kreditsicherheiten, S. 190, 1. Abs.; *Kohout,* Patronatserklärungen, S. 242 (i.V.m. Fn. 3); *Lwowski,* Kreditsicherung (8), S. 413, 5.

144 Bejahend *Fischer/Schaffland,* GenFor 1976 III, S. 38 ff (41, Zusammenfassung); *Hoffmann,* Patronatserklärung, S. 221, 2. Abs., die Ausstattungsverpflichtung sei unter Zugrundelegung banküblicher Maßstäbe als vollwertige und auch im Vergleich zum Bürgschafts- und Garantievertrag gleichrangige Personalsicherheit anzusehen; *J. Horn,* Patronatserklärungen im common law, S. 199/200, vgl. auch S. 203, 2. Abs.; *Köhler,* WM 1978, S. 1338 ff. (1346, 2. Spalte, 2. Abs.); *Kölner Kommentar zum AktG-Koppensteiner* (3), § 302 Rn. 16; (implizit) *Kohout,* Patronatserklärungen, S. 241/242, 5., der allerdings davon ausgeht, der Patron schulde dem Gläubiger bei fehlender Leistungsfähigkeit des Protegés im Fälligkeitstermin auf Primärebene auch eine Direktleistung; *Leitner,* ÖBA 2002, S. 517 ff. (527, 5.); *Scheibel,* Personalkreditgeschäft (4), S. 219; *Schimansky/Bunte/Lwowski* (*Merkel*), Bankrechts-Handbuch II (2), § 98 Rn. 17/18; siehe auch *Meinhardt,* Beendigung der Haftung, S. 11, 3. Abs.; *Mosch,* Patronatserklärungen, S. 197/198; *Ohlmeyer/Gördel,* Kreditgeschäft der Kreditgenossenschaften (10), S. 835, a); *Schraepler,* ZKW 1975, S. 215 ff. (218, , 2 Abs., Fn. 9); *Stecher,* ‚Harte' Patronatserklärungen, S. 209, 2. Abs.; *Wittig* in: *BuB* (2003), Rn. 4/2850, die harte Patronatserklärung sei als Sicherungsmittel bei der Konzernfinanzierung so alltäglich, dass man fast geneigt sei, sie zu den klassischen bankmäßigen Sicherheiten zu zählen, siehe auch Rn. 4/2853, 4/2888, „echte Kreditsicherheit"; offen gelassen von *Schaarschmidt,* Sparkassenkredite (8), S. 850 a.E. Rn. 2.1002; kritisch *Lenz,* EuZW 1991, S. 297 ff. (301, VII. 1.); verneinend *Herget/Butzke,* Ersatzsicherheiten, S. 8; *Obermüller,* ZIP 1982, S. 915 ff. (918, 4., 919, 1.); *ders.,* ZGR 1975, S. 1 ff. (29, d)); *Rippert,* Patronatserklärungen, S. 186/187, H., vgl. aber S. 187 a.E.

145 Im Ergebnis ebenso *Mosch,* Patronatserklärungen, S. 197/198.

146 Vgl. *Schraepler,* ZKW 1975, S. 215 ff. (218, 2. Abs.), „fehlender Zahlungswille der Tochtergesellschaft lässt sich durch rechtlichen Zwang aus der Kreditforderung ersetzen."

147 Im Ergebnis ebenso *Zeitter* in: Rostocker Schriften zum Bankrecht, Heft 6, S. 7 ff. (22, 2. Abs.), unter Hinweis auf die Ersatzfähigkeit auch des entgangenen Gewinns; zurückhaltender *Kohout,* Patronatserklärungen, S. 262, § 5.

148 Im Ergebnis ebenso *J. Horn,* Patronatserklärungen im common law, S. 196, 1. Abs., der jedoch maßgeblich auf die Sekundärleistungsklage abstellt, da er mit der

Kapitel entnehmen lässt[149], bildet auch das Prozessrecht keinen Hemmschuh, sollte sich für den Gläubiger im Einzelfall Bedarf für eine zwangsweise Durchsetzung der Ausstattungsverpflichtung ergeben. Die harte Patronatserklärung ist daher weder gegenüber der Bürgschaft noch gegenüber der Garantie ein „rechtliches Minus“[150].

### 2. „Interne“ Ausstattungsverpflichtung

Was die „interne“ Ausstattungsverpflichtung angeht, ist deren teilweise Einordnung als aufschiebend bedingtes Darlehensversprechen[151] oder als Darlehensvorvertrag rechtsirrig[152]. Die Annahme einer zweistufigen Ausgestaltung in Form eines Vorvertrages, der den Ausstattungspflichtigen im Zuwendungszeitpunkt zum Abschluss eines Darlehensvertrages verpflichten würde, scheitert daran, dass der Zusagende dem beiderseitigen Parteiwillen entsprechend bereits aufgrund des Ausstattungsvertrages leistungspflichtig sein soll[153]. Ein Rechtswille zum Abschluss von Folgeverträgen ist nur bei einer dahingehenden Abrede anzunehmen[154]. Die Qualifikation einer „internen“ Ausstattungsvereinbarung als Geld- oder Sachdarlehen gemäß §§ 488 ff. n.F. bzw. 607 ff. a.F. BGB

---

(noch) hM eine Klage auf Ausstattung des Protegés für unmöglich hält; aA wohl *Mosch,* Patronatserklärungen, S. 135, 1./2. Abs.

149 Kapitel 9, B. I.–III.

150 *IdW,* Stellungnahme Aktienrecht, WPg 1976, S. 528 ff. (535, „Schlussbemerkungen“); *IdW,* Erläuterungen, Wpg 1976, S. 209 ff. (213, „Schlussbemerkungen“); *Wittig* in: *BuB* (2003), Rn. 4/2288, unter Verweis auf das ungleich höhere Risiko des Patrons und das von diesem zu tragende Weiterleitungsrisiko; aA im Vergleich zur Garantie, *Münchener Vertragshandbuch* (*Schütze*), III. 25., Patronatserklärung (I), S. 462, 4. b); siehe auch *Mosch,* Patronatserklärungen, S. 135, 1. Abs., 156, 3. Abs., in Bezug auf die fehlende Einstandspflicht des Patrons im Falle der bloßen Leistungsunwilligkeit des Protegés; *J. Koch,* Die Patronatserklärung, S. 97, bb), 133, 2. Abs., die Erklärung werde von den Parteien offensichtlich als „Weniger“ gegenüber einer klassischen Personalsicherheit empfunden bzw. dem Kreditgeber sei es nicht gelungen, mehr als bloß eine Patronatserklärung „herauszuholen“.

151 *OLG München* (U. v. 22.07.2004 – 19 U 1867/04), ZIP 2004, S. 2102 ff. (2104, cc)), das darunter entsprechend § 607 BGB a.F. die Überlassung von Fremdkapital, im Falle der allgemeinen Ausstattungsverpflichtung auch die „Überlassung von Kredithilfen jeder Art“ versteht; unter Zustimmung von *Tetzlaff,* EWiR 2005, S. 31 f. (32, 2.3); *Kiethe,* ZIP 2005, S. 646 ff. (649/650, 3.1); *Wiedemann/Hermanns,* ZIP 1994, S. 997 ff. (998/999, 1002, VI: 1.). Diese einengende Qualifikation ist nur nachvollziehbar, wenn der Sicherungsgeber dem Gläubiger zugesagt hat, dem Hauptschuldner die benötigten Beträge im Bedarfsfall als Darlehen zur Verfügung zu stellen (sog. „Kreditzusage“), dazu *Gerth,* Kreditsicherheiten, S. 273/274, 280, 4.; *Hantke,* S. 52, 3.; *Hoffmann,* Patronatserklärung, S. 157, 1. Abs.; *Obermüller,* Ersatzsicherheiten, S. 107 Rn. 356/357 i.V.m. S. 112, Rn. 370, Muster 24; *Wittig* in: *BuB* (2003), Rn. 4/2911.

152 *Forschbach,* Liquiditätszusagen, S. 81, II.

153 Im Ergebnis ebenso *Forschbach,* Liquiditätszusagen, S. 82/83, a)–c), weder Vorvertrag noch Grund-, Rahmen- oder Optionsvertrag.

kommt nur in Betracht, wenn die begünstigte Gesellschaft einen Anspruch auf Zuwendung konkreter Mittel erhalten soll, die sie in gleicher Art, Güte oder Menge zu erstatten hat[155]. Beides ist normalerweise nicht der Fall[156]. Wie bei der harten Patronatserklärung sind die Erfüllungsmodalitäten in aller Regel dem Ausstattungspflichtigen überlassen[157]. Ob das begünstigte Unternehmen erstattungspflichtig ist, dürfte sich vielfach nach dem Ausstattungsvertrag oder nach dessen ökonomischem Hintergrund richten, ansonsten nach dem Sinn und Zweck der einzelnen Zuwendungsleistungen. Für die „externe" Ausstattungsverpflichtung ist bereits festgehalten worden, dass die Frage nach einer Rückerstattungspflicht des Protegés einer gesonderten Prüfung im Verhältnis zwischen diesem und dem Patron bedarf[158]. Für die „interne" Ausstattungsverpflichtung gilt Entsprechendes. Der „internen" Ausstattungsvereinbarung als solcher lässt sich nur die einseitige Ausstattungspflicht des Zusagenden entnehmen. Ob die Begünstigte die Zuwendungsleistungen zu erstatten und eine Zins- und/oder Provisionszahlung zu erbringen hat, kann nur anhand einer den Ausstattungsvertrag oder die einzelnen Zuwendungsleistungen begleitenden Abmachung, anhand deren Charakter oder mit Blick auf die spezifische Beziehung zwischen der ausstattungsbegünstigten Gesellschaft und dem Ausstattungsschuldner festgestellt werden. Ist letzterer Anteilseigner der begünstigten Gesellschaft, wird bei Fehlen einer ausdrücklichen Abrede meist davon auszugehen sein, dass Geldzuwendungen nach Überwindung der Krise zu erstatten sind. Basiert die Zusage auf einem Konzernrechtsverhältnis, sind die Zuwendungsleistungen oftmals antizipative „verlorene" Zuschüsse auf die Verlustausgleichspflicht. Besteht die Ausstattungsleistung in einer Kapitalerhöhung gegen Gesellschaftsanteile, bilden letztere die äquivalente Gegenleistung für die Geld- oder Sacheinlage. Einen generellen Anspruch auf Abschluss eines nachfolgenden Darlehensvertrages, sei er zinspflichtig oder zinslos, hat der Ausstattungspflichtige folglich nicht. Die Möglichkeit einer Rückforderung der Zuwendungsleistungen über die Grundsätze der Geschäftsführung ohne Auftrag oder mit Hilfe des Bereicherungsrechts scheidet aus. Der Ausstattungspflichtige erbringt die Zuwendungen in Erfüllung der Ausstattungs- oder einer diese begleitenden Vereinbarung und damit

---

[154] Zu einer solchen, vgl. *Herget/Butzke,* Ersatzsicherheiten, S. 28, a); *Obermüller,* Ersatzsicherheiten, S. 106 Rn. 353, S. 115, Muster 27, „Liquiditätshilfegarantie (durch Kredit)"; *Wittig* in: *BuB* (2003), Rn. 4/2911, 4/2914.

[155] *Forschbach,* Liquiditätszusagen, S. 85/86, c); dies bejaht *OLG München* (U. v. 22.07.2004 – 19 U 1867/04), ZIP 2004, S. 2102 ff. (2104, a) cc)).

[156] Siehe aber *Herget/Butzke,* Ersatzsicherheiten, S. 28, a); *K. Schmidt* in: FS Werner, S. 777 ff. (781, c)); *Obermüller,* Ersatzsicherheiten, S. 106 Rn. 351, 353, S. 108 Rn. 358, S. 115 Rn. 373; *Wittig* in: *BuB* (2003), Rn. 4/2911, 4/2914, zur „Liquiditätsgarantie durch Kredit" bzw. „mit Kreditzusage".

[157] Trotz der Einordnung als aufschiebend bedingtes Darlehensversprechen ebenso *OLG München* (U. v. 22.07.2004 – 19 U 1867/04), ZIP 2004, S. 2102 ff. (2104, a) bb)).

[158] Kapitel 5, C. I.

„mit Auftrag/Berechtigung“ bzw. „mit Rechtsgrund“ (solvendi causa). Der die Ausstattungsverpflichtung begründende atypische Vertrag und ein etwaiger Vertrag über die Verpflichtung und Modalitäten zur Rückgewähr der in ihrer Erfüllung erbrachten Leistungen sind (wenigstens gedanklich) streng voneinander zu trennen[159]. Nach vorliegendem Verständnis kann aus dem Schweigen des Ausstattungsvertrages auch nicht zwingend auf die Unentgeltlichkeit der zu erbringenden Zuwendungsleistungen geschlossen werden[160]. Die pauschale Einordnung der „internen“ Ausstattungszusage als Schenkungsvereinbarung im Sinne der §§ 516, 518 BGB verbietet sich[161].

---

159 Anders *Forschbach,* Liquiditätszusagen, S. 85–94, die zunächst dartut, weshalb die Ausstattungsvereinbarung weder als Darlehen noch als Schenkung, Garantie und Sukzessivlieferungsvertrag anzusehen ist und daher zu dem Schluss gelangt, bei ihr handele es sich um einen Vertrag sui generis, der unter Umständen hinsichtlich einzelnen Schenkungs- und Garantieelemente nach den entsprechenden Rechtsregeln zu behandeln sei.

160 AA wohl *Forschbach,* Liquiditätszusagen, S. 91, 3. Abs., die – wenn auch unter der Prämisse der Ausstattungszusage eines GmbH-Gesellschafters – meint, die Liquiditätszusage sei keine Schenkung, sondern eine unentgeltliche Zuwendung im Hinblick auf das Gesellschaftsverhältnis. Aus dem Gesamtzusammenhang ergibt sich, dass die Autorin die „Unentgeltlichkeit“ dem ersten Anschein zuwider nicht auf die Zusage, sondern auf die einzelnen Ausstattungsleistungen bezogen wissen will; siehe aber auch S. 114, a).

161 „Unentgeltlich“ ist selbst die vorgezogene Erfüllung der konzernrechtlichen Verlustausgleichspflicht nicht. Der Pflichtige schuldet den Verlustausgleich per Geschäftsjahresende. „Abschlagsleistungen“ sind stets im Zusammenhang mit den Befugnissen aus dem Beherrschungs- und/oder Gewinnabführungsvertrag zu sehen, zumal sie die Ertragschancen des Gesamtkonzerns verbessern können. Vorteil für den Ausstattenden ist, dass er den Gegenstand der Zuwendungsleistungen selbst bestimmen kann, wohingegen der Verlustausgleich nach herrschender Meinung zwingend in Geld zu erfolgen hat, vgl. *Wittig* in: *BuB* (2003), Rn. 4/2934.

*Kapitel 8*

# Geltung des bürgschaftsrechtlichen Schriftformerfordernisses

Die Feststellung, dass die „externe" Ausstattungsvereinbarung ein der Bürgschaft in vielerlei Hinsicht vergleichbarer Vertrag ist, auf den einzelne Bürgschaftsnormen entsprechende Anwendung finden können, wirft die Frage auf, ob dies auch für das Schriftlichkeitsgebot des § 766 S. 1 BGB gilt.

## A. Praktische Ausgangslage

Diese Frage ist nicht nur theoretischer Natur. In der Praxis werden „externe" Ausstattungserklärungen zwar so gut wie immer[1] schriftlich niedergelegt und die Zusage in Briefform von dem Patron an den Gläubiger übersandt, die Gefahr einer Formnichtigkeit gemäß § 766 S. 1 analog i.V. m § 125 S. 1 BGB liegt aber gerade seit der Schuldrechtsreform darin begründet, dass die Erteilung einer Bürgschaftserklärung in elektronischer Form entgegen dem Grundprinzip des § 126 Abs. 3 i.V.m. § 126a BGB nach § 766 S. 2 BGB ausdrücklich ausgeschlossen ist. Im Zuge der zunehmenden Elektronisierung des Schriftverkehrs kann es leicht passieren, dass das Gebot einer strikten Schriftlichkeit im Sinne des § 126 Abs. 1, 2 BGB bei einem ungeregelten Sicherungsinstrument wie der harten Patronatserklärung übersehen wird, sollte sich Bedarf für eine analoge Anwendung des bürgschaftsrechtlichen Formerfordernisses ergeben[2].

Solange der Patron seiner Ausstattungspflicht nachkommt und der Protegé die empfangenen Mittel an den Gläubiger weiterleitet, stünden für den Gläubiger aus einer etwaigen Formnichtigkeit des Patronatsvertrages allerdings keine negativen Konsequenzen zu besorgen. Auf die Frage nach der Übertragbarkeit der Heilungsvorschrift des § 766 S. 3 BGB kommt es dabei noch nicht einmal an[3]. Ist bzw. sind die abgesicherten Hauptschuld(en) wirksam begründet wor-

---

[1] Wenn auch nicht durchgängig, vgl. *Rummel* in: FS Doralt (2004), S. 493 ff. (502, IV.), man solle sich nicht der Illusion hingeben, dass in der Praxis ohnehin alle Patronatserklärungen schriftlich abgegeben würden. Das treffe nach Wissen des Autors nicht zu.

[2] Dies übersieht *J. Koch,* Die Patronatserklärung, S. 224, III.

den, kann der Patron die von dem Protegé zur Schuldentilgung verwandten Mittel ohnehin nicht von dem Gläubiger „zurück"fordern. Aus Gläubigerperspektive stellt sich die Zuwendung des Protegés ausschließlich als dessen Leistung an ihn dar. Eine Leistungskondiktion des Patrons (§ 812 Abs. 1 S. 1, 1. Alt. BGB) käme bereits tatbestandlich nicht in Betracht. Eine Nichtleistungskondiktion (§ 812 Abs. 1 S. 1, 2. Alt. BGB) wegen Vorrangs der (wirksamen) Leistung im Hauptschuldverhältnis gleichsam nicht. Die entsprechende Anwendung des § 766 S. 3 BGB kann daher bestenfalls in Bezug auf etwaige Direktleistungen des Patrons bedeutsam werden.

Weiterhin sieht § 350 HGB zwecks Erleichterung des Handelsverkehrs[4] vor, dass die Formvorschrift des § 766 S. 1 und S. 2 BGB für Bürgschaften, die auf Seiten des Bürgen ein Handelsgeschäft sind, nicht gilt[5]. Unter „Handelsgeschäften" versteht § 343 Abs. 1 HGB alle Geschäfte eines Kaufmanns, die zum Betrieb seines Handelsgewerbes gehören[6]. „Externe" Ausstattungszusagen sind

---

[3] Die Anwendung des § 766 S. 3 BGB auf an den Protegé erbrachte Ausstattungsleistungen wäre von geringem praktischen Nutzen. Die Zuwendungen an den Protegé sind eine „Doppelleistung". Auf der einen Seite erfüllt der Patron mit ihnen seine Verpflichtung aus dem Ausstattungsvertrag. Insoweit wären sie im Falle eines formnichtigen Patronatsvertrages eine rechtgrundlose Leistung an den Gläubiger. Der Patron hätte den Erfüllungszweck im Sicherungsverhältnis verfehlt (Leistung solvendi causa). Dennoch müsste eine Leistungskondiktion in diesem Verhältnis ausscheiden, da der Gläubiger infolge der Ausstattungsleistung keinen (Vermögens-)Zuwachs erfahren hat. Er hat von dem Patron selbst nichts erlangt. Auf der anderen Seite erbringt der Patron die Ausstattungsleistungen auch mit Blick auf ein zwischen ihm und dem Protegé bestehendes oder zeitgleich begründetes Schuldverhältnis. Aus Sicht des Protegés stellen sich die Unterstützungsmaßnahmen ausschließlich als Leistung des Patrons an ihn dar. Selbst wenn der Gläubiger die Ausstattungsleistungen im Vorfeld eingeklagt haben sollte, basieren sie aus maßgeblicher Empfängersicht nur auf einer Leistung des Patrons. Beruhen die Leistungen des Patrons gegenüber dem Protegé auf einem wirksamen Kausalverhältnis, sind sie kondiktionsfest. Der Patron hat den Einzelgeschäftszweck „Erfüllung" (solvendi causa) erreicht bzw. nicht verfehlt. Die Vorschrift des § 766 S. 3 BGB lässt sich auf die Dreieckskonstellation einer Ausstattungsvereinbarung daher bestenfalls insofern übertragen, als der Patron bei einem formnichtigen Patronatsvertrag aufgrund der Heilung (auch) gegenüber dem Gläubiger solvendi causa geleistet hätte. Praktische Relevanz hätte dies nicht.

[4] Denkschrift zum Entwurf eines Handelsgesetzbuchs und EinfG, abgedruckt bei *Schubert/Schmiedel/Krampe* II/2, S. 1113, 2. Abs., es wäre den Bedürfnissen des Handelsverkehrs nicht verträglich, wenn die §§ 766, 780 bis 782 BGB ohne Einschränkung zur Anwendung kämen. Der mündlichen Bürgschaftsübernahme eines Kaufmanns dürfte die Wirkung nicht versagt werden; *BGH* (U. v. 08.12.1992 – IX ZR 96/92), BGHZ 121, S. 1 ff. (5, 2. Abs.), Ziel der Norm sei es, den Handelsverkehr von hinderlichen Formvorschriften freizuhalten und dem Bedürfnis nach einfacher und schneller Abwicklung Rechnung zu tragen; *Ebenroth/Boujong/Joost* (*Hakenberg*), HGB, § 350 Rn. 1, sofern die Schriftform Warnfunktion erfülle, könne gegenüber einem Kaufmann hierauf verzichtet werden. Insgesamt seien Kaufleute wegen ihrer größeren Geschäftserfahrung weniger schutzwürdig und hafteten strenger als Privatpersonen; *MüKo-K. Schmidt*, HGB, § 350 Rn. 1; *Staub* (*Koller*), HGB (4), § 350 Rn. 1.

[5] *Reinicke/Tiedke*, Kreditsicherung (4), S. 49 Rn. 152, ein Kaufmann brauche nicht geschützt zu werden, er wisse, worauf er sich einlasse.

üblicherweise ein Handelsgeschäft. Die praktische Gefahr einer unwirksamen Verpflichtungserklärung ist daher alles in allem nicht sehr groß[7]. Andererseits sind an der protegierten Gesellschaft beteiligte natürliche Personen und deren Geschäftsführer nach mehrheitlicher Meinung keine Kaufleute im Sinne des Handelsgesetzbuchs[8]. Da nicht auszuschließen ist, dass derartige Einzelpersonen mit Blick auf die freie Wahl der Ausstattungsmodalitäten im Einzelfall die Erteilung einer Ausstattungszusage gegenüber der erbetenen Bürgschaft oder Garantie präferieren[9], lohnt es sich schon aus diesem Grund, der Frage nach der Formbedürftigkeit einer harten Patronatserklärung nachzugehen.

---

[6] Gemäß § 344 HGB wird darüber hinaus gesetzlich vermutet, dass die von einem Kaufmann vorgenommenen Rechtsgeschäfte im Zweifel zum Betriebe seines Handelsgewerbes gehören (Abs. 1), und dass die von ihm gezeichneten Schuldscheine als im Betriebe seines Handelsgewerbes gezeichnet gelten, sofern sich aus der Urkunde nichts Gegenteiliges ergibt. Sowohl eine schriftliche Bürgschafts-, als auch eine Patronatserklärung sind „Schuldscheine" im Sinne dieser Norm; zur Bürgschaftsurkunde, vgl. *Fischer,* WM 1998, S. 1705 ff. (1708, 6.); *Kreft,* WM 1997, Sonderbeilage Nr. 5, S. 15, 1. Spalte; *Schimansky/Bunte/Lwowski* (*Schmitz*), Bankrechts-Handbuch II (2), § 91 Rn. 15.

[7] *MüKo-Habersack* (4), Vor § 765, Rn. 51; *Rimmelspacher,* Kreditsicherungsrecht (2), S. 29 Rn. 113.

[8] *BGH* (U. v. 02.06.1966 – VII ZR 292/64), BGHZ 45, S. 282 ff. (284/285, a)), für einen Kommanditisten; *BGH* (U. v. 22.10.1981 – III ZR 149/80); NJW 1982, S. 569 f. (570, III.); *BGH* (U. v. 30.01.1997 – IX ZR 133/96), ZIP 1997, S. 536 ff. (537, III. 1. a)); *Diedrichsen,* Jura 1999, S. 229 ff. (230, 2.); *Kreft,* WM 1997, Sonderbeilage Nr. 5, S. 15, 1. Spalte; *Nielsen,* Bankrecht, S. 246/247; *Schimansky/Bunte/Lwowski* (*Schmitz*), Bankrechts-Handbuch II (2), § 91 Rn. 15; *Wagenknecht* in: *BuB* Rn. 4/1032. Zu einem abweichenden Ergebnis gelangt *MüKo-Habersack* (4), § 766 Rn. 3, m. w. N. zu dem Meinungsstreit, der die Regelung des § 350 HGB jedenfalls auf geschäftsführende Gesellschafter analog anwenden möchte; ebenso *K. Schmidt,* ZIP 1986, S. 1510 ff. (1515–1517), wenn der Bürgschaftsvertrag Bestandteil der handelsgewerblichen Tätigkeit ist. Für eine teleologische Reduktion der Norm spricht, dass dieser Personenkreis mindestens ebenso geschäftsgewandt ist wie ein „Kaufmann", schließlich sind juristische Personen nur vermöge ihrer Organwalter handlungs- und damit auch geschäftsfähig. Insgesamt kann man daran bezweifeln, ob die Tatbestandsvoraussetzungen des § 350 HGB den heutigen Gegebenheiten (noch) gerecht werden; gleichsam für eine normzweckbezogene Einzelfallbetrachtung, *Weyer,* WM 2005, S. 490 ff. (497/498, III. 1.).

[9] Siehe vor allem *Michalski,* WM 1994, S. 1229 ff. (1229, A.); *Rummel* in: FS Doralt (2004), S. 493 ff. (502, IV.), Patronatserklärungen von Gesellschaftern, die nicht Kaufleute sind, kämen gelegentlich vor; vgl. auch *Herget/Butzke,* Ersatzsicherheiten, S. 21, 1. Abs.; *Möser,* DB 1979, S. 1469 ff. (1472, 2., „Patron"); *Wittig* in: *BuB* (2003), Rn. 4/2875, der allerdings von der Hereinnahme entsprechender Patronatserklärungen abrät.

## B. Herrschende Meinung von der fehlenden Analogiefähigkeit des § 766 S. 1 BGB

Hinsichtlich der übrigen Interzessionsmittel wird eine analoge Anwendung des § 766 S. 1 BGB überwiegend abgelehnt. Die Norm sei eine singuläre Ausnahmevorschrift[10]. Der Gesetzgeber habe bewusst nur die Bürgschaftserklärung der Schriftform unterstellt[11]. Grund dafür sei, dass ein Bürge oftmals leichtfertig davon ausgehe, nicht in Anspruch genommen zu werden, weswegen er sich ohne genauere Überlegung zur Abgabe der Bürgschaftserklärung hinreißen lasse. Sowohl die Garantie[12] als auch der Schuldbeitritt[13] sollen demnach auch außerhalb des kaufmännischen Geschäftverkehrs formlos wirksam sein[14]. Für die „externe" Ausstattungsverpflichtung wird das Schriftformerfordernis im Allgemeinen ebenfalls negiert[15].

---

[10] *Hantke,* S. 42; *Obermüller,* Ersatzsicherheiten, S. 18 Rn. 65, § 766 BGB gelte nur für Bürgschaften; *von Rosenberg/Kruse,* BB 2003, S. 641 ff. (641, I. a.E.).

[11] *BGH* (U. v. 19.01.1972 – VIII ZR 111/70), NJW 1972, S. 576 f. (576); *Gruel,* S. 18/19, (1), zur Garantie, es bestehe keine die entsprechende Anwendung rechtfertigende Regelungslücke, da der Gesetzgeber die Garantie bewusst nicht kodifiziert habe.

[12] *RG* (U. v. 29.06.1905 – VI. 531/04), RGZ 61, S. 157 ff. (160, 2. Abs.); *BGH* (U. v. 22.02.1962 – VII ZR 262/60), WM 1962, S. 576 ff. (577, I.); *BGH* (U. v. 15.11.1963 – Ib ZR 206/62), WM 1964, S. 61 f. (62, 2. Abs.); *Bülow,* Recht der Kreditsicherheiten (6), S. 507 Rn. 1553; *Falter,* Praxis des Kreditgeschäfts (15), S. 140 Rn. 3.72; *Käser,* RabelsZ 35 (1971), S. 601 ff. (619/620, 1.), zum „kausalen" Garantieversprechen; *MüKo-Habersack* (4), § 766 Rn. 2, Vor § 765 Rn. 19; *Palandt-Sprau* (64), Einf v § 765 Rn. 16; *Pleyer,* WM-Sonderbeilage Nr. 2/1973, S. 15, 8.); *Schimansky/Bunte/Lwowski* (*Schmitz*), Bankrechts-Handbuch II (2), § 92 Rn. 3; *Staudinger-Horn,* Vorbem zu §§ 765 ff. Rn. 197, 223; *Wagenknecht* in: *BuB* (2003), Rn. 4/1291, 4/1293; aA *Henssler,* Risiko als Vertragsgegenstand, S. 374–376, 3., für den Fall einer Garantieabgabe durch eine Privatperson ohne eigenes wirtschaftliches Interesse an dem Abschluss des Sicherungsvertrages; *Larenz/Canaris,* Schuldrecht II 2 (13), § 64 III 3 b), S. 77; *Rimmelspacher,* Kreditsicherungsrecht (2), S. 23/24 Rn. 95–99.

[13] *RG* (U. v. 23.11.1906 – II. 200/06), RGZ 64, S. 318 ff. (320); *BGH* (U. v. 08.12.1992 – XI ZR 96/92), BGHZ 121, S. 1 ff. (3, a)); *BGH* (U. v. 21.04.1998 – IX ZR 258/97), BGHZ 138, S. 321 ff. (327, 2. Abs.), die enge Bindung an den Hauptvertrag zeige sich auch darin, dass der kumulative Schuldbeitritt grundsätzlich formfrei erklärt werden könne; *Lwowski/Merkel,* Kreditsicherheiten (8), S. 66; *Ohlmeyer/Gördel,* Kreditgeschäft der Kreditgenossenschaften (10), S. 828, 3. Abs.; *Reinicke/Tiedke,* Kreditsicherung (4), S. 6 Rn. 17; *Wagenknecht* in: *BuB* (2003), Rn. 4/1331; aA *Harke,* ZBB 2004, S. 147 ff. (150/151, III.–V.); *Madaus,* Schuldbeitritt als Personalsicherheit, S. 268, 2. Abs.; *Rimmelspacher,* Kreditsicherungsrecht (2), S. 24 Rn. 98; *MüKo-Habersack* (4), Vor § 765 Rn. 15, § 766 Rn. 2, soweit der Schuldbeitritt Sicherungsfunktion hat.

[14] *Staudinger-Horn* (1997), Vorbem zu §§ 765 ff. Rn. 223, 365, § 766 Rn. 4; aA *Hopt,* AcP 183 (1983), S. 608 ff. (702, 2. Abs.).

[15] *OLG Naumburg* (U. v. 13.01.2000 – 2 U (Hs) 73/98), OLGR Naumburg 2000, S. 407 ff. (408, II. 2. b)); *Becker/Trommer,* ZKF 2005, S. 55. ff. (56, 2.2); *Forschbach,* Liquiditätszusagen, S. 111/112, für die „interne" Ausstattungsverpflichtung;

Bereits von Gesetzes wegen formlos gültig sein soll der Kreditauftrag (§ 778 BGB)[16]. Das Gesetz knüpft in § 778 BGB an den nach §§ 662 ff. BGB grundsätzlich formfrei zulässigen Auftrag zur Gewährung eines Darlehens oder einer Finanzierungshilfe die Folge der Bürgenhaftung. In den Materialien findet sich diesbezüglich der Hinweis, zur Anordnung einer besonderen Formvorschrift, wie sich solche im geltenden Recht finde, sei hier so wenig wie für die Bürgschaft überhaupt Anlass[17].

---

*Frick,* Patronatserklärungen, S. 118, Ziff. 1.; *Hantke,* S. 42.; *Hoffmann,* Patronatserklärung, S. 12; *Jander/Hess,* RIW 1995, S. 730 ff. (731, II. 1.); *Kohout,* Patronatserklärungen, S. 34, I; *Leitner,* ÖBA 2002, S. 517 ff. (521, 2.2.2); *Lwowski,* Kreditsicherung (8), S. 392 Rn. 444; *Maslaton,* NVwZ 2000, S. 1351 ff. (1352, 1., 1353, IV.); *Michalski,* WM 1994, S. 1229 ff. (1232, D. I.); *Münchener Vertragshandbuch* (*Schütze*), III. 25., Patronatserklärung (I), S. 463, Anm. 6; *Obermüller,* Ersatzsicherheiten, S. 18 Rn. 65; *ders.,* ZGR 1975, S. 1 ff. (32, III. 1.); *Ohlmeyer/Gördel,* Kreditgeschäft der Kreditgenossenschaften (10), S. 835, 3. Abs.; *von Rosenberg/Kruse,* BB 2003, S. 641 ff. (641, I. a.E.); *Schimansky/Bunte/Lwowski* (*Merkel*), Bankrechts-Handbuch II (2), § 98 Rn. 15; *Schütze,* WuB I F 1 c. – 5.02, S. 931 f. (931, II.); *Wittig* in: *BuB* (2003), Rn. 4/2871; offen gelassen von *OLG Rostock* (U. v. 16.12.2004 – 1 U 28/04), OLGR Rostock 2005, S. 529 f. (530, I. 4.), (Alternativprüfung); aA *Rimmelspacher,* Kreditsicherungsrecht (2), S. 29 Rn. 113; *Rummel* in: FS Doralt (2004), S. 493 ff. (502, IV.); *Schäfer,* WM 1999, S. 153 ff. (163, 1. Abs.), der die Patronatserklärung allerdings entgegen der hier vertretenen Meinung als bürgschaftsähnliches Versprechen zur Rückführung des Kredits in der Tochterinsolvenz einordnet (vgl. S. 160, b)); ebenso wohl auch *MüKo-Habersack* (4), Vor § 765 Rn. 51, die Vorschriften der §§ 765 ff. BGB fänden grundsätzlich entsprechende Anwendung, dem Formerfordernis des § 766 BGB komme im Hinblick auf § 350 HGB allerdings keine Bedeutung zu.

[16] *BGH* (U. v. 19.01.1972 – VIII ZR 111/70), NJW 1972, S. 576 f. (577, 1. Abs.); *Falter,* Praxis des Kreditgeschäfts (15), S. 139 Rn. 3.68; *MüKo-Habersack* (4), § 778 Rn. 8; *Ohlmeyer/Gördel,* Kreditgeschäft der Kreditgenossenschaften (10), S. 831, 3.; *Reinicke/Tiedke,* Kreditsicherung (4), S. 35/36 Rn. 114; *Rimmelspacher,* Kreditsicherungsrecht (2), S. 23 Rn. 96, S. 32, Schaubild 1; *Schaarschmidt,* Sparkassenkredite (8), S. 851 Rn. 2.1003; *Palandt-Sprau* (64), § 778 Rn. 2; *Staudinger-Horn* (1997), § 778 Rn. 6, der daraus sogar auf die Formfreiheit sonstiger bürgschaftsähnlicher Verträge schließt, vgl. § 766 Rn. 4; *Wagenknecht* in: *BuB,* Rn. 4/1261.

[17] *Motive II,* § 680, S. 684, 2. Abs. = *Mugdan II,* § 680, S. 382, 2. Abs. Nach der zunächst in Aussicht genommenen Gesetzesversion sollte der Vertrag nach den Vorschriften über die Bürgschaft zu beurteilen sein, vgl. die Gegenüberstellung bei *Mugdan II,* § 680 des ersten Entwurfs, § 717 des zweiten Entwurfs, abgedruckt auf S. CXVII. Erst in zweiter Lesung entschied man sich für die heutige Gesetzesfassung, *Protokolle II,* S. 485/486, IX. = *Mugdan II,* S. 1031/1032, V. Die beantragte Abweichung, dass vor erfolgter Kreditgewährung die Bestimmungen über den Auftrag gelten und erst im Anschluss daran die Bürgschaftsnormen, ist als übereinstimmend mit einer für das gemeine Recht verbreiteten Ansicht akzeptiert worden.

## C. Genese des bürgschaftsrechtlichen Schriftlichkeitsgebots

Dazu muss man wissen, dass der historische Gesetzgeber zunächst davon abgesehen hat, für die Bürgschaft ein Formerfordernis zu statuieren[18]. Die existenten Gesetzgebungen, so sein Argument, sähen für die Bürgschaft (erg.: wenn überhaupt) nicht etwa deshalb die Schriftform vor, weil es sich bei ihr um ein abstraktes Schuldversprechen[19] oder um ein Schenkungsversprechen handele, sondern um entweder „übereilte, leichtsinnige Bürgschaften zu verhüten" oder um klarzustellen, für welche Schuld die Bürgschaft übernommen worden ist[20]. Die Notwendigkeit einer Form dürfe deshalb nicht aus § 683[21] abgeleitet werden. Hinsichtlich des Vertragsschlusses würden vielmehr die allgemeinen Grundsätze gelten[22].

Diese Entscheidung ist Gegenstand einer heftigen Auseinandersetzung geworden. Aus den Reihen der Gesetzgebungskommission ist offiziell beantragt worden, § 668 der Entwurfsfassung einen Absatz hinzuzufügen, wonach die Bürgschaftserklärung der Schriftform bedarf[23]. Die Beurkundung sei so allgemein üblich, dass das gesetzliche Schriftformerfordernis keineswegs als Belästigung empfunden werden würde. Die Schriftform steuere einer leichtsinnigen Bürgschaftsübernahme wenigstens einigermaßen entgegen, weil sie geeignet sei, insbesondere bei rechtsunkundigen und wirtschaftlich schwachen Personen eine Vorstellung über die Tragweite ihrer Verpflichtung zu erwecken und sie hierdurch gegenüber einer von ihnen geforderten Verbürgung vorsichtiger zu machen. Auch beseitige die Schriftform die oftmals zu Prozessen Anlass bietenden Zweifel darüber, ob der Erklärende nur eine unverbindliche Redensart gebraucht hat oder ein rechtsgeschäftlicher Wille vorgelegen hat. Die Ähnlichkeit der regelmäßig als Akt der Liberalität zu wertenden Bürgenverpflichtung mit einer Schenkung weise darauf hin, dass die Bürgschaft dem gleichen Formzwang zu unterwerfen sei wie ein Schenkungsversprechen. Auch seien die Gründe, die den Entwurfsverfasser dazu veranlasst hätten, für das abstrakte

---

[18] *Motive II,* §§ 668, 669, S. 659/660 = *Mugdan II,* § 680, S. 368, vorletzter Abs., § 91 Abs. 1 des ersten Entwurfs lautete: „Für ein Rechtsgeschäft ist eine besondere Form nur dann erforderlich, wenn eine solche durch Gesetz oder Rechtsgeschäft bestimmt ist."; *Mugdan I,* S. LXXXI.

[19] Eine solche Einordnung scheitere an der Angabe eines Schuldgrundes.

[20] Diese Funktion hatte die Rechtsprechung etwa § 203 des Preußischen Allgemeinen Landrechts beigemessen, was in der Literatur teilweise auf Kritik gestoßen war (vgl. die Nw. in Fn. 1), *Motive II,* §§ 668, 669, S. 660, 1. Abs. = *Mugdan II,* § 680, S. 368, vorletzter Abs.

[21] Der für das Schuldversprechen und -anerkenntnis entsprechend den heutigen §§ 780, 781 BGB die Schriftform vorsah, vgl. *Mugdan II,* S. CXVII.

[22] *Motive II,* §§ 668, 669, S. 659/660 = *Mugdan II,* § 680, S. 368, vorletzter Abs.

[23] *Protokolle II,* S. 461, 3. = *Mugdan II,* S. 1018, 3., zu §§ 668, 669.

Schuldversprechen die Schriftform vorzusehen, analog zutreffend. Die Abweichung vom Handelsrecht stehe einem bürgerlichrechtlichen Schriftformerfordernis nicht entgegen, da es in der Natur der Rechtsverhältnisse liege, dass für die Entwicklung des Handels ein größeres Maß an Formfreiheit notwendig sei als für den bürgerlichen Verkehr[24].

Der (zunächst) ablehnende Kommissionsbeschluss ist damit begründet worden, die Minderheit überschätze die von der Schriftlichkeit zu erwartenden Vorteile. Bei schnell abzuwickelnden Geschäften wie dem Viehhandel auf Märkten, würde die Schriftform als unnötige Erschwerung empfunden. Die Bürgschaft gehöre ihrer Aufgabe nach in die Kategorie der Verkehrsgeschäfte, von denen tunlichst jeder Formzwang fernzuhalten sei. Bei der Bürgschaft seien im Wesentlichen dieselben Erwägungen zutreffend, die bei allen wichtigen Verträgen in Betracht kämen und welche die Kommission gleichwohl nicht dazu bestimmt hätten, für sie die Beobachtung einer Form vorzuschreiben. Die Erfahrung des preußischen Rechts habe gezeigt, dass die Schriftform Streitigkeiten nicht mindere, sondern häufig Zweifel über den Inhalt der Bürgschaftserklärung hervorrufe. Gerade aus den mit den Kreditgenossenschaften bekannten Kreisen höre man häufig Klagen darüber, dass die Bürgschaften, obwohl hier eine Beurkundung erfordert werde, übereilt übernommen würden. Mit einer Schenkung sei die Bürgschaft nicht vergleichbar. Die Verbindlichkeit gegenüber dem Gläubiger sei keine Gefälligkeit[25]. Ebenso wenig passe der Vergleich mit dem abstrakten Schuldversprechen. Bei diesem habe der Schuldschein die Bedeutung klarzustellen, dass eine Ablösung von jeder causa vorliege, während sich die Obligation des Bürgen nach der Verbindlichkeit des Hauptschuldners richte. Man gerate auch in Widerspruch mit der für das Mandat anerkannten Formfreiheit, wenn man für den Kreditauftrag eine Form vorschreibe. Schließlich wäre eine Differenz zwischen dem bürgerlichen Recht und dem HGB misslich und dem Verkehr schwerlich zu Nutzen[26].

Dennoch ist der Antrag auf Implementierung eines Schriftlichkeitsgebots letztlich aufgrund der großen Bedeutung der Bürgschaft und der aus ihr resultierenden Gefahren angenommen worden[27]. „Wenn irgendwo empfehle es sich hier, durch eine Formvorschrift den sich Verpflichtenden zu größerer Vorsicht anzuspornen[28]".

---

[24] Insgesamt dazu, *Protokolle II,* S. 462 = *Mugdan II,* S. 1019, 2., zu §§ 668, 669.

[25] Zur Nichtgeltung der Schenkungsform für die Bürgschaft, *Koziol,* S. 41, B.

[26] *Protokolle II,* S. 463 = *Mugdan II,* S. 1020, 2. Abs., zu §§ 668, 669.

[27] Siehe nur den Kommissionsbericht über die erste Beratung im Plenum des Reichstages, *Mugdan II,* S. 1295, zu § 750a.

[28] *Mugdan II,* a. a. O.

## D. Das bürgschaftsrechtliche Formerfordernis in Rechtsprechung und neuerer Gesetzgebung

Aus heutiger Sicht liegt der Hauptzweck des bürgschaftsrechtlichen Schriftlichkeitsgebots in der Warnung des Bürgen und in dessen Schutz vor einer übereilten Sicherungszusage[29]. Den Warnzweck sieht der BGH selbst dann nicht als erfüllt an, wenn der Bürge dem Gläubiger anstelle eines handschriftlich unterzeichneten Schriftstücks ein Telefax mit seiner Bürgschaftserklärung übermittelt[30]. Die Vorschrift des § 766 S. 1 BGB verlangt nämlich nicht nur die schriftliche Niederlegung, sondern auch die formgerechte *Erteilung* der Bürgschaftserklärung. Es bedarf einer schriftlichen Entäußerung gegenüber dem Gläubiger, indem die schriftliche Bürgschaftserklärung ihm – und sei es auch nur vorübergehend – körperlich zur Verfügung gestellt wird[31]. Der Zweck der Norm, den Bürgen zu größerer Vorsicht anzuhalten und ihn vor einer unzureichenden Folgenabwägung zu schützen, gebietet nach höchstrichterlicher Rechtsprechung eine formstrenge Auslegung[32]. Zugefaxte Bürgschaftserklärungen seien schriftlich übersandten nicht gleich zu achten[33].

Wie sich aus § 766 S. 2 BGB ergibt, hat sich die restriktive Handhabung des Schriftlichkeitsgebots mittlerweile auch gesetzlich niedergeschlagen. „Die Ertei-

---

[29] *BGH* (U. v. 07.11.1985 – IX ZR 40/85), WM 1986, S. 95 ff. (96, I. 1.); *BGH* (U. v. 29.02.1996 – IX ZR 153/95), WM 1996, S. 762 ff. (763, II. 1.); *Eleftheriades,* S. 101, VI., Übereilungsschutz, Schutz vor Fehlvorstellungen hinsichtlich des Verpflichtungsgehalts und Warnung des Bürgen vor der Gefährlichkeit der Bürgschaft; *Fischer,* WM 1998, S. 1705 ff. (1707, II. 1.); *Kreft,* WM 1997, Sonderbeilage Nr. 5, S. 14, II. 1.; *Lwowski,* Kreditsicherung (8), S. 326, S. 328 Rn. 367; *MüKo-Habersack* (4), § 766 Rn. 1; *Nielsen,* Bankrecht, S. 246; *Palandt-Sprau* (64), § 766 Rn. 1; *Reinicke/Tiedke,* Kreditsicherung (4), S. 39 Rn. 126; *Wagenknecht* in: *BuB* Rn. 4/1023; *Weyer,* WM 2005, S. 490 ff. (497, III. 1.); *Zöllner,* WM 2000, S. 1 ff. (3, III. 1.).

[30] *BGH* (U. v. 28.01.1993 – IX ZR 259/91), BGHZ 121, S. 224 ff. (228–230, 2. a)), „Telekopie"; dem folgend auch zur telegrafischen Abgabe einer Bürgschaftserklärung, sofern das Telegramm nicht mit handschriftlicher Unterschrift versehen und im Original zugestellt wird, *Lwowski,* Kreditsicherung (8), S. 326/327 Rn. 365; *MüKo-Habersack* (4), § 766 Rn. 16, 25; *Palandt-Sprau* (64), § 766 Rn. 4; *Schimansky/Bunte/Lwowski* (*Schmitz*), Bankrechts-Handbuch II (2), § 91 Rn. 22; *Wagenknecht* in: *BuB* Rn. 4/1023.

[31] *BGH* (U. v. 28.01.1993 – IX ZR 259/91), BGHZ 121, S. 224 ff. (228/229, 2.), m.w.N.; *Fischer,* WM 1998, S. 1705 ff. (1708, 3.); *Lwowski,* Kreditsicherung (8), S. 327 Rn. 366; *MüKo-Habersack* (4), § 766 Rn. 24; *Palandt-Sprau* (64), § 766 Rn. 4; *Reinicke/Tiedke,* Kreditsicherung (4), S. 46 Rn. 142/143; *Schimansky/Bunte/Lwowski* (*Schmitz*), Bankrechts-Handbuch II (2), § 91 Rn. 23; *Wagenknecht* in: *BuB* Rn. 4/1024a.

[32] *BGH* (U. v. 28.01.1993 – IX ZR 259/91), BGHZ 121, S. 224 ff. (229/230); *BGH* (U. v. 29.02.1996 – IX ZR 153/95), WM 1996, S. 762 ff. (764, 4.).

[33] *BGH* (U. v. 28.01.1993 – IX ZR 259/91), BGHZ 121, S. 224 ff. (230, 2. Abs.). Die Vorschrift des § 127 Abs. 2 S. 1 BGB ist unanwendbar, vgl. *MüKo-Habersack* (4), § 766 Rn. 16.

lung der Bürgschaftserklärung in elektronischer Form ist ausgeschlossen“[34], obschon das Signaturgesetz an eine qualifizierte elektronische Signatur im Sinne des § 126a Abs. 1 BGB strenge Anforderungen stellt.

## E. Eigene Meinung von der Übertragbarkeit des bürgschaftsrechtlichen Schriftformgebots auf sämtliche Interzessionstatbestände

Die Entwicklung und formwahrende Tendenz der Rechtsprechung und neueren Gesetzgebung in Anschlag gebracht, ist es unverständlich, dass das bürgschaftsrechtliche Schriftlichkeitsgebot von der herrschenden Meinung nicht auf die Verpflichtungserklärung eines sonstigen Interzedenten übertragen wird[35]. Vor einer unüberlegten Sicherungszusage verdient nicht nur ein Bürge Schutz. Mitschuldner, Garanten[36] und „extern“ Ausstattungspflichtige[37] sind in gleicher Weise schutzbedürftig[38]. Die entsprechenden Sicherungsinstrumente sind gesetzlich nicht geregelt. Wegen der vergleichbaren Interessenlage kommt man nicht umhin, die bürgschaftsrechtliche Formvorschrift des § 766 BGB auch zum Bestandteil ihres Regelungsregimes zu machen[39]. Ob die Formvorschrift die ihr zugedachte Warnfunktion heute noch effektiv erfüllen kann, ist gleichgültig[40].

---

[34] Dazu *Ebenroth/Boujong/Joost* (*Hakenberg*), HGB, § 350 Rn. 2, 18, 20; *Wagenknecht* in: *BuB* Rn. 4/1023.

[35] Im Ergebnis wie hier *Eleftheriades,* S. 102/103; *MüKo-K. Schmidt,* HGB, § 350 Rn. 12.

[36] *Eleftheriades,* S. 102/103; *Koziol,* S. 40, 2. Abs.

[37] *Rummel* in: FS Doralt (2004), S. 493 ff. (502, IV.); soweit *Altenburger,* Patronatserklärungen, S. 64/65 und *MüKo-Habersack* (4), Vor § 765, Rn. 51 davon ausgehen, bei der harten Patronatserklärung müsse das bürgschaftsrechtliche Formerfordernis gewahrt werden, ziehen sie diese Konsequenz, anders als hier, aus der Einordnung der Ausstattungsverpflichtung als Bürgschaft bzw. als bürgschaftsähnliches Sicherungsinstrument. Dass dies kein stimmiges Konzept ist und der Verweis auf die Bürgschaftsähnlichkeit eine Begründung der analogen Anwendbarkeit jeder einzelnen Bürgschaftsnorm auf die harte Patronatserklärung nicht ersetzt, ist im vorhergehenden Kapitel bereits deutlich geworden, vgl. Kapitel 7, B. IV. 1. c).

[38] Der BGH widerspricht sich selbst, wenn er in *BGH* (U. v. 08.12.1992 – XI ZR 96/92), BGHZ 121, S. 1 ff. (4, aa)) darauf hinweist, dass eine Formvorschrift auch dem Schuldübernehmer oder Beitretenden zugute kommen müsse, da dieser nicht weniger schutzbedürftig sei als der Schuldner bei Begründung der Verbindlichkeit, er für § 766 BGB aber kontinuierlich zu dem entgegengesetzten Ergebnis gelangt.

[39] *Harke,* ZBB 2004, S. 147 ff. (150/151, III.–V.), zum Schuldbeitritt; *Koziol,* S. 40, 3. Abs., weist zutreffend darauf hin, dass die Übergänge zwischen einer Bürgschaft und einer Garantie fließend sind – man denke nur an die Bürgschaft auf erstes Anfordern (dazu *Rimmelspacher,* Kreditsicherungsrecht (2), S. 19 Rn. 84) –, so dass eine Grenzziehung für den Anwendungsbereich der Formvorschriften völlig willkürlich ausfallen müsste. Die Annahme der Anweisung, mit deren Folgen der Autor sich ebenfalls auseinandersetzt (S. 41, 2. Abs.), hat nach deutschem Recht ebenfalls schriftlich zu erfolgen (vgl. § 784 Abs. 2 S. 1 BGB), weswegen es insoweit hierzulande

Aus den bloßen Erkenntnissen, dass der Gesetzgeber zum Schutz des Bürgen die schriftliche Erteilung der Bürgschaftserklärung vorgesehen hat[41] und dass für die übrigen Interzedenten ein vergleichbares Schutzbedürfnis besteht, folgt zwingend die Pflicht des Rechtsanwenders, die zu konstatierenden Regelungslücken im Wege der analogen Anwendung des § 766 S. 1 und S. 2 BGB zu schließen[42]. Das Schriftlichkeitsgebot gilt nicht nur für einen Bürgen, sondern für jeden dritten Personalsicherungsgeber. Diesbezüglich lässt sich aus den Vorschriften der §§ 766, 780, 781, 518 BGB entgegen *Rimmelspacher* allerdings kein allgemeingültiges Prinzip ableiten, wonach einseitige Leistungsverpflichtungen stets formbedürftig sind[43]. Sowohl der Auftrag (§§ 662 ff. BGB) als auch die Auslobung (§§ 657 ff. BGB) sind formlos gültig, um nur zwei Gegenbeispiele zu nennen. Auch der Gedanke einer altruistischen Fremdverpflichtung[44] verfängt nicht[45]. Selbst entgeltliche Bürgschaftsübernahmen[46] unterliegen nach der gesetzlichen Konzeption dem Schriftlichkeitsgebot. Argument

---

keiner Abgrenzung bedarf; vgl. auch *Larenz/Canaris,* Schuldrecht II 2, § 64 III 3 b), S. 77.

[40] Darüber, dass die Schriftform in der Praxis kaum noch Warneffekt hat, besteht weitgehend Konsens, siehe nur *Gernhuber,* JZ 1995, S. 1086 ff. (1090, 1. Abs.), unter Hinweis auf das „Zeitalter der allgemeinen Alphabetisierung mit seiner Tendenz zur schriftlichen Fixierung auch minder bedeutsamer Rechtsgeschäfte"; *Großfeld/Lühn,* WM 1991, S. 2013 ff. (2018/2019, 4.); *Honsell,* JZ 1989, S. 495 f. (496, 3. Abs.); *Medicus,* ZIP 1989, S. 817 ff. (818, 2.1.); *ders.,* JuS 1999, S. 833 ff. (833, II. 1., 834, 2.); *Wiedemann,* JZ 1994, S. 411 ff. (413, 4.), die sich deshalb – für Kinder unter 30 Jahren bzw. generell – für die Notwendigkeit einer notariellen Beurkundung der Bürgschaftserklärung aussprechen. Dagegen sprechen die letztlich von dem Bürgen bzw. Hauptschuldner zu tragenden Beurkundungskosten. Dazu, dass die notarielle Belehrung allein als Schutzmittel auch nicht ausreichend wäre, vgl. *Gernhuber,* a. a. O., S. 1095, VI. 3. *Wiedemann,* a. a. O., erwägt (deshalb?) zusätzlich die Einführung eines Widerrufsrechts entsprechend den Verbraucherkreditvorschriften; *Zöllner,* WM 2000, S. 1 ff. (3, III. 1.), in der Praxis diene die Schriftform nur noch Beweiszwecken, was die Vertragsparteien auch so empfänden. Damit dient die schriftliche Niederlegung einer Bürgschaftszusage heute ganz allgemein nur noch dazu, den Verpflichtungsumfang klarzustellen und die Forderung im Streitfall beweisen zu können. Zur entsprechenden Funktion einer Bürgschaftsurkunde im kaufmännischen Geschäftsverkehr, *BGH* (U. v. 24.09.1998 – IX ZR 425/97), WM 1998, S. 2186 ff. (2188, 1. Abs.).

[41] *Lwowski,* Kreditsicherung (8), S. 326 Rn. 365.

[42] Ebenso *Harke,* ZBB 2004, S. 147 ff. (150/151, III., V.), für den Schuldbeitritt; *Koziol,* S. 40, 2. Abs., für den Garantievertrag nach österreichischem Recht: Es sei völlig wertungswidrig, dass die Schutzvorschrift gerade deshalb nicht gelten solle, weil ein größeres Risiko übernommen worden ist.

[43] *Rimmelspacher,* Kreditsicherungsrecht (2), S. 23/24 Rn. 97/98, S. 31 Rn. 121, neben der Warn- und Beweisfunktion bestehe bei einseitigen Verpflichtungen ein Ungleichgewicht zwischen den Vertragsparteien, das die Gefahr begründe, dass der Begünstigte den Verpflichteten mangels eigener Nachteile zu einem unüberlegten Kontraktabschluss drängt. Bei beidseitig verpflichtenden Rechtsgeschäften, wie einem Kreditauftrag oder einer vergleichsweise erklärten Garantie oder Schuldübernahme, sei diese Gefahr nicht gegeben (S. 23/24 Rn. 95–98 (für die Patronatserklärung i. V. m. S. 29 Rn. 113)); ebenso *Harke,* ZBB 2004, S. 147 ff. (150/151, III. 3.), für einseitige und „materiell unentgeltliche" Verpflichtungen.

kann also nur die gebotene Warnung sämtlicher Personalsicherungsgeber vor einer oft überstürzt abgegebenen (meist) altruistischen Verpflichtungserklärung sein.

Soweit die Gegenansicht darauf verweist, der Gesetzgeber habe die Formbedürftigkeit formell nach Vertragstypen entschieden[47], mag dies stimmen. Der Hinweis eignet sich aber nicht zur Widerlegung der Formbedürftigkeit eines gesetzlich nicht geregelten Sicherungsinstituts. Aus der Tatsache, dass der Gesetzgeber die Formbedürftigkeit bestimmter Vertragstypen ausdrücklich geregelt hat, lässt sich nicht schließen, dass er diese Regelungen abschließend gewollt hat und alle nicht direkt unter das Gesetz subsumierbaren Verträge formlos gültig sein sollen.

Weiteres Argument der herrschenden Meinung gegen die Analogiefähigkeit der bürgschaftsrechtlichen Formvorschrift auf den Schuldbeitritt und die Garantie ist folgendes: Der Gesetzgeber habe das Schriftformerfordernis bei der Bürgschaft vorgesehen, weil ein Bürge sein Risiko vielfach unterschätze und darauf vertraue, dass der Hauptschuldner die abgesicherte Verbindlichkeit erfüllen wird. Ein Schuldbeitretender und ein Garant könnten nicht darauf vertrauen, im Fälligkeitszeitpunkt verschont zu bleiben. Dieser Ansicht zuwider ist die Möglichkeit einer verlässlichen Risikoeinschätzung kein taugliches Unterscheidungskriterium[48]. Es spielt daher keine Rolle, dass ein vorleistungspflichtiger Ausstattungsschuldner sich in noch geringerem Maße als ein Mitschuldner und ein Garant begründete Hoffnung darauf machen darf, dass sich das abgesicherte Risiko nicht realisieren wird, dass der Protegé „es schon richten" werde[49]. Der Aspekt einer realistischen Risikobewertung ist für die Normierung des Schriftlichkeitsgebots von keinerlei Bedeutung gewesen. Die Gesetzesmaterialien enthalten nicht den geringsten Hinweis darauf, dass der Gesetzgeber den (speziellen) Verdrängungsmechanismus des Bürgen durch den Zwang zur schriftlichen Niederlegung der Verpflichtungserklärung hat außer Kraft setzen wollen. Dem Bürgen sollte durch das Schriftlichkeitsgebot nur die rechtliche Relevanz seiner Zusage

---

44 Vgl. *Harke,* ZBB 2004, S. 147 ff. (150/151, III. 3./V.), „materiell unentgeltliche" Verpflichtung; *Henssler,* Risiko als Vertragsgegenstand, S. 375/376.

45 Ebenso *Madaus,* Schuldbeitritt als Personalsicherheit, S. 269/270.

46 Etwa Bankbürgschaften aufgrund einer Avalkreditvereinbarung.

47 *BGH* (U. v. 19.01.1972 – VIII ZR 111/70), NJW 1972, S. 576 f. (576); *Forschbach,* Liquiditätszusagen, S. 111/112.

48 Zusätzlich sei auf den zutreffenden Hinweis *Rimmelspachers,* Kreditsicherungsrecht (2), S. 23 Rn. 96, verwiesen, diese Argumentation sei angesichts des Bruches mit dem Formgebot im Schenkungsrecht sowie beim Schuldversprechen und -anerkenntnis fragwürdig.

49 AA *Forschbach,* Liquiditätszusagen, S. 112, 2. Abs., zur „internen" Ausstattungszusage, der Zusagende werde sein Risiko höher einschätzen als ein Bürge, weil die Zusage üblicherweise erst erteilt werde, wenn bereits ernsthafte Liquiditätsschwierigkeiten bestehen.

vor Augen geführt werden und gegebenenfalls ein beweiskräftiges Indiz für das Bestehen und den Umfang seines Rechtsbindungswillens geschaffen werden[50]. Mehr noch, ausweislich der Gesetzesmaterialien ist von einer ausdrücklichen Kodifikation der Garantie, wie oben dargetan[51], nur aufgrund von rechtskonstruktivistischen Schwierigkeiten abgesehen worden. Der Gesetzgeber wähnte sich nicht in der Lage, alle nur denkbaren Fallgestaltungen in einen einheitlichen Rechtsrahmen zu pressen. In der Gesetzesbegründung heißt es: „Der Bürgschaftsvertrag lässt sich als ein besonderer Fall des Garantievertrages auffassen. Über den letzteren spezielle Normen aufzustellen, ist gleichfalls kein Bedürfnis. Nur gewisse Arten des Garantievertrages bedürfen der Normierung, wie gerade der Bürgschaftsvertrag“[52]. Wenn nun aber die Bürgschaft einerseits aus Sicht des Gesetzgebers ein bloßer Unterfall der Garantie (gewesen) ist[53] und man sich andererseits erst gegen Ende des Gesetzgebungsverfahrens dazu entschlossen hat, die Bürgschaft der Schriftform zu unterwerfen, als für die Garantie bereits endgültig feststand, dass diese ungeregelt bleiben sollte[54], ist anzunehmen, dass der Gesetzgeber die vergleichbare Problematik bei der Garantie übersehen hat[55].

Alles in allem ist die Argumentation der herrschenden Meinung daher wenig fundiert. Der Gesetzgeber hat die Formbedürftigkeit der Bürgschaft nicht in dem Bewusstsein vorgesehen, dass es vielfältige Interzessionsformen gibt, und absichtlich von einer umfassenden Regelung abgesehen[56].

---

[50] *Ohlmeyer/Gördel,* Kreditgeschäft der Kreditgenossenschaften (10), S. 782; *Rimmelspacher,* Kreditsicherungsrecht (2), S. 23 Rn. 95, Beweis- und vornehmlich Warnfunktion.

[51] s. o., Kapitel 7, B III. (Fn. 113).

[52] Und weiter: „Der Garantievertrag entzieht sich auch wegen der Verschiedenheit der Verträge, welche eine Garantieleistung zum Zwecke und Inhalte haben, der allgemeinen Regelung“, *Motive II,* §§ 668, 669, S. 658, 1. Abs. = *Mugdan II,* S. 367.

[53] Vgl. auch *Protokolle II,* S. 461 = *Mugdan II,* S. 1019, I. 1.

[54] Ebenso *Henssler,* Risiko als Vertragsgegenstand, S. 375, 2. Abs.; *Madaus,* Schuldbeitritt als Personalsicherheit, S. 260, 1., zum Schuldbeitritt.

[55] Siehe auch *Rimmelspacher,* Kreditsicherungsrecht (2), S. 22/23 Rn. 94; aA, *BGH* (U. v. 19.01.1972 – VIII ZR 111/70), NJW 1972, S. 576 f. (576); *Bülow,* Recht der Kreditsicherheiten (6), S. 507 Rn. 1553; *Gruel,* S. 19, 1. Abs.

[56] Im Ergebnis ebenso *Koziol,* S. 40/41; aA *BGH* (U. v. 19.01.1972 – VIII ZR 111/70), NJW 1972, S. 576 f. (576); *Staudinger-Horn* (1997), Vorbem zu §§ 765 ff. Rn. 365, obschon *Horn* für den Schuldbeitritt an der Begründung der herrschenden Meinung rechtspolitische Zweifel hegt. Es steht daher auch nicht, wie von der herrschenden Meinung angenommen, vollends außer Frage, dass die Erteilung eines Kreditauftrages von Gesetzes wegen formlos statthaft ist. Da nach auftragsgerechter Gewährung eines Darlehens oder einer Finanzierungszusage auch hier das Bürgschaftsregime gilt (siehe nochmals *Wagenknecht* in: *BuB* (2003), Rn. 4/1273) und der Verweis auf die Entbehrlichkeit der Anordnung einer besonderen Formvorschrift von dem Gesetzgeber zu einem Zeitpunkt getätigt worden ist, als die Mehrheit der Kommissionsmitglieder insgesamt noch auf ein bürgschaftsspezifisches Formerfordernis verzichten wollte (vgl. die Sentenz „so wenig wie für die Bürgschaft überhaupt“ unter Gliede-

Angesichts der identischen bzw. sogar ungleich größeren Gefahrenlage[57] bei Erteilung einer Garantie, einer harten Patronatserklärung[58] oder einer sonstigen Personalsicherheit[59] ist de lege lata[60] entsprechend § 766 S. 1 BGB die Schriftform zu wahren[61]. Nicht dieser Form genügende Verträge sind gemäß § 125 S. 1 BGB im nichtkaufmännischen Verkehr (jedenfalls[62]) im Umfang der (noch) nicht erbrachten Leistung(en) nichtig. Dass § 350 HGB entsprechend gilt, versteht sich von selbst[63].

---

rungspunkt B (Fn. 17) – die Protokolle enthalten zu der Problematik eines möglichen Formerfordernisses keine Stellungnahme (mehr), vgl. *Protokolle II,* S. 485/486, IX. = *Mugdan II,* S. 1031/1032, V.)), spricht einiges dafür, dass auch der Kreditauftrag außerhalb des Handelsverkehrs der Schriftform bedarf; aA *BGH* (U. v. 19.01.1972 – VIII ZR 111/70), NJW 1972, S. 576 f. (577, 1. Abs.). Ob dies aus teleologischen Gründen sinnvoll ist, braucht hier nicht entschieden zu werden.

57 *Koziol,* S. 40, 2. Abs.; *Larenz/Canaris,* Schuldrecht II 2, § 64 III 3 b), S. 77; *Rummel* in: FS Doralt (2004), S. 493 ff. (502, IV.).

58 AA *J. Koch,* Die Patronatserklärung, S. 225, 1. Abs., der Patron könnte von der Ausstattungsverpflichtung aufgrund seines Ausstattungswahlrechts eine geringere Belastung als von einer unmittelbaren Einstandspflicht bzw. einer Bürgschaft erwarten. Wegen dieser geringeren Belastung fehle es an der für einen Analogieschluss zu § 766 S. 1 BGB erforderlichen übereinstimmenden Interessenlage. Diese Argumentation ist nicht nachvollziehbar, zumal der Autor selbst zu Beginn seiner Arbeit eine Gleichstellung der Patronatserklärung mit der Bürgschaft und der Garantie ablehnt, weil der Verpflichtungsumfang bei der harten Patronatserklärung wesentlich größere Ausmaße annehmen kann (vgl. S. 116, 122, 1. Abs.).

59 *Madaus,* Schuldbeitritt als Personalsicherheit, S. 265, 1. Abs.

60 AA *Staudinger-Horn* (1997), Vorbem zu §§ 765 ff. Rn. 223, der die analoge Anwendung des § 766 BGB nur de lege ferenda in Betracht zieht.

61 Wie hier *Larenz/Canaris,* Schuldrecht II 2, § 64 III 3 b), S. 77, für die Garantie; *Hopt,* AcP 183 (1983), S. 608 ff. (702, 2. Abs.); (auch) zur harten Patronatserklärung, *Rimmelspacher,* Kreditsicherungsrecht (2), S. 29 Rn. 113; *Rummel* in: FS Doralt (2004), S. 493 ff. (502, IV.). Angesichts der fortwährenden Zweifel an der Formbedürftigkeit der gesetzlich ungeregelten Sicherungsinstrumente wäre zu überlegen, ob die für alle Personalsicherheiten geltende Schutzvorschrift des § 766 BGB aus Rechtssicherheitsgründen nicht aus dem Bürgschaftsrecht extrahiert und in eine allgemeingültige Regelung transferiert werden sollte. Denn schließlich ist eine gesetzliche Formvorschrift mit Rücksicht auf die Verkehrssicherheit möglichst nicht analog anzuwenden, vgl. *Staudinger-Horn* (1997), § 766 Rn. 4. Ob die Schriftlichkeit ihren Zweck heute noch erfüllen kann oder ob die Vorschrift des § 766 S. 1 BGB de lege ferenda, wie in jüngster Zeit vor allem im Verbraucherkreditrecht geschehen, generell oder auch nur für bestimmte Fallgestaltungen um sonstige Schutzmechanismen erweitert werden sollte (dazu nochmals *Wiedemann,* JZ 1994, S. 411 ff. (413, 4.), Einführung eines Widerrufrechts), ist ein rechtspolitisches Problem, dessen Erörterung den Rahmen dieser Arbeit sprengen würde.

62 Zur analogen Anwendbarkeit des § 766 S. 3 BGB, vgl. Fn. 3.

63 *Madaus,* Schuldbeitritt als Personalsicherheit, S. 270, 2. Abs., 271, III.; *MüKo-K. Schmidt,* HGB, § 350 Rn. 12. Wie *Leitner,* ÖBA 2002, S. 517 ff. (521, 2.2.2), damit zu argumentieren, ein vollkaufmännischer Patron bedürfe keines Übereilungsschutzes, weshalb die für Bürgschaften vorgesehenen Formvorschriften (insgesamt!) keine Anwendung fänden, ist ein unzulässiger Rückschluss vom Speziellen auf das Allgemeine, der im Bürgschaftsrecht so nicht angelegt ist.

Ergänzend sei noch darauf hingewiesen, dass Verträge mit einer Gerichtsstandsklausel auch unter Zugrundelegung der Gegenansicht gemäß Art. 23 Abs. 1 S. 3 lit a) EuGVO, § 38 Abs. 2 S. 2 bzw. Abs. 3 ZPO unter bestimmten Voraussetzungen („halbseitig"[64]) schriftlich abzuschließen sind[65].

[64] Mit „halbseitiger Schriftlichkeit" ist in diesem Zusammenhang keine einseitige Schriftform gemeint, sondern die mündliche Einigung über die Zuständigkeitsregelung mit anschließender einseitiger Bestätigung der Übereinkunft, vgl. *Haß,* IPRax 2000, S. 494 ff. (495, 2.). Inwieweit die anforderungsgemäße Abgabe einer schriftlichen Ausstattungszusage mit Gerichtsstandsvereinbarung dem Gebot der „halben Schriftlichkeit" genügt, ist Gegenstand eines Rechtsstreits; bejahend *LG Berlin* (U. v. 18.02.2000 – 94 O 93/99), WM 2000, S. 1060 ff. (1061, I. 1); dazu *Gerth,* WuB I F 1 c – 2.00, S. 1094 ff. (1094/1095, I.).

[65] *Hantke,* S. 98, 2. Abs; zur alten Rechtslage nach Art. 17 S. 2 EuGVÜ, *Haß,* IPRax 2000, S. 494 ff. (495/496, 2.); *Münchener Vertragshandbuch* (*Schütze*), III. 25., Patronatserklärung (I), S. 466, Anm. 11. b). Zum „kommunalen Schriftlichkeitsgebot" für Geschäfte außerhalb der laufenden Verwaltung, *Becker/Trommer,* ZKF 2005, S. 55 ff. (56, 2.2).

*Kapitel 9*

# Bestimmtheit bzw. Bestimmbarkeit der Ausstattungsverpflichtung

Das Problem der hinreichenden Bestimmtheit der Ausstattungspflicht stellt sich in materieller und prozessualer Hinsicht. Seit es Ausstattungsvereinbarungen gibt, werden sie von einem Großteil der Literatur und Rechtsprechung für unklagbar gehalten. Seit dem Urteil des *LG München I* aus dem Jahre 1998[1] wird zudem partiell davon ausgegangen, Ausstattungszusagen seien inhaltlich unbestimmbar und damit rechtsunwirksam[2].

## A. Materielle Bestimmtheit bzw. Bestimmbarkeit

Das Bestehen einer schuldrechtlichen Leistungspflicht setzt neben der Bekanntheit oder Feststellbarkeit der Vertragsparteien[3] einen bestimmten oder bestimmbaren Leistungsinhalt im Sinne des § 241 Abs. 1 BGB voraus (§§ 133, 157, 315 ff. BGB)[4].

---

[1] *LG München I* (U. v. 02.03.1998 – 11 HKO 20623/97), WM 1998, S. 1285 ff. = ZIP 1998, S. 1956 ff. = DB 1998, S. 1457 ff, ohne nähere Begründung aufgehoben durch Versäumnisurteil des *OLG München* (U. v. 21.10.1998 – 7 U 3960/98), WM 1999, S. 686 = ZIP 1999, S. 22 (jew. nur Leitsatz); beachte, dass die Mitteilung in der ZIP fälschlicherweise darauf verweist, das *OLG München* hätte die Unwirksamkeit der Patronatserklärung festgestellt. Tatsächlich hat es die Beklagte aufgrund der *wirksamen* Patronatserklärung unter Aufhebung des erstinstanzlichen Urteils zur Zahlung verurteilt.

[2] Vgl. bereits die Nachweise in Kapitel 4, B I 2. Im Anschluss an das Münchener Urteil haben sich etliche Patrone (erfolglos) darauf berufen, die Zusage sei nicht ausreichend bestimmt, vgl. nur *OLG Celle* (U. v. 28.06.2000 – 9 U 54/00), „interne" Ausstattungszusage, Volltext nur bei Juris, Beklagtenvortrag, Rn. 15; *OLG Dresden* (U. v. 27.06.2000 – 23 U 2724/99), NVwZ 2001, S. 836 ff. (837, II. 2. a)); *OLG Naumburg* (U. v. 22.02.2000 – 9 U 309/98), n. v., (Juris), Entscheidungsgründe I. 1. c).

[3] *Palandt-Heinrichs* (64), § 241 Rn. 2.

[4] *RG* (U. v. 30.09.1914 – Rep. V. 172/14), RGZ 85, S. 289 ff. (290–292); *BGH* (U. v. 27.01.1971 – VIII ZR 151/69), BGHZ 55, S. 248 ff. (249/250, 2.); *Erman-Herrmann* (11), § 765 Rn. 3; *MüKo-Habersack* (4), § 765 Rn. 68, jeweils zum Bürgschaftsvertrag; *Palandt-Heinrichs* (64), § 145 Rn. 1, § 241 Rn. 3, m. w. N. Verglichen mit dem sachenrechtlichen Bestimmtheitserfordernis ist das schuldrechtliche Konkretisierungsgebot weniger stringent, da im Schuldrecht, anders als bei Änderung der Rechtszuständigkeit, keine Drittinteressen im Spiel sind, vgl. *Berninghaus,* BB 1986,

## I. Bestimmtheit der geschuldeten Leistung

In seinem Urteil vom 2. März 1998 ist das *LG München I* diesbezüglich entgegen der bis zu diesem Zeitpunkt ganz einhelligen Meinung[5] zu dem Schluss gelangt, die von dem Patron zu erbringende Leistung sei nicht ausreichend bestimmbar[6]. In welchem Umfang Ausstattungsleistungen zu erbringen seien, liege vollends außerhalb des Erkenntnisbereichs der Vertragsparteien[7]. Weder der Patron noch der Gläubiger seien dazu berechtigt, von dem Protegé die Offenlegung seiner Betriebsinterna zu verlangen. Verweigere der Protegé die Leistung, so indiziere dies nicht notwendig sein mittelbedingtes Leistungsunvermögen. Selbst wenn feststehe, dass der Protegé im Fälligkeitszeitpunkt illiquide sei, sei der Umfang der Ausstattung angesichts der Komplexität des Vermögensstatus des Protegés (Aktiva und Passiva) unbestimmbar. Schließlich sei es dem Patron nicht zuzumuten, dem Protegé „aufs Geratewohl" so viele Mittel zur Verfügung zu stellen, dass dieser neben möglicherweise dringlicheren Schulden auch die in Bezug genommene(n) Hauptschuld(en) erfüllen kann[8], zumal er nicht einmal sicher sein könne, dass dies auch geschieht[9].

Die zuletzt genannten Argumente können hier außer Acht bleiben. Sie haben mit der Bestimmtheit der Ausstattungsverpflichtung nichts zu tun. Was bleibt ist die These, dass der Patron mangels Kenntnis von den Vermögensinterna des Protegés den Umfang seiner Ausstattungspflicht nicht notwendig in ausreichendem Maße übersehen kann.

Auch diese Argumentation geht fehl. Anstatt sich mit der materiellen Bestimmtheit der harten Patronatserklärung auseinander zu setzen, zieht die 11. Kammer sich auf rein praktische Erwägungen zurück. Abgesehen davon, dass

---

S. 206 ff. (209, b)); *Weber,* JuS 1997, S. 501 ff. (503, b) aa)). Der Gesetzgeber hat den Bestimmtheitsgrundsatz bewusst nicht zum Gegenstand einer separaten Vorschrift gemacht, da er Irritationen im Zusammenhang mit gesetzlichen Schuldverhältnissen befürchtete und das Bestimmtheitserfordernis für selbstverständlich hielt, vgl. *Motive II,* § 206, S. 5/6 = *Mugdan II,* § 206, S. 3, 2. Abs.

[5] Vgl. *LG München I* (U. v. 02.03.1998 – 11 HKO 20623/97), WM 1998, S. 1285 ff. (1286, 2. a), 1. Spalte a. E.): „Es wird nicht verkannt, dass die Frage der Bestimmtheit der Leistung hinsichtlich der ‚Ausstattung' … – soweit ersichtlich – nirgends angesprochen oder gar in Zweifel gezogen wird."

[6] Ebenso *Hantke,* S. 58–60, a)/b), der indes eine Einschränkung für den Fall eines guten Einblicks des Patrons in die Betriebsinterna des Protegés macht, wie ihn etwa eine Konzernobergesellschaft hat, da er maßgeblich auf den Umfang der Ausstattungspflicht abstellt (vgl. auch S. 64/65).

[7] Ebenso *Hantke,* S. 68, 2. Abs.

[8] Dem folgend *Hantke,* S. 59, 2. Abs.

[9] *LG München I* (U. v. 02.03.1998 – 11 HKO 20623/97), WM 1998, S. 1285 ff. (1286, 2. a)). Unbestimmbar seien auch die Umstände zum Grund der Ausstattungspflicht, etwa bei Veränderung der Gesellschaftsverhältnisse zwischen Mutter- und Tochtergesellschaft, im Konkurs der Tochter, das Verhalten der Tochter bezüglich der Mittelverwendung (Weiterleitungsgefahr), u. s. w.

sich die Sorge des Gerichts um die Nichtermittelbarkeit der zu schließenden Deckungslücke in der Praxis so gut wie immer als unbegründet erweisen wird[10], besteht auch in der Theorie kein Grund dafür, an der Bestimmtheit der Ausstattungsverpflichtung zu zweifeln[11]. Dies allerdings nicht deshalb, weil die Ausstattungspflicht sich unter bestimmten Voraussetzungen[12] in einen auf Geldleistung gerichteten Schadensersatzanspruch verwandelt[13]. Es ist vielmehr die Ausstattungsverpflichtung selbst, die hinreichend bestimmt ist[14]. Das muss sie auch, da die Bestimmtheit einer Primärleistung niemals von der Bestimmtheit des Sekundäranspruchs abhängen kann. Hinsichtlich der eigentlichen Ausstattungspflicht ist die unverkennbare Nähe zu einem erfolgsorientierten Werkleistungsanspruch bereits mehrfach herausgestellt worden[15]. Wie ein Werkunternehmer hat auch der Patron für die Herbeiführung eines oder genauer gesagt zweier näher bezeichneter Erfolge zu sorgen[16]. Er ist verpflichtet, den Protegé jederzeit so auszustatten, dass dieser die näher bezeichnete(n) Hauptschuld(en) erfüllen kann („hauptschuldbezogene“ Ausstattungspflicht) und er muss seiner „kontinuierlichen Grundausstattungspflicht“ nachkommen[17]. Damit ist nicht nur der Kreis der abgesicherten Forderungen hinlänglich abgegrenzt[18], sondern auch der geschuldete Leistungs*erfolg* ausreichend klar umschrieben[19]. Ob der Patron

---

[10] Vgl. auch *J. Koch,* Die Patronatserklärung, S. 196, 3.

[11] *von Bernuth,* ZIP 1999, S. 1501 ff. (1503, IV. 1.1).

[12] Zu den Voraussetzungen eines sekundären Schadensersatzanspruchs nach hier vertretener Meinung, s.o., Kapitel 6, B.

[13] So aber *Fleischer,* EWiR 1998, S. 1107 f. (1108, 3.); siehe auch *Maslaton,* NVwZ 2000, S. 1351 ff. (1352, c)).

[14] *OLG München* (U. v. 22.07.2004 – 19 U 1867/04), ZIP 2004, S. 2102 ff. (2104, 1. Spalte, bb)); *Balzer,* 7. Rostocker Bankentag 2001, S. 59 ff. (75, 2. Abs.); *Kiethe,* ZIP 2005, S. 646 ff. (652, 1. Abs.).

[15] Ebenso *Kiethe,* ZIP 2005, S. 646 ff. (652, 1. Abs.); *Schäfer,* WM 1999, S. 153 ff. (158, 4.).

[16] *OLG München* (U. v. 22.07.2004 – 19 U 1867/04), ZIP 2004, S. 2102 ff. (2104, bb)); *von Bernuth,* ZIP 1999, S. 1501 ff. (1503, IV. 1.1), *Kiethe,* ZIP 2005, S. 646 ff. (652, 1. Abs.).

[17] s.o., Kapitel 4, B. II. 2. a)/b); aA *Hantke,* S. 59, 2. Abs., anders als ein Werkunternehmer, der das Werk nur einmal ordnungsgemäß herstellen müsse und erkennen könne, ob das Werk endgültig hergestellt worden ist, könne der Patron dies ohne Kenntnis der Betriebsinterna des Protegés nicht.

[18] Worauf sogleich unter Gliederungspunkt II. noch einzugehen sein wird.

[19] *OLG München* (U. v. 22.07.2004 – 19 U 1867/04), ZIP 2004, S. 2102 ff. (2104, 1. Spalte, bb)); *OLG Naumburg,* (U. v. 13.01.2000 – 2 U (Hs) 73/98, OLGR Naumburg 2000, S. 407 ff. (408, 3. b) aa), (i.V.m. bb))); *Balzer,* 7. Rostocker Bankentag 2001, S. 59 ff. (75, 2. Abs.); *Kiethe,* ZIP 2005, S. 646 ff. (652, 1. Abs.); im Ergebnis ebenso *Schäfer,* WM 1999, S. 153 ff. (158, 4.); unklar *von Bernuth,* ZIP 1999, S. 1501 ff. (1503, IV. 1.1), es liege in der Hand des Patrons, alle mit dem Weiterleitungsrisiko verbundenen Gefahren auszuschalten; anders *J. Horn,* Patronatserklärungen, S. 186/187, von einer anfänglichen Leistungsbestimmung werde bewusst abgesehen und dem Patron gemäß § 315 BGB ein einseitiges Leistungsbestimmungsrecht eingeräumt (dazu unter Gliederungspunkt B. I. 2.). Der Ausstattungsumfang könne

seiner Ausstattungspflicht genügt hat, lässt sich ohne jeden Zweifel an der (Nicht-/)Leistungsfähigkeit des Protegés im Fälligkeitstermin bzw. an seiner (fehlenden) Insolvenzreife ermessen[20]. Sollte der Patron ausnahmsweise einmal keine Kenntnis von dem konkreten Ausstattungsbedarf des Protegés haben, lässt sich daraus nicht die Unbestimmbarkeit der Ausstattungsverpflichtung ableiten, sondern nur das Unvermögen des Patrons, der ihm obliegenden Ausstattungspflicht gerecht werden[21]. Dass dieses Unvermögen ihn angesichts seiner Informationsobliegenheit nicht zu entlasten vermag, ist oben bereits ausgeführt worden[22]. Mit einem eventuellen Wissensdefizit des Patrons von dem exakten Ausstattungsbedarf des Protegés lässt sich die Unbestimmtheit der Ausstattungszusage damit nicht begründen.

## II. Bestimmtheit der Ausstattungspflicht bei Vorliegen einer „weiten" Sicherungszweckerklärung

Aber auch bei Vorliegen einer „weiten" Sicherungszweckerklärung sind die gängigen Ausstattungszusagen ausreichend bestimmt bzw. bestimmbar.

Notwendiger Bestandteil eines jeden Sicherungsvertrages ist die sog. „Sicherungszweckerklärung", auch „Zweckbestimmungserklärung" genannt[23]. Mit ih-

---

durch zulässige Direktleistungen an den Kreditgeber bestimmt und beschränkt werden. Bestimmbar sein müssen aber weder Art noch Umfang der Ausstattungsleistungen, sondern nur der zu beanspruchende Erfolg; *Köhler,* WM 1978, S. 1338 ff. (1345, b)).

[20] AA *Köhler,* WM 1978, S. 1338 ff. (1345, b)), die Liquidität eines Unternehmens lasse sich angesichts der Möglichkeit, liquide Mittel anderweit einzusetzen und angesichts der jederzeitigen Zugriffsmöglichkeit anderer Gläubiger nicht zuverlässig ermitteln; anders auch *Schäfer,* WM 1999, S. 153 ff. (158, 4.), der darauf abstellt, dass sich die Erreichung des mit der Patronatserklärung „verfolgten Sicherungszwecks", nämlich die Tilgung der abgesicherten Hauptschulden durch den Protegé, allemal objektiv bestimmen lasse. Das ist zwar richtig, der Erfüllungszeitpunkt liegt aber wenigstens eine „juristische Sekunde" früher. Die „hauptschuldbezogene Ausstattungspflicht" ist bereits mit der Herstellung der Leistungsfähigkeit des Protegés im Fälligkeitszeitpunkt erfüllt. Ob der Protegé die Hauptschuld(en) tilgt, ist allenfalls für den Fortbestand der Dauerschuld „Ausstattung bis zur endgültigen Tilgung" relevant, nicht aber für die Frage nach ihrer ordnungsgemäßen Erfüllung.

[21] So nun auch *J. Koch,* Die Patronatserklärung, S. 196/197, 3., der Leistungsinhalt sei objektiv bestimmbar, da zumindest der Protegé wisse, in welcher Höhe er Vermögenswerte benötige, um seinen Zahlungsverbindlichkeiten nachzukommen. Abzustellen sei nicht auf die subjektive, sondern auf die objektive Bestimmbarkeit der Leistung. Sehe der Patron sich zu Beschaffung der benötigten Informationen außerstande, sei das kein Bestimmtheitsproblem, sondern ein Problem der Möglichkeit der Vertragserfüllung, wie es bei jedem Leistungsversprechen auftreten könne; aA *Hantke,* S. 58/59, a).

[22] Kapitel 6, A. II./B. I.

[23] *Becker-Eberhard,* Forderungsgebundenheit, S. 84, c); *Clemente,* NJW 1983, S. 6 ff. (6, I.); *ders.,* ZIP 1990, S. 969 ff. (969, I.); *Gabler Bank Lexikon* (11), S. 1403, „Sicherungszweckerklärung"; *Falter,* Praxis des Kreditgeschäfts (15), S. 97 Rn. 1.294.;

rer Hilfe legen die Parteien des Sicherungsvertrages den Kreis der abgesicherten Forderungen fest[24]. Die „enge" Sicherungszweckerklärung begrenzt den Sicherungsumfang auf eine (oder auch mehrere) exakt bezeichnete Individualforderung(en)[25]. Mit einer „weiten" Sicherungszweckerklärung werden – jedenfalls auch – alle aus einer bestimmten Geschäftsverbindung resultierenden Forderungen abgesichert[26]. Geläufige Bezeichnungen für eine „weite" Sicherungszweckerklärung sind auch „Globalzweckerklärung" bzw. „Globalsicherungsklausel"[27].

Gemeint sind vorliegend Fallgestaltungen, in denen der Patron nicht zusagt, den Protegé jederzeit in die Lage zu versetzen, seine Verpflichtungen im Zusammenhang mit *einem exakt bestimmten* Kredit oder einer *ganz konkreten* Hauptschuld zu erfüllen[28], sondern in denen er weitergehend verspricht, den Protegé zur Erfüllung sämtlicher Verpflichtungen *aus dem Kreditverhältnis, aus der Geschäftsverbindung* mit dem Gläubiger oder ganz allgemein zur Erfüllung der diesem gegenüber *bestehenden Verbindlichkeiten* zu befähigen[29]. „Weite" Sicherungszweckerklärungen sind bei der harten Patronatserklärung in der Ausstattungsvariante üblich[30].

---

*Rehbein* in: FS Heinsius, S. 659 ff. (660/661, I.); *Weber* in: Rostocker Schriften zum Bankrecht, Heft 4, S. 65 ff. (69, II 1.), „Sicherungszweckbestimmung".

[24] *Gabler Bank Lexikon* (13), S. 1170, „Sicherungszweckerklärung", vgl. auch S. 1165, „Sicherungsabrede"; *Lwowski,* Kreditsicherung (8), S. 35/36 Rn. 6; *Lwowski/Merkel,* Kreditsicherheiten (8), S. 26; *Nielsen,* Bankrecht, S. 200; *Nobbe,* BKR 2002, S. 747 ff. (747, I.); *Schimansky/Bunte/Lwowski* (*Ganter*), Bankrechts-Handbuch II (2), § 90 Rn. 12, 94/95, (*Merkel*), § 94 Rn. 296; im Ergebnis ebenso *Wenzel*, Sicherung durch Grundschulden, S. 212 Rn. 2296; *Weber* in: Rostocker Schriften zum Bankrecht, Heft 4, S. 65 ff. (69, II 1.); *Wenzel* in: *BuB* (2003), Rn. 4/2296.

[25] *Rösler,* WM 1998, S. 1377 ff. (1378, c)).

[26] *Gabler Bank Lexikon* (11), S. 1398, „Erweiterte Sicherungsabrede"; *Bülow,* Recht der Kreditsicherheiten (6), S. 363/364 Rn. 1148 (zur Sicherungstreuhand); *Falter,* Praxis des Kreditgeschäfts (15), S. 97/98 Rn. 1.298, wonach die Zweckabrede außer bei einer „Globalabsicherung" auch „weit" ist, wenn Sicherungszweck die Absicherung mehrerer bzw. auch künftiger Forderungen ist. Diese „Unterdifferenzierung" ist vorliegend ohne Relevanz; *Nielsen,* Bankrecht, S. 200/201; *Ohlmeyer/Gördel,* Kreditgeschäft der Kreditgenossenschaften (10), S. 341/342, a); *Schimansky/Bunte/Lwowski* (*Ganter*), Bankrechts-Handbuch II (2), § 90 Rn. 96, (*Merkel*), § 94 Rn. 313; *Tiedtke,* DNotZ 2000, S. 283 ff. (283/284); *Weber* in: Rostocker Schriften zum Bankrecht, Heft 4, S. 65 ff. (69/70, 2.).

[27] *Lwowski/Merkel,* Kreditsicherheiten (8), S. 26/27; *Staudinger-Horn* (1997), Vorbem zu §§ 765 ff. Rn. 42, 44, § 765 Rn. 44 (zur Bürgschaft), Globalbürgschaft bzw. Globalbürgschaftsklausel. Die Belegung der einzelnen Begrifflichkeiten ist uneinheitlich. *Bydlinski,* ÖBA 1999, S. 93 ff. (94, 2.1.), bezeichnet nur eine offen als umfassend hingegebene Bürgschaft als „Globalbürgschaft". Wird die Haftung des Sicherungsgebers über die anlassgebende Verbindlichkeit hinweg ausgedehnt, spricht er von einer „Erstreckungsklausel" bzw. von einer „verdeckten Globalbürgschaft". Diese Differenzierung ist nur zwingend, wenn der Sicherungsgeber die Haftungsausdehnung nicht zur Kenntnis nimmt. Für die vorliegende Untersuchung spielen die terminologischen Divergenzen keine Rolle.

[28] Statt aller *Mosch,* Patronatserklärungen, S. 10, Nr. 24.

[29] *Mosch,* Patronatserklärungen, S. 10, Nr. 25.

Bis Anfang 1995 entsprach es ständiger BGH-Rechtsprechung, dass Globalbürgschaften unbestimmbar sind[31]. Der Umfang der Verbürgung sei nicht ausreichend erkennbar. Die Akzessorietät der Bürgschaft erfordere eine hinreichende Konkretisierung der abgesicherten Hauptschuld(en)[32]. Die Norm des § 765 Abs. 2, 1. Alt. BGB gestatte zwar generell auch die Übernahme von Bürgschaften für künftige Verbindlichkeiten, Wirksamkeitsvoraussetzung sei in diesem Fall aber stets die *Überschaubarkeit* der abgesicherten Verbindlichkeiten. Dieses spezielle Bestimmbarkeitserfordernis sah der BGH bei sachlich unabgegrenzter Absicherung sämtlicher Verbindlichkeiten gegenüber einem bestimmten Hauptschuldner als nicht gegeben an[33]. Dem BGH zufolge bedurfte es zumindest der Bezugnahme auf eine spezifische Geschäftsverbindung[34] oder

---

[30] Siehe nur *Hoffmann,* Patronatserklärung, S. 13, 2. Abs.; aA *Bodenstein/Jahn,* S. 101, die zu Unrecht davon ausgehen, die Patronatserklärung bezöge sich stets nur auf ein bestimmtes Kreditverhältnis; näheres in Kapitel 10, A. I.

[31] *BGH* (U. v. 10.10.1957 – VII ZR 419/56), BGHZ 25, S. 318 ff. (320/321); *BGH* (U. v. 31.05.1978 – VIII ZR 109/77), WM 1978, S. 1065 f. (1066, IV. 1.); *BGH* (VU. v. 16.01.1992 – IX ZR 113/91), WM 1992, S. 391 ff. (392, 1.); *BGH* (U. v. 17.03.1994 – IX ZR 174/93), WM 1994, S. 1064 ff. (1068, II.), für Bürgschaften, Forderungen, Wechsel sowie für Forderungen aus Abtretungen und gesetzlichem Forderungsübergang, die nicht aus der bankmäßigen Geschäftsverbindung stammen; zustimmend *OLG Hamm* (U. v. 24.09.1990 – 31 U 118/90), NJW 1991, S. 110 ff. (111, II. 1.); *OLG Köln* (U. v. 05.07.1989 – 2 U 197/88, rkr.), WM 1989, S. 1500 ff. (1502); *Meinhardt,* „Beendigung der Haftung", S. 21; *Reinicke/Tiedke,* Kreditsicherung (4), S. 31/32 Rn. 99–102; *Wagenknecht* in: *BuB* Rn. 4/1054.

[32] Zum notwendigen Zusammenhang zwischen Akzessorietät und Bestimmbarkeit der Hauptschuld, *Brambring,* S. 146, 1. Abs.; *Fikentscher,* Wolfgang, Schuldrecht (9), § 92 I. 2., S. 632 Rn. 1002; *Gruel,* Personalsicherheiten, S. 11; *Horn,* ZIP 1997, S. 525 ff. (528, IV. 1.); *MüKo-Habersack* (4), § 765 Rn. 68; *Staudinger-Horn* (1997), § 765 Rn. 13; *Weber,* JuS 1997, S. 501 ff. (503, b) aa)).

[33] *BGH* (U. v. 10.10.1957 – VII ZR 419/56), BGHZ 25, S. 318 ff. (321, 3. Abs.); *BGH* (U. v. 05.04.1990 – IX ZR 111/89), ZIP 1990, S. 708 ff. (709, 2.); *BGH* (VU. v. 16.01.1992 – IX ZR 113/91), WM 1992, S. 391 ff. (392, a)); offen gelassen von *BGH* (U. v. 31.05.1978 – VIII ZR 109/77), WM 1978, S. 1065 f. (1066, V.); *Fikentscher,* Wolfgang, Schuldrecht (9), § 92 I. 2., S. 632 Rn. 1002; kritisch *Meinhardt,* Beendigung der Haftung, S. 21/22.

[34] *BGH* (U. v. 06.12.1984 – IX ZR 115/83), ZIP 1985, S. 267 ff. (267, I. 1.); *BGH* (VU. v. 16.01.1992 – IX ZR 113/91), WM 1992, S. 391 ff. (392, a)); *BGH* (U. v. 24.02.1994 – IX ZR 93/93), BGHZ 125, S. 206 ff. (208, B. I.); *BGH* (U. v. 17.03.1994 – IX ZR 102/93), WM 1994, S. 784 ff. (784, II. 1.); *BGH* (U. v. 17.03.1994 – IX ZR 174/93), WM 1994, S. 1064 ff. (1068, II.); offen gelassen von *BGH* (U. v. 07.11.1985 – IX ZR 40/85), WM 1986, S. 95 ff. (96, I. 3.). Zur Definition der „Geschäftsverbindung", *BGH* (U. v. 04.06.1964 – VII ZR 35/63), WM 1964, S. 813 f. (813, 2.); *BGH* (U. v. 04.06.1964 – VII ZR 35/63), WM 1964, S. 813 f. (813, 2.): „Dem regelmäßigen Wortsinn nach sind Geschäftsverbindungen zwischen zwei Personen solche, die auf gegenseitigen Verträgen beruhen. Eine Forderung, die eine Bank aus eigenem Entschluss gegen ihren Kunden ohne dessen Auftrag durch Ankauf eines Wechsels erwirbt, fällt üblicherweise aus diesem Rahmen heraus …"; zum Begriff der „Geschäftsverbindung" im Allgemeinen und der „bankmäßigen Geschäftsverbindung" im Besonderen, *Brambring,* Diskrepanz zwischen Anlass und Sicherungsumfang, S. 6–10; *Lohmann,* Rechtsprobleme der Globalzweckerklärung,

Vertragsbeziehung[35]. Ermangelte die Sicherungsabrede einer solchen Beschränkung, interpretierte der BGH sie wohlwollend hinzu[36]. Anliegen des BGH war es, dem Bürgen durch die Haftungsbeschränkung einen gewissen Mindestschutz vor unübersehbaren Belastungen zuteil werden zu lassen[37].

Er stützte die im Bürgschaftsrecht zusätzlich zur allgemeinen Bestimmbarkeit des Leistungsinhalts für notwendig erachtete *Überschaubarkeit*[38] des *Verpflichtungsumfangs*[39] deshalb neben dem Wortlaut des § 765 Abs. 2 BGB[40] auf die Schutzvorschrift des § 766 BGB. Bezogen auf den Wortlaut des § 765 Abs. 2 BGB führte der BGH aus, die Formulierung, die Bürgschaft könne auch für „*eine*" künftige oder bedingte Verbindlichkeit übernommen werden, spräche gegen die Zulässigkeit einer Bürgschaftsübernahme für eine gänzlich unbestimmbare Vielzahl an Schulden. Die gewählte Singularform deutete darauf hin, dass die Beteiligten sich von der in Betracht kommenden Hauptschuld Vorstellungen machen müssten, die sich in einem bestimmbaren Rahmen hielten[41]. Hinzu

---

S. 8 ff.; *Ohlmeyer/Gördel,* Kreditgeschäft der Kreditgenossenschaften (10), S. 342; *Schaarschmidt,* Sparkassenkredite (8), S. 801 Rn. 2.902; *Schimansky/Bunte/Lwowski* (*Schmitz*), Bankrechts-Handbuch II (2), § 91 Rn. 10/11.

35 *BGH* (U. v. 10.10.1957 – VII ZR 419/56), BGHZ 25, S. 318 ff. (321, 2. Abs.); dem folgend *BGH* (U. v. 05.04.1990 – IX ZR 111/89), ZIP 1990, S. 708 ff. (709, 2.); *OLG Hamm* (U. v. 24.09.1990 – 31 U 118/90), NJW 1991, S. 110 ff. (111, II. 1.); *OLG Köln* (U. v. 05.07.1989 – 2 U 197/88, rkr.), WM 1989, S. 1500 ff. (1502); *Kreft,* WM 1997, Sonderbeilage Nr. 5, S. 9, 2. Abs.; so (wohl) noch *Wagenknecht* in: *BuB* Rn. 4/1054.

36 *BGH* (U. v. 03.02.1965 – VIII ZR 70/63), WM 1965, S. 230 ff. (231, 2. Abs.); *BGH* (U. v. 17.12.1980 – VIII ZR 307/79), WM 1981, S. 162 f. (162, 2. a)), Sicherungszession, Grundschuld. Dogmatisches Fundament für diese Interpretation war die interessengerechte Auslegung des Sicherungsvertrages (§§ 133, 157 BGB), vgl. *Lohmann,* Rechtsprobleme der Globalzweckerklärung, S. 77–80, A., 82/83, I., m.w.N.; so noch immer *Nobbe,* BKR 2002, S. 747 ff. (748/749, b) aa)/bb)). Die Auslegungsmöglichkeit versage im Falle der expliziten Haftungsausdehnung, vgl. *BGH* (U. v. 05.04.1990 – IX ZR 111/89), ZIP 1990, S. 708 ff. (709, 2.); siehe auch *BGH* (U. v. 17.03.1994 – IX ZR 174/93), WM 1994, S. 1064 ff. (1068, II.).

37 *BGH* (U. v. 10.10.1957 – VII ZR 419/56), BGHZ 25, S. 318 ff. (320/321).

38 So explizit *Brambring,* Diskrepanz zwischen Anlass und Sicherungsumfang, S. 146/147, II.; *Bydlinski,* WM 1992, S. 1301 ff. (1304, 3. a)); *Eusterhus,* Akzessorietät, S. 20, a); *Tiedtke,* EWIR 1995, S. 441 f. (441, 2.1), „Übersehbarkeit"; *Weber,* JuS 1997, S. 501 ff. (503, b) a.E.). *Horn,* spricht diesbezüglich von dem „Bestimmtheitsgrundsatz in seiner dritten Funktion" vgl. ZIP 1997, S. 525 ff. (528/529, IV. 1./2.); ihm folgend *Haun,* Unwirksamkeit der Bürgschaftsübernahme, S. 107/108.

39 *Brambring,* Diskrepanz zwischen Anlass und Sicherungsumfang, S. 145–147; *Lohmann,* Rechtsprobleme der Globalzweckerklärung, S. 29/30, b); *Reinicke/Tiedke,* DB 1995, S. 2301 ff. (2301/2302. II. 1.); *Rikken,* S. 21, 2.; vgl. auch *Bydlinski,* ÖBA 1999, S. 93 ff. (95, 2.2.3.); eine Rückkehr zu der „Überschaubarkeitsrechtsprechung" denkt *Masuch,* BB 1998, S. 2590 ff. (2594, d)) an.

40 *Meinhardt,* Beendigung der Haftung, S. 21, m.w.N.

41 *BGH* (U. v. 10.10.1957 – VII ZR 419/56), BGHZ 25, S. 318 ff. (320, 3. Abs.), (Hervorh. durch Verf.). Zu berücksichtigen sei weiter, dass eine „bedingte" Verbindlichkeit, die in diesem Zusammenhang der künftigen gleichgestellt sei, ohne eine we-

käme, dass ein Bürge in den Augen des Gesetzgebers eines *gewissen Schutzes* vor nicht ausreichend überlegten Erklärungen bedürfte. Aus diesem Grund hätte er mit § 766 BGB das Schriftformerfordernis implementiert. Diese gesetzliche Vorsorge dürfte nicht auf andere Weise zunichte gemacht werden. Das könnte aber geschehen, wenn man die Gültigkeit von unübersehbaren, § 765 Abs. 2 BGB ins Uferlose ausweitenden Bürgschaftsverpflichtungen akzeptierte[42].

Teile der Rechtslehre und Judikatur verlangten – und tun dies teilweise heute noch – darüber hinaus die Aufnahme einer Höchstbetragsbegrenzung[43]. Nach ihrer Einschätzung besteht eine wesentliche Funktion des Bestimmbarkeitserfordernisses darin, den Bürgen vor den unabsehbaren Folgen einer betragsmäßig nicht näher begrenzten „globalen" Verpflichtungserklärung zu bewahren[44].

---

nigstens in den Umrissen gegebene Abgrenzung schwer denkbar sei; siehe auch *Derleder,* NJW 1986, S. 97 ff. (100, 3./4.).

[42] *BGH,* a.a.O., S. 320/321 (BGHZ 25); insgesamt ebenso *BGH* (U. v. 16.01.1992 – IX ZR 113/91), „Apothekenhelferin", WM 1992, S. 391 ff. (392, a)); ähnlich *OLG Köln* (U. v. 05.07.1989 – 2 U 197/88, rkr.), WM 1989, S. 1500 ff. (1502, 2. Abs.); *Nobbe,* BKR 2002, S. 747 ff. (749, bb)); vgl. auch *Kreft,* WM 1997, Sonderbeilage Nr. 5, S. 9, 2. Abs.; *MüKo-Habersack* (4), § 765 Rn. 69, das Bestimmtheitserfordernis solle auch vor einer Aushöhlung der Warnfunktion des § 766 S. 1 BGB schützen. Dies sei aber nicht sein primäres Anliegen.

[43] *Gottwald* (zustimmend) zu OLG Stuttgart (U. v. 120.2.1985 – 6 U 46/84), EWiR 1985, S. 155 f. (156, 3.); *Haun,* S. 108–110, III.; *Reich/Schmitz,* NJW 1995, S. 2533 f. (2533. III., 2534, V.); *Schmitz,* Höchstbetragsbürgschaften, S. 16–19, 4.; *Staudinger-Horn* (1997), § 765 Rn. 42, 44, 46; *ders.,* FS für Merz, S. 217 ff. (222/223); *Reinicke/Tiedke,* JZ 1986, S. 426 ff. (428/429); *dies.,* Kreditsicherung (4), S. 31 Rn. 100/101, die diese Forderung wegen des hinreichenden Schutzes durch die „Anlass-" und Sittenwidrigkeitsrechtsprechung aber inzwischen fallengelassen haben (S. 32 Rn. 103); *dies.,* Gesamtschuld und Schuldsicherung (2), S. 100/101; *dies.,* DB 1995, S. 2301 ff. (2303, c)); *Tiedtke,* ZIP 1994, S. 1237 ff. (1238, IV.); aus der obergerichtlichen Rechtsprechung *OLG Düsseldorf* (U. v. 10.11.1983 – 6 U 240/82), ZIP 1984, S. 42 ff. (43).

[44] *Haun,* S. 109/110; *Reinicke/Tiedke,* JZ 1986, S. 426 ff. (428/429, 3./III.); *dies.,* Gesamtschuld und Schuldsicherung (2), S. 100/101; *Schmitz,* Höchstbetragsbürgschaften, S. 17/18; *Staudinger-Horn* (1997), § 765 Rn. 14; *ders.,* FS für Merz, S. 217 ff. (221, II. 1.). *Horn* zufolge liegt darüber hinaus „einer der wichtigsten, bisher zu wenig beachteten Aspekte des *Bestimmtheitsgrundsatzes* bei der Bürgschaft ... darin, dass er den Bürgen davor schützen will, dass Hauptschuldner und Gläubiger ohne sein Zutun den Umfang seiner Bürgenhaftung eigenmächtig ausweiten". Das *Verbot der Fremddisposition* (§ 767 Abs. 1 S. 3 BGB) ist nach Horn folglich (auch) elementarer Bestandteil des bürgschaftsspezifischen Bestimmtheitserfordernisses (vgl. § 765 Rn. 15, 48 bzw. S. 224/225, III. 1., 227, IV.); *ders.,* ZIP 1997, S. 525 ff. (528, IV. 1./2.)). Der Bestimmtheitsgrundsatz habe drei Funktionen: 1.) Inhaltliche Konkretisierung, 2.) Festlegung des Sicherungszwecks und damit 3.) Schutz des Bürgen vor unabsehbaren Belastungen/Verbot der Fremddisposition; im Ergebnis ebenso *Hantke,* S. 64, 2. Abs., der diese Schutzfunktion sogar aus dem „allgemeinen" Bestimmtheitsgrundsatz ableitet; *Haun,* a.a.O., S. 109/110, S. 166, II., der stringent darauf hinweist, dass ein Verstoß gegen das Bestimmtheitsgebot i.V.m. § 767 Abs. 1 S. 3 BGB ausscheide, wenn der Bürge die Entwicklung der Hauptschuld kontrollieren kann (S. 166, II.); etwas anders *Gottwald,* EWiR 1985, S. 155 f. (156, 3.), die Vorschrift des § 767 BGB schließe eine Erweiterung der Verpflichtung des Bürgen durch Rechtsgeschäfte zwischen Hauptschuldner und Gläubiger ausdrücklich aus. Würde eine Haftungserweite-

Die verschiedenen Argumentationsstränge lassen sich ohne weiteres auf die harte Patronatserklärung übertragen[45]. Die Ausstattungsverpflichtung des Patrons ist zwar nicht vollständig akzessorisch, sie ist aber in ihrer Entstehung und in ihrem Erlöschen, die „hauptschuldbezogene" Ausstattungspflicht teilweise auch hinsichtlich ihrer Durchsetzbarkeit und der maximal im Vermögen des Protegés bereitzustellenden freien Mittel unmittelbar einseitig von der bzw. den abgesicherten Hauptschuld(en) abhängig[46]. Dass die Formvorschrift des § 766 BGB nach der hier vertretenen Meinung wegen des gleich gearteten Schutzbedürfnisses auch für harte Patronatserklärungen gilt, ist im Vorgängerkapitel erläutert worden[47]. Da ein Ausstattungspflichtiger darüber hinaus nur günstigstenfalls in demselben Umfang wie der Hauptschuldner in Anspruch genommen werden kann, seine Ausstattungspflicht aber oftmals deutlich über den Umfang der abgesicherte(n) Hauptschuld(en) hinausreicht, dürfte die Höchstbetragsforderung der Rechtsgelehrten erst recht für die Ausstattungsvereinbarung gelten.

Mit der in vielerlei Hinsicht wegweisenden Entscheidung vom 18. Mai 1995[48], hat der BGH indessen nicht nur die Forderung nach einer summenmäßigen Haftungsbegrenzung der Bürgschaft zurückgewiesen[49], sondern zu Recht auch mit seiner These von dem „bürgschaftsspezifischen Bestimmtheitsgebot" gebrochen[50]. Die in der Lehre geforderte Begrenzung der Höhe nach, so der

---

rung angeordnet, müsste der Umfang der Bürgenhaftung mangels „automatischer" Haftungserstreckung ausdrücklich geregelt werden; siehe auch *Schmitz-Valckenberg,* DNotZ 1998, S. 578 ff. (580, 3. Abs.). Den zuletzt genannten Ansichten ist aus den sogleich folgenden Gründen und deshalb zu widersprechen, weil § 767 Abs. 1 S. 3 BGB nach vorliegendem Verständnis nur der Klarstellung dient, in welchem Verhältnis Akzessorietät und Privatautonomie zueinander stehen (näheres dazu in Kapitel 10, B. IV. 2. b) aa)).

45 Ein direkter Verweis auf den Gesetzeswortlaut des § 767 Abs. 1 S. 3 BGB bzw. auf eine gleich lautende Vorschrift ist bei der gesetzlich nicht geregelten Patronatserklärung zwar rechtstechnisch unmöglich, angesichts der Tatsache, dass auch die Ausstattungsverpflichtung eine forderungsangelehnte Schuld ist, sie also wie die Bürgschaft eine hinreichende konkrete Bezugnahme auf die abzudeckende(n) Hauptschuld(en) voraussetzt, steht einer entsprechenden Anwendung des § 767 Abs. 1 S. 3 BGB nichts im Wege; näheres dazu in Kapitel 10, B. III. 2. b).

46 s.o., Kapitel 4, B II 5. a)/b).

47 Kapitel 8 E.

48 *BGH* (U. v. 18.05.1995 – IX ZR 108/94), BGHZ 130, S. 19 ff. = WM 1995, S. 3197 ff. = DB 1995, S. 1855 ff. = NJW 1995, S 2553 ff. = ZIP 1995, S. 1244 ff. = WuB I F 1 a. – 12–96 (Anm. Jürgen Schröter).

49 Ablehnend bereits *BGH* (U. v. 07.11.1985 – IX ZR 40/85), WM 1986, S. 95 ff. (96, 1. b)); zustimmend aus der Literatur *Bülow,* Recht der Kreditsicherheiten (6), S. 247/248 Rn. 846, S. 288 Rn. 952; *Lwowski/Merkel,* Kreditsicherheiten (8), S. 44, 3. Abs.

50 *BGH* (U. v. 18.05.1995 – IX ZR 108/94), BGHZ 130, S. 19 ff. (21/22). Auch wenn die Entscheidung keine „Globalbürgschaft" im eigentlichen Sinne, sondern „nur" eine Geschäftsverbindungsabrede betraf, lässt sich das wiedergegebene obiter

9. Senat, habe mit der Bestimmtheit bzw. Bestimmbarkeit der Hauptschuld nichts zu tun[51]. Werde zum Beispiel die Bürgschaft „für alle nur irgendwie denkbaren Verbindlichkeiten des Hauptschuldners ohne sachliche Begrenzung" übernommen, so sei klar, welche Hauptschulden darunter fallen – nämlich alle[52]. Den Gefahren einer derartigen „Globalbürgschaft" müsse in anderer Weise als über das Bestimmtheitserfordernis Rechnung getragen werden[53].

---

dictum nur so verstehen, dass eine Begrenzung des Verpflichtungsumfangs auf im Rahmen der Geschäftsverbindung begründete Forderungen in Zukunft aus Bestimmtheitsgründen unterbleiben kann; im Ergebnis ebenso *Brambring,* S. 148, 3., 153, III.; *Erman-Herrmann* (11), § 765 Rn. 3, 2. Abs.; *Eusterhus,* Akzessorietät, S. 20, a); *MüKo-Habersack* (4), § 765 Rn. 70 (Fn. 297); *Thiekötter,* Patronatserklärung ad incertas personas, S. 74, 2.; *Weber,* JuS 1997, S. 501 ff. (503/504, aa)/bb)); wohl aA *Palandt-Sprau* (64), § 765 Rn. 7.

[51] *BGH,* a.a.O., S. 21/22; ablehnend bereits *OLG Köln* (U. v. 05.07.1989 – 2 U 197/88, rkr.), WM 1989, S. 1500 ff. (1502, 2. Abs.). Der 2. OLG-Senat hat mit Recht darauf hingewiesen, dass das Gesetz als Regelfall die Bürgschaft ohne Höchstbetragsbeschränkung vorsehe. Zu diesem Regelfall gehöre gemäß § 765 Abs. 2 BGB auch eine Bürgschaft für künftige, der Höhe nach noch unbestimmte Hauptforderungen; ebenso *BGH* (U. v. 06.12.1984 – IX ZR 115/83), WM 1985, S. 155 ff. (156, II. 1.); zustimmend aus der Literatur *Brandt,* S. 120–123; *Larenz/Canaris,* Schuldrecht II/2 (13), § 60 II 2. a), S. 7; *Schäfer,* WM 1999, S. 153 ff. (158/159); *Schröter,* WuB I F 1 a. – 13.95, S. 1076 ff. (1076, I.); *Wagenknecht* in: *BuB* Rn. 4/1058a; *Weber,* JuS 1997, S. 501 ff. (503/504, aa)/bb)). Die Richtigkeit dieser Ansicht wird auch durch die Gesetzgebungsgeschichte belegt. Anstelle des heutigen Abs. 2 des § 765 BGB sah § 669 des Entwurfes vor, dass die Bürgschaft „auch für eine künftige, bedingte oder *unbestimmte* Verbindlichkeit übernommen werden" kann (Hervorh. durch Verf.). Der Verweis auf die Möglichkeit der Absicherung einer „unbestimmten" Verbindlichkeit ist später mit Blick auf den unklaren Ausdruck gestrichen worden. Soweit damit gemeint gewesen sei, „dass der Umfang der Verbindlichkeit *nicht von vornherein zahlenmäßig bestimmt* sein brauche, sei der Satz selbstverständlich", vgl. *Protokolle II,* 141. I., S. 463/464 = *Mugdan II,* S. 1020 a.E., sowie die Gegenüberstellung der Vorschriften bei *Mugdan II,* §§ 668/669 bzw. § 706, S. CXIII; aA *Reich/Schmitz,* NJW 1995, S. 2533 f. (2533. II./III.), die vom Gesetz als selbstverständlich vorausgesetzte summenmäßige Begrenzung der Globalbürgschaft gehöre zur Frage der Bestimmbarkeit und werde von dieser erfordert.

[52] So bereits *Bydlinski,* WM 1992, S. 1301 ff. (1304, 3. a)), unter Beibehaltung des Überschaubarkeitskriteriums mit anderem Anknüpfungspunkt (S. 1304–1306); ebenso *MüKo-Habersack* (4), § 765 Rn. 70; *Schäfer,* WM 1999, S. 153 ff. (157, 3.); zustimmend *Erman-Herrmann* (11), § 765 Rn. 3, 2. Abs.; kritisch *Horn,* ZIP 1997, S. 525 ff. (528, IV. 1.), „semantischer Holzweg"; eine Verpflichtung werde nicht dadurch „bestimmt", dass ihre grenzenlose Unbestimmtheit klargestellt werde. Habe man den Bestimmtheitsgrundsatz auf diese Weise auf den Kopf gestellt, werde er natürlich für den Zweck des Bürgenschutzes untauglich; zustimmend *Hantke,* S. 62, 2. Abs. Dem ist zu erwidern, dass dem Bestimmtheitsgrundsatz keine Schutzfunktion innewohnt.

[53] *BGH,* a.a.O., S. 22, 1. Abs.; ebenso *MüKo-Habersack* (4), § 765 Rn. 69, es sei nicht Aufgabe des Bestimmtheitsgrundsatzes, den Bürgen vor der Eingehung unüberschaubarer und unkontrollierbarer Belastungen zu bewahren (vgl. auch Rn. 72); aA *Horn,* ZIP 1997, S. 525 ff. (528, IV. 1.); *ders. in: Staudinger* (1997), § 765 Rn. 48; *Nobbe,* BKR 2002, S. 747 ff. (749, bb)); *Reinicke/Tiedke,* DB 1995, S. 2301 ff. (2302–2304), für die Beibehaltung der Bestimmtheit i.S.d. „zweiten Fallgruppe" (= „Übersehbarkeit"), an welche die Autoren zudem strengere Anforderungen stellen.

Zwischenzeitlich hat der BGH diesen Standpunkt ausdrücklich bekräftigt[54]. Es gehört daher mittlerweile zum gesicherten Stand der bundesgerichtlichen Rechtsprechung, dass durch Bürgschaften (oder harte Patronatserklärungen) abgesicherte Hauptschulden bereits dann hinreichend konkretisiert sind, wenn sie sich im Zeitpunkt ihrer Entstehung individualisieren und dem jeweiligen Sicherungsrecht zuordnen lassen[55]. Die Rückführung des Bestimmtheitsgebots auf seine Individualisierungs- bzw. Zuordnungsfunktion durch den Senat verdient unumwundene Zustimmung[56]. Ein irgendwie gearteter Schutzmechanismus ist dem Bestimmtheitsgrundsatz fremd – auch im Bürgschaftsrecht[57]. Die Formvorschrift des § 766 BGB dient allein dem Schutz des Bürgen vor einer übereilten Bürgschaftsübernahme. Dass der Bürge darüber hinaus das Ausmaß seiner Bürgenschuld übersehen können muss, setzen weder diese Norm noch der allgemeine Bestimmtheitsgrundsatz voraus[58]. Die Herleitung des Überschaubarkeitsdogmas aus dem Wortlaut des § 765 Abs. 2 BGB ist bereits deshalb verfehlt gewesen, weil das Wort „eine" dort nicht als Zahlwort gebraucht wird, sondern als unbestimmter Artikel[59].

---

Eine wirksame Bürgschaftsverpflichtung für künftige Verbindlichkeiten setze stets eine Höchstbetragsbegrenzung voraus (S. 2303, c)).

[54] *BGH* (U. v. 28.10.1999 – IX ZR 364/97), BGHZ 143 ff., S. 95 ff. (99, 2. Abs.); ebenso *BAG* (U. v. 27.04.2000 – 8 AZR 286/99), NJW 2000, S. 3299 ff. (3299, b)).

[55] Siehe nur *BAG* (U. v. 27.04.2000 – 8 AZR 286/99), NJW 2000, S. 3299 ff. (3299, b)). Diese Möglichkeit besteht zweifelsfrei auch bei außerhalb der Geschäftsverbindung entstandenen Forderungen.

[56] Im Ergebnis ebenso *Brambring,* Diskrepanz zwischen Anlass und Sicherungsumfang, S. 153, 2. Abs.; *Eusterhus,* Akzessorietät, S. 20, a); siehe auch *Bülow,* Recht der Kreditsicherheiten (6), S. 247/248 Rn. 846. Wie hier jetzt auch *J. Koch,* Die Patronatserklärung, S. 195, 3. Abs.

[57] *MüKo-Habersack* (4), § 765 Rn. 69. Nach hier vertretener Meinung existiert kein spezifisch „bürgschaftsrechtliches Bestimmtheitserfordernis", das Ausprägung des allgemeinen Individualisierungsgebots wäre. Die Individualisierung muss sich aus Akzessorietätsgründen nur zwingend auf die abgesicherte(n) Hauptschuld(en) erstrecken. Insoweit unterscheidet sich die Bürgschaft nicht von einer Ausstattungsverpflichtung; aA *Schäfer,* WM 1999, S. 153 ff. (157/158, 3., 159, 5.).

[58] Vgl. auch *Brambring,* Diskrepanz zwischen Anlass und Sicherungsumfang, S. 148/149, a.; *Bydlinski,* WuB I F 1 a. – 1.99, S. 38 ff. (39/40, 3.); *Larenz/Canaris,* Schuldrecht II/2 (13), § 60 II 2. a), S. 7; *Medicus,* EWIR 1997, S. 837 f. (838, 4.); *Reinicke/Tiedke,* JZ 1986, S. 426 ff. (427, II. 1.); *dies.* DB 1995, S. 2301 ff. (2302. 2. a)); siehe aber *MüKo-Habersack* (4), § 765 Rn. 69; *Schäfer,* WM 1999, S. 153 ff. (157, 3.), das bürgschaftsrechtliche Bestimmtheitsgebot erfahre durch das Formerfordernis des § 766 BGB eine zusätzliche Stützung, dessen Warnfunktion es *vor Aushöhlung bewahren* solle (Hervorh. durch Verf.). Im Übrigen hat sich der BGH des Überschaubarkeitskriteriums auch in Fällen bedient, in denen die Bürgschaftserklärung gemäß § 350 HGB formfrei gültig gewesen ist, vgl. nur *BGH* (U. v 31.05.1978 – VIII ZR 109/77), WM 1978, S. 1065 f. (1066, IV. 1.); dazu *MüKo-Habersack* (4), § 765 Rn. 69.

[59] *Brambring,* S. 149, b.; im Ergebnis ebenso *Reinicke/Tiedke,* DB 1995, S. 2301 ff. (2303, 1. Abs.); *Rikken,* S. 22, 2. Abs.; aA *Derleder,* NJW 1986, S. 97 ff. (100, 3.).

Ausstattungsverpflichtungen liegt demnach selbst dann eine ausreichend bestimmte Abrede zugrunde, wenn die Sicherungszweckerklärung sich ohne nähere Eingrenzung auf sämtliche Verbindlichkeiten des[60] Protegés gegenüber dem Gläubiger erstreckt[61].

## III. Bestimmbarkeit der Angebotsempfänger bei Ausstattungszusagen gegenüber der Allgemeinheit

Die Anforderungen an die Bestimmbarkeit sind bei Abgabe einer Allgemeinzusage auch hinsichtlich der potenziellen Vertragspartner des Patrons[62] gewahrt[63]. Dem öffentlichen Angebot lässt sich eindeutig entnehmen, wer berechtigt sein soll, die Erklärung während des „Maßgeblichkeitszeitraums" anzunehmen, nämlich sämtliche Gläubiger der genannten Protegés, welche die in der Zusage genannten Kriterien erfüllen. Üblicherweise beschränkt sich der Adressatenkreis auf vertragliche Forderungsinhaber. Die Angebotsempfänger lassen sich aber auch dann zweifelsfrei ermitteln, wenn sich eine kollektive Patronatserklärung pauschal an alle nur denkbaren Protegégläubiger richtet[64]. Nach An-

[60] Oder „der Protegés" bei Ausstattungszusagen ad incertas personas für mehrere Gesellschaften.

[61] *KG Berlin* (U. v. 18.01.2002 – 14 U 3416/00, rkr.), WM 2002, S. 1190 f. (1191); *LG Berlin* (U. v. 18.02.2000 – 94 O 93/99), WM 2000, S. 1060 ff. (1061, II. 2.); *Thiekötter,* Patronatserklärung ad incertas personas, S. 75, 1. Abs.; implizit ebenso *OLG München* (U. v. 22.07.2004 – 19 U 1867/04), ZIP 2004, S. 2102 ff. (2104, bb)).

[62] Entsprechendes gilt selbstverständlich auch für die Erklärungsempfänger einer „internen" öffentlichen Ausstattungszusage.

[63] *Kohout,* Patronatserklärungen, S. 44, aa).

[64] *Kohout,* Patronatserklärungen, S. 44, aa); vgl. auch *BGH* (U. v. 14.11.1991 – IX ZR 20/91), WM 1992, S. 177 ff. (178/179, 1. (a), 180, c)); *BGH* (U. v. 12.07.2001 – IX ZR 358/00), WM 2001, S. 1772 ff. (1774, 2. b)); dazu *Bydlinski,* WM 1992, S. 3101 ff. (1306, b)), Bürgschaftserklärung von GmbH-Gesellschaftern *gegenüber jedem Bauherren* – auch zu Gunsten zukünftiger Investoren eines Bauherrenmodells – seien ausreichend bestimmt, da alle denkbaren Gläubiger *eindeutig bestimmbar* seien; ebenso *Fischer,* WM 1998, S. 1705 ff. (1707, I. 2.); *Thiekötter,* Patronatserklärung ad incertas personas, S. 73/74, 1; allgemein zu Angeboten an einen unbestimmten Personenkreis, *MüKo-Kramer* (4), § 145 Rn. 10 (Fn. 49 m.w.N.), § 241 Rn. 5; *Sohm,* ZHR 17 (1872), S. 16 ff. (56–81, IV.); *Staudinger-Bork* (2003), § 145 Rn. 19; zur Bestimmbarkeit des Antragsempfängers bei einer privaten Internetauktion (Willenserklärung ad incertam personam), *BGH* (U. v. 07.11.2001 – VIII ZR 13/01), WM 2002, S. 48 ff. (50, bb)); *Heitbaum,* Inhaltskontrolle bei Privaten Online-Auktionen, S. 129, jeweils m.w.N.; vgl. aber *OLG Karlsruhe* (U. v. 25.03.1988 – 10 U 198/87), DNotZ 1988, S. 694 ff. (694–696, a)/b)), zum Inhalt einer empfangsbedürftigen Willenserklärung gehöre auch der Adressat, an den sie sich richte. Sei dieser nicht bestimmt bezeichnet, stelle ein notariell beurkundetes Angebot zum Abschluss eines Geschäftsbesorgungs- und Treuhandvertrages zwecks Erwerb einer Eigentumswohnung, das an einen unbestimmten Adressatenkreis gerichtet ist, keinen wirksamen Antrag i.S.d. § 145 BGB dar; aA *LG Frankfurt a.M.* (U. v. 08.03.1977 – 2/13 O 7/76), AG 1977, S. 321 ff. (322, 2. a.E.).

nahme des Ausstattungsangebots durch einzelne Erklärungsempfänger ist die Identifikation des Vertragspartners ohnehin problemlos möglich[65].

Zweifel an der materiellen Bestimmbarkeit einer Ausstattungserklärung respektive Ausstattungsverpflichtung sind somit insgesamt unangebracht[66].

## B. Prozessuale Geltendmachung und Durchsetzbarkeit der Ausstattungsverpflichtung

Es verwundert daher, dass ein erheblicher, wenn nicht gar der überwiegende Teil der Rechtsprechung und Rechtslehre nach wie vor von der prozessualen Undurchsetzbarkeit einer rechtswirksamen Ausstattungsverpflichtung ausgeht[67].

---

[65] *J. Koch,* Die Patronatserklärung, S. 543/544; vgl. auch die Materialien zur Auslobung: „Durch das Vollbringen der Tat wird die Person des Berechtigten bestimmt und die Voraussetzung der Entstehung der Verbindlichkeit erfüllt. Vorher fehlt es (erg.: anders als bei der Ausstattungserklärung) an einem Berechtigten", *Motive II,* § 581, S. 520, 2. Abs. = *Mugdan II,* Motive, Auslobung, § 581, S. 291, 2. Abs.

[66] Vgl. auch *von Bernuth,* ZIP 1999, S. 1501 ff. (1503/1504, 1507, IV.); *Bordt,* WPg 1975, S. 285 ff. (289, a)); (implizit) *Heiss/Müller,* RdW 1989, S. 290 ff. (290, II., zu Beispiel 1); *Maslaton,* NVwZ 2000, S. 1351 ff. (1352, c)); *Michalski,* WM 1994, S. 1229 ff. (1235, IV. 1.); *MüKo-Habersack* (4), Vor § 765 Rn. 50; *BGH* (U. v. 30.01.1992 – IX ZR 112/91, Köln), BGHZ 117, S. 127 ff. (129, 1.); *OLG Naumburg* (U v. 22.02.2000 – 9 U 309/98), Entscheidungsgründe I. 1. c), n.v., Juris, das mit dem BGH (U. v. 30.01.1992) dazu tendiert, dass die höhenmäßige Begrenzung der Ausstattungspflicht kein Bestimmbarkeitserfordernis ist. Angesichts der summenmäßigen Begrenzung der Ausstattungszusage auf die Hälfte der Hauptschuld hat es diese Frage aber dahinstehen lassen. Da sich die Höchstbetragsbegrenzung aus Sicht des Gerichts nicht auf die Summe der Ausstattungsleistungen bezogen hat, sondern auf die maximale Obergrenze der im Vermögen des Protegés zu Tilgungszwecken frei verfügbaren Finanzmittel (vgl. I. 1. d)), hätte der 9. Senat diese Frage aber ruhig im Sinne des BGH entscheiden können. Schließlich war die Ausstattungsverpflichtung als solche (anders als die Direktleistungs*möglichkeit*) nicht summenmäßig begrenzt; vgl. aber *J. Horn,* Patronatserklärungen im common law, S. 186, letzter Abs.; *Limmer,* DStR 1993, S. 1750 ff. (1750, 2.), die Ausstattungspflicht sei zunächst unbestimmt und es stehe im Ermessen der Mutter, in welcher Weise sie die Ausstattung vornehme. Gegenstand der Ausstattungspflicht sind aber nicht die potenziell zu erbringenden Erfüllungshandlungen, sondern der zu bewirkende Erfolg einer genügenden Protegéausstattung, der eindeutig bestimmt ist, siehe Gliederungspunkte A. I. und B. I. 3. a).

[67] *LG München I* (U. v. 02.03.1998 – 11 HKO 20623/97), WM 1998, S. 1285 ff. (1286, 2. a)); *Forschbach,* Liquiditätszusagen, S. 129, d); *Gerth,* Atypische Kreditsicherheiten, S. 147; *Hantke,* S. 68, 2. Abs., 70, 1. Abs.; *J. Horn,* Patronatserklärungen im common law, S. 185, 2. Abs.; *Kiethe,* ZIP 2005, S. 646 ff. (649, 2.); *Kohout,* Patronatserklärungen, S. 87, 2. Abs., 180, 9., 182 a.E.; *Limmer,* DStR 1993, S. 1750 ff. (1750, 2.); *Lwowski,* Kreditsicherung (8), S. 413, 5.; *Obermüller,* ZGR 1975, S. 1 ff. (29, d)); *Pesch,* WM 1998, S. 1609 ff. (1611, cc)); *von Rosenberg/Kruse,* BB 2003, S. 641 ff. (642, 2. Abs.); *Rippert,* Patronatserklärungen, S. 112 a.E.; *Rümker* in: FS Stiefel, S. 607 ff. (614, 1. Abs.); *Rummel* in: FS Doralt (2004), S. 493 ff. (503, V.); *Staudinger-Horn* (1997), Vorbem zu 765 ff. Rn. 413; *Wittig* in: *BuB* (2003), Rn. 4/2878; aA etwa *OLG München* (U. v. 22.07.2004 – 19 U 1867/04), ZIP 2004, S. 2102 ff. (2104, 1. Spalte, bb)); *Ebenroth/Boujong/Joost* (*Allstadt-Schmitz*), HGB,

## I. Klagbarkeit

Erstaunlich ist vor allem die Begründung dafür. Entgegen dem Postulat des § 253 Abs. 2 Ziff. 2 der Zivilprozessordnung (ZPO), so heißt es, sei es unmöglich, einen bestimmten Klageantrag zu formulieren[68].

Sollte es aber tatsächlich möglich sein, dass eine materiell-rechtlich genügend bestimmte Verbindlichkeit unklagbar ist, weil sie an der Hürde des prozessualen Bestimmtheitserfordernisses scheitert?

In prozessualer Hinsicht ist eine Klage gemäß § 253 Abs. 2 Ziff. 2, 2. HS ZPO nur zulässig, wenn sie über einen bestimmten Klageantrag verfügt[69]. Gewisse Unklarheiten sind unschädlich, sofern sich das klägerische Begehren hinreichend deutlich aus der Klageschrift ergibt[70]. Nach dem Grundsatz der Parteidisposition obliegt es dem Kläger, den zur Entscheidung gestellten Streitgegenstand festzulegen (§ 253 Abs. 2 Ziff. 2, 1. HS ZPO)[71]. Das Gericht hat zwar im Rahmen seiner Hinweis- und Aufklärungspflicht darauf hinzuwirken, dass die Parteien sich vollständig erklären und sachdienliche Anträge stellen, es ist aber auch der richterlichen Unabhängigkeit verpflichtet[72]. Angesichts der im Zivilprozess geltenden Parteiherrschaft sowie des Beibringungsgrundsatzes, muss es sich bei seiner Entscheidungsfindung strikt im Rahmen der gestellten Sachanträge halten (§ 308 Abs. 1 ZPO, „ne ultra petita partium")[73]. Eine Klage des Gläubigers gegen den Patron auf Direktleistung der Hauptschuld wäre deswegen als unbegründet abzuweisen, gelangte das Gericht zu dem Schluss, dass der Gläubiger zum maßgeblichen Entscheidungszeitpunkt „nur" über einen Ausstat-

---

BankR IV, Rn. IV 665; *Rimmelspacher,* Kreditsicherungsrecht (2), S. 29 Rn. 116; *Schimansky/Bunte/Lwowski* (*Merkel*), Bankrechts-Handbuch II (2), § 98 Rn. 23.

[68] *Gerth,* Atypische Kreditsicherheiten, S. 147; *Hantke,* S. 68, 2. Abs.; *Kiethe,* ZIP 2005, S. 646 ff. (649, 2.); *Kohout,* Patronatserklärungen, S. 182, 185, 3. Abs.; *Limmer,* DStR 1993, S. 1750 ff. (1750, 2.); *Lwowski,* Kreditsicherung (8), S. 413, 5.; *von Rosenberg/Kruse,* BB 2003, S. 641 ff. (642, 2. Abs.); *Rümker* in: FS Stiefel, S. 607 ff. (614, 1. Abs.); *Rummel* in: FS Doralt (2004), S. 493 ff. (503, V.), zum österreichischen Recht; *Wittig* in: *BuB* (2003), Rn. 4/2878.

[69] *Baumbach u. a. (Hartmann),* ZPO (63), § 253 Rn. 39; *Thomas/Putzo (Reichold),* ZPO (26), § 253 Rn. 11.

[70] *BGH* (U. v. 01.12.1997 – II ZR 312/96), NJW-RR 1998, S. 1005, II. 1.; *BGH* (U. v. 04.10.2000 – VIII ZR 289/99), NJW 2001, S. 445 ff. (447, 3.); *BGH* (U. v. 07.06.2001 – I ZR 21/99), GRUR 2001, S. 1036 ff. (1036, II. 1.); *OLG Karlsruhe* (U. v. 14.08.2001 – 4 U 54/01), NJW-RR 2002, S. 250 ff. (251, 2.); *Baumbach u. a. (Hartmann),* ZPO (63), § 253 Rn. 39; aA *Zöller (Greger),* ZPO (25), § 253 Rn. 13.

[71] *BGH* (U. v. 14.12.1998 – II ZR 330/97), NJW 1999, S. 954 f. (954, 2. a)); *Baumbach u. a. (Hartmann),* ZPO (63), § 253 Rn. 39; *Thomas/Putzo (Reichold),* ZPO (26), Einl I Rn. 5.

[72] Vgl. nur *Baumbach u. a. (Hartmann),* ZPO (63), Einl. III Rn. 29.

[73] *BGH* (U. v. 14.12.1998 – II ZR 330/97), NJW 1999, S. 954 f. (954, 2. a)); *Baumbach u. a. (Hartmann),* ZPO (63), § 308 Rn. 2, 4; *Thomas/Putzo (Reichold),* ZPO (26), § 308 Rn. 1/2.

tungsanspruch verfügt[74]. Die Konstellation, dass der Ausstattungsanspruch sich bereits in einen Schadenseratzanspruch verwandelt hat, soll hier nicht interessieren. Gegenstand der Betrachtung ist allein die Frage, „ob" und wenn ja, „wie", der Patron den eigentlichen Ausstattungsanspruch einklagen kann.

Die Frage nach dem „Ob" einer Klagemöglichkeit ist mit einem klaren „Ja" zu beantworten. Dem Gläubiger muss es möglich sein, seinen materiell-rechtlichen Ausstattungsanspruch gerichtlich einzufordern[75]. In Rechtsprechung und Literatur wird mit Recht darauf hingewiesen, dass das Prozessrecht lediglich Hilfsmittel zur Durchsetzung des materiellen Rechts ist, dass es nur „dienende Funktion" hat[76]. Das Prozessrecht erwiese dem materiellen Recht aber einen schlechten Dienst, stellte es den Inhaber eines materiell-rechtlich wirksamen Ausstattungsanspruchs vor unüberbrückbare Formulierungsschwierigkeiten. Der Standpunkt, die fehlende Klagbarkeit lasse keinen Rückschluss auf die materielle Bestimmbarkeit der Leistung zu[77], ist zwar ebenso korrekt wie die Äußerung, die Vorstellung, nur ein prozessual durchsetzbarer Anspruch könne rechtsgeschäftlich vereinbart werden, sei unhaltbar[78], beide Hinweise gehen aber an der Fragestellung vorbei und bedürfen der Präzisierung. Fraglich ist nicht, ob

---

[74] Weil das Gericht kein „aliud" zusprechen darf, vgl. *BGH* (U. v. 08.06.2000 – I ZR 269/97), NJW 2001, S. 1791 ff. (1792, bb)); *Baumbach u.a. (Hartmann),* ZPO (63), § 308 Rn. 7; *Thomas/Putzo (Reichold),* ZPO (26), § 308 Rn. 1/2.

[75] Ebenso *OLG München* (U. v. 22.07.2004 – 19 U 1867/04), ZIP 2004, S. 2102 ff. (2104, bb)); *Michalski,* WM 1994, S. 1229 ff. (1240, 1. Abs.); *Schröder,* ZGR 1982, S. 552 ff. (558); etwas vorsichtiger *Thiekötter,* Patronatserklärung, S. 37, III. 1., Unklagbarkeit wäre „nicht befriedigend". Entgegen *Forschbach,* Liquiditätszusagen, S. 123/124, I., ist dieses Interesse für den Gläubiger einer „internen" Ausstattungszusage nicht größer als für einen Patron, da der Ausstattungsanspruch des auszustattenden Unternehmens mit Insolvenzeröffnung ebenfalls nicht untergeht (vgl. Kapitel 6, D. II.). Die auszustattende Gesellschaft kann nicht abgewickelt werden, solange sie über einen werthaltigen Ausstattungsanspruch verfügt.

[76] *BGH* (U. v. 25.11.2002 – II ZR 133/01), „Macrotron", ZIP 2003, S. 387 ff. (391, 2.); *BayObLG* (B. v. 17.09.1998 – 3Z BR 37/98), ZIP 1998, S. 2002 ff. (2004, b)); *Forschbach,* Liquiditätszusagen, S. 129, d), die Bestimmtheit des Klageantrags sei nicht Selbstzweck; *J. Koch,* Die Patronatserklärung, S. 236; *Schäfer,* WM 1999, S. 153 ff. (156, a)); *Schröder,* ZGR 1982, S. 552 ff. (558); vgl. auch *Baumbach u.a. (Hartmann),* ZPO (63), Einl. III Rn. 10, 38, „Verfahrensrecht hat *niemals Selbstzweck.* Man darf das Prozessrecht nicht derart handhaben, dass sachlichrechtliche Ansprüche schlechterdings undurchsetzbar werden"; ebenso *BVerfG* (B. v. 16.11.1999 – 1 BvR 1821/94), NJW-RR 2000, S. 946 f. (946, 1.), der grundrechtliche Anspruch auf Gewährleistung eines wirkungsvollen Rechtsschutzes verbiete es, den Zugang zu den Gerichten in unzumutbarer, aus Sachgründen nicht mehr zu rechtfertigender Weise zu erschweren; *BGH* (U. v. 17.05.2000 – VIII ZR 210(00), NJW 2000, S. 3216 ff. (3217, II. 1.); *BGH* (U. v. 17.11.1988 – III ZR 252/87), MDR 1989, S. 428 f. (429); aA *J. Horn,* Patronatserklärungen im common law, S. 184, 2. Abs.

[77] *Fleischer,* EWiR 1998, S. 1107 f. (1108, 3.); *ders.,* WM 1999, S. 666 ff. (670, c)); *Maslaton,* NVwZ 2000, S. 1351 ff. (1352, c)).

[78] So *von Rosenberg/Kruse,* BB 2003, S. 641 ff. (644, c)); *Schäfer,* WM 1999, S. 153 ff. (155 a.E., 159, 5.).

nur ein prozessual durchsetzbarer Anspruch rechtsgeschäftlich begründet werden kann, sondern ob ein rechtsgeschäftlich wirksam begründeter Anspruch, der weder von den Vertragsparteien[79] noch von dem Gesetz für unklagbar oder für unvollstreckbar erklärt worden ist, prozessual undurchsetzbar sein kann. Diese Frage ist angesichts der nur dienenden Funktion des Prozessrechts zu verneinen[80].

Bezogen auf die harte Patronatserklärung existiert weder eine gesetzliche Vorschrift, die der Ausstattungsvereinbarung ihre Klagbarkeit und/oder Vollstreckbarkeit nimmt, noch haben die Parteien des Patronatsvertrages die prozessualen Rechte des Gläubigers individualvertraglich beschränkt. Die Ausstattungsverpflichtung des Patrons muss daher einklagbar sein, das zusprechende Urteil vollstreckungsfähig.

Von Gesetzes wegen existiert allerdings eine Reihe sog. „unvollkommener Verbindlichkeiten“, die von dem Gesetzgeber ausdrücklich als „unverbindlich“ bezeichnet worden sind. Auch kennt das Gesetz unvollstreckbare Ansprüche[81]. Eine „unvollkommene Verbindlichkeit“ bzw. „Naturalobligation“ zeichnet sich dadurch aus, dass sie freiwillig erfüllbar ist und hinsichtlich des Geleisteten auch einen kondiktionsfesten Erwerbsgrund bildet, aber nicht wider den Willen des „Schuldners“ durchgesetzt werden kann (vgl. nur §§ 656 Abs. 1 S. 2, 762 Abs. 1 S. 2 BGB)[82]. Teilweise wird diesbezüglich die These vertreten, die Parteien des Ausstattungsvertrages hätten nur eine Naturalobligation vereinbaren wollen[83]. Stelle sich heraus, dass der Protegé vertragswidrig unzureichend aus-

---

[79] Zum sog. pactum de non petendo, *Schäfer,* WM 1999, S. 153 ff. (155/156 Fn. 24).

[80] *Hoffmann,* Patronatserklärung, S. 80, sei ein materiellrechtlicher Anspruch denkbar und konstruierbar, müsse er auch prozessrechtlich durchgesetzt werden können; unklar *J. Koch,* Die Patronatserklärung, S. 248 a.E., 249, IX., die Klagbarkeit sei zwar ein typisches, aber kein begriffsnotwendiges Element der Forderung; aA *J. Horn,* Patronatserklärungen im common law, S. 186, 3. Abs.; (wohl auch) *Hantke*, Patronatserklärungen, S. 71, „Zirkelschluss“, (vgl. aber S. 72, 1. Abs.).

[81] Vgl. nur §§ 762 Abs. 1 S. 1, Abs. 2, 763 BGB (Spiel-, Wett- und Schulden aus einer staatlich nicht genehmigten Lotterie oder Ausspielung sowie von dem verlierenden Teil stattdessen eingegangene „Verbindlichkeiten“ begründen keine rechtliche Verpflichtung), § 656 Abs. 1 S. 1, Abs. 2 BGB (Unverbindlichkeit von Leistungsversprechen für eine Heiratsvermittlung). Gemäß § 1353 Abs. 2 BGB ist ein Ehegatte nicht verpflichtet, dem Verlangen des anderen Gatten nach Herstellung der Ehegemeinschaft Folge zu leisten, wenn sich das Verlangen als missbräuchlich erweist oder die Ehe gescheitert ist. Im Übrigen ist eine Verurteilung zwar möglich (vgl. § 606 Abs. 1 S. 1 ZPO), das Urteil aber wie ein ausländisches Urteil auf Eingehung der Ehe (gemäß § 1297 Abs. 1 BGB bereits Unklagbarkeit nach deutschem Recht) oder eine titulierte Verpflichtung zur Leistung von unvertretbaren Diensten aus einem Dienstvertrag (Anspruch aus § 611 Abs. 1, 1. Alt. BGB) im Inland nicht vollstreckbar (§ 888 Abs. 3 ZPO).

[82] *Schäfer,* WM 1999, S. 153 ff. (155, 2. a) Fn. 23). Zu dem im Rahmen dieser Arbeit irrelevanten Streit, ob es sich bei einer Naturalobligation um eine „Schuld ohne Haftung“ oder bereits um keine Schuld im Rechtssinn handelt, *Gruel,* S. 3 (Fn. 12).

gestattet sei, habe der Gläubiger kein Interesse daran, den Patron auf Ausstattung zu verklagen. Er wolle ihn direkt auf Zahlung in Anspruch nehmen[84]. Dem kann nur noch einmal entgegengehalten werden, dass dies vielfach so sein mag, der Gläubiger aber auch durchaus an der fortdauernden Existenz und Leistungsfähigkeit des Protegés interessiert sein kann, zumal wenn dieser ihm etwas schuldet, was weder der Patron noch ein Dritter (zu vergleichbaren Konditionen und in derselben Zeitspanne) zu leisten vermögen. Als Beleg für das angebliche Desinteresse der Gläubiger an einer erzwingbaren Ausstattungsverpflichtung kann auch nicht die fehlende Praxis von Ausstattungsklagen dienen[85]. Zum einen ist die vergleichsweise übersichtliche Zahl an Gerichtsentscheidungen zur harten Patronatserklärung nur bedingt repräsentativ für die Vorgehensweise und Interessenlage (in) der Praxis, zum anderen erfahren die Gläubiger von dem Pflichtverstoß des Patrons vielfach erst, wenn es „zu spät“ ist, d. h., wenn über das Vermögen des Protegés bereits das Insolvenzverfahren eröffnet worden ist. Da nach bislang vorherrschender Ansicht ab diesem Zeitpunkt nur noch ein Zahlungsanspruch (wegen Unmöglichkeit) in Betracht kam, musste eine Ausstattungsklage für den Gläubiger von vornherein aussichtslos erscheinen[86]. Jedenfalls stimmt es nicht, dass die Gläubiger die Patrone in der Praxis immer nur zu Direktleistungen und niemals zur Nachholung der geschuldeten Ausstattung auffordern würden[87]. Hinzu kommt, dass nach den bisherigen Erörterungen nicht auszuschließen ist, dass einige Gläubiger sich in Zukunft dazu entschließen werden, den Patron vorrangig oder kumulativ auf Ausstattung

---

[83] Vgl. *Hantke,* Patronatserklärungen, S. 72; *Rummel* in: FS Doralt (2004), S. 493 ff. (503, V.), „vorerst nur“, spätestens in der Insolvenz bestehe ein subsidiärer (vertraglicher) Direktleistungsanspruch; vehement dagegen *Stecher,* „Harte“ Patronatserklärungen, S. 99, 1. Abs.

[84] *Hantke,* S. 45, 2.; *J. Horn,* Patronatserklärungen im common law, S. 184–186; *Kiethe,* ZIP 2005, S. 646 ff. (649, 2.); *Rummel* in: FS Doralt (2004), S. 493 ff. (503, V.); *Schäfer,* WM 1999, S. 153 ff. (155/156 Fn. 24), merkt insoweit an, dass aus unklagbaren Verbindlichkeiten üblicherweise keine durchsetzbaren Sekundäransprüche resultieren. Dies ist in den genannten Fällen allerdings Folge einer umfassenden gesetzlichen Rechtsschutzversagung. Individuell könnte die Unklagbarkeit durchaus auf den Primärleistungsanspruch beschränkt werden; vgl. auch *Fleischer,* WM 1999, S. 666 ff. (670, c)).

[85] So *Hantke,* S. 72, b).

[86] *J. Koch,* Die Patronatserklärung, S. 228, 1. Abs.

[87] Vgl. nur die Entscheidung des *OLG Naumburg* (U. v. 13.01.2000 – 2 U (Hs) 73/98), vollständiger Tatbestand nur bei Juris: Die Gläubigerin hatte für die Protegé-GmbH Malerarbeiten erbracht. Zur Absicherung ihrer Werklohnforderung übermittelte die GmbH ihr eine auf die geschuldeten 150.000,– DM limitierte „externe“ Ausstattungszusage ihrer Muttergesellschaft (einer AG). Bevor über das Vermögen der protegierten GmbH das Insolvenzverfahren eröffnet wurde, forderte die Gläubigerin die zahlungsunfähige Patronin zunächst unter Darlegung ihrer Forderung(en) ohne Erfolg schriftlich zur Vornahme der geschuldeten Ausstattung auf, damit die GmbH ihren Zahlungspflichten nachkommen könnte. Erst anschließend verlangte sie von der Patronin unter Fristsetzung die Zahlung von 150.000,– DM nebst Zinsen; *OLG Schleswig-Holstein* (B. v. 11.04.2005 – 4 U 20/05), n. v., (Juris), Gründe II. 3.

zu verklagen[88], gerade wenn zwischen ihnen und dem Protegé eine langfristige oder gar dauerhafte Zusammenarbeit beabsichtigt ist. Nach der Wertentscheidung des § 281 BGB muss der Gläubiger den Schuldner zunächst zur Erbringung der Primärleistung auffordern, bevor er ihn auf Schadensersatz statt der Leistung in Anspruch nehmen darf. Im Gegensatz zur alten Rechtslage, die für einseitige Leistungsansprüche, wie im vierten Kapitel dargestellt[89], keine praktisch handhabbare Möglichkeit zur Geltendmachung eines Ersatzanspruchs anstelle der Primärleistung vorsah, disponiert der Gläubiger mit § 281 Abs. 4 BGB n.F. über ein äußerst effektives Druckmittel, das den einen oder anderen Patron aller Voraussicht nach zur ordnungsgemäßen Protegéausstattung innerhalb der ihm gesetzten Nachfrist veranlassen wird. Um den „Droh- und Beschleunigungseffekt" noch zu vergrößern, kann der Gläubiger von vornherein eine kombinierte Ausstattungs- und Schadensersatzklage erheben[90]. In der Rechtswissenschaft schwinden die Zweifel an der Bestimmbarkeit, Klag- und Vollstreckbarkeit des Ausstattungsanspruchs. Bleibt abzuwarten, ob unter den günstigeren Ausgangsbedingungen die Hemmschwelle der Gläubiger zur Inanspruchnahme gerichtlicher Hilfe sinkt oder ob sie weiterhin darauf setzen, dass der Patron sich mit ihnen „an einen Tisch setzen" wird, sobald er sein Interesse an dem Protegé verloren hat[91].

Was das „Wie" einer möglichen Ausstattungsklage angeht, ist die Lösung simpler als teilweise angenommen.

### 1. Wahlschuld

Da die Wahl des geeigneten Erfüllungsmittels dem Ausstattungsschuldner freisteht, wird die Ausstattungspflicht vielfach als Wahlschuld (sui generis) angesehen (§§ 262 ff. BGB (analog))[92]. Eine Wahlschuld zeichnet sich dadurch aus, dass mehrere Leistungen in einer Weise geschuldet werden, dass nur die

---

[88] Zur zunehmenden Klagebereitschaft der Gläubiger, *Kiethe,* ZIP 2005, S. 646 ff. (648, 1. Abs.), inzwischen nehme die Bereitschaft, aus Patronatserklärungen gegen die Patronin vorzugehen, zu.

[89] Unter Gliederungspunkt B. I. 4.

[90] Näheres unter Gliederungspunkt 3. f).

[91] Im Zuge der Umfrage haben etliche Justiziare auf die Skrupel des Kreditgewerbes vor der Einleitung eines Gerichtsverfahrens hingewiesen. Jeder Prozess gegen einen aktuellen oder potenziellen Kunden sei ein verlorener Prozess, vor allem wenn das Institut obsiege. Die Rechtsberater setzen vornehmlich darauf, dass der Patron ihnen freiwillig eine Bürgschaft, Garantie oder sogar die Gesamtablösung ihrer Forderungen anbietet, wenn er zur weiteren Unterstützung des Protegés nicht mehr bereit ist. Für einige von ihnen liegt hierin sogar die zentrale Bedeutung der harten Patronatserklärung.

[92] *Fischer/Schaffland,* GenFor 1976 II, S. 36 ff (38/39); *Hantke,* S. 68, 2. Abs.; *Kohout,* Patronatserklärungen, S. 136, 138; *Stecher,* „Harte" Patronatserklärungen, S. 98, 2. Abs.; aA *J. Horn,* Patronatserklärungen im common law, S. 184, 2. Abs.

eine oder die andere zu bewirken ist[93]. Das Wahlrecht gebührt „im Zweifel" dem Schuldner (§ 262 BGB)[94]. Ausgewählt wird durch Erklärung gegenüber dem anderen Teil (§ 263 Abs. 1 BGB). Die gewählte Leistung gilt als die von Anfang an allein geschuldete (§ 263 Abs. 2 BGB)[95]. Unterlässt der Wahlberechtigte die Wahl vor Beginn der Zwangsvollstreckung, kann der Gläubiger die Vollstreckung nach seiner Wahl auf die eine oder die andere Leistung richten (§ 264 Abs. 1, 1. HS BGB)[96], was voraussetzt, dass sämtliche der alternativ geschuldeten Leistungen „wahlweise" eingeklagt worden sind. Sie müssen ausnahmslos Eingang in den Klageantrag gefunden haben[97].

Bei der Ausstattungsverpflichtung wird nur eine Leistung geschuldet, nämlich der Erfolg einer zureichenden Protegéausstattung. Dies allein hindert die Einordnung der harten Patronatserklärung als Wahlschuld aber noch nicht. Die Frage ist zwar umstritten, nach mehrheitlicher Meinung gelten die §§ 262 ff. BGB aber auch für wahlweise geschuldete Leistungsmodalitäten[98].

Dennoch passen die Regelungen über die Wahlschuld nicht. Prozessual ist es schlicht unmöglich, alle nur denkbaren Ausstattungsvarianten in einen Klageantrag aufzunehmen[99]. Der Patron ist sachleistungs-, vermittlungs-[100] und auch kombinationsbefugt[101]. Selbst wenn dem Gläubiger die enumerative Aufzählung aller Ausstattungsmodalitäten gelingen sollte, bedeutete es einen unzulässigen

---

[93] Es besteht ein einheitlicher Anspruch mit alternativen Inhalten, *OLG Köln* (U. v. 19.04.1991 – 19 U 163/90), VersR 1993, S. 321 ff. (322); *Palandt-Heinrichs* (64), § 262 Rn. 1; *Schaffland,* BB 1977, S. 1021 ff. (1023, 1. Beispiel); *Staudinger-Bittner* (2004), § 262 Rn. 11, duae res in obligatione, una in solutione.

[94] *MüKo-Krüger* (4), § 262 Rn. 15; *Staudinger-Bittner* (2004), § 262 Rn. 20.

[95] *Staudinger-Bittner* (2004), § 263 Rn. 11/12, Rückwirkung der Konzentration.

[96] Näheres bei *Staudinger-Bittner* (2004), § 264 Rn. 6/7.

[97] *Erman-Kuckuk* (11), § 262 Rn. 8; *Palandt-Heinrichs* (64), § 264 Rn. 2; *Staudinger-Bittner* (2004), § 262 Rn. 26, § 264 Rn. 6.

[98] *RG* (U. v. 25.02.1904 – VI 266/03), RGZ 57, S. 138 ff. (141, 2. Abs.); *OLG Köln* (U. v. 19.04.1991 – 19 U 163/90), VersR 1993, S. 321 ff. (322), zu einem Anspruch auf Schadloshaltung, der auf zweierlei Weise erfüllbar war; *Esser/Schmidt,* Schuldrecht AT I 1 (8), § 14, II., S. 243, 1. Abs.; *Forschbach,* Liquiditätszusagen, S. 125/126; *Kohout,* Patronatserklärungen, S. 135/136; *Michalski,* WM 1994, S. 1229 ff. (1239); *MüKo-Krüger* (4), § 262 Rn. 3; *Palandt-Heinrichs* (64), § 262 Rn. 1; *Staudinger-Bittner* (2004), § 262 Rn. 2; *Stecher,* „Harte" Patronatserklärungen, S. 95, 2. Abs.; *Ziegler,* AcP 171 (1971), S. 193 ff. (194, 198, 216, d)), m.w.N.; aA *Larenz,* Schuldrecht I (14), § 11, II., S. 156.

[99] *Forschbach,* Liquiditätszusagen, S. 127, 3. Abs.; *Gerth,* Atypische Kreditsicherheiten, S. 146; *Hoffmann,* Patronatserklärung, S. 78; *J. Koch,* Die Patronatserklärung, S. 230/231; *Köhler,* WM 1978, S. 1338 ff. (1345, b)); *Kohout,* Patronatserklärungen, S. 184, 1. Abs.; *Michalski,* WM 1994, S. 1229 ff. (1239); aA (ohne nähere Begründung) *Fischer/Schaffland,* GenFor 1976 II, S. 36 ff. (38/39); *Schaffland,* BB 1977, S. 1021 ff. (1023, 1. Beispiel).

[100] *Mosch,* Patronatserklärungen, S. 134, 1. Abs.; *Stecher,* „Harte" Patronatserklärungen, S. 82/83, d.h. er muss die erforderlichen Mittel nicht selbst aufbringen, sondern kann damit auch einen Dritten beauftragen.

Eingriff in die unternehmerische Finanzierungs- und Entscheidungsfreiheit eines Gesellschafter-Patrons, wollte man dem Gläubiger entsprechend § 264 Abs. 1, 1. HS BGB etwa das Recht zur Erzwingung einer Kapitalerhöhung zubilligen[102]. Die Abhilfeversuche aus der Rechtlehre überzeugen nicht. Mit *Stecher* davon auszugehen, der Ausstattungspflichtige habe sein Wahlrecht nach dem ergänzend zu ermittelnden Parteiwillen[103] verwirkt, wenn er die Ausstattung im Bedarfsfall unterlasse, wodurch die Vergünstigung der Wahlbefugnis entfalle und der Gläubiger von dem Patron die *Bar*ausstattung des Protegés verlangen könne[104], ist abwegig[105]. Eine Reduktion der Ausstattungsmodalitäten auf die Leistung liquider Mittel ist nicht gewollt[106]. Auch steht es dem Patron frei, eine einmal gewählte Ausstattungsart jederzeit wieder rückgängig zu machen und durch eine andere zu ersetzen[107]. Nach den Regelungen über die Wahlschuld müsste er sich mangels einer anders lautenden Vereinbarung an der einmal getroffenen Wahl festhalten lassen[108]. Die Ausstattungsschuld hätte sich auf die gewählte Leistung konkretisiert[109]. Hinzu kommt, dass der Patron dem Gläubi-

---

[101] *Gerth,* Atypische Kreditsicherheiten, S. 146; *Kohout,* Patronatserklärungen, S. 137; *Michalski,* WM 1994, S. 1229 ff. (1239).

[102] *Michalski,* WM 1994, S. 1229 ff. (1239); *Stecher,* „Harte" Patronatserklärungen, S. 96/97; aA (konkludent) *Fischer/Schaffland,* GenFor 1976 II, S. 36 ff (39, 1. Abs.); *Schaffland,* BB 1977, S. 1021 ff. (1023, 1. Beispiel). Zu dem Wahlrecht des Gläubigers in der Zwangsvollstreckung, *Palandt-Heinrichs* (64), § 264 Rn. 2.

[103] Der an die Stelle des unpassenden § 264 Abs. 1 BGB trete.

[104] *Stecher,* „Harte" Patronatserklärungen, S. 98–101 (v.a. 100/101), der Gläubiger könne den Patron unmittelbar auf Zahlung einer Geldsumme *an den Protegé* verklagen. Eingeklagt und vollstreckt werden könne nur eine Barleistung an den Protegé. Zu den damit zusammenhängenden „speziellen Problemen der Erfüllungsklage" ((Un-) Kenntnis des Protegés von der Deckungslücke im Vermögen des Protegés, Schätzung von dessen künftigem Finanzbedarf zur Abdeckung der Gläubigerforderungen („Prognoseanteil")), S. 147–158.

[105] *J. Horn,* Patronatserklärungen im common law, S. 184, 2. Abs.; *Michalski,* WM 1994, S. 1229 ff. (1239); ebenfalls ablehnend *Seiler,* Patronatserklärung, S. 29, 2. Abs.

[106] *Gerth,* Atypische Kreditsicherheiten, S. 148; *Hoffmann,* Patronatserklärung, S. 79; *J. Koch,* Die Patronatserklärung, S. 232/233 (der im ersten Absatz versehentlich auf die vermeintliche Pflicht des Patrons zur Erbringung einer Barleistung an den *Kreditgeber* nach der Konzeption Stechers hinweist, vgl. aber S. 233, 1. Abs.); *Kohout,* Patronatserklärungen, S. 184/185; *Michalski,* WM 1994, S. 1229 ff. (1239), mangels Lücke methodische Unzulässigkeit einer ergänzenden Vertragsauslegung; siehe auch *von Bernuth,* ZIP 1999, S. 1501 ff. (1504, 1. Abs.).

[107] *Hantke,* S. 57 Fn. 16.

[108] *RG* (U. v. 16.02.1937 – VII 216/36), RGZ 154, S. 58 ff. (63); *Erman-Kuckuk* (11), § 263 Rn. 2; *Michalski,* WM 1994, S. 1229 ff. (1239); ebenso *MüKo-Krüger* (4), § 263 Rn. 4/5; *Palandt-Heinrichs* (64), § 263 Rn. 2, die allerdings mit Recht auf die Abdingbarkeit der Norm und die damit verbundene Möglichkeit zur vertraglichen Begründung eines ius variandi verweisen; dazu auch *Ziegler,* AcP 171 (1971), S. 193 ff. (213, b)), eine abweichende Parteivereinbarung werde oft im Hinblick auf den *konkreten Vertragsinhalt nach Treu und Glauben mit Rücksicht auf die Verkehrssitte* als *stillschweigend* getroffen gelten müssen; *Kohout,* Patronatserklärungen, S. 138, nach der Interessenlage sei die Wahl nicht bindend; *Staudinger-Bittner* (2004), § 263 Rn. 2, un-

ger seine Wahl gemäß § 263 Abs. 1 BGB mitzuteilen hätte. In der Praxis unterbleibt eine solche Mitteilung. Für den Gläubiger ist es völlig belanglos, in welcher Form der Patron den Protegé ausstattet[110]. Ihn interessiert nur das Ergebnis einer genügenden Ausstattung des Protegés[111]. Auch bei der „internen" Ausstattungsvereinbarung besteht kein Informationsbedürfnis. Sofern *Forschbach* das Erfordernis einer Bekanntgabe des gewählten Erfüllungsmittels gegenüber der auszustattenden Gesellschaft in diesem Fall daraus ableitet, dass es der Gläubigerin möglich sein müsse, den Fortgang der Erfüllung zu verfolgen, da ihre wirtschaftliche Existenz davon abhinge[112], muss widersprochen werden. Es ist unbestreitbar ein Dilemma der Ausstattungsverpflichtung, dass der Gläubiger des Öfteren erst im Fälligkeitszeitpunkt weiß, ob der Ausstattungspflichtige seiner Verpflichtung ordnungsgemäß nachgekommen ist[113]. Diese Unsicherheit ist jedoch kein Spezifikum des Ausstattungsanspruchs, sie haftet den meisten Forderungen an. Der Gläubiger muss sich damit arrangieren, erst im Fälligkeitszeitpunkt Maßnahmen gegen den Pflichtigen ergreifen zu können. Da ein Insolvenzfall mehr voraussetzt als eine bloße Leistungsstockung, steht für die auszustattende Gesellschaft damit nicht sogleich ihre gesamte Existenz auf dem Spiel. Dies gilt umso mehr bei der „internen" Ausstattungsvereinbarung. Ist die begünstigte Gesellschaft nicht erstattungspflichtig, verfügt sie bis zur Deckungsgrenze ihrer fälligen Verbindlichkeiten definitiv über einen im Überschuldungsstatus aktivierungsfähigen Ausstattungsanspruch[114]. Für eine „Wahlschuld sui generis"[115] entfernt sich die Ausstattungsvereinbarung aus den genannten Grün-

---

ter Hinweis auf den Gestaltungscharakter der Wahlerklärung; *Stecher,* „Harte" Patronatserklärungen, S. 96, 2. Abs.

[109] *MüKo-Krüger* (4), § 263 Rn. 7.

[110] *von Bernuth,* ZIP 1999, S. 1501 ff. (1504, 1. Abs.); *Ebenroth/Boujong/Joost* (*Allstadt-Schmitz*), HGB, BankR IV, Rn. IV 665; *Schröder,* ZGR 1982, S. 552 ff. (559, 2. Abs.); aA *Kohout,* Patronatserklärungen, S. 135/136; *Stecher,* „Harte" Patronatserklärungen, S. 95/96, 98, 3. Abs., der Vertrag enthalte auch die Verpflichtung des Patrons, dem Kreditinstitut anzuzeigen, wann und auf welche Weise er erfüllen wolle. Die bloße Leistungsbewirkung reiche nicht.

[111] *von Bernuth,* ZIP 1999, S. 1501 ff. (1504, 1. Abs.); *Hoffmann,* Patronatserklärung, S. 81/82.

[112] *Forschbach,* Liquiditätszusagen, S. 125, 4. Abs.

[113] Vgl. *Forschbach,* Liquiditätszusagen, S. 125, 4. Abs., die Gläubigerin müsse erkennen können, ob der Ausstattungspflichtige die Erfüllung verweigert, um andere Maßnahmen zur Insolvenzabwendung ergreifen zu können oder eine Klage vor Fälligkeit in Betracht zu ziehen.

[114] Vgl. nur den Fall des *OLG Celle* (U. v. 28.06.2000 – 9 U 54/00, rkr.), Nds.Rpfl. 2000, S. 309 f. (309), in dem ein Gesellschafter „zur Abwendung einer Überschuldung" eine „interne" Ausstattungsverpflichtung übernommen hatte. Eine solche Überschuldungsabwendung ist nur möglich, wenn der valutierte (im Sinne von „aktuell zu erfüllende") Ausstattungsanspruch auf der Aktivseite der Bilanz die bestehenden Verbindlichkeiten auf der Passivseite „neutralisiert", vgl. auch *Loitz/Schulze,* DB 2004, S. 769 ff. (770, 2., 773, bb), 774, V.). Für die Aktivierungsfähigkeit auch eines „externen" Ausstattungsanspruchs (bzw. einer „harten Patronatserklä-

den zu sehr von dem gesetzlichen Regelwerk[116]. Außer dem Wahlrecht über die verschiedenen Erfüllungsvarianten bliebe von dem Regelungsregime der §§ 262 ff. BGB nichts übrig, und selbst dieses folgte nicht unmittelbar aus dem Gesetz, sondern es fußte auf einer erweiternden Auslegung durch die Rechtsprechung und Rechtslehre. Eine erweiternde Anwendung der §§ 262 ff. BGB kommt damit für die erfolgsbezogene Ausstattungsvereinbarung nicht in Betracht. Der Ausstattungspflichtige schuldet nicht wahlweise zig verschiedene, im Vorfeld abschließend eingrenzbare[117] Ausstattungsvarianten[118], sondern er schuldet einzig und allein den Erfolg einer hinlänglichen Protegéausstattung. Wie bei einem Werkvertrag, muss der Ausstattungsschuldner dem Gläubiger weder mitteilen, wie er den geschuldeten Erfolg zu erbringen gedenkt, noch kann und muss der Gläubiger seinen Klageantrag auf sämtliche infrage kommenden Leistungsvarianten erstrecken oder in der Zwangsvollstreckung die zu erbringende Ausstattungsleistung selbst festlegen. Die Ausstattungsverpflichtung ist keine „Wahlschuld sui generis“[119].

## 2. Leistungsbestimmungsrecht des Patrons

Die Normen über Leistungsbestimmungsrechte (§§ 315 ff. BGB) erweisen sich ebenfalls als unpassend[120]. Abgesehen davon, dass der Patron dem Gläubiger gemäß § 315 Abs. 2 BGB ebenfalls Mitteilung von der in Aussicht genommenen Ausstattungsvariante machen müsste, obliegt die Festlegung der geschuldeten Leistung nicht dem Ausstattungspflichtigen (vgl. § 315 Abs. 1 BGB)[121], sondern sie steht von vornherein fest[122].

---

rung“) im Überschuldungsstatus des Protegés, *Merz/Hübner,* DStR 2005, S. 802 ff. (803/804, 2.3.1–2.3.3); *Nöcker/Meyer-Pries,* StuB 2000, S. 760 ff. (761/762).

[115] Dazu *Ziegler,* AcP 171 (1971), S. 193 ff. (194, 212/213).

[116] Obschon das Regelungsregime der §§ 262 ff. BGB weitgehend dispositiv ist, vgl. *Erman-Kuckuk* (11), § 262 Rn. 1; hierauf verweist *Kohout,* Patronatserklärungen, S. 136/137.

[117] Dazu *Gerth,* Atypische Kreditsicherheiten, S. 146; *Hoffmann,* Patronatserklärung, S. 78; *Köhler,* WM 1978, S. 1338 ff. (1345, b)).

[118] *Michalski,* WM 1994, S. 1229 ff. (1239).

[119] Ebenso *Hoffmann,* Patronatserklärung, S. 79 a.E.; *Schröder,* ZGR 1982, S. 552 ff. (560, 1. Abs.).

[120] *J. Koch,* Die Patronatserklärung, S. 234/235; aA *J. Horn,* Patronatserklärungen im common law, S. 186/187; *Seiler,* Patronatserklärung, S. 29–34, 228/229, die daraus die Konsequenz zieht, dass im Ergebnis zwei Prozesse zu führen seien, einer „auf die Ausübung des freien Ermessens“, ein zweiter auf Erfüllung der festgelegten Leistung.

[121] So aber *J. Horn,* Patronatserklärungen im common law, S. 186/187.

[122] *Forschbach,* Liquiditätszusagen, S. 128 a.E., die zusätzlich darauf hinweist, dass die Annahme der Gegenansicht zu einer erheblichen Zeitverzögerung führe, da der Gläubiger unter Umständen zwei Prozesse führen müsse (einen auf Leistungsbestimmung und einen auf Erfüllung), in denen die Entscheidung über die sachgerechte

### 3. Erfolgsbezogene Leistungsklage

Die Ausstattungspflicht ist eine gewöhnliche Erfolgsschuld[123].

#### *a) Klage auf „hauptschuldbezogene“ Protegéausstattung*

Geschuldet ist der Erfolg einer genügenden Protegéausstattung, um dem Protegé die Erfüllung der abgesicherten Hauptschuld(en) zu ermöglichen und um die Eröffnung eines Insolvenzverfahrens bzw. einen Abweisungsbeschluss mangels Masse zu verhindern. Stellt man darauf ab, dass die Leistungspflicht des Patrons bezüglich des zu erbringenden Erfolges werkvertragsähnlich ist und geht es dem Gläubiger um die Erfüllung der „hauptschuldbezogenen“ Ausstattungspflicht[124], kann er kurzerhand eine Leistungsklage[125] mit folgendem Antrag erheben:

---

Ausstattungsart nicht nach § 319 Abs. 1 S. 2 BGB in das billige Ermessen des Gerichts gestellt werden könne (S. 129); siehe auch *J. Koch,* Die Patronatserklärung, S. 234/235, bei der Ausstattungsvereinbarung wolle der Patron nicht, dass seine Leistung nach einem objektiv überprüfbaren Billigkeitsmaßstab bestimmt wird, sondern er wolle sie nach subjektivem Belieben bestimmen. Auf diesen Fall sei § 315 BGB nicht anwendbar.

[123] *OLG München* (U. v. 22.07.2004 – 19 U 1867/04), ZIP 2004, S. 2102 ff. (2104, 1. Spalte, bb)); *von Bernuth,* ZIP 1999, S. 1501 ff. (1503, IV. 1.2); *Ebenroth/Boujong/Joost* (*Allstadt-Schmitz*), HGB, BankR IV, Rn. IV 665; *J. Koch,* Die Patronatserklärung, S. 238, 3.; ähnlich *Forschbach,* Liquiditätszusagen, S. 30, 2., siehe auch S. 130, 3. Abs., wonach die Erfolgsgerichtetheit auch einem Beseitigungsanspruch gemäß § 1004 BGB und einem Befreiungsanspruch nach § 257 BGB immanent ist. Die Autorin lässt allerdings im Ergebnis offen, ob die Ausstattungspflicht die Bezeichnung als Wahlschuld sui generis verdient; (zu Unrecht) bejahend für ein auf einen Handlungserfolg gerichtetes Urteil, *Schröder,* ZGR 1982, S. 552 ff. (559/560); *Staudinger-Bittner* (2004), § 262 Rn. 2, § 264 Rn. 10; ebenso *Ziegler,* AcP 171 (1971), S. 193 ff. (194, 198), auch für Werkverträge; offen gelassen (wenn auch zweifelnd) von *BGH* (U. v. 22.06.1995 – IX ZR 100/94), NJW 1995, S. 3189 (3190, 3. a)). Nach *Fikentscher,* Schuldrecht (9), § 28, V., S. 158 Rn. 213, hat eine Wahlschuld einen vertraglichen Entstehungsgrund. Die Verpflichtung des Werkunternehmers könne demnach im Regelfall keine Wahlschuld sein, da die Erörterung möglicher Herstellungsvarianten üblicherweise nicht Gegenstand der vertraglichen Vereinbarung ist; aA *MüKo-Krüger* (4), § 262 Rn. 13, der die §§ 439 Abs. 1, 635 Abs. 1 zu Recht als Fälle einer gesetzlichen Wahlschuld deklariert. Siehe auch *RG* (U. v. 15.10.1926 – II 119/26), RGZ 114, S. 393 ff. (395); *Erman-Kuckuk* (11), § 262 Rn. 5, wonach die §§ 262 ff. BGB auch unanwendbar sind, wenn für die Verwertung des Gesellschaftsvermögens im Falle der Auflösung mehrere Möglichkeiten bestehen; dagegen *Staudinger-Bittner,* a. a. O. Der Fall des *OLG Köln* (U. v. 19.04.1991 – 19 U 163/90), VersR 1993, S. 321 ff., war insofern anders gelagert, als die Möglichkeiten zur Erfüllung der Schadloshaltungspflicht in der Garantieurkunde abschließend aufgezählt waren (vgl. S. 321).

[124] s. o., Kapitel 4, B. II. 2. b).

[125] Eine Feststellungsklage gemäß § 256 ZPO macht als „subsidiäres Angriffsmittel“ dagegen nur Sinn, wenn der Ausstattungspflichtige die Existenz einer künftigen

„Es wird beantragt,

den Beklagten (= Patron) *zu verurteilen, die XY-Gesellschaft* (= Protegé) *umgehend mit ausreichend finanziellen Mitteln auszustatten, damit diese ihrer/ihren Verpflichtung(en) zu* … (Spezifikation der offenen Hauptschuld(en) einschließlich der gesetzlichen Nebenforderungen[126]) *gegenüber dem Kläger* (= Gläubiger) *nachkommen kann, und diese Ausstattung aufrechtzuerhalten, bis die genannte(n) Verbindlichkeit(en) endgültig erfüllt worden ist/sind*[127]."

Entsprechende Klageanträge sind prozessual ausreichend bestimmt. Wie bei einer Klage auf Erbringung einer Werkleistung[128], ist es auch bei einer Klage auf hinreichende Protegéausstattung absolut ausreichend, das Endziel vorzugeben[129]. Auf welche Weise der Beklagte dieses Ziel erreicht, ist ihm überlas-

Ausstattungspflicht bestreitet, unklar daher *Forschbach,* Liquiditätszusagen, S. 134, 1. Abs.

[126] *Hoffmann,* Patronatserklärung, S. 83.

[127] Vgl. nunmehr auch den Tenorierungsvorschlag von *J. Koch,* S. 245, 6.: „*Die Beklagte wird verurteilt, die X-Gesellschaft finanziell so auszustatten, dass sie ihre Kreditverbindlichkeit gegenüber dem Kläger in Höhe von Y Euro erfüllen kann, und in dieser Weise ausgestattet zu halten, solange die Verbindlichkeit besteht*"; siehe auch *Schröder,* ZGR 1982, S. 552 ff. (559, 2. Abs.). Sofern es sich bei den ausgefallenen Hauptschulden um Teilleistungen handelt, von denen im Zuge des Verfahrens noch weitere ausbleiben, hat der Kläger gemäß § 264 Ziff. 2, 1. Alt. ZPO die Möglichkeit, seinen Klageantrag im Wege der Klageänderung ohne Zustimmung des beklagten Patrons entsprechend abzuändern. Bei Ausbleiben weiterer, durch die Patronatserklärung abgesicherter Hauptschulden, dürfte dasselbe gelten. Der Streitgegenstand bleibt im Grunde derselbe. Wegen der Erweiterung der Bezugsgegenstände muss der Antrag aber um die gleichsam ausgefallene(n) Hauptschuld(en) ergänzt werden.

[128] Diesen Vergleich bemüht u.a. *von Bernuth,* ZIP 1999, S. 1501 ff. (1503, 1.1., 1504, 1.2.).

[129] *von Bernuth,* ZIP 1999, S. 1501 ff. (1503/1504, 1.2.); *Küffner*, DStR 1996, S. 146 ff. (148, (2)); vgl. auch *BAG* (B. v. 29.04.2004 – 1 ABR 30/02), NZA 2004, S. 671 ff. (674, b) aa), bei Verpflichtung zur Herbeiführung eines bestimmten Erfolges könne eine weite Bezeichnung der zu erfüllenden Verpflichtung unumgänglich sein, ohne dass hierzu die erforderlichen Maßnahmen im Einzelnen beschrieben werden müssten; *OLG München* (B. v. 02.07.1987 – 28 W 1163/87), MDR 1987, S. 945, bei einer Klage auf Beseitigung von Baumängeln genüge deren bestimmte Bezeichnung und die *Angabe des verlangten Erfolges.* Einer Angabe der einzelnen Beseitigungs*maßnahmen* bedürfe es *nicht*; *OLG Düsseldorf* (B. v. 11.07.2002 – 24 W 21/02), MDR 2002, S. 1394 f. (1394, zu 1), Urteil auf Herausgabe eines Grundstücks „befreit von sämtlichen oberirdischen Aufbauten und unterirdischen Anlagen" sei hinreichend bestimmt, da maßgeblich die Angabe des Handlungserfolges sei und nicht die Angabe der hierfür erforderlichen Einzelhandlungen; *LG Hamburg* (U. v. 13.02.1976 – 11 S 197/75), MDR 1976, S. 847 f. (847/848), Antrag, „das Haus mit einem funktionsfähigen Fahrstuhl zu versehen", sei ausreichend bestimmt.; *Baumbach u.a. (Hartmann),* ZPO (63), § 253 Rn. 75 („Leistungsklage"), Rn. 96 („Vornahme einer Handlung"); *Zöller (Greger),* ZPO (25), § 253 Rn. 13c); speziell zur Patronatserklärung, *Küffner,* DStR 1996, S. 146 ff. (148, 2.2.2. (2)); *Schäfer,* WM 1999, S. 153 ff. (156, b), 159, 5.), Parallele zur Beseitigungspflicht nach § 1004 BGB; aA *Hantke,* Patronatserklärungen, S. 69, der die Vergleichbarkeit mit einem Beseitigungsanspruch angesichts der Tatsache leugnet, dass § 1004 BGB eine Störung aus dem Einflussbereich des Störers voraussetzt. Dies ändert allerdings nichts daran, dass der Gläubiger eines Beseitigungs-

sen[130]. Durch die exakte Angabe der Hauptschuld(en), zu deren Erbringung der Protegé in die Lage versetzt werden soll[131], bzw. durch die Bezeichnung der zu behebenden Krise ist für das Gericht wie für jeden Dritten unzweifelhaft erkennbar, wozu der Patron letztlich verpflichtet sein soll. Die Wahlfreiheit des Patrons hinsichtlich der Erfüllungsmittel steht der Bestimmtheit der Ausstattungsklage nicht entgegen[132]. Einer summenmäßigen Begrenzung der Ausstattungsklage, beispielsweise auf Ausstattungs*leistungen* in Höhe der Restschuld[133] oder die Angabe des benötigten Gesamtumfangs an Ausstattungsmitteln[134], bedarf es ebenso wenig wie im materiellen Recht[135].

---

anspruchs ebenfalls nur den gewünschten Beseitigungserfolg einzuklagen braucht, ohne darüber hinaus Angaben zu den einzelnen Arbeitsschritten machen zu müssen.

[130] *BAG* (B. v. 29.04.2004 – 1 ABR 30/02), NZA 2004, S. 671 ff. (674, b) aa)); vgl. auch *OLG Stuttgart* (B. v. 06.08.1998 – 2 W 6/98) NJW-RR 1999, S. 792 f. (792, a) bb)), Titel auf Beseitigung einer Grundstücksbeeinträchtigung sei bestimmt genug, wenn er den Beklagten einen Erfolg abverlange, die Art und Weise der Erfolgserreichung aber ihnen überlasse; *OLG München* (U. v. 22.06.1983 – 7 U 5309/82), AG 1985, S. 221 f. (222, 2.), Klage auf Anweisung einer noch näher zu bezeichnenden Gesellschaft auf Zahlung eines Ausgleichsbetrages an den Kläger sei ausreichend bestimmt. Der Kläger könne es der Beklagten überlassen, durch welche der von ihr beherrschten Gesellschaften der geschuldete Erfolg herbeigeführt wird. Mit *von Bernuth,* ZIP 1999, S. 1501 ff. (1504, 1.2.), ist davon auszugehen, dass für die Einengung des Handlungsspielraums des Patrons kein triftiger Grund besteht.

[131] Insoweit ebenso *Küffner,* DStR 1996, S. 146 ff. (148, 2.2.2. (2)); unklar *Hantke,* Patronatserklärungen, S. 68, mit Recht werde überwiegend vertreten, dass eine Klage mit dem *„nicht weiter substanziierten Antrag,* den Protegé auszustatten, unzulässig" sei (Hervorh. durch Verf.).

[132] Ebenfalls für die Statthaftigkeit einer Ausstattungsklage, *Küffner,* DStR 1996, S. 146 ff. (148, 2.2.2. (2)); *Michalski,* WM 1994, S. 1229 ff. (1240, 3. Abs.); *Schröder,* ZGR 1982, S. 552 ff. (558–560).

[133] Vgl. *Ebenroth/Boujong/Joost* (*Allstadt-Schmitz*), HGB, BankR IV, Rn. IV 665; *Balzer,* 7. Rostocker Bankentag 2001, S. 59 ff. (76, 2. Abs.); *Hoffmann,* Patronatserklärung, S. 82; *Michalski,* WM 1994, S. 1229 ff. (1240, 3. Abs.); *Thiekötter,* Patronatserklärung, S. 38, 1. Abs., die meinen, der Patron könne klageweise die Ausstattung der Tochtergesellschaft *„in Höhe* seiner/der fälligen Kredit(rest)forderung verlangen" (Hervorh. duch Verf.). Wegen § 308 Abs. 1 ZPO habe dieser Antrag zur Folge, dass der Pflichtige maximal zu Ausstattungsleistungen *in Höhe* der noch offenen Forderung(en) verurteilt werden könne. Bei Bestehen einer weitaus größeren Deckungslücke (debitorisches Konto o. Ä.) oder im Falle eines zwischenzeitlichen Zugriffs dritter Gläubiger sei der Titel verbraucht, ohne dass der Prozesssieger die ihm gebührenden Leistungen von der auszustattenden Gesellschaft erhalten hätte. Der Antrag ist stattdessen darauf zu richten, dass im Vermögen des Protegés bis zur endgültigen Erfüllung freie Mittel in Höhe der noch offenen Forderung(en) zur Verfügung stehen. Es darf nicht zweifelhaft sein, dass der Patron eine gegebenenfalls vorhandene Deckungslücke und sonstige vorrangig oder zeitgleich zu bedienende Gläubigerforderungen mit abzudecken hat; nunmehr ebenfalls kritisch *J. Koch,* Die Patronatserklärung, S. 239.

[134] So *Kohout,* Patronatserklärungen, S. 184; vgl. auch *Forschbach,* Liquiditätszusagen, S. 131, 2. Abs., 132, 1. Abs., es genüge die Festlegung des zu erreichenden Erfolges bzw. „die Klage auf Ausstattung mit liquiden Mitteln *in einem bestimmten Umfang*" (Hervorh. durch Verf.). Der Autorin ist auch zu widersprechen, soweit sie davon ausgeht, dass im Einzelfall ein konkreter Antrag geboten sein könne (vgl. S. 132, 143,

Überwiegend wird allerdings die Einschätzung vertreten, dass es im Lichte des prozessualen Bestimmtheitserfordernisses zwingend erforderlich sei, sämtliche potenziellen Leistungsmodalitäten und Variationsmöglichkeiten des Patrons in den Klageantrag aufzunehmen, was schlicht unmöglich[136] aber unschädlich sei, da für eine Erfüllungsklage ohnehin kein Bedarf bestehe. Dem Gläubiger genüge die Möglichkeit einer Schadensersatzklage in der Insolvenz des Protegés[137]. Bereits die Annahme, der Sicherungscharakter der Patronatserklärung erfordere vor dem Zeitpunkt der Insolvenzeröffnung keine Rechtsdurchsetzungsmöglichkeit[138], ist rechtsirrig. Es ist genau umgekehrt. Die Ausstattungszusage unterscheidet sich gerade durch ihren präventiven Charakter von den übrigen Kreditsicherungsmitteln[139]. Die Beschränkung des Gläubigers auf einen rein „postventiven" Rechtsschutz machte diesen positiven Effekt zunichte. Des Weiteren übersieht die Gegenauffassung, dass es sich bei der Ausstattungsverpflichtung gerade nicht um eine Wahlschuld i.S.d. §§ 262 ff. BGB handelt, bei der die Leistungsalternativen des Gläubigers vor Übergang des Wahlrechts auf den Schuldner „kumulativ-alternativ" eingeklagt werden müssen (arg. e § 264 BGB)[140], sondern um eine erfolgsbezogene Leistungspflicht[141].

---

1.). Der Fall, dass die „Liquiditätskrise" nur noch mit liquiden Mitteln behoben werden kann, dürfte kaum eintreten, da auch andere Zuwendungen transformierbar und damit zur Insolvenzabwendung geeignet sind. Der Ausstattungspflichtige muss in diesem Fall nur additional die Verzugskosten des auszustattenden Unternehmens mit abdecken.

[135] *OLG München* (U. v. 22.07.2004 – 19 U 1867/04), ZIP 2004, S. 2102 ff. (2104, bb)), die („interne") Ausstattungsverpflichtung sei nicht etwa deshalb unwirksam, weil sie keinen Höchstbetrag enthalte; aA *Balzer,* 7. Rostocker Bankentag 2001, S. 59 ff. (76, 2. Abs. (Fn. 67)); *Schäfer,* WM 1999, S. 153 ff. (156/157). Diese Empfehlung, die je nach Vermögensstatus des Protegés zur Erhebung einer *Teilklage* führt, ist angesichts der Streitwertprogression und mit Blick auf das Interesse des Gläubigers an der vollständigen Tilgung der fälligen Hauptschuld(en) weder ökonomisch sinnvoll noch juristisch erforderlich. Dem Besteller einer Werkleistung oder einem nach § 1004 BGB Beseitigungsberechtigten verlangt schließlich auch niemand die Spezifikation der zur Herbeiführung des geschuldeten Erfolges benötigten Kosten ab.

[136] Siehe nur *Michalski,* WM 1994, S. 1229 ff. (1239); *Pesch,* WM 1998, S. 1609 ff. (1611, cc)); *von Rosenberg/Kruse,* BB 2003, S. 641 ff. (642, 2. Abs.); *Rümker* in: FS für Stiefel, S. 607 ff. (614, 1. Abs.); *Staudinger-Horn* (1997), Vorbem zu 765 ff. Rn. 413; im Ergebnis ebenso *Stecher,* „Harte" Patronatserklärungen, S. 94, 2. Abs., der Patron schulde nicht eine nach Art und Weise genau umschriebene Leistung, sondern nur den mit der auf verschiedene Weise zu bewirkenden Finanzausstattung verbundenen Effekt. Eine Klage „auf Finanzausstattung" sei aber zu unbestimmt.

[137] *Pesch,* WM 1998, S. 1609 ff. (1611, cc)); insoweit ebenso *Fleischer,* WM 1999, S. 666 ff. (670, c)). Nach *Reinicke/Tiedke,* Kreditsicherung (4), S. 156/157 Rn. 433, muss direkt eine Klage auf Schadensersatz möglich sein. Alles andere wäre zu umständlich.

[138] So *Pesch,* WM 1998, S. 1609 ff. (1611, cc)).

[139] s.o., Kapitel 3, E. und Kapitel 7, B. IV. 1.

[140] Dazu *Baumbach u.a. (Hartmann),* ZPO (63), § 253 Rn. 97, „Wahlschuld"; aA *Schaffland,* BB 1977, S. 1021 ff. (1023, 4. Abs.), der jedoch keinen Hinweis darauf erteilt, wie die „eine oder andere Leistung" spezifiziert werden könnte; *Stecher,* 98 ff.,

Bei einer solchen ist die abschließende Aufzählung aller nur denkbaren Ausstattungsmaßnahmen in dem Klageantrag nicht geboten.

### *b) Ersetzungsbefugnis des Patrons*

Ist der Patron ersetzungsbefugt bzw. direktleistungsfähig, kann der „hauptschuldbezogene“ Ausstattungsantrag um einen klarstellenden Zusatz wie den folgenden ergänzt werden:

> „Dem Beklagten ist das Recht vorzubehalten, diese Verpflichtung durch eine Direktzahlung der genannten Beträge an den Kläger zu erfüllen[142].“

### *c) Klage auf Erfüllung der „kontinuierlichen Grundausstattungspflicht“*

Möchte der Gläubiger stattdessen die Erfüllung der „kontinuierlichen Grundausstattungspflicht“[143] erreichen[144], braucht er nur den Bezugsgegenstand auszuwechseln. Je nach Fallgestaltung muss er den geforderten Ausstattungserfolg statt auf eine konkrete Hauptforderung auf die Beseitigung eines bereits bestehenden Insolvenzgrundes oder auf die Abwendung einer Insolvenzeröffnung wegen Zahlungsunfähigkeit oder Überschuldung beziehen. Hat der Gläubiger keinen Einblick in die exakten Vermögensverhältnisse des Protegés bzw. verfügt er nicht über die notwendigen Beweismittel, um die zu beseitigende Krise nachzuweisen, kann das Gericht Abhilfe schaffen, indem es einen nicht kooperationswilligen Protegé gemäß §§ 142 Abs. 1 S. 1, 2. Alt., 144 Abs. 1 S. 2, 2. Alt. ZPO zur Offenlegung der erforderlichen Daten auffordert[145].

---

(100/101), der in der Ausstattungszusage eine „Wahlschuld sui generis“ sieht, deren schuldnerbegünstigende Wirkung bei Vernachlässigung der geschuldeten Unterstützungsmaßnahmen entfalle.

141 *OLG München* (U. v. 22.07.2004 – 19 U 1867/04), ZIP 2004, S. 2102 ff. (2104, bb)); im Ergebnis ebenso *Michalski,* WM 1994, S. 1229 ff. (1240, 3. Abs.), der die Ausstattungsverpflichtung allerdings als „Wahlschuld sui generis“ tituliert; vgl. auch *Köhler*; WM 1978, S. 1338 ff. (1346, 3. Abs.).

142 Bei einer Zahlungsschuld. Besteht zwischen Patron und Protegé eine für die Hauptschuld relevante Lieferkette, sei zu beantragen, „... (exakte Angabe der Hauptschuld) direkt an den Kläger zu liefern“. Dazu, dass bei der facultas alternativa auf die an sich geschuldete Leistung vorbehaltlich der Ersetzungsbefugnis des Schuldners zu klagen ist, siehe *Staudinger-Bittner* (2004), § 262 Rn. 26.

143 s.o., Kapitel 4, B. II. 2. a).

144 AA *von Rosenberg/Kruse,* BB 2003, S. 641 ff. (648, IV.), die konzernexterne Ausstattungszusage sei nicht geeignet, die (drohende) Zahlungsunfähigkeit der Tochter und damit deren Insolvenzreife zu verhindern, wenn die Patronin nicht bereit sei, für die nötige Liquidität der Tochter zu sorgen.

145 Die Protegés bzw. deren Organwalter verfügen im Ausstattungsprozess weder über ein persönliches noch über ein sachliches Zeugnisverweigerungsrecht (vgl.

### *d) Klage auf künftige Protegéausstattung*

Bei entsprechenden Hinweisen kann der Patron gemäß § 259 ZPO gegebenenfalls auch die Erfüllung von erst später fällig werdenden Ausstattungsleistungen einklagen. Für das besondere Rechtsschutzbedürfnis der Besorgnis, der Schuldner werde sich der rechtzeitigen Leistung entziehen, genügt allerdings nicht, dass der Patron seiner Ausstattungspflicht in der Vergangenheit nicht ordnungsgemäß nachgekommen ist. Aus einem vergangenen Fehlverhalten lässt sich nicht zwingend auf die fortdauernde Unzuverlässigkeit eines Schuldners schließen[146]. Es bedürfte daher schon einer ausdrücklichen Verlautbarung seitens des Patrons oder eines vergleichbar aussagekräftigen Anhaltspunktes, um von dessen zukünftiger Leistungsunwilligkeit ausgehen zu können[147].

### *e) Kumulative Klage auf Ersatz des Verzögerungsschadens*

Sollte der Gläubiger durch die Pflichtverletzung des Patrons verzugsbedingt bereits einen Schaden erlitten haben, kann er seine Schadensersatzforderung im Wege der anfänglichen oder nachträglichen objektiven Klagenhäufung geltend machen (§ 260 ZPO). Sein Verzugsschaden ist ihm allerdings insgesamt nur einmal zu ersetzen. Soweit der Gläubiger von dem Patron schadlos gehalten wird, minimiert sich die korrespondierende Schadensersatzpflicht des Protegés. Alternativ kann der Gläubiger seinen Verzugsschaden auf die offene(n) Hauptschuld(en) des Protegés „aufschlagen" und dessen hinreichende Ausstattung wegen der Gesamtforderung verlangen.

---

§§ 383, 384 ZPO). Ihnen wäre die Vorlage der benötigten Unterlagen auch zumutbar, da deren Beschaffung kaum je mit größeren Schwierigkeiten oder mit einem erheblichen Aufwand verbunden sein dürfte; dazu *Thomas/Putzo (Reichold),* ZPO (26), § 142 Rn. 2. Da sie mithin vorlagepflichtig wären, könnte das Gericht die Vorlage der geforderten Dokumente oder Datenträger durch Verhängung eines Ordnungsgeldes oder durch Anordnung einer Ordnungshaft erzwingen (§ 142 Abs. 2 S. 2/§ 144 Abs. 2 S. 2 i.V.m. § 390 Abs. 1 S. 2, Abs. 2 ZPO); dies übersieht *Hantke,* Patronatserklärungen, S. 70/71, im Zusammenhang mit einer möglichen Zwangsvollstreckung gemäß § 887 ZPO; näheres zur Zwangsvollstreckung unter Gliederungspunkt II.

[146] Vgl. nur *Baumbach u. a.* (*Hartmann*), ZPO (63), § 259 Rn. 10, „Unpünktlichkeit"; aA *OLG Dresden* (VU. v. 24.09.1998 – 21 U 1565/98), NZM 1999, S. 173, 2.

[147] Zu eng *Forschbach,* Liquiditätszusagen, S. 133, die darauf abstellt ob der Zusagende nach Anmeldung eines Ausstattungsbedarfs durch das auszustattenden Unternehmen keine Erfüllungsmaßnahmen eingeleitet hat und der Begünstigten auch keine (nach hier vertretener Ansicht entbehrliche) Mitteilung von dem in Aussicht genommenen Erfüllungsmittel gemacht hat; zur Vollstreckung in diesem Fall, *Forschbach,* S. 137, 2.

### *f) Nachfristsetzung und Eventualklagenhäufung mit dem Schadensersatzanspruch statt der Leistung*

Zu beachten ist, dass der Gläubiger dem Patron unter den oben geschilderten Voraussetzungen[148] gemäß § 281 Abs. 1 S. 1 BGB zunächst eine angemessene Nachfrist setzen muss[149], wenn der Zeitpunkt der Klageerhebung[150] vor Eröffnung des Insolvenzverfahrens über das Vermögen des Protegés liegt. Erst nachdem die Nachfrist erfolglos abgelaufen ist, kann er ihn auf Schadensersatz statt der Leistung in Anspruch nehmen.

#### aa) Fristbestimmung im Urteil

Für exakt diese Konstellation enthält § 255 Abs. 1 ZPO eine Regelung[151]. Ist der Gläubiger nicht ausschließlich, aber zuvörderst an der Erbringung der abgesicherten Hauptschuld(en) durch den Protegé interessiert, und damit an seiner hinreichenden Ausstattung, kann er neben der Ausstattung beantragen,

„Dem Beklagten *(= Patron)* hierfür eine angemessene Frist zu setzen."

#### bb) Kumulative Klage auf Schadensersatz statt der Leistung

Neben dem Antrag auf Fristbestimmung kann der Gläubiger gemäß § 259 ZPO mit der Ausstattungsklage zugleich auf Schadensersatz statt der Leistung[152] für den Fall klagen, dass der Patron seiner Ausstattungspflicht nicht fristgerecht nachkommt[153]. Eine solche Eventualklage ist bereits vor Fälligkeit des künftigen Schadensersatzanspruchs statthaft[154]. Grund und Höhe des durch

---

148 Kapitel 6, B. II. 1.–3.

149 Die Frist kann nach Wahl des Klägers von ihm selbst oder von dem Gericht festgesetzt werden. Letzteres hat den Vorteil, dass die „Angemessenheit" der Frist seltener angezweifelt wird, vgl. *Wiesner,* NJW 2003, S. 2432 ff. (2432–2434, I., IV). Zum Streit um den Beginn der gerichtlich gesetzten Frist (Urteilserlass/formelle Rechtskraft), *Wiesner,* a.a.O., S 2432/2433. I., m.w.N.

150 Vgl. §§ 253 Abs. 1, 261 Abs. 1 ZPO.

151 Die Norm lautet: *„Hat der Kläger für den Fall, dass der Beklagte nicht vor Ablauf einer ihm zu bestimmenden Frist den erhobenen Anspruch befriedigt, das Recht, Schadensersatz wegen Nichterfüllung zu fordern …, so kann er verlangen, dass die Frist im Urteil bestimmt wird*"; zur Anwendbarkeit des § 255 ZPO auf § 281 BGB, *Baumbach u.a. (Hartmann),* ZPO (63), § 255 Rn. 3; *Gsell,* JZ 2004, S. 110 ff. (115, 1.); *MüKo-Ernst* (4), § 281 Rn. 180; *Thomas/Putzo (Reichold),* ZPO (26), § 255 Rn. 2; *Zöller (Greger),* ZPO (25), § 259 Rn. 4.

152 Gemäß §§ 280 Abs. 1, 3 i.V.m. 281 BGB.

153 *MüKo-Ernst* (4), § 281 Rn. 180.

154 Richtiger Ansicht zufolge besteht zwischen dem Erfüllungs- und dem Schadensersatzanspruch eine elektive Konkurrenz. Das Schadensersatzverlangen kann (bedingt oder befristet) bereits vor Entstehung des Schadensersatzanspruchs abgegeben werden,

die Nichterfüllung der Ausstattungspflicht innerhalb der vorgegebenen Frist bedingten[155] Ersatzanspruchs sind bereits im Moment der Urteilsfällung bestimmbar[156]. Das notwendige Rechtsschutzbedürfnis für eine antizipierte Zahlungsklage gründet auf der Besorgnis, dass der Patron seiner zukünftigen Schadensersatzpflicht nicht rechtzeitig nachkommen wird[157]. Die Tatsache, dass der Patron weder seine Ausstattungspflicht rechtzeitig erfüllt hat noch von einer etwaigen Direktleistungsmöglichkeit Gebrauch gemacht hat, dürfte ohne weiteres den Schluss darauf zulassen, dass er auch eine künftige Ersatzpflicht missachten wird[158]. Der Eventualklageantrag lautet:

> „Den Beklagten für den Fall des fruchtlosen Fristablaufs zur Zahlung von[159] ... € nebst Zinsen in Höhe von ... € seit dem ... zu verurteilen."

Angesichts dessen, dass das Schadensersatz*verlangen* unter der Bedingung eines fruchtlosen Fristablaufs steht, scheitert die Erfüllungsklage nicht an § 281 Abs. 4 BGB[160].

---

*MüKo-Ernst,* a.a.O.; *Palandt-Heinrichs* (64), § 281 Rn. 50/50a; *Wiesner,* NJW 2003, S. 2432 ff. (2433, II.). Der Schadensersatzanspruch wird durch die (unechte) Eventualklagenhäufung sofort rechtshängig. Der Klageantrag steht insofern unter der (zulässigen auflösenden) innerprozessualen Bedingung, dass die Ausstattungsklage Erfolg hat (str.), ebenso *Wiesner,* a.a.O., S. 2433, III., m.w.N.; siehe auch *Gsell,* JZ 2004, S. 110 ff. (115/116, 1.).

[155] Dazu, dass das anspruchsbegründende Rechtsverhältnis i.R.d. § 259 ZPO bereits entstanden, der geltend gemachte Anspruch aber noch nicht wirksam entstanden sein muss, also auch ein bedingter Anspruch vorzeitig eingeklagt werden kann, *BGH* (U. v. 17.04.1952 – III ZR 109/50), BGHZ 5, S. 342 ff. (344); *BGH* (U. v. 05.04.2001 – IX ZR 441/99), BGHZ 147, S. 225 ff. (231, bb); *Baumbach u.a. (Hartmann),* ZPO (63), § 259 Rn. 3; *Thomas/Putzo (Reichold),* ZPO (26), § 259 Rn. 3; *Zöller (Greger),* ZPO (25), § 259 Rn. 1.

[156] Vgl. *Zöller (Greger),* ZPO (25), § 259 Rn. 1.

[157] Es genügt, wenn der Schuldner den Anspruch ernstlich bestreitet oder die Leistung ablehnt, *BGH* (U. v. 05.04.2001 – IX ZR 441/99), BGHZ 147, S. 225 ff. (231, aa); *Baumbach u.a. (Hartmann),* ZPO (63), § 259 Rn. 5, 7; *Thomas/Putzo (Reichold),* ZPO (26), § 259 Rn. 2; *Zöller (Greger),* ZPO (25), § 259 Rn. 1, 3; siehe auch *MüKo-Ernst* (4), § 281 Rn. 180.

[158] Es ist zwar streitig, ob die Besorgnis der Nichterfüllung bereits dann besteht, wenn der Schuldner bisher unpünktlich geleistet hat (bejahend *OLG Dresden* (VU. v. 24.09.1998 – 21 U 1565/98), NZM 1999, S. 173, 2.; verneinend *Baumbach u.a. (Hartmann),* ZPO (63), § 259 Rn. 10, „Unpünktlichkeit": „Er mag sich bessern wollen"), da der Schadensersatzanspruch statt der Leistung außer im Falle der „Gesamtabwicklung" aber das Surrogat für die gegenwärtig verweigerte oder bestrittene Ausstattungsleistung ist, steht diese Kontroverse der Annahme einer zu besorgenden Nichterfüllung nicht entgegen.

[159] Exakte Bezifferung.

[160] Gemäß § 281 Abs. 4 BGB macht das Schadensersatzverlangen die Erfüllungsklage unbegründet, da der Anspruch auf Leistung ausgeschlossen ist, sobald der Gläubiger statt der Leistung Schadensersatz verlangt hat, vgl. *Wiesner,* NJW 2003, S. 2432 ff. (2433, II., 2434, VII.).

#### *g) Subjektive Klagenhäufung*

Schließlich wäre für den Gläubiger in einigen Fällen überlegenswert, ob er seine Klage nicht von vornherein im Wege der subjektiven Klagenhäufung auf den nichtleistungsfähigen Protegé erstreckt (§§ 59, 60, 260 ZPO). Eine Inanspruchnahme von Protegé und Patron als einfache Streitgenossen mindert das Risiko einer etwaigen Leistungsunwilligkeit des Protegés. Käme der Patron seiner Ausstattungspflicht im Folgenden freiwillig oder unter Zwang nach[161], könnte der Gläubiger den leistungsunwilligen Protegé bei simultaner Titulierung der Hauptschuld unmittelbar in Anspruch nehmen. Im Übrigen müsste er gegebenenfalls[162] erst erneut ein zeitaufwendiges Klage- und gegebenenfalls Vollstreckungsverfahren im Hauptschuldverhältnis einleiten. Voraussetzung für eine simultane Vorgehensweise gegen den Patron und den Protegé vor demselben Gericht ist dessen prozessuale Zuständigkeit, die erforderlichenfalls gemäß § 36 Abs. 1 Ziff. 3 ZPO bestimmt werden kann[163].

## II. Vollstreckbarkeit

Grund für das prozessuale Bestimmtheitsgebot ist neben der notwendigen Festlegung des Streitgegenstandes die Überlegung, dass was einklagbar auch vollstreckbar sein muss[164]. Denn was nützt ein zusprechendes Urteil, wenn es von der (oder den) obsiegenden Partei(en) später nicht mit staatlicher Hilfe durchgesetzt werden kann[165]? Der Klageantrag muss also bereits über einen vollstreckungsfähigen Inhalt verfügen[166].

---

[161] Dazu sogleich unter Gliederungspunkt II. 1.

[162] Kann sich der Gläubiger im Rahmen des Vollstreckungsverfahrens von dem Prozessgericht gemäß § 887 Abs. 1 ZPO zu einer Ersatzvornahme im Wege des Forderungserlasses o. Ä. ermächtigen lassen, bedarf er keines zusätzlichen Titels gegen den Hauptschuldner; zu dieser Möglichkeit sogleich unter Gliederungspunkt II.

[163] Diese Möglichkeit scheidet allerdings aus, wenn die Streitgenossen nicht im „allgemeinen Gerichtsstand" verklagt werden sollen, sondern an einem besonderen oder ausschließlichen. *Hantke,* S. 100/101, zuwider, lässt sich ein gemeinsamer Gerichtsstand bei einer Ausstattungsvereinbarung nicht daraus ableiten, dass der Leistungsort des Patrons gemäß § 269 Abs. 1 BGB „aus der Natur des Schuldverhältnisses" stets mit dem Gerichtsstand des Protegés zusammenfällt.

[164] *Hoffmann,* Patronatserklärung, S. 81, 1. Abs.

[165] Auch soll der Beklagte sich erschöpfend verteidigen könne. Der exakte Inhalt des Tenors darf daher nicht dem Vollstreckungsgericht überlassen werden, vgl. *BAG* (B. v. 29.04.2004 – 1 ABR 30/02), NZA 2004, S. 671 ff. (674, b) aa)); *BGH* (U. v. 28.11.2002 – I ZR 168/00), NJW 2003, S. 668 ff. (669, 2. b) (1)); *Baumbach u. a. (Hartmann),* ZPO (63), § 253 Rn. 39.

[166] *BGH* (U. v. 14.12.1998 – II ZR 330/97), NJW 1999, S. 954 f. (954, 2. a)); *Michalski,* WM 1994, S. 1229 ff. (1240, 2. Abs.); *Schäfer,* WM 1999, S. 153 ff. (156, b)); *Thomas/Putzo (Reichold),* ZPO (26), § 253 Rn. 11.

### 1. Handlungsvollstreckung gemäß § 887 Abs. 1 und 2 ZPO

Hält man sich vor Augen, dass die Ausstattungspflicht eine erfolgsbezogene Handlungspflicht ist, kommt nur eine Vollstreckung gemäß §§ 883 ff. ZPO in Betracht.

Die geschuldeten Unterstützungsmaßnahmen können nicht nur exklusiv von dem Patron erbracht werden (vgl. § 888 Abs. 1 S. 1 ZPO)[167]. Ein Darlehen oder einen „verlorenen Zuschuss" kann dem Protegé jedermann gewähren. Die Zwangsvollstreckung zur Erwirkung einer hinreichenden Protegéausstattung kann sich daher nur nach § 887 ZPO vollziehen[168]. Kommt der Patron der tenorierten Ausstattungspflicht nicht nach, kann der Gläubiger sich dieser Norm zufolge[169] von dem Prozessgericht des ersten Rechtszugs[170] zur Vornahme der zur Erfüllung der im Urteilstenor genannten Hauptschuld(en) erforderlichen Ausstattungsleistungen an den Protegé auf Kosten des Patrons ermächtigen las-

---

[167] *Küffner*, DStR 1996, S. 146 ff. (148, (2)); anders *Schulte,* NJW 1960, S. 901 f. (902), zum Schuldbefreiungsanspruch, der davon ausgeht, dass die Wahl zwischen den verschiedenen Erfüllungsmitteln unvertretbar sei. Der Autor übersieht, dass der zu vollstreckende Anspruch nicht in der Ausübung des Wahlrechts, sondern in dem letztlich geschuldeten Befreiungserfolg besteht. Dieser kann wie der Ausstattungserfolg von einem Dritten erbracht werden; siehe auch *Forschbach,* Liquiditätszusagen, S. 136, 2. Abs.

[168] Ebenso *Balzer,* 7. Rostocker Bankentag 2001, S. 59 ff. (76, 2. Abs.); *Ebenroth/Boujong/Joost* (*Allstadt-Schmitz*), HGB, BankR IV, Rn. IV 665; *Hoffmann,* Patronatserklärung, S. 82; *J. Koch,* Die Patronatserklärung, S. 242/243; *Küffner,* DStR 1996, S. 146 ff. (148, 2.2.2. (2)); *Michalski,* WM 1994, S. 1229 ff. (1240, 3. Abs.); *Rimmelspacher,* Kreditsicherungsrecht (2), S. 29/30 Rn. 116; *Schröder,* ZGR 1982, S. 552 ff. (559/560); *Schäfer,* WM 1999, S. 153 ff. (156, b)), indes unter der hier nicht geteilten Prämisse einer summenmäßigen Begrenzung des eingeklagten Ausstattungsbedarfs auf die Höhe der Hauptschuld (156/157) und darüber hinaus für eine primäre Geldleistungspflicht anstelle einer Ausstattungspflicht (160/161, b), 163, V.); *Thiekötter,* Patronatserklärung, S. 38, 2. Eine Handlung ist im Sinne dieser Norm „vertretbar", wenn es für den Gläubiger rechtlich und wirtschaftlich irrelevant ist, ob der Schuldner oder ein Dritter sie erfüllt. Gleichsam muss es für den Schuldner unerheblich sein, ob der Gläubiger an seiner Stelle tätig wird, wobei eine etwaige Verteuerung durch die Ersatzvornahme als Folge seines Ungehorsams außer Betracht bleibt, vgl. *Baumbach u. a. (Hartmann),* ZPO (63), § 887 Rn. 6, wobei im zweiten Satz versehentlich die Verfahrensrollen vertauscht worden sein dürften; *MüKo-Schilken,* ZPO (2), § 887 Rn. 5; *Zöller (Stöber),* ZPO (25), § 887 Rn. 2. Zur Anwendung dieser Vorschrift auf einen Großteil der hinsichtlich ihrer Erfolgsbezogenheit mit der Ausstattungsverpflichtung vergleichbaren Werkverträge, *Hartmann,* a. a. O., Rn. 24 („Dienste"), Rn. 29 („Handwerksmäßige Leistung"); *MüKo-Schilken,* a. a. O., Rn. 7; *Thomas/Putzo (Putzo),* ZPO (26), § 887 Rn. 1/2; *Zöller (Stöber),* ZPO (25), § 887 Rn. 3, „Beseitigung", jeweils m. w. N.

[169] Abs. 1 der Vorschrift lautet: „*Erfüllt der Schuldner die Verpflichtung nicht, eine Handlung vorzunehmen, deren Vornahme durch einen Dritten erfolgen kann, so ist der Gläubiger von dem Prozessgericht des ersten Rechtszuges auf Antrag zu ermächtigen, auf Kosten des Schuldners die Leistung vornehmen zu lassen.*"

[170] Das gemäß § 802 ZPO ausschließlich zuständig ist.

sen[171]. Da der Ermächtigungsbeschluss einen Vollstreckungstitel bildet (vgl. § 891 S. 1 i.V.m. § 794 Abs. 1 Ziff. 3 ZPO), wird überwiegend angenommen, dass der Antragsteller die zu ergreifende Maßnahme in dem Antrag konkret bezeichnen müsse[172]. Ein Ermächtigungsantrag auf Ersatzvornahme durch „Ausstattung des Protegés" sei unzulässig. Der Gläubiger müsse sich auf eine bestimmte Art und Weise der Ausstattung festlegen[173]. Der Vorschlag, dem Protegé die Schuld zu erlassen[174] und den erlassenen Forderungsbetrag als Vollstreckungskosten zu liquidieren[175], ist bei fortbestehendem Erfüllungsinteresse des Gläubigers nur im Falle der Besicherung von Geldforderungen durch die harte Patronatserklärung zielführend[176]. Was die Kosten der Ersatzvornahme angeht[177], hat der Gläubiger die Möglichkeit, diese entweder im Nachhinein ge-

---

[171] *Balzer,* 7. Rostocker Bankentag 2001, S. 59 ff. (76, 2. Abs.); *Hoffmann,* Patronatserklärung, S. 82; *Thiekötter,* Patronatserklärung, S. 38, 2. *Hantke,* S. 70, 1. Abs., zuwider, steht dem nicht entgegen, dass weder das Prozessgericht noch der klagende Gläubiger den aktuellen Ausstattungsbedarf des Protegés kennt. Letzterer dürfte auch hier von dem Prozessgericht des ersten Rechtszuges gemäß §§ 142 Abs. 1 S. 1, 2. Alt., 144 Abs. 1 S. 2, 2. Alt. ZPO zur Offenlegung der benötigten Daten aufgefordert werden können.

[172] *RG* (B. v. 08.02.1905 – V. 36/05), RGZ 60, S. 120 ff. (121, 2. Abs.); *OLG Stuttgart* (B. v. 06.08.1998 – 2 W 6/98), NJW-RR 1999, S. 792 f. (792/793, b), selbst dann, wenn der Schuldner wählen kann, wie er erfüllt; *OLG Bamberg* (B. v. 07.01. 1999 – 6 W 42/98), NJW-RR 2000, S. 358 ff. (359, c)); offen gelassen von *OLG Düsseldorf* (B. v. 11.07.2002 – 24 W 21/02), MDR 2002, S. 1394 f. (1395 (zu 1)); *Baumbach u. a. (Hartmann),* ZPO (63), § 887 Rn. 12; *MüKo-Schilken,* ZPO (2), § 887 Rn. 9 (Fn. 51, m.w.N.); *Thomas/Putzo (Putzo),* ZPO (26), § 887 Rn. 5; *Zöller (Stöber),* ZPO (25), § 887 Rn. 4; aA *Schäfer,* WM 1999, S. 153 ff. (156, b)).

[173] *Forschbach,* Liquiditätszusagen, S. 132, 3. Abs; offen gelassen von *BGH* (U. v. 22.06.1995 – IX ZR 100/94), NJW 1995, S. 3189 (3190, 3. a)), unter Hinweis darauf, dass der Gläubiger sich jedenfalls unmittelbar oder in analoger Anwendung des § 264 Abs. 1, 1. HS BGB für eine bestimmte Durchführungsart entscheiden *dürfe.* Entgegen *Hantke,* Patronatserklärungen, S. 71, 1. Abs., bedarf der Gläubiger dazu nicht der Kenntnis von den Betriebsinterna des Protegés. Auch steht einer Handlungsvollstreckung nicht die Gefahr eines Titelverbrauchs entgegen, sollte der Patron dem Protegé die fehlenden Mittel vor Vollendung der Zwangsvollstreckung zuwenden. Es dürfte dem Gläubiger mehr als recht sein, wenn er sich die Mühsal einer zwangsweisen Forderungsdurchsetzung ersparen kann und die Hauptschuld unmittelbar von dem Protegé erhält. Risiko ist allein dessen Zahlungsunwilligkeit, das sich durch eine subjektive Klagenhäufung abwenden lässt.

[174] *Hoffmann,* Patronatserklärung, S. 82; *J. Koch,* Die Patronatserklärung, S. 242, 2. Abs.; *Michalski,* WM 1994, S. 1229 ff. (1240, 3. Abs.); *Thiekötter,* Patronatserklärung, S. 38, 2. Wozu es gemäß § 397 Abs. 1 BGB eines Erlassvertrages mit dem Protegé bedürfe.

[175] *Balzer,* 7. Rostocker Bankentag 2001, S. 59 ff. (76, 2. Abs.); *Ebenroth/Boujong/Joost (Allstadt-Schmitz),* HGB, BankR IV, Rn. IV 665; *Michalski,* WM 1994, S. 1229 ff. (1240, 3. Abs.); *Schäfer,* WM 1999, S. 153 ff. (156, b)); *Schröder,* ZGR 1982, S. 552 ff. (560, 2. Abs.); missverständlich insoweit *Fleischer,* WM 1999, S. 666 ff. (670, c)); *Staudinger-Horn* (1997), Vorbem zu 765 ff. Rn. 413, die diese Empfehlung als „Ersetzungsbefugnis mit anschließendem Aufwendungsersatzanspruch" bezeichnen, was zu dem irreführenden Schluss verleiten kann, die empfohlene Vorgehensweise beziehe sich auf einen materiell-rechtlichen Anspruch.

mäß § 788 Abs. 1, 2 ZPO als Zwangsvollstreckungskosten beizutreiben oder im Vorfeld der Ersatzvornahme gemäß § 887 Abs. 2 ZPO einen Antrag auf Kostenvorauszahlung zu stellen[178]. Wird der Patron bereits in dem Ermächtigungsbeschluss[179] zur Vorauszahlung der fixen oder voraussichtlichen Ersatzvornahmekosten verurteilt (§§ 887 Abs. 2 i.V.m. 891 S. 1 ZPO), kann der Gläubiger diesen Titel zunächst gemäß §§ 794 Ziff. 3, 803 ff. ZPO vollstrecken[180].

## 2. Besonderheit des § 888a ZPO im amtsgerichtlichen Verfahren

Ist der Patron von einem *Amtsgericht* zur Ausstattung und zugleich für den Fall des fruchtlosen Fristablaufs zur Entschädigungsleistung verurteilt worden, ist eine Handlungsvollstreckung gemäß § 888a ZPO i.V.m. § 510 b) ZPO allerdings ausgeschlossen[181]. Das hat der Gläubiger in seine Überlegungen zu ei-

---

176 Erstreckt sich der Ausstattungsprozess nicht auf sämtliche der abgesicherten Hauptschulden, besteht die Ausstattungsverpflichtung also noch nach Abschluss des Verfahrens fort, wäre weitere Prämisse die Beachtung der „kontinuierlichen Grundausstattungspflicht“ durch den Patron.

177 Unklar insoweit *Küffner,* DStR 1996, S. 146 ff. (148, 2.2.2. (2)), der meint, das Ausmaß der Vollstreckung werde durch die Angabe der Forderung bestimmt. Bezieht er sich auf die Höhe der freien Mittel, die dem Protegé im Anschluss an eine „gegenständliche“ Ersatzvornahme zur Verfügung stehen müssen, ist ihm Recht zu geben. Im Übrigen hängt das Ausmaß der Ersatzvornahme von der vorhandenen Deckungslücke im Vermögen des Protegés ab; zweifelhaft auch die Anmerkung von *J. Koch,* Die Patronatserklärung, S. 243, 1. Abs., der Patron habe das Risiko zu tragen, dass das Prozessgericht den Gläubiger zu einer den tatsächlichen Liquiditätsbedarf des Protegés übersteigenden Ausstattung ermächtigt (etwa wegen eines noch vorhandenen Restvermögens). Die potenzielle Verteuerung sei für ihn Folge seiner Nichtbeachtung des Titels.

178 *Hoffmann,* Patronatserklärung, S. 82; *MüKo-Schilken,* ZPO, § 887 Rn. 15/16, m.w.N.; *Thiekötter,* Patronatserklärung, S. 38, 2. *Reinicke/Tiedke,* Kreditsicherung (4), S. 156/157 Rn. 433, gehen vor diesem Hintergrund davon aus, die vorgeschlagene Vollstreckung sei zwar „nicht unsinnig“, aber unpraktisch. Wenn die Vollstreckung letztlich ohnehin darauf hinauslaufe, dass der Patron direkt an den Gläubiger leistet, könne diesem auch von vornherein ein auf Geld gerichteter Schadensersatzanspruch zugebilligt werden. Indes ist Effekt eines Ersatzanspruches, abgesehen davon, dass dieser wie gezeigt dogmatisch anders als mit Zweckmäßigkeitsgesichtspunkten zu begründen ist, nicht die (Wieder-)Herstellung der Leistungsfähigkeit des Protegés, die ihn in die Lage versetzte, eine gegebenenfalls unvertretbare Leistung an den Gläubiger zu erbringen.

179 Oder in einem separat zu erlassenden Beschluss, vgl. *MüKo-Schilken,* ZPO (2), § 887 Rn. 16.

180 Vgl. *Baumbach u.a. (Hartmann),* ZPO (63), § 887 Rn. 19; *MüKo-Schilken,* ZPO (2), § 887 Rn. 18; *Thomas/Putzo (Putzo),* ZPO (26), § 887 Rn. 9; *Zöller (Stöber),* ZPO (25), § 887 Rn. 11; speziell für die Ausstattungsverpflichtung, *Forschbach,* Liquiditätszusagen, S. 137, 2. Abs.

181 Eine Verurteilung nach § 510 b) ZPO dürfte angesichts des amtsgerichtlichen Zuständigkeitsstreitwerts von maximal 5.000,– € (vgl. §§ 23 Ziff. 1, 71 Abs. 1 GVG i.V.m. 504, 39 ZPO) indes faktisch nicht in Betracht kommen.

ner eventuellen objektiven Klagenhäufung einzubeziehen[182]. Einen *landgerichtlichen* Ausstattungstitel kann er hingegen auch im Falle einer kumulativen Schadensersatzverurteilung bis zum Ablauf der im Urteil bestimmten Nachfrist gemäß § 887 Abs. 1, 2 ZPO vollstrecken.

### 3. Möglichkeit einer späteren Schadensersatzklage (§ 893 ZPO)

§ 893 ZPO stellt klar, dass der erstrittene Leistungstitel und die bestehende Vollstreckungsmöglichkeit eine Klage des Gläubigers auf Leistung des Interesses vor dem (ausschließlich zuständigen) erstinstanzlichen Prozessgericht[183] nicht hindern[184]. Sofern der Gläubiger sein Ausstattungsbegehren also nicht bereits mit dem bedingten Schadensersatzverlangen kombiniert hat, kann er sich auch noch während des Vollstreckungsverfahrens einen Zahlungstitel verschaffen, indem er eine zweite, nunmehr auf Schadensersatz gerichtete Klage erhebt[185].

## III. Inanspruchnahme vorläufigen Rechtsschutzes

Diese Vorgehensweise ist insgesamt äußerst langwierig. Gerade in der Insolvenz des Protegés ist Eile geboten. Der Gläubiger läuft Gefahr, durch das Erlöschen des Protegés auf einen sekundären Schadensersatzanspruch wegen Unmöglichkeit verwiesen zu werden (§§ 280 Abs. 1, 3, 283 BGB)[186].

---

[182] Die Vorschrift des § 888 a) ZPO dient dazu, eine doppelte Vollstreckung zu vermeiden. Unabhängig von den engeren Voraussetzungen des § 259 ZPO, kann der Kläger gemäß § 510 b) ZPO sofort dreierlei beantragen: Verurteilung zur Vornahme einer Handlung, Fristsetzung und Entschädigung für den Fall des fruchtlosen Fristablaufs. Das Prozessgericht erteilt dem Kläger später sogleich eine Vollstreckungsklausel gemäß § 724 ZPO. Anders als bei einer Eventualklagenhäufung gemäß § 259 ZPO, benötigt er keine qualifizierte Vollstreckungsklausel im Sinne des § 726 Abs. 1 ZPO, vor deren Erteilung der Gläubiger den Bedingungseintritt nachweisen müsste. Eine extensive Auslegung des § 888 a) ZPO verbietet sich daher, vgl. nur *MüKo-Deubner,* ZPO (2), § 510 b) Rn. 9, Verurteilung in Anwendung des § 259 ZPO führt, anders als bei § 510 b) ZPO, nicht zum Verlust von Vollstreckungsmöglichkeiten. Zu den unterschiedlichen Klauselerteilungsverfahren, *Baumbach u. a. (Hartmann),* ZPO (63), § 259 Rn. 12, § 510 b) Rn. 9; *MüKo-Deubner,* a.a.O., Rn. 18; *Stein/Jonas (Münzberg),* ZPO (22), § 726 Rn. 8; *Thomas/Putzo (Putzo),* ZPO (26), § 259 Rn. 7, § 510 b) Rn. 10, § 726 Rn. 3; *Zöller (Herget),* ZPO (25), § 510 b) Rn. 10.

[183] Vgl. § 893 Abs. 2 i.V.m. § 802 ZPO; hierzu *Baumbach u. a. (Hartmann),* ZPO (63), § 893 Rn. 3; *MüKo-Schilken,* ZPO (2), § 893 Rn. 4/5; *Thomas/Putzo (Putzo),* ZPO (26), § 893 Rn. 3; *Zöller (Stöber),* ZPO (25), § 894 Rn. 2.

[184] *Thomas/Putzo (Putzo),* ZPO (26), § 893 Rn. 2.

[185] Er kann auch ganz von einer Vollstreckung aus dem Erfüllungstitel absehen und sogleich erneut auf Schadensersatz klagen, vgl. *Zöller (Stöber),* ZPO (25), § 894 Rn. 3.

[186] Dieses Problem sieht auch *Stecher,* „Harte“ Patronatserklärungen, S. 159, 1. Abs., der eine Klage wegen des durch die (vermeintliche) Öffentlichkeitswirkung dro-

Es stellt sich daher die Frage, ob der Gläubiger den Patron gegebenenfalls im Wege des vorläufigen Rechtsschutzes zur hinreichenden Ausstattung des Protegés verpflichten kann. Denkbar ist allein[187] ein Antrag auf Erlass einer einstweiligen Verfügung[188]. Dass der Patron über einen Verfügungsanspruch verfügt, soll hier unterstellt werden. Zusätzlich bedürfte er eines Verfügungsgrundes. Darüber hinaus dürfte die begehrte Rechtsfolge die Entscheidung in der Hauptsache nicht in unzulässiger Weise vorwegnehmen[189].

### 1. Verfügungsgrund

Das Vorliegen eines Verfügungsgrundes setzt gemäß § 940 ZPO voraus, dass der Erlass einer Regelungs- bzw. Leistungsverfügung „zur Abwendung wesentlicher Nachteile ... oder aus anderen Gründen nötig erscheint." Nach vorliegendem Verständnis ist dies jedenfalls dann zu bejahen sein, wenn der Protegé infolge der Verletzung der „kontinuierlichen Grundausstattungspflicht" noch vor Abschluss des Hauptsacheverfahrens unterzugehen droht. Die Eilbedürftigkeit kann sich aber auch aus den Nachteilen ergeben, die dem Gläubiger bei (weiterer) Verzögerung der Hauptschuld(en) drohen. Die Notwendigkeit einer einstweiligen Regelung ist insgesamt eine Frage des Einzelfalles[190].

---

henden Ansehensverlustes und der damit verbundenen Chance auf ein „Einlenken" des Patrons dennoch für zweckmäßig hält und auf die Möglichkeit der Inanspruchnahme vorläufigen Rechtsschutzes gar nicht zu sprechen kommt (159/160).

[187] Die Arrestvorschriften (§§ 916 ff. ZPO) passen nicht. Mit Blick auf die (bedingte oder bereits wahlweise gegebene) Schadensersatzpflicht des Patrons, kann zwar noch davon ausgegangen werden, dass es sich bei der Ausstattungspflicht um einen Anspruch handelt, der in eine Geldforderung übergehen kann (vgl. § 916 Abs. 1, 2. Alt. ZPO), der Erlass eines Arrestes liegt aber weder in Interesse des Gläubigers noch wird je einmal ein Arrestgrund vorliegen (vgl. §§ 917, 918 ZPO). Dem Gläubiger dürfte eher selten daran gelegen sein, einem drohenden Vermögensverfall des Patrons oder dem Entzug von Zugriffsmöglichkeiten durch diesen zuvorzukommen. Er möchte die Insolvenz bzw. die insolvenzbedingte Löschung des Protegés verhindern. Arrest und einstweilige Verfügung schließen sich als Sicherungsmittel für ein und denselben Anspruch zwar grundsätzlich aus, dem Antragsteller steht aber ein Wahlrecht zu, wenn sowohl ein Individualanspruch als auch der etwaige Ersatzanspruch in Geld gefährdet sind, vgl. nur *Baumbach u.a. (Hartmann),* ZPO (63), Grundz § 916 Rn. 3; *Stein/Jonas (Grunsky),* ZPO (22), vor § 916 Rn. 50–54; *Thomas/Putzo (Reichold),* ZPO (26), Vorbem § 916 Rn. 8, § 916 Rn. 4; *Zöller (Vollkommer),* ZPO (25), § 916 Rn. 2. Vorliegend geht es nicht um eine Gefährdung des Schadensersatzanspruchs, sondern um die Abwehr von Gefahren aus der unterbliebenen oder verzögerten Erfüllung der Ausstattungspflicht. Die Erzwingung eines Individualanspruchs ist aber nur mittels einstweiliger Verfügung möglich.

[188] Regelungs-, in Form der Leistungsverfügung gemäß § 940 ZPO (analog), (dazu sogleich unter Gliederungspunkt 2.). Sicherungs- und Regelungsverfügung (§ 935 bzw. § 940 ZPO) lassen sich zwar nicht immer klar voneinander abgrenzen (vgl. nur *Zöller (Vollkommer),* ZPO (25), § 935 Rn. 2, m.w.N.), hier geht es dem Gläubiger aber ganz eindeutig nicht um die Erhaltung des Status quo, sondern um die Erweiterung seines Rechtskreises in Form einer „vorgezogenen" Ausstattungsleistung.

[189] *Baumbach u.a. (Hartmann),* ZPO (63), Grundz § 916 Rn. 5, 6.

## 2. Vorwegnahme der Hauptsache

Entscheidend ist, dass die Anordnung von Ausstattungsmaßnahmen im einstweiligen Verfügungsverfahren wenigstens teilweise, wenn nicht gar vollständig, zu einer Vorwegnahme der Hauptsache führt. Die Anordnung von nur vorübergehenden Maßnahmen durch das Gericht, die ohne Nachteil für den Patron wieder rückgängig gemacht werden könnten, kommt bei der Ausstattungsverpflichtung nicht in Betracht. Zuwendungen, die der Patron in Erfüllung einer einstweiligen Verfügung an den Protegé erbringen würde, wären „endgültig verloren"[191]. „Leistungs-" bzw. „Befriedigungsverfügungen"[192], welche die Hauptsache (partiell) vorwegnehmen[193], sind nur in Ausnahmefällen statthaft. Dem Verfügungsbeklagten kann die Hinnahme irreversibler Nachteile aufgrund eines nur summarischen Verfahrens[194], in dem der geltend gemachte Anspruch grundsätzlich nur glaubhaft zu machen, nicht aber schlüssig darzulegen und zu beweisen ist (vgl. §§ 936 i.V.m. 920 Abs. 2, 294 ZPO)[195], nur unter engen Voraussetzungen zugemutet werden. Zum einen darf es dem Verfügungskläger zeitlich nicht möglich sein, seinen Anspruch rechtswahrend in einem Hauptverfahren zu verfolgen, zum anderen muss ihm ohne den Erlass einer Leistungsverfügung ein irreparabler Schaden drohen[196]. Letzteres dürfte vor allem in Fällen in Betracht kommen, in denen der Protegé dem Gläubiger[197] nicht die Zahlung einer Geldsumme schuldet, sondern die Erbringung einer Werk-, Dienst- oder

---

190 Die Dringlichkeit einer einstweiligen Regelung kann beispielsweise dadurch entfallen, dass der Antragsteller in Kenntnis der Umstände längere Zeit zuwartet, bevor er den Antrag auf Erlass einer einstweiligen Verfügung stellt, vgl. *Thomas/Putzo (Reichold),* ZPO (26), § 940 Rn. 5.

191 Sei es, dass sie eine Deckungslücke im Vermögen des Protegés schließen, sei es, dass der Protegé sie – zumindest ihrem Substrat nach – zur Erfüllung der abgesicherten Hauptschuld(en) verwandt hat.

192 *Baumbach u.a. (Hartmann),* ZPO (63), Grundz § 916 Rn. 6, 7; *MüKo-Heinze,* ZPO (2), Vor § 916 Rn. 59; *Zöller (Vollkommer),* ZPO (25), § 935 Rn. 2, § 940 Rn. 6.

193 *MüKo-Heinze,* ZPO (2), Vor § 916 Rn. 65–67; *Stein/Jonas (Grunsky),* ZPO (22), vor § 916 Rn. 6, vor § 935 Rn. 31.

194 *Baumbach u.a. (Hartmann),* ZPO (63), Grundz § 916 Rn. 6.

195 Bei einer Leistungsverfügung sind an die Darlegung und Glaubhaftmachung des Verfügungsanpruchs und -grundes aber wesentlich strengere Anforderungen zu stellen. Das Obsiegen des Antragstellers muss nicht nur wahrscheinlich, sondern in höchstem Maße wahrscheinlich sein, vgl. *OLG Hamm* (U. v. 09.03.1990 – 7 U 142/89), NJW-RR 1990, S. 1236 ff. (1236, 1.); *Baumbach u.a. (Hartmann),* ZPO (63), Grundz § 916 Rn. 9; *MüKo-Heinze,* ZPO (2), Vor § 916 Rn. 69; *Stein/Jonas (Grunsky),* ZPO (22), vor § 935 Rn. 36/37.

196 Insgesamt dazu *KG Berlin* (B. v. 03.07.2003 – 4 W 98/03), NJW-RR 2003, S. 1528 f. (1528/1529); *OLG Köln* (U. v. 08.08.1994 – 5 W 60/94), NJW-RR 1995, S. 546 f. (546/547); *dasselbe* (B. v. 11.01.1995 – 16 W 73/94), NJW-RR 1995, S. 1088; *OLG Düsseldorf* (U. v. 13.06.1995 – U (Kart) 15/95), NJW-RR 1996, S. 123 f. (124); *Baumbach u.a. (Hartmann),* ZPO (63), Grundz § 916 Rn. 6; *MüKo-Heinze,* ZPO (2), Vor § 916 Rn. 61/62, 67; *Thomas/Putzo (Reichold),* ZPO (26), § 940 Rn. 6; *Zöller (Vollkommer),* ZPO (25), § 940 Rn. 6.

sonstigen Leistung, von deren pünktlicher Erbringung für den Gläubiger einiges abhängt[198]. Das Interesse des Antragstellers an der vorzeitigen Erfüllung einer Zahlungsforderung ist dagegen nur in Fällen höher zu bewerten, in denen seine vorzeitige Befriedigung zur Abwendung existenzbedrohender Nachteile dringend geboten erscheint[199]. Sichert die harte Patronatserklärung im Hauptschuldverhältnis „nur" eine Geldforderung ab, kommt der Erlass einer Leistungsverfügung somit allenfalls in extremen Ausnahmefällen in Betracht[200].

Insgesamt wird sich sagen lassen, dass die Inanspruchnahme einstweiligen Rechtsschutzes durch den Ausstattungsgläubiger im Einzelfall durchaus Erfolg versprechen kann[201]. Sollte sich eine antragsgemäß ergangene Leistungsverfügung im Nachhinein als von Anfang an ungerechtfertigt erweisen, wäre der Gläubiger dem Patron allerdings nach Maßgabe des § 945 ZPO schadensersatzpflichtig[202].

---

197 Aufgrund der speziellen Dreieckskonstellation kann für die Dringlichkeit der Leistungserbringung bei einer harten Patronatserklärung nur auf das Leistungsinteresse des Gläubigers im Hauptschuldverhältnis abgestellt werden. Von der Leistungswilligkeit des Protegés und damit von einer Weiterleitung der beantragten Ausstattungsmittel durch diesen dürfte mangels gegenteiliger Hinweise auszugehen sein.

198 Vgl. auch die Erwägungen bei *Stein/Jonas (Grunsky),* ZPO (22), vor § 935 Rn. 55.

199 *MüKo-Heinze,* ZPO (2), Vor § 916 Rn. 70, 72, 74; *Stein/Jonas (Grunsky),* ZPO (22), vor § 935 Rn. 39–43; *Zöller (Vollkommer),* ZPO (25), § 940 Rn. 6, 8, „Unterhaltsrecht".

200 Tendenziell ebenso *Stein/Jonas (Grunsky),* ZPO (22), vor § 935 Rn. 4; hinsichtlich der mit einer Existenzgefährdung der BGB-Gesellschaft begründeten Schadensersatzforderung einer der Gesellschafter mangels Aktivlegitimation offen gelassen von *OLG Köln,* BB 1998, S. 2131 f. (2132, 3.); aA *Thomas/Putzo (Reichold),* ZPO (26), § 940 Rn. 17, Unzulässigkeit einer Befriedigung im Falle des OLG Rostock. Der Klarstellung halber sei nochmals darauf hingewiesen, dass der Verfügungsantrag und die entsprechende Gerichtsentscheidung (vgl. §§ 938 Abs. 1, 936 i. V. m. 922 Abs. 1 S. 1 ZPO) nur auf Ausstattung des Patrons lauten können. Die Anordnung einer Direktzahlung an den Gläubiger wäre wegen Verstoßes gegen § 308 Abs. 1 S. 1 ZPO oder mangels eines materiellen Verfügungsanspruchs rechtsfehlerhaft.

201 Der Verfügungsantrag entspräche im Wesentlichen dem o. a. Klageantrag, da sich dieses Begehren nur durch die Vorläufigkeit des nachgesuchten Rechtsschutzes von der klageweisen Anspruchsverfolgung unterscheidet, vgl. *OLG Karlsruhe* (U. v. 14.08.2001 – 4 U 54/01), NJW-RR 2002, S. 250 ff. (251, 1.).

202 Er hätte dem Gläubiger vor allem den Vollziehungsschaden zu ersetzen, in Analogie zu § 945 ZPO aber auch sämtliche Nachteile einer freiwilligen Erfüllung unter dem Druck der Vollstreckung, vgl. *Stein/Jonas (Grunsky),* ZPO (22), vor § 945 Rn. 7; *Thomas/Putzo (Reichold),* ZPO (26), § 945 Rn. 3–5.

## IV. Exkurs: Vollstreckungszugriff auf einen „internen" Ausstattungsanspruch

Im fünften Kapitel[203] ist bereits darauf hingewiesen worden, dass die Gläubiger der auszustattenden Gesellschaft auf eine „interne" Ausstattungsforderung gemäß §§ 857 Abs. 1 i.V.m. 828 ff., 704 ff. ZPO im Wege der Pfändung und Überweisung des Ausstattungsanspruchs zugreifen können. Hierüber besteht nahezu Konsens[204]. Der weithin übliche Verweis auf die Vorschriften der §§ 829, 835 Abs. 1 ZPO[205] verfängt allerdings nicht. Bei der Ausstattungsforderung handelt es sich nicht um eine „*Geld*forderung" (vgl. § 829 Abs. 1 S. 1 ZPO), sondern um ein „anderes Vermögensrecht" im Sinne des § 857 Abs. 1 ZPO[206]. Ein solches ist jedes geldwerte Recht, das weder Geld- noch Sachforderung ist[207]. Angesichts der völlig offenen Ausstattungsmodalitäten trifft dies auf einen „internen" Ausstattungsanspruch zu.

### 1. Abtretungsproblematik

Problematisch ist, dass ein unveräußerliches bzw. unübertragbares Forderungsrecht gemäß §§ 857 Abs. 1 i.V.m. 851 Abs. 1 ZPO grundsätzlich unpfändbar ist[208]. Im Zusammenhang mit der „internen" Ausstattungszusage wird

---

203 Unter Gliederungspunkt C. II.

204 Vgl. nur *Bordt,* WPg 1975, S. 285 ff. S. (291, a)); *Fischer/Schaffland,* GenFor 1976 II, S. 36 ff. (40, 2. Abs.); WM 1994, S. 1229 ff. (1230, 3. Abs.); *von Rosenberg/Kruse,* BB 2003, S. 641 ff. (642, 2. Abs.); *Schaffland,* BB 1977, S. 1021 ff. (1023, 2. Beispiel); *Wiedemann/Hermann,* ZIP 1997, S. 997 ff. (999, III. 2., 1002, VI. 3.), welche die Ausstattungszusage indes zu Unrecht als „aufschiebend bedingtes Darlehensversprechen" verstehen (vgl. S. 998/999, 3.); siehe aber *Pesch,* WM 1998, S. 1609 ff. (1611, cc)), Ausstattungsansprüche seien auch für Zwecke der Zwangsvollstreckung zu unbestimmt.

205 Siehe nur *Michalski,* WM 1994, S. 1229 ff. (1230, 3. Abs.).

206 Vgl. *Hoffmann,* Patronatserklärung, S. 135, 2. Abs., zur „externen" Ausstattungsverpflichtung; *Kohout,* Patronatserklärungen, S. 239, 2., der nur deshalb zusätzlich auf § 829 ZPO verweist, weil er auf Primärebene neben dem Ausstattungs- auch einen Direktleistungsanspruch für gegeben hält; *Obermüller,* Ersatzsicherheiten, S. 7 Rn. 34, 1. Abs.; *ders.,* ZGR 1975, S. 1 ff. (34, 3. b)).

207 Im Ergebnis wie hier *Hoffmann,* Patronatserklärung, S. 135, 2. Abs. Zum Anwendungsbereich des § 857 ZPO, *Baumbach u. a. (Hartmann),* ZPO (63), § 857 Rn. 1–3; *Stein/Jonas (Brehm),* ZPO (22), § 857 Rn. 7, 79; *Thomas/Putzo (Putzo),* ZPO (26), § 857 Rn. 1, 6; *Zöller (Stöber),* ZPO (25), § 857 Rn. 1.

208 *MüKo-Smid,* ZPO (2), § 857 Rn. 13; *Stein/Jonas (Brehm),* ZPO (22), § 857 Rn. 13. Bedauerlicherweise setzt sich keiner der für eine Pfändungs- und Überweisungsmöglichkeit des Ausstattungsanspruchs nach §§ 829, 839 ZPO eintretenden Autoren mit der Abtretungsproblematik auseinander. Auf der anderen Seite wird teilweise zwar die Abtretungsproblematik erörtert, ohne dabei aber die entsprechende Schlussfolgerung für die Pfändbarkeit des Ausstattungsanspruchs zu ziehen, so etwa *von Rosenberg/Kruse,* BB 2003, S. 641 ff. (643/644, b)/c)).

diesbezüglich problematisiert, ob die Abtretung des Ausstattungsanspruchs gemäß § 399 BGB verboten ist[209]. Die Unabtretbarkeit der Ausstattungsforderung kann sich einmal aus dem Inhalt der Ausstattungsvereinbarung ergeben (§ 399, 1. Alt.) und zum anderen aus einem stillschweigend vereinbarten Abtretungsverbot (§ 399, 2. Alt.)[210].

Für die *„externe"* Ausstattungsverpflichtung wird beides verneint[211]. Zu Recht. Wird der vermögensrechtliche Ausstattungsanspruch von dem Gläubiger zusammen mit der bzw. den besicherten Hauptschuld(en) an eine vierte Person abgetreten, büßt er nichts von seinem Sicherungscharakter ein.

Hinsichtlich der *„internen"* Ausstattungsverpflichtung wird im Fortgang unterstellt, dass die Zusage ausschließlich der Finanzierung oder Insolvenzabwendung dient. Eine „Absicherung" bestimmter Gläubiger durch Zession des Ausstattungsanspruchs soll also gerade nicht bezweckt sein. Der Tatbestand einer Inhaltsänderung liegt dann insofern nahe, als das Versprechen auf Ausstattung des Protegés lautet: „... verpflichte(n) mich/uns *Ihnen* gegenüber, *Sie* jederzeit so auszustatten, dass ...". Behielte man den Erklärungstext bei, sähe sich der Ausstattungspflichtige im Falle einer nicht konsentierten (Teil-)Abtretung einem völlig anderen bzw. einem zusätzlichen Ausstattungsgläubiger gegenüber, dessen Ausstattung er niemals versprochen hat[212]. Formulierte man den Verpflichtungswortlaut im Sinne einer harten Patronatserklärung um, würde aus dem „dualen Finanzierungsinstrument" ein „tripolares Sicherungsrecht"[213]. Der Zweck der Ausstattungszusage bliebe zwar insofern gewahrt[214], als die Finan-

---

[209] Siehe nur *Gerth,* WuB I F 1 c – 2.00, S. 1094 ff. (1096, 1. Abs.); *IdW,* Stellungnahme Aktienrecht, WPg 1976, S. 528 ff. (531, Spalte); differenzierend nach dem Vorliegen eines Offenlegungs- und Verwertungsverbots, *von Rosenberg/Kruse,* BB 2003, S. 641 ff. (643/644, b)); für eine Abtretungsmöglichkeit mit Zustimmung des Ausstattungspflichtigen, *Möser,* DB 1979, S. 1469 ff. (1470, II.); ohne jede Einschränkung dafür, *Schimansky/Bunte/Lwowski* (*Merkel*), Bankrechts-Handbuch II (2), § 98 Rn. 8.

[210] Verneinend *Wittig* in: *BuB* (2003), Rn. 4/2915; unklar *Thiekötter,* Patronatserklärung, S. 14/15, b, die nur auf die Möglichkeit einer Pfändung und Überweisung des Anspruchs verweist.

[211] *Hoffmann,* Patronatserklärung, S. 134/135, gg), unter Verweis auf die Übertragbarkeit einer Bürgschaft und einer Garantie; *Obermüller,* ZGR 1975, S. 1 ff. (33/34).

[212] Bei personengebundenen – höchstpersönlichen – Ansprüchen verbietet sich generell ein Austausch der Gläubigerstellung, vgl. nur die Beispiele für eine verbotene Inhaltsänderung bei *Palandt-Heinrichs* (64), § 399 Rn. 4.

[213] Siehe auch *Herget/Butzke,* Ersatzsicherheiten, S. 28, b); *Wittig* in: *BuB* (2003), Rn. 4/2917. Dies wäre, worauf noch einmal ausdrücklich hinzuweisen ist, nach vorliegendem Verständnis (nur) unschädlich, wenn „die Ausstattungszusage" (auch) als „Sicherungsinstrument" dienen soll. In diesem Fall wäre über den Wortlaut der Ausstattungszusage hinaus gemäß §§ 133, 157 BGB darauf abzustellen, dass der Ausstattungspflichtige seine Zusage auch in Richtung auf außenstehende Gläubiger abgegeben hat bzw. sich (nunmehr) nach erfolgter Abtretung auch diesen gegenüber daran festhalten lassen will. Der übereinstimmende Wille der Vertragsparteien hätte insofern Vorrang vor dem Erklärungstext der Ausstattungszusage.

zierungs- bzw. Insolvenzabwendungsfunktion prinzipiell auch durch Befriedigung der außenstehenden Gläubiger erfolgen kann, das ändert aber nichts an der Tatsache, dass die Begründung eines Forderungsrechts zu Gunsten eines oder mehrerer Gläubiger(s) der auszustattenden Gesellschaft den Inhalt der Ausstattungsvereinbarung drastisch veränderte. Der Ausstattungspflichtige hat sich exklusiv zu Leistungen an die auszustattende Gesellschaft verpflichtet. Die Einbeziehung dritter Personen in die Leistungsbeziehung zur auszustattenden Gesellschaft gäbe der Vereinbarung ein anderes Gepräge[215]. Anderseits wird der Verlustausgleichsanspruch des § 302 AktG von der mehrheitlichen Meinung für verkehrsfähig, also für abtretbar und pfändbar gehalten[216]. In ihn ist einhelliger Meinung zufolge trotz der reinen Binnenwirkung die Einzelzwangsvollstreckung möglich[217]. Gegebenenfalls gebieten die Ähnlichkeiten zwischen einer Verlustausgleichspflicht und einer „internen" Ausstattungsverpflichtung eine Gleichbehandlung. Eine Inhaltsänderung soll im Falle der Abtretung des gesellschaftlichen Ausgleichsanspruchs bzw. bei dessen Pfändung und Überweisung nicht gegeben sein, weil sich beides im Rahmen der Zweckbindung halte. Letzteres erklärt sich daraus, dass sich im Falle einer Abtretung des Verlustausgleichsanspruchs und bei anschließender Direktbefriedigung des Gläubiges durch die herrschende Gesellschaft (jedenfalls bei Erhalt einer vollwertigen Gegenleistung[218])

[214] Zur Unübertragbarkeit einer zweckgebundenen Forderung außerhalb des Bereiches ihrer Zweckgebundenheit, *MüKo-Smid,* ZPO (2), § 851 Rn. 6; *Zöller (Stöber),* ZPO (25), § 851 Rn. 3.

[215] Zur „externen" Ausstattungsverpflichtung, vgl. auch *Ohlmeyer/Gördel,* Kreditgeschäft der Kreditgenossenschaften (10), S. 836, 4, Abs.; aA *Wittig* in: *BuB* (2003), Rn. 4/2915. Zur Unübertragbarkeit kraft Inhaltsänderung, *Stein/Jonas (Brehm),* ZPO (22), § 851 Rn. 26, 31 (Leistungen mit höchstpersönlichem Charakter). Die in diesem Abschnitt angestellten Erwägungen lassen sich daher nicht auf die Abtretung und Pfändung eines „externen" Ausstattungsanspruchs durch einen Gläubiger des Sicherungsnehmers übertragen. Eine Übertragung des „externen" Ausstattungsanspruchs ließe die Drei-Personen-Konstellation unberührt. Eine Inhaltsänderung läge nicht vor. Bei der harten Patronatserklärung stellen sich andere Fragen. Zunächst ist fraglich, ob der Anspruch aus dem Patronatsvertrag wie der Anspruch aus einem Bürgschaftsvertrag akzessorietätsbedingt nur zusammen mit der Hauptschuld gepfändet werden kann. Sollte dies nicht der Fall sein, stellt sich die Frage nach dem Interesse des Patrons an einer Exklusivvereinbarung mit dem Sicherungsnehmer (§ 399, 2. Alt.). Diesen Fragen kann im Rahmen dieser Arbeit nicht nachgegangen werden.

[216] *Gerth,* Kreditsicherheiten, S. 338 a.E., 340 (1); *Hüffer,* AktG (6), § 302 Rn. 17; *Lwowski/Groeschke,* WM 1994, S. 613 ff. (616/617, 4.). Zum Streitstand um die Abtretbarkeit, siehe nur *Lwowski/Merkel,* Kreditsicherheiten (8), S. 69, letzter Abs.; *Obermüller,* Ersatzsicherheiten, S. 41 Rn. 127/128; *Wittig* in: *BuB* (2003), Rn. 4/2959; bejahend *Schimansky/Bunte/Lwowski* (*Merkel*), Bankrechts-Handbuch II (2), § 98 Rn. 56; offen gelassen von *Herget/Butzke,* Ersatzsicherheiten, S. 15; zur Pfändungsmöglichkeit, *Wittig,* a.a.O., Rn. 4/2960.

[217] Und zwar, da es sich um eine Geldforderung handelt, gemäß §§ 829, 835 ZPO, vgl. *Hüffer,* AktG (6), § 302 Rn. 18; *Kölner Kommentar zum AktG-Koppensteiner* (3), § 302 Rn. 42; Regierungsbegründung bei *Kropff,* AktG, § 302, S. 390; *MüKo-Altneppen,* AktG (2), § 302 Rn. 75, 93.

die auf der Passivseite der Bilanz ausgewiesenen Verbindlichkeiten in gleicher Weise reduzieren wie der in die Gewinn- und Verlustrechnung fließende Ertrag aus der Verlustübernahme (§ 277 Abs. 3 S. 2 HGB)[219]. Resultat ist in dem einem wie dem anderen Fall die Behebung einer Unterbilanz. Diese Intention teilt die „interne" Ausstattungszusage nicht (zwingend). Die Existenz einer Abtretungsmöglichkeit dürfte daher vielfach nicht im Interesse des Ausstattungspflichtigen liegen, so dass zusätzlich zu dem gesetzlichen in der fraglichen Konstellation auch ein vertragliches Abtretungsverbot besteht[220].

An der damit verbundenen Unpfändbarkeitsfolge vermag § 851 Abs. 2 ZPO nichts zu ändern[221]. Der Wortlaut der Norm ist erwiesenermaßen zu weit geraten. Führt eine Forderungsübertragung zur Änderung des Anspruchsinhalts, schlägt einhelliger Meinung zufolge nicht nur die Abtretung fehl, sondern auch die Forderungspfändung[222]. Im Übrigen setzt die Durchbrechung des Pfändungsverbots gemäß § 851 Abs. 2, 2. Halbsatz ZPO voraus, dass „der geschuldete *Gegenstand* der Pfändung unterworfen ist". An einem solchen „Gegenstand"[223] dürfte es bei der erfolgs- und nicht gegenstandsbezogenen Ausstattungszusage bereits fehlen. Das kann aber offen bleiben, da der Ausstattungsanspruch jedenfalls gemäß §§ 857 Abs. 1, 851 Abs. 1, 2 ZPO i. V. m. 399, 1. Alt. BGB unpfändbar sein dürfte[224].

---

[218] *Lwowski/Groeschke,* WM 1994, S. 613 ff. (617, b)); *Wittig* in: *BuB* (2003), Rn. 4/2959.

[219] Im Ergebnis ebenso *Hüffer,* AktG (6), § 302 Rn. 18; *Lwowski/Groeschke,* WM 1994, S. 613 ff. (617, 1. Abs.), der Normzweck des § 302 AktG, neben dem Gläubigerschutz das bilanzielle Vermögen der Untergesellschaft zu sichern, stehe einer Zwangsvollstreckung nicht entgegen, da die Untergesellschaft durch die Vollstreckung in gleicher Höhe von einer Verbindlichkeit entlastet werde; ebenso *Kölner Kommentar zum AktG-Koppensteiner* (3), § 302 Rn. 39.

[220] Vgl. *von Rosenberg/Kruse,* BB 2003, S. 641 ff. (644, 1./2. Abs.), soweit die Autoren allerdings davon ausgehen, dass die Umwandlung des Ausstattungsanspruchs in einen direkten Zahlungsanspruch des Zessionars als Konsequenz einer zulässigen Abtretung hinzunehmen sei (Fn. 27), kann dem angesichts der damit verbundenen Inhaltsänderung nicht beigepflichtet werden (§ 399, 1. Alt. BGB); siehe auch *IdW,* Stellungnahme Aktienrecht, WPg 1976, S. 528 ff. (531, Spalte), es bestünden „gewisse Zweifel, ob die Rechte aus einer Erklärung gegenüber der Tochtergesellschaft in jedem Falle abtretbar" seien.

[221] Zum Verweis des § 857 Abs. 1 ZPO auch auf § 851 Abs. 2 ZPO, *Stein/Jonas (Brehm),* ZPO (22), § 857 Rn. 14.

[222] Der gesetzgeberische Gedanke passt nur auf vertragliche Abtretungsverbote, jedenfalls erweist er sich für Inhaltsänderungen und für höchstpersönliche Leistungsansprüche als unzutreffend, vgl. *MüKo-Smid.,* ZPO (2), § 851 Rn. 11/12; *Stein/Jonas (Brehm),* ZPO (22), § 851 Rn. 28; *Zöller (Stöber),* ZPO (25), § 851 Rn. 6.

[223] Dazu *Stein/Jonas (Brehm),* ZPO (22), § 851 Rn. 29 Fn. 122.

[224] AA *Gerth,* Kreditsicherheiten, S. 312/313, 346, 7.

### 2. Pfändbarkeit angesichts der Möglichkeit, den „internen“ Ausstattungsanspruch einem Dritten zur Ausübung zu überlassen

Dennoch ist die Rechtspfändung eines „internen“ Ausstattungsanspruchs möglich[225]. § 857 Abs. 3 ZPO sieht vor, dass ein unveräußerliches Recht insoweit pfändbar ist, als die Ausübung einem anderen überlassen werden kann[226], was bei „internen“ Ausstattungsansprüchen der Fall ist. Die Ausübungsbefugnis kann von der ausstattungsbegünstigten Gesellschaft problemlos auf einen Dritten übertragen werden[227]. Anspruchsinhaberin bleibt in diesem Fall die auszustattende Gesellschaft. Der Anspruchsinhalt richtet sich nach wie vor auf die hinreichende Ausstattung der begünstigten Gesellschaft. Einziger Unterschied ist die Verlagerung des *Forderungs*rechts auf einen Dritten und damit die Begründung von dessen Aktivlegitimation zur Geltendmachung des *Ausstattungs*anspruchs anstelle der (bzw. neben der) auszustattenden Gesellschaft. Die Situation nach Übertragung der Ausübungsbefugnis entspricht im Wesentlichen derjenigen einer harten Patronatserklärung. Der die Einzelzwangsvollstreckung betreibende Gläubiger kann den Ausstattungsanspruch in gleicher Weise geltend machen wie der Gläubiger einer harten Patronatserklärung. Eine Direktleistung an sich kann er dagegen nicht bzw. nur unter den im Folgenden noch zu schildernden Voraussetzungen erzwingen[228].

Zuvor sei noch auf eine verfahrensrechtliche Besonderheit hingewiesen. Im klaren Widerspruch zu § 829 Abs. 1 S. 1 ZPO kann die Pfändung eines „internen“ Ausstattungsanspruchs nicht durch das an den Drittschuldner (= den Ausstattungspflichtigen) gerichtete Verbot bewirkt werden, nicht mehr an den Schuldner (= die auszustattende Gesellschaft) zu leisten, schließlich richtet sich

---

[225] Aber nur „zur Einziehung“, § 835 Abs. 1, 1. Alt. ZPO, wegen der abtretungsgleichen Wirkung nicht auch „an Zahlungs statt“. Für den Anwendungsbereich des § 851 Abs. 2 ZPO, vgl. *Baumbach u.a. (Hartmann),* ZPO (63), § 835 Rn. 29; *MüKo-Smid,* ZPO (2), § 851 Rn. 13; *Stein/Jonas (Brehm),* ZPO (22), § 835 Rn. 7, 37, § 851 Rn. 40, § 857 Rn. 109/110; *Thomas/Putzo (Putzo),* ZPO (26), § 851 Rn. 5; *Zöller (Stöber),* ZPO (25), § 835 Rn. 9, § 857 Rn. 7.

[226] Die Norm bezieht sich de facto nur auf Fälle eines gesetzlichen Übertragungsverbots. Für vertragliche Verfügungsbeschränkungen gilt bereits § 857 Abs. 1 i.V.m. § 851 Abs. 2 ZPO, vgl. *MüKo-Smid,* ZPO (2), § 857 Rn. 13/14; *Stein/Jonas (Brehm),* ZPO (22), § 857 Rn. 14/15. Dazu, dass das Pfandrecht an dem Recht selbst und nicht nur an der Ausübungsbefugnis begründet wird, *Stein/Jonas (Brehm),* a.a.O., § 857 Rn. 107; *Zöller (Stöber),* a.a.O., § 857 Rn. 12.

[227] Eine Pfändung der Ausübung nach ist immer dann statthaft, wenn die Rechts*ausübung* nicht zwingend an die Person des Berechtigten geknüpft ist, vgl. *Baumbach u.a. (Hartmann),* ZPO (63), § 857 Rn. 15.

[228] Der Vollstreckungsgläubiger kann in diesem Fall nur diejenige Leistung verlangen, die auch der Vollstreckungsschuldner zu fordern berechtigt (gewesen) wäre, vgl. *Stein/Jonas (Brehm),* ZPO (22), § 857 Rn. 109; *Thomas/Putzo (Putzo),* ZPO (26), § 857 Rn. 13, jeweils m.w.N.

der zur Ausübung zu überweisende Anspruch gerade auf die Ausstattung der begünstigten Gesellschaft. Ein Verbot zur Leistung an die Vollstreckungsschuldnerin kommt nicht einmal teilweise[229] in Betracht. Anstelle des ansonsten konstitutiven „Arrestatoriums"[230], kann das Vollstreckungsgericht den Patron in dem „Pfändungs- und Überweisungsbeschluss" sinnvollerweise nur den Hinweis erteilen, dass der Vollstreckungsgläubiger im Wege der Zwangsvollstreckung zusätzlich zu der auszustattenden Gesellschaft ein eigenständiges Forderungsrecht erworben hat. Zudem ist der Ausstattungspflichtige darauf aufmerksam zu machen, dass er einem Ausstattungsbegehren des Vollstreckungsgläubigers bis zur Bereitstellung ausreichender Ausstattungsmittel bzw. bis zur Erfüllung der titulierten Forderung(en)[231] in derselben Weise nachkommen muss, wie einem berechtigten Erfüllungsverlangen der auszustattenden Gesellschaft. Auch dürfte sich ein klarstellender Hinweis des Vollstreckungsgerichts anbieten, dass die Forderungsberechtigung der auszustattenden Gesellschaft unberührt bleibt. Entgegen § 829 Abs. 1 S. 2 ZPO kann dieser nämlich nicht auferlegt werden, „sich jeder Verfügung über die Forderung, insbesondere ihrer Einziehung, zu enthalten" (sog. Inhibitorium[232]). Bereits im unmittelbaren Anwendungsbereich der Vorschrift ist anerkannt, dass dem Vollstreckungsschuldner nur Maßnahmen untersagt werden können, die sich nachteilig auf die Rechtsstellung des Vollstreckungsgläubigers auswirken[233]. Die Anforderung des zur Erfüllung der titulierten Forderung(en) benötigten Ausstattungsbedarfs durch die auszustattende Gesellschaft ist für den Vollstreckungsgläubiger aber vorteilhaft. Negative Konsequenzen können sich nur aus einer einverständlichen Aufhebung des Ausstattungsvertrages oder aus einer sonstigen forderungsbeeinträchtigenden Maßnahme ergeben. Der auszustattenden Gesellschaft kann demzufolge auch nur insoweit ein Verfügungsverbot auferlegt werden. In ihrem Recht auf Anforderung der zur Tilgung von anderweitigen Verbindlichkeiten benötigten Mittel kann die auszustattende Gesellschaft überhaupt nicht beschränkt werden. Da ihr Ausstattungsbegehren unteilbar ist – schließlich schuldet der Patron ihr insgesamt eine genügende Finanzausstattung –, beweist dies nur zusätzlich, dass das Forderungsrecht der auszustattenden Gesellschaft trotz (teilweiser) Pfändung und Überweisung

---

[229] Etwa beschränkt auf die zur Erfüllung der titulierten Forderung(en) benötigten Ausstattungsmittel.

[230] *Baumbach u. a. (Hartmann),* ZPO (63), § 829 Rn. 37; *MüKo-Smid,* ZPO (2), § 829 Rn. 4, 24/25.

[231] Durch den Protegé, bei Bestehen einer Drittleistungsmöglichkeit bzw. Ersetzungsbefugnis ersatzweise auch durch den Ausstattungsschuldner.

[232] *Baumbach u. a. (Hartmann),* ZPO (63), § 829 Rn. 42; *MüKo-Smid,* ZPO (2), § 829 Rn. 4, 26.

[233] So im Ergebnis *BGH* (U. v. 12.07.1968 – V ZR 29/66), NJW 1968, S. 2059 ff. (2060, 3. Abs.); *BFH* (U. v. 14.07.1987 – VII R 72/83), NJW 1988, S. 1998 f. (1999, a)); *MüKo-Smid.,* ZPO (2), § 829 Rn. 40/41, 47; *Stein/Jonas (Brehm),* ZPO (22), § 829 Rn. 99; *Thomas/Putzo (Putzo),* ZPO (26), § 829 Rn. 33; *Zöller (Stöber),* ZPO (25), § 829 Rn. 18.

des Ausstattungsanspruchs vollumfänglich bestehen bleiben muss. Maßgebliche Folge der Zwangsvollstreckung ist nach vorliegendem Verständnis vornehmlich die Duplikation der Ausübungsbefugnis[234].

Kommt der Ausstattungspflichtige dem Ausstattungsverlangen des Vollstreckungsgläubigers freiwillig nach und ist in dem Pfändungs- und Überweisungsbeschluss nichts weiter angeordnet, müsste der Vollstreckungsgläubiger je nach Ausstattungsgegenstand eine zusätzliche Sach- oder Forderungspfändung in das Vermögen der ausgestatteten Gesellschaft ausbringen, sollte diese die titulierte Schuld trotz Herstellung ihrer Leistungsfähigkeit noch immer nicht erfüllen[235]. Erfolgen trotz Aufforderung des Vollstreckungsgläubigers keine Unterstützungsmaßnahmen von Seiten des Ausstattungsschuldners, müsste er diesen zuvor noch auf Ausstattung verklagen und aus dem Titel gemäß § 887 ZPO die Handlungsvollstreckung betreiben[236], ein äußerst umständliches und kostenintensives[237] Verfahren. Meist wird dem Vollstreckungsgläubiger mit einer Direktleistung des Ausstattungspflichtigen besser geholfen sein. Eine solche kann einmal in Wahrnehmung der auch einem „intern" Ausstattungspflichtigen zustehenden Drittleistungs- und Ersetzungsbefugnis erfolgen[238]. Ist nicht auszuschließen, dass die Ausstattungsleistungen mit den vom Vollstreckungsgläubiger zu beanspruchenden Gegenständen korrespondieren, könnte der Vollstreckungsgläubiger mit der Pfändung des Ausstattungsanspruchs aber zugleich auch die Pfändung und Überweisung der betreffenden Ausstattungsleistungen beantragen. De iure bezieht sich die Zwangsvollstreckung in diesem Fall (zusätzlich) auf den – gegebenenfalls noch durch eine entsprechende Übereinkunft[239] zwischen dem

---

234 Die Pfändung des Ausstattungsanspruchs dürfte dabei wie die Pfändung anderer drittschuldnerbezogener Rechte mit Zustellung des Pfändungsbeschlusses an den Ausstattungspflichtigen wirksam werden (vgl. § 829 Abs. 2, 3 ZPO).

235 Die Erstreckung der Pfändung auf das im Zuge der Ausstattungsanforderung Geleistete als Surrogat des Ausstattungsanspruchs (§ 804 Abs. 1, 2 ZPO i. V. m. § 1287 S. 1 BGB analog) dürfte daran scheitern, dass die Ausstattungsforderung kein Forderungsgegenstand ist, in dem sich die zugewendeten Mittel fortsetzen.

236 Dies deshalb, weil der Ausstattungsanspruch in aller Regel noch nicht tituliert sein dürfte. Dass die Pfändung eines Vermögensrechts unmittelbar zur Befriedigung des Gläubigers führt, ist nicht erforderlich (arg. e § 848 Abs. 3 ZPO), vgl. *MüKo-Smid*, ZPO (2), § 857 Rn. 7; *Stein/Jonas (Brehm)*, ZPO (22), § 857 Rn. 7, 109.

237 Vgl. §§ 803 Abs. 1 S. 2 i. V. m. 788 Abs. 1, 2 ZPO.

238 Der Ausstattungspflichtige dürfte unter denselben Voraussetzungen drittleistungs- und ersetzungsbefugt sein wie der Patron einer harten Patronatserklärung; siehe auch Kapitel 12, C. III. 1. c), Fn. 269 bzw. C III 2. Die Ersetzungsbefugnis wird von der Zwangsvollstreckung nicht erfasst, vgl. *Stein/Jonas (Brehm)*, ZPO (22), § 851 Rn. 31/32 Fn. 132. Unbeschadet der Pfändung und Überweisung des Ausstattungsanspruchs kann der Ausstattungspflichtige mithin sämtliche übrigen Gläubiger der auszustattenden Gesellschaft direkt befriedigen, ohne dass der Vollstreckungsgläubiger etwas dagegen tun kann.

239 Wie bei einer harten Patronatserklärung dürfte auch bei einer „internen" Ausstattungsvereinbarung zwischen dem Ausstattungspflichtigen und der auszustattender Gesellschaft stets eine spezifische Leistungsbeziehung bestehen. Ist der Zweck der ein-

Ausstattungspflichtigen und der auszustattenden Gesellschaft bedingten – künftigen[240] Leistungsanspruch der auszustattenden Gesellschaft[241]. Bei einem Zahlungstitel und späterer Barausstattung könnte der Vollstreckungsgläubiger auf diese Weise gemäß §§ 829, 835 ZPO einen unmittelbaren[242] Zahlungsanspruch gegenüber dem Ausstattungspflichtigen erwerben[243]. Sicher ist dies freilich nicht, da der Vollstreckungsgläubiger dem Ausstattungspflichtigen die Wahl der Ausstattungsmodalitäten ebenso wenig vorschreiben kann wie die Inanspruchnahme einer etwaigen Ersetzungsbefugnis[244].

Die Zwangsvollstreckung dritter Gläubiger in einen „internen" Ausstattungsanspruch ist also nicht nur komplexer und von anderer Wirkung als gemeinhin angenommen, sondern auch mit einigen faktischen Unsicherheiten behaftet. Dennoch ist sie möglich und vor allem in Fällen nutzbringend, in denen ein solventer Ausstattungspflichtiger die auszustattende Schuldnerin ohne deren Widerstand „aushungert".

---

zelnen Zuwendungsleistungen nicht schon im Vorfeld festgelegt worden und wird die betreffende Zuwendung auch nicht von einer entsprechenden Vereinbarung begleitet, ist es eine Frage des Einzelfalls, ob der Ausstattungspflichtige die Zuwendung in Vollzug einer Schenkungsvereinbarung, eines Darlehens, als verlorenen Zuschuss, etc. erbringt. Mit Zustandekommen einer entsprechenden Vereinbarung hätte der Ausstattungspflichtige eine etwaige Beschlagnahme und Überweisung des Leistungsanspruchs durch den Vollstreckungsgläubiger zu beachten. Leistete er dennoch an die auszustattende Gesellschaft, würde er dem Vollstreckungsgläubiger gegenüber nicht enthaftet (vgl. §§ 829 Abs. 1 S. 1, 835 Abs. 1, 1. Alt. ZPO i.V.m. 412, 398, 407 Abs. 1, 136, 135 Abs. 1, S. 2 i.V.m. S. 1 BGB); hierzu *Stein/Jonas (Brehm),* ZPO (22), § 829 Rn. 102/103.

[240] Zur Pfändungs- und Überweisungseignung bedingter und künftiger Forderungen, die bereits hinreichend identifizierbar sind, *BGH* U. v. 29.10.1969 – VIII ZR 202/67), BGHZ 53, S. 29 ff. (32, 1. Abs.); *MüKo-Smid,* ZPO (2), § 829 Rn. 9/10, § 857 Rn. 12; *Stein/Jonas (Brehm),* ZPO (22), § 829 Rn. 3–8; *Thomas/Putzo (Putzo),* ZPO (26), § 829 Rn. 10, § 857 Rn. 9; *Zöller (Stöber),* ZPO (25), § 829 Rn. 2, 10.

[241] Basieren die einzelnen Ausstattungsleistungen zugrunde liegenden Darlehensverträge, wie im Fall einer Kreditzusage, beispielsweise auf einem einheitlichen Darlehensvorvertrag, kann der Vollstreckungsgläubiger nur die künftigen Auszahlungsansprüche pfänden und sich überweisen lassen, nicht aber das höchstpersönliche Recht auf Abschluss einzelner Kreditverträge, vgl. *MüKo-Smid,* ZPO (2), § 851 Rn. 9; *Stein/Jonas (Brehm),* ZPO (22), § 851 Rn. 36.

[242] Notfalls unter Berücksichtigung des § 841 ZPO gegen den Patron einzuklagenden.

[243] Bei einem Anspruch auf Lieferung bestimmter Gattungssachen im Hauptschuldverhältnis und bei Existenz einer Lieferkette könnte der Vollstreckungsgläubiger zusätzlich gemäß §§ 883, 884, 886 ff. ZPO in den Leistungsanspruch des Protegés vollstrecken. Die Vorschriften der §§ 846 ff. ZPO wären unanwendbar. Bei Vorliegen eines Herausgabetitels (aufgrund einer Klage gegen den Patron oder infolge der Umschreibung eines Herausgabetitels gemäß § 727 ZPO) und bei fehlender Leistungsbereitschaft des Patrons könnte der Gläubiger folglich umgehend den Gerichtsvollzieher mit der Beitreibung der herauszugebenden Gegenstände beauftragen, vgl. nur *Thomas/Putzo (Putzo),* ZPO (26), § 886 Rn. 2.

[244] Das Vollstreckungsgericht könnte deswegen auch nicht gemäß § 857 Abs. 4 S. 1 ZPO eine Direktleistung an den Vollstreckungsgläubiger anordnen.

### 3. Fazit: Sicherungseignung der „internen“ Ausstattungszusage

Was die zu Beginn der Arbeit[245] aufgeworfene Frage nach der „Sicherungseignung“ einer „internen“ Ausstattungsvereinbarung im Außenverhältnis zu den Gläubigern der begünstigten Gesellschaft angeht, steht nach Erörterung der Schadensersatzproblematik im sechsten Kapitel fest, dass eine von dem Pflichtigen genehmigte partielle Sicherungszession des Ausstattungsanspruchs und die Vollstreckung in diesen jedenfalls nicht deswegen sinnentleert sind, weil der Primäranspruch mit der Insolvenzeröffnung eo ipso unterginge[246]. Die „interne“ Ausstattungszusage kann für die Gläubigern der auszustattenden Gesellschaft durchaus von *faktischem* Sicherungswert sein, de iure – durch genehmigte Abtretung[247]/(Ver-)Pfändung[248] – wie de facto – durch Einforderung der benötigten Ausstattungsleistungen durch die begünstigte Gesellschaft und anschließendem Gläubigerzugriff auf deren Vermögen. Der „Sicherheitswert“ eines „internen“ Ausstattungsanspruchs erfährt in diesen Fällen wiederum nur durch die mit seiner Geltendmachung verbundenen Darlegungs- und Beweislastschwierigkeiten eine gewisse Schmälerung[249]. Soweit der Ausstattungspflichtige leistungsfähig ist, können die Gläubiger der begünstigten Gesellschaft sich in deren Insolvenz, anders als von dem *OLG Celle* in seinem Urteil aus dem Jahre 2000 angenommen, begründete Hoffnungen auf die Zuteilung einer ihre Forderungen wertmäßig abdeckenden Quote machen[250]. Der Wert einer „internen“ Ausstattungszusage steht und fällt damit für die Gläubiger der auszustattenden Gesellschaft mit der Leistungsfähigkeit des Ausstattungsschuldners[251].

---

[245] Kapitel 1. D. III.

[246] Dies unterstellt auch *Hoffmann,* Patronatserklärung, S. 160, ohne sich mit der seinerzeit auch noch nicht abzusehenden Frage nach dem Schicksal des Ausstattungsanspruchs in der Insolvenz der begünstigten Gesellschaft zu beschäftigen.

[247] *Obermüller,* Ersatzsicherheiten, S. 107 Rn. 357, S. 109 Rn. 362.

[248] *Fischer/Schaffland,* GenFor 1976 II, S. 36 ff (39/40).

[249] Deutlich zurückhaltender, *Hoffmann,* Patronatserklärung, S. 160, b), welcher der „internen“ Ausstattungszusage einen der „echten“ Ausstattungsverpflichtung vergleichbaren Sicherheitswert aberkennt.

[250] Dazu, dass die „interne“ Ausstattungszusage in der Insolvenz der Begünstigten nach vorliegendem Verständnis nur bzw. noch ordentlich kündbar ist, was an der Pflicht des Versprechenden zur Abdeckung der bereits bestehenden Verbindlichkeiten der Begünstigten nichts ändert, vgl. Kapitel 12, C. III. 1.

[251] Und in gewissem Maße natürlich auch mit dessen Zuverlässigkeit.

*Kapitel 10*

# Etwaiger Verstoß gegen das Recht der Allgemeinen Geschäftsbedingungen

Eine Überprüfung von harten Patronatserklärungen anhand der Normen des AGB-Rechts (§§ 305 ff. BGB) setzt deren Eigenschaft als „Allgemeine Geschäftsbedingung" (AGB) voraus.

Nach der Legaldefinition des § 305 Abs. 1 S. 1 BGB sind Allgemeine Geschäftsbedingungen alle für eine Vielzahl von Verträgen vorformulierten Vertragsbedingungen, die eine Vertragspartei (Verwender) der anderen Vertragspartei bei Abschluss eines Vertrages stellt[1]. Allgemeine Geschäftsbedingungen liegen nicht vor, soweit die Vertragsbedingungen zwischen den Vertragsparteien im Einzelnen ausgehandelt worden sind (§ 305 Abs. 1 S. 3 BGB). Bei Verträgen zwischen einem Unternehmer und einem Verbraucher (Verbraucherverträgen[2]) gelten die wichtigsten Bestimmungen des AGB-Rechts auch für nur zur einmaligen Verwendung bestimmte vorformulierte Vertragsbedingungen, „soweit der Verbraucher auf Grund der Vorformulierung auf ihren Inhalt keinen Einfluss nehmen konnte" (§ 310 Abs. 3 Ziff. 2 BGB)[3].

Die Vorschriften des AGB-Rechts wollen ein ausreichendes Maß an Vertragsgerechtigkeit sicherstellen[4]. Die Regelungen der §§ 305 ff. BGB tragen der Tat-

---

[1] Dabei ist es unschädlich, wenn der vorgedruckte Text eine hand- oder maschinenschriftliche Ergänzung enthält. Die Ausfüllung der für die Forderungsbezeichnung offen gelassenen Formularlücke bildet nach ständiger Rechtsprechung eine notwendige, unselbständige, nicht individuell ausgehandelte Ergänzung der Klausel, die an deren Charakter als vorformulierte Vertragsbestimmung i. S. d. § 305 Abs. 1 S. 1 BGB nichts ändert, vgl. *BGH* (U. v. 02.07.1998 – IX ZR 255/97), NJW 1998, S. 2815 f. (2816, II. 2. a)).

[2] Zur Bestimmung der Verbraucher- und Unternehmereigenschaft gelten die §§ 13, 14 BGB, vgl. *MüKo-Basedow* (4), § 310 Rn. 36, 38, 42; *Palandt-Heinrichs* (64), § 310 BGB Rn. 10.

[3] Anders bei Verwendung einer nur für einen bestimmten Vertrag mit einem Unternehmer vorformulierten Vertragsbedingung, *BGH* (U. v. 22.09.1987 – IX ZR 220/86), WM 1987, S. 1430 f. (1431, 2), noch zur alten Rechtslage.

[4] Vgl. die Begründung des Regierungsentwurfs des AGBG, *BT-Drucksache 7/3919,* S. 13, 7.: „Das vorrangige rechtspolitische Ziel dieses Gesetzentwurfs liegt darin, bei der Verwendung von AGB im rechtsgeschäftlichen Wirtschaftsverkehr dem Prinzip des angemessenen Ausgleichs der beiderseitigen Interessen Geltung zu verschaffen, das nach den Grundvorstellungen des Bürgerlichen Gesetzbuchs die Vertragsfreiheit legitimiert; denn deren Funktion besteht darin, durch freies Aushandeln von Verträgen

sache Rechnung, dass das „prozedurale Gerechtigkeitsmodell“ bzw. die „Richtigkeitsgewähr des Vertragsmechanismus“[5] bei einseitiger Inanspruchnahme der Vertragsgestaltungsfreiheit durch den Verwender regelmäßig außer Kraft gesetzt ist[6]. Nach neuerer Vertragslehre sollen Verträge Ausdruck eines angemessenen Interessenausgleichs sein. Die Rechtsordnung hat die rechtlichen Rahmenbedingungen dafür zu schaffen, dass ein solcher Ausgleich zumindest möglich ist[7]. Eine „Richtigkeitsgewähr“ oder auch nur „Richtigkeitschance“ ist bei Vertragsschlüssen unter Zuhilfenahme von ABG tendenziell nicht gegeben[8]. Soweit der Vertragsinhalt nicht privatautonom ausgehandelt wird, besteht die Gefahr, dass der AGB-Verwender seine Interessen einseitig über die Interessen der Vertragsgegenseite stellt, dass seine Bedingungen unangemessen benachteiligende Klauseln enthalten[9]. Das Hauptgewicht des AGB-Rechts liegt daher auf der Möglichkeit einer Angemessenheitskontrolle zu Gunsten der anderen Vertragspartei (§§ 307 ff. BGB)[10]. Abgerundet wird der Schutz unter anderem durch die Unwirksamkeit überraschender Vertragsklauseln (§ 305c Abs. 1 BGB)[11].

Rechtfertigendes Prinzip für eine AGB-Inhaltskontrolle kann spätestens seit der Einbeziehung von Kaufleuten bzw. nunmehr Unternehmern in den Schutz-

---

zwischen freien und zur rechtsgeschäftlichen Selbstbestimmung fähigen Partnern Vertragsgerechtigkeit zu schaffen. Der Gesetzesentwurf beabsichtigt demzufolge nichts anderes als die durch eine ungehemmte Entwicklung im Bereich der AGB gestörte Funktion des privaten Vertragsrechts wiederherzustellen“; siehe auch *Bunte,* Rostocker Schriften zum Bankrecht 1998, S. 29 ff. (30, 1. Abs.); *Erman-Roloff* (11), Vor §§ 305–310 Rn. 2, Vor §§ 307–309 Rn. 11; *Palandt-Heinrichs* (64), Überbl v § 305 BGB Rn. 7; *Schaarschmidt,* Sparkassenkredite (8), S. 80 Rn. 1.131.

[5] *Canaris,* AcP 200 (2000), S. 273 ff. (283/284, 286, cc), 287, c) aa)); *Larenz/Wolf,* BGB AT (9), § 42, III. 1., S. 756/757 Rn. 12: „prozedurales Vertragsrecht“; *Schmidt-Rimpler,* AcP 147 (1941), S. 130 ff. (123 ff., 151 ff., v.a. 155–157, 161, 163), „Lehre von der Richtigkeitsgewähr des Vertragsmechanismus“; siehe auch *Limbach,* JuS 1985, S. 10 ff. (12, IV.); *Naumann,* Sittenverstoß, S. 4; *Soergel-Wolf* (13), Vor § 145 Rn. 29.

[6] *Bunte,* Rostocker Schriften zum Bankrecht 1998, S. 29 ff. (29/30); vgl. auch bereits *Flume* in: FS zum 100jährigen Bestehen des DJT, S. 135 ff. (167/168).

[7] *Haun,* S. 91, 2. Abs.; *Limbach,* JuS 1985, S. 10 ff. (12, IV.); *Kothe,* ZBB 1994, S. 172 ff. (173/174, 1./2.), wie von *Kurt Biedenkopf* dargetan, stünden Gesetzgebung und Gerichtspraxis vor der Herausforderung dafür zu sorgen, dass die Prämissen von der Gleichheit und Freiheit der Marktteilnehmer und von der Realisierung von Selbstbestimmung durch private Verträge nicht durch die Träger wirtschaftlicher Macht geschwächt oder gar aufgehoben würden. Versage das Privatrecht, bleibe nur der „Umweg über die Grundrechte“. Typische Störungen der Vertragsparität seien durch geeignete rechtliche Maßnahmen zu kompensieren; *Soergel-Wolf* (13), Vor § 145 Rn. 29.

[8] *Erman-Roloff* (11), Vor §§ 305–310 Rn. 1; *Geißler,* JuS 1991, S. 618 ff. (622, 2.); *Soergel-Wolf* (13), Vor § 145 Rn. 29, 39.

[9] *Erman-Roloff* (11), Vor §§ 305–310 Rn. 1; *MüKo-Basedow* (4), Vor § 305 Rn. 4; *Palandt-Heinrichs* (64), Überbl v § 305 BGB Rn. 8.

[10] *Palandt-Heinrichs* (64), Überbl v § 305 BGB Rn. 7.

[11] Dem Schutz vor missbräuchlichen AGB dienen auch die §§ 305 Abs. 2, 3, 305b, 305c Abs. 2 BGB, vgl. *Palandt-Heinrichs* (64), Überbl v § 305 BGB Rn. 7.

bereich des AGB-Rechts (vgl. § 310 Abs. 1 BGB) nicht mehr die „generelle wirtschaftliche Unterlegenheit" bzw. die „abstrakte Ungleichgewichtigkeit der Verhandlungspositionen" sein[12]. Rechtfertigungsgrund für das „Formularrecht" ist die Erwägung, dass der andere Vertragsteil in der Situation des Vertragsschlusses meist nicht imstande ist, den Bedeutungsgehalt und die Auswirkungen des gesamten vorformulierten Klauselwerks voll zu erfassen, dass er den Aufwand eines Konditionenvergleichs scheut[13] und – für die vorliegende Untersuchung noch viel bedeutsamer –, dass er in aller Regel keine Möglichkeit hat, seine abweichenden Interessen gegenüber dem Klauselverwender angemessen zur Geltung zu bringen[14]. In den bereits vor Verhandlungsbeginn vorformulierten Vertragsbedingungen manifestiert sich nicht nur der Wille des Verwenders, mehrere Verträge einheitlich zu behandeln, sondern auch seine mangelnde Bereitschaft, davon abweichende Interessen der Vertragsgegenseite zu berücksichtigen oder auch nur ernsthaft in Erwägung zu ziehen[15]. Der Kunde hat kaum eine reelle Chance zur Durchsetzung seiner gegenläufigen Interessen. Will er den Vertrag schließen, muss er die von der anderen Partei gesetzten Bedingungen akzeptieren[16]. Der Einzelne kann sich in dieser Situation einer Koppelung des Vertragsschlusses mit sachfremden, ihn übervorteilenden Regelungen nicht

---

[12] *Erman-Roloff* (11), Vor §§ 305–310 Rn. 2, 5; *Lieb,* AcP 178 (1978), S. 196 ff. (200, 2. Abs.); *MüKo-Basedow* (4), Vor § 305 Rn. 4; *Wackerbarth,* AcP 200 (2000), S. 45 ff. (51 ff., v.a. 53/54, c), 63/64, 1.).

[13] *Erman-Roloff* (11), Vor §§ 305–310 Rn. 1; *Lieb,* AcP 178 (1978), S. 196 ff. (202), stellt maßgeblich auf den Aspekt einer Beeinträchtigung der Einsichts- und Beurteilungs-, und damit auch der Entscheidungsfreiheit durch die Vorformulierung ab sowie auf die aus dieser Beeinträchtigung resultierende Störung der Vertragsparität; *MüKo-Basedow* (4), Vor § 305 Rn. 5.

[14] Im Ergebnis ebenso *Henssler,* Risiko als Vertragsgegenstand, S. 258; *Hönn,* Jura 1984, S. 57 ff. (66, b)); kritisch *Wackerbarth,* AcP 200 (2000), S. 45 ff. (64–67, 2./3.), der mit Recht darauf hinweist, dass die Gestaltungs*freiheit* oder Einfluss*möglichkeit* auf Seiten des Kunden auch bei individuellen Vertragsangeboten regelmäßig nicht gegeben seien. Die fehlende Gestaltungsfreiheit gewinne als Rechtfertigungsgrund für eine Inhaltskontrolle zwar an Plausibilität, wenn geeignete Ausweichmöglichkeiten fehlten (siehe auch S. 69, 3.), könne sie aber allein nicht rechtfertigen. Die individuelle Einfluss*möglichkeit* andererseits bestehe schon wegen der Abschlussfreiheit immer. Nach vorliegendem Verständnis wird aber gerade diese Abschlussfreiheit in den „Anlassfällen" unangemessen beeinträchtigt. Der Streit um die Rechtfertigung einer AGB-Inhaltskontrolle braucht hier daher nicht weiter ausgebreitet zu werden. Nach *Wackerbarth* rechtfertigt sie sich aus der Gefahr einer mangelnden Berücksichtigung der einzelnen Klauseln durch die Verwendergegenseite (vgl. S. 79–81, 89, 3.).

[15] *Henssler,* Risiko als Vertragsgegenstand, S. 258; *Soergel-Wolf* (13), Vor § 145 Rn. 39.

[16] Insgesamt ebenso *Henssler,* Risiko als Vertragsgegenstand, S. 258; *Canaris,* AcP 200 (2000), S. 273 ff. (322, 2. Abs.), mit dem zutreffenden Hinweis, dass es für einen Bankkunden absolut unrealistisch sei, eine Abänderung der Vertragsbedingungen zu versuchen. Für einen Mieter könne unter Umständen etwas anderes gelten; *Larenz/Wolf,* BGB AT (9), § 42, V. 5., S. 762 Rn. 30–32; *Naumann,* Sittenverstoß, S. 97, B.; *Wolf,* Entscheidungsfreiheit, S. 14/15, d), 126, 2. a); siehe auch *Hönn,* Jura 1984, S. 57 ff. (66, b)).

eigenverantwortlich erwehren[17]. Das ist auch der Grund dafür, dass der Gesetzgeber in § 310 Abs. 3 Ziff. 2 BGB für Verträge mit einem Verbraucher auf das Erfordernis einer Vorformulierung der Bedingungen für eine Vielzahl von Verträgen verzichtet hat und auch nicht ausgehandelte Individualvereinbarungen einer Kontrolle anhand des AGB-Rechts unterworfen hat[18].

Bei der Überprüfung vorformulierter Klauseln auf ihre Unwirksamkeit hin, ist meist eine generalisierende, typisierende, von den Umständen des Einzelfalls unabhängige Betrachtung vorzunehmen[19]. Es ist zu prüfen, ob der Klauselinhalt bei der in Rede stehenden Art des Rechtsgeschäfts unter Berücksichtigung der typischen Interessen der beteiligten Verkehrskreise unangemessen benachteiligend ist[20]. Auf die konkreten Umstände des Vertragsschlusses kann nur zur Feststellung der benachteiligenden Wirkung eines Verbrauchervertrages abgestellt werden (vgl. § 310 Abs. 3 Ziff. 3 BGB)[21] und soweit die Begleitumstände typischerweise allen oder zumindest einer Vielzahl der formularmäßigen Vertragsgestaltungen zueigen sind, wenn sie also verallgemeinerungsfähig sind[22]. Werden AGB gegenüber verschiedenen Verkehrskreisen mit unterschiedlichen Interessen, Verhältnissen und Schutzbedürfnissen verwandt, können allerdings gruppenspezifisch unterschiedliche Maßstäbe anzulegen sein. Die Untersuchung bezieht sich dann auf diejenige Vertrags- bzw. Fallgruppe, welche die am Sachgegenstand orientierte typische Interessenlage widerspiegelt. Innerhalb der verschiedenen Gruppen kann es zu unterschiedlichen Untersuchungsergebnissen kommen[23].

---

[17] Zu dieser Ausgangsüberlegung, *Wolf,* Entscheidungsfreiheit, S. 126–129, 2., 130–143, II./III.

[18] *Larenz/Wolf,* BGB AT (9), § 42, VI. 2. c), S. 769 Rn. 54; *MüKo-Basedow* (4), § 310 Rn. 61/62; *Palandt Heinrichs* (64), § 310 BGB, Rn. 15.

[19] *BGH* (U. v. 18.05.1995 – IX ZR 108/94), BGHZ 130, S. 19 ff. (30, d)); *BGH* (U. v. 28.10.1999 – IX ZR 364/97), BGHZ 143 ff., S. 95 ff. (98, a)); *BAG* (U. v. 27.04.2000 – 8 AZR 286/99), NJW 2000, S. 3299 ff. (3301, aa)); *Palandt-Heinrichs* (64), § 307 BGB, Rn. 4.

[20] *BAG* (U. v. 27.04.2000 – 8 AZR 286/99), NJW 2000, S. 3299 ff. (3301, aa)).

[21] *MüKo-Basedow* (4), § 307 Rn. 35.

[22] Vgl. *BGH* (U. v. 18.09.1997 – IX ZR 283/96), BGHZ 136, S. 347 ff. (355, 1. Abs.).

[23] *BGH* (U. v. 09.02.1990 – V ZR 200/88), BGHZ 110, S. 241 ff. (244); *BGH* (U. v. 28.10.1999 – IX ZR 364/97), BGHZ 143 ff., S. 95 ff. (101, 2. Abs.); *BAG* (U. v. 27.04.2000 – 8 AZR 286/99), NJW 2000, S. 3299 ff. (3301, aa)). In dieser gruppenspezifischen Betrachtung liegt noch keine verbotene geltungserhaltende Reduktion, da dieses Verbot nur für Wirksamkeitsprüfungen innerhalb einer Fallgruppe gilt, vgl. *BGH* (U. v. 09.02.1990 – V ZR 200/88), BGHZ 110, S. 241 ff. (244); *BAG* (U. v. 27.04.2000 – 8 AZR 286/99), NJW 2000, S. 3299 ff. (3301, aa)); *Schaarschmidt,* Sparkassenkredite (8), S. 81 Rn. 1.133.

## A. Möglicher AGB-Charakter einer Patronatserklärung

Die Möglichkeit einer formularmäßigen Gestaltung von Patronatserklärungen ist in der Vergangenheit für die Praxis vielfach negiert worden[24]. Da sich die Parteien des Sicherungsvertrages in aller Regel erst nach einer längeren Verhandlungsphase zur Absicherung der Gläubigerforderung(en) durch eine harte Patronatserklärung entschließen, liege stets oder doch im Regelfall eine im Einzelnen ausgehandelte Individualvereinbarung vor, die das AGB-Recht verdränge (vgl. §§ 305 Abs. 1 S. 3, 305b BGB)[25].

### I. Ergebnis der empirischen Untersuchung

Die empirische Untersuchung hat ein anderes Bild ergeben. Gerade Banken legen nach eigener Auskunft großen Wert auf die Verwendung der von ihnen entwickelten Mustertexte[26]. Ingesamt verwenden 10 bzw. 11 Unternehmen Erklärungsbausteine, die sie einer Formularsammlung entnommen haben, 23 bzw. 24 Gesellschaften disponieren über selbst erstellte Vertragsformulare. Eine Vielzahl dieser Texte orientiert sich an den neueren Textvorschlägen von *Wittig*[27] bzw. an den „Weisungen betreffend Patronatserklärungen". Die Fälle, in denen die konkret gewählte Formulierung der harten Patronatserklärung auf einen Vorschlag des Patrons zurückgeht, sind zwar zahlenmäßig etwas in der Überzahl,[28] im Großen und Ganzen lässt sich aber sagen, dass in etwa so viele Patrone wie Gläubiger[29] in der Lage sind, den endgültigen Vertragstext einseitig vorzugeben[30]. Der überwiegende Teil der Umfrageteilnehmer hat aber dennoch

---

[24] *Köhler,* WM 1978, S. 1338 ff. (1342, 1. Spalte); *Kohout,* Patronatserklärungen, S. 42/43; ebenso für den Regelfall *Hoffmann,* Patronatserklärung, S. 72.; vgl. auch *Hantke,* S. 63, 2. Abs.; aA *von Bernuth,* ZIP 1999, S. 1501 ff. (1504/1505, 2.1); *Rümker,* WM 1974, S. 990 ff. (996, vorletzter Abs.); *Rummel* in: FS Doralt (2004), S. 493 ff. (506/507); *Wittig,* WM 2003, S. 1981 ff. (1983/1984, 3.).

[25] *Balzer,* 7. Rostocker Bankentag 2001, S. 59 ff. (67/68); *Köhler,* WM 1978, S. 1338 ff. (1342, 1. Spalte, 1349, 2.); *Kohout,* Patronatserklärungen, S. 42/43; *Michalski,* WM 1994, S. 1229 ff. (1233, 1.), „regelmäßig keine Allgemeinen Geschäftsbedingungen"; tendenziell ebenso *Hoffmann,* Patronatserklärung, S. 72; *Stecher,* „Harte" Patronatserklärungen, S. 10, 1.). Nach *J. Koch,* Die Patronatserklärung, S. 200, 2. Abs., ist diese Sichtweise nach wie vor herrschend.

[26] Siehe auch *Balzer,* 7. Rostocker Bankentag 2001, S. 59 ff. (67, 1. Abs.); *von Bernuth,* ZIP 1999, S. 1501 ff. (1504/1505, 2.1); *Fried,* Weiche Patronatserklärung, S. 96, B.; *Hantke,* S. 65, c); *Michalski,* WM 1994, S. 1229 ff. (1233, 1., 1234, III.); *Rümker,* WM 1974, S. 990 ff. (996, vorletzter Abs.); *Stecher,* „Harte" Patronatserklärungen, S. 9.

[27] WM 2003, S. 1981 ff.

[28] 14 bzw. 15 Unternehmen/Institute.

[29] 10 bzw. 11 Unternehmen/Institute (bei 6 Überlappungen).

bzw. additional angegeben, der Inhalt der Erklärung werde in jedem Fall individuell ausgehandelt[31]. Dabei wird zum Teil nicht ausreichend zwischen der individuellen Einigung auf eine Besicherung durch eine „externe" Ausstattungsvereinbarung und der Einigung auf einen konkreten Erklärungstext unterschieden. Die Anschlussfrage, ob die konkrete Formulierung der harten Patronatserklärung auch bezüglich des konkreten Sicherungsumfangs im Einzelnen ausgehandelt werde, haben nämlich nur weniger als ein Drittel der (vermeintlich) individuell kontrahierenden Unternehmen bejaht[32]. In der Praxis hängt die Möglichkeit des Gläubigers zur unveränderten Durchsetzung seiner Erklärungsmuster – wie stets – ganz wesentlich von der Verhandlungsmacht der Vertragsgegenseite ab. Dass der Patron hinsichtlich einzelner Klauseln in den Mustertexten – und der Frage ihrer Verwendung – eigene Vorstellungen habe und versuche diese einzubringen, sei bei finanzstarken Konzernobergesellschaften eher die Regel als die Ausnahme, so ein Umfrageteilnehmer aus dem Bankgewerbe. Abweichungen von den eigenen Texten würden, wenn überhaupt, nur unter bewusster Hinnahme von Einschränkungen in der Bewertung als Kreditsicherheit zugelassen.

Die Verwendung vorformulierter Textpassagen bei Abschluss eines Patronatsvertrages ist demnach keineswegs unüblich[33].

## II. Abgrenzung „gestellter" von individualvertraglich vereinbarten Ausstattungszusagen

Damit eine formularmäßige Ausstattungsvereinbarung anhand der §§ 305 ff. BGB überprüft werden kann, muss der Gläubiger als begünstigte Vertragspartei „Verwender" der vorformulierten Sicherungszweckerklärung sein. Einzelne Passagen oder der gesamte Erklärungsinhalt der Patronatserklärung sind nur dann AGB i. S. d. § 305 Abs. 1 S. 1 BGB, wenn der Gläubiger sie dem Patron einseitig „gestellt" hat[34]. Dazu muss er die Einbeziehung der vorformulierten Er-

---

[30] Zu eng daher *Hantke,* S. 42., dem Patron werde der Wortlaut der abzugebenden Erklärung diktiert; *Hoffmann,* Patronatserklärung, S. 72, ein Machtüberhang sei nicht festzustellen, vielmehr arbeiteten auf beiden Seiten regelmäßig „professionals" mit etwa gleichem Kenntnisstand und von vergleichbarer wirtschaftlicher Stärke.

[31] 18 bzw. 19 Unternehmen/Institute, von denen 10 auch schon mit einseitig vorgegebenen Erklärungen gearbeitet haben bzw. in Berührung gekommen sind.

[32] Fünf bzw. sechs der 18 bzw. 19 Unternehmen/Institute. Ein Rechtsabteilungsleiter hat diesen Zusatz ausdrücklich gestrichen.

[33] So schon *Kohout,* Patronatserklärungen, S. 29; *Rümker,* WM 1974, S. 990 ff. (996, vorletzter Abs.); vgl. auch die Sachverhaltsschilderungen von *KG Berlin* (U. v. 18.01.2002 – 14 U 3416/00, rkr.), WM 2002, S. 1190 f. (1190); *OLG Dresden* (U. v. 27.06.2000 – 23 U 2724/99), NVwZ 2001, S. 836 ff. (836); sowie *von Bernuth,* ZIP 1999, S. 1501 ff. (1504/1505, 2.1); *Obermüller,* ZIP 1982, S. 915 ff. (918, 4.), die „externe" Ausstattungszusage mit Managementklausel sei die einzige formularmäßig vorgeschlagene Patronatserklärung; siehe nunmehr auch *J. Koch,* Die Patronatserklärung, S. 198/199, II. 1.

klärung von dem Patron verlangt haben[35]. Ein individuelles Aushandeln einzelner Bedingungen kommt nur in Betracht, soweit der Verwender sie inhaltlich ernsthaft zur Disposition der Gegenseite stellt[36], was in der Praxis meist nicht der Fall zu sein scheint[37].

Jedenfalls wenn der gesamte Erklärungstext der Patronatserklärung dem Patron von dem Gläubiger einseitig vorgegeben worden ist, ist das Kriterium einer Oktroyierung der Vertragsbedingungen von Seiten des Gläubigers unzweifelhaft erfüllt[38].

Die spezifische Art und Weise des Vertragsschlusses steht der Verwendereigenschaft des Gläubigers bei der harten Patronatserklärung nicht entgegen[39]. Wie oben ausgeführt[40], werden Patronatsverträge nur selten durch Unterzeichnung eines gläubigereigenen Sicherungsformulars geschlossen. Meist erfolgt der Vertragsschluss durch Übersendung eines die Ausstattungszusage enthaltenden Briefes von dem Patron an den Gläubiger. Das muss aber nicht heißen, dass dem Patron der in Frage stehende Erklärungstext von dem Gläubiger nicht im Einzelnen vorgegeben worden sein kann[41], wie folgendes Zitat eines Banksyndikus dokumentiert: „Die Patronatsvereinbarung erfolgt bei unserer Handhabung durch Zusendung der – *vorher bis ins Detail festgelegten* und ausgehandelten – *Verpflichtung* seitens des Patrons an uns …“[42]. Dass ein „Aushandeln bis ins Detail“ nicht zwingend gleichbedeutend mit einer Individualabrede im Sinne der §§ 305 Abs. 1 S. 3, 305b BGB ist, trifft auf dieses Gläubigerinstitut in besonderem Maße zu. Es besteht nach eigenen Angaben generell auf der unveränderten Einbeziehung der von ihm entworfenen Mustererklärung[43]. Selbst

---

[34] Dazu *J. Koch,* Die Patronatserklärung, S. 199, 2. a), 201/202, der Einbeziehungsvorschlag werde bei der Patronatserklärung häufig von dem Kreditgeber gemacht, der die Vertragsdokumentation üblicherweise kontrolliere.

[35] *Erman-Roloff* (11), § 305 Rn. 12; *MüKo-Basedow* (4), § 305 Rn. 21; *Palandt-Heinrichs* (64), § 305 BGB, Rn. 10.

[36] *BGH* (U. v. 30.10.1987 – V ZR 174/86), BGHZ 102, S. 152 ff. (158, 1. Abs.); *Bunte,* Rostocker Schriften zum Bankrecht 1998, S. 29 ff. (30/31).

[37] Tendenziell ebenso *von Bernuth,* ZIP 1999, S. 1501 ff. (1504/1505, 2.1); aA *Balzer,* 7. Rostocker Bankentag 2001, S. 59 ff. (67/68).

[38] *J. Koch,* Die Patronatserklärung, S. 201/202, die harte Patronatserklärung habe in der Rechtspraxis einen hohen Grad an Standardisierung erfahren. Die Parteien würden daher häufig um die Art der Sicherheit ringen, nicht aber um ihre konkrete Ausgestaltung.

[39] *von Bernuth,* ZIP 1999, S. 1501 ff. (1504, 2.1).

[40] Kapitel 5, D. I.

[41] *Hantke,* S. 65, c).

[42] (Hervorh. durch Verf.).

[43] Man darf sich durch den auf eine Individualvereinbarung hindeutenden Passus daher nicht zu der Annahme verleiten lassen, eine AGB-Prüfung scheide aus. Der betreffende Justitiar hat keinen Zweifel daran gelassen hat, dass es sich bei den hauseigenen Mustertexten um AGB handelt, von denen nur in Ausnahmefällen und nur

wenn die Muttergesellschaft bei Abgabe der Patronatserklärung ihren eigenen Briefbogen verwendet, wie dies die aktuellen Musterformulare des Bundesverbandes des privaten Bankgewerbes e.V. ausdrücklich vorsehen[44], dürfte bei identischer Übernahme des von dem Gläubiger vorformulierten Erklärungstextes der erste Anschein für die Verwendereigenschaft des Gläubigers sprechen[45].

Ob der Gläubiger den Patron hinsichtlich des zu verwendenden Textes auf eine Formularsammlung verweist oder ihm zu Zwecken der Übernahme oder unterschriebenen Rücksendung ein von ihm selbst konzipiertes Erklärungsmuster zur Verfügung stellt, ist für den Tatbestand einer einseitigen Auferlegung unerheblich. Vertragsbedingungen sind auch dann „vorformuliert", wenn der Verwender sie nicht selbst erarbeitet hat, sondern der Erklärungstext in einer allgemein zugänglichen Mustersammlung niedergelegt ist[46].

## B. Unwirksamkeit einer Zweckerweiterungsklausel – Zugleich eine kritische Auseinandersetzung mit der „Anlassrechtsprechung" des BGH

Anlass zu Zweifeln an der formularrechtlichen Wirksamkeit einer harten Patronatserklärung besteht vornehmlich in den „Anlassfällen"[47].

### I. Gegenstand der „Anlassrechtsprechung"

Eine „*Anlass*konstellation" zeichnet sich dadurch aus, dass der Sicherungsgeber von dem Hauptschuldner oder von dem Gläubiger um die Gewährung einer Sicherheit für ein bestimmtes mit dem Hauptschuldner zu schließendes oder bereits geschlossenes Geschäft gebeten wird[48]. Erklärt sich der Sicherungsgeber

nach vorhergehender Abstimmung mit der Zentralen Rechtsabteilung abgewichen werden darf.

44 Anlagen 2 und 3 des Berichtes über die *BdB*/vbo-Fachtagung „Kredit- und Kreditsicherungsrecht" am 13./14. Juni 2002 in München, zu Gliederungspunkt 4., „Formulierung von ‚Harten Patronatserklärungen'", (n.v.).

45 *von Bernuth,* ZIP 1999, S. 1501 ff. (1504, 2.1).

46 Siehe Orientierungssatz 2. (Juris) zu *OLG München* (VU. v. 21.10.1998 – 7 U 3960/98). Dabei genügt es, wenn der AGB-Verwender oder einer seiner Gehilfen die Bedingung(en) aus dem Gedächtnis reproduziert; insgesamt dazu *BGH* (U. v. 18.04.2002 – VII ZR 192/01), ZIP 2002, S. 1198 ff. (1199); *Erman-Roloff* (11), § 305 Rn. 9; *MüKo-Basedow* (4), § 305 Rn. 14/15; *Palandt-Heinrichs* (64), § 305 BGB Rn. 8.

47 *Rummel* in: FS Doralt (2004), S. 493 ff. (506/507); aA *KG Berlin* (U. v. 18.01.2002 – 14 U 3416/00, rkr.), WM 2002, S. 1190 f., (1191), vermutlich zu einem „Anlasssicherungsfall".

48 *Wagenknecht* in: *BuB* Rn. 4/1049a.

dazu bereit, nimmt der Gläubiger dies zum Anlass, die Sicherungszweckerklärung einseitig mittels eines von dem Sicherungsgeber zu unterzeichnenden Sicherungsformulars auf alle gegenwärtigen und künftigen Verbindlichkeiten des Hauptschuldners aus der Geschäftsverbindung mit ihm zu erstrecken[49].

„*Anlassforderung*" ist nach höchstrichterlicher Zivilrechtsprechung diejenige Gläubigerforderung, die sich der Sicherungsgeber bei Eingehung seiner Verpflichtung als zu sichernde Forderung vorstellt[50].

## II. Relevanz der „Anlassrechtsprechung" für die harte Patronatserklärung

Dass die „Anlassrechtsprechung" auch für die „externe" Ausstattungsverpflichtung Geltung beanspruchen kann, wird neuerdings zusehends bejaht, zumindest aber für möglich gehalten[51]. In seinem viel beachteten Aufsatz über „moderne Patronatserklärungen" hat vor allem der Syndikus der Deutschen Bank AG, *Arne Wittig,* der Praxis Ende 2003 den warnenden Hinweis erteilt, es müsse „vorsorglich davon ausgegangen werden, dass hinsichtlich der Zulässigkeit einer Vereinbarung des weiten Sicherungszwecks in formularmäßigen Pa-

---

[49] *Reinicke/Tiedke,* Kreditsicherung (4), S. 145 Rn. 405; *Wagenknecht* in: *BuB* Rn. 4/1049a.

[50] Die Erwartungshaltung des Sicherungsgebers kann durch einen bestimmten Geschäftsvorfall geprägt sein, wenn zwischen diesem und dem Sicherungsgeschäft ein unmittelbarer zeitlicher und sachlicher Zusammenhang besteht, vgl. *BGH* (U. v. 28.03.1995 – XI ZR 151/94), WM 1995, S. 790 ff. (791, 2. a)/b)); *BGH* (U. v. 06.02.1996 – XI ZR 121/95), WM 1996, S. 2233 f. (2234, 2. c)); *BGH* (U. v. 16.01.2001 – XI ZR 84/00), WM 2001, S. 455 ff. (456, 2. a)). „Anlass" des Sicherungsgeschäfts muss dabei nicht die Neubegründung einer Forderung sein, er kann auch eine Novation, Laufzeitverlängerung, etc. sein, vgl. *BGH* (U. v. 10.11.1989 – V ZR 201/88), BGHZ 109, S. 197 ff. (202, 1. Abs.). Je größer der zeitliche (und sachliche) Abstand zwischen dem ursprünglichen Sicherungsfall und der neuerlichen Unterzeichnung einer Zweckerklärung, desto größer ist die Wahrscheinlichkeit, dass der ursprüngliche Sicherungszweck durch einen andern ersetzt oder erweitert werden soll. Der Sicherungsgeber wird durch eine solche Zweckänderung nicht notwendigerweise überrascht, vgl. *BGH* (U. v. 16.01.2001 – XI ZR 84/00), a.a.O.; *BGH* (U. v. 30.01.2001 – XI ZR 118/00), WM 2001, S. 623 ff. (625, bb) (2)); *BGH* (U. v. 14.07.1992 – XI ZR 256/91), WM 1992, S. 1648 f. (1649, aa)); *Fischer,* WM 2001, S. 1049 ff. (1053, 2.); *Tiedke,* DNotZ 2001, S. 627 ff. (627, I.).

[51] *Schäfer,* WM 1999, S. 153 ff. (161/162), dem zuwider die Geltung der Rechtsprechungsgrundsätze im kaufmännischen Verkehr nicht schlechthin ausgeschlossen ist; offen gelassen von *Rummel* in: FS Doralt (2004), S. 493 ff. (506/507), wegen der (vermeintlich) geringeren Relevanz der Problematik für das österreichische Recht und der (vermeintlichen) Tatsache, dass Patronatserklärungen nicht oft formularmäßig übernommen werden; aA *Schimansky/Bunte/Lwowski* (*Merkel*), „Bankrechts-Handbuch II" (2), § 98 Rn. 16, die üblichen (harten) Patronatserklärungen und die Bürgschaft seien „grundverschieden".

tronatserklärungen die gleichen Schranken wie für Bürgschaftserklärungen gelten ..."[52].

### 1. „Weite" Sicherungszweckerklärungen und die „Anlassrechtsprechung" in der Praxis

Gängige Formulierungen einer „externen" Ausstattungszusage mit „weitem" Sicherungszweck sind:

> „Wir werden dafür Sorge tragen, dass ... (der Protegé) so ausgestattet wird, dass er jederzeit in der Lage ist, *seinen Verpflichtungen/Verbindlichkeiten*[53] (Ihnen gegenüber)/*seinen Verpflichtungen aus dem Kreditverhältnis/der Geschäftsverbindung*[54] nachzukommen[55]."

Im Laufe der empirischen Erhebung haben 16 Unternehmen bzw. Institute angegeben, dass die Verwendung einer „weiten" Sicherungszweckerklärung bei ihnen gebräuchlich sei[56]. Ein Bankenvertreter hat im Zusammenhang mit der „Anlassproblematik" ausdrücklich wissen lassen, dass von dem Patron auch dann die Unterzeichnung einer Zweckerweiterungsklausel verlangt werde, wenn zunächst nur die Besicherung einer konkreten Verbindlichkeit im Raum gestanden habe. Die Erwägung, dass die harte Patronatserklärung ohnehin kein „scharfes Schwert" sei, so dass man die Gefahr einer eventuellen Unwirksamkeit der Erstreckungsklausel ganz entspannt sehen und in Kauf nehmen könne, wird diesseits zwar nicht geteilt, die geschilderte Vorgehensweise dürfte aber für etliche Gläubiger repräsentativ sein[57]. Genau wie das Gebot einer vorsichtigen Risikoeinschätzung. Die Gläubiger einer Ausstattungszusage nehmen die

---

[52] *Wittig,* WM 2003, S. 1981 ff. (1983/1984, 3.).

[53] Usus bei 4 der befragten Unternehmen/Institute.

[54] Usus bei 13 der befragten Unternehmen/Institute.

[55] Siehe auch *Mosch,* Patronatserklärungen, S. 10, Nr. 25.

[56] Bei weiteren 16 bzw. 17 Unternehmen/Instituten ist die Verwendung einer „engen" Sicherungszweckerklärung üblich. Diese lautet zumeist: „*Wir werden dafür Sorge tragen, dass* ... (der Protegé) *so ausgestattet wird, dass er jederzeit in der Lage ist, seinen Verpflichtungen im Zusammenhang mit diesem Kredit/dieser Lieferung, etc. nachzukommen*"; nicht nachvollziehbar daher *Seiler,* Patronatserklärung, S. 8/9, eine Liquiditätsgarantie beziehe sich (erg.: anders als eine Verlustdeckungszusage) nicht auf eine bestimmte Verbindlichkeit der Tochtergesellschaft, sondern auf die Verbindlichkeiten der Tochtergesellschaft *schlechthin* (siehe aber auch S. 227), (Hervorh. durch Verf.); umgekehrt *Bodenstein/Jahn,* S. 101, anders als die Bürgschaft beziehe sich die Patronatserklärung stets nur auf ein bestimmtes Kreditverhältnis.

[57] *Rummel* in: FS Doralt (2004), S. 493 ff. (506/507), geht davon aus, dass Patronatserklärungen nicht oft formularmäßig übernommen würden. Ob dies speziell für Österreich gilt, bleibt offen. Die aktuellen Formulare des *Bundesverbandes des privaten Bankgewerbes e.V.,* Anlagen 2 und 3 des Berichtes über die *BdB*/vbo-Fachtagung „Kredit- und Kreditsicherungsrecht" am 13./14. Juni 2002 in München, (n.v.), enthalten jeweils ein Muster für eine harte Patronatserklärung mit „engem" und mit „weitem" Sicherungszweck (in deutscher und in englischer Sprache).

aktuelle Entwicklung der BGH-Rechtsprechung zur formularrechtlichen Wirksamkeit einer „weiten“ Sicherungszweckerklärung in den „Anlasskonstellationen“ sehr genau zur Kenntnis und passen ihre Vertragsformulare kontinuierlich an die geänderten Rechtsprechungsvorgaben an. Die Ausstattungsvordrucke der meisten Umfrageteilnehmer sind im (Vor-)Jahr der Erhebung letztmalig überarbeitet worden[58]. Nur zwei Unternehmen bzw. Institute haben angegeben, dass ihre Musterformulare bereits aus den Jahren 1993/94 stammen. Es ist daher davon auszugehen, dass die meisten Ausstattungsgläubiger ihre Erklärungsvordrucke mittlerweile an die Anforderungen der „Anlassrechtsprechung“ angepasst haben. Dass dem so ist, belegt nicht nur der explizite Hinweis eines Institutes, aus Rechtsgründen lege man großen Wert darauf, dass es sich bei dem Patron um einen direkten oder indirekten Allein- oder zumindest Mehrheitsgesellschafter des Protegés handelt[59], sondern vor allem auch die Warnung *Wittigs*[60]. Der Umfrage zufolge haben seine Gestaltungsvorschläge in der Praxis breite Gefolgschaft gefunden, so dass auch dieser Hinweis dankbar aufgegriffen worden sein dürfte – zumindest von denjenigen Gläubigern, die der „externen“ Ausstattungszusage überhaupt einen Sicherungswert beimessen.

### 2. Geltung der „Anlassrechtsprechung“ trotz des „umfassenden Gehalts“ der Ausstattungsverpflichtung

Der Übertragbarkeit der „Anlassrechtsprechung“ auf die harte Patronatserklärung steht zunächst einmal nicht entgegen, dass die Ausstattungszusage in dem Sinne umfassend ist, dass der Patron nicht davon ausgehen kann, nur Mittel in Höhe der abgesicherten Hauptschuld(en) aufbringen zu müssen[61]. Je nach Finanzlage des Protegés bedingen sowohl die „hauptschuldbezogene“ als auch die „kontinuierliche Grundausstattungspflicht“ des Patrons, dass er mit seinen Ausstattungsleistungen den gesamten Finanzbedarf des Protegés abdeckt.

---

[58] Die Frage nach dem letztmaligen Bearbeitungszeitpunkt haben insgesamt nur sieben Unternehmen/Institute unter Angabe einer Jahreszahl beantwortet. Fünf von ihnen gaben an, die Klauseln seien zuletzt im Jahre 2003 bzw. 2004 erstellt bzw. überarbeitet worden. Nach Auskunft von zwei weiteren Gesellschaften sind die Formulare im Laufe der Jahre immer mal wieder aktualisiert worden. Die Mustertexte des *Bundesverbandes des privaten Bankgewerbes e. V.* sind im Anschluss an die *BdB*/vbo-Fachtagung „Kredit- und Kreditsicherungsrecht“ am 13./14. Juni 2002 in München erstellt worden.

[59] Es sei nicht so, dass tatsächlich jeder Kredit einzeln besichert werde. Es gebe auch Patronate mit „weitem“ Sicherungszweck. Ihre Wirksamkeit als Drittsicherheit stehe aber auch dann außer Frage, weil der Patron als Allein- oder Mehrheitsgesellschafter den Umfang der Kreditaufnahme zumindest mittelbar steuern könne. Dieses Meinung wird hier nicht geteilt, vgl. Gliederungspunkt B. V. 3.

[60] *Wittig*, WM 2003, S. 1981 ff. (1983/1984, 3.).

[61] Vgl. aber *Schimansky/Bunte/Lwowski* (*Merkel*), Bankrechts-Handbuch II (2), § 98 Rn. 22.

Die Tatsache, dass der Umfang der Ausstattungsverpflichtung bis zur endgültigen Erfüllung der abgesicherten Hauptschuld(en) maßgeblich von dem allgemeinen Finanzbedarf des Protegés abhängt, darf aber nicht mit der Frage verwechselt werden, ob und inwieweit der Gläubiger die Bereitschaft des Patrons zur Absicherung einzelner Verbindlichkeiten zum Anlass nehmen darf, die Sicherungszweckerklärung klauselmäßig auf seinen gesamten Forderungsbestand auszudehnen. Durfte der Patron aufgrund der Vertragsverhandlungen beispielsweise davon ausgehen, dass der Gläubiger nur für eine ganz bestimmte Geldforderung von geringer Höhe Sicherheit verlangt, weil der Gläubiger ihn nur zur Absicherung dieser einen Forderung aufgefordert hat, gestaltet sich die Lage des Patrons deutlich anders, wenn er bei Kontraktabschluss die Zusatzerklärung unterzeichnet, mit seiner Ausstattungszusage auch die Erfüllbarkeit aller übrigen gegenwärtigen und zukünftigen Forderungen des Gläubigers gegenüber dem Protegé sicherstellen zu wollen. Beschränkt sich die Ausstattungszusage in dem Beispielsfall auf den bis zur Erfüllung der geringen Geldforderung zutage tretenden Ausstattungsbedarf, kann der Patron im Fälligkeitstermin statt der versprochenen Protegéausstattung eine Direktleistung in Höhe des abgesicherten Betrages an den Gläubiger erbringen. Die „kontinuierliche Grundausstattungspflicht" erhöht sein Risiko nicht wesentlich, wenn sich im Zeitpunkt des Vertragsschlusses abzeichnet, dass der Protegé bis zum Fälligkeitstermin keinen nennenswerten Finanzbedarf haben wird. Durch die Unterzeichung der „weiten" Sicherungszweckerklärung potenziert sich das Risiko des Patrons. Indem er es formularmäßig übernimmt, auch für die Erfüllbarkeit aller übrigen Forderungen des Gläubigers zu sorgen, hat er zunächst einmal seiner „kontinuierlichen Grundausstattungspflicht" gewissenhaft nachzukommen. Er muss dafür sorgen, dass über das Vermögen des Protegés kein Insolvenzverfahren eröffnet wird und einen Abweisungsbeschluss mangels Masse verhindern, was de facto bedeutet, dass er dem Protegé künftig die Mittel bereitstellen muss, die dieser benötigt, um seinen gesamten aktuellen und potenziellen Verpflichtungen gegenüber sämtlichen Gläubigern (möglichst) fristgerecht nachzukommen. Ein bereits vorhandenes Finanzdefizit ist auszugleichen. Soweit der Patron die von dem Protegé geschuldete(n) Leistung(en) nicht selbst erbringen kann, besteht für ihn keine Möglichkeit, seine „hauptschuldbezogene" Ausstattungspflicht durch eine Direktleistung an den Gläubiger zu substituieren. Die Ausstattungsverpflichtung bestünde auch nicht nur bis zum Fälligkeitstermin der „Anlassforderung", sondern möglicherweise über Jahre hinweg. – Nach der Rechtsprechung und der ganz herrschenden Meinung ist die Kündigung einer globalen Sicherungszusage erst nach Ablauf einer mehrjährigen Wartefrist möglich[62].

Das Risikoerweiterungspotenzial einer „Erstreckungsklausel" ist somit gerade für den Schuldner einer „externen" Ausstattungsvereinbarung immens. Im Ge-

---

[62] s.u., Kapitel 12, A. I.

gensatz zu den herkömmlichen Sicherheiten bestimmt sich die Leistungspflicht des Patrons nicht nur nach dem Umfang der abgesicherten Hauptschuld(en), sondern auch nach dem allgemeinen Finanzbedarf des Protegés, der wiederum maßgeblich von dessen eigenverantwortlicher Geschäftstätigkeit abhängt, aber auch von sonstigen Risikofaktoren, die für den Patron vielfach unwägbar sind. Die „Anlassproblematik" betrifft damit grundsätzlich auch die harte Patronatserklärung.

Im Folgenden wird erläutert, wieso sich die „Anlassrechtsprechung" über *Wittigs* mahnende Worte hinaus sogar hinsichtlich ihrer Verankerung in § 767 Abs. 1 S. 3 BGB auf die „externe" Ausstattungszusage übertragen ließe[63]. Zusätzlich wird dargetan, weshalb die „Anlassrechtsprechung" nicht überzeugt. Der Rechtsprechung wird ein eigener Lösungsweg aufgezeigt, der die bestehenden Wertungswidersprüche und Brüche im Schuldnerschutz vermeidet.

## III. Überraschungscharakter bei formularmäßiger Vorgabe einer „weiten" Sicherungszweckerklärung

Haben sich die Sicherungsverhandlungen mit dem Gläubiger auf die Absicherung einer oder mehrerer exakt individualisierter Forderung(en) beschränkt, liegt es nahe, dass der Sicherungsgeber durch die formularmäßige Erweiterung seiner Mithaftung auf sämtliche gegenwärtigen und künftigen Forderungen des Gläubigers gegenüber dem Hauptschuldner überrascht wird.

Gemäß § 305c Abs. 1 BGB werden Bestimmungen in AGB, die nach den Umständen so ungewöhnlich sind, dass der Vertragspartner des Verwenders mit ihnen nicht rechnen muss, von vornherein nicht Vertragsbestandteil. Nach einer gängigen Formulierung der Rechtsprechung ist eine Regelung dann „überraschend" im Sinne der Norm, wenn sie von den Erwartungen des Vertragspartners deutlich abweicht und dieser mit ihr den Umständen nach vernünftigerweise nicht zu rechnen braucht[64]. Die Erwartungen des Vertragspartners werden dabei sowohl von allgemeinen als auch von individuellen Begleitumständen des Vertragsschlusses geprägt[65]. Zu den allgemeinen Begleitumständen zählen der Grad der Abweichung von dem dispositiven Gesetzesrecht und die für den betroffenen Geschäftskreis übliche Vertragsgestaltung. Zu den besonderen Begleit-

[63] Ebenso schon *Schäfer,* WM 1999, S. 153 ff. (161, 3. a)), der allerdings von einer primären Direktleistungspflicht des Patrons ausgeht; aA *Wittig,* WM 2003, S. 1981 ff. (1984, 1. Abs.).

[64] *BGH* (U. v. 30.10.1987 – V ZR 174/86), BGHZ 102, S. 152 ff. (158/159); *BGH* (U. v. 01.06.1994 – XI ZR 133/93), BGHZ 126, S. 174 ff. (176, II. 1.); *BGH* (U. v. 18.05.1995 – IX ZR 108/94), BGHZ 130, S. 19 ff. (25, b)); *BGH* (U. v. 16.12.1999 – IX ZR 36/98), NJW 2000, S. 1179 ff. (1181/1182, a)); *BAG* (U. v. 27.04.2000 – 8 AZR 286/99), NJW 2000, S. 3299 ff. (3300/3301, 5. b)).

[65] *Weber* in: Rostocker Schriften zum Bankrecht, Heft 4, S. 65 ff. (72, 2. a)).

umständen gehören der Gang und der Inhalt der Vertragsverhandlungen sowie der äußere Zuschnitt des Vertrages[66]. Entscheidend ist nicht der Kenntnisstand des individuellen Vertragspartners, sondern die Erkenntnismöglichkeit des für den jeweiligen Vertragstyp üblicherweise zu erwartenden Personenkreises[67]. Etwas anderes gilt nur, wenn die enttäuschte Kundenerwartung primär auf individuellen Begleitumständen des Vertragsschlusses basiert[68]. Aufgrund solcher individueller Begleitumstände kann sogar die Beschreibung einer ansonsten inhaltlich nur sehr eingeschränkt überprüfbaren Hauptleistung überraschend sein[69]. In diesem ersten Prüfungsschritt kann daher offen bleiben, ob es sich bei der Zweckerweiterungsklausel um eine Hauptleistungsbeschreibung handelt oder um eine „bloße“ Nebenabrede zu dem „Anlasssicherungsvertrag“[70].

### 1. Die „Anlassrechtsprechung“ des Bundesgerichtshofs

Formularmäßige „weite Sicherungszweckerklärungen“ sind in der Vergangenheit in den „Anlasskonstellationen“ oftmals bereits an der Hürde des § 305c Abs. 1 BGB gescheitert[71].

Reflektiert der Sicherungsgeber den konkreten Sicherungsanlass nicht oder bestehen für einen solchen Anlass keine objektiven Anhaltspunkte, kommt eine „Überrumpelung“ des Sicherungsgebers durch eine klauselmäßige Haftungs„erstreckung“ indes nicht in Betracht[72]. Gleiches hat zu gelten, wenn von

---

[66] *BGH* (U. v. 30.10.1987 – V ZR 174/86), BGHZ 102, S. 152 ff. (159); *BGH* (U. v. 10.11.1989 – V ZR 201/88), BGHZ 109, S. 197 ff. (201, d)); *BGH,* (U. v. 21.11.1991 – IX ZR 60/91), WM 1992, S. 135 ff, (137, bb)); *BGH* (U. v. 18.05.1995 – IX ZR 108/94), BGHZ 130, S. 19 ff. (25, b)); vgl. auch *BAG* (U. v. 27.04.2000 – 8 AZR 286/99), NJW 2000, S. 3299 ff. (3300/3301, 5. b)); *BGH* (U. v. 24.10.2000 – XI ZR 273/99), WM 2000, S. 2423 ff. (2425, 2. a) aa)).

[67] *Bülow,* Recht der Kreditsicherheiten (6), S. 272 Rn. 912, die Betrachtung richte sich „nach subjektiven, wenn auch überindividuell-generalisierenden Kriterien“; *Weber* in: Rostocker Schriften zum Bankrecht, Heft 4, S. 65 ff. (72, 2. a)); vgl. auch *Fischer* in: Horn/Krämer, Bankrecht 2002, S. 165 ff. (172, III. 1.).

[68] *BGH* (U. v. 30.10.1987 – V ZR 174/86), BGHZ 102, S. 152 ff. (159); *BGH* (U. v. 24.10.2000 – XI ZR 273/99), WM 2000, S. 2423 ff. (2425, 2. a) aa)); *Weber* in: Rostocker Schriften zum Bankrecht, Heft 4, S. 65 ff. (72, 2. a)).

[69] *BGH* (U. v. 10.11.1989 – V ZR 201/88), BGHZ 109, S. 197 ff. (200/201, c)/d)); *BGH* (U. v. 18.05.1995 – IX ZR 108/94), BGHZ 130, S. 19 ff. (24/25, a)).

[70] *BGH* (U. v. 18.05.1995 – IX ZR 108/94), BGHZ 130, S. 19 ff. (24/25, a)). Für die „Inhaltskontrolle“, vgl. aber § 307 Abs. 3 S. 1 BGB.

[71] Besser gesagt an derjenigen des § 3 AGBG a.F., *Tiedtke,* DNotZ 2000, S. 283 ff. (283).

[72] *BGH* (U. v. 18.05.1995 – IX ZR 108/94), BGHZ 130, S. 19 ff. (28, 2. Abs.); *BGH* (U. v. 18.01.1996 – IX ZR 69/97), BGHZ 132, S. 6 ff. (8, II.); *OLG Hamm* (U. v. 29.10.1996 – 29 U 82/95), WM 1997, S. 710 ff. (714, 2.2); *Clemente,* Recht der Sicherungsgrundschuld (3), S. 106 Rn. 338; *Diedrichsen,* Jura 1999, S. 229 ff. (231, 4. Abs.); *Hoepner,* BKR 2002, S. 1025 ff. (1028, d) aa)); *MüKo-Habersack* (4), § 765

vornherein Einigkeit darüber besteht, dass die Sicherheit die gesamten aktuellen und potenziellen Hauptschulden abdecken soll. Auch in diesem Fall besteht keine Divergenz zwischen dem Sicherungsanlass und der daraufhin erteilten Sicherungszusage[73].

### *a) Keine „Überrumpelung" oder sonstige Benachteiligung eines mit dem persönlichen Schuldner identischen Grundschuldbestellers*

Für formularvertragliche Haftungserweiterungen gegenüber einem personen-*identischen* Grundschuldbesteller, sprich einem Grundstückseigentümer, der zugleich persönlicher Forderungsschuldner des Gläubigers ist, haben bis dato weder der BGH noch die ganz herrschende Meinung irgendwelche Zweifel an der Zulässigkeit einer formularmäßigen Haftungsausdehnung angemeldet[74]. Das Überraschungsmoment entfalle, da der Grundstückseigentümer das mit der Klausel verbundene Haftungsrisiko in der Gegenwart überschauen und für die Zukunft vermeiden könne, indem er keine neuen Verbindlichkeiten begründet[75].

---

Rn. 72; *Nobbe,* BKR 2002, S. 747 ff. (749/750, (2) (a)); *Weber,* EWiR 2001, S. 349 f. (350, 3.).

[73] *BGH* (U. v. 20.02.1987 – V ZR 249/85), BGHZ 100, S. 82 ff. (85); *BGH* (U. v. 27.05.2003 – IX ZR 283/99), ZIP 2003, S. 1596 ff. (1599, III. 2. a)); siehe auch *BGH* (U v. 28.11.1986 – V ZR 257/85), WM 1987, S. 584 ff. (585, 1.). Die Darlegungs- und Beweislast dafür liegt beim Gläubiger, vgl. *BGH* (U. v. 07.03.1996 – IX ZR 43/95), WM 1996, S. 766 ff. (769, b)); *OLG Dresden* (U. v. 28.02.2001 – 18 U 2141/00, rkr.), WM 2001, S. 2167 ff. (2171, 4.); *Clemente,* EWiR 1986, S. 263 f. (264, 4.); *ders.,* ZIP 1990, S. 969 ff. (974, 2.2); *Gaberdiel,* Kreditsicherung (6), S. 302/303 Rn. 694, S. 304, 4. Abs.; *Hoepner,* BKR 2002, S. 1025 ff. (1028/1029, d) aa)).

[74] Vgl. die Nachweise in der folgenden Fußnote sowie *Bornemann,* Zweckbestimmungsklauseln, S. 123/124, a); *Clemente,* NJW 1983, S. 6 ff. (9, 2. Abs.); *Gaberdiel,* EWiR 1986, S. 147 f. (147, 1.); *ders.,* Kreditsicherung (6), S. 294 Rn. 682; *Reithmann,* WM 1985, S. 441 ff. (445, II. 1.); anders *OLG Rostock* (U. v. 18.01.2001 – 1 U 64/99, rkr.), WM 2001, S. 1377 ff. (1379, (4)), für den Fall einer Integration der weiten Sicherungszweckerklärung in die allgemeinen *Darlehens*bedingungen; dagegen *Wenzel,* WuB I F 3. – 4.01, S. 1023 f. (1024, 1. Abs.), dies sei der Normalfall.

[75] *BGH* (U. v. 13.11.1990 – XI ZR 217/89), WM 1991, S. 60 ff. (61/62,. 2. a)); *BGH* (U. v. 03.06.1997 – XI ZR 133/96), WM 1997, S. 1280 ff. (1282, 3. a)); *BGH* (U. v. 23.05.2000 – XI ZR 214/99), WM 2000, S. 1328 f. (1328/1329, 1.); *OLG Bremen* (U. v. 17.06.2004 – 2 U 88/03), OLGR Bremen 2005, S. 51 f. (52, 2. Abs.); *Clemente,* EWiR 1986, S. 891 f. (891/892); *Erman-Roloff* (11), § 305c Rn. 17, Sicherungsgrundschulden, § 307 Rn. 117; *Freckmann,* BKR 2005, S. 167 ff. (174, e) aa) (1)); *Hillmann,* Rostocker Schriften zum Bankrecht 1998, S. 77 ff. (93, 3.); *Hoepner,* BKR 2002, S. 1025 ff. (1027, 1. b), 1030, 3.); *MüKo-Basedow* (4), § 307 Rn. 275; *Nielsen,* Bankrecht, S. 201; *Ohlmeyer/Gördel,* Kreditgeschäft der Kreditgenossenschaften (10), S. 345/346; *Rastätter,* DNotZ 1987, S. 459 ff. (463, D.); *Rehbein* in: FS Heinsius, S. 659 ff. (668/669, 1., 681, 1.); *Rösler,* WM 1998, S. 1377 ff. (1378, aa)); *Schimansky/Bunte/Lwowski* (*Merkel*), Bankrechts-Handbuch II (2), § 94 Rn. 311, 320; *Ulmer/Brandner/Hensen* (*Brandner*), AGBG (9), Anh. §§ 9–11 Rn. 663, m.w.N.;

Die „weite" Zweckerklärung diene einer vereinfachten Geschäftsabwicklung, die letztlich im Interesse des Sicherungsgebers liege[76].

### *b) Überrumpelungseffekt gegenüber einem schuldnerfremden Sicherungsgeber*

Stellt ein von dem Hauptschuldner personen*verschiedener* Sicherungsgeber eine Personal- oder Sachsicherheit zur Verfügung, wird die Überraschungseignung einer formularmäßigen „weiten" Sicherungszweckerklärung demgegenüber regelmäßig bejaht[77].

#### aa) Sicherungsgrundschuld

Die „Anlassrechtsprechung" ist ursprünglich für den Bereich des Grundschuldrechts entwickelt worden[78].

Der 5. Zivilsenat entschied im Jahre 1982[79], derjenige, der zur Sicherung eines ganz bestimmten Fremddarlehens an seinem eigenen Grundstück eine Grundschuld bestellt, brauche billigerweise nicht damit zu rechnen, dass die

---

Wenzel in: *BuB* (2003), Rn. 4/2297; aA *Wolf/Horn/Lindacher* (*Lindacher*), AGBG (4), § 3 Rn. 68, außer bei Kontokorrentbesicherungen.

[76] *OLG Bremen* (U. v. 17.06.2004 – 2 U 88/03), a. a. O.; *Clemente,* NJW 1983, S. 6 ff. (8, V. 1. a)); *ders.,* ZIP 1990, S. 969 ff. (971, 1.1); *Gaberdiel,* Kreditsicherung (6), S. 294 Rn. 682; *Hoepner,* BKR 2002, S. 1025 ff. (1027, 1. b)); *Rainer,* WM 1988, S. 1657 ff. (1657, 1. a)); *Schimansky/Bunte/Lwowski* (*Merkel*), Bankrechts-Handbuch II (2), § 94 Rn. 320, m. w. N.

[77] *BGH* (U. v. 24.06.1997 – XI ZR 288/96), WM 1997, S. 1615 f. (1615, II. 1.), m. w. N.; *BGH* (U. v. 23.05.2000 – XI ZR 214/99), WM 2000, S. 1328 f. (1328/1329, 1.); *OLG Karlsruhe* (U. v. 11.04.1984 – 9 U 261/83), NJW 1986, S. 136 f. (137); *Clemente,* ZIP 1990, S. 969 ff. (973/974, 2.1); *Erman-Roloff* (11), § 305c Rn. 17, Sicherungsgrundschuld, § 307 Rn. 117; *Freckmann,* BKR 2005, S. 167 ff. (174/175, e) aa) (2)); *Hoepner,* BKR 2002, S. 1025 ff. (1027, 2. b) aa)); *MüKo-Basedow* (4), § 307 Rn. 274; *MüKo-Habersack* (4), § 765 Rn. 72; *Ohlmeyer/Gördel,* Kreditgeschäft der Kreditgenossenschaften (10), S. 346; *Staudinger-Horn* (1997), Vorbem zu §§ 765 ff. Rn. 44, § 765 Rn. 49, Bürgschaft; *Wenzel* in: *BuB* (2003), Rn. 4/2314, 4/2315, 4/2321 a, Fremdgrundschuld.

[78] *Bydlinski,* ÖBA 1999, S. 93 ff. (102, d)); *Reinicke/Tiedke,* Kreditsicherung (4), S. 32 Rn. 104, S. 145 Rn. 405/406; *dies.,* WiB 1996, S. 505 ff. (507, IV. 1./2.); *Schröter,* WuB I F 1 c. – 1.96, S. 225 f. (225, 1.); *Tiedtke,* EWiR 1995, S. 971 f. (972, 2.2).

[79] *BGH* (U. v. 29.01.1982 – V ZR 82/81), BGHZ 83, S. 56 ff. (59/60). Da die Grundschuld vor In-Kraft-Treten des AGBG bestellt worden war, nahm der Senat noch eine Wirksamkeitskontrolle anhand des § 242 BGB vor (S. 58/59). Dass die Urteilsbegründung sich heutzutage auf § 305c Abs. 1 BGB stützen würde, zeigt nicht nur das Zitat von etlichen, zu § 3 AGBG a. F. ergangenen Literaturhinweisen (S. 59, 2. Abs.), sondern v. a. auch die stetige Akzentuierung des Überraschungseffekts der Klausel.

Grundschuld ohne besondere und mit ihm ausgehandelte Vereinbarung auch als Sicherheit für alle zukünftigen Forderungen aus der Geschäftsverbindung zwischen dem Darlehensschuldner und dem Darlehensgläubiger dient[80]. Eine solche Ausweitung des Sicherungszwecks liege außerhalb des durch den Anlass des Geschäftes bestimmten Rahmens[81]. Der Gläubiger wolle sich damit für künftige Geschäfte mit dem Kreditnehmer auf Kosten des Sicherungsgebers absichern. Die Gefahr einer Inanspruchnahme des Grundstückeigentümers erhöhe sich durch die Zweckerweiterung erheblich. Die künftige Inanspruchnahme des Grundschuldbestellers sei von seiner Kenntnis und seinem Einfluss völlig unabhängig[82]. Er sei nicht imstande, eine Ausdehnung des besicherten Forderungskreises zu verhindern[83]. Angesichts dieser Umstände entspreche eine solche Klausel, selbst wenn sie im Verkehr mit Banken üblich sei, nicht mehr dem,

[80] In seinen Vorgängerentscheidungen hatte der BGH diesen Aspekt noch nicht herausgestellt, vgl. *BGH* (U. v. 17.12.1980 – VIII ZR 307/79), WM 1981, S. 162 f. (162, 2. a)), zur Sicherungszession einer Grundschuld: Die Erstreckung der Sicherheiten auf alle Forderungen könnte nicht überraschend oder unbillig sein, weil diese das Hauptschuldverhältnis in der Regel insgesamt absichern sollten, *auch wenn die Erstreckung auf formularmäßig verwendeten Klauseln beruht* (Hervorh. durch Verf.); *BGH* (U. v. 16.06.1981 – V ZR 114/80), WM 1982, S. 443 f. (444, 2); *Wenzel*, Sicherung durch Grundschulden, S. 217 Rn. 2315; siehe auch *Bülow,* Recht der Kreditsicherheiten (6), S. 54/55 Rn. 161.

[81] Seither st. Rspr., vgl. *BGH* (U. v. 30.10.1987 – V ZR 174/86), BGHZ 102, S. 152 ff. (160/161), für die Erweiterung des Haftungsumfangs über die von der Komplementär-GbR in Aussicht genommene Besicherung von Forderungen der GmbH & Co.KG hinaus auf sämtliche persönliche Schulden der KG-Gesellschafter; *BGH* (U. v. 15.01.1988 – V ZR 183/86), WM 1988, S. 446 ff. (449, II. 1. b)); *BGH* (U. v. 18.11. 1988 – V ZR 75/87), BGHZ 106, S. 19 ff. (23, 1. Abs.), der „Überrumpelungseffekt" einer so weit gespannten Formularklausel liege dann gerade in dem Widerspruch zwischen der durch den besonderen Anlass zutage getretenen Zweckvorstellung des Sicherungsgebers und der davon in einem nicht zu erwartenden Ausmaß abweichenden Ausweitung des Sicherungszwecks; ebenso *BGH* (U. v. 18.02.1992 – XI ZR 126/91), WM 1992, S. 563 ff. (564, 2. a)); *BGH* (U. v. 14.07.1992 – XI ZR 256/91), WM 1992, S. 1648 f. (1649, aa)); *BGH* (U. v. 28.03.1995 – XI ZR 151/94), WM 1995, S. 790 ff. (791, 2. a)); *BGH* (U. v. 27.06.1995 – XI ZR 213/94), WM 1995, S. 1663 ff. (1664, 2.); *BGH* (U. v. 06.02.1996 – XI ZR 121/95), WM 1996, S. 2233 f. (2234, 2. c)); *BGH* (U. v. 16.01.2001 – XI ZR 84/00), WM 2001, S. 455 ff. (456, 2. a)); *BGH* (U. v. 20.03.2002 – IV ZR 93/01), WM 2002, S. 1117 ff. (1118, b)).

[82] Konkretisierend *BGH* (U. v. 20.02.1987 – V ZR 249/85), BGHZ 100, S. 82 ff. (86, 1. Abs.), das Risiko künftiger und fortlaufend von der Grundschuldbestellung erfasster Kreditaufnahmen müsse berechenbar und vermeidbar sein; im Ergebnis ebenso *BGH* (U. v. 18.11.1988 – V ZR 75/87) BGHZ 106, S. 19 ff. (23, 1. Abs.).

[83] Im Ergebnis ebenso *BGH* (U. v. 30.10.1987 – V ZR 174/86), BGHZ 102, S. 152 ff. (161/162), „Die Haftung für ... wäre ein *unkalkulierbares Risiko*"/„Die Aufnahme derartiger Kredite ... *entzog sich* außerdem *der Einflussnahme* durch die BGB-Gesellschaft"/„... hinaus gewährten Darlehen würden im Fall der Haftung der Grundpfandrechte ... zu einem *unabwägbaren Risiko* für die BGB-Gesellschaft führen. Die Haftung des Grundstücks für Privatverbindlichkeiten eines Gesellschafters wäre ... ein *unkalkulierbares Risiko*" (Hervorh. durch Verf.); *BGH* (U. v. 15.01.1988 – V ZR 183/86), WM 1988, S. 446 ff. (449, II. 1. b)); *BGH* (U. v. 27.06.1995 – XI ZR 213/94), WM 1995, S. 1663 ff. (1664, 2.).

womit der Sicherungsgeber billigerweise rechnen müsse[84]. Daran ändere auch die Tatsache nichts, dass der Notar dem Grundschuldbesteller die Klausel über den Sicherungszweck vorgelesen hat. Das bloße Verlesen eines abstrakten Vertragstextes biete keine Gewähr dafür, dass ein juristischer Laie die Tragweite und Auswirkungen der für ihn überraschenden Klausel voll erfasse. Die Erteilung eines konkreten Hinweises[85] oder eine individuelle Belehrung des Grundschuldbestellers habe der Gläubiger nicht vorgetragen[86].

Diese Rechtsprechung ist in der Folgezeit kontinuierlich fortgeführt und hinsichtlich der den Überraschungseffekt möglicherweise ausschließenden Umstände präzisiert worden[87].

---

[84] Ebenso *BGH* (U. v. 18.02.1992 – XI ZR 126/91), WM 1992, S. 563 ff. (564/565, bb)), ein Sicherungsgeber, der eine Grundschuld zur Besicherung einer bestimmten Forderung bestelle, rechne nicht damit, dass die Grundschuld auch für ungewisse, seiner Kenntnis und Einflussnahme entzogene Schulden eines Dritten haftet; aA noch (für die Bürgschaft), *Meinhardt,* Beendigung der Haftung, S. 20, 2. Abs.

[85] Für den der Gläubiger beweisbelastet wäre, vgl. *BGH* (U. v. 10.11.1989 – V ZR 201/88), BGHZ 109, S. 197 ff. (203, 2. Abs.); zu der Möglichkeit, den Überraschungseffekt durch einen expliziten Hinweis auszuschalten, *BGH* (U. v. 18.02.1992 – XI ZR 126/91), WM 1992, S. 563 ff. (564, 2. a), 565, III.); *BGH* (U. v. 27.06.1995 – XI ZR 213/94), WM 1995, S. 1663 ff. (1664/1665); *BGH* (U. v. 04.10.1995 – XI ZR 215/94), BGHZ 131, S. 55 ff. (59, 2. Abs.); bejaht von *BGH* (U. v. 24.06.1997 – XI ZR 288/96), WM 1997, S. 1615 f. (1616, 1. Abs.), ausreichende Information der Sicherungsgeberin.

[86] Nachfolgend ebenso *BGH* (U. v. 12.12.1986 – V ZR 282/85), BGHZ 99, S. 203 ff. (205/206, II.); *BGH* (U. v. 30.10.1987 – V ZR 174/86), BGHZ 102, S. 152 ff. (158, 1. Abs., 162, bb)).

[87] Von dem Gesamterscheinungsbild des Vordrucks her keine Eignung eines gegenüber dem Normaldruck stärkeren Drucktyps, den Sicherungsgeber auf die erstrebte Ausweitung der bestehenden Sicherungsabrede hinzuweisen, *BGH* (U. v. 12.12.1986 – V ZR 282/85), BGHZ 99, S. 203 ff. (206, 4. Abs.); mangelnde drucktechnische Formulargestaltung, *BGH* (U. v. 30.10.1987 – V ZR 174/86), BGHZ 102, S. 152 ff. (162, bb)); keine deutliche und unübersehbare Heraushebung der Klausel, *BGH* (U. v. 18.11.1988 – V ZR 75/87) BGHZ 106, S. 19 ff. (24/25); *BGH* (U. v. 04.10.1995 – XI ZR 215/94), BGHZ 131, S. 55 ff. (59, 2. Abs.); *BGH* (U. v. 20.03.2002 – IV ZR 93/01), WM 2002, S. 1117 ff. (1118, c)), drucktechnische Hervorhebung der Sentenz „bestehenden und künftigen Ansprüche", dennoch keine Ausräumung des Überraschungselements, da sich die Klausel gleichsam auf eigene und fremde Forderungen bezog; maschinenschriftliche Einsetzung eines weiteren Hauptschuldners errege keine besondere Aufmerksamkeit, *BGH* (U. v. 18.02.1992 – XI ZR 126/91), WM 1992, S. 563 ff. (564, aa)); die Unterzeichnung einer längeren, gleichsam vorformulierten Zusatzerklärung, derzufolge der Grundschuldbesteller ausdrücklich auf den „weiten" Sicherungsumfang hingewiesen worden ist, genüge nicht. Es bedürfe eines *individuellen Hinweises,* der die Gewähr dafür biete, dass der Sicherungsgeber sich darüber klar geworden ist, dass die von ihm unterzeichnete Haftungserklärung von seiner begründeten Erwartungshaltung abweicht, *BGH* (U. v. 04.10.1995 – XI ZR 215/94), BGHZ 131, S. 55 ff. (59/60); ebenso *Ulmer/Brandner/Hensen* (*Brandner*), AGBG (9), Anh. §§ 9–11, Rn. 663. Nach *OLG Hamm* (U. v. 17.12.1998 – 5 U 123/98, rkr.), WM 1999, S. 2065 ff. (2067/2068), muss ein „individueller Hinweis" nicht notwendig verbal erteilt werden.

Diente die Grundschuld der Absicherung eines Kontokorrentkredits, hat der „Grundschuldsenat“ formularmäßige Haftungserstreckungen hingegen zunächst auch weiterhin nicht für überraschend gehalten. Die Besicherung eines laufenden Kredits in wechselnder Höhe schließe die Absicherung künftiger Forderungen zwingend mit ein. Der Besteller der Grundschuld müsse davon ausgehen, dass sein Grundstück auch für zukünftige Forderungen herangezogen wird[88].

bb) Bürgschaft

Auf der gleichen Linie lag lange Zeit die Rechtsprechung des „Bürgschaftssenats“. Auch der 9. Zivilsenat hielt die Verwendung einer den Sicherungszweck erweiternden Klausel gegenüber einem (Kontokorrentkredit-)Bürgen grundsätzlich nicht für überraschend[89]. Die Übernahme einer Bürgschaft für künftige, der Höhe nach unbestimmte Hauptschulden, so das Argument, gehöre gemäß § 765 Abs. 2 BGB zu den gesetzlichen Regelfällen[90]. Keine der Bürgschaftsvorschriften, auch nicht § 767 BGB, sähe eine Beschränkung der Bürgschaft auf einen bestimmten Höchstbetrag vor, wenn sie von vornherein für künftige, aus einer bestimmten Geschäftsverbindung resultierende Ansprüche

[88] *BGH* (U. v. 28.11.1986 – V ZR 257/85), WM 1987, S. 584 ff. (585, 1.); ebenfalls noch differenzierend, *BGH* (U. v. 10.11.1989 – V ZR 201/88), WM 1989, S. 1926 ff. (1928 a.E.); *OLG Düsseldorf* (U. v. 29.05.1985), WM 1985, S. 1393 ff. (1395); siehe auch *Clemente,* ZIP 1990, S. 969 ff. (974, 2.2); *Weber/Bonin,* EWiR 2000, S. 202, 4.; für die Möglichkeit eines Überraschungseffekts auch insoweit, *OLG Hamburg* (U. v. 15.06.1983 – 5 U 41/83), WM 1983, S. 1049; *OLG Hamm* (U. v. 17.12.1998 – 5 U 123/98, rkr.), WM 1999, S. 2065 ff. (2068, 3.); *OLG Köln* (U. v. 02.08.1999 – 16 U 106/98), ZIP 1999, S. 1840 ff. (1841/1842, a)); (implizit); *OLG Karlsruhe* (U. v. 29.02.2000 – 8 U 44/99), EWiR 2001, S. 225 f. (225, 2.).

[89] *BGH* (U. v. 06.12.1984 – IX ZR 115/83), ZIP 1985, S. 267 ff. (268/269, 3.); *BGH* (U. v. 04.06.1987 – IX ZR 31/86), WM 1987, S. 924 f. (925, b) bb)), wobei der 9. Senat ausdrücklich offen ließ, ob bei Besicherung eines Tilgungsdarlehens eine andere Beurteilung geboten wäre; *BGH* (U. v. 07.11.1985 – IX ZR 40/85), WM 1986, S. 95 ff. (97, II. 2.), für einen auf 30.000,00 DM begrenzten Kontokorrentkredit; *BGH* (VU. v. 16.01.1992 – IX ZR 113/91), WM 1992, S. 391 ff. (392, 1. a)); *BGH* (U. v. 17.03.1994 – IX ZR 102/93), WM 1994, S. 784 ff. (784, II: 1.), in diesem Fall hat der 9. Senat allerdings einen Überraschungseffekt wegen der besonderen Umstände des Vertragsschlusses für möglich gehalten, sollte sich herausstellen, dass der Sicherungsgeber den Gläubiger mehrfach darauf hingewiesen hat, dass er sich nur für bestimmte Forderungen verbürgen möchte (785/786, 3. c)). Insbesondere dieses Urteil lässt vermuten, dass der Überraschungseffekt vom 9. Senat zunächst generell, also auch bei Absicherung eines Tilgungsdarlehens, verneint worden ist.

[90] *BGH* (U. v. 06.12.1984 – IX ZR 115/83), ZIP 1985, S. 267 ff. (269, 3. a).); *BGH* (U. v. 07.11.1985 – IX ZR 40/85), WM 1986, S. 95 ff. (97, II. 2.). Dem ist nach der Rechtsprechungsänderung mit Recht entgegenhalten worden, die in dieser Norm vorgesehene Möglichkeit, eine Bürgschaft für künftige oder bedingte Verbindlichkeiten zu übernehmen, besage nichts darüber, ob der Bürge mit einer solchen Erweiterung rechnen müsse. Da nur ein kleiner Personankreis mit der entsprechenden Formularpraxis vertraut sei, könne der Überraschungseffekt auch nur insoweit entfallen, *BGH* (U. v. 01.06.1994 – XI ZR 133/93), BGHZ 126, S. 174 ff. (178, 2. Abs.).

übernommen worden ist[91]. Die künftige Höhe der Hauptschuld werde erst durch die jeweiligen Rechnungsabschlüsse festgelegt[92]. Angesichts dessen und in Anbetracht des einseitig verpflichtenden Charakters eines Bürgschaftsvertrages, könne der Bürge nicht allein deshalb von seiner Haftung befreit werden, weil er die Globalbürgschaft aus Anlass einer bestimmten Verbindlichkeit übernommen hat[93], zumal sich für den Gläubiger bei Absicherung eines betragsmäßig begrenzten Kontokorrentkredits Bedarf für die Zulassung einer Überschreitung der ursprünglich festgesetzten Kreditlinie ergeben könne[94]. Im Übrigen entspreche die Urkunde banküblicher Gestaltung. Ein Kontokorrentbürge müsse daher damit rechnen, dass ihm eine umfassende Sicherungszweckerklärung abverlangt werde, und dass sich seine Haftung auch auf höhere und andere Forderungen beziehen könne, als es zunächst den Anschein gehabt habe[95].

Eine Bürgschaft zur Absicherung eines Tilgungsdarlehens hat der 11. Senat erst Mitte 1994 als einen der „Grundschuldrechtsprechung" vergleichbaren „Anlassfall" angesehen[96]. Dem hat der 9. Zivilsenat sich mit Urteil vom 18. Mai 1995 schließlich auch für eine betragsmäßig unlimitierte Bürgschaft zur Absicherung eines summenmäßig begrenzten Kontokorrentkredits angeschlossen[97].

---

[91] *BGH* (U. v. 06.12.1984 – IX ZR 115/83), ZIP 1985, S. 267 ff. (268, II. 1.); vgl. auch *BGH* (U. v. 18.05.1995 – IX ZR 108/94), BGHZ 130, S. 19 ff. (25/26), m.w.N.; *Fischer,* EWIR 1985, S. 83 f. (83/84).

[92] *BGH* (U. v. 06.12.1984 – IX ZR 115/83), ZIP 1985, S. 267 ff. (268/269, a)); *BGH* (U. v. 07.11.1985 – IX ZR 40/85), WM 1986, S. 95 ff. (97, II. 2.).

[93] *BGH* (U. v. 18.05.1995 – IX ZR 108/94), BGHZ 130, S. 19 ff. (25/26), m.w.N.

[94] *BGH* (U. v. 06.12.1984 – IX ZR 115/83), ZIP 1985, S. 267 ff. (268/269, a)).

[95] *BGH* (U. v. 06.12.1984 – IX ZR 115/83), ZIP 1985, S. 267 ff. (268/269, a)); *BGH* (U. v. 07.11.1985 – IX ZR 40/85), WM 1986, S. 95 ff. (97, II. 2.); *BGH* (U. v. 04.06.1987 – IX ZR 31/86), WM 1987, S. 924 f. (925, 2. bb)), zu einem „Anlassfall" vor In-Kraft-Treten des AGBG; *BGH* (VU. v. 16.01.1992 – IX ZR 113/91), WM 1992, S. 391 ff. (392, 1. a)); *BGH* (U. v. 17.03.1994 – IX ZR 102/93), WM 1994, S. 784 ff. (784, II: 1.); aus der Literatur *Fischer,* EWIR 1985, S. 83 f. (84); *Rehbein,* JR 1985, S. 506 ff. (507, c)).

[96] *BGH* (U. v. 01.06.1994 – XI ZR 133/93), BGHZ 126, S. 174 ff. (178–180), ob eine besonders auffällige drucktechnische Hervorhebung der Haftung einen individuellen Hinweis entbehrlich macht, hat der Bürgschaftssenat dabei ebenso dahingestellt sein lassen wie die Frage nach der Übertragbarkeit dieser Grundsätze auf Bürgschaften für betragsmäßig limitierte Kontokorrentverbindlichkeiten (S. 180, 2. bzw. S. 179); *Bydlinski,* ÖBA 1999, S. 93 ff. (95, 2.2.3); *Fischer,* WM 1998, S. 1705 ff. (1708, B. I.); *Kreft,* WM 1997, Sonderbeilage Nr. 5, S. 9, d) aa); *Nobbe,* BKR 2002, S. 747 ff. (747, I.); *Reinicke/Tiedke,* Kreditsicherung (4), S. 145/146 Rn 407; für eine Gleichbehandlung von Kontokorrentbürgen, *Tiedtke,* EWiR 1994,S. 761 f. (762, 3.).

[97] *BGH* (U. v. 18.05.1995 – IX ZR 108/94), BGHZ 130, S. 19 ff. (26–28), ein Bürge, der sich aus Anlass eines bestimmten, der Höhe nach begrenzten Kredits verbürge, brauche generell nicht mit einer Formularklausel zu rechnen, wonach sich die Bürgschaft ohne summenmäßige Beschränkung (Anm.: in diesem Urteil hat der 9. Senat angekündigt, § 767 Abs. 1 S. 3 BGB künftig das *Erfordernis einer Begrenzung der Bürgschaft* entnehmen zu wollen, näheres unter Gliederungspunkt 2. a)) auch auf alle bestehenden und künftigen Forderungen aus der Bankverbindung erstreckt (S. 27/

Den Schutz vor überraschenden Haftungserweiterungen hat der 9. Senat in den nachfolgenden Urteilen explizit auf Höchstbetragsbürgen ausgedehnt[98]. In der Begründung des Urteils vom 7. März 1996 heißt es, werde die Bürgschaft aus Anlass eines konkreten Kontokorrentkredits übernommen, werde der Bürge durch die klauselmäßige Erweiterung seiner Haftung auf alle bestehenden und künftigen Verbindlichkeiten des Hauptschuldners generell überrascht. Die summenmäßige Begrenzung der Bürgschaft ändere daran nichts. Wer bis zu einem bestimmten Betrag für einen Kontokorrentkredit bürgen wolle, könne trotz Einhaltung dieses Limits überrascht werden, wenn er für einen Kredit einstehen soll, der aus anderem Anlass gewährt worden ist. Die unterschiedlichen Bedingungen dieses weiteren Kredits könnten den Bürgen stärker oder anders belasten[99].

Selbst bei betragsmäßig unbeschränkten Bürgschaftszusagen anlässlich der Gewährung eines unlimitierten Kontokorrentkredits kann formularmäßigen Erstreckungsklauseln mithin nach dem gegenwärtigen Stand der Rechtsprechung ein Überraschungsmoment innewohnen[100].

### cc) Schuldbeitritt

Die Sichtweise des 9. Senats hat sich der 11. Zivilsenat für vertragliche Schuldbeitritte uneingeschränkt zu Eigen gemacht[101].

---

28). Auch ein Kontokorrentkreditbürge habe in diesem Fall keinen Anlass zu der Annahme, dass er dem Gläubiger über das bestehende Kreditlimit hinaus einstehen soll. Mit der Haftungserstreckung auf spätere (praxisübliche) Überschreitungen des Kreditlimits müsse er nicht rechnen. Darin liege die Gewährung eines neuen Kredits (S. 28/29); ebenso *OLG Rostock* (U v. 08.06.1995 – 1 U 315/94, rkr.), WM 1995, S. 1533 ff. (1535, 2. Abs.); *Bydlinski,* ÖBA 1999, S. 93 ff. (95, 2.2.3); *Fischer,* WM 1998, S. 1705 ff. (1709, II. 1.); *Kreft,* WM 1997, Sonderbeilage Nr. 5, S. 9/10, bb); *Tiedtke,* EWiR 1995,S. 971 f. (972, 2.2); *Wagenknecht* in: *BuB* Rn. 4/1049b.

[98] *BGH* (U. v. 07.03.1996 – IX ZR 43/95), WM 1996, S. 766 ff. (769/770, II. 2. a)); konkludent ebenso *BGH* (U. v. 28.10.1999 – IX ZR 364/97), BGHZ 143 ff., S. 95 ff. (102/103, IV.); ebenso bereits *Reinicke/Tiedtke,* WiB 1996, S. 505 ff. (508, b)); zustimmend *MüKo-Habersack* (4), § 765 Rn. 72; *Wagenknecht* in: *BuB* Rn. 4/1049b.

[99] *BGH* (U. v. 07.03.1996 – IX ZR 43/95), WM 1996, S. 766 ff. (769/770, II. 2. a)).

[100] Gleiches dürfte auch für Sicherungszweckabreden anlässlich der Bestellung einer Sicherungsgrundschuld gelten. Der immer wieder vorzufindende Hinweis auf die Unbedenklichkeit einer Haftungserstreckungsklausel bei Absicherung eines Kontokorrentkredits unter Hinweis auf eine Entscheidung aus den 80-er Jahren ist daher bedenklich, vgl. etwa *MüKo-Basedow* (4), § 307 Rn. 274.

[101] *BGH* (U. v. 07.11.1995 – XI ZR 235/94), WM 1995, S. 2180 ff. (2181, bb)).

### dd) Bereichsausnahme für Mehrheitsgesellschafter und Geschäftsführer

Da § 310 Abs. 1 S. 1 BGB keinen Verweis auf § 305c Abs. 1 BGB enthält, gilt das Verbot überraschender Klauseln grundsätzlich auch bei Verwendung Allgemeiner Geschäftsbedingungen gegenüber einem Unternehmer i.S.d. § 14 Abs. 1 BGB[102].

Gerade zu Beginn der Entwicklung hat die Rechtsprechung jedoch vielfach eine Ausnahme für mit Kreditgeschäften vertraute Kaufleute gemacht. Für diese wäre die Haftungserweiterung nichts Ungewöhnliches[103].

Fortbestand hat eine Bereichsausnahme für „persönlich“[104] und wirtschaftlich eng mit dem Hauptschuldner verbundene Personen, die das Risiko einer künftigen Haftungsausdehnung übersehen und vermeiden können[105]. Die Rechtsprechung konzentriert sich insoweit auf die Bürgschaft und auf den Schuldbeitritt[106]. Nach ständiger Rechtsprechung und vielfach vertretener Literaturmeinung[107] wird ein Geschäftsführer, Allein- oder Mehrheitsgesellschafter, der die

---

102 Vormals „Kaufmann“. *BGH* (U. v. 30.10.1987 – V ZR 174/86), BGHZ 102, S. 152 ff. (162, bb)), noch zu § 24 S. 1 AGBG; *BGH* (U. v. 10.11.1989 – V ZR 201/88), BGHZ 109, S. 197 ff. (202, 1. Abs.).

103 *BGH* (U. v. 20.02.1987 – V ZR 249/85), BGHZ 100, S. 82 ff. (85/86); *BGH* (U. v. 30.10.1987 – V ZR 174/86), BGHZ 102, S. 152 ff. (162, b)); *BGH* (U. v. 09.07.1991 – XI ZR 218/90), NJW 1991, S. 3141 f. (3142, c)); *BGH* (U. v. 01.06.1994 – XI ZR 133/93), BGHZ 126, S. 174 ff. (177, a), 178, 2. Abs.); *BGH* (U. v. 18.05.1995 – IX ZR 108/94), BGHZ 130, S. 19 ff. (29); *Ohlmeyer/Gördel,* Kreditgeschäft der Kreditgenossenschaften (10), S. 347, 1. Abs.; *Wenzel* in: *BuB* (2003), Rn. 4/2318, Sicherungsgrundschuld. Zu den mit Bankgeschäften vertrauten Kaufleuten sind vor allem Unternehmen gezählt worden, zu deren typischem Geschäftsverkehr die Bereitstellung entsprechender Sicherheiten gehört, insbesondere der gesamte Bereich des Kredit- und Versicherungsgewerbes.

104 Das additionale Merkmal einer „engen persönlichen Verbundenheit“ ist nicht affektiv, sondern einfluss- und interessenbezogen zu verstehen.

105 *BGH* (U. v. 18.02.1992 – XI ZR 126/91), WM 1992, S. 563 ff. (564, 2. a), 565, cc), III.), ausdrücklich verneinend für Ehegatten. Die Möglichkeit einer tatsächlichen Einflussnahme genüge nicht; *BGH* (U. v. 01.06.1994 – XI ZR 133/93), BGHZ 126, S. 174 ff. (177, a)); *BGH* (U. v. 27.06.1995 – XI ZR 213/94), WM 1995, S. 1663 ff. (1664, 2.); *BGH* (U. v. 10.11.1998 – XI ZR 347/97), GmbHR 1999, S. 119 f. (120, II. 1.); *BGH* (U. v. 16.01.2001 – XI ZR 84/00), WM 2001, S. 455 ff. (456, II. 1.); *Hoepner,* BKR 2002, S. 1025 ff. (1029, cc)); *Ohlmeyer/Gördel,* Kreditgeschäft der Kreditgenossenschaften (10), S. 346. Die Ausnahme für Sicherungsgeber, die geschäftsmäßig Sicherheiten für Dritte bestellen bzw. übernehmen, dürfte fortbestehen, vgl. *Wagenknecht* in: *BuB* Rn. 4/1045a, 4/1049c.

106 Zur identischen Argumentation bei der Sicherungsgrundschuld, *OLG Karlsruhe* (U. v. 29.02.2000 – 8 U 44/99), Volltext nur bei Juris, Rn. 52; *OLG Köln* (U. v. 02.08.1999 – 16 U 106/98), ZIP 1999, S, 1840 ff. (1842, 2. Abs.), keine Überrumpelung eines Gesellschafter-Geschäftsführers; ebenso *Schimansky/Bunte/Lwowski* (*Merkel*), Bankrechts-Handbuch II (2), § 94 Rn. 329, 331, 334, wegen Einflussnahmemöglichkeit und Überschaubarkeit der Schuld.

Art und Höhe der Verbindlichkeiten „seiner" Gesellschaften beeinflussen kann, von der formularmäßigen Zweckerklärung in aller Regel *nicht überrascht,* wenn er sich für deren Schulden verbürgt[108]. Für diese Bürgen sei ein Schutz nach § 767 Abs. 1 S. 3 BGB nicht erforderlich[109].

In der obergerichtlichen Judikatur ist eine entsprechende Ausnahme auch für einen Gesamtprokuristen gemacht worden[110]. Der BGH hat den Überraschungseffekt zudem bei Verwendung einer Erstreckungsklausel gegenüber einem Handlungsbevollmächtigten verneint, der die Geschäfte der Hauptschuldnerin (einer GmbH) mit Zustimmung der Gesellschafter „gleichsam wie ein Alleingeschäftsführer" geführt und die Gesellschaft nach außen allein vertreten hat (sog. faktischer Geschäftsführer)[111], nicht so für einen nicht mehrheitlich beteiligten Gesellschafter ohne Geschäftsführungsbefugnis[112] sowie für einen Kommandi-

---

107 *Erman-Roloff* (11), § 305c Rn. 14 (Bürgschaften), Rn. 17 (Sicherungsgrundschulden); *Palandt-Sprau* (64), § 765 BGB Rn. 20; *Palandt-Bassenge* (64), § 1191 BGB Rn. 51; *Weber,* EWiR 2001, S. 349 f. (349/350).

108 *BGH* (U. v. 18.05.1995 – IX ZR 108/94), BGHZ 130, S. 19 ff. (30, d)); *BGH* (U. v. 16.10.1997 – IX ZR 10/97), NJW 1998, S. 385 f. (386, III. 2.), Geschäftsführerin; *BGH* (U. v. 10.11.1998 – XI ZR 347/97), GmbHR 1999, S. 119 f. (120, II. 1.), Allein-Geschäftsführer; *BGH* (U. v. 25.11.2003 – XI ZR 379/02), NJW-RR 2004, S. 405 ff. (406, II. 1. a)), zumal der bürgende Geschäftsführer auch den Kreditvertrag unterzeichnet habe, der seine umfassende Mithaftung vorsah; *Hoepner,* BKR 2002, S. 1025 ff. (1029, cc) (2)); *Rikken,* S. 43/44, wer die rechtsgeschäftliche Disposition des Hauptschuldners beherrscht, dürfe sich durch das Globalhaftungsbegehren des Gläubigers nicht überraschen lassen; zur Sicherungsgrundschuld, *Gaberdiel,* Kreditsicherung (6), S. 300/301 Rn. 692; *Wenzel*, Sicherung durch Grundschulden, S. 218 Rn. 2317a; *ders.* in: *BuB* (2003), Rn. 4/2317a, m.w.N.

109 *BGH* (U. v. 18.05.1995 – IX ZR 108/94), BGHZ 130, S. 19 ff. (30, d)); *Fischer,* WM 1998, S. 1705 ff. (1709, c)); *Hillmann,* Rostocker Schriften zum Bankrecht 1998, S. 77 ff. (87, 3. Abs.).

110 *OLG Hamm* (U. v. 29.01.1997 – 31 U 118/96), WM 1997, S. 1375 ff. (1376, 1.); zustimmend *OLG Hamm* (U. v. 17.12.1998 – 5 U 123/98, rkr.), WM 1999, S. 2065 ff. (2067, aa)).

111 *BGH* (U. v. 16.12.1999 – IX ZR 36/98), NJW 2000, S. 1179 ff. (1182, a)/b)), eine unangemessene Benachteiligung des Sicherungsgebers (erg.: Geschäftsführer oder gleichgestellte Person) entfalle „schon deswegen", weil er aufgrund seiner Verhandlungen mit der Gläubigerin Art und Umfang der von ihm verbürgten zukünftigen Kredite gekannt habe. Außerdem werde er nicht in seinen schutzwürdigen Belangen beeinträchtigt, da er die Gesellschaft leite und vertrete. Maßgeblich sei (i. R d. 307 Abs. 1), dass der handlungsbevollmächtigte Sicherungsgeber tatsächlich entscheidungsbefugt gewesen sei, obwohl er nicht die rechtliche Stellung eines Leitungsorgans innegehabt habe. Er hätte die Inanspruchnahme aus seiner Bürgschaft verhindern können, wenn er den Kreditvertrag nicht abgeschlossen oder vor der Kreditaufnahme seine Bürgschaft gekündigt hätte; ebenso *OLG Zweibrücken* (U. v. 20.12.2001 – 4 U 131/00), NJW-RR 2002, S. 1037 f. (1038, (2)); zustimmend *Felke,* WuB I F 1 a. – 3.01, S. 381 f. (382, 5./6.); *Hoepner,* BKR 2002, S. 1025 ff. (1030, (3)); kritisch *Veil,* WuB I F 1 a. – 8.03, S. 398 f. (399, c)).

112 *BGH* (U. v. 15.07.1999 – IX ZR 243/98), BGHZ 142, S. 213 ff. (216–218, 2./3.); *OLG Brandenburg* (U. v. 13.11.2001 – 1 U 53/01), WM 2002, S. 171 ff. (175/176, 1.).

tisten. Entspreche deren Stellung dem gesetzlichen Leitbild, sei also gesellschaftsvertraglich nicht sichergestellt, dass Erweiterungen der Gesellschaftsverbindlichkeiten gegenüber dem Gläubiger nicht ohne ihre Mitwirkung erfolgen dürfen, hätten sie keine Möglichkeit, das Risiko einer Krediterweiterung durch die Geschäftsführung so rechtzeitig zu erkennen, dass sie die Bürgschaft noch kündigen und damit ihre Haftung für den zusätzlichen Kredit ausschließen könnten[113]. Sie dürften deshalb darauf vertrauen, durch § 767 Abs. 1 S. 3 BGB *geschützt* zu werden und für keine anderen oder höheren Verbindlichkeiten der Gesellschaft einstehen zu müssen, als die, die sie zur Übernahme der Bürgschaft veranlasst haben[114]. In gleicher Weise hat der Senat für kaufmännische Angestellte entschieden, die zwar in dem Geschäft des Hauptschuldners angestellt sind und gegebenenfalls über eine Kontovollmacht verfügen, nicht aber über eine einem Allein- oder Mehrheitsgesellschafter bzw. einem Geschäftsführer entsprechende Einflussnahmemöglichkeit[115].

---

[113] *BGH* (U. v. 15.07.1999 – IX ZR 243/98), BGHZ 142, S. 213 ff. (216/217, 2.), selbst ein Gesellschafter, der zwar die *Hälfte der Anteile* hält, jedoch von der Geschäftsführung ausgeschlossen ist, sei schon im Innenverhältnis rechtlich nicht ausreichend dagegen gesichert, dass die bestehenden Kreditverbindlichkeiten ohne oder gegen seinen Willen erweitert werden. In dem entschiedenen Fall hat der andere, ebenfalls zu 50% beteiligte Gesellschafter als Alleingeschäftsführer nach dem Gesellschaftsvertrag bis zu einem Betrag von 25.000,00 DM zustimmungsfrei neue Darlehen aufnehmen können, was nach Befürchtung des BGH auch mehrfach möglich gewesen wäre. Die Einflussmöglichkeiten aufgrund der Sperrminorität und seine Informationsrechte schützten den Gesellschafter nicht davor, dass sich seine globale Bürgschaft später auf Forderungen erstreckt, die ohne oder gegen seinen Willen begründet worden sind. *Eine nach Erweiterung der Hauptschuld erklärte Kündigung mache die Haftung für die bis dahin entstandene(n) Verbindlichkeit(en) nicht mehr rückgängig* (Hervorh. durch Verf.).

[114] *BGH* (U. v. 18.05.1995 – IX ZR 108/94), BGHZ 130, S. 19 ff. (30, d)), die Kündigungsmöglichkeit könne zwar bei einem Individualvertrag zu einer interessengerechten Lösung führen, bei der nach AGB-Recht gebotenen überindividuell-generalisierenden Betrachtungsweise könne sie die unangemessenen Folgen einer überraschenden Zweckerweiterungsklausel aber nicht verhindern. Zum einen müssten Bürgen die Kündigungsmöglichkeit kennen, was bei Rechtsunkundigen häufig nicht der Fall sei, zum anderen käme eine Kündigung oft zu spät, weil die Kreditausweitung bereits vollzogen sei, ehe der Bürge darauf aufmerksam werde, u. a. unter Hinweis auf *Horn,* EWiR 1986, S. 671 f. (672, 4.).

[115] So *BGH* (U. v. 16.01.2001 – XI ZR 84/00), WM 2001, S. 455 ff. (456, II. 1.), für eine im Geschäft des Ehemannes beschäftigte kaufmännische Angestellte mit Verfügungsmacht über die Geschäftskonten; *BGH* (U. v. 28.10.1999 – IX ZR 364/97), BGHZ 143 ff., S. 95 ff. (101–103), für eine mit der betrieblichen „Verwaltungsleitung" betraute (ehemalige) Lebensgefährtin. Die „Überraschung" scheiterte in diesem Fall allerdings bereits an der fehlgeschlagenen Beweisführung durch die Sicherungsgeberin.

### 2. Übertragbarkeit der „Anlassrechtsprechung“ auf die Patronatserklärung in Form der Ausstattungsverpflichtung

Die „Anlassrechtsprechung“ zum möglichen Überraschungseffekt einer klauselmäßigen Sicherungszweckerweiterung kann auch für die „externe“ Ausstattungsverpflichtung Geltung beanspruchen[116]. Ein Patron muss gleichsam nicht damit rechnen, den Protegé mit seiner Ausstattungszusage über die „Anlassforderung(en)“ hinaus zur Erfüllung sämtlicher anderer Gläubigerforderungen in die Lage versetzen zu müssen[117].

#### *a) (Vermeintliche) Schutzfunktion des § 767 Abs. 1 S. 3 BGB*

Die Argumentation des BGH, personen*identische* Sicherungsgeber sowie maßgeblich beteiligte Gesellschafter und Geschäftsführer würden von der formularmäßigen Zweckerweiterung nicht überrascht, da sie die abgesicherten Verbindlichkeiten übersehen, vor allem die Ausdehnung ihrer Haftung steuern könnten, ist erklärungsbedürftig.

Ein Überraschungseffekt kommt unter anderem in Betracht, wenn AGB sich von dem gesetzlichen Regelungsregime entfernen. Die objektive Ungewöhnlichkeit einer Klausel, die dazu führt, dass die Verwendergegenseite mit ihr nicht zu rechnen braucht (§ 305c Abs. 1 BGB), kann aus einer erheblichen Abweichung des Klauselinhalts von dem dispositiven Gesetzesrecht resultieren[118]. Bezogen auf die Regelungen, mit denen die Verwendergegenseite üblicherweise rechnen muss, haben die gesetzlichen Normen Leitbildfunktion[119].

Der BGH entnimmt nun der Vorschrift des § 767 Abs. 1 S. 3 BGB, derzufolge die Verpflichtung des Bürgen durch ein Rechtsgeschäft des Hauptschuldners nach Übernahme der Bürgschaft nicht erweitert wird, eine *Schutzfunktion zu Gunsten des Bürgen*. Die Norm wolle zum Schutz des Bürgen Ausdehnungen seines Haftungs*umfangs* durch ein Zusammenwirken von Hauptschuldner und Gläubiger verhindern[120], die zu einer für ihn unübersehbaren und von ihm

---

[116] Implizit ebenso *Kiethe,* ZIP 2005, S. 646 ff. (652, 2. Abs. a.E.); *Rehbein* in: FS Heinsius, S. 659 ff. (672, 3. Abs.), die Kernaussage des ersten „Anlassurteils“ könne und dürfe auf alle Drittsicherheiten übertragen werden; offen gelassen von *Hantke,* S. 66, 1. Abs.; dies übersieht *Schütze,* WuB I F 1 c. – 5.02, S. 931 f. (932, VI.).

[117] AA *KG Berlin* (U. v. 18.01.2002 – 14 U 3416/00, rkr.), WM 2002, S. 1190 f., (1191, 2. Spalte); unter Zustimmung von *Schütze,* WuB I F 1 c. – 5.02, S. 931 f. (932, VI.).

[118] *Erman-Roloff* (11), § 305c Rn. 9; *Palandt-Heinrichs* (64), § 305c Rn. 3; *MüKo-Basedow,* § 305c Rn. 1.

[119] *BGH* (U. v. 22.12.1992 – VI ZR 341/91), BGHZ 121, S. 107 ff. (113, 2. Abs.); siehe auch *Palandt-Heinrichs* (64), § 305c Rn. 3.

[120] Ebenso *Brambring,* S. 53/54; *Gottwald,* EWiR 1985, S. 155 f. (156, 3.); *Horn,* EWIR 1986, S. 671 f. (672, 3.1); *Lwowski/Merkel,* Kreditsicherheiten (8), S. 50, 1.

selbst nicht zu beeinflussenden Haftung führen können[121]. Der Bürge müsse wissen, welche nach Gegenstand und Grund individualisierten Forderungen in die Sicherungsvereinbarung einbezogen werden, damit er sein Risiko abschätzen kann[122]. Die Möglichkeit einer unübersehbaren Haftungsausweitung durch rechtsgeschäftliches Handeln Dritter widerspreche abweichend von dem dispositiven Gesetzesrecht dem elementaren Schutz der Privatautonomie des Bürgen[123] bzw. dem „gesetzlichen Verbot der Fremddisposition" (im Folgenden als *„bürgschaftsspezifisches Fremddispositionsverbot"* bezeichnet)[124].

---

Abs.; *Richrath/Schröter,* WuB I F 1 a. – 12.96, S. 586 ff. (586, 2. a)); *Schmitz-Herscheidt,* ZIP 1997, S. 1140 ff. (1140, I. 1.). Weshalb diese Meinung unrichtig ist, wird unter Gliederungspunkt IV. 2. b) aa) dargetan.

121 *BGH* (U. v. 18.01.1996 – IX ZR 69/97), BGHZ 132, S. 6 ff. (9, 2.), zum Schutz des Bürgen beinhalte § 767 Abs. 1 S. 3 BGB das „Verbot der Fremddisposition über die *Bürgenschuld*"; *BGH* (U. v. 13.06.1996 – IX ZR 229/95), WM 1996, S. 1391 ff. (1392, 1. a)) weist zusätzlich darauf hin, dass die Norm den Bürgen *davor schütze, für neue Schulden einzustehen, deren Entstehung* und *ordnungsgemäße Tilgung* er *nicht beeinflussen* könne; *BGH* (U. v. 24.06.1997 – XI ZR 288/96), WM 1997, S. 1615 f. (1616, 2.), „Darin (erg. in dem Verbot des § 767 Abs. 1 S. 3 BGB) liegt das Verbot einer Fremddisposition über die *Haftung und das Vermögen des Hautschuldners* durch spätere Vereinbarungen zwischen Hauptschuldner und Gläubiger"; *BGH* (U. v. 24.09.1998 – IX ZR 425/97), WM 1998, S. 2186 ff. (2187, b)), Leitgedanke dieser Norm sei, dass die *Haftung* des Bürgen nicht ohne seine Mitwirkung nachträglich erweitert werden könne; ebenso *BGH* (U. v. 29.03.2001 – IX ZR 20/00), WM 2001, S. 1517 ff. (1518, II. 1.); *OLG Brandenburg* (U. v. 13.11.2001 – 1 U 53/01), WM 2002, S. 171 ff. (175, II.); vgl. auch *Ehricke,* JZ 2000, S. 466 ff. (467, 1. Spalte); *Fischer,* WM 2001, S. 1049 ff. (1052, III., noch deutlicher S. 1051, B. I.), „... braucht er eine nachträgliche Erweiterung der *Hauptschuld* ... nicht gegen sich gelten zu lassen (§ 767 Abs. 1 Satz 3 BGB)"); *Kreft,* WM 1997, Sonderbeilage Nr. 5, S. 10/11 (Hervorh. jeweils durch Verf.).

122 *BGH* (U. v. 02.07.1998 – IX ZR 255/97, ZIP 1998, S. 1349 ff. (1350, 1. Abs.), Kenntnis, „aus welchem Grund und bis zu welcher Höhe Forderungen entstehen werden"; *BGH* (U. v. 28.10.1999 – IX ZR 364/97), ZIP 2000, S. 65 ff. (67, a)/b)); *BAG* (U. v. 27.04.2000 – 8 AZR 286/99), NJW 2000, S. 3299 ff. (3301, cc)); im Ergebnis ebenso *BGH* (U. v. 13.06.1996 – IX ZR 229/95), ZIP 1996, S. 1289 ff. (1290, 1.).

123 *BGH* (U. v. 18.05.1995 – IX ZR 108/94), BGHZ 130, S. 19 ff. (26/27); *BGH* (U. v. 13.06.1996 – IX ZR 229/95), WM 1996, S. 1391 ff. (1392, 1. b)); *BGH* (U. v. 13.11.1997 – IX ZR 289/96), BGHZ 137, S. 153 ff. (1. Abs.); ebenso *Lettl,* JA 2004, S. 238 ff. (239, 1. Abs.); *Schröter,* WuB I F 1 a. – 13.95, S. 1076 ff. (1077, II.).

124 *BGH* (U. v. 18.01.1996 – IX ZR 69/97), BGHZ 132, S. 6 ff. (9, 2.); *BGH* (U. v. 13.06.1996 – IX ZR 229/95), WM 1996, S. 1391 ff. (1392, 1. a)); *BGH* (U. v. 28.10.1999 – IX ZR 364/97), BGHZ 143, S. 95 ff. (96/97, 1. a)); *OLG Brandenburg* (U. v. 13.11.2001 – 1 U 53/01), WM 2002, S. 171 ff. (175, II.); *Fischer,* WM 2000, S. 14 ff. (16, II. 1.); *Nobbe,* BKR 2002, S. 747 ff. (750, aa)), das Fremddispositionsverbot werde „im wirtschaftlichen Ergebnis ausgehebelt"; vgl. auch *Rikken,* S. 32–36, 3., 71, 1. Abs., über den Wortlaut der Norm hinaus Verbot jeder Haftungsausweitung über die den Anlass für das Sicherungsgeschäft bildende(n) Forderung(en) hinaus; *Kiethe,* ZIP 2005, S. 646 ff. (652, 2. Abs.); näheres unter IV. 1. b) aa) und V. 1. a) aa) (1)/bb).

Diese Überlegung transferiert der BGH, wie noch zu zeigen sein wird, auf sämtlichen Prüfungsebenen mehr oder weniger unbesehen auf die verschiedenen Sicherungsmittel.

Für einen personen*identischen* Grundschuldbesteller hat dies zur Konsequenz, dass ihm mit einem dem Bürgen vergleichbaren Schutzbedürfnis die Fähigkeit abgesprochen wird, von einer „weiten" Sicherungszweckerklärung überrascht zu werden. Die Mithaftung eines dritten Sicherungsgebers für Hauptschulden, auf deren Entstehung und Ausweitung der Sicherungsgeber maßgeblichen Einfluss zu nehmen vermag, kann diesen aus Sicht des BGH ebenso wenig überraschen wie einen personengleichen Grundschuldbesteller, da der Sicherungsgeber für das Anwachsen des Sicherungsumfangs aufgrund einer Ausweitung des abgesicherten Forderungsbestandes im Hauptschuldverhältnis in beiden Fällen selbst verantwortlich zeichnet[125].

### *b) Analoge Anwendbarkeit des § 767 Abs. 1 S. 3 BGB auf die „externe" Ausstattungsverpflichtung*

Soweit der BGH den Überraschungseffekt einer Erstreckungsklausel daraus ableitet, dass die formularmäßige Zweckerweiterung eine Abweichung von dem (vermeintlich) „bürgschaftsspezifischen" Fremddispositionsverbot bedeute, mit der ein nicht geschäftsführender und auch nicht mehrheitlich beteiligter Bürge oder Mitschuldner nicht zu rechnen brauche, trifft diese Argumentation entgegen *Wittig* gleichsam auf die harte Patronatserklärung zu[126].

Die Vorschrift des § 767 BGB trifft eine Regelung über den Inhalt und Umfang der akzessorischen Bürgenschuld. Die Norm enthält den verallgemeinerungsfähigen Rechtsgedanken, dass die akzessorische Einstandspflicht eines Personalsicherungsgebers maßgeblich von dem jeweiligen Bestand der abgesicherten Hauptschuld(en) abhängt (Abs. 1 S. 1). Der Sicherungsgeber hat für gesetzliche Erhöhungen der Hauptschuld aufgrund einer schuldhaften Pflichtverletzung des Hauptschuldners einzustehen (Abs. 1 S. 2), nicht aber für nachträgliche (von der *Sicherungszweckerklärung nicht gedeckte*[127]) Erweiterungen der Hauptschuld(en) (Abs. 1 S. 3).

---

[125] Siehe auch *Lwowski,* Kreditsicherung (8), S. 162, 4. Abs.

[126] Prinzipiell wie hier *Kiethe,* ZIP 2005, S. 646 ff. (652, 2. Abs. a.E.), der allerdings auf die Bereichsausnahme für Geschäftsführer und Gesellschafter abstellt; *Schäfer,* WM 1999, S. 153 ff. (161, 3. a), 163, 1. Abs.), indes unter der Prämisse einer primären Direktleistungspflicht; aA *Wittig,* WM 2003, S. 1981 ff. (1984, 1. Abs.), der ohne nähere Begründung davon ausgeht, dass § 767 Abs. 1 S. 3 BGB, von dessen Grundgedanken nach Auffassung der Rechtsprechung bei Bürgschaften mit weitem Sicherungszweck in unangemessener Weise abgewichen wird, für Patronatserklärungen nicht gelte.

[127] Zu dieser hier für richtig befundenen Interpretation des § 767 Abs. 1 S. 3 BGB unten, unter Gliederungspunkt IV. 2. b) aa).

Im Umfang ihrer jeweiligen Akzessorietät lässt sich die Vorschrift des § 767 BGB auf sämtliche gesetzlich nicht geregelten teilweise akzessorischen Personalsicherheiten übertragen[128]. Ihr Regelungsgehalt beansprucht damit grundsätzlich auch für die in weiten Teilen bürgschaftsähnliche Ausstattungspflicht Geltung[129]. Für die *„hauptschuldbezogene"* Ausstattungsverpflichtung des Patrons ist ebenfalls der jeweilige Bestand der Hauptschuld(en) maßgebend (Abs. 1 S. 1 analog). Der Patron hat dem Protegé ausreichend Mittel zur Schließung einer vorhandenen oder sich bis zum Fälligkeitszeitpunkt ergebenden Deckungslücke sowie zur rechtzeitigen Tilgung der abgesicherten Hauptschuld(en) zur Verfügung zu stellen. Desgleichen wirken sich rechtsgeschäftliche Erweiterungen der abgesicherten Verbindlichkeit(en) akzessorietätsbedingt unmittelbar auf die Dauer und den Umfang der „hauptschuldbezogenen" Ausstattungspflicht aus (Abs. 1 S. 3 analog)[130].

---

[128] Zur Mitschuld *BGH* (U. v. 07.11.1995 – XI ZR 235/94), WM 1995, S. 2180 ff. (2181, bb)), das (vermeintlich „bürgschaftsspezifische") Verbot der Fremddisposition sei auch für den Schuldbeitritt vertragswesentlich; vgl. auch *OLG Brandenburg* (U. v. 13.11.2001 – 1 U 53/01), WM 2002, S. 171 ff. (175, II.), für die Inhaltskontrolle könne offen blieben, ob die Haftungserklärung als Bürgschaft, Schuldbeitritt oder andere Form der Haftungsvereinbarung anzusehen sei; *Ehricke,* WM 2000, S. 2177 ff. (2179, b)), der darauf hinweist, dass § 767 Abs. 1 S. 3 BGB nur „spezialgesetzliche Ausprägung im Bürgschaftsrecht des allgemeinen Grundsatzes" ist, dass der Sicherungsumfang „von dem durch Privatautonomie bestimmten Willen abhängt und daher nicht durch die Disposition anderer beeinträchtigt werden darf." Der Autor weist darauf hin, dass sich entsprechende Regelungen auch in § 1210 Abs. 1 S. 2 BGB (für das Pfandrecht an dem Objekt eines Dritten) und in § 1119 Abs. 1 BGB (für die Hypothek) finden. Ihm ist insoweit Recht zu geben, als § 767 Abs. 1 S. 3 BGB Ausdruck des allgemein für alle akzessorischen Sicherheiten geltenden Verbots von Verträgen zu Lasten Dritter ist. Dieses Verbot wird nach vorliegendem Verständnis indessen weder durch eine individualvertragliche noch durch eine formularmäßige Haftungsausdehnung tangiert (dazu unter IV. 2. b) und in Kapitel 11, C. II.).

[129] *J. Koch,* Die Patronatserklärung, S. 262, III., 612, 7.; *Schäfer,* WM 1999, S. 153 ff. (161, 3. a), 163, 1. Abs.), wenn auch, wie gesagt, von einem anderen Ausgangspunkt aus. Da die Ausstattungsverpflichtung insofern deutliche Ähnlichkeiten mit einer Bürgschaft aufweist, liegt die entsprechende Anwendung des § 767 Abs. 1 S. 3 BGB nahe. Gleichsam gangbare Wege wären die Konstruktion eines allgemeinen Rechtsgrundsatzes, wonach das Fremddispositionsverbots dem Akzessorietätsprinzip vorgeht oder die Herleitung eines allgemeingültigen Rechtsprinzips aus einer Zusammenschau der §§ 767 Abs. 1 S. 3, 1119 Abs. 1, 1210 Abs. 1 S. 2 BGB. Zur Analogiefähigkeit des § 767 Abs. 1 S. 3 BGB, s.o., Gliederungspunkte II. 2., III. 2. b).

[130] Verschuldensbedingte Hauptschulderweiterungen können sich dagegen nur dann auf die „hauptschuldbezogene" Ausstattungspflicht auswirken, wenn die Pflichtverletzung des Hauptschuldners vor dem Fälligkeitstermin stattgefunden hat oder wenn der Patron seiner Ausstattungspflicht bis zum Verletzungszeitpunkt noch nicht (vollumfänglich) nachgekommen ist. Demgegenüber kann die „kontinuierliche Grundausstattungspflicht" des Patrons stets von hauptschulderhöhenden Pflichtverletzungen des Protegés betroffen sein. Zu der für richtig befundenen Interpretation des § 767 Abs. 1 S. 3 BGB, dass rechtsgeschäftliche Erweiterungen der Hauptschuld auf die Sicherungsschuld durchschlagen, soweit sie von dem Willen des Sicherungsgebers gedeckt sind, unter Gliederungspunkt IV. 2. b) aa)/bb).

### *c) Reduzierte praktische Relevanz der „Überrumpelungsrechtsprechung" für den Bereich der „externen" Ausstattungsverpflichtung*

Die Problematik des Überraschungsmoments einer formularmäßigen Sicherungszweckerweiterung dürfte sich bei der harten Patronatserklärung aber im Allgemeinen nicht mit der gleichen Schärfe stellen wie bei einer Bürgschaft oder Fremdgrundschuld[131]. Sollte der Gläubiger den Patron explizit darauf hinweisen, dass er eine globale Verpflichtungserklärung benötigt, kommt eine Überraschung des Patrons ohnehin nicht in Betracht. Verweist der Gläubiger den Patron auf die in einer Formularklausel niedergelegte Musterklausel, dürfte der Überraschungseffekt ebenfalls meist entfallen. Indem der Patron die Klausel exzerpiert, nimmt er zwangsläufig Kenntnis von der „weiten" Sicherungszweckerklärung. Aber auch im Übrigen dürfte bei einem Patron eher als bei einem anderen Sicherungsgeber – insbesondere einem Verbraucher – davon auszugehen sein, dass er die Erstreckungsklausel bei Durchsicht der Vertragsunterlagen vor der Unterzeichnung registriert und ihren Bedeutungsgehalt nicht verkennt. Patronatserklärungen sind vielfach (noch) deutlich übersichtlicher ausgestaltet als sonstige Sicherungsvordrucke, auch wenn der Regelungsumfang im Vergleich zu früher schon beträchtlich zugenommen hat[132]. Alles in allem hängt es von der jeweiligen Gestaltung des Erklärungsvordrucks und von dem Verlauf der Vertragsverhandlungen ab, ob der Patron hinreichend deutlich auf die unerwartete Ausdehnung seiner Ausstattungszusage hingewiesen wird. Selbst wenn dies nicht der Fall ist, würden etliche Patrone bzw. ihre Abschlussvertreter nach der „Anlassrechtsprechung" nicht überrascht, weil sie bzw. die Patronin an dem Protegé maßgeblich beteiligt und/oder mit dessen Geschäftsführung betraut sind.

Hypothetisch besteht aber die Möglichkeit der Unwirksamkeit einer „weiten Sicherungszweckerklärung" wegen Überrumpelung des Patrons (§ 305c Abs. 1 BGB).

## 3. Kritische Würdigung der BGH-Rechtsprechung

Die Annahme des BGH, ein Sicherungsgeber mit Einfluss auf die Ausdehnung der Verbindlichkeiten im Hauptschuldverhältnis werde angesichts dieser Steuerungsmöglichkeit von einer formularmäßigen Zweckerweiterung nicht überrascht, ist kritikwürdig. Die personellen Ausnahmen des BGH für personen-

---

[131] Allerdings nicht deshalb, weil ein Gesellschafter- oder Geschäftsführer-Patron prinzipiell nicht überrascht werden könnte, so aber *Kiethe,* ZIP 2005, S. 646 ff. (652, 2. Abs. a.E.).

[132] Vgl. nur die Textvorschläge bei *Wittig,* WM 2003, S. 1981 ff. (1987, III. 1.).

gleiche Grundschuldbesteller, Mehrheitsgesellschafter und Geschäftsführer gründen wie die gesamte BGH-Rechtsprechung auf der apostrophierten Notwendigkeit, ein Sicherungsgeber müsse das mit seiner Haftungszusage verbundene Risiko gegenwärtig überblicken und in Zukunft eigenverantwortlich steuern können, damit seine formularmäßige Globalhaftungszusage wirksam ist[133].

### *a) Personengleiche Grundschuldbesteller*

Soweit es der BGH als unbedenklich ansieht, wenn ein mit dem Hauptschuldner identischer Grundschuldbesteller eine mit ihm nicht abgesprochene und ihm auch nicht offen gelegte Zweckerweiterungsklausel unterzeichnet, wählt das oberste Zivilgericht einen falschen Anknüpfungspunkt. In den Entscheidungsgründen heißt es stereotyp, das Risiko künftiger Forderungserweiterungen sei für den personenidentischen Sicherungsgeber *vermeidbar* und *damit nicht überraschend*[134]. Das Risiko künftiger Haftungserweiterungen ist für den personengleichen Sicherungsgeber unbestreitbar überschaubar und steuerbar. Das genügt aber nicht, um der formularmäßigen Haftungsausdehnung ihren Überrumpelungseffekt zu nehmen[135]. Haben sich die Sicherungsverhandlungen auf die Einräumung eines Grundpfandrechts für eine oder mehrere exakt bestimmte Forderung(en) beschränkt, wäre wohl jedermann überrascht, dass die Abmachung „selbstredend" auch für alle anderen bereits bestehenden und in Zukunft zu begründenden Verbindlichkeiten gelten soll[136]. Der durchschnittliche Sicherungsgeber würde – und darf – doch wohl erwarten, dass ein Gläubiger, dem von vornherein an einer umfassenden Haftungszusage gelegen ist, seine Erwartung von Anfang an offen legt[137]. Der Überrumpelungseffekt ist bei einem personenidentischen Grundschuldbesteller nicht geringer als bei einem dritten Sicherungsgeber[138].

---

133 *BGH* (U. v. 23.05.2000 – XI ZR 214/99), WM 2000, S. 1328 f. (1328/1329, 1.).

134 *BGH* (U. v. 03.06.1997 – XI ZR 133/96, München), WM 1997, S. 1280 ff. (1282, 3. a)), (Hervorh. durch Verf.).

135 Wie hier *Otten,* S. 320 Rn. 848; *Weber* in: Rostocker Schriften zum Bankrecht, Heft 4, S. 65 ff. (74/75).

136 Im Ergebnis ebenso *Clemente,* ZIP 1985, S. 193 ff. (197, 2.); *Volmer,* WM 1998, S. 914 ff. (915, 1. a)); *Weber* in: Rostocker Schriften zum Bankrecht, Heft 4, S. 65 ff. (74/75).

137 Ähnlich *Weber* in: Rostocker Schriften zum Bankrecht, Heft 4, S. 65 ff. (75/76, d)), der darauf hinweist, dass die Anwendung des § 305c Abs. 1 BGB (bzw. § 3 AGBG a. F.) die Gläubiger nicht unbillig benachteilige. Sie könnten den Überrumpelungscharakter ganz einfach durch einen deutlichen Hinweis auf die Zweckerklärung vermeiden. Wie noch zu zeigen sein, wird, beseitigte dies zwar das Überraschungsmoment, für eine wirksame Globalabsicherung bedarf es in den „Anlasskonstellationen" aber darüber hinaus einer Individualabrede über den „weiten" Sicherungszweck.

138 *Eickmann,* ZIP 1989, S. 137 ff. (138/139, 3.); *Otten,* S. 320/321 Rn. 848/849; *Weber* in: Rostocker Schriften zum Bankrecht, Heft 4, S. 65 ff. (75, 1. Abs.).

Statt auf die Überschaubarkeit und die Möglichkeit zur Verhinderung künftiger Forderungsausdehnungen ist darauf abzustellen, ob der Gläubiger dem Sicherungsgeber die Klausel hinreichend deutlich zur Kenntnis gebracht hat oder ob sonstige Anhaltspunkte dafür vorliegen, dass der Grundschuldbesteller mit einer Haftungserweiterung hat rechnen müssen[139]. Der BGH vermengt (vermeintliche) Kriterien einer Angemessenheitskontrolle gemäß § 307 Abs. 1, 2 BGB mit der Frage nach dem Überraschungsmoment einer Haftungserstreckungsklausel[140].

### b) *Maßgeblich beteiligte Gesellschafter und Geschäftsführer*

Personen mit maßgeblichem Einfluss auf die Neubegründung und Erweiterung von Verbindlichkeiten im Hauptschuldverhältnis werden durch eine formularmäßige Ausdehnung des Haftungsumfangs gelegentlich der Bestellung einer konkreten Sicherheit ebenfalls nicht minder überrascht als ein personenidentischer Grundschuldbesteller und ein „Otto Normalsicherungsgeber"[141]. Ob sie mit der Erstreckung der Sicherheit auf weitere Forderungen rechnen (müssen), hat nichts mit ihren gesellschaftsinternen Managementkompetenzen zu tun[142]. Das Überraschungsmoment hängt ausschließlich davon ab, ob sie mit einer Sicherungszweckerweiterung rechnen oder diese zur Kenntnis nehmen. Die Möglichkeit der Einflussnahme auf die Geschäftstätigkeit der Hauptschuldnerin schmälert nur das Risiko einer oktroyierten Haftungsübernahme, das Überraschungsmoment nimmt sie ihr nicht[143].

---

[139] Ebenso *OLG Rostock* (U. v. 18.01.2001 – 1 U 64/99, rkr.), WM 2001, S. 1377 ff. (1379, (4)). Indiz kann etwa die deutliche Divergenz zwischen der Höhe der „Anlassforderung" und der individuell ausgehandelten und gemäß §§ 1191 Abs. 1, 1192 Abs. 1, 1115 Abs. 1 BGB im Grundbuch eingetragenen Haftsumme sein. Meist wird dann aber bereits fraglich sein, ob die „verhandlungsauslösende" Forderung überhaupt als „Anlassforderung" i. S. d. Rechtsprechung anzusehen ist.

[140] *Weber* in: Rostocker Schriften zum Bankrecht, Heft 4, S. 65 ff. (73–75, c), 81, V. 1.), „dogmatisches Verwirrspiel".

[141] *Grunewald* in: FS Kraft, S. 127 ff. (132, 2., 135, IV. 2.); siehe auch *Felke,* WuB I F 1 a. – 3.01, S. 381 f. (382, 5.); *Clemente,* ZIP 1985, S. 193 ff. (196/197), dessen Argumentation mit dem Selbstbestimmungsrecht an dieser Stelle allerdings verfrüht ist.

[142] *Grunewald* in: FS Kraft, S. 127 ff. (132, 2.).

[143] *Grunewald* in: FS Kraft, S. 127 ff. (132/133, 2., 135, IV. 2.); *Madaus,* Schuldbeitritt als Personalsicherheit, S. 48–51, 2. Abs.; siehe auch *Seidel/Brink,* DB 1997, S. 1961 ff. (1962, c), die sich hinsichtlich der Haftung für *zukünftige* Verbindlichkeiten indessen auf einer Linie mit der Rechtsprechung befinden (S. 1963, 3. c)).

## IV. Möglichkeit einer dezidierten Angemessenheitskontrolle

Wird der Sicherungsgeber von der klauselmäßigen Zweckerweiterung nicht überrascht, stellt sich die Frage nach der Möglichkeit einer dezidierten Angemessenheitskontrolle.

Eine umfassende Inhaltskontrolle der „weiten" Sicherungszweckerklärung anhand des § 307 Abs. 1 S. 1, Abs. 2 BGB setzt gemäß § 307 Abs. 3 S. 1 BGB voraus, dass es sich bei ihr um eine Bestimmung handelt, „durch die von Rechtsvorschriften abweichende oder diese ergänzende Regelungen vereinbart werden". Zweck dieser Regelung ist es, AGB, die lediglich eine gesetzliche Regelung wiederholen (deklaratorische Klauseln[144]) und AGB, die den Gegenstand der Hauptleistung (Leistungsbeschreibungen[145]) oder den für sie geschuldeten Preis unmittelbar festlegen (Preisvereinbarungen[146]) von einer Inhaltskontrolle freizuhalten[147]. Die korrespondierende Richtlinienvorschrift ist deutlich präziser formuliert[148]. Art. 4 Abs. 2 der Richtlinie 93/13/EG[149] lautet: „Die Beurteilung der Missbräuchlichkeit der Klauseln betrifft weder den Hauptgegenstand des Vertrages noch die Angemessenheit zwischen dem Preis bzw. dem Entgelt und den Dienstleistungen bzw. den Gütern, die die Gegenleistung darstellen, sofern diese Klauseln klar und verständlich abgefasst sind." Deklaratorische Klauseln sind aufgrund der richterlichen Gesetzesbindung einer inhaltlichen Angemessenheitskontrolle entzogen[150]. Die Angemessenheitskontrolle von

---

[144] *BGH* (U. v. 15.05.1991 – VIII ZR 38/90), NJW 1991, S. 1750 ff. (1754, 9. b)); *Erman-Roloff* (11), § 307 Rn. 38/39; *MüKo-Basedow* (4), § 307 Rn. 1, 6; *Palandt-Heinrichs* (64), § 307 BGB, Rn. 63.

[145] *BGH* (U. v. 12.03.1987 – VII ZR 37/86), BGHZ 100, S. 157 ff. (173, 1.); *BGH* (U. v. 09.05.2001 – IV ZR 121/00), NJW 2001, S. 2014 ff. (2016, c)); *Bunte,* Rostocker Schriften zum Bankrecht 1998, S. 29 ff. (33, 5.); *Erman-Roloff* (11), § 307 Rn. 38, 42–44; *MüKo-Basedow* (4), § 307 Rn. 1, 12; *Palandt-Heinrichs* (64), § 307 BGB Rn. 57/58.

[146] *BGH* (U. v. 24.11.1988 – III ZR 188/87), BGHZ 106, S. 42 ff. (46, b)); *Erman-Roloff* (11), § 307 Rn. 45–47; *MüKo-Basedow* (4), § 307 Rn. 1, 14/15, auch zur Abgrenzung zu den nach herrschender Meinung kontrollfähigen Preisnebenabreden; *Palandt-Heinrichs* (64), § 307 BGB Rn. 59.

[147] Beschluss und Bericht des *Rechtsausschusses* zu dem Entwurf eines Gesetzes zur Schuldrechtsmodernisierung, *BT-Drucks. 17/7052,* zu § 307, S. 188; *Erman-Roloff* (11), § 307 Rn. 38; *Lang/Assies/Werner* (*Schebesta*), SchRMod, S. 249/250; *Palandt-Heinrichs* (64), § 307 BGB, Rn. 54; zu § 8 AGBG, siehe bereits *Wolf,* FS 50 Jahre BGH, Band I, S. 111 ff. (114/115, 2.).

[148] *MüKo-Basedow* (4), § 307 Rn. 2–4, 12. Zur inhaltlichen Übereinstimmung der Richtlinie mit den Rechtsprechungsgrundsätzen, *Bunte,* Rostocker Schriften zum Bankrecht 1998, S. 29 ff. (34, 2. Abs.).

[149] Richtlinie des Rates vom 05.04.1993 über missbräuchliche Klauseln in Verbraucherverträgen, abgedruckt im Anhang zu *Wolf/Horn/Lindacher,* AGBG (4).

[150] *BGH* (U. v. 09.05.2001 – IV ZR 121/00), NJW 2001, S. 2014 ff. (2015, b)); *J. Koch,* Die Patronatserklärung, S. 209, 1. Abs.; *Tiedtke,* JZ 1998, S. 732 ff. (733);

Hauptleistungsvereinbarungen ist ausgeschlossen, da Abreden über Art, Umfang und Güte der Leistung grundsätzlich individuell getroffen werden[151]. Dem „Verwender" steht es frei, der anderen Partei ein typisiertes, gegebenenfalls auch in standardisierter Form erstelltes Angebot zu unterbreiten, das diese nach Gutdünken annehmen kann. Hauptleistungsbeschreibungen sind nach dem Verständnis des Gesetzgebers bereits keine „Vertrags*bedingungen*" im Sinne des § 305 Abs. 1 S. 1 BGB. Sie unterliegen (grundsätzlich) schon aus Gründen der Vertragsfreiheit keiner gerichtlichen Angemessenheitskontrolle[152]. Eine richterliche Inhaltskontrolle wäre auch schwerlich zu bewerkstelligen. Der Judikative disponierte über keinerlei gesetzliche Kriterien, mit Hilfe derer sie die Frage nach der Angemessenheit des Leistungsinhalts oder des für eine Leistung zu entrichtenden Entgelts entscheiden könnte[153].

### 1. Die „Anlassrechtsprechung" des Bundesgerichtshofs

Nach der „Anlassrechtsprechung" des BGH sowie der ganz herrschenden Meinung[154] unterliegen „weite Sicherungszweckerklärungen" in formularmäßigen Bürgschafts- und Schuldbeitrittsverträgen einer inhaltlichen Angemessenheitskontrolle[155]. Klauselmäßige Globalhaftungszusagen gelegentlich der Bestellung einer Sicherungsgrundschuld werden demgegenüber mangels einer von Rechtsvorschriften abweichenden oder die gesetzlichen Bestimmungen ergänzenden Regelung vielfach bereits als nicht kontrollfähig angesehen[156].

---

*Palandt-Heinrichs* (64), § 307 BGB Rn. 63, auch laufe die Inhaltskontrolle leer, da gemäß § 306 BGB an die Stelle der unwirksamen Klausel die inhaltsgleichen Gesetzesvorschriften träten; so auch *BGH,* a.a.O.

[151] *BGH* (U. v. 24.11.1988 – III ZR 188/87), BGHZ 106, S. 42 ff. (46, b)); *Bunte,* Rostocker Schriften zum Bankrecht 1998, S. 29 ff. (33/34).

[152] *Lang/Assies/Werner* (*Schebesta*), SchRMod, S. 249/250; *Palandt-Heinrichs* (64), § 307 BGB Rn. 54; vgl. auch *J. Koch,* Die Patronatserklärung, S. 209/210, der „engste Kern der Leistungszusage" werde bereits von den primären Kontrollmechanismen „Markt und Wettbewerb" erfasst. Einer zusätzlichen materiellen Angemessenheitskontrolle bedürfe es nicht.

[153] *BGH* (U. v. 24.11.1988 – III ZR 188/87), BGHZ 106, S. 42 ff. (46, b); *Bunte,* Rostocker Schriften zum Bankrecht 1998, S. 29 ff. (33/34); *J. Koch,* Die Patronatserklärung, S. 209, 2. Abs.

[154] *Seidel/Brink,* DB 1997, S. 1961 ff. (1963, 3.); *Siems,* JuS 2001, S. 429 ff. (431/432, 2. a)), die Erweiterung einer Bürgschaft stelle in toto eine Leistungsbeschreibung der Bürgschaft und nicht die Hauptverpflichtung selbst dar.

[155] *Reinicke/Tiedke,* Kreditsicherung (4), S. 146 Rn 409.

[156] Für den Bereich der Sicherungsgrundschuld ist dieser Prüfungsschritt oftmals ausgelassen worden, vgl. *Weber* in: Rostocker Schriften zum Bankrecht, Heft 4, S. 65 ff. (76/77).

### a) „Weite" Sicherungszweckerklärungen als bloße Nebenbestimmung

Die Einschätzung der bundesgerichtlichen Rechtsprechung zu der Frage nach dem Charakter einer „weiten" Sicherungszweckerklärung als Hauptleistungsbeschreibung oder als bloße Nebenbestimmung hat sich im Laufe der Zeit um 180 Grad gewandelt[157]. Während der BGH zunächst in sämtlichen Entscheidungen ohne nähere Ausführungen unterstellt hat, bei formularvertraglichen Zweckerklärungen zum Haftungsumfang eines Sicherungsmittels handelte es sich um die Beschreibung der sicherungsvertraglichen Hauptleistung[158], steht er seit der Leitentscheidung vom 18. Mai 1995 auf dem Standpunkt, die Zweckerweiterungsklausel beschreibe keine Hauptleistungspflicht[159]. Letzteres träfe nur zu, so der BGH, wenn die Zweckerklärung unteilbar wäre, wovon angesichts der verschiedenen verbürgten Forderungen nicht ausgegangen werden könne. Die Hauptleistung des Bürgen bestehe in der Übernahme der Bürgschaft für die „Anlassforderung". Die klauselmäßige Abrede, dass auch andere Hauptschulden von der Bürgschaftszusage gedeckt werden, sei eine diese Hauptpflicht erweiternde Nebenabrede[160]. Die Möglichkeit einer Inhaltskontrolle könne dabei nicht von dem zufälligen Ergebnis abhängen, ob Haupt- und Nebenverpflichtung in dem Bürgschaftsvertrag zusammen oder separat ausgewiesen sind[161].

Formularmäßige „weite" Sicherungszweckerklärungen sind nach deutlich überwiegender Auffassung somit keine einer Angemessenheitskontrolle a priori entzogenen Hauptleistungsbeschreibungen.

### b) Existenz eines rechtlichen Prüfungsmaßstabs

Um als Nebenabrede kontrollfähig zu sein, muss überdies eine Abweichung von oder die Ergänzung zu einer Rechtsvorschrift zu konstatieren sein.

---

157 *Wagenknecht* in: *BuB* Rn. 4/1049a, 4/1052b; siehe auch *Diedrichsen,* Jura 1999, S. 229 ff. (230, b), 231, c)); *Fullenkamp,* GmbHR 2003, S. 654 ff. (655, 2.); *Kreft,* WM 1997, Sonderbeilage Nr. 5, S. 10.

158 *BGH* (U. v. 10.11.1989 – V ZR 201/88), BGHZ 109, S. 197 ff. (200, c)); aA *OLG Rostock* (U. v. 18.01.2001 – 1 U 64/99, rkr.), WM 2001, S. 1377 ff. (1378, (2)).

159 *BGH* (U. v. 18.05.1995 – IX ZR 108/94), BGHZ 130, S. 19 ff. (31/32, 3. a)); ebenso *Tiedtke,* ZIP 1994, S. 1237 ff. (1242/1243, VI./VII.); wieder anders *Reinicke/ Tiedtke,* WiB 1996, S. 505 ff. (509, V. 1.), die Haftung für die bestehenden Forderungen sei regelmäßig die Hauptleistung, diejenige für die künftigen Forderungen eine Nebenabrede.

160 Ebenso *Brambring,* S. 72, 4.; *MüKo-Habersack* (4), § 765 Rn. 73; *Otten,* S. 309 Rn. 816; *Reinicke/Tiedke,* Kreditsicherung (4), S. 146 Rn 409; *Staudinger-Horn* (1997), § 765 Rn. 25, 50, der dies entgegen dem BGH aber nicht annehmen möchte, wenn eine formularmäßige „Globalbürgschaft" nicht aus Anlass eines konkreten Geschäfts übernommen wird (Rn. 51).

161 *BGH* (U. v. 18.05.1995 – IX ZR 108/94), BGHZ 130, S. 19 ff. (32, 1. Abs.).

„Rechtsvorschriften" im Sinne des § 307 Abs. 3 S. 1 BGB, von denen zwecks Eröffnung einer uneingeschränkten Kontrollmöglichkeit abgewichen werden muss, sind herrschender Meinung zufolge alle gültigen Gesetze im materiellen Sinne, das heißt Gesetze, Verordnungen und Satzungen, aber auch ungeschriebene allgemeine Rechtsgrundsätze, Richterrecht und die Gesamtheit der sich aus der Natur des jeweiligen Vertrages ergebenden wesentlichen Rechte und Pflichten, die mittels ergänzender Vertragsauslegung zu ermitteln sind[162]. Intention dieser äußerst weiten Interpretation ist es, auch bei gesetzlich nicht besonders geregelten Vertragstypen eine inhaltliche Angemessenheitskontrolle zu ermöglichen[163]. Aus Sicht des Gesetzgebers sollen prinzipiell alle AGB-Bestimmungen einer Angemessenheitskontrolle unterliegen[164].

#### aa) Bürgschaft und Mitschuld

Bei seiner Suche nach einem geeigneten Rechtsmaßstab für die Bürgschaft (und die Mitschuld) hat der 9. Senat sich zunächst äußerst schwer getan[165]. Die Entscheidungsgründe der ersten „Anlassurteile" schließen mit der resignativen Bemerkung, die Parteien wären durch die „weite" Sicherungsabrede nicht von einer Rechtsvorschrift abgewichen. Sie hätten eine solche auch nicht ergänzt, sondern nur von den Möglichkeiten Gebrauch gemacht, die das Gesetz ihnen in § 765 BGB böte[166]. Anders als bei der Bestellung einer Grundschuld, entspreche die Haftung eines Bürgen für die Schuld eines Dritten in deren jeweiliger Höhe dem Gesetz. Ein Bürge hafte immer für fremde Schulden. Erwägungen zu seinen Gunsten müssten daher aus gesetzlichen sowie aus teleologischen Gründen, anders als vielleicht bei einem Grundstückseigentümer, außer Acht bleiben[167].

---

[162] *BGH* (U. v. 10.12.1992 – I ZR 186/90), BGHZ 121, S. (18, b)); *Erman-Roloff* (11), § 307 Rn. 39; *Lang/Assies/Werner* (*Schebesta*), SchRMod, S. 246, 2.; *MüKo-Basedow* (4), § 307 Rn. 7; *Palandt-Heinrichs* (64), § 307 BGB Rn. 64.

[163] *Erman-Roloff* (11), § 307 Rn. 39.

[164] *Brambring,* S. 64; *Erman-Roloff* (11), § 307 Rn. 39.

[165] Ebenso *Bydlinski,* ÖBA 1999, S. 93 ff. (97–99, (2)), der angesichts des Fehlens einer der deutschen Vorschrift des § 767 Abs. 1 S. 3 BGB vergleichbaren Norm im österreichischen Recht aus der Gesamtheit der bürgenschützenden Normen ein der BGH-Rechtsprechung entsprechendes gesetzliches Leitbild konstruiert.

[166] *BGH* (U. v. 06.12.1984 – IX ZR 115/83), ZIP 1985, S. 267 ff. (268, II. 2.), da der im Bürgschaftsformular umschriebene Umfang der Hauptverpflichtung nicht von den Rechtsvorschriften der §§ 765 ff. BGB abweiche oder sie ergänze, gölten die Vorschriften über die Inhaltskontrolle nicht; *BGH* (U. v. 07.11.1985 – IX ZR 40/85), WM 1986, S. 95 ff. (96, II. 1.), die Bürgschaftsverpflichtung sei daher keiner Inhaltskontrolle nach §§ 9–11 AGBG unterworfen; *BGH* (U. v. 04.06.1987 – IX ZR 31/86), WM 1987, S. 924 f. (925, b) aa)); *BGH* (U. v. 06.12.1984 – IX ZR 115/83), WM 1985, S. 155 ff. (156, II 2.); vgl. auch *BGH* (U. v. 18.05.1995 – IX ZR 108/94), BGHZ 130, S. 19 ff. (32, 1. Abs.).

Seit der richtungweisenden Entscheidung des 9. Zivilsenats vom 18. Mai 1995[168] entspricht es für die Bürgschaft (und im Anschluss daran auch für den Schuldbeitritt) dagegen ganz herrschender Meinung, dass in Bürgschaftsformularen vorgedruckte Haftungsausdehnungen hinsichtlich der *künftig* entstehenden Hauptschulden dem gesetzlichen Leitbild des § 767 Abs. 1 S. 3 BGB widersprechen[169]. Der BGH hat in dieser Entscheidung angekündigt, der Regelung des § 767 Abs. 1 S. 3 BGB – anders als früher – fortan das *Erfordernis einer Begrenzung der Bürgschaft* entnehmen zu wollen. Indem die Norm vorsehe, dass die Bürgen*verpflichtung nicht* durch ein Rechtsgeschäft *erweitert* wird, das der Hauptschuldner im Anschluss an die Bürgschaftsübernahme tätigt, *setze das Gesetz zum Schutze des Bürgen eine summenmäßige Begrenzung der Hauptschuld als selbstverständlich voraus*[170].

Das Postulat einer summenmäßigen Begrenzung ist in den Folgeurteilen im Sinne einer Individualisierung der abgesicherten Forderungen nach Grund und Höhe „präzisiert" worden[171]. Dem Leitgedanken des § 767 Abs. 1 S. 3 BGB zuwider, so die aktuelle Argumentation des BGH, begründe die klauselmäßige Haftungserstreckung für einen Bürgen, der die Entstehung und ordnungsgemäße Tilgung neuer Schulden nicht beeinflussen kann, ein unabsehbares und unbeherrschbares Risiko, das für ihn zu einer untragbaren Belastung führen könne[172]. Müsste er auch für alle künftigen Hauptschulden einstehen, könnte sich seine Haftung unversehens auf ein Vielfaches dessen belaufen, womit er schlimmstenfalls gerechnet hätte[173]. Dadurch drohte ihm unter Umständen der

---

167 *BGH* (U. v. 07.11.1985 – IX ZR 40/85), WM 1986, S. 95 ff. (96/97, 1.), unter Bezugnahme auf die Leitentscheidung des „Grundschuldsenats" vom 29.01.1982 (Az.: V ZR 82/81).

168 *BGH* (U. v. 18.05.1995 – IX ZR 108/94), BGHZ 130, S. 19 ff. (32, 1. Abs.).

169 *BGH* (U. v. 29.03.2001 – IX ZR 20/00), WM 2001, S. 1517 ff. (1518, II. 1.); dem folgend *BAG* (U. v. 27.04.2000 – 8 AZR 286/99), NJW 2000, S. 3299 ff. (3301, dd)); zustimmend aus der Literatur *Meinhardt,* Beendigung der Haftung, S. 22–24; *MüKo-Habersack* (4), § 765 Rn. 73.

170 *BGH* (U. v. 18.05.1995 – IX ZR 108/94), BGHZ 130, S. 19 ff. (26/27), (Hervorh. durch Verf.); zustimmend *Seidel/Brink,* DB 1997, S. 1961 ff. (1962, 2. Abs.).

171 Siehe nur *BGH* (U. v. 02.07.1998 – IX ZR 255/97, ZIP 1998, S. 1349 ff. (1350, 1. Abs.); *BAG* (U. v. 27.04.2000 – 8 AZR 286/99), NJW 2000, S. 3299 ff. (3301, cc)).

172 *BGH* (U. v. 18.05.1995 – IX ZR 108/94), BGHZ 130, S. 19 ff. (33, aa)); *BGH* (U. v. 18.01.1996 – IX ZR 69/97), BGHZ 132, S. 6 ff. (8/9, II. 1.); *BGH* (U. v. 07.03.1996 – IX ZR 43/95), WM 1996, S. 766 ff. (768/769, a)); *BGH* (U. v. 15.04. 1997 – IX ZR 112/96), WM 1997, S. 1045 ff. (1048, a)); *BGH* (U. v. 13.11.1997 – IX ZR 289/96), BGHZ 137, S. 153 ff. (155/156, 1.); *BGH* (U. v. 24.09.1998 – IX ZR 425/97), WM 1998, S. 2186 ff. (2187, b)); *BGH* (U. v. 15.07.1999 – IX ZR 243/98), BGHZ 142, S. 213 ff. (215/216); *BGH* (U. v. 28.10.1999 – IX ZR 364/97), BGHZ 143, S. 95 ff. (97, 1. Abs.); *BGH* (U. v. 29.03.2001 – IX ZR 20/00), WM 2001, S. 1517 ff. (1518, II. 1.); im Ergebnis ebenso *BGH* (U. v. 30.09.1999 – IX ZR 287/98), WM 1999, S. 2251 ff. (2252, 2. a)); dem folgend *BAG* (U. v. 27.04.2000 – 8 AZR 286/99), NJW 2000, S. 3299 ff. (3301, bb)).

Ruin. Vor diesen Folgen solle er durch § 767 Abs. 1 S. 3 BGB bewahrt werden[174] Ohne sein Einverständnis solle er nach dieser Vorschrift nicht Gefahr laufen, durch unkontrollierbare Maßnahmen Dritter in eine unübersehbare Haftung zu geraten[175]. Durch die Ausdehnung der Haftung auf alle zukünftigen Forderungen des Gläubigers werde von dem in § 767 Abs. 1 S. 3 BGB niedergelegten Fremddispositionsverbot abgewichen[176]. Die Möglichkeit einer unübersehbaren Haftungsausweitung durch rechtsgeschäftliches Handeln Dritter beeinträchtige in gesetzeswidriger Weise die Privatautonomie des Bürgen[177] bzw. verstoße gegen das in § 767 Abs. 1 S. 3 BGB festgeschriebene „gesetzliche Verbot der Fremddisposition“[178].

Da dieses Verbot, wie oben festgestellt[179], auch zu Gunsten eines „externen“ Ausstattungsschuldners gilt, müsste der BGH Erstreckungsklauseln in Patronatsverträgen zumindest anhand des § 307 Abs. 2 Ziff. 1 AGBG einer Wirksamkeitskontrolle unterziehen[180].

### bb) Pfandrecht

Für das Pfandrecht an einem schuldnerfremden Gegenstand enthält § 1210 Abs. 1 S. 2 BGB eine mit § 767 Abs. 1 S. 3 BGB korrespondierende Regelung[181]. Nachdem es in Abs. 1 der Norm mit Blick auf die Akzessorietät des Pfandrechts heißt: „Das Pfand haftet für die Forderung in deren jeweiligem Be-

---

173 Vgl. auch *Bülow,* Recht der Kreditsicherheiten (6), S. 274 Rn. 913.

174 Im Ergebnis ebenso *Ehricke,* WM 2000, S. 2177 ff. (2180, 2. a)).

175 *BGH* (U. v. 18.05.1995 – IX ZR 108/94), BGHZ 130, S. 19 ff. (33, aa)).

176 *BGH* (U. v. 15.07.1999 – IX ZR 243/98), BGHZ 142, S. 213 ff. (215/216); im Ergebnis ebenso *BGH* (U. v. 13.06.1996 – IX ZR 229/95), WM 1996, S. 1391 ff. (1392, 1. a)), im Anschluss an *Berninghaus,* BB 1986, S. 206 ff. (211, „Zusammengefasst“, bb)): „Man könnte sagen, dass der Tatbestand des § 767 Abs. 1 S. 3 BGB letztlich ein gesetzliches Beispiel für den Grundsatz der Unwirksamkeit von Verträgen zu Lasten Dritter ist“; *Meinhardt,* Beendigung der Haftung, S. 22, 24, 1. Abs.

177 *BGH* (U. v. 18.05.1995 – IX ZR 108/94), BGHZ 130, S. 19 ff. (26/27); *BGH* (U. v. 13.06.1996 – IX ZR 229/95), WM 1996, S. 1391 ff. (1392, 1. b)); *BGH* (U. v. 13.11.1997 – IX ZR 289/96), BGHZ 137, S. 153 ff. (156, 1. Abs.).

178 *BGH* (U. v. 18.01.1996 – IX ZR 69/97), BGHZ 132, S. 6 ff. (9, 2.); *BGH* (U. v. 13.06.1996 – IX ZR 229/95), WM 1996, S. 1391 ff. (1392, 1. a)); *BGH* (U. v. 28.10.1999 – IX ZR 364/97), BGHZ 143 ff., S. 95 ff. (96/97, 1. a)); *OLG Brandenburg* (U. v. 13.11.2001 – 1 U 53/01), WM 2002, S. 171 ff. (175, II.); *Fischer,* WM 2000, S. 14 ff. (16, II. 1.); siehe auch *Bülow,* Recht der Kreditsicherheiten (6), S. 273/274 Rn. 913.

179 Gliederungspunkt III. 2. b).

180 AA *KG Berlin* (U. v. 18.01.2002 – 14 U 3416/00, rkr.), WM 2002, S. 1190 f., (1191, 2. Spalte): „Eine Inhaltskontrolle der Patronatserklärung nach § 9 AGBG scheidet schon deswegen aus, weil durch diese gesetzlich nicht geregelte Vereinbarung nicht von Rechtsvorschriften abgewichen wird oder ergänzende Regelungen hierzu vereinbart werden.“

stand, insbesondere auch für Zinsen und Vertragsstrafen", führt Satz 2 in seinen wesentlichen Passagen identisch mit dem (vermeintlich) „bürgschaftsspezifischen" Fremddispositionsverbot fort: „Ist der persönliche Schuldner nicht der Eigentümer des Pfandes, *so wird durch ein Rechtsgeschäft, das der Schuldner nach der Verpfändung vornimmt, die Haftung nicht erweitert.*" Nach der höchstrichterlichen *Konzeption* kann die Kontrollfähigkeit einer formularmäßigen „Global-Pfandrechtsbestellung" mithin nicht ernsthaft zweifelhaft sein.

#### cc) Sicherungsgrundschuld

Inhalt und Umfang der schuldrechtlichen Zweckbindung einer Grundschuld sind demgegenüber nicht gesetzlich festgelegt. Aus Sicht des BGH existiert kein gesetzliches Leitbild, von dem die Erstreckungsklausel abweichen könnte und an dem sie sich messen lassen müsste. Abreden zur Festlegung des Sicherungszwecks einer Grundschuld sollen daher gemäß § 307 Abs. 3 BGB einer Prüfung anhand der Absätze 1 S. 1 und 2 entzogen sein[182].

## 2. Eigene Meinung

Beide Grundüberlegungen der „Anlassrechtsprechung" sind verfehlt.

### *a) „Weite" Sicherungszweckerklärungen als primäre Hauptleistungsbeschreibung*

Hier vertretener Meinung zufolge ist die „weite" Sicherungszweckerklärung keine die Hauptleistungspflicht „Absicherung der Anlassforderung" erweiternde Nebenabrede, sondern die unmittelbare Beschreibung der von dem Sicherungsgeber geschuldeten Hauptleistung[183]. Die Erstreckungsklausel legt unmittelbar fest, in welchem Umfang der Sicherungsgeber persönlich oder dinglich einstandspflichtig ist. Über die „Anlassforderung(en)" hinaus soll der Sicherungsgeber alle bereits vorhandenen und noch entstehenden Forderungen des Gläubi-

[181] Anders *Lettl,* JA 2004, S. 238 ff. (240, 1. Abs. a.E.), § 767 Abs. 1 S. 3 BGB finde weder in den §§ 1113 ff. BGB noch in den §§ 1204 ff. BGB eine Entsprechung; *Lwowski,* Kreditsicherung (8), S. 162, 2. Abs., für die fiduziarischen Sachsicherheiten gebe es keine dem Bürgschaftsrecht entsprechende gesetzliche Regelung.

[182] *BGH* (U. v. 20.03.2002 – IV ZR 93/01), WM 2002, S. 1117 ff. (1118, a)), noch zu §§ 8, 9 AGBG; *Freckmann,* BKR 2005, S. 167 ff. (174, e) aa) (1)); *Hoepner,* BKR 2002, S. 1025 ff. (1027, 2. Abs.); ebenso *Wenzel*, Sicherung durch Grundschulden, S. 221 Rn. 2322; *ders.* in: *BuB* (2003), Rn. 4/2322.

[183] Ebenso *Brandt,* S. 177, 3. Abs.; *Bydlinski,* ÖBA 1999, S. 93 ff. (99, (4)), für das österreichische AGB-Recht. Entgegen *Reinicke/Tiedtke,* WiB 1996, S. 505 ff. (509, V. 1.), ist die Haftung für die künftigen Forderungen auch nicht Nebenabrede der Haftung für die bestehenden Forderungen (als Hauptleistung).

gers gegenüber dem Hauptschuldner absichern. Rein rechtlich existiert zwar nur ein einziger Sicherungsvertrag, vermöge der Erstreckungsklausel bezieht sich das Sicherungsversprechen aber auf jede einzelne der abgesicherten Forderungen. Die *Gesamtzusage* lässt sich ohne weiteres – gedanklich wie rechtlich – in eine Vielzahl verschiedener Sicherungsversprechen zur Absicherung jeder einzelnen Forderung aufteilen. Sämtliche abgesicherten Forderungen stehen gleichberechtigt nebeneinander. Zwischen ihnen besteht kein Stufenverhältnis im Sinne einer Hauptleistungspflicht „Absicherung der Anlassforderung(en)" und einer Nebenleistungspflicht „Absicherung aller übrigen Forderungen". Auch wenn die Vielzahl an Sicherungszusagen schuldrechtlich in einer Gesamtzusage zusammengefasst ist, ändert dies nichts daran, dass die Verpflichtung zur Absicherung jeder einzelnen Forderung eine eigenständige, von dem Gläubiger isoliert zu beanspruchende Hauptleistungspflicht ist. Die Erstreckungsklausel führt zu einer *Kumulation* unendlich vieler aktueller wie potenzieller Hauptleistungs*pflichten*. Wie der Verkäufer eines Unternehmens im Wege eines asset deals[184] nicht nur die Übereignung des Betriebsgrundstücks schuldet, erschöpft sich die Hauptleistungspflicht eines „Anlasssicherungsgebers" nicht in der Haftung für die „Anlassforderung". Gegenstand eines Unternehmenskaufvertrages ist das Unternehmen als solches, als Sach- und Rechts*gesamtheit*[185]. In Erfüllung der kaufvertraglichen Pflicht hat der Veräußerer eine Unmenge an verschiedenen Rechtshandlungen vorzunehmen. Hinsichtlich jedes einzelnen Unternehmensgegenstandes muss er eine separate Verfügung zu Gunsten des Erwerbers treffen[186]. Die Hauptleistungspflicht „Übertragung des Unternehmens" ist erst erfüllt, wenn das Recht an jedem einzelnen Unternehmensgegenstand von dem Veräußerer auf den Erwerber übergegangen ist[187]. Nicht anders verhält es sich mit der globalen Haftungszusage. Die Hauptleistungspflicht des Sicherungsgebers bezieht sich unterschiedslos auf alle Forderungen des Gläubigers im Hauptschuldverhältnis. Seine Pflicht als Sicherungsgeber dauert an, solange auch nur eine Hauptschuld besteht oder zur Entstehung gelangen kann. Die von der herrschenden Meinung befürwortete Zerlegung der einheitlichen Sicherungs-

---

[184] Zur Unterscheidung zwischen „share deal" und „asset deal", *Triebel/Hölzle,* BB 2002, S. 521 ff. (522, III. 1.); *Wunderlich,* WM 2002, S. 981 ff. (981, A.).

[185] Im Zweifel einschließlich der zugehörigen Werte und Güter wie Kundenstamm, Standing, Firma, Wettbewerbsrechte, Know-How, etc., vgl. *Palandt-Putzo* (64), § 453 Rn. 7; *Triebel/Hölzle,* BB 2002, S. 521 ff. (525, aa)); *Wunderlich,* WM 2002, S. 981 ff. (981, B.).

[186] Dem sachenrechtlichen Einzelübertragungserfordernis (Spezialitätsprinzip) kann allerdings auch durch Verwendung einer Sammelbezeichnung Genüge getan werden, die den Übertragungswillen auf alle betroffenen Gegenstände ausdehnt und diese jeweils eindeutig kennzeichnet (sachenrechtlicher Bestimmtheitsgrundsatz), *BGH* (U. v. 13.01.1992 – II ZR 11/91), NJW 1992, S. 1161 f. (1161/1162); *Palandt-Bassenge* (64), § 929 Rn. 4 i. V. m. § 930 Rn. 3, vgl. auch *Palandt-Heinrichs* (64), § 398 Rn. 15.

[187] Und das Unternehmen insgesamt mangelfrei ist, *Triebel/Hölzle,* BB 2002, S. 521 ff. (522, III. 1., 525, aa)), m. w. N.

zusage in eine Haupt- und eine Nebenabrede gründet auf rein formalen Erwägungen. Nur weil die „weite" Sicherungsabrede rein äußerlich des Öfteren untergeordneter Bestandteil des „Anlasssicherungsvertrages" ist, soll es sich bei ihr um eine Nebenabrede handeln[188]. Für die Einordnung des Sicherungsversprechens als Haupt- oder Nebenleistung kann es aber keinen Unterschied machen, ob über jede einzelne Forderung ein separater Sicherungsvertrag geschlossen wird oder ob der Sicherungsgeber die Absicherung sämtlicher Forderungen in einer einheitlichen Erklärung „global" verspricht. Die Sicherungszweckerklärung ist integraler Bestandteil der Hauptleistungsbeschreibung, egal ob die „Anlassforderung(en)" formell in der Erstreckungsklausel aufgeht(/en) oder ob sie in dem Vertragsformular separat neben der „weiten" Sicherungszweckerklärung aufgeführt ist/sind. Die konkrete, von Zufälligkeiten abhängige Ausgestaltung des Sicherungsformulars ist in der Tat bedeutungslos.

Dass die Einschätzung des BGH, bei der „weiten" Sicherungszweckerklärung handele es sich um eine bloße Nebenabrede des „Anlasssicherungsvertrages" auch nach seiner eigenen Rechtsüberzeugung nicht stimmig ist, zeigt sein gegenteiliger Ausgangsstandpunkt[189].

### *b) Fehlender Verstoß gegen das Verbot der Fremddisposition*

Des Weiteren ist die herrschende Annahme, „weite Sicherungszweckerklärungen" in einem Bürgschafts- oder Schuldbeitrittsformular wichen in gesetzesinkonformer Weise von dem „bürgschaftsspezifischen Fremddispositionsverbot" des § 767 Abs. 1 S. 3 BGB ab, verfehlt.

#### aa) Deklaratorische Klarstellungsfunktion des § 767 Abs. 1 S. 3 BGB

Der historische Gesetzgeber hat den behaupteten Schutz zu Gunsten eines Bürgen in § 767 Abs. 1 S. 3 BGB überhaupt nicht vorgesehen[190]. Die eigentliche Bedeutung der Vorschrift liegt nicht darin, die Wirkung sämtlicher, die

---

[188] Überzeugender wäre es, separat aufgeführte „Anlassforderungen" als überflüssigen, rein deklaratorischen Bestandteil der umfassenden Sicherungszusage anzusehen.

[189] Vgl. auch die widersprüchliche Äußerung von *Wagenknecht* in: *BuB*, Rn. 4/1049d (i. V. m. 4/1049a).

[190] *Reinicke/Tiedtke*, WiB 1996, S. 505 ff. (509/510, 4.); *dies.*, Kreditsicherung (4), S. 147 Rn 411, werfen dem BGH zu Recht „Normerschleichung" vor. Der BGH entnehme dem § 767 Abs. 1 S. 3 BGB mehr, als der Gesetzgeber in ihn hineingelegt habe; ebenfalls zweifelnd *Bydlinski*, WuB I F 1 a. – 1.99, S. 38 ff. (38/39, 40, 6.). Von einer „Präzisierung der den Bürgen schützenden Bestimmung des § 767 Abs. 1 S. 3 BGB" (so *Lang*, EWiR 2001, S. 315 f. (316, 3.3)), kann also keine Rede sein. Dass der Norm „zunehmend eine grundsätzliche Leitbildfunktion für die gesamte Bürgenhaftung zukommt" (*Lang*, a. a. O.), ist bedauerlich; siehe auch *Masuch*, BB 1998, S. 2590 ff. (2592/2593, aa)/bb)).

Haftung des Bürgen nach Abschluss des Bürgschaftsvertrages potenziell ausdehnender Rechtsgeschäfte im Hauptschuldverhältnis auf dieses Verhältnis zu beschränken[191], sondern sie besteht darin, das Verhältnis von Akzessorietätsprinzip und Fremddispositionsverbot klarzustellen[192]. Die Norm wirkt der Annahme entgegen, dass sich nachträgliche rechtsgeschäftliche Erweiterungen der abgesicherten Hauptschuld akzessorietätsbedingt „automatisch" auf die akzessorische Bürgenschuld erstrecken[193]. Die Vorschrift des § 767 Abs. 1 S. 3 BGB beinhaltet insofern eine „echte" Ausnahme von der strikten Akzessorietät der Bürgenschuld, als sie die Haftung des Bürgen entsprechend dem „allgemeinen" Fremddispositionsverbot auf den Umfang der bei Bürgschaftsübernahme *besicherten Forderung(en)* begrenzt. Die Regelung stellt klar, dass die Akzessorietät der Bürgschaft nicht so ausgeprägt ist, dass eine nachträgliche rechtsgeschäftliche Ausdehnung der Hauptschuld über den zunächst vereinbarten Sicherungsumfang hinaus automatisch auch die Bürgenschuld erweitern würde[194]. Ausgehend von dem „Regelfall", dass der Bürgschaftsvertrag eine ganz bestimmte Hauptschuld absichert[195], verdeutlicht die Norm des § 767 Abs. 1 S. 3 BGB, dass ein die Hauptschuld nachträglich erweiterndes Rechtsgeschäft des Hauptschuldners die *übernommene Verpflichtung* des Bürgen trotz ihrer generellen Abhängigkeit von dem jeweiligen Bestand der Hauptschuld nicht vergrößert[196].

Die Formulierung des § 767 Abs. 1 S. 3 BGB ist zwar nicht ganz eindeutig, sie lässt aber bereits darauf schließen, dass nur eine Erweiterung der anfänglich übernommenen *Verpflichtung, nicht* aber auch des *jeweiligen Haftungsumfangs* durch Dritte unwirksam sein soll. Die Gesetzessystematik und die zugehörigen

---

[191] Was die Konsequenz der herrschenden Meinung wäre; vgl. nur *Meinhardt,* Beendigung der Haftung, S. 22 a.E.; ebenfalls kritisch *Erman-Herrmann* (11), § 765 Rn. 3, 2. Abs.; ähnlich *Ehricke,* WM 2000, S. 2177 ff. (2178/2179, a/b)), der den Bürgen durch § 767 Abs.1 S. 1 BGB aber vor einem nicht durch die Tilgung der Hauptschuld abzuwendendem Anwachsen seiner Schuld geschützt wissen will (2179, 1. Abs.); aA *BGH* (U. v. 18.05.1995 – IX ZR 108/94), BGHZ 130, S. 19 ff. (26/27).

[192] Ebenso *Eusterhus,* Akzessorietät, S. 24, (3); *Reinicke/Tiedtke,* DB 1995, S. 2301 ff. (2303, b); *dies,* WiB 1996, S. 505 ff. (509, 4.); *Tiedtke,* ZIP 1997, S. 1949 ff. (1951, 2. Abs.); *ders.,* DNotZ 2001, S. 627 ff. (629, 2. Abs.); ausdrücklich aA *Bydlinski,* WM 1992, S. 1301 ff. (1305), wolle man die Bestimmung nicht bloß als unnötige Wiederholung des Grundsatzes der Unwirksamkeit von Verträgen zu Lasten Dritter verstehen, scheine ihr bereits de lege lata das Überschaubarkeitsprinzip zugrunde zu liegen.

[193] *Reinicke/Tiedke,* Kreditsicherung (4), S. 146/147 Rn 410.

[194] *Reinicke/Tiedtke,* WiB 1996, S. 505 ff. (509, 4.); *dies.,* Kreditsicherung (4), S. 146/147 Rn 410. Dazu, dass die Norm im Umfang ihrer Akzessorietät auch für die harte Patronatserklärung entsprechend gilt, s.o., Gliederungspunkt III. 2. b).

[195] *Horn,* EWIR 1986, S. 671 f. (672, 3.1).

[196] *Reinicke/Tiedtke,* DB 1995, S. 2301 ff. (2303, b); *Tiedtke,* ZIP 1997, S. 1949 ff. (1953, 3.4); *ders.,* JZ 1998, S. 732 ff. (733); *ders.,* DNotZ 2001, S. 627 ff. (629, 2. Abs.).

Materialien bestätigen diese These[197]. Die Norm des § 767 Abs. 1 S. 3 BGB dürfte auf der lebensnahen Unterstellung beruhen, dass ein Bürge sich – zumindest konkludent und mangels einer anders lautenden Zusage – nur im Umfang des anfänglichen Bestandes *der* (*einen*[198]*!*) von ihm abgesicherten *Forderung* verpflichten *möchte*. Bei Absicherung eines Kontokorrentkredits wird deshalb im Allgemeinen davon ausgegangen, dass die Bürgenschuld sich auf den am Tage der Bürgschaftserklärung bestehenden Saldo beschränkt, es sei denn, die Gesamtumstände des Vertragsschlusses lassen darauf schließen, dass die Bürgschaft auch der Abdeckung künftiger Saldenerhöhungen dient[199]. Dass es einem Bürgen möglich ist, sich simultan für *mehrere* Verbindlichkeiten zu verbürgen, ist dabei ebenso unumstritten wie die Möglichkeit der Besicherung einer *künftigen* und *bedingten* Verbindlichkeit (siehe § 765 Abs. 2 BGB)[200]. Bürgschaften für *mehrere künftige,* noch *ungewisse Hauptschulden* sind also möglich[201]. Dass der Bürge deren Umfang nach dem gesetzgeberischen Willen übersehen oder beeinflussen können muss, ist durch nichts belegt[202]. Die gesetzliche Mitver-

---

197 Siehe die umfangreichen Nachweise in Fn 207 sowie u. a. *Tiedtke,* ZIP 1997, S. 1949 ff. (1951, 2. Abs. i. V. m. Fn. 14); aA, ohne seine Behauptung zu belegen, *BGH* (U. v. 24.06.1997 – XI ZR 288/96), WM 1997, S. 1615 f. (1616, 2.), Wortlaut, Entstehungsgeschichte und Normzweck der Ausnahmevorschrift des § 767 Abs. 1 S. 3 BGB sprächen eindeutig dafür, dass die Vorschrift geschaffen worden sei, um den Bürgen vor dem unkalkulierbaren Risiko einer späteren Haftungsausdehnung und vor dem Verlust seines später hinzu erworbenen Vermögens durch Dispositionen im Hauptschuldverhältnis zu schützen.

198 Vgl. nur *Motive II,* § 672, S. 664/665 = *Mugdan II,* § 672, S. 371: „Die Vorschrift des Entwurfes, dass der Bürge ... für die Erfüllung *der Hauptverbindlichkeit* ...“; „Das Prinzip des Entwurfs bedarf aber der ... Beschränkung, dass die Haftung des Bürgen sich nicht auf solche Erweiterungen und Änderungen *der Hauptverbindlichkeit* erstreckt ...“. Die Bürgschaftsnormen beziehen sich durchweg nur auf eine singuläre Hauptschuld – vgl. etwa § 765 Abs. 1 („ ... für die Erfüllung *der Verbindlichkeit* ... einzustehen.“), Abs. 2 („... für *eine* künftige oder *eine* bedingte *Verbindlichkeit* ...“), § 767 Abs. 1 S. 1 („... Bestand *der Hauptverbindlichkeit* maßgebend“) – was erstaunlicherweise schon in mehrerlei Hinsicht für Auslegungsschwierigkeiten gesorgt hat (siehe nur oben zur Bestimmtheit, Kapitel 9, A. II.); *Horn,* EWIR 1986, S. 671 f. (672, 3.1).

199 Vgl. Gliederungspunkt V. 1. a) aa) (1) (b), (i. V. m. Gliederungspunkt III. 1.).

200 *MüKo-Habersack* (4), § 765 Rn. 66/67; *Palandt-Sprau* (64), § 765 BGB Rn. 19; *Thelen,* DB 1991, S. 741 ff. (741/742, 2.).

201 *Thelen,* DB 1991, S. 741 ff. (742, 2. Abs.). Das Argument *Bydlinskis,* WM 1992, S. 1301 ff. (1305), bei Schaffung des § 765 Abs. 2 BGB sei v. a. an *einzelne* Forderungen gedacht worden, weshalb die Bestimmung für sich allein kein Argument für die Wirksamkeit unbeschränkter Globalbürgschaften liefere, ist korrekt, für sich allein aber nicht stichhaltig (dazu sogleich). Dass die Formvorschrift des § 766 S. 1 BGB dem Autor zuwider noch nicht einmal „in gewisser Weise“ für die Beachtlichkeit eines Überschaubarkeitsprinzips spricht, ist im vorhergehenden Kapitel bereits deutlich geworden (Kapitel 9, A. II.).

202 Siehe auch *Masuch,* BB 1998, S. 2590 ff. (2592/2593, aa)/bb)); *Soergel-Wolf* (13), Vor § 145 Rn. 40, da die Regelung künftiger Verhältnisse zu den Hauptaufgaben vertraglicher Vereinbarungen zähle, könne die fehlende Überschaubarkeit nur in seltenen Ausnahmefällen einen Grund für die Nichtigkeit vertraglicher Vereinbarungen bil-

pflichtung des Bürgen für die Folgen eines Verzuges oder einer schuldhaften Pflichtverletzung des Hauptschuldners (§ 767 Abs. 1 S. 2 BGB) und für die dem Gläubiger entstehenden Kündigungs- und Rechtsverfolgungskosten (§ 767 Abs. 2 BGB) sprechen klar dagegen. Der Bürge wird den (Maximal-)Umfang seiner durch die Nichtleistung der Hauptschuld(en) bedingten Bürgenschuld aufgrund dieser „Risikofaktoren" nicht einmal bei Absicherung einer bereits existenten Verbindlichkeit exakt abschätzen können. Bezieht sich die Bürgschaft auf eine künftige und bedingte Verbindlichkeit, ist die Ungewissheit noch größer, denn schließlich steht die forderungsbegründende Vereinbarung im Hauptschuldverhältnis noch aus. Auf diese kann der Sicherungsgeber regelmäßig keinen Einfluss nehmen. Die Vorschrift des § 765 Abs. 2 BGB kann daher mittelbar als Indiz für die Entbehrlichkeit einer rechtlich fundierten Einflussnahmemöglichkeit des Bürgen gewertet werden. Dass die hier vertretene Meinung von der deklaratorischen Klarstellungsfunktion[203] des § 767 Abs. 1 S. 3 BGB stimmiger ist als die mehrheitlich vorgenommene Auslegung der Norm als „bürgschaftsspezifisches Fremddispositionsverbot", lässt sich auch mit Hilfe der Gesetzesmaterialien belegen. Der erste Entwurf lautete: „Die Haftung erstreckt sich jedoch nicht auf solche Erweiterungen und Änderungen der Hauptverbindlichkeit, welche in einem nach Schließung des Bürgschaftsvertrages von dem Hauptschuldner eingegangenen Rechtsgeschäfte, *insbesondere* in einem *nach diesem Zeitpunkte* von demselben erteilten *Verzichte auf Einreden,* sich gründen." Der vorletzte Halbsatz ist später von der Redaktionskommission[204] in § 768 Abs. 2 BGB (aktueller Fassung) transferiert worden[205]. Er soll verdeutlichen, dass ein späterer Einredeverzicht des Hauptschuldners sich wegen seiner faktisch novierenden Wirkung in Abweichung von dem Akzessorietätsprinzip nicht nachteilig auf die Bürgenschuld auswirkt, da die Zusage des Bürgen diese „im rechtlichen Effekt neue Verbindlichkeit" nicht abdeckt[206]. Aus der gesamten Gesetzesbegründung geht eindeutig das Bestreben des historischen Gesetzgebers hervor, mit der Regelung eine auf dem Akzessorietätsprinzip fußende, *von dem Willen des Bürgen* aber *nicht erfasste,* rechtsgeschäftliche Haftungsausdehnung durch den Hauptschuldner zu verhindern[207].

---

den. Entgegen *Richrath/Schröter,* WuB I F 1 a. – 12.96, S. 586 ff. (587, II.), sind § 767 Abs. 1 S. 3 BGB und § 765 Abs. 2 BGB folglich keine „konkurrierenden gesetzlichen Leitbilder", deren Verhältnis zueinander schwer festzustellen wäre.

[203] Vgl. auch *Reinicke/Tiedtke,* DB 1995, S. 2301 ff. (2303, b); *Tiedtke,* ZIP 1997, S. 1949 ff. (1951, 2. Abs.), *ders.,* JZ 1998, S. 732 ff. (733).

[204] Vgl. *Protokolle II,* IV. zu § 672, S. 467 = *Mugdan II,* S. 1022, III. A: „Der rein redaktionelle Antrag 1 wurde der Redaktionskommission überwiesen".

[205] Vgl. die Gegenüberstellung bei *Mugdan II,* § 672 Abs. 2 S. 2 (Motive), § 708 Abs. 1 S. 2 (Protokolle), CXIV (Hervorh. durch Verf.).

[206] Vgl. die Wiedergabe der Motive in der nachfolgenden Fußnote. Zur Wirkung eines hauptschuldnerischen Einredeverzichts, *Palandt-Sprau* (64), § 768 Rn. 9, m. w. N.

Rechtlicher Grund dafür kann nur der als selbstverständlich vorausgesetzte *Vorrang des „allgemeinen Fremddispositionsverbots"* gewesen sein[208]. Die Vorschrift des § 767 Abs. 1 S. 3 BGB setzt das Verbot einer rechtsgeschäftlichen Disposition zu Lasten Dritter als der Rechtsordnung immanent voraus[209]. Grenze jeder akzessorischen Einstandspflicht ist das „allgemeine" Fremddispositionsverbot. Der Gläubiger kann den Sicherungsgeber nur in dem sich aus der Sicherungsabrede ergebenden Umfang in Anspruch nehmen. Einer klarstellenden Normierung hätte es insofern zwar nicht bedurft[210], der Gesetzgeber muss sich aber auch nicht darauf beschränken, „nur die absolut notwendigen Normen zu geben". Es kann ihm auch angezeigt erscheinen, „Sätze, welche zur Veranschaulichung des Rechtsverhältnisses dienen und eine größere Deutlichkeit her-

---

207 Insgesamt dazu, *Motive II,* § 672, S. 663–665 = *Mugdan II,* § 672, S. 370/371: „Nach der herrschenden Auffassung des gemeinen Rechts haftet der Bürge ... für *die* Hauptverbindlichkeit und *alle Erweiterungen und Änderungen,* welche aus derselben *nach Rechtsgrundsätzen sich entwickelt haben* (erg.: Akzessorietätsprinzip), *z. B.* zufolge einer vom Schuldner zu vertretenden *Unmöglichkeit* der Erfüllung oder des *Verzuges* des Schuldners, dagegen *nicht ohne Weiteres auch für selbständige Nebenverbindlichkeiten des Hauptschuldners,* insbesondere nicht für *Konventional*zinsen und -strafen ... Dagegen beschränkt sich der code civile auf die Bestimmung, dass die *unbestimmte Verbürgung für eine Hauptverbindlichkeit,* d.h., wenn der Bürge nicht seine Verpflichtung beschränkt hat, sich *auf alle Akzessorien der Schuld,* selbst auf die ersten Kosten der ersten Klage ... erstreckt ... Die Vorschrift des Entwurfs, dass der Bürge – selbstverständlich vorausgesetzt, dass er sich ohne Beschränkung verbürgt hat – für die Erfüllung der Hauptverbindlichkeit in deren jeweiligem Bestande und Umfange hafte (Abs. 1), und dass sich seine Haftung insbesondere auf solche Erweiterungen und Änderungen erstrecke, welche die Hauptverbindlichkeit durch Verschulden oder Verzug des Hauptschuldners erfährt (Abs. 2 Satz 1), erscheint prinzipiell gemäß dem Wesen der Bürgschaft (erg.: Akzessorietätsprinzip!) als die allein richtige ... Das Prinzip des Entwurfs (erg.: Akzesssorietätsprinzip!) bedarf aber der in allen Rechten *anerkannten* Beschränkung, dass die *Haftung* des Bürgen sich nicht auf solche *Erweiterungen und Änderungen der Hauptverbindlichkeit* erstreckt, welche in einem nach der Schließung des Bürgschaftsvertrages von dem *Hauptschuldner eingegangenen Rechtsgeschäfte, insbesondere* in einem nach jenem Zeitpunkte von dem Hauptschuldner erteilten Verzichte auf Einreden sich gründen (Abs. 2 Satz 2). *Durch ein solches Rechtsgeschäft* wird im rechtlichen Effekte eine neue Verbindlichkeit *geschlossen,* für welche einzustehen der Bürge nicht versprochen hat. Die *Haftung* müsste *durch eine* besondere Vereinbarung *übernommen werden.*" Daraus ergebe sich beispielsweise, dass der Bürge für eine vom Hauptschuldner im *Vergleich*swege versprochene andere Leistung als die ursprünglich geschuldete nicht hafte und ein Schuld*anerkenntnis* ihn nicht binde; implizit ähnlich *Ohlmeyer/Gördel,* Kreditgeschäft der Kreditgenossenschaften (10), S. 789/790.

208 Siehe auch *Tiedke,* DNotZ 2001, S. 627 ff. (629, 2. Abs.).

209 Vgl. auch *Bydlinski,* ÖBA 1999, S. 93 ff. (97, bb) (1)), die Norm könnte auch bloß als Konkretisierung des Grundsatzes zu verstehen sein, dass Verträge zu Lasten Dritte keine Wirkung entfalten.

210 *Reinicke/Tiedtke,* DB 1995, S. 2301 ff. (2303, b); *dies.,* WiB 1996, S. 505 ff. (509, 4.); *Tiedtke,* ZIP 1997, S. 1949 ff. (1951, 2. Abs.), „Diese Bestimmung dient der Klarstellung; sie versteht sich von selbst"; *ders.,* DNotZ 2001, S. 627 ff. (629, 3. Abs.); vgl. auch *Bydlinski,* WuB I F 1 a. – 1.99, S. 38 ff. (39, 1. Abs.).

beiführen, im Gesetz auszusprechen[211].“ Dieser Gesichtspunkt trifft auf § 767 Abs. 1 S. 3 BGB zu.

### bb) Unanwendbarkeit des „allgemeinen“ Fremddispositionsverbots

Ein Verstoß gegen die das „allgemeine“ Fremddispositionsverbot nur aufgreifende Vorschrift des § 767 Abs. 1 S. 3 BGB käme nur in Betracht, wenn infolge der formularmäßigen Sicherungszweckerweiterung zugleich auch das „allgemeine“ Fremddispositionsverbot verletzt würde[212]. Das ist nicht der Fall.

Nach dem „allgemeinen“ Fremddispositionsverbot beschränken sich die belastenden Wirkungen eines Rechtsgeschäfts strikt auf die an ihm Beteiligten. Die Ausdehnung nachteiliger Rechtsfolgen auf unbeteiligte Dritte verstieße gegen den Grundsatz der Privatautonomie[213]. Der Abschluss von Verträgen zu Lasten Dritter ist unstatthaft[214]. Mit einer „uneigentlichen“ Ausnahme: Die Vereinbarung erfolgt im Konsens mit dem rechtsnachteilig betroffenen Dritten[215]. Dazu muss dieser nicht unmittelbar selbst an dem eigentlichen Vertragsschluss mitwirken. Eine seinem Selbstbestimmungsrecht genügende Beteiligung kann auch darin bestehen, dass er der belastenden Vereinbarung im Vorfeld konkret oder abstrakt zustimmt[216]. Dies geschieht beispielsweise bei der Einschaltung eines Stellvertreters[217]. Die Rechtswirkungen des Vertreterhandelns treffen den vertre-

---

211 *Protokolle II,* 141. I., S. 464 = *Mugdan II,* S. 1020. letzter Abs.

212 Im Ergebnis ebenso *Tiedtke,* JZ 1998, S. 732 ff. (733); *ders.,* DNotZ 2001, S. 627 ff. (629, 2. Abs.).

213 Vgl. nur *Maunz/Dürig* (*Di Fabio*), GG, Art. 2 Abs. 1 Rn. 110; *MüKo-Gottwald* (4), § 328 Rn. 172; *MüKo-Kramer* (4), Einl. Rn. 15, 27, zur „Relativität“ des Schuldverhältnisses bzw. Forderungsrechts als „negative“ Ausprägung der Vertragsfreiheit, m. w. N.; ebenso *Neuner,* JZ 1999, S. 126 ff. (126/127, 1./2. a)); *Tiedke,* DNotZ 2001, S. 627 ff. (629, 3. Abs.).

214 *BayOblG* (B. v. 25.07.1984 (2. ZS), BReg. 2 Z 108/83), BayObLGZ 1984, S. 198 ff. (201, 1. Abs.); *Bydlinski,* WuB I F 1 a. – 1.99, S. 38 ff. (39, 1. Abs.); *Maunz/Dürig* (*Di Fabio*), GG, Art. 2 Abs. 1 Rn. 110; *Reinicke/Tiedtke,* WiB 1996, S. 505 ff. (509, 4.); vgl. auch *Tiedtke,* ZIP 1997, S. 1949 ff. (1951, 2. Abs., 1953, 3.4. a. E.).

215 *BGH* (U. v. 08.11.1973 – VII ZR 246/72), BGHZ 61, S. 359 ff. (361, 2.); *Palandt-Heinrichs* (64), Einf v § 328 Rn. 10; ähnlich *Tiedtke,* ZIP 1997, S. 1949 ff. (1951, 2. Abs.); siehe auch *Ehricke,* WM 2000, S. 2177 ff. (2178, 2. a)), der über diese Erkenntnis hinaus aber zu Unrecht von einem Kontroll- und Interventionserfordernis in der tripolaren Bürgschaftsstruktur ausgeht; *Lettl,* JA 2004, S. 238 ff. (240, 1. Spalte a. E.), der Bürge müsse Rechtsgeschäfte des Hauptschuldners, die dieser nach Bürgschaftsübernahme vornimmt, gemäß § 767 Abs. 1 S. 3 BGB nur dann gegen sich gelten lassen, wenn er damit einverstanden ist. Dieses Ergebnis ergebe sich bereits aus der allgemeinen Rechtsgeschäftslehre, so dass die Norm lediglich der Klarstellung diene. Im Widerspruch dazu folgt der Autor aber der „Anlassrechtsprechung“ (S. 239, 1. Abs.).

216 Im Ergebnis ebenso *Reinicke/Tiedtke,* WiB 1996, S. 505 ff. (509, 4.).

tenen Hintermann gemäß § 164 Abs. 1 S. 1, Abs. 3 BGB in vollem Umfang, selbst wenn er dem Vertreter einen erheblichen Spielraum zur eigenen Willensbildung belassen hat[218]. Die bewusste Übernahme einer inhaltlich mehr oder minder drittbestimmten Verpflichtung ist der geltenden Rechtsordnung mithin keineswegs fremd[219]. Sie ist Ausdruck von Selbst-, nicht von Fremdbestimmung[220].

Voraussetzung für eine verbotene Fremddisposition infolge der im Nachhinein zwischen den Parteien des Hauptschuldverhältnisses geschlossenen Geschäfte wäre, dass diese von dem Sicherungsgeber noch nicht einmal abstrakt konsentiert worden sind. Davon geht selbst der BGH nicht aus, wie seine Argumentation im Grundschuldrecht belegt. Nähme das oberste Fachgericht an, die von dem Grundschuldbesteller unterzeichnete Zweckerweiterungsklausel bewirkte trotz des von ihm formal erklärten Einverständnisses mit der umfassenden Haftung seines Grundstücks für alle nur denkbaren haftungsausdehnenden Geschäfte im Hauptschuldverhältnis eine verbotene Fremddisposition, hätte er die globale Zweckerklärung wegen Verstoßes gegen den allgemeinen Rechtsgrundsatz einer verbotenen Drittwirkung von Rechtsgeschäften auch im Grundschuldrecht konsequent anhand des § 307 Abs. 1 S. 1 BGB überprüfen müssen. Bei einem Verstoß gegen das „allgemeine" Fremddispositionsverbot läge fraglos eine von einer Rechtsvorschrift abweichende Regelung im Sinne des § 307 Abs. 3 S. 1 BGB vor, die eine Überprüfung der globalen Haftungserklärung anhand des § 307 Abs. 1 S. 1 (ggf. i.V.m. Abs. 2) BGB erforderlich gemacht hätte.

---

217 *Flume* in: FS zum 100jährigen Bestehen des DJT, S. 135 ff. (163/164); siehe auch *Neuner,* JZ 1999, S. 126 ff. (127, (1)).

218 Vgl. auch *Bydlinski,* WM 1992, S. 1301 ff. (1305, 2. Spalte), der aus der Erkenntnis, dass Vollmachten auch ohne Betragsbegrenzung wirksam sind, aber nicht die richtige Schlussfolgerung für „Globalbürgschaften" zieht; anders *Horn,* FS für Merz, S. 217 ff. (225, 1. Abs., 226/227), der eine Bevollmächtigung zur Abgabe einer unbegrenzten Globalbürgschaft für zulässig zu erachten scheint, nicht aber die eigenständige Abgabe einer solchen; kritisch *Bydlinski,* a.a.O. In Abgrenzung zu einem Boten gibt der Stellvertreter eine eigene Willenserklärung ab. Er handelt selbst rechtsgeschäftlich, vgl. *Motive I,* § 115, S. 223 = *Mugdan I,* S. 476, 1. Abs., „Willenswahl", „Vertretung im Willen"; *Palandt-Heinrichs* (64), Einf v § 164 Rn. 11, 2.

219 Vgl. auch die eheliche „Schüsselgewalt" in § 1357 Abs. 1 BGB, die mit Blick auf die Privatautonomie gemäß Abs. 2 S. 1 der Norm beschränkt oder ausgeschlossen werden kann.

220 Vgl. *Flume* in: FS zum 100jährigen Bestehen des DJT, S. 135 ff. (163, letzter Abs.), die durch Selbstbestimmung des Vertretenen autorisierte Stellvertretung stehe nicht im Gegensatz zu dem Grundsatz der Privatautonomie, sondern sei im Gegenteil eine konsequente Durchführung desselben; inkonsistent *Ehricke,* JZ 2000, S. 466 ff. (466/467), der bei Einschaltung eines Vertreters, anders als bei einer Globalabsicherung, von einer Kontrollmöglichkeit des Vollmachtgebers über das rechtsgeschäftliche Handeln dessen, der das Verpflichtungsgeschäft abschließt, ausgeht. Der Bürge bedürfe daher eines Instrumentes zur Wahrung seines durch die Privatautonomie legitimierten Verpflichtungsumfangs. Ein solcher Schutz des Bürgen vor einer Fremddisposition werde normativ aus § 767 Abs. 1 S. 3 BGB abgeleitet.

Einen Verstoß gegen das „allgemeine“ Fremddispositionsverbot hat der BGH zu Recht noch nicht einmal angedacht. Bei einer „weiten“ Sicherungszweckerklärung erstreckt sich das Sicherungsrecht qua Vereinbarung auf sämtliche gegenwärtigen und künftigen Hauptschulden in ihrem jeweiligen Bestand. Im Falle einer unbeschränkten Sicherungszusage hat der Sicherungsgeber sich gerade nicht darauf beschränkt – wie von Seiten des Gesetzgebers in § 767 Abs. 1 S. 3 BGB stillschweigend als „Regelfall“ vorausgesetzt – die abgesicherte Hauptschuld maximal in ihrem zum Zeitpunkt der Sicherungsübernahme bestehenden Umfang abzusichern. Er hat seine Sicherungszusage ganz gezielt auf zukünftige Erhöhungen bereits bestehender sowie auf gänzlich neu hinzutretende Hauptschulden erweitert. Die darin liegende „Ermächtigung“ der Parteien des Hauptschuldverhältnisses, künftig zu seinen Lasten haftungserweiternde Dispositionen zu treffen, steht der Annahme einer drittbestimmten Haftungsausdehnung durch die nachträglich begründeten Hauptschulden entgegen[221]. Die Tatsache, dass der Sicherungsgeber an diesen Geschäften normalerweise weder beteiligt ist noch Einfluss auf sie zu nehmen vermag, bedeutet noch keine verbotene Fremddisposition. Das antizipierte Einverständnis des Sicherungsgebers mit der unmittelbaren negativen Rückkoppelung haftungserweiternder Rechtsgeschäfte im Hauptschuldverhältnis reicht aus, um den (ohnehin nur mittelbar) risikoerweiternd wirkenden Rechtsgeschäften eine verbotene Drittwirkung abzusprechen[222].

#### cc) Maßgeblichkeit einer *gegenwärtigen* Fremdbestimmung statt einer zukünftigen Fremddisposition

Damit eine Vereinbarung zwischen Dritten sich im Einklang mit dem Grundrecht des Art. 2 Abs. 1 GG unmittelbar rechtsnachteilig auf einen am Geschäft Unbeteiligten auszuwirken kann, muss die Zustimmung des Dritten zu diesem Geschäft allerdings stets von dessen freiverantwortlichem Willen getragen sein[223]. Nur dann realisiert sich kein fremd-, sondern ein selbstgesetztes Risiko[224]. An der Voraussetzung einer freiverantwortlichen Entscheidung des Si-

---

[221] Im Ergebnis ebenso *Reinicke/Tiedtke,* WiB 1996, S. 505 ff. (509, 4.); *dies.,* Kreditsicherung (4), S. 147 Rn 411; *Rikken,* S. 24, 1. Abs.; aA *Ehricke,* JZ 2000, S. 466 ff. (466/467).

[222] Siehe auch *Bydlinski,* ÖBA 1999, S. 93 ff. (97, bb) (1)); *Madaus,* Schuldbeitritt als Personalsicherheit, S. 220/221; widersprüchlich daher *Otten,* S. 311 Rn. 823.

[223] Vgl. auch *Bydlinski,* WuB I F 1 a. – 1.99, S. 38 ff. (39, 1. Abs.). Zumindest wenn die „Rechtserstreckung“ nicht gesetzlich vorgesehen ist und die Vereinbarung vor der Rechtsordnung dauerhaft Bestand haben soll. Die Möglichkeit einer umfassenden Bürgschaftszusage dürften die Gesetzesmaterialien stillschweigend voraussetzen. Wenn es dort heißt (s.o., Fn. 207), nachträgliche, risikoerweiternde Rechtsgeschäfte des Hauptschuldners, wie etwa ein die Hauptschuld umwandelnder *Vergleich,* ein *Schuldanerkenntnis* oder ein *Einredeverzicht,* bedürften einer besonderen Vereinbarung mit dem Bürgen, um diesem gegenüber wirksam zu sein, impliziert dies, dass entspre-

cherungsgebers zur Absicherung sämtlicher Gläubigerforderungen ist, wie noch zu zeigen sein wird[225], in den „Anlasskonstellationen" im Ergebnis in Übereinstimmung mit dem BGH zu zweifeln[226].

Das oberste Zivilgericht wählt jedoch wiederum einen falschen Anknüpfungspunkt. Es sind nicht die im Hauptschuldverhältnis im Anschluss an das *wirksame* Zustandekommen des Sicherungsvertrages geschlossenen Rechtsgeschäfte, die Anlass zu Zweifeln an der Respektierung der Willenbildungsfreiheit des Sicherungsgebers geben. Der BGH hat dies in dieser Klarheit zwar noch nie ausgesprochen, die Auseinandersetzung mit dem (vermeintlich) „bürgschaftsspezifischen *Fremddispositionsverbot*" macht aber nur auf der Basis eines *wirksamen Sicherungsgeschäfts* Sinn. Der Sicherungsvertrag als solcher kann kein verbote-

---

chende Dispositionen die Bürgenschuld dann rechtwirksam ausdehnen, wenn der Bürge sich im Vorfeld (oder im Nachhinein) mit ihnen einverstanden erklärt hat. Es ist nichts dafür ersichtlich, dass dieses Einverständnis nicht schon abstrakt in der ursprünglichen Bürgschaftsurkunde erklärt werden kann. Bürgschaftszusagen für künftige Hauptschulden sind folglich ohne jede Einschränkung möglich. Nachträgliche akzessorietätsbedingte Haftungsausdehnungen verstoßen nicht gegen das Fremddispositionsverbot, soweit sie von der Sicherungszusage des Bürgen gedeckt sind; im Ergebnis ebenso *Reinicke/Tiedtke,* DB 1995, S. 2301 ff. (2303, b); *Tiedtke,* ZIP 1997, S. 1949 ff. (1951, 2. Abs.): „Die Erklärung des Bürgen, die ein Einverständnis enthält, muss allerdings wirksam sein. Ob dies der Fall ist, ist jedoch unabhängig von § 767 Abs. 1 Satz 3 BGB zu entscheiden; diese Bestimmung ist auch mittelbar oder fernwirkend ohne Einfluss auf diese Entscheidung." Die gemeinhin geteilte Rechtauffassung, dass (jedenfalls *verdeckte*) *Verpflichtungsermächtigungen analog § 185 BGB* unwirksam sind, steht der hier vertretenen Meinung nicht entgegen. Gemäß § 164 Abs. 2 BGB treffen die Folgen eines Vertreterhandelns bei einem Verstoß gegen das Offenlegungsprinzip ausschließlich den Vertreter. Damit reduziert das Gesetz die Möglichkeiten einer unmittelbaren „Regelungs-" bzw. „Vereinbarungserstreckung" auf an dem eigentlichen Rechtsgeschäft unbeteiligte Dritte – mit Ausnahme der §§ 328 ff. BGB – grundsätzlich auf die „offene Stellvertretung". Der Vertragspartner soll erkennen können, mit wem er kontrahiert, vgl. *Soergel-Leptien* (13), § 164 Rn. 34; *Palandt-Heinrichs* (64), § 164 Rn. 8, 12; *Peters,* AcP 171 (1971), S. 234 ff. (241/242, aa), 246, V. 1.). Diese ratio trifft auf Haftungsausdehnungen infolge einer „weiten" Sicherungszweckerklärung nicht zu. In den in Frage stehenden Fällen sollen die Folgen der Haftungsausdehnung den Sicherungsgeber weder offen noch verdeckt durch seine unmittelbare Einbeziehung in das Rechtsgeschäft treffen. Sie wirken sich nur mittelbar über „den Umweg der Akzessorietät" nachteilig für ihn aus. Unwirksam sind nach den Grundsätzen des BGB nur verdeckte Ermächtigungen zu unmittelbar drittverpflichtenden, sich nicht in den Formen des Stellvertretungsrechts vollziehenden Rechtsgeschäften, nicht aber Zustimmungserklärungen zu faktisch drittbelastenden Vertragsschlüssen, vgl. auch *Peters,* a. a. O., S. 241/242, a), 243/244, 247, VI., 1. Abs., 248, VII.

224 Die Aufrechterhaltung der Privatautonomie wird bei umfassenden, zeitlich unbegrenzten Verpflichtungszusagen durch die Möglichkeit einer Kündigung gewahrt; dies übersieht *Ehricke,* WM 2000, S. 2177 ff. (2178/2179, 2. a)).

225 Unter Gliederungspunkt V. 3. a) ee).

226 Die Ressentiments *Schanbachers,* WuB I F 1 a. – 17.98, S. 1008 ff. (1009, 1. Spalte), gegen die berechtige Kritik von *Reinicke/Tiedke* an der „Fremddispositionsrechtsprechung", die aus seiner Sicht „den (weil formularmäßig) ohnehin schwachen rechtsgeschäftlichen Willen des Bürgen übermäßig" belastet, sind damit ausgeräumt.

ner Vertrag zu Lasten Dritter sein. Als Partei des Sicherungsgeschäfts kann der Sicherungsgeber von den nachteiligen Wirkungen der Vereinbarung nicht als unbeteiligter Dritter betroffen werden.

Richtigerweise ist Anknüpfungspunkt für eine etwaige Fremd*bestimmung* – nicht Fremd*disposition*! – der zeitlich zuvor geschlossene Sicherungsvertrag[227]. Die im Hauptschuldverhältnis zustande gekommenen Geschäfte sind rechtlich nicht zu beanstanden. Sie erhöhen die Pflichten bzw. Haftung des Sicherungsgebers in zulässiger Weise, soweit er sich im Vorfeld pauschal und ohne unzumutbare Beeinträchtigung seiner Entscheidungsfreiheit mit ihrer Einbeziehung in die Sicherungszusage einverstanden erklärt hat. Fraglich kann nur sein, ob dies geschehen ist oder ob die Sicherungszusage deshalb nicht alle bestehenden und künftigen Forderungen des Gläubigers gegenüber dem Hauptschuldner abdeckt, weil der Gläubiger die Willenbildungsfreiheit des Sicherungsgebers im Zeitpunkt des Vertragschlusses in nicht hinnehmbarer Weise beeinträchtigt hat[228].

Mangels eines verbotenen „bürgschaftsspezifischen" bzw. „gewöhnlichen" Vertrages zu Lasten Dritter fehlte es damit auch im Bürgschaftsrecht[229] an der von § 307 Abs. 2 Ziff. 1 BGB vorausgesetzten Abweichung von einer Rechtsvorschrift, ließe sich diese nicht auf andere Weise als unter Zuhilfenahme des Gedankens eines Verstoßes gegen das „bürgschaftsspezifische Fremd*dispositionsverbot*" begründen. Gemessen an den Kriterien der herrschenden Ansicht wäre dem Richter eine umfassende Angemessenheitskontrolle versagt[230]. Die Hauptleistungsbeschreibung „umfassende Mitverpflichtung des Sicherungsgebers" unterläge neben einer Kontrolle anhand des § 305c Abs. 1 BGB nur der Transparenzkontrolle gemäß § 307 Abs. 3 S. 2 i.V.m. Abs. 1 S. 2 BGB[231].

---

[227] Anders als hier auch *Bydlinski,* ÖBA 1999, S. 93 ff. (98 a.E.), in der Sache gehe es zentral um das Problem, wie viel an „*künftiger* Privatautonomie" vorweg konsumiert, das heißt zu Gunsten eines anderen aufgegeben werden könne (Hervorh. durch Verf.). Den Vorwurf einer fehlerhaften Schutzanknüpfung müssen sich auch *Reinicke/Tiedke,* Kreditsicherung (4), S. 147/148 Rn 412, gefallen lassen, welche die „Fremddispositionsrechtsprechung" ebenfalls kritisieren, aber, anders als hier, vor allem aus der Gesamtheit der den Bürgen schützenden Normen einen gesetzlichen Schutz vor der Eingehung eines formularmäßigen, uferlosen, unübersehbaren und unkalkulierbarer Risikos ableiten.

[228] Näheres sogleich unter Gliederungspunkt c) bb) sowie vor allem in Abschnitt V. 3. a) ee)/b).

[229] Und damit selbstverständlich auch im „Recht der Mitschuld".

[230] Vgl. nur *Fleischer,* WM 1999, S. 666 ff. (668/669, a)), der sich bei einer „weiten" Sicherungszweckerklärung damit behelfen will, diese mit der hM als kontrollfähige Nebenbestimmung anzusehen bzw. das (erg.: „bürgschaftsspezifische") Fremddispositionsverbot als Ausdruck eines allgemeinen vertragsrechtlichen Gedankens zu verstehen.

[231] Dazu sogleich unter Gliederungspunkt V. 2.

### c) *Möglichkeit einer beschränkten Angemessenheitskontrolle*

Ließe man es dabei bewenden, wären die Sicherungsgeber, wie derzeit (noch) die Besteller einer Sicherungsgrundschuld[232], formularmäßigen Erstreckungsklauseln weitgehend schutzlos ausgeliefert[233].

#### aa) Teleologische Reduktion der „Hauptleistungssperre"

Dieses Ergebnis liefe dem Schutzzweck des AGB-Rechts diametral entgegen[234]. Der Regelungszweck der §§ 305 ff. BGB basiert auf dem „Indiz einer ungleichgewichtigen Verhandlungsmacht", die es der anderen Vertragspartei unmöglich macht, einen angemessenen Vertrag auszuhandeln und unangemessenen Bedingungen entgegenzutreten. Das Gesetz muss angesichts der Gefahr einer Koppelung des Vertragsschlusses mit sachfremden oder unangemessen benachteiligenden Regelungen eine Inhaltskontrolle ermöglichen[235]. Der Unterzeichner einer formularmäßig auferlegten Zweckerweiterungsklausel kann sein Interesse an einer Haftungsbeschränkung auf die „Anlassforderung(en)" dem Gläubiger gegenüber regelmäßig nicht durchsetzen. Er kann sich dem klauselmäßigen Haftungserweiterungsbegehren in den „Anlasskonstellationen" schwerlich erwehren[236]. Will er sich dem Gläubiger als Sicherungsgeber für die „Anlassforderung(en)" zur Verfügung stellen, muss er sich zwangsläufig formularmäßig mit der Absicherung aller übrigen Hauptschulden einverstanden erklären. Die mangelnde Bereitschaft des Gläubigers, dem Interesse des Sicherungsgebers an der in Aussicht genommenen Haftungsbeschränkung Tribut zu zollen, folgt in den „Anlasskonstellationen" nicht nur aus der Tatsache der AGB-mäßigen Niederlegung seines „globalen" Haftungsbegehrens, sondern auch daraus, dass die Frage nach der Reichweite der Sicherungszusage während der Verhandlungsphase von dem Gläubiger ganz bewusst ausgeblendet wird. Seine ganze Vorgehensweise signalisiert dem durchschnittlichen Sicherungsgeber, dass der Gläubiger in der Frage nach dem Umfang der Sicherungszusage nicht verhandlungsbereit ist.

---

232 Und eventuell auch eines Pfandrechts.

233 Zu diesem Ergebnis gelangen namentlich *Brandt,* S. 185, c), 189, 1. Abs.; *Lohmann,* Rechtsprobleme der Globalzweckerklärung, S. 73, 74/75, cc).

234 Zu diesem *Soergel-Wolf* (13), Vor § 145 Rn. 29, 39. Im Ergebnis wie hier, allerdings mit dem Argument, dass die Selbstbestimmung durch Fremdbestimmung ersetzt werde, wenn der Bürge bei Übernahme der Bürgschaft bereits unwiderruflich zusagt, in vollem Umfang für Verbindlichkeiten einzustehen, auf deren Entstehung und Tilgung er keinen unmittelbaren Einfluss hat, so dass seine Haftung unkalkulierbar und uferlos sei, *Tiedtke,* JZ 1998, S. 732 ff. (733).

235 *Wolf,* Entscheidungsfreiheit, S. 126–128, a)/b), 137–142, 180, IV.; aA *Masuch,* BB 1998, S. 2590 ff. (2592, b), 2593, cc)/dd)).

236 Näheres unter IV. 2. c) bb), V. 3. a) ee)/b).

Soweit die EG-Richtlinie (Art. 4 Abs. 2) und entsprechend auch § 307 Abs. 3 S. 2 BGB für den „Hauptgegenstand“ des Vertrages eine Schranke für eine über die Transparenzkontrolle hinausgehende Inhaltskontrolle aufstellen, besteht für den zu begutachtenden Fall einer Haftungserweiterungsklausel eine nicht hinnehmbare Regelungslücke. Diese gilt es im Wege einer teleologischen Reduktion der „Hauptleistungssperre“ zu schließen. Etliche Bestimmungen des AGB-Rechts deuten darauf hin, dass der Gesetzgeber die Möglichkeit einer klauselmäßigen Auferlegung einzelner Hauptleistungspflichten nicht gesehen hat. Der Gesetzgeber hat ganz offensichtlich nicht bedacht, dass ein Klauselverwender auf den Gedanken verfallen könnte, der anderen Vertragspartei „faktisch“ eine Vielzahl unerwünschter Vertragsschlüsse mittels eines Formularvordrucks abzuringen. Er dürfte bei Erlass des AGB-Gesetzes ohne weiteres unterstellt haben, dass nur Nebenbestimmungen zu individuell ausgehandelten Abmachungen Eingang in AGB finden und nicht auch primäre Leistungsbeschreibungen. Für die Richtigkeit dieser Annahme spricht nicht nur die Verwendung von Termini wie „Allgemeine Geschäfts-“ bzw. „Vertrags*bedingungen*“ (siehe nur § 305 Abs. 1 S. 1 BGB) und „werden *einbezogen*“ (§ 305a BGB) – was jeweils eine vollständige Abmachung mit sämtlichen, den Vertragsinhalt bestimmenden essentialia negotii voraussetzt[237] –, sondern auch die Tatsache, dass der Vertrag bei Unwirksamkeit einzelner Formularbestimmungen gemäß §§ 305c Abs. 1, 306 BGB grundsätzlich ohne die AGB-rechtswidrigen Klauseln zur Durchführung gelangt. – Entfällt eine Hauptleistungsbeschreibung, ist dies mangels ausreichender Bestimmtheit der essentiellen Vertragsbestandteile nicht möglich[238]. Dass der Gesetzgeber die Notwendigkeit einer weitergehenden Angemessenheitskontrolle bei formularmäßiger Auferlegung *„faktischer Zusatzverträge“* aus Anlass eines konkreten Geschäftsschlusses versehentlich nicht berücksichtigt hat, ist auch deshalb nahe liegend, weil im Falle einer klauselmäßigen „Vorgabe“ der Hauptleistungspflicht üblicherweise trotz der formularvertraglichen Charakterzüge des darin liegenden Vertragsangebots aufgrund der selbstbestimmten Angebotsannahme durch die Verwendergegenseite ein Individualvertrag zustande kommt[239]. Es ist grundsätzlich unmöglich, das „Ob“ eines Ver-

---

[237] Konkludent ebenso *Wackerbarth,* AcP 200 (2000), S. 45 ff. (80, 4.).

[238] Nach st. Rspr. ist daher die nicht kontrollfähige Leistungsbeschreibung „auf den engen Bereich der Leistungsbezeichnung beschränkt, ohne deren Vorliegen mangels Bestimmtheit und Bestimmbarkeit des wesentlichen Vertragsinhalts ein wirksamer Vertragsschluss nicht mehr angenommen werden kann“, *BGH* (U. v. 21.04.1993 – IV ZR 33/92), NJW-RR 1993, S. 1049 ff. (1050, I. 2.); *BGH,* (U. v. 23.06.1993 – IV ZR 135/92), BGHZ 123, S. 83 ff. (84, II.); *BGH* (U. v. 30.06.1995 – V ZR 184/94), BGHZ 130, S. 150 ff. (156). Aus dem gleichen Grund sind nach *MüKo-Basedow* (4), § 307 Rn. 12, „jedenfalls die Hauptleistungsvereinbarungen der richterlichen Inhaltskontrolle entzogen“.

[239] Vgl. auch *Geißler,* JuS 1991, S. 618 ff. (622, 2.); *Masuch,* BB 1998, S. 2590 ff. (2593, cc)); *Schaarschmidt,* Sparkassenkredite (8), S. 77 Rn. 1.124, die Vereinbarung über die Hauptleistung sei grundsätzlich eine Individualabsprache.

tragsschlusses einseitig vorzugeben. Mit zumindest einer, von dem Gesetzgeber augenscheinlich nicht bedachten, *faktischen* Ausnahme: Der Verwendung einer formularmäßigen Erstreckungsklausel. Soweit die „Anlassforderung(en)" in dem Sicherungsformular optisch separat aufgelistet ist/sind, leuchtet das unmittelbar ein. Eine individualvertragliche Einigung findet hier nur über die Besicherung der „Anlassforderung(en)" statt. Die formularmäßige Erklärung zur Mitabsicherung aller übrigen Forderungen verbindet diese Abrede zwar rein *rechtlich* zu einer *einheitlichen Gesamtzusage* unter dem Dach eines einheitlichen Bürgschafts-, Patronats- oder sonstigen Sicherungsvertrages, diese Gesamtzusage lässt sich aber wie dargetan gedanklich in eine Sicherungszusage je Forderung aufteilen. Separiert man die einzelnen, jeweils auf eine Forderung bezogenen Sicherungszusagen auf diese Weise, wird klar, dass die formularmäßige Auferlegung einzelner Sicherungsversprechen nur im Falle einer klauselmäßigen Haftungserstreckung möglich ist. Würde zum Zwecke der Absicherung jeder Hauptschuld ein gesonderter Sicherungsvertrag geschlossen, gäbe das Sicherungsformular hinsichtlich des Haftungsgegenstandes und -umfangs nur deklaratorisch die Modalitäten der jeweiligen Individualabrede wieder. Dabei kommt es an dieser Stelle nicht darauf an, ob die „Anlassforderung(en)" formell in der Erstreckungsklausel aufgegangen ist/sind und welche Konsequenzen die etwaige Unwirksamkeit der „weiten" Sicherungszweckerklärung in diesem Fall für den Sicherungsvertrag hat. Selbst wenn der Sicherungsvertrag bei Wegfall der Erstreckungsklausel insgesamt hinfällig wäre, hinderte dies nicht die Unwirksamkeitskontrolle des (Putativ-)Vertrages anhand der AGB-Rechtsnormen[240]. Hinsichtlich der klauselmäßig einbezogenen Sicherungsforderungen mangelt es in jedem Fall an einer Individualvereinbarung. Die Sicherungszusage resultiert allein aus den einseitig vorformulierten Gläubigervorgaben. Der Sicherungsgeber leistet, wie bei AGB üblich, außer seiner Signatur keinen Beitrag zu der Globalhaftungsvereinbarung. Die bloße Unterzeichnung des Erklärungsvordrucks bewirkt keine Umqualifizierung der AGB-Klausel in eine Individualvereinbarung. Für diesen außergewöhnlichen Sonderfall eines *faktischen Abschlusszwanges* enthält das AGB-Recht folglich eine ausfüllungsbedürftige Regelungslücke. Eine Prüfung anhand des § 138 Abs. 1 BGB ist keine brauchbare Alternative, da die Vorschriften der §§ 305 ff. BGB in AGB-Rechtsfällen der Sittenwidrigkeitskontrolle grundsätzlich als speziellere, weil deutlich rigidere Rechtsnormen vorgehen. Da das Risiko einer die Verwendergegenseite unangemessen beeinträchtigenden Regelung bei einer einseitig vorgegebenen Hauptleistungsbestimmung, die *faktisch* die *Vorgabe* einer unabgeschlossenen *Vielzahl* an *zusätzlichen Vertragsschlüssen* bedeutet, nicht geringer, sondern deutlich größer ist als bei Vorgabe einzelner vertraglicher Nebenbestimmungen, muss nach der Intention des AGB-Rechts in den „*Anlassfällen*" *erst recht* eine

---

240 Im Ergebnis ebenso *Palandt-Heinrichs* (64), § 305 BGB, Rn. 5.

*inhaltliche Angemessenheitskontrolle* möglich sein[241]. Wegen der vergleichbaren Interessenlage und eines mindestens ebenso großen Schutzbedürfnisses des Sicherungsgebers, sperrt § 307 Abs. 3 S. 2 BGB somit nicht bereits deshalb die Kontrolle der formularmäßigen Erstreckungsklausel anhand der Absätze 1 Satz 1 und 2, weil die „weite" Sicherungszweckerklärung eine Regelung über den Umfang der Hauptleistungspflicht des Sicherungsgebers trifft[242].

#### bb) Abweichung von dem Verbot eines faktisch fremdbestimmten Vertragsschlusses

Soweit § 307 Abs. 3 S. 1 BGB die gerichtliche Inhaltskontrolle auf Bestimmungen limitiert, „durch die von *Rechtsvorschriften abweichende* oder diese *ergänzende Regelungen* vereinbart werden", ist entgegen der nahezu einhelligen Meinung davon auszugehen, dass dieses Erfordernis bei der Verwendung einer Erstreckungsklausel niemals erfüllt ist. Umfassende Sicherungszusagen enthalten keine von Rechtsvorschriften abweichende oder diese ergänzende Regelung. Die Vereinbarung der umfassenden Mitverpflichtung eines Sicherungsgebers ist rechtlich uneingeschränkt möglich.

Dennoch ist eine Angemessenheitskontrolle dringend angezeigt. Formularmäßige Sicherungszweckerweiterungen enthalten zwar keine einer Rechtsvorschrift zuwiderlaufende Regelung, sie *sind* aber selbst eine solche. Der Begriff der „*Rechtsvorschriften*" lässt sich nach der oben wiedergegebenen Definition nicht auf gesetzliche Regelungen reduzieren. Das zeigt auch ein Vergleich mit dem Gesetzeswortlaut des § 307 Abs. 2 Ziff. 1 BGB, wo im Gegensatz zum dritten Absatz explizit von einer Unvereinbarkeit formularmäßiger Abweichungen mit einer „*gesetzlichen Regelung*"[243] die Rede ist[244]. Der oben angeführten Definition der „Rechtsvorschriften" unterfallen auch ungeschriebene Rechtsgrundsätze wie das Verbot eines im Wesentlichen fremdbestimmten Vertragsschlusses.

Diese Differenzierung fehlt in den bisherigen „Anlassentscheidungen". Der BGH hat bislang nach einer einfachgesetzlichen Bestimmung gesucht, die formularmäßige Haftungserstreckungen möglichst explizit für unzulässig erklärt. In

---

[241] Ähnlich zur Kontrollfähigkeit von Abschlussklauseln, *Heitbaum,* Inhaltskontrolle bei Privaten Online-Auktionen, S. 143, 2. Abs.

[242] Für Grundschuldzweckerklärungen im Ergebnis ebenso, *Bornemann,* Zweckbestimmungsklauseln, S. 111, 2. Abs., der gesetzlich nicht geregelte Vertragstypen allerdings insgesamt einer Angemessenheitskontrolle unterwerfen will, ohne dass es dabei auf die Unterscheidung zwischen „Anlass-" und Globalsicherheiten ankomme; aA *Brambring,* S. 69.

[243] Zur Bedeutung des *Gesetz*esbegriffes im Rahmen des BGB, vgl. Art. 2 EGBGB.

[244] Streitig. Nach aA sind beide Begriffe bedeutungsidentisch, vgl. *Erman-Roloff* (11), § 307 Rn. 24; *MüKo-Basedow* (4), § 307 Rn. 57, m. w. N. Ob auch allgemein anerkannte Rechtsgrundsätze, wie das Verbot der Fremdbestimmung, „gesetzliche Regelungen" i. S. d. § 307 Abs. 2 Ziff. 1 BGB sind, spielt hier letztlich keine Rolle.

§ 767 Abs. 1 S. 3 BGB wähnte er sie für die Bürgschaft und den Schuldbeitritt gefunden zu haben. Die unangemessene Fokussierung des BGH auf § 307 Abs. 2 Ziff. 1 BGB i.V.m. § 767 Abs. 1 S. 3 BGB ist für die „Anlassentscheidungen" aber letztlich ohne Relevanz gewesen. Auch ohne diese Verengung seines Blickwinkels hätte der BGH keine „weitere Rechtsvorschrift" gefunden, von der die globale Haftungszusage *inhaltlich* abweicht. Für den BGH steht nach wie vor die *inhaltliche Unangemessenheit* einer umfassenden Forderungs*zusage* im Vordergrund.

Stattdessen ist darauf abzustellen, *ob* eine solche *Haftungserweiterung,* die faktisch den additionalen Abschluss einer theoretisch unbegrenzten Vielzahl an gegenwärtigen und zukünftigen Sicherungsverträgen bewirkt, nach der geltenden Rechtsordnung überhaupt *Gegenstand* eines *Formular*vertrages sein kann. Dass die „weite" Sicherungszweckerklärung entgegen der gesetzlichen Forderung keine gesetzeswidrige Regelung *beinhaltet,* ist auf ihre Eigenschaft als Hauptleistungsbeschreibung zurückzuführen. Diesbezüglich hält das Schuldrecht, von vereinzelten Ausnahmen abgesehen[245], generell keine Dispositivnormen vor. Die Hauptleistungsbeschreibung ist Sache der Vertragsparteien. Lässt man zum Zwecke der Lückenfüllung ausnahmsweise die Angemessenheitskontrolle einer Hauptleistungsbeschreibung zu, muss aus teleologischen Gründen auch der Maßstab des § 307 Abs. 3 S. 1 BGB modifiziert werden. Grund für das Verbot einer richterlichen Angemessenheitskontrolle von Hauptleistungsbestimmungen ist neben der Tatsache, dass diese grundsätzlich Gegenstand einer Individualabrede sind, die ansonsten bestehende Gefahr, dass der Richter mangels eines gesetzlichen Maßstabes eine inhaltliche Zweckmäßigkeitskontrolle anstellt und das ausgehandelte Vertragsgleichgewicht aus eigener Machtvollkommenheit und nach eigenem Gutdünken in die eine oder andere Richtung verschiebt. Die damit verbundene Einschränkung der Vertragsfreiheit ginge über den mit den AGB-Rechtsnormen bezweckten Schutz vor einer missbräuchlichen einseitigen Interessenverfolgung seitens des Klauselverwenders hinaus. Die ausnahmsweise zulässige Angemessenheitskontrolle einer Hauptleistungsbestimmung anhand des § 307 Abs. 1 S. 1, Abs. 2 BGB darf folglich nicht in einer umfassenden Zweckmäßigkeitsprüfung münden. Dem Richter ist das Recht zur Beanstandung der formularmäßigen Erstreckungsklausel nur insoweit zuzubilligen, als die Klausel einer sachlichen *Rechtskontrolle* nicht standhält. Die richterliche Prüfungskompetenz muss auf die Feststellung einer potenziellen, den Sicherungsgeber unangemessen benachteiligenden Abweichung der Klausel von einem objektiven Rechtsmaßstab begrenzt sein[246]. Ein solcher Maßstab ist das

---

[245] Wie etwa §§ 612 Abs. 2, 632 BGB für die Bemessung der Vergütung eines Dienstleistenden und eines Werkunternehmers.

[246] Instruktiv *Lieb,* AcP 178 (1978), S. 196 ff. (209/210, 212), der mit Recht darauf hinweist, dass auch die AGB-rechtliche Inhaltskontrolle keine Richtigkeits- oder Zweckmäßigkeitskontrolle ist, sondern eine auf speziellen, strengeren Maßstäben auf-

Prinzip der vertraglichen *Abschlussfreiheit* bzw. das *Verbot eines maßgeblich fremdbestimmten Kontraktes*. Dieses Verbot ist zweifelsohne eine Rechtsvorschrift im Sinne des § 307 Abs. 3 S. 1 BGB, von der, wie noch auszuführen sein wird[247], in den „Anlasskonstellationen" abgewichen wird. Die Streitfrage, ob der Grundsatz der Abschlussfreiheit „nur" als objektive Wertentscheidung des Grundgesetzes über die Einfallstore des einfachen Rechts Eingang in den Privatrechtsverkehr findet oder ob er im BGB selbst angelegt ist[248], spielt keine Rolle. Unabhängig von seiner Verortung ist das Verbot eines faktisch drittbestimmten Vertragsschlusses respektive der Grundsatz der Abschlussfreiheit ein für das deutsche Vertragsrecht schlechthin konstituierendes Rechtsprinzip. Anders als die Gestaltungsfreiheit, ist die Abschlussfreiheit von einer weitestgehenden Selbstbestimmung gekennzeichnet. Eine solche ist in den „Anlasskonstellationen" de facto nicht gegeben[249]. Die „Abschlussfreiheit" reduziert sich in diesem Fall auf die Zustimmung zur Absicherung der „Anlassforderung(en)". Soweit der Sicherungsumfang dem Sicherungsgeber im Übrigen von dem Gläubiger klauselmäßig vorgegeben wird, realisiert sich das typische AGB-Rechts-Risiko eines nicht individuell ausgehandelten, von Fremdbestimmung geprägten Vertragswerkes. Darauf, dass die Gesamtzusage zusammen mit dem Versprechen zur Absicherung der „Anlassforderung(en)" rein rechtlich den Gegenstand eines einheitlichen Sicherungsvertrages bildet, kommt es für die Differenzierung zwischen einer abschluss- und einer rein inhaltsbezogenen Regelung nicht an. Wie schon gesagt, beinhaltet die Gesamtzusage, zumindest gedanklich, bezüglich jeder einzelnen Forderung ein separates Sicherungsversprechen. Ob man das möglicherweise verletzte Rechtsprinzip nun Abschlussfreiheit oder hauptleistungsbezogene Gestaltungsfreiheit nennt, ist irrelevant. Nach hier vertretener Meinung kann und muss die Erstreckungsklausel demnach im Rahmen des § 307 Abs. 1 S. 1 BGB daraufhin kontrolliert werden, ob sie den Sicherungsgeber wegen rechtswidriger Beeinträchtigung seiner Abschluss- bzw. hauptleistungsbezogenen Gestaltungsfreiheit unangemessen benachteiligt[250].

---

bauende Rechtskontrolle. Die *Angemessenheitskontrolle* sei der allgemeinen Rechtskontrolle nur insofern *vorgelagert,* als sie bereits unangemessene Klauseln erfasse, die noch nicht allgemein missbilligt werden könnten. Im Übrigen unterscheide sie sich von der allgemeinen Rechtskontrolle aber methodisch nicht wesentlich. Der Vorwurf *Masuchs,* BB 1998, S. 2590 ff. (2593, cc) a.E.), die Kontrolle einer Hauptleistung käme einer Bevormundung gleich, verfängt im Falle einer auf die Sicherung der Abschlussfreiheit bzw. der hauptleistungsbezogenen Gestaltungsfreiheit limitierten Vertragskontrolle nicht, im Gegenteil, sie verhindert eine Entmündigung von Seiten des Vertragspartners.

247 Vgl. Gliederungspunkt V. 3. a) ee).

248 Vgl. nur *Wolf,* Entscheidungsfreiheit, S. 21, 2., m.w.N.

249 Näheres unter Gliederungspunkt V. 3. a) ee).

250 *J. Koch,* Die Patronatserklärung, S. 211/212, bb), geht im Ergebnis ebenfalls davon aus, dass für den Patron im Falle einer formularmäßigen Verpflichtungsausdehnung ein „situativ bedingtes besonderes Schutzbedürfnis bestehen" kann, dem durch

Diese auf die Feststellung eines Rechtsverstoßes limitierte Angemessenheitskontrolle muss losgelöst von der Qualifikation des Sicherungsgebers als Geber einer Personal- oder Sachsicherheit stattfinden. Das hier gewonnene Ergebnis unterscheidet sich diesbezüglich deutlich von der ganz herrschenden Meinung. Dieser zuwider unterliegen sämtliche Sicherungsverträge – also auch formularmäßige Haftungszusagen eines Grundschuldbestellers – einer auf eine unangemessene Beeinträchtigung der Privatautonomie begrenzten Klauselkontrolle.

## V. Grund für die „unangemessene Benachteiligung" des Sicherungsgebers durch die formularmäßige Sicherungszweckerweiterung

Bleibt zu klären, ob und wenn ja, unter welchen Voraussetzungen, formularmäßige Sicherungszweckerweiterungen nach den verschiedenen Lösungsansätzen wegen unangemessener Benachteiligung des Sicherungsgebers gemäß § 307 Abs. 1 S. 1, Abs. 2 BGB unwirksam sind.

### 1. Gesetzesverstoß und Vertragszweckgefährdung

Nach ständiger BGH-Rechtsprechung ist eine AGB-Klausel unangemessen benachteiligend, in welcher der Verwender die Vertragsgestaltung einseitig für sich in Anspruch nimmt und missbräuchlich eigene Interessen auf Kosten des Vertragspartners durchzusetzen versucht, ohne dessen Interessen von vornherein

die Zulassung der Inhaltskontrolle Rechnung zu tragen ist. Der Autor zweifelt mit Recht an der Erfüllung des Tatbestandsmerkmals einer ergänzenden Regelung in Sinne des § 307 Abs. 3 S. 1 BGB, wenn der Sicherungsumfang der Patronatserklärung im Wege der Erstreckungsklausel auf alle Forderungen des Gläubigers ausgedehnt wird. Anders als hier, gründen seine Zweifel jedoch darauf, dass die Globalabsicherung im Bereich der Patronatserklärung „eine eher seltene Ausnahme" sei, weil ein derart weit gesteckter Sicherungsumfang von dem unmittelbaren Sicherungsinteresse des Kreditgebers grundsätzlich nicht gedeckt werde. Aufgrund dieses atypischen Charakters könne der Patron situationsabhängig schutzbedürftig sein. *Koch* bleibt zunächst einmal die Begründung für seine Behauptung schuldig, im Falle einer „weiten Sicherungszweckerklärung" griffen „die herkömmlichen Mechanismen der Marktregulierung ..., neben denen eine zusätzliche Inhaltskontrolle überflüssig" ist, nicht (dazu im Folgenden). Seine Annahme, weite Sicherungszweckerklärungen seien im Bereich der harten Patronatserklärung eine seltene Ausnahme, ist durch die im Vorfeld dieser Arbeit durchgeführte Erhebung widerlegt worden (s.o., Gliederungspunkte A I./II., B. II. 1.). Im Übrigen kommt es nicht darauf an, inwieweit der Patron die Möglichkeit hat, den „Kern der Leistungszusage ... selbst hinreichend zur Kenntnis" zu nehmen. Besteht diese Möglichkeit nicht, ist die Klausel bereits nach § 305c Abs. 1 BGB unwirksam. Entscheidend ist, inwieweit unter diesen Umständen noch von einem privatautonomen Vertragsschluss ausgegangen werden kann (dazu im Einzelnen unter Gliederungspunkt V. 3.).

hinreichend zu berücksichtigen und ihm einen angemessenen Ausgleich zuzugestehen[251].

### *a) Die „Anlassrechtsprechung" des Bundesgerichtshofs*

Nach ständiger „Anlassrechtsprechung" des BGH können ein Bürge und ein Mitschuldner formularmäßig grundsätzlich nicht rechtswirksam dazu verpflichtet werden, die Haftung umfassend auch für alle *zukünftigen*[252] Forderungen aus der Geschäftsverbindung des Gläubigers mit dem Hauptschuldner[253] zu übernehmen. Eine solche formularvertragliche Vereinbarung benachteilige sie entgegen den Geboten von Treu und Glauben unangemessen (§ 307 Abs. 1 BGB bzw. § 9 Abs. 1 AGBG a.F.)[254].

---

[251] Vgl. nur *BGH* (U. v. 21.12.1983 – VIII ZR 195/82), BGHZ 89, S. 206 ff. (210/211, 3. a)); *BGH* (U. v. 08.03.1984 – IX ZR 144/83), BGHZ 90, S. 280 ff. (284, 1. Abs.); *BGH* (U. v. 04.11.1992 – VIII ZR 235/91, BGHZ 120, S. 108 ff. (118, dd)).

[252] Siehe nur *Lwowski/Merkel,* Kreditsicherheiten (8), S. 27; *Schimansky/Bunte/Lwowski* (*Schmitz*), Bankrechts-Handbuch II (2), Anh. zu § 91, Erläuterungen, 1. Der BGH dürfte allerdings zunächst davon ausgegangen sein, dass § 767 Abs. 1 S. 3 BGB auch die globale Einbeziehung aller gegenwärtigen Verbindlichkeiten hindert. Er hielt die Klausel insgesamt für unwirksam, vgl. nur *BGH* (U. v. 18.05.1995 – IX ZR 108/94), BGHZ 130, S. 19 ff. (35, b)), durch die Streichung des Wortes „künftige" (erg.: bei sprachlichen Teilungsversuchen) bleibe (erg.: zu Unrecht) die Haftung für gegenwärtige Forderungen, die nicht den „Anlass" für die Bürgschaftsübernahme gebildet haben, aufrechterhalten (Hervorh. durch Verf.). Ob in der richtungsweisenden Entscheidung tatsächlich nur die Frage nach der Statthaftigkeit des sich auf *künftige* Gläubigerforderungen beziehenden Klauselteils entscheidungserheblich gewesen ist, wie dies die Argumentation des BGH nahe legt, lässt sich dem abgedruckten Tatbestand nicht mit letzter Gewissheit entnehmen. Nach Bürgschaftsübernahme sind der Hauptschuldnerin zwar zwei weitere Darlehen gewährt worden, auch ist ihre Kreditlinie aufgestockt worden, ihre Gesamtschuld, von der die Gläubigerin nur etwa 1/10 einklagte, belief sich aber auf einen weit höheren Betrag (*BGH,* a.a.O., S. 20). Der 9. Senat hat in diesem Urteil (noch) keine zwingende Notwendigkeit für eine strikte Differenzierung zwischen der Absicherung aller künftigen und aller bereits vorhandenen Forderungen gesehen. Bei der Frage nach einer für den Durchschnittsbürgen unerwarteten Abweichung von dem dispositivem Gesetzesrecht hat der BGH maßgeblich auf das (vermeintlich) aus § 767 Abs. 1 S. 3 BGB folgende Gebot einer summenmäßigen Begrenzung der Bürgschaft abgestellt (S. 26/27). Da Gegenstand des Urteils eine betragsmäßig *un*beschränkte Bürgschaft gewesen ist (S. 19), dürfte die „weite" Sicherungszweckerklärung angesichts der fehlenden Höchstbetragsbegrenzung aus Sicht des BGH auch hinsichtlich der Mitabsicherung des gesamten aktuellen Forderungsbestandes von dem (vermeintlichen) Begrenzungsgebot abgewichen sein; anders (differenzierend) bereits *BGH* (U. v. 18.01.1996 – IX ZR 69/97), BGHZ 132, S. 6 ff. (8/9, II.).

[253] Einschließlich *nachträglicher* Vertrags*erweiterungen,* vgl. nur *BGH* (U. v. 18.01.1996 – IX ZR 69/97), BGHZ 132, S. 6 ff. (9, 2.), (Hervorh. durch Verf.).

[254] *BGH* (U. v. 18.01.1996 – IX ZR 69/97), BGHZ 132, S. 6 ff. (8, II.); *BGH* (U. v. 07.03.1996 – IX ZR 43/95), WM 1996, S. 766 ff. (768, II. 1. a)); *BGH* (U. v. 02.07.1998 – IX ZR 255/97), NJW 1998, S. 2815 f. (2816, II. 1.); *BGH* (U. v. 24.09.1998 – IX ZR 425/97), WM 1998, S. 2186 ff. (2187, II. 1.); *BGH* (U. v. 15.07.1999 – IX ZR 243/98), BGHZ 142, S. 213 ff. (215, I.); *BGH* (U. v. 29.03.2001 – IX ZR 20/

### aa) Bürgschaft

Ist die klauselmäßige Sicherungszweckerklärung Bestandteil eines Bürgschaftsvertrages, resultiert die unangemessen benachteiligende Wirkung des zukunftsbezogenen Teils[255] der Erstreckungsklausel aus Sicht des BGH sowohl aus seiner Unvereinbarkeit mit § 767 Abs. 1 S. 3 BGB (§ 307 Abs. 2 Ziff. 1 BGB) als auch aus einer die Erreichung des Vertragszwecks gefährdenden Einschränkung wesentlicher, sich aus der Natur des Vertrages ergebender Bürgenrechte (§ 307 Abs. 2 Ziff. 2 BGB). Die Unangemessenheit der Erstreckungsklausel und damit ihre Unwirksamkeit ist damit bereits Gegenstand einer gesetzlichen Vermutung, was den BGH der Notwendigkeit enthebt, ihren Widerspruch zu den Geboten von Treu und Glauben anhand des § 307 Abs. 1 S. 1 BGB festzustellen[256].

#### *(1) Unvereinbarkeit „weiter" Sicherungszweckerklärungen mit dem wesentlichen Grundgedanken des § 767 Abs. 1 S. 3 BGB*

Die Argumentation des BGH mit der (vermeintlichen) Abweichung der Haftungserstreckungsklausel von dem „bürgschaftsspezifischen" Fremddispositionsverbot des § 767 Abs. 1 S. 3 BGB und demzufolge mit der Unvereinbarkeit der Klausel mit dem wesentlichen Grundgedanken der gesetzlichen Regelung, von der abgewichen wird (§ 307 Abs. 2 Ziff. 1 BGB), ist seit der Leitentscheidung vom 18. Mai 1995[257] ständige Rechtsprechung[258].

---

00), WM 2001, S. 1517 ff. (1518, II. 1.); *BGH* (U. v. 08.11.2001 – IX ZR 46/99), WM 2002, S. 919 ff. (920, I. 2.); *BGH* (U. v. 18.07.2002 – IX ZR 294/00), BGHZ 151 S. 374 ff. (377, 1.). Die inhaltliche Unangemessenheit der Zweckerweiterungsklausel ist von dem BGH lange Zeit verneint worden, siehe nur *BGH* (U. v. 04.06.1987 – IX ZR 31/86), WM 1987, S. 924 f. (925, b) aa)), für einen noch nach § 242 BGB zu beurteilenden Fall.

255 Siehe auch *Seidel/Brink,* DB 1997, S. 1961 ff. (1962, c).

256 Anders *Madaus,* Schuldbeitritt als Personalsicherheit, S. 222, der § 767 Abs. 1 S. 3 BGB mit der hier vertretenen Meinung für unanwendbar hält (s. o., Gliederungspunkt IV. 2. b) aa)) und daher auf das Kriterium der *Unkalkulierbarkeit* des *Haftungsrisikos* rekurriert. Auch sei der Gläubiger übersichert (S. 222–224); dazu in Kapitel 11, A.

257 *BGH* (U. v. 18.05.1995 – IX ZR 108/94), BGHZ 130, S. 19 ff.

258 Siehe die Rechtsprechungsnachweise oben unter III. 2. a), IV. 1. b) aa); aus der Literatur *Brambring,* S. 82, a.; *Bülow,* Recht der Kreditsicherheiten (6), S. 273/274 Rn. 913; *Lettl,* JA 2004, S. 238 ff. (239, 1. Abs.); aA *Reinicke/Tiedke,* Kreditsicherung (4), S. 147/148 Rn. 412, die davon ausgehen, ein meist altruistisch agierender Bürge müsse von der Rechtsordnung, vor allem mit Blick auf die zahlreichen bürgenschützenden Normen vor einer unkalkulierbaren, uferlosen formularmäßigen Risikoübernahme geschützt werden.

### (a) Bürgschaften maßgeblich beteiligter und aus Rechtsgründen einflussberechtigter Gesellschafter und Geschäftsführer

Der Schutz des § 307 Abs. 1 S. 1, Abs. 2 BGB erstreckt sich gemäß § 310 Abs. 1 BGB auch auf den Unternehmensverkehr. Die Vorschriften über den Handelsverkehr rechtfertigen aus Sicht des BGH keine Sonderbehandlung der Kaufleute im Rahmen der „Fremddispositionsrechtsprechung“[259]. Auch Kaufleute – egal ob Einzelkaufleute oder juristische Personen[260] – bedürften grundsätzlich des Schutzes vor einer von ihnen nicht steuerbaren Entwicklung ihres Haftungsumfangs[261].

Eine spezielle Behandlung von Kaufleuten sei nur bezogen auf solche Bürgen legitim, zu deren typischem Geschäftsverkehr die Übernahme von Bürgschaften gehört und welche die Einstandspflicht gegenüber dem Hauptschuldner entgeltlich übernehmen, also vornehmlich für den Bereich des Kredit- und Versicherungsgewerbes[262].

---

[259] Siehe die Begründung der wegweisenden Entscheidung *BGH* (U. v. 24.09.1998 – IX ZR 425/97), WM 1998, S. 2186 ff. (2187, II. 2. a)), m.w.N., im kaufmännischen Verkehr hielten benachteiligende Klauseln einer Inhaltskontrolle nur dann eher stand, wenn sie wegen der dort üblichen Art der Geschäftsabwicklung oder der im Handelsverkehr geltenden Gewohnheiten und Gebräuche eher hinnehmbar erschienen. Weiche eine Klausel von einer dispositiven Norm ab, die vornehmlich einen Interessenausgleich bezwecke und dem Schutz des Vertragspartners diene, gebühre diesem Gesichtspunkt im Allgemeinen auch bei einer Klauselkontrolle im kaufmännischen Geschäftsverkehr Vorrang. Treffe der in der gesetzlichen Regelung zum Ausdruck gekommene Gerechtigkeitsgedanke in gleicher Weise auf kaufmännische Geschäfte zu, sei eine dieser Zielrichtung zuwiderlaufende Klausel im Allgemeinen auch unter Kaufleuten als unangemessen zu beanstanden; aus der Literatur *Fischer* in: Rostocker Schriften zum Bankrecht, Heft 4, S. 101 ff. (123/124, 4.); *Palandt-Sprau* (64), § 765 BGB, Rn. 20.

[260] *BGH* (U. v. 29.03.2001 – IX ZR 20/00), WM 2001, S. 1517 ff. (1518, II: 1.); *Fischer* in: Horn/Krämer, Bankrecht 2002, S. 165 ff. (173, 1. Abs.).

[261] *BGH* (U. v. 24.09.1998 – IX ZR 425/97), WM 1998, S. 2186 ff. (2187/2188), gebe ein Kaufmann formularmäßig eine „weite“ Sicherungszweckerklärung ab, bestehe die Gefahr eines unabsehbaren und nicht steuerbaren Haftungsrisikos in gleicher Weise. Aus dem Umstand, dass Kaufleute sich mündlich wirksam verbürgen können (§ 350 HGB), lasse sich nichts ableiten, was die formularmäßige Verwendung der „weiten“ Zweckerklärung mit ihren auch für den kaufmännischen Bürgen unabsehbaren Folgen rechtfertige; *BGH* (U. v. 29.03.2001), a.a.O.; *BGH* (U. v. 18.07.2002 – IX ZR 294/00), BGHZ 151 S. 374 ff. (378, 1. Abs.); *Grunewald,* JZ 1999, S. 145 f. (145, I.); *Nobbe,* BKR 2002, S. 747 ff. (751, (b)); kritisch, *Edelmann,* BB 1999, S. 123 f. (123, III.).

[262] *BGH* (U. v. 24.09.1998 – IX ZR 425/97), WM 1998, S. 2186 ff. (2188, 1. Abs.); *BGH* (U. v. 29.03.2001 – IX ZR 20/00), WM 2001, S. 1517 ff. (1518, II. 1.); *BGH* (U. v. 29.03.2001 – IX ZR 20/00), NJW-RR 2002, S. 343 ff. (344, 1.); *Fischer,* WM 2001, S. 1049 ff. (1054, 4.); *ders.* in: Rostocker Schriften zum Bankrecht, Heft 4, S. 101 ff. (124, 1. Abs.); *Palandt-Sprau* (64), § 765 BGB, Rn. 20; zur (vermutlichen) Fortgeltung dieses Ausnahmetatbestandes, *Fullenkamp,* GmbHR 2003, S. 654 ff. (655, 4.); *Nobbe,* BKR 2002, S. 747 ff. (754, c)); *Wagenknecht* in: *BuB* Rn. 4/1045a, 4/1049c.

Im Interesse der Rechtsklarheit und mangels einer Schutzbedürftigkeit bestimmter Sicherungsgeber vor einer Erweiterung ihrer Haftung ohne oder gegen ihren Willen ist nach Meinung der Rechtsprechung und der Mehrzahl der Literaten[263] im Übrigen eine eng zu begrenzende Ausnahmeregelung in Fallgestaltungen angezeigt, in denen der Sicherungsgeber aufgrund seiner rechtlichen Befugnisse gegenüber dem Hauptschuldner effektiv vor einem unkalkulierbaren und von ihm nicht zu beherrschenden Haftungsrisiko geschützt ist[264], was wiederum bei Sicherungsverträgen mit maßgeblich beteiligten Gesellschaftern[265] und GmbH-Geschäftsführern der Fall sein soll[266]. Diese könnten aufgrund ihrer unternehmerischen oder unternehmerähnlichen Stellung in der Hauptschuldnerin typischerweise den Umfang der Hauptschulden kennen und steuern[267]. Sie be-

---

263 *Fischer,* WM 1998, S. 1705 ff. (1709, c)); *Kiethe,* ZIP 2005, S. 646 ff. (652, 2. Abs.); *Kreft,* WM 1997, Sonderbeilage Nr. 5, S. 11, 4. Abs.; *Lettl,* JA 2004, S. 238 ff. (239, 1. Abs.); *Medicus,* EWIR 1997, S. 837 f. (838, 4.); *Reinicke/Tiedtke,* WiB 1996, S. 505 ff. (510, 6.); *dies.,* Kreditsicherung (4), S. 148 Rn 413, trotz ihres andersartigen Schutzkonzeptes; *Richrath,* WM 1999, S. 1698 ff. (1703, 3. Abs.); *Schimansky/Bunte/Lwowski* (*Schmitz*), Bankrechts-Handbuch II (2), § 91 Rn. 12; *Seidel/Brink,* DB 1997, S. 1961 ff. (1963, 3. c)); *Tiedtke,* EWiR 1999, S. 1001 f. (1002); *Wissmann,* EWiR 1997, S. 353 f. (354, 3.).

264 *BGH* (U. v. 15.07.1999 – IX ZR 243/98), BGHZ 142, S. 213 ff. (217, b)); *BGH* (U. v. 18.07.2002 – IX ZR 294/00), BGHZ 151 S. 374 ff. (378, 1. Abs.); vgl. auch *BGH* (U. v. 18.01.1996 – IX ZR 69/97), BGHZ 132, S. 6 ff. (9, 2.); *OLG Hamm* (U. v. 29.10.1996 – 29 U 82/95), WM 1997, S. 710 ff. (713).

265 *OLG Hamm* (U. v. 29.10.1996 – 29 U 82/95), WM 1997, S. 710 ff. (714, 1.2) und *OLG Köln* (U. v. 18.12.1998 – 3 U 9/98), BB 1999, S. 710 f. (711), *dass.* (U. v. 16.05.2001 – 13 U 204/00, rkr.), WM 2002, S. 1389 f. (1389/1390), haben sogar eine exakt 50%ige Beteiligung genügen lassen; aA die ganz hM, siehe nur *Klanten,* WuB I F 1 a. – 4.00, S. 213 f. (213/214, I.); *Rikken,* S. 106, 1. Abs. Wie *Bärwaldt,* GmbHR 1999, S. 978 f. (979, a)); *Emde,* GmbHR 2000, S. 328 ff. (329, bb)); *Rikken,* S. 104, 2. Abs.; *Weihs,* WuB I F 1 a. – 5.00, S. 216 ff. (218, 1. Abs.), mit Recht anmerken, kann es insoweit nur auf die Mehrheit der *Stimmmacht* und nicht auf die Mehrheit der Kapitelanteile ankommen. Ein exakt 50%iger Beteiligungsbesitz genüge nicht, *Fischer* in: Rostocker Schriften zum Bankrecht, Heft 4, S. 101 ff. (123, 3).

266 *BGH* (U. v. 16.10.1997 – IX ZR 10/97), NJW 1998, S. 385 f. (386, III. 2.), Geschäftsführerin; *OLG Hamm* (U. v. 29.10.1996 – 29 U 82/95), WM 1997, S. 710 ff. (713, 714, 2.3); *OLG Zweibrücken* (U. v. 20.12.2001 – 4 U 131/00), NJW-RR 2002, S. 1037 f. (1038, bb)); zustimmend aus der Literatur *Bülow,* Recht der Kreditsicherheiten (6), S. 274 Rn. 913; *Kiethe,* ZIP 2005, S. 646 ff. (652, 2. Abs. a.E.), speziell zur harten Patronatserklärung; *Lettl,* JA 2004, S. 238 ff. (239, 1. Abs.); *Nielsen,* EWIR 2002, S. 47 f. (50, 3./4.); *Schimansky/Bunte/Lwowski* (*Schmitz*), Bankrechts-Handbuch II (2), § 91 Rn. 12; *Seidel/Brink,* DB 1997, S. 1961 ff. (1963, 3. c)); *Weber/Bonin,* EWiR 2000, S. 202, 4.; zu undifferenziert, *J. Koch,* Die Patronatserklärung, S. 334, § 21, I.

267 *BGH* (U. v. 10.11.1998 – XI ZR 347/97), GmbHR 1999, S. 119 f. (120, II. 1.), für einen Allein-Geschäftsführer; *BGH* (U. v. 15.07.1999 – IX ZR 243/98), BGHZ 142, S. 213 ff. (216/217, 2.), für einen Mehrheitsgesellschafter; verneint dagegen für einen 50%igen, von der Geschäftsführung ausgeschlossenen Anteilseigner; *BGH* (U. v. 30.09.1999 – IX ZR 287/98), WM 1999, S. 2251 ff. (2252, 2. b)), stellt nochmals klar, dass es allein auf die Verhältnisse zum Zeitpunkt der Verpflichtungsübernahme ankomme; *BGH* (U. v. 18.09.2001 – IX ZR 183/00), NJW 2002, S. 1337 ff. (1339,

dürften keines Schutzes nach § 767 Abs. 1 S. 3 BGB[268]. Disponiert ein *Anteilseigner* nicht über eine maßgebliche Beteiligung an der Hauptschuldnerin, kann dieses Beteiligungsminus aus Sicht des BGH durch ein Mehr an gesellschaftsvertraglich zugesicherten Mitwirkungskompetenzen kompensiert werden. Es müsse nur sichergestellt sein, dass Erweiterungen der Hauptschuld(en) nicht ohne Mitwirkung des global mitverpflichteten Gesellschafters erfolgen können[269]. Verbürge sich ein *Geschäftsführer* für die Schulden „seiner" GmbH, habe er regelmäßig Einfluss auf die Art und Höhe der Gesellschaftsverbindlichkeiten, schließlich führe er die Geschäfte der Hauptschuldnerin. Sei nach der internen Geschäftsordnung die Gesellschafterversammlung entscheidungsbefugt, müsse der Geschäftsführer deren Entscheidung zunächst noch umsetzen. Wolle er eine Ausdehnung seiner Haftung vermeiden, könne er die Bürgschaft vor dem Umsetzungsakt rechtzeitig kündigen[270]. Damit sei die Lage für den Geschäftsführer kontrollierbar und beherrschbar. Existierten mehrere einzelge-

---

IV.), wegen der uneingeschränkten Wirksamkeit seiner Rechtsstellung und dem Gebot einer typisierenden Betrachtung i.R.d. § 9 AGBG keine „Strohmann"-Privilegierung; ebenso *Nielsen,* EWIR 2002, S. 47 f. (50, 3./4.). Letzteres ist nach neuer Rechtslage wegen §§ 310 Abs. 3 Ziff. 3, 13, 14 Abs. 1 BGB zweifelhaft: Nach deutschem Recht sind auch (Allein-)Gesellschafter und Geschäftsführer „Verbraucher", vgl. *Palandt-Heinrichs* (64), § 13 Rn. 3, m.w.N. –; *BGH* (U. v. 18.07.2002 – IX ZR 294/00), BGHZ 151 S. 374 ff. (377/378, 1.); *BGH* (U. v. 25.11.2003 – XI ZR 379/02), NJW-RR 2004, S. 405 ff. (406, II. 1.); *Fischer,* WM 2000, S. 14 ff. (16, II. 3.).

[268] *BGH* (U. v. 18.01.1996 – IX ZR 69/97), BGHZ 132, S. 6 ff. (9, 2.); *Fischer* in: Rostocker Schriften zum Bankrecht, Heft 4, S. 101 ff. (123, 3); *Wissmann,* EWiR 1997, S. 353 f. (354, 3.).

[269] *BGH* (U. v. 15.07.1999 – IX ZR 243/98), BGHZ 142, S. 213 ff. (216/217, 2. a)/b)), Einflussmöglichkeiten aufgrund einer Sperrminorität (exakt hälftige Beteiligung) und die allgemeinen Informationsrechte eines Gesellschafters seien zu seinem Schutz nicht ausreichend. Sie schützten ihn nicht vor einer Haftungsausdehnung. Eine nach diesem Zeitpunkt erklärte Kündigung könne die Haftung für die bis dahin entstandenen Verbindlichkeiten nicht mehr rückgängig machen. Dem Gläubiger sei insofern zuzumuten, sich rechtzeitig über die Rechtstellung des Sicherungsgebers nach dem Gesellschaftsvertrag Klarheit zu verschaffen; *BGH* (U. v. 30.09.1999 – IX ZR 287/98), WM 1999, S. 2251 ff. (2252, 2. b)); *OLG Brandenburg* (U. v. 13.11.2001 – 1 U 53/01), WM 2002, S. 171 ff. (175, II.); vgl. auch *Ebbing,* WuB I F 1 a. – 14.97, S. 740 ff. (741/742); *Ehricke,* JZ 2000, S. 466 ff. (467, 2. Spalte, 468, 2. Abs.); *Veil,* WuB I F 1 a. – 8.03, S. 398 f. (399); *Wagenknecht* in: *BuB* Rn. 4/1049f, die Haftungserweiterung sei immer am Verbot der Fremddisposition zu messen; noch weitergehend *OLG Koblenz* (U. v. 9.6.1998 – 4 U 999/97), S. 1955 f. (1955, a)); mit zustimmender Anmerkung von *Luttermann,* EWIR 1999, S. 591 f. (592, 4.), auch ein fünfzigprozentiger, nicht geschäftsführungsbefugter Mitgesellschafter könne sich über die aktuellen Geschäftsrisiken in Kenntnis setzen und die Bürgschaft bei Bedarf kündigen.

[270] Ebenso *OLG Köln* (U. v. 16.05.2001 – 13 U 204/00, rkr.), WM 2002, S. 1389 f. (1390); *Bales,* BKR 2004, S. 264 ff. (268, 5.); *Felke,* WuB I F 1 a. – 3.01, S. 381 f. (382, 1. Abs.); *Thöne,* WuB I F 1 a. – 16.02, S. 1042 f. (1042, b)); *Wagenknecht,* WuB I F 1 a. – 8.97, S. 624 ff. (624, I.); auch für Mehrheitsgesellschafter, *MüKo-Habersack* (4), § 765 Rn. 75; vgl. auch *Gaberdiel,* Kreditsicherung (6), S. 302 Rn. 692.

schäftsführungs- und vertretungsberechtigte Geschäftsführer, könne jeder (der) geschäftsleitende(n) Sicherungsgeber die Kreditausweitung im Innenverhältnis von seiner Zustimmung abhängig machen[271]. Entsprechendes gelte für faktische Geschäftsführer mit tatsächlicher Entscheidungsbefugnis[272].

Angesichts des Anliegens der „Anlassrechtsprechung", den Sicherungsgeber vor einem für ihn unbeherrschbaren Haftungsrisiko zu schützen, gilt diese Ausnahme nicht für Haftungszusagen einer Gesellschaft zu Gunsten eines Gesellschaftergläubigers[273]. Relevant sei nicht so sehr das Wissen um die Ausweitung des Haftungsumfangs infolge des Abschlusses neuer Geschäfte als die Existenz einer rechtlich gesicherten Verhinderungsmöglichkeit bzw. einer Möglichkeit, sich vor drohenden Nachteilen aus den nach Abschluss des Sicherungsvertrages geschlossenen Geschäften zu schützen. Über eine solche verfüge weder ein Kommanditist[274] noch die Gesellschaft im Verhältnis zu ihrem Alleingesellschafter[275]. Trotz Vereinigung aller Geschäftsanteile in der Hand des Hauptschuldners, sind Alleingesellschafter und Gesellschaft eigenständige Rechtssubjekte[276]. Anders als in der umgekehrten Konstellation der globalen Mitverpflichtung eines maßgeblich einflussbefugten Gesellschafters, sei nicht sichergestellt, dass der hauptschuldende Gesellschafter nur solche Forderungen begründen werde, von denen im wirtschaftlichen Ergebnis auch die sicherungsgebende Gesellschaft profitiert[277].

(b) Kontokorrentverbindlichkeiten

Die Annahme, § 767 Abs. 1 S. 3 BGB setze die Kenntnis von Grund und Umfang des Verpflichtungsumfangs als selbstverständlich voraus[278], hat dazu geführt, dass formularmäßige Haftungsausdehnungen bei Absicherung eines

---

271 *BGH* (B. v. 24.09.1996 – IX ZR 316/95), ZIP 1997, S. 449; *Rikken,* S. 50/51, im Zusammenhang mit dem Überraschungsmoment; *Schimansky/Bunte/Lwowski* (*Ganter*), Bankrechts-Handbuch II (2), § 90 Rn. 99.

272 *BGH* (U. v. 16.12.1999 – IX ZR 36/98), WM 2000, 514 ff. (517/518, 2.); *Fischer,* WM 2001, S. 1049 ff. (1054/1055, 5.); siehe auch *Wissmann,* EWiR 1997, S. 353 f. (354, 3.).

273 *BGH* (U. v. 18.07.2002 – IX ZR 294/00), BGHZ 151 S. 374 ff. (378/379, 2. a)).

274 *BGH* (U. v. 18.05.1995 – IX ZR 108/94), BGHZ 130, S. 19 ff. (30, d)).

275 *BGH* (U. v. 18.07.2002 – IX ZR 294/00), BGHZ 151 S. 374 ff. (378/379, 2. a)). Der Senat weist unterstützend darauf hin, dass im Falle einer Anteilsveräußerung durch den Hauptschuldner sogar das Wissen der mithaftenden Gesellschaft um spätere Forderungsausdehnungen verloren geht (379, c)); vgl. auch *Fullenkamp,* GmbHR 2003, S. 654 ff. (656, 5. c)).

276 *BGH* (U. v. 18.07.2002 – IX ZR 294/00), BGHZ 151 S. 374 ff. (378/379, 2. a)).

277 *BGH* (U. v. 18.07.2002 – IX ZR 294/00), BGHZ 151 S. 374 ff. (379, 2. b)).

278 *BGH* (U. v. 07.11.1995 – XI ZR 235/94), WM 1995, S. 2180 ff. (2181, aa)).

Kontokorrentkredits ebenfalls als der gesetzlichen Leitentscheidung zuwiderlaufend für unwirksam erklärt werden[279].

Bei *limitierten* Kontokorrentverbindlichkeiten soll sich die Verpflichtung des Mithaftenden infolgedessen auf die bei Übernahme der Bürgschaft *eingeräumte Kreditlinie* beschränken[280].

Hat der Gläubiger dem Hauptschuldner einen *unlimitierten* Kontokorrentkredit gewährt, soll der Bürge maximal in Höhe des *Tagessaldos am Tage der Bürgschaftserklärung* einstandspflichtig sein[281]. Anders als im Anwendungsbereich des § 305c Abs. 1 BGB, soll dies selbst dann gelten, wenn der Sicherungsgeber sich zu der/den Anlassforderung(en) keinerlei Gedanken gemacht hat. Nach ständiger BGH-Rechtsprechung ist/sind die Anlassforderung(en) im Rahmen der Angemessenheitskontrolle objektiv zu bestimmen[282]. Entscheidend sei das aktuelle Sicherungsbedürfnis des Gläubigers[283].

---

[279] *BGH* (U. v. 07.11.1995 – XI ZR 235/94), WM 1995, S. 2180 ff. (2181, aa)); *BGH* (U. v. 02.07.1998 – IX ZR 255/97), NJW 1998, S. 2815 f. (2816, II. 1.).

[280] *BGH* (U. v. 18.05.1995 – IX ZR 108/94), BGHZ 130, S. 19 ff. (34, 2. Abs.); *BGH* (U. v. 18.01.1996 – IX ZR 69/97), BGHZ 132, S. 6 ff. (9/10, 3.); *BGH* (U. v. 02.07.1998 – IX ZR 255/97), NJW 1998, S. 2815 f. (2816, II. 1.); *BGH* (U. v. 30.09.1999 – IX ZR 287/98), WM 1999, S. 2251 ff. (2252, 2. a)); *OLG Köln* (U. v. 30.01.2002 – 13 U 93/01, rkr.), ZIP 2002, S. 844 ff. (844/845); siehe auch *Reinicke/Tiedke,* Kreditsicherung (4), S. 149 Rn. 417; *Tiedtke,* EWiR 1998, S. 935 f. (936, 1. Abs.).

[281] *BGH* (U. v. 13.11.1997 – IX ZR 289/96), BGHZ 137, S. 153 ff. (158, 3. a), 160, bb)), auch bezeichnet als „im Zeitpunkt der Willenserklärung vereinbartes Kreditlimit" bzw. „Höhe des Kreditsaldos am Tage der Bürgschaftserklärung"; *OLG Brandenburg* (U. v. 13.11.2001 – 1 U 53/01), WM 2002, S. 171 ff. (175, II.); *Bydlinski,* ÖBA 1999, S. 93 ff. (96, vorletzter Abs.); *Fischer,* WM 1998, S. 1705 ff. (1710, 3, b)); zustimmend *Lwowski,* Kreditsicherung (8), S. 336 Rn. 378; *Nobbe,* BKR 2002, S. 747 ff. (757, (2)); *Reinicke/Tiedke,* Kreditsicherung (4), S. 150 Rn 419; *Tiedtke,* EWiR 1998, S. 165 f. (166, 2.3); *Schimansky/Bunte/Lwowski* (*Ganter*), Bankrechts-Handbuch II (2), § 90 Rn. 102, (*Schmitz*), § 91 Rn. 12; *Tiedtke* , JZ 1998, S. 732 ff. (734/735).

[282] *BGH* (U. v. 18.05.1995 – IX ZR 108/94), BGHZ 130, S. 19 ff. (28, 2. Abs., 33/34, c)); *BGH* (U. v. 18.01.1996 – IX ZR 69/97), BGHZ 132, S. 6 ff. (9, 2.); *Kreft,* WM 1997, Sonderbeilage Nr. 5, S. 11, 2. Abs.; *Nobbe,* BKR 2002, S. 747 ff. (750, (1) (a) bb)); *Schimansky/Bunte/Lwowski* (*Schmitz*), Bankrechts-Handbuch II (2), Anh. zu § 91, Erläuterungen, 1.; *Tiedtke* , JZ 1998, S. 732 ff. (734/735).

[283] Selbstverständlich nur, sofern die Bürgschaft nicht durch einen geringeren Höchstbetrag begrenzt ist, vgl. *BGH* (U. v. 13.11.1997 – IX ZR 289/96), BGHZ 137, S. 153 ff. (159, b)); *BGH* (U. v. 15.07.1999 – IX ZR 243/98), BGHZ 142, S. 213 ff. (218, 1.); *BGH* (U. v. 27.05.2003 – IX ZR 283/99), ZIP 2003, S. 1596 ff. (1599, III. 2. a)); ebenso *BAG* (U. v. 27.04.2000 – 8 AZR 286/99), NJW 2000, S. 3299 ff. (3301, bb)); *OLG Köln* (U. v. 30.01.2002 – 13 U 93/01, rkr.), ZIP 2002, S. 844 ff. (845, 1. Abs.); *Kreft,* WM 1997, Sonderbeilage Nr. 5, S. 11, 1. Spalte; *Schimansky/Bunte/Lwowski* (*Schmitz*), Bankrechts-Handbuch II (2), Anh. zu § 91, Erläuterungen, 1.; *Tiedtke,* JZ 1998, S. 732 ff. (734/735); insgesamt dazu *Fischer,* WM 2001, S. 1049 ff. (1053, 2.). Die Darlegungs- und Beweislast dafür, dass die Bürgschaft die geltend gemachte Hauptschuld erfasst, liegt mit Blick auf §§ 765 Abs. 1, 767 Abs. 1

Nach Meinung des BGH wäre es unbillig, an die Stelle der unwirksamen Sicherungszweckabrede eine auf diesen Kredit begrenzte, der Höhe nach aber unbeschränkte Haftungsabrede treten zu lassen[284]. Wegen des Verbots der Fremddisposition über die Schuld des Personalsicherungsgebers könnten zukünftige Forderungen formularmäßig nur unter der Voraussetzung einbezogen werden, dass sie von Anfang an nach Grund und Umfang abgesteckt sind[285]. Ob die Beteiligten mit Wissen des Sicherungsgebers die spätere Erweiterung des Limits in Aussicht genommen hätten, sei irrelevant[286]. Für den Bürgen sei zwar ohne weiteres ersichtlich, dass die Hauptschuld über den aktuellen Stand hinaus ansteigen kann, den Umfang der späteren Kreditverbindlichkeit könne er aber weder abschätzen noch beeinflussen[287]. Eine Haftungsbegrenzung auf die Höhe des erstmaligen Rechnungsabschlusses nach Abgabe der Sicherungserklärung (vgl. § 355 HGB) komme daher gleichsam nicht in Betracht. Der erste Abschlusssaldo sei ebenfalls eine künftige Verbindlichkeit, bis zu dessen Feststellung für den Sicherungsgeber ein mit der Leitentscheidung des § 767 Abs. 1 S. 3 BGB kaum zu vereinbarendes, beträchtliches Risiko bestehe[288]. Ließe man eine höhenmäßig unbeschränkte Einstandspflicht für den besicherten Kontokorrentkredit zu, käme dies im wirtschaftlichen Ergebnis einer unzulässigen Globalhaftung für sämtliche Geschäftsverbindlichkeiten gleich[289].

S. 1 und 3 BGB beim Gläubiger, vgl. *BGH* (U. v. 28.10.1999 – IX ZR 364/97), BGHZ 143, S. 95 ff. (102, d)).

[284] *BGH* (U. v. 13.11.1997 – IX ZR 289/96), BGHZ 137, S. 153 ff. (158, 3. a)).

[285] *BGH* (U. v. 13.11.1997), a.a.O.

[286] *BGH* (U. v. 13.11.1997), a.a.O.

[287] *BGH* (U. v. 13.11.1997), a.a.O., S. 158/159, a).

[288] *BGH* (U. v. 13.11.1997), a.a.O., S. 159/160, b) aa). Im konkreten Fall haben zwischen der Bürgschaftserklärung und dem nächsten Rechnungsabschluss elf Monate gelegen (S. 160, 1. Abs.). Den Tagessaldo könne der Sicherungsgeber bei dem Hauptschuldner dagegen unschwer erfragen. Wer eine unbegrenzte Bürgschaft für einen betragsmäßig offenen Kredit eingehe, bringe damit seinen Willen zum Ausdruck, für diesen jedenfalls in aktueller Höhe einstehen zu wollen. Dessen sei er sich regelmäßig auch bewusst. Auf diese Weise werde der Sicherungsgeber in gleicher Weise wie derjenige, der für einen limitierten Kontokorrentkredit hafte, vor allen Nachteilen aus späteren Hauptschulderweiterungen geschützt. Im Übrigen sei die rechtliche Bedeutung des Tagessaldos im Verhältnis der Kontokorrentparteien zu Dritten in der höchstrichterlichen Rechtsprechung seit langem anerkannt, etwa bei Pfändungen oder im Zusammenhang mit der Haftung ausgeschiedener Gesellschafter. Die Tatsache, dass der Tagessaldo nur einen Rechnungsposten darstellt, bilde keinen rechtlichen Hinderungsgrund, ihn als Bemessungsgrenze für den Umfang der Bürgenhaftung heranzuziehen. Bei Besicherung limitierter Kontokorrentkredite sei der Rechungsabschluss ebenfalls rechtlich bedeutungslos. Bei unlimitierten Krediten bestehe kein anerkennenswertes Bedürfnis für eine abweichende Regelung. Sei der erste nachfolgende Rechnungsabschluss geringer als der maßgebliche Tagessaldo, reduziere dies den maximalen Haftungsumfang nicht (S. 160/161, bb)).

[289] *BGH* (U. v. 13.11.1997), a.a.O., S. 159, 1. Abs.

(c) Höchstbetragsbürgschaften

Entsprechendes gilt für Höchstbetragsbürgschaften[290].

Bei diesen hat der BGH klauselmäßige Zweckerweiterungen zunächst nicht als unangemessen benachteiligend empfunden[291]. Der vereinbarte Haftungshöchstbetrag schränkte das Risiko des Bürgen aus Sicht des BGH erheblich ein und ließ ihn hinsichtlich einer Forderungseingrenzung als weniger schutzbedürftig erscheinen[292].

Nach aktueller BGH-Rechtsprechung ist ein Höchstbetragsbürge ungeachtet dessen nur bei Nichterfüllung der „Anlassverbindlichkeit" durch den Hauptschuldner einstandspflichtig und nicht auch, wenn eine nach Übernahme der Bürgschaftsverpflichtung hinzugekommene Verbindlichkeit ausbleibt, selbst wenn diese zusammen mit der/den noch offenen „Anlassverbindlichkeit(en)" den Haftungshöchstbetrag nicht ausfüllt[293]. Forderungsneubegründungen und nachträgliche Vertragserweiterungen würden von der Sicherungszusage nicht gedeckt. Erachtete man umfassende Haftungsklauseln bei einer Höchstbetragsbürgschaft als wirksam, könnten die Parteien des Hauptschuldverhältnisses nach Erteilung der Bürgschaftszusage in unbeschränktem Umfang neue Verbindlichkeiten begründen, die in Höhe der Haftsumme alle von der Bürgschaft gedeckt wären[294]. Für den Bürgen wäre das Risiko, anstelle des Hauptschuldners leisten

---

[290] *BGH* (U. v. 02.07.1998 – IX ZR 255/97), NJW 1998, S. 2815 f. (2816, II. 1.); *BGH* (U. v. 18.07.2002 – IX ZR 294/00), BGHZ 151, S. 374 ff. (382/383); *Falter,* Praxis des Kreditgeschäfts (15), S. 656 Rn. 6.428, auch insofern soll das „objektiv bestimmte" aktuelle Sicherungsbedürfnis des Gläubigers selbst dann maßgeblich sein, wenn der Bürge sich „pauschal" und „unreflektiert" verbürgen will und die Bürgschaft nicht aus Anlass bestimmter Verbindlichkeiten übernimmt; *Fischer,* WM 2001, S. 1049 ff. (1054, 3.); *Wagenknecht* in: *BuB,* Rn. 4/1061a.

[291] *BGH* (U. v. 17.03.1994 – IX ZR 174/93), WM 1994, S. 1064 ff. (1068, III. 2.), Vereinbarkeit mit der „gesetzlichen Regelung der Bürgschaft"; *BGH* (U. v. 07.03.1996 – IX ZR 43/95), WM 1996, S. 766 ff. (796, 2. a)).

[292] *BGH* (U. v. 07.03.1996 – IX ZR 43/95), WM 1996, S. 766 ff. (796, 2. a)). Dahinter hat wiederum die Annahme gestanden, § 767 Abs. 1 S. 3 BGB setze eine summenmäßige Begrenzung der Bürgschaft bzw. die Überschaubarkeit des Haftungsumfangs voraus; vgl. *BGH* (U. v. 07.11.1995 – XI ZR 235/94), WM 1995, S. 2180 ff. (2181, aa)); im Ergebnis ebenso *BGH* (U. v. 07.03.1996 – IX ZR 43/95), WM 1996, S. 766 ff. (796, c)).

[293] Dazu, dass der BGH globale Zweckerweiterungsklauseln aus Transparenzgründen nunmehr auch bezogen auf die bereits *bestehenden* Hauptschulden als unangemessen benachteiligend beanstandet, sogleich unter Gliederungspunkt 2. a) bb). Hinsichtlich des *zukunftsbezogenen* Klauselteils, vgl. *BGH* (U. v. 02.07.1998 – IX ZR 255/97), NJW 1998, S. 2815 f. (2816, IV. 1.); *BGH* (U. v. 06.04.2000 – IX ZR 2/98), WM 2000, S. 1141 ff. (1142, II. 1.); *BGH* (U. v. 08.11.2001 – IX ZR 46/99), WM 2002, S. 919 ff. (920, II.), keine formularmäßig wirksame Bürgenhaftung für nachträgliche Erhöhungen der Kreditlinie, selbst wenn diese den Bürgschaftshöchstbetrag nicht übersteigen; *Fischer,* WM 2001, S. 1049 ff. (1054, 3.); *Reinicke/Tiedke,* Kreditsicherung (4), S. 150 Rn. 418.

zu müssen, zum Zeitpunkt der Bürgschaftsübernahme nicht überschaubar. Die Tilgungsdauer oder die zusätzliche Besicherung der weiteren Forderungen könnten ebenso divergieren wie ihr Zweck einschließlich des damit verbundenen Ausfallrisikos[295]. Selbst bei zwischenzeitlicher Tilgung aller Gläubigeransprüche könnte das Risiko des Bürgen jederzeit wieder aufleben, solange er den Vertrag nicht kündige[296]. Schließlich könnte sich auch die Bonität des Hauptschuldners im Laufe der Zeit verschlechtern[297].

*(2) Vertragszweckgefährdung infolge einer formularmäßigen Haftungsausdehnung*

Zusätzlich zu der materiellen Verletzung des § 767 Abs. 1 S. 3 BGB, begründen der BGH und eine weit verbreitete Literaturmeinung[298] die unbillige Benachteiligung des Bürgen wie angedeutet auch damit, dass die „Globalhaftungsklausel" wesentliche Rechte des Bürgen, die sich aus der Natur des Vertrages ergäben, in einer den Vertragszweck gefährdenden Weise einschränke[299]. Welche Rechtspositionen vertragswesentlich sind, richte sich bei gesetzlich ausgestalteten Vertragsformen nach dem gesetzlichen Typus. Bei der Bürgschaft sei wegen § 767 Abs. 1 S. 3 BGB das Fremddispositionsverbot vertragswesentlich[300]. Vertragwesentliche Rechte des Bürgen würden nicht nur dadurch ausgehöhlt, dass er für einen höheren Betrag hafte, als es dem Anlass der Bürgschaft

---

294 Siehe auch *Fischer,* WM 1998, S. 1705 ff. (1710, III.).

295 *BGH* (U. v. 07.03.1996 – IX ZR 43/95), WM 1996, S. 766 ff. (769, 1. Abs.); vgl. auch *Kreft,* WM 1997, Sonderbeilage Nr. 5, S. 12, cc); *MüKo-Basedow* (4), § 307 Rn. 298.

296 So insgesamt *BGH* (U. v. 13.06.1996 – IX ZR 229/95), WM 1996, S. 1391 ff. (1392, 1. b)); *Nobbe,* BKR 2002, S. 747 ff. (751, (2) (a)).

297 *BGH* (U. v. 07.03.1996 – IX ZR 43/95), WM 1996, S. 766 ff. (769, 1. Abs.); vgl. auch *BGH* (U. v. 18.07.2002 – IX ZR 294/00), BGHZ 151, S. 374 ff. (382/383).

298 Siehe nur *Berninghaus,* BB 1986, S. 206 ff. (212, bb) a. E., c), 1. Abs.); *Diedrichsen,* Jura 1999, S. 229 ff. (231, c)); *Ehricke,* WM 2000, S. 2177 ff. (2178, 1. Abs.); *ders.,* JZ 2000, S. 466 ff. (467, 1. Spalte a. E.); *Fischer,* WM 1998, S. 1705 ff. (1709, 2. a)); *Kreft,* WM 1997, Sonderbeilage Nr. 5, S. 11, 1. Abs.; *Meinhardt,* Beendigung der Haftung, S. 72, 1. Abs.; *MüKo-Habersack* (4), § 765 Rn. 73; *Nobbe,* BKR 2002, S. 747 ff. (750, (aa)); *Schmitz-Herscheidt,* ZIP 1997, S. 1140 ff. (1140, I. 1.); *Trapp,* ZIP 1997, S. 1279 ff. (1282/1283, 3.).

299 *BGH* (U. v. 18.05.1995 – IX ZR 108/94), BGHZ 130, S. 19 ff. (32/33, b)); *BGH* (U. v. 07.03.1996 – IX ZR 43/95), WM 1996, S. 766 ff. (769, 1. Abs.); *BGH* (U. v. 13.11.1997 – IX ZR 289/96), BGHZ 137, S. 153 ff. (156, 1. Abs.); *BGH* (U. v. 02.07.1998 – IX ZR 255/97), NJW 1998, S. 2815 f. (2816, II. 1.); *BGH* (U. v. 15.07. 1999 – IX ZR 243/98), BGHZ 142, S. 213 ff. (216, 1. Abs.); *BGH* (U. v. 28.10.1999 – IX ZR 364/97), BGHZ 143 ff., S. 95 ff. (97, 1. Abs.); dem folgend *BAG* (U. v. 27.04.2000 – 8 AZR 286/99), NJW 2000, S. 3299 ff. (3301, bb)); vgl. auch *Wagenknecht* in: *BuB* Rn. 4/1049 a.

300 *BGH* (U. v. 18.05.1995 – IX ZR 108/94), BGHZ 130, S. 19 ff. (33, bb)); *Wagenknecht* in: *BuB* Rn. 4/1049 a.

entspreche, sondern auch dadurch, dass er für andere als die anlassgebenden Verbindlichkeiten einzustehen habe (Konstellation der Höchstbetragsbürgschaft)[301].

Da die Regelung des § 767 Abs. 1 S. 3 BGB nach der hier vertretenen Meinung bereits kein „bürgschaftsspezifisches" Fremddispositionsverbot enthält, von dessen wesentlichem Grundgedanken die formularmäßige „weite" Sicherungszweckerklärung im Sinne des § 307 Abs. 2 Ziff. 1 BGB abweichen könnte, schränkt die Haftungserstreckung auch keine wesentlichen Rechte des Sicherungsgebers in einer vertragszweckgefährdenden Weise ein. Gegen diese Behauptung ist zu Recht eingewandt worden, dass dem Sicherungsgeber aus dem Sicherungsvertrag entsprechend dessen einseitig verpflichtender Natur auf Primärebene keine Rechte zustehen, sondern nur Pflichten obliegen. Weshalb der Sicherungsvertrag, dessen Zweck allein in der Gläubigerabsicherung besteht, vereitelt werden sollte, wenn der Sicherungsgeber sich neben der „Anlassforderung" auch zur Absicherung aller übrigen Gläubigerforderungen bereit erklärt, ist nicht nachvollziehbar[302].

### bb) Mitschuld

Für den gesetzlich nicht kodifizierten Schuldbeitritt fehlt eine dem § 767 Abs. 1 S. 3 BGB entsprechende Regelung. Dennoch hat der 11. Zivilsenat sich bereits Ende 1995 der Betrachtungsweise des 9. Senats angeschlossen[303]. Argument ist, dass der Schuldbeitritt einer Bürgschaft in seiner wirtschaftlichen Funktion so nahe stehe, dass eine rechtliche Gleichbehandlung der „Anlassfälle" sachgerecht erscheine[304]. Wie bei der Bürgschaft lehne sich die Schuld des Beitretenden im Beitrittzeitpunkt an den Inhalt und an die Beschaffenheit der Hauptschuld an[305]. Insbesondere einer selbstschuldnerischen Bürgschaft sei der Schuldbeitritt zu Sicherungszwecken so ähnlich, dass sich bezogen auf die

---

[301] *BGH* (U. v. 07.03.1996 – IX ZR 43/95), WM 1996, S. 766 ff. (769, 1. Abs.).

[302] *Brambring,* S. 82/83, b.; im Ergebnis ebenso *Bornemann,* Zweckbestimmungsklauseln, S. 117–119, (2); vgl. auch *Schaarschmidt,* Sparkassenkredite (8), S. 80 Rn. 1.132, zur Anwendung der Norm sei der Hauptzweck des abgeschlossenen Vertrages zu ermitteln. Die danach zu erbringende Leistung dürfe nicht so verändert oder eingeschränkt werden, dass der Vertragszweck bzw. dessen Verwirklichung gefährdet sei; zur Grundschuld ebenso *Wenzel*, Sicherung durch Grundschulden, S. 221 Rn. 2322 a. E.

[303] *BGH* (U. v. 07.11.1995 – XI ZR 235/94), WM 1995, S. 2180 ff. (2181, b)); *Fischer,* WM 1998, S. 1705 ff. (1710, IV.); *Weber* in: Rostocker Schriften zum Bankrecht, Heft 4, S. 65 ff. (77, a.)); zustimmend *Schimansky/Bunte/Lwowski* (*Ganter*), Bankrechts-Handbuch II (2), § 90 Rn. 100, (*Schmitz*), § 91 Rn. 12; aA *Schröter,* WuB I F 1 c. – 1.96, S. 225 f. (226, 2.).

[304] *BGH* (U. v. 07.11.1995 – XI ZR 235/94), WM 1995, S. 2180 ff. (2181, aa)); *Kreft,* WM 1997, Sonderbeilage Nr. 5, S. 12, 2. Abs.

[305] *BGH* (U. v. 07.11.1995 – XI ZR 235/94), WM 1995, S. 2180 ff. (2181, bb)).

Haftungsrisiken keine nennenswerten Unterschiede ergäben[306]. Die analoge Anwendung des § 767 Abs. 1 S. 3 sei angesichts des identischen Schutzbedürfnisses geboten[307]. Bürgen wie Mitschuldner hafteten persönlich. Beide liefen Gefahr, im Falle ihrer Inanspruchnahme Vermögen zu verlieren, das sie erst nach Vertragsschluss hinzu erworben haben. Angesichts dieses unkalkulierbaren Risikos habe sich der Gesetzgeber zum Schutz des Bürgen für die Schaffung des § 767 Abs. 1 S. 3 BGB entschieden[308]. Der Schutzgedanke dieser Vorschrift treffe in gleicher Weise auf den Schuldbeitretenden zu[309]. Das „Verbot der Fremddisposition" sei auch für ihn vertragswesentlich[310]. Insbesondere die Tatsache, dass der Bestimmtheitsgrundsatz sowohl für die Bürgschaft als auch den Schuldbeitritt gilt, lasse keinen Zweifel an der Zulässigkeit einer analogen Anwendung des § 767 Abs. 1 S. 3 BGB auf den Schuldbeitritt[311].

### cc) Sicherungsgrundschuld

Für die Bestellung einer Sicherungsgrundschuld hat der BGH dagegen noch kein einziges Mal einen Anhaltspunkt für die unangemessene Benachteiligung des Grundschuldbestellers durch eine formularmäßige Haftungserweiterung gesehen[312]. Dass die in älteren Urteilen angedeutete Gleichbehandlung einer Si-

---

306 *BGH* (U. v. 24.06.1997 – XI ZR 288/96), WM 1997, S. 1615 f. (1616, 2.); *OLG Brandenburg* (U. v. 13.11.2001 – 1 U 53/01), WM 2002, S. 171 ff. (175, II.).

307 Siehe auch *OLG Hamm* (U. v. 26.01.1998 – 31 U 90/97, rkr.), WM 1999, S. 586 ff. (588); aA *Schröter,* WuB I F 1 c. – 1.96, S. 225 f. (226, 2.), der Senat hätte besser an seine Rechtsprechung zur „weiten" Sicherungszweckerklärung bei Grundschulden angeknüpft und eine Unwirksamkeit der Zweckerklärung nach § 9 AGBG (a.F.) verneint, schließlich fehle es im Fall des Schuldbeitritts sogar insgesamt an einer gesetzlichen Regelung.

308 *BGH* (U. v. 07.11.1995 – XI ZR 235/94), WM 1995, S. 2180 ff. (2181, bb)); *BGH* (U. v. 24.06.1997 – XI ZR 288/96), WM 1997, S. 1615 f. (1616, 2.).

309 *BGH* (U. v. 07.11.1995), a. a. O.; *BGH* (U. v. 24.06.1997 – XI ZR 288/96), WM 1997, S. 1615 f. (1616, 2.).

310 *BGH* (U. v. 07.11.1995), a. a. O.; *OLG Brandenburg* (U. v. 13.11.2001 – 1 U 53/01), WM 2002, S. 171 ff. (175, II.).

311 *BGH* (U. v. 24.06.1997 – XI ZR 288/96), WM 1997, S. 1615 f. (1616, 2.). Der 11. Senat hat insofern mit der bereits oben verworfenen Meinung *Horns* geliebäugelt, das „gesetzliche Verbot der Fremddisposition" sei nur eine besondere Ausprägung des Bestimmtheitsgrundsatzes in seiner den Bürgen schützenden Funktion (vgl. Kapitel 9, A. II. (Fn. 44)), dies aber letztlich offen gelassen. Der Verweis auf die jeweilige Geltung des Bestimmtheitsgrundsatzes ist der Sache nach ein solcher auf die (vermeintliche) Notwendigkeit der Überschaubarkeit und summenmäßigen Begrenzung des Verpflichtungsumfangs, vgl. die in Bezug genommene Begründung des Senates in *BGH* (U. v. 07.11.1995 – XI ZR 235/94), WM 1995, S. 2180 ff. (2181, aa)), das Gesetz setze in § 767 Abs. 1 S. 3 BGB eine summenmäßige Begrenzung der Bürgschaft als selbstverständlich voraus (alte Bestimmtheitsrechtsprechung).

312 *BGH* (U. v. 20.02.1987 – V ZR 249/85), BGHZ 100, S. 82 ff. (84, 3. a)); *BGH* (U. v. 09.07.1991 – XI ZR 218/90), NJW 1991, S. 3141 f. (3142, b)); ebenso *OLG Bremen* (U. v. 17.06.2004 – 2 U 88/03), OLGR Bremen 2005, S. 51 f. (51/52); *OLG*

cherungsgrundschuld mit einer Höchstbetragsbürgschaft nach der Rechtsprechungsänderung des Bürgschaftssenats nicht mehr dazu angetan ist, dem Grundschuldbesteller ein dem „normalen" Bürgen vergleichbares Schutzbedürfnis abzusprechen[313], versteht sich von selbst[314]. Auswirkungen auf die Rechtsprechung zur Sicherungsgrundschuld hat die Neuorientierung des 9. Senats nicht gehabt[315]. Kernthese des BGH im Grundschuldrecht ist seit jeher – soweit er die Kontrolle des Sicherungsvertrages nicht bereits an § 307 Abs. 3 BGB hat scheitern lassen –, dass die Vermutung des § 307 Abs. 2 Ziff. 1 BGB (bzw. des § 9 Abs.2 Ziff. 1 BGB a.F.) hier nicht greife, da Art und Umfang der schuldrechtlichen Zweckbindung nicht gesetzlich festgeschrieben seien. Sie unterlägen in den Grenzen der §§ 134, 138 BGB freier Vereinbarung[316]. Da die Grundschuld der Sicherung eigener und fremder, schon entstandener sowie künftig erst entstehender Verbindlichkeiten dienen könne, halte sich die „weite" Zweckerklärung im Rahmen des gesetzlich Zulässigen[317]. In der Literatur hat diese Argumentation mehrheitlich Zustimmung erfahren[318]. In einer singulär detail-

---

Köln (U. v. 02.08.1999 – 16 U 106/98), ZIP 1999, S. 1840 ff. (1842. b)), allerdings nur wegen der Gesellschafter-Geschäftsführer Stellung der Grundschuldbesteller; *OLG Rostock* (U. v. 18.01.2001 – 1 U 64/99, rkr.), WM 2001, S. 1377 ff. (1378, (3)); aA *OLG Karlsruhe* (U. v. 11.04.1984 – 9 U 261/83), NJW 1986, S. 136 f. (137), Verstoß gegen § 9 Abs. 1 AGBG a.F. (§ 307 Abs. 1 BGB n.F.), da die künftige Inanspruchnahme von der Kenntnis und dem Einfluss der Grundstückseigentümerin völlig unabhängig sei.

[313] So noch andeutungsweise *BGH* (U. v. 24.06.1997 – XI ZR 288/96), WM 1997, S. 1615 f. (1616, 2.), unter Verweis auf BGH (U. v. 07.03.1996).

[314] Siehe auch *Schimansky/Bunte/Lwowski* (*Merkel*), Bankrechts-Handbuch II (2),§ 94 Rn. 322; *Tiedke,* DNotZ 2001, S. 627 ff. (632/633). Gleiches hat für die These *Wenzels* in: *BuB* (2003), Rn. 4/2322 zu gelten, gemäß §§ 1113 Abs. 2, 1192 Abs. 1 BGB entspreche es dem gesetzlichen Leitbild im Sinne des § 9 Abs. 2 Ziff. 1 AGBG a.F. (§ 307 Abs. 2 Ziff. 1 BGB n.F.), auch für künftige Forderungen zu haften. Dies ist bei Bürgschaften mit Blick auf § 765 Abs. 2, 1. Alt. BGB nicht anders.

[315] Siehe auch *Wenzel*, Sicherung durch Grundschulden, S. 221 Rn. 2323.

[316] *BGH* (U. v. 20.02.1987 – V ZR 249/85), BGHZ 100, S. 82 ff. (84, 3. a)); *BGH* (U. v. 09.07.1991 – XI ZR 218/90), NJW 1991, S. 3141 f. (3142, b)); *BGH* (U. v. 28.03.1995 – XI ZR 151/94), WM 1995, S. 790 ff. (791/792, c)); *BGH* (U. v. 06.02.1996 – XI ZR 121/95), WM 1996, S. 2233 f. (2234, 2. b)); *BGH* (U. v. 24.06. 1997 – XI ZR 288/96), WM 1997, S. 1615 f. (1616, 2.); *BGH* (U. v. 03.06.1997 – XI ZR 133/96), WM 1997, S. 1280 ff. (1282, 3. b)); *BGH* (U. v. 30.01.2001 – XI ZR 118/00), WM 2001, S. 623 ff. (625, bb) (3)); ebenso *OLG Karlsruhe* (U. v. 29.02. 2000 – 8 U 44/99), Volltext nur bei Juris, Rn. 48; *Rösler,* WM 1998, S. 1377 ff. (1379, 2. Abs.). Auf die gesetzessystematisch vorrangige (aber im Ergebnis nicht entscheidungserhebliche) Frage nach der Statthaftigkeit einer Inhaltskontrolle anhand der Generalklausel, sind die Senate/Kammern in den vorstehenden Entscheidungen noch nicht einmal hilfsweise eingegangen.

[317] *BGH* (U. v. 20.02.1987 – V ZR 249/85), BGHZ 100, S. 82 ff. (84, 3. a)); implizit ebenso *BGH* (U. v. 04.10.1995 – XI ZR 215/94), BGHZ 131, S. 55 ff. (58, b)).

[318] Vgl. nur *MüKo-Basedow* (4), § 307 Rn. 274, 298; *Palandt-Bassenge* (64), § 1191 BGB, Rn. 51; *Rastätter,* DNotZ 1987, S. 459 ff. (471/472); *Rösler,* WM 1998, S. 1377 ff. (1378/1379, aa)/bb)); *Schaarschmidt,* Sparkassenkredite (8), S. 392

liert begründeten Entscheidung[319] hat der 11. Senat zusätzlich ausgeführt, eine entsprechende Anwendung des § 767 Abs. 1 S. 3 BGB auf die Sicherungsgrundschuld komme nicht in Betracht[320]. Sie scheitere an dem Fehlen einer identischen Wertungsbasis. Das als Sicherheit für fremde Verbindlichkeiten dienende Grundstück mache häufig nur einen Bruchteil des Sicherungsgebervermögens aus[321]. Hinzu komme, dass der gegenständlich beschränkt haftende Grundschuldbesteller im Unterschied zu einem Bürgen und einem Mitschuldner niemals Gefahr laufe, sein künftiges Vermögen zu verlieren[322]. Die Situation eines Personal- und eines Sachsicherheitsgebers sei nicht vergleichbar. Der Grundschuldbesteller bedürfe keines Schutz durch § 767 Abs. 1 S. 3 BGB. Es sei somit unrichtig, wenn Teile der Literatur den Grundschuldbesteller im Ergebnis für ebenso schutzbedürftig hielten wie einen Bürgen. Eine solche Gleichstellung sei auch nicht im Wege einer richterlichen Rechtsfortbildung zu erreichen. Dafür seien Wortlaut, Entstehungsgeschichte und Normzweck der Ausnahmevorschrift des § 767 Abs. 1 S. 3 BGB zu eindeutig[323].

---

Rn. 2.254; *Weber,* EWiR 2001, S. 349 f. (350, 3.); *Wenzel,* Sicherung durch Grundschulden, S. 221 Rn. 2322; *ders.* in: *BuB* (2003), Rn. 4/2322, die Frage, worin die unangemessene Benachteiligung liegen solle, wenn jemand in voller Kenntnis der Tragweite und des Risikos – sonst greife § 3 AGBG ein – die dingliche Haftung für künftige Verbindlichkeiten eines Dritten übernehme, lasse die Gegenansicht unbeantwortet; dies wird hier nachgeholt (sogleich unter 3. a) ee)/b)); aA *Bülow,* Recht der Kreditsicherheiten (6), S. 56/57 Rn. 163; vgl. auch *Clemente,* EWiR 1986, S. 263 f. (264, 3.2).

319 *BGH* (U. v. 24.06.1997 – XI ZR 288/96), WM 1997, S. 1615 f. (1616, 2.).

320 Im Ergebnis ebenso *OLG Karlsruhe* (U. v. 29.02.2000 – 8 U 44/99), Volltext nur bei Juris, Rn. 48; (wohl versehentlich) konkludent anders *OLG Köln* (U. v. 02.08.1999 – 16 U 106/98), ZIP 1999, S. 1840 ff. (1842. b)), das unter die (vermeintlichen) Tatbestandmerkmale des § 767 Abs. 1 S. 3 BGB subsumiert hat, die Übernahme eines unkalkulierbaren Risikos aber aufgrund der Umstände des Einzelfalls letztlich negiert hat. Die Zitate der Bürgschaftsrechtsprechung deuten darauf hin, dass der Senat die zur Bürgschaft getroffenen Aussagen für allgemeingültig gehalten hat. Die Analogie ist deshalb erwogen worden, weil eine dem § 767 Abs. 1 S. 3 BGB entsprechende Regelung im Grundschuldrecht fehlt, vgl. *Bülow,* Recht der Kreditsicherheiten (6), S. 56/57 Rn. 163, der selbst für eine Anwendung des Rechtsgedankens dieser Norm im Grundschuldrecht plädiert; wie hier *Reinicke/Tiedke,* Kreditsicherung (4), S. 375 Rn. 992, fehlende Stichhaltigkeit der Argumentation mit einer der Vorschrift des § 767 Abs. 1 S. 3 BGB vergleichbaren Norm im Grundschuldrecht, da diese nur aufgrund der strengen Akzessorietät der Bürgschaft kreiert worden sei, für die Grundschuld also schon gar kein vergleichbarer Klarstellungsbedarf bestehe.

321 Siehe auch *Wenzel*, Sicherung durch Grundschulden, S. 221 Rn. 2323; *ders.* in: *BuB* (2003), Rn. 4/2323.

322 Ebenso *Rimmelspacher,* WuB I F 3. – 3.01, S. 662 ff. (663/664, 3.); *Rösler,* WM 1998, S. 1377 ff. (1379, 1. Spalte); *Volmer,* WM 1998, S. 914 ff. (918, 2, a)); *Wenzel*, Sicherung durch Grundschulden, S. 221 Rn. 2323; *Wenzel* in: *BuB* (2003), Rn. 4/2323; vgl. auch *Schmitz-Valckenberg,* DNotZ 1998, S. 578 ff. (585).

323 *BGH* (U. v. 24.06.1997 – XI ZR 288/96), WM 1997, S. 1615 f. (1616, 2.). Zu der Kritik an dieser nicht näher begründeten Behauptung, vgl. bereits Gliederungspunkt IV. 2. b).

Eine Auseinandersetzung mit dem Auffangtatbestand des § 307 Abs. 1 S. 1 BGB lassen sämtliche BGH-Urteile vermissen[324].

#### dd) Pfandrecht

Die Revision eines Pfandrechtsbestellers hat der BGH mangels grundsätzlicher Bedeutung und wegen fehlender Erfolgsaussichten gemäß § 554b ZPO a. F.[325] schon gar nicht zur Entscheidung angenommen[326]. Die Begründung lautet: „Die weite Zweckerklärung im Verpfändungsvertrag ist aus denselben Gründen, die für Sicherungsabreden bei Grundschulden gelten ..., nicht nach § 9 AGBG zu beanstanden[327]."

Exakt entgegengesetzt hat das Landgericht Bonn im Jahre 1996 entschieden[328]: Wie aus dem Verweis des § 1211 auf § 770 BGB hervorgehe, entspreche die Stellung der Verpfänderin derjenigen eines Bürgen. Die dingliche Haftung sei daher ebenfalls auf die „Anlassforderung" limitiert[329].

### *b) Übertragbarkeit der „Anlassrechtsprechung" zur Bürgschaft und zur Mitschuld auf die „externe" Ausstattungsverpflichtung*

Die Erwägungen des BGH zur unangemessenen Benachteiligung eines Bürgen und eines Mitschuldners lassen sich – unbeschadet ihres als fehlerhaft erkannten Ausgangspunktes[330] – problemlos auf die „externe" Ausstattungszusage übertragen[331].

---

[324] Anders etwa *OLG Köln* (U. v. 02.08.1999 – 16 U 106/98), ZIP 1999, S. 1840 ff. (1842. b)), unter Zustimmung von *Weber/Bonin,* EWiR 2000, S. 202, 3./4.

[325] Nach aktueller Rechtslage wäre beim BGH gegen die Nichtzulassung der Revision gemäß §§ 543, 544 ZPO Beschwerde einzulegen.

[326] *BGH* (B. v. 04.10.2001 – IX ZR 174/99), WM 2002, S. 919 = WuB I F 2. – 2.03.

[327] *BGH* (B. v. 04.10.2001), a. a. O.; ebenso *Schimansky/Bunte/Lwowski* (*Ganter*), Bankrechts-Handbuch II (2), § 90 Rn. 100; noch deutlicher *Lettl,* JA 2004, S. 238 ff. (239, 1. Abs.), wie bei der Grundschuld kein Verstoß gegen § 307 BGB, weil bei Grundschuld und Pfandrecht die Haftung auf ein bestimmtes Haftungsobjekt beschränkt und mit ihnen nicht die Gefahr des Verlustes künftigen Vermögens verbunden sei.

[328] *LG Bonn* (U. v. 12.02.1996 – 9 O 541/95, rkr.), WM 1996, S. 1538 ff. (1539).

[329] *LG Bonn* (U. v. 12.02.1996), a. a. O., S. 1539, 2. Spalte; zustimmend *Batereau,* WuB I F 2. – 2.96, S. 1159 f. (1159/1160, 1. a)); siehe auch *Wolf/Horn/Lindacher* (*Wolf*), AGBG (4), § 9 Rn. P2; dagegen *Schimansky/Bunte/Lwowski* (*Ganter*), Bankrechts-Handbuch II (2), § 90 Rn. 100, die „weite" Zweckerklärung weiche nicht vom gesetzlichen Leitbild ab. Das Mobiliarpfandrecht könne in dieser Hinsicht nicht anders behandelt werden als die Sicherungsgrundschuld.

[330] Vgl. Gliederungspunkte IV. 2. b) aa), V. 3. a) ee)/b).

[331] Ebenso nunmehr (ohne nähere Begründung) *J. Koch,* Die Patronatserklärung, S. 216, 2., 220/221, VII., 612, 4.; aA *Schäfer,* WM 1999, S. 153 ff. (158, 1. Abs.).

Soweit der BGH der Vorschrift des § 767 Abs. 1 S. 3 BGB ein „bürgschaftsspezifisches“ Fremddispositionsverbot entnimmt, ist der Patron in gleicher Weise schutzbedürftig wie ein Schuldbeitretender. Wie andere Personalsicherungsgeber läuft auch er Gefahr, nach Abgabe der Verpflichtungserklärung hinzu erworbenes Vermögen zur Erfüllung seiner Ausstattungsverpflichtung einsetzen zu müssen.

Die wirtschaftliche Funktion der Ausstattungszusage besteht wie diejenige einer Bürgschaft und eines Schuldbeitritts darin, den Gläubiger von seinem mittelbedingten Ausfallrisiko im Hauptschuldverhältnis zu befreien[332]. Dieses Risiko nimmt der Patron dem Gläubiger in besonders effektiver Weise ab, indem er ihm explizit bzw. implizit zusagt, dem Protegé im Vorfeld der Fälligkeitstermine die benötigten Ausstattungsmittel zukommen zu lassen und kontinuierlich dafür Sorge zu tragen, dass der Gläubiger von insolvenzbedingten Ärgernissen freigehalten wird[333]. Dass der Gläubiger den Patron im Falle der Leistungsunwilligkeit des Protegés, anders als einen Bürgen oder Mitschuldner, nicht belangen kann, ändert nichts an der wirtschaftlichen Funktionsäquivalenz einer „externen“ Ausstattungsverpflichtung mit diesen Sicherungsmitteln. Verletzt der Patron seine „hauptschuldbezogene“ Ausstattungspflicht, kann der Gläubiger ihn unter den oben genannten Voraussetzungen auf Schadensersatz statt der Leistung in Anspruch nehmen[334]. Der Fall, dass der Protegé zwar leistungsfähig ist, seine Leistung aber grundlos verweigert, dürfte praktisch kaum vorkommen. Die damit zusammenhängenden Darlegungs- und Beweiserschwernisse für den Gläubiger sind folglich für die Frage nach der ökonomischen Gleichwertigkeit der in Frage stehenden Personalsicherheiten ohne Belang.

Dass die Haftungsrisiken eines ausstattungspflichtigen Patrons diejenigen eines Bürgen und eines Mitschuldners bei weitem übersteigen können, ist bereits mehrfach herausgestellt worden.

Die Tatsache, dass die Schuld des Patrons sich im Gegensatz zu den anderen beiden Sicherungsinstrumenten nicht (allein) nach Inhalt und Beschaffenheit der Hauptschuld zum Zeitpunkt der Verpflichtungserklärung bemisst, stellt wie oben ausgeführt[335] ebenfalls kein maßgebliches Unterscheidungskriterium für die Frage nach der entsprechenden Anwendbarkeit des „bürgschaftsspezifischen“

---

332 *Jochmann,* wiedergegeben von *König,* Diskussionsbericht, in: *Bergström/Schultsz/Käser,* Garantieverträge, S. 43 ff. (53 a. E.), es fänden sich zahlreiche schwächere, aber auch stärkere Formulierungen, die wirtschaftlich, wenn vielleicht auch nicht rechtlich, einer Bürgschaftsübernahme sehr nahe kämen, so wenn es beispielsweise heiße: „Wir werden dafür sorgen, dass die Tochtergesellschaft jederzeit in der Lage ist, die Verpflichtungen aus dem Kredit zu erfüllen.“

333 Sonstige Personalsicherungsgeber kann der Gläubiger dagegen nur „postventiv“ in Anspruch nehmen.

334 s. o., Kapitel 6, A./B.

335 Gliederungspunkt II. 2.

Fremddispositionsverbots dar. Die Ausstattungsverpflichtung des Patrons differiert der Höhe nach nur insofern von der etwaigen Sicherungsschuld eines Bürgen oder Mitschuldners, als im Vermögen des Protegés eine über die Summe der abgesicherten Hauptschuld(en) hinausgehende Deckungslücke vorhanden ist, also vor allem bezogen auf die dem Patron zusätzlich obliegende „kontinuierliche Grundausstattungspflicht". Bringt man in Anschlag, dass der Patron bezüglich der „hauptschuldbezogenen" Ausstattungspflicht gegebenenfalls ersetzungsbefugt ist, ist hinsichtlich dieser freiwilligen Direktleistung sogar ein völliger Gleichlauf mit der Verpflichtung eines selbstschuldnerischen Bürgen zu konstatieren. Das „bürgschaftsspezifische" Fremddispositionsverbot bezieht sich herrschender Meinung zufolge auf die nach Abgabe der Verpflichtungserklärung ohne Zutun des Bürgen beschlossene Ausdehnung seines Haftungsumfangs durch eine Erweiterung des *abgesicherten Forderungsbestandes*. Eine solche Ausdehnung kann ein nicht maßgeblich beteiligter und auch nicht geschäftsleitungsbefugter Patron ebenso wenig verhindern wie ein Bürge und ein Mitschuldner. Die Erstreckungsklausel bürdet *insoweit* – also hinsichtlich der fremdbestimmten Ausdehnung des Umfangs der abgesicherten Verbindlichkeiten – sämtlichen Personalsicherungsgebern ein äquivalentes Risiko auf.

Zum Schutz des Patrons vor einer für ihn noch ungleich gefährlicheren Haftungserstreckung wäre die entsprechende Anwendung des § 767 Abs. 1 S. 3 BGB auf die „externe" Ausstattungsverpflichtung unter Zugrundelegung der ganz herrschenden Meinung mithin ebenfalls – wenn nicht gar erst recht – geboten. Der BGH müsste die formularmäßige Sicherungszweckerweiterung in einem Patronatsvertrag in den „Anlasskonstellationen" gleichsam wegen Verstoßes gegen § 307 Abs. 1 S. 1 i.V.m. Abs. 2 Ziff. 1 und 2 BGB als unangemessen benachteiligende Abweichung von dem „bürgschaftsspezifischen Fremddispositionsverbot" sowie als eine die Unwirksamkeit der Klausel bedingende Vertragszweckgefährdung beanstanden. Etwas anderes würde nur gelten, wenn der Patron die Ausdehnung des abgesicherten Forderungsbestandes nach den Kriterien des BGH selbst in der Hand hätte.

## 2. Verstoß gegen das Transparenzgebot

Wie der BGH inzwischen ausdrücklich festgestellt hat, beanspruchen seine Erwägungen zum Verstoß einer formularvertraglichen Erstreckungsklausel gegen das „bürgschaftsspezifische Fremddispositionsverbot" nur für die nach Abschluss des Sicherungsvertrages entstandenen, *zukünftigen* Hauptschulden Geltung[336]. Soweit die Haftung des Sicherungsgebers durch die „weite" Siche-

---

[336] Vgl. v.a. *BGH* (U. v. 28.10.1999 – IX ZR 364/97), BGHZ 143 ff., S. 95 ff. (97/98, b)); ähnlich bereits *BGH* (U. v. 18.01.1996 – IX ZR 69/97), BGHZ 132, S. 6 ff. (9, 2.); siehe auch *Bülow,* Recht der Kreditsicherheiten (6), S. 275 Rn. 916;

rungszweckerklärung auf alle *bestehenden* Forderungen des Hauptschuldners erstreckt wird, kann von einer (vermeintlich „bürgschaftsspezifischen") Fremddisposition denknotwendig keine Rede sein[337]. Auch herrschender Meinung zufolge erfasst § 767 Abs. 1 S. 3 BGB diese Fallgestaltung nicht[338].

### *a) Die „Anlassrechtsprechung" des Bundesgerichtshofs*

Der BGH hat daher eines anderen Ansatzpunktes bedurft, um den gegenwartsbezogenen Part der „weiten" Sicherungszweckerklärung für unwirksam zu erklären. Zu diesem Zweck hat er erneut auf die „altbewährte" Doktrin von der Unzulässigkeit einer unübersehbaren Bürgenhaftung zurückgegriffen[339].

#### aa) Exkurs: Die drei Spielarten des bundesgerichtlichen „Überschaubarkeitsdogmas" in zeitlicher Abfolge

Das Überschaubarkeitsdogma zieht sich wie ein roter Faden durch die „Anlassrechtsprechung" des BGH[340]. Zunächst hat er formularmäßige Haftungsausdehnungen für unwirksam erachtet, weil der abgesicherte Forderungskreis zu unbestimmt wäre („*Bestimmtheits-*" bzw. „*Überschaubarkeitsrechtsprechung I*"). Seit Aufgabe dieser Rechtsprechung liest der BGH das Überschaubarkeitsprinzip in § 767 Abs. 1 S. 3 BGB hinein. Aus der Formulierung, durch ein von dem Hauptschuldner nach Übernahme der Bürgschaft vorgenommenes Rechtsgeschäft könne die Verpflichtung des Hauptschuldners nicht erweitert werden, schließt er auf die Notwendigkeit eines übersehbaren bzw. nicht ohne Zutun des Sicherungsgebers erweiterbaren Haftungsumfangs („*Fremddispositions-*" bzw. „*Überschaubarkeitsrechtsprechung II*")[341]. Auch diese Verankerung des

---

*Bydlinski,* ÖBA 1999, S. 93 ff. (96, 3. Abs.); *ders.,* WuB I F 1 a. – 1.99, S. 38 ff. (39, 1. Abs.); *Fischer,* WM 1998, S. 1705 ff. (1710, III.); *ders.,* WM 2001, S. 1049 ff. (1052, C. I. 1.); *Lwowski,* Kreditsicherung (8), S. 336 Rn. 379; *MüKo-Habersack* (4), § 765 Rn. 73; *Reinicke/Tiedke,* Kreditsicherung (4), S. 151 Rn 421; *Richrath/Schröter,* WuB I F 1 a. – 12.96, S. 586 ff. (587, b)); *Siems,* JuS 2001, S. 429 ff. (431, b)); *Tiedtke,* ZIP 1997, S. 1949 ff. (1954, 1. Spalte).

337 *Fischer,* WM 2001, S. 1049 ff. (1052, C. I. 1.); *Kreft,* WM 1997, Sonderbeilage Nr. 5, S. 12, cc).

338 AA *Rikken,* S. 62–65, a), 126.

339 Vgl. auch *Reinicke/Tiedke,* Kreditsicherung (4), S. 151/152 Rn. 422–424, die davon ausgehen, der Bürge sei in beiden Fällen gleichermaßen schutzbedürftig. Sie argumentieren zu Recht mit der Ausnutzung der „Anlasssituation" durch den Gläubiger. Dieser erschleiche sich in den „Anlassfällen" eine Sicherheit, auf die er gerechterweise keinen Anspruch habe (S. 152 Rn. 424). Die zusätzliche Argumentation mit dem Wissensdefizit hinsichtlich des aktuellen Schuldenstandes und mit der fehlenden Unterrichtungsmöglichkeit des Bürgen (S. 151 Rn. 422), verfängt allerdings ebenso wenig wie die sogleich zu schildernde „Transparenzrechtsprechung" des BGH.

340 Ähnlich *Bydlinski,* ÖBA 1999, S. 93 ff. (95, 2.2.3, 96, letzte Spalte, 100, dd)).

Überschaubarkeitsdogmas könnte nur ein „kurzes" Intermezzo gewesen sein. Der BGH hat nämlich die Intransparenz der „weiten" Sicherungszweckerklärung als neues „Einfallstor" für seine Überschaubarkeitsdoktrin entdeckt („*Transparenz-*" bzw. „*Überschaubarkeitsrechtsprechung III*")[342]. Auch die „Transparenzrechtsprechung" ist im Kern nichts anderes als eine Neudiktion der aufgegebenen „Bestimmtheitsrechtsprechung".

### bb) „Transparenz-" bzw. „Überschaubarkeitsrechtsprechung III"

Nach Meinung des BGH verstoßen Haftungsausdehnungen in *Bürgschafts-* und *Mithaftungs*formularen bezüglich der bereits *bestehenden* Forderungen gegen das AGB-rechtliche Transparenzgebot (§ 307 Abs. 1 S. 2 BGB)[343].

Zuvor hatte der BGH die Wirksamkeit des zukunftsbezogenen Klauselparts wegen fehlenden Verstoßes gegen § 767 Abs. 1 S. 3 BGB etliche Male beiläufig bejaht[344].

---

341 Dass dieses Gesetzesverständnis nicht überzeugt, ist oben in aller Ausführlichkeit erläutert worden (Gliederungspunkt IV. 2. b) aa)). Darauf sei verwiesen.

342 Aus der Literatur stellen u. a. auf die Unübersehbarkeit des Verpflichtungsumfangs ab – mit zum Teil divergenter Begründung –, *Derleder,* NJW 1986, S. 97 ff. (100, 4.), Abweichung von § 765 Abs. 1 und 2 BGB; ausdrücklich auf einen Verstoß gegen das Transparenzgebot hingewiesen hat bereits *Schimansky/Bunte/Lwowski* (*Ganter*), Bankrechts-Handbuch II (2), § 90 Rn. 101, noch zu § 9 Abs. 1 AGBG, es verstoße gegen das Transparenzgebot, wenn der Sicherungsnehmer aus Anlass der Besicherung eines bestimmten Kredits die Gelegenheit wahrnehme, „sozusagen im Vorübergehen auch andere bereits bestehende Verbindlichkeiten unter Deckung zu nehmen".

343 *BGH* (U. v. 28.10.1999 – IX ZR 364/97), BGHZ 143 ff., S. 95 ff. (99), unter ausdrücklicher Aufgabe der in dem Urteil vom 07.03.1996 (Nachweis in der folgenden Fußnote) vertretenen Auffassung (S. 100, b)); bestätigt durch *BGH* (U. v. 18.07.2002 – IX ZR 294/00), BGHZ 151, S. 374 ff. (377/378, 1., 383, 1. Abs.); ebenso *OLG Dresden* (U. v. 28.02.2001 – 18 U 2141/00, rkr.), WM 2001, S. 2167 ff. (2171, 5.1); aus der Literatur *Eusterhus,* Akzessorietät, S. 26/27, der sich sogar für einen einheitlichen Rückgriff auf das Transparenzgebot ausspricht; *MüKo-Habersack* (4), § 765 Rn. 73; *Schanbacher,* WuB I F 3. – 2.01, S. 658 ff. (660, II.).

344 So etwa in *BGH* (U. v. 18.01.1996 – IX ZR 69/97), BGHZ 132, S. 6 ff. (8, II., 13, c)); *BGH* (U. v. 07.03.1996 – IX ZR 43/95), WM 1996, S. 766 ff. (768, II: 1. a), 769, 2. a)), zur Höchstbetragsbürgschaft: Ein Verstoß gegen das „Fremddispositionsverbot" des § 767 Abs. 1 S. 3 BGB komme bei der Erstreckung der Haftung auf alle *bestehenden* Verbindlichkeiten der Sache nach nicht in Betracht. Diese beziehe nur Hauptschulden mit ein, die der Bürge im Zeitpunkt der Abgabe seiner Bürgschaftserklärung durch Erkundigungen in Erfahrung bringen könne; *BGH* (U. v. 16.10.1997 – IX ZR 10/97), NJW 1998, S. 385 f. (386, III. 2.); aus der Literatur *Bydlinski,* ÖBA 1999, S. 93 ff. (100, dd), der sich (im Rahmen der aus seiner Sicht nach österreichischem Recht erforderlichen Sittenwidrigkeitsprüfung) entgegen dem BGH für eine Aufrechterhaltung der Bürgenhaftung für die bereits bestehenden Kredite ausspricht; *Fischer,* WM 2001, S. 1049 ff. (1054, 3.).

Nachdem nun feststeht, dass das (vermeintlich) „bürgschaftsspezifische“ Fremddispositionsverbot formularmäßige Haftungsausdehnungen auf alle *gegenwärtigen* Verbindlichkeiten nicht hindert[345], verweist der BGH diesbezüglich seit dem 28. Oktober 1999[346] auf die intransparenten Folgen einer Risikoerweiterungsklausel. Das Transparenzgebot habe bei der gebotenen Interessenabwägung im Rahmen der objektiven Inhaltskontrolle für die Frage nach etwaigen entgegenstehenden Belangen der Vewendergegenseite besonderes Gewicht[347]. Es verpflichte den Verwender, die Rechte und Pflichten seines Vertragspartners möglichst klar und durchschaubar darzustellen[348]. Was das angehe, würde dem Sicherungsgeber der Umfang seiner Verpflichtung durch die undurchsichtige globale Zweckerklärung verschleiert. Es bestehe eine Wissenslücke[349]. Da die Klausel dem Sicherungsgeber diese Kenntnis nicht vermittele, könne er unmöglich übersehen, auf welche Forderungen sich seine Haftungszusage im Einzelnen bezieht und in welchem Gesamtumfang er dem Gläubiger äußerstenfalls einstandspflichtig ist[350]. Der Durchschnittsbürge habe aber typischerweise ein schutzwürdiges Interesse daran, dass sich aus dem Bürgschaftsformular der Gegenstand und der Umfang seines Risikos richtig und klar ergeben[351]. Das gelte auch für einen Höchstbetragsbürgen[352]. Der Haftungshöchstbetrag schütze den Sicherungsgeber nicht davor, wegen einer ihm unbekannten Schuld in Anspruch genommen zu werden, zumal wenn die „Anlassforderung“ geringer sei als der

---

345 Aus der Literatur ebenso *Seidel/Brink,* DB 1997, S. 1961 ff. (1962, c).

346 *BGH* (U. v. 28.10.1999 – IX ZR 364/97), BGHZ 143, S. 95 ff. (98–100, a)).

347 *BGH* (U. v. 28.10.1999), a.a.O., S. 98/99.

348 *BGH* (U. v. 28.10.1999), a.a.O., S. 99, 1. Abs., unter Verweis auf *BGH* (U. v. 19.09.1991 – IX ZR 296/90), BGHZ 115, S. 177 ff. (185, 1. Abs.). Die Entscheidung erging noch vor Niederlegung des Transparenzgebotes in § 307 Abs. 1 S. 2 BGB. Inhaltlich hat sich durch die ausdrückliche gesetzliche Regelung des Transparenzgebotes nichts geändert. Dieses ist schon früher Maßstab für die Inhaltskontrolle gewesen. Vor Integration des Transparenzgebotes in das AGB-Recht hat der BGH die Unwirksamkeit entsprechender Klauselteile mit einem Verstoß gegen § 9 Abs. 1 BGB a.F. (§ 307 Abs. 1 S. 1 BGB n.F.) begründet, vgl. nur *BGH* (U. v. 28.10.1999), a.a.O., S. 98, 2., S. 100, b).

349 *BGH* (U. v. 28.10.1999 – IX ZR 364/97), BGHZ 143 ff., S. 95 ff. (99, 2. Abs.); *Nobbe,* BKR 2002, S. 747 ff. (753, 1. Abs.); für die harte Patronatserklärung scheint dies auch *Hantke,* S. 64, 2. Abs., 66, 1. Abs., in Erwägungen zu ziehen.

350 *BGH* (U. v. 28.10.1999), a.a.O.; *Fischer,* WM 2000, S. 14 ff. (16, II. 1.), mit dem zusätzlichen Argument, auf diese Weise werde der in § 767 Abs. 1 S. 3 BGB vorgesehene Schutz des Bürgen vor einer Fremdbestimmung im wirtschaftlichen Ergebnis zu seinen Lasten ausgehebelt; *Nobbe,* BKR 2002, S. 747 ff. (752/753, (a)); ähnlich *Reinicke/Tiedke,* Kreditsicherung (4), S. 151 Rn. 422.

351 *BGH* (U. v. 28.10.1999), a.a.O.; *Fischer,* WM 2001, S. 1049 ff. (1052, C. I. 1.); *Nobbe,* BKR 2002, S. 747 ff. (752, (bb) (a)); *Schmitz-Valckenberg,* DNotZ 1996, S. 492 ff. (493/494, 497 Abs. 3), hat die Anwendung des Transparenzgebots bereits im Vorfeld der Neuorientierung von dem BGH eingefordert.

352 Zustimmend *MüKo-Habersack* (4), § 765 Rn. 73; siehe auch *Reinicke/Tiedke,* Kreditsicherung (4), S. 152 Rn. 423.

Haftungshöchstbetrag[353]. Der Gläubiger habe kein schutzwürdiges Interesse daran, die Verpflichtung des Bürgen klauselmäßig auf alle bestehenden Hauptschulden auszudehnen, ohne die verbürgten Forderungen in einer Weise zu bezeichnen, die es dem Bürgen gestattet, das von ihm zu übernehmende Risiko abzuschätzen[354]. Dass der Sicherungsgeber die bestehenden Verbindlichkeiten durch Nachforschung in Erfahrung bringen kann, ändere nichts an seiner unangemessenen Benachteiligung[355]. Bei Abschluss eines Formularvertrages sei es Sache des Verwenders, nicht des Kunden, für Klarheit seiner AGB zu sorgen[356].

Von dem Grundsatz der Unwirksamkeit der Formularklausel macht der BGH wiederum eine Bereichsausnahme für die Gruppe der Gesellschafter und Geschäftsführer. Wie diesem Personenkreis regelmäßig bekannt sein dürfte, stehe bei ihrer Verbürgung nicht die Absicherung einer einzelnen „Anlassforderung" im Vordergrund, sondern diejenige des Gesamtengagements. Im Übrigen sei ihr Transparenzbedarf deutlich geringer als derjenige anderer Bürgen[357], da sie die bestehenden Verbindlichkeiten entweder kennen würden oder sich diese Kenntnis durch Einsicht in die Geschäftsbücher und Unterlagen verschaffen könnten (§ 51a GmbHG)[358]. In der Literatur wird deshalb explizit auch für eine Herausnahme von *Minderheits*gesellschaftern aus dem Schutzbereich der „Transparenzrechtsprechung" plädiert[359]. Darüber hinaus sollen nach teilweise vertretener Literaturmeinung Globalzweckerklärungen im *Geschäftsverkehr mit Unternehmern* generell unbedenklich sein, soweit sie sich auf alle *bestehenden* Verbindlichkeiten des Hauptschuldners beziehen[360].

---

[353] *BGH* (U. v. 28.10.1999 – IX ZR 364/97), BGHZ 143 ff., S. 95 ff. (100, b)).

[354] *BGH* (U. v. 28.10.1999), a.a.O., S. 100, 2. Abs.; ebenso bereits *Reich,* NJW 1995, S. 1857 ff. (1859/1860, III.).

[355] Anders noch *BGH* (U. v. 07.03.1996 – IX ZR 43/95), WM 1996, S. 766 ff. (769, 2. a)). *Reinicke/Tiedke,* Kreditsicherung (4), S. 151 Rn. 422, gehen darüber hinaus sogar von einer fehlenden Informationsmöglichkeit des Bürgen aus, wenn der Gläubiger ihn nicht über die Höhe der bestehenden Verbindlichkeiten unterrichtet.

[356] *BGH* (U. v. 28.10.1999 – IX ZR 364/97), BGHZ 143 ff., S. 95 ff. (100, b)); vgl. bereits *Reich,* NJW 1995, S. 1857 ff. (1860, 1. Abs.).

[357] Ebenso *Nobbe,* BKR 2002, S. 747 ff. (754, (2)).

[358] *BGH* (U. v. 28.10.1999), a.a.O., S. 100/101, c) aa). In dem entschiedenen Fall hat der BGH eine Gleichbehandlung der Beklagten abgelehnt, da keine Feststellungen darüber getroffen worden waren, dass diese neben der ihr obliegenden „Verwaltungsleitung" des Einzelunternehmens des Hauptschuldners dessen Geschäfte auch eigenverantwortlich leitete; *OLG Dresden* (U. v. 28.02.2001 – 18 U 2141/00, rkr.), WM 2001, S. 2167 ff. (2171, 5.1); *Rikken,* S. 66/67, wenn auch unter dem Aspekt eines Verstoßes gegen § 767 Abs. 1 S. 3 BGB.

[359] *MüKo-Habersack* (4), § 765 Rn. 75; *Rikken,* S. 67/68, 123/124, sofern sie über ein gesetzlich gewährleistetes Informationsrecht verfügen. Die exakte Reichweite dieser „Bereichausnahme" hat der BGH bislang noch nicht klären müssen; offen gelassen von *OLG Dresden* (U. v. 28.02.2001 – 18 U 2141/00, rkr.), WM 2001, S. 2167 ff. (2171, 5.2); unklar *Siems,* JuS 2001, S. 429 ff. (433, cc)), der auch hier auf eine Verhinderungsmöglichkeit abstellt.

### *b) Hinlängliche Transparenz „weiter" Sicherungszweckerklärungen*

Der Einschätzung des BGH, dass der potenzielle Sicherungsgeber sich bei Unterzeichnung des Sicherungsformulars regelmäßig im Unklaren über den konkret besicherten Forderungsumfang befindet, ist nichts hinzuzufügen. Diese Unwissenheit resultiert allerdings nicht aus der Intransparenz der Haftungserstreckungsklausel, sondern aus der Tatsache, dass er sich mit der Frage nach dem Gesamtumfang der Hauptschulden im Vorfeld der Unterschriftsleistung meist nicht beschäftigt hat. Bis zur Vorlage des Vertragsformulars geht der Sicherungsgeber davon aus, dass sich seine Haftungszusage auf die „Anlassforderung" beschränkt. Er hat keinen Anlass, den Hauptschuldner nach seinem aktuellen Schuldenstand zu befragen. Der Sicherungsgeber wird allenfalls versuchen, sich ein Bild von der Ausfallwahrscheinlichkeit des Hauptschuldners mit der „Anlassverbindlichkeit" zu machen. Dass er sich von ihm zu diesem Zweck eine Übersicht über seine anderweitigen Verbindlichkeiten aushändigen lässt und diese eingehend studiert, ist wenig wahrscheinlich. Ebenso unwahrscheinlich ist, dass der Sicherungsgeber sich bei dem Gläubiger nach den konkreten finanziellen Auswirkungen der Erstreckungsklausel erkundigt und/oder dass dieser ihm den aktuellen Schuldenstand des Hauptschuldners auf Nachfrage oder sogar ungefragt mitteilt. Abgesehen davon, dass Kreditinstituten eine solche Offenlegung schon aufgrund des Bankgeheimnisses verboten sein kann[361], wird wohl kaum ein Gläubiger freiwillig das Risiko auf sich nehmen, den bereits zur Unterschrift bereiten Sicherungsgeber durch die Bezifferung seines aktuellen Haftungsrisikos noch von der Unterschriftsleistung abzuschrecken.

Entgegen dem BGH lässt sich aus der Unwissenheit des Sicherungsgebers über das maximale Ausfallrisiko des Hauptschuldners aber nicht auf die Intransparenz der Risikoerweiterungsklausel schließen.

---

360 *MüKo-Habersack* (4), § 765 Rn. 75. Ein Unternehmer, etwa ein Zulieferer des Hauptschuldners, der sich für ein bestimmtes Geschäft, in das er involviert ist, als Sicherungsgeber zur Verfügung stellen möchte, soll also formularmäßig wirksam dazu verpflichtet werden können, seine Zusage auf alle existenten Verbindlichkeiten des Hauptschuldners gegenüber dem Gläubiger auszudehnen.

361 Zu der Problematik der Reichweite einer Auskunftspflicht gegenüber dem Sicherungsgeber, *Ohlmeyer/Gördel,* Kreditgeschäft der Kreditgenossenschaften (10), S. 351, c), die Erteilung einer Auskunft an Dritte sei generell verboten. Habe ein Dritter dem Kreditinstitut auf Veranlassung des Hauptschuldners eine Sicherheit gewährt, sei dessen Einverständnis mit einer Offenlegung der benötigten Informationen aber grundsätzlich zu unterstellen (vgl. auch S. 790, 4.); ebenso *Schaarschmidt,* Sparkassenkredite (8), S. 390 Rn. 2.252, S. 803 Rn. 2.907, hinsichtlich der Höhe der Bürgschaftsschuld; *Seiler,* Patronatserklärung, S. 87, c), überhaupt kein Auskunftsanspruch gegenüber der Bank; *Wagenknecht* in: *BuB* Rn. 4/1008, zur Bürgschaft; *Wenzel*, Sicherung durch Grundschulden, S. 297 Rn. 2523–2525.

Gemäß § 307 Abs. 1 S. 2 BGB kann sich eine unangemessene Benachteiligung unabhängig von der inhaltlichen Unangemessenheit der Regelung[362] bereits daraus ergeben, dass eine Bestimmung nicht klar und verständlich ist. Die Kodifikation des Transparenzgebots geht auf Art. 5 S. 1 der EG-Richtlinie 93/13 über missbräuchliche Klauseln in Verbraucherverträgen zurück[363]. Die Wendung „klar und verständlich" hat der Gesetzgeber unmittelbar dem Richtlinientext entnommen[364]. Sie entspricht dem von der Rechtsprechung bereits vor Erlass der Richtlinie entwickelten Grundsatz, dass AGB die Rechte und Pflichten des Vertragspartners durch eine entsprechende Ausgestaltung und geeignete Formulierung der Vertragsbedingungen durchschaubar, bestimmt, richtig und möglichst klar darzustellen haben[365]. Einer solchen Kontrolle unterliegen gemäß § 307 Abs. 3 S. 2 BGB auch Hauptleistungsbestimmungen, da Vorbedingung für ihre Kontrollfreiheit ihre transparente Ausgestaltung ist[366]. Insoweit wirkt sich die Abweichung der hier vertretenen Meinung (formularmäßige Sicherungszweckerweiterung als Hauptleistungsbestimmung) von der BGH-Rechtsprechung (bloße Nebenbestimmung des Anlasssicherungsvertrages)[367] nicht aus. Ein funktionierender Leistungswettbewerb bedarf transparenter Leistungsbe-

---

[362] Entwurf eines Gesetzes zur Schuldrechtsmodernisierung, *BT-Drucks. 14/6040,* S. 154, 1. Abs., zu 307 Absatz 2.

[363] EG-Richtlinie vom 05.03.1993, abgedruckt bei *Erman-Roloff* (11), Anh §§ 305–310 und im Anhang zu *Wolf/Horn/Lindacher,* AGBG (4). *Art. 5* lautet in deutscher Fassung: „Sind alle dem Verbraucher in Verträgen unterbreiteten Klauseln oder einige dieser *Klauseln* schriftlich niedergelegt, so *müssen sie stets klar und verständlich abgefasst sein.* Bei Zweifeln über die Bedeutung einer Klausel gilt die für den Verbraucher günstigste Auslegung ..." (Hervorh. durch Verf.). Die klare und eindeutige Umsetzung dieser Richtlinie hat der *EuGH* in der Rechtssache vom 10.05.2001 (Rs. C-144/99, Niederlande gegen Kommission), NJW 2001, S. 2244 f. (2245)) eingefordert. Zu dem daraus folgenden Kodifikationsbedarf, vgl. den Beschluss und Bericht des *Rechtsausschusses* zu dem Entwurf eines Gesetzes zur Schuldrechtsmodernisierung, *BT-Drucks. 17/7052,* Zu § 307, S. 188; *Erman-Roloff* (11), Vor §§ 305–310 Rn. 10, § 307 Rn. 18.

[364] *BT-Drucks. 14/6040,* S. 153, zu 307 Absatz 2.

[365] *BT-Drucks. 14/6040,* a.a.O.; *Palandt-Heinrichs* (64), § 307 BGB Rn. 17, § 310 Rn. 26; vgl. auch *BGH* (U. v. 24.11.1988 – III ZR 188/87), BGHZ 106, S. 42 ff. (49, b)); *BGH* (U. v. 08.10.1997 – IV ZR 220/96), BGHZ 136, S. 394 ff. (401, b)); *BGH* (U. v. 19.10.1999 – IX ZR 8/99), NJW 2000, S. 651 f. (652, 3.); *BGH* (U. v. 09.05.2001 – IV ZR 121/00), NJW 2001, S. 2014 ff. (2016, b)); siehe auch *Lang/Assies/Werner* (*Schebesta*), SchRMod, S. 241, V. 1.; *Schaarschmidt,* Sparkassenkredite (8), S. 75 Rn. 1.120; *Schmitz-Herscheidt,* ZIP 1997, S. 1140 ff. (1142, 3.). Vor Aufnahme des Transparenzgebotes in das BGB hat die Rechtsprechung im Rahmen des § 9 AGBG eine Transparenzkontrolle durchgeführt, *BGH,* jeweils a.a.O.; *Wolf,* FS 50 Jahre BGH, Band I, S. 111 ff. (117, 3. a)/b)).

[366] *BT-Drucks. 14/6040,* S. 154, zu 307 Absatz 3; *Lang/Assies/Werner* (*Schebesta*), SchRMod, S. 242/243; siehe auch Art. 4 Abs. 2 der *EG-Richtlinie 93/13,* wonach nur Klauseln von der Inhaltskontrolle ausgenommen werden dürfen, die klar und verständlich abgefasst sind; dazu *Leible,* EuZW 2001, S. 438 f. (439, 2.); *Reich,* NJW 1995, S. 1857 ff. (1858, 2.).

[367] Zu dieser Divergenz oben unter IV. 1. a)/IV. 2. a).

schreibungen[368]. Nach der Gesetzesbegründung ist das Gebot einer klaren, verständlichen und vor allem nicht irreführenden Regelung für preisbestimmende und leistungsbeschreibende Klauseln besonders wichtig, da nur ein Verbraucher, der die Preis- und Leistungsbestimmung im Einzelnen verstehen und nachvollziehen kann, eine „informierte" Auswahl unter den verschiedenen Angeboten treffen kann[369].

### aa) Transparenz der Erstreckungs*klausel*

Die „Globalhaftungsklausel" ist klar und gut verständlich[370]. Selbst einem noch so geschäftsunerfahrenen Sicherungsgeber wird bei erstmaliger Kenntnisnahme kaum verschlossen bleiben, dass er damit die Haftung für alle gegenwärtigen und künftigen Verbindlichkeiten des Hauptschuldners übernehmen soll. Er mag irritiert sein und die Augen vor den möglichen Konsequenzen der formularmäßigen Haftungsausdehnung verschließen[371], dass der durchschnittliche Sicherungsgeber sie nicht verstünde, nimmt aber selbst der BGH nicht an.

### bb) Fehlende Aufklärungspflicht des Gläubigers über den aktuellen Forderungsbestand

Der 9. Zivilsenat hat den Verstoß gegen das Transparenzgebot in der Sache nicht mit der Undurchsichtigkeit der *klauselmäßigen Regelung* begründet, sondern mit der Unübersehbarkeit des aktuell *bestehenden,* von der Haftungszusage erfassten *Forderungsbestandes.* Über dessen Umfang habe der Gläubiger den Sicherungsgeber unter Transparenzgesichtspunkten aufzuklären.

Dem könnte nur beigepflichtet werden, wenn das Transparenzgebot im Sinne des § 307 Abs. 1 S. 2 BGB über die Verständlichkeit einer Klausel hinaus eine Pflicht des Klauselverwenders statuieren würde, dem anderen Vertragsteil die finanziellen Auswirkungen des Geschäftsabschlusses so weit als möglich offen zu legen und ihn umfassend über die möglichen Risiken des in Aussicht genommenen Geschäfts aufzuklären[372].

---

[368] *MüKo-Basedow* (4), § 307 Rn. 20.

[369] *BT-Drucksache 14/6040,* S. 154, zu 307 Absatz 3.

[370] Ebenso *Bydlinski,* WuB I F 1 a. – 10.00, S. 315 f. (316, 2. Abs.), weshalb der Autor sich entgegen der hier vertretenen Meinung (aus rein dogmatischen Gründen, vgl. S. 315, 3.) für die Aufrechterhaltung der Haftung für die bereits bestehenden Forderungen ausspricht (316, 4.); *Siems,* JuS 2001, S. 429 ff. (432, c)).

[371] Vgl. auch *Bydlinski,* ÖBA 1999, S. 93 ff. (99, 1. Abs.), der Ausgelieferte agiere typischerweise „mit rosaroter Brille".

[372] So *Rikken,* S. 122/123.

Der BGH hat schon früher Klauseln beanstandet, deren nachteilige Wirkungen der Verwender dem Kunden nicht hinreichend deutlich gemacht hat[373]. Die beanstandeten Klauseln sind jedoch in einem zentralen Punkt von der Erstreckungsklausel abgewichen. Sie haben bewirkt, dass der Kunde sich über die vereinbarte(n) Hauptleistungspflicht(en) nicht (vollends) im Klaren war[374]. Indem der Verwender eine einheitliche Hauptleistung so unübersichtlich in verschiedene Teilleistungen aufgesplittet hat, dass der Kunde seine Gesamtbelastung nicht überblicken konnte[375], oder indem er sich klauselmäßig das Recht ausbedungen hat, einzelne Leistungsbeschreibungen einseitig abzuändern, ohne die Kriterien hierfür näher zu benennen[376], indem er Verweise auf in dem Formular selbst nicht abgedruckte Gesetzesvorschriften getätigt oder unverständliche Abkürzungen verwendet hat, hat er dem Kunden wichtige Leistungsinformationen vorenthalten oder diese so sehr verschleiert, dass dem Kunden eine ausgewogene Entscheidungsfindung, eine fundierte Preis-Leistungs-Abwägung sowie ein Konditionenvergleich nicht möglich war, zumindest aber unnötig erschwert wurde[377]. Bezogen auf solche Unwägbarkeiten gilt tatsächlich das Gebot einer größtmöglichen Konkretisierung des Klauselinhalts[378] – nicht so für den exakten Umfang des gegenwärtig abgesicherten Forderungskreises bei Verwendung einer formularmäßigen „weiten" Sicherungszweckbestimmung. Der Gläubiger bedient sich mit der Erstreckungsklausel keiner Formulierung, deren Aussagegehalt sich für den anderen Vertragsteil nicht (auf Anhieb) erschlösse[379].

---

[373] *MüKo-Basedow* (4), § 307 Rn. 48.; siehe nur *BGH* (U. v. 08.10.1997 – IV ZR 220/96), BGHZ 136, S. 394 ff. (401, b)); *BGH* (U. v. 19.10.1999 – IX ZR 8/99), NJW 2000, S. 651 f. (652, 3.), zu dem Transparenzgebot gehöre auch, dass AGB wirtschaftliche Nachteile und Belastungen soweit erkennen lassen, wie dies nach den Umständen gefordert werden könne, m. w. N.

[374] *BGH* (U. v. 09.05.2001 – IV ZR 121/00), NJW 2001, S. 2014 ff. (2016/2017); *Bydlinski,* WuB I F 1 a. – 10.00, S. 315 f. (316); vgl. auch *MüKo-Basedow* (4), § 307 Rn. 50; *Palandt-Heinrichs* (64), § 307 BGB, Rn. 20–24, m. w. N. zu einem Verstoß gegen das Verständlichkeits-, Bestimmtheits- und Täuschungsverbot; *Ulmer/Brandner/Hensen* (*Brandner*), AGBG (9), § 9 Rn. 103; *Wolf/Horn/Lindacher* (*Wolf*), AGBG (4), § 9 Rn. 148–150, 153/154, m. w. N.

[375] *BGH* (U. v. 24.11.1988 – III ZR 188/87), BGHZ 106, S. 42 ff. (49–51); *BGH* (U. v. 09.02.1997 – XI ZR 149/96), NJW 1997, S. 1068 f. (1068/1069, 1./2.); *OLG Schleswig* (U. v. 29.01.2004 – 5 U 106/03, rkr.), WM 2004, S. 1477 ff. (1479, 1. Abs.).

[376] *BGH* (U. v. 07.10.1981 – VIII ZR 229/80), BGHZ 82, S. 21 ff. (26/27); *BGH* (U. v. 12.01.1994 – VIII ZR 165/92), NJW 1994, S. 1060 ff. (1063, 2. b)); *BGH* (U. v. 19.10.1999 – IX ZR 8/99), NJW 2000, S. 651 f. (652, 3.); *BGH* (U. v. 08.10.1997 – IV ZR 220/96), BGHZ 136, S. 394 ff. (401/402); *Palandt-Heinrichs* (64), § 307 BGB, Rn. 23, „Bestimmtheitsgebot", m. w. N.

[377] Dazu *BGH* (U. v. 09.05.2001 – IV ZR 121/00), NJW 2001, S. 2014 ff. (2016, aa)).

[378] Vgl. nur *OLG Schleswig* (U. v. 29.01.2004 – 5 U 106/03, rkr.), WM 2004, S. 1477 ff. (1479, 2. Abs.), „Für die Beklagte wäre es ein leichtes gewesen, die fragliche *Formulierung* etwa *durch* einen *Zusatz* zu *ergänzen, ...*" (Hervorh. durch Verf.). Bei der Ersteckungsklausel ist eine solche Klarstellung weder geboten noch machbar.

Welche Hauptschulden bestehen, muss der Verwender dem Sicherungsgeber entgegen der Einschätzung des BGH nicht im Einzelnen offen legen. Er muss dem Sicherungsgeber nicht aktiv zu einer realistischen Risikoeinschätzung verhelfen. Die potenzielle Belastung ist für den Sicherungsgeber *erkennbar*[380]. Ein Schuldner hat sich grundsätzlich selbst über die rechtlichen und ökonomischen Konsequenzen seiner Verpflichtungserklärung in Kenntnis zu setzen[381]. Eine Aufklärung kann die Vertragsgegenseite nur über solche Umstände verlangen, über die sie sich in entschuldbarer Weise im Ungewissen befindet und über die der Auskunftspflichtige, der insofern einen Wissensvorsprung besitzt, ihr unschwer Auskunft erteilen kann, um ihr eine sachgerechte Rechtswahrnehmung zu ermöglichen[382]. Der Sicherungsgeber befindet sich in einer „Anlasssituation" zwar im Allgemeinen in entschuldbarer Weise über den Umfang seines aktuellen Haftungsrisikos im Unklaren, es ist ihm aber ohne weiteres möglich, sich bei dem Gläubiger oder bei dem ihm meist noch näher stehenden Hauptschuldner über dessen gegenwärtigen Schuldenstand zu erkundigen[383].

#### cc) Unbegründetheit der Bereichsausnahme für maßgeblich beteiligte Gesellschafter und Geschäftsführer

Dass eine solche Erkundigung einem „sonstigen" Bürgen schwerer möglich sein könnte als einem Gesellschafter oder Geschäftsführer, ist nicht ersichtlich[384]. Die Geltendmachung des gesellschafterlichen Auskunftsanspruchs gegenüber der Geschäftleistung nach § 51a GmbHG würde in der konkreten Situation des Vertragsschlusses ebenfalls einen Anruf bei der Geschäftsführung

---

379 Vgl. *BGH* (U. v. 09.02.1997 - XI ZR 149/96), NJW 1997, S. 1068 f. (1068/1069, 1./2.).

380 Zu dem Kriterium der Intransparenz der wirtschaftlichen Vertragsfolgen, *Ulmer/Brandner/Hensen* (*Brandner*), AGBG (9), § 9 Rn. 103.

381 *Fischer* in: Rostocker Schriften zum Bankrecht, Heft 4, S. 101 ff. (118, II. 1.); ebenso bezogen auf die „rechtlichen Konsequenzen", *Krämer* in: Horn/Krämer, Bankrecht 2002, S. 177 ff. (179, III. 1.); vgl. auch *Henssler,* Risiko als Vertragsgegenstand, S. 344, 2., „Gebot der prinzipiellen Kongruenz von Risikobereich und Informationsverantwortlichkeit". Dem Gläubiger dürfe daher prinzipiell nur dann eine Rechtspflicht zur Information über nicht erkannte Gefahren auferlegt werden, wenn der Bürge selbst alles Erforderliche zur Risikobegrenzung getan habe.

382 Vgl. *Fischer* in: Rostocker Schriften zum Bankrecht, Heft 4, S. 101 ff. (118/119. II 1.); siehe auch *Palandt-Heinrichs* (64), § 261 Rn. 8, zu den allgemeinen Voraussetzungen eines Auskunftsanspruchs nach Treu und Glauben (§ 242 BGB).

383 *Bydlinski,* WuB I F 1 a. – 10.00, S. 315 f. (316, 1. Abs.); *Siems,* JuS 2001, S. 429 ff. (433, 1. Spalte).

384 *Bydlinski,* WuB I F 1 a. – 10.00, S. 315 f. (316, 1. Abs.); vgl. auch *Fischer,* WM 1998, S. 1705 ff. (1710, 3, b)), der die Maßgeblichkeit des Tagessaldos bei Absicherung eines unlimitierten Kontokorrentkredits u.a. damit begründet, dass der Bürge den Tagessaldo der Hauptforderung beim Gläubiger erfragen und damit rechtszeitig erfahren könne, auf welchen Betrag sich seine Haftung erstreckt.

der Hauptschuldnerin erfordern. Ein Geschäftsführer, der aus Sicht des BGH ohne weiteres die Geschäftsbücher konsultieren kann, müsste sich zunächst an deren Standort (zurück-)begeben. Die Geschäftsleitung wird im Zuge der fortschreitenden Professionalisierung nicht nur bei Aktiengesellschaften, sondern vermutlich auch bei großen und mittelständischen GmbHs zunehmend in verschiedene Ressorts aufgeteilt, die von unterschiedlichen Organwaltern eigenverantwortlich betreut werden. Ein leitungsbefugter Sicherungsgeber muss in der aktuellen „Anlasssituation“ nicht zwingend den notwendigen Einblick in die Finanzgeschäfte der Hauptschuldnerin haben. Die Bildung einer minder „transparenzbedürftigen“ Gruppe der Gesellschafter und Geschäftsführer ist nicht plausibel[385]. Dass diese die Sicherungsurkunde für gewöhnlich zugesandt bekämen und unterschrieben an den Gläubiger zurückschickten, weshalb sie ihren Informationsbedarf leichter stillen könnten, wird sich nicht sagen lassen.

Die Frage nach der Legitimität einer gruppenspezifischen Differenzierung kann aber letztlich auf sich beruhen. Nach vorliegendem Verständnis setzt die Vorschrift des § 307 Abs. 1 S. 2 BGB auch für Nicht-Geschäftsführer und Nicht-Gesellschafter keine umfassende Risikoaufklärung von Seiten des Verwenders voraus. Dessen Sache ist es, für eine ausreichende Klarheit seiner AGB zu sorgen. Hat er dies getan – wie im Falle der Erstreckungsklausel – ist es Sache der anderen Vertragspartei zu entscheiden, ob sie unter diesen Bedingungen mit dem Verwender kontrahieren möchte. Dass sie zum Zwecke einer wohlüberlegten Entscheidungsfindung unter Umständen zunächst Erkundigungen über ihr potenzielles Risiko einziehen muss, ist nichts Ungewöhnliches.

#### dd) Weitere Defizite der „Transparenzrechtsprechung“

Unterlässt die Verwendergegenseite die ihr theoretisch möglichen Aufklärungsmaßnahmen, resultiert ihre unangemessene Benachteiligung nicht aus der Unverständlichkeit der Haftungserweiterungsklausel oder aus deren intransparenten Folgen, sondern aus einer verwerflichen Ausnutzung der von ihm selbst geschaffenen „Anlasssituation“ durch den Verwender. Diesem Aspekt ist argumentativ in anderer Weise zu begegnen als unter Zuhilfenahme des Transparenzgebots. Entschiede man anders, müsste der Gläubiger den sich klauselmäßig verpflichtenden Sicherungsgeber auch dann über den aktuellen Bestand der

[385] Im Ergebnis ebenso *Tiedtke,* DNotZ 2000, S. 283 ff. (285/286, 6.), der mit Recht bemängelt, dass die Möglichkeit einer Transparenzkontrolle nicht erst dann entfallen soll, wenn der Sicherungsgeber um die bestehenden Forderungen weiß, sondern bereits dann, wenn er einer typischerweise über diese Kenntnis verfügenden Gruppe angehört. Die Übertragung der „Fremddispositionsrechtsprechung“ sei insofern illegitim. Geschäftsführer und Gesellschafter seien wie jeder andere Sicherungsgeber davor zu schützen, dass der Gläubiger sich auf ihre Kosten eine nachträgliche Besicherung beschaffe.

Hauptschulden aufklären, wenn dieser seine Verpflichtung nicht aus Anlass einer bestimmten Hauptschuld übernimmt[386]. Eine unangemessene Benachteiligung des Sicherungsgebers gemäß § 307 Abs. 1 S. 2 BGB liegt folglich nicht vor.

Sie wäre zum Schutz des Sicherungsgebers auch unzureichend. In folgerichtiger Anwendung der „Transparenzrechtsrechtsprechung" wäre der gegenwartsbezogene Part einer klauselmäßigen Sicherungszweckerweiterung bei genügender Aufklärung des Sicherungsgebers über den aktuellen Forderungsbestand des Gläubigers nicht zu beanstanden[387]. Und dies, obwohl die unangemessene Benachteiligung des Sicherungsgebers nicht auf einem Wissens-, sondern auf einem Willensbildungsdefizit gründet[388].

Sollte die „Bereichsausnahme" darüber hinaus in Zukunft auf Minderheitsgesellschafter oder vielleicht sogar auf den gesamten Unternehmensverkehr ausgedehnt werden, wäre dies ein Schritt in die völlig falsche Richtung[389].

### 3. Eigene Meinung: Unzulässige Einschränkung der Abschlussfreiheit bzw. der hauptleistungsbezogenen Entscheidungsfreiheit des Sicherungsgebers

Nach der dieser Untersuchung zugrunde liegenden Meinung sind weder die „Transparenz-" noch die „Fremddispositionsrechtsprechung" stichhaltig. Auch ist die Sicherungszweckerweiterung nicht vertragszweckgefährdend[390].

---

[386] Dass dies gegen die übliche Abgrenzung der Verantwortungsbereiche verstieße, spürt auch *MüKo-Habersack* (4), § 765 Rn. 74, der daher, anders als in den „Anlassfällen" (Rn. 73), dazu tendiert, in diesem Fall eine Intransparenz zu verneinen, wenn die Sicherungszweckabrede klar formuliert ist und eine Höchstbetragsbegrenzung existiert. Eine solche „variable Intransparenz" der Erstreckungsklausel je nach Anlass des Sicherungsgeschäfts ist jedoch unvertretbar.

[387] *Nobbe,* BKR 2002, S. 747 ff. (753, (2)); *Tiedtke,* DNotZ 2000, S. 283 ff. (285, 5.); vgl. auch *Bydlinski,* ÖBA 1999, S. 93 ff. (96, 5. Abs., 100, dd)).

[388] Siehe auch *Tiedtke,* DNotZ 2000, S. 283 ff. (285, 5.), das anstößige Verhalten liege nicht nur darin, dass der Verwender mit verdeckten Karten spiele, ihm sei vielmehr vorzuwerfen, dass er sich zu Unrecht die guten Karten verschafft habe; zu der hier vertretenen Meinung sogleich unter 3. a) ee)/b).

[389] Hier wird umgekehrt dafür plädiert, sämtliche Sicherungsgeber in den Schutzbereich der (anders zu begründenden) „Anlassrechtsprechung" einzubeziehen, die „Bereichsausnahme" für Gesellschafter und Geschäftsführer also gänzlich aufzugeben, s. u., Gliederungspunkte 3. b)/VII. 2.

[390] Zudem bedarf ein Bürge entgegen *Reinicke/Tiedtke,* WiB 1996, S. 505 ff. (510, 4./5.), keines besonderen Schutzes vor unübersehbaren Risiken und vor einer uferlosen Haftung. Vor dieser schützen ihn bereits die Vorschriften des Vollstreckungs- und des Insolvenzrechts.

### *a) Unangemessene Beeinträchtigung der Privatautonomie des Sicherungsgebers*

Der „wahre Grund“ für die unangemessene Benachteiligung des Sicherungsgebers in den „Anlassfällen“ liegt in der erheblichen Beeinträchtigung seiner Privatautonomie[391].

#### aa) Bedeutung der Privatautonomie im Vertragsrecht

Die Privatautonomie bzw. die allgemeine Handlungsfreiheit ist ein wesentliches Strukturelement unserer freiheitlichen Grundordnung[392]. *Flume* definiert sie als „das Prinzip der Selbstgestaltung der Rechtsverhältnisse durch den Einzelnen nach seinem Willen“[393]. Er spricht damit die Vertragsfreiheit als einen bedeutenden Bestandteil der Privatautonomie an[394]. Hinter der Vertragsfreiheit

---

[391] Dazu *Flume* in: FS zum 100jährigen Bestehen des DJT, S. 135 ff. (170, 3. Abs.), die Schranke Allgemeiner Geschäftsbedingungen ergebe sich aus ihrem Wesen als einseitige Regelung, für welche die Begrenzung aus den Grundsätzen der Privatautonomie folge. Die Argumentation des *LG Bonn* (U. v. 12.02.1996 – 9 O 541/95, rkr.), WM 1996, S. 1538 ff. (1539, 2. Spalte) – siehe oben unter Gliederungspunkt 1. a) dd), Fn. 328/329 – mit dem Verweis der Pfandrechts- auf die Bürgschaftsvorschriften, verfängt daher ebenfalls nicht.

[392] *BVerfG* (B. v. 07.02.1990 – 1 BvR 26/84), „Handelsvertreterentscheidung“, BVerfGE 81, S. 242 ff. (254, 2. Abs.); *Palandt-Heinrichs* (64), Überbl v § 104 Rn. 1; *Paulus/Zenker,* JuS 2001, S. 1 ff. (1, I.).

[393] *Flume* in: FS zum 100jährigen Bestehen des DJT, S. 135 ff. (136, 141, 3.); *ders.,* Das Rechtsgeschäft, BGB AT II (3), § 1, 1., S. 1; vgl. auch *Canaris,* AcP Band 200 (2000), S. 273 ff. (277, 1. a)); *Haun,* S. 89; *Hönn,* Jura 1984, S. 57 ff. (57, I.); *Palandt-Heinrichs* (64), § 138 Rn. 1; *Paulus/Zenker,* JuS 2001, S. 1 ff. (1, I.); sowie die st. Rspr. des *BVerfG,* vgl. nur (B. v. 13.05.1986 – 1 BvR 1542/84), BVerfGE 72, S. 155 ff. (170, 1.); *BVerfG* (B. v. 19.10.1993 – 1 BvR 567, 1044/89), BVerfGE 89, S. 214 ff. (231, 2. a)) = WM 1993, S. 2199 ff. (2202, 2. a)); *BVerfG* (B. v. 05.08.1994 – 1 BvR 1402/89), WM 1994, S. 1837 ff. (1839, 2. a)); *BVerfG* (B. v. 02.03.1996 – 1 BvR 696/96), WM 1996, S. 948 f. (949, 1. a)), wonach „die Gestaltung der Rechtsverhältnisse durch den Einzelnen nach seinem Willen ein Teil der allgemeinen Handlungsfreiheit“ ist und Art. 2 Abs. 1 GG „die Privatautonomie als Selbstbestimmung des Einzelnen im Rechtsleben“ gewährleistet; hierzu *Isensee/Kirchhof,* Staatsrecht Band VI (2), S. 1210 Rn. 58; siehe aber auch die Kritik bei *Haun,* S. 89; *Soergel-Wolf* (13), Vor § 145 Rn. 42; *ders.,* Entscheidungsfreiheit, S. 21–23, m.w.N., keine Verankerung der Vertragsfreiheit in Art. 2 Abs. 1 GG; zur Gegenansicht vgl. die Nachweise auf S. 114/115, 2.

[394] Vgl. *BVerfG* (B. v. 12.11.1958 – 2 BvL 4, 26, 40/56, 1, 7/57), BVerfGE 8, S. 274 ff. (328); *Canaris,* AcP 200 (2000), S. 273 ff. (277, 1. a)); *Hönn,* Jura 1984, S. 57 ff. (57, a.E.), „wichtigste Ausprägung der Privatautonomie“; *MüKo-Mayer-Maly/Armbrüster* (4), § 138 Rn. 13; *Palandt-Heinrichs* (64), Überbl v § 104 Rn. 1; *Paulus/Zenker,* JuS 2001, S. 1 ff. (1, I.); *Soergel-Wolf* (13), Vor § 145 Rn. 19; *Flume,* Das Rechtsgeschäft, AT II (4), § 1, 8. a), S. 12, demzufolge „Vertragsfreiheit“ im Gegensatz zur „Abschlussfreiheit, die das „Ob“ und die Wahl des Vertragsgegenstands betrifft und die allgemein für den Bereich der Privatautonomie gilt“, nur die inhaltliche Gestaltungsfreiheit meint; aA – wie hier – *Paulus/Zenker,* a.a.O.; *Wolf,* Entschei-

steckt die Überlegung, dass frei gewählte Vertragsschlüsse gerechte Kontrakte gewährleisten. Die Parteien stehen sich gleichberechtigt gegenüber und haben es in der Hand, ihre Interessen gegenüber der Vertragsgegenseite zu wahren[395]. Ob das Vereinbarte inhaltlich ausgewogen ist, spielt keine Rolle[396]. Nach dem sog. „prozeduralen Gerechtigkeitsmodell“[397] kommt es allein auf die Tatsache eines frei gewählten Vertragsschlusses an. Entsprechend reicht nach § 138 Abs. 2 BGB das „auffällige Missverhältnis“ zwischen der geschuldeten Leistung und der ausbedungenen Gegenleistung für einen Sittenverstoß nicht aus. Zusätzlich bedarf es einer der begünstigten Partei zurechenbaren, missbilligenswerten Einwirkung auf die Entscheidungsfreiheit der Gegenseite durch Ausbeutung einer Zwangslage, ihrer Unerfahrenheit, eines Mangels an Urteilsvermögen, ihrer erheblicher Willensschwäche oder eines sonstigen Willenbildungsdefizits[398]. Konsequenz dessen ist, dass sich eine voll geschäftsfähige Vertragspartei grundsätzlich an ihrer Vertragserklärung festhalten lassen muss. Die Vertragsfreiheit gestattet auch den Abschluss risikoreicher Geschäfte, selbst wenn der Schuldner die übernommene Verpflichtung nur unter besonders günstigen Bedingungen und gegebenenfalls unter dauerhaftem Einsatz seines pfändbaren Vermögens erfüllen kann[399]. Die bloße Ausnutzung einer ungleichen Ver-

---

dungsfreiheit, S. 117, 2. Abs.; *ders.* in: *Soergel,* a.a.O., Vertragsfreiheit als Oberbegriff für die Abschluss- und Gestaltungsfreiheit.

[395] *Flume,* Das Rechtsgeschäft, AT II (4), § 1, 6. a), S. 7/8; vgl. auch *BVerfG* (B. v. 19.10.1993 – 1 BvR 567, 1044/89), BVerfGE 89, S. 214 ff. (233, 1. Abs.) = WM 1993, S. 2199 ff. (2203, c)), zu dem „Modell formal gleicher Teilnehmer am Privatrechtsverkehr“ als Ausgangspunkt der historischen Gesetzgebung; ebenso *Larenz/Wolf,* BGB AT (9), § 42, II., S. 755 Rn. 6; *MüKo-Basedow* (4), Vor § 305 Rn. 4; *Soergel-Wolf* (13), Vor § 145 Rn. 19, 25, 27.

[396] *BVerfG* (B. v. 07.02.1990 – 1 BvR 26/84), „Handelsvertreterentscheidung“, BVerfGE 81, S. 242 ff. (254, 2. Abs.), der Staat habe die im Rahmen der Privatautonomie getroffenen Regelungen grundsätzlich zu respektieren; *Canaris,* AcP 200 (2000), S. 273 ff. (284), „volenti non fit iniuria“. Diese Maxime könne allerdings nur dann ihre volle Überzeugungskraft entfalten, wenn die Entscheidungen der Vertragsparteien nicht nur rechtlich, sondern auch tatsächlich frei seien. Insofern bestehe ein unlösbarer Zusammenhang zwischen *formaler,* d.h. prozeduraler Vertrags*gerechtigkeit* und *materialer* Vertrags*freiheit.* Eine „Materialisierung“ der Vertrags*gerechtigkeit* sei dagegen angesichts der mit ihr verbundenen inhaltlichen Unsicherheit und der ihr immanenten Freiheitsbeschränkung weitaus heikler (S. 286/287, dd)); vgl. auch *Flume* in: FS zum 100jährigen Bestehen des DJT, S. 135 ff. (141, 3., 143, 1. Abs.); *ders.,* Das Rechtsgeschäft, BGB AT II (3), § 1, 6. a) a.E., S. 8, 2. Abs., § 1, 5., S. 6/7, „stat pro ratione voluntas“; *Geißler,* JuS 1991, S. 618 ff. (622, 2. Abs.); *Schmidt-Rimpler,* AcP 147 (1941), S. 130 ff. (151 ff., v.a. 155–157, 163, 2. Abs.).

[397] *Canaris,* Vertrauenshaftung, S. 436, 3., „Richtigkeitsgewähr des Vertragsmechanismus“; *ders.,* AcP 200 (2000), S. 273 ff. (283/284, 286, cc), 287, c) aa)); *Larenz/Wolf,* BGB AT (9), § 42, III. 1., S. 756/757 Rn. 12, „prozedurales Vertragsrecht“; *Naumann,* Sittenverstoß, S. 4; vgl. auch *Schmidt-Rimpler,* AcP 147 (1941), S. 130 ff. (132 ff., 151 ff., v.a. 155–157, 161, 163), „Lehre von der Richtigkeitsgewähr des Vertragsmechanismus“.

[398] *Canaris,* AcP 200 (2000), S. 273 ff. (280, aa), 287, c) aa)); *Naumann,* Sittenverstoß, S. 4, 4. Abs.

handlungsmacht bedeutet noch keinen verwerflichen Eingriff in die Privatautonomie der belasteten Partei[400]. „In der Regel vermag jede unbeschränkt geschäftsfähige Person zu erkennen, dass sie mit einer Bürgschaft ein erhebliches persönliches Risiko eingeht und danach ihre Entscheidung zu treffen“[401]. Etwas anderes gilt nur, wenn der Vertragsschluss ausnahmsweise einmal nicht Ausdruck einer selbstbestimmten Entscheidung[402] ist, wenn der Vertrag also nur aufgrund von äußeren Zwängen zustande kommt[403].

Selbstverständlich kann es schon aus Gründen der Rechtssicherheit und Eigenverantwortlichkeit eines vollverantwortlich Handelnden nicht ausreichen, dass die Entscheidungsfreiheit einer Vertragspartei in irgendeiner Weise durch die Gegenseite oder eine dritte Person tangiert wird[404]. Wirksamkeitsbedenken bestehen nur bei einer unerträglichen, dem anderen Vertragsteil zurechenbaren,

---

[399] So das althergebrachte Argument des 9. Senats gegen die Durchführung einer Inhaltskontrolle, vgl. *BGH* (U. v. 19.01.1989 – IX ZR 124/88) BGHZ 106, S. 269 ff. (272); *BGH,* (U. v. 28.02.1989 – IX ZR 130/88), BGHZ 107, S. 92 ff. (98, 1. Abs.), *BGH* (U.v. 16.05.1991 – IX ZR 245/90), NJW 1991, S. 2015 ff. (2016, 2. b) aa)); *BGH* (VU. v. 16.01.1992 – IX ZR 113/91), WM 1992, S. 391 ff. (394, 2. Abs.); *BGH* (U. v. 24.02.1994 – IX ZR 93/93), BGHZ 125, S. 206 ff. (209/210); *BGH* (U. v. 02.11.1995 – IX ZR 222/94), NJW 1996, S. 513 ff. (514, II. 1.); *BGH* (U. v. 16.01. 1997 – IX ZR 250/95), WM 1997, S. 511 ff. (512, II. 3.); *BGH* (VU. v. 25.11.1999 – IX ZR 40/98), WM 2000, S. 23 ff. (24, II.); zustimmend *Haun,* S. 88, 2. Abs.; vgl. auch *Palandt-Heinrichs* (64), § 138 Rn. 36; *Staudinger-Sack* (2003), § 138 Rn. 316.

[400] Ebenso zu § 138 Abs. 2 BGB, *Canaris,* AcP 200 (2000), S. 273 ff. (288, bb)); *Wolf,* Entscheidungsfreiheit, S. 104/105, a), S. 115/115, 2.; *Zöllner,* AcP 196 (1996), S. 1 ff. (26/27, 35, 1.); siehe aber *Haun,* S. 91, 3. Abs.; *Lieb,* AcP 178 (1978), S. 196 ff. (203/204).

[401] *BGH* (U. v. 16.03.1989 – IX ZR 171/88), ZIP 1989, S. 629 f. (629, 3. a)); *BGH* (U.v. 16.05.1991 – IX ZR 245/90), NJW 1991, S. 2015 ff. (2016, 2. b) aa)); *BGH* (VU. v. 16.01.1992 – IX ZR 113/91), WM 1992, S. 391 ff. (393/394, a)); *BGH* (U. v. 24.02.1994 – IX ZR 93/93), BGHZ 125, S. 206 ff. (210, 1. Abs.); *BGH* (U. v. 30.03.1995 – IX ZR 98/94), WM 1995, S. 900 ff. (902, 2. a)); vgl. auch *Haun,* S. 90, 3. Abs.; *Kreft,* WM 1997, Sonderbeilage Nr. 5, S. 23, 1. Spalte; *MüKo-Mayer-Maly/ Armbrüster* (4), § 138 Rn. 13; *Reinicke/Tiedtke,* ZIP 1989, S. 613 ff. (614, 4.2).

[402] Dazu *Flume* in: FS zum 100jährigen Bestehen des DJT, S. 135 ff. (143, 4.); *Wolf,* Entscheidungsfreiheit, S. 114/115, 2.

[403] *BVerfG* (B. v. 07.02.1990 – 1 BvR 26/84), „Handelsvertreterentscheidung“, BVerfGE 81, S. 242 ff. (254/255); *BVerfG* (B. v. 05.08.1994 – 1 BvR 1402/89), WM 1994, S. 1837 ff. (1839, 2. b) a.E.); *BVerfG* (B. v. 02.03.1996 – 1 BvR 696/96), WM 1996, S. 948 f. (949, 1. a)), im Vertragsrecht dürfe nicht das Recht des Stärkeren i.d.S. gelten, dass ein Vertragsteil den Vertragsinhalt faktisch einseitig bestimmen und für den anderen Teil ungewöhnlich belastende Folgen vorsehen kann; *BGH* (U. v. 24.11.1992 – XI ZR 98/92), ZIP 1993, S. 26 ff. (27/28); *Canaris,* AcP 200 (2000), S. 273 ff. (277, 1. a), 286/287, dd)); *Kreft,* WM 1997, Sonderbeilage Nr. 5, S. 23; *Larenz/Wolf,* BGB AT (9), § 42, I., S. 754 Rn. 2.; *Naumann,* Sittenverstoß, S. 5, 3. Abs.

[404] *Canaris,* AcP 200 (2000), S. 273 ff. (278/279); *Naumann,* Sittenverstoß, S. 6, 1. Abs.; vgl. auch *BVerfG* (B. v. 19.10.1993 – 1 BvR 567, 1044/89), BVerfGE 89, S. 214 ff. (231, 2. Abs., 232, b)) = WM 1993, S. 2199 ff. (2202, II. 1 a.E., 2202/ 2203, b)).

das heißt für ihn zumindest klar erkennbaren[405] Beeinträchtigung der Privatautonomie.

### bb) Regelungszweck des AGB-Rechts

Bei Erlass der Vorschriften des AGB-Rechts hat der Gesetzgeber eine „Richtigkeitsgewähr" oder auch nur eine „Richtigkeitschance" des Vertrages aufgrund eines privatautonom ausgehandelten Vertragsinhalts mit Blick auf die einseitigen Vorgaben des Klauselverwenders, anders als bei Abschluss eines Individualvertrages, gerade nicht unterstellen können[406]. Anliegen des AGB-Rechts ist dementsprechend die Wiederherstellung einer potenziellen, durch die einseitige Interessendurchsetzung gestörten Vertragsgerechtigkeit.

### cc) Kernaussagen des verfassungsgerichtlichen Bürgschaftsbeschlusses

Die Grenzziehung zwischen einem noch-selbstbestimmten und einem schon-fremdbestimmten Vertragsschluss fällt freilich nicht immer leicht[407].

Für Bürgschaften sog. Nahbereichspersonen hat der 9. Zivilsenat des Bundesgerichtshofs zum Beispiel zunächst keinen Handlungsbedarf gesehen hat und nahe Angehörige selbst im Falle einer ruinösen Mitverpflichtung auf ihre Selbstverantwortung verwiesen[408].

In seinem „Bürgschaftsbeschluss" aus dem Jahre 1993 hat das Bundesverfassungsgericht (BVerfG) insofern neue Maßstäbe gesetzt[409]. Es hat dem BGH vor-

---

405 *BGH* (U. v. 24.02.1994 – IX ZR 93/93), BGHZ 125, S. 206 ff. (212. d), 215, c)).

406 Vgl. nur *Erman-Roloff* (11), Vor §§ 305–310 Rn. 1; *MüKo-Basedow* (4), Vor § 305 Rn 4; *Soergel-Wolf* (13), Vor § 145 Rn. 29, 39; siehe auch bereits *Flume* in: FS zum 100jährigen Bestehen des DJT, S. 135 ff. (167/168).

407 Zu dem Dilemma einer angemessenen Grenzziehung, *Canaris,* AcP 200 (2000), S. 273 ff. (278, b)); *Köndgen,* NJW 1991, S. 2018 f. (2018, 1.); *Larenz/Wolf,* BGB AT (9), § 42, I., S. 755 Rn. 5; *Zöllner,* AcP 196 (1996), S. 1 ff. (24/25, 7.).

408 Vgl. nur *BGH* (U. v. 10.01.1989 – IX ZR 124/88), JZ 1989, S. 494 f. (495); *BGH* (U. v. 16.03.1989 – IX ZR 171/88), ZIP 1989, S. 629 f. (629/630); *BGH* (U. v. 16.05.1991 – IX ZR 245/90), NJW 1991, S. 2015 ff. (2016, 2. b) aa)); *Bydlinski,* ÖBA 1999, S. 93 ff. (94, 2. Abs.), Überbetonung der Vertragsfreiheit; *Fischer,* WM 2000, S. 14 ff. (14, I.). Was *Honsell* zu der Bemerkung veranlasst hat, hier herrsche noch der „eisige Wind der Privatautonomie des ausgehenden 19. Jahrhunderts", JZ 1989, S. 495 f. (495); ähnlich *Reinicke/Tiedtke,* ZIP 1989, S. 613 ff. (619, III.), „Sie (erg.: Verträge, wie der hier abgeschlossene) sind inhuman und ihre Anerkennung verletzt das Rechtsgefühl"; *dies.,* Kreditsicherung (4), S. 64 Rn. 197.

409 *BVerfG* (B. v. 19.10.1993 – 1 BvR 567, 1044/89), BVerfGE 89, S. 214 ff. = WM 1993, S. 2199 ff.; ihm folgend *BVerfG* (B. v. 05.08.1994 – 1 BvR 1402/89), WM 1994, S. 1837 ff. (1839, 2. a)); dazu *Lwowski/Merkel,* Kreditsicherheiten (8), S. 45/46, 3.

geworfen, sich nicht die Frage gestellt zu haben, „ob und inwieweit beide Vertragspartner über den Abschluss und den Inhalt des Vertrages *tatsächlich frei entscheiden konnten. Darin*" habe eine *„Verkennung der grundrechtlich gewährleisteten Privatautonomie*" gelegen[410]. Trotz oder gerade wegen der für beide Seiten garantierten Privatautonomie seien die dem Sozialstaatsprinzip (Art. 20 Abs. 1, Art. 28 Abs. 1 GG) und dem Grundrechtsschutz verhafteten Zivilgerichte[411] zur inhaltlichen Kontrolle solcher Verträge verpflichtet[412], deren Folgen für den unterlegenen Vertragsteil *ungewöhnlich belastend* und das Ergebnis einer *strukturell ungleichen Verhandlungsstärke* seien[413]. Liege eine entsprechende *typisierbare Fallgestaltung* vor, sei das Vereinbarte nicht Ausdruck von Selbst-, sondern von faktischer Fremdbestimmung und daher einer Inhaltskontrolle zu unterwerfen[414]. Das Erfordernis einer „typisierbaren Fallgestaltung struktureller Unterlegenheit des einen Vertragsteils" fußt auf der (zweifelhaften) Überlegung, dass ein Vertrag aus Rechtssicherheitsgründen „nicht bei jeder Störung des Verhandlungsgleichgewichts nachträglich in Frage gestellt oder korrigiert werden" kann[415].

---

410 *BVerfG* (B. v. 19.10.1993 – 1 BvR 567, 1044/89), BVerfGE 89, S. 214 ff. (231, 2. Abs.) = WM 1993, S. 2199 ff. (2202, II. 1. a.E.); ebenso *BVerfG* (B. v. 02.03.1996 – 1 BvR 696/96), WM 1996, S. 948 f. (949, 1. a)), (Hervorh. durch Verf.). Zu der (oftmals verkannten) zentralen Bedeutung dieser Passage, *Canaris,* AcP 200 (2000), S. 273 ff. (296, 1. a)), diese Aussage sei bedauerlicherweise im Getöse um die nachfolgende Formel von der „strukturell ungleichen Verhandlungsstärke" nahezu untergegangen.

411 Siehe auch *BVerfG* (B. v. 07.02.1990 – 1 BvR 26/84), „Handelsvertreterentscheidung", BVerfGE 81, S. 242 ff. (255, 1. Abs.); *BVerfG* (B. v. 05.08.1994 – 1 BvR 1402/89), WM 1994, S. 1837 ff. (1839, 2. a)).

412 Vgl. *BVerfG* (B. v. 19.10.1993 – 1 BvR 567, 1044/89), BVerfGE 89, S. 214 ff. (231/232, 2. a), 234, 2. Abs.) = WM 1993, S. 2199 ff. (2202, 2. a), 2203, c)), der Gesetzgeber müsse der Selbstbestimmung des Einzelnen einen angemessenen Betätigungsraum eröffnen, da die Privatautonomie auf staatliche Durchsetzung angewiesen sei. Ihre Gewährleistung denke „die justizielle Realisierung gleichsam mit". Dieser Anforderung habe der Gesetzgeber in Form der zivilrechtlichen Generalklauseln genügt, woraus sich für die Zivilgerichte die Pflicht ergebe, bei ihrer Auslegung und Anwendung darauf zu achten, dass Verträge nicht als Mittel der Fremdbestimmung dienen; im Ergebnis ebenso *BVerfG* (B. v. 02.03.1996 – 1 BvR 696/96), WM 1996, S. 948 f. (949, 1. a)); siehe auch *Larenz/Wolf,* BGB AT (9), § 42, I., S. 755 Rn. 4.

413 Vgl. bereits *BVerfG* (B. v. 07.02.1990 – 1 BvR 26/84), „Handelsvertreterentscheidung", BVerfGE 81, S. 242 ff. (255). Zu dem zuletzt genannten Kriterium mit Recht kritisch, *Zöllner,* AcP 196 (1996), S. 1 ff. (26/27).

414 *BVerfG* (B. v. 19.10.1993 – 1 BvR 567, 1044/89), BVerfGE 89, S. 214 ff. (232, b)) = WM 1993, S. 2199 ff. (2202/2203, b)); ihm folgend *BVerfG* (B. v. 05.08.1994 – 1 BvR 1402/89), WM 1994, S. 1837 ff. (1839, 2. a)); *BVerfG* (B. v. 02.03.1996 – 1 BvR 696/96), WM 1996, S. 948 f. (949, 1. a)); ähnlich bereits *BVerfG* (B. v. 07.02.1990 – 1 BvR 26/84), „Handelsvertreterentscheidung", BVerfGE 81, S. 242 ff. (254/255), (Hervorh. durch Verf.).

415 *BVerfG* (B. v. 19.10.1993 – 1 BvR 567, 1044/89), BVerfGE 89, S. 214 ff. (232, b)) = WM 1993, S. 2199 ff. (2202/2203, b)); nachfolgend *BVerfG* (B. v. 05.08.1994 –

#### dd) Auswirkungen des Bürgschaftsbeschlusses auf die Rechtsprechung des obersten Zivilgerichts

Seither hat der BGH wiederholt entschieden, dass die *grundrechtlich geschützte Privatautonomie* den Abschluss risikoreicher und zugleich einseitig belastender Geschäfte nur zu rechtfertigen vermag, „sofern beide Partner in der Lage sind, sich *in Freiheit für oder gegen eine vertragliche Bindung zu entscheiden.* Erst diese Freiheit sowie die uneingeschränkte Erkenntnismöglichkeit, mit welchen Rechtsfolgen die in Frage stehende Verpflichtung verbunden sein kann, ergäben die Rechtfertigung dafür, den Bürgen trotz ihn außergewöhnlich belastender Rechtsfolgen an seiner *selbstverantwortlich getroffenen Entscheidung* festzuhalten. Die Gefahr, dass dem Bürgen eine *freie Entscheidung in unzumutbarer Weise erschwert* wird, besteht besonders dann, wenn ...[416]"

#### ee) Unzumutbare Beeinträchtigung des Sicherungsgebers in seiner Abschlussfreiheit respektive in seiner hauptleistungsbezogenen Entscheidungsfreiheit

... – und hier ist einzuhaken – der Gläubiger dem Sicherungsgeber klauselmäßig eine umfassende Sicherungszusage abverlangt, obschon sich die Vertragsverhandlungen ausschließlich auf die Absicherung einer oder mehrer bestimmt bezeichneter „Anlassforderung(en)" bezogen haben.

Man vergegenwärtige sich noch einmal die Begründung des verfassungsgerichtlichen „Bürgschaftsbeschlusses": *Darin,* so das BVerfG, dass der BGH, sich *nicht die Frage gestellt* habe, *ob* und *inwieweit* beide Vertragspartner über den *Abschluss* und den *Inhalt* des Vertrages *tatsächlich frei entscheiden konnten,* habe eine *Verkennung der grundrechtlich gewährleisteten Privatautonomie*

---

1 BvR 1402/89), WM 1994, S. 1837 ff. (1839, 2. a)); *BVerfG* (B. v. 02.03.1996 – 1 BvR 696/96), WM 1996, S. 948 f. (949, 1. a)). Ob eine den Sicherungsgeber krass überfordernde Mitverpflichtung neben dem Grundrecht auf privatautonome Lebensgestaltung auch sein allgemeines Persönlichkeitsrecht tangiert (Art. 2 Abs. 1 i.V.m. Art. 1 Abs. 1 GG (dazu *BVerfG* (B. v. 13.05.1986 – 1 BvR 1542/84), BVerfGE 72, S. 155 ff. (170/171, 1.); *Isensee/Kirchhof,* Staatsrecht Band VI (2), S. 1208/1209 Rn. 52–55), hat das BVerfG in dem zusprechenden Part seines Bürgschaftsbeschlusses mangels Entscheidungserheblichkeit offen gelassen, vgl. S. 235, 2. Abs. bzw. S. 2204, 1. Abs.; siehe auch die Einlassung des *Bundesjustizministeriums,* S. 222/223, a), wonach die Vollstreckungsschutzvorschriften und das Restschuldbefreiungsverfahren zur Sicherung eines menschenwürdigen Daseins genügen; *Wiedemann,* JZ 1994, S. 411 ff. (412/413); kritisch zum Merkmal der „Typizität", *Zöllner,* AcP 196 (1996), S. 1 ff. (10, 6.), der befürchtet, dass das BVerfG die Anwendbarkeit von Art 2 Abs. 1 GG auch in Vertragsverhältnissen bejahen würde, in denen nur bei typisierender Betrachtung eine Ungleichgewichtslage besteht, woraufhin es zu einer weitgehenden Einschränkung der Vertragsfreiheit käme.

[416] *BGH* (U. v. 24.02.1994 – IX ZR 93/93), BGHZ 125, S. 206 ff. (213, a)), (Hervorh. durch Verf.); siehe auch *Kreft,* WM 1997, Sonderbeilage Nr. 5, S. 23, 1. Spalte.

gelegen[417]. Dass die verfassungsgerichtlichen Vorgaben zur Inhaltskontrolle von Verträgen auch bzw. erst recht für den Bereich des AGB-Rechts gelten, ist selbsterklärend[418].

Dem Sicherungsgeber ist es in den „Anlasskonstellationen" unmöglich, frei darüber zu befinden, ob er neben der/den „Anlassforderung(en)" auch alle übrigen Gläubigerforderungen absichern möchte. Der Gläubiger hat die Haftungserstreckung bereits vor Beginn der Vertragsverhandlungen in seinen AGB festgeschrieben. Eine wahrhaft freie Entscheidung würde voraussetzen, dass der Gläubiger sich bei dem Sicherungsgeber nach dessen Bereitschaft zu einer globalen Sicherungszusage erkundigt und das Geschäft mit dem Hauptschuldner nicht von dessen umfassender Verpflichtung abhängig macht. Skeptiker mögen an dieser Stelle mit Recht einwenden, dass der Sicherungsgeber über den Umfang seiner Mitverpflichtung vermutlich ebenso wenig frei entscheiden könnte, wenn der Gläubiger das Zustandekommen des Geschäfts mit dem Hauptschuldner von vornherein ausdrücklich von einer umfassenden Sicherungszusage abhängig machte. Vermutlich würden sich etliche Sicherungsgeber in der Tat auch ohne Verwendung einer vorgedruckten „weiten" Sicherungszweckerklärung individualvertraglich zur Globalabsicherung des Gläubigers bereit erklären[419]. Daran wäre – von den „Arbeitnehmer-", „Angehörigen-" und sonstigen Sittenwidrigkeitskonstellationen abgesehen[420] – nichts Verwerfliches. Faktische Zwangsmomente bewirken grundsätzlich noch keine sitten- oder treuwidrige Fremdbestimmung. Ansonsten wären sämtliche Formularverträge bereits deshalb unwirksam, weil die andere Vertragspartei auf ihren Inhalt keinen Einfluss zu nehmen vermocht hat.

Andererseits gibt der Grundsatz der Privatautonomie keine Legitimation zum Handeln in „Selbstherrlichkeit" für andere[421]. Die Privatautonomie verlangt als Grundrecht ein Mindestmaß an Schutz auch zugunsten desjenigen Grundrechtsträgers, der faktisch nicht frei entscheiden kann[422]. Wie der Gesetzgeber zur Anfechtungsvorschrift des heutigen § 123 BGB angemerkt hat, ist „die Freiheit der Willensentscheidung Voraussetzung der Gültigkeit der Willenerklärung"[423]. „Die Rechtsordnung kann nicht gestatten, dass die freie Selbstbestimmung[424]

---

[417] *BVerfG* (B. v. 19.10.1993 – 1 BvR 567, 1044/89), BVerfGE 89, S. 214 ff. (231, 2. Abs.) = WM 1993, S. 2199 ff. (2202, II. 1. a.E.); im Anschluss daran *BVerfG* (B. v. 02.03.1996 – 1 BvR 696/96), WM 1996, S. 948 f. (949, 1. a)).

[418] Vgl. auch *Schmitz-Valckenberg,* DNotZ 1996, S. 492 ff. (496, 3. Abs.).

[419] *Bydlinski,* ÖBA 1999, S. 93 ff. (99, 2. Spalte, 1. Abs.).

[420] Vgl. nur Gliederungspunkt VII. 1. c) aa), Fn. 537, 539 sowie Kapitel 11, C. I. 2. b)/c).

[421] *Flume,* Das Rechtsgeschäft, AT II (4), § 1, 6. a), S. 7.

[422] *Dieterich,* WM 2000, S. 11 ff. (13, III. 2.), „Untermaßgrenze".

[423] Vgl. *Motive I,* § 103, S. 206, 2. Abs. = *Mugdan I,* § 103, S. 466, 2. Abs.

auf rechtsgeschäftlichem Gebiet in widerrechtlicher Weise beeinträchtigt wird[425]“.

Auch wenn die exakte Grenzziehung zwischen Noch-Selbst- und Schon-Fremdbestimmung vielfach ein Vabanquespiel ist, ist die Grenze des gerade noch Zulässigen in den „Anlasskonstellationen“ zweifelsohne überschritten. *Zöllner* hält die Sentenz des „Bürgschaftsbeschlusses, dass eine grundrechtswidrige Fremdbestimmung und damit ein Grundrechtsverstoß nur gegeben sei, wenn „einer der Teile ein so starkes Übergewicht habe, dass er den Vertragsinhalt faktisch einseitig bestimmen könne, für „nicht sachangemessen“, da die Unterlegenheit eines Partners nur *selten* dazu führe, dass er dem Vertrag wirklich aus zwingenden Gründen zustimmen müsse – in der Regel sei es für ihn nur (wirklich oder vermeintlich) vorteilhafter, dies zu tun[426]. In den „Anlasskonstellationen“ ist einer der seltenen Fälle gegeben, in denen der Sicherungsgeber der heteronomen Haftungsausdehnung notwendigerweise zustimmen muss[427]. Mit *Zöllner* ist zwar davon auszugehen, dass eine „take-it-or-leave-it-Situation“ allein noch keinen Rechtfertigungsgrund für die Kontrolle eines inhaltlich ungünstigen Vertrages darstellt[428], in den „Anlasskonstellationen“ liegt jedoch ein derart intensiver privater Eingriff in die negative Vertragsfreiheit[429] des Sicherungsgebers vor, dass von einer einem Abschlusszwang gleichkommenden unzulässigen Fremdbestimmung auszugehen ist[430]. Im Gegensatz zu Schmälerungen der Gestaltungsfreiheit verstoßen missbilligenswerte Beeinträchtigungen der Abschlussfreiheit per se gegen die verfassungs- bzw. bürgerlichrechtlichen Wertentscheidungen[431]. Die klauselmäßige faktische Vorgabe einer

---

424 Kritisch zur Selbstbestimmung als Voraussetzung eines privatautonomen Vertragsschlusses, *Zöllner,* AcP 196 (1996), S. 1 ff. (25/26, 35/36, III.). Es sei unzutreffend, dass Privatautonomie Selbstbestimmung umfassend und ausnahmslos voraussetze. Richtig sei nur, dass es ohne Privatautonomie keine Selbstbestimmung gebe, nicht aber umgekehrt (35, III. 2. a)).

425 Vgl. *Motive I,* § 103, S. 204 = *Mugdan I,* § 103, S. 465.

426 *Zöllner,* AcP 196 (1996), S. 1 ff. (14, 9.).

427 Laut *Zöllner* erfordert eine privatrechtlich relevante Beeinträchtigung der Selbstbestimmung, dass „die Entscheidungsfreiheit in der Weise eingeschränkt ist oder ganz fehlt, dass ein Vertragspartner einem Zwang unterliegt, den Vertragsantrag des anderen anzunehmen.“, vgl. AcP 196 (1996), S. 1 ff. (32, 2. Abs.).

428 *Zöllner,* AcP 196 (1996), S. 1 ff. (31/32, 12.), der Anbieter würde ansonsten einem versteckten Kontrahierungszwang unterworfen, weil sein Kontrahent gefahrlos den Vertrag annehmen und hinterher die Angemessenheit der Bedingungen reklamieren könne. Der Vertragsschließende gebe vor, die ihm nicht schmeckende Bedingung zu akzeptieren, erkläre aber hinterher, es natürlich nicht so gewollt zu haben (= „April-April-Syndrom“).

429 Zu dieser *Adomeit,* NJW 1994, S. 2467 ff. (2467).

430 Dazu *Paulus/Zenker,* JuS 2001, S. 1 ff. (5, 2.), jeder Kontrahierungszwang, also jeder rechtliche Zwang, einen bestimmten Vertrag abzuschließen, sei ein ebenso evidenter wie gravierender Eingriff in die Vertragsfreiheit; *Soergel-Wolf* (13), Vor § 145 Rn. 49–55.

Vielzahl an zusätzlichen Sicherungsverträgen in einer „Anlasssituation“ ist eine unzulässige Beeinträchtigung der Abschlussfreiheit bzw. der hauptleistungsbezogenen Entscheidungsfreiheit. Der Gläubiger nutzt die Bereitschaft des Sicherungsgebers zur Absicherung der „Anlassforderung(en)“ dazu aus, den in Aussicht genommenen Sicherungsvertrag faktisch um den Abschluss einer Vielzahl von Sicherungsverträgen zu erweitern. Diese Koppelung beeinträchtigt die Entscheidungsfreiheit des Sicherungsgebers in unangemessener, gegen die Grundsätze von Treu und Glauben verstoßender Weise. Wie *Wolf* richtig ausführt, beeinträchtigt die unabdingbare Koppelung eines Vertragsschlusses mit zusätzlichen sachfremden Bedingungen bereits deshalb die Entscheidungsfreiheit des Unterlegenen, weil dieser seine Entscheidungsbildung nicht auf die den einzelnen Bedingungen zugeordneten Gesichtspunkte konzentrieren kann, sondern auch die Konsequenzen des Zustandekommens oder Scheiterns des Vertrages zu bedenken hat[432]. Die formularmäßige Haftungserstreckung in den „Anlasskonstellationen“ ist ein sachwidriger Koppelungstatbestand[433]. Selbst wenn der Gläubiger umfassend sicherungsbedürftig sein sollte, wird der sachliche Gegenstand des in Aussicht genommenen Sicherungsgeschäfts durch das Ziel der Vertragsverhandlungen begrenzt. Andererseits bewirkt nicht jede Koppelung eines Geschäftsabschlusses mit einer sachfremden Bedingung eine unangemessene Beeinträchtigung der Entscheidungsfreiheit. Dem designierten Vertragspartner ist es grundsätzlich zuzumuten, sich sachfremder Gesichtspunkte in der Verhandlungsphase eigenverantwortlich zu erwehren und, sollte ihm dies nicht möglich sein, selbstbestimmt eine Entscheidung darüber zu fällen, ob er die sachfremde Bestimmung akzeptieren möchte oder von dem Geschäft besser Abstand nimmt[434]. Wie der Drohungstatbestand des § 123 Abs. 1, 2. Alt. BGB zeigt, billigt das geltende Recht sachwidrige Koppelungen aber nicht ad libitum[435]. Die Zurechnung einer in Selbstbestimmung getroffenen Entscheidung setzt die Möglichkeit einer selbstverantwortlichen Willensbildung voraus[436]. Der Schutz der Rechtsordnung hat dort einzusetzen, wo dem potenziellen Vertragspartner die eigenverantwortliche Zurückweisung eines sachfremden Interesses nicht zuzumuten ist[437]. *Wolf* argumentiert insoweit mit der Wertigkeit des

---

431 Siehe auch *Wiedemann,* JZ 1994, S. 411 ff. (412, 2. Abs.), finde in Bezug auf die Abschlussfreiheit eine Gesetzes- oder Inhaltskontrolle statt, bestehe ein direkter Bezug zur Selbstbestimmung. Kein Vertragspartner solle zum Abschluss unzumutbarer Bedingungen überredet, überrumpelt oder überlistet werden. Selbst eine mit der besten Absicht vorgenommene Inhaltskontrolle beschränke dagegen das Selbstbestimmungsrecht des einzelnen Privatrechtsträgers.

432 *Wolf,* Entscheidungsfreiheit, S. 127/128, b), S. 133, III.

433 Vgl. auch *Wolf,* Entscheidungsfreiheit, S. 170, b), S. 180, 3. b).

434 *Wolf,* Entscheidungsfreiheit, S. 130, II. 1., S. 133, III.

435 *Wolf,* Entscheidungsfreiheit, S. 131, 2., S. 133/134, III.

436 *Wolf,* Entscheidungsfreiheit, S. 134, 1., S. 137/138.

437 *Wolf,* Entscheidungsfreiheit, S. 138/139, 3. a).

für den Vertragspartner mit dem Vertragsschluss und der Vertragsleistung auf dem Spiel stehenden Interesses. Grundsätzlich verlange die Vertragsfreiheit dem Einzelnen ab, auf geringer- oder gleichwertige Interessen zu verzichten, da jeder Vertragsschluss von vornherein auf einen Kompromiss gegenläufiger Interessen angelegt sei. Der Verzicht auf den Vertragsschluss sei jedoch dann unzumutbar, wenn er die Aufgabe eines höherwertigen Interesses erfordere[438]. Anders gewendet muss die Möglichkeit der hypothetischen Vertragspartei, sich der sachwidrigen Koppelung zu widersetzen oder in Gänze von dem Vertragsschluss abzusehen, so sehr herabgesetzt sein, dass sie im Grunde keine andere Wahl hat, als den Vertrag zu schließen und die als ungerechtfertigt erkannte Bedingung in Kauf zu nehmen.

Letzteres entspricht exakt der Situation des Sicherungsgebers in den „Anlasskonstellationen". Dem Sicherungsgeber kann in der konkreten Situation von Rechts wegen nicht abverlangt werden, den Abschluss des Sicherungsvertrages mit Blick auf die formularmäßige Sicherungszweckerweiterung zu verweigern. Die widerrechtliche Beeinträchtigung seiner Selbstbestimmung beruht dabei auf einem Bündel ganz unterschiedlicher Aspekte. Der wichtigste ist die Tatsache der Implementierung der „weiten" Sicherungszweckerklärung in das *Sicherungsformular,* die von vornherein jeden Versuch des Sicherungsgebers, die globale Haftungsklausel noch wegzuverhandeln, als aussichtslos erscheinen lässt[439]. Dies insbesondere deshalb, weil der Sicherungsgeber mit dem umfassenden Haftungsbegehren des Gläubigers in aller Regel erst zu einem Zeitpunkt konfrontiert wird, in dem die *Sicherungsverhandlungen formal bereits abgeschlossen* sind. Der Sicherungsgeber hat sich bereits zur Absicherung der „Anlassforderung(en)" entschlossen gezeigt. Um den Vertrag perfekt zu machen, fehlt eigentlich nur noch die Formalie seiner Unterschrift. Die „Anlasssituation" weist insofern starke Ähnlichkeiten mit einer „Haustürsituation" auf (vgl. § 312 Abs. 1 BGB). Bei einem Haustürgeschäft hat der Gesetzgeber dem Verbraucher deshalb ein Widerrufsrecht eingeräumt, weil der Veräußerer ihn mit seinem Vertragsangebot in einer Situation überrascht, in der er nicht mit einem geschäftlichen Kontakt rechnet, ihm keine ausreichende Überlegungszeit bleibt und der allgemeine Anstand von ihm vielleicht sogar ein gewisses Entgegenkommen verlangt[440]. Der Sicherungsgeber kann aber auch anlässlich eines geschäftlichen Kontaktes in *verwerflicher* Weise *überrumpelt* werden, sofern das konkrete Geschäftsbegehren für ihn völlig überraschend kommt[441]. Zu dem typischen Überrumpelungseffekt[442] kommt in den „Anlasskonstellationen" vielleicht sogar ein

[438] *Wolf,* Entscheidungsfreiheit, S. 139–142, v.a. S. 140/141, a), S. 154, b)/c), S. 180, 3. a)/c).

[439] Vgl. nur *Henssler,* Risiko als Vertragsgegenstand, S. 258; *Wolf,* Entscheidungsfreiheit, S. 14/15, d).

[440] Vgl. nur *Erman-Saenger* (11), § 312 Rn. 2; *Palandt-Heinrichs* (64), § 312 Rn. 3, jeweils m.w.N.

*Täuschungseffekt* hinzu. Indem der Gläubiger dem Sicherungsgeber wie selbstverständlich den Formularvordruck mit der „weiten" Sicherungszweckerklärung präsentiert, erweckt er bei einem durchschnittlichen Sicherungsgeber den Eindruck, klauselmäßige Globalabsicherungen wären allgemein üblich, rechtlich legitim und womöglich sogar gesetzlich vorgesehen. Der Sicherungsgeber wird seine Überraschung über das unvermutete Globalhaftungsbegehren weniger auf ein unlauteres Geschäftsgebaren des Gläubigers zurückführen, als auf seine eigene Unwissenheit[443]. Schon um dem Gläubiger seine Ignoranz nicht zu offenbaren und sich nicht unnötig zu blamieren, wird der normaltypische Sicherungsgeber die Erstreckungsklausel unbeanstandet lassen und dem Globalhaftungsbegehren keinen Widerstand entgegensetzen. Hinzu kommt, dass der Fremdsicherungsgeber sich in den „Anlasskonstellationen" regelmäßig in einer seine Willensbildungsfreiheit erheblich herabsetzenden, *von dem Gläubiger geschaffenen Zwangslage* befindet. In dem Moment der Unterschriftsleistung ist die Entscheidung über das Sicherungsgeschäft wie gesagt meist schon gefallen. In aller Regel begibt sich der Sicherungsgeber zur Unterzeichnung der Sicherungsurkunde in die Geschäftsräume des Gläubigers, nachdem er dem Hauptschuldner im Vorfeld seine Bereitschaft zur Absicherung der „Anlassforderung(en)" signalisiert hat. Dieser wird sich höchst erfreut und dankbar gezeigt haben. Für ihn stehen in der Regel erhebliche Interessen auf dem Spiel. All dies ist dem Sicherungsgeber und dem Gläubiger bekannt. Die Vorgehensweise des Gläubigers ist deshalb besonders verwerflich, weil er ersichtlich darauf spekuliert, dass der Sicherungsgeber sich in diesem Stadium des Vertragsschlusses nicht mehr in der Lage sieht, die geweckten Hoffnungen und die in ihn gesetzten Erwartungen zu enttäuschen. Es bedürfte schon einiges an Courage, das Geschäft in diesem Augenblick noch platzen zu lassen. Handelt es sich bei dem Sicherungsgeber um eine dem Hauptschuldner im weitesten Sinne persönlich nahe stehende Person, droht diese Beziehung an seinem Rückzieher zu zerbrechen. Ist Sicherungsgeberin eine juristische Person, droht der geschäftliche Misskredit infolge ihrer vermeintlichen Unzuverlässigkeit bzw. Vertragsbrüchigkeit. Diese drohenden Folgen eines abrupten Rückziehers mit den möglichen Konsequenzen einer umfassenden Verpflichtungserklärung abzuwägen, bleibt dem Sicherungsgeber in der konkreten Abschlusssituation meist keine Zeit[444].

---

[441] *BGH* (U. v. 08.11.2001 – IX ZR 46/99), WM 2002, S. 919 ff. (922, b)); *BGH* (U. v. 16.01.1997 – IX ZR 250/95), WM 1997, S. 511 ff. (513, 2. Abs.), „Zu ruhiger Überlegung blieb dem Beklagten keine Gelegenheit".

[442] Anders als im Anwendungsbereich des § 305c Abs. 1 BGB, ist hier mit „Überraschungseffekt" nicht das unbemerkte Unterschieben einer überraschenden Klausel gemeint, sondern die unangemessene Einschränkung der Überlegungs- und Willensbildungsmöglichkeit im Moment der Offenlegung des formularmäßigen Globalhaftungsbegehrens.

[443] In der Bevölkerung dürfte insofern nach wie vor die Meinung vorherrschen, der Inhalt Allgemeiner Geschäftsbedingungen unterliege kontinuierlicher richterlicher bzw. verbandsmäßiger Kontrolle. Er müsse daher rechtens sein.

Bei einem personengleichen Sicherungsgeber überwiegt der Aspekt eines gesteigerten Leistungsinteresses. Womöglich hat er im Vertrauen auf den bevorstehenden Leistungstermin bereits anderweitige vermögensrelevante Dispositionen getroffen.

Der *Gläubiger beutet* die Gesamtheit dieser *Willensbildungs*- und eventuell auch *Wissensdefizite* des Sicherungsgebers mit seiner formularmäßigen Haftungsanforderung *gezielt aus,* um individuelle Verhandlungen mit dem Sicherungsgeber über den Umfang von dessen Hauptleistungspflicht zu umgehen und sich eine Vielzahl von Sicherungszusagen auszubedingen, auf die er in der konkreten „Anlasssituation" keinen Anspruch hat[445]. Die Verengung der Handlungsalternativen des Sicherungsgeber auf ein "take it or leave it"[446] widerstreitet in dieser Situation dem Prinzip der Vertragsfreiheit. Das *„Ob"* eines *Vertragsschlusses* – und darum handelt es sich bei dem Haftungsumfang des Sicherungsgebers sachlich – muss stets Gegenstand einer Individualabrede sein. Es *kann* selbst dann *nicht einseitig formularmäßig vorgegeben werden,* wenn die einzelnen Vertragsschlüsse faktisch in einen anderen Vertrag oder in eine einheitliche Gesamtzusage integriert sind. Die Reduktion der Vertragsfreiheit auf die formale Abschlussfreiheit, auf die Herbeiführung einer nur formalen Willensübereinstimmung, widerspricht der Idee eines privatautonomen Vertragsschlusses[447]. Das Interesse des Gläubigers an dem Erhalt einer umfassenden

---

[444] Zu dem Aspekt des Zeitdrucks im Rahmen der Gesamtwürdigung nach § 138 Abs. 1 BGB, *BGH* (U. v. 07.07.1988 – IX ZR 254/86), WM 1988, S. 1156 ff. (1160, b)).

[445] Insofern ähnlich *Reinicke/Tiedke,* Kreditsicherung (4), S. 152 Rn. 424; *Tiedtke,* DNotZ 2000, S. 283 ff. (285, 5.); siehe auch *E. Schmidt,* EWiR 1994, S. 521 f. (522, 3.).

[446] Vgl. nur *Wolf,* Entscheidungsfreiheit, S. 127, 2. Abs.; *Zöllner,* AcP 196 (1996), S. 1 ff. (31, 12.).

[447] Ähnlich *Haun,* S. 91, 2. Abs.; *Kothe,* ZBB 1994, S. 172 ff. (174, 2., letzter Abs.); dies übersieht *Masuch,* BB 1998, S. 2590 ff. (2593, c), 3. Abs., 2593/2594) Eine „bewusste Regelung" ist nicht notwendig eine selbstbestimmte; unverständlich daher *Klötzel,* BB 1999, S. 1996 f. (1997, III.), der Gesetzgeber solle über ein allgemeines Interzessionsverbot nachdenken, um die Rechtsprechungsflut einzudämmen und der Praxis klare Vorgaben zu machen. Wer den elementaren Schutz des Bürgen ins Feld führe, um ihm einen Ausstieg aus *kraft privatautonomen Handelns* eingegangenen Verpflichtungen zu ermöglichen, *schränke de facto die Privatautonomie ein* (Hervorh. durch Verf.). Zu diesem „Problemkreis" bieten die Gesetzesmaterialien zum Anfechtungsrecht eine gedeihliche Hilfestellung. Der Fall eines anfechtbaren Rechtgeschäfts ist einem „Anlassfall" insofern vergleichbar, als der Vertrags*inhalt* in beiden Fällen maßgeblich von der anderen Vertragspartei vorgegeben bzw. gesteuert wird. Bezogen auf den Vertrags*schluss* als solchen treffen sowohl der Anfechtungsberechtigte als auch der Unterzeichner eines Vertragsformulars eine eigenständige Entscheidung (vgl. *Motive I,* § 103, S. 204 = *Mugdan I,* § 103, S. 465: „Sieht man auf den Vorgang der Willensbildung, so kann nicht zweifelhaft sein, dass *einer derartigen Beeinflussung ungeachtet* eine *Willenswahl* stattgefunden hat", (Hervorh. durch Verf.)). Jedenfalls letzterer und ein widerrechtlich Bedrohter (vgl. § 123 Abs. 1, 2. Alt. BGB) haben sich in Kenntnis der Tatsache, dass der Vertragsinhalt nicht ihren, sondern den

Personal- oder Sachsicherheit ist kein Rechtfertigungsgrund für seine opportunistische Vorgehensweise[448]. Möchte er dem Sicherungsgeber eine umfassende Haftungszusage abringen, hat er ihm sein Ansinnen offen zu legen und eine globale Individualvereinbarung anzustrengen[449].

In den „Anlasssituationen" lässt die Kumulation der verschiedenen Sittenwidrigkeitsmomente die umfassende Haftungszusage faktisch als Diktat des Gläubigerwillens erscheinen. Diese Fremdbestimmung[450] und die mit der Klausel verbundene unermessliche Risikoerhöhung benachteiligen den Sicherungsgeber entgegen den Geboten von Treu und Glauben unangemessen (§ 307 Abs. 1 S. 1 BGB). Für den Anwendungsbereich des § 307 Abs. 1 S. 1 BGB genügt bereits

---

Vorstellungen der Gegenseite entspricht, am Ende eines ihnen (theoretisch) die Wahl belassenden Willensbildungsprozesses bewusst für die Unterzeichnung der Vertragsurkunde entschieden. Etwas anderes ist auch undenkbar, ansonsten läge unwiderstehlicher Zwang (vis absoluta) und keine Willenserklärung vor. Wie der historische Gesetzgeber mit Recht ausgeführt hat, kann „der *psychologische Akt der Willensbildung* (vgl. *Motive I,* § 103, S. 205 = *Mugdan I,* § 103, S. 465) für sich allein nicht entscheidend sein. Dieser möge zwar theoretisch nahe legen, die Willenserklärung als solche gelten zu lassen und den Getäuschten auf Ausgleichsansprüche zu verweisen, rechtspolitisch empfehlenswert sei das aber nicht, da die bindende Kraft der heteronom veranlassten Willenserklärung in diesem Fall „nicht etwas natürlich Gegebenes" sei, sondern „allein auf der Bewilligung der Rechtsordnung" beruhe. Diese Bewilligung dürfe aber im Interesse des Bedrohten bzw. Getäuschten nur beschränkt erfolgen (*Motive I,* § 103, S. 205 = *Mugdan I,* § 103, S. 465). Entscheidend sei die *Freiheit* der Willens*entscheidung,* vgl. *Motive I,* § 103, S. 206, 2. Abs. = *Mugdan I,* § 103, S. 466, 2. Abs.; ebenso *Larenz/Wolf,* BGB AT (9), § 42, I., S. 755 Rn. 3. *Wolf,* Entscheidungsfreiheit, S. 101, 1., definiert diese als Möglichkeit zur Durchsetzung der auf eigener freier Beurteilung ruhenden Entscheidung (siehe auch S. 111 ff. (114/115, 2.)); vgl. auch *Gernhuber,* JZ 1995, S. 1086 ff. (1091, IV. 1.)). Die Entscheidungsfreiheit setzt das Fehlen rechtlich relevanter Momente des Zwangs und der Täuschung voraus; ähnlich *BVerfG* (B. v. 05.08.1994 – 1 BvR 1402/89), WM 1994, S. 1837 ff. (1839, 2. b)). In AGB-Rechtsfällen überwiegt das Zwangsmoment.

448 *Reinicke/Tiedke,* Kreditsicherung (4), S. 152 Rn. 424.

449 Siehe auch *Bydlinski,* ÖBA 1999, S. 93 ff. (97, aa), 99, 1./2. Spalte), blicke man auf die Interessen des Kreditgebers finde man kaum eine Rechtfertigung für die Erstreckungsklausel. Blicke man auf die verständlichen Interessen des Bürgen, so liege es nahe, dass dieser bei jeder neuen Kreditvergabe eigens gefragt werden wolle. Wolle der Kreditnehmer das Darlehen aufstocken, könne die Bank den Bürgen fragen, ob er auch dafür die Haftung übernimmt; *ders.,* WuB I F 1 a. – 10.00, S. 315 f. (315, 3.), in der Sache könne er eine an die Kreditwirtschaft gerichtete Forderung, dem Sicherungsgeber klar zu sagen, wofür er haftet, durchaus unterschreiben; *E. Schmidt,* EWiR 1994, S. 521 f. (522, 4.), „Es wäre keineswegs bankenfeindlich, würde man den Kreditinstituten zumuten, ihr den konkreten Sicherungsanlass übersteigendes Sicherungsinteresse stets … ausdrücklich offen zu legen"; *Tiedtke,* ZIP 1997, S. 1949 ff. (1954); *ders.,* DNotZ 2000, S. 283 ff. (286, 2. Abs.); entgegen *Volmer,* WM 1998, S. 914 ff. (920, IV.), kann eine wirtschaftliche Belastung, die das Gesetz zulässt, bei formularmäßiger Vereinbarung damit sehr wohl unzulässig sein.

450 Vgl. nochmals den „Bürgschaftsbeschluss", *BVerfG* (B. v. 19.10.1993 – 1 BvR 567, 1044/89), BVerfGE 89, S. 214 ff. (232, b)): „Hat einer der Vertragsteile ein so starkes Übergewicht, dass er den Vertragsinhalt faktisch einseitig bestimmen kann, bewirkt dies für den anderen Teil Fremdbestimmung."

die Tatsache, dass der Gläubiger dem Sicherungsgeber den „weiten" Sicherungsumfang in der spezifischen „Anlasskonstellation" klauselmäßig vorgibt, um von dessen unangemessener Benachteiligung ausgehen zu können. Hauptleistungsvereinbarungen und die Entscheidung über das Für und Wider einen Vertragsschluss können der Verwendergegenseite nach der Wertentscheidung der §§ 305 ff. BGB sowie nach dem verfassungsrechtlich fundierten Prinzip der Abschlussfreiheit nicht im Wege einer sachfremden Koppelung anlässlich der Unterzeichnung einer de facto bereits beschlossenen Individualvereinbarung formularmäßig vorgegeben werden. Auf entsprechende Missbräuche der Vertragsfreiheit muss die Rechtsordnung reagieren[451] – in diesem Fall mit Hilfe der Generalklausel des § 307 Abs. 1 S. 1 BGB[452] und indem sie der Erstreckungsklausel wegen unzulässiger Beeinträchtigung der Privatautonomie die Wirksamkeit versagt[453].

### *b) Kohärenter Schutz sämtlicher Sicherungsgeber*

Der für richtig befundene Schutz des Sicherungsgebers vor einer faktischen Beeinträchtigung seiner Abschluss- bzw. seiner hauptleistungsbezogenen Entscheidungsfreiheit gebührt sämtlichen Gebern einer Personal- und Sachsicherheit, also auch den Bestellern einer Grundschuld[454] und eines Pfandrechts[455]. Ob sie selbst Schuldner der abgesicherten Verbindlichkeiten sind oder die Realsicherheit der Absicherung von Fremdverbindlichkeiten dient, ist unmaßgeblich. Sofern die umfassende Verhaftung des Grundstücks eines personengleichen Grundschuldbestellers aus Gläubigersicht eine vereinfachte Geschäftsabwicklung bezweckt (wovon der Sicherungsgeber/Hauptschuldner selbst profitiere)[456], dürfte es dem Gläubiger nicht schwer fallen, mit ihm eine entspre-

---

451 Vgl. *BVerfG* (B. v. 19.10.1993 – 1 BvR 567, 1044/89), BVerfGE 89, S. 214 ff. (232, b), 2. Abs.); *Kothe,* ZBB 1994, S. 172 ff. (174/175, 3.), die Vertragsfreiheit sei durch geeignete kompensatorische Maßnahmen vor den Gefährdungen durch (v. a.) wirtschaftliche Macht zu schützen.

452 Siehe auch *J. Koch,* Die Patronatserklärung, S. 213, 1. Abs., „nimmt man eine Inhaltskontrolle vor, so hat sie hier am Maßstab des § 307 Abs. 1 S. 1 BGB zu erfolgen"; *Siems,* JuS 2001, S. 429 ff. (432).

453 Vgl. die entsprechende Vorgabe des *BVerfG* in seinem „Bürgschaftsbeschluss", (B. v. 19.10.1993 – 1 BvR 567, 1044/89), BVerfGE 89, S. 214 ff. (232, b)); *Maunz/Dürig* (*Di Fabio*), GG, Art. 2 Abs. 1 Rn. 107–109, 111; im Ergebnis wie hier *Tiedke,* DNotZ 2001, S. 627 ff. (628, 2., 630, 3. Abs.); vgl. auch *Kothe,* ZBB 1994, S. 172 ff. (174/175, 3.).

454 Siehe auch *Bülow,* Recht der Kreditsicherheiten (6), S. 56/57 Rn. 163; *Otten,* S. 310/311 Rn. 819–821, indes in der (fehlerhaften) Annahme, bei der Sicherungsgrundschuld sei der Rückübertragungsanspruch des Sicherungsgebers vertragswesentlich (§ 307 Abs. 2 Ziff. 2 BGB), so dass für die Dauer der Geschäftsverbindung ein wesentlicher Zweck des Vertrages nicht nur gefährdet, sondern aufgehoben sei.

455 Ebenso *Bydlinski,* ÖBA 1999, S. 93 ff. (102, d)), für Haftungsübernahmen Dritter nach österreichischem Recht.

chende Individualabrede zu treffen. Auch Sachsicherungsgeber werden in den „Anlasskonstellationen“ durch die klauselmäßige Sicherungszweckerweiterung in nicht hinnehmbarer Weise in ihrer Privatautonomie tangiert. Formularmäßige Erweiterungen der Zweckerklärung aus Anlass eines bestimmten Sicherungsgeschäfts sind schlechthin unwirksam – auch in einem Patronatsvertrag.

Dabei spielt es nach hier vertretener Meinung keine Rolle, ob der Sicherungsgeber ein außenstehender Dritter oder ein maßgeblich an der Hauptschuldnerin beteiligter Anteilseigner oder Geschäftsführer ist[457]. Eine gruppenspezifische Ausnahme für potenziell oder de facto einflussberechtigte Personen verbietet sich nicht nur deswegen, weil der Gesetzgeber den Schutz des § 307 Abs. 1 S. 1 BGB gemäß § 310 Abs. 1 BGB unterschiedslos allen Unternehmern hat zuteil werden lassen, sondern vor allem auch deshalb, weil sich aus dem internen Machtpotenzial im Innenverhältnis zwischen Sicherungsgeber und Hauptschuldnerin nicht auf die Einflussnahmemöglichkeit des Sicherungsgebers im Außenverhältnis zum Gläubiger schließen lässt. Dass ein intern einflussberechtigter Sicherungsgeber sich bei generalisierender und typisierender Betrachtung bei Bedarf erfolgreich gegen die Erstreckungsklausel zur Wehr setzen kann, ist nicht anzunehmen. Der Gläubiger befindet sich bereits deshalb in einer günstigeren Ausgangslage, weil der Anteilseigner respektive Geschäftsleiter ihm quasi als Bittsteller gegenübertritt. Kommt das in Aussicht genommene Geschäft nicht zustande, hat dies für den Gesellschafter und/oder Geschäftsführer in der Regel negative Konsequenzen. Dass genügend andere, für die Hauptschuldnerin ebenso günstige und den designierten Sicherungsgeber persönlich weniger belastende Abschlussmöglichkeiten bestünden und es ihm daher zuzumuten wäre, den formularmäßigen Globalhaftungsantrag ad hoc zurückzuweisen, kann als völlig lebensferner Sachverhalt ausgeblendet werden. In aller Regel existieren keine weniger belastenden Ausweichmöglichkeiten[458]. Die Pflicht zur Rücksichtnahme auf die Gewohnheiten und Gebräuche des Handelsverkehrs steht der Unwirksamkeit der Klausel bereits deshalb nicht entgegen (vgl. § 310 Abs. 1 S. 2, 2. HS BGB)[459], weil missbräuchliche Handelspraktiken zwingendes Recht nicht außer Kraft setzen[460].

---

456 s. o., III. 1. a), (Fn. 76).

457 Siehe auch *Clemente,* ZIP 1985, S. 193 ff. (196/197); aA speziell für die harte Patronatserklärung und im Anschluss an die hM, *Fleischer,* WM 1999, S. 666 ff. (669, 2. Abs.), eine Konzernobergesellschaft könne kraft ihrer gesellschaftsrechtlichen Einflussmöglichkeiten die Geschäftstätigkeit ihrer Tochter kontrollieren, so dass unkalkulierbare Haftungsgefahren nicht zu gewärtigen seien.

458 Zu deren Bedeutung, *Wackerbarth,* AcP 200 (2000), S. 45 ff. (69, 3.), eine rechtlich relevante Einschränkung der Entscheidungsfreiheit sei nur anzunehmen, wenn das Ausweichen auf eine inhaltliche Alternative unmöglich sei, die ein anderer potenzieller Vertragspartner zur Verfügung stelle. Nur wo es keinen Wettbewerb gebe, könne die Wahlfreiheit und damit die materielle Entscheidungsfreiheit belangvoll eingeschränkt sein.

Infolgedessen dürfte es zu weit gehen, aus der vollständigen Illegitimität formularmäßiger Sicherungszweckausdehnungen auf eine restriktivere Handhabung der Kreditvergabe gegenüber GmbHs mit nachteiligen Auswirkungen auf ihre Fremdkapitalsituation zu schließen[461]. Versperrt wird allenfalls der Weg zu einer allzu großzügigen, dem Interesse des global Haftenden zuwiderlaufenden Handhabung geduldeter Kontoüberziehungen, die für das Kreditgewerbe eine lukrative Einnahmequelle darstellen. Bei begründeten, wirtschaftlich sinnvollen und ökonomisch notwendigen Kreditierungen, werden sich maßgeblich beteiligte Gesellschafter und Geschäftsführer auch weiterhin individuell als Sicherungsgeber zur Verfügung stellen (müssen). Womöglich erteilen sie dem Gläubiger sogar von vornherein freiwillig eine globale Haftungszusage, um günstigere Konditionen auszuhandeln.

Auch Patrone verfügen nicht generell über ein entsprechendes Standing, das sie in die Lage versetzen würde, eine formularmäßige Globalausstattungserklärung im Wege der Individualvereinbarung auf die Erbringung von Ausstattungsleistungen zur Absicherung der „Anlassforderung(en)“ herunterzuhandeln[462]. In den „Anlasskonstellationen“ kommt hinzu, dass der Gläubiger bereits die Einbeziehung seiner bzw. von ihm ausgewählter Mustertexte durchzusetzen vermocht hat. Diese Tatsache deutet zumindest latent auf eine dem Patron überlegene Verhandlungsposition des Gläubigers hin. Im Zusammenhang mit der „externen“ Patronatserklärung gewinnt eventuell noch ein weiterer Aspekt an Bedeutung. Die Ausstattungszusage stellt im Rechtsleben meist nur das im Interesse des Patrons ausgehandelte Surrogat für eine von dem Gläubiger in Aussicht genommene Bürgschaft oder Garantie dar. Ein Patron könnte sich daher gerade ob dieses Zugeständnisses von Seiten des Gläubigers viel eher dazu verpflichtet fühlen, in einer „Anlasssituation“ auf die „berechtigten Belange“ des Gläubigers Rücksicht zu nehmen und deshalb viel eher dazu neigen, die vorformulierte „weite“ Sicherungszweckerklärung ohne größeren Widerstand zu akzeptieren als ein Bürge oder Garant. Womöglich sind die Verhandlungsführer des Patrons nach langwierigen Verhandlungen dankbar, endlich einen Konsens mit dem Gläubiger über die Art und Weise der Forderungsabsicherung gefun-

459 Vgl. aber *MüKo Basedow* (4), § 307 Rn. 298, angesichts der weitgehend üblichen Absicherung von GmbH-Krediten durch Bürgschaften maßgeblich beteiligter Gesellschafter wäre eine Beurteilung entgegen der herrschenden Meinung lebensfremd.

460 *BGH* (U. v. 05.06.1984 – X ZR 75/83), BGHZ 91, S. 316 ff. (319, cc); *BGH* (U. v. 12.03.1987 – VII ZR 37/86), BGHZ 100, S. 158 ff. (172, e)); *Erman-Roloff* (11), § 307 Rn. 14; vgl. auch *MüKo-Basedow* (4), § 310, Rn. 10.

461 So *Ehricke*, JZ 2000, S. 466 ff. (469, 2. Spalte); *ders.*, WM 2000, S. 2177 ff. (2184, V.).

462 Dazu, dass es in AGB-Rechtsfällen nicht auf ein „subjektives Machtgefälle“ ankommt, das auf wirtschaftlicher und intellektueller Macht beruht, sondern auf ein „objektives Machtgefälle“, das auf einer „situativen Überlegenheit des Verwenders vorformulierter Vertragsbedingungen“ beruht, *J. Koch*, Die Patronatserklärung, S. 2-2/204, c), m. w. N.

den zu haben, so dass sie in der Abschlussphase nicht noch einmal in einen von vornherein aussichtslosen Disput über die Streichung der „weiten“ Sicherungszweckerklärung eintreten wollen. Aussichtslos ist der Disput (derzeit noch) deshalb, weil die Sicherungsformulare zur Bürgschaft, Garantie und zum Schuldbeitritt im Verkehr mit Allein- oder Mehrheitsgesellschaftern und Geschäftsführern identische Erstreckungsklauseln enthalten und diese Formularpraxis inzwischen gemeinhin akzeptiert wird – nicht zuletzt infolge der ständigen „Anlassrechtsprechung“ des BGH.

Damit ist auch für klauselmäßige „weite“ Sicherungszweckerklärungen in „externen“ Ausstattungsvereinbarungen davon auszugehen, dass diese in den „Anlasskonstellationen“ wegen faktischer Fremdbestimmung des durch die Ausstattungszusage abgesicherten Forderungskreises und der damit einhergehenden unangemessenen Benachteiligung des Patrons gemäß § 307 Abs. 1 S. 1 BGB unwirksam sind[463]. Vor dem Vorschlag *Schröters,* in „Anlassfällen“ im Firmenkundengeschäft „statt der Höchstbetragsbürgschaft mit engem Sicherungszweck“ eine harte Patronatserklärung hereinzunehmen[464], sei deswegen gewarnt.

## VI. Rechtsfolge einer unwirksamen Erstreckungsklausel

Resultat der Aufnahme einer unwirksamen „weiten“ Sicherungszweckerklärung in einen Formularvertrag ist nahezu unstreitig die fehlende Haftung des Sicherungsgebers bzw. des von diesem zur Verfügung gestellten Sicherungsobjektes für sämtliche Gläubigerforderungen mit Ausnahme der „Anlassforderung(en)“[465].

---

[463] Im Ergebnis ebenso, allerdings beschränkt auf die Bürgschaft, *Tiedtke,* DNotZ 2000, S. 283 ff. (285, 7.). Gemäß § 307 Abs. 2 Ziff 1 BGB (analog) kann hierfür sogar eine *gesetzliche Vermutung* bestehen. Geht man davon aus, dass der Begriff der „gesetzlichen Regelung“ in § 307 Abs. 2 Ziff. 1 BGB einen identischen Bedeutungsgehalt hat wie die „Rechtsvorschriften“ in § 307 Abs. 3 BGB (so *Lang/Assies/Werner* (*Schebesta*), SchRMod, S. 253/254, b), m. w. N.), bezieht sich die Vermutung direkt (oder zumindest in erweiternder Auslegung) auch auf AGB-Bestimmungen, die einem so fundamentalen Rechtsprinzip wie der „hauptleistungsbezogenen Abschlussfreiheit“ widerstreiten. Zwingend notwendig ist dies aber nicht. Im Wege des Anscheinsbeweises dürfte aber – zumindest bei separater Auflistung der „Anlassforderung(en)“ – auch so eine tatsächliche Vermutung dafür sprechen, dass der Verwender der Erstreckungsklausel eine „Anlasskonstellation“ geschaffen und in treuwidriger Weise für sich ausgenutzt hat.

[464] *Schröter,* WuB I F 1 a. – 13.95, S. 1076 ff. (1078, V. a.E.).

[465] *BGH* (U. v. 18.05.1995 – IX ZR 108/94), BGHZ 130, S. 19 ff. (34, 4.); *BGH* (U. v. 04.10.1995 – XI ZR 215/94), BGHZ 131, S. 55 ff. (60, III.); *BGH* (U. v. 13.11.1997 – IX ZR 289/96), BGHZ 137, S. 153 ff. (156, 2., 158, c)); *BGH* (U. v. 02.07.1998 – IX ZR 255/97), NJW 1998, S. 2815 f. (2816, II. 1.); *BGH* (U. v. 28.10. 1999 – IX ZR 364/97), BGHZ 143 ff., S. 95 ff. (102, d)); *BGH* (U. v. 08.11.2001 – IX ZR 46/99), WM 2002, S. 919 ff. (920, I. 1.); aA *Schmitz-Herscheidt,* ZIP 1997,

### 1. Die „Anlassrechtsprechung" des Bundesgerichtshofs

Zu diesem Ergebnis gelangt die ständige Rechtsprechung durch eine teilweise Aufrechterhaltung der „einheitlichen" Zweckbestimmungsklausel. Dabei legt der BGH Wert darauf, dass er keine verbotene „geltungserhaltende Reduktion" vornimmt[466]. Er führe eine unwirksame Klausel nicht durch richterliche Umgestaltung auf ihren gerade noch zulässigen Inhalt zurück, was den Verwender dazu anreizen könnte, sich sanktionslos über die Grenze des Zulässigen hinwegzusetzen[467], sondern er nehme – wo dies sprachlich möglich ist – gemäß § 306 Abs. 1 BGB (bzw. § 6 Abs. 1 AGBG a.F.) eine „sinnvolle Trennung" der „einheitlichen" AGB-Bestimmung in einen inhaltlich zulässigen und einen unzulässigen Regelungsteil vor[468]. Ist die betreffende Klausel sprachlich unteilbar, bedient sich der BGH der ergänzenden Vertragsauslegung[469]. Lasse sich die durch die Unwirksamkeit der Klausel entstandene Vertragslücke nicht gemäß § 306 Abs. 2 BGB durch dispositives Gesetzesrecht füllen, sei es unbillig, der anderen Vertragsseite einen Vorteil zu belassen, der das Vertragsgefüge völlig einseitig zu ihren Gunsten verschiebe[470]. An die Stelle der globalen Haftungs-

---

S. 1140 ff. (1141–1143, v.a. 1143, V.), vollständige Enthaftung des Sicherungsgebers mangels Teilbarkeit der „weiten" Sicherungszweckerklärung und wegen des Verbots einer geltungserhaltenden Reduktion.

466 *BGH* (U. v. 18.05.1995 – IX ZR 108/94), BGHZ 130, S. 19 ff. (35, 3. Abs.); ebenso *Pfeiffer,* DZWir 1998, S. 154 ff. (157/158, 4., 159, IV. 3.); *Wagenknecht* in: *BuB* Rn. 4/1049d. Zum „Verbot der geltungserhaltenden Reduktion", *BGH* (VU. v. 16.01.1992 – IX ZR 113/91), WM 1992, S. 391 ff. (393, 1. Abs.); zum Streit um die Statthaftigkeit einer solchen, *Erman-Roloff* (11), § 306 Rn. 8/9; *Hager,* JZ 1996, S. 175 ff. (175, 179, VI.); *MüKo-Basedow* (4), § 306 Rn. 12–14, m.w.N.

467 *BGH* (U. v. 18.11.1988 – V ZR 75/87), BGHZ 106, S. 19 ff. (26, 1. Abs.); *BGH* (U. v. 18.05.1995 – IX ZR 108/94), BGHZ 130, S. 19 ff. (36, 1. Abs.); kritisch *MüKo-Basedow* (4), § 306 Rn. 14.

468 *BGH* (U. v. 18.11.1988 – V ZR 75/87), BGHZ 106, S. 19 ff. (25/26), unzulässige Erweiterung des Sicherungszwecks einer Grundschuldbestellung an einem Miteigentumsteil über die Haftung für ein gemeinsam aufgenommenes Darlehen hinaus auf sämtliche Schulden des Ehegatten; *BGH* (U. v. 10.11.1989 – V ZR 201/88), BGHZ 109, S. 197 ff. (203, e)), Trennung des Haftungsumfangs für zukünftige und gegenwärtige Verbindlichkeiten und innerhalb der bestehenden Verbindlichkeiten nach Wechselforderungen und sonstigen Forderungen; *BGH* (U. v. 07.11.1995 – XI ZR 235/94), WM 1995, S. 2180 ff. (2181, bb)), Streichung der Worte „zuzüglich Kreditüberschreitungen bzw. Kontoüberziehungen"; vgl. auch *Schimansky/Bunte/Lwowski* (*Schmitz*), Bankrechts-Handbuch II (2), § 91 Rn. 12.

469 *BGH* (U. v. 18.05.1995 – IX ZR 108/94), BGHZ 130, S. 19 ff. (36/37); *BGH* (U. v. 04.10.1995 – XI ZR 215/94), BGHZ 131, S. 55 ff. (60, III.), für die Sicherungsgrundschuld; dem folgend *BGH* (U. v. 13.11.1997 – IX ZR 289/96), BGHZ 137, S. 153 ff. (157, a)/b)); *BGH* (U. v. 28.10.1999 – IX ZR 364/97), BGHZ 143 ff., S. 95 ff. (102, d)), für die Bürgschaft; vgl. auch *Derleder,* NJW 1986, S. 97 ff. (101, 1./2. Abs.); *Hoepner,* BKR 2002, S. 1025 ff. (1028, 2. c)); *MüKo-Basedow* (4), § 307 Rn. 297; *MüKo-Habersack* (4), § 765 Rn. 76; *Schimansky/Bunte/Lwowski* (*Schmitz*), Bankrechts-Handbuch II (2), § 91 Rn. 12; ebenfalls für eine ergänzende Vertragsauslegung, *Altvater,* WiB 1996, S. 374 ff. (376, IV./V.).

zusage habe diejenige Gestaltungsmöglichkeit zu treten, welche die Parteien bei sachgerechter Abwägung der beiderseitigen Interessen getroffen hätten, wäre ihnen die Unwirksamkeit der formularmäßigen Zweckerklärung bekannt gewesen[471]. Dieses Ergebnis stehe auch im Einklang mit Sinn und Zweck des § 306 BGB, der in Abs. 1 vorsieht, dass der Vertrag im Falle der Unzulässigkeit einzelner Bestimmungen ohne diese durchgeführt wird[472]. Ein schutzwürdiges Interesse des Sicherungsgebers, wegen der weiten Haftungserklärung ganz von seiner Verpflichtung befreit zu werden, sei nicht anzuerkennen[473]. Die Totalnichtigkeit des Sicherungsvertrages wäre eine überschießende Rechtsfolge[474]. Lasse man im Rahmen des § 307 Abs. 3 S. 1 BGB eine gegenständliche Teilbarkeit der „weiten" Sicherungszweckerklärung genügen, um eine Inhaltskontrolle überhaupt erst möglich zu machen[475], sei es nur folgerichtig, diese Art der Teilbarkeit auch im Anwendungsbereich des § 306 Abs. 1 BGB genügen zu lassen. Auch hier dürfe es nicht von der sprachlichen Zufälligkeit abhängen, ob die Haftung für die „Anlassforderung(en)" und diejenige für die übrigen Verbindlichkeiten in zwei Sätzen niedergelegt sind. Letzterenfalls stehe völlig außer Frage, dass der die Hauptverpflichtung betreffende Teil nach Ausscheiden des Restes bestehen und die Bürgschaft wirksam bleiben könne.

### 2. Eigene Meinung: Fortbestand der „Anlasshaftung" wegen vorrangiger Individualabrede

Nach der hier vertretenen Meinung treffen die Parteien des Sicherungsverhältnisses dagegen stets eine der Erstreckungsklausel vorgehende *Individualvereinbarung* über die *Absicherung der konkreten „Anlassforderung(en)"* (§ 305 Abs. 1 S. 3 bzw. § 305b BGB)[476]. Bevor die Parteien des Sicherungsvertrages

---

470 *BGH* (U. v. 13.11.1997 – IX ZR 289/96), BGHZ 137, S. 153 ff. (157, a)); vgl. auch *Fischer,* WM 1998, S. 1705 ff. (1710, 3, a)); *Kreft,* WM 1997, Sonderbeilage Nr. 5, S. 11.

471 *BGH* (U. v. 18.05.1995 – IX ZR 108/94), BGHZ 130, S. 19 ff. (36, 1. Abs.); *BGH* (U. v. 13.11.1997 – IX ZR 289/96), BGHZ 137, S. 153 ff. (157, a)); *Clemente,* Recht der Sicherungsgrundschuld (3), S. 109 Rn. 344; *Fischer,* WM 1998, S. 1705 ff. (1710, 3, a)); zustimmend *Palandt-Heinrichs* (64), § 306 BGB, Rn. 7.

472 *BGH* (U. v. 13.11.1997 – IX ZR 289/96), BGHZ 137, S. 153 ff. (157, b)).

473 *BGH* (U. v. 13.11.1997), a. a. O., S. 157/158, b).

474 *BGH* (U. v. 18.05.1995 – IX ZR 108/94), BGHZ 130, S. 19 ff. (36, 1. Abs.); *BGH* (U. v. 13.11.1997 – IX ZR 289/96), BGHZ 137, S. 153 ff. (157, b)); zustimmend *Wagenknecht* in: *BuB* Rn. 4/1049d. Die Gesamtnichtigkeit des Bürgschaftsvertrages hat mangels Teilbarkeit der Erstreckungsklausel das *OLG Düsseldorf* (U. v. 14.11.1996 – 6 U 246/95), WM 1997, S. 410 ff. (412/413) angenommen.

475 s. o. unter Gliederungspunkt IV. 1. a).

476 Im Ergebnis ebenso *Clemente,* ZIP 1985, S. 193 ff. (198/199, 2.2), der sogar meint, die Sicherungsabrede beziehe sich in den „Anlassfällen" ausschließlich auf die „Anlassforderung". Die Individualübereinkunft zur „Anlassbesicherung" verdränge

zur Unterzeichnung des Haftungsformulars schreiten, besteht zwischen ihnen bereits Einigkeit über die Mithaftung des Sicherungsgebers bzw. der von ihm bereit zu stellenden Sachsicherheit. Die Parteien eines Bürgschaftsvertrages erachten die schriftliche Aufsetzung der Vertragsurkunde heutzutage nur noch als bloße Formalie zur besseren Beweisbarkeit der Sicherungsvereinbarung[477]. Selbst wenn dem in Einzelfällen nicht so sein sollte, dokumentiert die Signatur unter der Erstreckungsklausel unzweideutig den *individualvertraglich* vereinbarten Absicherungswillen des Schuldners bezogen auf die „Anlassforderung(en)". Ein formularmäßiger Vertragsschluss ohne individuelle Einigung über den primären Vertragsgegenstand ist undenkbar. Die ständige BGH-Rechtsprechung zur Feststellung der „Anlassforderung(en)" und zu den Rechtsfolgen einer unwirksamen Erstreckungsklausel impliziert, dass die Vereinbarung des Sicherungsgeschäfts im Ganzen formularmäßig erfolgt[478]. Diesen Schluss legt besonders die ältere Redewendung nahe, künftige Forderungen könnten *formularmäßig* wirksam besichert werden, wenn sie nach Gegenstand und Umfang hinreichend bestimmt wären[479]. Diesbezüglich mag es ja noch möglich sein, dass der Verwender der anderen Vertragspartei einzelne Abschlussmodalitäten einseitig wirksam vorgibt, dass darüber hinaus auch die Primärleistungspflicht Bestandteil Allgemeiner Geschäftsbedingungen sein kann, ist abwegig. Wie ge-

---

die formularmäßige Sicherungszweckerweiterung; ebenso *Rastätter,* DNotZ 1987, S. 459 ff. (469, 3. Abs.). Dagegen spricht, dass die Zweckerweiterung – jedenfalls gedanklich (vgl. § 154 Abs. 2 BGB) – erst im Anschluss an die Einigung auf die Besicherung der „Anlassforderung(en)" „Verhandlungsgegenstand" wird; vgl. auch *Bydlinski,* WuB I F 1 a. – 13.01, S. 1150 f. (1150, 1. a.E.); *Tiedtke,* EWiR 1998, S. 165 f. (166, 2.3), aus dessen Anmerkung nicht ganz klar wird, weshalb er eine ergänzende Vertragsauslegung für überflüssig hält (166, 3.); siehe auch *Ohlmeyer/Gördel,* Kreditgeschäft der Kreditgenossenschaften (10), S. 347, letzter Abs.; ebenfalls kritisch *Seidel/Brink,* DB 1997, S. 1961 ff. (1961, 1.).

477 *Eusterhus,* Akzessorietät, S. 48, 1. Abs.; *Zöllner,* WM 2000, S. 1 ff. (3, III. 1.), in der Praxis diene die Schriftform nur noch Beweiszwecken, was die Vertragsparteien auch so empfänden.

478 Gleiches gilt für die Meinung *Altvaters,* WiB 1996, S. 374 ff. (376, IV./V.), *formularmäßige Sicherungsabreden* seien insgesamt unwirksam, aber im Wege der ergänzenden Vertragsauslegung teilweise aufrechtzuerhalten (Hervorh. durch Verf.); vgl. auch *Otten,* S. 308 Rn. 814/815, die Anlassbezogenheit sei nicht mit einer Individualvereinbarung gleichzusetzen (was hinsichtlich der Globalabsicherung richtig ist), jedenfalls komme spätestens mit Unterzeichnung der „weiten" Zweckerklärung eine Vertragsänderung zustande (was falsch ist, da die anlassbezogene Sicherungsvereinbarung unverändert Eingang in den Sicherungsvertrag findet und im Übrigen noch kein Vertrag zustande gekommen ist, der Gegenstand einer Änderung sein könnte).

479 Dazu unter Gliederungspunkt VII. 1. a) bb), (Fn. 493, 496); siehe aber auch *BGH* (U. v. 07.03.1996 – IX ZR 43/95), WM 1996, S. 766 ff. (769, c)): „Denn auf *zukünftige Kredite erstreckt* sich die Verpflichtung des Bürgen, *soweit jene* Forderungen *schon den Anlass* für die Haftungsübernahme bildeten und zu diesem Zeitpunkt bereits – auch für den Bürgen erkennbar – nach Gegenstand und Umfang hinreichend bestimmt waren" (Hervorh. durch Verf.).

zeigt, stünden bzw. stehen entsprechende Versuche in deutlichem Widerspruch zu der grund- bzw. zivilrechtlich garantierten Abschlussfreiheit.

Die Annahme einer wenn nicht ausdrücklichen, so doch zumindest konkludenten Individualvereinbarung zur Absicherung der „Anlassforderung(en)" (§§ 305 Abs. 1 S. 3, 305b BGB), ist auch mit dem Formerfordernis des § 766 S. 1 BGB vereinbar[480]. Selbst wenn das Gesetz in § 766 S. 1 BGB die Schriftform der Bürgschafts-, nach hier vertretener Meinung sogar jeder Personalsicherungserklärung vorschreibt, muss der Verpflichtungswille des Sicherungsgebers in der Bürgschaftsurkunde keinen ausdrücklichen Niederschlag gefunden haben[481]. Nach überkommener Meinung in Rechtsprechung und Literatur genügt es, wenn sich aus der formgerecht aufgesetzten Vertragsurkunde ein – wenn auch noch so geringer – Anhalt für einen Rechtsbindungswillen des Sicherungsgebers ergibt. Der Verpflichtungswille kann auch auf andere Weise als durch eine wortgetreue Auslegung der Bürgschaftsurkunde zur festen Überzeugung des Gerichts festgestellt werden, er muss dann nur in dem Schriftstück wenigstens latent zum Ausdruck gekommen sein (sog. Andeutungstheorie)[482]. Ein solcher Anhaltspunkt existiert selbst dann, wenn die „weite" Sicherungszweckerklärung den einzigen Hinweis auf den Absicherungswillen des Personalsicherungsgebers darstellt. In der umfassenden Verpflichtungserklärung ist der Wille zur Abdeckung der „Anlassforderung(en)" denknotwendig mit enthalten[483].

Die Teilaufrechterhaltung des Sicherungsvertrages durch eine sprachliche Zerlegung der „weiten" Sicherungszweckerklärung in einen wirksamen und einen unwirksamen Teil oder durch Ermittlung des hypothetischen Parteiwillens wirkt daher nicht nur gekünstelt, sie ist auch juristisch unsauber[484]. Weshalb die Fraktionierung entsprechender Klauseln nicht gegen das richterrechtlich kreierte

---

[480] Zweckerklärungen anlässlich der Bestellung einer Sicherungsgrundschuld sind formfrei möglich. Für sie besteht gemäß § 154 Abs. 2 BGB allenfalls eine Beurkundungsvermutung, *BGH* (U. v. 16.06.1981 – V ZR 114/80), WM 1982, S. 443 f. (444, 1. Abs.); *BGH* (U. v. 10.11.1989 – V ZR 201/88), BGHZ 109, S. 197 ff. (200, 1. Abs.); *Schaarschmidt,* Sparkassenkredite (8), S. 391 Rn. 2.254.

[481] Vgl. auch *BGH* (U. v. 30.03.1995 – IX ZR 98/94), WM 1995, S. 900 ff. (901, b)); *BGH* (B. v. 24.09.1996 – IX ZR 316/95), ZIP 1997, S. 449, 2.

[482] *BGH* (U. v. 14.11.1991 – XI ZR 20/91), NJW 1992, S. 1448 ff. (1448, 1., 1449, 2.), m.w.N.; *BGH* (U. v. 05.01.1995 – IX ZR 101/94), WM 1995, S. 331 f. (331, 1.); *BGH* (U. v. 30.03.1995 – IX ZR 98/94), WM 1995, S. 900 ff. (901, b)); *Fischer,* WM 1998, S. 1705 ff. (1707, II. 1.); *MüKo-Habersack* (4), § 766 Rn. 6; *Reinicke/Tiedke,* Kreditsicherung (4), S. 41 Rn. 131.

[483] *BGH* (B. v. 24.09.1996 – IX ZR 316/95), ZIP 1997, S. 449, 2.; anders wohl *Bydlinski,* ÖBA 1999, S. 93 ff. (99, (3)), der für die Frage nach der Ungewöhnlichkeit einer umfassenden Haftungszusage zu einer Differenzierung zwischen Erstreckungsklausel und „klassischer Globalbürgschaft" tendiert.

[484] *Clemente,* Recht der Sicherungsgrundschuld (3), S. 107/108 Rn. 342/343; *Hager,* JZ 1996, S. 175 ff. (176, III.); *Pfeiffer,* DZWir 1998, S. 154 ff. (156, b)/3., 159, IV. 1.); *Schmitz-Herscheidt,* ZIP 1997, S. 1140 ff. (1141–1143).

Verbot einer geltungserhaltenden Reduktion verstoßen sollte, ist trotz der dahingehenden Beteuerung des BGH unklar[485]. Da die individuelle Vereinbarung über die Absicherung der „Anlassforderung(en)“ Vorrang vor der „weiten“ Sicherungszweckerklärung hat, bedarf es keiner Klausel-Segmentierung. Die formularmäßige Sicherungszweckerweiterung gibt das Versprechen zur Absicherung der „Anlassforderung(en)“ nicht konstitutiv vor, sondern allenfalls deklaratorisch wieder bzw. sie enthält es konkludent mit. Wie im vierten Kapitel dargelegt, setzt eine ergänzende Vertragauslegung eine ausfüllungsbedürftige Regelungslücke voraus[486]. An einer solchen mangelt es hier mit Blick auf die individuelle Absicherungsübereinkunft. Die Feststellung eines hypothetischen Parteiwillens ist überflüssig, da zwischen den Parteien des Sicherungsvertrages eine individuelle Abrede über die Absicherung der konkreten „Anlassforderung(en)“ getroffen worden ist. Sie wäre auch unzulässig, da sie zur konstitutiven Begründung eines einer Hauptleistungsbeschreibung (essentialium negotii) schlechthin entbehrenden Vertrages durch den Richter führte[487].

## VII. Abschließende Kritik an der „Anlassrechtsprechung“ und Vorschlag für einen kohärenten Sicherungsgeberschutz

Im Zuge der Erörterung sind bereits etliche Argumentationsstränge der „Anlassrechtsprechung“ kritisch gewürdigt worden. Soweit dies noch nicht geschehen ist, weil die kritikwürdigen Aspekte in keinerlei Zusammenhang mit dem hier vorgeschlagenen Lösungsweg stehen, soll dies im Folgenden kurz nachgeholt werden. Darüber hinaus wird in diesem Abschnitt ein komprimierter Überblick über die für richtig befundene Lösung der „Anlassproblematik“ gegeben, und es werden der Praxis die Konsequenzen und möglichen Gefahren einer wünschenswerten Angleichung der zukünftigen BGH-Rechtsprechung an den hier vorgeschlagenen Lösungsweg aufgezeigt.

---

485 *Altvater,* WiB 1996, S. 374 ff. (375/376, 2.), keine materielle Teilbarkeit; *Hager,* JZ 1996, S. 175 ff. (175/176); *Masuch,* BB 1998, S. 2590 ff. (2594, e)/2.); *MüKo-Basedow* (4), § 306 Rn. 25; vgl. auch *Erman-Roloff* (11), § 306 Rn. 9; *Medicus,* EWIR 2003, S. 629 f. (630, 4.); *Schmitz-Herscheidt,* ZIP 1997, S. 1140 ff. (1143, IV.). Von den Vertretern der Gegenansicht spricht *Freckmann,* BKR 2005, S. 167 ff. (175, (4)), sogar ausdrücklich davon, dass die Zweckerklärung sich „im Wege der geltungserhaltenden Reduktion“ auf die &Block„Anlassforderung beschränke; vgl. auch *Schröter,* WuB I F 1 c. – 1.96, S. 225 f. (226, 2.), „ausnahmsweise zulässige geltungserhaltende Reduktion“.

486 Vgl. Kapitel 4, B. I. 4.

487 Wie hier *Masuch,* BB 1998, S. 2590 ff. (2594, 2. b)); *Schmitz-Herscheidt,* ZIP 1998, S. 1218 ff. (1219, 3.); aA *Madaus,* Schuldbeitritt als Personalsicherheit, S. 229, 1. Abs.; *Pfeiffer,* DZWir 1998, S. 154 ff. (156/157, 3.), „vertrags*erhaltende* Wirkung“ (Hervorh. durch Verf.).

### 1. Unstimmigkeiten der „Anlassrechtsprechung"

Um die Unstimmigkeiten der „Anlassrechtsprechung" aufzuzeigen, braucht man sich nur den Hauptgrund für die Diskrepanzen zwischen der BGH-Rechtsprechung und der hier vertretenen Meinung vor Augen zu halten. Dieser liegt in der Annahme des BGH, das Schutzbedürfnis des Sicherungsgebers gründe primär auf der Unübersehbarkeit bzw. Unbeeinflussbarkeit des ihm auferlegten Haftungsumfangs[488].

#### *a) Objektive Bestimmung der „Anlassforderung(en)"*

Macht sich der Sicherungsgeber über den konkreten Bezugsgegenstand seiner Sicherungszusage keine Gedanken, bildet aus Sicht des BGH das aktuelle Sicherungsbedürfnis des Gläubigers den Maßstab für die Bestimmung der „Anlassforderung(en)"[489].

##### aa) Höchstbetragssicherheiten

Dies ist mit Blick auf das Erfordernis einer Vertragauslegung aus objektiver Gläubigerperspektive grundsätzlich nicht zu beanstanden (§§ 133, 157 BGB), es sei denn, die persönliche oder dingliche Haftung des Sicherungsgebers ist im Einzelfall summenmäßig limitiert[490]. Gerade wenn die Haftsumme von dem zum Zeitpunkt des Vertragsschlusses feststellbaren Sicherungsinteresse des Gläubigers deutlich nach oben abweicht, aber auch sonst, ist bei Höchstbetragssicherheiten durch Auslegung zu ermitteln, ob die Haftungszusage nicht auch der Absicherung einzelner anderer Forderungen dient bzw. ob der Sicherungsgeber dem Gläubiger im Rahmen des Haftungshöchstbetrages aus dessen Sicht nicht umfassend individualvertraglich hat Sicherheit leisten wollen[491]. Einer von

---

[488] Ebenso aus der Literatur *Bydlinski,* ÖBA 1999, S. 93 ff. (97, aa)).

[489] Vgl. *Bydlinski,* ÖBA 1999, S. 93 ff. (96, 1. Abs); kritisch *Reinicke/Tiedtke,* WiB 1996, S. 505 ff. (509, 3.).

[490] Etwa durch Vereinbarung einer Höchstbetragsbürgschaft oder Sicherungsgrundschuld (vgl. §§ 1191 Abs. 1, 1192 Abs. 1115 Abs. 1 BGB); vgl. auch *MüKo-Basedow* (4), § 306 Rn. 2–4, 7/8, 10, wonach bei Unwirksamkeit einzelner Klauseln die den „Vertragskern" bildenden Individualabreden grundsätzlich Bestand haben und nur die Frage einer sachgerechten Lückenfüllung im Raum steht; *Reinicke/Tiedtke,* WiB 1996, S. 505 ff. (510, 6.).

[491] *Bydlinski,* ÖBA 1999, S. 93 ff. (101, b) aa) (1), 102, bb)); *ders.,* WuB I F 1 a. – 1.99, S. 38 ff. (39, 2.. 40, 5.); *ders.,* WuB I F 1 a. – 13.01, S. 1150 f. (1150, 2.); vgl. auch *Fischer,* WM 1998, S. 1705 ff. (1711, 4.), zum Überziehungskredit; *Pfeiffer,* DZWir 1998, S. 154 ff. (158/159, 2., 159, IV. 5.); *Siems,* JuS 2001, S. 429 ff. (431, b), 433, bb), 434, VI.); *Schimansky/Bunte/Lwowski* (*Merkel*), Bankrechts-Handbuch II (2), § 94 Rn. 325, zur Sicherungsgrundschuld, die „weite" Zweckbestimmung sei auch zulässig, wenn Anlass der Grundschuldbestellung von vornherein die Absicherung al-

vornherein klaren und übersichtlichen Abgrenzung der besicherten Forderungen bedarf es nicht[492].

### bb) Prolongationskredite (Problematik des § 10 KWG)

Die Annahme, ein Sicherungsgeber könne sich über den objektiven Anlass hinaus *formularmäßig* wirksam zur Mithaftung für zukünftige Hauptschulden verpflichten, wenn er sich um den Gegenstand der Hauptschuld nicht kümmert und von den Parteien des Hauptschuldverhältnisses zur Vermeidung der nachteiligen Folgen des § 10 KWG von vornherein eine Prolongation des zunächst auf ein Jahr befristeten Darlehens in Aussicht genommen ist[493], ist im Ergebnis zwar richtig, der Verweis auf die klauselmäßige Grundlage dieser Verpflichtung aber nicht nachvollziehbar[494]. Aus objektiver Sicht des Darlehensgebers, der die Bereitstellung des Darlehens von der Gewährung einer Sicherheit abhängig macht und für den völlig außer Frage steht, dass die gewählte Gestaltungsform nur der Zinsersparnis für den Hauptschuldner dient[495], kann die Erklärung des Sicherungsgebers nur als unterminiertes Angebot zur Absicherung des bis auf weiteres verauslagenden Kredits mit seinen jährlich neu festzusetzenden Konditionen aufgefasst werden (§§ 133, 157 BGB)[496].

---

ler „bestehenden“ Verbindlichkeiten sei; anders *Tiedtke,* EWiR 1998, S. 935 f. (936, 3.).

492 Im Ergebnis ebenso *Bydlinski,* WuB I F 1 a. – 13.01, S. 1150 f. (1150, 2.); aA *Bales,* BKR 2004, S. 264 ff. (268, 5.); *Kreft,* WM 1997, Sonderbeilage Nr. 5, S. 12/13, dd); *MüKo-Habersack* (4), § 765 Rn. 76; *Schimansky/Bunte/Lwowski* (*Ganter*), Bankrechts-Handbuch II (2), § 90 Rn. 98/99; siehe auch *Lwowski/Merkel,* Kreditsicherheiten (8), S. 50, 2. Abs.; *Staudinger-Horn* (1997), Vorbem zu §§ 765 ff. Rn. 44, 73, außer bei globaler Verpflichtung eines kaufmännischen Höchstbetragsbürgen, siehe auch § 765 Rn. 19, 34/35, 54–57, wonach das „Bestimmtheitsprinzip“ selbst bei einer Individualvereinbarung Geltung beansprucht.

493 *BGH* (U. v. 15.07.1999 – IX ZR 243/98), BGHZ 142, S. 213 ff. (220/221, c)); siehe aber auch die etwas weniger dezidierte Darstellung bei *BGH* (U. v. 08.11.2001 – IX ZR 46/99), WM 2002, S. 919 ff. (920, II. 1.); vgl. auch *Fischer,* WM 2001, S. 1049 ff. (1053, b)); *ders.* in: Rostocker Schriften zum Bankrecht, Heft 4, S. 101 ff. (106/107, a)); *Nobbe,* BKR 2002, S. 747 ff. (752, (3)); *Richrath/Schröter,* WuB I F 1 a. – 12.96, S. 586 ff. (586/587, 2. a)); *Wagenknecht* in: *BuB* Rn. 4/1048a.

494 Entgegen *Sonnenhol,* WuB I F 1 a. – 18.96, S. 1023 f. (1024, 2.), besteht auch kein „anerkennenswertes Bedürfnis“ für eine Prolongationsklausel.

495 Zu diesem Motiv, *Fischer* in: Rostocker Schriften zum Bankrecht, Heft 4, S. 101 ff. (122, 2. Abs.). Nach den von dem Bundesaufsichtsamt für das Kreditwesen gemäß § 10 Abs. 1 S. 2 KWG erlassenen Liquiditätsgrundsätzen bleiben Kreditzusagen mit einer Bindungszeit von nicht mehr als einem Jahr bei der Bemessung des vorzuhaltenden Eigenkapitals unberücksichtigt (bzw. werden nur zu einem geringen Prozentsatz angerechnet), so dass entsprechende Darlehen besonders zinsgünstig vergeben werden können. Die Vertragsparteien kommen daher von vornherein überein, den Vertrag künftig um jeweils ein Jahr zu verlängern, also mehrere hintereinander geschachtelte Jahresverträge abzuschließen; *Wagenknecht* in: *BuB* Rn. 4/1048a, S. 4/562, Fn. 2., 4/1061b.

### cc) Unlimitierte Kontokorrentverbindlichkeiten

Die gleiche Schwäche weist die BGH-Rechtsprechung zur Besicherung unlimitierter Kontokorrentverbindlichkeiten auf. Die Begrenzung der Sicherungsgeberhaftung auf den aktuellen Tagessaldo ist keine sachgerechte Folge einer unangemessenen Erstreckungsklausel. Sie benachteiligt den Gläubiger ihrerseits unangemessen[497]. Erklärt sich der Geber einer Personalsicherheit, wie dies in den fraglichen „Anlasskonstellationen" geschieht, *individualvertraglich* zur Absicherung einer betragsmäßig unbegrenzten, Schwankungen unterliegenden Ver-

---

[496] *Bydlinski,* ÖBA 1999, S. 93 ff. (101/102, (2)), ähnlich *Schimansky/Bunte/Lwowski* (*Ganter*), Bankrechts-Handbuch II (2), § 90 Rn. 103, in diesem Fall dürfte der prolongierte Kredit zum Anlass der Haftungsübernahme zählen. Die Rechtsprechung gerät hier bereits in arge Begründungsnöte. Der Inhalt der zukünftigen Forderungen, so heißt es in den Entscheidungsgründen, sei nach Grund und Umfang von vornherein genau abgesteckt und das Bürgenrisiko damit gegenständlich beschrieben, und weiter, unter dieser Voraussetzung könnten auch künftige Ansprüche *formularmäßig wirksam verbürgt* werden, *BGH* (U. v. 15.07.1999 - IX ZR 243/98), BGHZ 142, S. 213 ff. (220, c)); *BGH* (U. v. 29.03.2001 - IX ZR 20/00), WM 2001, S. 1517 ff. (1518, II. 2.), (Hervorh. durch Verf.). Sofern der 9. Senat mit dieser Wendung nur der Tatsache hat Ausdruck verleihen wollen, dass „Anlassforderung" auch eine weitere, künftige Forderung sein kann, hat er sich zumindest missverständlich ausgedrückt; siehe aber auch *BGH* (U. v. 08.11.2001 - IX ZR 46/99), WM 2002, S. 919 ff. (920, II. 1.). In dieser Entscheidung hat der BGH etwas offener formuliert und sich einer eindeutigen Stellungnahme darüber enthalten, ob die Mithaftung für den Prolongationskredit auf der „weiten" Sicherungszweckerklärung oder auf der Eigenschaft des Prolongationskredits als „Anlassforderung" beruht. Über die großzügige Auslegung des Kriteriums eines *genau* abgesteckten Forderungs*umfangs* ließe sich ja noch hinwegsehen, nicht aber über die Behauptung, künftige Ansprüche könnten über den Sicherungsanlass hinaus Gegenstand einer wirksamen AGB-Klausel sein, wenn der Sicherungsgeber ihren Rahmen nur in gewisser Weise überblicken kann. Auch ohne Bezug auf einen Prolongationskredit hat der BGH in früheren Urteilen des Öfteren die Wendung benutzt, eine *Formular*bürgschaft könnte auch zukünftige Ansprüche wirksam erfassen, sofern diese schon bei Vertragsschluss nach Grund und Umfang klar und übersichtlich umrissen wären, vgl. *BGH* (U. v. 13.06.1996 – IX ZR 229/95), WM 1996, S. 1391 ff. (1392, 2. b)); *BGH* (U. v. 15.04.1997 – IX ZR 112/96), WM 1997, S. 1045 ff. (1048, a)), (Hervorh. durch Verf.); anders *BGH* (U. v. 07.03.1996 - IX ZR 43/95), WM 1996, S. 766 ff. (769, c)). Diese Phrase ist in neueren Urteilen, soweit ersichtlich, nicht mehr vorhanden. Die Begründung lautete, das berechtigte Interesse des Bürgen, nicht für Forderungen einstehen zu müssen, deren Inhalt und Umfang er bei Erteilung der Willenserklärung nicht absehen kann, wäre auch dann gewahrt, wenn der Bürge wüsste, welche nach Gegenstand und Grund individualisierten Forderungen in die Haftung einbezogen werden sollen, damit er genau erkennen könnte, welches Risiko er in dieser Hinsicht auf sich nimmt, *BGH* (U. v. 13.06.1996 – IX ZR 229/95), WM 1996, S. 1391 ff. (1392, 2. b)). Diese Argumentation veranschaulicht, zu welch fehlerhaften Äußerungen der BGH sich durch den unzutreffende Umkehrschluss hinreißen lässt, eine unangemessene Benachteiligung des Sicherungsgebers durch eine einseitige Haftungserstreckung liege nicht vor, wenn der Sicherungsgeber sich über die Ausmaße seiner Mithaftung im Klaren ist. Dem BVerfG würde das zur Verneinung eines faktisch fremdbestimmten Verhaltens voraussichtlich nicht genügen.

[497] AA *MüKo-Basedow* (4), § 307 Rn. 298. Selbstverständlich ist keine Benachteiligung i.S.d. § 307 BGB gemeint.

bindlichkeit bereit, ist dies von Gesetzes wegen nicht zu beanstanden. Die formularmäßige Zweckerweiterung erstreckt sich von vornherein auf die Besicherung der variablen Kontokorrentverbindlichkeit in ihrer jeweiligen Höhe[498]. Die entsprechende Sicherungsabrede ist eine der Erstreckungsklausel vorgehende Individualvereinbarung. Sollte dem Sicherungsgeber verschlossen geblieben sein, dass er mit seiner Zusage ein unkalkulierbares Risiko auf sich nimmt, fällt dies entweder allein in seinen Verantwortungsbereich, weil er es aus Nachlässigkeit versäumt hat, sich nach den Modalitäten der besicherten Hauptschuld zu erkundigen, oder es steht ihm ein Anfechtungs- und/oder Lösungsrecht wegen vorvertraglicher Pflichtverletzung zu, weil der Gläubiger bei ihm schuldhaft den falschen Eindruck erweckt hat, die Hauptschuld oder seine eigene Verpflichtung wären summenmäßig begrenzt[499]. Da die Norm des § 767 Abs. 1 S. 3 BGB kein „bürgschaftsspezifisches" Fremddispositionsverbot enthält, besteht darüber hinaus keine Notwendigkeit, den Sicherungsgeber durch eine in der Sicherungsvereinbarung nicht angelegte Haftungsbeschränkung auf den aktuellen Tagessaldo zu schützen[500], obschon weder seine Einstandspflicht noch diejenige des Hauptschuldners summenmäßig begrenzt sind. Wird das Haftungsrisiko für den Sicherungsgeber im Laufe der Zeit untragbar, kann er seine Sicherungszusage „ohne weiteres" mit Wirkung für die Zukunft kündigen[501].

### *b) Bereichsausnahme für maßgebliche beteiligte Gesellschafter und Geschäftsführer*

Die Bereichsausnahme der „Anlassrechtsprechung" für maßgeblich beteiligte Gesellschafter und Geschäftsführer hat in der Literatur bereits einiges an Kritik geerntet[502].

---

[498] Vgl. auch *Bülow,* Recht der Kreditsicherheiten (6), S. 276 Rn. 919 („Anlasskonformität"), S. 295 Rn. 968; vgl. auch *Wenzel* in: *BuB* (2003), Rn. 4/2320 (Sicherungsgrundschuld), fehlender Überraschungseffekt.

[499] Vgl. §§ 123, 124 bzw. §§ 280 Abs. 1, 311 Abs. 2 Ziff. 1 i.V.m. 241 Abs. 2 , 249 Abs.1 BGB. Bei einem selbstverschuldeten Irrtum kann der Sicherungsgeber seine Zusage gemäß §§ 119 Abs. 1, 1. Alt., 121 BGB anfechten. Er macht sich dann aber u.U. gemäß § 122 Abs. 1 BGB schadensersatzpflichtig.

[500] AA die ganz hM, vgl. nur *Fischer* in: Rostocker Schriften zum Bankrecht, Heft 4, S. 101 ff. (123, 2. Abs.), wer eine unbegrenzte Interzessionserklärung für einen betragsmäßig offenen Kredit eingehe, bringe damit zum Ausdruck, für die Verbindlichkeiten aus diesem Vertrag jedenfalls in ihrer aktuellen Höhe einstehen zu wollen und sich dessen in aller Regel auch bewusst zu sein.

[501] Zu der nach st. Rspr. nicht so ohne weiteres gegebenen Möglichkeit der Kündigung einer unbefristeten Sicherungszusage, s.u., Kapitel 12, A. I./II., B.

[502] *Fullenkamp,* GmbHR 2003, S. 654 ff. (657–660); nur hinsichtlich der bereits bestehenden Forderungen ablehnend, *Seidel/Brink,* DB 1997, S. 1961 ff. (1962, c), bezogen auf die Absicherung zukünftiger Verbindlichkeiten, siehe dagegen S. 1963, c)): Die „Sezierung eines Kredits" ergebe auch im Gläubigerinteresse Sinn, da der ursprünglich Bestand bereits anderweitig abgesichert gewesen sein könne, während die

Für die „Transparenzrechtsprechung" ist oben schon aufgezeigt worden, aus welchen Gründen die personale Rechtsprechungsausnahme nicht verfängt[503].

Die „Fremddispositionsrechtsprechung" überzeugt unter der – nach hier vertretener Meinung dogmatisch unhaltbaren – Prämisse eines „bürgschaftsspezifischen" Fremddispositionsverbots gleichsam nicht.

Den Kritikern ist zunächst dahingehend Recht zu geben, dass die pauschale Unterstellung, sämtliche *Geschäftsführer* könnten auf die Ausdehnung ihres Haftungsumfangs Einfluss nehmen, ungerechtfertigt ist[504]. Die Mitglieder des Vorstandes einer Aktiengesellschaft leiten diese zwar in weitaus größerer Unabhängigkeit als die weisungsgebundenen Geschäftsführer einer GmbH, jedoch ist bei Aktiengesellschaften die Ressortzuständigkeit weit verbreitet und das Mehrheitsprinzip innerhalb der Vorstandsgremien Usus. Für sicherungsgebende Vorstandsmitglieder[505] besteht daher nicht zwingend die Möglichkeit, spätere Haftungsausdehnungen zu verhindern. Gleiches gilt für die Geschäftsführer einer GmbH. GmbH-Fremdgeschäftsführer unterliegen gemäß §§ 37 Abs. 1, 45 Abs. 1 GmbHG zum einen den Weisungen der Gesellschafterversammlung, die sie mit einer ihren Interessen zuwiderlaufenden Forderungsausdehnung beauftragen kann[506], zum anderen existieren auch bei Gesellschaften mit beschränkter Haftung oftmals Leitungsgremien bestehend aus mehreren Geschäftsführern, die für

---

Bank im Vertrauen auf die Bürgschaft bei zukünftigen Hauptschulden auf die Hereinnahme weiterer Sicherheiten verzichtet haben könne; *Fleischer,* WM 1999, S. 666 ff. (669, 2. Abs.), hinsichtlich der von dem „Fremddispositionsschutz" ausgenommenen Fremdgeschäftsführer.

503 Unter Gliederungspunkt V. 2. b) cc). Im Ergebnis ebenfalls gegen die „Bereichausnahme", *Seidel/Brink,* DB 1997, S. 1961 ff. (1962, c)), noch vor Einführung der „Transparenzrechtsprechung" . Die Autoren gehen jedoch zu Unrecht davon aus, § 767 Abs.1 S. 3 BGB fordere schlechthin, also auch bezogen auf die bereits bestehenden Hauptschulden, eine „Begrenzung nach Grund und Höhe" i.S. e. „summenmäßigen Begrenzung" (vgl. S. 1962, 2. Abs. a.E.).

504 *Ehricke,* WM 2000, S. 2177 ff. (2180/2181, b)); *Emde,* GmbHR 2000, S. 328 ff. (329/330, 2.), erforderlich sei die Feststellung der tatsächlichen Einflussnahmemöglichkeit im Einzelfall; *Fleischer,* WM 1999, S. 666 ff. (669, 2. Abs.); *Grunewald* in: FS Kraft, S. 127 ff. (133, 3.); *Koch,* NJW 2000, S. 1996 ff. (1997, III.).

505 In der Praxis dominieren Mithaftungszusagen von GmbH-Gesellschaftern und -Geschäftsführern. Mithaftungsbegehren gegenüber den Mitgliedern des Vorstandes einer Aktiengesellschaft sind die Ausnahme. Grund dafür ist die kapitalistischere Ausgestaltung einer AG, in der die Zuständigkeitsabgrenzung zwischen den Gesellschaftern, der Hauptversammlung und dem Vorstand deutlich rigider durchgeführt ist als bei einer GmbH (vgl. nur §§ 76 Abs. 1, 78 Abs. 1, 111, 119, 120 AktG gegenüber §§ 35 Abs. 1, 37 Abs. 1, 45, 46 GmbHG).

506 *Ehricke,* JZ 2000, S. 466 ff. (468, 1. Abs., 469, 2. Spalte); *ders.,* WM 2000, S. 2177 ff. (2180/2181, b)); *Emde,* GmbHR 2000, S. 328 ff. (329/330, 2.), leiste er den Direktiven keine Folge, mache er sich gemäß § 43 Abs. 2 GmbHG schadensersatzpflichtig; *Fleischer,* WM 1999, S. 666 ff. (669, 2. Abs.); *Grunewald* in: FS Kraft, S. 127 ff. (133, 3.); *Veil,* WuB I F 1 a. – 8.03, S. 398 f. (399, b)); gegen dieses Argument *OLG Köln* (U. v. 16.05.2001 – 13 U 204/00, rkr.), WM 2002, S. 1389 f. (1390).

die verschiedenen Unternehmensbereiche eigenständig zuständig sind und für deren Abstimmungen in dem Gesamtgremium das Einstimmigkeitsprinzip des § 35 Abs. 2 S. 2 GmbHG abbedungen ist[507]. Der Verweis des BGH auf die Möglichkeit einer rechtzeitigen Kündigung der Sicherungszusage ist insoweit nicht tragfähig[508], als die herrschende Meinung nicht nur die Einhaltung einer zum Teil mehrjährigen Wartefrist fordert, bevor das Kündigungsrecht erstmals ausgeübt werden kann, sondern auch, weil der Sicherungsgeber darüber hinaus eine dreimonatige Kündigungsfrist einzuhalten hat[509]. Wenn überhaupt eine Kündigungsmöglichkeit besteht[510], dürfte die Kündigung des Sicherungsvertrages meist zu spät kommen[511].

*Mehrheitlich* an einer *GmbH beteiligte Gesellschafter*[512] können dagegen – sofern sie über eine entsprechende Stimmrechtsmacht verfügen[513] – grundsätzlich Einfluss auf die Ausweitung ihres Haftungsrisikos nehmen, indem sie die Geschäftsführung via einen Gesellschafterversammlungsbeschluss gemäß § 37 Abs. 1 GmbHG anweisen, ohne ihre Zustimmung keine haftungsausdehnenden Rechtsgeschäfte zu tätigen[514]. Diese Weisung widerspräche allerdings ein Stück

---

507 *Grunewald* in: FS Kraft, S. 127 ff. (133, 3.); *dies.*, JZ 1999, S. 145 f. (146, 2.), die zudem mit Recht darauf hinweist, dass für eine GmbH auch nichtorganschaftliche Vertreter (Prokuristen) Schulden begründen können. Kontroll- und selbst entscheidungsbefugt seien nur „Alleingeschäftsführer mit Mehrheitsbeteiligung in der GmbH", die wohl kaum einen eigenständigen Verkehrskreis bildeten; vgl. auch *Bärwaldt,* GmbHR 1999, S. 978 f. (979, b)); *Koch,* NJW 2000, S. 1996 ff. (1997, III.). Der Hinweis *Thönes,* WuB I F 1 a. – 16.02, S. 1042 f. (1043, 2.), wer die Leitung *faktisch* einem anderen überlasse verzichte bewusst auf die Ausübung der ihm zustehenden Leitungs- und Kontrollbefugnisse, weshalb er nicht schutzwürdig sei, trifft auf vorgefundene (rechtliche) Zuständigkeitsabgrenzungen nicht zu. Hier besteht von vornherein keine rechtlich fundierte Verhinderungsmöglichkeit.

508 Ebenfalls zweifelnd *Bydlinski,* WuB I F 1 a. – 1.99, S. 38 ff. (40, 5.); aA *Meinhardt,* Beendigung der Haftung, S. 24/25, 72, 1. Abs., 147, 2. Abs., und zwar nicht nur für Bürgschaften von Gesellschaftern und Geschäftsführern, sondern für sämtliche Bürgschaften, sofern die Vertragsformulare der Kreditinstitute einen eindeutigen Hinweis auf die Kündigungsmöglichkeit enthalten.

509 AA *OLG Köln* (U. v. 02.08.1999 – 16 U 106/98), ZIP 1999, S, 1840 ff. (1842, b)), der Sicherungsgeber habe den ihm zumutbaren Weg einer Kündigung mit dreimonatiger Frist nicht beschritten. Näheres zu den Kündigungsmodalitäten in Kapitel 12, A. I./II.

510 Wie *Grunewald,* JZ 1999, S. 145 f. (146, 2.), richtig anmerkt, kann die Bürgschaft nicht bei jeder Vergrößerung der gesicherten Verbindlichkeit gekündigt werden, schließlich dient sie auch gerade der Absicherung der erhöhten Verbindlichkeit.

511 *Rikken,* S. 48/49; implizit aA *Wissmann,* EWiR 1997, S. 353 f. (354, 3.).

512 Vgl. *Ehricke,* JZ 2000, S. 466 ff. (468, 2. Abs., 469, 2. Spalte); *ders.,* WM 2000, S. 2177 ff. (2181, aa)/bb)), Anteilsbesitz von mehr als 50%.

513 s.o., Gliederungspunkt V. 1. a) aa) (1) (a), (Fn. 265); sowie *Ehricke,* JZ 2000, S. 466 ff. (468, 2. Abs. a.E.).

514 *Ehricke,* JZ 2000, S. 466 ff. (468, 2. Abs.). Nicht so die Aktionäre. Deren Zuständigkeiten sind im Aktiengesetz abschließend aufgeführt, vgl. nur §§ 118 Abs. 1, 119 AktG. Die Mitwirkung an der laufenden Geschäftsleitung fällt nicht in den Zu-

weit der gesellschaftsrechtlichen Zuständigkeitsverteilung zwischen der eigenverantwortlich agierenden Geschäftsleitung und den tendenziell eher grundlagenzuständigen Anteilseignern[515]. Die Herausnahme maßgeblich beteiligter Anteilseiner aus dem Schutzbereich des „bürgschaftsspezifischen Fremddispositionsverbots“ ist letztlich jedoch – auch unter Zugrundelegung der aktuell (noch) herrschenden Meinung – deswegen unbegründet, weil die für die Mitentscheidungsmöglichkeit notwendige Zukunftsprognose einer dauerhaften Verhinderungsmöglichkeit für die Mehrzahl der Fälle nicht mit der erforderlichen Sicherheit gestellt werden kann[516]. Anders als bei der „Angehörigenrechtsprechung“, wo sich das Sittenwidrigkeitsverdikt auf die Verhältnisse zum Zeitpunkt des Vertragsschlusses unter Einbeziehung der voraussichtlichen Entwicklung der Sicherungsgeberverhältnisse bezieht, unterstellt die „Anlassrechtsprechung“, dass der Mehrheitsgesellschafter typischerweise dauerhaft imstande sein wird, spätere Forderungsausdehnungen im Hauptschuldverhältnis zu unterbinden[517]. Diese Verallgemeinerung widerspricht dem Grundsatz, dass Abweichungen von einer schuldnerschützenden Norm auf ein Minimum zu reduzieren sind[518]. Aus

ständigkeitsbereich der Hauptversammlung. Allenfalls dem Aufsichtsrat kann gemäß § 111 Abs. 4 S. 2 AktG die Zustimmung zu einzelnen Geschäftsführungsmaßnahmen vorbehalten sein.

[515] Ähnlich *Fullenkamp,* GmbHR 2003, S. 654 ff. (657/658, b)), demzufolge es keinen Grund gibt, einen Mehrheitsgesellschafter, der dem Fremdgeschäftsführer vertraut und dessen Kreditaufnahmemöglichkeiten nicht beschränkt, schlechter zu stellen als einen Minderheitsgesellschafter, der von den ihm im Rahmen der Privatautonomie zustehenden Möglichkeiten zur Begrenzung seines Bürgenrisikos keinen Gebrauch macht. Auch nutze die Einflussnahmemöglichkeit dem Mehrheitsgesellschafter nichts, wenn der Geschäftsführer sich im Außenverhältnis nicht an die Weisungen halte; *Thöne,* WuB I F 1 a. – 16.02, S. 1042 f. (1042/1043, c)). Hinzu kommt, dass die Wahrnehmung dieser Möglichkeit es für einen nur finanziell an der Gesellschaft interessierten Mehrheitsgesellschafter erforderlich machte, sich über das anlassgebende Sicherungsgeschäft hinaus in die Unternehmensgeschicke einzudenken und sich – nicht notwendig zum Gedeih der Gesellschaft – gegebenenfalls auch in sie einzumischen; siehe auch *Grunewald* in: FS Kraft, S. 127 ff. (133, 3.).

[516] Vgl. auch *Ehricke,* WM 2000, S. 2177 ff. (2183, bb)), der hinsichtlich des Zeitpunktes, in dem die entsprechenden Mehrheitsverhältnisse bei einer Globalbürgschaft vorliegen müssen, zu Recht darauf hinweist, dass es nur auf den Moment ankommen könne, in dem neue, den Sicherungsanlass überschreitende Kredite begründet werden, weil sich erst in diesem Zeitpunkt die Schutzbedürftigkeit des Gesellschafters zeige. Der Autor zieht daraus allerdings nicht die folgerichtige Konsequenz, dass unter Zugrundelegung der „Fremddispositionsrechtsprechung“ wegen dieser Unwägbarkeit eine formularmäßige Haftungserstreckung auch gegenüber einem zum Zeitpunkt des Vertragsschlusses (noch) maßgeblich beteiligten Gesellschafter nicht in Betracht kommt (siehe. S. 2181, aa)/bb), 2184, V.); *Klanten,* WuB I F 1 a. – 4.00, S. 213 f. (214, 2. Abs.).

[517] Siehe auch *Ehricke,* JZ 2000, S. 466 ff. (468/469); *Fullenkamp,* GmbHR 2003, S. 654 ff. (658, c)).

[518] AA *Rikken,* S. 103, unter Verweis auf das Verbot einer geltungserhaltenden Reduktion. Seien künftige Einflussmöglichkeiten nicht kalkulierbar, bleibe es bei der Beurteilung nach dem gegenwärtigen Stand.

Sicht der vorherrschenden Meinung dürfte der Ausschluss der Mehrheitsgesellschafter aus dem (vermeintlichen) Schutzbereich des § 767 Abs. 1 S. 3 BGB allenfalls dann gerechtfertigt sein, wenn der Geschäftsleitung statutarisch die Möglichkeit genommen wäre, Geschäfte (bis zu einer bestimmten Grenze) zustimmungsfrei zu tätigen[519] und wenn der Mehrheitsgesellschafter darüber hinaus berechtigt wäre, seine globale Haftungszusage bei Verlust der Mehrheitsbeteiligung umgehend fristlos zu kündigen. Letzteres ist nach gegenwärtiger BGH-Rechtsprechung nicht der Fall[520]. Da zudem nicht auszuschließen ist, dass die gesellschaftliche Treuepflicht dem Mehrheitsgesellschafter im Einzelfall ein Handeln wider seine Sicherungsgeberinteressen gebietet[521], ist mit *Grunewald* davon auszugehen, dass die mehrheitlich befürwortete Ausnahme für Mehrheitsgesellschafter bei generalisierender und typisierender Betrachtungsweise bereits nach gegenwärtigem Stand der Rechtsprechung illegitim ist[522].

Die Ausnahme der GmbH-Geschäftführer und entscheidungskompetenten Gesellschafter von dem Verbot formularmäßiger Sicherungszweckerweiterungen steht somit auch unter dem Blickwinkel der vorherrschenden Meinung auf äußerst wackeligen Beinen. Für den Individualprozess mag § 310 Abs. 3 Ziff. 3 BGB insoweit Abhilfe zu schaffen, als bei Verbraucherverträgen auch die den Vertragsschluss begleitenden Umstände zu berücksichtigen sind[523] – zu Gunsten wie zu Lasten des Verbrauchers[524]. Dass es sich bei Sicherungsverträgen mit

---

[519] *Bärwaldt,* GmbHR 1999, S. 978 f. (979, c)); vgl. auch *Koch,* NJW 2000, S. 1996 ff. (1997, III.).

[520] s.u., Kapitel 12, B. II. 2. c) aa); sowie *Fullenkamp,* GmbHR 2003, S. 654 ff. (658/659, d)); *Koch,* NJW 2000, S. 1996 ff. (1997, III.).

[521] *Ehricke,* WM 2000, S. 2177 ff. (2181/2182, cc)). Der Autor meint allerdings, die Frage nach einer potenziellen Einschränkung des Einflusses eines Mehrheitsgesellschafters auf die Geschäftsleitung durch die ihm obliegende Treuepflicht sei wegen der gebotenen generalisierenden Betrachtungsweise außer Acht zu lassen; zur Treuepflicht des Geschäftsführers, siehe auch *Emde,* GmbHR 2000, S. 328 ff. (330); *Wiedemann/Hermanns,* ZIP 1994, S. 997 ff. (1000, 2. Abs.), zur Konstellation einer „internen" Ausstattungszusage.

[522] *Grunewald* in: FS Kraft, S. 127 ff. (134, 1. Abs.); *dies.,* JZ 1999, S. 145 f. (146, 2./III.), welche die Unwirksamkeit der Erstreckungsklausel allerdings maßgeblich damit begründet, dass nur Mehrheitsgesellschafter mit Alleingeschäftsführungsbefugnis das Geschehen in ihrer Gesellschaft kontrollieren und über die Erhöhung der gesicherten Schuld selbst entscheiden können, diese bei generalisierender Betrachtung aber keinen gesondert zu behandelnden Verkehrskreis bildeten, für den gruppenspezifisch eigene Maßstäbe gelten würden; aA *Ehricke,* WM 2000, S. 2177 ff. (2181, aa)/bb), 2182, ee), 2184, V.), keine Schutzbedürftigkeit von Allein- und Mehrheitsgesellschaftern sowie von gesellschaftsvertraglich oder faktisch einflussbefähigten Anteilseignern.

[523] Unter dem Blickwinkel der „Anlassrechtsprechung" sind die Ausnahmen – auch diejenige für gesellschaftsvertraglich einflussberechtigte Anteilseigner – aber auch in diesem Fall nur legitim, wenn feststeht, dass der Sicherungsgeber seine Rechtstellung für die Dauer des Sicherungsverhältnisses beibehält oder ihm das Recht vorbehalten wird, den Sicherungsvertrag bei Verlust seiner Rechtsposition fristlos zu kündigen; vgl. auch die Kritik bei *Koch,* NJW 2000, S. 1996 ff. (1997, III.).

[524] *Grunewald* in: FS Kraft, S. 127 ff. (134, 2. Abs.).

Geschäftsführern und Gesellschaftern, soweit diese natürliche Personen sind, um Verbraucherverträge im Sinne der Norm handelt, ist mittlerweile ganz herrschende Ansicht[525]. Statt des erforderlichen Mehrs an transparenten, der Rechtssicherheit förderlichen Vorgaben für die Praxis[526], ist diese Regelung allerdings ein neues Einfallstor für ein erhebliches Maß an Rechtsunsicherheit, sollte der BGH die Begründungsansätze seiner „Anlassrechtsprechung" aller Dogmatik zuwider beibehalten. Überzeugender wäre in diesem Fall eine Lösung der „Gesellschafter- und Geschäftsführerproblematik" mithilfe des Einwandes einer unzulässigen Rechtsausübung (§ 242 BGB, venire contra factum proprium), sollte ein unwirksam global mitverpflichteter Sicherungsgeber im Einzelfall an der Haftungsausdehnung mitgewirkt und von ihr maßgeblich selbst profitiert haben[527].

### *c) Mangelnde Schutzbedürftigkeit der Sachsicherungsgeber*

Die Rechtsprechung des BGH zum Grundschuldrecht hat in der Literatur deutlich mehr Gegner gefunden als die bürgschaftsbezogene „Anlassrechtsprechung"[528]. Renommierte Juristen weisen seit jeher darauf hin, dass sich mit der formularmäßigen Haftungserstreckung auch das wirtschaftliche Risiko eines Grundschuldbestellers potenziere[529]. Sei dieser zugleich der persönliche Forde-

---

525 Vgl. nur *Grunewald* in: FS Kraft, S. 127 ff. (134, 2. Abs.); *MüKo-Basedow* (4), § 310 Rn. 43; *Rikken,* S. 113.

526 Ebenso *Seidel/Brink,* DB 1997, S. 1961 ff. (1965, 9.), zur Bürgschaft.

527 Vgl. etwa den Fall des *OLG Hamm* (U v. 29.01.1997 – 31 U 118/96), WM 1997, S. 1375 ff. (1376, 1.), Gesamtprokurist im väterlichen Unternehmen; mit zustimmender Anmerkung von *Ebbing,* WuB I F 1 a. – 14.97, S. 740 ff. (742); ähnlich *Koch,* NJW 2000, S. 1996 ff. (1998, IV.). Zur entsprechenden Behandlung formnichtiger Bürgschaftserklärungen, *Reinicke/Tiedke,* Kreditsicherung (4), S. 47/48 Rn. 147, 149/150, m. w. N.; *Schaarschmidt,* Sparkassenkredite (8), S. 809 Rn. 2.916.

528 Siehe *Bülow,* Recht der Kreditsicherheiten (6), S. 56/57 Rn. 163; *Eickmann,* ZIP 1989, S. 137 ff. (138/139, 2.); *Erman-Roloff* (11), § 307 Rn. 117; *Reinicke/Tiedke,* Kreditsicherung (4), S. 374–376 Rn. 991–996; *Rimmelspacher,* WuB I F 3. – 3.01, S. 662 ff. (663/664, 3.); *Schmitz-Valckenberg,* DNotZ 1998, S. 578 ff. (584/585); *Thelen,* DB 1991, S. 741 ff. (743, III., letzter Abs.); *Tiedtke,* ZIP 1997, S. 1949 ff. (1950, 2.); *Weber* in: Rostocker Schriften zum Bankrecht, Heft 4, S. 65 ff.; *Wenzel* in: *BuB* (2003), Rn. 4/2313, die „weite" Sicherungsabrede sei in „das Kreuzfeuer einer lebhaften rechtswissenschaftlichen Diskussion" geraten; *Wolf/Horn/Lindacher* (*Wolf*), AGBG (4), § 9 Rn. G202, S96; (noch vor einer „Klärung" durch die Rechsprechung) für die unangemessenen Benachteiligung des personenverschiedenen Grundschuldbestellers, *Clemente,* NJW 1983, S. 6 ff. (9, 1. Abs.); *Schiffer,* NJW 1988, S. 2779 f. (2780).

529 *Clemente,* NJW 1983, S. 6 ff. (9, 1. Abs.); *Fullenkamp,* S. 159, ccc); *Reinicke/Tiedke,* Kreditsicherung (4), S. 375/376 Rn. 993/994; *Schiffer,* NJW 1988, S. 2779 f. (2780); *Schmitz-Valckenberg,* DNotZ 1998, S. 578 ff. (585, 1. Abs.), aA *Volmer,* WM 1998, S. 914 ff. (918, 2, b)); *Weber* in: Rostocker Schriften zum Bankrecht, Heft 4, S. 65 ff. (79/80).

rungsschuldner, laufe er Gefahr, zweimal „zahlen" zu müssen, was ihn unbillig belaste – einmal freiwillig zur Tilgung seiner persönlichen Verbindlichkeit und daneben zusätzlich zur Abwendung der Zwangsvollstreckung aus der Grundschuld (§§ 1142, 1143 BGB)[530]. Bei einer „Fremdgrundschuld" liegt die unangemessene Benachteiligung aus Sicht der Kritiker zusätzlich darin, dass das Grundeigentum des Grundschuldbestellers auch nach Erfüllung der „Anlassforderung" durch den persönlichen Schuldner verhaftet bleibt[531]. Im Ergebnis besteht unter den Rechtsprechungsgegnern weitgehend Einigkeit, dass die Haftungserstreckungsklausel auch im nicht kodifizierten Recht der Sicherungsgrundschuld gegen die Privatautonomie verstößt[532]. So wenig wie die Rechtsordnung es hinnehmen könne, dass der Gläubiger einer Bürgschaft von dem Bürgen die Tilgung von Forderungen verlangt, deren Besicherung er sich formularmäßig aus Anlass der Besicherung einer anderen Forderung verschafft hat, so wenig könne sie aus Wertungsgesichtspunkten ein derart rücksichtsloses Verhalten gegenüber dem Besteller einer Sicherungsgrundschuld gutheißen[533]. Im Detail gehen die Begründungen auseinander[534]. Es dominieren die Erwägungen, die Erstreckungsklausel könne sich vertragszweckgefährdend auswirken[535], und sie benachteilige den Besteller einer Fremdgrundschuld unangemessen, weil

---

530 *Bülow,* Recht der Kreditsicherheiten (6), S. 56 Rn. 163; *Reinicke/Tiedke,* Kreditsicherung (4), S. 375/376 Rn. 993/994; *Tiedtke,* ZIP 1997, S. 1949 ff. (1951/1952, 3.2); *ders.,* DNotZ 2001, S. 627 ff. (631, 4. Abs.); aA (keine unangemessene Benachteiligung bei Eigenbesicherung), *Eickmann,* ZIP 1989, S. 137 ff. (139/140), die Ausdehnung sei angemessen. Sie bezwecke eine schnelle und unbürokratische Abwicklung künftiger Kredit- und anderer Geschäftsvorfälle, vor allem aber bestehe nicht die Gefahr einer Fremddisposition hinsichtlich des tatsächlichen Haftungsumfangs; ebenso *Weber* in: Rostocker Schriften zum Bankrecht, Heft 4, S. 65 ff. (79/80, 82, 4. Abs.), mit dem zusätzlichen Argument, mit dem größeren Haftungsrisiko korreliere, anders als bei einer Personalsicherheit, kein größeres Verlustrisiko.

531 *Clemente,* NJW 1983, S. 6 ff. (9, 1. Abs.), praktische Vereitelung des Rückgewähranspruchs; ebenso *Fullenkamp,* S. 159, ccc); *Schiffer,* NJW 1988, S. 2779 f. (2780), verzögerte Rückgewähr; *Tiedke,* DNotZ 2001, S. 627 ff. (632, 2. Abs.); im Ergebnis auch *Weber* in: Rostocker Schriften zum Bankrecht, Heft 4, S. 65 ff. (81, c.)), „unverhältnismäßige Einschränkung der wirtschaftlichen Bewegungsfreiheit".

532 *Tiedke,* DNotZ 2001, S. 627 ff. (633, Fn. 26, m.w.N.). Der mit dem persönlichen Schuldner identische Grundschuldbesteller wird von diesem Schutz indes meist ausgenommen, vgl. nur *Eickmann,* ZIP 1989, S. 137 ff. (139/140), der Sicherungsgeber habe es in der Hand, den tatsächlichen Umfang seiner Haftung zu kontrollieren und zu steuern.

533 *Tiedke,* DNotZ 2001, S. 627 ff. (633, 4. Abs.).

534 Vgl. nur *Tiedke,* DNotZ 2001, S. 627 ff. (633, Fn. 26, m.w.N.); *Schmitz-Valckenberg,* DNotZ 1998, S. 578 ff. (584/585), erblickt beispielsweise darin eine „von Rechtsvorschriften abweichende oder diese ergänzende Regelung" (§§ 307 Abs. 3 S. 1, Abs. 2 Ziff. 1 BGB), dass die Praxis bei Verwendung einer „abstrakten Grundschuld" statt der Höchstbetragssicherungshypothek das gesetzliche Hypothekenrecht hat ergänzen müssen.

535 *Ulmer/Brandner/Hensen* (*Brandner*), AGBG (9), Anh. §§ 9–11, S. 1297 Rn. 663; *Schmitz-Valckenberg,* DNotZ 1996, S. 492 ff. (497, 2. Abs.), wegen Hinausschiebens des Rückgewähranspruchs, das nach vorliegendem Verständnis indes nicht

sie ihm (entgegen dem Fremddispositionsverbot) ein *unkalkulierbares,* von ihm selbst *nicht zu beeinflussendes Risiko* aufbürde[536].

Dass dies der falsche Ansatz ist, braucht nicht nochmals ausgeführt zu werden.

### aa) Unsachgemäße Übertragung der „Angehörigenrechtsprechung“ auf die „Anlasskonstellationen“

Die ungerechtfertigte Ungleichbehandlung von Personal- und Sachsicherungsgebern dürfte letzten Endes auf der Komplexität der „Angehörigen-[537]“ und der

---

Zweck, sondern Folge des beendeten Sicherungsgeschäfts ist; *Wolf/Horn/Lindacher* (*Wolf*), AGBG (4), § 9 Rn. S96.

[536] Vgl. *OLG Karlsruhe* (U. v. 11.04.1984 – 9 U 261/83), NJW 1986, S. 136 f. (137); *Bülow,* Recht der Kreditsicherheiten (6), S. 56/57 Rn. 163, der den Rechtsgedanken des § 767 Abs. 1 S. 3 BGB bemüht; *Eickmann,* ZIP 1989, S. 137 ff. (138/139, 2.), unangemessene Beschränkung der wirtschaftlichen Bewegungsfreiheit wegen wirtschaftlicher Fremdbestimmung. Dies gelte nicht, wenn die Möglichkeit einer steuernden Einflussnahme besteht (139/140); *Reinicke/Tiedke,* Kreditsicherung (4), S. 375/376 Rn. 993–996, verweisen schlicht auf die Gefahr einer Verdoppelung des Haftungsumfangs; *Schmitz-Valckenberg,* DNotZ 1996, S. 492 ff. (496, 3. Abs.); *Thelen,* DB 1991, S. 741 ff. (743, III., letzter Abs.), kritisiert, dass der Umfang des Haftungsrisikos gegenwärtig von der Zufälligkeit abhängt, ob der Sicherungsgeber dem Gläubiger eine Real- oder Personalsicherheit einräumt; *Tiedtke,* ZIP 1997, S. 1949 ff. (1951/1952, 3.2); *ders.,* DNotZ 2001, S. 627 ff. (633, 3. Abs.), Verstoß gegen die Grundsätze der Privatautonomie, da „der Sicherungsgeber formularmäßig auch für *Forderungen hafte,* auf deren *Entstehung und Inhalt* er *keinen Einfluss* nehmen kann“; *Ulmer/Brandner/Hensen* (*Brandner*), AGBG (9), Anh. §§ 9–11, Rn. 663; *Weber* in: Rostocker Schriften zum Bankrecht, Heft 4, S. 65 ff. (81, c., 82, 2. a. E.); *Wolf/Horn/Lindacher* (*Wolf*), AGBG (4), § 9 Rn. G202, S96. *Rimmelspacher,* WuB I F 3. – 3.01, S. 662 ff. (663/664, 3.), stellt (nur) auf die Unkalkulierbarkeit der stetig anwachsenden Zinsschuld ab; ebenso *Schmitz-Valckenberg,* DNotZ 1998, S. 578 ff. (585, 2. Abs.).

[537] Bei Vorliegen eines „Angehörigenverhältnisses“ trifft den Sicherungsnehmer nach ständiger BGH-Rechtsprechung ohne weiteres der Vorwurf eines sittenwidrigen Verhaltens, wenn die Sicherheit den Sicherungsgeber finanziell „krass überfordert“. Der BGH hat für diesen Fall die widerlegliche tatsächliche Vermutung aufgestellt, dass der Sicherungsgeber die „wirtschaftlich sinnlose“ (vgl. *BGH* (U. v. 24.02.1994 – IX ZR 93/93), BGHZ 125, S. 206 ff. (211, a)); *BGH* (U. v. 23. 01.1997 – IX ZR 55/96), NJW 1997, S. 1005 ff (1006, 5.); *BGH* (U. v. 18.09.1997 – IX ZR 283/96), BGHZ 136, S. 347 ff. (351, 1. Abs.); *BGH* (U. v. 18.12.1997 – IX ZR 271/96), BGHZ 137, S. 329 ff. (343, 7.); *BGH* (U. v. 08.10.1998 – IX ZR 257/98), WM 1998, S. 2327 ff. (2328, 2.); vgl. auch *OLG Frankfurt a. M.* (U. v. 24.03.2004 – 23 U 65/03), NJW 2004, S. 2392 ff. (2392); *Fischer,* WM 2001, S. 1049 ff. (1058, 2.)) Sicherheit nur aufgrund seiner engen emotionalen Bindung an den Hauptschuldner bestellt hat und der Gläubiger die seelische Zwangslage des Sicherungsgebers in verwerflicher Weise für sich ausgenutzt hat, st. Rspr., siehe. nur *BGH* (U. v. 14.05.2002 – XI ZR 50/01), BGHZ 151, S. 34 ff. (36/37, II.); *BGH* (U. v. 18.09.1997 – IX ZR 283/96), BGHZ 136, S. 347 ff. (351, 1. Abs.); *BGH* (U. v. 11.12.1997 – IX ZR 247/96), WM 1998, 235 ff. (236, 2. Abs.); *BGH* (U. v. 08.10.1998 – IX ZR 257/98), WM 1998, S. 2327 ff. (2328, 2.); *BGH* (U. v. 14.11.2000 – XI ZR 248/99), BGHZ 146, S. 37 ff.

„Anlassrechtsprechung" gründen. Bei den Mitgliedern der zuständigen Spruchkörper und dem Gros der Juristen dürfte sich der Gedanke einer wertmäßigen Unterscheidung zwischen den Gebern einer Personal- und einer Sachsicherheit[538], die für die „Angehörigen-" und „Arbeitnehmerfälle" mit Blick auf den Rechtsgedanken des § 138 Abs. 2 BGB legitim ist[539], so sehr verfestigt haben,

---

(42, 2. a)). *BGH* (U. v. 28.05.2002 – IX ZR 205/01), WM 2002, S. 1649 ff. (1651, 2. a)); *BGH* (U. v. 11.02.2003 – IX ZR 241/01), ZIP 2003, S. 796 ff. (797, II. 1.); *BGH* (U. v. 14.10.2003 – XI ZR 121/02), WM 2003, S. 2379 ff. (2381, 2.); *OLG Dresden* (U. v. 18.10.2001 – 19 U 1064/01, rkr.), WM 2003, S. 277 ff. (278, 2.3.1./2.3.2.). Vermutungsbasis ist neben dem „krassen Missverhältnis" zwischen dem Umfang der Leistungspflicht des Sicherungsgebers und seiner finanziellen Leistungsfähigkeit die enge persönliche Beziehung zwischen dem Sicherungsgeber und dem Hauptschuldner. In intellektueller Hinsicht genügt es, wenn die krasse Überforderung für den Sicherungsnehmer erkennbar gewesen ist und er sich bewusst der Erkenntnis eines den Sicherungsgeber grob überfordernden Sicherungsgeschäfts verschlossen hat, vgl. *BGH* (U. v. 11.03.1997 – IX ZR 50/96), BGHZ 135, S. 66 ff. (70, 2.). Die Vermutung gilt nicht, wenn der Sicherungsgeber Gesellschafter der Hauptschuldnerin ist, da der Lebenssachverhalt in diesem Fall regelmäßig auf eine wirtschaftlich begründete Mithaftung und nicht auf ein Handeln aus emotionaler Verbundenheit schließen lässt, vgl. *BGH* (U. v. 18.09.2001 – IX ZR 183/00), WM 2001, 2156 ff. (2157, III. 3.); *BGH* (U. v. 15.01.2002 – XI ZR 98/01), WM 2002, S. 436 ff. (436/437, a)), näheres in Kapitel 11, C. I. 2. b) bb). Fehlt es an einer krassen Überforderung, ist der Sicherungsgeber aber dennoch erheblich überfordert (vgl. *BGH* (U. v. 27.01.2000 – IX ZR 198/98), NJW 2000, S. 1182 ff. (1184, 2.); *BGH* (U. v. 08.11.2001 – IX ZR 46/99), WM 2002, S. 919 ff. (921, III. 2.), Verpflichtungsumfang, der die Vermögensverhältnisse *weit übersteigt* (Hervorh. durch Verf.)), besteht keine Sittenwidrigkeitsvermutung. Neben der „einfachen" finanziellen Überforderung muss der Sicherungsgeber in diesem Fall als auslösendes Moment für das Sicherungsgeschäft die verwerfliche Ausnutzung des privaten Näheverhältnisses durch den Sicherungsgeber behaupten und erforderlichenfalls unter Beweis stellen, vgl. nur *BGH* (U. v. 02.11.1995 – IX ZR 222/94), NJW 1996, S. 513 ff. (515, 3./4.).

538 Aber auch zwischen privaten Nahbereichspersonen auf der einen und Gesellschaftern und Geschäftsführern auf der anderen Seite, vgl. nur *Gaberdiel,* EWiR 1986, S. 147 f. (147, 2.3); *Medicus,* EWIR 1997, S. 837 f. (838, 4.), zu einem „Anlassfall": „Dass derjenige Bürge eines geringeren Schutzes bedarf, der wegen seines Einflusses auf den Hauptschuldner die Entstehung oder die Erweiterung der Hauptschuld selbst beeinflussen kann, leuchtet ein."

539 Der Wuchertatbestand des § 138 Abs. 2 BGB ist auf einseitig verpflichtende Verträge, die im Kern darauf angelegt sind, nur einer Seite Vorteile zu verschaffen, und die „strukturell nicht von einer angemessenen und im Grundsatz gleichwertigen Berücksichtigung gegenseitiger Interessen geprägt" sind (vgl. *BGH* (U. v. 24.02.1994 – IX ZR 93/93), BGHZ 125, S. 206 ff. (209, II. 1.)), zwar nicht unmittelbar anwendbar (*BGH* (U. v. 19.01.1989 – IX ZR 124/88), BGHZ 106, S. 269 ff. (271/172); *BGH* (U.v. 16.05.1991 – IX ZR 245/90), NJW 1991, S. 2015 ff. (2017, 2. Abs.); *Medicus,* JuS 1999, S. 833 ff. (834, 2. a)); *Großfeld/Lühn,* WM 1991, S. 2013 ff. (2017, 2./3.), treten dieser Meinung im Endeffekt zwar bei, sie ziehen eine einheitliche Betrachtung von Hauptschuld- und Sicherungsvertrag bei Vorliegen eines Eltern-Kind-Verhältnisses aber zumindest in Erwägung.), er kann aber als Richtschnur für deren Bewertung dienen, ebenso *Naumann,* Sittenverstoß, S. 2/3, 122/123, Teil 4.; vgl. auch *BVerfG* (B. v. 19.10.1993 – 1 BvR 567, 1044/89), BVerfGE 89, S. 214 ff. (233, 2. Abs.) = WM 1993, S. 2199 ff. (2203, c)); differenzierend *BGH* (U. v. 07.07.1988 – IX ZR 254/86), WM 1988, S. 1156 ff. (1159, 4.); *Haun,* S. 130, (1), bei Ausbeutung einer psychi-

dass er sich für die „Anlassfälle" quasi verselbständigt hat. Möglicherweise hat

---

schen Zwangslage; *Canaris,* AcP 200 (2000), S. 273 ff. (280, aa)), „Charakter eines Grundmodells" bzw. „Musterbeispiele einer Beeinträchtigung der tatsächlichen Entscheidungsfreiheit"; *Honsell,* JZ 1989, S. 495 f. (496); siehe auch *Köndgen,* NJW 1991, S. 2018 f. (2018, 2. b)); *Staudinger-Sack* (2003), § 138 Rn. 5; aA *Zöllner,* WM 2000, S. 1 ff. (6, b), 8, 8.). Statt auf das Verhältnis zweier Leistungspflichten, kommt es nach der Rechtsprechung bei einseitig verpflichtenden Sicherungsverträgen darauf an, ob der Gläubiger dem in finanzieller Hinsicht erheblich belasteten Sicherungsgeber eine ungleich stärkere Belastung auferlegt hat, als dies zum Schutz seiner berechtigten Sicherungsinteressen erforderlich und wirtschaftlich angemessen gewesen wäre, *BGH* (U. v. 26.04.1994 – XI ZR 184/93), ZIP 1994, S. 773 ff. (774, b), 775, bb)/c)); *BGH* (VU. v. 25.11.1999 – IX ZR 40/98), WM 2000, S. 23 ff. (24, 2.); vgl. auch bereits *BVerfG* (B. v. 19.10.1993 – 1 BvR 567, 1044/89), BVerfGE 89, S. 214 ff. (232, b) a.E.) = WM 1993, S. 2199 ff. (2202/2203, b) a.E.)); *BVerfG* (B. v. 02.03.1996 – 1 BvR 696/96), WM 1996, S. 948 f. (949, 1. a)): „Ist der *Inhalt eines Vertrages* für eine Seite ungewöhnlich belastend und *als Interessenausgleich offensichtlich unangemessen,* haben die Gerichte zu klären, ob die vereinbarte Regelung eine Folge strukturell ungleicher Verhandlungsstärke ist und gegebenenfalls ... korrigierend einzugreifen" (Hervorh. durch Verf.); sowie *Naumann,* Sittenverstoß, S. 28/29, 60, 1. Abs., 66/67, III.; *Wiedemann,* JZ 1994, S. 411 ff. (413, 1. Abs.); siehe auch die Einlassung des *Bundesjustizministeriums* in BVerfGE 89, S. 214 ff. (223, b)); anders noch *BGH* (U. v. 19.01.1989 – IX ZR 124/88) BGHZ 106, S. 269 ff. (271/272), beim Bürgschaftsvertrag gebe es kein Äquivalenzverhältnis. Die Bürgschaft sei ein risikoreicher, einseitig den Bürgen verpflichtender Vertrag. Der Gläubiger könne davon ausgehen, dass derjenige, der eine Bürgschaftsverpflichtung übernimmt, sich über die Tragweite seines Handelns im Klaren sei und sein Risiko abschätzen könne; aA auch *Zöllner,* WM 2000, S. 1 ff. (8, 8.), der Gläubiger nutze die Zwangslage des Sicherungsgebers nicht, wie von der Norm vorausgesetzt, zu seinem eigenen wirtschaftlichen Vorteil aus. Er erhalte weniger, als er eigentlich wolle und brauche. Da im Rahmen der gebotenen Gesamtbetrachtung nach hier vertretener Meinung ganz allgemein auf die sittenwidrigkeitsbegründenden Merkmale des § 138 Abs. 2 BGB rekurriert werden kann, genügt es in keinem Fall, dass die Verpflichtungsübernahme den Sicherungsgeber finanziell deutlich überfordert; ebenso aus der Literatur *Eckert,* WM 1990, S. 85 ff. (90/91, a)); *Grunewald* in: FS Kraft, S. 127 ff. (134, 4.); *Haun,* S. 165, 1. Abs.; *Rümker,* EWiR 1989, S. 441 ff. (442); offen gelassen von *BGH* (U. v. 22.01.1991 – XI ZR 111/90), NJW 1991, S. 923 ff. (924/925, b)), m.w.N. zu dem nunmehr in diesem Sinne entschiedenen Disput. Die Verpflichtung muss, dem Gläubiger zurechenbar, auch Ausdruck eines fremdbestimmten Verhaltens sein, vgl. nur *BGH* (U. v. 05.01.1995 – IX ZR 85/94), BGHZ 128, S. 230 ff. (232, 1.); *BGH* (U. v. 02.11.1995 – IX ZR 222/94), NJW 1996, S. 513 ff. (514, II. 1.); *BGH* (U. v. 18.01.1996 – IX ZR 171/95), WM 1996, S. 519 ff. (523, 3. a)); *BGH* (U. v. 16.01.1997 – IX ZR 250/95), WM 1997, S. 511 ff. (513, 1. Abs.); *BGH* (U. v. 18.09.1997 – IX ZR 283/96), BGHZ 136, S. 347 ff. (350/351, 2.). Im umgekehrten Fall einer fehlenden finanziellen Überforderung nimmt der BGH keine Sittenwidrigkeit an, vgl. nur *BGH* (U. v. 02.11.1995 – IX ZR 222/94), NJW 1996, S. 513 ff. (514, 1., 2. a)/b)); *BGH* (U. v. 19.06.2002 – IV ZR 168/01), NJW 2002, S. 2633 f. (2633, 2.). Mangels eines „krassen Missverhältnisses" zwischen dem Verpflichtungsumfang und der Leistungsfähigkeit des Sicherungsgebers seien die zu den *personalen „Angehörigensicherheiten"* entwickelten *Grundsätze nicht* ohne weiteres auf die Bestellung einer *Sicherungsgrundschuld* übertragbar, *BGH* (U. v. 19.06.2002 – IV ZR 168/01), NJW 2002, S. 2633 f. (2633, II. 1./2.); aus der Literatur *Erman-Palm* (11), § 138 Rn. 159; *Hoepner,* BKR 2002, S. 1025 ff. (1031, VI. 1.). Die Vorschrift des § 138 BGB wolle den Sicherungsnehmer nicht vor dem Verlust eines für ihn wirtschaftlich und womöglich auch persönlich wertvollen Gegenstandes

die fein ausdifferenzierte Struktur der „Angehörigenrechtsprechung" den Senats-

---

bewahren. Der Einsatz des einzigen oder letzten Vermögensgutes sei nicht per se verwerflich, *BGH* (U. v. 19.06.2002), a. a. O., S. 2633, 2.; *Hoepner,* a. a. O. Auch ein Bürge sei nicht finanziell überfordert, wenn er die Bürgenschuld voraussichtlich nur durch Verwertung des von ihm bewohnten Hauses tilgen könne. Die Bestimmung des § 138 Abs. 1 BGB habe regelmäßig nicht den Zweck, das Eigenheim eines Bürgen oder sonstigen Sicherungsgebers zu erhalten oder ihm ein mietfreies Wohnen zu gewährleisten; zur Bürgschaft, *BGH* (U. v. 26.04.2001 – IX ZR 337/98), NJW 2001, S. 2466 ff. (2467, II. 1.); *BGH* (U. v. 30.01.2001 – XI ZR 118/00), WM 2001, S. 623 ff. (625, b) aa) (2)); *Freitag,* EWiR 2001, S. 755 f. (755/756); *Hoepner,* a. a. O. Insgesamt ist die „Angehörigenrechtsprechung" des BGH von dem Ziel getragen, die Ausnutzung einer akuten Willensschwäche des unterlegenen Vertragsteils zur einseitigen Durchsetzung eines objektiv illegitimen Sicherungsinteresses zu sanktionieren, indem sie einer fremdbestimmten, den Sicherungsgeber über die Maßen belastenden und für den Gläubiger evident nutzlosen Verpflichtungsübernahme die Wirksamkeit versagt, vgl. auch *Fischer,* WM 2001, S. 1049 ff. (1057, I.); *Gernhuber,* JZ 1995, S. 1086 ff. (1091, IV. 2.). Von einer freiverantwortlichen, die inhaltliche Ausgewogenheit der Abmachung indizierenden Vertragsgestaltung kann in diesem Fall keine Rede sein. Eine Zusammenschau aus Inhalt, Zweck und möglichen Folgen der Vereinbarung bedingt das korrigierende Eingreifen des Richters, vgl. *BVerfG* (B. v. 07.02.1990 – 1 BvR 26/84), „Handelsvertreterentscheidung", BVerfGE 81, S. 242 ff. (255/256). Der Sicherungsvertrag ist dem BGH zufolge Ausfluss eines unerträglichen Ungleichgewichts zwischen beiden Vertragsseiten. Der Gefahr einer langfristigen Überschuldung, die der Sicherungsgeber ohne eine realistische Ausweichmöglichkeit auf sich nimmt, steht ein nicht anerkennenswertes Interesse des Sicherungsnehmers an der Mitverpflichtung einer leistungsunfähigen Person gegenüber, *Larenz/Canaris,* Schuldrecht II 2 (13), § 60 II. 3. b), S. 10, 1. Abs., „Institutionsmissbrauch". Die solchermaßen rücksichtslose Ausnutzung eines „seelischen Abschlusszwangs" durch den Gläubiger, dem kein schützenswertes Eigeninteresse zur Seite steht, sei sittlich anstößig. Ein angemessener, im Wege der praktischen Konkordanz zu findender Ausgleich zwischen den konfligierenden Interessen (dazu *BVerfG* (B. v. 19.10.1993 – 1 BvR 567, 1044/89), BVerfGE 89, S. 214 ff. (232, b)) = WM 1993, S. 2199 ff. (2202/2203, b)); *BVerfG* (B. v. 05.08.1994 – 1 BvR 1402/89), WM 1994, S. 1837 ff. (1839, 2. a)): Da alle Beteiligten des Zivilrechtsverkehrs sich gleichermaßen auf die grundrechtliche Gewährleistung der Privatautonomie berufen könnten, dürfe nicht das Recht des Stärkeren gelten. Vielmehr seien die kollidierenden Grundrechte in ihrer Wechselwirkung zu sehen und so zu begrenzen, dass sie für alle Beteiligten möglichst wirksam werden; ebenso *Larenz/Wolf,* BGB AT (9), § 42, I., S. 754 Rn. 2.) kann nur darin bestehen, den Sicherungsvertrag wegen Verstoßes gegen die guten Sitten insgesamt für nichtig zu erklären (§ 138 Abs. 1 BGB). Die Differenzierung zwischen der Bereitstellung einer Personal- und einer Realsicherheit durch eine Nahbereichsperson überzeugt. Macht der Gläubiger das Zustandekommen des Hauptgeschäfts von der Einräumung einer werthaltigen Realsicherheit abhängig, verfolgt er damit einen anerkennenswerten Zweck (zur Relevanz einer anerkennenswerten Zwecksetzung bei der Entscheidung über die Wirksamkeit eines Sicherungsvertrages, *BGH* (U. v. 09.07.1953 – IV ZR 242/52), BGHZ 10, S. 228 ff. (233/234); *BGH* (U. v. 26.04.1994 – XI ZR 184/93), ZIP 1994, S. 773 ff. (775, b) aa)); *BGH* (U. v. 18.09.1997 – IX ZR 283/96), BGHZ 136, S. 347 ff. (351); *BGH* (B. v. 09.10.1997 – IX ZA 7/97), WM 1998, S. 592; *Larenz/Canaris,* Schuldrecht II 2 (13), § 60 II. 3. b), S. 10, 1. Abs.; *Naumann,* Sittenverstoß, S. 59/60, 62, II.; vgl. auch *Canaris,* AcP 200 (2000), S. 273 ff. (298), mangels Effizienz des Sicherungsmittels könne man bei einer „wirtschaftlich sinnlosen" Angehörigenbürgschaft geradezu von einem Missbrauch des Instituts der Bürgschaft sprechen. In der Diskrepanz zwischen dieser Schwäche des Sicherungsinteresses des Gläubigers und den

mitgliedern den Blick darauf verstellt, dass zwischen den „Angehörigen-" und den „Anlassfällen" in rechtlicher Hinsicht ein erheblicher Wertungsunterschied besteht[540].

Gemein ist allen Fällen, dass typischerweise derselbe Personenkreis von den unlauteren Machenschaften des Gläubigers betroffen ist. Auch rechtlich bestehen Berührungspunkte, schließlich fußen sämtliche Unwirksamkeitsverdikte hier vertretener Meinung zufolge primär auf der objektiven Wertentscheidung des Art. 2 Abs. 1 GG. In den Grenzen der Privatrechtsvorschriften steht es von Verfassungs wegen jedermann frei, sich ohne unzumutbare Beeinträchtigung von dritter Seite rechtsgeschäftlich zu betätigen. Die Grenze der eigenen Privatautonomie beginnt dort, wo sie zu unzulässigen Übergriffen in die Privatautonomie eines anderen missbraucht wird.

Diesbezüglich lässt sich eine deutliche graduelle Abstufung zwischen den „Angehörigen-" und den „Anlassfällen" ausmachen. Während die gezielte Beeinträchtigung der Privatautonomie des Sicherungsgebers in den „Anlasskonstellationen" primär auf der Verwendung eines Formularvordrucks beruht und so gravierend ist, dass an die Stelle der grund- bzw. privatrechtlich gewährleisteten „Abschlussfreiheit" quasi ein „faktischer Kontrahierungszwang" tritt, stützt sich das Sittenwidrigkeitsurteil in den „Angehörigenfällen" auf ein ganzes Bündel an isoliert nicht sittenwidrigkeitsbegründenden Merkmalen. Die deutlich reduzierte Möglichkeit einer wohlerwogenen Entscheidungsfindung[541] ist neben

---

drückenden Folgen für den Bürgen liege das ausschlaggebende (Un-)Gerechtigkeitskriterium). Die Bestellung einer Realsicherheit dient der effektiven Vergrößerung der dem Gläubiger zur Verfügung stehenden Haftungsmasse (*BGH* (U. v. 26.04.2001 – IX ZR 337/98), NJW 2001, S. 2466 ff. (2467, 2. a)); *Naumann,* Sittenverstoß, S. 38, c), 62, 1.). Das legitime Sicherungsinteresse des Gläubigers kompensiert die psychische Zwangslage des Sicherungsgebers (vgl. auch *BGH* (U. v. 26.04.2001 – IX ZR 337/98), NJW 2001, S. 2466 ff. (2467, II. 1./2.), wirksame Verbürgung der Miteigentümerin eines Grundstücks, dessen wirtschaftlicher Wert die Bürgschaftssumme abdeckt. Der Maßstab sozialhilferechtlicher Vorschriften sei nicht zu beachten; zustimmend *Freitag,* EWiR 2001, S. 755 f. (756, 4.); *Klanten,* DStR 2001; S. 1622 f. (1623, 1. Abs.)).

540 Siehe auch *Tiedke,* DNotZ 2001, S. 627 ff. (631, 3. Abs.), die Auffassung des 11. Senats, aus dem Fehlen einer dem § 767 Abs. 1 S. 3 BGB entsprechenden Regelung im Grundschuldrecht ergebe sich, dass die weite Sicherungsabrede im Bürgschaftsrecht unwirksam, im Grundschuldrecht aber wirksam sei, sei so wenig überzeugend, dass die Annahme nahe liege, der eigentliche, der wahre Grund für die Ansicht des 11. Senats beruhe ausschließlich auf einer anderen, nämlich auf der Erwägung, dass der Besteller einer Grundschuld nicht so schutzwürdig sei wie ein Bürge, da er nur mit dem Grundstück, der Bürge jedoch mit seinem gesamten gegenwärtigen und zukünftigen Vermögen hafte. Angesichts der Begründung des *BGH* in seinem Urteil vom 24.06.1997 (XI ZR 288/96), WM 1997, S. 1615 f. (1616, 2.), muss man hierüber noch nicht einmal spekulieren. Die „Anlassrechtsprechung" beruht tatsächlich auf dieser Annahme.

541 Dieses Erfordernis besteht auch im Falle der „finanziell krassen Überforderung" eines dem Hauptschuldner nahe stehenden Sicherungsgebers. Die Rechtsprechung hat

der erheblichen *finanziellen Überforderung*[542] des Sicherungsgebers sowie dem objektiv nicht feststellbaren Sicherungsinteresse des Gläubigers[543] nur ein Aspekt von dreien. Erst ihre Kumulation bewirkt eine mit dem durchschnittlichen Rechtsempfinden und den allgemeinen Rechtsprinzipien unvereinbare Belastung durch das rechtsgeschäftliche Verpflichtungsgeschäft. Ausgleichendes Korrektiv für eine etwaige Willensschwäche des Realsicherungsgebers ist in den „Angehörigenfällen" das objektive Interesse des Gläubigers an dem Erhalt einer werthaltigen Sicherheit[544]. Anders als ein Personalsicherungsgeber ist ein Sachsicherungsgeber noch nicht einmal dann finanziell überfordert, wenn er dem Gläubiger seinen letzten Gegenstand zur Verfügung stellt. In den „Anlasskonstellationen" spielt die wirtschaftliche Potenz des Sicherungsgebers dagegen keine Rolle. Ob dieser dem Gläubiger das Sicherungsgut schon überlassen hat, der Sicherungsgegenstand also bereits aus seinem Vermögen ausgeschieden ist, ist für die Frage nach einer unbilligen Beeinträchtigung der Privatautonomie des Realsicherungsgebers völlig belanglos[545].

Möchte man vermeiden, dass sich die „Angehörigen-" und „Anlassfälle" hoffnungslos vermengen und die „Angehörigenrechtsprechung" durch die Entwicklung immer neuer Fallgruppen endgültig unübersichtlich wird, nachdem sich zuletzt eine erfreulich klare Struktur abgezeichnet hat[546], sollte man beide Konstellationen auch künftig klar voneinander trennen.

#### bb) Unangemessene Oktroyierung zusätzlicher Hauptleistungspflichten

Infolge dieser ungerechtfertigten Parallelwertung hat der BGH es versäumt – soweit er die Möglichkeit einer Angemessenheitskontrolle nicht bereits an § 307 Abs. 3 BGB (bzw. § 8 AGBG) hat scheitern lassen –, die Statthaftigkeit vorgedruckter Sicherungszweckausdehnungen an der dafür vorgesehenen Generalklausel des § 307 Abs. 1 S. 1 BGB zu messen[547]. Der 5. Senat hätte es nicht bei dem lapidaren Hinweis bewenden lassen dürfen, Art und Umfang der

---

für diesen Fall nur die widerlegliche Vermutung aufgestellt, dass der Sicherungsgeber die „wirtschaftlich sinnlose" Sicherheit nur aufgrund seiner engen emotionalen Bindung an den Hauptschuldner bestellt hat und der Gläubiger die seelische Zwangslage des Sicherungsgebers in verwerflicher Weise ausgenutzt hat, s.o., Fn. 537.

542 Vgl. bereits die Angaben in Fn. 537, 539; siehe im Übrigen *BGH* (U. v. 27.01.2000 – IX ZR 198/98), NJW 2000, S. 1182 ff. (1184, 2.); *BGH* (U. v. 08.11. 2001 – IX ZR 46/99), WM 2002, S. 919 ff. (921, III. 2.), „erhebliche Überforderung" bzw. Verpflichtungsumfang, der die Vermögensverhältnisse „weit übersteigt".

543 Dazu oben in Fn. 539.

544 Vgl. nochmals Fn. 539.

545 Dies verkennen auch *Schimansky/Bunte/Lwowski* (*Merkel*), Bankrechts-Handbuch II (2), § 94 Rn. 323; *Volmer,* WM 1998, S. 914 ff. (918, 2, a)).

546 Ebenso *Zöllner,* WM 2000, S. 1 ff. (2/3, II.).

schuldrechtlichen Zweckbindung seien nicht gesetzlich geregelt, so dass eine unangemessene Benachteiligung mangels Divergenz zu einer gesetzlichen Regelung nicht in Betracht komme. Das Hauptargument des zuständigen Senats ist für sich besehen zwar korrekt, es trifft aber nicht den zur Entscheidung gestellten Sachverhalt. An der Tatsache, dass Art und Umfang der Sicherungszweckerklärung in den Grenzen der §§ 134, 138 BGB *freier Vereinbarung* unterliegen, ist nicht zu deuteln. „Weite" Sicherungszweckerklärungen in einer individuell ausgehandelten Sicherungsabrede sind, wie im nächsten Kapitel noch näher darzutun sein wird[548], zulässig. Der zuständige Senat muss sich aber die Frage gefallen lassen, inwiefern es sich bei der formularmäßigen Haftungserweiterung aus Anlass eines konkreten Sicherungsgeschäfts um eine „freie Vereinbarung" handelt. Die Überprüfung eines Formularrechtsfalls kann nicht in der abschließenden Bemerkung münden, entsprechende Vereinbarungen seien individualvertraglich statthaft, weshalb die Klausel bedenkenfrei sei. Die Folge wäre, dass sich die andere Vertragspartei formularmäßig grundsätzlich jede weder gesetzes- noch sittenwidrige Vertragsbestimmung gefallen lassen müsste, die in dem jeweiligen Regelungsbereich individuell getroffen werden kann[549]. Die Vorschriften des AGB-Rechts wären zum Großteil sinnentleert.

#### cc) Ausblendung des äquivalenten „Fremddispositionsverbots" in den Pfandrechtsbestimmungen (§ 1210 Abs. 1 S. 2 BGB)

Die divergierende Rechtsprechung zu Personal- und Sachsicherheiten ist besonders für den Fall einer Pfandrechtrechtsbestellung nicht nachvollziehbar. Bedauerlicherweise geht aus der Begründung des Nichtannahmebeschlusses nicht hervor, ob die Verpfändung durch den persönlichen Schuldner oder durch einen dritten Pfandgegenstandseigentümer erfolgt ist[550]. Diese Information wäre (entscheidungs-)erheblich gewesen, da § 1210 Abs. 1 S. 2 BGB für Pfandrechtsbestellungen durch einen schuldnerfremden Sicherungsgeber eine dem (vermeintlich) „bürgschaftsspezifischen" Fremddispositionsverbot des § 767 Abs. 1 S. 3

---

[547] Dass der BGH mangels eines gesetzlichen Leitbildes generell eine Überprüfung anhand des § 307 (Abs. 1) BGB unterlassen hat, bemängeln auch *Eickmann,* ZIP 1989, S. 137 ff. (139, 2.); *Reinicke/Tiedke,* Kreditsicherung (4), S. 375 Rn. 992; *Tiedtke,* ZIP 1997, S. 1949 ff. (1950, 2.); *Weber* in: Rostocker Schriften zum Bankrecht, Heft 4, S. 65 ff. (78/79, 82, 3. Abs.), Abs. 2 der Norm beinhalte nur eine Auslegungsregelung, eigentlicher Kontrollmaßstab sei gemäß Abs. 1 die Frage nach einer unangemessenen Benachteiligung des Sicherungsgebers; ebenfalls kritisch, *Schmitz-Valckenberg,* DNotZ 1996, S. 492 ff. (495/496).

[548] Kapitel 11, C. II. 3.

[549] Im Ergebnis ebenso *Tiedke,* DNotZ 2001, S. 627 ff. (628, 2. Abs.), der die Frage aufwirft, ob es richtig sein könne, dass ein von der Klausel nicht überraschter Sicherungsgeber nicht durch das AGB-Gesetz geschützt wird.

[550] Vgl. *BGH* (B. v. 04.10.2001 – IX ZR 174/99), WM 2002, S. 919 = WuB I F 2. – 2.03.

BGB entsprechende Regelung enthält[551]. Für künftige Forderungsbegründungen und spätere Vertragsausdehnungen hätte der BGH im Falle einer Drittsicherheit entsprechend der „Fremddispositionsrechtsprechung" die Revision zulassen und die Unwirksamkeit der „weiten" Sicherungszweckerklärung wegen Verstoßes gegen das (vermeintlich) „drittpfandrechtsspezifische" Fremddispositionsverbot aussprechen müssen[552]. Es ist daher davon auszugehen, dass Verpfänder der eigentliche Forderungsschuldner gewesen ist[553]. Auch dieser Beschluss indiziert, dass der BGH die Wertungsgesichtspunkte der „Angehörigenrechtsprechung" unbesehen auf die „Anlasskonstellationen" überträgt. Hätte er sich bewusst gemacht, dass ein Verpfänder nicht wie ein Bürge Gefahr läuft, infolge der Haftungserstreckung in den Ruin getrieben zu werden, hätte er seine „Fremddispositionsrechtsprechung" angesichts des identischen Regelungsgehalts beider Vorschriften insgesamt revidieren müssen.

#### dd) Ungerechtfertigte Differenzierung zwischen Höchstbetragspersonalsicherheiten und Sachsicherheiten

Dass der Einsatz eines bestimmten Vermögens„gegenstandes" kein taugliches Unterscheidungskriterium ist, zeigt die „Anlassrechtsprechung" zu den Höchstbetragsbürgschaften. Für einen Höchstbetragsbürgen steht ebenso wie für den Eigentümer eines Pfandobjektes oder für den Besteller einer Grundschuld nur der Verlust einer konkret abgrenzbaren Maximalsumme bzw. eines bestimmten Wertes auf dem Spiel[554]. Wird ein Grundschuld- oder Pfandrechtsbesteller mittels einer Erstreckungsklausel in einem „Anlassfall" dazu verpflichtet, sein

---

551 Dazu *Batereau,* WuB I F 2. – 2.96, S. 1159 f. (1159, 1. a)); *Ehricke,* WM 2000, S. 2177 ff. (2179, b)). Für die Hypothek sieht § 1119 Abs. 1 BGB zwar vor, dass zwischen Grundstückseigentümer und Hypothekar ohne Zustimmung der gleich- und nachrangig Berechtigten eine Vereinbarung über die Grundstückshaftung für Zinsen bis zu 5% getroffen werden kann, wenn die Forderung nicht oder niedriger verzinslich ist, die Versuche, diese Norm als äquivalentes „Fremddispositionsverbot" zu interpretieren, überzeugen aber nicht. Für die Hypothek ist eine den §§ 767 Abs. 1 S. 3, 1210 Abs. 1 S. 2 BGB entsprechende Klarstellung bereits deshalb entbehrlich gewesen, weil die Höhe der besicherten Forderung(en) gemäß §§ 1113 Abs. 1, 1115 Abs. 1 BGB als Haftungshöchstbetrag im Grundbuch einzutragen ist. Es kann daher allenfalls von einem die Rechte Dritter tangierenden Fremddispositionsverbot die Rede sein, so etwa *Ehricke,* a. a. O.

552 Siehe auch *Batereau,* WuB I F 2. – 2.96, S. 1159 f. (1159/1160, 1. a)); *Bydlinski,* ÖBA 1999, S. 93 ff. (102, d)), für das österreichische Recht; aA *Schimansky/Bunte/Lwowski* (*Ganter*), Bankrechts-Handbuch II (2), § 90 Rn. 100; *Wagenknecht,* WuB I F 2. – 2.03, I., die davon ausgehen, dass für die Verpfändung (generell) die von dem BGH zur Grundschuld entwickelten Grundsätze gelten.

553 Vgl. aber die Anmerkung *Wagenknechts,* WuB I F 2. – 2.03, I., die arg. e II. auch den Schluss zulässt, dass der BGH (ebenfalls) alle Fälle gleich behandelt und den Regelungsgehalt des § 1210 Abs. 1 S. 2 BGB schlicht verkannt hat.

554 *Palandt-Sprau* (64), Einf v. § 765 Rn. 7; *Tiedtke,* ZIP 1997, S. 1949 ff. (1952/1953, 3.3).

Grundstück bzw. Pfandobjekt auch als Haftungsgegenstand für alle weiteren, für ihn weder abzusehenden noch zu steuernden Hauptschulden zur Verfügung zu stellen, läuft er ebenso wie ein Höchstbetragsbürge Gefahr, dass sich seine Haftung auf Verbindlichkeiten mit anderen Konditionen, Laufzeiten und Ausfallrisiken erstreckt. Unter Wertungsgesichtspunkten besteht kein Unterschied zwischen einem Höchstbetragsbürgen und dem Geber einer Sachsicherheit[555]. Ob der Einsatz gegenwärtigen oder erst zu erwerbenden Vermögens zu besorgen steht, kann nicht entscheidend sein. Die (vermeintliche) Fremdbestimmung ist in beiden Fällen dieselbe. Wertungsmäßig ist es völlig irrelevant, ob der Sicherungsgeber den eventuell einzusetzenden Höchstbetrag auf einem Bankkonto deponiert oder in eine Immobilie investiert. Die Gefahr, nach Abschluss des Sicherungsvertrages erworbenes Vermögen zur Schuldentilgung einsetzen zu müssen, besteht in der Realität nur für diejenigen Personalsicherungsgeber, die bis zum Eintritt des Sicherungsfalls keine oder nur unzureichende Anstrengungen zur Schaffung eines entsprechendes Wertes unternommen haben, also für Sicherungsgeber, deren Zusage ihre Verhältnisse übersteigt. Dieser Aspekt rechtfertigt keine Schlechterstellung der Sachsicherungsgeber. Die Geber einer Sachsicherheit haben im Vorfeld der Sicherungszusage oftmals jahrzehntelang gespart und Vermögen angesammelt haben, um sich dingliche Werte, vor allem Grundvermögen, anzuschaffen[556]. Unter Umständen haben sie auch faktisch künftiges Vermögen eingesetzt und verloren, indem sie vor der Zwangsvollstreckung auf dem verhafteten Gegenstand lastende Grundpfandrechte abgelöst haben[557]. Die „Anlassrechtsprechung" führt zu einer unangemessenen Benachteiligung dieser „Bausparer". Die wirtschaftliche Beeinträchtigung ist im Falle eines Grundbesitzverlustes eher größer als bei sonstigen Vermögenseinbußen. Die Grundeigentümer müssen schlimmstenfalls ihren Grundbesitz räumen und sich nach einer anderen (meist schlechteren und mit Mietkosten verbundenen) Bleibe umsehen. Und all dies, weil der Gläubiger ihnen formularmäßig die Haftung für Verbindlichkeiten auferlegt hat, die abzusichern sie nicht frei entschieden haben und die sie nicht in ihre ursprünglichen Risikoerwägungen einbezogen haben.

---

[555] Siehe auch *Gaberdiel,* EWiR 1986, S. 147 f. (147, 3.); *Wagenknecht,* WuB I F 1 a. – 20.98, S. 1085 f. (1085/1086), eine Vereinheitlichung der Rechtsrechung erscheine konsequent.

[556] Haben sie es nicht selbst getan, so doch zumindest ihre Vorfahren, für welche die Leistungsanstrengung nicht geringer gewesen sein werden.

[557] *Hillmann,* Rostocker Schriften zum Bankrecht 1998, S. 77 ff. (92/93).

### *d) Neue Brüche durch die „Transparenzrechtsprechung"*

Neben den genannten Unstimmigkeiten bringt die „Transparenz-" bzw. „Überschaubarkeitsrechtsprechung III" neue Brüche in das vermeintlich konsistente „Anlassgebilde" der herrschenden Meinung.

Es dürfte nur eine Frage der Zeit sein, bis wieder ein Grundschuldbesteller die Teilunwirksamkeit der in einem Formularvordruck enthaltenen „weiten" Sicherungszweckerklärung reklamiert – diesmal wegen Verstoßes gegen das Transparenzgebot. Unter Hinweis auf seine dinglich beschränkte Haftung wird der BGH den Revisionsführer im Unterschied zur „Angehörigenrechtsprechung" im Anwendungsbereich des § 307 Abs. 1 S. 2 BGB nicht abweisen können[558]. Geht es dort um die Feststellung einer erheblichen finanziellen Überforderung wegen prognostizierbarer Nichterfüllbarkeit der Haftungszusage[559], betrifft die „Transparenzrechtsprechung" die Übersehbarkeit des abgesicherten Forderungskreises. Diese ist für den Besteller einer Fremdgrundschuld ebenso wenig gegeben wie für einen Höchstbetragsbürgen oder einen begrenzt einstandspflichtigen Mitschuldner. Im Übrigen trifft die Grundüberlegung der „Transparenzrechtsprechung" nicht nur auf die Pauschalbesicherung sämtlicher *bereits bestehender* Hauptschulden zu, sondern erst recht auf das formularmäßige Versprechen zur Absicherung aller *künftigen* Hauptschulden[560]. Es sieht also so aus, als könnte sich der BGH einer Verallgemeinerung seiner „Transparenzrechtsprechung" auf alle Fälle eines für den Sicherungsgeber im Zeitpunkt der Unterzeichnung einer formularmäßigen „weiten" Sicherungsweckerklärung nicht zu übersehenden und von ihm später auch nicht zu steuernden Haftungsumfangs über kurz oder lang nicht erwehren.

Die „Transparenzrechtsprechung" führt in der praktischen Anwendung für Personal- und Sachsicherungsgeber zu entschieden anderen Ergebnissen als die „Fremddispositionsrechtsprechung". Erstere hätte kurioserweise den größeren Anwendungsbereich, obwohl sie „nur" zur Haftungserstreckung auf alle *gegenwärtigen* Forderungen entwickelt worden ist.

Ein weiterer Bruch würde sich einstellen, wenn der BGH sich der Literaturmeinung anschlösse, dass der Transparenzbedarf eines Minderheitsgesellschafters oder gar eines jeden Unternehmers nicht größer ist als derjenige eines maßgeblich beteiligten Anteilseigners oder Geschäftsführers[561]. In diesem Fall müsste der BGH sich von der bisherigen Ergebnisgleichheit seiner „Transpa-

---

558 Vgl. *Otten,* S. 313 Rn. 828.

559 Näheres oben unter Gliederungspunkt c) aa), (Fn. 537, 539).

560 Ebenso *Emde,* GmbHR 2000, S. 328 ff. (329, 1. c)), der den Verstoß gegen das Verbot der Fremddisposition indes (jedenfalls gegenüber der ursprünglichen „Transparenzrechtsprechung" anhand § 242 BGB) als spezifischeren und gravierenderen Unwirksamkeitsgrund erachtet (hat); *Otten,* S. 313 Rn. 828.

561 Siehe nochmals *MüKo-Habersack* (4), § 765 Rn. 75.

renz-" und „Fremddispositionsrechtsprechung" lösen. Minderheitsgesellschafter könnten im Nachhinein anlässlich eines konkreten Sicherungsgeschäfts zur Absicherung aller bestehenden Forderungen verpflichtet werden, weil sie sich über deren Umfang und Höhe informieren können[562], nicht aber zur Absicherung aller zukünftigen Verbindlichkeiten der Hauptschuldnerin, da sie diese nicht beeinflussen können[563].

### 2. Plädoyer für einen kohärenten Schutz sämtlicher Sicherungsgeber

Der BGH sollte daher ob dieser Widrigkeiten im Ergebnis sowohl seine Rechtsprechung zu § 307 Abs. 3 BGB (vormals § 8 AGBG) auf ihre Ursprünge zurückfahren, das heißt die Erstreckungsklausel als das ansehen was sie ist, die Beschreibung einer Hauptleistungspflicht, als auch an seine ursprünglichen Erwägungen zur Schutzbedürftigkeit eines Grundschuldbestellers anknüpfen. Mit der „Anlassrechtsprechung" hat der BGH ursprünglich den Schutz des von einer „weiten" Sicherungszweckerklärung überrumpelten Grundschuldbestellers intendiert[564]. Vormals hieß es in Bezug auf die globale Mitverpflichtung eines Bürgen, anders als bei der Bestellung einer Grundschuld entspräche dessen Haftung für die Schuld eines Dritten in ihrer jeweiliger Höhe dem Gesetz. Ein Bürge hätte immer für fremde Schulden einzustehen. *Erwägungen zu seinen Gunsten müssten* daher aus gesetzlichen sowie aus teleologischen Gründen, *anders als vielleicht bei einem Grundstückseigentümer, unberücksichtigt bleiben*[565]. Der Schuldnerschutz hat sich in den letzten 30 Jahren in sein Gegenteil verkehrt. Wie so oft, hätte sich der goldene Mittelweg angeboten:

Sowohl ein Bürge als auch ein Grundschuldbesteller, Patron oder sonstiger Sicherungsgeber verdienen Schutz vor einer ihnen einseitig vorgegebenen formularmäßigen Sicherungszweckerweiterung[566]. Sofern die Erstreckungsklausel den Sicherungsgeber überrascht, was prinzipiell bei jedem Sicherungsgeber möglich ist, findet sie gemäß § 305c Abs. 1 BGB bereits keinen Eingang in

---

[562] Was jeder andere Gläubiger wie gesagt nicht minder könnte. Diese Differenzierung verstieße klar gegen das Gleichheitsgebot (Art. 3 Abs. 1 GG), dem auch die Judikative verhaftet ist.

[563] Und dies, obwohl sie ihre Interzession für künftige Hauptschulden durch eine Kündigung beenden können, nicht aber die in verwerflichen Weise begründete Einstandspflicht für alle bestehenden Verbindlichkeiten des Hauptschuldners, die bereits einen ruinösen Umfang haben können.

[564] Siehe nochmals *Bydlinski,* ÖBA 1999, S. 93 ff. (102, d)).

[565] *BGH* (U. v. 07.11.1985 – IX ZR 40/85), WM 1986, S. 95 ff. (96/97, 1.), (Hervorh. durch Verf.); vgl. auch *OLG Karlsruhe* (U. v. 11.04.1984 – 9 U 261/83), NJW 1986, S. 136 f. (137); *Meinhardt,* Beendigung der Haftung, S. 19/20.

[566] Beschränkt auf Drittsicherheiten und bezogen auf das österreichische Recht ebenso, *Bydlinski,* ÖBA 1999, S. 93 ff. (102, d)).

den Sicherungsvertrag. Im Übrigen ist die Zweckerweiterungsklausel gemäß § 307 Abs. 1 S. 1 BGB wegen unangemessener Benachteiligung des Sicherungsgebers unwirksam. Die Benachteiligung resultiert daraus, dass eine bereits festgelegte Hauptleistungspflicht nur mittels Individualvereinbarung erweitert werden kann (§§ 311 Abs. 1, 241 Abs. 1 BGB). Die klauselmäßige Ausdehnung des Sicherungsumfangs bewirkt für den Sicherungsgeber einen faktischen Kontrahierungszwang. Sie beeinträchtigt ihn unangemessen in seiner Abschluss- bzw. in seiner hauptleistungsbezogenen Gestaltungsfreiheit. Der durchschnittliche Sicherungsgeber kann in den „Anlasskonstellationen" nicht frei darüber entscheiden, ob er sich dem Gläubiger als Globalsicherungsgeber zur Verfügung stellt. Da der Gesetzgeber die Möglichkeit einer formularmäßigen Hauptleistungsbestimmung, die für den Sicherungsgeber ein ungleich höheres Risiko birgt als die einseitige Vorgabe einer Nebenbestimmung, versehentlich nicht bedacht hat, muss in den „Anlassfällen" über die gängige Interpretation des § 307 Abs. 3 S. 1 BGB hinaus erst recht die Möglichkeit einer beschränkten Angemessenheitskontrolle anhand des § 307 Abs. 1 S. 1 BGB bestehen. „Beschränkt" deshalb, weil die Angemessenheitskontrolle auf die Frage zu reduzieren ist, ob der Gläubiger die Privatautonomie des Sicherungsgebers in unangemessener Weise eingeschränkt hat. Trotz der Unwirksamkeit der de facto fremdbestimmten „weiten" Sicherungszweckerklärung besteht die Haftung für die „Anlassforderung(en)" fort. Insoweit haben die Parteien des Sicherungsverhältnisses eine Individualabrede getroffen, die gemäß §§ 305 Abs. 1 S. 3, 305b BGB unabhängig von der Erstreckungsklausel Bestand hat.

Die hier vorgeschlagene Lösung ist nicht nur denkbar einfach und klar strukturiert, sie verhilft der „Anlassrechtsprechung" auch aus der Sackgasse heraus, in der sie sich derzeit zu befinden scheint. Eine Subsumtion unter die Vorschriften des BGB ohne Zuhilfenahme der objektiven Wertentscheidung des Art. 2 Abs. 1 BGB bzw. unbeschadet der bürgerlich-rechtlichen Abschlussfreiheit, hat sich nicht als gangbarer Weg zur Lösung der „Anlassproblematik" erwiesen. Wenn die „Anlassrechtsprechung" von Anfang an äußerst ergebnisorientiert gewesen ist, so zeigt sich daran andererseits nur das Anliegen der Judikative, den betroffenen Personalsicherungsgebern einen möglichst weitgehenden Schutz angedeihen zu lassen[567]. Dass der BGH mit seiner „Anlassrechtsprechung" nach vorliegendem Verständnis für den Kreis der Sachsicherungsgeber, Geschäftsführer und maßgeblich beteiligten Gesellschafter hinter dem Optimum zurückgeblieben ist, ist für die bis dato rechtskräftig abgewiesenen Revisionsführer bedauerlich[568], präjudiziert aber nicht die Linie der „Anlassrechtsprechung" für die Zukunft. Der BGH hat wesentlich zur „Materialisierung" des

567 Dies kommt vor allem in der Entscheidung *BGH* (U. v. 24.06.1997 – XI ZR 288/96), WM 1997, S. 1615 f. (1616, 2.), zum Ausdruck.

568 Diese hätten es allerdings selbst in der Hand gehabt, ihr Grundrecht auf Vertragsfreiheit mit Hilfe einer Individualverfassungsbeschwerde zu wahren.

Vertragsrechts beigetragen[569] und niemals pedantisch an einem einmal eingeschlagenen Rechtsprechungsweg festgehalten, sondern sich stets offen für konstruktive Kritik gezeigt und des Öfteren sogar eine bereits über Jahrzehnte geübte und vermeintlich „festgefahrene Rechtsprechung“ unter ausdrücklichem Hinweis auf einen Überzeugungswandel aufgegeben. Zu wünschen wäre es[570].

### 3. Praktische Auswirkungen einer Änderung der „Anlassrechtsprechung“

Ein solcher Rechtsprechungswandel wäre nicht ohne praktische Konsequenzen.

In der Vergangenheit hat die Kreditwirtschaft auf Geheiß ihrer Verbände ihre Formularpraxis kontinuierlich an die geänderte „Anlassrechtsprechung“ angepasst. Bürgschaften mit „weiter“ Sicherungszweckerklärung werden allenfalls noch von Mehrheitsgesellschaftern und Geschäftsführern hereingenommen[571]. Darüber hinaus haben die Verbände die Aufnahme einer Höchstbetragsbegrenzung empfohlen[572]. In der Praxis sind daher mittlerweile – jedenfalls sofern es sich bei dem Sicherungsgeber nicht um einen an der Hauptschuldnerin maßgeblich beteiligten Gesellschafter oder Geschäftsführer handelt – Höchstbetragsbürgschaften mit „engem“ Sicherungszweck üblich[573]. Dies ist deswegen interessant, weil die Rechtsprechung sich von dem Erfordernis einer summenmäßigen Haftungsbegrenzung seit jeher distanziert hat[574]. Das Vertrauen des Kreditgewerbes in die Richtigkeit der „Anlassjudikatur“ scheint demnach nicht allzu groß zu sein.

---

[569] *Wolf,* FS 50 Jahre BGH, Band I, S. 111 ff. (127, 1. Abs.), der BGH habe mit seiner AGB-Rechtsprechung die Neugestaltung von einem formal liberalen zu einem materiell gerechten Vertragsrecht wesentlich mitbeeinflusst.

[570] Auch wenn die von einem Rechtsprechungswandel begünstigten Personenkreise sich vielfach auch gegen das Angebot auf Abschluss eines individuellen Globalabsicherungsvertrages nicht würden wehren können, vgl. auch *Bydlinski,* ÖBA 1999, S. 93 ff. (99, 2. Spalte, 1. Abs.).

[571] *Schröter,* WM 2000, S. 16 ff. (16/17).

[572] Vgl. bereits *Derleder,* NJW 1986, S. 97 ff. (98, 1. Abs.). Diese Empfehlung findet sich auch bei *Falter,* Praxis des Kreditgeschäfts (15), S. 656 Rn. 6.427, S. 657 Rn. 6.432; *Schaarschmidt,* Sparkassenkredite (8), S. 802 Rn. 2.904; *Wagenknecht* in: *BuB,* Rn. 4/1058a.

[573] *Bales,* BKR 2004, S. 264 ff. (267, 3.); arg. e *Ohlmeyer/Gördel,* Kreditgeschäft der Kreditgenossenschaften (10), S. 786–788; *Schimansky/Bunte/Lwowski* (*Schmitz*), Bankrechts-Handbuch II (2), Anh. zu § 91, Erläuterungen, 1.; *Schröter,* WuB I F 1 a. – 13.95, S. 1076 ff. (1078, 1. Abs.); *ders.,* WuB I F 1 c. – 1.96, S. 225 f. (226, 2. Abs.).

[574] Sieht man von dem „missverständlichen“ Urteil des *BGH* vom 18.05.1995 einmal ab; aA *Hillmann,* Rostocker Schriften zum Bankrecht 1998, S. 77 ff. (86, a)).

### *a) Verfassungswidrigkeit der ständigen BGH-Rechtsprechung betreffend die Beurteilung von globalen Mehrheitsgesellschafter-, Geschäftsführer- und Realsicherheiten*

Daran, dass die „Bereichsausnahme“ für maßgeblich beteiligte Anteilseigner und GmbH-Geschäftsführer legitim ist, scheint die Praxis indes keinen Zweifel zu hegen. Grund dafür mag die Tatsache sein, dass einflussberechtigte Sicherungsgeber von dem Gläubiger in aller Regel auch individualvertraglich zu einer umfassenden Sicherungszusage verpflichtet werden könnten. Nichtsdestotrotz ist die aktuelle Vorgehensweise gesetzeswidrig. Gleiches hat für die „Anlassrechtsprechung“ auf dem Gebiet der Sachsicherheiten zu gelten.

Im Übrigen vermag die Begründung der „Anlassrechtsprechung“ zwar nicht zu überzeugen, dies allein bewirkt aber noch keinen Verfassungsverstoß. Das Bundesverfassungsgericht ist keine „Superrevisionsinstanz“[575]. Die Auslegung und Anwendung des einfachen Rechts obliegt allein den Fachgerichten. Deren Entscheidungen werden nur insoweit verfassungsgerichtlich angegriffen, als sie „Auslegungsfehler erkennen lassen, die auf einer grundsätzlich unrichtigen Auffassung von der Bedeutung eines Grundrechts, insbesondere vom Umfang seines Schutzbereichs beruhen und auch in ihrer materiellen Bedeutung für den konkreten Rechtsfall von einigem Gewicht sind[576]. Ein Verstoß gegen die grundrechtliche Gewährleistung der Privatautonomie kommt nur in Betracht, wenn die Zivilgerichte das Problem gestörter Vertragsparität gar nicht gesehen oder mit untauglichen Mitteln gelöst haben[577]. Soweit die „Anlassrechtsprechung“ den Sicherungsgeber vor einer klauselmäßigen Zweckerweiterung schützt, ist dies nicht der Fall.

---

[575] *Dieterich,* WM 2000, S. 11 ff. (12, II.); *Maunz/Dürig (Di Fabio),* GG, Art. 2 Abs. 1 Rn. 67.

[576] St. Rspr. des BVerfG, vgl. nur *BVerfG* (B. v. 10.06.1964 – 1 BvR 37/63), BVerfGE 18, S. 85 ff. (93, 2. Abs.); *BVerfG* (B. v. 11.05.1976 – 1 BvR 671/70), BVerfGE 42, S. 143 ff. (148/149); *BVerfG* (B. v. 07.02.1990 – 1 BvR 26/84), „Handelsvertreterentscheidung“, BVerfGE 81, S. 242 ff. (253, 1.); *BVerfG* (B. v. 19.10.1993 – 1 BvR 567, 1044/89), BVerfGE 89, S. 214 ff. (230, 2. Abs.); ihm folgend *BVerfG* (B. v. 05.08.1994 – 1 BvR 1402/89), WM 1994, S. 1837 ff. (1839, 2. a)), ein Verstoß gegen die grundrechtliche Gewährleistung komme dann in Betracht, wenn das Problem gestörter Vertragsparität gar nicht gesehen oder seine Lösung mit untauglichen Mitteln versucht worden sei; vgl. auch *Dieterich,* WM 2000, S: 11 ff. (13, II.). Die Zivilgerichte müssen die Bedeutung eines Grundrechts grundsätzlich verkannt haben, *BVerfG* (B. v. 19.10.1993), a. a. O., S. 230, 2. Abs. Dabei steigen mit zunehmender Intensität der Betroffenheit des Beeinträchtigten in seiner Grundrechtssphäre die verfassungsgerichtlichen Nachprüfungs- und Wertungsmöglichkeiten, vgl. *BVerfG* (B. v. 11.05.1976), a. a. O., S. 149, 1. Abs.

[577] *BVerfG* (B. v. 02.03.1996 – 1 BvR 696/96), WM 1996, S. 948 f. (949, 1. a)); vgl. bereits Fn. 576.

### *b) Kein Vertrauensschutz für den Fall einer zukünftigen Rechtsprechungsänderung*

Soweit den Sicherungsgebern ein solcher Schutz bislang zu Unrecht verwehrt worden ist, ist das Vertrauen der Gläubiger in den Fortbestand einer höchstrichterlichen Rechtsprechung richtiger und herrschender Meinung zufolge generell nicht schutzwürdig[578].

Nach ständiger BGH-Rechtsprechung begründet eine frühere höchstrichterliche Rechtsprechung für die Gläubiger nicht ohne weiteres einen Vertrauenstatbestand, der die spätere Berufung des Schuldners auf die Unwirksamkeit der Regelung als unzulässige Rechtsausübung im Sinne des § 242 BGB erscheinen ließe[579]. Ein Verstoß gegen das verfassungsrechtliche Rückwirkungsverbot (Art. 2 Abs. 1 i. V. m. Art. 20 Abs. 3 GG) liege nicht vor[580]. Höchstrichterliche Urteile seien keine Gesetze und sie stünden Gesetzen auch nicht gleich. Sie erzielten keine vergleichbare Rechtsbindung[581]. Gerichtliche Entscheidungen über die Wirksamkeit eines Rechtsgeschäfts seien ein Akt wertender Rechtserkenntnis, der sich seiner Natur nach auf einen vergangenen, noch nicht abgeschlossenen Sachverhalt beziehe[582]. Die verfassungsgerichtlichen Vorgaben zur Zulässigkeit einer Rückwirkung von Gesetzen[583] ließen sich nicht auf die richterliche Rechtsfindungsaufgabe übertragen[584]. Die Gerichte seien an ihre über-

---

578 *BGH* (U. v. 24.09.1998 – IX ZR 425/97), WM 1998, S. 2186 ff. (2188, III. 1.); *Fullenkamp,* GmbHR 2003, S. 654 ff. (659, IV. 2.); *Hillmann,* Rostocker Schriften zum Bankrecht 1998, S. 77 ff. (90/91, 3.); *Reinicke/Tiedtke,* WiB 1996, S. 505 ff. (510, VI. 1.)); *Schimansky,* WM 2001, S. 1889 ff. (1891); *Schimansky/Bunte/Lwowski* (*Schmitz*), Bankrechts-Handbuch II (2), § 91 Rn. 12; aA *Richrath,* WM 1999, S. 1698 ff. (1703/1704), Interessenabwägung zwischen Rechtssicherheit und materieller Gerechtigkeit als gleichrangigen Elementen des Rechtstaatsprinzips; *Richrath/Schröter,* WuB I F 1 a. – 12.96, S. 586 ff. (587/588, II.).

579 *BGH* (U. v. 24.09.1998 – IX ZR 425/97), WM 1998, S. 2186 ff. (2188, III. 1.).

580 *BGH* (U. v. 18.01.1996 – IX ZR 69/97), BGHZ 132, S. 6 ff. (11, 6.); *BGH* (U. v. 07.03.1996 – IX ZR 43/95), WM 1996, S. 766 ff. (769, 2. Abs.); *BGH* (U. v. 13.06.1996 – IX ZR 229/95), WM 1996, S. 1391 ff. (1393, 3.); *OLG Zweibrücken* (U. v. 20.12.2001 – 4 U 131/00), NJW-RR 2002, S. 1037 f. (1038, aa)).

581 *Kreft,* WM 1997, Sonderbeilage Nr. 5, S. 11, 2. Spalte; *Schimansky,* WM 2001, S. 1889 ff. (1889/1890).

582 *Schimansky,* WM 2001, S. 1889 ff. (1889, 1. b)).

583 Das Bundesverfassungsgericht unterscheidet zwischen „echter" (retroaktiver) und „unechter" (retrospektiver) Rückwirkung bzw. nach neuerer Terminologie des Zweiten Senates zwischen der „Rückbewirkung von Rechtsfolgen" und der „tatbestandlichen Rückanknüpfung". Während die „echte" Rückwirkung von Gesetzen grundsätzlich verfassungswidrig ist, ist die „unechte" Rückwirkung grundsätzlich statthaft, wenn nicht ausnahmsweise das Vertrauen des Betroffenen in den Fortbestand der bisherigen Gesetzeslage höher zu bewerten ist als das gesetzgeberische Anliegen für das Wohl der Allgemeinheit; insgesamt dazu *v. Mangoldt/Klein/Starck* (*Sommermann*), Bonner Grundgesetz-Kommentar, Band 2 (4), Art. 20 Abs. 3, Rn. 284–287; *Schmidt-Bleibtreu/Klein* (*Hofmann*), GG (10), Art. 2, Rn. 36, 38/39, jeweils m. w. N.

kommene Rechtsprechung generell nicht gebunden, sollte sich diese im Lichte besserer Erkenntnis als unhaltbar erweisen[585]. Etwas anderes gelte allenfalls dann, wenn die Folgen eines „richtigen" Urteils für den Gegner, der auf die Fortdauer der bisherigen Rechtsprechung vertraut hat, eine unbillige, ihm nicht zumutbare Härte bedeuteten[586]. In diesem Fall könne das Prinzip der Rechtssicherheit einer rückwirkenden Rechtsprechungsänderung entgegenstehen[587].

Davon ist in den „Anlassfällen" nicht auszugehen. Dies vor allem deswegen, weil die abweichende Beurteilung der „Anlasskonstellationen" – jedenfalls hinsichtlich der Sachsicherungsgeber und GmbH-Geschäftsführer – nicht auf einem „allgemeinen Wertewandel" beruhen würde[588]. Auch greift eine rückwirkende Rechtsprechungsänderung allenfalls dann in rechtliche geschützte Positionen der betroffenen Vertragpartei ein, wenn ihr Interesse an dem Fortbestand der bis dahin geltenden Rechtsprechung verglichen mit den Belangen der anderen Vertragspartei und den Interessen der Allgemeinheit höher zu bewerten ist[589]. Diesbezüglich hat der BGH in der Vergangenheit mehrfach geäußert, dass das Ver-

584 *BGH* (U. v. 18.01.1996 – IX ZR 69/97), BGHZ 132, S. 6 ff. (11, 6.); *BGH* (U. v. 29.02.1996 – IX ZR 153/95), WM 1996, S. 762 ff. (75, 2. a)); *Schimansky,* WM 2001, S. 1889 ff. (1889/1890). Als Lösung des Problems der tatsächlichen „Rückwirkung" einer Rechtsprechungsänderung fordert *Hadding,* EWIR 1996, S. 735 f. (736, 4.), eine gesetzliche Regelung zur „Rechtskraftbegrenzung auf die künftige Unterlassung des Verwendens von missbilligten Klauseln."

585 *BGH* (U. v. 29.02.1996 – IX ZR 153/95), WM 1996, S. 762 ff. (765, 2. a)); kritisch *Fischer,* WM 2000, S. 14 ff. (15, 4.), der es bei einer unzulässigen Einwirkung auf die Entschließungsfreiheit allerdings ebenfalls als zulässig erachtet, an Altverträge neue Rechtsmaßstäbe anzulegen; *ders.,* WM 2001, S. 1049 ff. (1058, 2. (2. Spalte)).

586 *BGH* (U. v. 29.02.1996 – IX ZR 153/95), WM 1996, S. 762 ff. (766, c)), m. w. N. zu der Tatsache, dass die „unechte Rückwirkung" durch eine Änderung der höchstrichterlichen Rechtsprechung im Bereich des Privatrechts bisher nur in Fällen eingeschränkt worden ist, in denen es um den Fortbestand eines – häufig Versorgungscharakter tragenden – Dauerschuldverhältnisses ging und die Rückwirkung für den Betroffenen möglicherweise existenzbedrohende Auswirkungen gehabt hätte. Im konkreten Fall verneint für die Rechtserkenntnis, dass Vollmachten von Nichtkaufleuten zur Abgabe einer Bürgschaftserklärung der Schriftform bedürfen (766, d)); *Rikken,* S. 153.

587 *BGH* (U. v. 18.01.1996 – IX ZR 69/97), BGHZ 132, S. 6 ff. (11, 6.); *BGH* (U. v. 29.02.1996 – IX ZR 153/95), WM 1996, S. 762 ff. (765, 2. b)); *Schmidt-Bleibtreu/Klein* (*Hofmann*), GG (10), Art. 2, Rn. 37; generell für ein Rückwirkungsverbot, *Richrath/Schröter,* WuB I F 1 a. – 12.96, S. 586 ff. (587/588, II.).

588 Vgl. nur *BGH* (U. v. 18.01.1996 – IX ZR 69/97), BGHZ 132, S. 6 ff. (12/13), ob die Literaturmeinung, dass bei Rechtsprechungsänderungen aufgrund eines allgemeinen Wertewandels eine Begrenzung der Rückwirkung geboten sei (so *Medicus,* NJW 1995, S. 2577 ff. (2081, IV. 1. a)), Zustimmung verdiene, könne in dem konkreten Fall dahinstehen, da die neue Rechtsprechung die bestehenden Wertmaßstäbe nicht grundlegend verändere. Sie korrigiere vielmehr eine Auffassung, die von Teilen des Schrifttums von Beginn an abgelehnt worden ist. Dies träfe auch hier zu.

589 *BVerfG* (B. v. 14.01.1987 – 1 BvR 1052/79), BVerfGE 74, S. 129 ff. (152), Gesetzgeber wie Richter trifft die Pflicht, Vertrauensschutz und Rechtssicherheit zu beachten; *BGH* (U. v. 18.01.1996 – IX ZR 69/97), BGHZ 132, S. 6 ff. (11, 6.); *BGH*

trauen der einen Partei auf den Fortbestand einer ihr günstigen Rechtsprechung nicht grundsätzlich schutzwürdiger sei als dasjenige der anderen Partei, ihr Interesse aufgrund der nunmehr als richtig erkannten Rechtslage durchsetzen zu können[590]. Die materielle Gerechtigkeit sei dem Grundsatz der Rechtssicherheit mindestens ebenbürtig[591]. Von seltenen Fällen eines treuwidrigen Verhaltens abgesehen, sei es nicht zu vertreten, die Belange der sich objektiv im Recht befindlichen Partei zurücktreten zu lassen[592]. Dies gelte erst recht bei Streitigkeiten um die Unwirksamkeit einer Formularklausel. Das AGB-Recht gestatte eine intensivierte Inhaltskontrolle. Die Generalklausel des § 307 Abs. 1 S. 1 BGB gewähre einen lückenlosen Schutz vor unangemessenen Geschäftsbedingungen[593]. Nach dem Schutzzweck des AGB-Rechts treffe allein den Gläubiger das Risiko, dass und in welchem Umfang ein Vertrag wirksam sei, der gemäß einem von ihm verwendeten Formular geschlossen worden ist[594].

Sollte der Gläubiger daher nicht dartun und beweisen können, dass die Zweckerweiterungsklausel nur eine mit dem Sicherungsgeber individuell getroffene Abrede zur Absicherung sämtlicher Hauptschulden wiedergibt (§ 305 Abs. 1 S. 3 BGB)[595] bzw. sollte sich die Berufung des Sicherungsgebers – vor allem eines maßgeblich beteiligten Gesellschafters – auf die Unwirksamkeit der Erstreckungsklausel nicht im Einzelfall als treuwidrig erweisen (§ 242 BGB)[596], muss der Gläubiger für den Fall einer Rechtsprechungsänderung davon ausgehen, den Sicherungsgeber nur wegen der „Anlassforderung(en)“ in Anspruch nehmen zu können und bereits vereinnahmte Leistungen auf die Globalsicher-

(U. v. 29.02.1996 – IX ZR 153/95), WM 1996, S. 762 ff. (766/766, b)); *Kreft,* WM 1997, Sonderbeilage Nr. 5, S. 11, 2. Spalte.

590 Vgl. nur *BGH* (U. v. 07.03.1996 – IX ZR 43/95), WM 1996, S. 766 ff. (769, 2. Abs.).

591 *BGH* (U. v. 29.02.1996 – IX ZR 153/95), WM 1996, S. 762 ff. (766, 1. Abs.); siehe auch *Richrath,* WM 1999, S. 1698 ff. (1704, 2. Abs. a.E.).

592 *BGH* (U. v. 07.03.1996 – IX ZR 43/95), WM 1996, S. 766 ff. (769, 2. Abs.).

593 *BGH* (U. v. 18.01.1996 – IX ZR 69/97), BGHZ 132, S. 6 ff. (11/12, b)).

594 *BGH* (U. v. 18.01.1996 – IX ZR 69/97), BGHZ 132, S. 6 ff. (12, 1. Abs.), u.a. unter Hinweis auf die Regelung des § 306 BGB, „wer sich nicht mit einer gesetzlichen Regelung begnügt und zur Erweiterung seiner Rechte den Weg über AGB wählt, ist in der Regel nicht dadurch in seinem schutzwürdigen Vertrauen beeinträchtigt, dass eine Klausel geraume Zeit unbeanstandet geblieben ist und erst nach Jahren für unwirksam erachtet wird“; *BGH* (U. v. 07.03.1996 – IX ZR 43/95), WM 1996, S. 766 ff. (769, 2. Abs.), der Gesetzgeber habe das Risiko gezielt dem Verwender auferlegt; *BGH* (U. v. 15.04.1997 – IX ZR 112/96), WM 1997, S. 1045 ff. (1048, a)); siehe auch *Kreft,* WM 1997, Sonderbeilage Nr. 5, S. 11, 2. Spalte; *Rikken,* S. 153.

595 Zu den Anforderungen an einen solchen Gegeneinwand, *Clemente,* ZIP 1990, S. 969 ff. (975, IV.); *Kreft,* WM 1997, Sonderbeilage Nr. 5, S. 13, ee); *Schmitz/Vogel,* ZIP 2002, S. 1200 ff. (1204). Prima facie ist von der AGB-Eigenschaft vorformulierter Vertragsbestandteile auszugehen, *Palandt-Heinrichs* (64), § 305 BGB, Rn. 24; *Schimansky/Bunte/Lwowski* (*Merkel*), Bankrechts-Handbuch II (2), § 94 Rn. 325.

596 Etwa weil er von den Geschäften mit dem Hauptschuldner maßgeblich selbst profitiert hat, vgl. bereits Gliederungspunkt 1. b) a.E.

heit gegebenenfalls gemäß § 812 Abs. 1 S. 1, 1. Alt. BGB erstatten zu müssen[597].

Angesichts dessen ist den Gläubigern dringend zu raten, gänzlich von ihrer unzulässigen Zweckerweiterungspraxis Abstand zu nehmen.

## C. Etwaige Unwirksamkeit einer Zahlungsklausel (Klausel zur Zahlung auf erstes Anfordern)

Im Zusammenhang mit der harten Patronatserklärung stellt sich neben der „Anlassproblematik" noch ein zweites AGB-Rechtsproblem, nämlich dasjenige der Wirksamkeit einer „Klausel zur Zahlung auf erstes Anfordern".

Im Zuge der Umfrage haben vier bzw. fünf[598] Unternehmen angegeben, ihrer Ausstattungszusage die Verpflichtungserklärung beizufügen, dem Gläubiger *auf erstes Anfordern* diejenigen Zahlungen zu leisten, die dieser von dem Protegé zu fordern hat, wenn der Gläubiger ihnen mitteilt, dass die Rückzahlung des Kredits einschließlich Zinsen und Nebenkosten durch Maßnahmen von hoher Hand gefährdet oder unmöglich ist[599]. Der Patronatsvertrag ist dabei in allen Fällen auf Verlangen des Gläubigers um die sog. Zahlungsklausel erweitert worden.

---

[597] Ob die Rückforderung rechtsgrundlos erbrachter Leistungen auch dann möglich ist, wenn diese zu einem Zeitpunkt erbracht worden sind, in dem sich die Rechtsprechungsänderung noch nicht konkret abgezeichnet hat, hat der BGH, soweit ersichtlich, bislang noch nicht entschieden, vgl. *BGH* (U. v. 24.09.1998 – IX ZR 425/97), WM 1998, S. 2186 ff. (2188, III. 2.). *Rikken,* S. 154/155 differenziert danach, ob die Leistung vor oder nach der Rechtsprechungsänderung erfolgt ist. Für die harte Patronatserklärung ist diese Frage von untergeordneter Bedeutung. Von dem Protegé an den Gläubiger weitergereichte Ausstattungsmittel kann der Patron von diesem ohnehin nicht „zurück"verlangen, vgl. Kapitel 8, A., 2. Abs. (Fn. 3).

[598] Bei einem Unternehmen, einer Aktiengesellschaft, wird nicht ganz klar, ob sie die Zahlungsklausel im Zusammenhang mit einer „weichen" oder mit einer „harten" Patronatserklärung abgegeben hat. Die Gesellschaft hat angegeben, fast ausschließlich „weiche" Patronatserklärungen zur Absicherung eines Gesamtvolumens im zwei- bis dreistelligen Millionenbereich abgegeben zu haben. Ihre Angaben im zweiten Teil des Fragebogens beziehen sich „grundsätzlich, aber nicht generell" nur auf „weiche" Patronatserklärungen. Eines der auf erstes Anfordern zahlungspflichtigen Unternehmen ist eine inländische Mehrheitsgesellschafterin in der Rechtsform einer GmbH, die Forderungen in Höhe von insgesamt 2 Mio. € durch harte Patronatserklärung(en) absichert. Die anderen Unternehmen, beides Aktiengesellschaften, haben die Patronatserklärung(en) mit Blick auf einen Konzernverbund bzw. eine Beteiligung an dem Protegé abgegeben.

[599] Vgl. die Musterformulare bei *Herget/Butzke,* Ersatzsicherheiten, S. 10, Muster 2; *Wittig* in: *BuB* (2003), Rn. 4/2907; vgl. auch *J. Horn,* Patronatserklärungen im common law, S. 179, b), siehe aber S. 197; *Obermüller,* Ersatzsicherheiten, S. 5 Rn. 27.

## I. Qualifikation der Zahlungsklausel als „Bürgschaft auf erstes Anfordern"

Mit der Zahlungsklausel begibt sich der Gläubiger des Risikos, dass der Protegé zwar leistungsfähig und leistungsbereit ist, aber aus politischen Gründen nicht leisten darf[600]. Obschon die Zahlungsklausel im Zusammenhang mit der harten Patronatserklärung Verwendung findet, um das Risiko hoheitlicher Restriktionen im Heimatland des Protegés von dem Gläubiger auf den Patron zu verlagern[601], ist sie nicht Teil der eigentlichen Ausstattungszusage. Bei ihr dürfte es sich um eine *Bürgschaft auf erstes Anfordern* handeln[602]. Im Unterschied zu einer auf erstes Anfordern zahlbar gestellten Garantie, ist der Sicherungsfall vorliegend nicht losgelöst von der Existenz und Durchsetzbarkeit der Hauptschuld[603], sondern der Patron verpflichtet sich nur zur Erbringung derjenigen Zahlungen, die der Gläubiger von dem Protegé „zu fordern hat". Die Verbindlichkeit ist akzessorisch zur Hauptschuld[604].

Daran ändert auch die Tatsache nichts, dass der Patron *zunächst* darauf verzichtet, von dem Gläubiger den Nachweis des Vorliegens der Zahlungsvoraussetzungen im Hauptschuldverhältnis zu verlangen (Akzessorietäts*lockerung*[605], nicht -aufhebung)[606]. Er muss die geforderte Leistung auf bloße Zahlungsauf-

---

600 *Frick,* Patronatserklärungen, S. 126; *J. Horn,* Patronatserklärungen im common law, S. 179, b), vgl. aber S. 197; *Obermüller,* Ersatzsicherheiten, S. 4/5 Rn. 27.

601 Vielfach wird es sich um Devisen- oder Zahlungsbeschränkungen handeln, die selbst finanzkräftige Protegés an der Rückführung ihrer Verbindlichkeiten hindern.

602 AA *Frick,* Patronatserklärungen, S. 127, aufschiebend bedingte Garantie; ebenso (Garantie), *J. Horn,* Patronatserklärungen im common law, S. 179, b), vgl. aber S. 197. Die Bürgschaft auf erstes Anfordern ist nach st. Rspr. kein Sicherungsmittel eigener Art, sondern eine den Gläubiger besonders privilegierende Form der Bürgschaftsverpflichtung, *BGH* (U. v. 24.10.2002 – IX ZR 355/00), WM 2002, S. 2498 ff. (2499, 2.); *BGH* (U. v. 03.04.2003 – IX ZR 287/99), NJW 2003, S. 2231 ff. (2233, 1. Abs.), m.w.N.; *H. Schmidt,* RIW 2004, S. 336 ff. (337, b)).

603 Zur Garantie auf erstes Anfordern, *Reinicke/Tiedke,* Kreditsicherung (4), S. 158/159 Rn. 436; *MüKo-Habersack* (4), Vor § 765 Rn. 27/28, zu den sog. „Effektivklauseln", Rn. 32. Diesbezüglich ist streitig, ob entsprechende Klauseln den Nachweis oder nur die Glaubhaftmachung der zusätzlich als Anforderungsvoraussetzung benannten Umstände erfordern, vgl. *MüKo-Habersack,* a.a.O. Im Gegensatz zu einer Bürgschaft bestehen diese Umstände jedenfalls nicht in der Existenz und Durchsetzbarkeit der Hauptschuld.

604 Zur Unterscheidung zwischen einer Bürgschaft und einer Garantie auf erstes Anfordern, *BGH* (U. v. 23.01.1997 – IX ZR 297/95), WM 1997, S. 656 ff. (658, I.); *Hahn,* MDR 1999, S. 839 ff. (839/840); *Krämer* in: Horn/Krämer, Bankrecht 2002, S. 177 ff. (178, I.); *Staudinger-Horn,* Vorbem zu §§ 765 ff. Rn. 218, sei diese Verpflichtungsform bei einem Außenhandelsgeschäft gewählt, sprächen die heutigen Gepflogenheiten des internationalen Geschäfts für eine Garantie; vgl. aber *BGH* (B. v. 14.10.1982 – III ZR 14/82), WM 1982, S. 1324 f. (1324/1325), Auslegungsfrage; *Wolf/Horn/Lindacher* (*Wolf*), AGBG (4), § 9 Rn. B220; aA *Schnauder,* WM 2000, S. 2073 ff. (2076/2077, III., 2080, 1. Abs.), Identität beider Sicherungsformen; *Weth,* AcP 189 (1989), S. 303 ff. (324–329, 4./5., 341, VI. 1.).

forderung des Gläubigers und dessen Behauptung hin erbringen, dass hoheitliche Maßnahmen die Rückzahlung der Hauptschuld gefährden oder verhindern. Ob dem tatsächlich so ist, ist für die Begründung seiner Zahlungspflicht unerheblich. Der vorübergehende Verzicht auf die Geltendmachung sämtlicher Einwendungen und Einreden folgt aus der Wendung „auf erstes Anfordern". Diese hat sich zu einem terminus technicus entwickelt[607]. Sie verfügt über einen feststehenden Bedeutungsgehalt: Um dem Gläubiger in Zweifelsfällen ohne Zeitverzögerung zu Liquidität zu verhelfen[608], hat dieser nur die vereinbarten Formalien einzuhalten, um den Sicherungsgeber unmittelbar auf Zahlung in Anspruch nehmen zu können (sog. „formeller Sicherungsfall")[609]. Die detaillierte Schlüssigkeitsprüfung und die Klärung etwaiger tatsächlicher und rechtlicher Zweifelsfragen werden unter Beibehaltung der ursprünglichen Darlegungs- und

---

605 *Lettl,* JA 2004, S. 238 ff. (241, 4.); *Weth,* AcP 189 (1989), S. 303 ff. (318, 1. Abs.).

606 Siehe nur *BGH* (U. v. 24.11.1983 – IX ZR 2/83), WM 1984, S. 44 f. (44/45); *Heinsius* in: FS Merz, S. 177 ff. (179, 1. a)); *Horn,* NJW 1980, S. 2153 ff. (2155/2156, 5.); *Kreft,* WM 1997, Sonderbeilage Nr. 5, S. 53, IV. 1.; *Kupisch,* WM 2002, S. 1626 ff. (1626/1627, 2.); *Michalski,* ZBB 1994, S. 289 ff. (290, 2.1), „verzögerte Akzessorietät"; *MüKo-Habersack* (4), § 765 Rn. 99; *Weth,* AcP 189 (1989), S. 303 ff. (318, 1. Abs.); *Wolf/Horn/Lindacher* (*Wolf*), AGBG (4), § 9 Rn. B220; anders noch *Käser* in: *Bergström/Schultsz/Käser,* Garantieverträge, S. 25 ff. (30); aA *Schnauder,* WM 2000, S. 2073 ff. (2079/2080, b)). Das Anforderungsrecht des Gläubigers besteht nur, wenn der Gläubiger über einen fälligen Anspruch gegenüber dem Protegé disponiert, den er aufgrund von hoheitlichen Beschränkungen nicht durchsetzen kann. Die Klausel ist angesichts des Verweises auf die bloße Gefährdung der Kreditrückzahlung zwar nicht ganz eindeutig, es wird aber davon auszugehen sein, dass der Patron der Leistungsaufforderung nur so rechtzeitig nachkommen muss, dass der Gläubiger wie geschuldet befriedigt wird, die Schuld des Sicherungsgebers also an die Fälligkeit der Hauptschuld anknüpft. Das bloße Abbedingen der Durchsetzungsakzessorietät infolge der speziellen Sicherungszweckvereinbarung dürfte der Zusage noch nicht den Charakter einer Garantie geben; siehe auch *BGH* (U. v. 25.02.1960 – VII ZR 17/95), BGHZ 32, S. 97 ff. (101); *Erman-Herrmann* (11), § 768 Rn. 6; *Palandt-Sprau* (64), § 765 Rn. 29a), § 768 Rn. 7/8; *MüKo-Habersack* (4), § 768 Rn. 7; aA wohl *Staudinger-Horn,* Vorbem zu §§ 765 ff. Rn. 190, 192/193.

607 Vgl. nur *Gruel,* Personalsicherheiten, S. 46/47, 1.; *Michalski,* ZBB 1996, S. 224 ff. (225, II. i. V. m. 226, III.).

608 Statt aller *Michalski,* ZBB 1994, S. 289 ff. (290, 2.1/2.2), m. w. N.; vgl. auch Fn. 609.

609 *BGH* (U. v. 24.11.1983 – IX ZR 2/83), WM 1984, S. 44 f. (45); *BGH* (U. v. 13.07.1989 – IX ZR 223/88), NJW-RR 1989, S. 1324 ff. (1325, 2.); *BGH* (U. v. 12.03.1992 – IX ZR 141/91), WM 1992, S. 854 ff. (855, b)); *BGH* (U. v. 02.04.1998 – IX ZR 79/97), NJW 1998, S. 2280 ff. (2281, 4. b)); *BGH* (U. v. 25.02.1999 – IX ZR 24/98), NJW 1999, S. 2361 ff. (2362); *BGH* (U. v. 18.04.2002 – VII ZR 192/01), ZIP 2002, S. 1198 ff. (1200, b)), die Bürgschaft auf erstes Anfordern habe nicht nur Sicherungs-, sondern auch Liquiditätsfunktion; *BGH* (U. v. 05.03.2002 – XI ZR 113/01), NJW 2002, S. 1493 f. (1494, c)); *BGH* (U. v. 04.07.2002 – IX ZR 97/99), BGHZ 151, S. 236 ff. (241/242, a)); *Krämer* in: Horn/Krämer, Bankrecht 2002, S. 177 ff. (183/184, VI.); *Kreft,* WM 1997, Sonderbeilage Nr. 5, S. 55, 3.; *Palandt-Sprau* (64), Einf v § 765 Rn. 14a; *Weth,* AcP 189 (1989), S. 303 ff. (317. b) aa)); *Wolf/Horn/Lindacher* (*Wolf*), AGBG (4), § 9 Rn. B219/B220.

Beweislast in einen von dem Sicherungsgeber anzustrengenden Rückforderungsprozess verlagert (sog. „materieller Sicherungsfall")[610]. Herrschender Meinung zufolge kann der Sicherungsgeber wegen rechtsmissbräuchlicher Einforderung des Zahlungsanspruchs nach Treu und Glauben im Anforderungsprozess allenfalls offensichtliche und liquide beweisbare Einwendungen i. w. S. geltend machen[611].

---

[610] *BGH* (U. v. 13.07.1989 – IX ZR 223/88), NJW-RR 1989, S. 1324 ff. (1325, 2.); *BGH* (U. v. 23.01.1997 – IX ZR 297/95), WM 1997, S. 656 ff. (658/169, a)); *BGH* (U. v. 28.09.2000 – VII ZR 460/97), NJW-RR 2001, S. 307 ff. (308, b)); *BGH* (U. v. 18.04.2002 – VII ZR 192/01), ZIP 2002, S. 1198 ff. (1199/1200, 2. a)); *BGH* (U. v. 05.03.2002 – XI ZR 113/01), NJW 2002, S. 1493 f. (1493, 2. a)); *BGH* (U. v. 24.10. 2002 – IX ZR 355/00), WM 2002, S. 2498 ff. (2499, 2.); *BGH* (U. v. 03.04.2003 – IX ZR 287/99), NJW 2003, S. 2231 ff. (2233, 1. Abs.); vgl. auch *Erman-Herrmann* (11), Vor § 765 Rn. 12; *Palandt-Sprau* (64), Einf v § 765 Rn. 14–14b; *Paulus,* JuS 1995, S. 185 ff. (187, III.); *Reinicke/Tiedke,* Kreditsicherung (4), S. 94 Rn. 287; *Schimansky/Bunte/Lwowski* (*Schmitz*), Bankrechts-Handbuch II (2), § 91 Rn. 130; *Ulmer/Brandner/Hensen* (*Brandner*), AGBG (9), Anh. §§ 9–11 Rn. 265a; *Wagenknecht* in: *BuB* (2003), Rn. 4/1207a; *Wolf/Horn/Lindacher* (*Wolf*), AGBG (4), § 9 Rn. B220. „Erst zahlen dann prozessieren", vgl. *Erman-Herrmann* (11), a. a. O., m. w. N. Nach herrschender Meinung (BGH) stützt sich der Rückforderungsanspruch auf das Bereicherungsrecht (§§ 812 ff. BGB), vgl. *Lettl,* JA 2004, S. 238 ff. (241, 4.); *Michalski,* ZBB 1994, S. 289 ff. (290, 2.1); *Kreft,* WM 1997, Sonderbeilage Nr. 5, S. 57, 5.; *Palandt-Sprau,* a. a. O.; *Staudinger-Horn* (1997), Vorbem zu §§ 765 ff. Rn. 33; *Wagenknecht,* a. a. O., Rn. 1207b; *Wolf/Horn/Lindacher* (*Wolf*), a. a. O. Richtiger Ansicht zufolge lässt sich bereits der Bürgschaftszusage entnehmen, dass der Einrede- und Einwendungsverzicht nur ein vorläufiger sein soll, so *Erman-Herrmann,* a. a. O.; *Schimansky/Bunte/Lwowski* (*Schmitz*), a. a. O.; siehe auch *Larenz/Canaris,* Schuldrecht II 2 (13), § 64, IV. 2. Die Leistung des Bürgen ist nicht „ohne Rechtsgrund" erfolgt, sofern der Gläubiger im Hauptschuldverhältnis nicht über einen fälligen und durchsetzbaren Anspruch verfügt, sondern in Erfüllung der durch die Zahlungsklausel übernommenen Pflicht, auf erstes Anfordern zu leisten. Es besteht aber ein vertraglicher Rückforderungsanspruch, sollte sich im Nachhinein die materielle Unbegründetheit der Leistung ergeben, da die Zahlung auf erstes Anfordern nach dem Willen der Vertragsparteien nur Liquiditäts- bzw. Verschiebefunktion gehabt hat.

[611] *BGH* (U. v. 25.02.1999 – IX ZR 24/98), NJW 1999, S. 2361 ff. (2362, 1. b)); *BGH* (U. v. 10.02.2000 – IX ZR 397/98), WM 2000, S. 715 ff. (717, 1. a)); *BGH* (U. v. 08.03.2001 – IX ZR 236/00), BGHZ 147, S. 99 ff. (102, a)) = NJW 2001, S. 1857 ff. (1857, 2. a)/b)), Arglisteinwand (dolo facit) aus § 242 BGB, der auch gegeben sei, wenn der Gläubiger im Verhältnis zum Hauptschuldner nicht zur Anforderung einer Bürgschaft auf erstes Anfordern berechtigt gewesen ist; *BGH* (U. v. 05.03.2002 – XI ZR 113/01), NJW 2002, S. 1493 f. (1493, 2. a)); *BGH* (U. v. 03.04.2003 – IX ZR 287/99), NJW 2003, S. 2231 ff. (2233, 1. Abs.); *OLG Düsseldorf* (B. v. 09.08.2001 – 23 W 46/01), WM 2001, S. 2294 ff. (2295, 1.2295/2296); *Erman-Herrmann* (11), Vor § 765 Rn. 12, auch zur schwankenden Differenzierung zwischen dem Rechtsmissbrauchs- und dem Arglisteinwand; *Heinsius* in: FS Merz, S. 177 ff. (180); *Krämer* in: Horn/Krämer, Bankrecht 2002, S. 177 ff. (185/186, 1.). Daneben kann der Bürge der Rechtsprechung zufolge geltend machen, die angeforderte Leistung sei von der Bürgschaft nicht erfasst (S. 186, 2.) oder der Hauptschuldner habe dem Gläubiger wegen Unwirksamkeit der Sicherheitenbeschaffungsabrede überhaupt keine Bürgschaft auf erstes Anfordern bestellen müssen (S. 186–188, 3.); *Lwowski/Merkel,* Kreditsicherheiten (8), S. 54, letzter Abs.; *MüKo-Roth,* § 242 Rn. 399; *Palandt-Sprau* (64), Einf v § 765 Rn. 14, 14b; *Schimansky/Bunte/Lwowski* (*Schmitz*),

## II. Wirksamkeitsvoraussetzungen einer auf erstes Anfordern zahlbar gestellten Bürgschaft

Handelt es sich bei der Zahlungsklausel um eine Bürgschaft auf erstes Anfordern, gelten auch deren Wirksamkeitsvoraussetzungen.

Mit Urteil vom 5. Juli 1990 hat der BGH zunächst entschieden, die Übernahme einer Bürgschaft auf erstes Anfordern wäre Kreditinstituten und Versicherungsgesellschaften vorbehalten[612]. Da sie eine unbedingte vorläufige Zahlungspflicht ohne Rücksicht auf bestehende Einwendungen begründe, wäre sie selbst für Kaufleute ein äußerst riskantes Geschäft, das einer Garantieübernahme für fremde Schuld nahezu gleichstehe und zum Missbrauch verleite[613].

Später hat der 9. Zivilsenat klargestellt, die Entscheidung aus dem Jahre 1990 habe nur einen *Formularrechtsfall* betroffen[614]. Von Gesetzes wegen könne grundsätzlich jedermann im Rahmen seiner Vertragsfreiheit eine Bürgschaft auf erstes Anfordern übernehmen[615]. Alles andere sei eine Frage der Berechtigung und Reichweite etwaiger Schutzmechanismen zu Gunsten des Bürgen[616]. Bei einer *individualvertraglichen Verpflichtung* dürfe zumindest derjenige Schutz erwarten, der ohne besondere Kenntnisse und Erfahrungen außerhalb des Bank- und Außenhandelsbereichs eine einzelvertragliche, von dem Gläubiger vorformulierte Bürgschaft auf erstes Anfordern übernommen habe[617], nicht so eine

---

Bankrechts-Handbuch II (2), § 91 Rn. 129; *Schmitz/Vogel,* ZIP 2002, S. 1200 ff. (1203, 4.), die „liquide Beweisbarkeit" setze voraus, dass sich der Missbrauch ohne Beweisaufnahme aus dem unstreitigen Parteivortrag oder aus dem Inhalt der Vertragsurkunden selbst ergebe; *Staudinger-Horn* (1997), Vorbem zu §§ 765 ff. Rn. 30–32; *Weth,* AcP 189 (1989), S. 303 ff. (317. b) aa)); *Wolf/Horn/Lindacher* (*Wolf*), AGBG (4), § 9 Rn. B220.

612 *BGH* (U. v. 05.07.1990 – IX ZR 294/89), WM 1990, S. 1410 ff. (1411, 1. a)); *Falter,* Praxis des Kreditgeschäfts (15), S. 649 Rn. 6.413; *Wagenknecht* in: *BuB* (2003), Rn. 4/1208a. Soweit *Krämer* in: Horn/Krämer, Bankrecht 2002, S. 177 ff. (180, 2.); *Lwowski/Merkel,* Kreditsicherheiten (8), S. 54/55, darauf verweisen, der Rechtsprechung zufolge könnten sich auch am internationalen Wirtschaftsverkehr beteiligte Unternehmen formularmäßig auf erstes Anfordern verbürgen, hat den in Bezug genommene Entscheidungen kein Formularrechtsfall zugrunde gelegen.

613 *BGH* (U. v. 05.07.1990), a.a.O.

614 Siehe bereits *BGH* (U. v. 12.03.1992 – IX ZR 141/91), WM 1992, S. 854 ff. (854, II. 1.); *Bydlinski,* WM 1991, S. 257 ff. (262, VI. 1.).

615 Ebenso *Bydlinski,* WM 1991, S. 257 ff. (258, IV. A., 262, VII. 1.); *Hahn,* MDR 1999, S. 839 ff. (840/841, b./d.); *MüKo-Habersack* (4), § 765 Rn. 100; aA *Lwowski,* Kreditsicherung (8), S. 313, 1. Abs., Privatpersonen könnten sich nicht wirksam zur Zahlung auf erstes Anfordern verpflichten.

616 *BGH* (U. v. 23.01.1997 – IX ZR 297/95), WM 1997, S. 656 ff. (658, II./2.); dem folgend *BGH* (U. v. 02.04.1998 – IX ZR 79/97), NJW 1998, S. 2280 ff. (2281, 3. b)).

617 *BGH* (U. v. 23.01.1997 – IX ZR 297/95), WM 1997, S. 656 ff. (659, 1. Abs.); so bereits *BGH* (U. v. 12.03.1992 – IX ZR 141/91), WM 1992, S. 854 ff. (855, b)).

am internationalen Wirtschaftsverkehr teilnehmende Aktiengesellschaft. Bei dieser könne generell unterstellt werden, dass sie den Bedeutungsgehalt der Zahlungsklausel und die damit verbundenen Risiken kenne[618]. Garantien und Bürgschaften auf erstes Anfordern seien vor allem in der Konzernfinanzierung und im internationalen Handel gebräuchlich[619]. Insgesamt sei der Schutzbedarf im nicht-kaufmännischen Bereich größer als im kaufmännischen Verkehr[620]. Hat der Gläubiger annehmen müssen, dass der Bürge mit der Zahlungsklausel nicht vertraut ist, und hat er die gebotene Risikoaufklärung unterlassen[621], wird der Schuldnerschutz in der Judikatur durch die Auslegung der Zusage als „einfache Bürgschaft" realisiert[622].

Ob die Verpflichtung zur Zahlung auf erstes Anfordern durch einen Bürgen *formularmäßig* übernommen werden kann, hat der Senat zunächst unentschieden gelassen[623]. Die Rechtsprechung zu dieser Frage ist ein Stück weit inkonsistent[624]. Der 9. Zivilsenat hat sie in der Folgezeit über den Bereich des Kredit-

---

618 Vgl. auch *BGH* (U. v. 24.10.2002 – IX ZR 355/00), WM 2002, S. 2498 ff. (2499, 2.). Risiken einer Bürgschaft auf erstes Anfordern sind die Verlagerung des hauptschuldnerischen Insolvenzrisikos auf den Bürgen, bei einer ungerechtfertigter Inanspruchnahme des Bürgen durch den Gläubiger auch die Verlagerung von dessen Insolvenzrisiko auf den Bürgen sowie etwaige Regressschwierigkeiten bei Auslandsansässigkeit des Hauptschuldners und/oder Gläubigers, *BGH* (U. v. 23.01.1997 – IX ZR 297/95), WM 1997, S. 656 ff. (659, b)); *BGH* (U. v. 18.04.2002 – VII ZR 192/01), ZIP 2002, S. 1198 ff. (1199, I./II.); *Wolf/Horn/Lindacher* (*Wolf*), AGBG (4), § 9 Rn. B220. Befindet sich der Gläubiger in masseloser Insolvenz oder hat der Insolvenzverwalter Masseunzulänglichkeit angezeigt, entfällt für den Gläubiger allerdings das Recht, Zahlung auf erstes Anfordern zu fordern, *BGH* (U. v. 04.07.2002 – IX ZR 97/99), BGHZ 151, S. 236 ff. (242, b)).

619 *BGH* (U. v. 24.11.1983 – IX ZR 2/83), WM 1984, S. 44 f. (45), dort Ablösung des früher üblichen Bardepots; *BGH* (U. v. 12.03.1992 – IX ZR 141/91), WM 1992, S. 854 ff. (855, b)); *BGH* (U. v. 23.01.1997 – IX ZR 297/95), WM 1997, S. 656 ff. (659, 1. Abs.); aber – ebenso wie die Garantie auf erstes Anfordern – auch im bankgeschäftlichen Verkehr, vgl. *BGH* (U. v. 10.09.2002 – XI ZR 305/01), NJW 2002, S. 3627 f. (3627, a)); *Heinsius* in: FS Merz, S. 177 ff. (181, b)).

620 *BGH* (U. v. 23.01.1997 – IX ZR 297/95), WM 1997, S. 656 ff. (659, 1. Abs.).

621 *BGH* (U. v. 12.03.1992 – IX ZR 141/91), WM 1992, S. 854 ff. (855, b)), aus Sicht des formulierenden Gläubigers könne der Bürge seinen Willen nur so erklärt haben, wie er seinerseits den ihm vorgegebenen Text habe verstehen können; *BGH* (U. v. 02.04.1998 – IX ZR 79/97), NJW 1998, S. 2280 ff. (2280, 2. b), 2281, 3. b); *Erman-Herrmann* (11), Vor § 765 Rn. 12; *MüKo-Habersack* (4), § 765 Rn. 100; *Palandt-Sprau* (64), Einf v § 765 Rn. 14; *Reinicke/Tiedke,* Kreditsicherung (4), S. 91 Rn. 279; *Schimansky/Bunte/Lwowski* (*Schmitz*), Bankrechts-Handbuch II (2), § 91 Rn. 128; *Wagenknecht* in: *BuB* (2003), Rn. 4/1208b; *Wolf/Horn/Lindacher* (*Wolf*), AGBG (4), § 9 Rn. B219.

622 *Falter,* Praxis des Kreditgeschäfts (15), S. 649 Rn. 6.413; *Gruel,* Personalsicherheiten, S. 247; *Wagenknecht* in: *BuB* (2003), Rn. 4/1208b. Anknüpfungspunkt ist nach hier vertretener Meinung wiederum nicht die ergänzende Vertragsauslegung, sondern die fortbestehende Individualübereinkunft zur Absicherung des Gläubigers durch „einfache" bzw. selbstschuldnerische Bürgschaft; aA *v. Westphalen,* ZIP 2004, S. 1433 ff. (1437).

und Versicherungsgewerbes hinaus[625] für sämtliche Unternehmen bejaht, in deren Geschäftsbereich derartige Bürgschaften üblich sind[626]. Deutlich restriktiver ist die Entscheidung des nunmehr für Bürgschaften zuständigen 11. Zivilsenats[627] bezüglich einer „funktionell austauschbaren"[628] Garantie auf erstes Anfordern[629]. Aus Sicht des 11. Senats ist das Streben des Gläubigers, sich mit Hilfe der nur durch den Rechtsmissbrauchseinwand begrenzten Vorleistungspflicht des Sicherungsgebers liquide Mittel zu beschaffen, illegitim[630] Er hat dabei auf die Rechtsprechung des 7. Zivilsenats, zuständig für Werkverträge im Zusammenhang mit der Errichtung und dem Abriss von Bauwerken[631], Bezug genommen. Dieser erachtet die klauselmäßige Verpflichtung des Hauptschuld-

---

623 *BGH* (U. v. 23.01.1997 – IX ZR 297/95), WM 1997, S. 656 ff. (659, 1. Abs.); dafür, *Heinsius* in: FS Merz, S. 177 ff. (189, 1. Abs., 195, III.), „auch gegenüber Nichtkaufleuten".

624 Vgl. *Erman-Herrmann* (11), Vor § 765 Rn. 12.

625 Zur Unbedenklichkeit der Verpflichtung einer Bank oder Versicherung, siehe bereits *BGH* (U. v. 24.11.1983 – IX ZR 2/83), WM 1984, S. 44 f. (45).

626 *BGH* (U. v. 02.04.1998 – IX ZR 79/97), NJW 1998, S. 2280 ff. (2281, 3. c)), für den Bereich des Baugewerbes; *BGH* (U. v. 08.03.2001 – IX ZR 236/00), BGHZ 147, S. 99 ff. (104, d)); restriktiver noch *BGH* (U. v. 19.09.1985 – IX ZR 16/85), BGHZ 95, S. 275 ff. (387); wie die neuere Rechtsprechung, *OLG Hamm* (U. v. 01.07.1997 – 21 U 61/97), BauR 1998, S. 135 f. (135/136), für den Fall einer starken Verhandlungsposition des vollkaufmännischen Bürgen als Partei eines großen Bauauftrages; vgl. auch *Erman-Herrmann* (11), Vor § 765 Rn. 12; *Haun,* WuB I F 1 a. – 9.97, S. 628 ff. (629); *Palandt-Sprau* (64), Einf v § 765 Rn. 14; *Schimansky/Bunte/Lwowski* (*Schmitz*), Bankrechts-Handbuch II (2), § 91 Rn. 128; zustimmend *Ulmer/Brandner/Hensen* (*Brandner*), AGBG (9), Anh. §§ 9–11, Rn. 265a, für Konzernobergesellschaften, etc.; *Wagenknecht* in: *BuB* (2003), Rn. 4/1208a, für größere Unternehmen mit eigenen Rechts- und Finanzabteilungen, die mit der Übernahme solcher Bürgschaften vertraut sind, vor allem Unternehmen, in deren Tätigkeitsbereich Zahlungsklauseln üblich sind; *Wolf/Horn/Lindacher* (*Wolf*), AGBG (4), § 9 Rn. B219, für den Verkehr unter Großunternehmen.

627 Bis Anfang 2001 war dem 9. Zivilsenat des BGH die Entscheidungsgewalt in Bürgschaftssachen übertragen, vgl. nur *BGH* (U. v. 10.12.2002 – XI ZR 82/02), NJW 2003, S. 967 ff. (968, a)) = WM 2003, S. 275 ff. (276, a)), wohingegen der 11. Zivilsenat für Schuldbeitritte zuständig war. Seit Anfang 2001 sieht der Geschäftsverteilungsplan des BGH die Vereinigung beider Zuständigkeitsbereiche bei dem tendenziell eher „verbraucherfreundlichen" 11. Zivilsenat vor, vgl. *Fischer,* WM 2001, S. 1049 ff. (1056/1057, E.).

628 Siehe auch *H. Schmidt,* RIW 2004, S. 336 ff. (339/340, b)).

629 Mit *Karst,* NJW 2004, S. 2059 ff. (2060, II. 1.), ist davon auszugehen, dass die Wirksamkeitsbedenken alle formularmäßig vereinbarten Sicherheiten betreffen, die ohne konkreten Nachweis des Sicherungsfalles auf erstes Anfordern zahlbar gestellt sind; aA *v. Westphalen,* ZIP 2004, S. 1433 ff. (1441/1442, 2./IV), für den Sonderfall einer auf erstes Anfordern zahlbar gestellte Bankgarantie, bei der trotz der Zahlungsklausel nach vorliegendem Verständnis vielfach eine Individualabrede vorliegen dürfte.

630 *BGH* (U. v. 10.09.2002 – XI ZR 305/01), NJW 2002, S. 3627 f. (3628, bb)/cc)), der selbständige Garantievertrag sei als solcher wirksam (III. 1.). Im Ergebnis kann hier also dahinstehen, ob die Zahlungsklausel als Bürgschaft oder als Garantie auf erstes Anfordern anzusehen ist, vgl. auch *Karst,* NJW 2004, S. 2059 ff. (2060, II. 1.).

ners zur Beschaffung einer auf erstes Anfordern zahlbar gestellten Bürgschaft prinzipiell als unangemessen benachteiligend (§ 307 Abs. 1 S. 1 BGB n.F.). Die Bereitstellung einer auf erstes Anfordern zahlbar gestellten Bürgschaft wälze das Liquiditäts- und Insolvenzrisiko des Verwenders in unzulässiger Weise auf den Hauptschuldner ab, der dem Bürgen nach §§ 675, 670 BGB aufwendungsersatzpflichtig sei[632]. Hinzu kommt, dass sich die Bürgschaft auf erstes Anfordern angesichts der ihr eigenen temporären Aufhebung des Akzessorietätsprinzips deutlich von dem gesetzlichen Regelungsregime entfernt (§ 307 Abs. 2 Ziff. 1 BGB)[633].

## III. Relevanz des Meinungsstreits für die harte Patronatserklärung

Die klauselmäßige Verpflichtung des Protegés zur Beschaffung einer Bürgschaft auf erstes Anfordern dürfte bei der harten Patronatserklärung die Ausnahme sein. Im Allgemeinen enthält die Aufforderung des Protegés zur Sicherheitenbestellung noch keine verbindlichen Vorgaben zur inhaltlichen Ausgestaltung der benötigten Sicherheit. Die Verpflichtung des Patrons, bei hoheitlich

---

[631] Siehe nur den Geschäftsverteilungsplan des BGH für die Zivilsenate in den Jahren 2004 und 2005, zu finden im Internet unter http://www.bundesgerichtshof.de („Der BGH", „Geschäftsverteilung"), Stand: 27. September 2005.

[632] *BGH* (U. v. 18.04.2002 – VII ZR 192/01), BGHZ 150, S. 299 ff. (303, 2.) = ZIP 2002, S. 1198 ff. (1199/1200), Auslegung als Verpflichtung zur Stellung einer selbstschuldnerischen Vertragserfüllungsbürgschaft; zustimmend *BGH* (U. v. 04.07. 2002 – VII ZR 502/99), BGHZ 151, S. 229 ff. (233–236), unter Hinweis darauf, dass in Zukunft keine ergänzende Vertragsauslegung mehr vorgenommen werde, da davon auszugehen sei, dass die Klausel bei erst nach Bekanntwerden der Entscheidung geschlossenen Verträgen abschließend gewollt sei, dem Verwender also ausschließlich an einer Bürgschaft auf erstes Anfordern gelegen sei (236, c)); *BGH* (U. v. 24.10.2002 – IX ZR 355/00), WM 2002, S. 2498 ff. (2499, 1.); *BGH* (U. v. 25.03.2004 – VII ZR 453/02), NJW-RR 2004, S. 880 ff. (881, 2. a)), die Klausel sei auch dann unwirksam, wenn sie von der öffentlichen Hand gestellt werde. Für eine Übergangszeit seien bis zum Bekanntwerden der Entscheidung vom 04.07.2002 geschlossenen Verträge aus Gründen des Vertrauensschutzes als Verpflichtung zur Beschaffung einer unbefristeten selbstschuldnerischen Bürgschaft auszulegen. Ab dem 01.01.2003 ende der Vertrauensschutz zu Gunsten des Klauselverwenders (881, 2. b)/c)); kritisch zur Begrenzung der hypothetischen Vertragsauslegung im Rechtsprechungswege, *v. Westphalen,* WuB I E 5.-1.03, S. 22 ff. (23 b)); *Gruel,* Personalsicherheiten, S. 239–244, m.w.N. zu dem Meinungsstreit, hält Zahlungsklauseln nur im Geschäftsverkehr für zulässig. Bei Inanspruchnahme des Bürgen besteht für diesen nach hM die Möglichkeit und das Erfordernis, die Illegitimität der Bürgschaftsbestellung liquide beweisbar einzuwenden, vgl. *OLG Düsseldorf* (B. v. 09.08.2001 – 23 W 46/01), WM 2001, S. 2294 ff. (2296, cc)); *MüKo-Habersack* (4), § 765 Rn. 101; *Schmitz/Vogel,* ZIP 2002, S. 1200 ff. (1203/ 1204, 4.). Zur Aufwendungsersatzpflicht des Hauptschuldners, *MüKo-Habersack* (4), § 765 Rn. 105.

[633] *Henssler,* Risiko als Vertragsgegenstand, S. 359; *Krämer* in: Horn/Krämer, Bankrecht 2002, S. 177 ff. (180, 1. Abs.).

bedingten Leistungsschwierigkeiten des Protegés auf erstes Anfordern direkt an den Gläubiger zu leisten, sollte aber schon aus Vorsichtsgründen nicht via Zahlungsklausel erfolgen, sondern stets individuell mit dem Patron abgesprochen werden. Gegebenenfalls ist der Patron außerdem auf den Bedeutungsgehalt der Zusatzerklärung hinzuweisen[634]. Charakteristikum einer Bürgschaft auf erstes Anfordern ist die Lockerung der bürgschaftsspezifischen Akzessorietät[635], die sie im Anforderungsstadium in die Nähe einer Garantie rückt[636]. Die Vertragsfreiheit gestattet derlei Mischformen[637]. Da die Zahlungsklausel aber wiederum eine zentrale Hauptleistungsbestimmung betrifft, kann sie dem Sicherungsgeber nach der dieser Arbeit zugrunde liegenden Auffassung jedenfalls dann nicht formularmäßig vorgegeben werden, wenn die Pflicht zur Zahlung auf erstes Anfordern in der Verhandlungsphase nicht thematisiert worden ist[638].

Diese Einschätzung ist in Fällen praxisrelevant, in denen der Gläubiger dem Patron über die Ausstattungszusage hinaus im Wege einer vorformulierten Gesamtpatronatserklärung eine Zahlungspflicht auf erstes Anfordern auferlegt. Ein Bankjustiziar hat insofern geäußert, die Ausstattungsverpflichtung würde in praxi um alle Klauseln ergänzt, die man durchgesetzt bekomme. Ob die einzelnen Klauselbestandteile der vorformulierten Gesamtpatronatserklärung damit

---

634 Entgegen *Karst,* NJW 2004, S. 2059 ff. (2060/2061, 2.), dürfte dann nicht die Gefahr einer Gleichbehandlung der (atypischen) Sicherungsvereinbarung mit einer *formularmäßigen* Bürgschaft auf erstes Anfordern bestehen; vgl. auch *Hahn,* MDR 1999, S. 839 ff. (840/841, b./d.).

635 *Schanbacher,* WuB I E 5. – 4.03, S. 378 ff. (378).

636 *Becker-Eberhard,* Forderungsgebundenheit, S. 13, 1. Abs.; *Bydlinski,* WuB I F 1 a. – 14.98, S. 781 f. (782, 5.); *Nielsen,* Bankrecht, S. 245; siehe auch *Lwowski/Merkel,* Kreditsicherheiten (8), S. 54, letzter Abs.

637 *Bydlinski,* WuB I F 1 a. – 14.98, S. 781 f. (782, 5.).

638 Im Ergebnis wie hier *Eleftheriades,* S. 73–78, a), allerdings wegen Abweichung der Vereinbarung von dem gesetzlichen Typus, siehe aber S. 78/79, b); *Henssler,* Risiko als Vertragsgegenstand, S. 359. *Bydlinski,* WM 1991, S. 257 ff. (261/262, b)/c)), hält die Klausel für statthaft, wenn die verschärfte Haftung in der Urkunde deutlich zum Ausdruck kommt; *Heinsius* in: FS Merz, S. 177 ff. (188, 2. Abs.); *Staudinger-Horn* (1997), Vorbem zu §§ 765 ff. Rn. 25, 72, Zulässigkeit einer formularmäßigen Verpflichtung bei Kaufmannseigenschaft des Bürgen; *Wagenknecht* in: *BuB* (2003), Rn. 4/1208a; vgl. auch *Kupisch,* WM 2002, S. 1626 ff. (1622. 1. Abs.), der mit Recht darauf hinweist, dass eine Forderungsabsicherung der beschriebenen Art ohne eine terminologische Anleihe bei der Bürgschaft als Sicherung *sui generis* von der Privatautonomie gedeckt ist. Es sei nur ein Spiel mit Worten, ob man die Zahlungspflicht als atypische Bürgenschuld oder als eine über das Bürgschaftsrecht hinausgehende Verpflichtung ansehe. Dann muss die Atypizität des reklamierten Sicherungsmittels von dem Gläubiger auch von Anfang an klar herausgestellt werden. Auf den Meinungsstreit über die Rechtsnatur der Zahlungsklausel (dazu *Horn,* NJW 1980, S. 2153 ff. (2154–2156, II., m. w. N.), kommt es insofern nicht an. Die Möglichkeit einer den Bedürfnissen des internationalen Handelsverkehrs gerecht werdenden Individualübereinkunft zur Zahlung auf erstes Anfordern übersieht *H. Schmidt,* RIW 2004, S. 336 ff. (341, 2. Abs.); zu den strikten Anforderungen an ein „Aushandeln“, *v. Westphalen,* ZIP 2004, S. 1433 ff. (1439/1440, 3.3.1).

bereits ernsthaft zur Disposition des Patrons stehen, ist eine Frage des Einzelfalls, die nicht selten zu bejahen sein wird. Etliche Patrone akzeptieren den ersten Vertragsentwurf des Gläubigers nicht, sondern sie schicken ihm diesen nach Streichung der ihnen nicht genehmen Klauseln zurück. Über die Zusammenstellung der verschiedenen *hauptleistungsbezogenen* Klauseln dürfte daher – anders als über deren exakten Inhalt – meist eine Individualabrede getroffen werden[639].

[639] Ähnlich *J. Koch,* Die Patronatserklärung, S. 201/202, 206, 3.

*Kapitel 11*

# Etwaige Sittenwidrigkeit der Ausstattungsverpflichtung

Das vorliegende Kapitel ist als letztem Wirksamkeitshindernis der Frage nach der Sittenwidrigkeit der harten Patronatserklärung in der Ausstattungsvariante gewidmet (§ 138 Abs. 1 BGB).

Die Überlegungen dieses Kapitels sind nicht zuletzt für Ausstattungsvereinbarungen relevant, die nicht bereits unter die Vorschriften des AGB-Rechts fallen (§§ 305 ff. BGB). Das sind zum einen Individualvereinbarungen und zum anderen formularmäßige Ausstattungszusagen, bei denen die Verwendung des Formularvordrucks auf Initiative des Patrons geschieht.

Nach gängiger Formulierung verstößt ein Rechtsgeschäft dann gegen die guten Sitten, wenn es „das Anstandsgefühl aller billig und gerecht Denkenden" verletzt[1]. Diese wenig präzise Formel wird in der praktischen Rechtsanwendung durch die in der Gesellschaft herrschende Rechts- und Sozialmoral geprägt[2], vor allem aber durch die der Rechtsordnung immanenten Rechtsprinzipien und Wertvorstellungen[3]. Um nach § 138 Abs. 1 BGB nichtig zu sein, muss ein Rechtsgeschäft „nach seinem aus der Zusammenfassung von Inhalt, Beweggrund und Zweck zu entnehmenden Gesamtcharakter den guten Sitten widersprechen"[4]. Hierzu hat die Rechtsprechung eine Vielzahl an Fallgruppen entwickelt.

---

[1] St. Rspr., vgl. nur *RG* (U, v. 15.10.1912 – VII. 231/12.), RGZ 80, S. (221, 1. Abs.); *BGH* (U. v. 09.07.1953 – IV ZR 242/52), BGHZ 10, S. 228 ff. (232, 2. Abs.); *BGH* (U. v. 29.09.1977 – III ZR 164/75), BGHZ 69, S. 295 ff. (297, 2. a)); *BGH* (U. v. 19.07.2004 – II ZR 217/03), NJW 2004, S. 2668 ff. (2370, c)), „Infomatec", zu § 826 BGB; siehe. auch *Erman-Palm* (11), § 138 Rn. 32; *Larenz/Wolf*, BGB AT (9), § 41, II. 1., S. 734 Rn. 7; *MüKo-Mayer-Maly/Armbrüster* (4), § 138 Rn. 14; *Palandt-Heinrichs* (64), § 138 Rn. 2.

[2] *Haun*, S. 77/78; *Larenz/Wolf*, BGB AT (9), § 41, I., S. 733 Rn. 1; *Palandt-Heinrichs* (64), § 138 Rn. 2.

[3] *BVerfG* (B. v. 19.10.1993 – 1 BvR 567, 1044/89), BVerfGE 89, S. 214 ff. (229/230, I.) = WM 1993, S. 2199 ff. (2202, I.); *Erman-Palm* (11), § 138 Rn. 33; *Haun*, S. 79/80; *Larenz/Wolf*, BGB AT (9), § 41, II. 4., S. 736 Rn. 13/14; *Palandt-Heinrichs* (64), § 138 Rn. 3, 6.; *Soergel-Hefermehl* (13), § 138 Rn. 7, 10; *Schwintowski*, ZBB 1989, S. 91 ff. (95, III. 1.).

[4] „... wobei allein auf die Umstände bei Vertragsschluss abzustellen ist", *RG* (U. v. 15.10.1912 – VII. 231/12.), RGZ 80, S. (221, 1. Abs.); *BGH*, (U. v. 28.02.1989 – IX

## A. Übersicherung des Gläubigers bzw. Schuldnerknebelung

Eine davon ist die Übersicherung des Gläubigers. Im Zusammenhang mit der potenziellen Sittenwidrigkeit einer harten Patronatserklärung wird vereinzelt problematisiert, ob bzw. unter welchen Voraussetzungen die Ausstattungszusage wegen Gläubigerübersicherung nichtig sein könnte[5].

Die Problematik einer Gläubigerübersicherung ist vorrangig im Bereich der Sachsicherheiten relevant. Bei einer Sicherungsübereignung und einer Sicherungszession mehrerer Gegenstände sowie bei einem verlängerten Eigentumsvorbehalt ist oftmals Skepsis angezeigt, ob der Umfang der dem Gläubiger zur Verfügung gestellten Realsicherheiten nicht dessen Sicherungsinteresse übersteigt[6]. Grund für das Sittenwidrigkeitsverdikt ist in diesem Fall die hypothetische Beeinträchtigung, zumindest aber die nicht auszuschließende Gefährdung der Interessen dritter Geschäftspartner des Sachsicherungsgebers[7]. Hinzu kommt, dass der Geber einer Realsicherheit mit zunehmender Übersicherung zusehends in seiner wirtschaftlichen Bewegungsfreiheit beschränkt wird[8]. Indem die Nichtigkeitsfolge auf das dingliche Rechtsgeschäft erstreckt wird[9], soll

---

ZR 130/88), BGHZ 107, S. 92 ff. (97, 2. Abs.); *BGH* (VU. v. 16.01.1992 – IX ZR 113/91), WM 1992, S. 391 ff. (393, 2.); *BGH* (U. v. 24.02.1994 – IX ZR 93/93), BGHZ 125, S. 206 ff. (209, II. 1.); *BGH* (U. v. 18.09.1997 – IX ZR 283/96), BGHZ 136, S. 347 ff. (355); *Ohlmeyer/Gördel,* Kreditgeschäft der Kreditgenossenschaften (10), S. 778; *Schimansky/Bunte/Lwowski* (*Schmitz*), Bankrechts-Handbuch II (2), § 91 Rn. 32, (1). Ist ein Rechtsgeschäft wegen Unvereinbarkeit mit grundlegenden Wertungen der Rechts- und Sittenordnung bereits inhaltlich sittenwidrig, bedarf es keiner zusätzliche Würdigung der Begleitumstände, vgl. *Palandt-Heinrichs* (64), § 138 Rn. 7.

5 *von Bernuth,* ZIP 1999, S. 1501 ff. (1506/1507, 3.2).

6 Vgl. *BGH* (U. v. 30.01.2001 – XI ZR 118/00), WM 2001, S. 623 ff. (625, b) aa) (1)); *Erman-Palm* (11), § 138 Rn. 159/160, m.w.N. zur umfangreichen Rechtsprechung und Literatur; *Gaberdiel,* Kreditsicherung (6), S. 286/287 Rn. 658; *Reinicke/Tiedke,* Kreditsicherung (4), S. 204/205 Rn. 550–554, zur Sicherungsübereignung.

7 Diesen wird durch den Eigentumsentzug für einen längeren Zeitraum ohne wirtschaftliche Notwendigkeit von Seiten des Sicherungsnehmers ein Erwerbsgegenstand, Sicherungs- oder Zugriffsobjekt vorenthalten, wovon sie im schlimmsten Fall nichts wissen, weil der Sicherungsnehmer ihnen aus seiner wirtschaftlichen Bedrängnis heraus das bereits bestehende Sicherungsrecht an dem Vertragsgegenstand verschweigt und ihnen den Gegenstand formal „erneut" als Sicherheit zur Verfügung stellt (sog. „Vertragsbruchtheorie" bei Kollision einer Vorauszession mit einem nachfolgenden verlängerten Eigentumsvorbehalt zu Gunsten eines Lieferanten, der ohne die Sittenwidrigkeitsrechtsprechung aufgrund des sachrechtlichen Prioritätsprinzips sein Eigentum an den gelieferten Gegenständen verlöre und sich zu Unrecht in Sicherheit wähnte), vgl. *BGH* (U. v. 09.07.1953 – IV ZR 242/52), BGHZ 10, S. 228 ff. (231–233); *BGH* (U. v. 30.04.1959 – VII ZR 19/59), BGHZ 30, S. 149 ff. (153, 1. Abs.); *Erman-Palm* (11), § 138 Rn. 159, 161; *MüKo-Mayer-Maly/Armbrüster* (4), § 138 Rn. 73, 97–105; *Palandt-Heinrichs* (64), § 138 Rn. 86, 97; *Soergel-Hefermehl* (13), § 138 Rn. 171, 175; *Staudinger-Sack* (2003), § 138 Rn. 263, 335, 340–343, 348–350, jeweils m.w.N.

also sowohl den Interessen der übrigen Gläubiger des Sicherungsgebers Rechnung getragen werden[10] als auch dessen eigenem Bedürfnis nach einer möglichst ungehinderten Fortführung seiner geschäftlichen Aktivitäten durch die Möglichkeit einer anderweitigen Verwendung der dem Gläubiger überlassenen Realsicherheit[11].

Beide Aspekte spielen bei der harten Patronatserklärung ebenso wenig eine Rolle wie bei der Bürgschaft[12]. Der Verpflichtungsumfang eines Bürgen, aber auch eines Patrons, korreliert grundsätzlich mit dem aktuellen Sicherungsbedürfnis des Gläubigers. Der Grundsatz „non durius" gilt für einen Patron zwar nur bezogen auf etwaige Direktleistungen, wie für die Bürgenschuld bildet/bilden aber auch bei der harten Patronatserklärung die abgesicherte(n) Hauptschuld(en) den Bezugspunkt für die Ausstattungszusage, über deren Erfüllbarkeit hinaus der Patron keine weiteren Anstrengungen schuldet[13]. Weder bei der Bürgschaft noch bei der harten Patronatserklärung kommt folglich dem Wortsinn nach eine „Übersicherung" in Betracht[14].

Eine Übersicherung kann sich auch nicht daraus ergeben, dass der Sicherungsnehmer im Zeitpunkt des Vertragsschlusses bereits über ausreichend an-

---

[8] *Erman-Palm* (11), § 138 Rn. 159, 161; *MüKo-Mayer-Maly/Armbrüster* (4), § 138 Rn. 73; *Palandt-Heinrichs* (64), § 138 Rn. 39, 97; *Soergel-Hefermehl* (13), § 138 Rn. 124; *Staudinger-Sack* (2003), § 138 Rn. 263. Zur damit verbundenen „Knebelung" des Sicherungsgebers, siehe auch die Nachweise in Fn. 12.

[9] Vgl. *BGH* (U. v. 09.11.1955 – IV ZR 196/54), BGHZ 19, S. 12 ff. (18, 1. Abs.); *BGH* (U. v. 30.04.1959 – VII ZR 19/59), BGHZ 30, S. 149 ff. (153, 2. Abs.); *Palandt-Heinrichs* (64), § 138 Rn. 20; *Soergel-Hefermehl* (13), § 138 Rn. 53; *Staudinger-Sack* (2003), § 138 Rn. 143.

[10] *Larenz/Wolf,* BGB AT (9), § 41, V. 2. a)/b), S. 751/752 Rn. 70–73.

[11] *BGH* (U. v. 09.11.1955 – IV ZR 196/54), BGHZ 19, S. 12 ff. (18, 1. Abs.); *Larenz/Wolf,* BGB AT (9), § 41, IV. 7., S. 742 Rn. 35.

[12] Wie hier zum „Knebelungstatbestand" bei einer Bürgschaft, *Gernhuber,* JZ 1995, S. 1086 ff. (1088/1089, III. 3.); vgl. auch *BGH* (U. v. 19.03.1998 – IX ZR 22/97), WM 1998, S. 968 ff. (970, 1. Abs.), zur Globalzession; aA (ohne nähere Auseinandersetzung mit den Knebelungsvoraussetzungen) *LG Bonn* (U. v. 18.10.1988 – 18 O 222/88), ZIP 1989, S. 21 f. (22); *LG Münster* (U. v. 26.03.1990 – 15 O 163/89), NJW 1990, S. 1668 ff. (1670/1671, 2.), zum Schuldbeitritt; *Honsell,* JZ 1989, S. 495 f. (496); *Großfeld/Lühn,* WM 1991, S. 2013 ff. (2017, 3. a)); *Erman-Herrmann* (11), § 765 Rn. 3, unter Verweis auf *Palm,* § 138 (richtigerweise wohl) Rn. 128, 159–161.

[13] Die „kontinuierliche Grundausstattungspflicht" dient ebenfalls nur der Aufrechterhaltung oder Herstellung der hauptschuldbezogenen Leistungsfähigkeit des Protegés. Mehr als die fälligkeitsbezogene Erfüllbarkeit der Hauptschuld(en) und die Freihaltung von insolvenzbedingten Ärgernissen kann der Gläubiger von dem Patron nicht verlangen.

[14] Vgl. nunmehr auch *J. Koch,* Die Patronatserklärung, S. 223, 2. Abs.; aA für einen globalen Schuldbeitritt anlässlich eines konkreten Sicherungsgeschäfts, *Madaus,* Schuldbeitritt als Personalsicherheit, S. 222–225, das konkrete Sicherungsbedürfnis ergebe sich aus dem konkreten Haftungsanlass. Der Autor übersieht, dass das Sicherungsbedürfnis des Gläubigers auch dann umfassend sein kann, wenn er den Sicherungsgeber zunächst nur zur Absicherung einer konkreten Forderung auffordert.

dere Sicherheiten verfügt. Das Interesse des Gläubigers an einer Mehrfachabsicherung ist legitim. Es streut sein Ausfall-, Verwertungs- und/oder Entwertungsrisiko. Bei der Bürgschaft ist eine etwaige Mehrfachabsicherung deshalb auch nur in folgendem Kontext relevant: Übersteigt die Bürgschaft eines nahen Angehörigen dessen Leistungsfähigkeit so deutlich, dass sich die Sicherheitenbestellung für den Sicherungsnehmer als „wirtschaftlich sinnlos“ erweist, ist die Bürgschaftsübernahme in aller Regel sittenwidrig[15]. Die Existenz anderweitiger Sicherheiten kann dann insofern bedeutsam sein, als eine mit ihr zusammenhängende rechtlich gesicherte Rückgriffsmöglichkeit des Bürgen dessen unangemessene Überforderung hindert und zur Wirksamkeit des Bürgschaftsvertrages führt[16]. Eine hinlängliche Drittabsicherung vermag einen Sittenverstoß bei einer Personalsicherheit daher grundsätzlich nur auszuschließen, nicht aber zu begründen[17]. Je breiter die Sicherungsbasis, desto größer sind die Regressmöglichkeiten eines jeden Sicherungsgebers, was sich tendenziell risikoschmälernd auswirkt[18].

Speziell für die „externe“ Ausstattungsverpflichtung kommt hinzu, dass der Patron, wie im vierten Kapitel dargetan[19], nach vorliegendem Verständnis nicht

---

[15] s. o. Kapitel 10, B. VII. 1. c) aa), (Fn. 537, 539).

[16] *BGH* (U. v. 18.09.1997 – IX ZR 283/96), BGHZ 136, S. 347 ff. (352, b)); *BGH* (U. v. 27.01.2000 – IX ZR 198/98), NJW 2000, S. 1182 ff. (1184, c)); *BGH* (U. v. 14.11.2000 – XI ZR 248/99), BGHZ 146, S. 37 ff. (44, 3. a)); *BGH* (U. v. 28.05.2002 – IX ZR 205/01), WM 2002, S. 1649 ff. (1651, dd)); *Fischer,* WM 2001, S. 1049 ff. (1058, d)). Dazu muss sichergestellt sein, dass der Sicherungsgeber nur in einer wesentlich geringeren Summe als der vertraglich festgelegten Haftsumme in Anspruch genommen werden kann.

[17] AA *Zeitter* in: Rostocker Schriften zum Bankrecht, Heft 6, S. 7 ff. (10/11). Etwas anderes gilt allenfalls in der Sonderkonstellation eines Schutzes vor Vermögensverlagerungen von dem Hauptschuldner auf den Sicherungsgeber. Ist das Sicherungsinteresse des Sicherungsnehmers bereits vollständig in anderer Weise gedeckt, bedarf er aus Schutzgründen möglicherweise keiner zusätzlichen Mitverpflichtung eines vermögenslosen Angehörigen, vgl. *BGH* (U. v. 18.09.1997 – IX ZR 283/96), WM 1997, S. 2117 ff. 2119, c)); *BGH* (U. v. 18.12.1997 – IX ZR 271/96), BGHZ 137, S. 329 ff. (342, a)); *BGH* (U. v. 27.01.2000 – IX ZR 198/98), NJW 2000, S. 1182 ff. (1185, 3. b)); siehe auch *BGH* (VU. v. 25.11.1999 – IX ZR 40/98), WM 2000, S. 23 ff. (24, 2.) – wegen des Verweises auf *BGH* (U. v. 18.09.1997), a. a. O., kann diese Entscheidung trotz ihres missverständlichen Wortlauts wohl nicht als verstecktes Bekenntnis zu einer Knebelungsmöglichkeit im Bürgschaftsrecht aufgefasst werden.

[18] Vgl. nur §§ 774 Abs. 2, 412, 401 bzw. 426 BGB (analog); *BGH* (U. v. 24.09.1992 – IX ZR 195/91), WM 1992, S. 1893 ff. (1893, 2.), zur Gleichstufigkeit von Bürgschaft und Grundschuld; *BGH* (U. v. 21.01.1993 – III ZR 15/92), NJW-RR 1993, S. 944 f. (945); *BGH* (U. v. 18.09.1997 – IX ZR 283/96), BGHZ 136, S. 347 ff. (352, b)); *BGH* (B. v. 09.10.1997 – IX ZA 7/97), WM 1998, S. 592; *BGH* (U. v. 18.12.1997 – IX ZR 271/96), BGHZ 137, S. 329 ff. (338, b)/c)); *BGH* (U. v. 08.10.1998 – IX ZR 257/98), WM 1998, S. 2327 ff. (2328, 3. b)); *BGH* (Vorlagebeschluss v. 29.06.1999 – XI ZR 10/98), WM 1999, S. 1556 ff. (1560, 4.); *BGH* (U. v. 27.01.2000 – IX ZR 198/98), NJW 2000, S. 1182 ff. (1184, c)); *Naumann,* Sittenverstoß, S. 49/50, 1.

[19] Kapitel 4, B. II. 4. c) bb) (2).

mit allen übrigen Real- und Personalsicherungsgebern auf eine Stufe gestellt werden kann, sondern allenfalls mit sonstigen Ausstattungsschuldnern. Existiert neben der fraglichen Patronatserklärung noch eine weitere Ausstattungszusage, reduziert sich nur das Risiko bzw. die Definitivbelastung des Patrons. Leistet er, kann er bei dem anderen Ausstattungsschuldner Rückgriff nehmen.

Dennoch wird für möglich gehalten, dass die Existenz genügend anderer Sicherheiten in Verbindung mit einer spürbaren Beeinträchtigung des Patrons in seiner wirtschaftlichen Bewegungsfreiheit[20] zur Sittenwidrigkeit einer „externen“ Ausstattungszusage führt[21]. Sei der Gläubiger bereits ausreichend drittabgesichert, könne sich die Patronatserklärung als „wirtschaftlich sinnlos“ erweisen, der Gläubiger sei möglicherweise „übersichert“. Werde der Patron durch die Bilanzierung der Ausstattungszusage darüber hinaus merklich in seiner wirtschaftlichen Handlungsfreiheit beschränkt, liege die Annahme einer Sittenwidrigkeit der harten Patronatserklärung zumindest nahe[22]. Dieser Ansatz verdient keine Zustimmung[23]. Die von *von Bernuth* vorausgesetzte sicherungsbedingte Knebelung des Sicherungsgebers in seinen geschäftlichen Aktivitäten ist bei einer Personalsicherheit ebenso undenkbar wie eine sittenwidrigkeitsbegründende „Übersicherung“. Der Patron ist frei, seine geschäftlichen Aktivitäten unter Einsatz seiner finanziellen Ressourcen selbstbestimmt zu entfalten. Anders als der Geber einer Realsicherheit, wird er durch das Sicherungsgeschäft nicht in seiner Verfügungsbefugnis beschränkt[24]. Die tatsächliche Bindung seines Vermögens hat mangels unmittelbarer Fremdbestimmung keine knebelungsgleiche Wirkung[25]. Rein faktische, nur mittelbar durch die Patronatserklärung bedingte

---

[20] Zu den Knebelungsvoraussetzungen, *BGH* (U. v. 31.03.1982 – I ZR 56/80), BGHZ 83, S. 313 ff. (315/316), dauerhafte Bindung an einen bestimmten Vertragspartner; *BGH* (U. v. 19.03.1998 – IX ZR 22/97), WM 1998, S. 968 ff. (971, d)); *LG Bonn* (U. v. 18.10.1988 – 18 O 222/88), ZIP 1989, S. 21 f. (22), Bürgschaft; *Bamberger/Roth* (*Spindler*), § 826 Rn. 40; *Erman-Palm* (11), § 138 Rn. 128, 161; *Haun*, S. 85, 1. Abs.; *MüKo-Mayer-Maly/Armbrüster* (4), § 138 Rn. 71; *Palandt-Heinrichs* (64), § 138 Rn. 39, jeweils m.w.N., derart weitgehende Beschränkung des Vertragspartners in seiner geschäftlichen Dispositions- und Handlungsfreiheit, dass dieser seine Eigenständigkeit ganz oder im Wesentlichen einbüßt und praktisch zum Werkzeug des anderen Teils wird. *Palm* (Rn. 161) verlangt neben der Beeinträchtigung der wirtschaftlichen Bewegungsfreiheit völlig zu Recht eine unangemessene Einschränkung des *Selbstbestimmungsrechts*.

[21] *von Bernuth*, ZIP 1999, S. 1501 ff. (1507, 2. Abs.).

[22] Siehe aber auch *von Bernuth*, ZIP 1999, S. 1501 ff. (1507, IV.), eine Einschränkung der wirtschaftlichen Bewegungsfreiheit, die den Vorwurf der Sittenwidrigkeit rechtfertige, werde in aller Regel nicht vorliegen.

[23] Wie hier jetzt auch *J. Koch*, Die Patronatserklärung, S. 223, 2. Abs.; im Ergebnis ebenso *Bamberger/Roth* (*Spindler*), § 826 Rn. 40.

[24] Zu diesem Aspekt *Soergel-Hefermehl* (13), § 138 Rn. 26; *Sonnenhol/Groß*, ZHR 159 (1995), S. 388 ff. (412/413, 2.); *Zöllner*, WM 2000, S. 1 ff. (8, 9.).

[25] Zur Maßgeblichkeit des Fremdbestimmungselements, *Erman-Palm* (11), § 138 Rn. 128, 161; *Soergel-Hefermehl* (13), § 138 Rn. 116–120; *Staudinger-Sack* (2003), § 138 Rn. 259.

Hemmnisse seiner Geschäftstätigkeit sind kein missbilligenswerter Knebelungstatbestand[26].

Eine Nichtigkeit der Ausstattungszusage wegen Gläubigerübersicherung steht damit nicht zu besorgen[27].

## B. Sittenwidrige Benachteiligung der übrigen Gläubiger des Patrons

Eine Sittenwidrigkeit des Patronatsvertrages wegen Benachteilung der übrigen Gläubiger des Patrons[28], kann ebenfalls so gut wie immer ausgeschlossen werden. Dazu genügt es nicht, dass außenstehende Gläubiger oder Anteilseigner des Patrons in Vollzug der Ausstattungszusage Vermögensschäden erleiden[29]. Nach außen hin erscheint der Patron aufgrund der[30] Ausstattungszusage nicht „vermögender“ als er tatsächlich ist[31]. Ein Sittenverstoß unter dem Aspekt eines drittschädigenden Verhaltens ist folglich allenfalls in dem kaum praktisch werdenden Fall eines kollusiven Zusammenwirkens der Parteien des Sicherungsvertrages zum Nachteil eines oder mehrerer Gläubiger des Patrons denkbar[32].

---

[26] Die Ansicht *von Bernuths* könnte auf folgende Passage bei *Erman-Palm* (11), § 138 Rn. 161 zurückgehen: Auch unterhalb der Schwelle zur Knebelung könnten Sicherungsgeschäfte die berechtigten Interessen des Schuldners in nicht hinnehmbarer Weise verletzen, so könne z.B. eine unangemessen belastende Gestaltung eines Sicherungsgeschäfts die Kreditwürdigkeit des Schuldners für einen anderen Gläubiger und damit zugleich seine wirtschaftliche Bewegungsfreiheit sittenwidrig beeinträchtigen. Es folgt allerdings ein Verweis auf den mit einer Personalsicherheit nicht vergleichbaren Fall einer sittenwidrigen Sicherungsabtretung.

[27] *J. Koch,* Die Patronatserklärung, S. 223, 2. Abs.

[28] *J. Koch,* Die Patronatserklärung, S. 222/223, 2., prüft diese Frage nur unter dem Blickwinkel der Protegégläubiger, die er zu Recht als „eher begünstigt“ denn benachteiligt ansieht.

[29] Vgl. nur *BGH* (U. v. 19.03.1998 – IX ZR 22/97), BGHZ 138, S. 291 ff. (300, 1. Abs.) = WM 1998, S. 968 ff. (970, aa), 971, d)); der Verweis von *Erman-Palm* (11), § 138 Rn. 161, ist diesbezüglich ein Stück weit missverständlich; *Palandt-Heinrichs* (64), § 138 Rn. 86, nur Anfechtbarkeit nach dem AnfG/der InsO; ebenso *BGH* (U. v. 19.03.1998), BGHZ 138, S. 299, aa); *Soergel-Hefermehl* (13), § 138 Rn. 67; *Staudinger-Sack* (2003), § 138 Rn. 166/167, 349.

[30] Zumindest in späteren Jahresabschlüssen offen gelegten.

[31] Zu diesem Kriterium, *Bamberger/Roth* (*Spindler*), § 826 Rn. 41, Gläubigergefährdung durch die Gewährung umfangreicher und undurchsichtiger Sicherheiten nur, wenn der Sicherungsnehmer die Schädigung Dritter bewusst in Kauf nimmt; *Falter,* Praxis des Kreditgeschäfts (15), S. 826 Rn. 12.35; *Reinicke/Tiedke,* Kreditsicherung (4), S. 213/214 Rn. 574, Möglichkeit der Täuschung anderer Gläubiger über die Kreditwürdigkeit (u.a.) des Sicherungsgebers, die dadurch geschädigt werden.

[32] Siehe etwa *BGH* (U. v. 19.03.1998 – IX ZR 22/97), BGHZ 138, S. 291 ff. (298/299, b)); *Bamberger/Roth* (*Spindler*), § 826 Rn. 41; *Erman-Palm* (11), § 138 Rn. 161

## C. Sittenverstoß wegen anderweitiger Beeinträchtigung der Privatautonomie

Der Patronatsvertrag kann demzufolge allenfalls wegen verwerflicher Beeinträchtigung der Privatautonomie des Patrons nach § 138 Abs. 1 BGB sittenwidrig sein.

Mithilfe des bürgerlich-rechtlichen Verbots sittenwidriger Rechtsgeschäfte werden vor allem die Wertmaßstäbe des Grundgesetzes rezipiert und konkretisiert[33]. Widerspricht der Inhalt eines Rechtsgeschäfts für sich betrachtet oder in Verbindung mit den Umständen seines Zustandekommens grundlegenden verfassungsrechtlichen Wertungen[34], darf ihm auch das bürgerliche Recht keine Wirksamkeit zuerkennen[35].

Anders als die Vorschriften des AGB-Rechts, schafft die Generalklausel des § 138 BGB keinen Ausgleich für die auf der Hand liegende Gefahr einer einseitigen Wahrnehmung der Vertragsgestaltungsmacht durch den Verwender. Sie dient dazu, Auswüchsen und Missbräuchen privatautonomer Gestaltungsmacht entgegenzutreten[36]. Die am Maßstab des § 138 BGB überprüften und für sittenwidrig befundenen Rechtsgeschäfte sind formal Ausdruck einer freien Willensentschließung beider Vertragsparteien. In den hier interessierenden Fällen wird eine Partei durch den Vertragsschluss oder den Vertragsinhalt aber so erheblich in ihrer Privatautonomie tangiert, dass das Vertragswerk vor der Rechtsordnung keinen Bestand haben kann.

---

a. E.; zur Kollusion, vgl. auch *Henze,* WM 2005, S. 717 ff. (727, 3. Abs.); *Sonnenhol/Groß,* ZHR 159 (1995), S. 388 ff. (413–415, 3.).

33 *BVerfG* (B. v. 07.02.1990 – 1 BvR 26/84), Handelsvertreterentscheidung, BVerfGE 81, S. 242 ff. (255/256); *RG* (U. v. 24.03.1930 – VI 383/29), RGZ 128, S. 92 ff. (95, 2. Abs.); *Erman-Palm* (11), § 138 Rn. 33; *MüKo-Mayer-Maly/Armbrüster* (4), § 138 Rn. 20/21, 68; *Palandt-Heinrichs* (64), § 138 Rn. 4; *Soergel-Hefermehl* (13), § 138 Rn. 10.

34 Etwa einer objektiven Wertentscheidung des Grundrechtsabschnitts, vgl. *BVerfG* (B. v. 07.02.1990 – 1 BvR 26/84), „Handelsvertreterentscheidung", BVerfGE 81, S. 242 ff. (255, 1. Abs.).

35 *BVerfG* (U. v. 15.01.1958 – 1 BvR 400/51), BVerfGE 7, S. 198 ff. (205/206); *BVerfG* (B. v. 11.05.1976 – 1 BvR 671/70), BVerfGE 42, S. 143 ff. (148/149); *BVerfG* (B. v. 19.10.1993 – 1 BvR 567, 1044/89), BVerfGE 89, S. 214 ff. (229/230, I., 233/234) = WM 1993, S. 2199 ff. (2202, I., 2203, c)); *Flume,* Das Rechtsgeschäft, BGB AT II (4), § 1, 10. b), S. 20–22.

36 *BGH* (U. v. 24.11.1992 – XI ZR 98/92), ZIP 1993, S. 26 ff. (27, 1.); *Haun,* S. 75; *MüKo-Mayer-Maly/Armbrüster* (4), § 138 Rn. 1; *Palandt-Heinrichs* (64), Überbl v § 104 Rn. 1 i. V. m. § 138 Rn. 1, 5.; *Soergel-Hefermehl* (13), § 138 Rn. 1.

## I. Rechtsprechung zur sittenwidrigen Beschränkung des Selbstbestimmungsrechts

Seit dem verfassungsgerichtlichen Bürgschaftsbeschluss[37] sind die Zivilgerichte im Falle einer ungleichgewichtigen Verhandlungslage zusehends um einen möglichst effektiven Schutz der unterlegenen Vertragspartei bemüht[38]. Das hat sich zum einen in einer kontinuierlichen Ausdehnung der Rechtsprechung zu den Angehörigenbürgschaften niedergeschlagen und zum anderen in den neueren Grundsätzen zur Behandlung von Arbeitnehmerbürgschaften.

Charakteristikum all dieser Fälle sind die vom BVerfG vorausgesetzten „ungewöhnlich belastenden" Folgen des Vertrages für den unterlegenen Vertragsteil. Neben dem Aspekt einer finanziellen Überforderung des Sicherungsgebers[39] hat für den BGH in sämtlichen Fällen die Tatsache einer aktiven, unzulässigen Einflussnahme durch den Gläubiger oder einen Dritten, dessen Verhalten sich der Gläubiger hat zurechnen lassen müssen[40], oder ein sonstiges Willensbildungsdefizit den Ausschlag für die Sittenwidrigkeit des Sicherungsvertrages gegeben[41].

---

[37] Dazu oben in Kapitel 10, V. 3. a) cc).

[38] *Fischer* in: Rostocker Schriften zum Bankrecht, Heft 4, S. 101 ff. (106, 1. Abs.); kritisch *Zöllner,* AcP 196 (1996), S. 1 ff. (2/3), demzufolge die Durchsetzung der „Botschaft der Bürgschaftsentscheidung" (des BVerfG) das Modell einer eigenverantwortlich agierenden Privatrechtsgesellschaft ins Wanken bringt. Die Belegung der Privatautonomie mit einem „Grundverdacht der Fehlfunktion infolge unterschiedlicher Verhandlungsmacht" und die damit verbundene Notwendigkeit einer gesetzgeberischen und richterlichen Korrektur führe zu einer Ausweitung der ständigen „Präsenz des big brother", die „ein neues, obrigkeitsstaatliches Element in das Privatrecht" bringe.

[39] Vgl. bereits Kapitel 10, B. VII. 1. c) aa), (Fn. 537, 539), siehe aber auch unten unter Gliederungspunkt 2. b)/c).

[40] Vgl. nur *BGH* (U. v. 24.02.1994 – IX ZR 93/93), BGHZ 125, S. 206 ff. (213, 2., 215, c)); *Fischer* in: Rostocker Schriften zum Bankrecht, Heft 4, S. 101 ff. (106/107, a)).

[41] Vgl. *BGH* (U. v. 24.02.1994 – IX ZR 227/93), DB 1994, S. 879 ff. (880, 6.); *BGH* (U. v. 24.02.1994 – IX ZR 93/93), BGHZ 125, S. 206 ff. (210, 3., 215, c)); *BGH* (U. v. 16.01.1997 – IX ZR 250/95), NJW 1997, S. 1980 ff. (1981/1982, 3.); *BGH* (U. v. 18.12.1997 – IX ZR 271/96), BGHZ 137, S. 329 ff. (332/333, II.); ebenso *OLG Köln* (U. v. 21.01.2002 – 13 U 69/00), WM 2003, S. 280 ff. (281, 3. a)); *dass.* (U. v. 30.01.2002 – 13 U 93/01, rkr.), ZIP 2002, S. 844 ff. (845, 2. a)); *Fischer* in: Horn/Krämer, Bankrecht 2002, S. 165 ff. (171, 3.); *Hillmann,* Rostocker Schriften zum Bankrecht 1998, S. 77 ff. (80, 1.); *Knott,* DRiZ 2004, S. 205, 2. Spalte; *Schimansky,* WM 2002, S. 2437 ff. (2439, III.). In den „Angehörigenfällen" ist sittenwidrigkeitsbegründendes Merkmal neben der finanziellen Überforderung des Sicherungsgebers die Ausnutzung der psychischen Zwangslage des dem Hauptschuldner nahe stehenden Sicherungsgebers durch den Gläubiger (vgl. Kapitel 10, B. VII. 1. c) aa), (Fn. 537)). Außerhalb der „Angehörigenfälle" muss der Sicherungsgeber neben seiner Überforderung sonstige erschwerende und dem Gläubiger zurechenbare Umstände dartun und notfalls belegen, die für eine unzulässige Beeinträchtigung seiner Entscheidungsfindung sprechen, vgl. *BGH* (U. v. 24.02.1994 – IX ZR 93/93), a.a.O., S. 210, 3.; *BGH* (U. v. 18.01.1996 – IX ZR 171/95), WM 1996, S. 519 ff. (521–523); *BGH* (U. v. 11.03.1997 – IX ZR 50/96), BGHZ 135, S. 66 ff. (69, II.); *BGH* (U. v.

Der Vorschrift des § 138 Abs. 2 BGB kann insofern Leitbildfunktion zugemessen werden[42]. Ohne eine dem Gläubiger zurechenbare Beeinträchtigung der Willensbildungsfreiheit kann sich grundsätzlich jedermann wirksam verpflichten – auch zu einer ihn finanziell erheblich überfordernden Leistung, die er nur unter besonders günstigen Bedingungen und unter dauerhaftem Einsatz seines pfändbaren Vermögens erfüllen kann[43]. Das gebietet nicht zuletzt der Grundsatz der Privatautonomie. Der gebotene Schuldnerschutz wird in diesem Fall über die Vollstreckungsschutzvorschriften und über das Insolvenzrecht bewirkt[44]. Die Grenze zur Sittenwidrigkeit ist überschritten, wenn eine Vertragspartei die ihr zustehende Vertragsfreiheit in missbräuchlicher Weise dazu ausnutzt, die Gegenseite zum Spielball ihrer Interessen zu machen[45].

### 1. Bewusste Verschleierung des Verpflichtungsgehalts

Schränkt der Gläubiger[46] die Erkenntnismöglichkeiten des Sicherungsgebers dergestalt ein, dass diesem die nachteiligen Wirkungen seines Handelns nicht oder nur in reduziertem Umfang bewusst werden, bringt er den Sicherungsneh-

---

18.12.1997 – IX ZR 271/96), a.a.O., vgl. auch *BVerfG* (B. v. 19.10.1993 – 1 BvR 567, 1044/89), BVerfGE 89, S. 214 ff. (236, 1. Abs.) = WM 1993, S. 2199 ff. (2204, III.); *BGH* (U. v. 26.04.2001 – IX ZR 337/98), NJW 2001, S. 2466 ff. (2467, 2.); *BGH* (U. v. 08.11.2001 – IX ZR 46/99), WM 2002, S. 919 ff. (921, III. 2.); *BGH* (U. v. 14.10.2003 – XI ZR 121/02), WM 2003, S. 2379 ff. (2381, 3.); *Palandt-Heinrichs* (64), § 138 Rn. 38 f); *Schimansky,* a.a.O., S. 2441, IV.

[42] Siehe bereits Kapitel 10, B. VII. 1. c) aa), (Fn. 539); vgl. nur nochmals *Canaris,* AcP 200 (2000), S. 273 ff. (280 aa)), „Charakter eines Grundmodells" bzw. „Musterbeispiele einer Beeinträchtigung der tatsächlichen Entscheidungsfreiheit"; *Honsell,* JZ 1989, S. 495 f. (496); *Naumann,* Sittenverstoß, S. 2/3, 122/123, Teil 4.; vgl. auch *Köndgen,* NJW 1991, S. 2018 f. (2018, 2. b)); *Staudinger-S*ack (2003), § 138 Rn. 5; aA *Zöllner,* WM 2000, S. 1 ff. (6, b), 8, 8.).

[43] Der letzte Satzteil entspricht dem herkömmlichen Argument des 9. Zivilsenats, mit dem dieser die Sittenwidrigkeit einer umfassenden Angehörigenmitverpflichtung zu Beginn der Rechtsprechungsentwicklung in ständiger Rechtsprechung verneint hat, vgl. nur *BGH* (U. v. 19.01.1989 – IX ZR 124/88); BGHZ 106, S. 269 ff. (272); *BGH* (U. v. 28.02.1989 – IX ZR 130/88); BGHZ 107, S. 92 ff. (98, 1. Abs.); *BGH* (U. v. 16.05.1991 – IX ZR 245/90); NJW 1991, S. 2015 ff. (2016, 2. b) aa)); *BGH* (VU. v. 16.01.1992 – IX ZR 113/91), WM 1992, S. 391 ff. (394, 2. Abs.); *BGH* (U. v. 24.02. 1994 – IX ZR 222/94), NJW 1996, S. 513 ff. (514, II. 1.); *BGH* (U. v. 16.01.1997 – IX ZR 250/95), WM 1997, S. 511 ff. (512, II. 3.); *BGH* (VU. v. 25.11.1999 – IX ZR 40/98), WM 2000, S. 23 ff. (24, II.); siehe auch *Haun,* S. 88, 2. Abs.; *Lwowski,* Kreditsicherung (8), S. 369, 2. Abs.; *Ohlmeyer/Gördel,* Kreditgeschäft der Kreditgenossenschaften (10), S. 776; *Palandt-Heinrichs* (64), § 138 Rn. 36; *Staudinger-Sack* (2003), § 138 Rn. 316.

[44] *BGH* (U. v. 16.05.1991 – IX ZR 245/90), WM 1991, S. 1154 ff. (1157, 3. Abs.); *Geißler,* JuS 1991, S. 618 ff. (623, VII.); *Westermann,* JZ 1989, S. 746 f. (747, 1. Abs.).

[45] Ähnlich *Nobbe/Kirchhof,* BKR 2001, S. 5 ff. (13/14, IV. ); *Schwintowski,* ZBB 1989, S. 91 ff. (95, 2. Spalte).

[46] Oder ihm zurechenbar ein Dritter.

mer nicht nur in eine unterlegene Verhandlungsposition, sondern er hindert ihn auch an einer privatautonomen Willensbildung.

Diesbezüglich hat das *LG München I* in seinem Urteil aus dem Jahre 1998 in Abrede gestellt, dass ein Patron sich in vollem Risikobewusstsein zur Erteilung seines Ausstattungsversprechens entschließt. Im Streit stand die Wirksamkeit einer von dem Gläubiger *vorformulierten* harten Patronatserklärung und damit ein nach AGB-Recht zu beurteilender Fall[47]. Die 11. Kammer hat sich ergänzend zu ihren formularrechtlichen Erwägungen auf den Standpunkt gestellt, die von dem Gläubiger vorgegebene übliche Formulierung einer „externen“ Ausstattungszusage verschleiere dem Patron, dass er die Hauptschuld bei Ausfall des Hauptschuldners selbst erbringen müsse[48]. Zusätzlich zu einem objektiven Sittenverstoß wegen erheblich belastender finanzieller Auswirkungen[49], sei die Ausstattungsvereinbarung damit auch *subjektiv sittenwidrig*[50].

Die Argumentation gleicht augenfällig derjenigen, die im Anschluss an das Urteil des *OLG Celle* aus dem Jahre 1967[51] immer wieder gegen die Verbind-

---

[47] *J. Koch,* Die Patronatserklärung, S. 218, 1. Abs., merkt mit Recht an, dass das *LG München I* diesen Aspekt bereits anhand des Transparenzgebots hätte überprüfen müssen (§ 307 Abs. 3 S. 2 i.V.m. Abs. 1 S. 2 BGB) und nicht erst anhand der sittlichen Generalklausel (§ 138 Abs. 1 BGB). Da die potenzielle Verschleierung des Risikogehalts einer Ausstattungszusage durch die „Sorge-Formulierung“ aber kein spezifisch formularrechtliches Problem ist, wird die Frage nach ihrer Intransparenz hier für alle Fälle gemeinsam geklärt.

[48] *LG München I* (U. v. 02.03.1998 – 11 HKO 20623/97), WM 1998, S. 1285 ff. (1287, c)); diese Gefahr sieht auch *Ebenroth/Boujong/Joost* (*Allstadt-Schmitz*), HGB, BankR IV, Rn. IV 632. Dazu, dass die Direktleistungspflicht entgegen der Einschätzung des Landgerichts nur sekundäre Folge einer Ausstattungspflichtverletzung durch den Patron ist, nicht aber dessen Primärleistungspflicht, s.o., Kapitel 4, B. I. 2.–4. Der Offenlegung einer potenziellen Direktleistungspflicht bedarf es aus diesem Grund, folgt man der hier vertretenen Meinung, so oder so nicht.

[49] Die Kammer hat die Patronatserklärung wegen des von dem Patron zu tragenden Weiterleitungsrisikos und angesichts der Übernahme des vollen geschäftlichen Bonitäts- und Liquiditätsrisikos des Protegés durch den Patron gemäß § 307 Abs. 1 S. 1 BGB als „unangemessen benachteiligend“ angesehen und daraus auf die „objektive Sittenwidrigkeit“ der Ausstattungszusage geschlossen. Ob diese Umstände nach der Terminologie des BVerfG bereits zu einer „ungewöhnlich starken Belastung“ des Patrons führen, ist angesichts der von dem Patron meist bewusst getroffenen Entscheidung für eine Ausstattungszusage anstelle einer Bürgschaft und/oder Garantie und in Anbetracht der ihm zustehenden Ersetzungsbefugnis zwar mehr als zweifelhaft, mangels einer „unzulässigen Einflussnahme“ seitens des Gläubigers durch Verschleierung des „wahren“ Verpflichtungsgehalts, braucht diese Frage hier aber nicht abschließend geklärt zu werden.

[50] *LG München I* (U. v. 02.03.1998 – 11 HKO 20623/97), WM 1998, S. 1285 ff. (1287, c)).

[51] *OLG Celle* (U. v. 31.01.1967 – 10 U 225/66), NJW 1967, S. 1425 f. (1426, 4.), bloße Bemühenspflicht eines Gastwirts zur Veranlassung seines zum Zeitpunkt des Vertragsschlusses noch unbekannten Nachfolgers, an seiner statt in den Automatenaufstellungsvertrag mit dem Aufsteller einzutreten.

lichkeit der harten Patronatserklärung vorgebracht worden ist[52], nur dass Anknüpfungspunkt für die behauptete Unwirksamkeit des Ausstattungsversprechens diesmal nicht der fehlende Rechtsbindungswille des Patrons ist, sondern ein von dem Gläubiger zu verantwortender Verschleierungsakt, der es dem Patron unmöglich mache, den wahren Verpflichtungsgehalt seiner Zusage zu dechiffrieren.

Die gegen das Fehlen eines Rechtsbindungswillens vorgebrachten Argumente gelten auch hier[53]. Mit Blick auf den zumindest in seinen Grundzügen seit Jahrzehnten anerkannten Verpflichtungsgehalt einer „externen" Ausstattungszusage ist es absolut praxisfern dem Gläubiger vorzuwerfen, er wolle den Patron aktiv über den Verpflichtungsgehalt der Ausstattungszusage täuschen oder verschließe sich zumindest bewusst dem täuschenden Charakter der von ihm vorgegebenen Erklärung[54]. Der Gläubiger muss weder davon ausgehen, dass die Überschrift „Patronat" dem Patron wahrheitswidrig suggeriert, von ihm werde eigentlich nur Fürsorge für den Protegé erwartet, noch vertuschen Textpassagen wie „dafür sorgen" die Gefahr einer persönlichen Einstandspflicht des Patrons[55]. In dem zur Entscheidung gestellten Fall kommt hinzu, dass in dem vorformulierten Erklärungstext ausdrücklich von einer „Verpflichtung" des Patrons die Rede gewesen ist[56].

Eine „unzulässige Einflussnahme" des Gläubigers auf die Entscheidungsfreiheit des designierten Patrons setzt mehr voraus als die Vorgabe allseits üblicher Erklärungsbausteine. Denkbar ist etwa, dass der Gläubiger eine Fehlvorstellung des Patrons über die Verbindlichkeit der in Aussicht genommenen Ausstattungs-

---

[52] s.o., Kapitel 4, A. I.; vgl. auch *von Bernuth,* ZIP 1999, S. 1501 ff. (1506, 3.1).

[53] Dazu in Kapitel 4, A. I.

[54] Im Ergebnis ebenso *von Bernuth,* ZIP 1999, S. 1501 ff. (1506, 2.3), hinreichende Transparenz der formularmäßig vorgegebenen Ausstattungserklärung; *Fleischer,* WM 1999, S. 666 ff. (669/670, b)); *Kiethe,* ZIP 2005, S. 646 ff. (652, 1. Abs.); *Reinicke/Tiedke,* Kreditsicherung (4), S. 156 Rn. 432; *Schimansky/Bunte/Lwowski* (*Merkel*), Bankrechts-Handbuch II (2), § 98 Rn. 16. Zu den Anforderungen an einen sittenwidrigen Verschleierungsakt, *Naumann,* Sittenverstoß, S. 78/79.

[55] So aber *LG München I* (U. v. 02.03.1998 – 11 HKO 20623/97), WM 1998, S. 1285 ff. (1287, c)); wie hier *BdB* (*Bundesverband des privaten Bankgewerbes e. V.*), Zusammenfassung der BdB/vbo-Fachtagung „Kredit- und Kreditsicherungsrecht" am 13./14. Juni 2002 in München, unter Gliederungspunkt 4., „Formulierung von ‚Harten Patronatserklärungen'", (n. v.); *Schröter,* WuB I F 1 c. – 1.98, S. 790 f. (791, 3.).

[56] *LG München I* (U. v. 02.03.1998 – 11 HKO 20623/97), WM 1998, S. 1285 ff. (1285, Tatbestand, Ziff. 3 der Patronatserklärung), „… *verpflichten* wir uns hiermit …, *dafür zu sorgen* …". Allerdings nicht von einer Verpflichtung zur Rückzahlung der Darlehenssumme, sollte die Hauptschuldnerin ausfallen (vgl. S, 1287, c)), sondern von einer Verpflichtung zur Aufrechterhaltung einer ihr die Kreditrückführung ermöglichenden Finanzlage. Diese Ausstattungsverpflichtung kommt hinreichend klar zum Ausdruck; ebenso *von Bernuth,* ZIP 1999, S. 1501 ff. (1506, 3.1); (im Ergebnis) *Kiethe,* ZIP 2005, S. 646 ff. (652, 1. Abs.), der jedoch argumentiert, die bewusst undeutliche Formulierung liege gerade im Interesse des Patrons.

zusage erkennt und ihn in seiner irrigen Annahme durch beschwichtigende, das Risiko eines Ausstattungspflichtigen bagatellisierende Äußerungen noch bestärkt.

Selbst dann ist der Patronatsvertrag aber nicht ohne weiters sittenwidrig. Mit der Anfechtungsvorschrift des § 123 Abs. 1, 1. Alt. BGB bietet das Bürgerliche Recht eine gangbare Befreiungsmöglichkeit von einer täuschungsbedingt eingegangenen Verpflichtung[57]. Die Anfechtungsvorschriften schützen die Entscheidungsfreiheit als solche. Eines grob unangemessenen, sittenwidrigen Vertragsinhalts bedarf es nicht[58]. Die Norm des § 123 Abs. 1, 1. Alt. BGB ist auch dahingehend enger als § 138 Abs. 1 BGB, als ein arglistig Getäuschter gemäß § 124 Abs. 1 BGB von seinem Anfechtungsrecht nur binnen Jahresfrist Gebrauch machen kann[59]. Ein sittenwidriges Rechtsgeschäft ist demgegenüber ohne weiteres von Anfang an nichtig. Andererseits bedeuten die Anfechtungsvorschriften insofern die größere Konzession an die Privatautonomie, als der Getäuschte an dem ungewollt eingegangenen Geschäft durch Nichtausübung seines Anfechtungsrechts festhalten kann, sollte ihm der Vertrag nach Aufdeckung seines Irrtums nützlich erscheinen[60]. Die Mehrzahl der Juristen erachtet die Anfechtungsvorschriften der §§ 123, 124 BGB deshalb zu Recht als leges speciales gegenüber der Generalklausel des § 138 BGB[61]. Um eine Aushöhlung der spezielleren Anfechtungsvorschriften zu vermeiden, bedarf es für einen Sittenverstoß neben

---

[57] *Kreft,* WM 1997, Sonderbeilage Nr. 5, S. 22, bb); *Medicus,* ZIP 1989, S. 817 ff. (821 2.4.2./2.4.3, 821/822, IV. 1./2.), der zusätzlich auf die Möglichkeit eines Schadensersatzanspruchs wegen eines Aufklärungsfehlers verweist (§§ 311 Abs. 2 Ziff. 1, 241 Abs. 2, 249 Abs. 1 BGB ggf. i.V.m. § 254 BGB); vgl. auch *BGH* (U. v. 01.07.1999 – IX ZR 161/98), WM 1999, S. 1614 ff. (1615, II.); *BGH* (U. v. 08.11.2001 – IX ZR 46/99), WM 2002, S. 919 ff. (922, IV.).

[58] *Wolf,* Entscheidungsfreiheit, S. 153, 4.

[59] Grund dafür ist, dass die Ungewissheit, ob die rechtswidrig beeinflusste Willenserklärung angefochten wird, zeitlich begrenzt sein muss. „Dem Anfechtungsberechtigten darf es nicht freistehen, sich nach Gutdünken unentschieden zu verhalten". Ihm darf nicht die Möglichkeit gegeben werden, die Rechtslage auf Kosten des (an sich nicht schutzwürdigen) Vertragspartners auszubeuten, vgl. *Motive I,* § 104, S. 208/209 = *Mugdan I,* § 104, S. 468, 1. Abs.

[60] Vgl. *Motive I,* § 103, S. 204 = *Mugdan I,* § 103, S. 465: „Die Rechtsordnung kann nicht gestatten, dass die freie Selbstbestimmung auf rechtsgeschäftlichem Gebiet in widerrechtlicher Weise beeinträchtigt wird." Der Entwurf hat sich daher der Sache nach der gemeinrechtlichen Doktrin angeschlossen, dass die freie, d.h. die nicht rechtswidrig beeinflusste Willensentscheidung ein Tatbestandsmoment des Rechtgeschäfts ist und ein in dieser Hinsicht mangelhaftes Rechtsgeschäft dergestalt als unverbindlich zu behandeln ist, dass es in dem Willen des Verletzten steht, ob er die Nichtigkeit geltend machen will oder nicht.

[61] So etwa *BGH* (U. v. 25.01.1973 – II ZR 139/71), BGHZ 60, S. 102 ff. (104, 2. Abs.); *BGH* (U. v. 09.02.1977 – VIII ZR 258/75), WM 1977, S. 394; ff. (395, II. 2. c)); *BGH* (U. v. 07.07.1988 – IX ZR 254/86), WM 1988, S. 1156 ff. (1158/1159, 2.); *Kreft,* WM 1997, Sonderbeilage Nr. 5, S. 22, bb); *MüKo-Mayer-Maly/Armbrüster* (4), § 138 Rn. 5; *Soergel-Hefermehl* (13), § 138 Rn. 64; *Staudinger-Sack* (2003), § 138 Rn. 149–153, m.w.N. zur Abgrenzungsproblematik.

einer Täuschung zusätzlich belastender Umstände, welche die umgehende Nichtigkeit des gesamten Rechtsgeschäfts bedingen[62].

Entgegen der Einschätzung des *LG München I* begründen das Weiterleitungsrisiko des Patrons und das diesem obliegende Bonitäts- und Liquiditätsrisiko des Protegés keine solchermaßen „ungewöhnliche Belastung"[63] des Patrons[64]. Die Kammer übersieht, dass der Patron die Ausstattungsverpflichtung in aller Regel – und vermutlich auch in dem entschiedenen Fall – frei gewählt und einer Bürgschaft und/oder Garantie vorgezogen hat[65]. Die damit verbundene Risikoerhöhung kann dem Gläubiger nicht zur Last gelegt werden[66]. Auch kann der Patron, jedenfalls bezogen auf seine „hauptschuldbezogene" Ausstattungspflicht, drittleistungs- und ersetzungsbefugt sein[67]. Das Weiterleitungsrisiko kann er überdies durch die treuhänderische Zweckbindung seiner Zuwendungsleistungen ausschalten[68]. Selbst wenn der Patron verglichen mit einem Bürgen und einem Garanten der Gefahr einer deutlichen Mehrfachbelastung ausgesetzt ist, wird er dadurch folglich in aller Regel nicht unzumutbar belastet. Die Ausgewogenheit des Patronatsvertrages besteht bei üblichem Procedere darin, dass die Interessen des Patrons an der Vermeidung einer direkten Einstandspflicht und an der freien Wahl der Ausstattungsmodalitäten mit dem Interesse des Gläubigers an der Bestellung einer möglichst effektiven Sicherheit zu einem optimalen Ausgleich gebracht werden[69]. Für eine sittenwidrige Übervorteilung des Patrons ist nichts

---

62 Vgl. nur *BGH* (U. v. 08.11.2001 – IX ZR 46/99), WM 2002, S. 919 ff. (921/922, III./IV.).

63 So die Terminologie des BVerfG in seinem „Bürgschaftsbeschluss", *BVerfG* (B. v. 19.10.1993 – 1 BvR 567, 1044/89), BVerfGE 89, S. 214 ff. (232, b)) = WM 1993, S. 2199 ff. (2203, 1. Abs.).

64 Im Ergebnis ebenso *J. Horn,* Patronatserklärungen im common law, S. 182.

65 Siehe auch *J. Koch,* Die Patronatserklärung, S. 213, b); *Reinicke/Tiedke,* Kreditsicherung (4), S. 156 Rn. 432.

66 Anders *J. Koch,* Die Patronatserklärung, S. 174, 176, 1. Abs., der das uneingeschränkte Weiterleitungsrisiko des Patrons mit dem *LG München I* als tauglichen Anknüpfungspunkt für eine Unwirksamkeit der Patronatsverpflichtung ansieht, zumindest aber Bedenken hegt, ob die Ausstattungsverpflichtung im Falle einer umfassenden „Nachschusspflicht" wirksam ist. *Koch* spricht sich letztlich nur aufgrund der Möglichkeit einer treuhänderischen Zuwendung gegen die Unwirksamkeit der Patronatsvereinbarung aus, siehe aber auch S. 213–215, b).

67 s.o., Kapitel 4, B. II. 4. c) bb) (3); vgl. auch *J. Horn,* Patronatserklärungen im common law, S. 182; *Schäfer,* WM 1999, S. 153 ff. (162, 2. Abs.); ebenso der Bericht über die *BdB*/vbo-Fachtagung (*Bundesverband des privaten Bankgewerbes e.V.*) Kredit- und Kreditsicherungsrecht am 13./14. Juni 2002 in München, unter Gliederungspunkt 4., „Formulierung von ‚Harten Patronatserklärungen'", (n.v.).

68 s.o., Kapitel 4, B. II. 4. c) aa).

69 *J. Koch,* Die Patronatserklärung, S. 213, b). Der Autor weist im Folgenden zu Recht darauf hin, dass die potenzielle Direktleistungspflicht des Patrons in der Patronatserklärung nicht zum Ausdruck kommen muss, da es sich bei ihr um die gesetzlich vorgesehene Rechtsfolge einer Primärleistungspflichtverletzung handelt (S. 219, 2. Abs. a.E.).

ersichtlich, zumindest wenn dieser die Auswahl unter mehreren Sicherungsmitteln gehabt hat[70].

Sollte ein Patron die Ausstattungspflicht ausnahmsweise einmal nur aufgrund eines Täuschungsmanövers des Gläubigers übernommen haben, ist er somit wegen Nichtvorliegens eines „sonstigen, die Sittenwidrigkeit begründenden Umstandes“ auf sein Anfechtungsrecht nach §§ 123, 124 BGB zu verweisen[71].

Das Urteil des *LG München I* überzeugt weder in „objektiver“ noch in „subjektiver“ Hinsicht.

### 2. „Finanzielle Überforderung“ des Sicherungsgebers

Diese Einschätzung bedarf unter Umständen einer Korrektur für solche Fallgestaltungen, in denen der Patron durch die Ausstattungsverpflichtung außergewöhnlich stark belastet wird, also für Sachlagen, in denen er finanziell offensichtlich nicht imstande sein wird, seiner Zusage gerecht zu werden.

In Reaktion auf den „Bürgschaftsbeschluss“ des Bundesverfassungsgerichts hat der BGH vor allem zwei Fallgruppen mit zum Teil erheblichen Unterdifferenzierungen herausgearbeitet, in denen „typischerweise“ eine disparitätische Verhandlungssituation gegeben ist, nämlich bei Interzessionen von Nahbereichspersonen und Arbeitnehmern. In beiden Fällen wähnt der BGH den um Mithaftung gebetenen Sicherungsgeber in einem psychischen Ausnahmezustand, der ihn an einer wohl überlegten Entscheidungsfindung hindert. Die symptomatische Drucksituation soll in Verbindung mit der erheblichen finanziellen Überforderung des Sicherungsgebers in beiden Fällen den Ausschlag für das Sittenwidrigkeitsverdikt geben[72].

---

[70] Wie hier *OLG Naumburg* (U. v. 13.01.2000 – 2 U (Hs) 73/98), OLGR Naumburg 2000, S. 407 ff. (408, II. 2. d) bb)). Die These des *LG München I* „verwirrt“ daher auch *Schäfer,* WM 1999, S. 153 ff. (153, I.). Ob bzw. unter welchen Voraussetzungen ein etwaiges Unvermögen des Patrons zur Erfüllung der von ihm übernommenen Ausstattungspflicht eine andere Beurteilung rechtfertigt, wird sogleich unter Gliederungspunkt 2. erörtert. Hinsichtlich der besonderen Probleme eines „Anlassfalles“, vgl. das Vorgängerkapitel.

[71] Ohne einen solchen Umstand kann der Patron seine Vertragserklärung wegen Irrtums über den Erklärungsinhalt anfechten und damit den Patronatsvertrag bei fristgerechter Anfechtung gemäß §§ 119 Abs. 1, 1. Alt., 121, 142 Abs. 1, 143 Abs. 1 BGB ex tunc vernichten; zur Konstellation einer „Globalbürgschaft“, *BGH* (U. v. 27.10. 1994 – IX ZR 168/93), WM 1994, S. 2274 ff. (2276, 2.). Rechtsfolge wäre meist eine Schadensersatzpflicht des Patrons gemäß § 122 Abs. 1 BGB.

[72] Zu den „Angehörigenfällen“, siehe nur *Kreft,* WM 1997, Sonderbeilage Nr. 5, S. 27/28, bbbb)/cccc).

### *a) Exkurs: Keine Nichtigkeit des Sicherungsvertrages wegen Verpflichtung zur Übertragung künftigen Vermögens (§ 311b Abs. 2 BGB)*

Mitschwingendes Motiv der „Angehörigenrechtsprechung“ ist seit jeher der Schutz eines vermögenslosen Sicherungsgebers vor einer lebenslangen Überschuldung gewesen[73]. Überforderte Angehörige sollen durch eine fremdbestimmte Verpflichtung nicht jegliche Lebensperspektive und jeglichen Leistungsanreiz für die Zukunft verlieren[74].

Diesem Zweck dient auch die Vorschrift des § 311b Abs. 2 BGB[75]. Ein Vertrag, durch den sich der eine Teil verpflichtet, sein künftiges Vermögen oder einen Bruchteil dessen zu übertragen, ist nichtig.

Dennoch hat die höchstrichterliche Rechtsprechung es stets abgelehnt, den Anwendungsbereich dieser Norm über die dem Wortlaut entsprechende Verpflichtung zur Übertragung künftigen Vermögens hinaus auf Vertragspflichten auszudehnen, die der Schuldner nur unter Inanspruchnahme seines gesamten oder wenigstens des pfändbaren Teils seines künftigen Vermögens erfüllen kann[76]. Der Sinn der Norm, zu verhindern, „dass jemand sich gewissermaßen

---

[73] Vgl. *BGH* (U. v. 24.02.1994 – IX ZR 93/93), BGHZ 125, S. 206 ff. (211, 1. Abs.); *BGH* (U. v. 07.03.1996 – IX ZR 43/95), WM 1996, S. 766 ff. (768, 3. Abs.); *OLG Frankfurt a. M.* (U. v. 24.03.2004 – 23 U 65/03), NJW 2004, S. 2392 ff. (2393); aus der Literatur *Aden,* NJW 1999, S. 3763 f. (3763, II.); *Großfeld/Lühn,* WM 1991, S. 2013 ff. (2018/2019, c)); *Honsell,* JZ 1989, S. 495 f. (496 a. E.); *Medicus,* ZIP 1989, S. 817 ff. (821 2.4.1.); *Naumann,* Sittenverstoß, S. 52, 4. Abs.; *Reinicke/Tiedke,* ZIP 1989, S. 613 ff. (616/617, 4.2.2), die sich unter Hinweis auf eine der einseitigen Risikoübernahme durch den Sicherungsgeber entspringende besondere Sorgfaltspflicht des Gläubigers für die Sittenwidrigkeit eines den unerfahrenen oder in einer seelischen Zwangslage befindlichen Sicherungsgeber möglicherweise lebenslang überschuldenden Sicherungsvertrages aussprechen; *Zöllner,* WM 2000, S. 1 ff. (5, 2.).

[74] Anders *Aden,* NJW 1999, S. 3763 f. (3763, II.), der *Gerechtigkeitsgrund* für die Rechtsprechung zur Nahbereichsbürgschaft liege darin, dass ein Mensch das *Grundrecht auf Selbstbestimmung* seines Lebens *nicht durch eine lebenslängliche Zahlungsverpflichtung verlieren* dürfe (Hervorh. durch Verf.). Diese Schwerpunktsetzung wird hier nicht geteilt; vgl. im Übrigen Kapitel 10, B. VII. 1. c) aa), (Fn. 537, 539).

[75] Die zitierten Gerichtsentscheidungen und Stellungnahmen beziehen sich größtenteils noch auf die Vorgängernorm des § 310 BGB a. F.

[76] *BGH* (U. v. 28.02.1989 – IX ZR 130/88), BGHZ 107, S. 92 ff. (100/101, b)); *BGH* (U.v. 16.05.1991 – IX ZR 245/90), NJW 1991, S. 2015 ff. (2016, 2. b) bb)); *BGH,* (U. v. 28.02.1989 – IX ZR 130/88), BGHZ 107, S. 92 ff. (100/101, b)); zustimmend aus der Literatur *Gernhuber,* JZ 1995, S. 1086 ff. (1089, 4.); *Medicus,* ZIP 1989, S. 817 ff. (818, I. 2.); *Schaarschmidt,* Sparkassenkredite (8), S. 804 Rn. 2.908; offen gelassen von *Honsell,* JZ 1989, S. 495 f. (496), da die gleiche ratio legis als eines der Elemente des § 138 BGB längst anerkannt sei; *Reinicke/Tiedtke,* ZIP 1989, S. 613 ff. (613/614); aA *OLG Stuttgart* (U. v. 12.01.1988 – 6 U 86/87), WM 1988, S. 450 ff. (454/455); *Erman-Grziwotz* (11), § 311b Rn. 84, 86; *Schwintowski,* ZBB 1989, S. 91 ff. (93–95, 1./2.), in der Norm gehe es nicht nur um formale, sondern um materiale Sicherung der privaten Handlungsfreiheit. Die Vorschrift des § 310 BGB (a. F.) sei auch verletzt, wenn sich ein Schuldner zwar nicht rechtlich, aber doch fak-

seiner Erwerbsfähigkeit begibt und damit zugleich allen Antrieb zum Erwerbe verliert“[77], rechtfertige keine analoge Anwendung[78].

In Anbetracht des absoluten Ausnahmecharakters der Nichtigkeitsvorschrift ist dieser Erwägung beizupflichten. Während bei Fallgestaltungen nach § 311b Abs. 2 BGB das in Zukunft Hinzugewonnene bei Wirksamkeit des Vertrages bereits ganz oder teilweise unabdingbar einem Dritten versprochen ist, so dass der Anreiz des Schuldners zur Aufbringung erwerbsbezogener Anstrengungen allenfalls altruistisch begründet sein kann, ist die künftige Vermögensentwicklung eines Sicherungsgebers noch völlig offen[79]. Selbst wenn die Wahrscheinlichkeit seiner Inanspruchnahme relativ hoch ist und seine Leistungsfähigkeit zum Zeitpunkt des Vertragsschlusses relativ gering, besteht für ihn potenziell die Möglichkeit, sich durch eigene Anstrengungen aus seiner schier ausweglo-

---

tisch seiner wirtschaftlichen Handlungsfreiheit derart begebe, als hätte er sein Vermögen übertragen. Ob auch einzelne künftige Vermögensgegenstände, die das ganze Vermögen oder einen (erheblichen) Bruchteil dessen ausmachen dem Anwendungsbereich des § 311b Abs. 2 BGB unterfallen, ist streitig, bejahend *BGH,* (U. v. 28.02.1989), a.a.O., S. 101, 1. Abs., m.w.N.; verneinend die ganz hM, vgl. *BGH* (U. v. 14.04.1976 – IV ZR 61/74), WM 1976, S. 744 ff. (745 a.E.); *Erman-Grziwotz* (11), § 311b Rn. 86; *Großfeld/Lühn,* WM 1991, S. 2013 ff. (2016, V. 1.); *MüKo-Krüger* (4), § 311b Rn. 93; *Palandt-Heinrichs* (64) § 311b Rn. 60; *Rümker,* EWiR 1989, S. 441 ff. (442, 3.).

[77] *Motive II,* § 350, S. 186 = *Mugdan II,* § 350, S. 102. Mit einem nur auf die Übertragung einer Quote des künftigen Vermögens gerichteten Vertrages verhalte es sich ähnlich. Ein solcher führe zudem zu unabsehbaren Verwicklungen. Weiterer Normzweck soll die Verhinderung einer Umgehung von Erbrechtsvorschriften sein, vgl. *Erman-Grziwotz* (11), § 311b Rn. 83.

[78] *BGH* (U. v. 28.02.1989 – IX ZR 130/88), BGHZ 107, S. 92 ff. (100/101, b)); *BGH* (U.v. 16.05.1991 – IX ZR 245/90), NJW 1991, S. 2015 ff. (2016, 2. b) bb)); ebenso *Eckert,* WM 1990, S. 85 ff. (86, 2.); *Gernhuber,* JZ 1995, S. 1086 ff. (1089, 4.); *Haun,* S. 72, 1. Abs.; *Medicus,* ZIP 1989, S. 817 ff. (818, 2. Abs.); *Reinicke/Tiedtke,* ZIP 1989, S. 613 ff. (614, 2.); aA *Erman-Grziwotz* (11), § 311b Rn. 84, 86, bei erkennbarer Vermögenslosigkeit des verpflichteten Vertragsteils gebiete der in der Norm verankerte „Schutz vor Hoffnungslosigkeit“ unter bestimmten Voraussetzungen eine Anwendung des § 311b Abs. 2 BGB.

[79] *BGH* (U.v. 16.05.1991 – IX ZR 245/90), NJW 1991, S. 2015 ff. (2016, 2. b) bb)); im Ergebnis ebenso *Adomeit,* NJW 1994, S. 2467 ff. (2468); *Eckert,* WM 1990, S. 85 ff. (86/87, 2.); *Haun,* S. 71, 2.; *Medicus,* ZIP 1989, S. 817 ff. (817/818, I. 2., 824, VI. 2.), bei dem Versprechen zur Übertragung (auch nur eines Teils) des zukünftigen Vermögens bestimme sich der Umfang der Leistungspflicht nach der Höhe des zukünftigen Erwerbs. Je mehr der Schuldner verdiene, desto mehr müsse er abgeben. Bei Belastung mit einer hohen Verbindlichkeit verringere sich dagegen mit zunehmender Verwendung des Erworbenen zur Schuldentilgung die Gesamtbelastung; *ders.,* AcP 188, S. 489 ff. (502); *Eckert,* WM 1990, S. 85 ff. (86/87, 2.); *Reinicke/Tiedtke,* ZIP 1989, S. 613 ff. (614, 2.); *Rümker,* EWiR 1989, S. 441 ff. (442); *H. P. Westermann,* JZ 1989, S. 746 f. (746, 2.), u.a. darauf verweisend, dass zum Zeitpunkt des Erlasses des § 310 BGB a.F. noch kein anderweitiger Sozialschutz bestand, so dass die staatlichen Kassen nur durch Einschränkung der Verpflichtungsbefugnis geschützt werden konnten; zur variablen Vermögensentwicklung, vgl. auch *Aden,* NJW 1999, S. 3763 f. (3764, 2. Abs.).

sen Lage zu befreien[80]. Hinzu kommt, dass die Regelung des § 311b Abs. 2 BGB auch dem Schutz der (künftigen) Vertragsfreiheit dient[81]. Niemand soll sich rechtsgeschäftlich dauerhaft der Möglichkeit begeben, über sein gesamtes oder auch nur einen Teil seines späteren Vermögens zu disponieren[82]. Ein überforderter Personalsicherungsgeber wird hieran nicht gehindert, selbst wenn er nach Eintritt des Haftungsfalles faktisch nur über den pfändungsfreien Teil seiner Einkünfte verfügen kann[83]. Eine extensive Anwendung des § 311b Abs. 2 BGB würde den freiheitsbezogenen Regelungszweck dieser Norm ad absurdum führen. Vermögenslose Vertragspartner würden partiell entmündigt. Mit der Möglichkeit zum Abschluss eines sie voraussichtlich überfordernden Vertrages nähme man ihnen zwangsläufig jede Chance auf eine eigenverantwortliche Verbesserung ihrer aktuellen Vermögenssituation oder auch nur das Recht auf eine selbstbestimmte Gestaltung ihrer Lebensverhältnisse[84]. Um das Grundrecht auf Selbstbestimmung möglichst optimal zur Geltung zu bringen, ist eine Ansiedelung des Schutzes finanzschwacher Vertragspartner auf der Ebene des Vollstreckungsschutzes[85] und des insolvenzrechtlichen Restschuldbefreiungsverfahrens gegenüber einer starren Nichtigkeitslösung auf materieller Ebene zu bevorzugen[86]. Vor einer aktuellen Beeinträchtigung der materiellen Abschlussfreiheit schützen bereits die Anfechtungsvorschriften sowie die sittliche Generalklausel[87].

### *b) Harte Patronatserklärungen unter dem Blickwinkel der „Angehörigenrechtsprechung“*

Die Rechtsprechung des BGH zur Sittenwidrigkeit der Bürgschaft und Schuldmitübernahme eines nahen Angehörigen gemäß § 138 Abs. 1 BGB ist dabei für die „externe“ Ausstattungsverpflichtung ohne größere praktische Relevanz.

---

80 *Gernhuber,* JZ 1995, S. 1086 ff. (1089).

81 *Erman-Grziwotz* (11), § 311b Rn. 83; *MüKo-Krüger* (4), § 311b Rn. 87/88; *Paulus/Zenker,* JuS 2001, S. 1 ff. (2, 3. a) aa)).

82 *MüKo-Krüger* (4), § 311b Rn. 87/88.

83 *MüKo-Krüger* (4), § 311b Rn. 90, m.w.N.

84 Vgl. *Gernhuber,* JZ 1995, S. 1086 ff. (1088/1089), zur „Knebelung: „Wir sollten die Freiheit auch dort eifersüchtig hüten, wo die Unfreiheit den Mantel der Fürsorge trägt“; siehe auch *Madaus,* Schuldbeitritt als Personalsicherheit, S. 243/244, 1.

85 *BGH* (U.v. 16.05.1991 – IX ZR 245/90), NJW 1991, S. 2015 ff. (2016, 2. b) bb)), der Sicherungsgeber sei zumindest durch die Pfändungsschutzbestimmungen der §§ 850 ff. ZPO geschützt und könne deshalb nicht in gleichem Maße den Erwerbsantrieb verlieren; ebenso *Eckert,* WM 1990, S. 85 ff. (86/87, 2.); *Haun,* S. 71, 2., zum hinreichenden Sozialschutz, vgl. S. 70/71; *Reinicke/Tiedtke,* ZIP 1989, S. 613 ff. (614, 2.).

86 Im Ergebnis ebenso *Großfeld/Lühn,* WM 1991, S. 2013 ff. (2016, V. 1.); *Medicus,* JuS 1999, S. 833 ff. (836, 1. Abs.); aA *Erman-Grziwotz* (11), § 311b Rn. 84, 86.

87 Vgl. *MüKo-Krüger* (4), § 311b Rn. 90 a.E. i.V.m. Fn. 363; *Rümker,* EWiR 1989, S. 441 ff. (442).

### aa) Kreis der Nahbereichspersonen

Patron und Protegé sind regelmäßig keine „Nahbereichspersonen“ im Sinne der „Angehörigenrechtsprechung“. Als die Entscheidungsfreiheit massiv herabsetzende Näheverhältnisse hat der BGH bislang die Beziehung zwischen Kindern und ihren Eltern[88], Ehegatten[89], Cousine und Cousin[90], Verlobten[91], Partnern einer eheähnlichen Lebensgemeinschaft[92] und Geschwistern[93] anerkannt. Der 9. Zivilsenat hat in einem Fall zwar erwogen, die Bürgschaft einer leistungsschwachen Gemeinde für einen Investor auf den Prüfstand der „Angehörigenrechtsprechung“ zu stellen[94], eine Einbeziehung von Körperschaften und Unternehmen in den persönlichen Schutzbereich der „Angehörigenrechtsprechung“ dürfte aber nicht zu rechtfertigen sein[95]. Das rein wirtschaftliche Interesse einer Gemeinde an der Ansiedelung eines investitionsbereiten Unternehmens versetzt deren Entscheidungsträger und damit die juristische Person als solche nicht in eine derartige Konfliktlage, dass ihr eine privatautonome Entscheidungsfindung unmöglich wäre.

### bb) Gesellschafter- und Geschäftsführer-Interzessionen

Dies belegt auch die Rechtsprechung zu den Gesellschafter- und Geschäftsführer-Interzessionen. Hiernach haben Mithaftungsübernahmen eines *Gesellschafters* für Gesellschaftsschulden meist einen ökonomischen Hintergrund. Die Sicherheitenbestellung eines Gesellschafters dient in der ganz überwiegenden Zahl der Fälle dazu, einen wirtschaftlichen Engpass der Gesellschaft zu über-

---

[88] *BGH* (U. v. 24.02.1994 – IX ZR 93/93), BGHZ 125, S. 206 ff. (207).

[89] *BGH* (U. v. 22.01.1991 – XI ZR 111/90), NJW 1991, S. 923 ff. (924, 2.); *BGH* (U. v. 26.04.1994 – XI ZR 184/93), ZIP 1994, S. 773 ff. (774, 2.); *BGH* (U. v. 05.01.1995 – IX ZR 85/94), BGHZ 128, S. 230 ff. (230/231); *BGH* (U. v. 08.10.1998 – IX ZR 257/98), WM 1998, S. 2327 ff. (2327).

[90] „Base“ und „Vetter“, *BGH* (U. v. 15.04.1997 – IX ZR 112/96), WM 1997, S. 1045 ff. (1046, 1. Abs.).

[91] *BGH* (U. v. 18.09.1997 – IX ZR 283/96), BGHZ 136, S. 347 ff. (347/348, 350, 1.).

[92] *BGH* (U. v. 23. 01.1997 – IX ZR 55/96), NJW 1997, S. 1005 ff. (1005, 1.); *BGH* (U. v. 27.01.2000 – IX ZR 198/98), NJW 2000, S. 1182 ff. (1184, 2.); *BGH* (U. v. 04.12.2001 – XI ZR 56/01), NJW 2002, S. 744 f. (745, 4.); *BGH* (U. v. 27.05.2003 – IX ZR 283/99), ZIP 2003, S. 1596 ff. (1598, aa)).

[93] *BGH* (U. v. 18.12.1997 – IX ZR 271/96), BGHZ 137, S. 329 ff. (335, 2. Abs.). Bei erwachsenen Geschwistern allerdings nur unter der Voraussetzung einer nachweislich engen persönlichen Bindung, die auch Ausfluss eines finanziellen Abhängigkeitsverhältnisses sein kann, *BGH* (U. v. 18.12.1997), a. a. O., S. 334/335, 1.

[94] *BGH* (U. v. 19.03.1998 – IX ZR 120/97), WM 1998, S. 976 ff. (979, III. 1.).

[95] Was der 9 Senat tendenziell ebenso gesehen hat, vgl. *BGH* (U. v. 19.03.1998), a. a. O.: „Ob diese Grundsätze auf Bürgschaften leistungsschwacher öffentlich-rechtlicher Körperschaften übertragen werden können, erscheint sehr zweifelhaft ...“.

brücken oder einen Geschäftsabschluss zu ermöglichen. Worum es dem Anteilseigner mit dem Sicherungsgeschäft letztlich geht, ist der wirtschaftliche Profit. Auch minderheitsbeteiligte Anteilseigner entschließen sich generell aus wohl durchdachten, finanziellen Erwägungen heraus zur Absicherung von Geschäften „ihrer" Gesellschaft[96]. Angesichts dessen ist eine Inhaltskontrolle selbst bei krasser wirtschaftlicher Überforderung des Sicherungsgebers ohne Hinzutreten weiterer, die Willensbildung beeinträchtigender Umstände fehl am Platz[97]. Der Gläubiger darf im Allgemeinen davon ausgehen, dass derjenige, der sich an einer Gesellschaft beteiligt, ihm aufgrund eines finanziellen Eigeninteresses Sicherheit leistet und schon deshalb kein unzumutbares Risiko auf sich nimmt[98]. Der Gläubiger hat in aller Regel ein berechtigtes Interesse an der persönlichen Mithaft der Gesellschafter[99], zumal wenn diese gestalterischen Einfluss auf die

---

96 *BGH* (U. v. 16.10.1997 – IX ZR 10/97), NJW 1998, S. 385 f. (386, III. 1.); *BGH* (U. v. 11.12.1997 – IX ZR 247/96), WM 1998, 235 ff. (236, 2. Abs.), zu einer mit 50% beteiligten GmbH-Gesellschafterin; *Bydlinski,* WuB I F 1 a. – 10.02, S. 551, 1.; *Nobbe/Kirchhof,* BKR 2001, S. 5 ff. (14, V. 1.); ebenso für einen Kommanditisten, *BGH* (U. v. 28.05.2002 – XI ZR 199/01), WM 2002, S. 1647 ff. (1648, 2. a) aa)); *Balzer,* WuB I F 1 a. – 2.03, S. 139 f. (140, a)/b)); *Zwade,* BKR 2002, S. 719 f. (719, I., 2. Abs.).

97 *BGH* (U. v. 16.10.1997 – IX ZR 10/97), NJW 1998, S. 385 f. (386, III. 1.); *BGH* (U. v. 11.12.1997 – IX ZR 247/96), WM 1998, 235 ff. (236, 2. Abs.); *OLG Köln* (U. v. 21.01.2002 – 13 U 69/00), WM 2003, S. 280 ff. (283, c)); *OLG Naumburg* (U. v. 18.05.2000 – 2 U 115/99), OLGR Naumburg 2001, S. 144 ff., (145/146, II. 3.); *Diedrichsen,* Jura 1999, S. 229 ff. (233/234, c)); *Fischer* in: Rostocker Schriften zum Bankrecht, Heft 4, S. 101 ff. (111, 1. Abs.); *Nobbe/Kirchhof,* BKR 2001, S. 5 ff. (14, V. 2.); *Schimansky/Bunte/Lwowski* (*Schmitz*), Bankrechts-Handbuch II (2), § 91 Rn. 36; *Zwade,* BKR 2002, S. 719 f. (719/720, I.); siehe auch *Kreft,* WM 1997, Sonderbeilage Nr. 5, S. 24, 2. Abs.

98 *BGH* (U. v. 18.12.1997 – IX ZR 271/96), BGHZ 137, S. 329 ff. (336, 2. Abs.); *BGH* (U. v. 15.01.2002 – XI ZR 98/01), WM 2002, S. 436 ff. (436/437, II. 1. a)); *BGH* (U. v. 10.12.2002 – XI ZR 82/02), NJW 2003, S. 967 ff. (968, 2. a)) = WM 2003, S. 275 ff. (276, 2. a)); *BGH* (U. v. 18.12.1997 – IX ZR 271/96), BGHZ 137, S. 329 ff. (334, 1. Abs.); *BGH* (U. v. 15.01.2002 – XI ZR 98/01), WM 2002, S. 436 ff. (437, 2.); *BGH* (B. v. 28.02.2002 – IX ZR 153/00), NJW-RR 2002, S. 1130, Bürgschaft eines krass überforderten Gesellschafter-Mönchs, der ein Armutsgelübde abgelegt hatte, für Hauptschulden „seiner" gemeinnützigen Gesellschaft; *BGH* (U. v. 28.05.2002 – XI ZR 199/01), NJW 2002, S. 2634 ff. (2635/2635, 2. a) aa), 3.), dies gelte auch bei Mithaftungszusagen eines finanziell krass überforderten, mit einem die Gesellschaft beherrschenden Dritten emotional verbundenen Kommanditisten; *BGH* (U. v. 10.12.2002 – XI ZR 82/02), WM 2003, S. 275 ff. (276/277, 3.), jeweils m.w.N.; *OLG Köln* (U. v. 21.01.2002 – 13 U 69/00), WM 2003, S. 280 ff. (283, b) bb)); *OLG Schleswig* (B. v. 02.10.1996 – 5 W 39/9, rkr.), WM 1997, S. 413 ff. (415); vgl. auch *Erman-Palm* (11), § 138 Rn. 94; *Fischer* in: Horn/Krämer, Bankrecht 2002, S. 165 ff. (168/169, b)); *Grunewald* in: FS Kraft, S. 127 ff. (134, 4.); *Nobbe/Kirchhof,* BKR 2001, S. 5 ff. (14, V. 1.); *Scholz,* DRiZ 2003, S. 27 ff. (31, IV.); *Staudinger-Sack* (2003), § 138 Rn. 320; *Wagenknecht* in: *BuB,* Rn. 4/1020e; *ders.,* WuB I F 1 a. – 8.97, S. 624 ff. (625/626, II.); *Zwade,* BKR 2002, S. 719 f. (719, I., 2. Abs.).

99 *OLG Köln* (U. v. 21.01.2002 – 13 U 69/00), WM 2003, S. 280 ff. (283, b) bb)); *Diedrichsen,* Jura 1999, S. 229 ff. (232, c)); *Fullenkamp,* GmbHR 2003, S. 654 ff.

Vermögens- und Finanzlage der Gesellschaft nehmen können. Letztere Erwägung trifft auch auf die Sicherungszusage eines *Geschäftsführers* zu[100].

### cc) Untergeordnete praktische Relevanz der „Angehörigenrechtsprechung" für die „externe" Ausstattungsverpflichtung

Die Ressentiments gegenüber der hypothetischen Möglichkeit eines fremdbestimmten Kontraktes bei unternehmerischen und mit der Geschäftsleitung betrauten Akteuren lassen eine nähere Auseinandersetzung mit der „Angehörigenrechtsprechung" im Rahmen dieser Untersuchung als überflüssig erscheinen. Der Patron ist in aller Regel, der Protegé stets eine (zumindest „quasi-") juristische Person. Damit ein mit den „Angehörigenkonstellationen" identisches Konfliktpotenzial besteht, müssten wirtschaftlich gesehen auf beiden Seiten einander emotional eng verbundene natürliche Personen stehen, die von dem Sicherungsgeschäft maßgeblich betroffen sind (Patron) bzw. profitieren (Protegé)[101]. Ein eher theoretischer, denn praktisch werdender Fall. Sollte dennoch einmal ein naher Angehöriger[102] zu Gunsten einer ihm gefühlsmäßig eng verbundenen natürlichen Person, die wirtschaftlich hinter dem Protegé steht, eine ihn finanziell erheblich überfordernde Ausstattungszusage erteilen, lassen sich die zur Bürgschaft und Mitschuld entwickelten Rechtsprechungsgrundsätze ohne größere Schwierigkeiten auf die harte Patronatserklärung übertragen[103].

---

(654, I.); *Schimansky/Bunte/Lwowski* (*Schmitz*), Bankrechts-Handbuch II (2), § 91 Rn. 36; *Zwade,* BKR 2002, S. 719 f. (720, II.), für einen Kommanditisten.

[100] Näheres unter Gliederungspunkt c) cc).

[101] Vgl. *BGH* (U. v. 18.12.1997 – IX ZR 271/96), BGHZ 137, S. 329 ff. (333, 1. Abs., 334, 1., v.a. 335/336, 2.); *BGH* (U. v. 16.12.1999 – IX ZR 36/98), NJW 2000, S. 1179 ff. (1181, III. 1.); *BGH* (U. v. 18.09.2001 – IX ZR 183/00), WM 2001, 2156 ff. (2157, III. 1.); *OLG Dresden* (U. v. 18.10.2001 – 19 U 1064/01, rkr.), WM 2003, S. 277 ff. (278/279, 2.3.2.); siehe auch *Grunewald* in: FS Kraft, S. 127 ff. (130, c)), m.w.N.

[102] Im Sinne der Rechtsprechung. Wie die Entscheidungen zu den Partnern einer nichtehelichen Lebensgemeinschaft zeigen, bedarf es keines formaljuristischen Angehörigenverhältnisses. Ausreichend ist ein auf persönlichen Beziehungen gründendes Näheverhältnis, das die Gefahr einer emotional und nicht rational gefärbten Entscheidung über die erbetene Sicherungszusage begründet.

[103] Zur generellen, wenn auch nicht pauschalen Übertragbarkeit etlicher Rechtsprechungsgrundsätze auf andere Sicherungsinstrumente, *Erman-Palm* (11), § 138 Rn. 95 a. E; aus der Rechtsprechung *BGH* (U. v. 14.11.2000 – XI ZR 248/99), NJW 2001, S. 815 ff. (815, IV.); *BGH* (U. v. 04.12.2001 – XI ZR 56/01), NJW 2002, S. 744 f. (744/745), jeweils zur sicherungsweisen Mithaftungsübernahme; *OLG Koblenz* (B. v. 01.09.2003 – 5 W 568/03), NJW-RR 2003, S. 1559 f. (1560, 1.), Schuldanerkenntnis. Für die harte Patronatserklärung bedürfe es allenfalls geringfügiger Modifikationen, etwa bezüglich des Merkmals einer „finanziell krassen Überforderung" des Sicherungsgebers im Rahmen der Sittenwidrigkeitsvermutung (zu dieser, vgl. Kapitel 10, B. VII. 1. c) aa), (Fn. 537) sowie *Fischer* in: Horn/Krämer, Bankrecht 2002, S. 165 ff.

### c) „Externe“ Ausstattungszusagen und die neuere Rechtsprechung zu Arbeitnehmerbürgschaften

Das legitime Ansinnen eines im Dienste der Privatautonomie stehenden Schuldnerschutzes spiegelt nicht nur die „Angehörigenrechtsprechung“ wider, sondern auch die neuere Rechtsprechung des BGH zur Sittenwidrigkeit von *Arbeitnehmer*bürgschaften.

#### aa) Arbeitnehmer-Interzessionen

Der BGH hat vor kurzem die Bürgschaft eines nicht am Gewinn beteiligten *Arbeitnehmers* als sittenwidrig erachtet[104], die diesen finanziell krass überforderte[105] und von dem Arbeitnehmer primär aus Sorge um den Verlust seines Arbeitsplatzes übernommen worden war[106]. Die innere Zwangslage sei in diesem Fall derjenigen eines vermögenslosen Angehörigen vergleichbar. Dem Arbeitnehmer bleibe nur die Wahl zwischen der Übernahme der erbetenen Bürgschaft und der ihm im Verweigerungsfall unausweichlich drohenden Arbeitslosigkeit[107]. Verglichen mit der Aussicht, gerade in Zeiten hoher Arbeitslosigkeit auf Dauer keine neue Beschäftigung zu finden und die bestehende Einkunftsquelle ersatzlos zu verlieren, verdrängten viele Sicherungsnehmer in ihrer Zwangslage das mit der Sicherheitenbestellung verbundene Risiko einer das Arbeitsverhältnis überdauernden, von ihnen selbst nicht zu bewältigenden Überschuldung[108]. Zu Zeiten hoher Beschäftigungslosigkeit spreche daher eine tatsächliche, widerlegliche Vermutung dafür, dass der Arbeitnehmer die ihn überfordernde Mitverpflichtung allein aus Sorge um den Verlust seiner Arbeitsstelle und um den damit verbundenen Einkommensverlust übernommen habe[109]. Wisse der Gläubiger um diese Umstände oder hätten sie sich ihm aufdrängen

(166–168, 1./2.)). Die Vermutungsbasis sei je nach Fallgestaltung, Finanzlage und Geschäftsaufkommen des Protegés enger zu fassen, um der Tatsache Rechnung zu tragen, dass die Ausstattungspflicht die Direktleistungspflicht eines Bürgen oder Mitschuldners deutlich übersteigen kann. Wie oben dargetan (unter Gliederungspunkt 1.), wäre eine solche Adaption aber wohl nur angezeigt, wenn der Patron die Ausstattungszusage nicht willentlich einer anderen Personalsicherheit vorgezogen hat.

104 *BGH* (U. v. 14.10.2003 – XI ZR 121/02), WM 2003, S. 2379 ff. (2380, II.), nach den zu den „Angehörigenfällen“ entwickelten Kriterien, mit der in der Entscheidung nur angedeuteten Besonderheit, dass der Fortfall des Arbeitsentgelts bei Eintritt des Sicherungsfalls in die Leistungsfähigkeitsprognose einzubeziehen ist, vgl. *Seifert,* NJW 2004, S. 1707 ff. (1708, II.); siehe auch *OLG Koblenz* (B. v. 01.03.2003 – 5 W 568/03, rkr.), WM 2004, S. 179, 1.

105 *BGH* (U. v. 14.10.2003), a. a. O., S. 2380, II. 1.

106 *BGH* (U. v. 14.10.2003), a. a. O., S. 2381, 3. a); zustimmend *Koller,* EWiR 2004, S. 19 f. (20, 3.).

107 *BGH* (U. v. 14.10.2003), a. a. O.

108 *BGH* (U. v. 14.10.2003), a. a. O., S. 2381/2382, 3. a); zustimmend *Koller,* a. a. O.; *Seifert,* NJW 2004, S. 1707 ff. (1709, III.).

müssen, sei seine Bitte nach der Bestellung einer Arbeitnehmerbürgschaft in Ausnutzung der für diese Situation kennzeichnenden Zwangslage sittenwidrig. Das Sicherungsgeschäft sei nach seinem Gesamtcharakter gemäß § 138 Abs. 1 BGB nichtig[110].

### bb) Abgrenzung der Gesellschafter- von den Arbeitnehmer-Interzessionen

Essenziell ist insofern die Abgrenzung zwischen der rechtlich nicht zu beanstandenden Mitverpflichtung eines *Anteilseigners* und der sittenwidrigen Haftungsübernahme durch einen vom Verlust seines Arbeitsplatzes bedrohten *Arbeitnehmer*. Treffen beide Tatbestände zusammen, kann der Sicherungsgeber nach Auffassung des 11. Zivilsenats grundsätzlich davon ausgehen, dass das Sicherungsgeschäft wirtschaftlich motiviert ist. Entgegen einer zum Teil von dem 9. Senat verwandten Formulierung, bedürfe es dazu keiner „maßgeblichen" Gesellschaftsbeteiligung im Rechtssinne[111], auch müsse der Sicherungsgeber keine „rechtlich und wirtschaftlich verantwortliche Person"[112] sein. „Maßgeblich beteiligt" seien auch Anteilseigner mit einer Beteiligung von „nur" 25%[113]

---

[109] *BGH* (U. v. 14.10.2003), a.a.O.; kritisch zu dieser Vermutung, *Richrath,* WuB I F 1 a. – 3.04, S. 154.

[110] *BGH* (U. v. 14.10.2003), a.a.O., S. 2382, 1. Abs.; ebenso bereits *KG* (U. v. 25.05.1997 – 7 U 7496/96), MDR 1998, S. 234 f. (235), unter zusätzlichem Verweis auf die geschäftliche Unerfahrenheit des Arbeitnehmers. In der Literatur wird das Sittenwidrigkeitsurteil zudem auf eine unzulässige Überwälzung des wirtschaftlichen Geschäftsrisikos auf den Arbeitnehmer gestützt. Ginge man „analog" der Betriebsrisikolehre und der BAG-Rechtsprechung zur arbeitsvertraglichen Verlustbeteiligung eines Arbeitnehmers davon aus, dass das Marktrisiko grundsätzlich dem Arbeitgeber zugewiesen ist und nicht auf den Arbeitnehmer abgewälzt werden darf, erwiese sich die Überbürdung des wirtschaftlichen Risikos als sittenwidrig, vgl. *Seifert,* NJW 2004, S. 1707 ff. (1709, IV.), m.w.N. zu den arbeitsrechtlichen Problematiken; vgl. insoweit nur *BAG* (U. v. 10.10.1990 – 5 AZR 404/89), NJW 1991, S. 860 f. (861, II.), sittenwidrige Verlustbeteiligung eines Arbeitnehmers. Dem Standpunkt *Seiferts* kann nicht zugestimmt werden. Der Autor unterlässt die gebotene Differenzierung zwischen Innenverhältnis (Arbeitgeber – Arbeitnehmer) und Außenverhältnis (Arbeitnehmer – Gläubiger). Keine der Parteien des Sicherungsverhältnisses muss das Wirtschaftsrisiko des Arbeitgebers tragen. Wertungsmäßig steht der Arbeitnehmer dem Arbeitgeber sogar näher als der Gläubiger/Sicherungsnehmer. Sittenwidrig kann unter diesem Aspekt allenfalls ein etwaiger Auftrags- oder Geschäftsbesorgungsvertrag zur Bestellung der von dem Gläubiger geforderten Sicherheit zwischen den Parteien des Arbeitsvertrages sein, nicht aber die daraufhin dem Gläubiger erteilte Sicherungszusage des Arbeitnehmers.

[111] Vgl. die Formulierungen in *BGH* (U. v. 11.12.1997 – IX ZR 247/96), WM 1998, 235 ff. (236, 2. Abs.), „jedenfalls" keine Indizwirkung bei krasser Überforderung eines maßgeblich beteiligten Gesellschafters; *BGH* (U. v. 18.09.2001 – IX ZR 183/00), WM 2001, 2156 ff. (2157, III. 2.).

[112] So *BGH* (U. v. 18.09.2001 – IX ZR 183/00), WM 2001, 2156 ff. (2157, III. 2.).

[113] Vgl. *BGH* (U. v. 15.01.2002 – XI ZR 98/01), WM 2002, S. 436 ff. (436/437, 1.).

bzw. 10%[114]. Die einschränkende Begriffswahl habe nur den Zweck, unbedeutende Bagatell- oder Splitterbeteiligungen auszuscheiden[115]. Nur derart untergeordnete Minimalbeteiligungen rechtfertigten im faktischen Ergebnis eine Gleichbehandlung mit einem „bloßen Strohmanngesellschafter ohne jedes Eigeninteresse an der treuhänderischen Beteiligung"[116]. Im Übrigen sei bei lebensnaher Betrachtung nicht davon auszugehen, dass ein Minderheitsgesellschafter eine von den Interessen dritter Personen oder von der Sorge um seinen Arbeitsplatz gesteuerte, weitgehend fremdbestimmte Sicherungserklärung abgebe. Für den Gläubiger bestehe in solch einem Fall kein Anlass, sich mit dem finanziellen Hintergrund des minderheitsbeteiligten Sicherungsgebers auseinander zu setzen[117].

Soweit in der Literatur darüber hinaus gefordert wird, dass die Gewinnbeteiligung oder der Gesellschafterstatus einen angemessenen wirtschaftlichen Ausgleich für die Mitverpflichtung darstellt[118], ist dem nicht zu folgen. Zum einen ist es generell nicht Sache des Gläubigers, die wirtschaftliche Motivation des Sicherungsnehmers zu ergründen und den Wert von dessen Gewinnbeteiligung zu seinen Haftungsrisiken ins Verhältnis zu setzen, zum anderen kommt es nur auf die Ausnutzung einer akuten, sich dem Gläubiger aufdrängenden Willensbildungsschwäche des Arbeitnehmers an. Für eine unzumutbare Beeinträchtigung seiner Privatautonomie genügt es nicht, wenn die Haftungsrisiken des gewinn-

---

[114] *BGH* (U. v. 10.12.2002 – XI ZR 82/02), NJW 2003, S. 967 ff. (968, 2. b)/c)) = WM 2003, S. 275 ff. (276, 2. b)/c)); vgl. auch *BGH* (U. v. 16.01.1997 – IX ZR 250/95), WM 1997, S. 511 ff. (512/513, 3.), Sittenwidrigkeit eines mit 10% Beteiligten (nur) aufgrund einer dem Sicherungsnehmer zurechenbaren Überrumpelungssituation.

[115] *BGH* (U. v. 10.12.2002 – XI ZR 82/02), NJW 2003, S. 967 ff. (968, a)) = WM 2003, S. 275 ff. (276, c)).

[116] *BGH* (U. v. 10.12.2002 – XI ZR 82/02), WM 2003, S. 275 ff. (276, c)). Zu dessen Behandlung bei Einbeziehung des Sicherungsnehmers in die wirtschaftlichen Hintergründe einer von einer Nahbereichsperson nur treuhänderisch gehaltenen Gesellschaftsbeteiligung bzw. bei Evidenz eines fehlenden wirtschaftlichen Interesses des Strohmannes an seiner Gesellschafterstellung, *BGH* (U. v. 18.12.1997 – IX ZR 271/96), BGHZ 137, S. 329 ff. (336/337); *BGH* (U. v. 18.09.2001 – IX ZR 183/00), WM 2001, 2156 ff. (2157); *BGH* (U. v. 15.01.2002 – XI ZR 98/01), WM 2002, S. 436 ff. (437, b)); *BGH* (U. v. 28.05.2002 – XI ZR 199/01), NJW 2002, S. 2634 ff. (2635, 2. a) bb)); *OLG Köln* (U. v. 21.01.2002 – 13 U 69/00), WM 2003, S. 280 ff. (286, II. 2.); aA *LG Zweibrücken* (B. v. 30.09.1994 – 3 S 159/94), NJW-RR 1995, S. 311 f. (312); *Foerste,* JZ 1998, S. 574 ff. (575, 2.). Solange dem Sicherungsnehmer das Gegenteil nicht positiv bekannt ist, darf er annehmen, dass der Strohmann aus wirtschaftlich vernünftigen, allein von ihm selbst zu verantwortenden Gründen handelt, vgl. *BGH* (U. v. 18.12.1997), a.a.O.; *OLG Köln* (U. v. 21.01.2002), a.a.O.; *Bydlinski,* WuB I F 1 a. – 10.02, S. 551, 1.; zu Strohmannbeteiligungen mit wirtschaftlichem Hintergrund, siehe *BGH* (U. v. 16.10.1997 – IX ZR 10/97), NJW 1998, S. 385 f. (386, III. 1.).

[117] *BGH* (U. v. 10.12.2002 – XI ZR 82/02), NJW 2003, S. 967 ff. (968, a)) = WM 2003, S. 275 ff. (276, c)).

[118] So *Seifert,* NJW 2004, S. 1707 ff. (1709, III. a.E.).

beteiligten Arbeitnehmers in keinem Verhältnis zu seinen Erwerbsaussichten stehen. Wo genau die Grenze zu einer Splitterbeteiligung zu ziehen ist, dürfte nicht zuletzt von der hauptschuldnerischen Gesellschaftsform, ihrem konkreten Vermögensstatus und ihrer Ertragskraft abhängen. Die wirtschaftliche Beteiligung eines Arbeitnehmers in einer Größenordnung von nur 0% bis 5% dürfte für den Gläubiger aber Anlass genug sein, sich mit dem möglichen Sicherungsmotiv eines drohenden Arbeitsplatzverlustes und bejahendenfalls mit der Vermögenslage des designierten Sicherungsgebers auseinander zu setzen[119].

### cc) Interzessionen eines Geschäftsleiters

Für *Organwalter,* wie die Vorstandsmitglieder einer Aktiengesellschaft und die Geschäftsführer einer GmbH, dürfte die „Arbeitnehmerrechtsprechung“ selbst bei Fehlen von gewinn- und umsatzabhängigen Vergütungsbestandteilen nicht gelten[120]. Der Zweck einer Mithaftungsvereinbarung mit einer Leitungsperson besteht neben der Erweiterung der Haftungsmasse in aller Regel darin, sie zu einer ordnungsgemäßen und sorgfältigen Geschäftsführung anzuhalten[121]. Dank ihres – jedenfalls formalen – Einflusses auf die Geschäftstätigkeit der Hauptschuldnerin und wegen der damit verbundenen Möglichkeit, die Tragweite des übernommenen Risikos eigenverantwortlich einzuschätzen, aber auch mit Blick auf die mit einem geschäftlichen Erfolg fast zwangsläufig verbundenen beruflichen und finanziellen Erfolge oder Chancen, befindet sich eine Führungsperson in aller Regel nicht in einem Zustand, der sie zu einer freien Willensbildung außerstande setzt. Ihr ist generell zuzumuten, eine sie rein rechnerisch überfordernde Verpflichtung zu übernehmen oder das Scheitern des Geschäftes mit allen damit verbundenen negativen Folgen gezielt in Kauf zu nehmen[122]. Bei gesetzlichen Vertretern einer juristischen Person ist in aller Re-

---

[119] Vgl. auch *Koller,* EWiR 2004, S. 19 f. (20, 3.); *Schmeel,* BGHReport 2004, S. 32 f. (33, 3.).

[120] *Koller,* EWiR 2004, S. 19 f. (20, 3.); *Schmeel,* BGHReport 2004, S. 32 f. (33, 2.); vgl. aber *BGH* (U. v. 14.10.2003 – XI ZR 121/02), WM 2003, S. 2379 ff. (2381, 3. a)), wonach es für die Sittenwidrigkeit der Arbeitnehmer-Bürgschaft auch darauf angekommen ist, dass der Sicherungsgeber an der Hauptschuldnerin nicht beteiligt gewesen ist und deshalb von ihren Gewinnen und Wertsteigerungen nicht profitiert hat.

[121] *LG Zweibrücken* (B. v. 30.09.1994 – 3 S 159/94), NJW-RR 1995, S. 311 f. (312), allerdings in der Sache zu weitgehend, soweit die Erwägung eine Strohmann-Geschäftsführerin betrifft; *Wagenknecht,* WuB I F 1 a. – 8.97, S. 624 ff. (625, II.); *Zeitter* in: Rostocker Schriften zum Bankrecht, Heft 6, S. 7 ff. (16, 3. Abs.).

[122] Ebenso für einen die Gesellschaft anstelle eines Geschäftsführers leitenden Handlungsbevollmächtigten, *BGH* (U. v. 16.12.1999 – IX ZR 36/98), NJW 2000, S. 1179 ff. (1181, III. 1. b)). Das Bangen um den Verlust der Führungsposition und des Angestelltenverhältnisses dürfte hinter diesen Aspekten und hinter dem Sicherungsinteresse des Gläubigers zurücktreten, zumal die Vergabe des Leitungspostens von vornherein auf Fluktuation angelegt ist; siehe auch *Ehricke,* WM 2000, S. 2177 ff. (2177, I.), der anschaulich darstellt, weshalb die Inanspruchnahme von GmbH-Gesell-

gel von einer autonomen Entscheidungsfindung hinsichtlich der nachgefragten Mitverpflichtung auszugehen, selbst wenn sie finanziell nicht unmittelbar von einer positiven Geschäftsentwicklung profitieren[123].

Auf die Möglichkeit zur tatsächlichen Einflussnahme auf die Geschicke der Gesellschaft kommt es in diesem Zusammenhang nicht an. Die „Arbeitnehmerrechtsprechung" hat einen völlig anderen Ausgangspunkt als die „Fremddispositions-" bzw. „Anlassrechtsprechung II" des BGH. Verwerflich ist nicht die Ausdehnung des Haftungsumfangs auf alle gegenwärtigen und künftigen Verbindlichkeiten des Hauptschuldners, sondern die wirtschaftlich weitgehend sinnlose Ausnutzung einer seelischen Zwangslage des um Mithaftung gebetenen Arbeitnehmers[124]. Es gilt, eine Entscheidung über die Unwirksamkeit der Mithaftungsvereinbarung im Ganzen aufgrund einer erheblich beeinträchtigten Entschließungsfreiheit des potenziellen Sicherungsgebers zu treffen. Ob der Organwalter[125] Geschäftsschlüsse im Hauptschuldverhältnis übersehen und unterbinden kann, spielt für die Frage nach einer faktischen Fremdbestimmung seiner Verpflichtungserklärung[126] ebenso wenig eine Rolle wie bei einem „einfachen" Angestellten oder Gesellschafter. Grundsätzlich steht bereits die formale Füh-

---

schaftern als Personalsicherungsgeber weder eine juristische noch eine wirtschaftliche Durchbrechung ihrer gesellschaftlichen Haftungsbeschränkung bedeutet.

123 Ob der Organwalter finanziell unmittelbar von dem besicherten Geschäft profitiert, dürfte keine Rolle spielen. Nach der Rechtsprechung des BGH wiegen bei Mithaftungsübernahmen eines finanziell überforderten Angehörigen zwar grundsätzlich nur unmittelbare rechtliche Vorteile die wirtschaftliche Belastung auf, eine Abgrenzung zwischen einem unmittelbaren und einem nur mittelbaren Interesse am Zustandekommen des abzusichernden Geschäfts ist bei Organwaltern allerdings nicht ganz so leicht zu bewerkstelligen. Die Vertragsverhandlungen fußen – selbst bei intern eigenverantwortlicher Ressortzuständigkeit eines anderen Geschäftsleiters wenigstens formal – (auch) auf ihrer Entscheidung. Sie sind – jedenfalls formal – (auch) Ausdruck ihres wirtschaftlichen Sachverstandes. Sie müssen – formal – schon aus beruflichen Gründen zwangsläufig an dem Vertragsschluss interessiert sein, zumal mit einer erfolgreichen Führungstätigkeit zumindest auf längere Sicht immer auch ökonomische Vorteile verbunden sind. Insoweit ist ihre Situation nicht deutlich anders als diejenige eines Anteilseigners (hierzu *BGH* (U. v. 16.01.1997 – IX ZR 250/95), WM 1997, S. 511 ff., (513, 1. Abs.); vgl. auch *Fischer* in: Horn/Krämer, Bankrecht 2002, S. 165 ff. (168, b))), weswegen eine Differenzierung nach Geschäftsleitern mit (auch) leistungsbezogenen und solchen mit nur fixen Vergütungsanteilen unangebracht erscheint; im Ergebnis ebenso für eine Bürgin, die im Betrieb des Hauptschuldners eine mitunternehmerische Stellung innegehabt hat, *OLG Dresden* (U. v. 18.10.2001 – 19 U 1064/01, rkr.), WM 2003, S. 277 ff. (279/280.). Überdies haben Organwalter hier vertretener Meinung zufolge die Möglichkeit, den Sicherungsvertrag bei Verlust ihrer Führungsposition fristlos zu kündigen, so dass eine Mitverpflichtung für die von ihnen zu verantwortenden Geschäfte im Regelfall nicht unangemessen erscheint; zu dieser Kündigungsmöglichkeit, siehe Kapitel 12, B. II. 2.

124 Und seiner situativ erhöhten Disposition, an ein wirtschaftliches Wunder zu glauben.

125 Im Innenverhältnis zum Hauptschuldner.

126 Im Außenverhältnis zum Gläubiger.

rungsposition des Organwalters der Annahme eines faktisch drittbestimmten Kontraktes entgegen.

#### dd) Untergeordnete praktische Relevanz der „Arbeitnehmerrechtsprechung" für die „externe" Ausstattungsverpflichtung

Die Rechtsprechungsgrundsätze zur Sittenwidrigkeit einer Arbeitnehmermitverpflichtung können für die „externe" Ausstattungszusage allenfalls in Fällen Bedeutung erlangen, in denen ein nicht gewinnbeteiligter und auch nicht leitungsbefugter Arbeitnehmer dem Gläubiger zwecks Erhaltung seiner Arbeitsstelle Unterstützungsmaßnahmen verspricht, die ihn finanziell deutlich überfordern. – Im Bereich der harten Patronatserklärung gleichsam ein eher theoretischer Fall[127].

## II. Sittenwidrigkeit einer Globalabsicherung

Kontrahiert der Patron nicht aufgrund einer emotionalen Zwangslage, kann seine Ausstattungszusage wie oben ausgeführt[128] nur dann gemäß § 138 Abs. 1 BGB nichtig sein, wenn seine Entschließungsfreiheit in verwerflicher, dem Gläubiger zurechenbarer Weise eingeschränkt worden ist[129]. Die Vereinbarung muss Züge einer heteronomen Entscheidungsfindung tragen[130].

### 1. Formularmäßige Zweckerweiterungen in den „Anlasskonstellationen"

Wie im Vorgängerkapitel deutlich geworden ist, ist maßgebender Grund für die Unwirksamkeit einer formularmäßigen Sicherungszweckerweiterung in den „Anlasskonstellationen" gerade die fehlende rechtliche Anerkennung eines maßgeblich fremdbestimmten Kontraktes durch die Rechtsordnung.

Obschon an eine Sittenwidrigkeit nach § 138 BGB ungleich höhere Anforderungen zu stellen sind als an eine „unangemessene Benachteiligung" im Sinne des § 307 Abs. 1 S. 1, Abs. 2 BGB[131], ist die „weite" Sicherungszweckerklä-

---

[127] In Zeiten hoher Arbeitslosigkeit aber auch nicht undenkbar, gerade wenn die abzusichernde(n) Hauptschuld(en) (noch) relativ überschaubar ist/sind.

[128] Unter Gliederungspunkt I.

[129] *Fischer* in: Horn/Krämer, Bankrecht 2002, S. 165 ff. (171, 3.).

[130] *BGH* (U. v. 15.01.2002 – XI ZR 98/01), WM 2002, S. 436 ff. (437, 2.).

[131] *BGH* (B. v. 16.04.1996 – IX ZR 234/95), ZIP 1996, S. 957 ff. (961, c)), die Wirksamkeitsschranke des § 138 Abs. 1 BGB liege bereits im objektiven Bereich erheblich höher als diejenige des § 9 Abs. 1 AGBG. Während § 9 Abs. 1 AGBG nur

rung in den „Anlassfällen“ in Formularverträgen wegen Verstoßes gegen die guten Sitten *materiell* nichtig (§ 138 Abs. 1 BGB)[132]. Entsprechend dem Modellcharakter des § 138 Abs. 2 BGB hat sich der Gläubiger mit unlauteren Mitteln ein sein „Anlasssicherungsbedürfnis“ erheblich übersteigendes Globalsicherungsmittel verschafft[133]. Er hat das Selbstbestimmungsrecht des Sicherungsgebers gezielt ausgehebelt und für diesen einen „unechten Kontrahierungszwang“ statuiert. Mit der überwiegenden Ansicht ist allerdings davon auszugehen, dass die Vorschriften der §§ 305 ff. BGB für Formularrechtsfälle den spezielleren Prüfungsmaßstab darstellen, sofern die Verwerflichkeit einer Vertragsbestimmung gerade auf ihrer Eigenschaft als Allgemeine Geschäftsbedingung fußt[134]. Der sittlichen Generalklausel kommt neben der festgestellten Formularrechtswidrigkeit einer klauselmäßigen Sicherungszweckerweiterung mithin keine eigenständige Bedeutung zu[135].

---

eine den Geboten von Treu und Glauben zuwiderlaufende unangemessene Benachteiligung des Vertragspartners voraussetze, verlange § 138 Abs. 1 BGB einen Verstoß gegen die guten Sitten und damit eine grobe Interessenbeeinträchtigung von erheblicher Stärke bzw. „Prüfung aus ganz verschiedenen Blickwinkeln“; *Bunte,* Rostocker Schriften zum Bankrecht 1998, S. 29 ff. (40/41); *Erman-Roloff* (11), Vor §§ 307–309 Rn. 11.

132 Ebenso *Bydlinski,* ÖBA 1999, S. 93 ff. (100, 2. Abs., 102, c) 1./2.), für das österreichische Recht, soweit die Bürgenhaftung nicht höchstbetragsmäßig begrenzt ist (siehe dazu Kapitel 10, B. VII. 1. a) aa)); *Reinicke/Tiedtke,.* WiB 1996, S. 505 ff. (510, 7.).

133 *Bydlinski,* ÖBA 1999, S. 93 ff. (100, 2. Abs.), stellt dagegen auf die Unüberschaubarkeit und Unkalkulierbarkeit des Bürgenrisikos in Kombination mit der Möglichkeit des Kreditgebers ab, neue Kreditierungen durch gesonderte Bürgschaftsverträge abzusichern und/oder das Bürgenrisiko durch einen Höchstbetrag klar zu begrenzen.

134 *Bunte,* Rostocker Schriften zum Bankrecht 1998, S. 29 ff. (40/41); *Erman-Roloff* (11), Vor §§ 307–309 Rn. 11; *MüKo-Basedow* (4), Vor § 307 Rn. 8, 10; *Palandt-Heinrichs* (64), Vorb v § 307 BGB, Rn. 16; *Schaarschmidt,* Sparkassenkredite (8), S. 79/80 Rn. 1.130; *Staudinger-Sack* (2003), § 138 Rn. 161–165, m.w.N. zu dem Meinungsstreit.

135 Das Ergebnis wäre in beiden Fällen das gleiche. Obgleich ein gegen die guten Sitten verstoßendes Rechtsgeschäft gemäß § 138 Abs. 1 BGB grundsätzlich im Ganzen nichtig ist, dauerte die Verpflichtung des Sicherungsgebers zur Abdeckung der „Anlassforderung(en)“ an. Da die Parteien des Sicherungsgeschäfts dieses auch ohne den nichtigen Teil vorgenommen hätten, wäre der Sicherungsvertrag gemäß § 139 BGB nur teilweise nichtig. Die Befürchtung *Tiedtkes,* JZ 1998, S. 732 ff. (733), bei Anwendung des § 138 BGB müssten die Gläubiger mit einer Gesamtnichtigkeit des Sicherungsvertrages rechnen, ist somit unbegründet. Zur Möglichkeit einer Teilaufrechterhaltung des (Sicherungs-)Vertrages, *BGH* (U. v. 06.06.1989 – II ZR 227/88), BGHZ 107, S. 351 ff. (355–358); *BGH* (U. v. 14.11.2000 – XI ZR 248/99), BGHZ 146, S. 37 ff. (41, 1. Abs., 47/48, 1.), es genüge, wenn die Vertragsschließenden anstelle der unwirksamen Regelung eine auf das zulässige Maß beschränkte vereinbart hätten, wenn sie die Nichtigkeit von Anfang an gekannt hätten, und dass sich der Vertrag in eindeutig abgrenzbarer Weise in einen nichtigen Teil und in einen von der Nichtigkeit unberührten Rest aufteilen lässt. Da die Vereinbarung über die „Anlasssicherheit“ zum Zeitpunkt des sittenwidrigen Verhaltens in aller Regel schon „steht“, besteht durch die Teilaufrechterhaltung, anders als in „Wucherfällen“, nicht die Ge-

### 2. Individualvertragliche Globalabsicherungen im Lichte der „Fremddispositionsrechtsprechung“

Die dem BGH eigene Argumentation zu einem Verstoß gegen das (vermeintlich) „bürgschaftsspezifische“ Fremddispositionsverbot des § 767 Abs. 1 S. 3 BGB durch die klauselmäßige Absicherung aller zukünftigen Gläubigerforderungen („Fremddispositionsrechtsprechung“) beschränkt sich auf Formularrechtsfälle[136]. Der BGH geht davon aus, dass umfassende Mitverpflichtungen im Wege einer Individualabrede anders als formularmäßige statthaft seien[137]. Eine materiell-rechtliche Legitimation für diese Differenzierung ist bislang noch nicht vorgebracht worden[138].

Sie dürfte auch schwer fallen. Wäre § 767 Abs. 1 S. 3 BGB tatsächlich eine spezielle Ausprägung des allgemeinen Fremddispositionsverbots zum Schutze des Bürgen[139], käme man wohl nicht umhin, dieses Verbot auch auf Individualverträge auszudehnen[140]. Das „bürgschaftsspezifische“ Fremddispositionsverbot

---

fahr, dass die Reduktion der sittenwidrigen Vereinbarung auf das gerade noch rechtlich und sittlich vertretbare Maß dem Gläubiger zum Vorteil gereicht; dazu *BGH* (U. v. 21.03.1977 – II ZR 96/75), BGHZ 68, S. 204 ff. (207/208); *BGH* (U. v. 14.11.2000 – XI ZR 248/99), NJW 2001, S. 815 ff. (817, B. 1.)); *BGH* (U. v. 12.07.2001 – IX ZR 358/00), WM 2001, S. 1772 ff. (1774/1775, b)); *Bydlinski,* WM 1992, S. 1301 ff. (1306, 2. Abs.); *Scholz,* DRiZ 2003, S. 27 ff. (30/31, 6.); *Erman-Palm* (11), § 139 Rn. 20, ein aus mehreren Geschäften zusammengesetztes einheitliches Rechtsgeschäft sei teilbar, wenn die verschiedenen Geschäfte *keine Geschäftseinheit* bildeten; ähnlich *Soergel-Hefermehl* (13), § 138 Rn. 47–49, § 139 Rn. 24–29.

[136] AA speziell für die harte Patronatserklärung, *J. Koch,* Die Patronatserklärung, S. 224, II.

[137] *BGH* (U. v. 18.05.1995 – IX ZR 108/94), BGHZ 130, S. 19 ff. (22, 1. Abs.): „Der erste Teil der Sicherungszweckerklärung (erg.: der ‚weiten‘ Sicherungszweckerklärung) ist, *wenn* er *individualvertraglich vereinbart* wird, *grundsätzlich nicht zu beanstanden*“, vgl. auch S. 23, II. 1. (Hervorh. durch Verf.); *Kreft,* WM 1997, Sonderbeilage Nr. 5, S. 9, vor d); *Lwowski,* Kreditsicherung (8), S. 334/335 Rn. 377/378; *Schimansky/Bunte/Lwowski* (*Schmitz*), Bankrechts-Handbuch II (2), Anh. zu § 91, Erläuterungen, 1.; *Staudinger-Horn* (1997), § 765 Rn. 54.

[138] Siehe allenfalls *Meinhardt,* Beendigung der Haftung, S. 23, 1. Abs., die Vorschrift des § 767 Abs. 1 S. 3 BGB sei dispositiv, weshalb individualvertraglich eine Erstreckung der Bürgenhaftung (auch) auf alle künftigen Verbindlichkeiten wirksam vereinbart werden könne.

[139] Vgl. nur nochmals *BGH* (U. v. 18.05.1995 – IX ZR 108/94), BGHZ 130, S. 19 ff. (26/27, 30, d), 33, aa)); *BGH* (U. v. 24.06.1997 – XI ZR 288/96), WM 1997, S. 1615 f. (1616, 2.); *BGH* (U. v. 28.10.1999 – IX ZR 364/97), BGHZ 143 ff., S. 95 ff. (96/97, 1. a)).

[140] Ebenso *Reinicke/Tiedtke,* DB 1995, S. 2301 ff. (2307, V.); *dies.* WiB 1996, S. 505 ff. (510, 7.); *Wagenknecht* in: *BuB* Rn. 4/1052b; im Ergebnis auch *Bydlinski,* WM 1992, S. 1301 ff. (1306, 2. Abs. a.E.); *Horn,* FS für Merz, S. 217 ff. (226/227); *Reich/Schmitz,* NJW 1995, S. 2533 f. (2533. III., 2534, V.), die aus dem BGH-Urteil vom 18.05.1995 gefolgert haben, dass in Zukunft alle Globalbürgschaften summenmäßig zu begrenzen wären; vgl. auch *Lieb,* AcP 178 (1978), S. 196 ff. (217, 1. Abs.), Normen, die ihrem Gerechtigkeitsgehalt nach nicht auf Fälle gestörter Vertragsparität

wäre auch verletzt, wenn ein Bürge oder ein nach Bürgschaftsrecht zu behandelnder Sicherungsgeber aus freien Stücken eine Sicherheit bestellt, deren anfänglichen Umfang die Parteien des Hauptschuldverhältnisses nachträglich ohne seine Mitwirkung erweitern können, indem sie den Kreis und/oder den Umfang der abgesicherten Verbindlichkeiten ausdehnen[141]. Die „Unübersehbarkeit“ und „Unbeeinflussbarkeit“ des Haftungsumfangs sind keine Spezifika des Formularrechts. „Weite“ Sicherungszweckerklärungen eines nicht einflussberechtigten Sicherungsgebers führen zwangsläufig zu einer unübersehbaren und unregulierbaren Mithaftung[142]. Der abgesicherte Forderungskreis wird nicht dadurch überschaubarer, dass der Sicherungsgeber eine einvernehmlich aufgesetzte Vertragsurkunde anstelle eines gleich lautenden Formularvordrucks unterzeichnet. Wäre die Einschätzung des BGH und der ganz herrschenden Meinung korrekt, dass die Vorschrift des § 767 Abs. 1 S. 3 BGB eine zum Schutz des Bürgen geschaffene Spezialregelung des „allgemeinen“ Fremddispositionsverbots enthält[143], die eine der Sicherungsvereinbarung nachfolgende, sich bei Vertragsschluss noch nicht einmal in Konturen abzeichnende Haftungsausdehnung nur unter der Prämisse gestattet, dass der Bürge der Intensivierung der Geschäftsbeziehung im Einzelfall zustimmt oder dass er eine Ausdehnung des Sicherungsumfangs in rechtlich fundierter Weise verhindern kann[144], enthielte diese Norm zweifelsohne einen für alle Bürgschaftsverträge gleichermaßen geltenden Rechtsgrundsatz[145].

---

(dem Autor zufolge zentraler Rechtsgrund für eine AGB-Inhaltskontrolle) beschränkt werden könnten, könnten den Parteien eines Individualvertrages nicht ohne Wertungswiderspruch vorenthalten werden; aA *Seidel/Brink,* DB 1997, S. 1961 ff. (1961, 1., 1962, 2. Abs.).

141 So tendenziell *Wagenknecht* in: *BuB* Rn. 4/1052b.

142 Siehe auch *Bydlinski,* WM 1992, S. 1301 ff. (1305, 1. Abs.).

143 Statt aller nochmals *BGH* (U. v. 18.05.1995 – IX ZR 108/94), BGHZ 130, S. 19 ff. (27, 1. Abs.); *BGH* (U. v. 24.06.1997 – XI ZR 288/96), WM 1997, S. 1615 f. (1616, 2.).

144 *BGH* (U. v. 18.05.1995 – IX ZR 108/94), BGHZ 130, S. 19 ff. (26/27, 30, d)), hat in die Vorschrift wie gesagt sogar „zum Schutze des Bürgen“ das Erfordernis einer „summenmäßigen Begrenzung“ der Bürgschaft hineingelesen. Ähnlich *Ehricke,* WM 2000, S. 2177 ff. (2178/2179, 2. a)/b)); *Medicus,* EWiR 1996, S. 3 ff. (4, 4.), die den „Schutz vor Fremddisposition“ jedoch nicht zuvörderst in einem Schutz des Bürgen vor einem Anwachsen der Hauptschuld ohne sein Zutun sehen, sondern in der ohne eine Haftungserweiterung gegebenen Kontrolle über den Umfang der Bürgenschuld durch die Ablösung der abgesicherten Hauptschuld(en). Dass ein Bürge die abgesicherte(n) Hauptschuld(en) aufgrund der Haftungsausdehnung in den „Anlassfällen“ nicht, wie dies bezogen auf die konkret abzusichernde Forderung möglich gewesen wäre, gemäß § 267 Abs. 1 S. 1 BGB ein für alle Mal erfüllen und damit seine Bürgenschuld endgültig zum Erlöschen bringen kann, ist aber gleichsam nicht Folge oder Ausdruck einer verbotenen Fremdbestimmung, sondern Resultat seines bewussten Einverständnisses mit der „weiten“ Sicherungszweckerklärung.

145 So etwa *Bydlinski,* WM 1992, S. 1301 ff. (1305/1306), „Überschaubarkeitsprinzip“; siehe auch *Horn,* FS für Merz, S. 217 ff. (226/227); *Reinicke/Tiedtke,* DB 1995, S. 2301 ff. (2307, V.), die Ausführungen des BGH zu § 9 AGBG in seinem Urteil

Die Frage könnte dann nur lauten, ob dieser allgemeingültige Grundsatz individualvertraglich abbedungen werden kann[146]. Erachtete man ihn mit der mehrheitlichen Meinung als einen „wesentlichen Grundgedanken" des Bürgschaftsrechts im Sinne des § 307 Abs. 2 Ziff. 1 BGB[147] bzw. als ein „formularmäßig nicht abdingbares Gerechtigkeitsgebot"[148], könnte man diese Möglichkeit bereits anzweifeln. Mit Blick auf die verfassungsrechtliche Verankerung des „Fremddispositionsverbots" in Art. 2 Abs. 1 GG[149] bzw. auf das essentielle Prinzip eines Verbotes von Verträgen zu Lasten Dritter, müsste man eine solche Regelung wohl für unabdingbar halten[150]. Konsequenz wäre, dass jede dem „bürgschaftsspezifischen"[151] Fremddispositionsverbot zuwiderlaufende Vereinbarung ex tunc wegen Verstoßes gegen ein gesetzliches Verbot nichtig[152] und

---

vom 18.05.1995 sprächen dafür, dass in Fällen, in denen bei Anwendbarkeit des AGB-Gesetzes § 9 AGBG eingreife, beim Abschluss eines Individualvertrages die Voraussetzungen des § 138 Abs. 1 BGB gegeben seien; ebenso *Wagenknecht* in: *BuB* Rn. 4/1052b.

[146] Bejahend *Meinhardt,* Beendigung der Haftung, S. 23, 1. Abs.; offen gelassen von *Bydlinski,* WM 1992, S. 1301 ff. (1306, 2. Abs. a.E.), sehe man § 767 Abs. 1 S. 3 BGB als entscheidenden „Baustein" des Überschaubarkeitsprinzips an, folge aus seiner Stellung im Bürgschaftsrecht, dass eine Verletzung des Überschaubarkeitsgrundsatzes auch bei *Individualverträgen in Betracht* komme (Hervorh. teilw. durch Verf.).

[147] Vgl. nur nochmals *BGH* (U. v. 18.05.1995 – IX ZR 108/94), BGHZ 130, S. 19 ff. (26/27, 32/33, b) aa)), „elementarer Schutz der Privatautonomie des Bürgen"; *BGH* (U. v. 28.10.1999 – IX ZR 364/97), BGHZ 143 ff., S. 95 ff. (97, 1. Abs.).

[148] Siehe *BGH* (U. v. 17.02.1964 – II ZR 98/62), BGHZ 41, S. 151 ff. (154, 2. Abs.); *BGH* (U. v. 04.06.1970 – VII ZR 187/68), BGHZ 54, S. 106 ff. (110, 1. Abs.); *BGH* (U. v. 21.12.1983 – VIII ZR 195/82), BGHZ 89, S. 206 ff. (210/211, a)); *BGH* (U. v. 25.06.1991 – XI ZR 257/90), BGHZ 115, S. 38 ff. (42, aa)), wonach mit steigendem Gerechtigkeitsgehalt von *Dispositiv*normen zusehends strengere Maßstäbe an die Statthaftigkeit einer formularmäßigen Abweichung anzulegen sind.

[149] *Maunz/Dürig* (*Di Fabio*), GG, Art. 2 Abs. 1 Rn. 110–112, 115; *Meinhardt,* Beendigung der Haftung, S. 134, 1. Abs.

[150] Im Ergebnis ebenso *Staudinger-Horn* (1997), § 765 Rn. 54, der § 767 Abs. 1 S. 3 BGB allerdings als Ausprägung des Bestimmtheitsgrundsatzes ansieht; aA (ohne nähere Begründung) *BGH* (U. v. 18.05.1995 – IX ZR 108/94), BGHZ 130, S. 19 ff. (27, 1. Abs.), mit einer derartigen Abweichung vom *dispositiven Gesetzesrecht* rechne der Bürge im Allgemeinen nicht. Diese Äußerung erstaunt vor allem deswegen, weil der Senat im vorhergehenden Satz den Widerspruch einer unbegrenzten Haftungsausdehnung durch rechtsgeschäftliches Handeln Dritter zum *elementaren Schutz der Privatautonomie des Bürgen* herausgestellt hat. *Ohne sein Einverständnis* solle der Bürge nach der Wertung des § 767 Abs. 1 S. 3 BGB *nicht* Gefahr laufen, durch unkontrollierbare Maßnahmen Dritter in eine unübersehbare Haftung zu geraten (33, aa)), (Hervorh. durch Verf.); (konkludent) ebenso *BGH* (U. v. 24.09.1998 – IX ZR 425/97), WM 1998, S. 2186 ff. (2187, a)/b)); *Brambring,* S. 150, c.; *Erman-Herrmann* (11), § 765 Rn. 3, 3. Abs.; *Meinhardt,* Beendigung der Haftung, S. 23, 1. Abs.; *Rikken,* S. 24, 1. Abs., 126.

[151] Der Begriff „bürgschaftsspezifisch" wird hier in Abgrenzung zum „allgemeinen" Fremddispositionsverbot gebraucht. Er soll nicht besagen, dass § 767 Abs. 1 S. 3 BGB eine gegenüber anderen akzessorischen Sicherheiten spezifische Sonderregelung enthält (vgl. nur § 1210 Abs. 1 S. 2 BGB; *Ehricke,* WM 2000, S. 2177 ff. (2179, b)), sondern nur die diesen Normen angeblich eigene Schutzfunktion zum Ausdruck brin-

zugleich auch wegen Missachtung eines grundlegenden Rechtsprinzips nach § 138 Abs. 1 BGB sittenwidrig wäre[153].

### 3. Individuelle Globalabsicherungen

Dies belegt erneut die Fehlerhaftigkeit des rechtlichen Ausgangspunktes der „Fremddispositionsrechtsprechung". Im Ergebnis ist die intuitive Differenzierung der ganz herrschenden Meinung korrekt. Anders als formularmäßige sind *individuelle* Globalabsicherungen rechtlich nicht zu beanstanden[154].

---

gen, dazu *BGH* (U. v. 18.05.1995 – IX ZR 108/94), BGHZ 130, S. 19 ff. (26/27, c), 30, d), 33, aa)).

[152] Ob die Nichtigkeit auf einer gesetzlichen Beschränkung der rechtlichen Gestaltungsbefugnis durch § 767 Abs. 1 S. 3 BGB beruhte oder diese Bestimmung nur ein Verbotsgesetz i. S. d. § 134 BGB wäre (wofür vermutlich mehr spräche), kann hier auf sich beruhen. Das Rechtsgeschäft wäre so oder so (zumindest teilweise) unwirksam. Dass die Grundrechtsartikel selbst keine Verbotsgesetze i. S. d. § 134 BGB sind, sondern nur über die Generalklauseln der §§ 138, 242, 826 BGB in das Privatrecht einwirken, wäre unschädlich. Ein in § 767 Abs. 1 S. 3 BGB specialter geregeltes „bürgschaftsspezifisches Verbot der Fremddisposition" fungierte als unmittelbare Schranke der Privatautonomie und damit als formelles gesetzliches Verbot i. S. d. Art. 2 EGBGB. Zum (fehlenden) Verbotscharakter der Grundrechte, siehe *Erman-Palm* (11), § 134 Rn. 62; *MüKo-Mayer-Maly/Armbrüster* (4), § 134 Rn. 33/34; *Palandt-Heinrichs* (64), § 134 Rn. 4, 1/2., jeweils m. w. N. Zur Abgrenzung zwischen einem Verbotsgesetz („kann, aber darf nicht") und der gesetzlichen Einschränkung der Gestaltungs- und Verfügungsmacht („kann nicht"), *Erman-Palm* (11), § 134 Rn. 2; *Larenz/ Wolf*, BGB AT (9), § 40, I., S. 723/724 Rn. 2; *MüKo-Mayer-Maly/Armbrüster* (4), § 134 Rn. 5; *Palandt-Heinrichs* (64), § 134 Rn. 5; *Staudinger-Sack* (2003), § 134 Rn. 33.

[153] *Reinicke/Tiedtke*, DB 1995, S. 2301 ff. (2307, V.); *dies*. WiB 1996, S. 505 ff. (510, 7.). *J. Koch*, Die Patronatserklärung, S. 224, II., 225, IV., 612, 4., nimmt für die harte Patronatserklärung ausdrücklich an, dass eine „weite" Sicherungszweckerklärung wegen Verstoßes gegen das Fremddispositionsverbot auch im Rahmen einer Individualvereinbarung unwirksam sein könne. Unklar ist, worauf *Bydlinski*, WM 1992, S. 1301 ff. (1306, 2. Abs.), die Teilnichtigkeit einer anlassbedingt abgegebenen „Globalhaftungszusage" wegen Verletzung des „Überschaubarkeitsprinzips" bei Fehlen eines Haftungshöchstbetrages stützt. Die Streitfrage, in welchem Verhältnis §§ 134, 138 BGB in ihrem Überschneidungsbereich zueinander stehen, bedarf hier keiner Erörterung, dazu *Erman-Palm* (11), § 138 Rn. 10; *MüKo-Mayer-Maly/Armbrüster* (4), § 134 Rn. 4, § 138 Rn. 4; *Palandt-Heinrichs* (64), § 138 Rn. 13; *Soergel-Hefermehl* (13), § 138 Rn. 63; *Staudinger-Sack* (2003), § 138 Rn. 96–98, 146/147, jeweils für einen Vorrang von § 134 BGB, m. w. N.

[154] *BGH* (U. v. 18.05.1995 – IX ZR 108/94), BGHZ 130, S. 19 ff. (23, II. 1); *Henssler*, Risiko als Vertragsgegenstand, S. 358, 2. Abs.; *Schäfer*, WM 1999, S. 153 ff. (162, 1. Abs. ), dessen erst-recht-Schluss jedoch nicht verfängt; *Nobbe*, BKR 2002, S. 747 ff. (748/749, b) aa)); *Tiedtke*, ZIP 1997, S. 1949 ff. (1954, 2. Spalte), zur Sicherungsgrundschuld; ebenso *Weber* in: Rostocker Schriften zum Bankrecht, Heft 4, S. 65 ff. (71/72); *Wenzel*, Sicherung durch Grundschulden, S. 216 Rn. 2312; offen gelassen von *Bydlinski*, ÖBA 1999, S. 93 ff. (100, vor cc)); aA *Horn*, FS für Merz, S. 217 ff. (226/227); *Reich/Schmitz*, NJW 1995, S. 2533 f. (2533. III., 2534, V.), für eine Haftungsbegrenzung im Sinne eines Höchstbetrages „auch" bei einer individual-

Eine Missachtung des Fremdbestimmungsverbots setzt voraus, dass eine vertragliche Vereinbarung faktisch Ausdruck eines fremden Willens ist und dass die Verletzung der Privatautonomie der anderen Vertragspartei auch zurechenbar ist[155]. Die Verpflichtung muss letztlich als rücksichtsloses Diktat der begünstigten Vertragspartei erscheinen, sie muss Folge ihres eigennützigen Trachtens sein. Hat sich der Betroffene im Vorfeld eines ihn benachteiligenden Vertrages zwischen Dritten wenigstens abstrakt und ohne rechtlich relevante Einschränkung seines Selbstbestimmungsrechts mit der rechtsnachteiligen „Drittwirkung" einverstanden erklärt, ist an der Legitimität einer „weiten" Sicherungszweckerklärung mit Blick auf den privatautonom gefassten Willensentschluss nicht zu zweifeln.

Dieses Konsenserfordernis ist bei einer individuell ausgehandelten harten Patronatserklärung mit „weitem" Sicherungsumfang sowohl hinsichtlich des unabgegrenzten Kreises an abgesicherten Hauptschulden als auch bezogen auf die veränderliche „kontinuierliche Grundausstattungspflicht" gewahrt. Mit einer „externen" Ausstattungszusage nimmt der Patron ganz bewusst das Risiko einer zweifachen Fremdbestimmung auf sich: Mit der umfassenden Gläubigerabsicherung nimmt der Patron zum einen bewusst die Gefahr einer Ausdehnung des abgesicherten Forderungsbestandes durch einverständliches Zusammenwirken der Parteien des Hauptschuldverhältnisses in Kauf und mit der variablen, von dem konkreten Finanzbedarf des Protegés abhängigen Ausstattungszusage zum anderen (möglicherweise[156]) die Gefahr einer „Misswirtschaft" des Protegés auf seine Kosten. Beides basiert auf seiner privatautonomen Entscheidung und ist daher rechtlich nicht zu beanstanden[157].

---

vertraglichen Globalbürgschaft; *Wagenknecht* in: *BuB* Rn. 4/1052b, mit Blick auf die Verankerung der Rechtsprechung in § 767 Abs. 1 S. 3 BGB.

[155] Rechtsgedanke des § 138 Abs. 2 BGB; siehe aber *Gernhuber,* JZ 1995, S. 1086 ff. (1092, 4./5.), der meint, wenn man die Entscheidungsfreiheit wahren wolle, könnte man nicht nur auf Tatbestände vertrauen, die nur erfüllt sind, wenn die freiheitsbeeinträchtigenden Umstände dem Geschäftspartner zuzurechnen sind. Das Lösungspotenzial des BGH leide an einem Defizit der von dem BGB geregelten Fälle. Dem ist angesichts der Tatsache, dass es in einer freien Marktwirtschaft die absolute Freiheit der Selbstbestimmung im Privatrechtsverkehr nicht geben kann und – von Missständen abgesehen – aus ideologischen Gründen auch nicht geben sollte, zu widersprechen. Es ist nun einmal – je nach Betrachtungsweise leider oder Gott sei Dank – so, dass die Ausgangsvoraussetzungen der am Zivilrechtsverkehr Teilnehmenden nicht gleich sind. Eine staatliche Nivellierung – die Gernhuber selbst nicht anstrebt (vgl. 1094, V. a.E., sondern einen richterrechtlichen Verzicht auf das subjektive Tatbestandsmerkmal bei ruinösen Bürgschaften naher Familienagehöriger, 1095/1096, VII.) – wäre weder verfassungskonform noch erstrebenswert.

[156] Wenn der Patron an der Protegé-Gesellschaft nicht überwiegend beteiligt und ihr gegenüber auch nicht weisungsbefugt ist.

[157] Siehe auch *OLG Naumburg* (U. v. 13.01.2000 – 2 U (Hs) 73/98), OLGR Naumburg 2000, S. 407 ff. (408, II. 2. d) bb)); *Bydlinski,* WuB I F 1 a. – 13.01, S. 1150 f. (1150, 2.). Ersteres verkennt *Hantke,* S. 64, 2. Abs., wenn er davon ausgeht, der Umfang der Verbindlichkeit des Patrons sei in noch höherem Maße fremdbestimmt als

## D. Zwischenergebnis

Als Zwischenergebnis lässt sich damit festhalten, dass entgegen den in jüngerer Zeit laut gewordenen Stimmen aus der Rechtsprechung und Literatur im Normalfall keinerlei Anhaltspunkt für die Sittenwidrigkeit einer „externen" Ausstattungsverpflichtung besteht[158].

---

dies bei einer Globalbürgschaft der Fall sei. Die „Überschaubarkeit" und „Beeinflussbarkeit" des Verpflichtungsumfangs sind keine essentialia des Selbstbestimmungsrechts; vgl. im Übrigen auch S. 66, 1. Abs.: „Die Anforderung an den Patron, den Protegé „um jeden Preis" liquide zu halten, führt zu einer so starken und für die Kreditbesicherung unnötigen Risikobelastung des Patrons, dass sogar ein Verstoß gegen die guten Sitten im Sinne des § 138 Abs. BGB vorliegen würde"; aA *Rikken,* S. 92/93, eine autonome Bürgenentscheidung bei der Übernahme einer potenziell uferlosen Haftung sei undenkbar.

[158] Ebenso *Kiethe,* ZIP 2005, S. 646 ff. (652, 1. Abs., 654); aA *J. Koch,* Die Patronatserklärung, S. 544, 2., 612, 4.

*Kapitel 12*

# Möglichkeiten zur Vertragsauflösung für den Ausstattungsschuldner

Soweit die harte Patronatserklärung nach den Bestimmungen des AGB-Gesetzes unwirksam oder ausnahmsweise wegen Verstoßes gegen die guten Sitten nichtig ist, ist der Patron von vornherein entpflichtet[1].

Daneben kann er zum vereinbarten Zeitpunkt von seiner Ausstattungspflicht frei werden, sollte die Patronatserklärung mit einer auflösenden Zeitbestimmung versehen sein (§ 163, 2. Alt. i. V. m. § 158 Abs. 2 BGB). Die Möglichkeit der auflösenden Befristung einer Ausstattungszusage wird in der Praxis bisweilen genutzt[2]. Nach dem Umfrageergebnis sind auflösend befristete Ausstattungszusagen zwar nicht die Regel, aber durchaus üblich[3]. Die Zusage lautet dann, der Patron werde bis zu einem bestimmten Datum dafür sorgen, dass der Protegé seinen Verbindlichkeiten nachkommen kann[4]. Aus Sicht des *OLG München* müssen die abgesicherten Ansprüche in diesem Fall bis zum vereinbarten Termin einredefrei bestehen und fällig sein[5], um von der Patronatserklärung erfasst zu werden. Aus dem Wortlaut der Erklärung gehe eindeutig hervor, dass die Beklagte (nur) bis zum genannten Termin Patronin sein wolle[6]. Die Patronatserklärung ähnele einer Zeitbürgschaft im Sinne des § 777 BGB, ohne dass der Patron unter den dort genannten Voraussetzungen entpflichtet werde[7]. Die empi-

---

1 Entgegen *Geigy-Werthemann* in: Festgabe zum Schweizerischen Juristentag, S. 21 ff. (37/38), ist dem Versprechen, für eine ordnungsgemäße Erfüllung durch eine auslandsansässige Tochtergesellschaft zu sorgen (Anm.: wie auch einer „externen" Ausstattungsverpflichtung) darüber hinaus keine „clausula rebus sic stantibus" immanent, wonach die Erfolgsschuld nur besteht, wenn innerhalb der normalen Geschäftsentwicklung liegende Umstände die Tochter an der Erfüllung ihrer Verbindlichkeiten hindern. Eine solche Einschränkung lässt sich der Zusage nicht entnehmen.

2 *LG München II* (U. v. 25.02.2004 – 5 O 6088/02), ZInsO 2004, S. 626 ff. (627, 1. Spalte), Befristung einer „internen" Ausstattungszusage auf rund ein Jahr; dazu *Marotzke,* ZInsO 2004, S. 601 f. (601/602, 3.).

3 So die Antwort von fünf Unternehmen/Instituten, vgl. bereits Kapitel 2, B. II. 3.

4 *OLG München* (U. v. 24.01.2003 – 23 U 4026/02, rkr.), DB 2003, S. 711 f. (711, 2.).

5 Kritisch *Keil,* EWiR 2003, S. 1019 f. (1020, 3.2).

6 *OLG München* (U. v. 24.01.2003), a. a. O.

7 Nach *Marotzke,* ZInsO 2004, S. 601 f. (601/602, 3.), liegt die Annahme einer gegenständlich begrenzten Ausstattungspflicht näher. Anders als im unmittelbaren An-

rische Erhebung hat ergeben, dass harte Patronatserklärungen in der Praxis gelegentlich auf *ein Jahr befristet* werden[8]. Die Gründe dafür sind verschieden. Während ein Unternehmen rein buchhalterische Gründe für die Limitierung angeführt hat – die Patronatserklärungen würden buchhalterisch erfasst und „unter dem Strich gebucht", es müsse klar sein, wann sie wieder „ausgebucht" werden können –, dürfte der Großteil der Patrone die Zusage auf ein Jahr befristen, um der Unannehmlichkeit einer etwaigen Vertragskündigung aus dem Weg zu gehen[9]. Nach Ablauf der Jahresfrist werden die Ausstattungszusagen üblicherweise um ein weiteres Jahr verlängert[10]. Die Befristung geschieht auf Initiative der Patrone. Die Gläubiger stehen dem Wunsch nach Aufnahme einer auflösenden Zeitbestimmung eher ablehnend gegenüber, da sie ihren Überwachungsaufwand vergrößert[11].

Hat ein Gesellschafter oder Geschäftsführer aus Anlass seiner Stellung eine Interzessionserklärung abgegeben, ist die Sicherungszusage ohne ausdrückliche Klausel[12] nicht auf den Zeitraum bis zu seinem eventuellen Ausscheiden aus der Hauptschuldnerin begrenzt[13]. Eine dahingehende Vertragsauslegung, zumal eine ergänzende, verbietet sich[14]. Die Annahme einer auflösenden Bedingung

---

wendungsbereich des § 777 BGB, beschränkt sich die Verpflichtung dann gegenständlich auf die bis zum Fristablauf entstandenen Hauptschulden; zur Differenzierung *Schaarschmidt,* Sparkassenkredite (8), S. 817/818 Rn. 2.939; *Schimansky/Bunte/Lwowski* (*Schmitz*), Bankrechts-Handbuch II (2), § 91 Rn. 110/111; *Wagenknecht* in: *BuB,* Rn. 4/1171; zur Zeitbürgschaft *Meinhardt,* Beendigung der Haftung, S. 36, 1.); vgl. auch Gliederungspunkt A., (Fn. 36, 40).

8 In mindestens zwei, maximal fünf Fällen.

9 So die Erklärung des Justiziars eines großen Industrieunternehmens.

10 So die Auskunft zweier Mitarbeiter von Rechtsabteilungen großer Industrieunternehmen.

11 So ein Banksyndikus. Seiner Angabe zufolge wünschen recht viele Patrone die Befristung ihrer Ausstattungszusage.

12 Nach *Wagenknecht* in: *BuB* (2003), Rn. 4/1196, genügt eine konkludente Abrede, wenn die Gesellschafterstellung für den Gläubiger erkennbar alleiniger Anlass für die Bürgschaftsübernahme ist. An eine entsprechende Vereinbarung seien aber gerade bei einer Globalabsicherung hohe Anforderungen zu stellen. Nach vorliegendem Verständnis ist daher kaum ein Fall denkbar, in dem eine auflösende Bedingung nicht explizit vereinbart werden müsste.

13 *RG* (U. 26.11.1934 – VI 325/34), HRR 1935, Nr. 581, ergebe sich aus der Vertragsurkunde eine unbeschränkte Einstandspflicht, könne die Verpflichtung des Bürgen nicht entgegen dem eindeutig erklärten Parteiwillen als auf den Zeitraum der Gesellschafterstellung begrenzt ausgelegt werden; *OLG Zweibrücken* (U. v. 05.06.1985 – 2 U 25/84, rkr.), ZIP 1985, S. 1195 ff. (1196); *Meinhardt,* Beendigung der Haftung, S. 27, 3. Abs.; für die harte Patronatserklärung ebenso *Kohout,* Patronatserklärungen, S. 226.; *Mosch,* Patronatserklärungen, S. 166; vgl. auch *Obermüller,* Ersatzsicherheiten, S. 20 Rn. 69; anders *Falter,* Praxis des Kreditgeschäfts (15), S. 99/100 Rn. 1.305; tendenziell zustimmend, *K. Schmidt,* EWiR 1985 S. 671 f. (672).

14 *RG* (U. 26.11.1934 – VI 325/34), HRR 1935, Nr. 581. Der Annahme einer auflösenden Befristung steht ebenso wie der Annahme einer freiwilligen Vertragsaufhebung regelmäßig das Gebot einer interessengerechten Auslegung des Sicherungsvertrages

(§ 158 Abs. 2 BGB) bzw. einer vertraglichen Beschränkung der Sicherungszusage auf die bis zu seinem Ausscheiden begründeten Verbindlichkeiten kollidierte mit dem Sicherungsinteresse des Gläubigers[15]. Aus der Patronatserklärung geht eindeutig hervor, dass diese bis zur Rückführung der gesicherten Verbindlichkeit(en) gelten soll[16]. Bei Verlust der Gesellschafter- bzw. Geschäftsführerstellung durch den Patron endet dessen Ausstattungsverpflichtung damit nur dann automatisch[17], wenn die Ausstattungsvereinbarung – wie in der

---

entgegen, siehe *BGH* (U. v. 25.11.2003 – XI ZR 379/02), NJW-RR 2004, S. 405 ff. (406, II. 1. b)); vgl. auch *BGH* (U. v. 10.06.1985 – III ZR 63/84), WM 1985, S. 1059 ff. (1060, I. 2.); *J. Koch,* Die Patronatserklärung, S. 295; *Kohout,* Patronatserklärungen, S. 226/227; ähnlich *Reinicke/Tiedke,* Kreditsicherung (4), S. 55/56 Rn. 169, keine Regelungslücke; *Schimansky/Bunte/Lwowski* (*Schmitz*), Bankrechts-Handbuch (2), § 91 Rn. 119; *Wagenknecht* in: BuB (2003), Rn. 4/1195, an das Zustandekommen einer derartigen Vereinbarung seien hohe Anforderungen zu stellen; aA *Meinhardt,* Beendigung der Haftung, S. 103–113, der dem Bürgschaftsvertrag eines Gesellschafters oder Geschäftsführers im Wege der ergänzenden Vertragsauslegung den Willen der Vertragsparteien beilegt, dass der Sicherungsgeber zwei Wochen nach seinem Ausscheiden automatisch entpflichtet wird. Einer Kündigung bedürfe es nicht (S. 113, 3. Abs.); ebenso bereits *Stolzenburg,* ZIP 1985, S. 1189 ff. (1191, IV.); *Lwowski,* Kreditsicherung (8), S. 343 Rn. 390; *Wagenknecht* in: BuB (2003), Rn. 4/1195, sei die Gesellschafterstellung für den Gläubiger erkennbar alleiniger Anlass für die Bürgschaftsübernahme, könne konkludent eine Vereinbarung zustande kommen, wonach sich die Haftung des Bürgen auf während seiner Gesellschafterstellung eingeräumte Kredite beschränkt. Dagegen, dass die Autoren mit dieser Lösung den Willen des Gläubigers sachgerecht erfassen, spricht, dass dem Gläubiger nicht der Wille unterstellt werden kann, den Sicherungsgeber auch ohne Kündigung aus dem Sicherungsvertrag entlassen zu wollen (vgl. nur die von *Stolzenburg,* ZIP 1985, S. 1189 ff. (1192, VI.), aufgezeigten Konsequenzen). Im Übrigen müsste der Sicherungsgeber dann eigentlich auch ohne Kenntnis des Gläubigers von seinem Ausscheiden entpflichtet werden. Die genannten Autoren stellen hingegen auf den Zeitpunkt ab, in dem der Gläubiger von dem Beendigungstatbestand erfährt (S. 111, 3. Abs., 113, 3. Abs. bzw. S. 1191, IV., 2. Abs.). Dies führte nicht nur zu einer erheblichen Rechtsunsicherheit, da die Parteien des Sicherungsvertrages sich kaum je einmal über die automatische Enthaftung und schon gar nicht über deren Zeitpunkt im Klaren wären, sondern ist auch deshalb verfehlt, weil etwaige Vertragslücken vorrangig unter Zuhilfenahme des dispositiven Gesetzesrechts bzw. der geltenden Rechtslage zu schließen sind (s. o., Kapitel 4, B. I. 4.); ebenfalls kritisch *Kohout,* Patronatserklärungen, S. 226/227. Ergänzend sei darauf hingewiesen, dass eine Haftungsentlassung ex tunc nur bei Vorliegen einer expliziten Vereinbarung in Betracht kommt, vgl. *Staudinger-Horn* (1997), Vorbem zu §§ 765 ff. Rn. 117; im konkreten Fall bejaht von *OLG München* (U. v. 22.07.2004 – 19 U 1867/04), ZIP 2004, S. 2102 ff. (2105, c) bb)).

[15] *BGH* (U. v. 10.06.1985 – III ZR 63/84), WM 1985, S. 1059 ff. (1060, 1. b.)/c)); *J. Koch,* Die Patronatserklärung, S. 295. Der Gläubiger liefe sonst Gefahr, in Unkenntnis des Beendigungstatbestandes neue (ungesicherte) Geschäfte mit dem Hauptschuldner zu schließen und von einem ihm zustehenden Kündigungsrecht keinen Gebrauch zu machen. Das Argument, der Sicherungsgeber könne die Sicherheit dem Gläubiger ansonsten durch eine von dem Gläubiger nicht zu beeinflussende eigenmächtige Handlung entziehen (so etwa *Wagenknecht* in: *BuB,* Rn. 4/1170c), überzeugt schon deswegen nicht, weil der Gläubiger auch auf eine fristlose Vertragskündigung wegen Anteilsverlustes keinen Einfluss nehmen kann.

[16] *Mosch,* Patronatserklärungen, S. 166, 2. Abs.; *Obermüller,* Ersatzsicherheiten, S. 20 Rn. 69.

Praxis des Öfteren[18] – ausdrücklich unter die auflösende Bedingung eines Beteiligungsverlustes oder einer Anteilsveräußerung gestellt worden ist[19].

Für eine Vielzahl der Ausstattungsschuldner[20] ist die Frage nach einem einseitigen Lösungsrecht daher sehr wichtig, zumal die Patronatsverträge im Allgemeinen keine Kündigungsklausel enthalten[21].

Ist die Ausstattungsvereinbarung ein *Dauerschuldverhältnis,* kann der Pflichtige sie grundsätzlich ordentlich kündigen, bei Vorliegen eines wichtigen Grundes auch außerordentlich[22]. Dauerschuldverhältnisse zeichnen sich durch eine ständige Pflichtanspannung über einen längeren Zeitraum aus bzw. dadurch, dass während der gesamten Vertragsdauer ein bestimmter Zustand aufrechtzuerhalten oder herzustellen ist[23].

---

[17] *J. Koch,* Die Patronatserklärung, S. 295; *Kohout,* Patronatserklärungen, S. 226/227; *Wittig* in: BuB (2003), Rn. 4/2886.

[18] Vgl. Kapitel 2, B. II. 3. Ein Bankenvertreter hat angegeben, die Klausel werde (ebenfalls) nicht gern aufgenommen; wenn dann nur in Verbindung mit einer Übernahmeverpflichtung des potenziellen Erwerbers bzw. der Verpflichtung des Patrons, für den Eintritt seines Nachfolgers in die Patronatserklärung zu sorgen.

[19] Im Ergebnis ebenso *Balzer,* 7. Rostocker Bankentag 2001, S. 59 ff. (82, 8.); *Mosch,* Patronatserklärungen, S. 166. Der Vorschlag *Wittigs,* WM 2003, S. 1981 ff. (1987, III 1.) bzw. *BuB* (2003), Rn. 4/2886, zur Aufnahme einer Klausel, wonach eine Änderung der Beteiligungsverhältnisse die Vereinbarung unberührt lässt, ist daher rein deklaratorisch. Dieser Vorschlag hat sich nunmehr auch in den aktuellen Musterformularen des *Bundesverbandes des privaten Bankgewerbes e.V.* niedergeschlagen, vgl. Anlagen 2 und 3 des Berichtes über die *BdB*/vbo-Fachtagung „Kredit- und Kreditsicherungsrecht" am 13./14. Juni 2002 in München, zu Gliederungspunkt 4., „Formulierung von ‚Harten Patronatserklärungen'", (n. v.).

[20] Aber auch der Gläubiger, vgl. nur den Fall des *BGH* (U. v. 18.12.2003 – IX ZR 9/03), ZIP 2004, S. 324 ff. (324, Tatbestand), wo eine Sparkasse den Austritt des Patrons aus einer ihr als Bürgin dienenden Gesellschaft zum Anlass genommen hat, die Konten der Bürgin zu sperren, um die Bürgschaft *„in Anbetracht der daraus* (erg.: aus der Anteilsveräußerung durch den Patron) *sich* für die Bürgschaft *ergebenden Unsicherheiten …* durch liquide Sicherheiten" zu unterlegen (Hervorh. durch Verf.).

[21] Vgl. nur *LAG Köln* (U. v. 06.03.1998 – 12 Sa 1341/97), n.v., Juris, fristlose Kündigung der Patronatserklärung wegen „Beteiligungsaufgabe" bzw. wegen Beendigung der Aktivitäten in der protegierten Gesellschaft mit der Begründung, diese hätte auf lange Sicht keinerlei Aussicht, auch nur ihre Kosten zu decken. Unter diesen Voraussetzungen sei es nicht länger zumutbar, eine Beteiligung zu finanzieren, die ausschließlich Verluste in Millionenhöhe begründe. Zur Unüblichkeit einer Kündigungsklausel, s.o., Kapitel 2, B. II. 3.; vgl. auch die Bemerkung eines Legal- bzw. Corporate-Finance-Mitarbeiters einer deutschen Bank auf die Frage nach einer Kündigungsklausel in den Patronatsverträgen: „Nein, das wäre ja noch schöner".

[22] Vgl. nur *Hoffmann,* Patronatserklärung, S. 136. Allgemein zur Möglichkeit der Kündigung eines unterminierten Dauerschuldverhältnisses, *Meinhardt,* Beendigung der Haftung, S. 59–61, 77.

[23] *BT-Drucksache 14/6040,* S. 176/177, Vorbemerkung zu § 314; *Erman-Hohloch* (11), § 314 Rn. 12; *Forschbach,* Liquiditätszusagen, S. 93, f); *MüKo-Gaier* (4), § 314 Rn. 6; *Palandt-Heinrichs* (64), § 314 Rn. 2. Auf eine Legaldefinition hat der Gesetzgeber bewusst verzichtet, um die künftige Entwicklung nicht aufzuhalten, vgl. *BT-Drucksache 14/6040,* S. 177, zu Absatz 1, zu Satz 1.

## A. Ordentliche Vertragskündigung

Eine Bürgschaft ist nach mehrheitlicher Meinung jedenfalls dann ein Dauerschuldverhältnis und damit ordentlich kündbar, wenn sie ohne zeitliche Begrenzung für eine oder mehrere zeitlich unbefristete Hauptschuld(en) übernommen worden ist[24]. Hat der Patron es auf ungewisse Dauer übernommen, für die Leistungsfähigkeit des Protegés zu sorgen, ist die Ausstattungsvereinbarung ebenfalls ein Dauerschuldverhältnis[25]. Ist die Zusage dagegen mit einer Zeitbestimmung versehen[26] oder sind sämtliche der abgesicherten Verbindlichkeiten zeitlich terminiert[27], fehlt es an dem erforderlichen Merkmal einer Verpflichtungsübernahme „auf unbestimmte Zeit"[28]. *Soweit* einer dieser Befristungstatbestände eingreift, ist der Ausstattungsvertrag nicht ordentlich kündbar[29]. Im

---

[24] *Lwowski/Merkel,* Kreditsicherheiten (8), S. 56. Zu dem Streit um den Dauerschuldcharakter einer Bürgschaft, *Gernhuber,* JZ 1995, S. 1086 ff. (1088, III. 2.), (der auf die Frage selbst keine Antwort gibt), unter Hinweis darauf, dass sich die Bürgenschuld nur bei Eintritt des Bürgschaftsfalles realisiert; vgl. auch *Bydlinski,* ÖBA 1999, S. 93 ff. (104/105, b) aa)); bejahend (soweit es sich um eine unbefristete Bürgschaft für unbefristete Hauptschulden handelt) *BGH* (U. v. 22.05.1986 – IX ZR 108/85), ZIP 1986, S. 1240 ff. (1242, a)); vgl. auch *Erman-Hohloch* (11), § 314 Rn. 13, je nach Ausgestaltung könne die Bürgschaft ein Dauerschuldverhältnis sein; ebenso *Palandt-Heinrichs* (64), § 314 Rn. 2, 5.; *Gaberdiel,* Kreditsicherung (6), S. 263/264 Rn. 602, für den Sicherungsvertrag anlässlich einer Grundschuldbestellung; zusätzlich für den Fall einer Pfandrechtsbestellung, *BGH* (U. v. 07.10.2002 – II ZR 74/00), DNotZ 2003, S. 116 f. (116, a)).

[25] *J. Koch,* Die Patronatserklärung, S. 337, III. 1.; zur „internen" Ausstattungsverpflichtung, *Forschbach,* Liquiditätszusagen, S. 113, I. Schließlich ist nach populärer Meinung sogar die konzernrechtliche Verlustausgleichspflicht gemäß § 302 Abs. 1 AktG ein „kontinuierliches Dauerschuldverhältnis, ... das allerdings nur zu bestimmten Abrechungstagen klagbare Zahlungsansprüche" auslöst, so *Kölner Kommentar zum AktG-Koppensteiner* (3), § 302 Rn. 15, im Anschluss an *K. Schmidt,* ZGR 1983, S. 513 ff. (518, a)/b)).

[26] *Hoffmann,* Patronatserklärung, S. 135/136, hh); im Ergebnis ebenso für die „interne" Ausstattungszusage, *Forschbach,* Liquiditätszusagen, S. 114; zur Bürgschaft, *Bydlinski,* ÖBA 1999, S. 93 ff. (109, 3.2); *Wagenknecht* in: *BuB* (2003), Rn. 4/1181.

[27] *Bydlinski,* ÖBA 1999, S. 93 ff. (105, 2. Spalte), zur Bürgschaft; *Hoffmann,* Patronatserklärung, S. 135/136, hh); *Wagenknecht* in: *BuB* (2003), Rn. 4/1181; aA *Meinhardt,* Beendigung der Haftung, S. 93/94, dd), zur Bürgschaft.

[28] *J. Koch,* Die Patronatserklärung, S. 338, 1. Abs. Zu diesem Kriterium, siehe auch *Bydlinski,* ÖBA 1999, S. 93 ff. (105, 1. Abs.); *ders.* in: FS Schimansky, S. 299 ff. (304, 1. Abs.). In dem zuletzt genannten Fall ist die Ausstattungszusage aufgrund ihrer Erlöschensakzessorietät mittelbar zeitlich terminiert.

[29] Nach *Bydlinski,* ÖBA 1999, S. 93 ff. (105, 1./2. Spalte), spielt die Länge der Bindungsdauer dabei keine Rolle. Der Autor stellt maßgeblich auf das Überschaubarkeitskriterium ab. Hat der Bürge sich für einen befristeten Kredit verbürgt, müsse ihm von vornherein klar sein, dass die Klärung seiner Inanspruchnahme erst nach Fristablauf erfolgt. Ob dieser Aspekt auch bei sog. Langzeitverträgen greift, ist streitig; zu dieser Problematik, *BT-Drucksache 14/6040,* S. 178, 1. Abs.; *MüKo-Kramer,* Band 2a (4), Einl. Rn. 105, *MüKo-Gaier* (4), § 314 Rn. 6. Dagegen spricht, dass das Gesetz für bestimmte, auf lange Sicht geschlossene Verträge, nach Ablauf einer gewissen Zeit ein

Übrigen muss der Ausstattungspflichtige in gleicher Weise kündigungsbefugt sein wie ein Bürge[30]. Wirkungen und Grenzen seiner Kündigung sind dieselben wie bei anderen Dauerschuldverhältnissen[31].

Das Kündigungsrecht des Bürgen basiert auf der Erwägung, dass niemand unter allen Umständen und auf Dauer die Haftung für einen Dritten übernehmen will[32]. Gemäß § 242 BGB ist der Bürge nach Treu und Glauben und mit Wirkung für die Zukunft[33] ordentlich kündigungsberechtigt[34]. Kündigt er, beschränkt sich die Bürgschaft gegenständlich[35] auf die im Zeitpunkt des Wirk-

---

Kündigungsrecht vorsieht, vgl. nur § 489 Abs. 1 Ziff. 3 BGB (Kündbarkeit eines befristeten Festzinsdarlehens nach Ablauf von zehn Jahren nach vollständigem Empfang), § 544 BGB (bei Mietverträgen mit mehr als 30 Jahren Laufzeit Kündigungsrecht 30 Jahre nach Überlassung der Mietsache), § 624 S. 1 BGB (auf Lebenszeit einer Person oder für längere Zeit als fünf Jahre geschlossene Dienstverträge sind nach Ablauf von fünf Jahren kündbar). Je nach Sachlage dürfte es sich anbieten, einzelne oder die Gesamtheit dieser Normen entsprechend heranzuziehen und dem Sicherungsgeber auf diese Weise auch bei Absicherung von befristeten Langzeitverträgen nach einer entsprechenden Anzahl von Jahren ein Kündigungsrecht zuzubilligen.

30 *Forschbach,* Liquiditätszusagen, S. 113/114, I.; *Obermüller,* Ersatzsicherheiten, S. 22 Rn. 76; *J. Koch,* Die Patronatserklärung, S. 339/340, IV., 614, 6./7.; *Pesch,* WM 1998, S. 1609 ff. (1614, 4. c)), der Patron könne eine Beschränkung der Wirksamkeit von Patronatsvereinbarungen für die Zukunft analog der Kündigung einer Bürgschaft bewirken; *von Rosenberg/Kruse,* BB 2003, S. 641 ff. (645, 1. a.E.); *Wittig* in: *BuB* (2003), Rn. 4/2884.; offen gelassen von *OLG München* (U. v. 22.07.2004 – 19 U 1867/04), ZIP 2004, S. 2102 ff. (2105, c) aa)); zur Konstellation einer „internen“ Ausstattungszusage, *Wiedemann/Hermanns,* ZIP 1994, S. 997 ff. (1000, IV. 1./ 2.), welche die Zusage allerdings entgegen der hier vertretenen Meinung als aufschiebend bedingtes Darlehensversprechen ansehen.

31 *Wittig* in: *BuB* (2003), Rn. 4/2884. Bei „internen“ Ausstattungsvereinbarungen kann beispielsweise die gesellschafterliche Treuepflicht ein Hinausschieben der Kündigung gebieten, wenn der Fortfall der Zusage unweigerlich die Insolvenz der auszustattenden Unternehmung zur Folge hätte, so *Forschbach,* Liquiditätszusagen, S. 119/120, aa); vgl. auch *von Rosenberg/Kruse,* BB 2003, S. 641 ff. (650, 3. Abs.); *Wiedemann/ Hermanns,* ZIP 1994, S. 997 ff. (1000, 2./3. Abs.).

32 *Bydlinski* in: FS Schimansky, S. 299 ff. (302, letzter Abs.); *Wittig* in: *BuB* (2003), Rn. 4/2884.

33 *MüKo-Habersack* (4), § 765 Rn. 57; *Staudinger-Horn* (1997), Vorbem zu §§ 765 ff. Rn. 54, 116.

34 *BGH* (U. v. 09.03.1959 – VII ZR 90/58), WM 1959, S. 855 f. (856, 2.); *BGH* (U. v. 04.07.1985 – IX ZR 135/84), WM 1985, S. 969 ff. (970, 1. Abs.); *BGH* (U. v. 10.06.1985 – III ZR 63/84), WM 1985, S. 1059 ff. (1061, 2. a.)), dieses Recht bestehe bei allen Dauerschuldverhältnissen; *BGH* (U. v. 22.05.1986 – IX ZR 108/85), ZIP 1986, S. 1240 ff. (1242, a)); *BGH* (U. v. 17.03.1994 – IX ZR 102/93), WM 1994, S. 784 ff. (785, 2. a)); *Bydlinski,* ÖBA 1999, S. 93 ff. (104, a) aa)), mit dem davon auszugehen ist, dass bei Verwendung einer Prolongationsklausel trotz der abschnittsweisen Befristung ebenfalls ein Dauerschuldverhältnis vorliegt; *Schimansky/Bunte/ Lwowski* (*Schmitz*), Bankrechts-Handbuch (2), § 91 Rn. 112; *Derleder,* NJW 1986, S. 97 ff. (102, a)), leitet das Kündigungsrecht aus einer ergänzenden Vertragsauslegung her; ebenso *Staudinger-Horn* (1997), Vorbem zu §§ 765 ff. Rn. 53.

35 *BGH* (U. v. 04.07.1985 – IX ZR 135/84), WM 1985, S. 969 ff. (970, 3.); *Meinhardt,* Beendigung der Haftung, S. 37, 3.), 45/46; zur Abgrenzung zwischen zeit- und

samwerdens[36] der Kündigung bereits begründeten Verbindlichkeiten[37]. Ob diese schon fällig sind oder nicht, ist unerheblich[38]. Zu einer vollständigen Enthaftung, wie bei verspäteter Inanspruchnahme eines Zeitbürgen (vgl. § 777 Abs. 1 BGB)[39], kommt es nicht[40].

---

gegenständlich begrenzter Bürgschaft, *BGH* (U. v. 15.01.2004 – IX ZR 152/00), DStR 2004, S. 1185 ff. (1186, II 1., 1187, III. 1.). Auf die Streitfrage, wie die gegenständliche Begrenzung im Fall einer Kontokorrentabsicherung zu bewerkstelligen ist, kann im Rahmen dieser Untersuchung nicht näher eingegangen werden. Da die Problematik eine allgemeine und keine ausstattungsspezifische ist, sei auf die entsprechende Spezialliteratur verwiesen, vgl. nur die ständige höchstrichterliche Rechtsprechung: Beschränkung der Verpflichtung auf die Höhe des Tagessaldos nach Wirksamwerden der Kündigung, wobei sich der Umfang der Verpflichtung durch einen nachfolgenden niedrigeren Rechnungsabschlusssaldo reduziert, *RG* (U. v. 30.05.1911 – II 669/10), RGZ 76, S. 330 ff. (333/334); *BGH* (U. v. 28.06.1968 – I ZR 156/66), BGHZ 50, S. 277 ff. (278, I., 283/284), zur vergleichbaren Konstellation der Gesellschafternachhaftung; *BGH* (U. v. 02.11.1973 – I ZR 88/72), DB 1973, S. 2439 f. (2439, I.); *BGH* (U. v. 04.07.1985 – IX ZR 135/84), WM 1985, S. 969 ff. (970, 3., 973, 2. b); *Wagenknecht* in: *BuB* (2003), Rn. 4/1173, 4/1174, 4/1177, 4/1224; *Schimansky/Bunte/Lwowski* (*Schmitz*), Bankrechts-Handbuch (2), § 91 Rn. 114; aA *Meinhardt,* Beendigung der Haftung, S. 129–142, m.w.N., der aufgrund des Erfordernisses einer gegenständlichen Haftungsbegrenzung im Anschluss an *Canaris* die fiktive Aufsplittung des Tagessaldos in die ihn konstituierenden Einzelverbindlichkeiten für notwendig hält; ähnlich *K. Schmidt,* Handelsrecht (5), § 21 V 2. b), S. 629/630; dagegen spricht, dass Gegenstand der Sicherungszusage nicht die einzelnen kontokorrentgebundenen und damit unselbständigen Verbindlichkeiten des Hauptschuldners sind, sondern die Kontokorrentverbindlichkeit als solche, deren konstituierendes Merkmal die Maßgeblichkeit des jeweiligen Abschlusspostens ist. Zum Schutz des kündigenden Sicherungsgebers ist es vollkommen ausreichend, wenn ein solcher Posten mit Wirksamwerden der Kündigung fiktiv gebildet wird und im Übrigen auf das Ergebnis der jeweiligen Rechnungsabschlüsse abgestellt wird.

[36] Auf diesen Moment kommt es an, nicht auf den Zeitpunkt des Kündigungszugangs, *BGH* (U. v. 04.07.1985 – IX ZR 135/84), WM 1985, S. 969 ff. (970, 3.); *BGH* (U. v. 07.11.1985 – IX ZR 40/85), NJW 1986, S. 928 ff. (929, I. 2.); *LG Bochum* (U. v. 01.07.1986 – 12 O 67/86), GmbHR 1987, S. 24 ff. (25/26, 3.); *Lwowski,* Kreditsicherung (8), S. 361 Rn. 407; *Meinhardt,* Beendigung der Haftung, S. 47, cc); aA *Derleder,* NJW 1986, S. 97 ff. (103, Fn. 76).

[37] *BGH* (U. v. 22.05.1986 – IX ZR 108/85), ZIP 1986, S. 1240 ff. (1242, a)); *BGH* (U. v. 21.01.1993 – III ZR 15/92), NJW-RR 1993, S. 944 f. (944/945, a)); *OLG Celle* (U. v. 05.10.1988 – 3 U 306/87), NJW-RR 1989, S. 548 f. (549, 2.), zu dem Fall einer außerordentlichen Kündigung wegen Ausscheidens aus der Gesellschaft; *Bydlinski,* ÖBA 1999, S. 93 ff. (104, bb)); *Kreft,* WM 1997, Sonderbeilage Nr. 5, S. 50, IV.; *Wagenknecht* in: *BuB* (2003), Rn. 4/1174, 4/1177; *Schimansky/Bunte/Lwowski* (*Schmitz*), Bankrechts-Handbuch (2), § 91 Rn. 114, Anh. zu § 91, Erläuterungen, 10., Weiterhaftung des Bürgen für die Schuld zum Zeitpunkt des Wirksamwerdens der Kündigung.

[38] *OLG Celle* (U. v. 05.10.1988 – 3 U 306/87), NJW-RR 1989, S. 548 f. (549, 2.).

[39] Dazu *Falter,* Praxis des Kreditgeschäfts (15), S. 651 Rn. 6.418/6.419; *Lwowski,* Kreditsicherung (8), S. 340/341 Rn. 388; *Ohlmeyer/Gördel,* Kreditgeschäft der Kreditgenossenschaften (10), S. 794/795.

[40] *BGH* (U. v. 04.07.1985 – IX ZR 135/84), WM 1985, S. 969 ff. (970, 3.); *Derleder,* NJW 1986, S. 97 ff. (103, 4.); *Ohlmeyer/Gördel,* Kreditgeschäft der Kreditge-

Die Kündigungsbefugnis des Ausstattungspflichtigen besteht unbeschadet dessen, dass der BGH in ständiger Rechtsprechung davon ausgeht, der Rechtsordnung wohne kein allgemeiner Grundsatz inne, wonach ein Dauerschuldverhältnis nicht nur außerordentlich, sondern stets auch ordentlich kündbar sein müsse[41]. Der Hinweis hat sich auf Fälle bezogen, in denen das Recht zur ordentlichen Kündigung vertraglich ausgeschlossen worden war. Im Bereich der harten Patronatserklärung könnte ein solcher Kündigungsausschluss mit den neuen Musterformulierungen des Bundesverbandes des deutschen Bankgewerbes e.V. erstmalig bezweckt sein. Dort heißt es: *„Diese Vereinbarung bleibt gültig, bis sämtliche Ansprüche der Bank aus der Kreditgewährung nicht nur vorübergehend zurückgeführt sind*[42]*.“*

Gegen die Kündbarkeit einer Ausstattungsvereinbarung spricht auch nicht, dass für einen *Gewinnabführungs-* und/oder *Beherrschungsvertrag* im Sinne des § 291 Abs. 1 S. 1 AktG mehrheitlich vertreten wird, dieser sei mangels einer gesetzlichen Regelung ohne explizite Kündigungsklausel überhaupt nicht ordentlich kündbar[43]. Für die Bürgschaft nahm der historische Gesetzgeber an, die Frage nach der Kündigungsbefugnis eines Bürgen und den konkreten Kündigungsvoraussetzungen nicht allgemein entscheiden zu können. Maßgeblich dafür, „ob und unter welchen Voraussetzungen der Kreditbürge sich durch Kündigung von der Bürgschaft für die Zukunft zu befreien zu vermag“, sei der „im

---

nossenschaften (10), S. 795/796; *Schimansky/Bunte/Lwowski* (*Schmitz*), Bankrechts-Handbuch (2), § 91 Rn. 114.

41 *BGH* (U. v. 07.05.1975 – VIII ZR 210/73), BGHZ 64, S. 288 ff. (290–293, 2./3.), mit Ausnahme der Miet- und Pachtverträge hänge die Wirksamkeit einer langfristigen oder gar zeitlich unbegrenzten Bindung an ein Dauerschuldverhältnis davon ab, ob und inwieweit diese nach den gegebenen Umständen des Einzelfalles mit dem Grundsatz von Treu und Glauben und den guten Sitten zu vereinbaren sei (290). Im konkreten Fall hat der 8. Senat den zeitlich unbegrenzten Ausschluss der ordentlichen Kündigung in einem Wärmeversorgungsvertrag als zulässig erachtet. Das Recht zur fristlosen Kündigung gewähre dem Abnehmer ausreichend Schutz (292/293); ebenso *BGH* (U. v. 28.01.1987 – VIII ZR 37/86), BGHZ 100, S. 1 ff. (3, 1.); *Kölner Kommentar zum AktG-Koppensteiner* (3), § 297 Rn. 10.

42 Anlagen 2 und 3 des Berichtes über die *BdB*/vbo-Fachtagung „Kredit- und Kreditsicherungsrecht“ am 13./14. Juni 2002 in München, zu Gliederungspunkt 4., „Formulierung von ‚Harten Patronatserklärungen‘“, (n.v.). Darin eine „verkappte Revocatoria-Klausel“ zu sehen verbietet sich schon deshalb, weil eine solche bereits in dem Vorgängerabsatz enthalten ist.

43 *Gerth,* BB 1978, S. 1497 ff. (1498, 3. b)); *Hüffer,* AktG (6), § 297 Rn. 12/13, der strukturändernde Charakter des Vertrages spreche tendenziell dafür, dass eine Langfristbindung gewollt sei, m.w.N. zu der Gegenansicht; *Kölner Kommentar zum AktG-Koppensteiner* (3), § 297 Rn. 10, die Gegenansicht impliziere eine erhebliche Gefährdung der ohnehin schlecht geschützten in der Gesellschaft verbliebenen Minderheitsaktionäre, denn die §§ 300 ff. könnten die Überlebensfähigkeit der Gesellschaft als selbständige wirtschaftliche Einheit nach Vertragsschluss nicht sicherstellen; *Krieger/Jannnott,* DStR 1995, S. 1473 ff. (1475, 3.1.2); *Wilhelm,* Beendigung des Beherrschungs- und Gewinnabführungsvertrags, S. 9, a); unklar *Joussen,* GmbHR 2000, S. 221 ff. (222, a)); *Timm,* FS Kellermann 1991, S. 461 ff. (470/471).

einzelnen Falle zu ermittelnde Parteiwille"[44]. Fehlt eine spezielle Gesetzesvorschrift, wird in Rechtslehre und Rechtsprechung zur Begründung der ordentlichen Kündigungsbefugnis teilweise auf die Regelungen der §§ 624, 723 BGB[45] zurückgegriffen[46]. Richtig daran ist, dass über die Kündigungsmöglichkeiten eines Dauerschuldners geschäftsspezifisch zu entscheiden ist[47]. Für den Unternehmensvertrag ist es mit Blick auf die gesetzlichen Wertentscheidungen der §§ 296 Abs. 1, Abs. 2, 297 AktG vertretbar, dass neben einer außerordentlichen Kündigung nur die einverständliche Aufhebung des korporationsrechtlichen Unternehmensvertrages in Betracht kommt. Zum Schutze der außenstehenden Anteilseigner (vgl. § 296 Abs. 2 AktG) und etwaiger intern mitwirkungsbefugter Gesellschaftsorgane mag sich die einseitige Vertragsaufkündigung durch die Geschäftsleitung der Obergesellschaft verbieten. Der Gedanke einer unzulässigen Ausschaltung gesetzlicher Mitwirkungskompetenzen[48] spielt bei Beendigung eines harten Patronatsvertrages durch ordentliche Kündigung keine Rolle. Ist nichts dafür ersichtlich, dass eine Vereinbarung kraft Gesetzes oder kraft besonderer Abrede nicht ordentlich kündbar sein soll, kann nach vorliegendem Verständnis jedes Dauerschuldverhältnis ordentlich gekündigt werden[49].

---

[44] *Motive II,* § 679, S. 682, 2. Abs. = *Mugdan II,* § 679, S. 381, 2. Abs.; kritisch *Meinhardt,* Beendigung der Haftung, S. 70, 2. Abs.

[45] Gemäß § 624 BGB kann ein auf Lebenszeit einer Person oder für längere Zeit eingegangenes Dienstverhältnis von dem Pflichtigen nach Ablauf von fünf Jahren mit einer Frist von sechs Monaten gekündigt werden. Nach § 723 Abs. 1 S. 1 BGB ist eine auf unbestimmte Zeit eingegangene Gesellschaft jederzeit kündbar (i.V.m. Abs. 3). Die Kündigung darf nur nicht zur Unzeit erfolgen, es sei denn, es liegt ein wichtiger Grund dafür vor (Abs. 2). Ein für eine bestimmte Zeitdauer eingegangenes Gesellschaftsverhältnis kann aus wichtigem Grund bereits vor Ablauf des vereinbarten Zeitraums gekündigt werden (Abs. 1 S. 2). Entsprechendes gilt für den Zeitraum vor Ablauf der vereinbarten Kündigungsfrist (Abs. 1 S. 6).

[46] *BGH* (U. v. 28.02.1972 – III ZR 212/70), NJW 1972, S. 1128 ff. (1129, vorletzter Abs.), unter zusätzlichem Verweis auf § 553 BGB a.F.; *BGH* (U. v. 25.05.1993 – X ZR 79/92), NJW-RR 1993, S. 1460 f. (1460, II. 2.), entsprechende Anwendbarkeit der §§ 624, 723 BGB, sofern das ordentliche Kündigungsrecht nicht durch eine vertragliche Regelung ausgeschlossen worden ist; *OLG München* (U. v. 27.09.1995 – 15 U 6473/94), NJW-RR 1996, S. 561 ff. (562/663, bb), bei Kündigung bzw. Änderung eines klinikärztlichen Honorarverteilungsschlüssels nach 17 Jahren sei die Regelung des § 624 S. 2 BGB analog angemessen. Die Vereinbarung könne mit einer Frist von sechs Monaten gekündigt werden. Die alternativ befürwortete Analogie zu § 723 BGB treffe den zu entscheidenden Fall angesichts der „jederzeitigen" Kündigungsmöglichkeit nicht gleichermaßen; *Ohlmeyer/Gördel,* Kreditgeschäft der Kreditgenossenschaften (10), S. 796, f); *Palandt-Heinrichs* (64), § 314 Rn. 13.

[47] Ähnlich *Bydlinski,* ÖBA 1999, S. 93 ff. (106/107).

[48] Ob die Aufhebung eines Unternehmensvertrages wie sein Abschluss (vgl. nur § 293 Abs. 1, 2 AktG) nur mit Zustimmung der Hauptversammlung(en) möglich ist, stellt einen weiteren Streitpunkt des Konzernrechts dar.

[49] Im Ergebnis ebenso *Reinicke/Tiedke,* Kreditsicherung (4), S. 55 Rn. 168; *Schaarschmidt,* Sparkassenkredite (8), S. 400 Rn. 2.270; *Wagenknecht* in: *BuB,* Rn. 4/1174, 4/1327b (zum Schuldbeitritt).

Fraglich ist nur, ab welchem Zeitpunkt und mit welcher Frist der Patron in diesem Fall kündigungsbefugt ist.

## I. Wartefrist

Für die übrigen Interzessionstatbestände[50], vor allem eine Bürgschaft, geht die weit überwiegende Meinung davon aus, das Recht des Sicherungsgebers zur ordentlichen Vertragskündigung bestehe nicht sofort, sondern erst nach Ablauf eines gewissen Zeitraums (sog. *Warte*frist)[51]. Die Wartefrist soll zum einen der Befriedigung des Sicherungsbedürfnisses des Gläubigers dienen, zum anderen dem Leistungsinteresse des Hauptschuldners gerecht werden[52]. Wie sie exakt zu

---

50 Zum Schuldbeitritt, *Schimansky/Bunte/Lwowski* (*Schmitz*), Bankrechts-Handbuch II (2), § 92 Rn. 12; gegen die Kündbarkeit der Sicherungsabrede bei der Grundschuld, *Schimansky/Bunte/Lwowski* (*Merkel*), § 94 Rn. 295, anders als bei einer Bürgschaft sei durch die Grundstücksbelastung bereits ein Teil aus dem Vermögen des Sicherungsgebers ausgeschieden. Diese Argumentation verfängt mit Blick auf den Sicherungscharakter der Grundschuldbestellung nicht. Auch die Sicherungsabrede anlässlich einer Grundschuldbestellung muss (ordentlich und außerordentlich) kündbar sein, wenn auch die Wertentscheidung des § 1193 Abs. 1 S. 3, Abs. 2 BGB eine längere Kündigungsfrist bzw. eine größere Rücksichtnahme auf die Interessen des Gläubiger gebieten mag (vor allem bei der Kündigung durch einen personenidentischen Grundschuldbesteller); vgl. auch *Wenze*l, Sicherung durch Grundschulden, S. 240 Rn. 2378.

51 *BGH* (U. v. 10.06.1985 – III ZR 63/84), WM 1985, S. 1059 ff. (1061, 2. a.)), ein Bürge, der auf unbestimmte Zeit eine (Kredit-)Bürgschaft übernommen hat, sei ... nach Treu und Glauben berechtigt, die Bürgschaft *nach Ablauf eines gewissen Zeitraums* (Anm.: Wartefrist) ... mit Wirkung für die Zukunft zu kündigen. Dabei habe er ... eine angemessene Frist einzuhalten (Anm.: Kündigungsfrist), damit Gläubiger und Hauptschuldner sich auf die veränderte Lage einstellen können; *BGH* (U. v. 04.07. 1985 – IX ZR 135/84), WM 1985, S. 969 ff. (970, 1. Abs.); *BGH* (U. v. 22.05.1986 – IX ZR 108/85), WM 1986, S. 850 ff. (851, 3. a)); *BGH* (U. v. 21.01.1993 – III ZR 15/92), NJW-RR 1993, S. 944 f. (944/945, a)); *BGH* (U. v. 17.03.1994 – IX ZR 102/ 93), WM 1994, S. 784 ff. (785, 2. a)); *OLG München* (U. v. 22.07.2004 – 19 U 1867/ 04), ZIP 2004, S. 2102 ff. (2105, c) aa)), gegen die Kündbarkeit der Ausstattungsvereinbarung spreche jedenfalls, dass hier nach nur einem Jahr noch kein „gewisser Zeitraum" i.S.d. BGH-Rechtsprechung vergangen sei; *Bydlinski* in: FS Schimansky, S. 299 ff. (304–307, 3.); *Lwowski/Merkel,* Kreditsicherheiten (8), S. 56, letzter Abs.; *MüKo-Habersack* (4), § 765 Rn. 55; *Schimansky/Bunte/Lwowski* (*Schmitz*), Bankrechts-Handbuch II (2), Anh. zu § 91, Erläuterungen, 10.; zur Sicherungsgrundschuld, *Räbel,* NJW 1953, S. 1247 ff. (1248/1249, 2.), auch dem Besteller einer Grundschuld stehe nach angemessener Zeit das Recht zu, die Abwicklung des Vertragsverhältnisses zu verlangen. Es sei nicht davon auszugehen, dass dieser sein Grundstück dem Gläubiger vertraglich für immer habe zur Verfügung stellen wollen; ebenso *Schaarschmidt,* Sparkassenkredite (8), S. 400 Rn. 2.270, wie bei der Bürgschaft müsse außerdem eine angemessene Kündigungsfrist eingehalten werden; vgl. nur *Schimansky/Bunte/Lwowski* (*Schmitz*), Bankrechts-Handbuch (2), § 91 Rn. 112, (zur Bürgschaft), Voraussetzung für die Kündigung sei „ein längerer Zeitablauf"; *Schimansky/Bunte/Lwowski* (*Lwowski*), Bankrechts-Handbuch (2), Anh. zu § 91, 10.

52 *Staudinger-Horn* (1997), Vorbem zu §§ 765 ff. Rn. 53. *Derleder,* NJW 1986, S. 97 ff. (103, 3., 104, V.), geht bei einer Höchstbetragsbürgschaft für einen Kontokor-

bemessen ist, ist unklar[53]. In Spruchpraxis und Rechtslehre zirkulieren Zeitvorgaben von zwischen drei und fünf Jahren[54].

Nach vorliegendem Verständnis ist das generelle Erfordernis der Einhaltung einer *Wartefrist* vor erstmaliger Kündbarkeit eines Sicherungsvertrages haltlos[55]. Eine Kündigungssperrfrist kann sich allenfalls aus der Interdependenz zwischen dem Sicherungsgeschäft und der abgesicherter Hauptschuld ergeben oder aus der Intention der Vertragsparteien an einer langfristigen Vertragsbindung. In dem zuletzt genannten Fall muss unzweideutig feststehen, dass die Sicherheit dem Gläubiger über einen bestimmten Mindestzeitraum zur Verfügung stehen soll, dass das Sicherungsgeschäft nach dem beiderseitigen Parteiwillen zwingend für einen bestimmten Zeitraum Bestand haben soll. Der Gläubiger wird durch die Ablehnung einer Wartefrist nicht unbillig belastet. Lässt sich der Sicherungsabrede keine Kündigungssperrfrist beilegen, kann er seine Verträge mit dem Hauptschuldner regelmäßig fristlos kündigen, sobald der Sicherungsgeber von dem ihm zustehenden Kündigungsrecht Gebrauch macht (vgl. nur §§ 490 Abs. 1 (analog), 314 BGB). Da sich die Frage nach der Kündbarkeit eines Sicherungsvertrages nur stellt, soweit sich die Sicherungszusage auf zeitlich unbefristete Hauptschulden bezieht, hat der Gläubiger auch unter

---

rentkredit vor Ausschöpfung des Höchstbetrages (anders als bei Verbürgung für einen unbegrenzten Kontokorrentkredit) davon aus, das Erfordernis einer Mindestvertragslaufzeit von bis zu fünf Jahren, im Einzelfall auch deutlich darunter, sei durch den erkennbaren Vertragswillen gerechtfertigt, das Bürgschaftsverhältnis zumindest solange laufen zu lassen, bis die Höchstgrenze erreicht ist. Dem ist zu erwidern, dass die von dem Gläubiger vorgegebene Höchstgrenze meist auf einer recht großzügigen Risikokalkulation des Gläubigers beruht. Das potenzielle Maximalrisiko muss sich nicht zwangsläufig realisieren. Darüber hinaus ist nicht ersichtlich, dass der Bürge mit seiner Zusage verspricht, das Vertragsverhältnis bis zum Erreichen der Maximalgrenze beibehalten zu wollen. Wie der Autor selbst eingesteht, können sich die Umstände (nicht zuletzt auch die persönlichen Lebensumstände des Bürgen und sein Verhältnis zum Hauptschuldner) im Laufe der Zeit – auch innerhalb der ersten fünf Jahren – wandeln, was den Vertragsparteien auch bekannt ist, so dass eine Risikoerhöhung in Gestalt einer Mindestvertragslaufzeit verfehlt erscheint. Hinzu kommt, dass eine Höchstbetragsbegrenzung grundsätzlich der Risikominimierung dient, sie sich hier aber zu Lasten des Sicherungsgebers auswirkte.

[53] *Schimansky/Bunte/Lwowski* (*Schmitz*), Bankrechts-Handbuch II (2), Anh. zu § 91, Erläuterungen, 10.

[54] *BGH* (U. v. 04.07.1985 – IX ZR 135/84), WM 1985, S. 969 ff. (970, 1. Abs.), der „gewisse Zeitraum" sei jedenfalls nach mehr als drei Jahren seit der Bürgschaftsübernahme verstrichen; *Bydlinski,* ÖBA 1999, S. 93 ff. (107, 2./3. Abs.), schlägt „mangels besserer Ideen" als (subsidiäre) Maximalfrist die Fünfjahresfrist des – ebenfalls eine Sicherungskonstellation regelnden – § 159 HGB vor; *Derleder,* NJW 1986, S. 97 ff. (103, 3., 104, V.), Sperrfrist von bis zu fünf Jahre bei Abgabe einer Höchstbetragsbürgschaft für einen Kontokorrentkredit; *Lwowski,* Kreditsicherung (8), S. 363, 1. Abs.; *Lwowski/Merkel,* Kreditsicherheiten (8), S. 56/57, Bestand von mindestens drei Jahren; *Schimansky/Bunte/Lwowski* (*Lwowski*), Bankrechts-Handbuch (2), Anh. zu § 91, 10.

[55] Ebenso *Meinhardt,* Beendigung der Haftung, S. 73, aa).

Kosten- und Erlösgesichtspunkten kein schutzwürdiges Interesse an einer mehrjährigen Vertragsdurchführung. Seine Kostenkalkulation ist nur beachtlich[56], wenn ihr ein fixer Berechnungszeitraum zugrunde liegt. Hinsichtlich der fraglichen Geschäfte muss der Gläubiger stets mit einer ordentlichen Vertragskündigung durch den Hauptschuldner rechnen[57].

Durch die Statuierung eines allgemeinen Wartefristerfordernisses verwandelt die Rechtsprechung unbefristete Sicherungszusagen für die Dauer der Wartefrist contra legem in Dauerschuldverhältnisse mit einem fixen Mindestbindungszeitraum. „Contra legem" deshalb, weil der Zwang zur Einhaltung einer Kündigungssperrfrist vor Zulässigkeit einer ordentlichen Vertragskündigung im Gesetz keinen Niederschlag gefunden hat[58]. Sofern das Gesetz von dem Kündigenden die Einhaltung einer Warte- bzw. Ablauffrist verlangt, handelt es sich durchweg um Fälle einer *zu Gunsten des Kündigenden* und in Abweichung von dem Grundsatz der Unkündbarkeit eines *befristeten* Rechtsgeschäfts eingeräumten Kündigungsmöglichkeit (vgl. nur §§ 489 Abs. 1 Ziff. 2 und 3, 490 Abs. 2 S. 1, 544 S. 1, 594b S. 1, 624 S. 1 BGB). Die gesellschaftsrechtliche Nachhaftungsfrist des § 159 Abs. 1 HGB oder vielmehr des § 160 Abs. 1 HGB[59] von fünf Jahren, anhand derer *Bydlinski* eine maximal fünfjährige Wartefrist konstruiert[60], ist gleichsam eine *Haftungsbegrenzungsnorm zu Gunsten* des für „*Alt*verbindlichkeiten" generell unbeschränkt forthaftenden Gesellschafters[61]. Für *Neu*verbindlichkeiten haftet der Ausgeschiedene nach ordnungsgemäßer Publizität seines Ausscheidens ohnehin nicht mehr. Er ist dann kein Gesellschafter

---

56 Und gegebenenfalls durch eine Vorfälligkeitsentschädigung abzugelten.

57 *Bydlinski* in: FS Schimansky, S. 299 ff. (305, 1. Abs.), hält dieses Argument für unzulässig. Beiden Kreditvertragsparteien sei die Bürgenkündigung regelmäßig nicht recht. Mit einer derart raschen Vertragsauflösung müsse der Kreditgeber nicht wirklich rechnen.

58 Dies räumt auch *Bydlinski,* ÖBA 1999, S. 93 ff. (106, aa), 2. Abs.) ein, der dennoch eine maximale Mindestfrist von fünf Jahren für sachangemessen hält.

59 *Bydlinski* zitiert noch § 159 Abs. 1 HGB. Gemeint sein dürfte § 160 Abs. 1 HGB n.F. (Begrenzung der Nachhaftung eines ausgeschiedenen Gesellschafters auf fünf Jahre seit dem Ende des Tages der Handelsregistereintragung seines Ausscheidens). Die Vorschrift des § 159 Abs. 1 BGB enthält (nur) eine Sonderverjährungsregelung. Die Ansprüche gegen die akzessorisch einstandspflichtigen Gesellschafter aus Verbindlichkeiten einer aufgelösten Gesellschaft verjähren in fünf Jahren nach der Auflösung, sofern nicht der Anspruch gegen die Gesellschaft einer kürzeren Verjährung unterliegt). Gemäß § 160 Abs. 1 S. 1 HGB beschränkt sich die Haftung eines ausgeschiedenen Gesellschafters auf bis zu seinem Ausscheiden begründete Verbindlichkeiten, die innerhalb von fünf Jahren seit dem Ende des Tages, an dem sein Ausscheiden im Handelsregister eingetragen worden ist, fällig werden und die innerhalb dieses Zeitraums in der normierten Weise gegen den Ausgeschiedenen geltend gemacht werden.

60 *Bydlinski,* ÖBA 1999, S. 93 ff. (107, 2. Abs.); *ders.* in: FS Schimansky, S. 299 ff. (307, 1. Abs.).; ebenso *Madaus,* Schuldbeitritt als Personalsicherheit, S. 162, 1. Abs.

61 Gleiches gilt für die Nachhaftungsbegrenzungsregelung des § 160 Abs. 3 i.V.m. Abs. 1 S. 1 HGB.

mehr (vgl. §§ 128, 143 Abs. 2, 15 Abs. 1 HGB). Im Gegensatz dazu erweitert die überwiegend für richtig befundene mehrjährige Kündigungssperrfrist die Haftung des Sicherungsgebers. Seine Sicherungszusage deckt alle während des Wartezeitraums neu hinzugekommenen Hauptschulden bzw. Verbindlichkeiten ab.

Mangels einer gesetzlichen Regelung setzt eine jahrelange Kündigungssperrfrist damit notwendigerweise eine Parteivereinbarung voraus. Ohne eine solche sind Sicherungsverträge ab dem Zeitpunkt des Vertragsschlusses ordentlich kündbar. Ob eine Mindestbindungsabrede Bestandteil des Sicherungsvertrages geworden ist, dürfte sich dabei nicht nur anhand einer ausdrücklichen oder konkludenten Parteivereinbarung feststellen lassen, sondern auch mittels ergänzender Vertragsauslegung (§§ 133, 157 BGB)[62].

Was die Länge des Mindestbindungszeitraums angeht, ist *Bydlinksi* im Ergebnis Recht zu geben, dass einem Bürgen in Anbetracht der divergenten Interessenlage nicht einfach dieselbe – kürzere – Frist gewährt werden kann, wie sie den Partnern des gesicherten Geschäfts zusteht[63]. Andererseits steht die *Kündigungs*frist im Hauptschuldverhältnis mit der *Warte*frist im Sicherungsverhältnis in keinem direkten Zusammenhang. Die im Hauptschuldverhältnis geltenden Fristen – seien sie Mindestbindungs- oder Kündigungsfristen – bilden, wenn man so will, den „temporären Mindestsockel" für das Sicherungsverhältnis. Die Lösungsmöglichkeiten eines angelehnt einstandspflichtigen Sicherungsgebers gehen angesichts der Sicherungsfunktion des Sicherungsgeschäfts in zeitlicher Hinsicht ohne anders lautende Vereinbarung nicht über die Lösungsmöglichkeiten des Hauptschuldners hinaus. Der Sicherungsgeber kann sich im Wege der ordentlichen Vertragskündigung nicht früher von seiner Sicherungszusage lösen als dies dem Hauptschuldner hinsichtlich der abgesicherten Verbindlichkeit(en) möglich gewesen wäre. Aus Sicherungs-, gegebenenfalls auch aus Akzessorietätsgründen, muss zumindest Gleichlauf bestehen. Ob für den Sicherungsgeber darüber hinausgehende Zeitvorgaben gelten, etwa in Form einer Mindestbindungs- bzw. Wartefrist, ist Auslegungsfrage. Die mit der gebotenen Einzelfallbetrachtung einhergehende Unsicherheit ist aus Rechtsgründen hinzunehmen. Sie ist weniger Rechts-[64] als faktische Unsicherheit über den Inhalt der jeweiligen Parteivereinbarung.

---

[62] Eine Mindestbindungsfrist dürfte bei Absicherung eines Kontokorrentkredits anlässlich einer Unternehmensgründung oftmals Vertragsinhalt werden. Der Sicherungsgeber wird dem Gläubiger die Sicherheit in aller Regel zumindest solange zu belassen haben, wie es voraussichtlich dauert, bis die Hauptschuldnerin selbst kreditwürdig oder zur Bestellung eigener Sicherheiten in der Lage ist.

[63] *Bydlinski,* ÖBA 1999, S. 93 ff. (106, aa), 2. Abs.).

[64] So *Bydlinski,* ÖBA 1999, S. 93 ff. (107, 3. Abs.).

## II. Kündigungsfrist

Entgegen der vorherrschenden Meinung muss der Sicherungsgeber somit grundsätzlich nur eine einzige Frist einhalten, und zwar eine *Kündigungsfrist*[65].

Er hat den Interessen der Parteien des Hauptschuldverhältnisses dadurch Rechnung zu tragen, dass er nach Zugang seiner Kündigungserklärung eine angemessene Zeit zuwartet, damit diese sich auf die veränderte Lage einstellen können[66] Als Richtschnur dient bei (Kredit-)Bürgschaften mangels einer anders lautenden Vereinbarung die Vorschrift des § 488 Abs. 3 S. 2 BGB. Ein Kreditbürge muss eine Kündigungsfrist von (mindestens) drei Monaten wahren[67]. Dies entspricht auch dem oben skizzierten Fristengleichlauf im Hauptschuld- und Sicherungsverhältnis. Kündigt der Sicherungsgeber den Sicherungsvertrag ohne äußeren Anlass, ist ihm die Einhaltung einer Dreimonatsfrist zuzumuten, um den Parteien des Hauptschuldverhältnisses Gelegenheit zu geben, ihr Vertragsverhältnis auf eine neue Grundlage zu stellen[68]. Dieser Gedanke trifft ange-

---

[65] *Meinhardt,* Beendigung der Haftung, S. 73, aa); im Ergebnis ebenso *Hoffmann,* Patronatserklärung, S. 136, der sich mit der Wartefrist-Problematik nicht auseinandersetzt und nur die Einhaltung eine Kündigungsfrist von regelmäßig drei Monaten fordert. Für das Verhältnis zwischen Kündigungs- und etwaiger Wartefrist dürfte gelten, dass die Kündigungsfrist dergestalt in die Warte- bzw. Mindestbindungsfrist einbezogen werden kann, dass die Kündigung exakt mit Ablauf der Wartefrist wirksam wird, so *Bydlinski,* ÖBA 1999, S. 93 ff. (109, e)). Sinn und Zweck der Wartefrist bedingen eine Aufrechterhaltung des Sicherungsvertrages nur für die Dauer des vorgesehenen Mindestbindungszeitraums. Kündigt der Sicherungsgeber den Sicherungsvertrag innerhalb der Wartefrist, ist den Interessen der Parteien des Hauptschuldverhältnisses Genüge getan, wenn die Kündigung mit Ablauf der Kündigungs-, frühestens aber mit Ablauf der Wartefrist wirksam wird.

[66] *BGH (*U. v. 09.03.1959 – VII ZR 90/58), WM 1959, S. 855 f. (856, 2.); *BGH* (U. v. 10.06.1985 – III ZR 63/84), ZIP 1985, S. 1192 ff. (1194, 2. a)); *Derleder,* NJW 1986, S. 97 ff. (102, c)); *Hoffmann,* Patronatserklärung, S. 136, 4. Abs, wenn auch ohne Differenzierung zwischen Warte- und Kündigungsfrist; *Lwowski,* Kreditsicherung (8), S. 363, 1. Abs.; *Meinhardt,* Beendigung der Haftung, S. 58, 2. Abs.; *MüKo-Habersack* (4),§ 765 Rn. 55; *Schimansky/Bunte/Lwowski* (*Schmitz*), Bankrechts-Handbuch (2), § 91 Rn. 113; *Staudinger-Horn* (1997), Vorbem zu §§ 765 ff. Rn. 53; *Wagenknecht* in: *BuB* (2003), Rn. 4/1174.

[67] *Bydlinski* in: FS Schimansky, S. 299 ff. (310, 1. Abs.); *Derleder,* NJW 1986, S. 97 ff. (102/103, c), 104, V.), noch zu § 609 Abs. 2 BGB a.F. Aus Sicht des Autors ist die Kündigungs- eine reine „Abwicklungsfrist“. Dem Gläubiger sei es versagt, die Kündigung zum Anlass zu nehmen, die Bürgschaft unter Ausnutzung der Kündigungsfrist durch Krediterweiterung auszuschöpfen. Dem ist mit der Maßgabe zuzustimmen, dass essenzielle, bereits in Aussicht genommene Geschäfte auch während der Kündigungsfrist noch zu Lasten des Bürgen getätigt werden dürfen; *Lwowski,* Kreditsicherung (8), S. 363, 1. Abs.; *MüKo-Habersack* (4), § 765 Rn. 55; *Ohlmeyer/Gördel,* Kreditgeschäft der Kreditgenossenschaften (10), S. 797, 2. Abs.; *Schimansky/Bunte/Lwowski* (*Schmitz*), Bankrechts-Handbuch (2), § 91 Rn. 113; enger als hier *Schimansky/Bunte/Lwowski* (*Lwowski*), Bankrechts-Handbuch (2), Anh. zu § 91, 10; *Wagenknecht* in: *BuB* (2003), Rn. 4/1176; aA *Brambring,* S. 13, 2. Abs.

[68] *Meinhardt,* Beendigung der Haftung, S. 74, 1. Abs.

sichts der identischen Interessenlage auch auf den Geber einer sonstigen Personalsicherheit zu. Nach Ablauf eines Zeitraums von drei Monaten muss der Hauptschuldner der gesetzlichen Wertentscheidung zufolge zur Rückzahlung eines ihm fristlos gewährten Darlehens imstande sein. Soweit sich für die Länge der Kündigungsfrist im Übrigen kein gesetzlicher Anhaltspunkt findet, ist sie nach den Umständen des Einzelfalls zu bemessen[69].

## III. Regelungsbedarf

Angesichts der skizzierten Unsicherheiten empfiehlt es sich, über die Kündigung der Ausstattungsvereinbarung stets eine ausdrückliche Regelung zu treffen[70].

---

[69] Vgl. nur *BGH* (U. v. 10.06.1985 – III ZR 63/84), ZIP 1985, S. 1192 ff. (1194, 2. b)); *Derleder,* NJW 1986, S. 97 ff. (102, c)), demzufolge die Frist des § 488 Abs. 3 S. 1 BGB (bzw. des § 609 Abs. 2 a.F.) auf gängige Kreditsicherungen passt, nicht notwendig aber auf alle übrigen Sicherungsfälle; *Falter,* Praxis des Kreditgeschäfts (15), S. 139 Rn. 3.66; *Nielsen,* Bankrecht, S. 253; *Wenzel*, Sicherung durch Grundschulden, S. 241 Rn. 2380, zur Anpassung der wirtschaftlichen Dispositionen seien für die Beteiligten regelmäßig mindestens vier Wochen erforderlich; gegen eine Einzelfallbetrachtung *Bydlinski,* ÖBA 1999, S. 93 ff. (108/109), der sich „als kleinstes Übel" für die Heranziehung einer konkreten, nicht offensichtlich unpassenden Gesetzesnorm entscheidet. Die nach vorliegender Ansicht gebotene Einzelfallbetrachtung kann durchaus die Pflicht des Sicherungsgebers ergeben, über einen längeren Zeitraum zuzuwarten als dies die Parteien des Hauptschuldverhältnisses gemusst hätten, wenn diesen ansonsten nicht genügend Zeit für die Umgestaltung ihres Vertragsverhältnisses bliebe; aA *Bydlinski,* a.a.O., S. 108, 2. Spalte, die Frist, die der Kreditgeber bei einer ordentlichen Kündigung des Kreditvertrages einzuhalten habe, sei das *Maximum* (Hervorh. durch Verf.). Der Autor übersieht, dass der Hauptschuldner von der Kündigung des Sicherungsgebers bzw. den geänderten Anforderungen im Hauptschuldverhältnis nicht bereits mit Zugang der Kündigungserklärung beim Gläubiger erfahren muss. Schon aus diesem Grund kann eine „Fristverlängerung" geboten sein. Macht der Gläubiger dem Hauptschuldner von der Kündigung des Sicherungsvertrages nicht unverzüglich Mitteilung, geht dies indessen nur zu seinen und nicht auch zu Lasten des Sicherungsgebers. Der Vollständigkeit halber sei nochmals darauf hingewiesen, dass die Parteien des Hauptschuldverhältnisses nach Zugang der Kündigungserklärung nicht mehr in gleichem Umfang zu Lasten des Sicherungsgebers schalten und walten können wie zuvor. Der Gläubiger hat dem Interesse des Sicherungsgebers an der Zementierung seines Haftungsumfangs wie er bei Zugang der Kündigungserklärung besteht in größtmöglichem Umfang Rechnung zu tragen. „Unnötige" Forderungsausdehnungen braucht der Sicherungsgeber nach Treu und Glauben (§ 242 BGB) nicht gegen sich gelten lassen (vgl. bereits Fn. 67).

[70] Für die Bürgschaft ebenso *Bydlinski,* ÖBA 1999, S. 93 ff. (109, f)), mit dem davon auszugehen ist, dass alle Beteiligten möglichst schon bei Zugang der Kündigungserklärung wissen wollen, ob die Kündigung wirksam ist; *Wagenknecht* in: *BuB* (2003), Rn. 4/1178. Die Bürgschaftsformulare der Kreditinstitute enthielten früher keinen Hinweis auf die Kündigungsmöglichkeit des Bürgen. Dies ist unter Transparenzgesichtspunkten bemängelt worden. Die Kreditinstitute sind daher generell dazu übergegangen, die Kündigungsmodalitäten in ihren AGB zu regeln, vgl. §§ 18, 19 AGB-Banken, Nr. 26. AGB-Sparkassen; *Ohlmeyer/Gördel,* Kreditgeschäft der Kreditgenos-

## B. Außerordentliche Vertragskündigung

Bei Eintritt eines wichtigen Grundes kann der Sicherungsgeber den Sicherungsvertrag darüber hinaus unbeschadet des „Zeitfaktors“[71] auch außerordentlich kündigen[72]. Diese Möglichkeit, die früher ebenfalls mit den Grundsätzen von Treu und Glauben begründet worden ist[73], ergibt sich heute zwanglos aus

---

senschaften (10), S. 796, f); vgl. auch den Formularvordruck bei *Wagenknecht,* a. a. O., Rn. 4/1244, 4/1245, Ziff. 9. Zum 01.04.2002 sind die AGB der Banken und Sparkassen novelliert worden, dazu *Schröter,* WM 2000, S. 16 ff. (18), m. w. N.; *Wagenknecht,* a. a. O. Ob es darüber hinaus eines Tätigwerdens des Gesetzgebers bedarf, ist zweifelhaft. Die möglichen „Geschäftszwecke“ einer Sicherungsabrede sind viel zu breit gefächert, als dass der Gesetzgeber eine (oder mehrere) dispositive, sämtlichen Fallgestaltungen und Sicherungsinstrumentarien gerecht werdende Regelung über eine etwaige Mindestbindungs- und/oder Kündigungsfrist aufstellen könnte; aA *Bydlinski,* a. a. O., S. 107, 2./3. Abs., der sich konkludent für die Implementierung einer Fünfjahresfrist ausspricht und auf Seite 109/110, 3.1.3 für die gängigen Kreditsicherungsformen die Einführung einer gesetzliche Kündigungsregelung fordert. Zumindest die groben Leitlinien eines ordentlichen Kündigungsrechts könnten in der Tat gesetzlich geregelt werden, sprich unter welchen Voraussetzungen ein Sicherungsvertrag ordentlich kündbar ist, dass die einzuhaltenden Mindestfristen sich an den Fristen des Hauptschuldverhältnisses orientieren, etc.; ebenso *Bydlinski* in: FS Schimansky, S. 299 ff. (312/313, 7.).

[71] *BGH* (U. v. 21.01.1993 – III ZR 15/92), NJW-RR 1993, S. 944 f. (945, a)); *Schimansky/Bunte/Lwowski* (*Schmitz*), Bankrechts-Handbuch II (2), Anh. zu § 91, Erläuterungen, 10., die Kündigung sei ohne Einhaltung der Mindestbindungsfrist möglich. Nach hier vertretener Meinung muss der Sicherungsgeber darüber hinaus (jedenfalls nach neuerer Rechtslage) auch keine Kündigungsfrist einhalten. Er kann fristlos kündigen, näheres unter Gliederungspunkt II. 2. c) bb).

[72] Zur Bürgschaft *BGH* U. v. 09.03.1959 – VII ZR 90/58), WM 1959, S. 855 f. (856, 2.); *BGH* (U. v. 17.03.1994 – IX ZR 102/93), WM 1994, S. 784 ff. (785, 2. a)). Als Rechtfertigungsgrund für eine außerordentliche Kündigung ist von der Rechtsprechung beispielsweise der Umstand akzeptiert worden, dass der Bürge als Komplementär in die Hauptschuldnerin eintritt. Er hafte dann ohnehin mit seinem gesamten Vermögen, vgl. *BGH* (U. v. 22.05.1986 – IX ZR 108/85), ZIP 1986, S. 1240 ff. (1242, a)); *Schimansky/Bunte/Lwowski* (*Schmitz*), Bankrechts-Handbuch (2), § 91 Rn. 112; *Schimansky/Bunte/Lwowski* (*Lwowski*), Bankrechts-Handbuch (2), Anh. zu § 91, 10.; *Meinhardt,* Beendigung der Haftung, S. 77, letzter Abs., geht insoweit zu Unrecht davon aus, die Rechtsprechung differenziere nicht zwischen ordentlicher und außerordentlicher Kündigung. Grund dafür dürfte eine ungerechtfertigte Gleichsetzung der außerordentlichen mit einer fristlosen Kündigung seinerseits sein (vgl. S. 78, 2. Abs.); zur gebotenen Differenzierung, *Stolzenburg,* ZIP 1985, S. 1189 ff. (1190, III.); aA *von Rosenberg/Kruse,* BB 2003, S. 641 ff. (645, 1.), für den Fall der Kündigung einer „konzernexternen“ Patronatserklärung nach Verlust der Anteilseignerstellung: Pflicht zur Einhaltung einer angemessenen „Wartefrist“ (i. V. m. Fn. 45, wo die Autoren allerdings zu Unrecht auf eine „Beteiligungsdauer“ bzw. „Haltefrist“ verweisen. Ausgangspunkt der herrschenden Meinung für die Zulässigkeit einer ordentlichen! Kündigung ist allein der Ablauf eines gewissen Zeitraums seit Abschluss des Sicherungsvertrages.). Grund für ihre Annahme dürfte die missverständliche Formulierung des *BGH* in seinem Urteil vom 04.07.1985 (IX ZR 135/84), WM 969 ff. (970, 1. Abs. ) sein, in dem der 9. Senat der Sache nach darauf verweist, dass die Bürgschaftskündigung im konkreten Fall sowohl als ordentliche als auch wegen Ausscheidens des Beklagten als außerordentliche möglich gewesen sei.

§ 314 Abs. 1 S. 1 BGB[74]. Nach der neuen Legaldefinition des § 314 Abs. 1 S. 2 BGB liegt ein „wichtiger Grund“ für eine außerordentliche Kündigung vor, wenn dem kündigenden Vertragsteil unter Berücksichtigung aller Umstände des Einzelfalls und unter Abwägung der beiderseitigen Interessen die Fortsetzung des Vertragsverhältnisses bis zur vereinbarten Beendigung oder bis zum Ablauf einer Kündigungsfrist nicht zuzumuten ist[75].

## I. Verschlechterung der Vermögenslage des Hauptschuldners

Legitimer Grund für die außerordentliche Kündigung einer Bürgschaft, aber auch anderer Sicherungsabreden, ist nach ständiger Rechtsprechung unter anderem die erhebliche Verschlechterung der Vermögenslage des Hauptschuldners (§ 610 BGB a.F. analog bzw. § 490 Abs. 1 BGB n.F. analog)[76]. Im Falle der Vermögensverschlechterung sei es dem Sicherungsgeber nicht zuzumuten, dass sich seine Haftung auf alle „Neuverbindlichkeiten“ erstreckt. Der Gläubiger werde durch die Kündigungsmöglichkeit nicht unangemessen benachteiligt. Ihm

---

73 *BGH* (U. v. 04.07.1985 – IX ZR 135/84), WM 1985, S. 969 ff. (970, 1. Abs.); *BGH* (U. v. 17.03.1994 – IX ZR 102/93), WM 1994, S. 784 ff. (785, 2. a)); *BGH* (U. v. 26.09.1996 – I ZR 265/95), BGHZ 133, S. 316 ff. (320, 3. Abs.); *BGH* (U. v. 17.12.1998 – I ZR 106/96), NJW 1999, S. 1177 ff. (1178, a)); *BGH* (U. v. 03.11.1999 – I ZR 145/97), NJW-RR 2000, S. 1560 ff. (1562, cc)).

74 *BGH* (U. v. 07.10.2004 – I ZR 18/02), ZIP 2005, S. 534 ff. (535, aa)). Zum zeitlichen Anwendungsbereich der durch das Schuldrechtsmodernisierungsgesetz neu hinzugekommenen Regelung, vgl. Art. 229 § 5 EGBGB; *MüKo-Gaier* (4), § 314 Rn. 1, m.w.N.

75 Diese Umschreibung eines wichtigen Kündigungsgrundes ist bereits vor der Kodifikation des außerordentlichen Kündigungsrechts ständige Rechtsprechung gewesen, vgl. *BGH* (U. v. 26.09.1996 – I ZR 265/95), BGHZ 133, S. 316 ff. (320, b)); *BGH* (U. v. 17.12.1998 – I ZR 106/96), NJW 1999, S. 1177 ff. (1178, a)); *BGH* (U. v. 03.11.1999 – I ZR 145/97), NJW-RR 2000, S. 1560 ff. (1562, cc)); *BGH* (U. v. 29.03.2001 – I ZR 182/98), BGHZ 147, S. 178 ff. (190, 3. Abs.); *BGH* (U. v. 11.03. 2003 – XI ZR 403/01), BGHZ 154, S. 146 ff. (153, bb)); *BGH* (U. v. 07.10.2004 – I ZR 18/02), ZIP 2005, S. 534 ff. (535, aa)).

76 *BGH* (U. v. 21.01.1993 – III ZR 15/92), NJW-RR 1993, S. 944 f. (945), da die Sicherungsabrede, auf der die Grundschuldbestellung beruhe, wesentliche Ähnlichkeiten mit einer auf unbestimmte Zeit übernommenen Bürgschaft für zukünftige Kreditforderungen aufweise, gelte der Gedanke, dass eine wesentliche Vermögensverschlechterung eine Kündigung der Bürgschaft für die Zukunft rechtfertige auch für die Auslegung des Sicherungsvertrages über die Bestellung einer Grundschuld; *OLG Köln* (U. v. 21.01.2002 – 13 U 69/00), WM 2003, S. 280 ff. (285, bb)); *Meinhardt,* Beendigung der Haftung, S. 29/30, (Anm.: für den Zeitraum vor Auszahlung der Darlehensvaluta hat das alte Schuldrecht anstelle der Kündigungsmöglichkeit ein Widerrufsrecht vorgesehen); *MüKo-Habersack* (4), § 765 Rn. 56; *Palandt-Heinrichs* (64), § 314 Rn. 5; *Schimansky/Bunte/Lwowski* (*Ganter*), Bankrechts-Handbuch (2), § 90 Rn. 273; (*Schmitz*), § 91 Rn. 112; *Staudinger-Horn* (1997), Vorbem zu §§ 765 ff. Rn. 53; aA *Derleder,* NJW 1986, S. 97 ff. (101, IV. 1.); *Wagenknecht* in: *BuB* (2003), Rn. 4/1195.

stehe es frei, ob er mit dem Hauptschuldner unter diesen Umständen neue Geschäfte tätigt[77].

Der Kündigungsgrund einer wesentlichen Verschlechterung des Vermögensstatus des Hauptschuldners kann für die Ausstattungsvereinbarung naturgemäß keine Geltung beanspruchen[78]. Die Ausstattungszusage zielt gerade darauf ab, die Leistungsfähigkeit des auszustattenden Unternehmens sicherzustellen. Dem Pflichtigen kann nicht gestattet werden, sich unter Verweis auf die verschlechterte Vermögenslage der auszustattenden Gesellschaft[79] ex nunc von seiner Ausstattungszusage zu lösen[80]. Eine außerordentliche Kündigung aus wichtigem Grund lässt sich generell nicht auf Umstände stützen, die ausschließlich in den Risikobereich des Kündigenden fallen[81]. Eine außerordentliche Kündigung der Ausstattungszusage analog § 490 Abs. 1 BGB kommt demnach weder für die Zeit vor noch nach Erbringung der geschuldeten Gläubigerleistung(en) in Betracht[82].

---

[77] *BGH* (U. v. 21.01.1993 – III ZR 15/92), NJW-RR 1993, S. 944 f. (945, a)).

[78] *Balzer,* 7. Rostocker Bankentag 2001, S. 59 ff. (83, 2. Abs.); *J. Koch,* Die Patronatserklärung, S. 338, 2. a); *von Rosenberg/Kruse,* BB 2003, S. 641 ff. (645, 1., 3. Abs.); *Wittig* in: *BuB* (2003), Rn. 4/2886; *Forschbach,* Liquiditätszusagen, S. 116/117, a), 212, II., zur „internen" Ausstattungsverpflichtung; vgl. auch *Obermüller,* Ersatzsicherheiten, S. 3/4, a) Rn. 25; aA *Treffer,* ZAP Nr. 5, Fach 15, S 383 ff. (386, IV. 1.).

[79] Dass sich eine Kündigung unter Verweis auf den eigenen Vermögensverfall verbietet, folgt bereits aus der unbedingten Einstandspflicht des Patrons für seine finanzielle Leistungsfähigkeit, dazu in Kapitel 6, A. I. 3.

[80] *Balzer,* 7. Rostocker Bankentag 2001, S. 59 ff. (83, 2. Abs.); *Forschbach,* Liquiditätszusagen, S. 116/117, a); *von Rosenberg/Kruse,* BB 2003, S. 641 ff. (645, 1., 3. Abs.); *Wittig* in: *BuB* (2003), Rn. 4/2886; vgl. auch *Obermüller,* ZIP 1982, S. 915 ff. (918, 4.1); *ders.,* Ersatzsicherheiten, S. 3/4, a), Rn. 25.

[81] *BGH* (U. v. 15.06.1951 – V ZR 86/50), NJW 1951, S. 836 f. (836, LS a)); *BGH* (U. v. 26.09.1996 – I ZR 265/95), BGHZ 133, S. 316 ff. (320/321); *BGH* (U. v. 07.10.2004 – I ZR 18/02), ZIP 2005, S. 534 ff. (535, (1)); wie hier jetzt auch *J. Koch,* Die Patronatserklärung, S. 338, 2. a); zur „internen" Ausstattungszusage ebenso *Wittig,* a. a. O., Rn. 4/2920; zur vergleichbaren Situation bei Bestehen eines Gewinnabführungs- und/oder Beherrschungsvertrages, *MüKo-Altmeppen,* AktG (2), § 297 Rn. 32/33.

[82] *Forschbach,* Liquiditätszusagen, S. 121, II., noch zur Widerrufsmöglichkeit nach § 610 BGB a. F.; im Ergebnis ebenso für die Konstellation eines Unternehmens- anstelle eines Ausstattungsvertrages, *Timm,* GmbHR 1987, S. 8 ff. (13, 2. Spalte), beruhten die Umstände, die die Notlage begründet haben und die potenziell erhebliche Verlustausgleichsansprüche herbeizuführen drohten nicht auf einer konzerninternen Einflussnahme, werde man das Kündigungsrecht anerkennen müssen, um nicht durch eine Art Flächenbrand den Gesamtkonzern zu gefährden. Anders wenn die Obergesellschaft in hohem Maße für die Verlustsituation der Tochter verantwortlich sei; ähnlich *Krieger/Jannnott,* DStR 1995, S. 1473 ff. (1475, 3.1.3). Die Autoren gehen davon aus, die Obergesellschaft müsse im Interesse des Gesamtkonzerns auch dann zur Kündigung aus wichtigem Grund wegen Verschlechterung der Vermögens- und Ertragslage der abhängigen Gesellschaft befugt sein, wenn sie selbst die schlechte Lage zu verantworten habe (Anm.: Anders als bei einer Ausstattungszusage, ist primärer Gegenstand ei-

## II. Verlust der Anteilseigner- respektive Geschäftsführerstellung durch den Patron

Für Bürgschaften entspricht es weiterhin ganz herrschender Meinung, dass ein Bürge seine unlimitierte Bürgschaftszusage im Falle seines Ausscheidens[83] aus der Hauptschuldnerin außerordentlich[84] kündigen darf, sofern seine Gesellschafter- bzw. Geschäftsführerstellung Anlass für die Bürgschaftsübernahme gewesen ist[85]. Dafür reicht es nach vorliegendem Verständnis nicht aus, dass der Sicherungsgeber sich aufgrund seiner rechtlichen Beziehung zur Hauptschuldnerin zur Bestellung der Personalsicherheit motiviert gesehen hat[86]. Die Sicherheit

---

nes Unternehmensvertrages nach hM allerdings auch nicht die Sicherung der Leistungsfähigkeit der Untergesellschaft); aA *Trendelenburg,* NJW 2002, S. 647 ff. (650, II.).

[83] Das „Ausscheiden" des Sicherungsgebers kann sich nicht nur im Wege der Anteilsveräußerung oder durch Entlassung des Geschäftsleiters vollziehen, sondern auch durch Pfändung (§ 857 ZPO), Kaduzierung (§ 21 GmbHG) und Einziehung eines Geschäftsanteils (Amortisation, § 34 GmbHG), durch Ausschluss des Gesellschafters sowie durch sonstige, auf Auflösung der besonderen Nähebeziehung zwischen Sicherungsgeber und Hauptschuldnerin gerichtete Beendigungstatbestände, vgl. *Meinhardt,* Beendigung der Haftung, S. 12/13, m. w. N.

[84] Streitig, nach *Wagenknecht* in: *BuB* (2003), Rn. 4/1373b, besteht ein ordentliches Kündigungsrecht, was mit Blick auf das überwiegend für richtig befundene Erfordernis der Einhaltung einer der ordentlichen Kündigung entsprechenden Kündigungsfrist dogmatisch einiges für sich hat.

[85] So andeutungsweise bereits *RG* (U. 26.11.1934 – VI 325/34), HRR 1935, Nr. 581; explizit sodann *BGH* (U. v. 10.06.1985 – III ZR 63/84, ZIP 1985, S. 1192 ff. (1194, 2. a)); *OLG Celle* (U. v. 05.10.1988 – 3 U 306/87), NJW-RR 1989, S. 548 f. (548, 1.); *OLG Zweibrücken* (U. v. 05.06.1985 – 2 U 25/84, rkr.), ZIP 1985, S. 1195 ff. (1197, 3. Abs.); offen gelassen von *BGH* (U. v. 14.11.1991 – IX ZR 20/91), WM 1992, S. 177 ff. (180, 4.); *Lwowski,* Kreditsicherung (8), S. 362, letzter Abs.; *Meinhardt,* Beendigung der Haftung, S. 89–92, cc), 147, letzter Abs.; *MüKo-Habersack* (4), § 765 Rn. 56; *Ohlmeyer/Gördel,* Kreditgeschäft der Kreditgenossenschaften (10), S. 780; *Reinicke/Tiedke,* Kreditsicherung (4), S. 55/56 Rn. 169; *Schimansky/Bunte/Lwowski* (*Schmitz*), Bankrechts-Handbuch (2), § 91 Rn. 112; *Staudinger-Horn* (1997), Vorbem zu §§ 765 ff. Rn. 53, 116; ebenso für den Fall einer Grund- oder Pfandrechtsbestellung sowie der Ehescheidung, *BGH* (U. v. 07.10.2002 – II ZR 74/00), DNotZ 2003, S. 116 f. (116/117); scheinbar anders *Wagenknecht* in: *BuB* (2003), Rn. 4/1327b i. V. m. 4/1175, 4/1176, allein das Ausscheiden des beigetretenen Gesellschafters aus der Gesellschaft berechtige ihn nicht zur fristlosen Kündigung des Schuldbeitritts (unter Verweis auf *BGH* (U. v. 10.06.1985 – III ZR 63/84), NJW 1986, S. 252 f. (253)). Ihm stehe aber aufgrund der vergleichbaren Interessenlage unter den gleichen Voraussetzungen wie einem Bürgen ein *ordentliches Kündigungsrecht* unter Einhaltung einer angemessenen Kündigungsfrist zu (siehe bereits Fn. 84).

[86] So aber *Meinhardt,* Beendigung der Haftung, S. 114, letzter Abs. Für die Notwendigkeit einer anfänglichen Kenntnis des Gläubigers von der Gesellschafter- bzw. Geschäftsführerstellung des Sicherungsgebers spricht, dass die im Rahmen des § 314 Abs. 1 S. 2 BGB anzustellende Interessenabwägung anderenfalls dazu führte, dass der Sicherungsgeber sich bis zum Ablauf der ordentlichen Kündigungsfrist an der Sicherungsvereinbarung festhalten lassen muss, da der Gläubiger die besondere Stellung des Sicherungsgebers bei Abschluss des Sicherungsvertrages gerade nicht in seine Erwä-

muss aus Gläubigersicht gerade mit Blick auf die besondere Stellung des Sicherungsgebers in der Hauptschuldnerin nachgefragt und gewährt worden sein[87].

Der hinter dieser Erwägung steckende Gedanke trifft auch auf die Ausstattungsverpflichtung zu[88]. Wie ein Bürge muss sich auch der Ausstattungspflichtige von seiner Zusage lösen können, wenn deren Grundvoraussetzung entfallen ist.

Über dieses Ergebnis herrscht weitgehend Einigkeit. In rechtsdogmatischer Hinsicht ist allerdings fraglich, ob sich das Lösungsrecht auf § 313 Abs. 1 i. V. m. Abs. 3 S. 2 BGB[89] oder auf § 314 BGB stützen lässt.

### 1. Wegfall der Geschäftsgrundlage

Gemäß § 313 Abs. 1 i. V. m. Abs. 3 S. 2 BGB sind Dauerschuldverhältnisse außerordentlich kündbar, wenn ihre Geschäftsgrundlage entfallen ist und eine Anpassung des Vertrages an die gewandelten Verhältnisse unmöglich ist.

#### *a) Rechtslage vor der Schuldrechtsnovellierung*

Gerade zu Beginn der Rechtsentwicklung war streitig, ob die Geschäftsgrundlage eines Sicherungsvertrages automatisch entfällt, wenn ein Anteilseigner oder Geschäftsführer, der die Sicherungszusage aus Anlass seiner wirtschaftlichen bzw. beruflichen Stellung innerhalb der Hauptschuldnerin erteilt hat, diese Stellung nach Vertragsschluss verliert[90]. Partiell ist dies bejaht worden. Mit der Beteiligungsaufgabe bzw. mit dem Verlust der Führungsposition entfalle die Geschäftsgrundlage eo ipso, ohne dass es einer Gestaltungserklärung seitens des Sicherungsgebers bedürfe[91].

---

gungen hat einfließen lassen. Im Übrigen wäre nach *Meinhardt* jeder Sicherungsgeber zur außerordentlichen Kündigung des Sicherungsvertrages befugt, wenn er nach Vertragsschluss Anteile an der Hauptschuldnerin erwirbt und diese sofort wieder veräußert (vgl. S. 114, 2. Abs., es spiele keine Rolle wie groß der Geschäftsanteil des Bürgen sei; vgl. aber die Überlegungen zu § 162 BGB auf S. 117/118).

[87] Implizit ebenso *OLG Zweibrücken* (U. v. 05.06.1985 – 2 U 25/84, rkr.), ZIP 1985, S. 1195 ff. (1197, 3. Abs.).

[88] *J. Koch,* Die Patronatserklärung, S. 339, b); *Wittig* in: *BuB* (2003), Rn. 4/2886, zur harten Patronatserklärung. Diese Überlegung fehlt bei *Mosch,* Patronatserklärungen, S. 163–167, § 26.

[89] Kündbarkeit eines Dauerschuldverhältnisses wegen Wegfalls der Geschäftsgrundlage, sollte eine Anpassung des Vertrages an die gewandelten Verhältnisse unmöglich sein.

[90] Vgl. *Forschbach,* Liquiditätszusagen, S. 118, 2. Abs.; *Meinhardt,* Beendigung der Haftung, S. 27/28, 148, 3./4. Abs., für eine „automatische" Haftungsbegrenzung bei Ausscheiden aus der Gesellschaft, allerdings nicht aufgrund einer gestörten Geschäftsgrundlage, sondern im Wege der ergänzenden Vertragsauslegung.

Bereits vor der Schuldrechtsnovellierung entsprach es für Bürgschaften aber nahezu einhelliger Auffassung, dass sich kein Gläubiger, dem ein Gesellschafter-Geschäftsführer für die Schulden „seiner" Gesellschaft Sicherheit leistet, auf die Erwartung des Sicherungsgebers einlassen müsse, sein fortdauernder gesellschaftlicher Bezug zur Hauptschuldnerin sei Geschäftsgrundlage des Sicherungsvertrages[92]. Dies dürfte auch heute noch herrschend sein. Statt wegen Wegfalls der Geschäftsgrundlage befreit zu werden, so die gängige Rechtsprechungswendung, könne ein ausscheidender Sicherungsgeber durch eine Kündigung klare Verhältnisse für die Zukunft schaffen[93]. Denn schließlich sei es für die Frage nach der Zumutbarkeit eines Festhaltens am Vertrag substanziell, ob dem durch die Veränderung Betroffenen andere gangbare Befreiungsmöglichkeiten offen stehen[94]. Allerdings bestand schon seinerzeit zusehends Einigkeit da-

---

[91] *BGH* (U. v. 07.02.1966 – VIII ZR 40/64), WM 1966, S. 317 ff. (318, 2.), der den Wegfall der Geschäftsgrundlage im konkreten Fall nur daran scheitern ließ, dass die Vertragspartnerin signalisiert hatten, an einer voraussetzungslosen Bürgschaft interessiert zu sein; offen gelassen von *BGH* (U. v. 14.11.1991 – IX ZR 20/91), WM 1992, S. 177 ff. (180, 4.); aA *OLG Zweibrücken* (U. v. 05.06.1985 – 2 U 25/84, rkr.), ZIP 1985, S. 1195 ff. (1197, 3. Abs.); *Hoffmann,* Patronatserklärung, S. 63/64; *Meinhardt,* Beendigung der Haftung, S. 27/28.

[92] *BGH* (B. v. 17.12.1998 – IX ZR 20/98), ZIP 1999, S. S. 877 f. (878); *Schimansky/Bunte/Lwowski* (*Ganter*), Bankrechts-Handbuch II (2), § 90 Rn. 299; für die harte Patronatserklärung ebenfalls ablehnend, *Kohout,* Patronatserklärungen, S. 228.

[93] *BGH* (B. v. 17.12.1998 – IX ZR 20/98), ZIP 1999, S. S. 877 f. (878), unter Verweis auf *BGH* (U. v. 18.05.1995 – IX ZR 108/94), BGHZ 130, S. 19 ff. (22/23, 2.); *OLG Zweibrücken* (U. v. 05.06.1985 – 2 U 25/84, rkr.), ZIP 1985, S. 1195 ff. (1197, 3. Abs.); *Stolzenburg,* ZIP 1985, S. 1189 ff. (1191, IV.); *Palandt-Heinrichs* (64), § 313 Rn. 26; anders als hier für die „interne" Ausstattungszusage *Forschbach,* Liquiditätszusagen, S. 118, 2. Abs. Fest steht, dass die Möglichkeit der Anteilsveräußerung oder des Verlustes der Geschäftsführerstellung nicht zum vollständigen Erlöschen der Einstandspflicht führen kann, vgl. nur *Meinhardt,* Beendigung der Haftung, S. 126/127; *MüKo-Habersack* (4),§ 765 Rn. 51, für die Bürgschaft. Der Sicherungsgeber hätte es anderenfalls in der Hand, sich seiner umfassenden Zusage mit Wirkung für die Vergangenheit durch die ihm freistehende Veräußerung seines Geschäftsanteils oder durch Aufgabe seines Führungspostens zu entziehen, vgl. *Weber/Bonin,* EWiR 2000, S. 202, 4.; im Ergebnis ebenso *OLG Köln* (U. v. 02.08.1999 – 16 U 106/98), EWiR 2000, S. 201 f. (202, 1. Abs.).

[94] *BGH* U. v. 09.03.1959 – VII ZR 90/58), WM 1959, S. 855 f. (855, 1.); dem folgend *OLG Zweibrücken* (U. v. 05.06.1985 – 2 U 25/84, rkr.), ZIP 1985, S. 1195 ff. (1197, 3. Abs.); *Meinhardt,* Beendigung der Haftung, S. 124 a.E.; *Schimansky/Bunte/Lwowski* (*Schmitz*), Bankrechts-Handbuch II (2), § 91 Rn. 115. Insgesamt ist man sich für die Bürgschaft darüber einig, dass die Annahme, ihre Geschäftsgrundlage sei entfallen, mit Blick auf die einseitige und uneingeschränkte Risikoübernahme durch den Bürgen sowie aufgrund der einseitigen Gläubigerbegünstigung nur ganz ausnahmsweise und selbst dann nur bezogen auf Umstände legitim ist, die außerhalb des eigentlichen Bürgschaftsrisikos liegen, vgl. *BGH* (U. v. 17.03.1994 – IX ZR 174/93), WM 1994, S. 1064 ff. (1065, 2. a)), m.w.N. zur ständigen BGH-Rechtsprechung; vgl. auch *BGH* (U. v. 10.06.1985 – III ZR 63/84), WM 1985, S. 1059 ff. (1061, 3. c.)), unter Hinweis auf die überragende Bedeutung der Vertragstreue im Vertragsrecht; *Erman-Hohloch* (11), § 313 Rn. 50; *Meinhardt,* Beendigung der Haftung, S. 122; *MüKo-Roth* (4), § 313 Rn. 209; *Schimansky/Bunte/Lwowski* (*Schmitz*), Bankrechts-Handbuch (2),

rüber, dass der Wegfall der Geschäftsgrundlage einen Dauerschuldner nicht automatisch befreit, sondern ihm nur ein außerordentliches Kündigungsrecht zusteht[95].

### *b) Abgrenzung zwischen § 313 BGB und § 314 BGB*

Unter Geltung des neuen Regelungsregimes hat die Frage nach dem Charakter der Anteilseigner- bzw. Organwalterstellung als Grundlage des Sicherungsgeschäfts im praktischen Ergebnis an Brisanz verloren. Sowohl nach § 313 BGB als auch nach § 314 BGB könnte der Sicherungsgeber den Vertrag „nur" außerordentlich kündigen. Die Abgrenzungsschwierigkeiten auf Tatbestandsebene sind dadurch nicht geringer geworden.

Nach der Gesetzesbegründung zu § 313 BGB verweist § 313 Abs. 3 S. 2 BGB auf das Recht zur Kündigung aus wichtigem Grund (§ 314 BGB)[96]. Da § 313 Abs. 3 BGB vorrangig eine Vertragsanpassung gebietet, geht die Regelung des Wegfalls der Geschäftsgrundlage der Kündigungsvorschrift des § 314 BGB aus Gesetzgebersicht vor[97]. Dieser Hinweis auf das Konkurrenzverhältnis zwischen § 313 und § 314 BGB hat wenig Klarheit gebracht[98]. Nach wie vor wird vertreten, das Kündigungsrecht aus wichtigem Grund (§ 314 BGB) verdränge die Grundsätze des Wegfalls der Geschäftsgrundlage soweit es um die Vertragsauflösung gehe[99], da an die Unzumutbarkeit der Vertragsfortsetzung bei dem vertragsimmanenten Lösungsrecht der Kündigung geringere Anforderungen zu stellen seien als bei einem Wegfall der Geschäftsgrundlage[100]. Einig ist man sich nur insoweit, dass eine Kündigung jedenfalls dann nicht in Betracht

---

§ 91 Rn. 116. Für die Ausstattungszusage hat der BGH in einem Sonderfall den Wegfall der Geschäftsgrundlage bejaht, vgl. *BGH* (U. v. 16.12.1991 – II ZR 294/90), GmbHR 1992, S. 165 f.(165, I.). Hinter der Zusage gegenüber einer konzernverbundenen Gesellschaft, sie nicht fallen zu lassen und ihr die zur Aufrechterhaltung des Betriebes benötigten Mittel zukommen zu lassen, stand die Absicht des Zusagenden, den Gesamtkonzern vor einem Zusammenbruch zu bewahren. Nachdem die finanzielle Schaltstelle insolvent geworden war, war dieses Ziel aus Sicht des BGH nicht mehr zu erreichen. Die Geschäftsgrundlage für die Stützungszusage und einen der Konzerngesellschaft gewährten Kredit sei entfallen.

[95] *MüKo-Roth* (4), § 313 Rn. 81, 84, 95, Inkonsequenz nach altem Recht.

[96] *BT-Drucksache 14/6040,* S. 176, zu Absatz 3.

[97] *BT-Drucksache 14/6040,* S. 177, zu § 314, Vorbemerkung, vorletzter Abs.; dem folgend *MüKo-Gaier* (4), § 314 Rn. 3 i.V.m. Rn. 12.

[98] Vgl. nur *MüKo-Roth* (4), § 313 Rn. 141–145.

[99] *Bamberger/Roth* (*Grüneberg*), § 313 Rn. 23.

[100] *Erman-Hohloch* (11), § 314 Rn. 5, 16; *Palandt-Heinrichs* (64), § 313 Rn. 26, unter Verweis auf *BGH* (U. v. 09.10.1996 – VIII ZR 266/95), ZIP 1997, S. 257 ff. (259, 4.), Vorrang des Kündigungsrechts aus wichtigem Grund vor den Grundsätzen des Wegfalls der Geschäftsgrundlage soweit es um die Auflösung eines Dauerschuldverhältnisses geht einerseits und *BGH* (U. v. 26.09.1996 – I ZR 265/95), NJW 1997, S. 1702 ff. (1703/1704, b)) andererseits.

kommt, wenn die Störung der Geschäftsgrundlage durch eine Vertragsanpassung behoben werden kann und die Fortsetzung der Vertragsbeziehung beiden Parteien zuzumuten ist[101]. Letzteres ist bei Ausscheiden des Sicherungsgebers aus der Hauptschuldnerin ersichtlich nicht der Fall.

#### aa) Gesellschafter- oder Geschäftsführerstellung als Geschäftsgrundlage

Für die Abgrenzung zwischen § 313 Abs. 3 S. 2 BGB und § 314 BGB kommt es zunächst einmal darauf an, ob die Gesellschafter- bzw. Geschäftsführerstellung überhaupt Grundlage des Sicherungsgeschäfts ist. Unter einer Geschäftsgrundlage im Sinne des § 313 Abs. 1 BGB versteht die Rechtsprechung die bei Abschluss des Vertrages zutage getretenen, dem anderen Teil erkennbar gewordenen und von ihm auch nicht beanstandeten Vorstellungen der einen Partei oder die gemeinsamen Vorstellungen beider Parteien von dem Vorhandensein oder künftigen Eintritt bestimmter Umstände, sofern der Geschäftswille der Parteien maßgeblich auf diesen Vorstellungen aufbaut (sog. subjektive Formel)[102]. Trotz der missverständlichen Rechtsprechungsvorgaben kann man sich der Frage nach der Geschäftsgrundlageneigenschaft der Gesellschafter- bzw. Geschäftsführerstellung des Sicherungsgebers nicht indirekt annähern, indem man sich die Frage stellt, ob der Gläubiger sich auf die Erwartung des Sicherungsgebers einlassen muss, mit seinem Ausscheiden entfalle die Geschäftsgrundlage des Sicherungsvertrages automatisch. In den entschiedenen Fällen hat die

---

[101] *Erman-Hohloch* (11), § 314 Rn. 16; *Palandt-Heinrichs* (64), § 313 Rn. 26; *MüKo-Gaier* (4), § 314 Rn. 12.; vgl. bereits *BGH* (U. v. 11.02.1958 – VIII ZR 12/57), NJW 1958, S. 785, III.

[102] *RG* (U. v. 03.02.1922 – II 640/21), RGZ 103, S. 328 ff. (332, 1. Abs.); *BGH* (U. v. 23.10.1957 – V ZR 219/55), BGHZ 25, S. (392, 2. Abs.); *BGH* (U. v. 15.06.1951 – V ZR 86/50), NJW 1951, S. 836 f. (836/837, IV. 1.); *BGH* (U. v. 05.01.1995 – IX ZR 85/94), BGHZ 128, S. 230 ff. (236, a)); siehe auch *BT-Drucksache 14/6040,* S. 174, zu § 313, Vorbemerkung; *Erman-Hohloch* (11), § 313 Rn. 7, 17; *MüKo-Roth* (4), § 313 Rn. 47; *Palandt-Heinrichs* (64), § 313 Rn. 4; *Wagenknecht* in: *BuB* (2003), Rn. 4/1195. Nach einer eher objektiven Betrachtung sind „Geschäftsgrundlage" dagegen diejenigen Umstände und allgemeinen Verhältnisse, deren Vorhandensein oder Fortdauer objektiv erforderlich ist, damit der Vertrag im Sinne der Intention beider Vertragspartner noch eine sinnvolle Regelung ergibt, vgl. *Erman-Hohloch* (11), § 313 Rn. 8; *Larenz,* Schuldrecht I (14), § 21 II, S. 324, 1. Abs.; *Palandt-Heinrichs* (64), § 313 Rn. 7. Ob der Fortbestand der Anteilseigner- bzw. Organwalterstellung in diesem Sinne objektive Grundlage des Sicherungsgeschäfts sein kann, ist zu bezweifeln. Selbst wenn es dem Gläubiger bei Abschluss des Sicherungsvertrages vorrangig um die Disziplinierung des Sicherungsgebers bzw. um die Schaffung eines größeren Risikobewusstseins bei diesem gegangen ist, ist das Sicherungsgeschäft objektiv betrachtet auch nach seinem Ausscheiden noch eine sinnvolle, das Ausfallrisiko des Gläubigers mindernde Regelung, vgl. nur *Erman-Hohloch* (11), § 313 Rn. 50, zur Bürgschaft eines Alleingesellschafters und Geschäftsführers zwecks Abwendung der Gefahr einer Vermögensvermischung.

Rechtsprechung nicht isoliert darüber befunden, ob die besondere Stellung des Sicherungsgebers Grundlage des Sicherungsgeschäfts geworden ist, sondern sie hat in Feststellungsform das Ergebnis vorweggenommen, dass eine automatische Entpflichtung wegen Ausscheidens des Sicherungsgebers nicht in Betracht kommt[103].

Nach hiesigem Dafürhalten wird die Gesellschafter- bzw. Geschäftsführeigenschaft des Sicherungsgebers in den fraglichen Konstellationen zur Grundlage des Sicherungsgeschäfts. Gerade bei einer harten Patronatserklärung dürfte der Geschäftswille der Vertragsparteien vielfach auf der besonderen Stellung des Patrons als Allein- oder Mehrheitsgesellschafter des Protegés aufbauen. Dass diese auch in den übrigen Interzessionsfällen oftmals Grundlage des Sicherungsgeschäfts ist, folgt nicht zuletzt aus der Tatsache, dass die ganz herrschende Meinung dem Sicherungsgeber bei Verlust seiner Gesellschafter- und/oder Geschäftsführposition seit jeher ein außerordentliches Kündigungsrecht zubilligt. Das macht nur Sinn, wenn man die Stellung des Sicherungsgebers in der Hauptschuldnerin als tragende Grundlage des Sicherungsgeschäfts ansieht. Nur unter dieser Prämisse kann ihr Verlust einen wichtigen Kündigungsgrund darstellen[104].

### bb) Wegfall der Geschäftsgrundlage

Gründet das Sicherungsgeschäft auf der Gesellschafter- bzw. Geschäftsführereigenschaft des Sicherungsgebers, entfällt seine Geschäftsgrundlage mit Ausscheiden des Patrons aus dem Protegé. Sofern diesbezüglich vielfach eingewandt wird, eine Berücksichtigung der Beteiligungsveräußerung nach den Grundsätzen des Wegfalls der Geschäftsgrundlage komme bereits deshalb nicht in Betracht, weil die Veränderung der Umstände auf eine freie Willensentschließung des Patrons zurückgeht[105], ist dem zu erwidern, dass der BGH für diesen Fall in ständiger Rechtsprechung nur ausurteilt, derjenige der die entscheidende Änderung der Verhältnisse selbst herbeigeführt habe, könne aus dem *dadurch bewirkten Wegfall* der Geschäftsgrundlage keine Rechte herleiten[106]. Es ist also völlig zu

---

103 Ähnlich *Wagenknecht* in: BuB (2003), Rn. 4/1195, der Gesellschafterbürge könne sich nicht auf den Wegfall der Geschäftsgrundlage berufen, wenn er vor der Inanspruchnahme aus der Gesellschaft ausgeschieden sei. Zum Zusammenspiel zwischen gestörter Geschäftsgrundlage und Unzumutbarkeit eines Festhaltens an dem Vereinbarten nach der subjektiven Theorie, *MüKo-Roth* (4), § 313 Rn. 47.

104 Widersprüchlich daher *J. Koch,* Die Patronatserklärung, S. 296, III., 340, der die Unzumutbarkeit eines unveränderten Festhaltens am Vertrag im Rahmen des § 313 BGB negiert und im Anwendungsbereich des § 314 BGB bejaht.

105 So etwa *Mosch,* Patronatserklärungen, S. 167, 4. Abs., unter Verweis auf (nunmehr) *Palandt-Heinrichs* (64), § 313 Rn. 17; vgl. auch *J. Koch,* Die Patronatserklärung, S. 296, III., selbst wenn die Beteiligung zur Geschäftsgrundlage geworden sei, könne von einer Störung dieser Geschäftsgrundlage keine Rede sein, wenn der Patron die Beteiligung willentlich aufgegeben habe.

Recht nicht die Rede davon, dass eine eigenverantwortliche Veränderung der die Geschäftsgrundlage bildenden Umstände bereits deren Wegfall hindere.

### cc) Fehlender Anpassungsbedarf bei Ausscheiden des Sicherungsgebers

All dies ist „unschädlich". Für die Anwendung des § 313 BGB kommt es nach vorliegendem Verständnis nicht entscheidend darauf an, ob die besondere Nähebeziehung zwischen dem Sicherungsgeber und der Hauptschuldnerin zur Grundlage des Sicherungsgeschäfts geworden ist[107]. Ausschlaggebend ist vielmehr, ob die Parteien des Sicherungsgeschäfts eine andere Vertragsgestaltung gewählt hätten oder ob sie vielleicht sogar insgesamt von dem Vertragsschluss abgesehen hätten, wenn sie von vornherein mit dem späteren Ausscheiden des Sicherungsgebers gerechnet hätten[108]. Für die Abgrenzung zwischen § 313 und § 314 BGB ist mithin entscheidend, ob infolge des Wegfalls der Geschäftsgrundlage tatsächlich oder potenziell (inhaltlicher) Anpassungsbedarf besteht[109]. Es dürfte meist unzweifelhaft sein, dass die Vertragsparteien den Sicherungsvertrag auch im Bewusstsein des späteren Ausscheidens des Sicherungsgebers geschlossen hätten. Fragt sich nur, wie. Wie oben dargetan, hätte der normaltypische Gläubiger sich nicht auf die Vereinbarung einer auflösenden Bedingung einlassen müssen. Er hätte allenfalls dem Ansinnen des Sicherungsgebers Rechnung tragen müssen, den Sicherungsvertrag im Falle seines Ausscheidens außerordentlich kündigen zu können. Ob diese Kündigungsmöglichkeit expressis verbis in den Sicherungsvertrag aufgenommen worden wäre, ist irrelevant[110]. Sofern die Parteien des Sicherungsvertrages mit Blick auf die geltende Rechtslage

---

[106] *BGH* (U. v. 03.05.1995 – XII ZR 29/94), NJW 1995, S. 2028 ff. (2031); ähnlich bereits *BGH* (U. v. 11.03.1993 – I ZR 27/91), NJW-RR 1993, S. 880 ff. (881/882, b)); *Palandt-Heinrichs* (64), § 313 Rn. 17, der diese Urteile in Bezug nimmt, weist ebenfalls nur darauf hin, dass in diesem Fall *keine Rechte* wegen Wegfalls der Geschäftsgrundlage bestünden (Hervorh. durch Verf.).

[107] Vgl. auch *Erman-Hohloch* (11), § 314 Rn. 5, 16, Störungen der Geschäftsgrundlage könnten (erg. auch) die Tatbestandsvoraussetzungen eines wichtigen Grundes i.S.d. § 314 BGB erfüllen.

[108] Vgl. *MüKo-Roth* (4), § 313 Rn. 8, 58.

[109] Dazu *MüKo-Roth* (4), § 313 Rn. 130, der in Fn. 141 wohl anderer Ansicht ist; vgl. auch die Überschrift des Untertitels 3, der ausschließlich diese beiden Bestimmungen enthält: „*Anpassung und Beendigung von Verträgen*". Dilemma des Rechtsinstituts „Wegfall der Geschäftsgrundlage" ist nach vorliegendem Verständnis seine missverständliche Bezeichnung, die den Rechtsanwender, gerade was die Abgrenzung zu § 314 BGB angeht, vor schier unlösbare Probleme stellt, vgl. *MüKo-Roth* (4), § 313 Rn. 84. Leichter zu handhaben wäre das Rechtsinstitut, knüpfte man bereits terminologisch an einen tatsächlich oder potenziell bestehenden *Anpassungsbedarf* infolge einer schwerwiegenden Änderung der tatsächlichen Verhältnisse oder aufgrund einer gemeinsamen Fehlvorstellung der Vertragsparteien zum Zeitpunkt des Vertragsschlusses an.

oder auf eine allgemeine Rechtsüberzeugung auch dann bewusst von einer Kündigungsregelung abgesehen hätten, wenn ihnen das spätere Ausscheiden des Sicherungsgebers bereits bekannt gewesen wäre, oder wenn sie bei ensprechender Tatsachenkenntnis zwar eine explizite Kündigungsregelung getroffen hätten, diese aber nur rein deklaratorisch die geltende Rechtslage widergespiegelt hätte[111], ist für die Anwendung des § 313 BGB nach vorliegendem Verständnis kein Raum[112]. Im Anwendungsbereich des § 313 BGB muss feststehen, dass die Parteien bei vollständiger und korrekter Tatsachenkenntnis entweder in Gänze von dem Vertragsschluss abgesehen hätten oder inhaltlich eine andersartige Regelung getroffen hätten[113]. Entspricht der hypothetische Vertragsinhalt der geltenden Rechts- und Gesetzeslage, besteht kein Anpassungsbedarf[114]. Es wäre überflüssig, den Parteien in diesem Fall implizit neuerliche Vertragsver-

110 Vielfach hätten die Parteien es wohl dabei belassen, dass die Möglichkeit einer außerordentlichen Vertragskündigung bei Ausscheiden des Interzedenten aus der Hauptschuldnerin allgemein akzeptiert ist (zur Kündbarkeit eines Patronatsvertrages bei Ausscheiden des Patrons aus der protegierten Gesellschaft, s.o. unter Gliederungspunkt II., 2. Abs. (Fn. 88)). Sie hätten keinen zwingenden Regelungsbedarf gesehen und den Sicherungsvertrag allenfalls um einen deklaratorischen Hinweis auf das außerordentliche Kündigungsrecht ergänzt.

111 Zur harten Patronatserklärung vgl. nochmals Gliederungspunkt II., 2. Abs. (Fn. 88).

112 Zur Subsidiarität von § 313 BGB gegenüber anderen Regelungen der Vertragsausformung und -abwicklung, *Erman-Hohloch* (11), § 313 Rn. 24; vgl. auch *MüKo-Roth* (4), § 313 Rn. 130, die Ermittlung eines anpassungsbedürftigen Vertraginhalts durch Auslegung und Feststellung der daraus resultierenden Rechtsfolgen gehe der Anpassung nach § 313 vor.

113 *MüKo-Roth* (4), § 313 Rn. 21, es gehe in der Hauptsache um die Berücksichtigung inhaltlich relevanter Umstände, welche die Parteien mutmaßlich oder vernünftigerweise berücksichtigt hätten. Die Norm des § 313 BGB gestattet die Anpassung eines Vertrages entgegen dem Grundsatz pacta sunt servanda nach Treu und Glauben nämlich nur, wenn sich zum einen vertragswesentliche Umstände im Laufe der Zeit anders als von den Parteien vorhergesehen entwickelt haben *und* zum anderen völlig außer Frage steht, dass der Vertrag ohne diese Fehleinschätzung bzw. das Wissensdefizit anders ausgefallen wäre oder gar nicht geschlossen worden wäre.

114 Die Tatsache, dass die gesetzliche (und übergesetzliche) Risikoverteilung Vorrang vor einer richterlichen Vertragshilfe anhand des § 313 BGB hat, lässt sich auch dem Hinweis in § 313 Abs. 1 BGB auf die „gesetzliche Risikoverteilung" entnehmen. Dazu, dass § 313 BGB letztendlich auf eine richterliche Vertragshilfe hinausläuft, siehe *MüKo-Roth* (4), § 313 Rn. 38. Die Vorgaben des gesetzlichen oder übergesetzlichen Regelungsregimes sind gegenüber einer richterlichen Vertragskorrektur weniger beliebig und zudem allgemeingültig. Der Verweis auf die „gesetzliche Risikoverteilung" ist Ausdruck der schon vor der Kodifikation herrschenden Rechtsüberzeugung, dass ein Einbruch in die Vertragsordnung und Rechtssicherheit nur geboten ist, wenn ein Festhalten an dem Vertrag Treu und Glauben widerspricht und zu untragbaren, mit *Recht* und Gerechtigkeit schlechthin unvereinbaren Ergebnissen führte, vgl. *BGH* (U. v. 23.05.1951 – II ZR 71/50), BGHZ 2, S. 176 ff. (188/189); *BGH* (U. v. 29.04.1982 – III ZR 154/80), BGHZ 84, S. 1 ff. (9, c)); *BGH* (U. v. 11.03.1993 – I ZR 27/91), NJW-RR 1993, S. 880 ff. (881, a)); *Erman-Hohloch* (11), § 313 Rn. 16, m.w.N., (Hervorh. durch Verf.).

handlungen aufzugeben mit dem Ziel einer privatautonomen Umgestaltung des bestehenden Vertragswerkes[115]. Sollte es zwischen den Tatbeständen des § 313 BGB und des § 314 BGB Überschneidungsbereiche geben[116], so geht die Kündigungsregelung des § 314 BGB jedenfalls dann vor, wenn feststeht, dass die Parteien sich auf die Möglichkeit einer außerordentlichen Vertragskündigung geeinigt hätten[117]. Zwischen beiden Vorschriften besteht dann kein Konkurrenzverhältnis. Die Rechtsfolge eines außerordentlichen Kündigungsrechts gemäß § 313 Abs. 3 S. 2 BGB knüpft an einen feststehenden, aber nicht zu bewerkstelligenden Anpassungsbedarf an[118]. Das Rechtsinstitut des Wegfalls der Geschäftsgrundlage ist nach wie vor subsidiär zu den übrigen Rechtsvorschriften und Rechtsregeln, soweit diese vorrangig zur Lückenfüllung herangezogen werden können[119]. Die Vorschrift des § 313 BGB kommt nur zur Anwendung, sofern die Parteien eine *gesetzlich nicht vorgesehene,* sich im Nachhinein aber *als erforderlich erweisende* Regelung unterlassen haben. Nur in diesem Fall hat § 313 Abs. 3 S. 2 BGB „Vorrang" vor § 314 BGB[120].

---

[115] Zu dem Ansinnen des Gesetzgebers, die Parteien zunächst zu eigenständigen Anpassungsverhandlungen zu bewegen, vgl. die Regierungsbegründung, *BT-Drucksache 14/6040,* S. 176, 3. Abs.; sowie *MüKo-Roth* (4), § 313 Rn. 79.

[116] So etwa *Erman-Hohloch* (11), § 314 Rn. 5; *MüKo-Gaier* (4), § 314 Rn. 12.

[117] Wer sich dem Schutz und den Regelungen der Rechtsordnung und/oder ständigen Rechtsprechung unterwirft und auf eine Lückenfüllung „durch die gängigen Regelungen" vertraut, sieht keinen individuellen Regelungsbedarf. Wer entsprechend dem geltenden Recht kontrahiert hätte, hätte keine andere Regelung getroffen.

[118] *BT-Drucksache 14/6040,* S. 175, 2. Abs./zu Absatz 1; *MüKo-Roth* (4), § 313 Rn. 12, 16, 100, 102, 104, Vertragsanpassung als ultima ratio bzw. eindeutiges Rangverhältnis zwischen einer Anpassung und den Rechtsbehelfen des dritten Absatzes.

[119] *Erman-Hohloch* (11), § 313 Rn. 32, 52, die Regelung des § 313 sei weiterhin durch den überkommenen Gedanken der Subsidiarität des Rechtsinstituts gegenüber anderen Regelungen der Vertragsausformung wie -abwicklung geprägt. § 314 habe grundsätzlich Vorrang vor § 313.

[120] Beide Normen stehen mithin in einer gewissen Wechselwirkung zueinander, vgl. auch *MüKo-Roth* (4), § 313 Rn. 78, 145, es habe eine komplexe Interessenabwägung unter Einbeziehung beider Perspektiven stattzufinden. Bei einer schwerwiegenden, die Parteien unerwartet treffenden Änderung der Geschäftsgrundlage gilt es zunächst das hypothetische Verhalten der Vertragsparteien zu erkunden. Hätten sie eine gebotene, da gesetzlich oder rechtlich nicht vorgesehene Anpassungsvereinbarung getroffen oder überhaupt nicht miteinander kontrahiert, ist im Rahmen des § 313 Abs. 1 BGB festzustellen, ob der Vertrag in abgewandelter Form aufrecht erhalten werden kann. Ist dies nicht der Fall oder für eine Seite unzumutbar, ist der Vertrag gemäß § 313 Abs. 3 BGB aufzulösen. Einer neuerlichen Prüfung *ob* die belastete Partei gemäß § 314 Abs. 1 BGB kündigungsbefugt ist, bedarf es nicht. Steht hingegen fest, dass der Vertrag unter Berücksichtigung der auf ihn anwendbaren Rechtsvorschriften und -grundsätze inhaltlich nicht anders geschlossen worden wäre, wenn die Parteien die eingetretene Änderung vorausgesehen hätten, befindet man sich außerhalb des Anwendungsbereichs des § 313 BGB. Für die Anwendung der als Anpassungsvorschrift konzipierten Norm des § 313 BGB (siehe nochmals *MüKo-Roth* (4), a.a.O., Rn. 7) ist kein Raum. Eine Vertragsanpassung oder auch nur der Versuch einer solchen sind gänzlich überflüssig. Es genügt die Anwendung des geltenden Gesetzesrechts bzw. der geltenden Rechtsmaßstäbe. Sofern in der Rechtslehre davon ausgegangen wird, das Kündigungs-

### 2. Kündbarkeit der Ausstattungsvereinbarung gemäß § 314 BGB

In der Konstellation eines Ausscheidens des Sicherungsgebers aus dem Protegé gelangt man auf diese Weise zur Anwendbarkeit des § 314 BGB.

Im praktischen Ergebnis hat sich durch die Integration der Rechtsinstitute „Wegfall der Geschäftsgrundlage" und „außerordentliche Kündigung" in das Allgemeine Schuldrecht damit nichts geändert[121].

In Anwendung der für die Bürgschaft geltenden Grundsätze kann sich ein Ausstattungspflichtiger gemäß § 314 Abs. 1 BGB durch außerordentliche Kündigung des Patronatsvertrages mit Wirkung für den Zeitraum nach seinem Ausscheiden von seiner Ausstattungspflicht befreien, wenn er die Ausstattungszusage aus Anlass seiner Gesellschafter- oder Geschäftsleiterstellung erteilt hat.

Seiner Kündigung steht nicht entgegen, dass er den Kündigungsgrund im Falle einer Anteilsveräußerung selbst kreiert hat[122]. Sofern der Ausstattungspflichtige das Ausstattungsversprechen anforderungsgemäß aufgrund seiner Anteilseigner- oder Geschäftsleiterstellung abgegeben hat, darf im Rahmen der nach § 314 Abs. 1 BGB gebotenen Interessenabwägung nicht vernachlässigt werden, dass der Geschäftswille beider Parteien maßgeblich auf der besonderen Beziehung zwischen dem Ausstattungsschuldner und der auszustattenden Gesellschaft beruht. Wie oben dargetan[123], ist die Gesellschafter- und/oder Ge-

---

recht aus wichtigem Grund (§ 314 BGB) verdränge die Grundsätze des Wegfalls der Geschäftsgrundlage soweit es um die Vertragsauflösung gehe, da an die Unzumutbarkeit der Vertragsfortsetzung bei dem vertragsimmanenten Lösungsrecht der Kündigung weniger strenge Anforderungen zu stellen seien als bei einem Wegfall der Geschäftsgrundlage, löst sich der auf den ersten Blick unvereinbare Widerspruch zu der Stellungnahme des Gesetzgebers über das Konkurrenzverhältnis von § 313 und § 314 BGB auf, indem man das subsidiär zur Lückenfüllung heranzuziehende Regelungsregime als vertragsimmanentes Recht ansieht. Die Rechtsordnung ist Teil des Rechtsgeschäfts. Haben die Parteien mit Blick auf das geltende Recht bewusst von einer individuellen Regelung abgesehen ist oder steht fest, dass sie sich hypothetisch so oder so auf das geltende Recht geeinigt hätten, stellt sich die Frage nach einem Konkurrenzverhältnis beider Normen nicht. Die Gesetzesbegründung betrifft diesen Fall überhaupt nicht. Die Tatbestandvoraussetzungen des § 313 Abs. 1 BGB sind nicht erfüllt.

121 Siehe auch *BT-Drucksache 14/6040,* S. 177, 2. Spalte, 3. Abs.: „Der Entwurf übernimmt im Wesentlichen die bisherige Rechtsprechung." Letztlich ist es aber sekundär, ob man das außerordentliche Kündigungsrecht des Sicherungsgebers auf § 313 Abs. 1, Abs. 3 S. 2 BGB stützt oder auf § 314 Abs. 1 BGB. In beiden Fällen gelangt man „unter Berücksichtigung aller Umstände des Einzelfalls" und nach Abwägung der beiderseitigen Interessen zu dem Ergebnis, dass dem Sicherungsgeber die Möglichkeit gegeben sein muss, seine Einstandspflicht im Wege der außerordentlichen Kündigung auf die Altschulden zu begrenzen.

122 Vgl. auch *BT-Drucksache 14/6040,* S. 177, 2. Abs., wonach im Einklang mit der allgemeinen Ansicht noch nicht einmal ein eigenes Verschulden des Kündigenden das Kündigungsrecht zwingend ausschließt.

123 Gliederungspunkt 1. b) aa).

schäftsführereigenschaft des Ausstattungspflichtigen in diesem Fall Geschäftsgrundlage der Ausstattungsvereinbarung. Eine indirekte Pflicht des Versprechenden zur Beibehaltung seiner Beteiligung bis zur endgültigen Erfüllung der abgesicherten Verbindlichkeit(en) folgt daraus nicht[124]. Die Gefahr eines Beteiligungsverlustes – auch aufgrund einer Anteilsveräußerung durch den Patron – fällt in den Risikobereich beider Vertragsparteien[125]. Unter Abwägung der gegenläufigen Interessen, vor allem der wirtschaftlichen Risiken und jeweiligen Aktionsmöglichkeiten, ist es dem Patron unzumutbar, den Protegé trotz Aufgabe seiner vertragswesentlichen Beteiligung bis zum nächstmöglichen Kündigungstermin so auszustatten, dass dieser auch die nach seinem Ausscheiden begründeten Verbindlichkeiten erfüllen kann. Gegen die Zulässigkeit einer außerordentlichen Vertragskündigung lässt sich nicht einwenden, der Patron habe das Risiko einer von ihm nicht (mehr) zu steuernden Entwicklung des hauptschuldnerischen Finanzbedarfs ohnehin zu tragen. – Da die Kündigung nur ex nunc wirkt, gilt seine (globale) Ausstattungszusage für alle bis zum Wirksamwerden der Kündigung entstandenen Hauptschulden. Bis zu deren fristgerechter Erfüllung hat er für eine hinlängliche Protegéausstattung zu sorgen und damit gegebenenfalls auch die von seinen Nachfolgern begründeten Verbindlichkeiten wenigstens insoweit abzudecken, dass kein Insolvenzverfahren eröffnet wird und auch kein Abweisungsbeschluss mangels Masse ergeht. – Durch dieses von ihm selbst gewählte Risiko wird der Patron nicht unzumutbar belastet. Er kann es ein Stück weit minimieren, indem er den Veräußerungsvertrag mit dem Erwerber um eine Freistellungsklausel oder Ähnliches ergänzt[126]. Daraus Rückschlüsse auf die Zumutbarkeit einer kompletten, von dem Gläubiger auch einklagbaren Abdeckung aller bis zum nächstmöglichen ordentlichen Kündigungstermin oder bis zur vorgesehenen Vertragsbeendigung zu begründenden Hauptschulden zu ziehen, verbietet sich.

---

[124] Siehe auch *Kohout,* Patronatserklärungen, S. 224/225, IV.

[125] Im Ergebnis anders für die Konstellation der Beteiligungsaufgabe im Vertragskonzern, *OLG Oldenburg* (U. v. 23.03.2000 – 1 U 75/99), NZG 2000, S. 1138 ff. (1140). Für einen Unternehmensvertrag ist allerdings in § 296 Abs. 1 S. 1 AktG festgeschrieben, dass dieser nur zum Geschäftsjahresende oder zum vertraglich bestimmten Abrechungszeitraums aufgehoben werden kann und zwar nur mit Wirkung ex nunc (S. 2). Die Pflicht zur Beibehaltung eines Unternehmensvertrages über einen längeren Zeitraum ist dem Gesetz also immanent; siehe aber auch die Argumente von *Knott/Rodewald,* BB 1996, S. 472 ff. (473, c)) für eine unterjährige Kündigungsmöglichkeit im Vertragskonzern.

[126] Nicht aber (in vollem Umfang) durch Direktzahlungen an den Gläubiger, so aber *Mosch,* Patronatserklärungen, S. 167, 2. Abs., der zusätzlich auf die Möglichkeit einer Gesamtablösung verweist. Selbst wenn letztere faktisch möglich sein sollte, ist die Zulässigkeit einer Gesamtablösung höchst zweifelhaft, worauf hier nicht näher eingegangen werden kann.

### *a) Wirkungen einer Nachfolge- und/oder Beteiligungsklausel*

Eine *„Nachfolgeklausel"* des Inhalts, dass der Patron sich schuldrechtlich dazu verpflichtet, im Falle einer Anteilsveräußerung dafür zu sorgen, dass der Erwerber in dem Veräußerungsvertrag die Ausstattungsverpflichtung des Patrons übernimmt, bietet dem Gläubiger bezogen auf die Gefahr einer außerordentlichen Kündigung durch den Patron keine hinreichende Gewähr dafür, dass die Ausstattungsvereinbarung trotz der Beteiligungsaufgabe mit dem Rechtsnachfolger des Patrons fortgeführt wird. Entsprechende Klauseln werden in der Praxis teilweise verwandt[127]. Wie das Urteil des *OLG Celle* aus dem Jahre 1967 belegt[128], besteht für den Gläubiger dabei die Gefahr, dass die Verpflichtungserklärung von den Gerichten als reine Bemühenspflicht ausgelegt wird und nicht als ersatzbewehrte Rechtspflicht des Patrons, den Erwerber definitiv und unter allen Umständen zur Fortsetzung des Vertragsverhältnisses mit dem Gläubiger zu veranlassen.

Deutlich größere Sicherheit bietet dem Gläubiger da schon die zusätzliche Aufnahme[129] einer die Anteilsveräußerung untersagenden *„Beteiligungsklausel"*[130]. Wie eine Organschaftserklärung[131] dient auch die Beteiligungsklausel dem Erhalt des Status quo[132]. Mit ihr verpflichtet sich der Patron gegenüber

---

[127] Nach dem Umfrageergebnis in fünf bzw. sechs Fällen, teils für den Fall eines Beteiligungswechsels auf Seiten des Patrons, teils für den Fall eines Beteiligungswechsel auf Seiten des Protegés, vgl. bereits Kapitel 2, B. II. 3.

[128] *OLG Celle* (U. v. 31.01.1967 – 10 U 225/66), NJW 1967, S. 1425 f. (1426).

[129] Dazu, dass Beteiligungsklauseln in der Praxis neben der Ausstattungserklärung verwandt werden, *Gerth,* Atypische Kreditsicherheiten, S. 101/102, 3. Abs., wobei der Gläubiger entgegen der Annahme des Autors keines Schutzes davor bedarf, dass der Patron sich seiner Ausstattungspflicht bereits durch bloße Aufgabe seiner Beteiligung begibt; *Schaffland,* BB 1977, S. 1021 ff. (1025, 7. Beispiel).

[130] Vgl. *BGH* (U. v. 30.01.1992 – IX ZR 112/91), BGHZ 117, S. 127 ff. (128, 1. Abs.); *Schweizerisches Bundesgericht* (U. v. 29.09.1998 – 4C.422/1997/sch), in Lausanne bestellbar, S. 2; *Fischer/Schaffland,* GenFor 1976 III, S. 38 ff (40, 7. Beispiel); *Hoffmann,* Patronatserklärung, S. 165, e); *J. Horn,* Patronatserklärungen im common law, S. 125, 127–129, 134, aa); *Rümker,* WM 1974, S. 990 ff. (994, 3.); *Schnyder,* SJZ 1990, S 57 ff. (59, 2.); *Vollmer,* ZBB 1993, S. 89 ff. (90, 2. Abs.). *Hantke,* S. 45/46, bezeichnet dagegen die Verpflichtung zur Beibehaltung eines Beherrschungs-, Organschafts-, und Gewinnabführungsvertrages als „Beibehaltungserklärung" und die Mitteilung über das Beteiligungsverhältnis als „Beteiligungserklärung"; noch anders *J. Koch,* Die Patronatserklärung, „Beteiligungsklausel" (S. 344, PE 3): Erklärung eine Aufgabe, oder Änderung der Beteiligung sei nicht beabsichtigt, „Stillhalteklausel" (S. 348, PE 11): Versprechen zur Aufrecherhaltung des Beteiligungsverhältnisses. Nach dem Ergebnis der empirischen Erhebung werden Ausstattungszusagen in 11 bzw. 12 Fällen mit einer Beteiligungsklausel kombiniert, vgl. bereits Kapitel 2, B. II. 3.

[131] Dazu oben in Kapitel 7, A. I. 2.

[132] *Altenburger,* Patronatserklärungen, S. 74, 1. Abs.; *J. Horn,* Patronatserklärungen im common law, S. 134, aa).

dem Gläubiger zur Aufrechterhaltung seiner Beteiligung an dem Protegé für die Dauer des abgesicherten Engagements[133]. Rein rechtlich handelt es sich bei der Beteiligungsklausel um ein rechtsgeschäftliches Veräußerungsverbot im Sinne des § 137 S. 2 BGB[134]. Aufgrund der nur relativen Sperrwirkung wäre eine verbotswidrige Verfügung[135] des Patrons im Außenverhältnis zwar wirksam (vgl. § 137 S. 1 BGB)[136], im Falle der Zuwiderhandlung könnte er den Patronatsvertrag aber nicht unter Verweis auf seinen Anteilsverlust außerordentlich kündigen. Eine solche Kündigung wäre vertrags-, zumindest aber treuwidrig (§ 242 BGB). Die Beteiligungsklausel bezweckt gerade die Bindung des Patrons an seine Beteiligung und damit auch an seine Ausstattungszusage[137].

---

[133] *Altenburger,* Patronatserklärungen, S. 66; *Fischer/Schaffland,* GenFor 1976 III, S. 38 ff. (40, 7. Beispiel); *Gerth,* Atypische Kreditsicherheiten, S. 32, Beispiel (5), S. 90 ff.; *Hoffmann,* Patronatserklärung, S. 165/166, e); *Lwowski,* Kreditsicherung (8), S. 405 Rn. 460; *Obermüller,* ZIP 1982, S. 915 ff. (916, Beispiel 9, 917/918, 3.); vgl. auch die Beispiele bei *Fried,* Weiche Patronatserklärung, S. 99, PE 9 sowie S. 98, 155–158, PE 8; *Mosch,* Patronatserklärungen, S. 9, Nr. 8, S. 73–76, II. Nr. 8, Versprechen zur rechtzeitigen Information des Gläubigers über eine beabsichtigte Änderung der Beteiligungsverhältnisse; *Schaffland,* BB 1977, S. 1021 ff. (1025, 7. Beispiel); siehe auch *Schweizerisches Bundesgericht* (U. v. 29.09.1998 – 4C.422/1997/sch), in Lausanne bestellbar, S. 2: „Wir verpflichten uns hiermit, dass wir die Kapitalbeteiligung an der Ecobau AG weder reduzieren noch verkaufen werden, solange die Ecobau AG mit Ihrer Bank eine Kreditvereinbarung unterhält. Sollte es jemals unsere Absicht sein, die Kapitalbeteiligung ... zu veräußern oder zu reduzieren, so werden wir Sie rechtzeitig informieren und Ihnen auf Ihr erstes Verlangen hin und ohne jegliche Einrede die zu jenem Zeitpunkt noch ausstehenden Schulden ... der Ecobau AG zurückzahlen." Ohne eine Beteiligungsklausel ist es dem Ausstattungspflichtigen nicht untersagt, sich seiner Beteiligung an dem Protegé während der Vertragslaufzeit zu begeben, *Kohout,* Patronatserklärungen, S. 224/225; aA *Gerth,* S. 162/163, aus dem ausdrückliche Zweck der Patronatserklärung, während der Kreditlaufzeit eine insolvenzabwendende Ausstattung der Tochtergesellschaft herbeizuführen folge, dass die gesellschaftsrechtliche Voraussetzung erhalten bleiben müsse und die Muttergesellschaft die Aufgabe ihrer Beteiligung zu unterlassen habe; zustimmend *Lwowski,* Kreditsicherung (8), S. 413, 4.2. Die Autoren übersehen, dass der Gläubiger sich in aller Regel nur die Finanzkraft des Patrons zunutze machen will. In welcher Beziehung der Patron zu dem Protegé steht, spielt vorwiegend für den Patron, nicht aber für den Gläubiger eine Rolle. Diesem wird es meist egal sein, ob der Protegé von einem Anteilseigner oder von einem finanzkräftigen Dritten ausgestattet wird, vgl. aber auch *Gerth,* S. 101/102.

[134] *Bordt,* WPg 1975, S. 285 ff. (295, IV. a)); *J. Horn,* Patronatserklärungen im common law, S. 128 a.E., 134, aa); *Lwowski,* Kreditsicherung (8), S. 405 Rn. 460.

[135] Dazu *Gerth,* Atypische Kreditsicherheiten, S. 93, ba), Verbot einer kompletten oder anteiligen Anteilsveräußerung sowie von Kapitalherabsetzungen oder -erhöhungen unter Aufnahme neuer Gesellschafter, sofern sich dadurch die Beteiligungsquote ändert.

[136] *Altenburger,* Patronatserklärungen, S. 67/68, 73/74; *Gerth,* Atypische Kreditsicherheiten, S. 92, bb); *Fried,* Weiche Patronatserklärung, S. 106, II; *J. Koch,* Die Patronatserklärung, S. 477, 2. Abs.; aA (scheinbar) *Schaffland,* BB 1977, S. 1021 ff. (1025, 7. Beispiel). Eine etwaige Schadensersatzpflicht des Patrons soll hier nicht weiter interessieren.

Die neuen Musterformulare des *Bundesverbandes des privaten Bankgewerbes e. V.* müssen insofern gesonderter Betrachtung vorbehalten bleiben. Sie lauten[138]: „*Eine Änderung der Beteiligungsverhältnisse lässt diese Vereinbarung unberührt.*“ Die Vereinbarung soll überdies gültig bleiben, bis sämtliche Ansprüche der betreffenden Bank aus der Kreditgewährung nicht nur vorübergehend zurückgeführt sind[139]. Nach der Intention des Verbandes scheint der Patron sich bis zur Beendigung des abgesicherten Engagements („enger“ Sicherungszweck) bzw. bis zur Beendigung der gesamten bankmäßigen Geschäftsverbindung zwischen Protegé und Bank („mit ihren sämtlichen in- und ausländischen Geschäftsstellen“, „weiter“ Sicherungszweck) überhaupt nicht von seiner Ausstattungszusage lösen zu können. Ausgeschlossen sein soll nicht nur die außerordentliche Kündigung wegen maßgeblicher Änderung der Beteiligungsverhältnisse, sondern jegliche Kündigung. Veräußert der Gesellschafter-Patron seine Anteile an dem Protegé, hätte er diesen infolgedessen solange auszustatten, bis sein(e) Nachfolger die Geschäftsverbindung mit der Bank und deren in- und ausländischen Dependancen beendet(/en). Ob und wenn ja, wann dies geschieht, stünde nicht (mehr) in seiner Macht. Wollte der Patron „sichergehen“, durch eigene Ausstattungsleistungen keine „Neu-“ bzw. „Drittverbindlichkeiten“ abdecken zu müssen, von denen er wirtschaftlich nicht (mehr) profitiert und auf deren Begründung er keinen Einfluss zu nehmen vermag, bliebe ihm nichts anderes übrig, als dafür zu sorgen, dass mit der Anteilsübertragung auch die Zusammenarbeit des Protegés mit der Bank endet. Alternativ könnte er nur auf einem Passus in dem Kaufvertrag beharren, wonach der Erwerber ihn von seiner fortdauernden Ausstattungspflicht freizustellen hat, was ihn aber nicht endgültig entpflichtete. Der Patron trüge nicht nur das volle geschäftliche Risiko seines Nachfolgers und gegebenenfalls auch dasjenige von dessen gesamter Unternehmensgruppe, sondern er hinge auch auf Gedeih und Verderb und auf unabsehbare Zeit von der Integrität und geschäftlichen Zuverlässigkeit des Erwerbers ab. Das Risiko einer vollumfänglichen Fremdbestimmtheit wird sich kaum über den Kaufpreis abgelten lassen. Eine Kollision mit der geltenden „Anlass-

---

[137] *Bordt,* WPg 1975, S. 285 ff. (295, IV. a)). Diesen Aspekt übersieht *Mosch,* Patronatserklärungen, S. 168. Dazu, dass der Patron sich durch eine vertragswidrige Veräußerung unter Umständen schadensersatzpflichtig macht, siehe *Bordt,* a. a. O.; *Fischer/Schaffland,* GenFor 1976 III, S. 38 ff. (40, 7. Beispiel); *J. Koch,* Die Patronatserklärung, S. 486 ff.; *Limmer,* DStR 1993, S. 1750 ff. (1751, 3. 2); *Lwowski,* Kreditsicherung (8), S. 405/406, 1.3; zu den damit verbundenen Darlegungs- und Beweislastschwierigkeiten, *Fleischer,* WM 1999, S. 666 ff. (675/676, b), 676, IV 4.). Partiell wird eine nebenvertragliche Pflicht zur Beibehaltung der Beteiligung auch einer *Einflussnahme-* bzw. „*Managementklausel I*“ beigemessen, so *J. Koch,* Die Patronatserklärung, S. 516, VII., m. w. N.

[138] Anlage 2 (und 3 (englische Version)) des Berichtes über die *BdB*/vbo-Fachtagung „Kredit- und Kreditsicherungsrecht“ am 13./14. Juni 2002 in München, zu Gliederungspunkt 4., „Formulierung von ‚Harten Patronatserklärungen‘“, (n. v.).

[139] Siehe oben unter Gliederungspunkt A. (Fn. 42).

rechtsprechung“ liegt auf der Hand[140]. Jedenfalls bei einer harten Patronatserklärung mit „weitem“ Sicherungszweck spricht einiges für die formularrechtliche Unwirksamkeit der beiden Klauselbestandteile, sollte diesen tatsächlich die Bedeutung eines umfassenden Kündigungsausschlusses beizumessen sein.

### *b) Konsequenzen aus der möglichen Unkündbarkeit eines Unternehmensvertrages*

Die Möglichkeit einer außerordentlichen Kündigung der Ausstattungsvereinbarung kann einem herrschenden Unternehmen in einem Konzernrechtsfall zusätzlich deswegen verwehrt sein, weil die wohl überwiegende Meinung ihm die Kündigung des Unternehmensvertrages wegen Beteiligungsaufgabe versagt[141]. Betroffen sind „intern“ und „extern“ ausstattungspflichtige Konzernobergesellschaften, die zusätzlich einen Beherrschungs- und/oder Gewinnabführungsvertrag mit dem Protegé unterhalten.

Gemäß § 297 Abs. 1 S. 1 AktG[142] kann ein Unternehmensvertrag aus wichtigem Grund fristlos gekündigt werden[143]. Neben Stimmen, die dem herrschenden Unternehmen bei Verlust der Gesellschafterstellung generell ein außeror-

---

[140] Vgl. auch *J. Koch,* Die Patronatserklärung, S. 334, § 21, I., S. 339, b).

[141] *OLG Oldenburg* (U. v. 23.03.2000 – 1 U 75/99), NZG 2000, S. 1138 ff. (1140); *OLG Düsseldorf* (B. v. 19.08.1994 – 3 Wx 178/94), WM 1994, S. 2020 ff. (2021/2022, a)/b)); *LG Duisburg* (B. v. 18.10.1993 – 16 T 2/93), AG 1994, S. 379 f. (380); *LG Frankenthal* (U. v. 04.08.1988 – 2 (HK) O 178/87), AG 1989, S. 253 ff. (254); *Ebenroth/Parche,* BB 1989, S. 637 ff. (642/643, b)), die Grenze des Zumutbaren sei erst überschritten, wenn ohne eine Kündigung die Anteilsveräußerung nicht möglich und ohne eine Veräußerung der Bestand des Unternehmens gefährdet sei; *Emmerich/Habersack,* KonzernR (8), § 19 IV 4 c), S. 258 (AG), § 32 IV. 2. b), S. 448/449 (GmbH); *Fleischer/Rentsch,* NZG 2000, S. 1141; *Grüner,* NZG 2001, S. 35 ff. (35/36, 2. a)); *Hüffer,* AktG (6), § 297 Rn. 7; *Kölner Kommentar zum AktG-Koppensteiner* (3), § 297 Rn. 19; *Schwarz,* DNotZ 1996, S. 68 ff. (70/71, 1.); *Timm,* GmbHR 1987, S. 8 ff. (15/16, 2.), außer der Erwerber übernehme die Verlustausgleichspflicht. Bei Zweifeln an seiner Bonität müsse die herrschende Gesellschaft zusätzlich Sicherheit leisten, um kündigungsbefugt zu sein; *Wirth,* DB 1990, S. 2105 ff. (2106, 2109, 7.). Dazu, dass erwerbendes wie veräußerndes Unternehmen ein Interesse an der zeitgleichen Beendigung von Gesellschafterstellung und Unternehmensvertrag haben, *Grüner,* a.a.O., S. 35, 1.), dem Erwerber sei an der Beendigung der Leitungsmacht und der Gewinnbezugsberechtigung gelegen, dem Veräußerer an der Beendigung der Verlustausgleichspflicht (1. a)). Steuerlich sei für ihn die Beibehaltung des Vertrages im Anschluss an die Anteilsveräußerung uninteressant, da die Organschaft mit finanzieller Ausgliederung der Organgesellschaft entfällt (1. b), S. 36, 3. Abs.). Zu den negativen steuerlichen Konsequenzen einer ungeachtet dessen fortgeführten „Organschaft“, *Schwarz,* DNotZ 1996, S. 68 ff. (70, 1. Abs.), Gewinnabführung = verdeckte Gewinnausschüttung (vGA), Verlustausgleich = verdeckte Einlage (vE).

[142] Die Norm gilt allgemeiner Ansicht zufolge nicht nur für Aktien-, sondern auch für GmbH-Konzerne, vgl. nur *OLG Düsseldorf* (B. v. 19.08.1994 – 3 Wx 178/94), WM 1994, S. 2020 ff. (2021, b)); *OLG Oldenburg* (U. v. 23.03.2000 – 1 U 75/99), NZG 2000, S. 1138 ff. (1139), jeweils m.w.N.

dentliches Kündigungsrecht zubilligen[144], geht die Mehrzahl der Juristen davon aus, dass ein Beherrschungs- und/oder Gewinnabführungsvertrag von der Obergesellschaft selbst bei vollständiger Beteiligungsaufgabe nicht außerordentlich gekündigt werden kann. Größtenteils wird zusätzlich danach differenziert, ob sich der Organträger aus freiem Belieben und ohne wirtschaftlichen Zwang zur Anteilsveräußerung entschlossen hat und damit durch gezielte Änderung der Beteiligungsverhältnisse selbst einen „Kündigungsgrund geschaffen" hat[145].

---

[143] *BGH* (U. v. 05.04.1993 – II ZR 238/91), BGHZ 122, S. 211 ff. (228, a)); *OLG Düsseldorf* (B. v. 19.08.1994 – 3 Wx 178/94), WM 1994, S. 2020 ff. (2021, a)); *Emmerich/Habersack,* KonzernR (8), § 19 IV. 3., S. 256, füllen die Norm entsprechend den allgemeinen Rechtsgrundsätzen tatbestandlich dahingehend aus, dass gekündigt werden kann, wenn dem Kündigenden das weitere Festhalten am Vertrag bis zum vorgesehenen Vertragsende oder bis zum nächstmöglichen Kündigungstermin unter Abwägung der beiderseitigen Interessen nicht zumutbar ist; weitergehend *BGH* (U. v. 05.04.1993 – II ZR 238/91), a. a. O., S. 227/228.

[144] *LG Bochum* (U. v. 01.07.1986 – 12 O 67/86), GmbHR 1987, S. 24 ff. (25, 2.), unter Verweis auf die steuerliche Akzeptanz einer Beteiligungsaufgabe als Kündigungsgrund, die Tatsache, dass die abhängige Gesellschaft sonst „zwischen den Stühlen" säße und die Tatsache, dass der Zeitpunkt des Wechsels der Gesellschafterstellung auch von dem dritten Vertragspartner abhängen kann; *Hachenburg* (*Barz*), GmbHG (7), § 13 Anhang II Rn. 39; *Knott/Rodewald,* BB 1996, S. 472 ff. (473, c)); *Krieger/Jannott,* DStR 1995, S. 1473 ff. (1476,1. Abs.), Organschaftsverträge würden in der Praxis in aller Regel nur auf der Basis einer Mehrheitsbeteiligung geschlossen. Entfalle diese, sei auch die wirtschaftliche Grundlage des Vertrages entfallen. Für die abhängige Gesellschaft und deren Gesellschafter sei es unzumutbar, dass sie nach wie vor im (Konzern-)Interesse des frühren Gesellschafters geführt werde. Für den früheren Mehrheitsgesellschafter sei es unzumutbar, weiterhin die Konzernführung übernehmen und Verluste ausgleichen zu müssen, obwohl die wirtschaftliche Basis dafür nicht mehr vorhanden sei; *Handbuch des Gesellschaftsrechts* (*Krieger*), Band 4, Aktiengesellschaft (2), § 70 Rn. 169, „in aller Regel"; siehe auch *BGH* (U. v. 05.06.1989 – II ZR 172/88, WM 1989, S. 1284 ff. (1285/1286, c)). Das Steuerrecht erkennt die Beteiligungsveräußerung durch den Organträger konkludent als wichtigen Kündigungsgrund an, vgl. *Abschnitt 60 Abs. 6 KStR* zu § 14 KStG i. d. F. v. 13.12.2004 („Beendigung des Gewinnabführungsvertrags"): „Wird ein *GAV,* der noch nicht fünf aufeinanderfolgende Jahre durchgeführt worden ist (vgl. § 14 Abs. 1 Ziff. 3 KStG), durch *Kündigung* … beendet, bleibt der Vertrag für die Jahre, für die er durchgeführt worden ist, steuerrechtlich wirksam, wenn die *Beendigung* auf einem *wichtigen Grund* beruht. Ein wichtiger Grund kann *insbesondere* in der *Veräußerung … der Organbeteiligung durch den Organträger* … gesehen werden …" (Hervorh. durch Verf.). Aus der Verwaltungsanweisung kann indes schon deshalb nicht auf das allgemeine Vertragsrecht geschlossen werden, weil die finanzielle Eingliederung der Organgesellschaft in den Organträger gemäß § 14 Abs. 1 Ziff. 1 S. 1 KStG Voraussetzung für die steuerliche Anerkennung der Organschaft ist. Der Abschluss eines Unternehmensvertrages setzt hingegen keine Beteiligung des herrschenden an dem abhängigen Unternehmen voraus, vgl. *MüKo-Altmeppen,* AktG (2), § 297 Rn. 29. Zur fehlenden Vorgreiflichkeit der steuerrechtlichen Regelung, siehe auch *OLG Oldenburg* (U. v. 23.03.2000 – 1 U 75/99), NZG 2000, S. 1138 ff. (1140); *Fleischer/Rentsch,* NZG 2000, S. 1141, 4; *Grüner,* Beendigung von Gewinnabführungs- und Beherrschungsverträgen, S. 110/111, 2).

[145] So etwa *OLG Düsseldorf* (B. v. 19.08.1994 – 3 Wx 178/94), WM 1994, S. 2020 ff. (2021/2022, b)/c)), m. w. N. Das *OLG* verweist den Organträger stattdessen auf die regulären Möglichkeiten einer fristgerechten Kündigung oder einvernehmli-

### aa) Patronatsverträge ohne additionale konzernmäßige Verflechtung von Patron und Protegé

Bilden der Ausstattungspflichtige und das auszustattende Unternehmen keinen Vertragskonzern, besteht zwischen der Konstellation einer Beteiligungsaufgabe durch den „Nur-Ausstattungspflichtigen" und einer Anteilsveräußerung durch ein verlustausgleichspflichtiges Konzernunternehmen (§ 302 AktG (analog)) ein gravierender Unterschied.

Ein „Nur-Ausstattungspflichtiger" begibt sich mit der Aufgabe seiner Beteiligung (oder weniger praktisch seiner Geschäftsführerstellung) an der auszustattenden Gesellschaft seinen bisherigen Einflussnahmemöglichkeiten komplett. Das Weisungs- und/oder Gewinnbezugsrecht einer Konzernobergesellschaft bleibt dagegen bis zur Beendigung des Unternehmensvertrages bestehen[146]. Die

---

chen Vertragsaufhebung. Die fristlose Kündigung sei als „ultima ratio" nur und erst zu rechtfertigen, wenn eine vertragsgerechte bzw. vertragsgemäße Beendigung des Rechtsverhältnisses nicht in Betracht komme oder unzumutbar erscheine. Das Gericht hat allerdings offen gelassen, ob unzumutbare wirtschaftliche Folgen zusammen mit der Weigerung des beherrschten Unternehmens, einer Vertragsaufhebung zuzustimmen, im Einzelfall eine fristlose Kündigung rechtfertigen können (S. 2022, 5.); *OLG Oldenburg* (U. v. 23.03.2000 – 1 U 75/99), NZG 2000, S. 1138 ff. (1140), da der Verkauf der Anteile eine Vermögensdisposition des herrschenden Unternehmens sei, also in dessen wirtschaftlichem Interesse und Belieben stehe, dürfe ein solcher Verkauf nicht Grund für eine fristlose Kündigung des Beherrschungsvertrages sein. Ansonsten könnte das herrschende Unternehmen sich von einem Beherrschungsvertrag beliebig lossagen, indem es seine Anteile veräußert; *LG Frankenthal* (U. v. 04.08.1988 – 2 (HK) O 178/87), AG 1989, S. 253 ff. (254)); *LG Duisburg* (B. v. 18.10.1993 – 16 T 2/93), AG 1994, S. 379 f. (380); *Ebenroth/Parche,* BB 1989, S. 637 ff. (642/643, b)), der Großaktionär sei wirtschaftlich durch den Unternehmensvertrag gebunden. Die rücksichtslose Verfolgung eigener Interessen sei ihm nicht erlaubt; *Fleischer/Rentsch,* NZG 2000, S. 1141, 4.; *Grüner,* Beendigung von Gewinnabführungs- und Beherrschungsverträgen, S. 121, 3), Kündigungsausschluss bei Anteilsveräußerung „ohne wirtschaftliche Notlage"; *Joussen,* GmbHR 2000, S. 221 ff. (222, b)); *MüKo-Altmeppen,* AktG (2), § 297 Rn. 39/40; *Schwarz,* DNotZ 1995, S. 243 ff. (244/245), der Autor empfiehlt, die Anteilsveräußerung als wichtigen Kündigungsgrund i. S. d. Norm zu vereinbaren und prophylaktisch eine sog. „Gleichstellungsklausel" in den Veräußerungsvertrag aufzunehmen; *ders.,* DNotZ 1996, S. 68 ff. (82–84, 3.–5.); *Wirth,* DB 1990, S. 2105 ff. (2106, 2109, 7.); *Schimansky/Bunte/Lwowski* (*Merkel*), Bankrechts-Handbuch (2), § 98 Rn. 57 Fn. 7; einschränkend *Timm,* GmbHR 1987, S. 8 ff. (15/16, 2.), Kündigungsrecht (nur) bei Übernahme der Verlustausgleichspflicht durch den Anteilserwerber und zusätzlicher Sicherheitsleistung durch den Veräußerer bei Zweifeln an der Bonität des Erwerbers.

[146] Zum unveränderten Fortbestand der Rechte und Pflichten aus einem Unternehmensvertrag bei Veräußerung sämtlicher Anteile durch den Organträger, *OLG Düsseldorf* (B. v. 19.08.1994 – 3 Wx 178/94), WM 1994, S. 2020 ff. (2022, 2. Spalte, 3. Abs.); *Ebenroth/Parche,* BB 1989, S. 637 ff. (641, 2.); *Gerth,* BB 1978, S. 1497 ff. (1498, 6.); *Grüner,* NZG 2001, S. 35 ff. (35, 1. a), 36, 3. Abs.); *MüKo-Altmeppen,* AktG (2), § 297 Rn. 29, 37; *Schwarz,* DNotZ 1995, S. 243 ff. (244/245); *ders.,* DNotZ 1996, S. 68 ff. (69, 1. Abs.); *Wilhelm,* Beendigung des Beherrschungs- und Gewinnabführungsvertrags, S. 22/23, 5.; *Wirth,* DB 1990, S. 2105 ff. (2105, 1.).

wirtschaftlichen Gefahren und damit auch die Zumutbarkeitsschwelle für die Beibehaltung einer Ausstattungspflicht auf der einen und einer Verlustausgleichspflicht auf der anderen Seite sind grundverschieden.

Bezogen auf das Argument, eine außerordentliche Kündigung könne grundsätzlich nicht auf Gründe gestützt werden, die der Kündigende selbst geschaffen habe[147], sei auf die oben vorgenommene Risikoabwägung verwiesen[148]. Der Aspekt des „Vertretenmüssens“ bzw. der „Provokation“ eines Kündigungsgrundes durch den (Nur-)Ausstattungspflichtigen als Schranke des außerordentlichen Kündigungsrechts kann folglich nur in extremen Ausnahmefällen zum Tragen kommen. Im Allgemeinen begibt sich ein Gesellschafter seiner Beteiligung nicht mit dem Ziel, die Voraussetzungen für eine außerordentliche Kündigung des Patronatsvertrages zu schaffen[149].

#### bb) Ausstattungsvereinbarungen bei Koexistenz eines Beherrschungs- und/oder Gewinnabführungsvertrages

Besteht zwischen dem Ausstattungspflichtigen und der auszustattenden Gesellschaft im Zeitpunkt der Beteiligungsaufgabe ein Beherrschungs- und/oder Gewinnabführungsvertrag, wird seine Weisungs- und/oder Gewinnbezugsberechtigung von dem Verlust der Anteilseignerstellung nicht berührt.

In solchen Fällen spricht einiges dafür, dass die bloße Beteiligungsaufgabe das herrschende Unternehmen nicht zur außerordentlichen Kündigung des Ausstattungsvertrages legitimiert. Wesentliches Argument für die Kündigungsmöglichkeit eines „Nur-Ausstattungspflichtigen“ ist die Auflösung des engen Bandes zwischen dem Ausstattungsschuldner und der auszustattenden Gesellschaft, das für das Zustandekommen des Sicherungs- bzw. Finanzierungsgeschäfts

---

[147] Konkret für den Fall der Beteiligungsaufgabe durch das herrschende Unternehmen *OLG Oldenburg* (U. v. 23.03.2000 – 1 U 75/99), NZG 2000, S. 1138 ff. (1140); *LG Duisburg* (B. v. 18.10.1993 – 16 T 2/93), AG 1994, S. 379 f. (380, 2.); *Fleischer/Rentsch,* NZG 2000, S. 1141, 4.; *Joussen,* GmbHR 2000, S. 221 ff. (222, b)); *Schwarz,* DNotZ 1996, S. 68 ff. (71, 3. Abs.); vgl. im Übrigen *BGH* (U. v. 01.07.1997 – IX ZR 267/96), BGHZ 136, S. 161 ff. (164, 2. Abs.); *OLG Düsseldorf* (B. v. 19.08.1994 – 3 Wx 178/94), WM 1994, S. 2020 ff. (2022, 1. Abs.); *Erman-Hohloch* (11), § 313 Rn. 24; *MüKo-Altmeppen,* AktG (2), § 297 Rn. 40, die wirtschaftlichen Konsequenzen der Veräußerung beruhten auf der freien Entscheidung des herrschenden Unternehmens. Sie seien von ihm daher nach allgemeinen Zurechnungskriterien ohne weiteres zu tragen; siehe auch *BT-Drucksache 14/6040,* S. 178, zu Satz 2; *MüKo-Gaier* (4), § 314 Rn. 10.

[148] Unter Gliederungspunkt 2.

[149] Zum Fall einer Anteilsveräußerung durch die Konzernobergesellschaft, siehe *Knott/Rodewald,* BB 1996, S. 472 ff. (473, c)), die zur Veräußerung Anlass gebenden Umstände könnten konjunktureller, markt-, oder spezifisch unternehmensbezogener Art sein. Die unternehmerische Entscheidung zur Beteiligungsveräußerung sei grundsätzlich anerkennens- und schützenswert.

maßgeblich gewesen ist. Ist der Ausstattungsschuldner mit dem auszustattenden Unternehmen zusätzlich durch einen Beherrschungs- und/oder Gewinnabführungsvertrag verbunden und billigt man ihm mit der überwiegenden Meinung bei Aufgabe seiner Beteiligung kein Recht zur außerordentlichen Kündigung des Unternehmensvertrags zu, ist dieses Argument hinfällig. Trotz Austritts aus der auszustattenden Gesellschaft bleibt der Ausstattungsschuldner weisungs- und/oder gewinnbezugsberechtigt[150].

Eine Schlechterstellung des Ausstattungspflichtigen entsteht nur bzw. erst, wenn auch der Unternehmensvertrag endet. Ob dies in der Insolvenz der abhängigen Gesellschaft der Fall ist, ist wie oben aufgezeigt[151] umstritten. Jedenfalls ruhen die mit dem Liquidationszweck unvereinbaren Rechte und Pflichten aus einem Unternehmensvertrag ab der Insolvenzeröffnung[152]. Einem herrschenden Ausstattungsschuldner dürfte die Fortsetzung des Ausstattungsschuldverhältnisses trotz Verlustes seiner Anteilseignerstellung daher generell bis zur Beendigung des additionalen Beherrschungs- und/oder Gewinnabführungsvertrages bzw. bis zum Ruhen der daraus resultierenden Rechte zuzumuten sein. Freilich wird die Geschäftsgrundlage in diesen Fällen meist auch, wenn nicht gar ausschließlich, in der konzernrechtlichen Verbindung zwischen dem Ausstattungsschuldner und der auszustattenden Gesellschaft bestehen. Aber selbst wenn sie sich erst nachträglich zu einem Vertragskonzern zusammengeschlossen haben, dürfte dem Ausstattungsschuldner die Beibehaltung des Ausstattungsvertrages bis zum Verlust seiner Rechte aus dem Unternehmensvertrag zumutbar sein.

---

[150] Ob darüber hinaus der Gedanke einer gezielten Provokation des außerordentlichen Kündigungsrechts durch den Veräußerer trägt, kann dahinstehen Die Regelung des § 296 AktG sieht eine Pflicht zur Beibehaltung des Unternehmensvertrages bis zum Geschäftsjahresende oder bis zum vertraglich vorgesehenen Abrechungszeitraum vor, die nicht durch anderweitige Gestaltungen umgangen werden darf. Das herrschende Unternehmen kann sich daher nicht innerhalb des „Beibehaltungszeitraums" von dem Vertrag lossagen, indem es seine Anteile veräußert und den Vertrag außerordentlich kündigt. Es hat die Fristvorgabe(n) zu beachten und seine Verkaufsdispositionen daran auszurichten, *OLG Oldenburg* (U. v. 23.03.2000 – 1 U 75/99), NZG 2000, S. 1138 ff. (1140); *Joussen,* GmbHR 2000, S. 221 ff. (224, b)); mit gewichtigen Argumenten gegen eine Einschränkung des außerordentlichen Kündigungsrechts bei unterjähriger Beteiligungsaufgabe, *Knott/Rodewald,* BB 1996, S. 472 ff. (473, c)).

[151] s.o., Kapitel 6, B. I. 3. d).

[152] Insgesamt dazu oben in Kapitel 6, B. I. 3. d). Die Frage, ob das (vormals oder noch) herrschende Unternehmen zur Übernahme etwaiger in der Abwicklungsphase entstehender Verluste verpflichtet ist, wird vor diesem Hintergrund ebenfalls kontrovers diskutiert, vgl. nur *Wilhelm,* Beendigung des Beherrschungs- und Gewinnabführungsvertrags, S. 56/57, b), der sich unter Verweis auf einen konsequent durchgeführten Schutz der abhängigen Gesellschaft, ihrer Gläubiger und Aktionäre (§§ 302, 303 AktG) für eine Verlustausgleichspflicht ausspricht.

### c) *Kündigungsfrist*

Disponiert der Ausstattungspflichtige über ein Recht zur außerordentlichen Vertragskündigung, kann er dies nach hier vertretener (Minderheiten-)Meinung fristlos ausüben.

#### aa) Standpunkt der herrschenden Meinung vor der Schuldrechtsnovellierung

Für die Rechtslage vor der Schuldrechtsnovellierung hat die ganz herrschende Meinung im Anschluss an die ständige Rechtsprechung des BGH hingegen angenommen, die außerordentliche Kündigungsmöglichkeit bei Verlust der Gesellschafter- bzw. Geschäftsführerstellung sei aus Schutzgründen keine fristlose[153]. Für die Bürgschaft hieß es in Übereinstimmung mit der Formulierung zur ordentlichen Kündigung[154], der Bürge hätte bei Ausübung seines außerordentlichen Kündigungsrechts auf die berechtigten Belange der Parteien des Hauptschuldverhältnisses Rücksicht zu nehmen und eine gewisse Zeit verstreichen zu lassen, um diesen Zeit für die Eruierung alternativer Besicherungsmöglichkeiten oder gangbarer Abwicklungsmodalitäten zu geben[155]. Die Kündigungsfrist wäre so zu bemessen, dass den Beteiligten ausreichend Zeit bliebe, ihre wirtschaftlichen Dispositionen der veränderten Lage anzupassen[156].

---

153 *OLG Celle* (U. v. 05.10.1988 – 3 U 306/87), NJW-RR 1989, S. 548 f. (548, 1.); ebenso (noch) *Fullenkamp,* GmbHR 2003, S. 654 ff. (658, d)); *Wagenknecht* in: *BuB* (2003), Rn. 4/1175.

154 Vgl. nur (nochmals) *Wagenknecht* in: *BuB* (2003), Rn. 4/1327b, der von vornherein von einer ordentlichen Kündigung ausgeht.

155 *BGH* (U. v. 10.06.1985 – III ZR 63/84), WM 1985, S. 1059 ff. (1061, 2. a.)); *BGH* (U. v. 10.06.1985 – III ZR 63/84), NJW 1986, S. 252 f. (253, 2. b)/3. a)); *OLG Celle* (U. v. 05.10.1988 – 3 U 306/87), NJW-RR 1989, S. 548 f. (548, 1.), anders nur, wenn das Ausscheiden nicht ohne Beibringung neuer Sicherheiten erfolge oder der Gläubiger kein berechtigtes Interesse an der Aufrechterhaltung der Bürgschaft habe; *MüKo-Habersack* (4), § 765 Rn. 55; *Wagenknecht* in: *BuB,* Rn. 4/1174; vgl. auch *Madaus,* Schuldbeitritt als Personalsicherheit, S. 163/164.

156 *BGH* (U. v. 10.06.1985 – III ZR 63/84), WM 1985, S. 1059 ff. (1061, 2. b.)), der dritte Senat hat dem Sicherungsgeber in dieser Entscheidung v. a. eine Rücksichtnahme auf das Sicherungsbedürfnis des Gläubigers abverlangt. Die Länge der Kündigungsfrist brauche nicht abschließend beurteilt zu werden, eine angemessene Kündigungsfrist sei „jedenfalls ... (nach Ablauf von 2 Monaten und 11 Tagen) noch nicht abgelaufen." (S. 1061, b) a. E.); die Länge der Kündigungsfrist ist auch offen gelassen worden von *BGH* (U. v. 10.06.1985 – III ZR 63/84), WM 1985, S. 1059 ff. (1061, 3. b.)); *OLG Celle* (U. v. 05.10.1988 – 3 U 306/87), NJW-RR 1989, S. 548 f. (548, 1.), bei Kreditbürgschaften sei (auch hier) grundsätzlich eine Kündigungsfrist von drei Monaten angemessen, im konkreten Fall (Absicherung von Vorschüssen aus einem Factoring-Vertrag) sei eine Frist von 4–6 Wochen durchaus zutreffend; *Meinhardt,* Beendigung der Haftung, S. 80–82, hat sich für die Einhaltung einer 2-Wochen-Frist ausgesprochen, um dem Gläubiger Gelegenheit für Verhandlungen mit dem Hauptschuldner und bei deren Scheitern für eine außerordentliche Kündigung zu geben;

#### bb) Plausibilitätskontrolle anhand des geltenden Rechts

Dieses Fristerfordernis verfängt vor dem Hintergrund der Neuregelung des § 314 Abs. 1 BGB nicht mehr[157]. Nach Satz 1 der Norm kann ein Dauerschuldverhältnis *ohne Einhaltung einer Kündigungsfrist* aus wichtigem Grund gekündigt werden. Das liest sich wie ein offenes Bekenntnis des Gesetzgebers zur außerordentlichen *fristlosen* Kündbarkeit eines jeden Dauerschuldverhältnisses. Die Formulierung des zweiten Satzes steht dem nicht entgegen, auch wenn es dort heißt „oder *bis zum Ablauf einer Kündigungsfrist* nicht zugemutet werden kann[158]." Die Regelung des § 314 Abs. 1 S. 2 BGB umschreibt nur die Anforderungen an einen wichtigen Kündigungsgrund. Obschon die von anderen Kündigungsvorschriften abweichende Wahl des unbestimmten Artikels zunächst stutzig macht (vgl. § 626 Abs. 1 BGB: „bis zum Ablauf *der* Kündigungsfrist"), ist nichts dafür ersichtlich, dass der Gesetzgeber mit der Wendung konkludent eine Regelung über ein potenzielles Kündigungsfristerfordernis hat treffen wollen. Eine ausdrückliche Normierung, zumindest in Gestalt einer Öffnungsklausel, wäre für die Annahme einer etwaigen Kündigungsfrist aber zwingend erforderlich gewesen[159].

Es finden sich allerdings auch nach neuem Recht Stimmen, die davon ausgehen, dass dem Kündigenden die Einräumung einer gewissen („sozialen") Auslauffrist geboten sein könne, sollten die Interessen des Kündigungsgegners eine solche bedingen und dem Kündigenden ein zeitliches Zuwarten zumutbar sein[160]. Dagegen spricht der eindeutige Wortlaut des § 314 Abs. 1 S. 1 BGB[161]. Mit diesem und dem Gebot einer Verlässlichkeit der Rechtsordnung wäre eine flexible Handhabung der außerordentlichen Kündigungsmöglichkeit unvereinbar[162]. Die Grundsätze von Treu und Glauben widerstreiten der hier vertretenen Meinung nicht. Über ihren Wortlaut hinaus ist die Vorschrift des § 242 BGB anerkanntermaßen Ausdruck des allgemeinen Rechtsgrundsatzes, dass jedermann in Ausübung seiner Rechte nach Treu und Glauben zu agieren hat[163].

---

insgesamt zu den Unwägbarkeiten in der Praxis, *Fischer,* WM 2001, S. 1049 ff. (1055, 2. Abs.).

157 AA ohne nähere Auseinandersetzung *J. Koch,* Die Patronatserklärung, S. 339, b), vgl. aber auch S. 339/340, IV., 614, 7., wo der Autor pauschal von einer Kündigungsmöglichkeit „nach § 314 BGB" spricht.

158 Hervorh. jeweils durch Verf.

159 Anders *Erman-Hohloch* (11), § 313 Rn. 52, unter Verweis auf ältere Urteile, „eventuell fristlose oder außerordentliche fristgebundene" Kündigung.

160 *Bamberger/Roth* (*Grüneberg*), § 314 Rn. 24; *Erman-Hohloch* (11), § 314 Rn. 17; *Palandt-Heinrichs* (64), § 314 Rn. 10; aA *MüKo-Gaier* (4), § 314 Rn. 19.

161 Im Rahmen des § 297 Abs. 1 S. 1 AktG wird gleichsam davon ausgegangen, dass die gesetzliche Regelung weder den Ausschluss noch eine Beschränkung der fristlosen Kündigung zulässt, vgl. nur *BGH* (U. v. 05.04.1993 – II ZR 238/91), BGHZ 122, S. 211 ff. (228, a)), m.w.N.

162 Wie hier *MüKo-Gaier* (4), § 314 Rn. 19.

Dieser Grundsatz beschränkt grundsätzlich jede Rechtsausübung[164]. Allerdings kann die Wahrnehmung der ihr von Gesetzes wegen ausdrücklich zugebilligten Rechte durch eine Vertragspartei schlechterdings nicht treuwidrig sein[165]. Eine „Bindungsfrist" aufgrund des Gebotes einer gegenseitigen Rücksichtnahme[166], die keine gesetzliche Verankerung gefunden hat und sich im Widerspruch zu der aktuellen Gesetzesfassung befände, wäre gesetzeswidrig[167]. Der zum alten Recht vertretene Standpunkt ist durch die Novellierung unhaltbar geworden[168]. Seine Beibehaltung liefe auf eine unzulässige Einschränkung des außerordentlichen Kündigungsrechts hinaus[169].

Soweit es dem Gesetzgeber bei Ausübung eines außerordentlichen Kündigungsrechts auf die Einhaltung einer Kündigungsfrist angekommen ist, hat er dies stets ausdrücklich geregelt (vgl. §§ 563 Abs. 4, 564 S. 2, 573d, 575a BGB). Die Vorschrift des § 314 Abs. 3 BGB ist keine solche Regelung. In ihr ist niedergelegt, dass der Berechtigte nur innerhalb einer angemessenen Frist kündigen kann, nachdem er von dem Kündigungsgrund Kenntnis erlangt hat. Trotz verbal missverständlicher Äußerungen[170] enthält sie keine Kündigungsfrist im eigentlichen Sinne, sondern eine Ausschlussfrist. Wartet der Kündigungsberechtigte mit seiner Kündigung unangemessen lange zu, signalisiert er damit, dass ihm das weitere Festhalten an dem Vertrag zugemutet werden kann[171]. Als „Sanktion" erlischt sein Kündigungsrecht. Anders als eine „eigentliche" Kündigungsfrist dient die Ausschlussfrist nur insofern dem Schutz

---

163 *BGH* (U. v. 23.09.1982 – VII ZR 183/80), BGHZ 85, S. 39 ff. (48, b)); *Palandt-Heinrichs* (64), § 242 Rn. 1.

164 *BGH* (U. v. 18.11.1955 – I ZR 176/53), BGHZ 19, S. 72 ff. (75, A.); *Palandt-Heinrichs* (64), § 242 Rn. 1, 16.

165 Jedenfalls sofern sie nicht zu untragbaren Ergebnissen führt, vgl. *BGH* (U. v. 22.10.1987 – VII ZR 12/87), BGHZ 102, S. 95 ff. (105, 1. Abs.), wonach die Grundsätze von Treu und Glauben es (erg.: gerade/nur) in Fällen, in denen bei bloß formaljuristischer Beurteilung *untragbare Ergebnisse* erzielt würden, gebieten, einen billigen Interessenausgleich herbeizuführen (Hervorh. durch Verf.); dazu, warum dies hier nicht der Fall ist, sogleich im übernächsten Absatz.

166 Zu diesem *BGH* (U. v. 10.06.1985 – III ZR 63/84, ZIP 1985, S. 1192 ff. (1194, 2. b)).

167 Vgl. aber auch *MüKo-Roth* (4), § 313 Rn. 142/143, demzufolge das gesetzliche Kündigungsrecht eine Modifikation der Kündigungsvoraussetzungen anhand des § 313 BGB nicht ausschließt.

168 Ob er jemals haltbar gewesen ist, kann dahinstehen.

169 Zu § 297 Abs. 1 S. 1 AktG ebenso *MüKo-Altmeppen,* AktG (2), § 297 Rn. 50, m.w.N.

170 Siehe etwa *BT-Drucksache 14/6040,* S. 178, zu Absatz 3; *Erman-Hohloch* (11), § 314 Rn. 10; *MüKo-Gaier* (4), § 314 Rn. 17, der aber (auch) auf den Charakter der Norm als Ausschlussfrist hinweist. Den Verfassern ist insoweit Recht zu geben, als auch Normen wie § 626 Abs. 2 S. 1 BGB eine Kündigungsfrist vorsehen, allerdings nicht in dem Sinne, dass die Kündigung erst mit Fristablauf wirksam wird, sondern dass sie innerhalb der gesetzlichen Frist erklärt werden muss, um wirksam zu sein.

171 *BT-Drucksache 14/6040,* a.a.O.; *Erman-Hohloch* (11), a.a.O.

des Kündigungsgegners, als dieser innerhalb angemessener Zeit Klarheit darüber erhält, ob der Kündigungsberechtigte von seinem Kündigungsrecht Gebrauch macht[172]. Sie soll ihm nicht dazu verhelfen, sich auf die veränderten Gegebenheiten einzustellen.

Für die Richtigkeit der hier vertretenen Ansicht spricht auch, dass gesetzliche Folge der einem Dienstverpflichteten, Beauftragten und Gesellschafter verbotenen Kündigung zur Unzeit nicht die Unwirksamkeit der Kündigungserklärung ist, sondern die Kompensation der erlittenen Nachteile im Wege des Schadensausgleichs (§§ 627 Abs. 2 S. 2, 671 Abs. 2 S. 2, 723 Abs. 2 S. 2 BGB)[173]. Der Grundsatz „Wirksamkeit der Kündigung aber gegebenenfalls Ausgleich kündigungsbedingter Nachteile", lässt sich in leicht abgewandelter Form auch auf das außerordentliche Kündigungsrecht nach § 314 BGB übertragen. Sollte der fristlos Kündigende es an der gebotenen Rücksichtnahme auf die Interessen der Gegenseite fehlen gelassen haben, etwa indem er dem Gläubiger den abzusehenden Eintritt eines außerordentlichen Kündigungsgrundes und seinen Kündigungswillen nicht im Vorfeld der Kündigung avisiert hat, sobald beides hinreichend sicher feststand, kann der Gläubiger ihn bei Vorliegen der entsprechenden Tatbestandsvoraussetzungen gemäß §§ 314 Abs. 4 i.V.m. 280 Abs. 1, 241 Abs. 2 BGB auf Schadensersatz in Anspruch nehmen, sollte der Kündigende sein Kündigungsrecht nicht bereits nach § 314 Abs. 3 BGB verwirkt haben. Der Kündigungsempfänger ist somit auch ohne ein mit dem Gesetz nicht (mehr) zu vereinbarendes Kündigungsfristerfordernis nicht schutzlos gestellt.

Missachtet der Patron bei Ausübung seines Kündigungsrechts die schutzwürdigen Belange des Protegés, kann er auch ihm gegenüber schadensersatzpflichtig sein.

## C. Problematik des Eigenkapitalersatzes bzw. der Einlagenähnlichkeit einer Ausstattungszusage

Namentlich für die „interne" Ausstattungsvereinbarung[174] stellt sich im Zusammenhang mit deren Aufhebung und Kündigung noch ein weiteres Spezialproblem, und zwar dasjenige des eigenkapitalersetzenden bzw. einlagenähnlichen Charakters einer Ausstattungs*zusage*.

---

172 *BT-Drucksache 14/6040*, a.a.O.; *Erman-Hohloch* (11), a.a.O.

173 Der Kündigende ist (nur) dann nicht ersatzpflichtig, wenn ihm ein wichtiger Grund für seine unzeitgemäße Kündigung zur Seite steht (§§ 627 Abs. 2 S. 1, 671 Abs. 2 S. 1, 723 Abs. 2 S. 1 BGB). In diesem Fall schuldet er dem Kündigungsgegner keine seinen eigenen Interessen zuwiderlaufende „übertriebene" Rücksichtnahme.

174 Zum potenziellen Eigenkapitalersatzcharakter einer „externen" Ausstattungszusage, vgl. die Anmerkungen unter II. (Fn. 240) und III. 1. a) (Fn. 257).

## I. Anfechtbarkeit der Aufhebung einer „internen" Ausstattungsvereinbarung gemäß § 135 InsO

Erst kürzlich hat das *OLG München* die einverständliche Aufhebung eines Ausstattungsvertrages gemäß § 135 InsO[175] mit der Rechtsfolge des § 143 InsO für anfechtbar erklärt[176]. Voraussetzung ist eine zumindest mittelbare Gläubigerbenachteiligung durch die anzufechtende Rechtshandlung[177]. Eine solche kann sogar bei einer Aufhebung ex nunc[178] gegeben sein, wenn die Aufhebung vor der Verfahrenseröffnung beschlossen worden ist und das begünstigte Unternehmen seitdem neue Verbindlichkeiten begründet hat[179]. So lag der Fall des *OLG München*[180]. Der Ausstattungsanspruch bzw. die Liquiditätszusage, so das Gericht hinsichtlich der weiteren Tatbestandsmerkmale des § 135 InsO, sei nach weitgehend anerkannter Ansicht eine einem kapitalersetzenden Darlehen gleichzustellende Forderung[181]. Die Kündigung oder Aufhebung der Zusage in der

---

175 Der Anwendungsbereich des § 135 InsO erfasst alle Gesellschaftsformen, bei denen „kapitalersetzende Darlehen" möglich sind, vgl. *Eickmann u. a.,* InsO (3), (*Kreft*), § 135 Rn. 3 a. E.; *MüKo-Stodolkowitz.,* InsO, Band 2, § 135 Rn. 7; siehe aber auch *K. Schmidt,* GmbHR 2005, S. 797 ff. (802, 3.), Rechtsfortbildungsproblem in Richtung einer Anerkennung von ungeschriebenen Eigenkapitalersatzregeln auch bei der gesetzestypischen KG und OHG.

176 *OLG München* (U. v. 22.07.2004 – 19 U 1867/04), ZIP 2004, S. 2102 ff. (2105, d)); zustimmend *Kiethe,* ZIP 2005, S. 646 ff. (652/653, VI. 1.); wohl auch *Paul,* ZInsO 2004, S. 1327 ff. (1330, 3. Abs.).

177 *BGH* (U. v. 19.09.1996 – IX ZR 249/95), BGHZ 133, S. 298 ff. (306, 2.); *Braun,* InsO (2), (*de Bra*), § 135 Rn. 18; *Breutigam/Blersch/Goetsch,* InsO, Band I (*Haas*), § 135 Rn. 50; *Hess/Weis/Wienberg,* InsO (2), (*Weis*), § 135 Rn. 209; *Kübler/Prütting,* InsO, Band II (*Paulus*), § 135 Rn. 4; *MüKo-Stodolkowitz.,* InsO, Band 2, § 135 Rn. 74. Zum personellen Anwendungsbereich, *Kübler/Prütting* (*Paulus*), a. a. O., Rn. 5.

178 Ob eine Aufhebung ex nunc oder ex tunc wirkt, ist Auslegungsfrage, vgl. *BGH* (U. v. 16.06.1978 – V ZR 115/77), NJW 1978, S. 2198 f. (2198, a)); *Palandt-Heinrichs* (64), § 311 Rn. 7.

179 Ein konzernrechtlicher Verlustausgleichsanspruch hindert die Anwendung des Kapitalersatzrechts richtiger Ansicht zufolge nicht, da er die Erfüllbarkeit der laufenden Verbindlichkeiten nicht gewährleistet, vgl. *BGH* (U. v. 19.09.1988 – II ZR 255/87), WM 1988, S. 1525 ff. (1530). Auch erhalte die abhängige Gesellschaft durch den Verlustausgleich die sowohl zur Schuldentilgung als auch für die Ersatzbeschaffungen erforderlichen Mittel nur einmal und dies überdies (rechtsverbindlich) erst nach Geschäftsjahresende (a. a. O.); *Hess/Weis/Wienberg,* InsO (2), (*Weis*), § 135 Rn. 240–247; *MüKo-Stodolkowitz,* InsO, Band 2, § 135 Rn. 44; *Priester,* ZIP 1989, S. 1301 ff. (1305/1306, 4.). Eine Übersicht über den Streitstand findet sich bei *Michalski* (*Heidinger*), GmbHG, Band I, § 30 Rn. 117–121; *Rowedder/Schmidt-Leithoff* (*Pentz*), GmbHG (4), § 30 Rn. 75/76.

180 *OLG München* (U. v. 22.07.2004 – 19 U 1867/04), ZIP 2004, S. 2102 ff. (2105, c) bb)).

181 *OLG München* (U. v. 22.07.2004), a. a. O., S. 2105, d) aa); dem folgend *Kiethe,* ZIP 2005, S. 646 ff. (652, VI. 1.), unter Einordnung der Zusage als aufschiebend bedingtes Darlehensversprechen; siehe auch *MüKo-Stodolkowitz,* InsO, Band 2, § 135 Rn. 20.

Krise sei demnach als Vornahme einer nach § 135 InsO anfechtbaren Rechtshandlung zu werten, da sie die Rücknahme der per se vermögensbelastenden Leistung „Verpflichtungserklärung" bedeute[182]. Als Beleg verweist der 19. Senat auf die BGH-Rechtsprechung zur einlagenähnlichen Wirkung eines gesellschafterlichen Darlehensversprechens[183]. Die Darlehenszusage eines Gesellschafters sei gleichsam nur vor Eintritt der Krise aufhebbar[184]. Je nach Ausgestaltung begründe sie eine Pflicht zur Darlehensgewährung in der Krise[185].

### 1. Differenzierung zwischen Eigenkapitalersatz und Einlagenähnlichkeit

Wie der BGH in seinem Urteil zu den sog. „*Finanzplankrediten*"[186] aus dem Jahre 1999 herausgestellt hat, resultiert die Pflicht zur Erfüllung des Leistungsversprechens bei der Darlehenszusage eines Gesellschafters allerdings nicht aus dem Kapitalersatzrecht, sondern aus dem Inhalt der Parteivereinbarung[187]. Die Eigenkapitalersatzregelungen erfassten nur tatsächlich gewährte Leistungen[188].

---

[182] *OLG München* (U. v. 22.07.2004), a. a. O., S. 2105, d) aa), unter Rückgriff auf *MüKo-Stodolkowitz*, InsO, Band 2, § 135 Rn. 20; vgl. auch *Dauner-Lieb*, EWiR 1999, S. 843 f. (844, 4.); *dies.*, JZ 2000, S. 312 ff. (313, 4.), die bereits im Zusammenhang mit der Diskussion um die Behandlung der sog. Finanzplankredite darauf hingewiesen hat, dass der Gesellschafter ein noch nicht als Eigenkapitalersatz verstricktes Darlehen auch in der Krise innerhalb einer ihm zuzubilligenden Überlegungsfrist abziehen könne, so dass Finanzplankredite letztlich schärfer sanktioniert würden.

[183] Vgl. auch *MüKo-Stodolkowitz*, InsO, Band 2, § 135 Rn. 20, der auf dem Standpunkt steht, in der Sache entspreche die Aufhebung oder Kündigung einer Kreditzusage der von der Rechtsprechung angenommenen Rechtslage bei den sog. Krisenfinanzierungsdarlehen und gesplitteten Einlagen.

[184] *OLG München* (U. v. 22.07.2004 – 19 U 1867/04), ZIP 2004, S. 2102 ff. (2105, d) aa)); vgl. im Übrigen *BGH* (U. v. 09.12.1996 – II ZR 341/95), WM 1997, S. 576 f. (576, 1., 577, 3.), „Sanierungsdarlehen"; ebenso *Hess/Weis/Wienberg*, InsO (2), (*Weis*), § 135 Rn. 49b, unter Hinweis darauf, dass die Auszahlungsverpflichtung „einlagenähnlichen Charakter" habe.

[185] *OLG München* (U. v. 22.07.2004), a. a. O., unter Verweis auf *BGH* (U. v. 28.06.1999 – II ZR 272/98), ZIP 1999, S. 1263 ff. (1264/1265, 2.); *Dauner-Lieb*, EWiR 1999, S. 843 f. (844, 4.).

[186] Unter diesen versteht man Gesellschaftermittel, die der Gesellschaft im Gründerstadium oder zwecks Ausweitung der Unternehmenstätigkeit zur Verfügung gestellt werden, damit die Gesellschaft sich zweckentsprechend betätigen kann und auf die die Gesellschaft nach ihrer Finanzplanung dringend angewiesen ist, vgl. *Michalski* (*Heidinger*), GmbHG, Band I, §§ 32a, 32b Rn. 63–65, unter Hinweis auf die terminologische Unschärfe des Begriffes; *MüKo-Stodolkowitz*, InsO, Band 2, § 135 Rn. 42, 50–52, der die Finanzplankredite nicht als eigenständige Kategorie neben dem Kapitalersatzrecht begreift. Die Unmöglichkeit zur Aufrechterhaltung des Geschäftsbetriebs ohne gesellschafterliche Hilfe und die Unmöglichkeit zur Erreichung des Gesellschaftszwecks seien gleich zu achtende Fälle, m. w. N. zur hM; *Rowedder/Schmidt-Leithoff* (*Pentz*), GmbHG (4), § 32a Rn. 46; *Wimmer*, Frankfurter Kommentar zur InsO (*Dauernheim*), § 135 Rn. 46 (konkludent), als Mittel der Selbstfinanzierung intendierte oder ausgereichte Kredite.

Sie begründeten keine Pflicht zur Gewährung weiterer Gesellschafterleistungen in der Krise[189]. Das könne nur eine „einlagenähnlich wirkende Darlehenszusage ohne Einschränkung“[190].

---

[187] *BGH* (U. v. 09.12.1996 – II ZR 341/95), WM 1997, S. 576 f. (576, 1.), einer ausdrücklichen Vereinbarung bedürfe es nicht, es genüge eine entsprechende Zwecksetzung; *BGH* (U. v. 28.06.1999 – II ZR 272/98), ZIP 1999, S. 1263 ff. (1264/1265); ebenso *von Gerkan/Hommelhoff* (*Hommelhoff*), Handbuch des Kapitalersatzrechts (2), Teil 1, IV., S. 11 Rn. 1.28; *Lutter/Hommelhoff* (*Lutter/Hommelhoff*), GmbHG (16), §§ 32a/b Rn. 170, die Kapitalbindung resultiere in diesem Fall nicht aus der Finanzierungs*folgen*verantwortung des Gesellschafters, sondern aus der privatautonomen *Ausübung* seiner Finanzierungsfreiheit; *Michalski* (*Heidinger*), GmbHG, Band I, §§ 32a, 32b Rn. 66, m. w. N.; vgl. auch *K. Schmidt*, ZIP 1990, S. 69 ff. (75, 3.4), der zwischen den Zeiträumen inner- und außerhalb der Krise differenziert; *ders.*, GmbHR 2005, S. 797 ff. (806, VI 1. a)), auch ein Finanzplankredit könne aber durch Stehenlassen in der Krise eigenkapitalersetzend werden (zuvor sei er frei aufhebbar (Fn. 106)) und unterliege dann einer doppelten Bindung, der gewillkürten und der gesetzlichen; *Rowedder/Schmidt-Leithoff* (*Pentz*). GmbHG (4), § 32a Rn. 48, 50; aA *MüKo-Stodolkowitz.*, InsO, Band 2, § 135 Rn. 52.

[188] So bereits *BGH* (U. v. 19.09.1996 – IX ZR 249/95), BGHZ 133, S. 298 ff. (303, b)); *BGH* (U. v. 28.06.1999 – II ZR 272/98), BGHZ 142, S. 116 ff. (122/123).

[189] *BGH* (U. v. 07.11.1994 – II ZR 270/93), BGHZ 127, S. 336 ff. (344/345); *BGH* (U. v. 28.06.1999 – II ZR 272/98), ZIP 1999, S. 1263 ff. (1264, 2, Abs.); ebenso *BGH* (U. v. 11.07.1994 – II ZR 162/92), BGHZ 127, S. 17 ff. (23, 2. Abs.), die Grundsätze über eigenkapitalersetzende Leistungen hinderten für die Dauer der Krise nur den Abzug von der Gesellschaft tatsächlich zur Verfügung gestellten Mitteln, sie erforderten keine Zufuhr neuer Eigenmittel. Rechtsfolge sei nur die Umqualifizierung einer tatsächlich zugeführten (zusätzlichen) Finanzierung. Der Umqualifizierung könne nur das unterliegen, was der Gesellschafter der Gesellschaft tatsächlich zusätzlich zu ihrem haftenden Eigenkapital zugeführt habe; *Goette*, DStR 1999, S. 1201 f. (1201, 3.): „Ist aber das Eigenkapitalersatzrecht geprägt von diesem Gedanken, dass der Gesellschafter sich gefallen lassen muss, dass seine *gewährte* Hilfe als das behandelt wird, was sie in Wirklichkeit ist, nämlich funktionales Eigenkapital, dann ergibt sich zwangsläufig, dass es nicht die Pflicht zur Zuführung weiterer Hilfen begründet und für lediglich *versprochene* Leistungen, um die es bei dem sog. ‚Finanzplankredit‘ geht, nicht gelten kann“ bzw. „Abzugsverbot, nicht Zuführungsgebot“ (S. 1201, 4.); *Habersack*, ZHR 161 (1997), S. 457 ff. (478), der allerdings im Folgenden den Willen der Gesellschafter zur Überlassung von Quasi-Eigenkapital unterstellt (S. 479/480, 490, V.); *Hess/Weis/Wienberg*, InsO (2), (*Weis*), § 135 Rn. 49a; *K. Schmidt*, ZIP 1999, S. 1241 ff. (1244, 1. Abs., 1248, 2.1), schließlich sei Grundgedanke des Eigenkapitalrechts, dass die sich aus ihm ergebenden Forderungen kraft zwingenden objektiven Rechts einem analog §§ 30 f. GmbHG entwickelten *Zahlungsverbot* unterliegen bzw. die Kapitalersatzregeln seien vor der Einzahlung ohne Bedeutung (Hervorh. durch Verf.); *Lutter/Hommelhoff* (*Lutter/Hommelhoff*), GmbHG (16), §§ 32a/b Rn. 98, 2. Abs.

[190] Auf diese fänden die gesetzlichen Regelungen zur Befreiung von einer eingegangenen, aber nicht vollständig erfüllten Einlagepflicht sinngemäße Anwendung, *BGH* (U. v. 28.06.1999 – II ZR 272/98), ZIP 1999, S. 1263 ff. (1264, 2.). Zum „gewillkürten Eigenkapital“ bzw. zu den „einlagen*gleichen* Leistungen“, siehe auch *Breutigam/Blersch/Goetsch*, InsO, Band I (*Haas*), § 135 Rn. 10; *Lutter/Hommelhoff* (*Lutter/Hommelhoff*), GmbHG (16), §§ 32a/b Rn. 169. Nach einzelnen Literaturstimmen besteht im Falle einer einlagengleichen Finanzierungszusage entgegen dem BGH kein starres „Abzugsverbot“, sondern es ist Auslegungsfrage, ob und inwieweit die Zusage in der Krise und vielleicht sogar in der Gesellschaftsinsolvenz zu erfüllen und einer

Es fragt sich daher, ob die Einschätzung des *OLG München* richtig ist, dass bereits die verbindliche Liquiditätszusage eine Vermögensbelastung des verpflichteten Gesellschafters darstellt, deren Wegfall nach § 135, 2. Alt. Ziff. 2 InsO anfechtbar ist mit der Folge, dass der Ausstattungspflichtige den Ausstattungsbedarf des begünstigten Unternehmens gemäß § 143 Abs. 1 S. 1 InsO auch während der Krise zu decken hat[191]. Nach dem Wortlaut der Norm ist eine Rechtshandlung anfechtbar, die für eine Forderung des Gesellschafters, die einer Forderung auf Rückgewähr eines kapitalersetzenden Darlehens gleichsteht, Befriedigung gewährt hat.

Die Aufhebung einer „internen" Ausstattungsvereinbarung als „Befriedigung" einer Forderung" im Sinne des § 135 Ziff. 2 InsO anzusehen, erscheint deplatziert. Daran vermag auch die Tatsache nichts zu ändern, dass die Zusage einer ausreichenden Gesellschaftsausstattung Voraussetzung für die weitere Existenz der Gesellschaft sein kann bzw. ist[192]. So wenig wie der Ausstattungspflichtige durch eine Aufhebungsvereinbarung „Befriedigung für eine *Forderung auf*

---

Aufhebung mit ex-nunc-Wirkung zugänglich ist, vgl. etwa *K. Schmidt,* ZIP 1999, S. 1241 ff. (1250, 5.). *Dauner-Lieb,* EWiR 1999, S. 843 f. (844, 3./4.), will an den Nachweis eines entsprechenden Parteiwillens „realistische Anforderungen" stellen, damit der privatautonome Ansatz des BGH nicht zu einer bloßen Fiktion verkommt; siehe auch *Goette,* DStR 1999, S. 1201 f. (1202 a.E.); vgl. aber *Lutter/Hommelhoff,* a.a.O., Rn. 170, 172, 181, von dem Eintritt der Krise an keine Rückforderungsmöglichkeit, bis nicht alle vorrangigen Gläubiger befriedigt sind.

191 *OLG München* (U. v. 22.07.2004 – 19 U 1867/04), ZIP 2004, S. 2102 ff. (2105, d) aa) a.E., 2106, dd)/ee)); *MüKo-Stodolkowitz.,* InsO, Band 2, § 135 Rn. 20; zustimmend *Tetzlaff,* EWiR 2005, S. 31 f. (32, 2.3), jeweils unter Akzentuierung der bereits oben verworfenen Einordnung der „internen" Ausstattungszusage als aufschiebend bedingtes Darlehensversprechen (vgl. Kapitel 7, IV. 2.). Zu dem Verhältnis von § 135 InsO zu den Rechtsprechungsregeln und dem Kapitalersatzrecht nach §§ 30 ff. GmbHG, *Breutigam/Blersch/Goetsch,* InsO, Band I (*Haas*), § 135 Rn. 5–9.

192 Zu diesem Argument *BGH* (U. v. 19.09.1996 – IX ZR 249/95), BGHZ 133, S. 298 ff. (302/303, 2. a)/b)), der die Darlehenszusage als solche bereits als kapitalersetzend erachtet, da sie die vorläufige Aufrechterhaltung des Geschäftsbetriebs ermögliche, als weitere Tatbestandvoraussetzung aber die Auszahlung des Darlehens fordert; *MüKo-Stodolkowitz.,* InsO, Band 2, § 135 Rn. 20; vgl. auch *Wimmer,* Frankfurter Kommentar zur InsO (*Dauernheim*), § 135 Rn. 23, im Hinblick auf den normierten Zweck des § 32a GmbHG rechtfertige es sich, die *verbindliche Darlehenszusage* eines Gesellschafters als *eigenkapitalersetzend* zu werten. Denn bereits durch die Ankündigung neuer Mittel sei es der Gesellschaft möglich, den Geschäftsbetrieb aufrechtzuerhalten, statt die sofortige Liquidation einzuleiten. Die *eigenkapitalersetzende Situation* trete dann aber *nur* abschließend ein, wenn der darlehensversprechende Gesellschafter die *Auszahlung* des Darlehens *vornehme* (Hervorh. durch Verf.). Dieser Widerspruch mag durch die Unklarheiten über den Sinn und Zweck der Kapitalersatzregeln bedingt sein, vgl. nur die Kritik bei *Cahn,* AG 2005, S. 217 ff. (218, III., 222, IV. 1.); *Grunewald,* GmbHR 1997, S. 7 ff. (8, II. 1., 9, b)); anders *Kammel,* WuB II C. § 32a GmbHG 1.97, S. 233 f. (233/234, b)–e)), keine Lösungsmöglichkeit von einer eigenkapitalersetzenden Darlehenszusage in der Krise. In der Krise zugeführte Mittel sollten den Gläubigern haften. Nichts anderes könne gelten, wenn die Gesellschaftsmittel tatsächlich noch nicht ausbezahlt seien, aber bereits die verbindliche Darlehenszusage das vorläufige Fortführen der Gesellschaft in der Krise erlaube.

*Rückgewähr* eines kapitalersetzenden Darlehens" erlangt (§ 135, 1. Alt. Ziff. 2 InsO), tut er dies für eine *„gleichgestellte Forderung"*.

### 2. Fehlende Vergleichbarkeit der Ausstattungszusage mit den übrigen Kapitalersatztatbeständen

Was darunter zu verstehen ist, lässt sich anhand der Vorschrift des § 32a Abs. 3 S. 1 GmbHG (ggf. i.V.m. §§ 129a, 172a HGB) konkretisieren. Die Gesellschafterleistung muss einer kapitalersetzenden Darlehensgewährung „wirtschaftlich entsprechen"[193]. Das tut gemäß § 32a Abs. 2, 2. Alt. GmbHG beispielsweise eine *Bürgschaft,* die einen Fremdkredit absichert[194]. Ein Gesellschafter, der sich für ein Drittdarlehen an die Gesellschaft verbürgt und die Bürgschaft in der Krise[195] aufrechterhält[196], muss der Gesellschaft, nachdem diese den außenstehenden Gläubiger befriedigt hat, den an den Gläubiger zurückgezahlten Betrag erstatten[197]. Zeitigt die Gesellschafterleistung ebenso

---

193 *Breutigam/Blersch/Goetsch,* InsO, Band I (*Haas*), § 135 Rn. 33; *Kübler/Prütting,* InsO, Band II (*Paulus*), § 135 Rn. 21; *MüKo-Stodolkowitz,* InsO, Band 2, § 135 Rn. 61, der Verweis solle neben den Fällen der §§ 129a, 172a HGB auch die Rechtsprechungsregeln in die Anfechtungsvorschrift des § 135 InsO integrieren; ebenso *Wimmer,* Frankfurter Kommentar zur InsO (*Dauernheim*), § 135 Rn. 1, 85.

194 *BGH* (U. v. 18.11.1991 – II ZR 258/90), ZIP 1992, S. 177 ff. (177, II.); *BGH* (U. v. 11.12.1995 – II ZR 128/94), ZIP 1996, S. 273 ff. (274/275, 3.); *OLG Düsseldorf* (U. v. 27.01.1994 – 6 U 294/92), GmbHR 1994, S. 402; *Kübler/Prütting,* InsO, Band II (*Paulus*), § 135 Rn. 24; *MüKo-Stodolkowitz,* InsO, Band 2, § 135 Rn. 63, unter Verweis darauf, dass bei Verbürgung eines nicht von dritter Seite gewährten Kredits Abs. 3 S. 1 der Vorschrift unmittelbar zum Zuge komme.

195 Eine Krise besteht, wenn die Gesellschaft sich die benötigten Mittel auf dem freien Kapitalmarkt nicht beschaffen kann und daher (ohne den Fremdmittelzuschuss) eine Eigenkapitalzufuhr oder die Liquidation des Unternehmens erfolgen müsste, vgl. die Legaldefinition in § 32a Abs. 1 GmbHG sowie *Eickmann u.a.,* InsO (3), (*Kreft*), § 135 Rn. 4; *Lutter/Hommelhoff* (*Lutter/Hommelhoff*), GmbHG (16), §§ 32a/b Rn. 19; *Michalski* (*Heidinger*), GmbHG, Band I, §§ 32a, 32b Rn. 43, *Rowedder/Schmidt-Leithoff* (*Pentz*), GmbHG (4), § 32a Rn. 3, 32/33.

196 Obwohl er sie hätte kündigen oder zumindest allein oder im Zusammenwirken mit anderen Gesellschaftern die Liquidation der begünstigten Gesellschaft hätte betreiben können, insgesamt dazu *BGH* (U. v. 18.11.1991 – II ZR 258/90), ZIP 1992, S. 177 ff. (179, c.); *BGH* (U. v. 14.12.1992 – II ZR 298/91), BGHZ 121, S. 31 ff. (35/36, 36/37); *BGH* (U. v. 11.07.1994 – II ZR 146/92), BGHZ 127, S. 1 ff. (6, bb)); *BGH* (U. v. 02.12.1996 – II ZR 243/95), GmbHR 1997, S. 501 ff. (503, 2.); *BGH* (U. v. 16.06.1997 – II ZR 154/96), NJW 1997, S. 3026 f. (3027, I. 2., II. 3.); *Forschbach,* Liquiditätszusagen, S. 159/159. Ob es neben dieser objektiven Voraussetzung eines subjektiven Elements bedarf, etwa einer Finanzierungsabrede hinsichtlich der in der Krise stehen gelassenen Mittel, ist umstritten, vgl. *Forschbach,* S. 159–161, m.w.N.; *Lutter/Hommelhoff* (*Lutter/Hommelhoff*), GmbHG (16), §§ 32a/b Rn. 5; *Michalski* (*Heidinger*), GmbHG , Band I, §§ 32a, 32b Rn. 189/190.

197 *BGH* (U. v. 04.12.1995 – II ZR 281/94), ZIP 1996, S. 275 ff. (275, Tatbestand, 276/277); *OLG Zweibrücken* (U. v. 20.12.2001 – 4 U 131/00), NJW-RR 2002, S. 1037 f. (1037, b)); *Hess/Weis/Wienberg,* InsO (2), (*Weis*), § 135 Rn. 103/104.

nachteilige Wirkungen wie ein kapitalersetzendes Darlehen, trägt der Gesellschafter die Finanzierungs(folge)verantwortung[198]. Er hat seine Leistung der Gesellschaft bis zur nachhaltigen Überwindung der Krise zu belassen bzw. für eine etwaige Rückgewähr Ersatz zu leisten[199]. Die Finanzierungsfolgeverantwortung trifft vereinfacht gesagt Gesellschafter, die eine liquidationsreife Gesellschaft in der Krise mit Hilfe von Fremdmitteln fortführen, statt ihr entweder

---

[198] Zu dieser „raison d'être" der Kapitalersatzregeln, vor allem nach der Rechtsprechung, siehe *BGH* (U. v. 19.09.1988 – II ZR 255/87), WM 1988, S. 1525 ff. (1528, b)), „Verantwortung für eine ordnungsgemäße Unternehmensfinanzierung"; *BGH* (U. v. 07.11.1994 – II ZR 270/93), BGHZ 127, S. 336 ff. (344/345); *BGH* (U. v. 19.09.1996 – IX ZR 249/95), BGHZ 133, S. 298 ff. (303, 1. Abs.); *BGH* (U. v. 09.05.2005 – II ZR 66/03), AG 2005, S. 617 ff. (617/618, 1./2.); die Begründung des Kapitalaufnahmeerleichterungsgesetzes (KapAEG), *BT-Drucksache 13/7141*, S. 12, 2. Abs.; *Braun*, InsO (2), (*de Bra*), § 135 Rn. 11; *Cahn*, AG 2005, S. 217 ff. (218, III. 1.); *Forschbach*, Liquiditätszusagen, S. 170/171; *Lutter/Hommelhoff* (*Lutter/Hommelhoff*), GmbHG (16), §§ 32a/b Rn. 4; *Michalski* (*Heidinger*), GmbHG , Band I, §§ 32a, 32b Rn. 10–12; *MüKo-Stodolkowitz*, InsO, Band 2, § 135 Rn. 3; *Röhricht*, ZIP 2005, S. 505 ff. (512, V.); *Rowedder/Schmidt-Leithoff* (*Pentz*). GmbHG (4), § 32a Rn. 17; die Wortschöpfung der „Finanzierungsfolgeverantwortung" geht auf *Wiedemann*, ZIP 1986, S. 1293 ff. (1297, 3. Abs.) zurück: Die Gesellschafter hätten die freie Wahl der Finanzstruktur (sog. Finanzierungsfreiheit), das Gesetz ziehe nur aus der frei gewählten Entscheidung bestimmte Konsequenzen. Die Gesellschafter übernähmen die *Folgeverantwortung*: Wenn sie kein Eigenkapital bereitstellten und kein Fremdkapital aufnähmen, sondern die Doppelrolle des Gesellschafter-Darlehensgebers spielten, müssten sie das Risiko dieses Einsatzes tragen, d. h. im Verlustfall auf die Geltendmachung der Kapitalrückgewähr verzichten; im Ergebnis ebenso *Wimmer*, Frankfurter Kommentar zur InsO (*Dauernheim*), § 135 Rn. 5–8.; kritisch zu dem Argument einer Finanzierungsverantwortung, *Grunewald*, GmbHR 1997, S. 7 ff. (9, c)); anders als diese *K. Schmidt*, GmbHR 2005, S. 797 ff. (798/799, 1.). Ein Überblick über die verschiedenen Begründungsansätze für eine Subordinierung kapitalersetzender Gesellschafterdarlehen findet sich bei *Cahn*, a. a. O., S. 218–222, III. 1.–5.; *von Gerkan/Hommelhoff* (*Hommelhoff*), Handbuch des Kapitalersatzrechts (2), Teil 2, III., S. 30 Rn. 2.20. Neben der Finanzierungsfolgeverantwortung werden die Doppelrolle als Gesellschafter und Gläubiger, die Ausnutzung eines Informations- und Einflussvorsprungs zur Abwälzung von Finanzierungsrisiken auf die Drittgläubiger, die Täuschung der Gläubiger durch Erweckung des Anscheins einer ausreichenden Kapitalausstattung und die Vermeidung eines Anreizes zur Risikoerhöhung in der Krise als Gründe für die Sonderbehandlung genannt. *Cahn* selbst geht davon aus, dass die Gefahr einer Gesellschafterfremdfinanzierung vor allem darauf basiere, dass Risikokapitalgeber nach Aufzehrung des Eigenkapitals viel eher als Fremdkapitalgeber zu einer Verfolgung übermäßig riskanter Projekte neigten, um die ursprüngliche Werthaltigkeit wenigstens wiederherzustellen, und dass sie deshalb in einer Krise nur aufgrund der Erwartung zu einem Fremdkapitalzuschuss bereit seien, dass sie ihren Rückgewähranspruch aufgrund ihres Informations- und Einflussvorsprungs vor den übrigen Gläubigern realisieren könnten, wenn sich das Scheitern der Sanierungsbemühungen abzeichne (S. 223, 2. Abs., 226, 2.). Er schlägt eine Neuausrichtung der Kapitalersatzregeln mit dem Ziel vor, die gleichmäßige Befriedigung aller ungesicherten Gläubiger sicherzustellen (S. 223, 2. a)). Alle Gesellschafter müssten automatisch zur Erstattung von binnen Jahresfrist zurückgezahlten Kapitalersatzleistungen verpflichtet werden (S. 225, 1. Abs., e)). Die Besicherung von Gesellschafterdarlehen sollte de lege ferenda ausgeschlossen werden (S. 225, d)).

[199] Ähnlich *Breutigam/Blersch/Goetsch*, InsO, Band I (*Haas*), § 135 Rn. 33.

neues (Eigen-)Kapital zuzuschießen oder sie nach den Grundsätzen einer ordnungsgemäßen Unternehmensführung direkt oder indirekt zu liquidieren[200]. Die Eignung einer *Nutzungsüberlassung* als Kapitalersatz ist mittlerweile gemeinhin akzeptiert. Der Überlassende hat der Gesellschaft den Gebrauch an dem überlassenen Gegenstand solange unentgeltlich zu belassen, bis der vorgesehene (oder ein angemessener) Überlassungszeitraum endet oder die Krise beigelegt ist[201].

Mit dem *BGH* ist davon auszugehen, dass *bindende Finanzierungszusagen* nicht den Effekt einer nicht abzugsfähigen Eigenkapitalersatzleistung haben. Das Kapitalersatzrecht statuiert nur ein Abzugsverbot und kein Zuführungsgebot[202]. Eine unerfüllte Zusage unterliegt keiner einer Vermögenszuwendung vergleichbaren Bindung[203].

---

200 *BGH* (U. v. 14.06.1993 – II ZR 252/92), ZIP 1993, S. 1072 ff. (1073, 3.); *BGH* (U. v. 19.09.1996 – IX ZR 249/95), BGHZ 133, S. 298 ff. (302, 1.); *BGH* (U. v. 02.12.1996 – II ZR 243/95), GmbHR 1997, S. 501 ff. (502, 1. a)); *BGH* (U. v. 16.06.1997 – II ZR 154/96), NJW 1997, S. 3026 f. (3027, 2.); *Breutigam/Blersch/Goetsch,* InsO, Band I (*Haas*), § 135 Rn. 34; *Cahn,* AG 2005, S. 217 ff. (218, III. 1.); *von Gerkan/Hommelhoff* (*Hommelhoff*), Handbuch des Kapitalersatzrechts (2), Teil 2, III. 3., S. 32/33 Rn. 2.24; *Hachenburg (Ulmer),* GmbHG (8), § 32a, b Rn. 8; *Röhricht,* ZIP 2005, S. 505 ff. (512, V.); *K. Schmidt,* ZIP 1990, S. 69 ff. (71, 2.1); *ders.,* GmbHR 2005, S. 797 ff. (798, b)), unter Hinweis darauf, dass letzteres (nach § 60 Abs. 1 Ziff. 2 GmbHG) nicht (allein) in der Macht des Gesellschafters stehen müsse. Nicht die Auflösung, sondern die Finanzierungsentscheidung liege in der Hand des kreditgebenden Gesellschafters (S. 800, 4. a)).

201 St. BGH-Rspr., vgl. nur *BGH* (U. v. 11.07.1994 – II ZR 146/92), BGHZ 127, S. 1 ff. (8/9); *BGH* (U. v. 11.07.1994 – II ZR 162/92), BGHZ 127, S. 17 ff. (24–26, a)); *BGH* (U. v. 16.06.1997 – II ZR 154/96), NJW 1997, S. 3026 f. (3026/3027, I. 1./3.), Gebrauchsüberlassung eines Betriebsgrundstücks bzw. Kaufpreisstundung bei einem Unternehmenskaufvertrag; *BGH* (U. v. 31.01.2005 – II ZR 240/02), GmbHR 2005, S. 534 ff. (535/536), geleistete Miet- und Pachtzahlungen habe der Gesellschafter zu erstatten. Darin sei keine zusätzliche Kapitalzufuhr zu sehen, sondern der Vorteilsausgleich für einen unberechtigten Vermögensvorteil gegenüber den übrigen Gläubigern (536, 1. Abs.). Müsse der Insolvenzverwalter das Grundstück wegen einer auf Seiten des Gesellschafters angeordneten Zwangsverwaltung herausgeben, habe der Gesellschafter darüber hinaus den nicht verbrauchten Nutzungswert nach den Regeln über Leistungsstörungen bei Sacheinlagen auszugleichen (536, b)); *Knobbe-Keuk,* BB 1984, S. 1 ff. (4, letzter Abs.); *K. Schmidt,* GmbHR 2005, S. 797 ff. (803/804, b)).

202 *BGH* (U. v. 11.07.1994 – II ZR 162/92), BGHZ 127, S. 17 ff. (23, 2. Abs.); *BGH* (U. v. 19.09.1996 – IX ZR 249/95), BGHZ 133, S. 298 ff. (306, 2.); *BGH* (U. v. 31.01.2005 – II ZR 240/02), GmbHR 2005, S. 534 ff. (535, II 2. a)); *Breutigam/Blersch/Goetsch,* InsO, Band I (*Haas*), § 135 Rn. 34, etwaige Zusagen seien allenfalls gewillkürtes Eigenkapital; ebenso *Fleischer,* JR 1997, S. 293 f. (293/294), der zu Recht zwischen der Kategorie einer Gesellschafterzusage zur Bereitstellung von Ergänzungskapital und derjenigen eines erzwungenen Haftkapitals unterscheidet. Letztere bedürfe eines tatsächlichen Vermögenstransfers; *Hachenburg (Ulmer),* GmbHG (8), § 32a, b Rn. 24, die Rechtsfolgen des § 32a GmbHG und der damit verbundenen Anfechtungstatbestände griffen vor Zufluss des Darlehensbetrages nicht ein; dies anerkennt auch *MüKo-Stodolkowitz,* InsO, Band 2, § 135 Rn. 20, der daraufhin – wohl als Vorreiter für das OLG München – auf die Konstruktion einer effektiven Vermögensleistung in Gestalt der bloßen Ausstattungszusage verfallen ist; *Steinbeck,* ZGR 1996,

### *a) Bürgschaft*

Unter Kapitalersatzgesichtspunkten[204] ist die wirtschaftliche Vergleichbarkeit einer Ausstattungszusage mit der Bürgschaft eines Gesellschafters sicherlich überlegenswert[205]. Anknüpfungspunkt für die Inanspruchnahme eines Bürgen durch die Gesellschaft ist indessen die Rückgewähr der abgesicherten Leistung[206] an den außenstehenden Gläubiger, also ein der Gesellschaft nachteiliger Vermögenstransfer[207]. Die Einbeziehung von Sicherheiten in die Kapitalersatzregelungen bezweckt die Erfassung von „Umgehungs-"Tatbeständen, die den gleichen wirtschaftlichen Effekt haben wie eine Direktkreditierung durch den sicherungsgebenden Gesellschafter[208]. Im Anwendungsbereich des § 32a Abs. 2 GmbHG (i. V. m. §§ 129a, 172a HGB) wird die Besicherung eines Drittdarlehens daher auch als „mittelbares Gesellschafterdarlehen" bezeichnet[209]. Bei unmittelbaren wie „mittelbaren" Gesellschafterdarlehen disponiert die Gesellschaft

---

S. 116 ff. (135, 3. Abs.); vgl. auch *von Rosenberg/Kruse,* BB 2003, S. 641 ff. (648, b)); *Wiedemann/Hermanns,* ZIP 1994, S. 997 ff. (1002, 2. Abs.).

[203] Streitig, wie hier *OLG Hamm* (U. v. 03.05.1993 – 8 U 184/92), GmbHR 1994, S. 184 ff. (185, 2.); *LG München II* (U. v. 25.02.2004 – 5 O 6088/02), ZInsO 2004, S. 626 ff. (629, II. 1.); *Fleck,* EWiR 1996, S. 1087 f. (1088, 3.1); *Fleischer,* JR 1997, S. 293 f. (294, 3.), der das Erfordernis eines Vermögensabflusses im Darlehensrecht „zwanglos" mit der Vorschrift § 610 BGB a. F. (§ 490 Abs. 1 n. F.) begründet; arg. e *Knobbe-Keuk,* BB 1984, S. 1 ff. (4, letzter Abs.), deren Interpretation *K. Schmidt,* ZIP 1990, S. 69 ff. (77, 3.), als „kleinsten gemeinsamen Nenner" bezeichnet; *Rowedder/Schmidt-Leithoff* (*Pentz*), GmbHG (4), § 32a Rn. 142, mit der selbstverständlichen Ausnahme, dass es sich nicht um ein Krisendarlehen handeln darf; im Ergebnis ebenso, allerdings ohne nähere Begründung, *Lutter/Hommelhoff* (*Lutter/Hommelhoff*), GmbHG (16), §§ 32a/b Rn. 185, für die Liquiditätszusage; aA *OLG München* (U. v. 22.07.2004 – 19 U 1867/04), ZIP 2004, S. 2102 ff. (2105, d)); *MüKo-Stodolkowitz.,* InsO, Band 2, § 135 Rn. 20.

[204] Zum Kapitalersatzcharakter von Sicherheiten, vgl. bereits unter Gliederungspunkt 2.

[205] Für den Fall einer bindenden Darlehenszusage, siehe *BGH* (U. v. 19.09.1996 – IX ZR 249/95), BGHZ 133, S. 298 ff. (303, 1. Abs.): „Bereits die schuldrechtliche Vereinbarung kann bei Dritten den Eindruck erwecken, die Gesellschaft sei noch lebensfähig, und sich damit wirtschaftlich ähnlich wie die Übernahme einer Bürgschaft oder die Einräumung einer Kreditlinie auswirken. Der auf diese Weise entstandene Anschein beruht auf der Finanzierungsverantwortung des Gesellschafters, die den tragenden Grund bildet für die Gleichsetzung der erbrachten Leistung mit haftendem Eigenkapitel" bzw. „Dies ist indessen nur gerechtfertigt, sofern die Finanzierungshilfe, zu der sich der Gesellschafter verpflichtet hat, tatsächlich zu Gunsten der Gesellschaft geflossen ist …" (303, b)).

[206] Oder eines Teils davon.

[207] Im Ergebnis ebenso *von Gerkan/Hommelhoff* (*Fleischer*), Handbuch des Kapitalersatzrechts (2), S. 217 Rn. 6.50, 6.53, 6.56; aA wohl *Wilhelmi,* DZWIR 2003, S. 45 ff. (53, 2. a)).

[208] *BGH* (U. v. 20.09.1993 – II ZR 151/929, ZIP 1993, S. 1614 ff. (1615, 2.); *Michalski* (*Heidinger*), GmbHG, Band I, §§ 32a, 32b Rn. 133, Verhinderung nahe liegender Umgehungsversuche; *Rowedder/Schmidt-Leithoff* (*Pentz*), GmbHG (4), § 32b Rn. 1.

effektiv über Mittel, in deren Genuss sie ohne die gesellschafterliche Stützungsmaßnahme nicht gekommen wäre und mit deren Hilfe der Geschäftsbetrieb der Gesellschaft (wenigstens kurzfristig) aufrechterhalten werden kann[210]. Daran fehlt es bei der bloßen Ausstattungs*zusage*[211].

### *b) Nutzungsüberlassung*

Diese lässt sich wirtschaftlich auch nicht mit einer Nutzungsüberlassung vergleichen. Das „interne“ Ausstattungsversprechen kann zwar ebenfalls der Aufrechterhaltung des Geschäftsbetriebes der Begünstigten dienen, indem die begünstigte Gesellschaft ihren Gläubigern die Zusage offen legt und sich im Außenverhältnis als „sichere Bank“ präsentiert, auch ist die Zusage für sie meist existenziell[212], sie dient ihr aber nicht als unabkömmliche Kapitalgrundlage[213]. Eine kapitalersetzende Leistung muss verlorenes Stammkapital ersetzen. Das tut die *Zusage* als solche nicht. Eine Unterbilanz oder Überschuldung verhindert allenfalls ein valutierter und werthaltiger Ausstattungs*anspruch*[214]. Dass die Zusage selbst nicht aktivierungsfähig ist[215], hindert ihre Gleichstellung mit der

---

209 *von Gerkan/Hommelhoff* (*Fleischer*), Handbuch des Kapitalersatzrechts (2), S. 198 Rn. 6.1; *Hachenburg (Ulmer),* GmbHG (8), § 32a, b Rn. 4; *Michalski* (*Heidinger*), GmbHG, Band I, §§ 32a, 32b Rn. 3, 133; *Rowedder/Schmidt-Leithoff* (*Pentz*), GmbHG (4), § 32a Rn. 12.; ähnlich auch *BGH* (U. v. 20.09.1993 – II ZR 151/929), ZIP 1993, S. 1614 ff. (1615, 2.).

210 Siehe auch *Forschbach,* Liquiditätszusagen, S. 174/175; *Michalski* (*Heidinger*), GmbHG, Band I, §§ 32a, 32b Rn. 151, eine der Darlehensgewährung nach Abs. 1 und Abs. 2 wirtschaftlich entsprechende Rechtshandlung i. S. d. § 32a Abs. 3 GmbHG müsse im Kern eine *Kapitalüberlassung* an die GmbH *zur zeitweisen Nutzung* beinhalten, die nicht auf einem Darlehensvertrag beruhe (Hervorh. durch Verf.); vgl. auch die beispielhaft aufgeführten Fallgruppen bei *Rowedder/Schmidt-Leithoff* (*Pentz*), GmbHG (4), § 32a Rn. 155–169.

211 Im Ergebnis ebenso *LG München II* (U. v. 25.02.2004 – 5 O 6088/02), ZInsO 2004, S. 626 ff. (629, II. 1.).

212 Zu dieser Voraussetzung, *BGH* (U. v. 16.10.1989 – II ZR 307/88), BGHZ 109, S. 55 ff. (57, b)).

213 Zu diesem Merkmal, *BGH* (U. v. 16.10.1989 – II ZR 307/88), BGHZ 109, S. 55 ff. (60, letzter Abs.).

214 Vgl. nur *Nöcker/Meyer-Pries,* StuB 2000, S. 760 ff. (761/762), denen zufolge bei Fehlen einer Rückgriffsmöglichkeit selbst eine „externe“ Ausstattungsverpflichtung im Überschuldungsstatus des Protegés aktiviert werden kann; ebenso *Merz/Hubner,* DStR 2005, S. 802 ff. (803/804, 2.3.1–2.3.3 (v. a. 2.3.2)).

215 Eine Aktivierung der „internen“ Ausstattungs„*zusage*“ nach deutschem Handelsrecht ist nur insoweit möglich, als aus dieser bereits ein endgültiger und vollwirksamer Ausstattungsanspruch entstanden ist. Vor Eintritt einer Deckungslücke im Vermögen der Begünstigten existiert nur ein in seiner Entstehung noch ungewisser, aufschiebend bedingter Ausstattungsanspruch, der nach dem für die Aktivseite geltenden Realisationsprinzip nicht aktivierungsfähig ist (vgl. § 252 Abs. 1 Ziff. 4, 2. HS HGB: „Gewinne sind nur zu berücksichtigen, wenn sie am Abschlusstag realisiert sind.“), vgl. *Forschbach,* Liquiditätszusagen, S. 143/144, II.; *Neumayer,* BB 1998, S. 735 ff.

Nutzungsüberlassung aber noch nicht. Obwohl die Nutzungsüberlassung nach nahezu einhelliger Meinung kapitalersetzend sein kann[216], ist sie gleichsam nicht zwingend ein bilanzwirksamer Vorgang[217]. Nach mehrheitlicher Ansicht, der sich der BGH angeschlossen hat, knüpfen die Kapitalersatzregeln nicht vorrangig an bilanziellen Erwägungen an[218]. Aus Sicht des BGH ist allein ent-

---

(735, I., b), II. , 2. Abs., 735–737, 1./2.); siehe auch *Loitz/Schulze,* DB 2004, S. 769 ff. (770, b), 773, bb), 774, V.); *FG Köln* (U. v. 14.12.2004 – 13 K 6713/00), EFG 2005, S. 477 ff (478/479), zur fehlenden Möglichkeit einer Rückstellungsbildung (Passivierung), solange der Ausstattungsschuldner mit seiner Inanspruchnahme noch nicht ernsthaft rechnen muss. Die für die Anspruchsentstehung maßgeblichen Ursachen sind vor dem Bedarfsfall noch nicht gesetzt. Es kann noch nicht mit der gebotenen Sicherheit und vor allem unter Anlegung eines wirtschaftlichen Maßstabes von einem aktuellen Ausstattungsanspruch der Begünstigten ausgegangen werden; ähnlich *Forschbach,* S. 143/144, II, eine Offenlegung der Zusage sei nur als freiwilliger Bestandteil im Anhang (§§ 284 ff. HGB) oder im Lagebericht (§ 289 HGB) möglich (S. 144, 3. Abs.); vgl. auch *K. Schmidt,* ZGR 1983, S. 513 ff. (521/522, b)), zur Situation beim Verlustausgleichsanspruch gemäß § 302 AktG; missverständlich daher *Merz/Hübner,* DStR 2005, S. 802 ff. (803/804, 2.3.1–2.3.3, 807, 5.), Aktivierbarkeit „der harten Patronatserklärung“.

216 Kritisch v.a. *K. Schmidt,* ZHR 154 (1990), S. 237 ff. (243, 1. Abs., 257/258, VIII.); ablehnend *ders.* in: ZIP 1990, S. 69 ff. (74, 2.4), was nicht auf der Passivseite der Handelsbilanz erscheinen könne, wie empfangene Gebrauchsvorteile, könne weder Eigen- noch Fremdkapital begründen.

217 Die „Verstrickung“ einer Nutzungsüberlassung hat der BGH ausdrücklich nicht daran scheitern lassen, dass sie, „anders als ein Darlehen – nicht zu einem Passivposten in der Bilanz führt“, *BGH* (U. v. 14.12.1992 – II ZR 298/91), BGHZ 121, S. 31 ff. (34); Das Gesetz bedinge keine unterschiedliche Behandlung der zwar formal unterschiedlichen, wirtschaftlich aber äquivalenten Tatbestände, *BGH* (U. v. 16.10. 1989 – II ZR 307/88), BGHZ 109, S. 55 ff. (58/59); *BGH* (U. v. 14.12.1992 – II ZR 298/91), a.a.O., S. 33. Zur Einlagefähigkeit von Nutzungsrechten nach hM, siehe nur *K. Schmidt,* ZHR 154 (1990), S. 237 ff. (254–257, VII.).

218 Vgl. nur *BGH* (U. v. 21.09.1981 – II ZR 104/80), BGHZ 311 ff. (320/321, 5.), „Sonnenring“, Eigenkapitalersatz einer Stundungsabrede; *BGH* (U. v. 24.11.2003 – II ZR 171/01), WM 2004, S. 325 ff. (326, c) aa)/bb)), unbesicherte Darlehensgewährungen an einen Gesellschafter seien auch dann als verbotene Auszahlungen zu Lasten des gebundenen Vermögens zu werten, wenn der Rückzahlungsanspruch gegen den Gesellschafter im Einzelfall vollwertig sei. Als bloßer Aktivtausch sei der Vorgang zwar bilanzrechtlich neutral, eine rein bilanzrechtliche Betrachtungsweise greife aber zu kurz. Der Vermögensschutz erschöpfe sich nicht in der Garantie einer bilanzmäßigen Rechnungsziffer, er gebiete die Erhaltung einer die Stammkapitalziffer deckenden Haftungsmasse. Mit dem Ziel der Erhaltung eines bestandssichernden Betriebsvermögens sei es unvereinbar, der Gesellschaft reales Vermögen gegen einen zeitlich hinausgeschoben schuldrechtlichen Rückzahlungsanspruch zu entziehen; dazu *Bender,* BB 2005, S. 1492 ff. (1492/1493, II.); *Reidenbach,* WM 2004, S. 1421 ff. (1422); *Weber/Brügel,* DB 2004, S. 1923 ff. (1926, 1. Abs.); vgl. auch *Rowedder/Schmidt-Leithoff* (*Pentz*), GmbHG (4), § 32a Rn. 165/166; aA *K. Schmidt,* ZIP 1990, S. 69 ff. (74, 2.4, 78, 1. Abs., 79, VI. 2.), wo kein als Fremd- oder Eigenkapital qualifizierbarer Passivposten entstehe, sei weder für den Tatbestand noch für die Rechtsfolgen des § 32a GmbHG Raum. Diesem Streit braucht hier nicht näher nachgegangen zu werden, da sich die „interne“ Ausstattungszusage dessen ungeachtet nicht als Kapitalersatzmittel eignet; siehe auch *Vetter,* ZIP 2003, S. 601 ff. (601, I.). Gleichfalls nicht zwingend bilanzwirksam ist der Fall eines *„existenzvernichtenden Eingriffs“*, arg. e *BGH* (U. v.

scheidend, dass eine Gebrauchsüberlassung wie die Darlehensgewährung zur Fortführung einer ohne die Unterstützungsmaßnahme sanierungsbedürftigen und damit ohne die Kapitalzufuhr liquidationsreifen Gesellschaft geeignet sein kann[219]. Andererseits muss bei einer eigenkapitalersetzenden (Nutzungs-)Überlassung tatsächlich Substanz zugeführt worden sein bzw. eine reale Vermögenszuwendung an die Begünstigte erfolgt sein, welche die marode Gesellschaft zur Aufrechterhaltung ihres Geschäftsbetriebs befähigt und die dementsprechend während der Krise nicht abgezogen werden darf[220]. Mit einer Finanzierungszusage allein kann die Versprechensempfängerin nicht weiterarbeiten. „Arbeitsgrundlage" können nur die in Erfüllung der Zusage erbrachten Zuwendungsleistungen sein. Bei einer Nutzungsüberlassung knüpft der BGH zur Feststellung des kapitalersetzenden Charakters daher zu Recht nicht an die Überlassungs*abrede* an, sondern an den tatsächlichen Vorgang der Gebrauchsüberlassung[221], an das tatsächlich zugeführte Nutzungsrecht[222] bzw. an die vertragsgemäß erbrachte Leistung[223].

### *c) Anspruchsverzicht durch die kriselnde Gesellschaft*

Der Einschätzung, dass die Ausstattungszusage selbst nicht kapitalersetzend ist, steht schließlich auch nicht entgegen, dass ein Anspruchsverzicht und die tatsächliche Aufgabe einer Forderung durch die Gesellschaft eine unzulässige

13.12.2004 – II ZR 256/02), ZIP 2005, S. 250 ff. (252, letzter Abs.); *BGH* (U. v. 13.12.2004 – II ZR 206/02, „Autohändler-Fall"), ZIP 2005, S. 117 ff. (117/118, II. 1.), Tatbestandsverwirklichung auch bei der Vereitelung von Geschäftschancen, etc.; *Emmerich,* AG 2004, S. 423 ff. (424, 2. Abs.); *Henze,* AG 2004, S. 405 ff. (405, I., 410, III. 1., 413, b)); *Lutter/Banerjea,* ZGR 2003, S. 402 ff. (420–423, 1./2. a)).

219 *BGH* (U. v. 16.10.1989 – II ZR 307/88), BGHZ 109, S. 55 ff. (58 a.E.), „Lagergrundstück I"; *BGH* (U. v. 14.12.1992 – II ZR 298/91), BGHZ 121, S. 31 ff. (34), „Lagergrundstück II"; *BGH* (U. v. 11.07.1994 – II ZR 146/92), BGHZ 127, S. 1 ff. (7–10, 2., v.a. 9 a.E.), „Lagergrundstück III", *BGH* (U. v. 11.07.1994 – II ZR 162/92), BGHZ 127, S. 17 ff. (25 a.E.), „Lagergrundstück IV"; *BGH* (U. v. 16.06.1997 – II ZR 154/96), NJW 1997, S. 3026 f. (3026/3027, I. 1/2.), „Lagergrundstück V".

220 Zur Maßgeblichkeit einer „tatsächlich durchgeführten (zusätzlichen) Finanzierung" bzw. eines der Gesellschaft zugeführten Gegenstandes, vgl. nur *BGH* (U. v. 11.07.1994 – II ZR 162/92), BGHZ 127, S. 17 ff. (23, 2. Abs., 24/25); *LG München II* (U. v. 25.02.2004 – 5 O 6088/02), ZInsO 2004, S. 626 ff. (629, II. 1.); *Altmeppen,* ZIP 2005, S. 119 ff. (119, II. 1.), im Zusammenhang mit der Existenzvernichtungshaftung: „Einerseits müsse der Gesellschafter seine GmbH nicht ‚erhalten', geschweige denn in der Krise ‚retten', andererseits dürfe er ihr ohne angemessenes Entgelt *kein vermögenswertes Gut entziehen,* wenn Unterdeckung bestehe oder drohe" (Hervorh. durch Verf.).

221 *BGH* (U. v. 16.06.1997 – II ZR 154/96), NJW 1997, S. 3026 f. (3026/3027, I. 1., II. 2. c)); siehe auch *von Gerkan/Hommelhoff* (*Haas/Dittrich*), Handbuch des Kapitalersatzrechts (2), S. 269 Rn. 8.12a, S. 271–273 Rn. 8.14–8.19.

222 *BGH* (U. v. 11.07.1994 – II ZR 146/92), BGHZ 127, S. 1 ff. (9); *BGH* (U. v. 11.07.1994 – II ZR 162/92), BGHZ 127, S. 17 ff. (24/25).

223 *BGH* (U. v. 26.06.2000 – II ZR 370/98), NJW 2000, S. 3565 f. (3566, f)).

Rückzahlung im Sinne der Kapitalersatzregeln[224] sein können[225]. Zweck des Anfechtungsrechts ist die Rückgängigmachung oder drohende Gefahr einer effektiven Masseminderung[226]. Die Rücknahme einer kapitalersetzenden Leistung muss zur Reduktion der Vollstreckungs- bzw. Insolvenzmasse geeignet sein. Der Verzicht auf einen werthaltigen Anspruch hat diese Eignung. „Forderungen" werden als Umlaufvermögen bilanziert (vgl. § 266 Abs. 2 lit. B Ziff. II HGB). Ihr Untergang verringert das Schuldnervermögen. Das Kapitalersatzrecht verleiht aber keinen Schutz davor, dass sich die Hoffnung eines außenstehenden Dritten auf die *Beibehaltung* und *künftige* Erfüllung einer „bloßen" Finanzierungs*zusage* als trügerisch erweist[227]. Wird eine „interne" Ausstattungszusage mit Wirkung für die Zukunft aufgehoben, erlangt der Pflichtige zwar einen vermögenswerten Vorteil im Sinne des Bereicherungsrechts, nämlich die Befreiung von einer Verbindlichkeit[228], die Ausstattungszusage ist aber nur insoweit „Forderung" und damit Bestandteil der den Gläubigern zur Verfügung stehenden Zugriffsmasse, als die Gläubiger wenigstens fiktiv über einen fälligen Anspruch gegenüber der begünstigten Gesellschaft verfügen. Als Einlagenrückgewähr im Sinne des Kapitalersatzrechts kommt folglich nur der Verzicht der Begünstigten auf einen dem Umfang und der Höhe nach bereits hinreichend konkretisierten Ausstattungsanspruch in Betracht, wie er einer rückwirkenden Aufhebung der Ausstattungsvereinbarung immanent wäre[229]. Ein rückwirkender

---

[224] Zu diesen sogleich unter Gliederungspunkt II. (Fn. 235).

[225] *Michalski* (*Heidinger*), GmbHG, Band I, § 30 Rn. 64; *Mülbert,* ZGR 1995, S. 578 ff. (596), der zumindest vorübergehende Verzicht auf die Geltendmachung eines Befreiungsanspruchs lasse sich als verdeckte Einlagenrückgewähr qualifizieren; *Weber/Brügel,* DB 2004, S. 1923 ff. (1925, a) aa)); vgl. auch *BGH* (U. v. 10.03.1993 – II ZR 74/92), BGHZ 122, S. 333 ff. (338, 1. Abs.).

[226] *Breutigam/Blersch/Goetsch,* InsO, Band I (*Haas*), § 135 Rn. 5.

[227] Ähnlich *Forschbach,* Liquiditätszusagen, S. 172–174. *Wiedemann/Hermanns,* ZIP 1994, S. 997 ff. (1002, 2. Spalte), weisen darüber hinaus auf den deutlich anders gearteten Risikogehalt hin, je nachdem ob bereits weggegebene Vermögenswerte kapitalersatzbedingt verfallen oder eine in ihren Ausmaßen unkalkulierbare „Nachzahlungspflicht" besteht.

[228] Insoweit ist *MüKo-Stodolkowitz,* InsO, Band 2, § 135 Rn. 20, Recht zu geben, der allerdings eine Auseinandersetzung mit der „Befriedigungsproblematik" vermissen lässt.

[229] Vgl. auch *BGH* (U. v. 11.07.1994 – II ZR 162/92), BGHZ 127, S. 17 ff. (23 a.E.), der Umqualifizierung könne nur das unterliegen, was der Gesellschafter der Gesellschaft tatsächlich zusätzlich zu ihrem haftenden Eigenkapital zugeführt habe. Was die Gesellschaft von ihrem Gesellschafter nicht erhalten habe, stehe von vornherein außerhalb einer möglichen Bindung nach Eigenkapitalersatzregeln; *Forschbach,* Liquiditätszusagen, S. 177/178, cc), m.w.N., welche die Unanwendbarkeit der Kapitalersatzregeln auch damit begründet, dass obligatorische Ansprüche zur effektiven Kapitalaufbringung ungeeignet seien und nur solche Leistungen umqualifiziert werden könnten, die auch Gegenstand einer Kapitaleinlage sein könnten. Allerdings wäre die Einlagefähigkeit der nach hM kapitalersatzgeeigneten Nutzungsüberlassung dann, wenn überhaupt, nur unter bestimmten Voraussetzungen gegeben (zu dem Streitstand um diese, vgl. nur *Michalski* (*Zeidler*), GmbHG, Band I, § 5 Rn.125/126, m.w.N.).

Forderungsverzicht oder eine rückwirkende Aufhebung des „internen" Ausstattungsvertrages dürften jedoch wenig praktisch sein. Praxisrelevant sind vornehmlich Aufhebungsvereinbarungen ex nunc sowie die Kündigung einer Ausstattungszusage durch den Pflichtigen, die gleichsam nur Zukunftswirkung hat.

Der Satz, verbotene „Auszahlung" sei jedwede Leistung, die das Gesellschaftsvermögen verringert[230], ist demnach dahingehend zu präzisieren, dass es zu einem realen Vermögensabfluss kommen muss[231].

### 3. Fehlende Befriedigungswirkung im Sinne des § 135 Ziff. 2 InsO

Im Übrigen dürfte es bei der Entlassung des Pflichtigen aus einer Finanzierungszusage auch an dem Tatbestandsmerkmal einer „Befriedigung" im Sinne des § 135 Ziff. 2 InsO fehlen, obschon der Begriff zur Verhinderung von Umgehungsversuchen weit zu fassen ist[232]. „Befriedigung" ist jede Rechtshandlung, durch die eine Forderung des Gesellschafters auf Rückgewähr einer Kapitalersatzleistung getilgt wird[233]. Der Ausstattungspflichtige hat von der begünstigten Gesellschaft (jedenfalls vor erfolgter Ausstattung) *nichts zu fordern*. Er verfügt über keinen Rückgewähranspruch, den er in der Gesellschaftsinsolvenz nur nachrangig geltend machen könnte (vgl. §§ 32a Abs. 1 GmbHG, 39 Abs. 1 Ziff. 5 InsO). Ein Forderungsrecht besteht allein in umgekehrter Richtung. Auf den eingetretenen Vorteil der Befreiung von der Ausstattungsverpflichtung infolge der Aufhebungsvereinbarung hat der Pflichtige keinen Anspruch gehabt. Es fehlt an der erforderlichen Erfüllungswirkung zu seinen Gunsten[234].

Bei Aufhebung oder Kündigung einer Ausstattungsvereinbarung mit Wirkung für die Zukunft ist § 135 InsO folglich unanwendbar.

---

Zur Behandlung einer Finanzplanverpflichtung in der Krise, *Rowedder/Schmidt-Leithoff* (*Pentz*), GmbHG (4), § 32a Rn. 57, der Gesellschafter könne von dieser entgegen der Meinung des BGH auch während einer Krise befreit werden, solange der Anspruch gegen den Gesellschafter noch nicht bilanziert sei und der Erlass der Verbindlichkeit keine Unterbilanz bewirke.

230 Statt vieler *Weber/Brügel*, DB 2004, S. 1923 ff. (1925, a) aa)).

231 Vgl. auch *OLG Dresden* (U .v. 06.06.2002 – 7 U 2325/01), GmbHR 2003, S. 356 ff. (358, aa)).

232 *Braun*, InsO (2), (*de Bra*), § 135 Rn. 16.

233 *Breutigam/Blersch/Goetsch*, InsO, Band I (*Haas*), § 135 Rn. 47; *Eickmann u. a.*, InsO (3), (*Kreft*), § 135 Rn. 10; *MüKo-Stodolkowitz*, InsO, Band 2, § 135 Rn. 76; *Rowedder/Schmidt-Leithoff* (*Pentz*), GmbHG (4), § 32a Rn. 197; vgl. auch *Braun*, InsO (2), (*de Bra*), § 135 Rn. 16, wonach sich unter das Merkmal der „Befriedigung" auch sämtliche Erfüllungssurrogate subsumieren lassen; *Kübler/Prütting*, InsO, Band II (*Paulus*), § 135 Rn. 31; zur gleich lautenden Vorschrift des § 6 AnfG, *Nerlich/Niehus*, AnfR, § 6 AnfG Rn. 30.

234 Zu diesem Merkmal *Breutigam/Blersch/Goetsch*, InsO, Band I (*Haas*), § 135 Rn. 47.

## II. Geltung des § 32b GmbHG bzw. der Rechtsprechungsregeln zum Kapitalersatz bei Aufhebung oder Kündigung einer Ausstattungsvereinbarung

Die Regelung des § 32b GmbHG (i.V.m. §§ 129a, 172a HGB) und die fortgeltenden Rechtsprechungsregeln zu §§ 30, 31 GmbHG[235] betreffen diese Fallgestaltung ebenfalls nicht[236].

---

[235] Dazu *Braun,* InsO (2), (*de Bra*), § 135 Rn. 4/5, 14; *Cahn,* AG 2005, S. 217 ff. (217/281, 2.–4.); *Hachenburg (Ulmer),* GmbHG (8), § 32a, b Rn. 1, 15, 159/160; *Lutter/Hommelhoff* (*Lutter/Hommelhoff*), GmbHG (16), §§ 32a/b Rn. 11, 102; *Michalski* (*Heidinger*), GmbHG , Band I, § 30 Rn. 140; *MüKo-Stodolkowitz,* InsO, Band 2, § 135 Rn. 1–3, 8, 104/105; *Röhricht,* ZIP 2005, S. 505 ff. (512, V.); *Rowedder/ Schmidt-Leithoff* (*Pentz*), GmbHG (4), § 32a Rn. 19, 213/214; *K. Schmidt,* GmbHR 2005, S. 797 ff. (801/802, 1./2.). Nach dieser Rechtsprechung können Gesellschafter eigenkapitalersetzende Fremdmittel analog §§ 30, 31 GmbHG bis zur Beseitigung der Gesellschaftskrise nicht abziehen. Die funktional an die Stelle des fehlenden Eigenkapitals tretenden Darlehen (i.w.S.), ohne die der Fortbestand des Unternehmens nicht gesichert wäre, sollen den Gesellschaftsgläubigern wie haftendes Eigenkapital zur Verfügung stehen. Zunächst ist angenommen worden, der Gesellschafter verhielte sich widersprüchlich, wenn er einer kreditunwürdigen Gesellschaft „sehenden Auges" Fremdmittel überließe und ihr diese vor Beendigung der Krise wieder entzöge (*BGH* (U. v. 27.09.1967 – II ZR 162/75), BGHZ 67, S. 171 ff. (175, 2. Abs.); kritisch zu dieser Argumentation *Grunewald,* GmbHR 1997, S. 7 ff. (8/9, b)). Im Laufe der Zeit ist immer mehr der Aspekt einer unzulässigen Abwälzung des Fremdkapitalfinanzierungsrisikos auf die Gesellschaftsgläubiger in den Vordergrund getreten. Analog § 30 GmbHG sind der Rechtsprechung zufolge (nur) die zur Aufrechterhaltung des Stammkapitals erforderlichen Gesellschafterleistungen als materielles Risikokapitel im Unternehmen gebunden. Werden sie trotz ihres kapitalersetzenden Charakters zurückgewährt, besteht analog § 31 GmbHG für die Dauer der Unterbilanz ein Rückgewähranspruch gegenüber dem betreffenden Gesellschafter. In der Insolvenz der Gesellschaft ist der Gläubiger der kapitalersetzenden Leistung nur nachrangig forderungsberechtigt (vgl. §§ 32a Abs. 1 GmbHG, 39 Abs. 1 Ziff. 5 InsO). Die im Jahre 1980 zwecks Kodifikation dieser Rechtsprechungsregeln eingefügten §§ 32a, 32b GmbHG sind nach allgemeiner Rechtsüberzeugung zu eng geraten. Sie finden nur für den Zeitraum nach Insolvenzeröffnung Anwendung, greifen also vielfach erst zu einem Zeitpunkt, in dem die Gesellschaft bereits überschuldet ist (vgl. § 19 InsO). Die Rechtsprechungsregeln gelten dagegen schon im Falle einer Unterbilanz, vgl. *Wiedemann/Hermanns,* ZIP 1994, S. 997 ff. (1001, (2)). Die Rechtsprechungsregeln gelten deshalb unbeschadet der Novellierung fort, vgl. *BGH* (U. v. 26.03.1984 – II ZR 14/84), BGHZ 90, S. 370 ff. (376–381). Zum personellen Anwendungsbereich der Kapitalersatzregeln, *Braun,* InsO (2), (*de Bra*), § 135 Rn. 5: (zumindest) OHG (§ 129a HGB), KG (§ 172a HGB), bei der keine natürliche Person persönlich haftet, AG im Falle der unternehmerischen Aktionärsbeteiligung (dazu *BGH* (U. v. 26.03.1984 – II ZR 171/ 83), BGHZ 90, S. 381 ff. (390/391); bestätigt durch *BGH* (U. v. 09.05.2005 – II ZR 66/03), AG 2005, S. 617 ff. (617/618, 1./2.), grundsätzlich Beteiligung von mehr als 25% vonnöten; *Cahn,* AG 2005, S. 217 ff. (219, b) a.E.); *Hachenburg (Ulmer),* GmbHG (8), § 32a, b Rn. 11; *Hess/Weis/Wienberg,* InsO (2), (*Weis*), § 135 Rn. 153–162; *MüKo-Stodolkowitz,* InsO, Band 2, § 135 Rn. 118–120; *Wiedemann/Hermanns,* ZIP 1994, S. 997 ff. (1002, 3.); aA *Obermüller,* ZIP 1982, S. 915 ff. (920, 2.1/2.2, siehe aber auch 921, 3.)). Beachte auch die Schwellenwerte in § 32a Abs. 3 S. 2 HGB (sog. Kleinbeteiligtenprivileg) sowie das Sanierungsprivileg in Satz 3 der Norm.

Die Vorschrift des § 32b GmbHG, im Kern gleichfalls eine insolvenzrechtliche Anfechtungsvorschrift[237], würde der auszustattenden Gesellschaft nur unter der Voraussetzung einen Ersatzanspruch gegen den Ausstattungsschuldner zubilligen, dass dieser durch die *Bestellung einer Sicherheit* die Gewährung eines von ihr im letzten Jahr vor dem Eröffnungsantrag zurückgezahlten Fremddarlehens ermöglicht hat[238]. Die Gesellschaftersicherheit hat in diesem Fall, wie geschildert, Kapitalersatzfunktion, da das Fremdkapital ohne die Sicherheitsleistung nicht oder jedenfalls nicht zu denselben Konditionen ausgereicht worden wäre. Wird der Sicherungsgeber von seiner Sicherungszusage frei, wächst der Gesellschaft in Höhe des Wertes der freigewordenen bzw. freigegebenen Sicherheit ein Erstattungsanspruch an[239]. Im Gegensatz zu einer „externen" Ausstattungszusage[240] ist das „interne" Ausstattungsversprechen keine Gläubigersicher-

[236] Ebenso *Lutter/Hommelhoff* (*Lutter/Hommelhoff*), GmbHG (16), §§ 32a/b Rn. 185, eine Liquiditätszusage unterfalle vor ihrer Erfüllung nicht den Regeln über eigenkapitalersetzende Gesellschafterdarlehen. Im Rahmen dieser Arbeit bedarf die Frage nach der Existenzberechtigung dieses Regelungsregimes deshalb keiner Erörterung. Für eine Abschaffung der Rechtsregeln für eigenkapitalersetzende Gesellschafterdarlehen aufgrund der mit ihnen verbundenen Rechtsunsicherheit und der greifbaren Gefahr einer kontinuierlichen Ausdehnung der Haftungstatbestände, *Grunewald,* GmbHR 1997, S. 7 ff. (9/10).

[237] *Braun,* InsO (2), (*de Bra*), § 135 Rn. 2; *Michalski* (*Heidinger*), GmbHG, Band I, §§ 32a, 32b Rn. 335; *MüKo-Stodolkowitz,* InsO, Band 2, § 135 Rn. 5; *Wimmer,* Frankfurter Kommentar zur InsO (*Dauernheim*), § 135 Rn. 114. Zu dem Verhältnis zwischen § 32b GmbHG und § 6 AnfG, *Nerlich/Niehus,* AnfR, § 6 AnfG Rn. 39, 42/43, Ergänzung von § 6 AnfG. Nach *Lutter/Hommelhoff* (*Lutter/Hommelhoff*), GmbHG (16), §§ 32a/b Rn. 133, m.w.N., ist der Erstattungsanspruch im Anfechtungswege gemäß §§ 135, 146 InsO geltend zu machen (str.).

[238] Vgl. *Hess/Weis/Wienberg,* InsO (2), (*Weis*), § 135 Rn. 220; *Schimansky/Bunte/Lwowski* (*Schmitz*), Bankrechts-Handbuch II (2), § 91 Rn. 168. Darlehen i.S.v. § 32a Abs. 2 GmbHG fallen nicht in den Anwendungsbereich des § 135 InsO, vgl. *Weis,* a.a.O., Rn. 188.

[239] *BGH* (U. v. 20.09.1993 – II ZR 151/929, ZIP 1993, S. 1614 ff. (1615, 2.); *OLG Düsseldorf* (U. v. 27.01.1994 – 6 U 294/92), EWiR 1994, S. 359 f. (359, 2.); *Hachenburg (Ulmer),* GmbHG (8), § 32a, b Rn. 4; *Hess/Weis/Wienberg,* InsO (2), (*Weis*), § 135 Rn. 223; *MüKo-Stodolkowitz,* InsO, Band 2, § 135 Rn. 88, da es keiner expliziten Anfechtung bedürfe, handele es sich nur der Sache nach um einen Insolvenzanfechtungstatbestand; *Rowedder/Schmidt-Leithoff* (*Pentz*). GmbHG (4), § 32a Rn. 184, zu den weiteren Konsequenzen der „Beschlagnahme" im Verhältnis zwischen der Gesellschaft und dem Gesellschafter, Rn. 182/183: Freistellungsanspruch der Gesellschaft und Verstrickung eines etwaigen Regressanspruchs. Zum Umfang des Erstattungsanspruchs, *Wimmer,* Frankfurter Kommentar zur InsO (*Dauernheim*), § 135 Rn. 121.

[240] Zur Einordnung der (harten) Patronatserklärung als Sicherheit i.S.d. § 32a Abs. 2 GmbHG, *Balzer,* 7. Rostocker Bankentag 2001, S. 59 ff. (82, 1. Abs.); *Hess/Weis,* AnfR (2), § 135 Rn. 194–197; *Hess/Weis/Wienberg,* InsO (2), (*Weis*), § 135 Rn. 194/195; *Herget/Butzke,* Ersatzsicherheiten, S. 11, d); *J. Koch,* Die Patronatserklärung, S. 307/308, der allerdings vorrangig auf den Schadensersatzanspruch statt der Leistung abstellt, da § 32a Abs. 2 GmbHG implizit voraussetze, dass der Kreditgeber einen unmittelbaren Leistungsanspruch gegen den Gesellschafter haben müsse, an dem es bei der harten Patronatserklärung zunächst fehle. Dem ist zu widersprechen. Der

heit im Sinne der §§ 32a Abs. 2, 32b GmbHG[241]. Rechtsfolge einer kapitalersetzenden Gesellschafterbesicherung ist für den nicht finanzierungs(folge)verantwortlichen außenstehenden Sicherungs*nehmer,* dass er seinen Leistungs- bzw. Rückzahlungsanspruch gegenüber der Gesellschaft in deren Insolvenz erst nach einem fehlgeschlagenen Befriedigungsversuch aus der Sicherheit geltend machen darf. Die Anmeldung seiner Forderung beschränkt sich der Höhe nach auf seinen Ausfall im Sicherungsverhältnis (§ 32a Abs. 2 GmbHG)[242]. Diese Vorgehensweise verbietet sich bei einer „internen" Ausstattungszusage. Die Gläubiger der auszustattenden Gesellschaft können auf den „internen" Ausstattungsanspruch für gewöhnlich nicht direkt zugreifen. Sie sind keine Sicherungsnehmer.

Mangels Kapitalersatzfunktion ist die Aufhebung der Ausstattungsvereinbarung auch keine verbotene Rückzahlung im Sinne der Rechtsprechungsregeln[243].

Aus den genannten Gründen muss entgegen einer teilweise angestellten Überlegung auch die analoge Anwendung des § 32a Abs. 1[244] bzw. Abs. 3[245]

---

Regelungsgehalt der Norm trifft in gleicher Weise auf die primär geschuldete Ausstattungspflicht des Patrons zu; *Lutter/Hommelhoff* (*Lutter/Hommelhoff*), GmbHG (16), §§ 32a/b Rn. 116; *Michalski* (*Heidinger*), GmbHG, Band I, §§ 32a, 32b Rn. 140; *MüKo-Stodolkowitz,* InsO, Band 2, § 135 Rn. 82; *Obermüller,* ZIP 1982, S. 915 ff. (919/920, 1.), dem stehe angesichts der wirtschaftlichen Relevanz des Schadensersatzanspruchs nicht entgegen, dass der Erfüllungsanspruch mittelbar auch dritten Gläubigern zugute komme; *ders.,* Ersatzsicherheiten, S. 16–18 Rn. 61–63; *Rowedder/Schmidt-Leithoff* (*Pentz*), GmbHG (4), § 32a Rn. 177; *Schimansky/Bunte/Lwowski* (*Merkel*), Bankrechts-Handbuch II (2), § 98 Rn. 28; *Wittig* in: *BuB* (2003), Rn. 4/2881; implizit auch *Treffer,* ZAP Nr. 5, Fach 15, S 383 ff. (388, 4. Abs.).

241 *von Rosenberg/Kruse,* BB 2003, S. 641 ff. (648, b)); vgl. auch *Forschbach,* Liquiditätszusagen, S. 162/163, II. 1., m.w.N. zu den Tatbestandsvoraussetzungen: Die Liquiditätszusage werde zwar teilweise auch als Kreditsicherheit eingesetzt, als solche sei sie aber atypisch und biete sie dem Kreditgeber nur eine indirekte und recht schwache Sicherheit. Da üblicherweise aufgrund der Zusage weder primäre noch sekundäre Ansprüche Dritter gegen den Pflichtigen bestünden, scheide ihre Einordnung als eigenkapitalersetzende Sicherheit angesichts der fehlenden direkten Befriedigungsmöglichkeit aus; anders allenfalls nach Abtretung des Ausstattungsanspruchs an einen Gläubiger der Begünstigten, vgl. *Herget/Butzke,* Ersatzsicherheiten, S. 19, e), 2. Abs., siehe aber auch S. 31, c); *Wittig* in: *BuB* (2003), Rn. 4/2961, jeweils zur vergleichbaren Konstellation eines abgetretenen Verlustausgleichsanspruchs nach § 302 AktG.

242 *Hess/Weis/Wienberg,* InsO (2), (*Weis*), § 135 Rn. 203; *Lutter/Hommelhoff* (*Lutter/Hommelhoff*), GmbHG (16), §§ 32a/b Rn. 128; *Michalski* (*Heidinger*), GmbHG, Band I, §§ 32a, 32b Rn. 336; *MüKo-Stodolkowitz.,* InsO, Band 2, § 135 Rn. 85; *Rowedder/Schmidt-Leithoff* (*Pentz*), GmbHG (4), § 32a Rn. 12; *Wagenknecht* in: *BuB,* Rn. 4/1128, 4/1129a.

243 Ihre Kündigung durch den Pflichtigen per se nicht, da die Begünstigte an diesem Beendigungstatbestand nicht mitwirkt.

244 Die *Wiedemann/Hermanns,* ZIP 1994, S. 997 ff. (1001/1002, 2.2) erwägen: Es dränge sich die Frage auf, ob die entsprechende Anwendung dieser Norm mit der Folge in Betracht zu ziehen sei, dass dem Gesellschafter entweder die Möglichkeit zur

GmbHG ausscheiden[246]. Der zukunftsbezogene Part einer „internen“ Ausstattungs*zusage* ist kein einer Darlehens*gewährung* wirtschaftlich gleichwertiger Tatbestand[247].

## III. Pflicht zur Beibehaltung und unbedingten Erfüllung der Ausstattungszusage wegen ihrer Funktion als Krisenfinanzierungsinstrument

Der Ausstattungspflichtige könnte sich aber unabhängig von der Kapitalersatzfunktion des Ausstattungsversprechens in der Krise und Insolvenz des auszustattenden Unternehmens an seiner Zusage festhalten lassen müssen, weil die „interne“ Ausstattungszusage von vornherein auf eine Krisenfinanzierung angelegt ist[248] und damit bei Eintritt der Krise *einlagengleiche* Wirkung[249] entfaltet[250]. Fraglich ist, ob dies bereits deshalb gilt, weil der Ausstattungspflichtige für den Bedarfsfall die Zuwendung der zur Schuldentilgung benötigten Mittel

---

Rücknahme des Darlehensversprechens versagt oder ihm diese Möglichkeit zwar belassen werde, er aber vom Insolvenzverwalter (nunmehr) auf Erstattung des Wertes der Kreditzusage in Anspruch genommen werden könne. Im Ergebnis könne der Gesellschafter in beiden Fällen in dem zur Befriedigung der Gläubiger erforderlichen Umfang in Anspruch genommen werden. Die Tatsache, dass die Gesellschaft im unmittelbaren Anwendungsbereich von §§ 32a, 32b GmbHG durch eine aktuelle Finanzspritze am Leben erhalten werde, während vorliegend eine künftige Mittelzuführung versprochen werde, rechtfertige bei wertender Betrachtung im Lichte des Normzwecks der Kapitalerhaltungsvorschriften keine Differenzierung. Die Autoren melden vornehmlich deshalb Bedenken an, weil im Zuge der Analogiebildung sowohl die Tatbestandsvoraussetzungen als auch die Rechtsfolgen der Norm an die zu beurteilende Sachlage angepasst werden müssten; siehe dazu die Anmerkung von *Forschbach,* Liquiditätszusagen, S. 168/169, b).

245 Auf diese Vorschrift stellt *Forschbach,* Liquiditätszusagen, S. 168/169, b) maßgeblich ab.

246 Im Ergebnis ebenso, wenn auch unter Verweis auf die Argumentation von *Wiedemann/Herrmanns* und dem *OLG Celle, von Rosenberg/Kruse,* BB 2003, S. 641 ff. (648, b)).

247 Im Ergebnis ebenso *LG München II* (U. v. 25.02.2004 – 5 O 6088/02), ZInsO 2004, S. 626 ff. (629, II. 1.).

248 Vgl. *Hess/Weis/Wienberg,* InsO (2), (*Weis*), § 135 Rn. 150, für eine nach Ausscheiden des Gesellschafters erbrachte, der Krisenfinanzierung dienende und daher dem Rückzahlungsverbot unterfallende Finanzierungsleistung. Die Einordnung als Finanzplangeschäft oder als Krisenfinanzierung ist dabei nebensächlich. Zur Unterscheidungsproblematik, *Michalski* (*Heidinger*), GmbHG, Band I, §§ 32a, 32b Rn. 63–65, 70, 386–397, 398.

249 Zu dieser *Lutter/Hommelhoff* (*Lutter/Hommelhoff*), GmbHG (16), §§ 32a/b Rn. 169; *Michalski* (*Heidinger*), GmbHG, Band I, §§ 32a, 32b Rn. 27, zu den einlagengleichen Gesellschafterleistungen zählten insbesondere der sog. Finanzplankredit, die Finanzplannutzung, die Krisen- und Sanierungsdarlehen.

250 In der Tendenz bejahend *von Rosenberg/Kruse,* BB 2003, S. 641 ff. (648, b) a.E.).

zugesagt hat. Dagegen spricht, dass tatbestandliche Voraussetzung der Ausstattungspflicht nicht die Unmöglichkeit zur Befriedigung des bestehenden Ausstattungsbedarfs durch die Begünstigte auf dem freien Kapitalmarkt ist. So gesehen ist die Ausstattungszusage kein krisenspezifisches, sondern ein allgemeines Finanzierungsinstrument. Diese Überlegung ist allerdings nicht zielführend. Es lässt sich nicht leugnen, dass die „interne" Ausstattungsverpflichtung ihre eigentliche Bedeutung erst in der Krise der auszustattenden Gesellschaft entfaltet.

Der Ausstattungspflichtige muss der Begünstigten die benötigte finanzielle Unterstützung zuteil werden lassen. Er muss seine Zusage auch und gerade in der Krise und Insolvenz der begünstigten Gesellschaft erfüllen, schließlich ist Vertragszweck der Ausstattungsvereinbarung, wenn nicht ausdrücklich, so doch zumindest stillschweigend, die Abwendung einer aktuellen oder drohenden Überschuldungssituation bzw. der Zahlungsunfähigkeit der Begünstigten[251]. Die „interne" Ausstattungsvereinbarung hat (zumindest auch) Krisenfinanzierungsfunktion[252]. Der Pflichtige kann die geschuldeten Unterstützungsmaßnahmen daher nicht mit dem Hinweis einstellen, in der Insolvenz der Begünstigten sei ihm die Erbringung weiterer Ausstattungsleistungen zu riskant und damit unzumutbar[253]. Eine solche Einlassung stünde in klarem Widerspruch zu dem Text und zur Intention einer „internen" Ausstattungsvereinbarung.

Damit ist aber noch nichts darüber gesagt, ob es dem Ausstattungspflichtigen freisteht, sich in der Krise und Insolvenz der Begünstigten von seiner *Zusage* noch zu lösen[254].

### 1. Ordentliche Kündbarkeit der Ausstattungsvereinbarung

Das Recht zur Vertragskündigung wird dem Ausstattungspflichtigen von Teilen der Literatur abgesprochen[255]. Die Liquiditätszusage, so heißt es, unterfalle vor ihrer Erfüllung zwar nicht den Eigenkapitalersatzregeln, sie sei aber in der Krise unkündbar[256].

---

[251] Im Ergebnis ebenso *Paul,* ZInsO 2004, S. 1327 ff. (1330, 3. Abs.).

[252] *Obermüller,* ZIP 1982, S. 915 ff. (918, 4.1).

[253] Ähnlich *Obermüller,* ZIP 1982, S. 915 ff. (918, 4.1); *von Rosenberg/Kruse,* BB 2003, S. 641 ff. (646, 1. Abs.); *Wittig* in: *BuB* Rn. 4/2886.

[254] Ohne Einverständnis der Begünstigten kann dies nur durch eine *ordentliche* Kündigung geschehen. Dazu, dass die ungünstige Vermögenslage der auszustattenden Gesellschaft den Pflichtigen nicht zu einer außerordentlichen Kündigung entsprechend § 490 Abs. 1 BGB legitimiert, s. o. unter Gliederungspunkt B. I.

[255] *Lutter/Hommelhoff* (*Lutter/Hommelhoff*), GmbHG (16), §§ 32a/b Rn. 185; tendenziell ebenso *von Rosenberg/Kruse,* BB 2003, S. 641 ff. (648, b)).

[256] *Lutter/Hommelhoff* (*Lutter/Hommelhoff*), GmbHG (16), §§ 32a/b Rn. 185; ebenso für Finanzplankredite, *K. Schmidt,* GmbHR 2005, S. 797 ff. (806, VI. 1. a)); vgl. auch *von Rosenberg/Kruse,* BB 2003, S. 641 ff. (648, b) a. E.). Dass „interne" wie „externe" Ausstattungsvereinbarungen außerhalb einer Krise grundsätzlich nach

### *a) Konsequenzen einer faktischen Bestandsgarantie*

Dagegen spricht, sieht man von dem Wertungswiderspruch zu der Situation bei der harten Patronatserklärung einmal ab[257], dass der Ausstattungspflichtige ohne ein Recht zur ordentlichen[258] Vertragskündigung bis in alle Ewigkeit an

---

den gesetzlichen Regelungen kündbar sind, dürfte entgegen *von Rosenberg/Kruse,* a. a. O., S. 645, 2., nicht ernsthaft fragwürdig sein.

[257] Der Patronatsvertrag bleibt als kapitalersetzende Sicherheit nach vorliegendem Verständnis auch in der Krise der Hauptschuldnerin ordentlich kündbar (auch wenn die Vertragskündigung für den Patron angesichts seiner fortbestehenden Pflicht zur Abdeckung der bereits bestehenden Verbindlichkeiten nicht mehr viel Sinn macht); zur Bürgschaft im Ergebnis ebenso *Meinhardt,* Beendigung der Haftung, S. 102, 2. Abs.; *Wiedemann/Hermanns,* ZIP 1994, S. 997 ff. (1000, 3. Abs.); aA *von Rosenberg/Kruse,* BB 2003, S. 641 ff. (645, 1., 4. Abs.). Entgegen den Autoren ist das Sicherungsinstrument – hier die „externe“ Ausstattungsvereinbarung – nicht als solches verstrickt, sondern der Sicherungsgeber hat gegenüber der Gesellschaft nur für die Folgen einer Leistungserbringung im Hauptschuldverhältnis einzustehen (zur Bürgschaft, *Kreft,* WM 1997, Sonderbeilage Nr. 5, S. 43–45, 3.). Nur hierauf bezieht sich die Anfechtung. Dies folgt unter anderem daraus, dass der Sicherungsnehmer es sich nach einhelliger Meinung in Konsequenz eines Verzichtes auf das Sicherungsinstrument oder aufgrund einer Aufhebung gefallen lassen muss, dass ihm die Teilnahme am Insolvenzverfahren der Hauptschuldnerin mit dem entsprechenden Betrag verwehrt wird. Der Gläubiger wird so gestellt, als hätte er sich seines Rechts auf vorrangige Inanspruchnahme des Sicherungsgebers nicht begeben, vgl. *von Gerkan/Hommelhoff (Fleischer),* Handbuch des Kapitalersatzrechts (2), S. 212 Rn. 6.36; *Hachenburg (Ulmer),* GmbHG (8), § 32a, b Rn. 141; *Michalski (Heidinger),* GmbHG, Band I, §§ 32a, 32b Rn. 338, 340/341; *Rowedder/Schmidt-Leithoff (Pentz),* GmbHG (4), § 32a Rn. 188. Die Aufhebung als solche ist wirksam, *von Gerkan/Hommelhoff (Fleischer),* a. a. O. und S. 215 Rn. 6.43; vgl. auch *Lutter/Hommelhoff (Lutter/Hommelhoff),* GmbHG (16), §§ 32a/b Rn. 130, der Freistellungsanspruch der Gesellschaft bestehe fort, wenn der Dritte die Sicherheit gegenüber dem Gesellschafter aufgebe; *Rowedder/Schmidt-Leithoff (Pentz),* a. a. O., Rn. 189. Als Adressat einer ordentlichen Kündigungserklärung kann der Gläubiger auf die Kündigung reagieren, indem er seine Rechtsbeziehung(en) zur Hauptschuldnerin außerordentlich kündigt (etwa gemäß § 490 Abs. 1 BGB). Soweit die Hauptschuldnerin den Gläubiger infolgedessen befriedigt oder befriedigen muss, kann sie von dem sicherungsgebenden Gesellschafter (rein gedanklich im Wege der Anfechtung der „Befreiung“) Erstattung gemäß § 31 Abs.1 (analog) bzw. § 32 b) GmbHG respektive Freistellung verlangen, vgl. *Michalski (Heidinger),* a. a. O., Rn. 344, 346, 353, der sicherungsgebende Gesellschafter dürfe nicht auf Kosten der Gesellschaft von der Sicherheit frei werden; ebenso *Rowedder/Schmidt-Leithoff (Pentz),* a. a. O., Rn. 188/189; *Wagenknecht* in: *BuB,* Rn. 4/1129c. Für eine darüber hinausgehende „Verhaftung“ der Sicherungszusage besteht weder Bedarf noch ein gesetzlicher Anhaltpunkt, vgl. auch *Lutter/Hommelhoff,* a. a. O., Rn. 111, wo nur die Rede davon ist, dass das *Rückzahlungs-* und *Tilgungs*verbot nur im Verhältnis zum Gesellschafter wirke (Hervorh. durch Verf.). Bei *von Rosenberg/Kruse,* a. a. O., fehlt denn auch jede weitere Begründung für ihre Ansicht, vgl. auch S. 647, 1. a), S. 647/648, 2. a), wo die Autoren in Übereinstimmung mit der hier vertretenen Meinung (nur) auf die fehlende Kündbarkeit wegen Vermögensverfalls der Tochtergesellschaft hinweisen. Eine weitergehende Beschränkung besteht nicht.

[258] Dazu, dass eine außerordentliche Kündigung wegen Vermögensverfalls des Protegés nicht in Betracht kommt, siehe Gliederungspunkt B. I. (sowie C. III. a. E. (Fn. 254)).

seine Zusage gebunden sein könnte. Befindet sich die Begünstigte, wie so oft, in einer „Dauerkrise“ und versagte man dem Ausstattungspflichtigen neben dem außerordentlichen für die Dauer der Krise auch das Recht zur ordentlichen Vertragskündigung, könnte er sich gegebenenfalls niemals von seiner Zusage lösen. Dieses Ergebnis wäre unter verfassungsrechtlichen Gesichtspunkten bedenklich. Anders als bei einem eigenkapitalersetzenden „Darlehen“, bei dem infolge der Verstrickung „nur“ ein bereits aus dem Vermögen des „Darlehensgebers“ ausgeschiedener Vermögenswert beschlagnahmt wird[259], liefe eine nicht zu kündigende Ausstattungspflicht auf eine Bestandsgarantie zu Gunsten des Begünstigten hinaus, deren Erfüllung mit sinkender Einflussnahmemöglichkeit des Pflichtigen zunehmend risikoreicher würde. In Erfüllung der Endlosverpflichtung könnten der Pflichtige und mit ihm seine gesamte Unternehmensgruppe dem sog. „Domino-Effekt“ zum Opfer fallen.

Eine faktische Bestandsgarantie mit unter Umständen fatalen ökonomischen Konsequenzen ist nach vorliegendem Verständnis aber weder gewollt[260] noch zum Schutz der Gläubiger der auszustattenden Gesellschaft geboten.

### *b) Fehlender Wille zur Beibehaltung der Ausstattungszusage für die Dauer der Krise*

Geschuldeter Erfolg der „internen“ Ausstattungsverpflichtung ist die Fähigkeit der Begünstigten zur fristgerechten Erbringung der geschuldeten Leistung(en). Bis zur Beendigung seiner Ausstattungspflicht ist der Zusagende zur Bereitstellung desjenigen Ausstattungsbedarfs verpflichtet, den die Begünstigte zur termingerechten Erfüllung ihrer bis dato begründeten Verbindlichkeiten benötigt. Eine Bestandsgarantie bis in alle Ewigkeit lässt sich der Zusage nicht entnehmen. Anders als bei einer sonstigen Risikofinanzierungszusage, der sich der unbedingte Wille des Versprechenden, die zugesagte Leistung gerade in der Krise erbringen zu wollen, in aller Regel unschwer entnehmen lässt[261], verspricht der Ausstattungsschuldner der Begünstigten aus objektiver Empfängersicht nicht, den Vertrag in einer Krisensituation nicht im Wege der ordentlichen

---

[259] Von dem Fall einer eigenkapitalersetzenden Gesellschaftersicherheit einmal abgesehen, bei der das Risiko für den Gesellschafter allerdings ebenfalls kalkulierbar ist, da sich seine Haftung auf den Umfang des „Darlehens“ im Hauptschuldverhältnis beschränkt, insgesamt dazu *Wiedemann/Hermanns,* ZIP 1994, S. 997 ff. (1002, 2. Abs.).

[260] AA *von Rosenberg/Kruse,* BB 2003, S. 641 ff. (648, b) a.E.), die Abrede ziele regelmäßig auf die Sicherung der Teilnahme der Tochter am Wirtschaftsleben, weshalb sie in der Krise unkündbar sei.

[261] Im Ergebnis ebenso *Lutter/Hommelhoff* (*Lutter/Hommelhoff*), GmbHG (16), §§ 32a/b Rn. 171/172 ff., v.a. Rn. 176; siehe auch *von Gerkan/Hommelhoff* (*Hommelhoff*), Handbuch des Kapitalersatzrechts (2), S. 11/12 Rn. 1.28; *von Gerkan/Hommelhoff* (*Dauner-Lieb*), Handbuch des Kapitalersatzrechts (2), S. 357/358 Rn. 9.18–9.20, zum „Krisendarlehen“.

Vertragskündigung auflösen zu wollen[262]. Ein solcher Kündigungsausschluss wäre zur Begründung einer Vertragspflicht zum „Stehen lassen“ der Zusage in der Krise aber unabdingbar[263]. Soweit *Karsten Schmidt* auch Finanzplankrediten die Eignung zuspricht, durch Stehen lassen in der Krise eigenkapitalersetzend zu werden und damit neben der gewillkürten auch einer gesetzlichen Bindung zu unterliegen[264], dürften sich seine Ausführungen nur auf bereits ausgereichte Kredite beziehen, nicht aber auf die Kreditierungszusage als solche[265]. Deren Nichtabzugsfähigkeit dürfte ausschließlich aus dem „Eintritt der die Leistungspflicht auslösenden Bedingung“ resultieren.

#### *c) Keine Gläubigerbenachteiligung*

Gegen eine Pflicht zur Beibehaltung der Ausstattungszusage spricht des Weiteren, dass der Zusagende sich seiner Ausstattungsverpflichtung in keiner Weise entzieht, belässt man ihm das Recht zur ordentlichen Vertragskündigung in der Krise. Im Gegensatz zur absprachewidrigen Auflösung eines sonstigen Krisenfinanzierungsinstruments[266] sowie zur Vornahme eines existenzvernichtenden Eingriffs[267], bliebe der Deckungsanspruch der begünstigten Gesellschaft hinsichtlich der bereits begründeten Gläubigerforderungen im Falle der Kündigung unangetastet bestehen[268]. Die Gläubiger würden nicht benachteiligt. Der Ausstattungspflichtige müsste die bis zum Wirksamwerden der Kündigung entstandenen Verbindlichkeiten weiterhin komplett abdecken[269]. Der Wegfall der Aus-

---

262 Vgl. aber *von Rosenberg/Kruse,* BB 2003, S. 641 ff. (648, b) a. E.).

263 Arg. e *Fleischer,* Finanzplankredite, S. 131, 3., 148, 2., 208, 1., 255, 1. a), 342, 7.; *Lutter/Hommelhoff* (*Lutter/Hommelhoff*), GmbHG (16), §§ 32a/b Rn. 176; siehe auch *von Gerkan/Hommelhoff* (*Dauner-Lieb*), Handbuch des Kapitalersatzrechts (2), S. 350/351 Rn. 9.11, S. 357 Rn. 9.18 sowie deren Anmerkung in JZ 2000, S. 312 ff. (313/314, 4.).

264 *K. Schmidt,* GmbHR 2005, S. 797 ff. (806, VI. 1. a)).

265 Vgl. *Grunewald,* Gesellschaftsrecht (6), 2.F. 4. c), S. 382 Rn. 144 (i. V. m. Fn. 85).

266 Siehe nur *Lutter/Hommelhoff* (*Lutter/Hommelhoff*), GmbHG (16), §§ 32a/b Rn. 181, 183 (i. V. m. 171); *Dauner-Lieb,* JZ 2000, S. 312 ff. (313/314, 4.).

267 Bei einem existenzvernichtenden Eingriff kommt es nach der höchstrichterlichen Rechtsprechung entscheidend darauf an, ob der Gesellschaft wirtschaftlich verwertbare Ressourcen (auch Geschäftschancen, etc.) entzogen worden sind, die „eine günstigere Gestaltung der wirtschaftlichen Lage der Gesellschaft im Hinblick auf ihre Fähigkeiten zur Bedienung ihrer (erg.: bestehenden!) Verbindlichkeiten“ ermöglicht hätten, *BGH* (U. v. 13.12.2004 – II ZR 256/02), ZIP 2005, S. 250 ff. (252, letzter Abs.); vgl. auch *BGH* (U. v. 13.12.2004 – II ZR 206/02), „Autohändler-Fall“, ZIP 2005, S. 117 ff. (117/118, II. 1.).

268 Zur vergleichbaren Konstellation bei Beendigung der Gewährträgerhaftung aufgrund einer Privatisierung, *Rümker* in: FS Stiefel, S. 607 ff. (617, 1. Abs.).

269 Bei Beendigung eines Unternehmensvertrages im Laufe des Geschäftsjahres der abhängigen Gesellschaft ist deren Verlustausgleichsanspruch in vergleichbarer Weise anhand einer Stichtagsbilanz zu ermitteln (hM), vgl. *BGH* (U. v. 14.12.1987 – II ZR

stattungszusage beträfe nur die erst später entstehenden, nicht aber die bereits begründeten Verbindlichkeiten.

## 2. Liquidationsbefugnis des Ausstattungspflichtigen

Generell muss dem Zusagenden folglich auch nach Abschluss der Ausstattungsvereinbarung die Entscheidung darüber belassen werden, ob er die begünstigte Gesellschaft unter Abdeckung aller offenen Verbindlichkeiten direkt oder indirekt liquidiert[270], anstelle sie dauerhaft defizitär zu „betreiben"[271]. Die ausstattungsbegünstigte Gesellschaft genießt keinen unabänderlichen Bestandsschutz[272]. Die einmal getroffene Finanzierungsentscheidung – nichts anderes ist

---

170/87), BGHZ 103, S. 1 ff. (9/10, c)); *Kölner Kommentar zum AktG-Koppensteiner* (3), § 302 Rn. 31/32; *Krieger/Jannott,* DStR 1995, S. 1473 ff. (1478, 3.4); *Lwowski/Groeschke,* WM 1994, S. 613 ff. (615, c)); *MüKo-Altmeppen,* AktG (2), § 302 Rn. 24–26; *K. Schmidt,* ZGR 1983, S. 513 ff. (524/525, 2.); *Wittig* in: *BuB* (2003), Rn. 4/2955; *Zeidler,* NZG 1999, S. 692 ff. (697, 3.). Soweit von der Ausstattungszusage bereits entstandene, bis zum Ablauf der Kündigungsfrist aber noch nicht fällig gewordene (betagte) Verbindlichkeiten erfasst sind, muss der Pflichtige die Begünstigte wohl auch zu deren Erfüllung in die Lage versetzen. Ordentlich kündbar sind grundsätzlich nur unbefristete Dauerschuldverhältnisse, nicht aber direkt oder indirekt befristete Sicherungszusagen. Etwas anderes könnte aber, wie in Fn. 29 (Gliederungspunkt A.) angedeutet, bei Absicherung von Langzeitverträgen gelten. Zu Gunsten des Ausstattungspflichtigen wird insoweit davon auszugehen sein, dass er sich unter denselben Voraussetzungen wie ein Patron im Wege der Direktleistung von seiner gegebenenfalls nur noch einen Teil der Begünstigtenverbindlichkeiten betreffenden „verbindlichkeitsbezogenen" Ausstattungspflicht befreien kann, siehe *Forschbach,* Liquiditätszusagen, S. 142, 2. Abs. Ein Insolvenzverfahren über das Vermögen der Begünstigten müsste er selbstverständlich solange abwenden, bis sämtliche von der Zusage gedeckten Verbindlichkeiten endgültig erfüllt worden sind.

[270] Vgl. auch *Zeidler,* NZG 1999, S. 692 ff. (695, a)), für den Fall von existenzgefährdenden Weisungen in einem GmbH-Vertragskonzern: Die weiterhin zulässige Liquidation habe geordnet zu erfolgen und nicht durch ein „Auslaufenlassen" nach existenzvernichtenden Weisungen.

[271] Vgl. *Rümker,* WM 1974, S. 990 ff. (991/992), es bestehe wohl kein Anspruch des Kreditinstituts auf Fortbestand der Tochtergesellschaft für die Dauer der Kreditgewährung, weil dies einen zu weitgehenden Eingriff in die unternehmerische Gestaltungsfreiheit der Muttergesellschaft bedeutete; *ders.* in: FS Stiefel, S. 607 ff. (611/612), zu dem mit einer „internen" Ausstattungsverpflichtung vergleichbaren Fall des Bestehens einer Anstaltslast (siehe S. 610, 2. Abs.), bei der die Befugnis zur Liquidation der Sparkasse durch den Anstaltsträger sogar gesetzlich vorgesehen ist.

[272] Diese Annahme liegt auch der Rechtsprechung zur Haftung wegen existenzvernichtenden Eingriffs zugrunde. Der BGH betont ausdrücklich, die GmbH-Gesellschafter seien nicht zur Fortführung des Geschäftsbetriebes im Gläubigerinteresse verpflichtet. Sie könnten den Betrieb auch einstellen, müssten dann aber die geltenden Abwicklungsregeln beachten. Verboten sei nur der insolvenzbegründende planmäßige Abzug von als Haftungsfonds zweckgebundenem Vermögen ohne Gewährung einer marktgerechten Gegenleistung zum Nachteil der unbefriedigten Gläubiger, also die „kalte" Liquidation außerhalb eines geordneten Verfahrens, vgl. *BGH* (U. v. 24.06.2002 – II ZR 300/00), ZIP 2002, S. 1578 ff. (1580), „KBV"; *BGH* (U. v. 13.05.2004 – 5 StR 73/03), WM 2004, S. 1331 ff. (1334, aa), 1337, aa)), „Bremer Vulkan II"; *BGH* (U. v.

eine „interne" Ausstattungszusage – zwingt den Ausstattungspflichtigen nicht dazu, auf Dauer an seiner Zusage und damit mittelbar auch an dem auszustattenden Unternehmen festzuhalten. Es wäre offenkundig unangemessen, einen Gesellschafter, der sich immerhin dazu verpflichtet hat, die Gesellschaft bei auftretenden Leistungsschwierigkeiten zu unterstützen, und der seine Absicht zur künftigen Einstellung der Unterstützungsmaßnahmen mit einer zeitlichen Vorlaufzeit von circa drei Monaten avisiert, damit zu bestrafen, dass man ihn unlösbar an seine Zusage bindet[273]. Anderenfalls wäre auch völlig unklar, welche Anstrengungen der Ausstattungsschuldner unternehmen müsste, um (wieder) ordentlich kündigungsbefugt zu sein.

Ob die Vollbeendigung der Gesellschaft durch eine Liquidation nach Gesellschaftsrecht erfolgt oder die Folge einer während des Insolvenzverfahrens erklärten Kündigung ist, ist nicht entscheidend. Nach dem oben Gesagten dauert die Ausstattungspflicht und damit auch die Insolvenzbeseitigungspflicht an, solange der Insolvenzverwalter den Primäranspruch nicht durch ein umfassendes Schadensersatzbegehren gemäß § 281 Abs. 4 BGB in einen Schadensersatzanspruch statt der (ganzen) Leistung verwandelt hat. Nach Wirksamwerden der Kündigung ist die begünstigte Gesellschaft weiterhin so auszustatten, dass sie die bis dahin begründeten Verbindlichkeiten erfüllen kann. Zu Gunsten des Ausstattungspflichtigen wird dabei anzunehmen sein, dass er sich unter denselben Voraussetzungen wie ein Patron im Wege der Direktleistung von seiner „verbindlichkeitsbezogenen" Ausstattungspflicht befreien kann[274].

---

20.09.2004 – II ZR 302/02), „Klinik-Fall", ZIP 2004, S. 2138 ff. (2139, 2. b)); *BGH* (U. v. 13.12.2004 – II ZR 206/02), ZIP 2005, S. 117 ff. (117, II 1., 118, b)), „Autohändler-Fall"; dem folgend *Altmeppen,* ZIP 2005, S. 119 ff. (119, II. 1.); *Bender,* BB 2005, S. 1492 ff. (1493, II.), kein Bestandsschutz, sondern Aufrechterhaltung der Liquidationsfähigkeit zu Gunsten der Gläubiger; *Drygala,* GmbHR 2003, S. 729 ff. (730, 2. Abs.); *Lieder,* DZWIR 2005, S. 309 ff. (309, III., 311, b)); *Schön,* ZHR 168 (2004), S. 268 ff. (280, 1. Abs., 288, 1. Abs.); *Vetter,* ZIP 2003, S. 601 ff. (602, 1. Abs., 605, (5)); *Wackerbarth,* ZIP 2005, S. 877 ff. (877/878, I. 1.–3.); missverständlich *Henze,* AG 2004, S. 405 ff. (405, Einleitung), der BGH habe die Grundsätze zur Gesellschafterhaftung aus Existenz vernichtendem Eingriff zur Gewährleistung des Bestandsschutzes der GmbH entwickelt, vgl. auch S. 410, 1., wohl unter Rückgriff auf *BGH* (U. v. 17.09.2001 – II ZR 178/99), BGHZ 149, S. 10 ff. (16, 2. Abs.), „Bremer Vulkan", der Schutz der abhängigen GmbH beschränke sich (u. a.) auf die Gewährleistung ihres Bestandsschutzes i. d. S., dass ihr Alleingesellschafter bei Eingriffen angemessene Rücksicht auf ihre seiner Disposition entzogenen eigenen Belange nehmen müsse; berechtigte Kritik an dieser Wortwahl üben *Lutter/Banerjea,* ZGR 2003, S. 402 ff. (439/440, XI.), gemeint sei nur das Verbot, den Bestand der Gesellschaft nicht durch Eingriffe zu vernichten, mitnichten aber ein allgemeiner Bestandsschutz. Eine Bestandsicherung im Sinne einer „Rettungsinsel gegen den wirtschaftlichen Untergang" gelte es auf jeden Fall zu vermeiden. Dass die Gesellschaften als Teil der marktwirtschaftlichen Ordnung und ihres Wettbewerbssystems vom Markt verschwinden müssten und sollten, wenn sie in ihm scheiterten, sei im Grunde unstreitig.

[273] Vgl. auch *Grunewald,* GmbHR 1997, S. 7 ff. (9, c) a. E.).

[274] Näheres bereits oben unter Gliederungspunkt 1. c), in Fn. 269.

### 3. Zulässigkeit einer Vertragsaufhebung

Neben der ordentlichen Kündigung, die dem Ausstattungspflichtigen nach vorliegendem Verständnis zu keinem Zeitpunkt verwehrt werden kann, könnte es ihm freistehen, die Ausstattungsvereinbarung in einverständlichem Zusammenwirken mit der Begünstigten aufzuheben.

Da die „interne" Ausstattungszusage allein die Begünstigte schützt, mangels einer unmittelbaren Drittwirkung aber nicht auch deren Gläubiger, kann eine Aufhebungsvereinbarung theoretisch auch rückwirkend getroffen werden. Ob der Ausstattungspflichtige und/oder die begünstigte Gesellschaft deren Gläubigern in diesem Fall Ersatz ihres Vertrauensschadens schulden, ist Einzelfallfrage[275]. Jedenfalls wäre eine Aufhebung vor Insolvenzeröffnung, gleich ob ex tunc oder ex nunc[276], meist nicht anfechtungsfest.

#### *a) Anfechtbarkeit der Aufhebung nach dem AnfG*

Vor Eröffnung des Insolvenzverfahrens könnten die von der Aufhebung betroffenen Gläubiger eines titulierten und fälligen Geldsummenanspruchs[277], die bereits einen erfolglosen Zwangsvollstreckungsversuch in das Schuldnervermögen unternommen haben oder bei denen anzunehmen wäre, dass ein solcher nicht zu ihrer vollständigen Befriedigung führte (vgl. § 2 AnfG)[278], nach Maßgabe der §§ 3 ff. AnfG von dem ihnen zustehenden Anfechtungsrecht Gebrauch machen[279]. Als Anfechtungsgründe kommen sowohl die vorsätzliche Gläubiger-

---

275 Vgl. etwa *von Rosenberg/Kruse,* BB 2003, S. 641 ff. (646/647, c)), die sinngemäß darauf hinweisen, dass eine Vertrauenshaftung in Betracht komme, wenn die Gläubiger der begünstigten Gesellschaft mangels Kenntnis von der Auflösung der „internen" Ausstattungsvereinbarung die Möglichkeit zur außerordentlichen Kündigung der bestehenden Verträge nicht oder nur verzögert genutzt hätten; vgl. aber auch Kapitel 4, A. II. 2. a).

276 Letzteres jedenfalls dann, wenn sich in Konsequenz der ex-nunc-Aufhebung die Zugriffsmasse verringert hat, etwa durch die nachträgliche Ausdehnung des Verpflichtungsbestandes durch das vormals ausstattungsbegünstigte Unternehmen.

277 D.h. eines Anspruchs, der auf eine bestimmte Geldsumme gerichtet ist oder nachträglich in einen Geldsummenanspruch übergegangen ist (etwa gemäß §§ 280, 281, 283 BGB), vgl. *Hess/Weis,* AnfR (2), § 1 AnfG Rn. 18, § 2 AnfG Rn. 3/4; *Huber,* AnfG (9), § 2 Rn. 9/10; *Nerlich/Niehus,* AnfG, § 2 Rn. 9, jeweils m.w.N.

278 Zu dem Erfordernis einer Unzulänglichkeit des Schuldnervermögens, *Huber,* AnfG (9), § 2 Rn. 21–31.

279 Ist die Begünstigte nach Aufhebung der Ausstattungszusage neue Verbindlichkeiten eingegangen, kann auch eine (nur) ex nunc gewollte Aufhebung anfechtbar sein, selbst wenn der titulierte Anspruch bei Vornahme der Rechtshandlung noch nicht bestanden hat, *BGH* (U. v. 07.05.1987 – IX ZR 51/86), WM 1987, S. 881 ff. (882, 3.); *Huber,* AnfG (9), Einf Rn. 14, § 3 Rn. 23; *Nerlich/Niehus,* AnfG, § 3 Rn. 13, § 11 Rn. 10, ob der Anspruch des Gläubigers zum Zeitpunkt der Vornahme der Rechtshandlung bereits bestanden hat, sei unerheblich. Der Gläubiger dürfe sich auch aus solchen Gegenständen befriedigen, die vor Entstehung seiner Forderung anfecht-

---

bar weggegeben worden seien. Einzige Voraussetzung sei, dass sich die Befriedigungsmöglichkeiten des Anfechtenden ohne die anfechtbare Rechtshandlung günstiger gestaltet hätten, *BGH* (U. v. 11.10.1989 – VIII ZR 285/88), ZIP 1989, S. 1611 ff. (1613, bb); *Nerlich/Niehus,* AnfG, § 1 Rn. 42. Dies folgt aus dem Erfordernis einer objektiven Gläubigerbenachteiligung. Die Zugriffmasse muss sich effektiv verringert haben. Das Anfechtungsgesetz gestattet den Inhabern eines titulierten Anspruchs die Einzelanfechtung einer (insgesamt) gläubigerbenachteiligenden Rechtshandlung des Schuldners. Die Rückgewährpflicht des Anfechtungsgegners beschränkt sich nach § 11 Abs. 1 S. 1, letzter HS AnfG auf den zur Befriedigung des Gläubigers erforderlichen Umfang, *BGH* (U. v. 07.05.1987 – IX ZR 51/86), WM 1987, S. 881 ff. (881, 1.); *BGH* (U. v. 13.07.1995 – IX ZR 81/94), NJW 1995, S. 2846 ff. (2848, 1.); *Hess/Weis,* AnfR (2), § 11 AnfG, Rn. 13. Der rein schuldrechtlich wirkende Anfechtungsanspruch (streitig, vgl. die Nachweise bei *Huber,* AnfG (9), Einf Rn. 23–25; *Nerlich/Niehus,* AnfG, § 1 Rn. 11–15), ist gemäß § 11 Abs. 1 S. 1 AnfG (vgl. auch § 13 AnfG) nicht auf Rückgewähr des anfechtbar Weggegebenen gerichtet, sondern auf Wiederherstellung der Zugriffslage durch den Anfechtungsgegner, vgl. *Hess/Weis,* AnfR (2), AnfG § 11 Rn. 1, 8, 10; *Huber,* AnfG (9), Einf Rn. 9, § 11 Rn. 8; *Nerlich/Niehus,* AnfR, § 11 AnfG Rn. 1, 8. Anfechtungsgegner wäre der (vormals) Ausstattungspflichtige (arg. e § 12 AnfG), *Huber,* AnfG (9), Einf Rn. 21. Durch die Anfechtung soll sich der Gläubiger aus Vermögensgütern des Anfechtungsgegners befriedigen können, die sich vor Vornahme der anfechtbaren Rechtshandlung im Schuldnervermögen befunden haben. Der Anfechtungsgegner muss die Zwangsvollstreckung dulden und sich so behandeln lassen, als gehörte das anfechtbar Weggegebene noch zum Schuldnervermögen, vgl. *BGH* (U. v. 13.07.1995 – IX ZR 81/94), a.a.O., S. 2848, 1.; *Huber,* AnfG (9), Einf Rn. 9, § 11 Rn. 1, 16/17, § 13 Rn. 23, zu einem anfechtbaren Schuldenerlass; *Nerlich/Niehus,* AnfG, § 1 Rn. 4, § 11 Rn. 1, 8/9, der Anfechtungsgläubiger habe gegenüber dem Anfechtungsgegner einen Anspruch auf Duldung der Zwangsvollstreckung in den anfechtbar erlangten Gegenstand, der grundsätzlich weder auf Rückgewähr des anfechtbar Erworbenen in das Schuldnervermögen noch auf unmittelbare Mehrung des Gläubigervermögens gerichtet sei. Bei einem anfechtbaren Forderungsverzicht müsse der Drittschuldner sich so behandeln lassen, als wäre der Verzicht nicht vereinbart worden und als gehörte die Forderung noch zum Vermögen des Vollstreckungsschuldners bzw. er müsse die Pfändung der erlassenen Forderung so dulden, als ob sie noch existierte und zum Schuldnervermögen gehörte, vgl. *BGH* (U. v. 11.10.1989 – VIII ZR 285/88), ZIP 1989, S. 1611 ff. (1613, aa)); *BGH* (U. v. 05.02.1987 – IX ZR 161/85), BGHZ 100, S. 36 ff. (42, b)), Pfändung einer anfechtbar abgetretenen Forderung; *Huber,* AnfG (9), § 13 Rn. 23; *Nerlich/Niehus,* AnfR, § 13 AnfG Rn. 5; *Huber,* AnfG (9), § 13 Rn. 23; *Nerlich/Niehus,* AnfR, § 11 AnfG Rn. 14; *BGH* (U. v. 19.03.1992 – IX ZR 14/91), ZIP 1992, S. 558 ff. (559/560), Rechtsfolge einer anfechtbaren Erbteilsübertragung sei die Pflicht der Anfechtungsgegnerin zur Duldung der Zwangsvollstreckung in das Hausgrundstück als einzig werthaltigen Nachlassgegenstand, ohne dass sie zuvor die Ansprüche auf Aufhebung der Gemeinschaft und Teilung und Auskehrung des Erlöses pfänden und überweisen müsse. Dazu, dass der „interne" Ausstattungsanspruch dem Vollstreckungszugriff der Gläubiger der Begünstigten unterliegt, vgl. Kapitel 9, B. IV. 2. Der Ausstattungspflichtige hat infolge der wirksamen Vertragsaufhebung bzw. des Verzichts allerdings keinen gegenständlich greifbaren Vermögenszuwachs erfahren. Ein „anfechtbar erlangter Gegenstand" (arg. e. § 13 AnfG) bzw. „das Weggegebene", in den/das vollstreckt werden könnte, ist nicht (mehr) vorhanden. Es scheint daher allein plausibel, dass die Wiederherstellung der Zugriffslage (zumal durch den Pflichtigen allein) in natura unmöglich ist und der Patron dem Anfechtungsberechtigten gemäß § 11 Abs. 1 S. 2 AnfG i.V.m. § 818 Abs. 2, 819 Abs. 1 BGB *Wertersatz* schuldet, vgl. auch *BGH* (U. v. 05.02.1987

benachteiligung (§ 3 Abs. 1 und 2 AnfG)[280] als auch die Erbringung einer unentgeltlichen Leistung von der begünstigten Gesellschaft an den entpflichteten Ausstattungsschuldner in Betracht (§ 4 Abs. 1 AnfG)[281].

### *b) Anfechtbarkeit der Aufhebung nach der InsO*

Nach Eröffnung des Insolvenzverfahrens ist der Insolvenzverwalter gemäß § 16 Abs. 1 S. 1 AnfG zur Weiterverfolgung der bereits erhobenen Anfechtungsansprüche befugt[282] sowie ganz allgemein zur Anfechtung nach der Insolvenzordnung[283]. Die Anfechtungsmöglichkeit kann in diesem Fall aus der un-

– IX ZR 161/85), BGHZ 100, S. 36 ff. (42, b)), „Der Zessionar einer anfechtbar abgetretenen Forderung muss deshalb, *sofern die Forderung noch besteht,* die Zwangsvollstreckung des Vollstreckungsgläubigers in die Forderung so dulden, als stünde sie dem Vollstreckungsschuldner noch zu" (Hervorh. durch Verf.); *BGH* (U. v. 09.12.1993 – IX ZR 100/93), BGHZ 124, S. 298 ff. (302, 1. Abs.), Unmöglichkeit der Rückgewähr einer formalen Rechtsposition nach Beendigung des diese begründenden Verhältnisses. Die Pfändung einer inexistenten Forderung ist wirkungslos, sie geht ins Leere, vgl. *BGH* (U. v. 05.02.1987 – IX ZR 161/85), BGHZ 100, S. 36 ff. (42, a)). Ein Antrag auf Duldung der Zwangsvollstreckung in den (erloschenen) Ausstattungsanspruch, als wenn er noch bestünde, dürfte daher nicht in Betracht kommen.

280 In § 3 Abs. 1 AnfG ist die sog. Vorsatzanfechtung geregelt (früher: „Absichtsanfechtung"), vgl. *Huber,* AnfG (9), § 3 Rn. 1. Hat der Schuldner im Bewusstsein gehandelt, dass sein Handeln sich wenigstens mittelbar zum Nachteil der Gläubiger auswirken kann und will er dies auch, ist das Rechtsgeschäft anfechtbar, wenn der andere Teil den Vorsatz zur Zeit der Handlung kannte (S. 2), vgl. *BGH* (U. v. 18.04.1991 – IX ZR 149/90), ZIP 1991, S. 807 ff. (808, 2.), noch zu § 31 Ziff. 1 KO; *BGH* (U. v. 04.12.1997 – IX ZR 47/97), ZIP 1998, S. 248 ff., (251, bb)), die Benachteiligung müsse wenigstens im Allgemeinen als Erfolg der Handlung mit gewollt sein; *Huber,* AnfG (9), § 3 Rn. 21, 27, 29; *Nerlich/Niehus,* AnfG, § 3 Rn. 13. Diese Kenntnis wird vermutet, wenn der andere Teil wusste, dass die Zahlungsunfähigkeit des Schuldners drohte und die Handlung dessen Gläubiger benachteiligte (S. 2). Diese Voraussetzungen werden vielfach gegeben sein. Eine Anfechtung gemäß § 3 Abs. 2 AnfG wird hingegen meist daran scheitern, dass die Aufhebungsvereinbarung keine Zuwendung zu Gunsten des Ausstattungspflichtigen vorsieht.

281 Die „Schenkungsanfechtung" erfasst sämtliche Rechtshandlungen die darauf abzielen, einen zugriffsfähigen Gegenstand ohne Gegenleistung dem Schuldnervermögen zu entziehen, *Hess/Weis,* AnfR (2), § 4 AnfG, Rn. 2. Da es sich bei dem „internen" Ausstattungsanspruch um einen zugriffsfähigen Gegenstand handelt, dürfte dessen Aufgabe ohne gleichwertige Gegenleistung eine unentgeltliche Leistung im Sinne der Norm sein. Eine solche ist etwa der Verzicht auf eine Forderung, vgl. *Nerlich/Niehus,* AnfG, § 4 Rn. 6 (die versehentlich von dem Verzicht auf eine „Verbindlichkeit" sprechen) unter Verweis auf *BGH* (U. v. 14.11.1979 – VIII ZR 333/78), ZIP 1980, S. 21 f. (22, 2. b)), Anfechtbarkeit des Verzichts auf einen Erstattungsanspruch durch den Konkursverwalter. Die Anfechtung wegen eines „kapitalersetzenden Darlehens" gemäß § 6 AnfG entspricht inhaltlich derjenigen nach § 135 InsO, *Hess/Weis,* AnfR (2), § 6 AnfG. Auf die entsprechenden Ausführungen sei verwiesen.

282 Das Anfechtungsverbot gilt ausweislich des Wortlauts des § 16 Abs. 1 S. 1 AnfG nur für Insolvenzgläubiger. Massegläubiger sind auch während des Insolvenzverfahrens zur Einzelanfechtung befugt, *Huber,* AnfG (9), § 1 Rn. 58/59, § 16 Rn. 1, 5–7.

mittelbar gläubigerbenachteiligenden Wirkung der Aufhebungsvereinbarung resultieren (§ 132 InsO)[284]. Eine Gläubigerbenachteiligung liegt vor, wenn die Insolvenzmasse ohne die in Frage stehende Rechtshandlung größer gewesen wäre und sie ohne Anfechtung und Rückgewähr nicht zur Befriedigung aller Gläubiger[285] ausreicht[286]. „Unmittelbar" ist die Benachteiligung, wenn sich der Nachteil ohne Hinzutreten weiterer Umstände aus dem Rechtsgeschäft als solchem ergibt[287]. Das ist bei Entlassung des Zusagenden aus seiner Ausstattungsverpflichtung der Fall[288]. Dabei spielt es keine Rolle, dass die Insolvenzgläubiger durch eine „interne" Ausstattungszusage nur reflexartig begünstigt werden. Bei Fortbestand der Ausstattungszusage disponierte das begünstigte Unternehmen über einen Ausstattungsanspruch im Umfang der vorhandenen Deckungslücke, bei ordnungsgemäßer Erfüllung der Zusage sogar über die zur Erfüllung der fälligen Verbindlichkeiten benötigten Mittel. Je nach Fallgestaltung dürfte die Aufhebung überdies auch wegen vorsätzlicher Gläubigerbenachteiligung gemäß § 133 InsO[289] oder als „unentgeltliche Leistung" nach § 134 InsO[290] an-

---

283 *Lutter/Hommelhoff* (*Lutter/Hommelhoff*), GmbHG (16), §§ 32a/b Rn. 15.

284 Diese Überlegung fehlt bei *Forschbach,* Liquiditätszusagen, S. 178/179, 3.; *Paul,* ZInsO 2004, S. 1327 ff. (1330, 3./4. Abs.). Gemäß § 132 Abs. 1 Ziff. 1 InsO muss das Rechtsgeschäft dazu in den letzten drei Monaten vor dem Eröffnungsantrag und zu einem Zeitpunkt vorgenommen worden sein, in dem die Begünstigte (bereits) zahlungsunfähig gewesen ist. Außerdem muss dem Ausstattungspflichtigen die Zahlungsunfähigkeit bekannt gewesen sein. Letzteres wird gemäß §§ 132 Abs. 3, 130 Abs. 3, 138 (v.a. Abs. 2 Ziff. 1 und 2) InsO oftmals zu vermuten sein, da der Ausstattungspflichtige in aller Regel eine der Begünstigten „nahe stehende Person" ist. Gleiches gilt für die Zahlungsunfähigkeit und den Eröffnungsantrag, wenn das Rechtsgeschäft erst nach diesem Zeitpunkt vorgenommen worden ist (vgl. § 132 Abs. 1 Ziff. 2 InsO). Der Auffangtatbestand des zweiten Absatzes dieser Norm (vgl. *Eickmann u.a.,* InsO (3), (*Kreft*), § 132 Rn. 3, 7; *Hess/Weis/Wienberg,* InsO (2), (*Weis*), § 132 Rn. 29), müsste dann nicht mehr bemüht werden.

285 Einschließlich nachrangiger Gesellschafterforderungen aus eigenkapitalersetzenden Leistungen (§ 39 Abs. 1 Ziff. 5 InsO), vgl. *OLG München* (U. v. 23.11.2001 – 23 U 2639/01), WM 2002, S. 617 ff. (620/621, 4.).

286 *BGH* (U. v. 19.09.1988 – II ZR 255/87), BGHZ 105, S. 168 ff. (187); *MüKo-Kirchhof,* InsO, Band 2, § 129 Rn. 100, 107, m.w.N.

287 *BGH* (U. 13.03.1997 – IX ZR 93/96), ZIP 1997, S. 853 ff. (854, II. 1.); *Braun,* InsO (2), (*de Bra*), § 132 Rn. 53; *Hess/Weis/Wienberg,* InsO (2), (*Weis*), § 132 Rn. 43; *Wimmer,* Frankfurter Kommentar zur InsO (*Dauernheim*), § 132 Rn. 6; *MüKo-Kirchhof,* InsO, Band 2, § 129 Rn. 113.

288 Vgl. nur *Hess/Weis/Wienberg,* InsO (2), (*Weis*), § 132 Rn. 54, Anfechtbarkeit bei Erlassverträgen und negativen Schuldanerkenntnissen; siehe auch die Beispiele bei *Wimmer,* Frankfurter Kommentar zur InsO (*Dauernheim*), § 132 Rn. 6.

289 *Paul,* ZInsO 2004, S. 1327 ff. (1330, 3./4. Abs.). Wegen der entsprechenden Beweislastumkehr zum Nachteil einer dem Schuldner nahe stehenden Person (vgl. § 133 Abs. 1 S. 2 InsO), müsste der Insolvenzverwalter nur darlegen und gegebenenfalls beweisen, dass der Schuldner mit Gläubigerbenachteiligungsvorsatz agiert hat (Abs. 1 S. 1 der Norm). Der Anfechtungszeitraum beträgt in diesem Fall zehn Jahre vor Stellung des Eröffnungsantrages. Eventualvorsatz genügt, *BGH* (U. v. 18.04.1991 – IX ZR 149/90), ZIP 1991, S. 807 ff. (808, 2.); *Braun,* InsO (2), (*de Bra*), § 133 Rn. 9; *Hess/*

fechtbar sein. Bei Vorliegen der jeweiligen Tatbestandsvoraussetzungen disponierte der Insolvenzverwalter über ein Anfechtungsrecht, mit dessen Hilfe er unmittelbar die Ausstattung der Begünstigten in Höhe der noch offenen Verbindlichkeiten beanspruchen könnte[291], zumindest aber die Wiederherstellung des Ausstattungsvereinbarung (§ 143 Abs. 1 S. 1 InsO)[292].

---

*Weis/Wienberg,* InsO (2), (*Weis*), § 133 Rn. 37. Dieser Vorsatz dürfte unschwer zu bejahen sein, da die Begünstigte sich im Normalfall darüber im Klaren ist, ihre Gläubiger bei Aufhebung der Ausstattungszusage nicht (mehr) befriedigen zu können; zum Benachteiligungsvorsatz, siehe auch *BGH* (U. v. 15.10.1975 – VIII ZR 62/74), WM 1975, S. 1182 ff. (1184, V. 2. a)); *BGH* (U. v. 23.11.1995 – IX ZR 18/95), BGHZ 131, S. 189 ff. (195, a)); *BGH* (U. v. 09.01.1997 – IX ZR 47/96), ZIP 1997, S. 423 ff. (426, III. 1.); *Eickmann u. a.,* InsO (3), (*Kreft*), § 133 Rn. 10; *MüKo-Kirchhof,* InsO, Band 2, § 133 Rn. 13; *Wimmer,* Frankfurter Kommentar zur InsO (*Dauernheim*), § 133 Rn. 9; etwas zurückhaltender *Cahn,* AG 2005, S. 217 ff. (222, 5., letzter Abs., 223, 2. Abs. a. E.). Sollte der Ausstattungspflichtige der Begünstigten ihre Zustimmung zu der Aufhebungsvereinbarung ausnahmsweise abgekauft haben, kommt auch eine Anfechtung nach § 133 Abs. 2 InsO in Betracht.

290 *Paul,* ZInsO 2004, S. 1327 ff. (1330, 3./4. Abs.). Der Begriff der unentgeltlichen Leistung erfasst alle Fallgestaltungen, bei denen die Vermögensaufgabe des Insolvenzschuldners nicht durch Zufluss eines Gegenwertes oder zumindest durch einen Anspruch darauf kompensiert wird. Er ist weiter als der Begriff der unentgeltlichen Zuwendung im Schenkungsrecht (§ 516 Abs. 1 BGB), vgl. *BGH* (U. v. 03.03.2005 – IX ZR 441/00), ZIP 2005, S. 767 ff. (767/768, a)); *BGH* (U. v. 24.06.1993 – IX ZR 96/92), ZIP 1993, S. 1170 ff. (1173, II. 1.); *OLG Zweibrücken* (U. v. 09.03.1965 – 1 U 312/63), OLGZ 65, S. 304 ff. (308, 2. Abs.); *Braun,* InsO (2), (*de Bra*), § 134 Rn. 3, 9; *Hess/Weis/Wienberg,* InsO (2), (*Weis*), § 134 Rn. 5, 9; *MüKo-Kirchhof,* InsO, Band 2, § 134 Rn. 17, 22; *Wimmer,* Frankfurter Kommentar zur InsO (*Dauernheim*), § 134 Rn. 9. Da der Aufgabe des Ausstattungsanspruchs durch die Begünstigte meist keine den Rechtsverlust ausgleichende Leistung des Ausstattungspflichtigen gegenüberstehen wird, dürfte die Einwilligung in die Vertragsaufhebung in aller Regel eine „unentgeltliche Leistung" im Sinne des § 134 Abs. 1 InsO sein, vgl. *Hess/Weis/Wienberg,* InsO (2), (*Weis*), § 134 Rn. 26, unentgeltliche Leistung sei etwa ein Forderungsverzicht; dazu *BGH* (U. v. 14.11.1979 – VIII ZR 333/78), ZIP 1980, S. 21 f. (22, b)); *BGH* (U. v. 28.02.1991 – IX ZR 74/90), WM 1991, S. 1053 ff. (1054/1055, c)); *BGH* (U. v. 16.09.1999 – IX ZR 204/98), NJW 1999, S. 3636 ff. (3637/3638, 3.); *Eickmann u. a.,* InsO (3), (*Kreft*), § 134 Rn. 12; *Wimmer,* Frankfurter Kommentar zur InsO (*Dauernheim*), § 134 Rn. 28. In zeitlicher Hinsicht muss die Leistung innerhalb von vier Jahren vor dem Antrag auf Eröffnung des Insolvenzverfahrens erbracht worden sein. Das Erfordernis einer (unmittelbaren oder mittelbaren) Gläubigerbenachteiligung folgt in diesem Fall unmittelbar aus § 129 Abs. 1 InsO, vgl. *Hess/Weis/Wienberg,* InsO (2), (*Weis*), § 134 Rn. 4.

291 *Paul,* ZInsO 2004, S. 1327 ff. (1330, 4. Abs.), „Wiederaufleben der Ausstattungspflicht".

292 Dies gilt bei einer Vertragsaufhebung ex tunc wie ex nunc. Wird die Ausstattungsvereinbarung im Vorfeld der Insolvenzeröffnung mit Wirkung für die Zukunft aufgehoben, benachteiligt diese Aufhebung die Gläubiger ebenfalls, zumindest dann, wenn zwischenzeitlich neue Kontrakte geschlossen worden sind. Anders als im Anwendungsbereich des § 142 Abs. 1 BGB wäre der Aufhebungsvertrag anfechtungsbedingt nicht von vornherein nichtig, *MüKo-Kirchhof,* InsO, Band 2, § 143 Rn. 3. Infolge der Insolvenzanfechtung muss der Anfechtungsgegner das Gewährte, wenn möglich, in Natur zurückgewähren (vgl. *Hess/Weis/Wienberg,* InsO (2), (*Weis*), § 134 Rn. 1; *MüKo-Kirchhof,* InsO, Band 2, § 143 Rn. 324), im Übrigen schuldet er Werter-

### *c) Exkurs: Unanfechtbarkeit einer Kündigung durch den Ausstattungspflichtigen*

Die ordentliche Kündigung des Ausstattungsvertrages durch den Versprechenden ist demgegenüber unanfechtbar. Die Kündigungserklärung des Ausstattungspflichtigen ist kein „Rechtsgeschäft *des Schuldners*" bzw. keine „Rechtshandlung" oder „Leistung" seinerseits, was in den hier maßgeblichen Fällen essenzielle Anfechtungsvoraussetzung ist[293].

satz (*Braun*, InsO (2), (*Riggert*), § 143 Rn. 4). Bei einem Forderungserlass erfolgt die Rückgewähr, indem der Insolvenzgläubiger bei Vorliegen der entsprechenden schuldrechtlichen Voraussetzungen, insbesondere der hypothetischen Fälligkeit des erlassenen Anspruchs, befugt ist, unmittelbar Leistung des Forderungs*gegenstandes* zur Masse zu verlangen, *RG* (U. v. 04.11.1896 – I. 207/96), Gruchot 41 (1897), S. 1103 ff. (1107, 4. Abs.); *Hess/Weis/Wienberg,* InsO (2), (*Weis*), § 134 Rn. 5; *MüKo-Kirchhof,* InsO, Band 2, § 143 Rn. 47; *Wimmer,* Frankfurter Kommentar zur InsO (*Dauernheim*), § 143 Rn. 9. Fehlen diese Voraussetzungen, ist die ursprüngliche Forderung durch konstitutives Rechtsgeschäfts wiederherzustellen, *Hess/Weis/Wienberg,* (*Weis*), a. a. O. Entsprechendes dürfte bei der Pflicht zur „Rückgewähr einer Aufhebungsvereinbarung" gelten.

[293] Siehe nur *Braun,* InsO (2), (*de Bra*), § 133 Rn. 6; *MüKo-Kirchhof,* InsO, Band 2, § 133 Rn. 7. Anders als die Vorschriften der §§ 129 ff. InsO, erfasst das Anfechtungsgesetz gemäß § 1 Abs. 1 AnfG von vornherein nur Rechtshandlungen des Schuldners, vgl. *Hess/Weis,* AnfR (2), § 1 AnfG, Rn. 2a; *Huber,* AnfG (9), § 1 Rn. 16.

*Kapitel 13*

# Zusammenfassung

## 1. Rechtsbindung

Ausstattungserklärungen gegenüber konkreten Adressaten und in Geschäftsberichten sind rechtsverbindliche Willenserklärungen[1] im Rahmen eines unechten Vertrages zu Gunsten der Protegés[2]. Begünstigend ist die unbedingte Ausstattungszusage des Patrons[3]. Adressaten von Ausstattungszusagen in Geschäftsberichten sind in den bisher bekannt gewordenen Fällen ausschließlich die (Vertrags-)Gläubiger der auszustattenden Gesellschaften[4]. Das Angebot gilt bis zum Erscheinen des Folgeabschlusses[5], bis dahin ist es unwiderruflich[6]. Die Gesellschafterversammlungen des Patrons und des Protegés müssen der Ausstattungserklärung üblicherweise nicht zustimmen[7]. Etwas anders kann bei Verpflichtung einer OHG, KG oder GmbH gelten, wenn die Zusage den Rahmen der unternehmensüblichen Geschäfte übersteigt[8].

## 2. Vertragsschluss

Individuelle Ausstattungsvereinbarungen kommen spätestens mit der widerspruchslosen Entgegennahme der harten Patronatserklärung durch den Gläubiger zustande (§ 151 S. 1 BGB)[9]. Eine Annahmeerklärung gegenüber dem Patron ist auch bei öffentlichen Ausstattungsangeboten entbehrlich[10]. Hier kommt der Vertrag bereits durch eine nach außen erkennbare Betätigung des Annahmewillens durch die einzelnen Adressaten zustande. Eine noch so geringe Willensbetätigung genügt. Verkennen die Adressaten den Angebotscharakter der Patronatserklärung, ist das Fehlen ihres aktuellen Annahmewillens unschädlich. Es

---

1 Kapitel 4, A. I. bzw. A. II. 2. b).

2 Kapitel 5, A.–C. I.

3 Kapitel 5, C. I.

4 Kapitel 5, B. I.

5 Kapitel 5, D. II. 1.

6 Kapitel 5, D. II. 2.

7 Kapitel 4, C. I. 1./C. II.

8 Kapitel 4, C. I. 2.

9 Kapitel 5, D. I.

10 Kapitel 5, D. II. 3.

reicht, wenn sie die Ausstattungszusage als verbindliche, ihre Rechtsstellung verbessernde Erklärung entgegennehmen[11].

### 3. Primärleistung

Verbindliche Ausstattungszusagen begründen ausschließlich die Pflicht des Patrons zur erfolgsbezogenen Ausstattung des Protegés[12], nicht auch eine Pflicht zur Direktleistung an den Gläubiger[13]. Wie der Patron die Leistungsfähigkeit des Protegés sicherstellt, bleibt ihm überlassen[14]. Vorteil der Ausstattungszusage ist ihre Erfüllungsflexibilität[15]. Zwischen den Versprechen zur „finanziellen" und zur „kapitalmäßigen" Protegéausstattung besteht dabei kein Unterschied[16]. Ohne eine anders lautende Vereinbarung ist die harte Patronatserklärung keine „allgemeine Liquiditätsgarantie"[17]. Der Patron muss den Protegé nur zur termingerechten Erfüllung der abgesicherten Gläubigerforderung(en) befähigen (hier: „hauptschuldbezogene" Ausstattungspflicht)[18]. Wegen des Präventivcharakters der Ausstattungszusage hat der Patron allerdings zusätzlich dafür zu sorgen, dass es zu keiner mittelbedingten Störung im Hauptschuldverhältnis kommt. Über das Vermögen des Protegés darf kein Insolvenzverfahren eröffnet werden, erst recht darf kein Abweisungsbeschluss mangels Masse ergehen (hier: „kontinuierliche Grundausstattungspflicht")[19].

### 4. Fälligkeit

Bei kalendermäßiger Bestimmtheit oder Berechenbarkeit der abgesicherten Verbindlichkeit ist der geschuldete Ausstattungserfolg (die „hauptschuldbezogene" Ausstattungspflicht) zeitgleich mit dieser fällig[20].

#### *a) Dauer*

Die Ausstattungspflicht dauert auch ohne Revocatoria-Klausel bis zur endgültigen Erfüllung der abgesicherten Hauptschuld(en) an[21].

---

11 Insgesamt dazu in Kapitel 5, D. II. 3.
12 Kapitel 4, B. I. 3.
13 Kapitel 4, B. I. 2./I. 4.
14 Kapitel 3, E., Kapitel 9, B. I. 1.
15 Kapitel 3 E, Kapitel 4, B I 2, Kapitel 9, B. I. 1.
16 Kapitel 4, B. II. 1. a).
17 Kapitel 4, B. II. 1. b).
18 Kapitel 4, B. II. 2. b).
19 Kapitel 4, B. II. 2. a).
20 Kapitel 4, B. II. 2. c).
21 Kapitel 4, B. II. 4. a)/b).

*b) Akzessorietät*

Die „hauptschuldbezogene“ Ausstattungspflicht ist teilakzessorisch[22]. Sie ist entstehungs- und erlöschensakzessorisch[23]. Im Übrigen ist der Patron leistungsverweigerungsberechtigt, sobald der Protegé sich auf eine ihm zustehende Einrede berufen hat[24]. Vor diesem Zeitpunkt kann der Patron die „hauptschuldbezogene“ Protegéausstattung nur verweigern, wenn der Protegé einredebefugt und Willens und in der Lage ist, sich bei Leistungsaufforderung durch den Gläubiger auf die Einrede zu berufen[25]. Die Entscheidung über die Geltendmachung einer peremptorischen oder dilatorischen Einrede liegt exklusiv beim Protegé. Verzichtet er darauf, ist der Patron voll ausstattungspflichtig. § 768 Abs. 1 S. 1 BGB ist nicht entsprechend anwendbar[26]. Aufgrund der identischen Interessenlage kann der Patron die „hauptschuldbezogene“ Protegéausstattung aber analog § 770 Abs. 2 BGB verweigern, solange der Gläubiger sich durch Aufrechnung gegen eine fällige Forderung des Protegés befriedigen kann[27].

*c) Weiterleitungsrisiko*

Solange die abgesicherte(n) Verbindlichkeit(en) von dem Protegé nicht irreversibel erfüllt worden ist/sind, trägt der Patron das Risiko einer anderweitigen Verwendung der zugewandten Mittel (sog. Weiterleitungsrisiko)[28]. Dieses kann er ausschalten, indem er eine treuhänderische Leistung an den Protegé erbringt[29] oder direkt an den Gläubiger leistet[30]. Eine Direktleistung ist meist „doppelt erfüllungswirksam“. Sie ist Drittleistung auf die abgesicherte Hauptschuld (§§ 267 Abs. 1, 362 Abs. 1 BGB) und vertraglich zulässiger Ersatz für die „hauptschuldbezogene“ Ausstattungspflicht[31].

### 5. Schadensersatz

Verletzt der Gläubiger seine Ausstattungspflicht aus Mangel an Ausstattungsmitteln, hat er die Pflichtverletzung verschuldensunabhängig zu vertreten[32].

---

22 Kapitel 4, B. II. 5. a)/b).
23 Kapitel 4, B. II. 5. a).
24 Kapitel 4, B. II. 5. b) bb).
25 Kapitel 4, B. II. 5. b) aa).
26 Kapitel 4, B. II. 5. b) cc).
27 Kapitel 4, B. II. 5. c).
28 Kapitel 4, B. II. 4. c).
29 Kapitel 4, B. II. 4. c) aa).
30 Kapitel 4, B. II. 4. c) bb).
31 Kapitel 4, B. II. 4. c) bb) (3).
32 Kapitel 6, A. I.

Dies ist letztlich Ausdruck des Grundsatzes einer unbedingten Einstandspflicht eines jeden Schuldners für die eigene finanzielle Leistungsfähigkeit[33]. Hinsichtlich etwaiger Wissensdefizite trifft den Patron eine „Informationsobliegenheit" (§ 276 Abs. 1 S. 1 BGB, „Inhalt des Schuldverhältnisses")[34].

Schadensersatz statt der Leistung wegen „Unmöglichkeit" (§§ 280 Abs. 1, 3, 283 BGB) kann der Gläubiger erst nach Vollbeendigung der protegierten Gesellschaft verlangen[35]. Die Herbeiführung des Ausstattungserfolges ist in der Insolvenz des Protegés nicht nach § 275 Abs. 1, 2 BGB „unmöglich"[36].

Vor der Inanspruchnahme des Patrons auf Schadensersatz statt der Leistung gemäß §§ 280 Abs. 1, 3, 281 Abs. 1 BGB muss der Gläubiger ihm erfolglos eine angemessene Nachfrist setzen (§ 281 Abs. 1 S. 1 BGB)[37]. Etwas anders gilt vornehmlich nach Eröffnung des Insolvenzverfahrens über das Protegévermögen (§ 281 Abs. 2, 2. Alt. BGB)[38]. Mit dem Schadensersatzverlangen erlischt der primäre Ausstattungsanspruch des Gläubigers (§ 281 Abs. 4 BGB).

Bei der „internen" Ausstattungsvereinbarung besteht die Besonderheit, dass der Insolvenzverwalter kraft Aufgabenzuweisung erst auf den sekundären Ersatzanspruch umschwenken darf, wenn weitere Einforderungsversuche selbst unter Inanspruchnahme gerichtlicher Hilfe zwecklos erscheinen[39]. Für die ausstattungsbegünstigte Gesellschaft und deren Gläubiger ist der Fortbestand des Primäranspruchs vorteilhaft. Ein Vergleich der beiderseitigen Interessenlagen nach § 281 Abs. 2 BGB rechtfertigt daher grundsätzlich kein umgehendes Schadensersatzverlangen durch den Insolvenzverwalter[40]. Existiert ein die Primärleistung derogierender Ersatzanspruch, muss der vormals Ausstattungspflichtige die bestehenden Verbindlichkeiten in Geld abdecken. Eine Pflicht zur Beseitigung des laufenden Insolvenzverfahrens und zur Ermöglichung der Wiederaufnahme des Geschäftsbetriebes besteht nicht (mehr)[41].

Bewirkt der Patron den durch die „hauptschuldbezogene" Ausstattungspflicht herbeizuführenden Erfolg nicht, kommt er wegen „Fälligkeitserstreckung" auch ohne Leistungsaufforderung des Gläubigers in Verzug, wenn die mittelbedingt ausgebliebene Hauptschuld kalendermäßig bestimmt oder berechenbar ist (§ 286 Abs. 2 Ziff. 1, 2 BGB)[42]. Im Übrigen setzt die Geltendmachung des

---

33 Kapitel 6, A. I. 3.
34 Kapitel 6, A. II.
35 Kapitel 6, B. I. 4.
36 Kapitel 6, B. I. 3.
37 Kapitel 6, B. II.
38 Kapitel 6, B. II. 2.
39 Kapitel 6, D. IV.
40 Kapitel 6, D. IV.
41 Kapitel 6, D. V.
42 Kapitel 6, C. I. 1.

Verzugsschadens gemäß §§ 280 Abs. 1, 2, 286 BGB grundsätzlich eine verzugsbegründende Mahnung voraus (§ 286 Abs. 1 S. 1 BGB)[43].

### 6. Sicherungscharakter

#### *a) „Externe" Ausstattungsvereinbarung*

Die „externe" Ausstattungsvereinbarung ist weder eine Bürgschaft noch eine Garantie. Sie ist ein Vertrag sui generis[44]. In ihrem Sicherheitswert steht sie den übrigen Kreditsicherheiten um nichts nach[45]. Unter Akzessorietätsgesichtspunkten gleicht die Ausstattungsvereinbarung keinem der herkömmlichen Personalsicherungsmittel[46]. Die Ausstattungsleistungen des Patrons können die Schuld des Bürgen oder Garanten bei weitem übersteigen („kontinuierliche Grundausstattungspflicht"/Weiterleitungsgefahr)[47]. Der Patron schuldet weder die Erfüllung der abgesicherten Hauptschuld(en) noch die Schadloshaltung des Gläubigers. Beides ist allenfalls Folge einer freiwilligen Drittleistung bzw. einer Verletzung der primären Ausstattungspflicht[48].

#### *b) „Interne" Ausstattungsvereinbarung*

Die „interne" Ausstattungsvereinbarung ist ein Finanzierungsinstrument sui generis und kein Sicherungsinstrument[49]. Die Gläubiger der auszustattenden Gesellschaft profitieren normalerweise nur faktisch von der Zusage[50]. Diejenigen, deren Forderungen von der Zusage erfasst werden, können aber im Wege der Zwangsvollstreckung auf den ausübungsüberlassungsgeeigneten Ausstattungsanspruch zugreifen (§ 857 Abs. 1, 3 ZPO i. V. m. §§ 829, 839 ZPO analog)[51]. Im Einverständnis mit dem Ausstattungsschuldner können sie sich den Anspruch von der begünstigten Gesellschaft auch partiell abtreten lassen[52].

---

[43] Kapitel 6, C. I. 2.
[44] Kapitel 7, B. IV. 1.
[45] Kapitel 7, B. IV. 1. d).
[46] Kapitel 7, B. IV. 1. c).
[47] Kapitel 4, B. II. 2. a)/c) bzw. II. 4. c), Kapitel 7, B IV. 1. a).
[48] Kapitel 4, B. I. 4., B. II. 4. c. bb) (1)/(3), Kapitel 6, Kapitel 7, B. IV. 1. a).
[49] Kapitel 1, C., Kapitel 2, B. II. 2., Kapitel 7, B. IV. 2.
[50] Kapitel 5, C. II., Kapitel 9, B. IV. 3.
[51] Kapitel 5, C. II, Kapitel 9, B. IV. 2.
[52] Kapitel 9, B. IV. 1.

### 7. Form

Ist die „externe" Ausstattungserklärung auf Seiten des Patrons kein Handelsgeschäft, bedarf sie de lege lata entsprechend §§ 766 S. 1 BGB, 350 HGB der Schriftform[53].

### 8. Bestimmtheit

Zweifel an der materiellen Bestimmtheit einer Ausstattungsvereinbarung sind unangebracht[54]. Der geschuldete Ausstattungserfolg ist eindeutig bestimmt[55]. Über den konkreten Ausstattungsbedarf des Protegés hat sich der Patron wegen seiner „Informationsobliegenheit" selbst in Kenntnis zu setzen[56]. Bei einer harten Patronatserklärung mit „weitem" Sicherungsumfang ist der Kreis der abgesicherten Hauptschulden selbst dann bestimmbar, wenn diese nicht näher spezifiziert sind[57]. Nichts anderes gilt für die Adressaten eines öffentlich publizierten Vertragsangebots[58].

### 9. Prozessuale Geltendmachung

Ausstattungsansprüche sind durch erfolgsbezogene Leistungsklage einklagbar[59]. Der Klageantrag ist darauf zu richten, dass der Patron den Protegé bis zur Erfüllung der abgesicherten Hauptschuld(en) kontinuierlich so auszustatten hat, dass der Protegé diese erfüllen kann[60]. Geht es dem Gläubiger um die Erfüllung der „kontinuierlichen Grundausstattungspflicht", hat er den Erfolg der Herstellung der Leistungsfähigkeit des Protegés durch denjenigen der Insolvenzabwendung bzw. -beseitigung zu ersetzen[61]. Bereits eingetretene Verzugsschäden können gemäß § 260 ZPO mit eingefordert werden[62]. Unter den Voraussetzungen des § 259 ZPO ist eine Klage auf künftige Protegéausstattung möglich[63]. Ist primäres Ziel des Gläubigers die Ausstattung des Protegés, möchte er den Patron nach ergebnislosem Nachfristablauf aber auf Schadensersatz statt der Leistung in Anspruch nehmen (§§ 280 Abs. 1, 3, 281 Abs. 1 S. 1, Abs. 4 BGB),

---

53 Kapitel 8, E.
54 Kapitel 9, A.
55 Kapitel 9, A. I.
56 Kapitel 9, A. I., (i. V. m.) Kapitel 6, A. II.
57 Kapitel 9, A. II.
58 Kapitel 9, A. III.
59 Kapitel 9, B. I. 3.
60 Kapitel 9, B. I. 3. a).
61 Kapitel 9, B. I. 3. c).
62 Kapitel 9, B. I. 3. e).
63 Kapitel 9, B. I. 3. d).

kann er den Fristbestimmungs- und den bedingten Schadensersatzantrag gemäß §§ 255 Abs. 1, 259 ZPO sogleich mit seinem Ausstattungsantrag kombinieren[64]. Ist notwendige Konsequenz der Zwangsvollstreckung die effektive Ausstattung des Protegés, kann es sich anbieten, den Patron und den Protegé gemeinsam im Wege der subjektiven Klagenhäufung zu verklagen (§§ 59, 60, 260 ZPO)[65].

Besteht für den Gläubiger keine Möglichkeit, seinen Ausstattungsanspruch rechtswahrend in der Hauptsache zu verfolgen, kann in Einzelfällen ein Antrag auf Erlass einer Regelungsverfügung in Form der Leistungsverfügung (§ 940 ZPO analog) Erfolg versprechend sein[66]. Dazu muss das Obsiegen des Gläubigers in der Hauptsache überwiegend wahrscheinlich sein und dem Gläubiger ohne Erlass der beantragten Verfügung ein irreparabler Schaden drohen[67].

Einen errungenen Ausstattungstitel kann der Patron gemäß § 887 ZPO (ggf. i. V. m. §§ 936, 928, 929 ZPO) im Wege der Handlungsvollstreckung durchsetzen[68], wenn nicht ausnahmsweise § 888a ZPO entgegensteht[69]. Hat der Patron keine kombinierte Ausstattungs- und Schadensersatzklage erhoben, kann er sein Schadensersatzbegehren gemäß § 893 ZPO noch während des Vollstreckungsverfahrens verfolgen[70].

### 10. Sittenwidrigkeit

„Externe" Ausstattungsverträge sind in aller Regel nicht gemäß § 138 Abs. 1 BGB sittenwidrig[71].

### 11. AGB-Rechtswidrigkeit

#### *a) „Anlassfall"*

Formularmäßige Sicherungszweckerweiterungen sind in „Anlasskonstellationen"[72] wegen des ihnen innewohnenden Überraschungseffekts (§ 305c Abs. 1 BGB)[73] oder wegen unangemessener Benachteiligung des Patrons unwirksam

---

64 Kapitel 9, B. I. 3. f).
65 Kapitel 9, B. I. 3. g).
66 Kapitel 9, B. III.
67 Kapitel 9, B. III. 2.
68 Kapitel 9, B. II. 1.
69 Kapitel 9, B. II. 2.
70 Kapitel 9, B. II. 3.
71 Kapitel 11.
72 Zur prinzipiellen Übertragbarkeit der „Anlassrechtsprechung" auf die harte Patronatserklärung, siehe Kapitel 10, A./B. II.

(§ 307 Abs. 1 S. 1 BGB)[74]. Entgegen der ganz herrschenden Meinung gilt dies unabhängig davon, ob der Patron auf die Geschicke des Protegés in rechtlich fundierter Weise bestimmenden Einfluss nehmen kann[75]. Die „anlassforderungsbezogene" Ausstattungspflicht des Patrons bleibt hiervon unberührt[76]. Sie gründet auf einer dem AGB-Recht vorrangigen Individualabrede (§ 305 Abs. 1 S. 3 bzw. § 305b BGB)[77]. Grund für die unangemessene Benachteiligung des Sicherungsgebers in den „Anlassfällen" ist dessen verwerfliche Beeinträchtigung in seiner Abschlussfreiheit bzw. in seiner „hauptleistungsbezogenen Gestaltungsfreiheit"[78]. Der durchschnittliche Sicherungsgeber kann in der konkreten „Anlasssituation" nicht selbstbestimmt darüber entscheiden, ob er den Gläubiger global absichern möchte. Der Gläubiger statuiert für ihn einen faktischen Kontrahierungszwang. Das widerstreitet dem hier für richtig befundenen Grundsatz, dass die Erweiterung einer bereits festgelegten Hauptleistungspflicht nur mittels Individualabrede möglich ist bzw. dass das „Ob" einer Hauptleistungsvereinbarung der Verwendergegenseite nicht klauselmäßig vorgegeben werden kann[79]. Da der Gesetzgeber die Möglichkeit einer formularmäßigen Hauptleistungsoktroyierung nicht bedacht hat, sperrt § 307 Abs. 3 S. 1 BGB die Klauselkontrolle anhand des § 307 Abs. 1 S. 1 BGB ausnahmsweise nicht[80]. Die Angemessenheitskontrolle ist allerdings darauf zu beschränken, ob der Verwender die Abschluss- bzw. „hauptleistungsbezogene Gestaltungsfreiheit" der Gegenseite in einer mit dessen Privatautonomie unvereinbaren Weise eingeschränkt hat[81], was in den „Anlassfällen" stets zu bejahen ist[82].

Die herrschende „Anlassrechtsprechung" überzeugt nicht[83]. Sie beruht auf der fehlerhaften Ausgangsüberlegung, dass maßgeblicher Grund für die Benachteiligung des Sicherungsgebers die Unübersehbarkeit bzw. Unbeeinflussbarkeit des Verpflichtungsumfangs ist[84]. Die „Fremddisposition" besteht aber nicht darin, dass der Patron den konkreten Umfang der abgesicherten Verbindlichkeiten nicht übersehen oder direkt beeinflussen kann[85], sie besteht darin, dass der

---

73 Kapitel 10, B. III. 2.
74 Kapitel 10, B. V. 1. b), (bei Anwendung der „Anlassrechtsprechung") bzw. B. V. 3., (nach hier vertretener Meinung).
75 Kapitel 10, B. V. 3. b).
76 Kapitel 10, B. VI.
77 Kapitel 10, B. VI. 2.
78 Kapitel 10, B. V. 3. a) ee).
79 Kapitel 10, B. V. 3. a) ee), (i.V.m.) B. IV. 2. c).
80 Kapitel 10, B. IV. 2. c).
81 Kapitel 10, B. IV. 2. c) bb).
82 Kapitel 10, B. V. 3.
83 Kapitel 10, B. III. 3., B. IV. 2. a)/b), B. V. 2. b), B. V. 3., B. VI. 2., B. VII. 1.
84 Kapitel 10, B. III. 2. a), B. IV. 1. b) aa), B. V. 1. a) aa)/bb), B. V. 2. a), B. VII. 1.
85 Zur „Anlassrechtsprechung", vgl. nur Kapitel 10, B. IV. 1. b) aa).

Gläubiger dem Sicherungsgeber die Entscheidung über die Erteilung einer globalen Haftungszusage abnimmt, indem er dessen Sicherungszweckerklärung anlässlich eines konkreten Sicherungsgeschäfts formularmäßig auf alle bereits bestehenden und noch zu begründenden Forderungen gegenüber dem Hauptschuldner ausdehnt[86]. An diesem Fremdbestimmungsvorwurf ändern weder die Überschaubarkeit noch die Beeinflussbarkeit des Haftungsumfangs etwas, so dass sämtliche Sicherungsgeber gleichermaßen schutzwürdig sind[87]. Die „Fremddispositions-“ und „Transparenzrechtsprechung“ bleibt hinter dem gebotenen Schuldnerschutz zurück[88]. Sie ist dogmatisch unhaltbar und sollte zu Gunsten der hier vorgestellten Fremdbestimmungsargumentation aufgegeben werden.

*b) Zahlungsklausel*

Die Zusatzverpflichtung des Patrons, dem Gläubiger auf erstes Anfordern die von dem Protegé zu entrichtenden Zahlungen zu leisten, sollte dieser aus politischen Gründen nicht leisten können (sog. Zahlungsklausel), ist eine Bürgschaft auf erstes Anfordern[89]. Sie sollte schon aus Vorsichtsgründen stets individuell ausgehandelt werden, da über die formularrechtliche Zulässigkeit einer Zahlungsklausel, soweit ersichtlich, höchstrichterlich keine Einigkeit besteht[90]. Da die Klausel eine zentrale Hauptleistungsbestimmung trifft, kann sie dem Sicherungsgeber nach der hier vertretenen Meinung aus den genannten Gründen nicht klauselmäßig vorgegeben werden[91].

## 12. Lösungsmöglichkeit

*a) „Externe“ Ausstattungsvereinbarung*

Ist der Patron zeitlich unbegrenzt ausstattungspflichtig, kann er die Ausstattungsvereinbarung ohne anders lautende Abrede ordentlich kündigen[92]. Entgegen der herrschenden Meinung hat er hierfür nicht zwingend eine mehrjährige Wartefrist einzuhalten[93]. Eine Kündigungssperrfrist muss sich der Sicherungsabrede im Einzelfall entnehmen lassen[94]. Erforderlich ist nur die Einhaltung einer

---

86 Kapitel 10, B. V. 3. a) ee).
87 Kapitel 10, B. V. 3. b).
88 Kapitel 10, B. III. 3., B. V. 3. b), B. VII. 1. b)/c), (i. V. m.) VII. 2./3. a).
89 Kapitel 10, C. I.
90 Vgl. Kapitel 10, C. II./III.
91 Kapitel 10, C. III.
92 Kapitel 12, A.
93 Kapitel 12, A. I.
94 Kapitel 12, A. I.

angemessenen, meist mehrmonatigen Kündigungsfrist[95]. Anders als bei der Bürgschaft, kann Grund für die außerordentliche Kündigung des Ausstattungsvertrages nicht die drastische Verschlechterung der Vermögenslage des Protegés sein, da es gerade die Aufgabe des Patrons ist, finanzielle Engpässe des Protegés zu überbrücken[96]. Außer in dem Sonderfall eines fortbestehenden Beherrschungs- und/oder Gewinnabführungsvertrages[97], kann der Patron die Ausstattungsvereinbarung aber gemäß § 314 Abs. 1, 3 BGB fristlos kündigen, wenn er seine für die Ausstattungszusage maßgebende Stellung in der protegierten Gesellschaft verliert[98]. Ob er sich diesen Verlust selbst zuzuschreiben hat, ist unmaßgeblich[99]. Die Gesellschafter- bzw. Geschäftsführerposition des Patrons ist in diesem Fall beidseitig akzeptierte Geschäftsgrundlage der Ausstattungsvereinbarung[100]. Ihr Wegfall fällt in den Risikobereich beider Vertragsparteien[101].

*b) „Interne" Ausstattungsvereinbarung*

Die Aufhebung einer „internen" Ausstattungsvereinbarung mit Wirkung ex nunc ist nicht gemäß § 135 InsO anfechtbar[102]. Sie ist keine Rücknahme einer einem kapitalersetzenden Darlehen gleichstehenden Forderung[103], auch fehlt es an dem Tatbestandsmerkmal einer Befriedigungsleistung im Sinne des § 135 Ziff. 2 InsO[104]. Das Kapitalersatzrecht statuiert nur ein Abzugsverbot und kein Zuführungsgebot[105], weshalb bindende Finanzierungszusagen generell keine nicht abzugsfähige Eigenkapitalersatzleistung sind[106]. Eine Aufhebungsvereinbarung kann aber gemäß § 132 InsO als unmittelbar gläubigerbenachteiligendes Rechtsgeschäft, gemäß § 133 InsO wegen vorsätzlicher Gläubigerbenachteiligung und als „unentgeltliche Leistung" nach § 134 InsO[107] anfechtbar sein. Im Vorfeld der Insolvenzeröffnung können einzelne Gesellschaftsgläubiger nach den Vorschriften des Anfechtungsgesetzes anfechtungsbefugt sein[108].

---

[95] Kapitel 12, A. II.
[96] Kapitel 12, B. I.
[97] Kapitel 12, B. II. 2. b) bb).
[98] Kapitel 12, B. II. 2.
[99] Kapitel 12, B. II. 2.
[100] Kapitel 12, B. II. 1. b) aa), (i. V. m.) B. II. 2.
[101] Kapitel 12, B. II. 2.
[102] Kapitel 12, C. I. (i. V. m. C. II.).
[103] Kapitel 12, C. I. 1./2.
[104] Kapitel 12, C. I. 3.
[105] Kapitel 12, C. I. 1./2.
[106] Kapitel 12, C. I./II.
[107] Kapitel 12, C. III. 3. b).
[108] Kapitel 12, C. III. 3. a).

Unanfechtbar ist die ordentliche Vertragskündigung durch den Ausstattungsschuldner[109]. „Interne" Ausstattungsvereinbarungen können von dem Pflichtigen noch während einer Krise der auszustattenden Gesellschaft ordentlich gekündigt werden[110]. Tragender Grund für die Nichtabzugsfähigkeit einer „einlagengleichen" Finanzplankreditzusage bzw. eines Krisendarlehens nach „Bedingungseintritt" ist, dass eine Kündigung der Darlehenzusage in der Krise die vertragswidrige Rücknahme eines von dem Zusagenden aktuell zu erfüllenden Darlehensversprechens zum Nachteil der Gesellschaftsgläubiger bedeutete[111]. Anders als diese werden die Gläubiger des auszustattenden Unternehmens durch eine ordentliche Kündigung des „internen" Ausstattungsvertrages nicht benachteiligt[112]. Im Gegensatz zu einer Krisenfinanzierungsvereinbarung lässt sich einer „internen" Ausstattungszusage keine Kündigungssperre für die Dauer der Krise entnehmen[113]. Gesperrt ist nur die außerordentliche Kündigung wegen Vermögensverschlechterung der auszustattenden Gesellschaft[114].

---

[109] Kapitel 12, C. III. 3. c).
[110] Kapitel 12, C. III. 1.
[111] Kapitel 12, C. III. 1. c).
[112] Kapitel 12, C. III. 1. c).
[113] Kapitel 12, C. III. 1. b).
[114] Kapitel 12, B. I.

# Literaturverzeichnis

*Aden,* Menno: Bürgschaft vermögensloser Nahbereichspersonen versus insolvenzbedingte Restschuldbefreiung – Von einer überflüssigen Vorlage, NJW 1999, S. 3763 f.

*Adler/Düring/Schmaltz* (Hrsg.): Rechnungslegung und Prüfung der Unternehmen, Teilband 6, Vorbem. §§ 238–241 HGB, §§ 238–251 HGB, 6. Auflage, Stuttgart 1998

*Adomeit,* Klaus: Die gestörte Vertragsparität – ein Trugbild, NJW 1994, S. 2467 ff.

*Altenburger,* Peter R.: Die Patronatserklärungen als ‚unechte' Personalsicherheiten, Dissertation Basel, Zürich 1979

*Altmeppen,* Holger: Zur Entwicklung eines neuen Gläubigerschutzkonzeptes in der GmbH – Zugleich Besprechung von BGH, Urt. v. 24.06.2002 – II ZR 300/00, ZIP 2002, 1578, ZIP 2002, S. 1553 ff.

– Anmerkung zu BGH (U. v. 13.12.2004 – II ZR 206/02), ZIP 2005, S. 117 ff., ZIP 2005, S. 119 ff.

*Altvater,* Christian: Zur Zulässigkeit der geltungserhaltenden Reduktion formularmäßiger Sicherungsabreden, WiB 1996, S. 374 ff.

*Ammelung,* Ulrich: (Erneute) Verrechnungspreisaspekte bei Sicherheitengestellung gegenüber ausländischen Finanzierungsgesellschaften?, IStR 2003, S. 250 ff.

*Ammelung,* Ulrich/*Homering,* Christian: § 8a KStG-Falle für ausländische Finanzierungsgesellschaften und Lösungsansätze, IStR 2004, S. 310 ff.

*Ammelung,* Ulrich/*Sorocean,* Michael: Patronatserklärungen zugunsten ausländischer Tochtergesellschaften – Bilanz- und steuerrechtliche Fragen, RIW 1996, S. 668 ff.

*Bales,* Klaus: Die Bürgschaft als Kreditsicherheit – Ein Beitrag aus Sicht der Kreditpraxis, BKR 2004, S. 264 ff.

*Balzer,* Peter: Kreditsicherung durch Patronatserklärungen in der Konzernpraxis in: Rostocker Schriften zum Bankrecht, Heft 6, 7. Rostocker Bankentag am 15.11. 2001: Bürgschaften, Garantien, Patronate, Rostock 2001, S. 59 ff. (zit.: Balzer, 7. Rostocker Bankentag 2001).

– Anmerkung zu BGH, Urteil vom 28.05.2002 (XI ZR 199/01), WuB I F 1 a. – 2.03, S. 139 f.

*Bamberger,* Heinz Georg/*Roth,* Herbert: Kommentar zum Bürgerlichen Gesetzbuch, Band 1, §§ 1–610, München 2003

– Kommentar zum Bürgerlichen Gesetzbuch, Band 2, §§ 611–1296, ErbbauVO, WEG, München 2003

*Bärmann,* Johannes (Hrsg.): Recht der Kreditsicherheiten in europäischen Ländern, Teil I: Bundesrepublik Deutschland, bearbeitet von Ulrich Brink, Wolfgang Petereit, Heinrich Reinecker, Hans-Peter Scheerer, Berlin 1976 (zit.: Bärmann, Kreditsicherheiten, Teil I: BRD)

*Bärwald,* Roman: GmbHR-Kommentar zu BGH, Urt. v. 15.07.1999 – IX ZR 243/98, GmbHR 1999, S. 976 ff., GmbHR 1999, S. 978 f.

*Batereau,* Lutz: Anmerkung zu LG Bonn, Urteil vom 12. Februar 1996 (9 0 541/95), WuB I F 2. – 2.96, S. 1159 f.

*Baumbach,* Adolf/*Hopt,* Klaus J.: Handelsgesetzbuch mit GmbH & Co., Handelsklauseln, Bank- und Börsenrecht, Transportrecht (ohne Seerecht), 31. Auflage, München 2003

*Baumbach,* Adolf/*Lauterbach,* Wolfgang/*Albers,* Jan/*Hartmann,* Peter: Zivilprozessordnung, 63. Auflage, München 2005 (zit.: Baumbach u. a. (Bearb.), ZPO)

*Bea,* Franz Xaver/*Dichtl,* Erwin/*Schweitzer,* Marcell (Hrsg.): Allgemeine Betriebswirtschaftslehre, Band 3: Leistungsprozess, Stuttgart 2002 (zit.: Bea/Dichtl/Schweitzer (Bearb.), Allgemeine BWL, Bd. 3)

*Becker,* Peter/*Trommer,* Friederike: Patronatserklärungen im kommunalen Haushalt, ZKF 2005 (Zeitschrift für Kommunalfinanzen), S. 55. ff.

*Becker-Eberhard,* Ekkehard: Die Forderungsgebundenheit der Sicherungsrechte, Habilitationsschrift 1990/91, Bielefeld 1993 (zit.: Becker-Eberhard, Forderungsgebundenheit)

*Beck'scher Bilanz-Kommentar*: Handels- und Steuerrecht – §§ 238 bis 339 HGB, Hrsg.: Axel Berger, Helmut Ellrott, Gerhart Förschle, Burkhard Hense, 5. Auflage, München 2003

*Behrens,* Stefan: Entwurf eines BMF-Schreibens zur Neuregelung der Gesellschafter-Fremdfinanzierung in § 8a KStG, AG-Report 2004, R 271/272

*Bender,* Hans-Udo: Das Ende klassischer Konzernfinanzierungen durch die jüngere BGH-Rechtsprechung?, BB 2005, S. 1492 ff.

*Benecke,* Andreas/*Schnitger,* Arne: Anwendung des § 8a KStG bei Personengesellschaften in grenzüberschreitenden Sachverhaltskonstellationen, IStR 2004, S. 475 ff.

*Bergström,* Svante/*Schultsz,* J. C./*Käser,* Jörg: Garantieverträge im Handelsverkehr – Verhandlungen der Fachgruppe für vergleichendes Handels- und Wirtschaftsrecht anlässlich der Tagung für Rechtsvergleichung in Mannheim vom 22. bis 25. September 1971, Hrsg.: Wolfgang Freiherr Marschall von Bieberstein, Frankfurt am Main 1972 (zit.: Verfasser in Bergström/Schultsz/Käser, Garantieverträge).

*Berninghaus,* Jochen: Der Umfang der Haftung aus formularmäßigen Bankbürgschaften, BB 1986, S. 206 ff.

*von Bernstorff,* Christoph: Bankgarantien im Außenhandel, ZKW 1988 (Zeitschrift für das gesamte Kreditwesen), S. 990 ff.

*von Bernuth,* Wolf: Harte Patronatserklärungen in der Klauselkontrolle – Zugleich eine Besprechung des Urteils LG München I, ZIP 1998, 1956, ZIP 1999, S. 1501 ff.

*Bestmann,* Uwe u. a. (Hrsg.): Kompendium der Betriebswirtschaftslehre, 9. Auflage, München/Wien 1997

*Beyer,* Horst-Tilo (Hrsg.): Finanzlexikon, München 1971

*Blaurock,* Uwe: Einfluss im Unternehmen und die gesellschaftsrechtliche Haftungsstruktur in: Festschrift für Walter Stimpel zum 68. Geburtstag am 29. November 1985, Berlin/New York 1985, S. 553 ff. (zit.: Blaurock in FS Stimpel)

*Blumenberg,* Jens/*Lechner,* Florian: Das neue BMF-Schreiben zur Gesellschafter-Fremdfinanzierung, BB 2004, S. 1765 ff.

*Blumers,* Wolfgang/*Goerg,* Diethard/*Tiede,* Kai: Gesellschafter-Fremdfinanzierung bei Unternehmensakquisitionen, BB 2004, S. 631 ff.

*Bodenstein,* Friedel/*Eberth,* Rolf: Kreditsicherung im Geschäftsverkehr mit dem Ausland, Band 1: Frankreich, Köln 1977

*Bodenstein,* Friedel/*Jahn,* Uwe: Kreditsicherung im Geschäftsverkehr mit dem Ausland, Band 2: Italien, Köln 1980

*Bordt,* Karl: Die Bedeutung von Patronatserklärungen für die Rechnungslegung, WPg 1975 (Die Wirtschaftsprüfung), S. 285 ff.

*Bornemann,* Ralf: Zweckbestimmungsklauseln bei Sicherungsgeschäften – insbesondere bei Grundschuld und Bürgschaft, Dissertation Bielefeld 2000

*Brambring,* Niklas: Diskrepanz zwischen Anlass und Sicherungsumfang einer Bürgschaft, Dissertation Köln 2002, Frankfurt am Main 2003

*Brandt,* Birger: Die weite Sicherungszweckerklärung im Formularwesen der Kreditinstitute bei Personenverschiedenheit von Sicherungsgeber und Darlehensnehmer, Dissertation Kiel 1991, Aachen 1995

*Braun,* Eberhard (Hrsg.): Insolvenzordnung (InsO), Kommentar, München 2002 (zit.: Braun, InsO (Bearb.))

– Insolvenzordnung (InsO), Kommentar, 2. Auflage, München 2004 (zit.: Braun, InsO (2), (Bearb.))

*Breutigam,* Axel/*Blersch,* Jürgen/*Goetsch,* Hans-W.: Insolvenzrecht, Kommentar der InsO und der InsVV mit Schriftsätzen und Mustern für die Insolvenzrechtspraxis, Band I, Berlin, Stand: April 2005 (zit.: Breutigam/Blersch/Goetsch, InsO, Band I (Bearb.))

– Insolvenzrecht, Kommentar der InsO und der InsVV mit Schriftsätzen und Mustern für die Insolvenzrechtspraxis, Band II, Berlin, Stand: April 2005 (zit.: Breutigam/Blersch/Goetsch, InsO, Band II (Bearb.))

*Briese,* Andre: Die neuen Regelungen zur Gesellschafter-Fremdfinanzierung nach § 8a KStG, StuB 2004, S. 57 ff.

*BuB*: Bankrecht und Bankpraxis, s. u., Hellner/Schröter/Steuer/Weber

*Bülow,* Peter: Einführung in das Recht der Kreditsicherheiten, Jura 1995, S. 198 ff.

– Recht der Kreditsicherheiten, 6. Auflage, Heidelberg 2003

*Bundesaufsichtsamt für das Kreditwesen* (BAKred): Schreiben des Bundesaufsichtsamtes für das Kreditwesen vom 16. Dezember 1974 an die Spitzenverbände der Kreditinstitute (I 4-3) in: Consbruch/Möller/Bähre/Schneider, KWG (s. u.), Prüfung der Jahresabschlüsse, Tz. 13.07

*Bungert,* Hartwin: Festschreibung der ungeschriebenen Holzmüller-Hauptversammlungszuständigkeiten bei der Aktiengesellschaft, BB 2004, S. 1345 ff.

*Bunte,* Hermann-Josef: Allgemeine Geschäftsbedingungen und AGB-Gesetz: Ziele und aktuelle Entwicklungen in: Rostocker Schriften zum Bankrecht, Heft 2, 3. Akademischer Bankentag 13.11.1997: Allgemeine Geschäftsbedingungen im Bankgeschäft, Rostock 1998, S. 29 ff. (zit.: Bunte, Rostocker Schriften zum Bankrecht 1998)

*Burwitz,* Gero: Mittelstandsfinanzierung im Schatten des neuen § 8a KStG, AWR 2004, S. 136 ff.

*Bydlinski,* Franz: Privatautonomie und objektive Grundlagen des verpflichtenden Rechtsgeschäfts, Wien, New York 1967

*Bydlinski,* Peter: Personaler numerus clausus bei der Bürgschaft auf erstes Anfordern?, WM 1991, S. 257 ff.

– Die aktuelle höchstgerichtliche Judikatur zum Bürgschaftsrecht in der Kritik – Neue Entwicklungen in der Rechtsprechung?, WM 1992, S. 1301 ff.

– Anmerkung zu BGH, Urteil vom 02.04.1998 (IX ZR 79/97), WuB I F 1 a. – 14.98, S. 781 f.

– Wirksamkeit, Reichweite und Beendigung der Bürgenhaftung: Neue Entwicklungen in Österreich? – Zugleich ein erster Versuch über die Bürgenkündigung, ÖBA 1999, S. 93 ff.

– Die Kündigung der Bürgschaft in: Bankrecht – Schwerpunkte und Perspektiven, Festschrift für Herbert Schimansky, Hrsg.: Norbert Horn, Hans-Jürgen Lwowski, Gerd Nobbe, Köln 1999, S. 299 ff. (zit.: Bydlinski in FS Schimansky)

– Anmerkung zu BGH, Urteil vom 24.09.1998 (IX ZR 425/97), WuB I F 1 a. – 1.99, S. 38 ff.

– Anmerkung zu BGH, Urteil vom 28.10.1999 (IX ZR 364/97), WuB I F 1 a. – 10.00, S. 315 f.

– Anmerkung zu BGH, Urteil vom 29.03.2001 (IX ZR 20/00), WuB I F 1 a. – 13.01, S. 1150 f.

– Anmerkung zu BGH, Urteil vom 15.01.2002 (XI ZR 98/01), WuB I F 1 a. – 10.02, S. 551

*Cahn,* Andreas: Die Ausfallhaftung des GmbH-Gesellschafters – Besprechung der Entscheidung BGHZ 150, 61, ZGR 2003, S. 298 ff.

– Gesellschafterfremdfinanzierung und Eigenkapitalersatz, AG 2005, S. 217 ff.

*Canaris,* Claus-Wilhelm: Die Vertrauenshaftung im deutschen Privatrecht, Habilitationsschrift, München 1971 (zit.: Canaris, Vertrauenshaftung)

– Bankvertragsrecht, Zweiter Teil, 2. Auflage, Berlin 1981

– Wandlungen des Schuldvertragsrechts – Tendenzen zu seiner ‚Materialisierung‘, AcP Band 200 (2000), S. 273 ff.

*Capell,* Jürgen/*Swinne,* Axel: Internationales Kredit-Management, Frankfurt am Main 1981

*Clemente,* Clemens: Die Zweckerklärung der Sicherungsgrundschuld in der Bankpraxis – eine kritische Bestandsaufnahme, NJW 1983, S. 6 ff.

– Sicherungsabreden im Spiegel der neueren Rechtsprechung, ZIP 1985, S. 193 ff.

– Kurzkommentar zu OLG Karlsruhe, Urt. v. 11.4.1985 – 9 U 261/83, EWiR 1986, S. 263 f.

– Kurzkommentar zu OLG Karlsruhe, Urt. v. 28.02.1986 – 10 U 114/85, EWiR 1986, S. 891 f.

– Die Sicherungsabrede der Sicherungsgrundschuld – eine Bestandsaufnahme, ZIP 1990, S. 969 ff.

– Recht der Sicherungsgrundschuld, 3. Auflage, Köln 1999

*Consbruch,* Johannes/*Möller,* Annemarie/*Bähre,* Inge Lore/*Schneider,* Manfred: Kreditwesengesetz mit weiteren Vorschriften zum Aufsichtsrecht der Banken, Textsammlung, Band II, München, Stand: Dezember 2002

*Corsten,* Hans (Hrsg.): Lexikon der Betriebswirtschaftslehre, 4. Auflage, München/Wien 2000

*Dauner-Lieb,* Barbara: Kurzkommentar zu BGH, Urt. v. 28.6.1999 – II ZR 272/98, EWiR 1999, S. 843 f.

– Anmerkung zu BGH, Urteil v. 28.6.1999 – II ZR 272/98, JZ 2000, S. 312 ff.

*Derleder,* Peter: Die unbegrenzte Kreditbürgschaft, NJW 1986, S. 97 ff.

*Deutscher Industrie- und Handelskammertag/Bundesverband der Deutschen Industrie/Zentralverband des Deutschen Handwerks/Bundesvereinigung der Deutschen Arbeitgeberverbände/Bundesverband Deutscher Banken/Gesamtverband der Deutschen Versicherungswirtschaft/Hauptverband des Deutschen Einzelhandels/Bundesverband des Deutschen Groß- und Außenhandels*: Problempunkte § 8a KStG in der Fassung des Korb II-Gesetzes v. 22.12.2003, Gemeinsame Eingabe an das Bundesfinanzministerium vom 15.03.2004, zu finden unter Stellungnahme der Spitzenverbände der deutschen Wirtschaft vom 15. März 2004 gegenüber dem Bundesministerium der Finanzen auf der Homepage des Bundesverbandes Deutscher Banken, www.bankenverband.de, > Fachinformationen > Steuern > Einkommen-/Körperschafsteuer (http://www.bankenverband.de/pic/artikelpic/032004/sp0403_st_sdw_kstg8a.pdf), Stand: 10.10.2005 (zit.: DIHK u.a., Gemeinsame Eingabe v. 15.03.2004)

*Dichtl,* Erwin/*Issing,* Otmar (Hrsg.): Vahlens Großes Wirtschaftslexikon, Band 1, A–K, München 1987

*Diedrichsen,* Angela: Aktuelle Probleme der Bürgschaft, Jura 1999, S. 229 ff.

*Dieterich,* Thomas: Bundesverfassungsgericht und Bürgschaftsrecht, WM 2000, S. 11 ff.

*Dilger,* Eberhard: Patronatserklärungen im englischen Recht, RIW 1988, S. 908 f.

– Patronatserklärungen im englischen Recht, RIW 1989, S. 573

– Patronatserklärung einer französischen Société anonyme: Ermächtigung durch den Verwaltungsrat, RIW 1991, S. 342 f.

*Dilger,* Eberhard/*Hugger,* Günter: Gesellschaftsrechtliche Zustimmungserfordernisse bei Bürgschaften, Garantien und Patronatserklärungen französischer Aktiengesellschaften, RIW 1990, S. 879 ff.

*Dörr,* Ingmar/*Schreiber,* Susanne: Der Zusammenhang bei der Rückgriffsfinanzierung nach § 8a KStG nach der Entscheidung der Finanzministerkonferenz vom 12.5. 2005, DStR 2005, S. 1205 ff.

*Dötsch,* Ewald/*Pung,* Alexandra: Gesellschafter-Fremdfinanzierung: Das Einführungsschreiben zu § 8a KStG vom 15.07.2004, DB 2004, S. 1683 ff.

*Dreher,* Meinrad: Die Auslegung von Rechtsbegriffen in Allgemeinen Geschäftsbedingungen, AcP Band 189 (1989), S. 342 ff.

*Drygala,* Tim: Abschied vom qualifiziert faktischen Konzern – oder Konzernrecht für alle?, GmbHR 2003, S. 729 ff.

*Duden*: Das Bedeutungswörterbuch, 3. Auflage, Mannheim u.a. 2002

– Herkunftswörterbuch, Etymologie der deutschen Sprache, 3. Auflage, Mannheim u.a. 2001

*Dütz,* Wilhelm: Arbeitsrecht, 9. Auflage, München 2004

*Ebbing,* Frank: Anmerkung zu OLG Hamm, Urteil vom 29.01.1997 (31 U 118/96), WuB I F 1 a. – 14.97, S. 740 ff.

*Ebenroth,* Carsten Thomas/*Boujong,* Karlheinz/*Joost,* Detlev: Handelsgesetzbuch, Band 2, §§ 343–475 h, Transportrecht, Bank- und Börsenrecht, München 2001 (zit.: Ebenroth/Boujong/Joost (Bearb.), HGB)

*Ebenroth,* Carsten Thomas/*Parche,* Ulrich: Konzernrechtliche Beschränkungen der Umstrukturierung des Vertragskonzerns, BB 1989, S. 637 ff.

*Eckert,* Jörn: Übermäßige Verschuldung bei Bürgschafts- und Kreditaufnahme, WM 1990, S. 85 ff.

*Edelmann,* Hervé: Unwirksamkeit der formularmäßigen Ausdehnung der Bürgschaft eines Kaufmanns, BB-Kommentar zu BGH, Urt. vom 24.9.1998 – IX ZR 425/97, BB 1999, S. 123 f.

*Ehricke,* Ulrich: Zur Bedeutung der Privatautonomie bei der ergänzenden Vertragsauslegung, RabelsZ 60 (1996), S. 661 ff.

– Anmerkung zu BGH, Urteil v. 15.7.1999 – IX ZR 243/98, JZ 2000, S. 466 ff.

– Bürgschaften von Geschäftsführern und Gesellschaftern einer GmbH für die Verbindlichkeiten ihrer Gesellschaft, WM 2000, S. 2177 ff.

*Eickmann,* Dieter: Aktuelle Rechtsfragen zur Sicherungsgrundschuld, ZIP 1989, S. 137 ff.

*Eickmann,* Dieter/*Flessner,* Axel/*Irschlinger,* Friedrich/*Kirchhof,* Hans-Peter/*Kreft,* Gerhart/*Landfermann,* Hans-Georg/*Marotzke,* Wolfgang/*Stephan,* Guido: Heidelberger Kommentar zur Insolvenzordnung, 3. Auflage, Heidelberg 2003 (zit.: Eickmann u.a., InsO, (Bearb.))

*Eisenhardt,* Ulrich: Gesellschaftsrecht, 12. Auflage, München 2005

*Eleftheriades,* Nikolaos: Die Bürgschaft auf erstes Anfordern, Dissertation München 1999, Berlin 2001

*Emde,* Raimond: GmbHR-Kommentar zu BGH, U. v. 16.12.1999 – IX ZR 36/98, GmbHR 2000, S. 328 ff.

*Emmerich,* Volker: Anmerkungen zu der Vulkan-Doktrin, AG 2004, S. 423 ff.

*Emmerich,* Volker/*Habersack,* Mathias: Konzernrecht, 8. Auflage, München 2005

*Endell,* Antje: Sind die privaten deutschen Großbanken Gewährträger ihrer Tochtergesellschaften?, ZKW 1997, S. 710 ff.

*Engers,* Torsten: Aktivierung von Fremdkapitalzinsen – Günstige Gestaltung im Hinblick auf § 8a KStG und auf Verlustnutzungsbeschränkungen, BB 2004, S. 1595 ff.

*Erman*: Bürgerliches Gesetzbuch, Band I, 11. Auflage, Köln 2004 (zit.: Erman-Bearb.)

*Ernst & Young*: Körperschaftsteuergesetz – KStG mit Nebenbestimmungen, Kommentar, Loseblattsammlung, Stand: Februar 2005

*Esser,* Josef/*Schmidt,* Eike: Schuldrecht, Band I, Allgemeiner Teil, Teilband 1, 8. Auflage, Heidelberg 1995

*Eusterhus,* Daniel: Die Akzessorietät im Bürgschaftsrecht – Eine Untersuchung zum deutschen und französischen Recht, Dissertation Augsburg 2002, München 2002 (zit.: Eusterhus, Akzessorietät)

*Falter,* Manuel (Begründer), neu bearbeitet von Kurt Dahlheimer u. a.: Die Praxis des Kreditgeschäfts, 15. Auflage, Stuttgart 1997

*Felke,* Klaus: Anmerkung zu BGH, Urteil vom 16.12.1999 (IX ZR 36/98), WuB I F 1 a. – 3.01, S. 381 f.

*Fikentscher,* Wolfgang: Schuldrecht, 9. Auflage, Berlin, New York 1997

*Finn,* Markus: Kann der Gläubiger die (Nach-)Erfüllung zwischen Fristablauf und Schadensersatzverlangen zurückweisen?, ZGS 2004, S. 32 ff.

*Fischer,* Gero: Aktuelle Rechtsprechung des Bundesgerichtshofs zur Bürgschaft und zum Schuldbeitritt – Teil I, WM 1998, S. 1705 ff.

– Aktuelle BGH-Judikatur zur persönlichen Kreditsicherung in: Rostocker Schriften zum Bankrecht, Heft 4, 5. Akademischer Bankentag am 11.11.1999: Kreditgeschäft und Kreditsicherheiten, Rostock 1999, S. 101 ff. (zit.: Fischer in Rostocker Schriften zum Bankrecht, Heft 4)

– Die Bürgschaft zwischen Dogmatik, Verbraucherschutz und Praxis, WM 2000, S. 14 ff.

– Aktuelle höchstrichterliche Rechtsprechung zur Bürgschaft und zum Schuldbeitritt – Teil I, WM 2001, S. 1049 ff.

– Aktuellste Entwicklung des Bürgschaftsrechts in: Horn/Krämer, Bankrecht 2002 (s. u.), S. 165 ff. (zit.: Fischer in Horn/Krämer, Bankrecht 2002)

*Fischer,* Joachim/*Schaffland,* Hans-Jürgen: Patronatserklärungen, GenFor (Genossenschaftsforum)/Raiffeisen-Rundschau 1976, Heft 2 (II), S. 36 ff.

– Patronatserklärungen, 2. Teil, GenFor/Raiffeisen-Rundschau 1976, Heft 3 (III), S. 38 ff.

*Fischer,* Michael: Die Verlagerung des Gläubigerschutzes vom Gesellschafts- in das Insolvenzrecht nach ‚Inspire Art', ZIP 2004, S. 1477 ff.

*Fischer,* Reinfrid: Kurzkommentar zu BGH, Urt. v. 6.12.1984 – IX ZR 115/83, EWIR 1985, S. 83 f.

*Fischer,* Reinfrid/*Klanten,* Thomas: Bankrecht – Grundlagen der Bankpraxis, 3. Auflage, Köln 2000

*Fleck,* Hans-Joachim: Kurzkommentar zu BGH, Urt. v. 19.9.1996 – IX ZR 249/94, EWiR 1996, S. 1087 f.

*Fleischer,* Holger: Finanzplankredite und Eigenkapitalersatz im Gesellschaftsrecht, Dissertation Köln 1993, Berlin u. a. 1995

– Anmerkung zu BGH, Urteil vom 19.9.1996 – IX ZR 249/95 (BGHZ 133, 298), JR 1997, S. 293 f.

– Kurzkommentar zu LG München I, Urt. v. 02.03.1998 – 11 HKO 20623/97, EWiR 1998, S. 1107 f.

– Kurzkommentar zu OLG Nürnberg, Urt. v. 09.12.1998 – 12 U 2626/98, EWiR 1999, S. 305 f.

– Gegenwartsprobleme der Patronatserklärung im deutschen und europäischen Privatrecht, WM 1999, S. 666 ff.

– Ungeschriebene Hauptversammlungszuständigkeiten im Aktienrecht: Von Holzmüller zu Gelatine, NJW 2004, S. 2335 ff.

*Fleischer,* Holger/*Rentsch,* Klaus: Anmerkung zu OLG Oldenburg (U. v. 23.03.2000 – 1 U 75/99), NZG 2000, S. 1141

*Flick/Wassermeyer/Baumhoff*: Außensteuerrecht, Kommentar, Band I, Texte, §§ 1–9 AstG, Loseblattwerk, Hrsg.: Franz Wassermeyer, Detlev J. Piltz, Köln 1973/2003, Stand: 55. Lfg., November 2004

*Flume,* Werner: Rechtsgeschäft und Privatautonomie in: Hundert Jahre deutsches Rechtsleben, Festschrift zum hundertjährigen Bestehen des Deutschen Juristentages 1860–1960, Band I, Kalrlsruhe 1960, S. 135 ff. (zit.: Flume in FS zum 100jährigen Bestehen des DJT)

– Ernst Geßler zum Gedächtnis, Gedenkrede, AG 1988, S. 88 ff.

– Allgemeiner Teil des Bürgerlichen Rechts, Zweiter Band, Das Rechtsgeschäft, Vierte unveränderte Auflage, Berlin u. a. 1992 (zit.: Flume, Das Rechtsgeschäft)

*Foerste,* Ulrich: Anmerkung zu BGH, Urteil vom 18.12.1997 – IX ZR 271/96, JZ 1998, S. 574 ff.

*Forschbach,* Katrin: Liquiditätszusagen des GmbH-Gesellschafters, Dissertation Köln, 2000

*Franken,* Paul: Gesellschaftsteuer bei Sicherheitsleistung eines Gesellschafters, BB 1967, S. 202 f.

*Freckmann,* Peter: Praktische Rechtsfragen der Sicherungsgrundschuld, BKR 2005, S. 167 ff.

*Freitag,* Robert: Kurzkommentar zu BGH, Urt. v. 26.04.2001 – IX ZR 337/98, EWiR 2001, S. 755 f.

*Frick,* Axel: Patronatserklärungen – Motive, Sicherheitenwert und Ausweispflicht, Dissertation Graz 1989

*Fried,* Jörg: Die weiche Patronatserklärung, Dissertation Tübingen 1996, Berlin 1998

*Fullenkamp,* Josef: Die erweiterte Zweckerklärung bei Bürgschaft und Grundschuld – Auslegung und Wirksamkeit unter besonderer Berücksichtigung von § 9 AGBG, Dissertation Frankfurt am Main 1987/88, Frankfurt am Main 1989

– Die Globalbürgschaft des Geschäftsführers und Gesellschafters der GmbH, GmbHR 2003, S. 654 ff.

*Gaberdiel,* Heinz: Kurzkommentar zu OLG Karlsruhe, Urt. v. 11.04.1984 – 14 U 3/84, EWiR 1986, S. 147 f.

– Kreditsicherung durch Grundschulden, 6. Auflage, Stuttgart 2000

*Gabler Bank Lexikon*: Hrsg.: Wolfgang Grill, Ludwig Gramlich, Roland Eller, 11. Auflage, Wiesbaden 1995, unveränderter Nachdruck 1996 (zit.: Gabler Bank Lexikon (11))

– Hrsg.: Jürgen Krumnow, Ludwig Gramlich, Thomas A. Lange, Thomas M. Dewner, 13. Auflage, Wiesbaden 2002 (zit.: Gabler Bank Lexikon (13))

*Gabler Wirtschafts Lexikon*: K–R, Hrsg.: Katrin Alisch, Ute Arentzen, Eggert Winter, 16. Auflage, Wiesbaden 2004

*Gamillscheg,* Franz: Arbeitsrecht, Band I: Arbeitsvertrags- und Arbeitsschutzrecht, 8. Auflage, München 2000

*Gehrlein,* Markus: Haftung wegen existenzvernichtenden Eingriffs im Einzelfall – Besprechung der BGH-Urteile v. 13.12.2004 – II ZR 206/02, BB 2005, 232 und II ZR 256/02, BB 2005, 286, BB 2005, S. 613 ff.

*Geigy-Werthemann,* Cathérine: Die rechtliche Bedeutung garantieähnlicher Erklärungen von herrschenden Unternehmen im Konzern in: Festgabe zum Schweizerischen Juristentag 1973, Basel 1973, S. 21 ff.

*Geißler,* Markus: Die Privatautonomie im Spannungsfeld sozialer Gerechtigkeit, JuS 1991, S. 618 ff.

*von Gerkan,* Hartwin/*Hommelhoff,* Peter (Hrsg.): Handbuch des Kapitalersatzrechts, 2. Auflage, Köln 2002

*Gerke,* Wolfgang/*Steiner,* Manfred (Hrsg.): Handwörterbuch des Bank- und Finanzwesens, 3. Auflage, Stuttgart 2001

*Gernhuber,* Joachim: Ruinöse Bürgschaften als Folge familiärer Verbundenheit, JZ 1995, S. 1086 ff.

*Gerth,* Axel: Die Beendigung des Gewinnabführungs- und Beherrschungsvertrages, BB 1978, S. 1497 ff.

– Atypische Kreditsicherheiten – Liquiditätsgarantien und Patronatserklärungen deutscher und ausländischer Muttergesellschaften, 2. Auflage, Frankfurt am Main 1980

– Die Patronatserklärung im französischen Recht – Zur Entscheidung des Pariser Handelsgerichts vom 13./27.10.1981, RIW 1982, S. 477 ff.

– Anmerkung zu OLG Karlsruhe, Urteil vom 7. August 1992 (15 U 123/91), WuB I F 1 c – 2.93, S. 678 ff.

– Anmerkung zu LG Berlin, Urteil vom 18. Februar 2000 (94 O 93/99), WuB I F 1 c – 2.00, S. 1094 ff.

*Geyrhalter,* Volker/*Zirngibl,* Nikolas: Anmerkung zu OLG Rostock, Urt. v. 10.12.2003 – 6 U 56/03, DStR 2004, S. 1266

*Giesen,* Dieter: Grundsätze der Konfliktlösung im Besonderen Schuldrecht: Die Bürgschaft (I), Jura 1997, S. 64 ff.

*Goette,* Wulf: Anmerkung zu BGH-Beschl. v. 12.07.1993, II ZR 179/92, DStR 1993, S. 1753 f.

– Anmerkung zu BGH, Urt. v. 28.06.1999, II ZR 272/98, DStR 1999, S. 1201 f.

*Goksch,* Sebastian/*Buge,* Ronald: Pauschalierung von nicht abzugsfähigen Betriebsausgaben gemäß § 8b KStG und Gewerbesteuer – Auswirkungen bei Zwischenschaltung einer Personengesellschaft, DStR 2004, S. 1549 ff.

*Gottwald,* Walther: Kurzkommentar zu OLG Stuttgart, Urt. v. 12.2.1985 – 6 U 46/84, EWiR 1985, S. 155 f.

*Groh,* Manfred: § 8a KStG zur Gesellschafterfremdfinanzierung: Einordnung von Fremdkrediten, DB 2005, S. 629 ff.

*Großfeld,* Bernhard/*Lühn,* Susanne: Die Bürgschaft junger Bürgen für ihre Eltern, WM 1991, S. 2013 ff.

*Grotherr,* Siegfried: Einbeziehung der konzerninternen Fremdfinanzierung von nachgeordneten Personengesellschaften in den Anwendungsbereich des § 8a KStG, RIW 2004, S. 519 ff.

*Gruel,* Michael: Personalsicherheiten unter Einwendungsausschluss – Garantie und Bürgschaft auf erstes Anfordern, Akkreditiv, Dissertation Greifswald 2002, Aachen 2002

*Grüner,* Michael: Anmerkung zu OLG Oldenburg (U. v. 23.03.2000 – 1 U 75/99), NZG 2001, S. 35 ff.

– Die Beendigung von Gewinnabführungs- und Beherrschungsverträgen, Dissertation Bayreuth 2001, Frankfurt am Main 2003

*Grunewald,* Barbara: Rückverlagerung von Entscheidungskompetenzen der Hauptversammlung auf den Vorstand, AG 1990, S. 133 ff.

– Plädoyer für eine Abschaffung der Rechtsregeln für eigenkapitalersetzende Gesellschafterdarlehen, GmbHR 1997, S. 7 ff.

– Bürgschaft und Schuldbeitritt von Geschäftsführern und Gesellschaftern in: Festschrift für Alfons Kraft zum 70. Geburtstag, Hrsg.: Hönn/Konzen/Kreutz, Neuwied/Kriftel 1998, S. 127 ff. (zit.: Grunewald in FS Kraft)

– Anmerkung zu BGH, Urteil v. 24.09.1998 – IX ZR 425/97, JZ 1999, S. 145 f.

– Gesellschaftsrecht, 6. Auflage, Köln 2005

*Gsell,* Beate: Rechtskräftiges Leistungsurteil und Klage auf Schadensersatz statt der Leistung, JZ 2004, S. 110 ff.

*Günkel,* Manfred/*Lieber,* Bettina: Zur Änderung des Begriffs der Geschäftsbeziehung in § 1 Abs. 4 AStG, IStR 2004, S. 229 ff.

*Haas,* Ulrich: Die Gesellschafterhaftung wegen Existenzvernichtung, WM 2003, S. 1929 ff.

*Habersack,* Mathias: Vertragsfreiheit und Drittinteressen – Eine Untersuchung zu den Schranken der Privatautonomie unter besonderer Berücksichtigung der Fälle typischerweise gestörter Vertragsparität, Berlin 1992

– Patronatserklärungen ad incertas personas, ZIP 1996, S. 257 ff.

– Der Finanzplankredit und das Recht der eigenkapitalersetzenden Gesellschafterhilfen, ZHR 161. Band (1997), S. 457 ff.

– Die Akzessorietät – Strukturprinzip der europäischen Zivilrechte und eines künftigen europäischen Grundpfandrechts, JZ 1997, S. 857 ff.

– Mitwirkungsrechte der Aktionäre nach Macrotron und Gelatine, AG 2005, S. 137 ff.

*Hachenburg*: Gesetz betreffend die Gesellschaften mit beschränkter Haftung (GmbHG), Großkommentar, Erster Band, Allgemeine Einleitung; §§ 1–34, Hrsg.: Peter Ulmer, 8. Auflage, Berlin/New York 1992 (zit.: Hachenburg (Bearb.), GmbHG)

– Gesetz betreffend die Gesellschaften mit beschränkter Haftung (GmbHG), Großkommentar, Zweiter Band, §§ 35–52, 7. Auflage, Berlin/New York 1979 (zit.: Hachenburg (Bearb.), GmbHG (7))

– Gesetz betreffend die Gesellschaften mit beschränkter Haftung (GmbHG), Großkommentar, Zweiter Band, §§ 35–52, 8. Auflage, Berlin/New York 1997 (zit.: Hachenburg (Bearb.), GmbHG (8))

*Hadding,* Walther: Kurzkommentar zu BGH, Urt. v. 18.1.1996 – IX ZR 69/95, EWIR 1996, S. 735 f.

*Hager,* Johannes: Der lange Abschied vom Verbot der geltungserhaltenden Reduktion, JZ 1996, S. 175 ff.

*Hahn,* Hartmut: Europarechtswidrigkeit des neuen § 8a KStG?, GmbHR 2004, S. 277 ff.

– Bürgschaftsgesicherte Fremdfinanzierung – Ende des § 8a KStG-Traumas in Sicht? Zum BMF-Schreiben vom 22.07.2005 zu § 8a KStG, GmbHR 2005, S. 1085 ff.

*Hahn,* Volker: Die Bürgschaft auf erstes Anfordern, MDR 1999, S. 839 ff.

*Hantke,* Till: Die Besicherung von Konzernkrediten über so genannte Ausstattungsverpflichtungen und andere Patronatserklärungen, Dissertation Hamburg 2004, Frankfurt am Main 2004

*Harke,* Jan Dirk: Schuldbeitritt und Form, ZBB 2004, S. 147 ff.

*Haß,* Detlef: Zur internationalen Gerichtsstandsvereinbarung in einer Patronatserklärung (zu LG Berlin, 18.02.2000 – 94 O 93/99), IPRax 2000, S. 494 ff.

*Haun,* Norbert: Die Unwirksamkeit der Bürgschaftsübernahme wegen Sittenwidrigkeit, Bankrechtliche Sonderveröffentlichungen des Instituts für Bankwirtschaft und Bankrecht an der Universität zu Köln, 50. Band 1995

– Anmerkung zu BGH, Urteil vom 23.01.1997 (IX ZR 297/95), WuB I F 1 a. – 9.97, S. 628 ff.

*Hauptfachausschuss des Instituts der Wirtschaftsprüfer (IdW)*: Entwurf der Verlautbarung zur aktienrechtlichen Vermerk- und Berichterstattungspflicht bei Patronatserklärungen gegenüber dem Kreditgeber eines Dritten, WPg 1976, S. 119 ff. (zit.: IdW, Entwurf)

– Stellungnahme HFA 2/76: Zur aktienrechtlichen Vermerk- und Berichterstattungspflicht bei Patronatserklärungen gegenüber dem Kreditgeber eines Dritten, WPg 1976, S. 528 ff. (zit.: IdW, Stellungnahme Aktienrecht)

– Erläuterungen zum Entwurf einer Verlautbarung zur aktienrechtlichen Vermerk- und Berichterstattungspflicht bei Patronatserklärungen gegenüber dem Kreditgeber eines Dritten, Wpg 1976, S. 209 ff. (zit.: IdW, Erläuterungen)

*Heidelberger Kommentar zum GmbH-Recht*: Hrsg.: Harald Bartl, Helmar Fichtelmann, Eberhard Schlarb, Hans-Jürgen Schulze, 5. Auflage, Heidelberg 2002

*Heidelberger Kommentar zum Handelsgesetzbuch*: Handelsrecht, Bilanzrecht, Steuerrecht, Hrsg.: Peter Glanegger, Georg Güroff, Christian Kirnberger, Stefan Kusterer, Monika Peuker, Werner Ruß, Johannes Selder, Ulrich Stuhlfelner, 6. Auflage, Heidelberg 2002

*Heinsius,* Theodor: Bürgschaft aus erstes Anfordern – Anmerkungen zum Urteil des Bundesgerichtshofs vom 15. Juli 1990 in: Festschrift für Franz Merz zum 65. Geburtstag am 3. Februar 1992, Köln 1992, S. 177 ff. (zit.: Heinsius in FS Merz)

*Heiss,* Helmut/*Müller,* Stefan: Rechtsgrundlagen der Haftung aus Patronatserklärungen, RdW 1989 (Österreichisches Recht der Wirtschaft, Wien), S. 290 ff.

*Heitbaum,* Kathrin: Zur Anwendbarkeit des § 156 BGB sowie zur Inhaltskontrolle bei Privaten Online-Auktionen, Dissertation Köln/Frankfurt am Main 2003

*Hellner,* Thorwald/*Schröter,* Jürgen/*Steuer,* Stephan/*Weber,* Ahrend: Bankrecht und Bankpraxis (BuB), Band 2, Köln 2003 (zit.: Bearb. in BuB)

*Hellwig,* Hans-Jürgen: Möglichkeiten einer Börsenreform zur Stärkung des deutschen Kapitalmarktes, ZGR 1999, S. 781 ff.

*Henckel,* Wolfram: Die ergänzende Vertragsauslegung, AcP Band 159 (1960/61), S. 106 ff.

*Henssler,* Martin: Risiko als Vertragsgegenstand, Habilitationsschrift Konstanz 1989/90, Tübingen 1994

*Henze,* Hartwig: Reichweite und Grenzen des aktienrechtlichen Grundsatzes der Vermögensbindung – Ergänzung durch die Rechtsprechung zum Existenz vernichtenden Eingriff?, AG 2004, S. 405 ff.

– Konzernfinanzierung und Besicherung – Das Upstreamrisiko aus Gesellschafter- und Bankensicht, WM 2005, S. 717 ff.

*Herget,* Rudof/*Butzke,* Volker: Ersatzsicherheiten in der Kreditsicherungspraxis, 3. Auflage, Wiesbaden 1988

*Hess,* Harald/*Weis,* Michaela: Anfechtungsrecht, Kommentar der §§ 129–147 InsO, §§ 1–20 AnfG 1999, 2. Auflage, Heidelberg 1999 (zit.: Hess/Weis, AnfR)

*Hess,* Harald/*Weis,* Michaela/*Wienberg,* Rüdiger: InsO, Kommentar zur Insolvenzordnung mit EGInsO, Band 1, ‚Insolvenzordnung', 2. Auflage, Heidelberg 2001 (zit.: Hess/Weis/Wienberg, InsO, (Bearb.))

*Hey,* Johanna: Personalstatut und Steuerrecht – Auswirkungen der Rechtsprechung des Europäischen Gerichtshofs zur Sitztheorie auf die Besteuerung doppelansässiger Kapitalgesellschaften, Der Konzern 2004, S. 577 ff.

*Hilger,* Marie Luise: Das betriebliche Ruhegeld – Zugleich ein Beitrag zum Recht der betrieblichen Arbeitsbedingungen, Heidelberg 1959

*Hillmann,* Wolfgang: Aktuelle Probleme der formularmäßigen Sicherheitenbestellung, in: Rostocker Schriften zum Bankrecht, Heft 2, 3. Akademischer Bankentag 13.11.1997: Allgemeine Geschäftsbedingungen im Bankgeschäft, Rostock 1998, S. 77 ff. (zit.: Hillmann, Rostocker Schriften zum Bankrecht 1998)

*Hoepner,* Olaf: Die Zweckerklärung bei der Sicherungsgrundschuld in der neueren Rechtsprechung des Bundesgerichtshofs, BKR 2002, S. 1025 ff.

*Hoffmann,* Dirk: Die Patronatserklärung im deutschen und österreichischen Recht, Dissertation Innsbruck 1988, Frankfurt am Main u.a. 1989

*Hohmann,* Jörg: Verjährung und Kreditsicherung, WM 2004, S. 757 ff.

*Hommelhoff,* Peter: Unternehmensführung in der mitbestimmten GmbH, ZGR 1978, S. 119 ff.

– Jahresabschluss und Gesellschafterinformation in der GmbH, ZIP 1983, S. 383 ff.

– Kurzkommentar zu BGH, Urt. v. 16.09.1985 – II ZR 275/84, EWiR 1985, S. 885 f.

*Hönn,* Günther: Zur Problematik der Privatautonomie, Jura 1984, S. 57 ff.

*Honsell,* Heinrich: Römisches Recht, 5. Auflage, Berlin u.a. 2002

– Anmerkung zu BGH, Urteil v. 19.1.1989 – IX ZR 124/88, JZ 1989, S. 495 f.

*Hopt,* Klaus J.: Rechtspflichten der Kreditinstitute zur Kreditversorgung, Kreditbelassung und Sanierung von Unternehmen – Wirtschafts- und bankrechtliche Überlegungen zum deutschen und französischen Recht, ZHR 143. Band (1979), S. 139 ff.

– Nichtvertragliche Haftung außerhalb von Schadens- und Bereicherungsausgleich – Zur Theorie und Dogmatik des Berufsrechts und der Berufshaftung, AcP Band 183 (1983), S. 608 ff.

*Horn,* Janpeter: Patronatserklärungen im common law und im deutschen Recht – Eine rechtsvergleichende Darstellung der Verwendung von comfort letters und Patronatserklärungen im englischen, australischen und deutschen Recht, Dissertation Kiel 1999, Frankfurt am Main 1999

*Horn,* Norbert: Bürgschaften und Garantien zur Zahlung auf erstes Anfordern, NJW 1980, S. 2153 ff.

– Kurzkommentar zu BGH, Urt. v. 7.11.1985 – IX ZR 40/85, EWIR 1986, S. 671 f.

– Globalbürgschaft und Bestimmtheitsgrundsatz in: Festschrift für Franz Merz zum 65. Geburtstag am 3. Februar 1992, Köln 1992, S. 217 ff. (zit.: Horn, FS für Merz)

– Zur Zulässigkeit der Globalbürgschaft – Bestimmtheitsgrundsatz und Verbot der Fremddisposition im Bürgschaftsrecht, ZIP 1997, S. 525 ff.

*Horn,* Norbert/*Krämer,* Achim (Hrsg.): Bankrecht 2002, Tagungsband zum RWS-Forum am 14. und 15. März 2002 in Berlin/Köln 2003

*Hromadka,* Wolfgang/*Maschmann,* Frank: Arbeitsrecht Band 1, Individualarbeitsrecht, 3. Auflage, Berlin u. a. 2005

*Huber,* Harald G.: Personalsicherheiten bei der Erteilung von Bankkrediten unter Berücksichtigung der sogenannten Patronats-Erklärungen in: Rechtsprobleme der Bankpraxis, Hrsg.: Peter Forstmoser, Bern/Stuttgart 1976, S. 47 ff. (zit.: Huber in Rechtsprobleme der Bankpraxis)

*Huber,* Michael: Anfechtungsgesetz (AnfG), Gesetz über die Anfechtung von Rechtshandlungen eines Schuldners außerhalb des Insolvenzverfahrens, 9. Auflage, München 2000

*Hueck,* Götz/*Windbichler,* Christine: Gesellschaftsrecht, 20. Auflage, München 2003

*Hüffer,* Uwe: Aktiengesetz, 6. Auflage, München 2004

*Immenga,* Urich/*Rudo,* Joachim: Die Beurteilung der Gewährträgerhaftung und Anstaltslast der Sparkassen und Landesbanken nach dem EU-Beihilferecht, Baden-Baden 1997

*Isensee,* Josef/*Kirchhof,* Paul: Handbuch des Staatsrechts der Bundesrepublik Deutschland, Band VI, Freiheitsrechte, Zweite Auflage, Heidelberg 2001 (zit.: Isensee/Kirchhof, Staatsrecht Band VI)

*Jaensch,* Michael: Der Gleichlauf von Rücktritt und Schadensersatz, NJW 2003, S. 3613 ff.

*Jakobs,* Horst Heinrich/*Schubert,* Werner (Hrsg.): Die Beratung des Bürgerlichen Gesetzbuchs in systematischer Zusammenstellung der unveröffentlichten Quellen, Recht der Schuldverhältnisse III, §§ 652 bis 853, Berlin/New York 1983 (zit.: Jakobs/Schubert (Bearb.), Beratung)

*Jander,* Klaus H./*Hess,* Frank Michael: Die Behandlung von Patronatserklärungen im deutschen und amerikanischen Recht, RIW 1995, S. 730 ff.

*Janssen,* Bernhard: Gesellschafterfremdfinanzierung – Neue Urteile und Erlasse zu § 8a KStG, RIW 1998, S. 312 ff.

*Joost,* Detlev: ‚Holzmüller 2000‘ vor dem Hintergrund des Umwandlungsgesetzes, ZHR 163. Band (1999), S. 164 ff.

*Joussen,* Edgar: Die Kündigung von Beherrschungsverträgen bei Anteilsveräußerung – Hinweise zur Vertragsgestaltung, GmbHR 2000, S. 221 ff.

*Kalbe,* Peter: Herrschaft und Haftung bei juristischen Personen, Dissertation Heidelberg 1965

*Kammel,* Volker: Anmerkung zu BGH, Urteil vom 19. September 1996 (IX ZR 249/95), WuB II C. § 32a GmbHG 1.97, S. 233 f.

*Kamprad,* Balduin: Zur Gesellschaftsteuerpflicht von Krediten, für die Gesellschafter Sicherheit leisten, DB 1967, S. 1869 ff.

– Gesellschaftsteuerpflicht bei Patronatserklärungen?, DB 1967, S. 327 f.

*Karst,* Thomas: Die Bürgschaft auf erstes Anfordern im Fadenkreuz des BGH, NJW 2004, S. 2059 ff.

*Käser,* Jörg: Garantieversprechen als Sicherheit im Handelsverkehr – Vergleichende Untersuchung der Rechte verschiedener europäischer Länder und der Vereinigten Staaten von Amerika, RabelsZ, 35. Jahrgang 1971, S. 601 ff.

*Kaser,* Max/*Knütel,* Rolf: Römisches Privatrecht, 17. Auflage, München 2003

*Keil,* Tilo: Kurzkommentar zu OLG München, Urt. v. 24.1.2003 – 23 U 4026/02, EWiR 2003, S. 1019 f.

*Kessler,* Wolfgang/*Düll,* Sebastian: § 8a KStG im Konzernverbund – Kaskadeneffekt, Buchwertkürzung und Holdingprivileg nach dem BMF-Schreiben zu § 8a KStG vom 15.07.2004, DStR 2004, S. 1317 ff.

*Kessler,* Wolfgang/*Eicker,* Klaus/*Obser,* Ralph: Die Gesellschafter-Fremdfinanzierung im Lichte der Kapitalverkehrsfreiheit, IStR 2004, S. 325 ff.

*Kiethe,* Kurt: Haftungs- und Ausfallrisiken bei Patronatserklärungen, ZIP 2005, S. 646 ff.

*Kinnebrock,* Franz: Alte und neue Streitfragen im Kapitalverkehrsteuerrecht, BB 1973, S. 1317 ff.

*Kinnebrock,* Franz/*Meulenbergh,* Claus: Kapitalverkehrsteuergesetz mit Durchführungsverordnung und EG-Richtlinie, 5. Auflage, München 1983

*Klanten,* Thomas: Anmerkung zu BGH, Urteil vom 15.07.1999 (IX ZR 243/98), WuB I F 1 a. – 4.00, S. 213 f.

– Anmerkung zu BGH, Urt. v. 26.04.2001, IX ZR 337/98, DStR 2001, S. 1622 f.

*Kleiner,* Beat: Bankgarantie – Die Garantie unter besonderer Berücksichtigung des Bankgarantiegeschäftes, Dritte Auflage, Zürich 1979 (zit.: Kleiner, Bankgarantie)

*Klötzel,* Thomas R.: BB-Kommentar zu BGH, Urteil vom 15.7.1999 – IX ZR 243/98, BB 1999, S. 1996 f.

*Knobbe-Keuk,* Brigitte: Die Verpachtung von Anlagevermögen des Gesellschafters an die GmbH und § 32a GmbH-Gesetz, BB 1984, S. 1 ff.

*Knott,* Hermann J./*Rodewald,* Jörg: Beendigung der handels- und steuerrechtlichen Organschaften bei unterjähriger Anteilsveräußerung, BB 1996, S. 472 ff.

*Knott,* Ursula: Zur Sittenwidrigkeit von Bürgschaften und Mithaftungserklärungen naher Angehöriger, DRiZ 2004, S. 205

*Koch,* Jens: Die Patronatserklärung, Habilitationsschrift Bochum, Tübingen 2005

*Koch,* Stefan: Anwendung der Anlassrechtsprechung auf Bürgschaften von Geschäftsführern und Gesellschaftern, NJW 2000, S. 1996 ff.

*Köhler,* Helmut: Patronatserklärungen als Kreditsicherheit: tatsächliche Verbreitung – wirtschaftliche Gründe – rechtliche Bedeutung, WM 1978, S. 1338 ff.

*Köhler,* Helmut/*Lorenz,* Stephan: Schuldrecht II, Einzelne Schuldverhältnisse, 17. Auflage, München 2004 (zit.: Köhler/Lorenz, Schuldrecht II)

*Kohler,* Klaus: Gedanken zur Aufsicht über Finanzkonglomerate in: Recht, Geist und Kunst – liber amicorum für Rüdiger Volhard, Hrsg.: Klaus Reichert, Albrecht Schiedermair, Dolf Weber, Baden-Baden 1996, S. 96 ff.

*Köhler,* Stefan: Aktuelles Beratungs-Know-how Internationales Steuerrecht, DStR 2002, S. 1341 ff.

*Kohout,* Dagobert: Patronatserklärungen, Dissertation Mainz 1984

*Koller,* Ingo: Kurzkommentar zu BGH, Urt. v. 14.10.2003 – XI ZR 121/02, EWiR 2004, S. 19 f.

*Koller,* Ingo/*Roth,* Wulf-Henning/*Morck,* Winfried: Handelsgesetzbuch, 5. Auflage, München 2005

*Kölner Kommentar zum Aktiengesetz*: Band 6, §§ 15–22 AktG, §§ 291–328 AktG und Meldepflichten nach §§ 21 ff. WpHG, SpruchG, Dritte Auflage, Köln u. a. 2004 (zit.: Kölner Kommentar zum AktG-Bearb.)

*Köndgen,* Johannes: Selbstbindung ohne Vertrag – Zur Haftung aus geschäftsbezogenem Handeln, Tübingen 1981

– Anmerkung zum Urteil des BGH vom 16 5. 1991, NJW 1991, S. 2018 f.

*Koppensteiner,* Hans-Georg: ‚Holzmüller' auf dem Prüfstand des BGH, Der Konzern 2004, S. 381 ff.

*Körner,* Andreas: § 8a KStG n.F. – Darstellung, Gestaltungsmöglichkeiten, Europarechtsinkonformität – Teil I, IStR 2004, S. 217 ff.

– § 8a KStG n.F. – Darstellung, Gestaltungsmöglichkeiten, Europarechtsinkonformität – Teil II, IStR 2004, S. 253 ff.

*Kort,* Michael: Die konzerngebundene GmbH in der Insolvenz, ZIP 1988, S. 681 ff.

– Änderung der Unternehmenspolitik durch den GmbH-Geschäftsführer, ZIP 1991, S. 1274 ff.

*Kothe,* Wolfgang: Vertragsfreiheit und gestörte Vertragsparität, ZBB 1994, S. 172 ff.

*Koziol,* Helmut: Der Garantievertrag, Wien 1981

*Krämer,* Achim: Bürgschaft auf erstes Anfordern in: Horn/Krämer, Bankrecht 2002 (s. o.), S. 177 ff. (zit.: Krämer in Horn/Krämer, Bankrecht 2002)

*Kratz,* Maria-Theresia: Rechtsdogmatik des Garantievertrages, Dissertation Bonn 1989 (zit.: Kratz, Garantievertrag)

*Kreft,* Gerhart: Die Rechtsprechung des Bundesgerichtshofes zur Bürgschaft (Fortsetzung von WM 1988, 241), WM 1997, Sonderbeilage Nr. 5

*Kreft,* Michael: Ausgewählte Problembereiche des § 8a KStG n.F. bei fremdfinanzierten Buy-Out-Transaktionen, BB 2004, S. 1191 ff.

*Krieger,* Gerd/*Jannnott,* Dirk: Änderung und Beendigung von Beherrschungs- und Gewinnabführungsänderungsverträgen im Aktien- und GmbH-Recht, DStR 1995, S. 1473 ff.

*Kropff,* Bruno: Aktiengesetz, Textausgabe des Aktiengesetzes vom 6.9.1965 (BGBl. I S. 1089) und des Einführungsgesetzes zum Aktiengesetz vom 6.9.1965 (BGBl. I S. 1185) mit Begründung des Regierungsentwurfs, Bericht des Rechtsausschusses des Deutschen Bundestages, Verweisungen und Sachverzeichnis, Düsseldorf 1965 (zit.: Kropff, AktG)

*Kube,* Hanno: Grundfreiheiten und Ertragskompetenz – die Besteuerung der grenzüberschreitenden Konzernfinanzierung nach dem Lankhorst-Urteil des EuGH, IStR 2003, S. 325 ff.

*Kübler,* Bruno M./*Prütting,* Hanns (Hrsg.): InsO, Kommentar zur Insolvenzordnung, Band I, Köln, Stand: Mai 2005 (zit.: Kübler/Prütting, InsO, Band I (Bearb.))

– InsO, Kommentar zur Insolvenzordnung, Band II, Köln, Stand: Mai 2005 (zit.: Kübler/Prütting, InsO, Band II (Bearb.))

*Küffner*, Thomas: Patronatserklärungen im Bilanzrecht, DStR 1996, S. 146 ff.

*Kupisch,* Berthold: Bona fides und Bürgschaft auf erstes Anfordern – Zu einer Entscheidung aus der jüngsten Rechtsprechung des BGH zum Rechtsmissbrauch, WM 2002, S. 1626 ff.

*Lang,* Volker: Kurzkommentar zu BGH, Urt. v. 6.04.2000 – IX ZR 2/98, EWiR 2001, S. 315 f.

*Lang,* Volker/*Assies,* Paul/*Werner,* Stefan (Hrsg.): Schuldrechtsmodernisierung in der Bankpraxis, SchRModG 2002 und die Auswirkungen auf das Bank- und Darlehensgeschäft, Heidelberg 2002 (zit.: Lang/Assies/Werner (Bearbeiter), SchRMod)

*Larenz,* Karl: Lehrbuch des Schuldrechts, Erster Band, Allgemeiner Teil, 14. Auflage, München 1987 (zit.: Larenz, Schuldrecht I)

*Larenz,* Karl/*Canaris,* Claus-Wilhelm: Lehrbuch des Schuldrechts, Zweiter Band, Besonderer Teil, 2. Halbband, 13. Auflage, München 1994 (zit.: Larenz/Canaris, Schuldrecht II 2)

– Methodenlehre der Rechtswissenschaft, 3. Auflage, Berlin u.a. 1995

*Larenz,* Karl/*Wolf,* Manfred: Allgemeiner Teil des Bürgerlichen Rechts, 9. Auflage, München 2004 (zit.: Larenz/Wolf, BGB AT)

*Laule,* Gerhard: Die Beendigung eines Beherrschungsvertrages aus wichtigem Grund (§ 297 Abs. 1 AktG) und korrespondierende Handlungspflichten der Verwaltung einer beherrschten Aktiengesellschaft, AG 1990, S. 145 ff.

*Leible,* Stefan: Anmerkung zu EuGH, Urt. v. 10.5.2001 – Rs. C-144/99 (Kommission der EG/Königreich Niederlande), EuZW 2001, S. 438 f.

*Leitner,* Sabine: Die Patronatserklärung, ÖBA 2002, S. 517 ff.

– Die harte Patronatserklärung im Konkurs, ZIK 2002 (Zeitschrift für Insolvenzrecht und Kreditschutz, Wien), S. 151 ff.

*Lenz,* Hugo Michael: Akkreditive und weitere Zahlungssicherheiten im Außenhandel, EuZW 1991, S. 297 ff.

*Lettl,* Tobias: Akzessorietät contra Sicherungszweck – Rechtsfragen bei der Gestaltung von Bürgschaftserklärungen, WM 2000, S. 1316 ff.

– Der Grundsatz der akzessorischen Haftung im Zivil- und Handelsrecht, JA 2004, S. 238 ff.

*Lieb,* Manfred: Sonderprivatrecht für Ungleichgewichtslagen? Überlegungen zum Anwendungsbereich der sogenannten Inhaltskontrolle privatrechtlicher Verträge, AcP Band 178 (1978), S. 196 ff.

– Arbeitsrecht, 8. Auflage, Heidelberg 2003

*Liebscher,* Thomas: Ungeschriebene Hauptversammlungszuständigkeiten im Lichte von Holzmüller, Macrotron und Gelatine, ZGR 2005, S. 1 ff.

*Lieder,* Jan: Anmerkung zu OLG Rostock, Urt. v. 10.12.2003 – 6 U 56/03, DZWIR 2004, S. 252 ff.

– Zur Haftung wegen existenzvernichtenden Eingriffs – Zugleich Besprechung der Urteile des BGH vom 13.12.2004 – II ZR 206/02 und II ZR 256/02 sowie vom 20.9.2004 – II ZR 302/02, DZWIR 2005, S. 309 ff.

*Limbach,* Jutta: Forum: Das Rechtsverständnis in der Vertragslehre, JuS 1985, S. 10 ff.

*Limmer,* Peter: ‚Harte‘ und ‚weiche‘ Patronatserklärungen in der Konzernpraxis, DStR 1993, S. 1750 ff.

*Livonius,* Barbara: Anmerkung zu BGH, Urteil vom 18.06.2001 (II ZR 248/99), WuB I F 1 b. – 1.02, S. 658 f.

*Lohmann,* Herbert: Rechtsprobleme der Globalzweckerklärung insbesondere in Formularverträgen – Eine Untersuchung zu den umfassenden Sicherungsabreden in den Formularverträgen der Kreditpraxis unter besonderer Berücksichtigung der Rechtsprechung des Bundesgerichtshofs, Düsseldorf 1988

*Loitz,* Rüdiger/*Schulze,* Jörn-Christian: Jahresabschlussprüfung bei Vorliegen von Patronats-/Rangrücktrittserklärungen, DB 2004, S. 769 ff.

*Lutter,* Marcus: Die zivilrechtliche Haftung in der Unternehmensgruppe, ZGR 1982, S. 244 ff.

– Die Haftung des herrschenden Unternehmens im GmbH-Konzern – Überlegungen zur Autokran-Entscheidung des BGH vom 16.9.1985, ZIP 1985, S. 1263, ZIP 1985, S. 1425 ff.

*Lutter,* Marcus/*Banerjea,* Nirmal Robert: Die Haftung wegen Existenzvernichtung, ZGR 2003, S. 402 ff.

*Lutter,* Marcus/*Hommelhoff,* Peter: Nachrangiges Haftkapital und Unterkapitalisierung in der GmbH, ZGR 1979, S. 31 ff.

– GmbH-Gesetz, Kommentar, 16. Auflage, Köln 2004 (zit.: Lutter/Hommelhoff (Bearb.), GmbHG)

*Lutter,* Marcus/*Leinekugel,* Rolf: Der Ermächtigungsbeschluss der Hauptversammlung zu grundlegenden Strukturmaßnahmen – zulässige Kompetenzübertragung oder unzulässige Selbstentmachtung?, ZIP 1998, S. 805 ff.

*Luttermann,* Claus: Kurzkommentar zu OLG Koblenz, Urt. v.9.6.1998 – 4 U 999/97, EWIR 1999, S. 591 f.

*Lwowski,* Hans-Jürgen: Das Recht der Kreditsicherung, begründet von Hellmut Scholz, 8. Auflage, Berlin 2000 (zit.: Lwowski, Kreditsicherung)

*Lwowski,* Hans-Jürgen/*Groeschke,* Peer: Die Konzernhaftung der §§ 302, 303 AktG als atypische Sicherheit?, WM 1994, S. 613 ff.

*Lwowski,* Hans-Jürgen/*Merkel,* Helmut: Kreditsicherheiten – Grundzüge für die Praxis, 8. Auflage, Berlin 2003 (zit.: Lwowski/Merkel, Kreditsicherheiten)

*Madaus,* Stephan: Der Schuldbeitritt als Personalsicherheit – Zulässigkeit von Analogien zum Recht der Schuldübernahme und der Bürgschaft, Dissertation Rostock 2000, Berlin 2001

*v. Mangoldt,* Hermann/*Klein,* Friedrich/*Starck,* Christian: Das Bonner Grundgesetz, Kommentar, Band 2, Art. 20 bis 78, 4. Auflage, München 2000

*Marotzke,* Wolfgang: Die Patronatserklärung in der Krise – Anmerkung zu LG München II, Urt. v. 25.02.2004 – 5 O 6088/02 (n. rkr.), ZInsO 2004, S. 601 f.

*Martinius,* Philip/*von Oppen,* Matthias: Verfassungsrechtliche Zulässigkeit des Delisting-Spruchverfahrens? – Zugleich Anmerkungen zu dem Beschluss des BayOblG vom 1.12.2004 – 3Z BR 106/04, DB 2005, S. 212 ff.

*Maslaton,* Martin: Rechtsfolgen kommunaler Patronatserklärungen, NVwZ 2000, S. 1351 ff.

*Masuch,* Andreas: Formularvertragliche Globalbürgschaft für einen unlimitierten Kontokorrentkredit, BB 1998, S. 2590 ff.

*Maunz,* Theodor/*Dürig,* Günter: Kommentar zum Grundgesetz, Band I, Art. 1–5, Loseblattsammlung, Lieferungen 1 bis 44, München 2005

*Maxem,* Werner: Der GmbHR Kommentar, Anmerkung zu OLG Düsseldorf, Urt. v. 14.11.2002 – 12 U 47/02, GmbHR 2003, S. 179 ff.

*Mayer-Maly,* Theo: Römisches Recht, 2. Auflage, Wien/New York 1999

*Medicus,* Dieter: Durchblick: Die Akzessorietät im Zivilrecht, JuS 1971, S. 497 ff.

– Leistungsfähigkeit und Rechtsgeschäft, ZIP 1989, S. 817 ff.

– Über die Rückwirkung von Rechtsprechung, NJW 1995, S. 2577 ff.

– Kurzkommentar zu BGH, Urt. v. 7.11.1995 – XI ZR 235/94, EWiR 1996, S. 3 f.

– Kurzkommentar zu BGH, Beschl. v. 24.9.1996 – IX ZR 316/95, EWIR 1997, S. 837 f.

– Entwicklung im Bürgschaftsrecht – Gefahren für die Bürgschaft als Mittel der Kreditsicherung?, JuS 1999, S. 833 ff.

– Allgemeiner Teil des BGB, 8. Auflage, Heidelberg 2002

– Kurzkommentar zu BGH, Urt. v. 16.1.2003 – IX ZR 171/00, EWIR 2003, S. 629 f.

– Schuldrecht I, Allgemeiner Teil, 16. Auflage, München 2005 (zit.: Medicus, Schuldrecht I)

*Meinhardt,* Klaus: Beendigung der Haftung aus Bürgschaften eines Gesellschafters oder Geschäftsführers bei dessen Ausscheiden aus der Gesellschaft?, Dissertation Göttingen 1989

*Merz,* Siegfried/*Hübner,* Alexander-Leon: Aktivierung von Sicherheiten Dritter und Behandlung rangrückgetretener Forderungen im Überschuldungsstatus gemäß § 19 Abs. 2 InsO, DStR 2005, S. 802 ff.

*Michalski,* Lutz: Bürgschaft auf erstes Anfordern, ZBB 1994, S. 289 ff.

– Die Patronatserklärung, WM 1994, S. 1229 ff.

– Ausdrückliche und konkludente Bürgschaften auf erstes Anfordern, ZBB 1996, S. 224 ff.

– (Hrsg.): Kommentar zum Gesetz betreffend die Gesellschaften mit beschränkter Haftung (GmbH-Gesetz), Band I, Systematische Darstellungen 1–7, §§ 1–34 GmbHG, München 2002 (zit.: Michalski (Bearb.), GmbHG, Band I)

*Mohrbutter,* Harro/*Mohrbutter,* Peter: Erfüllungsverlangen des Insolvenzverwalters und Teilbarkeit der Leistung, DZWiR 2003, S. 1 ff.

*Moismann,* Peter: Patronatserklärung mit gesamtarbeitsvertraglicher Bedeutung? in: Festschrift für Frank Vischer zum 60. Geburtstag, Hrsg.: Peter Böckli, Kurt Eichenberger, Hans Hinderling, Hans Peter Tschudi, Zürich 1983, S. 419 ff.

*Mosch,* Wolfgang: Patronatserklärungen deutscher Konzernmuttergesellschaften und ihre Bedeutung für die Rechnungslegung, Bielefeld 1978

*Möser,* Heinz Dieter: Patronatserklärung und Kreditwürdigkeit, DB 1979, S. 1469 ff.

*Motive* zu dem Entwurfe eines Bürgerlichen Gesetzbuchs für das Deutsche Reich: Band I. Allgemeiner Theil, Amtliche Ausgabe, Berlin/Leipzig 1888 (zit.: Motive I.)

– Band II., Recht der Schuldverhältnisse, Amtliche Ausgabe, Zweite unveränderte Auflage, Berlin 1896 (zit.: Motive II.)

*Mugdan,* Benno: Die gesammten Materialien zum Bürgerlichen Gesetzbuch für das Deutsche Reich, I. Band, Einführungsgesetz und Allgemeiner Theil, Berlin 1899 (zit.: Mugdan I)

– Die gesammten Materialien zum Bürgerlichen Gesetzbuch für das Deutsche Reich, II. Band, Recht der Schuldverhältnisse, Berlin 1899 (zit.: Mugdan II)

*Mülbert,* Peter O.: Sicherheiten einer Kapitalgesellschaft für Verbindlichkeiten ihres Gesellschafters, ZGR 1995, S. 578 ff.

*Müller,* Klaus: Die Haftung der Muttergesellschaft für die Verbindlichkeiten der Tochtergesellschaft im Aktienrecht, ZGR 1977, S. 1 ff.

*Müller,* Welf/*Hense,* Burkhard (Hrsg.): Beck'sches Handbuch der GmbH, Gesellschafsrecht – Steuerrecht, 3. Auflage, München 2002 (zit.: Müller/Hense (Bearb.), Beck'sches Handbuch der GmbH)

*Münchener Handbuch des Gesellschaftsrechts*: Band 3, Gesellschaft mit beschränkter Haftung, Hrsg.: Hans-Joachim Priester, Dieter Mayer, 2. Auflage, München 2003

– Band 4, Aktiengesellschaft, Hrsg.: Michael Hoffmann-Becking, 2. Auflage, München 1999

*Münchener Kommentar zum Aktiengesetz*: Band 3, §§ 76–117 AktG, MitbestG, § 76 BetrVG 1952, 2. Auflage, München 2004 (zit.: MüKo-Bearb, AktG)

– Band 4, §§ 118–147, 2. Auflage, München 2004

– Band 8, §§ 278–328, 2. Auflage, München 2000

*Münchener Kommentar zum Bürgerlichen Gesetzbuch*: Band 1, Allgemeiner Teil, §§ 1–240, AGB-Gesetz, 4. Auflage, München 2001 (zit.: MüKo-Bearb.)

– Band 2a, Schuldrecht, Allgemeiner Teil, §§ 241–432, 4. Auflage, München 2003

– Band 3, Schuldrecht, Besonderer Teil I, §§ 433–610 BGB, Finanzierungsleasing, HeizkostenV, BetriebskostenV, CISG, 4. Auflage, München 2004

– Band 4, Schuldrecht, Besonderer Teil II, §§ 611–704, EFZG, TzBfG, KSchG, 4. Auflage, München 2004

– Band 5, Schuldrecht, Besonderer Teil III, §§ 705–853, Partnerschaftsgesellschaftsgesetz, Produkthaftungsgesetz, 4. Auflage, München 2004

– Band 10, Einführungsgesetz zum Bürgerlichen Gesetzbuche (Art. 1–38), Internationales Privatrecht, 3 Auflage, München 1998

*Münchener Kommentar zum Handelsgesetzbuch*: Band 2, Zweites Buch. Handelsgesellschaften und stille Gesellschaft, Erster Abschnitt, Offene Handelsgesellschaft, §§ 105–160, München 2004 (zit.: MüKo-Bearb., HGB)

– Band 4, Drittes Buch. Handelsbücher, §§ 238–342a, München 2001

– Band 5, Viertes Buch. Handelsgeschäfte, Erster Abschnitt, Allgemeine Vorschriften, §§ 343–372, München 2001

*Münchener Kommentar zur Insolvenzordnung*: Band 1, §§ 1–102, Insolvenzrechtliche Vergütungsverordnung (InsVV), München 2001 (zit.: MüKo-Bearb., InsO, Band 1)

– Band 2, §§ 103–269, München 2002 (zit.: MüKo-Bearb., InsO, Band 2)

*Münchener Kommentar zur Zivilprozessordnung mit Gerichtsverfassungsgesetz und Nebengesetzen*: Band 2, §§ 355–802, 2. Auflage, München 2000 (zit.: MüKo-Bearb., ZPO)

– Band 3, §§ 803–1066, EGZPO, GVG, EGGVG, Internationales Zivilprozessrecht, 2. Auflage, München 2001

*Münchener Vertragshandbuch*: Band 3, Wirtschaftsrecht II, Hrsg.: Rolf A. Schütze, Lutz Weipert, 5. Auflage, München 2004 (zit. Münchener Vertragshandbuch (Bearbeiter))

*Naumann,* Jochen: Sittenverstoß und Privatautonomie – Die dogmatische Struktur der höchstrichterlichen Entscheidungen zu den Angehörigenbürgschaften und Globalzessionen, Dissertation Tübingen 2003, Baden-Baden 2003 (zit.: Naumann, Sittenverstoß)

*Nerlich,* Jörg/*Niehus,* Christoph: Anfechtungsgesetz (AnfG), Gesetz über die Anfechtung von Rechtshandlungen eines Schuldners außerhalb des Insolvenzverfahrens, München 2000 (zit.: Nerlich/Niehus, AnfG)

*Neumann,* Ralf/*Stimpel,* Thomas: Problemfelder des Rückgriffs nach § 8a Abs. 1 S. 2 KStG, GmbHR 2004, S. 1443 ff.

*Neumayer,* Jochen: Bilanzierung bei zivilrechtlich schwebenden Verträgen, BB 1998, S. 735 ff.

*Neuner,* Jörg: Der Schutz und die Haftung Dritter nach vertraglichen Grundsätzen, JZ 1999, S. 126 ff.

*Nielsen,* Jens: Das Bankrecht – Grundbegriffe in Frage und Antwort, Stand Oktober 1989, Köln 1990

– Kurzkommentar zu OLG Köln, Urt. v. 16.5.2001 – 13 U 204/00, EWIR 2002, S. 47 f.

*Nobbe,* Gerd: Die Sicherungszweckerklärung bei Bürgschaft und Mithaftung in der Rechtsprechung des Bundesgerichtshofs, BKR 2002, S. 747 ff.

*Nobbe,* Gerd/*Kirchhof,* Hans-Peter: Bürgschaften und Mithaftungsübernahmen finanziell überforderter Personen, BKR 2001, S. 5 ff.

*Nobel,* Peter: Patronatserklärungen und ähnliche Erscheinungen im nationalen und internationalen Recht in: Personalsicherheiten – Bürgschaft, Bankgarantie, Patronatserklärung und verwandte Sicherungsgeschäfts im nationalen und internationalen Umfeld, Berner Bankrechtstag 1997, Band 4, Hrsg.: Wolfgang Wiegand, Bern 1977, S. 55 ff. (zit.: Nobel in Personalsicherheiten)

*Nöcker,* Gregor/*Meyer-Pries,* Nils: Die harte Patronatserklärung im Überschuldungsstatus, StuB 2000, S. 760 ff.

*Obermüller,* Manfred: Die Patronatserklärung, ZGR 1975, S. 1 ff.

– Patronatserklärungen und kapitalersetzende Darlehen ZIP 1982, S. 915 ff.

– Ersatzsicherheiten im Kreditgeschäft, Wiesbaden 1987

– Anmerkung zu BGH, Urteil vom 30. Januar 1992 (IX ZR 112/91), WuB I F 1 c – 1.92, S. 669

– Insolvenzrecht in der Bankpraxis, 6. Auflage, Köln 2002

*Ohlmeyer,* Dietrich/*Gördel,* Karl-Joseph: Das Kreditgeschäft der Kreditgenossenschaften, 10. Auflage, Wiesbaden 1995

*Otten,* Maike: Sicherungsvertrag und Zweckerklärung – Form, Inhalt und Abwicklung nichtakzessorischer Sicherungsgeschäfte, Köln 2003

*Palandt*: Bürgerliches Gesetzbuch, 64. Auflage, München 2005 (zit.: Palandt-Bearb.)

*Paul,* Uwe: Patronatserklärungen in der Insolvenz der Tochtergesellschaft – Zugleich Anmerkung zum Urt. des OLG München v. 22.7.2004 – 19 U 1867/04, ZInsO 2004, 1040 ff., ZInsO 2004, S. 1327 ff.

*Paulus,* Christoph: Grundfragen des Kreditsicherungsrechts, JuS 1995, S. 185 ff.

*Paulus,* Christoph G./*Zenker,* Wolfgang: Grenzen der Privatautonomie, JuS 2001, S. 1 ff.

*Peltzer,* Martin: Die Haftung der Konzernmutter für die Schulden ihrer Tochter, mit der sie durch Ergebnisabführungs- und/oder Beherrschungsvertrag verbunden ist, insbesondere im Falle der Insolvenz der Tochter, AG 1975, S. 309 ff.

*Pesch,* Jürgen: Patronatserklärungen im Geschäftsbericht von Banken, WM 1998, S. 1609 ff.

*Peters,* Frank: Zur Rechtsfigur der Verpflichtungserklärung, AcP Band 171 (1971), S. 234 ff.

*Pfeiffer,* Thomas: Anmerkung zu BGH, Urt. v. 13.11.1997 – IX ZR 289/96, DZWir 1998, S. 154 ff.

*Picot,* Gerhard/*Schnitker,* Elmar: Arbeitsrecht bei Unternehmenskauf und Restrukturierung, München 2001

*Pleyer,* Klemens: Die Bankgarantie im zwischenstaatlichen Handel, WM-Sonderbeilage Nr. 2/1973 zu Teil IV Nr. 27 vom 07. Juli 1973

*Preis,* Ulrich: Arbeitsrecht – Praxis-Lehrbuch zum Individualarbeitsrecht, 2. Auflage, Köln 2003

*Priester,* Hans-Joachim: Liquiditätsausstattung der abhängigen Gesellschaft und unterjährige Verlustdeckung bei Unternehmensverträgen, ZIP 1989, S. 1301 ff.

*Protokolle* der Kommission für die zweite Lesung des Entwurfs des Bürgerlichen Gesetzbuchs: Band I., Allgemeiner Theil und Recht der Schuldverhältnisse Abschn. I, Abschn. II Tit. I., Berlin 1897 (zit.: Protokolle I)

– Band II., Recht der Schuldverhältnisse, Berlin 1898 (zit.: Protokolle II)

*Räbel,* H.: Rechtsfragen zur Kreditsicherungsgrundschuld, NJW 1953, S. 1247 ff.

*Rainer,* Anno: Die Auswirkungen des AGB-Gesetzes auf die formularmäßige Sicherungszweckerklärung für Grundschulden und die dingliche und persönliche Zwangsvollstreckungsunterwerfung, WM 1988, S. 1657 ff.

*Rastätter,* Jürgen: Grenzen der banküblichen Sicherung durch Grundpfandrechte, DNotZ 1987, S. 459 ff.

*Rehbein,* Dieter: Anmerkung zu BGH, Urteil v. 6.12.1984 – IX ZR 115/83, JR 1985, S. 506 ff.

– Sicherung und Sicherungszweck in: Festschrift für Theodor Heinsius zum 65. Geburtstag am 25. September 1991, Hrsg.: Friedrich Kübler, Hans-Joachim Mertens, Winfried Werner, Berlin/New York 1991, S. 659 ff. (zit.: Rehbein in FS Heinsius)

*Reich,* Dietmar O./*Schmitz,* Peter: Globalbürgschaften in der Klauselkontrolle und das Verbot geltungserhaltender Reduktion, NJW 1995, S. 2533 f.

*Reich,* Norbert: Kreditbürgschaft und Transparenz, NJW 1995, S. 1857 ff.

*Reichel,* Hans: Die Schuldmitübernahme (Kumulative Schuldübernahme), München 1909 (zit.: Reichel, Schuldmitübernahme)

*Reichert,* Jochem: Mitwirkungsrechte und Rechtsschutz der Aktionäre nach Macrotron und Gelatine, AG 2005, S. 150 ff.

*Reidenbach,* Dirk: Cash Pooling und Kapitalerhalt nach neuer höchstrichterlicher Rechtsprechung, WM 2004, S. 1421 ff.

*Rein,* Wilhelm: Das Privatrecht und der Civilprocess der Römer von der ältesten Zeit bis auf Justinianus, Leipzig 1858

*Reinicke,* Dietrich/*Tiedtke,* Klaus: Die Bürgschaft für alle bestehenden und künftigen Forderungen des Gläubigers aus seiner bankmäßigen Geschäftsverbindung mit dem Hauptschuldner – Zugleich eine Besprechung des BGH-Urteils vom 7.11.1985 – IX ZR 40/85, JZ 1986, S. 426 ff.

– Gesamtschuld und Schuldsicherung durch Bürgschaft, Hypothek, Grundschuld, Pfandrecht an beweglichen Sachen und Rechten, 2. Auflage, Neuwied 1988 (zit.: Reinicke/Tiedke, Gesamtschuld und Schuldsicherung)

– Zur Sittenwidrigkeit hoher Verpflichtungen vermögens- und einkommensloser oder einkommensschwacher Bürgen, ZIP 1989, S. 613 ff.

– Bestimmtheitserfordernis und weite Sicherungsabrede im Bürgschaftsrecht, DB 1995, S. 2301 ff.

– Die Haftung des Bürgen für alle bestehenden und künftigen Forderungen einer Bank aus ihrer Geschäftsverbindung mit dem Hauptschuldner, WiB 1996, S. 505 ff.

– Kreditsicherung durch Schuldbeitritt, Bürgschaft, Patronatserklärung, Garantie, Sicherungsübereignung, Sicherungsabtretung, Eigentumsvorbehalt, Pool-Vereinbarungen, Pfandrecht an beweglichen Sachen und Rechten, Hypothek und Grundschuld, 4. Auflage, Neuwied/Kriftel, 2000 (zit.: Reinicke/Tiedke, Kreditsicherung)

*Reithmann,* Christoph: Die Zweckerklärung bei der Grundschuld – Sicherungsgeber, Sicherungsmittel, Deckungsbereich, WM 1985, S. 441 ff.

*Richrath,* Jochen: Zur Rückwirkung von Rechtsprechung im Kreditsicherungsrecht – eine kritische Bestandsaufnahme, WM 1999, S. 1698 ff.

– Anmerkung zu BGH, Urteil vom 14. Oktober 2003 (XI ZR 121/02), WuB I F 1 a. – 3.04, S. 154

*Richrath,* Jochen/*Schröter,* Jürgen: Anmerkung zu BGH, Urteil vom 18. Januar 1996 (IX ZR 69/97) und vom 7. März 1996 (IX ZR 43/95), WuB I F 1 a. – 12.96, S. 586 ff.

*Rikken,* Christian: Die Globalhaftung des Kreditbürgen, Dissertation Bochum 2002/03, Berlin 2004

*Rimmelspacher,* Bruno: Kreditsicherungsrecht, 2. Auflage, München 1987

– Anmerkung zu BGH, Urteil vom 30.01.2001 (XI ZR 118/00), WuB I F 3. – 3.01, S. 662 ff.

*Rippert,* Klaus: Patronatserklärungen im deutschen und französischen Recht und ihre Verwendung im deutsch-französischen Rechtsverkehr, Dissertation Mainz 1982

*Rödder,* Thomas/*Schumacher,* Andreas: Erster Überblick über die geplanten Steuerverschärfungen und -entlastungen für Unternehmen zum Jahreswechsel 2003/2004, DStR 2003, S. 1725 ff.

– Das BMF-Schreiben zu § 8a KStG, DStR 2004, S. 1449 ff.

*Röhricht,* Volker: Insolvenzrechtliche Aspekte im Gesellschaftsrecht, ZIP 2005, S. 505 ff.

*von Rosenberg,* Oliver/*Kruse,* Tilman W.: Patronatserklärungen in der M&A-Praxis und in der Unternehmenskrise, BB 2003, S. 641 ff.

*Rösler,* Patrick: Aktuelle Rechtsfragen zu grundpfandrechtlich gesicherten Krediten, WM 1998, S. 1377 ff.

*Roth,* Günther H./*Altmeppen,* Holger: Gesetz betreffend die Gesellschaften mit beschränkter Haftung – GmbHG, 5. Auflage, München 2005

*Rowedder,* Heinz/*Schmidt-Leithoff,* Christian: Gesetz betreffend die Gesellschaften mit beschränkter Haftung (GmbHG), 4. Auflage, München 2002 (zit.: Rowedder/Schmidt-Leithoff (Bearb.), GmbHG)

*Rümker,* Dietrich: Probleme der Patronatserklärung in der Kreditsicherungspraxis, WM 1974, S. 990 ff.

– Probleme der Anstaltslast und Gewährträgerhaftung bei öffentlich-rechtlichen Kreditinstituten in: Festschrift für Ernst C. Stiefel zum 80. Geburtstag, Hrsg.: Marcus Lutter, Walter Oppenhoff, Otto Sandrock, Hanns Winkhaus, München 1987, S. 607 ff.

– Kurzkommentar zu BGH, Urt. v. 16.03.1989 – III ZR 37/88, EWiR 1989, S. 441 f.

– Kurzkommentar zu BGH, Urt. v. 30.1.1992 – IX ZR 112/91, EWiR 1992, S. 335 f.

*Rummel,* Peter: Rechtsprobleme der Patronatserklärung in: Festschrift für Peter Doralt zum 65. Geburtstag, Wien 2004, S. 493 ff.

*Schaarschmidt,* Wilhelm (Hrsg.), fortgeführt von Heiko Engelken, Reinfried Fischer, Gerhard Herbst, Dietrich Lang, Hubert Sühr: Die Sparkassenkredite – Die rechtlichen Grundlagen des Kredits, seiner Sicherung und Einziehung, 8. Auflage, Stuttgart 1991

*Schäfer,* Carsten: Die harte Patronatserklärung – vergebliches Streben nach Sicherheit? – Zum Bestimmtheitsproblem und zur dogmatischen Einordnung, WM 1999, S. 153 ff.

*Schaffland,* Hans-Jürgen: Patronatserklärungen – eine Untersuchung des Sicherheitscharakters und ihrer Auswirkungen auf die Rechnungslegung, BB 1977, S. 1021 ff.

*Schanbacher,* Dietmar: Anmerkung zu BGH, Urteil vom 2.07.1998 (IX ZR 255/97), WuB I F 1 a. – 17.98, S. 1008 ff.

– Anmerkung zu BGH, Urteil vom 16.01.2001 (XI ZR 84/00), WuB I F 3. – 2.01, S. 658 ff.

– Anmerkung zu BGH, Urteil vom 5. März 2002 (IX ZR 113/01), WuB I E 5. – 4.03, S. 378 ff.

*Schaub,* Günter: Arbeitsrechts-Handbuch, 11. Auflage, München 2005

*Schaumburg,* Harald: Außensteuerrecht und europäische Grundfreiheiten, DB 2005, S. 1129 ff.

*Scheibel,* Bodo: Leitfaden durch das Personalkreditgeschäft, 4. Auflage, Stuttgart 1989

*Schiffer,* K. Jan: Die formularmäßige erweiterte Zweckabrede bei Fremdkrediten, NJW 1988, S. 2779 f.

*Schild,* Claus/*Eisele,* Florian: Anwendung des § 8a KStG bei beschränkter Steuerpflicht – zwischen Treaty Override und Gemeinschaftswidrigkeit?, IStR 2005, S. 217 ff.

*Schimansky,* Herbert: Probleme aus der Rückwirkung höchstrichterlicher Rechtsprechung, WM 2001, S. 1889 ff.

– Aktuelle Rechtsprechung des BGH zur krassen finanziellen Überforderung von Mithaftenden bei der Kreditgewährung, WM 2002, S. 2437 ff.

*Schimansky,* Herbert/*Bunte,* Hermann-Josef/*Lwowski,* Hans-Jürgen (Hrsg.): Bankrechts-Handbuch, Band II, 2. Auflage, München 2001 (zit.: Schimansky/Bunte/Lwowski (Bearb.), Bankrechts-Handbuch)

*Schlitt,* Michael: Die gesellschaftsrechtlichen Voraussetzungen des regulären Delisting – Macrotron und die Folgen, ZIP 2004, S. 533 ff.

*Schmeel,* Günter: Anmerkung zu BGH, Urt. v. 14.10.2003 – XI ZR 121/02, BGHReport 2004, S. 32 f.

*Schmidt,* Christoph: Die sogenannte Akzessorietät der Bürgschaft – Ein Beitrag zur Lehre vom Rechtsgrund, Dissertation Mainz 1999, Berlin 2001 (zit.: Chr. Schmidt, Akzessorietät)

*Schmidt,* Eike: Kurzkommentar zu BGH, Urt. v. 17.3.1994 – IX ZR 102/93, EWiR 1994, S. 521 f.

*Schmidt,* Holger: Höchstrichterliche Rechtsprechung zur Bürgschaft auf erstes Anfordern, RIW 2004, S. 336 ff.

*Schmidt,* Karsten: Darlehn, Darlehnsversprechen und Darlehnskrediteröffnung im Konkurs, JZ 1976, S. 756 ff.

– Die konzernrechtliche Verlustübernahmepflicht als gesetzliches Dauerschuldverhältnis – Eine rechtsdogmatische Problemskizze zu § 302 AktG, ZGR 1983, S. 513 ff.

– Die isolierte Verlustdeckungszusage unter verbundenen Unternehmen als Insolvenzabwendungsinstrument – Eine Studie über Voraussetzungen und Inhalt der Zusage sowie über die Rechtsfolgen ihres Fehlschlags in: Handelsrecht und Wirtschaftsrecht in der Bankpraxis, Festschrift für Winfried Werner zum 65. Geburtstag am 17. Oktober 1984, Berlin/New York 1984, S. 777 ff. (zit.: K. Schmidt in FS Werner)

– Kurzkommentar zu OLG Zweibrücken, Urt. v. 5.6.1985 – 2 U 25/84 (rkr.), EWiR 1985 S. 671 f.

– Formfreie Bürgschaften eines geschäftsführenden Gesellschafters – Eine Stellungnahme zu BGH, Urt. v. 12.5.1986 – II ZR 225/85, ZIP 1986, S. 1510 ff.

– § 32a GmbHG: ein Allheilmittel gegen unerwünschten Eigenkapitalersatz?, ZIP 1990, S. 69 ff.

– Obligatorische Nutzungsrechte als Sacheinlagen?, ZHR 154. Band (1990), S. 237 ff.

– Handelsrecht, 5. Auflage, Köln u.a. 1999

– Finanzplanfinanzierung, Rangrücktritt und Eigenkapitalersatz, ZIP 1999, S. 1241 ff.

– Gesellschaftsrecht, 4. Auflage, München 2002

– Vom Eigenkapitalersatz in der Krise zur Krise des Eigenkapitalersatzrechts? Betrachtungen zu §§ 32a, b GmbHG, §§ 129a, 172a HGB, §§ 39, 135 InsO, GmbHR 2005, S. 797 ff.

*Schmidt-Bleibtreu,* Bruno/*Klein,* Franz: Kommentar zum Grundgesetz, 10. Auflage, München 2004

*Schmidt-Rimpler,* Walter: Grundfragen einer Erneuerung des Vertragsrechts, AcP Band 147 (1941), S. 130 ff.

*Schmitz,* Claus/*Vogel,* A. Olrik: Anmerkung zu BGH, Urt. v. 18.4.2002 – VII ZR 192/01, ZIP 2002, S. 1200 ff.

*Schmitz,* Sebastian: Höchstbetragsbürgschaften, insbesondere bei mehreren Bürgen, im materiellen Recht und im Prozess, Dissertation Mainz 1999, Frankfurt am Main u.a. 2000

*Schmitz-Herscheidt,* Stephan: Zur Bürgschaft für alle gegenwärtigen und zukünftigen Verbindlichkeiten – Eine Besprechung des Urteils des Bundesgerichtshofs vom 18. Mai 1995, ZIP 1997, S. 1140 ff.

– Ergänzende Auslegung eines unwirksamen Bürgschaftsvertrages? – Eine Besprechung des Urteils des Bundesgerichtshofs vom 13. November 1997, ZIP 1998, 16, ZIP 1998, S. 1218 ff.

*Schmitz-Valckenberg,* Walter: Probleme bei der Bestellung von Grundschulden im Hinblick auf die Vorschriften der §§ 3 und 9 AGBG, DNotZ 1996, S. 492 ff.

– Anmerkung zu BGH, Urt. v. 24.06.1997 – XI ZR 288/96, DNotZ 1998, S. 578 ff.

*Schnauder,* Franz: Zahlungsversprechen auf erstes Anfordern im System des Schuldrechts, WM 2000, S. 2073 ff.

*Schneider,* Uwe H.: Kollektive konzernexterne und konzerninterne Patronatserklärungen in: Bankpolitik, finanzielle Unternehmensführung und die Theorie der Finanzmärkte, Festschrift für Hans-Jacob Krümmel zur Vollendung des 60. Lebensjahres, Hrsg.: Bernd Rudolph, Jochen Wilhelm, Berlin 1988, S. 351 ff. (zit.: Schneider in FS Krümmel)

– Patronatserklärungen gegenüber der Allgemeinheit, ZIP 1989, S. 619 ff.

– Neues zum qualifiziert faktischen GmbH-Konzern: Das TBB-Urteil – Anmerkung zu BGH WM 1993, 687, WM 1993, S. 782 ff.

*Schnitger,* Arne: Mögliche Wirkungsgrenzen der Grundfreiheiten des EG-Vertrages am Beispiel des § 8a KStG – Zugleich Anmerkung zu dem Beitrag von Kessler/Eicker/Obser, IStR 2004, S. 325 ff., IStR 2004, S. 635 ff.

*Schnyder,* Anton K.: Patronatserklärungen – Haftungsgrundlage für Konzernobergesellschaften?, SJZ 1990, S 57 ff.

*Scholz,* Andreas: Neue Entwicklungen im Bürgschaftsrecht, DRiZ 2003, S. 27 ff.

*Scholz,* Franz: Kommentar zum GmbH-Gesetz, I. Band, §§ 1–44, Anh. Konzernrecht, 9. Auflage, Köln 2000

*Schön,* Wolfgang: Zur ‚Existenzvernichtung' der juristischen Person, ZHR 168. Band (2004), S. 268 ff.

*Schraepler,* Hans-Joachim: Patronatserklärung als Sicherheit, ZKW 1975, S. 215 ff.

*Schröder,* Jan: Die harte Patronatserklärung – verschleierte Bürgschaft/Garantie oder eigenständiger Kreditsicherungstyp?, ZGR 1982, S. 552 ff.

*Schröter,* Jürgen: Anmerkung zu OLG Stuttgart, Urteil vom 21. Februar 1985 (7 U 202/84), WuB I F 1 c. – 1.85

– Anmerkung zu OLG Düsseldorf, Urteil vom 26. Januar 1989 (6 U 23/88), WuB IV A. § 276 BGB 2.90, S. 349 f.

– Anmerkung zu BGH, Urteil vom 18. Mai 1995 (IX ZR 108/94), WuB I F 1 a. – 13.95, S. 1076 ff.

– Anmerkung zu BGH, Urteil vom 7. November 1995 (XI ZR 235/94), WuB I F 1 c. – 1.96, S. 225 f.

– Anmerkung zu LG München I, Urteil vom 2. März 1998 – 11 HKO 20623/97, WuB I F 1 c. – 1.98, S. 790 f.

– Auswirkungen der geänderten Bürgschaftsrechtsprechung auf die Kreditpraxis, WM 2000, S. 16 ff.

*Schubert,* Werner/*Schmiedel,* Burkhard/*Krampe,* Christoph (Hrsg.): Quellen zum Handelsgesetzbuch von 1897, Band II, Denkschriften, Beratungen, Berichte, Zweiter Halbband, Frankfurt am Main 1988

*Schulte,* R.: Ist bei der Revisionszulassung wegen Abweichens in der Verwaltungsgerichtsbarkeit auch eine spätere Entscheidung des BVerwG zu beachten?, NJW 1960, S. 901 f.

*Schütz,* Wilhelm: Bankgeschäftliches Formularhandbuch, 18. Ausgabe, Stand 30. Juni 1969, Köln 1969

*Schütze,* Rolf A.: Anmerkung zu KG Berlin, Urteil vom 18.01.2002 (14 U 3416/00), WuB I F 1 c. – 5.02, S. 931 f.

*Schulze,* Reiner/*Ebers,* Martin: Streitfragen im neuen Schuldrecht, JuS 2004, S. 265 ff.

*Schulze zur Wiesche,* Dieter: Die GmbH & Still nach dem Korb II Gesetz – Die steuerrechtliche Behandlung der stillen Beteiligung durch § 8a KStG, BB 2004, S. 1363 ff.

*Schwark,* Eberhard/*Geiser,* Frank: Delisting, ZHR 161 Band (1999), S. 739 ff.

*Schwarz,* Oliver: Anmerkung zu OLG Düsseldorf, Beschl. v. 19.08.1994 – 3 Wx 178/94, DNotZ 1995, S. 243 ff.

– Beendigung von Organschaftsverträgen anlässlich der Veräußerung der Beteiligung an der hauptverpflichteten Gesellschaft mbH, DNotZ 1996, S. 68 ff.

*Schwintowski,* Hans-Peter: Die wirtschaftliche Leistungsfähigkeit des Schuldners als Maßstab der Wirksamkeit von Verbraucherkreditverträgen?, ZBB 1989, S. 91 ff.

*Sedemund,* Jan: Steine statt Brot oder immer noch europarechtswidrig? – Gedanken zur Neufassung des § 8a KStG, IStR 2004, S. 595 ff.

*Seidel,* Wolfgang/*Brink,* Ulrich: Der zulässige Umfang der Verbürgung von Privatpersonen gegenüber Banken, DB 1997, S. 1961 ff.

*Seifert,* Achim: Zur Zulässigkeit von Arbeitnehmerbürgschaften, NJW 2004, S. 1707 ff.

*Seiler,* Ilke: Die Patronatserklärung im internationalen Wirtschaftsverkehr (Aus bankrechtlicher Sicht, und zwar im Wirtschaftsverkehr mit England, Frankreich und der Schweiz), Dissertation Münster 1981

*Siems,* Mathias: Globale Haftungsklauseln im Bürgschaftsrecht – BGHZ 143, 95, JuS 2001, S. 429 ff.

*Simon,* Stefan: Von Holzmüller zu Gelatine – Ungeschriebene Hauptversammlungszuständigkeiten im Lichte der BGH-Rechtsprechung (Teil I), DStR 2004, S. 1482 ff.

– Von Holzmüller zu Gelatine – Ungeschriebene Hauptversammlungszuständigkeiten im Lichte der BGH-Rechtsprechung (Teil II), DStR 2004, S. 1528 ff.

*Smid,* Stefan: Grundzüge des Insolvenzrechts, 4. Auflage, München 2002 (zit.: Smid, Insolvenzrecht)

– Struktur und systematischer Gehalt des deutschen Insolvenzrechts in der Judikatur des IX. Zivilsenats des Bundesgerichtshofs, DZWiR 2004, S. 1 ff.

*Soergel,* Bürgerliches Gesetzbuch mit Einführungsgesetzen und Nebengesetzen: Band 2, Allgemeiner Teil 2, §§ 104–240, 13. Auflage, Stand: März 1999, Stuttgart u. a. 1999 (zit.: Soergel-Bearb.)

– Band 2, Schuldrecht I (§§ 241–432), 12. Auflage, Stand: Juli 1990, Stuttgart u. a. 1990

– Band 10, Einführungsgesetz, Stand: Anfang 1996, Stuttgart u. a. 1996

*Sohm,* R.: Über Vertragsschluss unter Abwesenden und Vertragsschluss mit einer persona incerta, ZHR 17. Band (1872), S. 16 ff.

*Söllner,* Alfred: Einseitige Leistungsbestimmung im Arbeitsverhältnis, Mainz 1966

*Sonnenhol,* Jürgen: Anmerkung zu BGH, Urteil vom 13. Juni 1996 (IX ZR 229/95), WuB I F 1 a. – 18.96, S. 1023 f.

*Sonnenhol,* Jürgen/*Groß,* Wolfgang: Besicherung von Krediten Dritter an Konzernunternehmen, ZHR 159. Band (1995), S. 388 ff.

*Staub,* Hermann: Handelsgesetzbuch, Großkommentar, Vierter Band, §§ 343–382, Hrsg.: Claus-Wilhelm Canaris, Wolfgang Schilling, Peter Ulmer, 4. Auflage, Berlin 2004 (zit.: Staub (Bearb.), HGB) *von Staudinger,* Julius, Kommentar zum Bürgerlichen Gesetzbuch mit Einführungsgesetz und Nebengesetzen: Einführungsgesetz zum Bürgerlichen Gesetzbuche/IPR, Dreizehnte Bearbeitung, Berlin 2002 (zit.: Staudinger-Bearb.)

- Buch 1, Allgemeiner Teil, §§ 134–163 (Allgemeiner Teil 4), Neubearbeitung 2003, Berlin 2003
- Buch 1, Allgemeiner Teil, §§ 164–240 (Allgemeiner Teil 5), Neubearbeitung 2004, Berlin 2004
- Buch 2, Recht der Schuldverhältnisse, §§ 249–254 (Schadensersatzrecht), Neubearbeitung 2005, Berlin 2005
- Zweites Buch, Recht der Schuldverhältnisse, §§ 255–314, Neubearbeitung 2001, Berlin 2001
- Zweites Buch, Recht der Schuldverhältnisse, §§ 255–304 (Leistungsstörungsrecht I), Neubearbeitung 2004, Berlin 2004
- II. Band, Recht der Schuldverhältnisse, Teil 1d, §§ 328–432, 10./11. Auflage, Berlin 1978 (zit.: Staudinger-Kaduk)
- Buch 2, Recht der Schuldverhältnisse, §§ 328–359 (Vertrag zugunsten Dritter, Rücktritt und Widerruf), Neubearbeitung 2004, Berlin 2004
- Buch 2, Recht der Schuldverhältnisse, §§ 433–487; Leasing (Kaufrecht und Leasingrecht), Neubearbeitung 2004, Berlin 2004
- Zweites Buch, Recht der Schuldverhältnisse, §§ 765–778, Dreizehnte Bearbeitung, Berlin 1997

*Stecher,* Reiner: ‚Harte‘ Patronatserklärungen, rechtsdogmatische und praktische Probleme, Köln 1987

*Stein/Jonas* (Hrsg.), Kommentar zur Zivilprozessordnung: Band 7, §§ 704–827, 22. Auflage, Tübingen 2002

- Band 8, §§ 828–915h, 22. Auflage, Tübingen 2004
- Band 9, §§ 916–1068, EG ZPO, 22. Auflage, Tübingen 2002

*Steinbeck,* Anja Verena: Obligatorische Nutzungsüberlassung als Sacheinlage und Kapitalersatz, ZGR 1996, S. 116 ff.

*Stolzenburg,* Friedrich: Kündigung und Enthaftung bei der Kreditbürgschaft eines ausgeschiedenen Gesellschafters, ZIP 1985, S. 1189 ff.

*Streck,* Michael: Körperschaftsteuergesetz mit Nebengesetzen, 6. Auflage, München 2003

*Strunck,* Günther/*Kaminski,* Bert: Der Entwurf des BMF-Schreibens zur Gesellschafterfremdfinanzierung gem. 8a KStG vom 12. Mai 2004 – Eine erste Analyse praxisrelevanter Aspekte, Stbg 2004, S. 301 ff.

*Tetzlaff,* Christian: Kurzkommentar zu OLG München, Urt. v. 22.7.2004 – 19 U 1867/04, EWiR 2005, S. 31 f.

*Thelen,* Werner: Ist der Bürge im Bankkreditgeschäft weniger schutzwürdig als der fremdnützig handelnde Besteller einer Sicherungsgrundschuld? – Kritische Betrachtung der Divergenzen in der Rechtsprechung des 5. Zivilsenats des BGH zu der Sicherungsgrundschuld und des 9. Zivilsenats zu der Bürgschaft, DB 1991, S. 741 ff.

*Thiekötter,* Sabine: Die Patronatserklärung ad incertas personas, Dissertation Regensburg 1998, Frankfurt am Main 1999

*Thomas,* Gerald/*Meissner,* Boris: Die Rückgriffsfälle des § 8a KStG – eine Analyse des BMF-Schreibens vom 15.07.2004, BB 2004, S. 1988 ff.

*Thomas,* Heinz/*Putzo,* Hans: Zivilprozessordnung, 26. Auflage, München 2004

*Thömmes,* Otmar: Anmerkung zu EuGH, Urteil vom 12.12.2002 – Rs C-324/00, DB 2002, S. 2693

*Thöne,* Thomas: Anmerkung zu OLG Köln, Urteil vom 16.05.2001 (13 U 204/00), WuB I F 1 a. – 16.02, S. 1042 f.

*Tiedtke,* Klaus: Enge und weite Bürgschaftsverpflichtungen, ZIP 1994, S. 1237 ff.

– Kurzkommentar zu BGH, Urt. v. 1.6.1994 – XI ZR 133/93, EWiR 1994, S. 761 f.

– Kurzkommentar zu OLG Köln, Urt. v. 1.3.1995 – 27 U 97/94, EWIR 1995, S. 441 f.

– Kurzkommentar zu BGH, Urt. v. 18.5.1995 – IX ZR 108/94, EWiR 1995, S. 971 f.

– Zur Anlassrechtsprechung des Bundesgerichtshofs im Grundschuldrecht – Eine Besprechung des Urteils des Bundesgerichtshofs vom 24. Juni 1997, ZIP 1997, S. 1949 ff.

– Anmerkung zu BGH, Urteil v. 13.11.1997 – IX ZR 289/96, JZ 1998, S. 732 ff.

– Kurzkommentar zu BGH, Urt. v. 13.11.1997 – IX ZR 289/96, EWiR 1998, S. 165 f.

– Kurzkommentar zu BGH, Urt. v. 2.7.1998 – IX ZR 255/97, EWiR 1998, S. 935 f.

– Kurzkommentar zu BGH, Urt. v. 15.7.1999 – IX ZR 243/98, EWiR 1999, S. 1001 f.

– Anmerkung zu BGH, Urt. v. 28.10.1999 – IX ZR 364/97, DNotZ 2000, S. 283 ff.

– Anmerkung zu BGH, Urt. v. 30.01.2001 – XI ZR 118/00, DNotZ 2001, S. 627 ff.

*Timm,* Wolfram: Geklärte und offene Fragen im Vertragskonzernrecht der GmbH – Anmerkungen zum Urteil des LG Bochum vom 1.7.1986, GmbHR 1987, S. 8 ff.

– Rechtsfragen der Änderung und Beendigung von Unternehmensverträgen in: Festschrift für Alfred Kellermann, ZGR-Sonderheft 10, Berlin/New York 1991, S. 461 ff. (zit.: Timm, FS Kellermann 1991)

*Trapp,* Andreas: Zur Wirksamkeit der weiten Sicherungszweckvereinbarung bei Bürgschaften – Zugleich eine Besprechung des Beschlusses des Bundesgerichtshofs vom 24. September 1996, ZIP 1997, S. 1279 ff.

*Treffer,* Christian: Das Patronat, ZAP Nr. 5 vom 6.3.2002, Fach 15, S 383 ff.

*Trendelenburg,* Hortense: Der Gewinnabführungs- und Beherrschungsvertrag in der Krise der Obergesellschaft, NJW 2002, S. 647 ff.

*Triebel,* Volker/*Hölzle,* Gerrit: Schuldrechtsreform und Unternehmenskaufverträge, BB 2002, S. 521 ff.

*von Tuhr,* Andreas: Der Allgemeine Teil des Deutschen Bürgerlichen Rechts, Zweiter Band, Zweite Hälfte, München, Leipzig 1918 (zit.: v. Tuhr, BGB AT II/2)

*Ulmer,* Peter: Von TBB zu Bremer Vulkan – Revolution oder Evolution?, ZIP 2001, S. 2021 ff.

– Anmerkung zu BGH, Urt. v. 24.06.2002 – II ZR 300/00, JZ 2002, S. 1049 ff.

*Ulmer,* Peter/*Brandner,* Hans Erich/*Hensen,* Horst-Diether: AGB-Gesetz, 9. Auflage, Köln 2001 (zit.: Ulmer/Brandner/Hensen (Bearb.), AGBG)

*Veil,* Rüdiger: Anmerkung zu OLG Zweibrücken, Urteil vom 20.12.2001 (4 U 131/00), WuB I F 1 a. – 8.03, S. 398 f.

*Vetter,* Jochen: Rechtsfolgen existenzvernichtender Eingriffe, ZIP 2003, S. 601 ff.

*Vollmer,* Lothar: Haftungsrisiken aus konzerninternen Patronatserklärungen mit Managementklauseln, ZBB 1993, S. 89 ff.

*Vollmer,* Lothar/*Grupp,* Alexander: Der Schutz der Aktionäre beim Börseneintritt und Börsenaustritt, ZGR 1995, S. 459 ff.

*Volmer,* Michael: Die Vereinbarkeit der weiten Grundschuldzweckerklärung mit dem AGBG, WM 1998, S. 914 ff.

*Wackerbarth,* Ulrich: Unternehmer, Verbraucher und die Rechtfertigung der Inhaltskontrolle vorformulierter Verträge, AcP Band 200 (2000), S. 45 ff.

– Existenzvernichtungshaftung 2005: Unternehmerische Einscheidungen auf dem Prüfstand?, ZIP 2005, S. 877 ff.

*Wagenknecht,* Claus-Rainer: Anmerkung zu BGH, Beschluss vom 2. Oktober 1996 (5 W 39/96), WuB I F 1 a. – 8.97, S. 624 ff.

– Anmerkung zu BGH, Urteil vom 14.01.1998 (XII ZR 103/96), WuB I F 1 a. – 20.98, S. 1085 f.

– Anmerkung zu BGH, Beschluss vom 4. Oktober 2001 (IX ZR 174/99), WuB I F 2. – 2.03

*Wagner,* Klaus: Die internationale Tätigkeit der Banken als aufsichtsrechtliches Problem, Dissertation Göttingen 1982, Baden-Baden 1982 (zit.: Wagner, Internationale Tätigkeit der Banken)

*Wassermeyer,* Franz: § 8a KStG n.F. und die gescheiterte Rückkehr zur Fiktionstheorie – keine Auswirkungen auf Gesellschafterebene, DStR 2004, S. 749 ff.

*Weber,* Christoph: Wirksamkeit formularmäßiger Globalbürgschaften – BGHZ 130, 19, JuS 1997, S. 501 ff.

*Weber,* Hansjörg: Kreditsicherheiten, Recht der Sicherungsgeschäfte, 7. Auflage, München 2002

*Weber,* Martin: Kurzkommentar zu BGH, Urt. v. 16.1.2001 – XI ZR 84/00, EWiR 2001, S. 349 f.

*Weber,* Ralph: Aktuelle Rechtsfragen der dinglichen Kreditsicherheiten in: Rostocker Schriften zum Bankrecht, Heft 4, 5. Akademischer Bankentag am 11.11.1999, Rostock 1999: ‚Kreditgeschäft und Kreditsicherheiten', S. 65 ff. (zit.: Weber in: Rostocker Schriften zum Bankrecht, Heft 4)

*Weber,* Ralph/*Bonin,* Birger: Kurzkommentar zu OLG Köln, Urt. v. 2.08.1999 – 16 U 106/98, EWiR 2000, S. 201 f.

*Weber,* Robert/*Brügel,* Florian: Die Haftung des Managements in der Unternehmenskrise: Insolvenz, Kapitalerhaltung und existenzvernichtender Eingriff, DB 2004, S. 1923 ff.

*Weihs,* Antje: Anmerkung zu BGH, Urteil vom 30.09.1999 (IX ZR 287/98), WuB I F 1 a. – 5.00, S. 216 ff.

*Weißhaupt,* Frank: Holzmüller-Informationspflichten nach den Erläuterungen des BGH in Sachen ‚Gelatine', AG 2004, S. 585 ff.

*Wellensiek,* Jobst: Risiken von Beteiligungen in (durch) Insolvenzverfahren der Muttergesellschaften, ZIP 1984, S. 541 ff.

*Wenzel,* Frank: Anmerkung zu OLG Rostock, Urteil vom 18.01.2001 (1 U 64/99), WuB I F 3. – 4.01, S. 1023 f.

– Sicherung von Krediten durch Grundschulden – Grundpfandrechtliche Besicherung von Krediten und Haftungsverwirklichung, Köln 2001 (zit.: Wenzel, Sicherung durch Grundschulden)

*Westermann,* Harm Peter: Banken als Kreditgeber und Gesellschafter – Zur Entscheidungsfreiheit der Bank im Kreditgeschäft, ZIP 1982, S. 379 ff.

– Anmerkung zu BGH, Urt. v. 16.3.1989 – III ZR 37/88, JZ 1989, S. 746 f.

– Die Bürgschaft (I), Jura 1991, S. 449 ff.

*Westphalen,* Friedrich Graf von: Anmerkung zu BGH, Urteil vom 4. Juli 2002 (VII ZR 502/99), WuB I E 5. – 1.03, S. 22 ff.

– Unwirksamkeit der Bürgschaft auf erstes Anfordern – Wirksamkeit der Bankgarantie?, ZIP 2004, S. 1433 ff.

*Weth,* Stephan: Bürgschaft und Garantie auf erstes Anfordern, AcP Band 189 (1989), S. 303 ff.

*Weyer,* Hartmut: Handelsgeschäfte (§§ 343 ff. HGB) und Unternehmergeschäfte (§ 14 BGB), WM 2005, S. 490 ff.

*Wiedemann,* Herbert: Gesellschaftsrecht, Band I, Grundlagen, München 1980

– Gesellschaftsrechtliche Probleme der Betriebsaufspaltung, ZIP 1986, S. 1293 ff.

– Anmerkung zu BVerfG, Beschluss v. 19.10.1993 – 1 BvR 567 u. 1044/89, JZ 1994, S. 411 ff.

– Reflexionen zur Durchgriffshaftung – Zugleich Besprechung des Urteils BGH WM 2000, 1804 – KBV, ZGR 2003, S. 283 ff.

– Gesellschaftsrecht, Band II, Recht der Personengesellschaften, München 2004

*Wiedemann,* Herbert/*Hermanns,* Marc: Liquiditätszusagen des GmbH-Gesellschafters, ZIP 1994, S. 997 ff.

*Wiedmann,* Harald: Bilanzrecht, Kommentar zu den §§ 238–342a HGB, 2. Auflage, München 2003 (zit.: Wiedmann, Bilanzrecht)

*Wiese,* Götz T./*Klass,* Tobias: Rückgriffsberechtigung eines Fremdkapital gebenden Dritten – Das BMF-Schreiben zu § 8a Abs. 1 S. 2 KStG vom 22.7.2005, GmbHR 2005, S. 1092 ff.

*Wiesner,* Eberhard: Gleichzeitige Klage auf Leistung und Schadensersatz aus § 281 BGB, NJW 2003, S. 2432 ff.

*Wilhelm,* Hermann: Die Beendigung des Beherrschungs- und Gewinnabführungsvertrags, Dissertation Bochum 1975, Köln u. a. 1976

*Wilhelmi,* Rüdiger: Die ‚neue' Existenzvernichtungshaftung der Gesellschafter der GmbH, DZWIR 2003, S. 45 ff.

*Wimmer,* Klaus (Hrsg.): Frankfurter Kommentar zur Insolvenzordnung, 3. Auflage, Neuwied, Kriftel 2002 (zit.: Wimmer, Frankfurter Kommentar zur InsO (Bearb.))

*Wirth,* Gerhard: Beendigung von Beherrschungs- und Gewinnabführungsverträgen bei der Veräußerung der abhängigen GmbH, DB 1990, S. 2105 ff.

*Wissmann,* Eike: Kurzkommentar zu OLG Hamm, Urt. v. 29.1.1997 – 31 U 118/96, EWiR 1997, S. 353 f.

*Wittig,* Arne: Moderne Patronatserklärungen, WM 2003, S. 1981 ff.

*Wittuhn,* Georg: Patronatserklärungen im Anglo-Amerikanischen Rechtskreis, RIW 1990, S. 495 f.

*Wolf,* Christian Ulrich: Das Statut der harten Patronatserklärung, IPRax 2000, S. 477 ff.

*Wolf,* Manfred: Rechtsgeschäftliche Entscheidungsfreiheit und vertraglicher Interessenausgleich, Habilitationsschrift, Tübingen 1970 (zit.: Wolf, Entscheidungsfreiheit)

– Vertragsfreiheit und Vertragsrecht im Lichte der AGB-Rechtsprechung des Bundesgerichtshofs in: 50 Jahre Bundesgerichtshof, Festgabe aus der Wissenschaft, Band I, Bürgerliches Recht, Hrsg.: Claus-Wilhelm Canaris u. a., München 2000, S. 111 ff. (zit.: Wolf, FS 50 Jahre BGH, Band I)

*Wolf,* Manfred/*Horn,* Norbert/*Lindacher,* Walter F.: AGB-Gesetz, 4. Auflage, München 1999 (zit.: Wolf/Horn/Lindacher (Bearb.), AGBG)

*Wolf,* Ulrich: Erlöschen von Kreditsicherheiten Dritter nach US-amerikanischem Insolvenzrecht und Wirkungsanerkennung im Inland (zu OLG Nürnberg, 9.12.1998 – 12 U 2626/98), IPRax 1999, S. 444 ff.

*Wunderlich,* Nils-Christian: Die kaufrechtliche Haftung bei asset deal nach dem SchuldRModG, WM 2002, S. 981 ff.

*von Wysocki,* Klaus/*Schulze-Osterloh,* Joachim/*Hennrichs,* Joachim/*Kuhner,* Christoph (Hrsg.): Handbuch des Jahresabschlusses in Einzeldarstellungen – Rechnungsabschluss nach HGB und internationalen Standards, Köln 1984/2005, Band 3, Abt. III/5–IV/8, Stand: 35. Lfg., Mai 2005, (zit.: HdJ-Bearb.)

*Zeidler,* Finn: Ausgewählte Probleme des GmbH-Vertragskonzernrechts, NZG 1999, S. 692 ff.

*Zeitter,* Michael: Bürgschaften, Garantien und Patronate aus bankwirtschaftlicher Sicht in: Rostocker Schriften zum Bankrecht, Heft 6, 7. Rostocker Bankentag am 15.11.2001: Bürgschaften, Garantien, Patronate, Rostock 2001, S. 7 ff. (zit.: Zeitter in: Rostocker Schriften zum Bankrecht, Heft 6)

*Ziegler,* Karl-Heinz: Die Wertlosigkeit der allgemeinen Regeln des BGB über die sog. Wahlschuld (§§ 262–265 BGB), AcP Band 171 (1971), S. 193 ff.

*ZKA* (Zentraler Kreditausschuss): Neufassung des § 8a KStG durch das Gesetz zur Umsetzung der Protokollerklärung der Bundesregierung zur Vermittlungsempfehlung zum Steuervergünstigungsabbaugesetz, Az.: 611-10, Schreiben an das Bundesministerium der Finanzen vom 16.03.2004, zu finden unter Stellungnahme des ZKA vom 16. März 2004 gegenüber dem Bundesministerium der Finanzen auf der Homepage des Bundesverbandes Deutscher Banken, www.bankenverband.de, > Fachinformationen > Steuern > Einkommen-/Körperschafsteuer (http://www.bankenverband.de/pic/artikelpic/032004/sp0403_st_zka_kstg8a.pdf), Stand: 10.10.2005 (zit.: ZKA, Anschreiben v. 16.03.2004)

– Anwendung des Gesetzes zur Umsetzung der Protokollerklärung der Bundesregierung zur Vermittlungsempfehlung zum Steuervergünstigungsabbaugesetz – Anwendung des § 8a KStG, Anlage des Schreibens an das Bundesministerium der Finanzen vom 16.03.2004, a. a. O. (zit.: ZKA, Anlage des Schreibens v. 16.03.2004)

*Zöller,* Richard (Begründer): Zivilprozessordnung, 25. Auflage, Köln 2005

*Zöllner,* Wolfgang: Regelungsspielräume im Schuldvertragsrecht – Bemerkungen zur Grundrechtsanwendung im Privatrecht und zu den sogenannten Ungleichgewichtslagen, AcP Band 196 (1996), S. 1 ff.

– Die Bürgschaft eines Nichtunternehmers, WM 2000, S. 1 ff.

*Zöllner,* Wolfgang/*Loritz,* Karl-Georg: Arbeitsrecht, 5. Auflage, München 1998

*Zwade,* Christian: Anmerkung zu BGH, Urt. v. 28.5.2002 – XI ZR 199/01, BKR 2002, S. 719 f.

# Sachwortverzeichnis